CURSO DE **DIREITO PROCESSUAL** DO **TRABALHO**

O GEN | Grupo Editorial Nacional – maior plataforma editorial brasileira no segmento científico, técnico e profissional – publica conteúdos nas áreas de concursos, ciências jurídicas, humanas, exatas, da saúde e sociais aplicadas, além de prover serviços direcionados à educação continuada.

As editoras que integram o GEN, das mais respeitadas no mercado editorial, construíram catálogos inigualáveis, com obras decisivas para a formação acadêmica e o aperfeiçoamento de várias gerações de profissionais e estudantes, tendo se tornado sinônimo de qualidade e seriedade.

A missão do GEN e dos núcleos de conteúdo que o compõem é prover a melhor informação científica e distribuí-la de maneira flexível e conveniente, a preços justos, gerando benefícios e servindo a autores, docentes, livreiros, funcionários, colaboradores e acionistas.

Nosso comportamento ético incondicional e nossa responsabilidade social e ambiental são reforçados pela natureza educacional de nossa atividade e dão sustentabilidade ao crescimento contínuo e à rentabilidade do grupo.

ENOQUE RIBEIRO DOS SANTOS
RICARDO ANTONIO BITTAR HAJEL FILHO

CURSO DE **DIREITO PROCESSUAL DO TRABALHO**

4ª edição revista, atualizada e ampliada

gen | atlas

- O autor deste livro e a editora empenharam seus melhores esforços para assegurar que as informações e os procedimentos apresentados no texto estejam em acordo com os padrões aceitos à época da publicação, e todos os dados foram atualizados pelo autor até a data de fechamento do livro. Entretanto, tendo em conta a evolução das ciências, as atualizações legislativas, as mudanças regulamentares governamentais e o constante fluxo de novas informações sobre os temas que constam do livro, recomendamos enfaticamente que os leitores consultem sempre outras fontes fidedignas, de modo a se certificarem de que as informações contidas no texto estão corretas e de que não houve alterações nas recomendações ou na legislação regulamentadora.

- Fechamento desta edição: 17.02.2020

- O Autor e a editora se empenharam para citar adequadamente e dar o devido crédito a todos os detentores de direitos autorais de qualquer material utilizado neste livro, dispondo-se a possíveis acertos posteriores caso, inadvertida e involuntariamente, a identificação de algum deles tenha sido omitida.

- Atendimento ao cliente: (11) 5080-0751 | faleconosco@grupogen.com.br

- Direitos exclusivos para a língua portuguesa
Copyright © 2020 by
Editora Atlas Ltda.
Uma editora integrante do GEN | Grupo Editorial Nacional
Rua Conselheiro Nébias, 1.384
São Paulo – SP – 01203-904
www.grupogen.com.br

- Reservados todos os direitos. É proibida a duplicação ou reprodução deste volume, no todo ou em parte, em quaisquer formas ou por quaisquer meios (eletrônico, mecânico, gravação, fotocópia, distribuição pela Internet ou outros), sem permissão, por escrito, da Editora Atlas Ltda.

- Capa: Aurélio Corrêa

- **CIP – BRASIL. CATALOGAÇÃO NA FONTE.
SINDICATO NACIONAL DOS EDITORES DE LIVROS, RJ.**

S234c
Santos, Enoque Ribeiro dos

Curso de direito processual do trabalho / Enoque Ribeiro dos Santos, Ricardo Antonio Bittar Hajel Filho. – 4. ed. – São Paulo: Atlas, 2020.

Inclui bibliografia
ISBN 978-85-97-02432-6

1. Direito do trabalho – Brasil. I. Hajel Filho, Ricardo Antonio Bittar. II. Título.

20-62482 CDU: 349.2(81)

Vanessa Mafra Xavier Salgado – Bibliotecária – CRB-7/6644

You can get horses ready for battle, but it is the Lord who gives victory.
(Proverbs, 21,23)

On the day that the Lord gave the men of Israel victory over the Amorites, Joshua spoke to the Lord. In the presence of the Israelites he said: "Sun, stand still over Gibeon; Moon stop over Aijaton Valley". The sun stood still and the moon did not move until the nation had conquered its enemies. This is written in the Book of Jashar. The sun stood still in the middle of the sky and did not go down for a whole day. Never before, and never since, has there been a day like it, when the Lord obeyed a human being. The Lord fought on Israel's side!
(Joshua ou Josué, 10,12)

SOBRE OS AUTORES

Enoque Ribeiro dos Santos

Mestre pela Universidade Estadual Paulista (Unesp), Doutor e Livre-Docente em Direito do Trabalho pela Faculdade de Direito da Universidade de São Paulo (USP). Professor-Associado da Faculdade de Direito da USP. Desembargador do Trabalho do TRT da 1ª Região – Rio de Janeiro.

Ricardo Antonio Bittar Hajel Filho

Doutorando pela Faculdade de Direito da Universidade de São Paulo (USP), Mestre e Graduado pela Faculdade de Direito da Universidade Estadual Paulista (Unesp). Professor Universitário de graduação e pós-graduação em Direito. Advogado e Consultor.

DEDICATÓRIA

Dedico esta obra à memória de Roquinho Ribeiro dos Santos e da eterna amada Maria, cujas lindas presenças enobreceram minha pobre alma, bem como a Virginia Fais dos Santos, Ju, Mi, Ellan e Evelyn Ribeiro dos Santos, pelo amor incondicional que nos une.

Enoque Ribeiro dos Santos

Dedico este trabalho aos meus pais, Ricardo e Elisabete; ao meu irmão, Aloysio; à minha esposa, Viviane, e aos meus amados filhos, Manuela e João Antonio.

Ricardo Antonio Bittar Hajel Filho

AGRADECIMENTOS

Agradeço aos queridos colegas professores do Departamento de Direito do Trabalho e Seguridade da Faculdade de Direito do Largo de São Francisco (USP/SP), pelos ensinamentos e pela amizade ao longo desses anos.

À Cristiane e à Mariane, laborosas e eficazes assistentes do DTB da USP/SP, pela sempre incansável e inestimável colaboração e amizade.

Enoque Ribeiro dos Santos

> *Agradeço todas as dificuldades que enfrentei; não fosse por elas, eu não teria saído do lugar. As facilidades nos impedem de caminhar. Mesmo as críticas nos auxiliam muito. Em todo instante, confio em Deus. No que faço, penso em Deus. Com quem vivo, amo a Deus. Por onde sigo, sigo com Deus. No que acontece, Deus faz o melhor. Tudo o que tenho é bênção de Deus. (Chico Xavier)*

Agradeço, também, ao professor Enoque Ribeiro dos Santos, pela confiança e pela oportunidade de trabalharmos juntos, bem como pelos constantes ensinamentos.

Ricardo Antonio Bittar Hajel Filho

APRESENTAÇÃO DA 4ª EDIÇÃO

Novamente, somos extremamente agradecidos aos queridos leitores e caros amigos pela acolhida e pelo rápido esgotamento da nossa 3ª edição. Ressaltamos que promovemos, nesta nova edição, um aprofundamento substancial, em todos os capítulos, a fim de serem incluídos os efeitos que observamos na doutrina e na jurisprudência, relativamente à Lei n. 13.467/2017 (Reforma Trabalhista), bem como pelos reflexos da MP n. 905/2019 e da Lei n. 13.874/2019 (Liberdade Econômica).

Dessa forma, esta 4ª edição, além de ser contemplada com as atualizações e os aperfeiçoamentos da legislação, doutrina e jurisprudência promovidas em face da Lei n. 13.467/2017, recebe também a incorporação da prática trabalhista de institutos que já começaram a ser manejados pela Justiça do Trabalho, especialmente relacionados aos honorários advocatícios, acesso à justiça pelos trabalhadores, homologação dos acordos extrajudiciais entre empregado e empregador, a impossibilidade de cobrança de contribuição sindical sem a expressa autorização dos empregados e o microssistema de precedentes de resolução de demandas repetitivas e de recursos repetitivos nos Tribunais do Trabalho.

Além destes institutos, aprofundamos também nossa análise acerca do novo rito do incidente de desconsideração da pessoa jurídica, bem como da exclusão da responsabilidade do sócio retirante, da gratuidade de justiça, da exceção de incompetência territorial antes da audiência preliminar, da condenação por litigância de má-fé, inclusive para as testemunhas e da supremacia do negociado em face do legislado na negociação coletiva de trabalho, trazendo ao leitor a visão atual dos Tribunais sobre esses temas palpitantes que surgiram com a Reforma Trabalhista.

Acrescentamos, também, nos capítulos iniciais, a sistemática de resolução de conflitos nos Estados Unidos da América, pelo sistema da *class actions*, que possibilita a transformação da ação individual em coletiva e a prolação de uma única decisão judicial em que são resolvidos os conflitos de milhares de trabalhadores, bem como o sistema de diálogo de fontes promovido pelo CPC/15 e pelo microssistema de tutela coletiva trabalhista.

Nesta nova edição, sublinhamos como o CPC/15 se apropriou de e incorporou uma série de institutos do sistema molecular de resolução de conflitos (audiência pública, decisões estruturantes, processo negocial, termo de ajuste de conduta etc.) que, agora, também o habilita no deslinde de lides moleculares, em paralelo com o microssistema de tutela coletiva.

Assim, neste pequeno, mas importante espaço, jamais poderíamos deixar de agradecer aos generosos colegas professores, que nos honraram com a adoção de nossa obra como livro-texto em suas respectivas disciplinas, da mesma forma com que nos enviaram sugestões, atendendo ao nosso propósito de perene e constante diálogo com o mundo real, sempre no sentido de oferecer à academia e aos profissionais do direito um trabalho que reflita as necessidades, realidades e exigências práticas do dia a dia do maravilhoso mundo do Direito.

Os Autores

SUMÁRIO

I	**CONCEITO, NATUREZA JURÍDICA E AUTONOMIA DO DIREITO PROCESSUAL DO TRABALHO**	1
	1.1 Conceito	1
	1.2 Natureza jurídica	3
	1.3 Autonomia do Direito Processual do Trabalho	4
	1.4 Neoprocessualismo ou formalismo valorativo no processo do trabalho	9
	1.5 O processo do trabalho, o CPC e os microssistemas de tutela individual e coletiva	16
II	**HISTÓRIA DO DIREITO PROCESSUAL DO TRABALHO**	19
	2.1 Breves observações sobre a evolução do Direito Processual do Trabalho em alguns países do mundo	19
	2.1.1 França	19
	2.1.2 Itália	20
	2.1.3 Alemanha	21
	2.1.4 Estados Unidos	21
	2.1.5 Grã-Bretanha	25
	2.2 Evolução no Brasil	25
III	**FONTES DO DIREITO PROCESSUAL DO TRABALHO**	33
	3.1 Fontes materiais	33
	3.2 Fontes formais	33
IV	**INTERPRETAÇÃO, INTEGRAÇÃO E APLICAÇÃO DO DIREITO PROCESSUAL DO TRABALHO**	47
	4.1 Interpretação do Direito Processual do Trabalho	47
	4.1.1 Técnicas de interpretação da lei	50

		4.1.1.1	Quanto ao método	50
		4.1.1.2	Quanto à origem	54
		4.1.1.3	Quanto aos resultados	54
	4.2	Integração		55
	4.3	As lacunas da Lei Processual Trabalhista, o art. 769 da CLT e a aplicação subsidiária do atual Código de Processo Civil		58
	4.4	Aplicação		63
	4.5	Eficácia da norma		64
		4.5.1	Aplicação da norma processual no tempo	70
		4.5.2	Aplicação da norma processual no espaço	71
V	**FORMAS DE SOLUÇÃO DOS CONFLITOS TRABALHISTAS**			79
	5.1	Autodefesa		81
	5.2	Autocomposição		81
	5.3	Heterocomposição		89
		5.3.1	Arbitragem	89
		5.3.2	Jurisdição	103
VI	**ORGANIZAÇÃO DA JUSTIÇA DO TRABALHO**			111
	6.1	Introdução		111
	6.2	Tribunal Superior do Trabalho		111
	6.3	Tribunais Regionais do Trabalho		116
	6.4	Varas do Trabalho		118
	6.5	Da magistratura do trabalho: ingresso, garantias e vedações		119
	6.6	Dos serviços auxiliares da Justiça do Trabalho		121
VII	**MINISTÉRIO PÚBLICO DO TRABALHO**			123
	7.1	Origem e conceito		123
	7.2	O Ministério Público do Trabalho e a Constituição de 1988		124
	7.3	Estrutura organizacional		130
		7.3.1	Princípios institucionais	130
	7.4	Garantias, prerrogativas e proibições		131
		7.4.1	Garantias	131
		7.4.2	Prerrogativas	132
		7.4.3	Vedações	133
	7.5	Ministério Público do Trabalho		134
		7.5.1	Ministério Público do Trabalho: metas e atribuições	135
	7.6	Conselho Nacional do Ministério Público		146
VIII	**PRINCÍPIOS PROCESSUAIS**			149
	8.1	Aspectos introdutórios		149
	8.2	Princípios constitucionais		152
		8.2.1	Princípio da igualdade ou isonomia	152

		8.2.2	Princípio da inafastabilidade do Poder Judiciário ou acesso ao Poder Judiciário	156
		8.2.3	Princípio do contraditório e princípio da ampla defesa	159
		8.2.4	Princípio da imparcialidade do juiz	162
		8.2.5	Princípio da motivação das decisões.....................................	162
		8.2.6	Princípio do devido processo legal...	164
		8.2.7	Princípio da razoável duração do processo........................	164
		8.2.8	Princípio do juiz natural	164
		8.2.9	Princípio da liceidade das provas..	164
		8.2.10	Princípio da autoridade competente	166
		8.2.11	Princípio da publicidade dos atos processuais....................	166
		8.2.12	Princípio do duplo grau de jurisdição...................................	167
	8.3	Princípios do processo civil		167
		8.3.1	Princípio da demanda ou da ação...	167
		8.3.2	Princípio da concentração dos atos processuais.................	168
		8.3.3	Princípio da oralidade	169
		8.3.4	Princípio da instrumentalidade	170
		8.3.5	Princípio da cooperação	171
	8.4	Princípios do processo do trabalho		171
		8.4.1	Princípio do *jus postulandi*	171
		8.4.2	Princípio da proteção	172
		8.4.3	Princípio da conciliação..	175
		8.4.4	Princípio da normatização coletiva	176
		8.4.5	Princípio da ultrapetição..	176
IX	**COMPETÊNCIA DA JUSTIÇA DO TRABALHO**..			179
	9.1	Competência: conceitos introdutórios		179
	9.2	Regras gerais para se verificar qual o órgão competente		180
	9.3	Critérios fixadores da competência		181
	9.4	Classificação...		184
		9.4.1	Competência originária e derivada	184
		9.4.2	Competência relativa e competência absoluta	185
		9.4.3	Competência de juízo ou por distribuição	186
	9.5	*Perpetuatio jurisdictionis*		187
	9.6	Competência da Justiça do Trabalho		188
		9.6.1	Competência material da Justiça do Trabalho (*ratione materiae*)	189
			9.6.1.1 Relação de trabalho	192
			9.6.1.2 Relação de trabalho e relação de consumo.......	193
			9.6.1.3 Relação de trabalho e servidores da administração pública	199
			9.6.1.4 Relação de trabalho e entes de direito público externo...	202

		9.6.1.5	Competência para ações envolvendo o exercício do direito de greve	205
		9.6.1.6	Ações envolvendo sindicatos e suas representações	207
		9.6.1.7	Mandado de segurança, *habeas corpus* e *habeas data*	207
		9.6.1.8	Dano patrimonial e dano moral........................	210
		9.6.1.9	Penalidades administrativas aplicadas pelo Poder Executivo	212
		9.6.1.10	Contribuições previdenciárias	213
		9.6.1.11	Outras controvérsias decorrentes da relação de trabalho	215
	9.6.2	Competência em razão da pessoa (*ratione personae*)		216
	9.6.3	Competência em razão da função		217
		9.6.3.1	Varas do Trabalho	217
		9.6.3.2	Tribunais Regionais do Trabalho	218
		9.6.3.3	Tribunal Superior do Trabalho	218

			9.6.3.3.1	Tribunal Pleno	219
			9.6.3.3.2	Seção Especializada em Dissídios Coletivos (SDC)	220
			9.6.3.3.3	Seção Especializada em Dissídios Individuais (SDI)	222
			9.6.3.3.4	Turmas	223

		9.6.4	Competência territorial ou de foro	223
		9.6.5	Modificação da competência na Justiça do Trabalho	230
		9.6.6	Conflitos de competência	234
		9.6.7	Incompetência da Justiça do Trabalho	235
X	**AÇÃO TRABALHISTA**			239
	10.1	Aspectos gerais		239
	10.2	Conceito e natureza jurídica		240
	10.3	Condições da ação no Código de Processo Civil/2015		243
		10.3.1	Legitimidade das partes	244
		10.3.2	Interesse de agir	246
		10.3.3	Possibilidade jurídica do pedido	246
	10.4	Momentos para se verificar as condições da ação		247
	10.5	Elementos da ação		248
		10.5.1	Partes	248
		10.5.2	Causa de pedir	249
		10.5.3	Pedido	250
	10.6	Classificação das ações		252
		10.6.1	Ação de conhecimento ou cognitiva	252
		10.6.2	Ações executivas..	254

		10.6.3	Ação cautelar	254
		10.6.4	Ação mandamental	255
		10.6.5	Ação executiva *lato sensu*	255
	10.7	Tutela jurisdicional		255
XI	**PROCESSO E PROCEDIMENTO**			**257**
	11.1	Aspectos introdutórios		257
	11.2	Pressupostos processuais		259
	11.3	Pressupostos processuais de existência		260
	11.4	Pressupostos processuais de validade		261
	11.5	Pressupostos processuais negativos		263
	11.6	Procedimento		263
		11.6.1	Procedimento comum	264
		11.6.2	Procedimento especial	267
	11.7	Procedimento para ações que não envolvam relação de emprego e para ações especiais que tramitam na Justiça do Trabalho		268
XII	**ATOS, TERMOS, PRAZOS E NULIDADES PROCESSUAIS**			**271**
	12.1	Atos processuais		271
	12.2	Espécies de atos processuais		273
	12.3	Termos processuais		274
	12.4	Forma dos atos processuais		275
	12.5	Comunicação dos atos processuais		279
	12.6	Prazos processuais		285
		12.6.1	Preclusão	287
		12.6.2	Contagem do prazo	288
		12.6.3	Suspensão e interrupção dos prazos	290
		12.6.4	Principais prazos e prazos diferenciados	291
	12.7	Nulidades processuais		293
		12.7.1	Princípios das nulidades processuais	296
			12.7.1.1 Princípio da instrumentalidade das formas ou da finalidade	296
			12.7.1.2 Princípio do prejuízo ou da transcendência	296
			12.7.1.3 Princípio da convalidação ou da preclusão	297
			12.7.1.4 Princípio da economia processual	298
			12.7.1.5 Princípio do interesse	299
			12.7.1.6 Princípio da utilidade	299
XIII	**PARTES E PROCURADORES**			**301**
	13.1	Partes		301
	13.2	Capacidade de ser parte		302
	13.3	Capacidade de estar em juízo (capacidade processual)		303
		13.3.1	Representação e assistência no direito processual	306

13.4	Capacidade postulatória	311
13.5	Substituição processual	319
	13.5.1 Legitimação extraordinária	322
	13.5.2 Legitimação autônoma	323
	13.5.3 Representatividade adequada e pertinência temática	324
13.6	Sucessão processual	328
13.7	Litisconsórcio	331
	13.7.1 Conceito e classificação	331
	13.7.2 Efeitos ou regime do litisconsórcio	339
13.8	Da responsabilidade por dano processual	340
13.9	Despesas processuais	344
	13.9.1 Isenção de custas	348
13.10	Assistência judiciária gratuita e benefício da justiça gratuita	354
13.11	Honorários advocatícios	359

XIV PETIÇÃO INICIAL 367

14.1	Noções introdutórias	367
14.2	Requisitos da petição inicial	369
14.3	Pedido	378
	14.3.1 Regras	378
	14.3.2 Cumulação dos pedidos	379
	14.3.3 Requisitos para cumulação de pedidos	381
14.4	Indeferimento da petição inicial	381
14.5	Da improcedência liminar do pedido	384

XV AUDIÊNCIA 387

15.1	Conceito	387
15.2	Aspectos gerais	389
15.3	Procedimento e regras da audiência trabalhista	391
	15.3.1 Local, horário e duração	391
	15.3.2 Audiência una e em prosseguimento	393
	15.3.3 Do procedimento e do comparecimento das partes	395
	15.3.4 Da ausência das partes e seus efeitos	403

XVI RESPOSTA DO RÉU 409

16.1	Considerações iniciais			409
16.2	Contestação			410
	16.2.1	Defesas processuais		412
	16.2.2	Defesa do mérito		416
		16.2.2.1	Defesa direta	416
		16.2.2.2	Defesa indireta	417
			16.2.2.2.1 Prescrição e decadência	418
			16.2.2.2.2 Compensação e retenção	434

		16.2.2.2.3	Prescrição nas ações coletivas	435
		16.2.2.2.4	Compensação	437
	16.3	Das exceções		439
		16.3.1	Exceção de suspeição e impedimento	441
		16.3.2	Procedimento para alegação..................................	443
		16.3.3	Exceção de incompetência....................................	445
	16.4	Reconvenção		448
	16.5	Revelia..		451

XVII DAS PROVAS 457
    17.1   Conceito 457
    17.2   Classificação das provas 458
    17.3   Princípios probatórios 459
    17.4   Objeto da prova 461
            17.4.1   Carteira profissional 462
    17.5   Ônus da prova.. 463
            17.5.1   Aspectos subjetivos e objetivos do ônus da prova............. 464
    17.6   Critérios de avaliação da prova pelo juiz..................................... 472
    17.7   Meios e fontes de provas.. 474
    17.8   Proibição da prova ilícita.. 474
    17.9   Prova emprestada 476
    17.10 Produção antecipada da prova 479
    17.11 Meios de prova... 480
            17.11.1 Depoimento pessoal e interrogatório........................ 480
            17.11.2 Confissão 482
                      17.11.2.1   Espécies de confissão 483
            17.11.3 Documentos 486
            17.11.4 Arguição de falsidade documental............................ 489
            17.11.5 Exibição de documento ou coisa 490
            17.11.6 Ata notarial 492
            17.11.7 Prova testemunhal 493
            17.11.8 Prova pericial... 498
            17.11.9 Inspeção judicial 505

XVIII DA FASE DECISÓRIA.. 507
    18.1   Sentença.. 507
    18.2   Espécies (fundamentos) da sentença 509
            18.2.1   Hipóteses de sentença sem resolução do mérito: art. 485 do CPC/2015... 510
            18.2.2   Hipóteses de sentenças com resolução do mérito: art. 487 do CPC 513
    18.3   Requisitos da sentença.. 513
    18.4   Classificação das sentenças 518

		18.4.1	Sentenças declaratórias	518
		18.4.2	Sentenças constitutivas	519
		18.4.3	Sentenças condenatórias	519
		18.4.4	Sentenças mandamentais	520
		18.4.5	Sentenças executivas *lato sensu*	521
	18.5	Hipoteca judiciária		521
	18.6	Defeitos da sentença		522
	18.7	Intimação da sentença		526
	18.8	Juízo de retratação		527
	18.9	Decisões parciais de mérito		527
XIX	COISA JULGADA			529
	19.1	Introdução e conceito		529
	19.2	Coisa julgada: formal e material		532
	19.3	Sistema de formação ou produção da coisa julgada		535
	19.4	Limites objetivos e subjetivos da coisa julgada		541
		19.4.1	Limites objetivos	541
		19.4.2	Limites subjetivos da coisa julgada	543
XX	TEORIA GERAL DOS RECURSOS			545
	20.1	Conceito e características		545
	20.2	Natureza jurídica dos recursos		547
	20.3	Distinção entre recursos e outros meios de impugnação		547
	20.4	Classificação dos recursos		556
		20.4.1	Quanto à extensão do inconformismo ou da matéria impugnada	557
		20.4.2	Quanto à fundamentação: de fundamentação vinculada e de fundamentação livre	557
		20.4.3	Quanto ao objeto imediato do recurso: extraordinário e ordinário	558
		20.4.4	Quanto à independência/autonomia do recurso: autônomo ou dependente	559
	20.5	Princípios recursais no processo do trabalho		561
		20.5.1	Princípio do duplo grau de jurisdição	561
		20.5.2	Princípio da taxatividade	562
		20.5.3	Princípio da singularidade, unirrecorribilidade ou unicidade recursal	564
		20.5.4	Princípio da conversibilidade ou fungibilidade	564
		20.5.5	Princípio da proibição da *reformatio in pejus*	566
		20.5.6	Princípio da dialeticidade	566
		20.5.7	Princípio da consumação	567
		20.5.8	Princípio da voluntariedade	568
	20.6	Peculiaridades dos recursos trabalhistas		568

	20.7	Efeitos dos recursos	569
		20.7.1 Efeito obstativo	569
		20.7.2 Efeito devolutivo	570
		20.7.3 Efeito suspensivo	572
		20.7.4 Efeito translativo	573
		20.7.5 Efeito extensivo	574
		20.7.6 Efeito substitutivo	574
		20.7.7 Efeito regressivo	574
	20.8	Juízo de admissibilidade	575
	20.9	Pressupostos recursais	576
		20.9.1 Pressupostos intrínsecos	576
		20.9.2 Pressupostos extrínsecos	580
	20.10	Contrarrazões	593
	20.11	Documentos na fase recursal	594
XXI	**RECURSOS TRABALHISTAS EM ESPÉCIE**		595
	21.1	Recurso ordinário	595
		21.1.1 Juízo de retratação	597
		21.1.2 Processamento do recurso ordinário	598
		21.1.3 Recurso ordinário no rito sumaríssimo	601
	21.2	Recurso de revista	601
		21.2.1 Requisitos de admissibilidade do recurso de revista	602
		21.2.2 Hipóteses de cabimento	605
		21.2.2.1 Do requisito da transcendência	610
		21.2.3 Recurso de revista na fase de execução	611
		21.2.4 Recurso de revista no rito sumaríssimo	612
		21.2.5 Processamento do recurso de revista	613
		21.2.6 Uniformização de jurisprudência	614
		21.2.7 Recurso de revista em demandas repetitivas	616
	21.3	Recurso de embargos no TST	622
		21.3.1 Embargos infringentes	623
		21.3.2 Embargos de divergência	623
	21.4	Agravo de petição	625
	21.5	Agravo de instrumento	627
	21.6	Agravo regimental ou interno	630
	21.7	Embargos de declaração	630
		21.7.1 Hipóteses de cabimento	631
		21.7.2 Embargos de declaração com efeito infringente (modificativo)	632
		21.7.3 Embargos de declaração e o prequestionamento	633
		21.7.4 Do processamento dos embargos de declaração	634
		21.7.5 Embargos de declaração protelatórios	634

	21.8	Recurso adesivo	634
	21.9	Pedido de revisão	635
	21.10	Incidentes processuais	636
		21.10.1 Incidente de resolução de demandas repetitivas	638
		21.10.2 Incidente de resolução de recursos repetitivos (IRRR)	645
		21.10.3 O incidente de resolução de recursos repetitivos e a Lei 13.015, de 21 de junho de 2014	647
		21.10.4 Incidente de assunção de competência	649
		21.10.5 Do incidente de arguição de inconstitucionalidade	650
		21.10.6 Da reclamação	651
XXII	LIQUIDAÇÃO DE SENTENÇA		653
	22.1	Aspectos Introdutórios	653
	22.2	Liquidação por cálculos	655
	22.3	Liquidação por arbitramento	660
	22.4	Liquidação por artigos	661
	22.5	Natureza jurídica da sentença de liquidação	662
	22.6	Impugnação à sentença de liquidação	664
XXIII	EXECUÇÃO TRABALHISTA		667
	23.1	Aspectos introdutórios	667
	23.2	Títulos executivos	669
	23.3	Princípios estruturais da execução	672
	23.4	Execução provisória e definitiva	675
		23.4.1 Execução provisória	675
		23.4.2 Execução definitiva	681
	23.5	Legitimidade	682
		23.5.1 Legitimidade ativa	682
		23.5.2 Legitimidade passiva	683
	23.6	Responsabilidade patrimonial	683
		23.6.1 Responsabilidade patrimonial na sucessão trabalhista	684
		23.6.2 Responsabilidade da empresa pertencente ao mesmo grupo econômico que não tenha participado do processo na fase de conhecimento	685
		23.6.3 Responsabilidade do devedor subsidiário	687
		23.6.4 Responsabilidade do sócio	688
		23.6.5 Responsabilidade de ex-sócios e administradores no âmbito trabalhista	694
		23.6.5.1 Responsabilidade patrimonial de ex-sócios pelas dívidas trabalhistas empresariais	699
	23.7	Fraude contra credores e fraude à execução	705
	23.8	Execução por quantia certa contra devedor solvente	708
		23.8.1 Penhora	710

		23.8.2	Defesa na execução	715
			23.8.2.1 Embargos	715
			23.8.2.1.1 Embargos à execução	715
			23.8.2.1.2 Embargos à penhora	719
			23.8.2.1.3 Embargos de terceiro	720
		23.8.3	Exceção de pré-executividade	721
		23.8.4	Prescrição intercorrente	722
		23.8.5	Trâmites finais da execução	724
			23.8.5.1 Arrematação	725
			23.8.5.2 Adjudicação	728
			23.8.5.3 Remição da execução	729
	23.9	Execução contra a Fazenda Pública		729
		23.9.1	Legitimidade passiva	730
		23.9.2	Cumprimento da decisão	730
		23.9.3	Recurso	731
		23.9.4	Precatório	732
		23.9.5	Requisição de Pequeno Valor (RPV)	735
	23.10	Execução sobre as parcelas previdenciárias		736
		23.10.1	Termos de conciliação homologados judicialmente – acordo judicial	737
		23.10.2	Sentença judicial	739
	23.11	Execução de obrigação de fazer e não fazer		740
XXIV	PROCEDIMENTOS ESPECIAIS TRABALHISTAS			743
	24.1	Conceito de Procedimentos Especiais		744
	24.2	Requisitos dos procedimentos especiais		745
		24.2.1	Requisito material	745
		24.2.2	Requisito processual	745
	24.3	Características dos procedimentos especiais		745
	24.4	Instrução Normativa 39/2016 e Instrução Normativa 41/2018		748
	24.5	Dissídio coletivo de trabalho		756
		24.5.1	Negociação coletiva de trabalho	760
		24.5.2	A Emenda Constitucional 45/2004 e os reflexos no poder normativo	766
		24.5.3	O "comum acordo" (§ 2º do art. 114 da Constituição Federal)	767
		24.5.4	Limites do poder normativo pelos Tribunais do Trabalho	771
			24.5.4.1 Limite mínimo	772
			24.5.4.2 Limite máximo	774
		24.5.5	O papel do Ministério Público do Trabalho nos dissídios coletivos	776
			24.5.5.1 Dissídio coletivo ajuizado pelo Ministério Público do Trabalho	779

		24.5.6	Sentença normativa	781
		24.5.7	Dissídio coletivo de greve de servidores públicos estatutários	784
		24.5.8	Tutela provisória de urgência com caráter satisfativo	790
		24.5.9	Coisa julgada formal e material na sentença normativa	792
	24.6	Ação de cumprimento		796
		24.6.1	Conceito	796
		24.6.2	Natureza jurídica da ação de cumprimento	798
		24.6.3	Competência	801
		24.6.4	Objeto da ação de cumprimento	802
		24.6.5	Coisa julgada	803
			24.6.5.1 Coisa julgada *erga omnes*	803
			24.6.5.2 Coisa julgada *secundum eventum litis*	803
			24.6.5.3 Coisa julgada *rebus sic stantibus*	806
		24.6.6	Litispendência da ação de cumprimento coletiva com a ação individual	816
	24.7	Inquérito para apuração de falta grave		817
		24.7.1	Conceito	817
		24.7.2	Processamento	819
		24.7.3	Prazo	820
		24.7.4	Efeitos da sentença judicial	821
	24.8	Processo de jurisdição voluntária para homologação de acordo extrajudicial		821
XXV	OUTRAS AÇÕES CABÍVEIS NO PROCESSO DO TRABALHO			827
	25.1	Ação rescisória		827
		25.1.1	Hipóteses de cabimento da ação rescisória	830
		25.1.2	Competência	842
		25.1.3	Legitimidade	843
		25.1.4	Rescisória em relação à sentença homologatória de acordo individual	845
		25.1.5	Juízo rescindente e rescisório	847
		25.1.6	Petição inicial	848
		25.1.7	Processamento	850
		25.1.8	Prazo	853
		25.1.9	Recurso	855
		25.1.10	Tutela provisória de urgência na ação rescisória	857
	25.2	Mandado de segurança		859
		25.2.1	Conceito	859
		25.2.2	Competência	860
		25.2.3	Hipóteses de cabimento e peculiaridades do mandado de segurança	862
		25.2.4	Hipóteses de não cabimento do mandado de segurança	863

	25.2.5	Processamento	866
	25.2.6	Mandado de segurança coletivo	871
	25.2.7	Legitimidade do Ministério Público do Trabalho para propor mandado de segurança coletivo	873
	25.2.8	Recursos	875
	25.2.9	Prazos recursais	875
25.3	Habeas corpus		876
	25.3.1	Processamento	878
25.4	Habeas data		879
25.5	Ação de consignação em pagamento		883
25.6	Ação anulatória (de nulidade) de cláusula ou de acordo ou convenção coletiva de trabalho		886
	25.6.1	Denominação	889
	25.6.2	Natureza jurídica	890
	25.6.3	Objeto	894
	25.6.4	Legitimidade ativa	899
	25.6.5	Legitimidade passiva	907
	25.6.6	Competência material para julgamento das ações anulatórias	908
	25.6.7	Competência hierárquica ou funcional para julgamento das ações anulatórias	908
	25.6.8	Reflexos processuais da decisão judicial	911
25.7	Ação monitória		913
	25.7.1	Conceito	913
	25.7.2	Processamento	915
25.8	Ações possessórias		916
	25.8.1	Hipóteses de cabimento na Justiça do Trabalho	917
	25.8.2	Processamento	917
	25.8.3	Interdito proibitório	917
25.9	Tutelas provisórias		919
	25.9.1	Tutela provisória e sua classificação atual	920
	25.9.2	Prazo de duração da tutela provisória	923
	25.9.3	Poder geral de cautela e de satisfação do direito material	923
	25.9.4	Pressupostos da tutela de urgência	924
	25.9.5	Tutela provisória de urgência de natureza cautelar	925
	25.9.6	Estabilização da tutela de urgência satisfativa	926
	25.9.7	Arresto	927
	25.9.8	Sequestro	928
	25.9.9	Busca e apreensão	929
	25.9.10	Exibição	929
	25.9.11	Produção antecipada de provas	929
	25.9.12	Justificação	930

25.9.13	Protesto, notificação e interpelação	931
25.9.14	Atentado	931
25.9.15	Procedimento da tutela antecipada requerida em caráter antecedente	932
25.9.16	Procedimento da tutela cautelar requerida em caráter antecedente	936
25.9.17	Da tutela da evidência	938
	25.9.17.1 Conceito	938
	25.9.17.2 Hipóteses de tutela de evidência	938
25.10	Inquérito civil	939
25.10.1	Referências nos textos legais federais e estaduais	941
25.10.2	Natureza jurídica do inquérito civil	942
25.10.3	Papéis atribuídos ao inquérito civil	943
25.10.4	Principais características do inquérito civil	943
25.10.5	Procedimento preparatório	944
25.10.6	Desdobramentos do inquérito civil	945
	25.10.6.1 Arquivamento	945
	25.10.6.2 Diligências	946
	25.10.6.3 Celebração de Termo de Ajuste de Conduta (TAC)	946
	25.10.6.4 Objeto do TAC	949
	25.10.6.5 Possibilidade de desarquivamento do inquérito civil	950
	25.10.6.6 Poder de requisição	951
	25.10.6.7 Poder de notificação	951
	25.10.6.8 Poder de recomendação	951
	25.10.6.9 Poder de inspeção e de realização de diligências	952
	25.10.6.10 Poder de realização de audiências públicas	953
25.11	Ação civil pública	954
25.11.1	Objeto da ação civil pública	955
25.11.2	Natureza jurídica	957
25.11.3	Obrigações de fazer, não fazer e de suportar	957
25.11.4	Cominação de multas e *astreintes* na ação civil pública	959
25.11.5	Competência funcional territorial	962
25.11.6	Antecipação dos efeitos da tutela	963
25.11.7	Alcance e efeitos da coisa julgada	965
25.12	Ação civil coletiva	967
25.12.1	Conceito	967
25.12.2	Natureza jurídica da ação civil coletiva	969
25.12.3	Objeto da ação civil coletiva	969
25.12.4	Fungibilidade das ações coletivas	970

	25.12.5	Diferenciação entre ação civil coletiva e consórcio multitudinário..	971
	25.12.6	Legitimidade ativa..	974
	25.12.7	A legitimidade do Ministério Público do Trabalho para a defesa dos direitos individuais homogêneos........................	975
	25.12.8	Litisconsórcio ativo..	981
		25.12.8.1 Dos colegitimados...	981
		25.12.8.2 Dos trabalhadores individuais............................	981
		25.12.8.3 Legitimidade passiva	982
	25.12.9	Competência..	983
		25.12.9.1 Competência material e funcional.....................	983
		25.12.9.2 Competência territorial..	984
	25.12.10	Tutelas de urgência na ação civil coletiva	985
	25.12.11	Sentença com condenação genérica.......................................	987
	25.12.12	Coisa julgada *erga omnes* e *secundum eventum litis*............	988
	25.12.13	Liquidação e execução da sentença.......................................	991
	25.12.14	Execução de decisão de implantação de política pública ...	993
25.13	Processo coletivo passivo		995
	25.13.1	O novo Código de Processo Civil e as ações coletivas........	997

Anexo – Reforma trabalhista. Avanço ou retrocesso.. 1007

Referências.. 1011

CONCEITO, NATUREZA JURÍDICA E AUTONOMIA DO DIREITO PROCESSUAL DO TRABALHO

1.1 CONCEITO

Ao se iniciar o estudo do Direito Processual do Trabalho, mister se faz conceituá-lo, contextualizá-lo e identificar os seus mais importantes institutos, como meios de instrumentalização e efetivação das normas de Direito do Trabalho.

Em singelas linhas, podemos conceituar o Direito Processual do Trabalho como ramo da ciência jurídica detentor de normas (princípios e regras), valores e instituições específicas que possuem o condão de instrumentalizar e efetivar as normas de direito material, em sede jurisdicional trabalhista, evitando, dirimindo e pacificando controvérsias envolvendo relações de trabalho e de emprego, individual ou coletivamente apresentadas.

Para Francisco Antonio de Oliveira[1]:

> O Direito Processual do Trabalho tem por finalidade propiciar a instrumentalidade necessária para que o conflito trabalhista seja submetido e resolvido no plano jurisdicional, trazendo para o campo da realidade a aplicação das normas de Direito do Trabalho. Pode se dizer que o processo trabalhista é constituído de um conjunto de normas e princípios próprios destinados a proporcionar o procedimento necessário à prestação jurisdicional em sede trabalhista, visando à composição de dissídios individuais e coletivos, envolvendo trabalhadores e empregadores.

Segundo Cleber Lúcio de Almeida[2]:

---

[1] OLIVEIRA, Francisco Antonio de. *Manual de processo do trabalho*. 4. ed. São Paulo: LTr, 2011.
[2] ALMEIDA, Cléber Lúcio de. *Direito processual do trabalho*. 2. ed. Belo Horizonte: Del Rey, 2008.

O direito processual do trabalho é o conjunto de regras e princípios que organizam e disciplinam a solução judicial dos conflitos de interesses de natureza trabalhista, entendendo-se como tais, por força do art. 114, I a IX, da Constituição Federal, os que decorrem de uma relação de trabalho ou que a eles sejam conexos.

Com fulcro nesses conceitos, podemos delinear algumas características relevantes que compõem o Direito Processual do Trabalho:

1) O direito processual do trabalho, como parte integrante do direito processual comum, é um instrumento de efetivação das normas substanciais (direito material), ou seja, busca garantir que estas sejam realmente respeitadas e cumpridas[3], bem como é um mecanismo facilitador para que o jurisdicionado tenha o seu acesso ao Judiciário, já que esse direito no Estado Democrático de Direito foi erigido a direito humano fundamental.

2) Embora tenha um espeque subsidiário do processo comum, consoante os arts. 769 e 889 da CLT, o direito processual do trabalho é autônomo, possuindo normas jurídicas específicas, em que seus princípios e regras apontam diretrizes para solucionar conflitos trabalhistas, tanto na esfera individual (relação de trabalho *lato sensu*) quanto em âmbito coletivo (dissídios coletivos, ações civis públicas e ações civis coletivas – que envolvem categorias, classes e grupos).

3) Apresenta um sistema normatizado de órgãos que integram a Justiça do Trabalho, os quais operacionalizam e efetivam as normas jurídicas instrumentais e materiais trabalhistas, com o fito de solucionar as crises decorrentes das relações de trabalho e pacificar a convivência social.

Por fim, mas não menos importante, o processo do trabalho é colocado à disposição do cidadão, especialmente o trabalhador, como mais um canal do sistema de acesso à Justiça[4], que não se confunde com o acesso à jurisdição, por meio do qual pode buscar a certificação e a fruição de seus legítimos direitos e interesses.

Fredie Didier Jr.[5] nos informa que o processo pode ser compreendido como método de criação de normas jurídicas, ato jurídico complexo (procedimento) e

---

[3] "O direito processual é, assim, do ponto de vista de sua função jurídica um instrumento a serviço do direito material: todos os seus institutos básicos (jurisdição, ação, exceção, processo) são concebidos e justificam-se no quadro das instituições do Estado pela necessidade de garantir a autoridade do ordenamento jurídico" (GRINOVER, Ada Pellegrini *et alli*. *Teoria geral do processo*. 25. ed. São Paulo: Malheiros. p. 46).

[4] Quem melhor conceituou justiça ao longo do tempo foi Aristóteles, que, na sua subdivisão de justiça, denominou como justiça distributiva o "dar a cada um o que é seu, segundo seu merecimento ou necessidade".

[5] DIDIER JR., Fredie. *Curso de direito processual*. 20. ed. Salvador: JusPodivm, 2018. v. I, p. 36.

relação jurídica. Sob o enfoque da Teoria da Norma Jurídica, processo é o método de produção de fontes normativas – e, por consequência, de normas jurídicas.

Aduz ainda o referido autor que o poder de criação de normas (poder normativo) somente pode ser exercido processualmente. Assim, fala-se em processo legislativo (produção de normas gerais pelo Poder Legislativo), processo administrativo (produção de normas gerais e individualizadas pela Administração) e processo jurisdicional (produção de normas pela jurisdição). É possível, ainda, conceber o processo negocial, método de criação de normas jurídicas pelo exercício da autonomia privada. Rigorosamente, o processo é de construção de atos normativos – leis, atos administrativos, decisões judiciais e negócios jurídicos; a partir da interpretação desses atos normativos, surgirão as normas jurídicas[6].

Podemos acrescentar ao elenco acima o processo arbitral, que conduz à prolação da sentença arbitral, que será objeto de desenvolvimento em item específico (cap. V, item 5.3.1) no presente livro.

Já sob a perspectiva da Teoria do Fato Jurídico, o processo seria uma espécie de ato jurídico, de forma que seria analisado sob o aspecto da existência dos sucessivos fatos jurídicos, à semelhança de um ato jurídico complexo, levando-nos à compreensão de que o processo, para essa teoria, apresenta-se como sinônimo de procedimento.

Pela Teoria Geral do Processo, sabemos que procedimento constitui o iter, o caminho, o itinerário trilhado pelos diversos sujeitos processuais (partes, juiz, Ministério Público, peritos, assistentes etc.), por uma série de relações jurídicas que conduzem ao deslinde da controvérsia, por meio da prestação jurisdicional.

Dessa forma, segundo José Joaquim Calmon de Passos[7], o procedimento é ato complexo de formação sucessiva, ou seja, um conjunto de atos jurídicos (atos processuais) relacionados entre si, que possuem como objetivo comum, no caso do processo judicial, a prestação jurisdicional.

É justamente nesse sentido que foi exposto o art. 14 do CPC/2015:

> Art. 14. A norma processual não retroagirá e será aplicável imediatamente aos processos em curso, respeitados os atos processuais praticados e as situações jurídicas consolidadas sob a vigência da norma revogada.

1.2 NATUREZA JURÍDICA

Quando se estuda a natureza jurídica de um determinado instituto ou ramo do Direito, o que se deseja é verificar quais são as suas características ou parâmetros

---

[6] Idem, ibidem, p. 36-37.
[7] PASSOS, José Joaquim Calmon de. *Esboço de uma teoria das nulidades aplicada às nulidades processuais*. Rio de Janeiro: Forense, 2002. p. 82.

nucleares, ou seja, sua essência ou fundamentos intrínsecos, bem como o seu enquadramento dentro do sistema jurídico como um todo, especialmente na bipartição entre o direito público e o direito privado.

Portanto, ao se falar em natureza jurídica do Direito Processual do Trabalho, o objetivo é determinar qual a sua posição dentro do Direito.

Não adentrando a cizânia doutrinária sobre a permanência da tradicional divisão do Direito, proposta por Ulpiano, no Direito Romano, em Direito Público e Direito Privado, afirmamos que o Direito Processual do Trabalho se insere no Direito Público[8].

O Direito Processual do Trabalho sistematiza e aplica princípios e regras para exercer de modo efetivo a jurisdição (poder do Estado para dirimir conflitos, ou seja, o clássico romano *juris + dicere*), extinguindo conflitos trabalhistas e pacificando a vida em sociedade. Assim, o Direito Processual do Trabalho, ao regular uma função tipicamente estatal (jurisdição), insere-se, por óbvio, no Direito Público.

Ademais, as fontes formais do Direito Processual do Trabalho são de origem estatal, posto ser somente a União a detentora da legitimidade para legislar sobre direito processual, consoante o art. 22, I, da Constituição da República de 1988.

1.3 AUTONOMIA DO DIREITO PROCESSUAL DO TRABALHO

Autonomia deriva do grego, consubstanciando *auto* (próprio) com *nomia* (regra ou norma).

Sérgio Pinto Martins[9], citando Alfredo Rocco, assinala que, para caracterizar a autonomia de uma ciência, é mister: a) seja ela vasta a ponto de merecer um estudo conjunto adequado e particular, b) contenha doutrina homogênea dominada por conceitos gerais comuns e distintos dos conceitos gerais que informam outras disciplinas e c) possua método próprio, empregando processos especiais para o conhecimento das verdades que constituem o objeto de suas investigações.

Logo, para o mencionado autor, haverá autonomia da matéria dentro da ciência do Direito, se seus princípios e regras tiverem identidade e diferença em relação aos demais ramos do Direito.

Não obstante todo o desenvolvimento e evolução do Direito Processual do Trabalho, especialmente após o advento da Constituição Federal de 1988 e da Ementa Constitucional 45/2004, que promoveu uma verdadeira revolução na seara trabalhista, ao elastecer sua competência, encontramos, ainda, ferrenhas

---

[8] Essa é a visão de Chiovenda, que, na linha preconizada por Mortara, considerou o processo civil como instituto de direito público, bem como a autonomia da ação em face do direito subjetivo material (CHIOVENDA, Giuseppe. *Princípios del derecho procesal*. Madrid: Reus. p. 365).

[9] MARTINS, Sérgio Pinto. *Direito do trabalho*. 27. ed. São Paulo: Atlas, 2010. p. 34.

discussões na doutrina se o Direito Processual do Trabalho possui ou não autonomia, no sentido de, como ramo do Direito, possuir normas, princípios e campo de atuação próprios.

Para se verificar a autonomia de determinado ramo do direito é preciso verificar, por certo, a existência de princípios, regras próprias, legislação específica, institutos peculiares, um número razoável de estudos doutrinários, bem como um objeto de estudo próprio e diferenciado dos demais.

Não há, todavia, como negar que o Direito Processual do Trabalho possui vários princípios partilhados com o Direito Processual Civil, dentre eles podemos mencionar a oralidade, a concentração dos atos, a inércia, a instrumentalidade de formas, a eventualidade, o impulso oficial, a conciliação, a preclusão, entre outros.

Portanto, permanecem, hodiernamente, fortes debates doutrinários acerca do Direito Processual do Trabalho ser ou não autônomo em relação ao Direito Processual Civil (comum – não penal).

Dentro da Ciência Jurídica existem critérios, como dito, para delinear se um ramo é ou não autônomo em face dos demais ramos que a compõem. Mauro Schiavi[10] afirma que, "para aquilatar a autonomia de determinado ramo do direito, necessário avaliar se tem princípios próprios, uma legislação específica, um razoável número de estudos doutrinários a respeito e um objeto de estudo próprio".

Neste diapasão, encontram-se vozes dissonantes sobre autonomia do Direito Processual do Trabalho.

Para os monistas ou unitaristas, o Direito Processual é único, sendo que suas regras servem de substrato para todos os demais ramos processuais. "É formado por normas que não diferem substancialmente a ponto de justificar a divisão e autonomia do direito processual do trabalho, do direito processual civil e do direito processual penal"[11]. Nessa linha, Tostes Malta[12] informa que o Processo do Trabalho possui apenas peculiaridades, não se justificando sua autonomia em face do processo civil, pois não teria campo, fundamentos e princípios próprios ao confrontar um ou outro ramo do direito. Assinala, ainda, que, na maioria dos países, os princípios processuais são, como regra geral, universais e o processo do trabalho é o próprio processo civil, e aqui, no máximo, o que se poderia falar seria a autonomia do processo do trabalho brasileiro em paralelo com o processo civil.

Para o mesmo autor[13], não se encontram evidenciados fundamentos processuais trabalhistas diversos dos fundamentos do Direito Processual Civil, e que o

---

10   SCHIAVI, Mauro. *Manual de direito processual do trabalho.* 8. ed. São Paulo: LTr. p. 122.
11   SARAIVA, Renato. *Curso de direito processual do trabalho.* 5. ed. São Paulo: Método. p. 28.
12   MALTA, Christovão Piragibe Tostes. *Prática de processo trabalhista.* São Paulo: LTr, 2010. p. 22.
13   Idem, ibidem, p. 23.

estudo das instituições básicas processuais (ação, processo, jurisdição etc.) bem mostra que a estrutura do Processo do Trabalho é a mesma do Processo Civil (contagem de prazo, preclusão, partes, coisa julgada etc.).

Seguindo esse posicionamento, podemos mencionar Jorge Luiz Souto Maior[14], para quem:

> (...) verifica-se que o processo do trabalho possui, realmente, características especiais, mas que são ditadas pelas peculiaridades do direito material que ele instrumentaliza. Esses pressupostos de instrumentalização, especialização, simplificação, voltados para a efetividade da técnica processual, são encontrados – e bastante desenvolvidos – na teoria geral do processo civil, razão pela qual, no fundo, há de se reconhecer a unicidade do processo.

Diametralmente oposta, a teoria dualista refuta os argumentos da monista, preconizando a autonomia do Direito Processual do Trabalho em face do Direito Processual Civil (comum – não penal), sendo essa segunda corrente a majoritária no ordenamento jurídico pátrio[15]. Francisco Antonio de Oliveira[16] testifica os argumentos da teoria dualista, para a qual

> a autonomia seria uma consequência da existência do ramo do Direito material o qual o processo instrumentaliza. Ambos mantêm uma relação estreita. As normas do Direito ao qual serve são dotadas de particularidades tais, que só um Direito Processual específico poderá implementá-lo satisfatoriamente. A dualidade e a autonomia não significam que um ramo do Direito Processual autônomo não possa se servir de regras de outro Direito Processual. As diferenças e peculiaridades que foram suficientes a determinar a autonomia não são de molde a proibir a busca subsidiária.

Existe, ainda, uma terceira corrente que pugna pela autonomia do Processo do Trabalho em razão da possibilidade de aplicação subsidiária do Processo Civil ao Processo do Trabalho.

Há os que sustentam, inclusive, no sentido de que a autonomia do Direito Processual do Trabalho é relativa em face do processo civil em razão de o art. 769 da CLT possibilitar a aplicação subsidiária ao Direito Processual Comum, na fase

---

[14] SOUTO MAIOR, Jorge Luiz. *Direito processual do trabalho*: efetividade, acesso à justiça, procedimento oral. São Paulo: LTr, 1998. p. 25.

[15] Defendem a autonomia do Direito Processual do Trabalho: Amauri Mascaro Nascimento, Sergio Pinto Martins, Wagner Giglio, José Augusto Rodrigues Pinto, Cleber Lúcio de Almeida, Mozart Victor Russomano, Mauro Schiavi, Carlos Henrique Bezerra Leite, entre outros renomados juristas brasileiros.

[16] OLIVEIRA, Francisco Antonio de. *Manual de processo do trabalho*. 4. ed. São Paulo: LTr, 2011. p. 41.

de conhecimento, e o art. 889 da CLT favorecer a aplicação da Lei dos Executivos Fiscais (Lei 6.830/1980) em fase de execução e também do Código de Processo Civil para preenchimento das lacunas da CLT.

Há, ainda, quem entenda que os princípios do Processo do Trabalho são os mesmos do Direito do Trabalho, notadamente o Princípio Protetor. Em outras palavras, aduzem que o Processo do Trabalho é autônomo em relação ao direito material, bem como perante o Processo Civil, embora se encontre impregnado pelo princípio da proteção, fundamento de validade do direito material e individual do trabalho.

De nossa parte, considerando as profundas inovações que a Constituição Federal de 1988 proporcionou ao Direito Processual do Trabalho ao reconhecer novos direitos de massa, como os difusos e coletivos, nos arts. 127 a 129, e daí suscitar a criação de novos instrumentos de tutela coletiva, erigindo a ação civil pública a patamar constitucional, criando novos canais de acesso ao sistema de justiça, possibilitando uma completa reconfiguração do Ministério Público do Trabalho, que passou a defender os direitos humanos fundamentais do trabalhador, bem como a cidadania, engendrando a gênese do microssistema jurisdicional de tutela coletiva ou molecular, com todas as variantes e inovações mencionadas, não há como não reconhecer princípios peculiares e próprios do Direito Processual do Trabalho no Brasil, que legitimou sua autonomia em face do Processo Civil.

Não obstante alguns princípios do direito material possam ser aplicados no Direito Processual do Trabalho, como os princípios da razoabilidade, da proporcionalidade, da primazia da realidade e da boa-fé objetiva, os princípios do direito material não são os mesmos do Processo do Trabalho, já que este não é um fim em si mesmo, senão um instrumento de concretização do direito material.

De outro giro, os princípios constitucionais (imparcialidade, isonomia, igualdade etc.) que têm sede no Processo do Trabalho impedem que este tenha livre curso e se apodere dos princípios protetores do direito material.

Pende a favor da autonomia do Processo do Trabalho o fato de o Brasil possuir instituições com *expertise* jurídica própria, quais sejam um ramo especializado do Judiciário, as Varas e Tribunais do Trabalho, o Ministério do Trabalho e Emprego, que possui regramento legal apto a promover a efetiva fiscalização das relações trabalhistas, a nível federal, seguindo suas próprias metas e diretrizes ou cumprindo as requisições do *Parquet* Laboral, o Ministério Público do Trabalho, que na seara administrativa possui também legitimidade para pacificar conflitos de interesse envolvendo direitos e interesses difusos, coletivos e individuais homogêneos, por meio de Termos de Ajuste de Conduta, cuja natureza jurídica é de título executivo extrajudicial, e, em casos de recalcitrância dos infratores, pode promover o ajuizamento de ações moleculares nas Varas do Trabalho, bem como ampla legislação a disciplinar os processos atomizados e coletivos, enfim, um objeto próprio de estudo que demonstra sua autonomia legislativa, jurisdicional, administrativa, científica e didática.

Dessa forma, filiamo-nos à corrente que propugna pela autonomia do Processo do Trabalho em face do Direito Processual Civil, considerando as especificidades próprias que ostenta esse ramo do Direito, dentre eles, o impulso oficial na execução (art. 878[17] da CLT), agora limitada apenas aos casos concretos em que as partes não estejam representadas por advogado, da informalidade, da simplicidade, da celeridade, economia processual, irrecorribilidade imediata das decisões interlocutórias, da conciliação, normatização coletiva, função social do processo que ensejaram a maior atribuição de poderes aos magistrados na direção do processo (art. 765 da CLT).

Se esses argumentos ainda não bastassem na demonstração da autonomia do Processo do Trabalho, poderíamos lançar mão dos ensinamentos valiosos de Bullow e Wash, que, no século passado, identificaram e apontaram a distinção entre duas relações jurídicas inter-relacionadas, a de direito material e a de direito processual. Portanto, pode-se inferir que da existência de uma relação jurídica conflituosa, pela presença da lide ou de uma pretensão resistida, surge o direito de ação, invocando a tutela jurisdicional para a solução do conflito de interesses. Neste contexto temos duas relações jurídicas: uma de direito material e outra de direito processual.

Podemos, dessa forma, aduzir que no processo temos a convivência de duas relações jurídicas diversas, uma de direito material, em que o objeto da prestação não foi voluntariamente satisfeito, e outra de direito processual, de caráter instrumental, que serve à satisfação ou consecução do direito material postulado.

A identificação e a caracterização dessas duas relações jurídicas inter-relacionadas e independentes, de natureza e finalidades diversas, já seriam suficientes a demonstrar a autonomia do Direito Processual do Trabalho, de natureza instrumental, uma vez que é parte integrante da jurisdição para o deslinde dos conflitos.

Como corolário lógico da autonomia do Direito Processual do Trabalho, temos a observar que o Direito do Trabalho, com suas características, princípios, normas, campos de ação individual e coletivo, exige um instrumento próprio para a resolução de seus conflitos, especialmente na sociedade moderna, de massa, que passou de forma mais intensa a perseguir não apenas seus direitos de forma individual, mas também coletivamente, por intermédio dos autores ideológicos, como as organizações sindicais, de trabalhadores e de empresários, e, ainda, por meio do Ministério Público do Trabalho, este último podendo agir como parte,

---

[17] A Lei 13.467/2017 alterou a redação do art. 878 da CLT, como segue: Art. 878. A execução será promovida pelas partes, permitida a execução de ofício pelo Juiz ou Presidente do Tribunal apenas nos casos em que as partes não estiverem representadas por advogado.

ou ainda como fiscal da lei ou órgão interveniente, mas sempre na defesa do interesse público primário, jamais o interesse privado, em obediência ao mandamento constitucional insculpido no art. 127 da Constituição Federal.

Acrescentem-se aos fundamentos retromencionados o fato de a CLT ter sido a pioneira a agasalhar, ainda em 1943, em seu art. 856 e seguintes, a instauração dos dissídios coletivos, proporcionando a prolação da sentença normativa pelos Tribunais do Trabalho, dependendo da extensão espacial do conflito.

Embora não haja um Código de Processo do Trabalho, o que não nos permite afirmar que há uma autonomia legislativa plena, existem normas sobre o processo do trabalho na Constituição da República, na CLT e em leis esparsas, como as Leis 5.584/1970 e 7.701/1988, que abordam o processo do trabalho.

Ainda, não podemos olvidar que o Direito Processual do Trabalho apresenta uma autonomia doutrinária e didática, fazendo parte das grades curriculares das diversas Faculdades de Direito e sendo o seu conteúdo cobrado em diversos concursos públicos.

Outrossim, o ramo jurídico em tela é possuidor de institutos processuais específicos, como a Justiça do Trabalho (ramo especializado do Judiciário para questões trabalhistas), poder normativo ao julgar dissídios coletivos, *jus postulandi* (conquanto mitigado pela Súmula 425[18] do TST, persiste possibilidade de litigar perante o Judiciário Trabalhista sem a figura do advogado). Nesse sentido, as palavras de Cléber Lúcio de Almeida[19], para quem

> o direito processual do trabalho é autônomo, na medida em que conta com diplomas específicos (autonomia legislativa), doutrina própria (autonomia doutrinária), princípios e fins próprios (autonomia científica), objetivo próprio (solução dos conflitos de interesse oriundos de relação de trabalho ou a ela conexos) e é aplicado por órgãos jurisdicionais especiais (autonomia jurisdicional). O direito processual do trabalho não é, portanto, um ramo particular do direito processual civil.

1.4 NEOPROCESSUALISMO OU FORMALISMO VALORATIVO NO PROCESSO DO TRABALHO

Como o operador jurídico trabalhista se socorre no CPC, em caso de lacuna na CLT (art. 769), não podemos olvidar de apresentar as inovações principiológicas

---

[18] Nº 425 – *JUS POSTULANDI* NA JUSTIÇA DO TRABALHO. ALCANCE. O *jus postulandi* das partes, estabelecido no art. 791 da CLT, limita-se às Varas do Trabalho e aos Tribunais Regionais do Trabalho, não alcançando a ação rescisória, a ação cautelar, o mandado de segurança e os recursos de competência do Tribunal Superior do Trabalho.

[19] ALMEIDA, Cléber Lúcio de. *Direito processual do trabalho*. 2. ed. Belo Horizonte: Del Rey, 2008. p. 20.

introduzidas no CPC/2015, que a doutrina alcunhou de neoconstitucionalismo, fenômeno alinhado ao pós-positivismo jurídico, ou seja, a prevalência dos princípios constitucionais a irradiar seus efeitos nos instrumentos jurídicos infraconstitucionais, em substituição ao domínio das leis.

O positivismo jurídico surgiu por meio do princípio da legalidade em face da necessidade de o Estado Liberal de Direito conter os desmandos e arbitrariedades do velho regime, elevando a lei a um ato supremo, objetivando eliminar as tradições jurídicas do absolutismo, de modo que os magistrados e a Administração ficaram tolhidos de recorrer a qualquer direito ou expediente que se colidia com a lei.

Vigia na época a supremacia do Legislativo, eleito pelo povo, e, portanto, como representantes do povo cabia-lhe produzir a norma geral e abstrata de acordo com esta vontade geral, tornando os poderes Executivo e Judiciário subordinados[20] deste poder maior.

Foi justamente o surgimento do Estado Providência (*Welfare State* ou Estado do Bem-Estar Social), com a gênese das políticas públicas e das finalidades programáticas do Estado Moderno, que determinou uma mudança de paradigma de enorme profundidade no papel do Direito nas sociedades civis contemporâneas. O Poder Judiciário na Europa, que não tinha legitimidade para exercer qualquer tipo de sindicalização ou de controle sobre a legalidade, pois era politicamente neutro, agora se vê diante de uma nova realidade social.

O princípio da soberania do Parlamento permitia ao Legislativo o direito de fazer ou desfazer qualquer lei, e nenhuma pessoa ou entidade gozava de reconhecimento legal para superar ou deixar de lado a legislação do Parlamento.

A própria Constituição Francesa de 1791 remetia ao Poder Legislativo a interpretação de um texto legislativo que fosse atacado por um Tribunal por três vezes, para ser revisto. Como o Parlamento se colocava como a "vontade do povo", tinha legitimidade para interferir até no mais alto Tribunal.

As Constituições Federais europeias, portanto, até o primeiro quartel do século XX, apresentam-se sem proteção efetiva, como um instrumento legal de valor jurídico de menor densidade.

---

[20] Seguramente, considerando os poderes do Estado contemporâneo, o Poder Judiciário foi o que apresentou a maior transformação, em suas atribuições, na esfera dos sistemas políticos modernos. De mero intérprete e aplicador da lei nos conflitos de interesse que lhe cabia resolver, os Tribunais passaram a ter um crescente protagonismo na sociedade contemporânea. Na época de Montesquieu, que o tratava como *la bouche de la loi* e politicamente neutro, o Judiciário era conservado em uma zona cinzenta ou mesmo de inferioridade em relação aos Poderes Executivos e Legislativo. Este último, eleito pelo voto popular, conquista naturalmente a supremacia sobre os demais Poderes constituídos e a expansão e solidificação do Poder Judiciário está intimamente relacionada com a mutação do próprio papel do Direito nas sociedades modernas.

No entanto, com a derrubada dos regimes monárquicos na Europa, a adoção do regime parlamentarista em alguns países detonou o enfraquecimento da noção de que a teoria da separação dos poderes era o meio adequado para a defesa das liberdades individuais e coletivas.

Foi nesse momento que emergiu a necessidade de uma nova fórmula de proteção dos indivíduos por meio do descortino de novas fórmulas de controle do Poder do Estado.

Do embate doutrinário entre Carl Smith e Hans Kelsen, no período entre as guerras mundiais e dos horrores contra os direitos humanos perpetrados pelo nazismo, bem como o exemplo de um judiciário respeitado nos EUA, nasce a força motriz pela busca de soluções alternativas de proteção à dignidade da pessoa humana contra os abusos dos poderes estatais. O Parlamento, que pouco fez e se mostrou extremamente débil diante dos abusos contra os direitos humanos, deixa escorregar entre os dedos a outrora primazia que ostentava até então. Daí a gênese da justiça constitucional, que passa a ser o instrumento de proteção da Constituição.

A justiça constitucional surge como instrumento de proteção da Constituição e dos direitos fundamentais das pessoas físicas e jurídicas. Já não mais se tolera norma legal contrária à Constituição Federal, pois isso implicaria usurpação da competência do Poder Constituinte, que passa a ser a primeira voz do povo, condicionante das ações dos Poderes por ele constituídos. A Constituição assume o seu valor mais alto, por sua origem, por ser fruto do Poder Constituinte Originário.

Se na Europa esse movimento foi tardio em vários países, o mesmo não aconteceu em relação aos EUA, onde os juízes dispunham de enorme poder e aos quais era permitido desaplicar uma lei que colidisse com a constituição.

O marco regulatório do início da supremacia do Judiciário ocorreu em 1803, nos EUA, com o famoso caso Marbury × Madison[21], tido como o momento de

---

[21] O caso *Marbury v. Madison* (1803), foi o *landmark case*, que deu início à supremacia do Poder Judiciário nos EUA e à solidificação do sistema do *Judicial Review*. Em breve resumo, o contexto histórico político da época era de luta entre os Federalistas (Partido Federalista), apologistas de um Estado central, e os antifederalistas (Partido Democrático Republicano), que pretendiam dar maior peso político e autonomia aos Estados Federados em detrimento do Estado central. Com a eleição de 1800 para a presidência e para o Congresso, o até então Vice-Presidente Thomas Jefferson, do Partido Democrático Republicano, é eleito como novo Presidente, afastando o Presidente cessante John Adams, federalista, que tentava um segundo mandato. O Partido Democrático Republicano também passou a dominar o Congresso. Aos federalistas, em face dos desaires eleitorais, e temendo o avanço das ideias antifederalistas – as quais podiam fazer perigar a própria estrutura federal do país instituída pela Constituição de 1787 – só restava tentar dominar o Poder Judicial e, através dele, travar esse eventual avanço. E não tardaram em fazê-lo, aproveitando o tempo que ainda lhes restava no poder. Essa tentativa de dominar o Poder Judicial passou pela aprovação,

no Congresso, de uma reforma do sistema judiciário com a qual se pretendia reforçar o peso dos federalistas no Poder Judicial. Foi assim, aprovado, em 13 de fevereiro, o *Judiciary Act*, de 1801 (também conhecido como *Midnight Judge Act*), que modificou o *Judiciary Act* de 1789. Entre outras coisas, esse diploma legal diminui de 6 para 5 o número de juízes da Suprema Corte, ampliou o Poder Judicial Federal, duplicando o número de *circuit courts* (tribunais federais), que passou de 3 para 6, e adicionando novos juízes a estes tribunais (ao todo seriam 16 novos juízes). Foram igualmente criados 10 novos *district courts*. Poucos dias antes da tomada de posse do novo presidente, foi aprovado o *District of Columbia*, com a criação de 42 novos juizados de paz, e William Marbury foi um dos nomeados para o cargo de juiz de paz. Marbury era um fervoroso Federalista e apoiante da linha política de John Adams. Levada a cabo a reforma do sistema judiciário, prontamente começaram a ser nomeados os juízes e juízes de paz que iriam ocupar os novos órgãos jurisdicionais, procurando rapidamente obter-se a respectiva aprovação por parte do Senado. Para o efeito, John Adams (presidente que estava deixando o cargo e tinha perdido a eleição para Thomas Jefferson) nomeou John Marshall seu Secretário de Estado, que tinha sido recentemente nomeado para *Chief Justice* da Suprema Corte, mas que continuava a exercer funções na administração do presidente cessante, de acordo com uma combinação prévia. Uma vez confirmadas as nomeações pelo Senado, era necessário autenticar as comissões e enviá--las aos nomeados. Quando, em 4 de março de 1801, Thomas Jefferson toma posse como novo presidente americano, houve a clara percepção por parte dos antifederalistas de que, apesar de controlarem o Poder Executivo (presidência) e o Legislativo (Congresso), não dominavam o Poder Judicial, e isso poderia fazer gorar alguns dos seus objetivos e planos em matéria de governança. Logo após a posse, o Presidente Thomas Jefferson ordenou a James Madison, seu Secretário de Estado, que suspendesse o envio das comissões para os recém-nomeados juízes de paz. Recusou-se, pois, a dar posse a uma série de juízes a quem as respectivas comissões ainda não tinham sido enviadas, sendo esse o caso de William Marbury. Foi então contra James Madison, enquanto responsável pela não atribuição do cargo em questão, que Marbury intentou uma ação na Suprema Corte (1803). Logo a seguir, o Congresso aprovou o *Repeat Act*, que derrogou o *Judiciary Act* de 1801 e repôs em vigor temporariamente o Judiciary Act de 1789 – com todas as consequências daí decorrentes, nomeadamente a abolição dos tribunais e secções judiciais criados pelo diploma de 1801 e o afastamento de uma série de juízes pró-federalistas nomeados por John Adams. Marbury requereu diretamente à Suprema Corte um *writ of mandamus*, com ele pretendendo obter uma ordem judicial para forçar Madison a atribuir-lhe o cargo a que tinha sido nomeado pelo presidente anterior. Confrontado com esta pretensão, o juiz presidente (*Chief Justice*) da Suprema Corte, John Marshall, viu-se perante um dilema. Se acedesse ao pedido de Marbury haveria sempre a possibilidade de Madison não obedecer à ordem do tribunal, o que enfraqueceria a autoridade do poder judicial em geral. E Marshall tinha boas razões para temer isso, pois quando a Suprema Corte requereu a Madison que apresentasse as razões que poderiam justificar a denegação do *writ of mandamus*, ele não fez caso disso, não comparecendo às sessões de julgamento. Caso não atendesse ao pedido de Marbury, a sua decisão poderia ser interpretada como uma submissão do Poder Judicial ao Poder Executivo. Em face das dificuldades que o caso apresentava, Marshall, após a ponderação aturada de variados fatores, optaria por uma decisão judiciosa e estrategicamente hábil, a qual, ao mesmo tempo que criticava a atuação do executivo de Jefferson, evitara criar uma situação de desrespeito por uma decisão do Poder Judicial. Mais especificamente, o *Chief Justice* Marshall reprovou a conduta do Secretário de Estado James Madison, uma vez que

nascimento do controle de constitucionalidade. Foi no decorrer desse caso que o Chief Justice John Marshall formalmente proclamou que: a) A constituição é superior a qualquer lei ordinária do parlamento, qualquer lei desconforme com a constituição é inválida; e b) os tribunais têm autoridade para invalidar uma lei inconstitucional[22].

Para Mauro Cappelletti[23], o positivismo jurídico não apenas aceitou a ideia de que o direito deveria ser reduzido à lei, mas também foi responsável por uma inconcebível simplificação das tarefas e das responsabilidades dos juízes, promotores, advogados, professores e juristas, limitando-as a uma aplicação mecânica das normas jurídicas na prática forense, na universidade e na elaboração doutrinária.

Para Marinoni[24], a lei genérica ou universal, assim como sua abstração ou eficácia temporal ilimitada, somente seriam possíveis em uma sociedade formada por iguais – o que é utópico –, ou em uma sociedade em que o Estado ignorasse as desigualdades sociais para privilegiar a liberdade, baseando-se na premissa de que essa somente seria garantida se os homens fossem tratados de maneira formalmente igual, independentemente das suas desigualdades concretas. Lembre-se que, para acabar com os privilégios, típicos do antigo regime, o Estado Liberal resolveu tratar todos de forma igual perante a lei.

---

a nomeação de Marbury se tinha processado de forma correta e regular e, por isso mesmo, ele possuía o direito à sua comissão como juiz de paz. Mas, simultaneamente, concluía que a Suprema Corte não podia obrigar James Madison a dar posse a Marbury, pela simples razão de que a norma do Judiciary Act de 1789, que atribuía à Suprema Corte a faculdade de emitir *writs of mandamus* (Seção 13), ampliava o conjunto de competências que eram taxativamente conferidas pelo artigo III da Constituição Federal àquele órgão judicial no âmbito de sua jurisdição originária, e, assim sendo, a mesma deveria ser considerada inconstitucional e, consequentemente, nula e sem efeito. Essa decisão marcou a solidificação do *Judicial Review* nos EUA, na medida em que fixou a autoridade do Judiciário diante dos demais poderes, sedimentou sua imagem como protetor dos direitos fundamentais (contra abusos dos outros poderes) e também assegurou supremacia e o respeito à Constituição, tudo sem entrar em grandes confrontos com esses outros poderes (URBANO, Maria Benedita. *Curso de justiça constitucional*. 2. ed. Lisboa: Almedina, 2016. p. 59-63).

[22] URBANO, Maria Benedita. *Curso de justiça constitucional*. 2. ed. Lisboa: Almedina, 2016. p. 56.

[23] CAPPELLETTI, Mauro. *Dimensioni dela giustizia nelle societá contemporanee*. Bologna: Il Mulino, 1994. p. 72.

[24] MARINONI, Luiz Guilherme. *Curso de processo civil*. Teoria geral do processo. 3. ed. São Paulo: Revista dos Tribunais, 2008. v. I, p. 42. Na sequência, o autor informa que: "surge, então, o Estado preocupado com as questões sociais que impediam a 'justa' inserção do cidadão na comunidade. Com ele explodem grupos orientados à proteção de setores determinados, que nessa linha passam a fazer pressão sobre o legislativo, visando leis diferenciadas. Tais grupos de pressão – sindicatos, associações de profissionais liberais, associações de empresários etc. – não apenas dão origem a leis destinadas a regular as suas próprias áreas de interesse, mas também passam a medir forças em torno das leis que são do interesse comum de sindicatos de trabalhadores e empresários, por exemplo".

Importante destacar, segundo este autor[25], que à época do Estado Liberal a lei era considerada fruto da vontade de um parlamento habitado apenas por representantes da burguesia, no qual não havia confronto ideológico. Após essa fase, as casas legislativas deixam de ser o lugar da uniformidade, tornando-se o local da divergência, em que diferentes ideias acerca do papel do direito e do Estado passam a se confrontar. Aí, evidentemente, não há mais uma vontade geral, podendo-se falar em uma "vontade política", ou melhor, na vontade do grupo mais forte dentro do parlamento. Atualmente, porém, essa vontade política pode se confundir com a vontade dos *lobbies* e dos grupos de pressão que atuam nos bastidores do Parlamento.

É nesse novo estado de coisas e desse novo cenário, em que a lei não mais representa a vontade geral e homogênea da sociedade, mas passa ser a resultante da coalizão de forças de vários grupos sociais, dos *lobbies* que atuam no Parlamento, de acordos costurados entre os partidos políticos majoritários, que não resta outra opção aos pensadores do direito, a não ser sujeitar a produção normativa do Parlamento a um controle maior, mais eficaz, que afaste interesses meramente pessoais, grupais, ou egoísticos em prol dos princípios maiores de justiça, consubstanciados em textos rígidos, dotados de maior eficácia e não passíveis de redução ou modificação pela legislação ordinária.

Aqui que se dá a passagem do positivismo jurídico para o pós-positivismo ou neoconstitucionalismo, nas palavras de Marinoni:

> (...) Essas Constituições, para poderem controlar a lei, deixaram de ter resquícios de flexibilidade – tornando-se rígidas, no sentido de escritas e não passíveis de modificação pela legislação ordinária – e passaram a ser vistas como dotadas de plena eficácia normativa. A lei, dessa forma, perde o seu posto de supremacia, e agora se subordina à Constituição.

Com fulcro nos ensinamentos de Robert Alexy[26], Marinoni[27] assinala que

---

[25] Idem, ibidem, p. 43. O autor assinala que "não foi apenas a perspectiva interna da lei que mudou, deixando de ser o resultado de uma vontade homogênea e coerente para ser o resultado da participação e da pressão dos vários grupos sociais, mas também a própria noção de que o direito tem origem no Estado. Isso aconteceu não apenas porque o Estado renegou determinados setores da sociedade, abrindo margem para o surgimento de 'ordenamentos privados' completamente destoantes dos fundamentos do direito estatal, como ocorreu nas chamadas associações de bairro das favelas do Rio de Janeiro".

[26] ALEXY, Robert. *Los derechos fundamentales em el estado constitucional democratico*. Los fundamentos de los derechos fundamentales. Madri: Trotta, 2001. p. 34.

[27] MARINONI, Luiz Guilherme. Op. cit., p. 46. Para o autor, "se a lei passa a se subordinar aos princípios constitucionais de justiça e aos direitos fundamentais, a tarefa da doutrina deixa de ser a de simplesmente descrever a lei. Cabe agora ao jurista, seja qual for a área de sua especialidade, em primeiro lugar compreender a lei à luz dos princípios constitucionais e dos direitos fundamentais".

ao se dizer que a lei encontra limite e contorno nos princípios constitucionais, admite-se que ela deixa de ter apenas uma legitimidade formal, ficando amarrada substancialmente aos direitos positivados na Constituição. A lei não vale mais por si, porém depende da sua adequação aos direitos fundamentais. Se antes era possível dizer que os direitos fundamentais eram circunscritos à lei, torna-se exato afirmar que as leis devem estar em conformidade com os direitos constitucionais.

Dessa forma, o neoconstitucionalismo se apresenta como a substituição do domínio e do império da lei para a supremacia dos princípios constitucionais, de forma que, em sua exegese, as leis passam a ser interpretadas à luz dos princípios constitucionais, enquanto a jurisdição se transforma: de um mero exercício de subsunção do fato à norma em juízo de ponderação de interesses no caso concreto, com base na razoabilidade e na proporcionalidade.

Portanto, o neoconstitucionalismo exige a compreensão crítica da lei em face da Constituição, para, ao final, fazer uma projeção ou cristalização da norma adequada, que também pode ser entendida como "conformação da lei", e essa transformação da ciência jurídica, ao dar ao jurista uma tarefa de construção – e não mais de simples revelação –, confere-lhe maior dignidade e responsabilidade, já que dele se espera uma atividade essencial para dar efetividade aos planos da Constituição, ou seja, aos projetos do Estado e às aspirações da sociedade[28].

Já o neoprocessualismo, com efeito, vem a reboque do Neoconstitucionalismo, e significa a incorporação no texto instrumental dos princípios fundamentais imanentes na Constituição Federal.

A doutrina de Carlos Alberto Alvaro de Oliveira[29] denomina esse fenômeno jurídico de formalismo valorativo, destacando a importância que se deve atribuir aos valores constitucionalmente protegidos na pauta de direitos fundamentais na construção e na aplicação do formalismo processual.

Nessa mesma linha, podemos acrescentar que o formalismo valorativo, na verdade, apresenta-se também como neoprocessualismo, na medida em que reforça os aspectos éticos[30] do processo, com destaque à incorporação do princípio da cooperação, decorrente dos princípios do devido processo legal e da boa-fé processual no novo CPC/2015.

Portanto, essa incorporação das normas e princípios constitucionais no Código de Processo Civil faz-se notar nos arts. 1º a 8º do CPC/2015, como se observa abaixo:

---

[28] MARINONI, Luiz Guilherme. Op. cit., p. 48.
[29] OLIVEIRA, Carlos Alberto Alvaro de. O formalismo-valorativo no confronto com o formalismo excessivo. *Revista de Processo*, São Paulo: RT, 2006, p. 137.
[30] Ética, aqui, vista em sentido epistemológico, como ciência da moral.

Art. 1º O processo civil será ordenado, disciplinado e interpretado conforme os valores e as normas fundamentais estabelecidos na Constituição da República Federativa do Brasil, observando-se as disposições deste Código.
[...]
Art. 5º Aquele que de qualquer forma participa do processo deve comportar-se de acordo com a boa-fé.

Art. 6º Todos os sujeitos do processo devem cooperar entre si para que se obtenha, em tempo razoável, decisão de mérito justa e efetiva.

Art. 7º É assegurada às partes paridade de tratamento em relação ao exercício de direitos e faculdades processuais, aos meios de defesa, aos ônus, aos deveres e à aplicação de sanções processuais, competindo ao juiz zelar pelo efetivo contraditório.

Art. 8º Ao aplicar o ordenamento jurídico, o juiz atenderá aos fins sociais e às exigências do bem comum, resguardando e promovendo a dignidade da pessoa humana e observando a proporcionalidade, a razoabilidade, a legalidade, a publicidade e a eficiência.

1.5 O PROCESSO DO TRABALHO, O CPC E OS MICROSSISTEMAS DE TUTELA INDIVIDUAL E COLETIVA

Além da inovação ética processual contida no CPC/2015, denominada de neoprocessualismo, sobre a qual acabamos de discorrer, outras novidades jurídicas se apresentam sob a forma de cláusulas gerais, dos precedentes e dos microssistemas de tutela individual e coletiva.

As cláusulas gerais[31], que já vieram reproduzidas no Código Civil, de 2002, com origem no direito alemão, também se reproduziram no CPC/2015, e, como se observa pelos exemplos relacionados, soma-se ao microssistema de precedentes concentrados e vinculantes, que serão estudados em capítulo próprio nesta obra.

Finalmente, os microssistemas[32] de tutela individual e coletiva que são compatíveis com o Processo do Trabalho, que foram introduzidos pela legislação recente, bem como pelo CPC/2015, assim se apresentam:

---

[31] Cláusulas gerais são normas abertas, com diretrizes indeterminadas, que não apresentam expressamente uma solução jurídica, ou seja, não estabelecem aprioristicamente o significado ou alcance do termo jurídico (pressuposto), nem seus efeitos ou consequências jurídicas. São exemplos de cláusulas gerais os princípios da boa-fé objetiva, da função social do contrato e da propriedade, o princípio da cooperação (art. 6º), da negociação sobre o processo (art. 190), do poder geral de cautela (art. 301), as cláusulas gerais executivas (art. 297, *caput*, e 536) e do abuso do direito pelo exequente (art. 805), todos do CPC/2015.

[32] Podemos conceituar microssistema como um conjunto de normas jurídicas que possuem regras, princípios e institutos próprios, tratando-se de um sistema menor, com características peculiares, em uma relação de continência com um sistema processual maior. Exemplificativamente, o microssistema de tutela coletiva, formado pela LACP e pelo

a) Microssistema de tutela coletiva, cujo núcleo basilar é constituído pela Lei 7.347/1985 (LACP) e Lei 8.078/1990 (CDC);
b) Arbitragem – Lei 9.307/1996 (modificada pela Lei 13.129/2015) e Convenção de Nova York (Convenção sobre o Reconhecimento e a Execução de Sentenças Arbitrais Estrangeiras – Decreto 4.311/2002);
c) Microssistema do controle concentrado de constitucionalidade: Leis 9.868/1999 e 9.882/1999;
d) Microssistema de formação dos precedentes obrigatórios ou vinculantes, envolvendo os incidentes de resolução de demandas repetitivas, o incidente de assunção de competência (arts. 926 e 927, III, do CPC/2015) e dos incidentes de resolução de recursos repetitivos (art. 976 do CPC);
e) Microssistema da mediação e da conciliação (arts. 165-175 do CPC/2015), que foi regulamentado pela Lei 13.140/2015; e
f) As normas sobre a cooperação internacional (arts. 26-41 do CPC/2015).

CDC, como núcleo fundamental, possui características próprias, diferenciadas que são do processo comum, já que a competência, legitimidade, prevenção, prescrição, objeto, tutela antecipada, coisa julgada etc. se apresentam de forma diversa dos institutos do processo comum, daí a notória diferença entre ações atomizadas e ações moleculares.

II

HISTÓRIA DO DIREITO PROCESSUAL DO TRABALHO

2.1 BREVES OBSERVAÇÕES SOBRE A EVOLUÇÃO DO DIREITO PROCESSUAL DO TRABALHO EM ALGUNS PAÍSES DO MUNDO

2.1.1 França

Os conflitos trabalhistas na França podem ser solucionados pelos *Conseils de Prud'hommes*, sendo um conflito individual, e por meio de conciliação, mediação ou arbitragem, quando o conflito for coletivo.

Os *Conseils de Prud'hommes* funcionam como um órgão paritário, de natureza jurisdicional, em Municípios, podendo ter sua atuação subdividida em áreas como indústria, comércio, agricultura etc. Seus membros são eleitos pelos empregados e empregadores, sendo denominados de conselheiros. O procedimento é informal e simples, não sendo necessária a presença de advogados, mas sendo obrigatória a tentativa de conciliação. Como já dito, a matéria deve envolver conflitos individuais oriundos do contrato de trabalho. Não havendo conciliação, a sentença será proferida na própria audiência. Dessa decisão cabe recurso de apelação para a Câmara Social da Corte de Apelação se o valor dado à causa ultrapassar o limite fixado em lei. Não excedendo o valor (instância única), bem como sendo a decisão originária da Corte de Apelação, o recurso cabível será o recurso extraordinário para Corte de Cassação[1].

---

[1] NASCIMENTO, Amauri Mascaro. *Curso de direito processual do trabalho*. 24. ed. São Paulo: Saraiva, 2009. p. 35-37; MARTINS, Sergio Pinto. *Direito processual do trabalho*. 35. ed. São Paulo: Atlas, 2014. p. 2-5.

O governo de Macron empreendeu várias modificações na legislação francesa, por meio das *"Ordonnances Macron"*[2], que entraram em vigor no fim de 2019, que tem por finalidade flexibilizar a dispensa individual e coletiva de trabalhadores, por meio de uma limitação no valor das indenizações (*barèmes Macron*), que tem levado inúmeros trabalhadores a buscar seus direitos na Justiça do Trabalho francesa[3].

2.1.2 Itália

Correspondendo aos *Conseils de Prud'hommes* franceses, surgem, por volta de 1878, os *Collegi di Probiviri*, cuja atuação, inicialmente, se restringia à solução de conflitos trabalhistas entre empregados e empregadores da indústria da seda. No ano de 1893, a competência fora ampliada para atender demandas envolvendo outras categorias. Sua composição era tripartite, havendo representantes indicados pelo Estado e representantes de empregados e empregadores. Com o surgimento da Carta de Lavoro de 1927, é criada a magistratura do trabalho como órgão do Estado, cuja finalidade era solucionar e regular os conflitos trabalhistas. No ano

---

[2] SANTOS, Enoque Ribeiro dos. *Fundamentos do direito coletivo do trabalho nos USA, na União Europeia, no Mercosul e a experiência sindical brasileira*. 2. ed. Rio de Janeiro: Lumen Juris, 2018. p. 278.

[3] Escala "Macron": os *Prud'hommes* de Grenoble resistem! Direito do Trabalho, France 22.07.2019. A novela legal do verão continua. A opinião favorável do Tribunal de Cassação na escala Macron não dobrará os juízes de primeiro grau? A revolta dos tribunais industriais contra a escala de Macron continua comum julgamento do tribunal industrial de Grenoble, em 22 de julho de 2019, apesar de uma opinião favorável do Tribunal de Cassação sobre a convencionalidade da escala de Macron. Com relação aos textos internacionais, os juízes do tribunal de Grenoble persistiram na oposição feita em grande escala por numerosos conselhos desde o final de 2018.Noseu julgamento, eles, com razão, consideram que o parecer emitido pelo Tribunal de Cassação, em 17 de julho de 2019, não constitui uma decisão sobre o mérito e, portanto, não tem força vinculativa em relação aos tribunais Nesse caso, a decisão observou classicamente a falta de conformidade da escala de Macron, estabelecida no artigo L 1235 3 do Código do Trabalho, com o direito europeu. De fato, como corretamente apontou o tribunal trabalhista de Grenoble, "o parecer do Tribunal de Cassação, em 17 de julho de 2019, concluiu pela compatibilidade das disposições do artigo L 1235 3 do Código do Trabalho e do artigo 10 da Convenção da OIT, mas não constitui uma decisão de mérito. No entanto, essa opinião não demonstra por definição a posição do Tribunal de Cassação sobre uma determinada questão. Que vantagem tem para um conselheiro trabalhista se opor, conscientemente, à posição domais alto tribunal francês, expondo a sentença proferida a uma sentença de apelação da Court of Appeal, ou mesmo a uma sentença de cassação. Finalmente, muito barulho por nada. E o litigante que pretende obter reparação por seu prejuízo aos *prud'hommes*, mas que entra no jogo da oposição de certos consultores *prud'homal* à política do governo em vigor? Disponível em: <https://www.droittravailfrance.fr/baremamacronlesprudhommesdegrenobleresistentdroittravail-france_ad1827.html>. Acesso em 19 nov. 2019.

de 1942, com o advento do Código de Processo Civil, a magistratura do trabalho foi abolida, passando o processo do trabalho a ser regulado por aquele Código[4].

Na atualidade, "os dissídios individuais são submetidos a julgamento por juízes togados, que aplicam um capítulo do Código de Processo Civil que regula o processo do trabalho. Os dissídios coletivos são resolvidos por meio de greves, convenções coletivas, arbitragem e mediações"[5].

2.1.3 Alemanha

As controvérsias trabalhistas, individuais e coletivas, na Alemanha, eram dirimidas pelos Tribunais Industriais.

À semelhança do sistema brasileiro, os órgãos jurisdicionais trabalhistas são hierarquicamente concebidos em três níveis: Tribunais do Trabalho (*Arbeitsgerichte – ArbG*), em primeiro grau; Tribunais Regionais do Trabalho (*Landesararbeitsgerichte – LAG*), em segundo grau; e Tribunal Federal do Trabalho (*Bundesararbeitsgerichte – BAG*, em terceiro grau. São órgãos colegiados, compostos por juízes de carreira e por juízes classistas, selecionados por empregados e empregadores. Há um Código de Processo do Trabalho, mas aplicam-se, de forma subsidiária, as regras de processo civil. O procedimento adota a tentativa de conciliação, a oralidade e a produção de provas. Os conflitos coletivos podem ser resolvidos pela conciliação e pela arbitragem.

2.1.4 Estados Unidos

Não há Justiça do Trabalho nos Estados Unidos[6] e não são muitas as leis sobre direito material do trabalho. Dessa forma, os conflitos indivi-

---

[4] NASCIMENTO, Amauri Mascaro. *Curso de direito processual do trabalho*. 24. ed. São Paulo: Saraiva, 2009. p. 37-38; MARTINS, Sergio Pinto. *Direito processual do trabalho*. 35. ed. São Paulo: Atlas, 2014. p. 6-7.

[5] MARTINS, Sergio Pinto. *Direito processual do trabalho*. 35. ed. São Paulo: Atlas, 2014. p. 7.

[6] Nos EUA, que é composto de 50 Estados, existe a Justiça Federal e cada um dos Estados possui uma Justiça Estadual para o exercício da jurisdição. Não apenas os Tribunais Federais processam e julgam ações trabalhistas, como também a Justiça Estadual, e cerca de 10% das ações julgadas na Suprema Corte são atinentes às controvérsias de índole trabalhista. Em decorrência do sistema da *stare decisis*, que prevalece no sistema da *common law* adotado nos EUA, todas as decisões judiciais se tornam precedentes vinculantes, o que revela algo muito parecido com os sistemas se súmulas do STF, e agora, mais recentemente, com o sistema de precedentes obrigatórios, adotado pelos arts. 976 e seguintes do CPC/2015. CASAGRANDE, Cássio. A Reforma Trabalhista e o "sonho americano". Jota. Info & opinião. Disponível em: <https://www.jota.info/opiniao-e-analise/artigos>. Acesso em 3 ago. 2018. Segundo este autor: "Abstraindo a complexidade das legislações estaduais, e ao contrário do que se imagina, a legislação federal tampouco é simples, inclusive pelo fato de não estar corporificada em um único diploma. A mais importante delas é a Federal Labor Standards Act – FLSA, editada em 1938 como parte das políticas do *New Deal* do presidente F. D. Roosevelt. Não custa

duais⁷, quando não convolados em *class actions* pelo magistrado (*ope judicis*),

---

lembrar que esta norma é, pois, anterior à nossa CLT, e mesmo sendo mais antiga que ela, ninguém nos EUA a acoima de 'anacrônica' – ao contrário; o governo do Presidente Obama reforçou em 2014 a cobertura da FLSA determinando a sua aplicação a trabalhadores que antes não eram regulados por ela. Ao longo do tempo, a FLSA sofreu diversas alterações (como ocorreu com a CLT). Esta norma basicamente introduziu o salário mínimo, fixou a jornada semanal em 40 horas, com limite máximo de quatro horas extras semanais, proibiu o trabalho infantil e regulamentou o trabalho de adolescentes. Em 1963 entrou em vigor o *Equal Pay Act*, determinando o direito de equiparação salarial (*equal pay for equal work*) e coibindo discriminações por gênero. Em 1967, através da *Age Discrimination in Employment Act*, proibiu-se a discriminação salarial em razão da idade. Em 1983, a *Migrant and Seasonal Agricultural Worker Protection Act* estendeu a legislação trabalhista aos trabalhadores rurais volantes. Há também leis específicas sobre saúde e segurança no trabalho (*Occupational Safety and Health Act*, de 1970 e *Mine Safety and Health Act* de 1977), direito a afastamentos legais (*Family Medical Leave Act*, 1993) e sistema de seguro social e planos de saúde (Employment Retirement Income Security Act – ERISA, 1974). Há ainda uma série de normas que, embora não tenham foco na relação de trabalho, criam de forma incidental regulações que impactam os contratos laborais, como o *Civil Rights Act* de 1964, o *Pregnancy Dicrimination Act* de 1978, o *Americans with Disabilities Act*, de 1990, o *Genetic Information Non-Discrimination Act* de 2008, todos estes estabelecendo normas antidiscriminatórias no trabalho, ou o *Patient Protection and Affordable Care Act*, de 2010, que estabelece a obrigatoriedade, para o empregador, de assegurar espaço com privacidade para as trabalhadoras lactantes. Além disto, é claro, os EUA possuem ampla legislação sobre organização sindical e negociação coletiva, iniciada também no *New Deal com a National Labor Relations Act* (1935), a qual confere um grau de liberdade associativa e poder de barganha aos sindicatos maior do que o existente no Brasil".

7   CASAGRANDE, Cássio. Brasil, "campeão de ações trabalhistas": como se constrói uma falácia. Disponível em: <https://www.diariodocentrodomundo.com.br/brasil>. Acesso em: 3. ago. 2018. Assinala o autor: "Nos EUA, o trabalhador pode escolher onde ajuizar a sua ação trabalhista, se na justiça federal ou estadual. A competência é concorrente. A justiça federal daquele país é extremamente restritiva (*limited jurisdiction*), e recebe apenas uma parte ínfima de todos os processos ajuizados no país. Há nos EUA apenas 1.700 juízes federais e 30.000 juízes nos Estados. Em média, a Justiça Federal americana recebe apenas um milhão e meio de processos por ano, enquanto que na Justiça dos Estados (descontadas questões de trânsito e pequenas causas) são protocolados anualmente 30 milhões de novos processos. Além disto, metade dos processos da justiça federal referem-se a casos de falência (*bankruptcy*). Outra parte grande (aproximadamente 200 mil) são processos criminais. Há também neste número os chamados *pretrial cases*, procedimentos judiciais preliminares. Na verdade, são protocolados na justiça federal americana pouco menos de 300 mil ações civis todos os anos, dentre as quais estão as trabalhistas, que por variadas razões foram para esta jurisdição. Calcula-se, conforme a fonte acima referida, que a Justiça dos Estados reúna 15 milhões de novas ações civis protocoladas ao ano. Ou seja, a justiça federal detém somente 2% das ações civis ajuizadas no país (o conceito de 'ação civil' do direito americano é diferente daquele do direito romano-germânico; lá ações civis são basicamente ações de indenização por dano contratual – *contractcauses* – e extracontratual – *tort causes* –, excluindo-se, por exemplo, direito de família e falimentar – mas incluindo-se as trabalhistas). Então percebe-se que os números absolutos reunidos pelo Professor Pastore teriam sido coletados apenas neste universo de 2% de todas as ações civis ajuizadas nos EUA".

são solucionados geralmente pela arbitragem privada, que são custeadas, em regra, pelos sindicatos. Já os conflitos coletivos são objeto de conciliação, que é obrigatória. Caso infrutífera, a resolução do conflito ocorre pela arbitragem privada. O Estado americano fomenta a negociação entre as partes[8]. O CPC/2015, no art. 333, apresentava uma proposta de transformação de uma ação individual em coletiva, nos moldes do que ocorre no modelo norte-americano, no qual qualquer indivíduo possui legitimidade para propor uma *class action*, cuja representação adequada é verificada, no caso concreto, pelo magistrado. Porém, a então Presidente da República vetou integralmente este artigo, alegando que poderia trazer mais confusão do que solução.

Já no trato das lides coletivas[9] de trabalho, existe certa similitude entre o modelo norte-americano e o modelo brasileiro, por força da Constituição Federal

---

[8] MARTINS, Sergio Pinto. *Direito processual do trabalho*. 35. ed. São Paulo: Atlas, 2014. p. 10.

[9] CASAGRANDE, Cássio. A Reforma Trabalhista e o "sonho americano". Jota. Info & opinião. Disponível em: <https://www.jota.info/opiniao-e-analise/artigos>. Acesso em 3. ago. 2018. Diz o autor: "É fato que nos EUA o número de ações trabalhistas é menor que no Brasil. Mas isto se deve, antes de tudo, a uma característica que qualquer processualista conhece: naquele país, a ação trabalhista típica é uma *class action*, isto é, uma ação coletiva. Ou seja, o trabalhador, ao ajuizar uma ação, pode representar todos os demais empregados e ex-empregados que estão ou estavam em idêntica situação de fato e de direito (e os trabalhadores representados sequer precisam anuir com o ajuizamento da ação, pois eles automaticamente são considerados como parte no processo). Trata-se de algo semelhante ao que aqui denominamos 'substituição processual', porém ampliada. Assim, em uma única ação litigam de fato centenas ou milhares de trabalhadores, o que faz com que as ações atinjam valores estratosféricos. De acordo com o site law360.com, as empresas americanas pagaram no ano de 2015 aproximadamente 2,5 bilhões de dólares apenas em acordos judiciais trabalhistas na Justiça Federal relativos a processos coletivos (*class actions*) de horas extras (imagine-se o 'custo EUA' que isto representa...). Observe-se que este dado não inclui ações relativas a outras matérias, nem aquelas decididas ou acordadas na justiça dos estados, em órgãos extrajudiciais estatais (*law enforcement agencies*) ou em juízo arbitral, comuns naquele país. Alguns exemplos concretos de *class actions* trabalhistas nos EUA: em 2006 a IBM pagou 65 milhões de dólares em uma ação trabalhista relativa a horas extras não pagas – o valor foi fixado em acordo na justiça federal. Em 2014, a justiça estadual da Pensilvânia condenou o Wal-Mart a pagar a bagatela de 188 milhões de dólares por supressão de intervalos intrajornada e não pagamento de horas extras (a decisão beneficiou 187 mil trabalhadores, embora esta fosse considerada, para fins estatísticos, uma única ação trabalhista...). Em 2016, em ação ajuizada na Justiça do Estado de Illinois, a Amazon concordou em pagar 3,7 milhões de dólares aos trabalhadores residentes neste estado, relativamente aos minutos que os trabalhadores gastam em inspeções de segurança ao início e término da jornada de trabalho. Em fevereiro de 2017, a Disney, em acordo homologado na Justiça Federal da Califórnia, pagou 100 milhões de dólares aos seus animadores por formar um cartel com outras empresas do setor a fim de manter os salários daqueles profissionais artificialmente abaixo do valor de mercado. Nem mesmo os famosos clubes de strip-tease escapam da jurisdição trabalhista americana: uma enxurrada de ações coletivas vem obrigando os donos

de 1988. É cediço que, até o advento da atual Constituição Federal, o Ministério Público brasileiro achava-se ligado ao Poder Executivo, e não era um órgão independente e autônomo.

Porém, com o advento da Constituição Federal de 1988, houve uma reconfiguração no novo modelo que os constituintes imprimiram ao Ministério Público brasileiro, levemente se aproximando do modelo norte-americano, que, por meio da Lei Wagner, de 1935, criou o *BOARD – National Labor Relations Board*, espécie de fiscal da lei coletiva nos Estados Unidos da América do Norte, cujos membros têm dupla função: alguns atuam como juízes[10] administrativos (*law administrative judges*) e outros como promotores de justiça, com a responsabilidade de estabelecer e administrar mecanismos para uma pronta e pacífica determinação da representação das organizações sindicais, impor limites ao poder patronal e atuar nos atos antissindicais.

O BOARD (*National Labor Relations Board*) constitui uma espécie de Ministério Público americano, tendo sido estabelecido com a responsabilidade de garantir o cumprimento e aplicação da legislação trabalhista norte-americana, exerce ao mesmo tempo dois papéis: serve como promotor e juiz para quaisquer violações no campo trabalhista. Adicionalmente, o BOARD tem a responsabilidade de estabelecer e administrar mecanismos para uma pronta e pacífica determinação de representação. O BOARD era também altamente partidário que se impusesse restrições ao poder patronal, mas não em relação aos empregados e aos sindicatos. A diferença de tratamento era baseada parcialmente no fato de que, apesar do alto nível de militância individual dos trabalhadores, os sindicatos ainda eram considerados relativamente fracos como instituições em 1935. A lei nacional das relações de trabalho (NLRA) foi decretada para conduzir a organização dos sindicatos e

---

das casas a registrar os contratos de trabalho das *strippers* – originalmente contratadas como autônomas – e a lhes pagar diferenças salariais e horas extras. Em uma das ações, a *Deja Vu Entertainment Corporation* fechou acordo com as dançarinas do estado de Michigan por 11,3 milhões de dólares em 2011. Há processos semelhantes que chegam a quarenta milhões de dólares. Empresas como *Larry Flint Hustler´s Club*, *Showgirls* e *Little Darlings* também estão respondendo processos semelhantes na justiça federal da Califórnia. Todos estes casos milionários de ações coletivas estão registrados na grande imprensa dos EUA e são facilmente encontrados na internet, bastando digitar nos buscadores o nome das empresas aqui citadas e 'labor (ou *employment*) *class action*'. Segundo dados do site law360.com, somente a justiça federal dos EUA recebe por ano cerca de dez mil *class actions* relativas a horas extras. Pode parecer pouco, mas calculando-se de forma bastante modesta que em cada ação estão representados pelo menos cem trabalhadores, percebe-se que estes processos envolvem no mínimo, numa estimativa muitíssimo conservadora, por volta de um milhão de trabalhadores por ano".

[10] SANTOS, Enoque Ribeiro dos. *Fundamentos do direito coletivo do trabalho nos Estados Unidos da América, na União Europeia, no Mercosul e a experiência sindical brasileira*. 2. ed. Rio de Janeiro: Lumen Juris, 2018. p. 40.

estabelecer um sistema estável de negociação coletiva, permitindo, dessa forma, o crescimento do sindicalismo[11].

2.1.5 Grã-Bretanha

Surgiram em 1964 os *Industrial Tribunals*, com competência reduzida, para solucionar questões relacionadas aos conflitos individuais entre trabalhadores e empregadores. Funcionam, ainda, com a competência ampliada, como órgãos de primeira instância. Possuem composição paritária. Há também, funcionando como órgão de segunda instância, o *Employment Appeal Tribunals*. Quanto aos conflitos coletivos de trabalho, não há atuação dos aludidos Tribunais, sendo pacificados pela conciliação e pela arbitragem[12].

Em princípio, a sentença judicial deve ser cumprida, e, se houver descumprimento, a execução é processada na Justiça Comum.

2.2 EVOLUÇÃO NO BRASIL

No Brasil, a Justiça do Trabalho teve um longo caminhar até se cristalizar como um importante órgão do Poder Judiciário.

Cumpre mencionar que a Constituição Política do Império, datada de 1824, versava sobre o Poder Judiciário, contudo sem fazer qualquer previsão acerca da Justiça do Trabalho. Lembremos que a economia do país vivia, basicamente, nesse período, baseada na monocultura, na agricultura e no trabalho escravo. Em 1850, por meio do Regulamento 737, foi determinado que eventuais ações sobre contrato de trabalho fossem julgadas por juízes comuns, aplicando-se o rito sumário[13].

Em 1907, por meio da Lei 1.637, de 5 de novembro, foram criados os *Conselhos Permanentes de Conciliação e Arbitragem*, órgãos de composição paritária, que deveriam ser constituídos no seio dos sindicatos. O seu objetivo era dirimir todas as contendas existentes entre capital e trabalho. Todavia, não lograram seus objetivos, pois sequer chegaram a ser implantados, servindo, apenas, como embrião para o nascimento da jurisdição trabalhista.

Em 1911, no Estado de São Paulo, por meio da Lei Estadual 1.299-A, fora criado o *Patronato Agrícola*, cuja finalidade era fornecer assistência judiciária ao trabalhador agrícola, em especial o imigrante, para que fossem resolvidas as

---

[11] SANTOS, Enoque Ribeiro dos. Fundamentos do direito coletivo do trabalho nos Estados Unidos da América, na União Europeia, no Mercosul e a experiência sindical brasileira. Rio de Janeiro: Lumen Juris, 2005. p. 20.
[12] MARTINS, Sergio Pinto. *Direito processual do trabalho*. 35. ed. São Paulo: Atlas, 2014. p. 9.
[13] MARTINS, Sergio Pinto. *Direito processual do trabalho*. 35. ed. São Paulo: Atlas, 2014. p. 12.

disputas entre trabalhadores rurais e patrões acerca de salários e execução de contratos agrícolas[14].

No ano de 1922, ainda no Estado de São Paulo, foram instituídos, pela Lei Estadual 1.869, de 10 de outubro, os *Tribunais Rurais*, os quais eram compostos pelo juiz de direito da comarca e por dois membros indicados, um pelo proprietário da terra (fazendeiro) e o outro pelo colono (trabalhador). Os Tribunais atuavam em questões salariais de até "500 mil-réis" e de interpretação e execução do contrato de trabalho[15]. Não prosperaram, devendo ser lembrados pela importância histórica, bem como pela sua composição paritária e atuação direcionada exclusivamente para o setor rural.

Em 30 de abril de 1923, por meio do Decreto 16.027, foi instituído o Conselho Nacional do Trabalho, vinculado ao Ministério da Agricultura, Indústria e Comércio, cujo intuito era ser um órgão de consulta em matéria trabalhista, mas, também, com atuações previdenciárias e permissivas sobre dispensa de empregados públicos detentores de estabilidade.

Com o golpe de Estado que pôs fim à República Velha, no ano de 1930, Getúlio Vargas assume o poder. Em 26 de novembro de 1930, por meio do Decreto 19.433, criou o Ministério do Trabalho, Indústria e Comércio.

Já em 12 de maio do ano de 1932, são criadas as *Comissões Mistas de Conciliação*, cuja finalidade era conciliar os conflitos coletivos, porém não possuíam competência para julgá-los. Em não havendo acordo, propunha-se a adoção de um juízo arbitral; sendo este recusado, o processo era remetido ao Ministro do Trabalho, Indústria e Comércio. Foram extintas em 1941, quando do advento da Justiça do Trabalho.

Também em 1932, por meio do Decreto 22.132, de 25 de novembro, foram criadas as *Juntas de Conciliação e Julgamento*, as quais deveriam conciliar e julgar os dissídios individuais. Vale lembrar que, nesse período, as *Juntas de Conciliação e Julgamento* eram órgãos administrativos. Além disso, não tinham competência para executar suas decisões, que deveriam ocorrer perante a Justiça Comum.

Com a Constituição Federal de 1934 é criada a Justiça do Trabalho, porém sem fazer parte do Poder Judiciário (art. 122). A Constituição de 1937 praticamente repete os preceitos da sua antecessora, continuando a excluir do Poder Judiciário a Justiça do Trabalho (art. 139). Nesse período podemos dizer que a Justiça do Trabalho atrelava-se ao Poder Executivo.

---

[14] Cf. MARTINS FILHO, Ives Gandra da Silva. Breve história da Justiça do Trabalho. In: FERRARI, Irany; NASCIMENTO, Amauri Mascaro; MARTINS FILHO, Ives Gandra da Silva. *História do direito do trabalho e da Justiça do Trabalho*: homenagem a Armando Casemiro Costa. 2. ed. São Paulo: LTr, 2002. p. 192.

[15] NASCIMENTO, Amauri Mascaro. *Curso de direito processual do trabalho*. 21. ed. São Paulo: Saraiva, 2001. p. 43-44.

Os Decretos-leis 1.237 e 1.346, ambos do ano de 1939, institucionalizaram a Justiça do Trabalho. Em 1940, com o advento do Decreto 6.596, de 12 de dezembro, a Justiça do Trabalho foi organizada, passando a funcionar de maneira autônoma, desvinculada do Poder Executivo e da Justiça Comum. Suas decisões poderiam ser executadas no próprio processo, não existindo mais a necessidade de atuação da Justiça Comum. Continuava, entretanto, excluída do Poder Judiciário, conquanto exercesse função jurisdicional.

Faticamente, em 1º de maio de 1941, Getúlio Vargas instala a Justiça do Trabalho, com oito *Conselhos Regionais* e trinta e seis *Juntas de Conciliação e Julgamento*.

Estava estruturada em três instâncias. Em primeira instância havia as *Juntas de Conciliação e Julgamento*, composta por um presidente (bacharel em direito, indicado pelo Presidente da República) e dois vogais, que eram os representantes dos empregados e dos empregadores. Sua competência era direcionada para julgar dissídios individuais. Em segunda instância foram criados os *Conselhos Regionais do Trabalho*, cuja atribuição era a de julgar os recursos das Juntas de Conciliação e Julgamento, bem como dirimir os conflitos coletivos de suas respectivas regiões. Por fim, o *Conselho Nacional do Trabalho* (hoje Tribunal Superior do Trabalho), que era subdividido em duas Câmaras: a da Justiça do Trabalho e a da Previdência Social.

Nesse período, também foi criada a Procuradoria da Justiça do Trabalho, alicerce do atual Ministério Público do Trabalho.

Com a promulgação da Constituição Federal de 1946, a Justiça do Trabalho passou a ser órgão integrante do Poder Judiciário da União, conforme dispunha o art. 94, V. Os órgãos acima estudados passaram a possuir as seguintes denominações: Juntas de Conciliação e Julgamento, Tribunais Regionais do Trabalho e Tribunal Superior do Trabalho. Os juízes do trabalho passaram a possuir as mesmas prerrogativas dos membros do Poder Judiciário, ou seja, vitaliciedade, irredutibilidade de vencimentos e inamovibilidade. Mesmo fazendo parte do Poder Judiciário, a Justiça do Trabalho não perdeu sua composição originária, mantendo a estrutura de órgão colegiado e paritário, em todas as suas instâncias, com juízes togados (concursados) e juízes classistas temporários, representantes dos empregados e dos empregadores.

Assim era organizada a Justiça do Trabalho segundo o art. 122 da Constituição Federal de 1946:

> Os órgãos da Justiça do Trabalho são os seguintes:
> I – Tribunal Superior do Trabalho;
> II – Tribunais Regionais do Trabalho;
> III – Juntas ou Juízes de Conciliação e Julgamento.

> § 1º As decisões do Tribunal Superior do Trabalho, com sede na capital da República, são irrecorríveis, salvo se contrariarem a Constituição, quando caberá recurso para o Supremo Tribunal Federal.
>
> § 2º A lei fixará o número dos Tribunais Regionais do Trabalho e respectivas sedes.
>
> § 3º A lei instituirá as Juntas de Conciliação e Julgamento podendo, nas Comarcas onde elas não forem instituídas, atribuir as suas funções aos Juízes de Direito.
>
> § 4º Poderão ser criados por lei outros órgãos da Justiça do Trabalho.
>
> § 5º A constituição, investidura, jurisdição, competência, garantias e condições de exercício dos órgãos da Justiça do Trabalho serão reguladas por lei, ficando assegurada a paridade de representação de empregados e empregadores.

No que se refere à competência da Justiça do Trabalho, o art. 123 assim determinava:

> Art. 123. Compete à Justiça do Trabalho conciliar e julgar os dissídios individuais e coletivos entre empregados e empregadores, e, as demais controvérsias oriundas de relações, do trabalho regidas por legislação especial.
>
> § 1º Os dissídios relativos a acidentes do trabalho são da competência da Justiça ordinária.
>
> § 2º A lei especificará os casos em que as decisões, nos dissídios coletivos, poderão estabelecer normas e condições de trabalho.

A Constituição de 1967, bem como a EC 1, de 1969, praticamente reiteraram os dispositivos da Carta de 1946. Cumpre mencionar que os membros do TST passaram a ser denominados de Ministros, sendo que, dentre estes, havia seis classistas temporários (três dos empregados e três dos empregadores).

No aspecto infraconstitucional, importante mencionar o Decreto-lei 779/1969, que tratou de normas processuais trabalhistas aplicáveis aos entes da Administração Direta e suas respectivas autarquias e fundações, bem como a Lei 5.584/1970, que versa sobre aspectos processuais trabalhistas, como a unificação do prazo para recurso (oito dias), impugnação ao valor da causa etc.

A Constituição Federal de 1988, em sua redação originária, manteve a composição da Justiça do Trabalho, ampliando sua competência material.

Importante não deixar de mencionar a Lei 7.701/1988, que regulamenta a competência funcional do Tribunal Superior do Trabalho, bem como dos demais Tribunais Trabalhistas em matéria de dissídios coletivos.

A Emenda Constitucional 24, de 9 de dezembro de 1999, reestruturou a organização da Justiça do Trabalho, a qual deixou de possuir os juízes classistas (vogais), passando, desse modo, as Juntas de Conciliação e Julgamento a ser designadas Varas do Trabalho.

Nesse período, outro grande avanço legislativo foi a criação do procedimento sumaríssimo (art. 852-A e ss. da CLT), cuja intenção foi a de trazer celeridade às ações trabalhistas cujo valor não exceda a 40 salários mínimos.

Com os reflexos da Emenda 45, de 8 de dezembro de 2004, junto ao Tribunal Superior do Trabalho passaram a funcionar a Escola Nacional da Magistratura e o Conselho Superior da Justiça do Trabalho (art. 111-A). Também houve a dilatação da competência material da Justiça do Trabalho (art. 114), bem como novas regras sobre a atuação dos Tribunais Regionais do Trabalho (art. 115, §§ 1º e 2º).

Podemos dizer que a Emenda Constitucional 45/2004 provocou uma verdadeira revolução na Justiça do Trabalho, pois ampliou sua competência para processar e julgar todas as relações de trabalho, e não apenas as controvérsias oriundas das relações de emprego, e concebeu uma nova redação ao art. 114 da Constituição Federal de 1988, *in verbis*:

> Art. 114. Compete à Justiça do Trabalho processar e julgar:
>
> I – as ações oriundas da relação de trabalho, abrangidos os entes de direito público externo e da administração pública direta e indireta da União, dos Estados, do Distrito Federal e dos Municípios;
>
> II – as ações que envolvam exercício do direito de greve;
>
> III – as ações sobre representação sindical, entre sindicatos, entre sindicatos e trabalhadores, e entre sindicatos e empregadores;
>
> IV – os mandados de segurança, *habeas corpus* e *habeas data*, quando o ato questionado envolver matéria sujeita à sua jurisdição;
>
> V – os conflitos de competência entre órgãos com jurisdição trabalhista, ressalvado o disposto no art. 102, I, *o*;
>
> VI – as ações de indenização por dano moral ou patrimonial, decorrentes da relação de trabalho;
>
> VII – as ações relativas às penalidades administrativas impostas aos empregadores pelos órgãos de fiscalização das relações de trabalho;
>
> VIII – a execução, de ofício, das contribuições sociais previstas no art. 195, I, *a*, e II, e seus acréscimos legais, decorrentes das sentenças que proferir;
>
> IX – outras controvérsias decorrentes da relação de trabalho, na forma da lei.
>
> § 1º Frustrada a negociação coletiva, as partes poderão eleger árbitros.
>
> § 2º Recusando-se qualquer das partes à negociação coletiva ou à arbitragem, é facultado às mesmas, de comum acordo, ajuizar dissídio coletivo de natureza econômica, podendo a Justiça do Trabalho decidir o conflito, respeitadas as disposições mínimas legais de proteção ao trabalho, bem como as convencionadas anteriormente.
>
> § 3º Em caso de greve em atividade essencial, com possibilidade de lesão do interesse público, o Ministério Público do Trabalho poderá ajuizar dissídio coletivo, competindo à Justiça do Trabalho decidir o conflito.

Mais recentemente, o Supremo Tribunal Federal editou Súmulas Vinculantes, relacionadas ao Direito Processual do Trabalho, como transcrevemos a seguir:

> 22 – A Justiça do Trabalho é competente para processar e julgar as ações de indenização por danos morais e patrimoniais decorrentes de acidente de trabalho propostas por empregado contra empregador, inclusive aquelas que ainda não possuíam sentença de mérito em primeiro grau quando da promulgação da Emenda Constitucional 45/2004.
>
> 23 – A Justiça do Trabalho é competente para processar e julgar ação possessória ajuizada em decorrência do exercício do direito de greve pelos trabalhadores da iniciativa privada.
>
> 25 – É ilícita a prisão civil de depositário infiel, qualquer que seja a modalidade do depósito.
>
> 40 – A contribuição confederativa de que trata o art. 8º, IV, da Constituição Federal, só é exigível dos filiados ao sindicato respectivo.
>
> 53 – A competência da Justiça do Trabalho prevista no art. 114, VIII, da Constituição Federal, alcança a execução de ofício das contribuições previdenciárias relativas ao objeto da condenação constante das sentenças que proferir e acordos por ela homologados.

E mais recente, a Lei 13.467/2017, também denominada Reforma Trabalhista, promoveu uma profunda alteração na legislação individual e processual do trabalho, modificando mais de duzentos artigos da CLT, do FGTS e da Lei de Custeio da Previdência Social, bem como transformando verbas de natureza salarial em indenizatória. Em síntese, na seara do Direito Processual, a retromencionada Lei promoveu alterações nos seguintes institutos:

- Grupo econômico e sua integração no processo (art. 2º, §§ 2º e 3º, da CLT);
- Admitiu a arbitragem nas lides individuais de trabalho, para o trabalhador com remuneração superior a duas vezes o teto do benefício da Previdência Social (art. 507-A da CLT);
- Da formação do litisconsórcio necessário (art. 611-A, § 5º, da CLT);
- Súmulas e enunciados de jurisprudência (art. 702 da CLT);
- Contagem dos prazos (art. 775 da CLT);
- Competência da Justiça do Trabalho para homologar acordo extrajudicial entre empregador e empregado – processo de jurisdição voluntária (arts. 652 e 855-B a 855-E da CLT);
- Limite de pagamento de custas de até 4 vezes o teto do benefício da Previdência Social (art. 789 da CLT);
- Cabimento da litigância de má-fé no Processo do Trabalho (art. 793-A da CLT);

- Gratuidade de Justiça (art. 790 da CLT);
- Honorários periciais (art. 790-B da CLT) e advocatícios sucumbenciais (art. 791-A da CLT), estes últimos arbitrados entre 5% e 15% do valor da causa (valor da condenação e do proveito econômico);
- Eliminação de execução *ex officio*, salvo se a parte estiver desacompanhada de advogado (art.878 da CLT);
- Aplicabilidade do incidente de desconsideração da pessoa jurídica na forma do CPC/2015 (art. 855-A da CLT);
- Alteração do conceito de grupo econômico (art. 2º, §§ 2º e 3º, da CLT) e da sucessão trabalhista, bem como da condenação de sócios retirantes (art. 10-A da CLT);
- Prescrição intercorrente de dois anos, a qual pode ser declarada *ex officio* (art. 11-A da CLT);
- Litigância de má-fé até mesmo para as testemunhas (art.793-D da CLT);
- Exceção de incompetência territorial antes da audiência, com suspensão do processo (art. 800 da CLT);
- Preposto não necessita mais ser empregado (art. 843 da CLT);
- A petição inicial trabalhista passa a ter requisitos específicos (art. 840 da CLT);
- Regramento sobre a desistência da ação (art. 841, § 3º, da CLT);
- Revelia do reclamado, mas com seu advogado presente, permite o recebimento da contestação e dos documentos (art. 844, § 5º, da CLT);
- A defesa no PJE deve ser apresentada até o início da audiência (art. 847, parágrafo único, da CLT);
- A CLT passa a contemplar de forma ampla as regras sobre o ônus da prova, inclusive sobre a sua distribuição (art. 818 da CLT);
- Execução das contribuições previdenciárias (art. 876, parágrafo único, da CLT);
- Novas regras sobre a impugnação da liquidação de sentença (art. 879 da CLT);
- Garantia judicial na fase de execução (art. 882 da CLT);
- Protesto judicial e BNDT (art. 883-A da CLT);
- Isenção de garantia do juízo na fase de execução para entidades filantrópicas e seus sócios (art. 884, § 6º, da CLT);
- Transcendência do Recurso de Revista e o fim do IUJ (art. 896-A da CLT);

- Dispensa de depósito recursal (isenção) para beneficiário da gratuidade de justiça, entidades filantrópicas e empresa em recuperação judicial (art. 899, § 10, da CLT);
- Pagamento de 50% do depósito recursal para entidades sem fins lucrativos, empregadores domésticos, microempreendedores individuais, empresas de pequeno porte e microempresas (art. 899, § 9º, da CLT);

A Medida Provisória 808/2017, editada em 14 de novembro de 2017, perdeu sua eficácia em 23 de abril de 2018, pela não edição de norma regulamentadora, seja pelo Poder Legislativo, seja pelo Poder Executivo, de sorte que produzirá efeitos tão somente nas relações jurídicas trabalhistas ocorridas no seu interregno, ou seja, entre 14.11.2017 e 23.04.2018, de acordo com o § 11[16] do art. 62 da Constituição Federal de 1988.

---

[16] CF, art. 62, § 11. "Não editado o decreto legislativo a que se refere o § 3º até sessenta dias após a rejeição ou perda de eficácia de medida provisória, as relações jurídicas constituídas e decorrentes de atos praticados durante sua vigência conservar-se-ão por ela regidas".

FONTES DO DIREITO PROCESSUAL DO TRABALHO

O estudo das fontes do direito tem por objetivo desvelar como o Direito se origina e se exterioriza.

A expressão fonte vem do latim *fons, fontis*, nascente, significando tudo aquilo que origina, que produz algo, ou seja, de onde brota alguma coisa. Assim, a expressão fontes do Direito indica, desde logo, as formas, as emanações ou elaborações pelas quais o Direito se manifesta. Apresentam, basicamente, duas espécies:

3.1 FONTES MATERIAIS

São os fatos sociais, políticos, econômicos, culturais etc., as próprias forças sociais criadoras do Direito. Constituem a matéria-prima da elaboração deste, pois são os valores sociais que informam o conteúdo das normas jurídicas. As fontes materiais não são ainda o Direito pronto, perfeito, mas, para a formação deste, concorrem sob a forma de fatos sociais, econômicos, políticos, filosóficos, religiosos, morais.

3.2 FONTES FORMAIS

As fontes formais vêm a ser as artérias por onde correm e se manifestam as fontes materiais, ou, ainda, são as fontes por meio das quais o direito positivo se expressa.

O positivismo jurídico defende a ideia de que fora do Estado não há Direito, sendo aquele a única fonte deste. As forças sociais, os fatos sociais seriam tão somente causa material do Direito, a matéria-prima de sua elaboração, ficando esta sempre a cargo do próprio Estado, como causa eficiente.

O mesmo positivismo jurídico apregoa um exacerbado apego ao texto de lei, moldando condutas humanas em consonância com os comandos normativos, tendo como bandeira e objetivo a ideia de uma maior segurança jurídica. Nesse sentido:

Na busca de uma maior segurança jurídica, o positivismo jurídico, fruto do positivismo filosófico, pregava que a ciência do Direito, como todas as demais, tinha de estar fundamentada em juízos de *fato* (representativos do conhecimento da realidade), e não em juízo de *valor* (que diriam respeito a uma tomada de posição diante da realidade e, portanto, uma concepção mais crítica da realidade). Pregava, portanto, uma grande aproximação entre o Direito e a norma. Esta representaria quase plenamente aquele[1].

Em nosso sistema, calcado na *civil law*, ou sistema romano germânico, a lei é, por excelência, a causa formal do Direito, a forma de manifestação deste (fonte formal primária ou imediata). Todavia, há que se mencionar a existência das fontes formais secundárias ou mediatas, que são veiculadas pelos costumes, pela analogia, pelos princípios gerais do direito, os tratados internacionais, os acordos e convenções coletivas, as orientações jurisprudenciais, súmulas dos Tribunais, os precedentes obrigatórios e Súmulas Vinculantes editadas pelo STF e a jurisprudência.

Entretanto, há de se destacar que, hodiernamente, vivemos um momento denominado pós-positivismo, ou neoprocessualismo, como desenvolvemos no cap. 1 desta obra, em que o direito deve estar em sintonia com a moral, com os bons costumes e a ética, ou seja, deve existir uma cumplicidade entre ambos, em que a moral é presente, sobretudo por meio dos princípios. Para Marcelo Novelino[2]:

> Na visão pós-positivista a normatividade dos princípios e a centralidade da argumentação jurídica e dos direitos fundamentais são determinantes para que direito e moral sejam pensados não como esferas autônomas, mas complementares.

À vista disso, em consonância com o momento em que vivemos, o Direito e, consequentemente, suas fontes, devem ser repensados. Não repugnamos o positivismo, pois este consegue fornecer certa segurança jurídica, mas devemos enxergar o Direito como um instrumento de valoração[3] do homem. O Direito deve ser criado e interpretado sob a ótica humana, isto é, o ser humano deve ser o início e o fim do Direito. O Direito não pode violar valores essenciais do ser humano.

---

[1] FARIAS, Cristiano Chaves de; ROSENVALD, Nelson. *Curso de direito civil*: parte geral e LINDB. 13. ed. São Paulo: Atlas, 2015. v. 1, p. 10.

[2] NOVELINO, Marcelo. *Manual de direito constitucional*. Volume único. 9. ed. São Paulo: Método, 2014. p. 200.

[3] Em sentido normativo, valor significa tudo aquilo que orienta a conduta humana. Logo, o valor apresenta-se como uma diretriz, um guia, que atrai, consciente ou inconscientemente, o ser humano. O valor comporta sempre um julgamento e, pois, uma possibilidade de escolha entre caminhos diferentes. Isso porque a cada valor corresponde um desvalor. Nesse sentido, a democracia é um valor político; a ditadura, um desvalor. Os valores sociais do trabalho e da livre-iniciativa são, assim, os elementos que dão o rumo do bem-estar social (SILVA, José Afonso da. *Comentário contextual à Constituição*. São Paulo: Malheiros, 2005. p. 35).

Este é o pensamento de Kant em seu memorável livro *Metafísica dos Costumes*, fazendo alusão a que

> o ser humano e, de modo geral, todo ser racional, existe como um fim em si mesmo, não simplesmente como meio do qual esta ou aquela vontade possa servir-se a seu talante. Os entes, cujo ser na verdade não depende de nossa vontade, mas da natureza quando irracionais, têm unicamente um valor relativo, como meios, e chamam-se por isso coisas; os entes racionais, ao contrário, denominam-se pessoas, pois são marcados, pela sua própria natureza, como fins em si mesmos; ou seja, como algo que não pode servir simplesmente de meio, o que limita, em consequência, nosso livre-arbítrio[4].

Ainda para Kant,

> se o fim natural de todos os homens é a realização de sua própria felicidade, não basta agir de modo a não prejudicar ninguém. Isto seria uma máxima meramente negativa. Tratar a humanidade como um fim em si implica o dever de favorecer, tanto quanto possível, o fim de outrem. Pois sendo o sujeito um fim em si mesmo, é preciso que os fins de outrem sejam por mim considerados também como meus[5].

Feitas essas considerações, temos, na seara processual trabalhista, as seguintes fontes formais:

a) Lei[6], aqui utilizada em seu sentido amplo, mas que deve ser compreendida como sendo:

a.1) Constituição Federal: dentro do ordenamento jurídico é a fonte formal que se apresenta superior às demais fontes. A Constituição da República de 1988 traz em seu bojo normas fundamentais acerca do Direito Processual, sobre a organização e competência da Justiça do Trabalho. Além disso, a Constituição Federal de 1988 pode ser considerada uma obra-prima em termos de direitos humanos fundamentais, pois, além de albergar antigos e já tradicionais direitos humanos, ainda inovou ao introduzir novos direitos humanos fundamentais, dentre eles,

---

[4] KANT, Emmanuel. Fundamentos para a metafísica dos costumes. Apud: COMPARATO, Fábio Konder. Op. cit., p. 33-34.

[5] Idem, ibidem, p. 35.

[6] Cândido Rangel Dinamarco explica que "Leis, com a amplitude que o vocábulo se empresta nesse contexto, são os textos normativos elaborados segundo as competências e o processo legislativo definidos na Constituição e nas leis pertinentes, sempre com a participação do Poder Legislativo. São processuais as leis portadoras de normas gerais e abstratas alusivas ao processo, disciplinando o exercício da jurisdição, da ação e da defesa mediante atos e formas processuais" (*Instituições de direito processual civil*. São Paulo: Malheiros, 2001. v. I, p. 73).

os direitos difusos e coletivos. E, se introduziu novos direitos, não tinha como também deixar de apresentar instrumentos inovadores de tutela desses direitos, dentre eles os instrumentos de tutela coletiva, o *habeas data* etc., além de engendrar as condições necessárias ao surgimento do microssistema de tutela coletiva, cujo núcleo basilar é a Lei da Ação Civil Pública (Lei 7.347/1985) e o Código de Defesa do Consumidor (Lei 8.078/1990).

a.2) Leis, em sentido amplo, que regulam o Direito Processual do Trabalho, tais como a CLT (aprovada pelo Decreto-lei 5.452, de 1º de maio de 1943), a Lei 5.584/1970 (que fixa normas procedimentais ao processo do trabalho), a Lei 7.701/1988 (que disciplina a organização e especialização do TST), o Código de Processo Civil (Lei 13.105/2015), de forma supletiva e subsidiária, a Lei 6.830/1980 (Lei de Execução Fiscal), a Lei 7.347/1985 (Lei da Ação Civil Pública), a Lei 8.078/1990 (CDC em sua parte processual), a Lei 8.069/1990 (Estatuto da Criança e do Adolescente), a Lei Complementar 75, de 1993 (Lei Orgânica do MPU) e a Lei 13.146/2015 (Estatuto da Pessoa com Deficiência) e agora a Lei 13.467/2017, chamada de Reforma Trabalhista.

b) Regimentos Internos dos Tribunais. Segundo Sergio Pinto Martins[7],

> os regimentos internos dos tribunais regionais e do TST também versam sobre o processo do trabalho, especialmente sobre procedimentos no âmbito desses tribunais e no que diz respeito ao trâmite de recursos e outros processos de competência originária de segundo ou terceiro grau, como agravo regimental, incidente de uniformização de jurisprudência, correição parcial.

c) Costumes: são condutas praticadas reiteradamente em juízos e tribunais, que carregam consigo a convicção da obrigatoriedade no curso do trâmite dos processos. O próprio art. 8º da CLT autoriza a utilização dos costumes como fontes normativas. São exemplos no processo do trabalho: a apresentação de defesa escrita em audiência (a CLT, em seu art. 847, determina que esta deva ser feita oralmente), a procuração *apud acta* e o protesto combatendo a decisão interlocutória proferida em audiência, com o intuito de evitar a preclusão (art. 795 da CLT). Insta mencionar que o art. 140 do Código de Processo Civil de 2015, que corresponde ao art. 126 do CPC de 1973, mantém a proibição do chamado *non liquet*, ou seja, a vedação do não julgamento da causa.

---

[7] MARTINS, Sergio Pinto. *Direito processual do trabalho*. 35. ed. São Paulo: Atlas, 2014. p. 33.

Art. 140 do CPC/2015: O juiz não se exime de decidir sob a alegação de lacuna ou obscuridade do ordenamento jurídico. Parágrafo único. O juiz só decidirá por equidade nos casos previstos em lei.	Art. 126 do CPC/1973: O juiz não se exime de sentenciar ou despachar alegando lacuna ou obscuridade da lei. No julgamento da lide caber-lhe-á aplicar as normas legais; não as havendo, recorrerá à analogia, aos costumes e aos princípios gerais de direito.

Porém, verifica-se que o artigo do CPC de 2015 retirou as expressões específicas analogia, costumes e princípios gerais de direito (art. 4º da LINDB), o que nos leva a crer que o juiz deverá buscar, em não havendo normas específicas para o caso, de forma sistemática, em todas as fontes formais do direito, a inspiração para solucionar o caso *sub judice*. A nosso ver, essa regra se coaduna com o que dissemos acima, sobre a perspectiva de um novo sistema de fontes do direito, fundamentada no diálogo das fontes.

Ressalta-se, também, que há uma atualização redacional no que tange à hermenêutica contemporânea – retirou-se a expressão "obscuridade da lei" para colocar "obscuridade do ordenamento jurídico".

d) Jurisprudência: é o conjunto de decisões judiciais convergentes e reiteradas dos tribunais sobre determinado direito material (objeto) e o próprio direito processual (instrumental), que demonstram o entendimento e o posicionamento daquele órgão judicial sobre determinados conteúdos. Existe um dissenso na doutrina sobre ser a jurisprudência fonte ou não de direito. O art. 8º da CLT[8] consagra a jurisprudência como fonte mediata do Direito Processual do Trabalho.

Como já mencionado, o nosso sistema jurídico está vinculado ao *civil law* (sistema romano-germânico), em que a norma escrita é a principal fonte do direito. Em países que adotam o sistema da *civil law*, vislumbra-se uma forte ligação com a lei, com a codificação e, de forma subsidiária, com a jurisprudência. Essa conduta é herança do legalismo francês, pós-revolução burguesa, que buscou na lei um instrumento de controle não só do Estado, mas também da jurisdição.

O Código francês, de 1806, ou Código Napoleônico, como se denominou à época, quando surgiu, foi concebido como sendo capaz de solucionar todos os conflitos ou controvérsias que pudessem surgir no mundo dos fatos, o que, em pouco tempo, se provou uma falácia, em face da dinâmica da vida social e política de um povo.

---

[8] "Art. 8º As autoridades administrativas e a Justiça do Trabalho, na falta de disposições legais ou contratuais, decidirão, conforme o caso, pela jurisprudência, por analogia, por equidade e outros princípios e normas gerais de direito, principalmente do direito do trabalho, e, ainda, de acordo com os usos e costumes, o direito comparado, mas sempre de maneira que nenhum interesse de classe ou particular prevaleça sobre o interesse público".

Portanto, a decisão judicial não pode se pautar exclusivamente em jurisprudência, devendo se nortear pela lei, e, não existindo esta, pelas fontes formais mediatas, analogia, costumes e princípios gerais de direito.

Oportuno, neste ponto, ressaltar que o magistrado, como agente político que é, detentor da soberania do Estado, ou seja, no poder político de dizer o direito no caso concreto, atribuição que emana do próprio texto constitucional, na prolação da sentença deve se ater à lei do país e à sua própria consciência, na formação de seu convencimento, sempre de forma motivada, consoante o art. 93, IX, da Constituição Federal de 1988 e o art. 489 do Código de Processo Civil de 2015.

Nesse diapasão, prevalece, ainda, no nosso sistema, a ideia de que os precedentes judiciais dos Tribunais (decisões reiteradas que convergem para um mesmo sentido) servem como um mecanismo de atuação persuasiva, tendo a função de nortear e influenciar a atuação de juízes de instâncias inferiores, quando da interpretação e aplicação da lei[9].

Isso porque o processo, como verdadeiro instrumento político da democracia participativa, além de direito humano fundamental (insculpido inclusive na Declaração dos Direitos do Homem e do Cidadão da ONU, de 1948, e também no bojo do princípio constitucional do acesso à jurisdição – art. 5º, XXXV da Constituição Federal de 1988), após sua judicialização, não havendo motivo para manter qualquer tipo de sigilo ou segredo de justiça, faz com que o provimento judicial que dele emana se torne um veículo de conhecimento público, sendo divulgado na mídia especializada para amplo conhecimento popular. É nesse sentido que toda decisão judicial se torna, além de um compromisso político, uma decisão com notável conteúdo ético.

Destarte, a jurisprudência apresenta, inicialmente, no sistema da *Civil Law*, duas funções básicas na qualidade de fonte mediata ou indireta do direito, quais sejam, a de interpretar a lei, identificando e delimitando o significado e os limites do texto legal, e, ainda, a de adequar o texto legal à realidade sociotemporal, orientando sua aplicação, portanto, às necessidades sociais existentes em dado momento.

Esse contexto acaba, muitas vezes, por permitir que situações fáticas e jurídicas análogas sejam solucionadas de maneiras distintas, a depender da interpretação conferida à lei pelo órgão julgador, podendo vir a gerar insegurança aos jurisdicionados.

No sistema de *common law*, o que prevalece como fonte do Direito são os *cases law ou leading cases* (decisões judiciais, ou seja, o Judiciário possui uma força criadora e inspiradora, tendo suas decisões o condão de gerar precedentes

---

[9] FRANÇA, Rubens Limongi. Jurisprudência: seu caráter de forma de expressão do Direito. In: CARVALHO, J. M. de; DIAS, José de Aguiar (org.). *Repertório enciclopédico do direito brasileiro*. Rio de Janeiro: Borsoi, 1947-1955. v. 30, p. 272-295.

obrigatórios[10], dos quais surge uma solução que poderá ser vinculante para os casos idênticos surgidos no futuro, papel esse desempenhado basicamente pela lei, nos países de tradição jurídica continental[11].

O Brasil, como já dito, historicamente, sempre se postou seguindo o modelo jurídico da *Civil Law* (sistema romano-germânico). Contudo, em que pese esse enraizamento histórico ao sistema codificado, vislumbra-se, nos últimos tempos, que há um movimento de interpenetração ou convergência entre os institutos desses sistemas jurídicos, pois o Brasil – vinculado à *Civil Law* – encaminha-se para adoção de precedentes judiciais com força vinculativa[12]. Tal assertiva é corroborada por Mancuso:

> a dicotomia entre as famílias jurídicas *civil law/common law* hoje não é tão nítida e radical como o foi outrora, sendo visível uma gradativa e constante aproximação entre aqueles regimes: o direito legislado vai num crescendo, nos países tradicionalmente ligados à regra do precedente judicial e, em sentido inverso, é a jurisprudência que vai ganhando espaço nos países onde o primado recai na norma legal[13].

Logo, é de clareza solar que, após o advento da Constituição Federal de 1988, passou a haver uma convergência de institutos da *commom law*, de origem americana ou britânica, para o nosso sistema romano-germânico, ou *civil law*, como se observa por vários institutos que foram incorporados ao nosso ordenamento jurídico instrumental, dentre eles, a antecipação da tutela, a súmula vinculante, os precedentes obrigatórios e a lei da arbitragem.

---

[10] No sistema da *common law* vigora a doutrina dos precedentes vinculantes (*binding precedents*). Precedentes judiciais são decisões judiciais proferidas segundo o caso concreto, cujo conteúdo normativo (denominado de *ratio decidendi* ou *holding*) torna-se capaz de vincular julgamentos futuros de casos idênticos e/ou semelhantes. Portanto, a ideia central é de que os julgadores devam solucionar casos idênticos/semelhantes seguindo os precedentes já fixados. Busca-se uma segurança jurídica. Nesse diapasão, aplica-se o brocardo *stare decisis* (expressão de origem latina (*stare decisis et non quieta movere*), que significa "mantenha-se a decisão e não se moleste o que foi decidido". O *stare decisis* é a sistematização das decisões das cortes superiores cujo objetivo é demonstrar o que há de mais importante no bojo do precedente (*ratio decidendi*) e o que é apenas um dito de passagem (*dictum*) que não tem relação direta com os fatos relevantes para julgamento daquela causa. Logo, é a *ratio decidendi* que tem o condão de se tornar norma, e, por conseguinte, vincular futuras decisões.

[11] ZUFELATO, Camilo. *Precedentes judiciais à brasileira no novo CPC*: aspectos gerais (no prelo). Artigo enviado pelo autor por correspondência eletrônica. p. 5.

[12] CHIARLONI, Sergio. Un mito revisitato: note comparative sull'autoritá del precedente giurisprudenziale. *Rivista di Diritto Processuale*, Padova, ano 56, n. 3, 2001, p. 615.

[13] MANCUSO, Rodolfo de Camargo. *Divergência jurisprudencial e sumula vinculante*. 3. ed. São Paulo: RT, 2007. p. 183.

No plano constitucional, a Emenda Constitucional 45/2004 apresentou ao ordenamento jurídico pátrio a súmula vinculante de caráter geral, ou seja, aplicada não somente às questões a versarem sobre o controle de constitucionalidade (art. 103-A da Constituição Federal de 1988), que, posteriormente, acabou sendo regulamentado pela Lei 11.417/2006.

Já em um plano infraconstitucional, sob a efervescência dos efeitos da inter-relação entre os sistemas jurídicos[14], o Brasil passou a inserir, nesses últimos anos, técnicas processuais que buscam gerar efeitos de precedentes judiciais – persuasivos e vinculativos. Tal realidade verifica-se com a implementação da repercussão geral como pressuposto específico para o julgamento do recurso extraordinário (arts. 1.035 e 1.036 do CPC/2015), do recurso especial repetitivo (art. 1.036 do CPC/2015), da súmula impeditiva de recurso (art. 1.010 do CPC/2015), do julgamento *prima facie* (art. 332 do CPC/2015), dos poderes do relator para julgar monocraticamente seguindo posicionamento jurisprudencial dominante (art. 932 do CPC/2015).

O Código de Processo Civil de 2015, seguindo uma tendência legislativa que se vivenciou, nos últimos anos, no sistema processual brasileiro, por meio de reformas pontuais e assistemáticas, como já dito, aprimorou o uso da técnica dos precedentes, bem como apresentou diretrizes definindo quais serão as decisões a ter caráter vinculativo (arts. 926, 927 e 928)[15].

---

[14] Sobre a interpenetração dos sistemas jurídicos, Marcato assevera: "Pesa em prol dessa opção, ademais, a constatação de que, embora as distinções entre os ordenamentos da *civil law* e da *common law* ainda persistam, a evolução dos sistemas da tutela de interesses tende a atenuar as diferenças existentes entre os modelos processuais de um e de outro. Afinal, a globalização do mundo moderno gerou um mercado global de ideias jurídicas, favorecendo a circulação e exposição de soluções que ordenamentos diversos adotam para a resolução de seus próprios problemas" (MARCATO, Antônio Carlos. *Crise da justiça e a influência dos precedentes judiciais no direito processual civil brasileiro*. 2008. Tese apresentada para o concurso ao cargo de Professor Titular de Direito Processual Civil do Departamento de Direito Processual da Faculdade de Direito da Universidade de São Paulo, 2008. 265p.).

[15] "Art. 926. Os tribunais devem uniformizar sua jurisprudência e mantê-la estável, íntegra e coerente. § 1º Na forma estabelecida e segundo os pressupostos fixados no regimento interno, os tribunais editarão enunciados de súmula correspondentes a sua jurisprudência dominante. § 2º Ao editar enunciados de súmula, os tribunais devem ater-se às circunstâncias fáticas dos precedentes que motivaram sua criação. Art. 927. Os juízes e os tribunais observarão: I – as decisões do Supremo Tribunal Federal em controle concentrado de constitucionalidade; II – os enunciados de súmula vinculante; III – os acórdãos em incidente de assunção de competência ou de resolução de demandas repetitivas e em julgamento de recursos extraordinário e especial repetitivos; IV – os enunciados das súmulas do Supremo Tribunal Federal em matéria constitucional e do Superior Tribunal de Justiça em matéria infraconstitucional; V – a orientação do plenário ou do órgão especial aos quais estiverem vinculados. § 1º Os juízes e os tribunais observarão o disposto no art. 10 e no art. 489, § 1º, quando decidirem com fundamento neste artigo. § 2º A alteração de tese jurídica adotada em enunciado de súmula ou em julgamento de casos repetitivos

A partir da simples leitura dos aludidos artigos, depreende-se que os precedentes judiciais foram potencializados, de modo que as decisões proferidas pelos Tribunais Superiores vincularão, definitivamente, a atuação dos órgãos inferiores, quando do julgamento de questões que envolvam a mesma tese (fundamento) consolidada por aqueles.

Não é por outro motivo que o Código de Processo Civil prevê o incidente de resolução de demandas repetitivas (IRDR), consoante seu art. 976[16-17], ao lado do procedimento dos recursos repetitivos. O IRDR fixará a tese jurídica a respeito da matéria no TRT, que levará à uniformização da jurisprudência no âmbito da

---

poderá ser precedida de audiências públicas e da participação de pessoas, órgãos ou entidades que possam contribuir para a rediscussão da tese. § 3º Na hipótese de alteração de jurisprudência dominante do Supremo Tribunal Federal e dos tribunais superiores ou daquela oriunda de julgamento de casos repetitivos, pode haver modulação dos efeitos da alteração no interesse social e no da segurança jurídica. § 4º A modificação de enunciado de súmula, de jurisprudência pacificada ou de tese adotada em julgamento de casos repetitivos observará a necessidade de fundamentação adequada e específica, considerando os princípios da segurança jurídica, da proteção da confiança e da isonomia. § 5º Os tribunais darão publicidade a seus precedentes, organizando-os por questão jurídica decidida e divulgando-os, preferencialmente, na rede mundial de computadores. Art. 928. Para os fins deste Código, considera-se julgamento de casos repetitivos a decisão proferida em: I – incidente de resolução de demandas repetitivas; II – recursos especial e extraordinário repetitivos. Parágrafo único. O julgamento de casos repetitivos tem por objeto questão de direito material ou processual".

[16] "Art. 976. É cabível a instauração do incidente de resolução de demandas repetitivas quando houver, simultaneamente: I – efetiva repetição de processos que contenham controvérsia sobre a mesma questão unicamente de direito; II – risco de ofensa à isonomia e à segurança jurídica. § 1º A desistência ou o abandono do processo não impede o exame de mérito do incidente. § 2º Se não for o requerente, o Ministério Público intervirá obrigatoriamente no incidente e deverá assumir sua titularidade em caso de desistência ou de abandono. § 3º A inadmissão do incidente de resolução de demandas repetitivas por ausência de qualquer de seus pressupostos de admissibilidade não impede que, uma vez satisfeito o requisito, seja o incidente novamente suscitado. § 4º É incabível o incidente de resolução de demandas quando um dos tribunais superiores, no âmbito de sua respectiva competência, já tiver afetado recurso para definição de tese sobre questão de direito material ou processual repetitiva. § 5º Não serão exigidas custas processuais no incidente de resolução de demandas repetitivas".

[17] "Art. 977. O pedido de instauração do incidente será dirigido ao presidente de tribunal: I – pelo juiz ou relator, por ofício; II – pelas partes, por petição; III – pelo Ministério Público ou pela Defensoria Pública, por petição. Parágrafo único. O ofício ou a petição será instruído com os documentos necessários à demonstração do preenchimento dos pressupostos para a instauração do incidente. Art. 978. O julgamento do incidente caberá ao órgão indicado pelo regimento interno dentre aqueles responsáveis pela uniformização de jurisprudência do tribunal. Parágrafo único. O órgão colegiado incumbido de julgar o incidente e de fixar a tese jurídica julgará igualmente o recurso, a remessa necessária ou o processo de competência originária de onde se originou o incidente".

competência daquele TRT e, em havendo recurso para o TST (Tribunal Superior do Trabalho), este fixará a tese jurídica, que servirá de súmula, com abrangência em todo o território nacional.

Assim, o CPC de 2015 estabelece um microssistema de precedentes vinculantes, o qual abrange os institutos do incidente de resolução de demandas repetitivas, o incidente de assunção de competência, bem como o regime jurídico dos recursos repetitivos, de modo que as decisões dos Tribunais Superiores tornem-se vinculantes para os Tribunais locais e juízes de primeiro grau, que também apresentam-se como fontes formais do direito.

Diante desse cenário, e em consonância com os arts. 15 do CPC/2015[18] e 769 da CLT[19], o TST, por meio da Instrução Normativa 39[20], prescreve a aplicação desse microssistema ao processo do trabalho.

Dessa feita, em um primeiro momento, os institutos do incidente de resolução de demandas repetitivas e o incidente de assunção de competência, previstos pelo CPC de 2015, em conjunto com o regime jurídico do recurso de revista repetitivo, passam a fazer parte do cotidiano do Judiciário Trabalhista.

Os precedentes vinculantes ou súmulas criados a partir deste novo microssistema processual do CPC/2015 somente poderão ser alterados pelo mesmo Tribunal que os editou, sendo permitido aos magistrados, no exame de casos concretos, aplicar o sistema do *distinguishing* (para o afastamento do precedente quando a demanda apresentar peculiaridades que justifiquem e mesmo impõem a sua não aplicação) e o *overruling* (quando a tese jurídica elaborada no precedente encontra-se superada).

A Lei 13.467/2017 tornou mais rígido o procedimento de criação dos precedentes ou súmulas, delegando ao Pleno do Tribunal ou ao órgão especial, de acordo com o regimento interno dos Tribunais, bem como promoveu a revogação do IUJ (incidente de uniformização da jurisprudência) criados pela Lei 13.015/2014, que possibilitava a criação de um precedente obrigatório.

Observe que essas novas ferramentas jurídicas permitirão a aplicação da mesma decisão a milhares de ações iguais. As ações ficarão paralisadas (sobrestadas) na primeira instância até que o tribunal julgue o chamado incidente de resolução de demandas repetitivas, mandando aplicar a decisão a todos os casos idênticos.

---

[18] "Art. 15. Na ausência de normas que regulem processos eleitorais, trabalhistas ou administrativos, as disposições deste Código lhes serão aplicadas supletiva e subsidiariamente".

[19] "Art. 769. Nos casos omissos, o direito processual comum será fonte subsidiária do direito processual do trabalho, exceto naquilo em que for incompatível com as normas deste Título".

[20] "Art. 3º Sem prejuízo de outros, aplicam-se ao Processo do Trabalho, em face de omissão e compatibilidade, os preceitos do Código de Processo Civil que regulam os seguintes temas: (...) XXIII – arts. 926 a 928 (jurisprudência dos tribunais); (...) XXV – art. 947 e parágrafos (incidente de assunção de competência)".

Dessa forma, o Processo do Trabalho também buscou se postar diante dessa sistematização das decisões judiciais – precedentes – quando do assomo da Lei 13.015/2014. Por meio desta, várias regras foram criadas e redefinidas acerca da sistemática recursal trabalhista, dentre as quais, a que determinava que os Tribunais Regionais do Trabalho uniformizem sua jurisprudência (art. 896, § 3º, da CLT, que foi revogado pela Lei 13.467/2017, como a seguir explicamos) e a que preceitua o julgamento de recursos de revista repetitivos, inclusive com assunção de competência (arts. 896-B e 896-C da CLT).

> Art. 896. (...)
>
> § 3º Os Tribunais Regionais do Trabalho procederão, obrigatoriamente, à uniformização de sua jurisprudência e aplicarão, nas causas da competência da Justiça do Trabalho, no que couber, o incidente de uniformização de jurisprudência previsto nos termos do **Capítulo I do Título IX do Livro I da Lei nº 5.869, de 11 de janeiro de 1973 (Código de Processo Civil).** (grifo nosso)

Este parágrafo foi revogado pela Lei 13.467/2017, que acrescentou ao inciso I do art. 702 da CLT, relativo às funções do Pleno do TST, o item f), *in verbis*:

> f) estabelecer ou alterar súmulas e outros enunciados de jurisprudência uniforme, pelo voto de pelo menos dois terços de seus membros, caso a mesma matéria já tenha sido decidida de forma idêntica por unanimidade em, no mínimo, dois terços das turmas em pelo menos dez sessões diferentes em cada uma delas, podendo, ainda, por maioria de dois terços de seus membros, restringir os efeitos daquela declaração ou decidir que ela só tenha eficácia a partir de sua publicação no Diário Oficial;

E os §§ 3º e 4º, com as seguintes redações:

> § 3º As sessões de julgamento sobre estabelecimento ou alteração de súmulas e outros enunciados de jurisprudência deverão ser públicas, divulgadas com no mínimo, trinta dias de antecedência, e deverão possibilitar a sustentação oral pelo Procurador-Geral do Trabalho, pelo Conselho Federal da Ordem dos Advogados do Brasil, pelo Advogado-Geral da União e por confederações sindicais ou entidades de classe de âmbito nacional.
>
> § 4º O estabelecimento ou a alteração de súmulas e outros enunciados de jurisprudência pelos Tribunais Regionais do Trabalho deverão observar o disposto na alínea f do inciso I e no § 3º deste artigo, com rol equivalente de legitimidade para sustentação oral, observada a abrangência de sua circunscrição judiciária.
>
> (...)
>
> Art. 896-B. Aplicam-se ao recurso de revista, no que couber, as normas da **Lei nº 5.869, de 11 de janeiro de 1973 (Código de Processo Civil), relativas ao julgamento dos recursos extraordinário e especial repetitivos.** (grifo nosso)

Art. 896-C. Quando houver multiplicidade de recursos de revista fundados em idêntica questão de direito, a questão poderá ser afetada à Seção Especializada em Dissídios Individuais ou ao Tribunal Pleno, por decisão da maioria simples de seus membros, mediante requerimento de um dos Ministros que compõem a Seção Especializada, considerando a relevância da matéria ou a existência de entendimentos divergentes entre os Ministros dessa Seção ou das Turmas do Tribunal.

Nesse encadeamento de regras, verificamos que o regramento anteriormente mencionado encontra-se no mesmo compasso do art. 926 do CPC/2015, já que impõe aos Tribunais Regionais do Trabalho o dever de uniformização de sua jurisprudência, devendo, também, mantê-la estável, íntegra e coerente. Reforçando a ideia de que esse dispositivo normativo possui eficácia vinculativa, o Enunciado 170 do Fórum Permanente de Processualistas Civis expressa: "As decisões e precedentes nos incisos do *caput* do art. 926 são vinculantes aos órgãos jurisdicionais a eles submetidos".

Do mesmo modo, em que pese o Processo do Trabalho possuir regras próprias, o recurso de revista repetitivo também se enquadra na sistemática prevista no art. 927 do CPC/2015, especificadamente, no inciso III, integrando o microssistema de julgamento de demandas repetitivas. Nesse sentido o Enunciado 346 do Fórum Permanente de Processualistas Civis: "A Lei 13.015 de 21 de julho de 2014, compõe o microssistema de solução de casos repetitivos".

Ainda que a Lei 13.015/2014 (altera a CLT quanto a recursos trabalhistas) tenha feito alusão aos dispositivos do Código de Processo Civil de 1973, entendemos aplicáveis os artigos constantes da nova codificação, visto já haver expressa menção à aplicação subsidiária aos processos trabalhistas no art. 15 do CPC/2015.

Em face de todo o exposto, dessumimos que a jurisprudência, mormente, as súmulas, vinculantes ou não, com o advento do CPC de 2015 (Lei 13.105/2015), tornar-se-ão fontes imediatas do nosso sistema jurídico.

Mais recentemente, em 21 de junho de 2018, o Colendo Tribunal Superior do Trabalho editou a Resolução 221, relativa à Instrução Normativa 41, que dispõe sobre as normas da CLT, com as alterações da Lei 13.467/2017 e sua aplicação no processo do trabalho, que trataremos no cap. IV, item 4.4.1 (aplicação do Direito) desta obra.

e) **Princípios**: diante do já citado art. 8º da CLT, os princípios devem ser considerados como fonte do direito. Como se só isso não bastasse, prepondera, em dias atuais, o entendimento de que os princípios possuem uma função normativa[21], de modo que possam ser utilizados de maneira direta e imediata, pelo órgão julgador, para solução de conflitos, tal qual a regra. Assim, os princípios, ao

---

[21] Além das funções fundamentadora, interpretativa e integradora.

lado das regras, possuem uma normatividade, carregando consigo um dever-ser[22]. Dessa feita, os princípios deixam de ser um instrumento para colmatar lacunas (utilização inerente ao paradigma positivista, em que o direito se bastava na lei), passando a exercer, também, um papel principal na solução do caso concreto.

f) Tratados Internacionais. Os tratados internacionais e Convenções da OIT – Organização Internacional do Trabalho são também importantes fontes de normas processuais. Nesse sentido, podemos citar o Pacto San José de Costa Rica e o Protocolo Las Lenas, no Mercosul.

g) Resolução do Conselho Nacional de Justiça. As resoluções e atos normativos do Conselho Nacional de Justiça também se apresentam como fontes do direito processual, de acordo com o art. 103-B, parágrafo 4º, I, da Constituição Federal de 1988.

---

[22] Assevera Robert Alexy que "tanto as regras como os princípios são normas, porque ambos dizem o que deve ser. Ambos podem ser formulados por meio de expressões deônticas básicas do dever, da permissão e da proibição" (*Teoria dos direitos fundamentais*. 2. ed. 2. tir. Trad. Virgílio Afonso da Silva. São Paulo, 2012).

IV

INTERPRETAÇÃO, INTEGRAÇÃO E APLICAÇÃO DO DIREITO PROCESSUAL DO TRABALHO

Este capítulo trata da matéria-prima dos juristas, que no seu dia a dia transitam por vários institutos do Direito, interpretando-os, integrando-os e, destarte, aplicando-os ao caso concreto, na sua lida diária, conduzindo-os a implementar e mesmo aperfeiçoar o seu *expertise* nos vários ramos da ciência jurídica.

4.1 INTERPRETAÇÃO DO DIREITO PROCESSUAL DO TRABALHO

Na definição de Vicente Ráo:

> O direito é um sistema de disciplina social, fundado na natureza humana que, estabelecendo nas relações entre os homens uma proporção de reciprocidade nos poderes e deveres que lhes atribui, regula as condições existenciais dos indivíduos e dos grupos sociais e, em consequência, da sociedade, mediante normas coercitivamente impostas pelo poder público[1].

Portanto, o Direito é um fenômeno histórico-cultural dinâmico, fruto da convivência social, variável no tempo e no espaço, passível de observação sob múltiplos ângulos, observação esta extremamente subjetiva.

O Direito é uma ciência especulativa quanto ao modo de saber, e prática quanto ao fim, porque o Direito é para ser aplicado aos fatos particulares e contingentes da vida[2].

---

[1] RÁO, Vicente. *O direito e a vida dos direitos*. São Paulo: RT, 1999. p. 55.
[2] MENDES, João apud OLIVEIRA FILHO, Cândido de. *Direito teórico e direito prático*. Rio de Janeiro: C. de Oliveira Filho, 1936. p. 14.

Na verdade, pode-se dizer que o Direito não é um fim em si mesmo, mas só existe para regular as relações jurídicas (de deveres e obrigações) entre as pessoas de determinada comunidade, ou seja, a vida em sociedade, especialmente hodiernamente pelas características peculiares existentes, já que vivemos em uma sociedade reurbanizada, globalizada, consumerista, politizada (com muitos bolsões de miséria, pobreza e analfabetismo) e altamente tecnológica e cibernética.

Complementando o conceito de Direito, Mauricio Godinho Delgado[3] assevera que:

> Tem o Direito, portanto, caráter atuante sobre a vida social, dela resultando e sobre ela produzindo efeitos.
>
> Esse caráter social atuante do fenômeno do Direito – sua referência à vida concreta – importa no constante exercício pelo operador jurídico de três operações específicas e combinadas de suma relevância: a interpretação jurídica, a integração jurídica e, finalmente, a aplicação jurídica.

Dessa maneira, uma vez integrante do sistema jurídico, a norma jurídica passa a ser objeto de interpretação. Uma vez escrita, estando somente no interior dos códigos, a lei é estática, tornando-se viva e efetiva apenas quando interpretada e aplicada, de modo que a interpretação e a aplicação da lei constituem sua dinâmica, revelando o conteúdo finalístico do Direito.

Logo, a lei, como fruto de uma obra humana e, portanto, passível de falhas e omissões, necessita de interpretação. A interpretação da lei é sempre necessária, mesmo no caso da lei cujo sentido se acha claramente revelado em seu texto. Com efeito, aqueles que se habituaram ao manuseio da legislação sabem muito bem que, por vezes, uma lei aparentemente clara contém sentido que, à primeira vista, não se mostra.

O texto legal pode parecer cristalino, em um primeiro momento, e, contudo, possuir um sentido que não se evidencia de imediato. A descoberta das razões histórico-sociológicas da lei e a revelação dos objetivos do legislador esclarecem, por vezes, um pensamento que não estava expresso em palavra. Tal orientação, porém, nem sempre foi obedecida ao longo da História. Houve época em que o brocardo *in claris cessat interpretatio*, isto é, a clareza da lei dispensaria a interpretação, triunfava de maneira absoluta. Todavia, isso não mais prevalece.

Interpretar a lei é determinar seu sentido e alcance, ou seja, é desvendar o significado de suas palavras.

---

[3] DELGADO, Mauricio Godinho. *Curso de direito do trabalho.* 14. ed. São Paulo: LTr, 2015. p. 224.

Clóvis Beviláqua assinala que interpretar a lei é revelar o pensamento que anima suas palavras[4]. Como se percebe, ele se refere, expressamente, ao pensamento da lei, à sua alma, e não à sua letra fria, pura e simples.

Hodiernamente, a interpretação da lei deve ser trabalhada, conjugada com os ditames constitucionais. Em outras palavras, em um Estado Democrático de Direito, todo instrumento jurídico (lei, regulamento etc.) deve ser interpretado à luz da Constituição Federal, já que ela é a expressão máxima da soberania estatal ou do poder político máximo existente em um determinado território.

Não se pode olvidar que deixamos de ser um sistema jurídico em que a Constituição era supérflua, reduzida a organizar o Estado em seus setores políticos e administrativos. Nesse momento de constitucionalismo contemporâneo, chamado de neoconstitucionalismo, as normas constitucionais devem ser interpretadas em sua máxima efetividade.

Luís Roberto Barroso[5], nesse sentido, afirma:

> A verdade, no entanto, é que a preocupação com o cumprimento da Constituição, com a realização prática dos comandos nela contidos, enfim, com sua efetividade, incorporou-se, de modo natural, à prática jurídica brasileira pós-1988. Passou a fazer parte da pré-compreensão do tema, como se houvéssemos descoberto o óbvio após longa procura. A capacidade – ou não – de operar com as categorias, conceitos e princípios de direito constitucional passou a ser um traço distintivo dos profissionais das diferentes carreiras jurídicas. *A Constituição, liberta da tutela indevida do regime militar, adquiriu força normativa e foi alçada, ainda que tardiamente, ao centro do sistema jurídico, fundamento e filtro de toda a legislação infraconstitucional. Sua supremacia, antes apenas formal, entrou na vida do país e das instituições.*

Dessa forma, a legislação processual, inclusive a trabalhista, deve se coadunar às normas constitucionais, mormente aos princípios constitucionais do processo. Nesse mesmo sentido, posiciona-se Mauro Schiavi[6] ao afirmar que

> a interpretação da legislação processual do trabalho deve estar em compasso com os princípios constitucionais do processo (interpretação conforme a Constituição Federal). Desse modo, toda norma que rege o Processo do Trabalho deve ser lida com os olhos da Constituição Federal, buscando sempre a máxima eficiência das normas e princípios constitucionais do processo.

---

[4] BEVILÁQUA, Clóvis. *Teoria geral do direito civil*. Rio de Janeiro: Francisco Alves, 1975, § 35.
[5] BARROSO, Luís Roberto. *O direito constitucional e a efetividade de suas normas*: limites e possibilidades da Constituição brasileira. 9. ed. Rio de Janeiro: Renovar, 2009. nota prévia, p. X.
[6] SCHIAVI, Mauro. *Manual de direito processual do trabalho*. 8. ed. São Paulo: LTr. p. 149.

Feitos esses breves apontamentos, devemos primeiramente elucidar a distinção entre hermenêutica, interpretação da lei e exegese.

No campo da terminologia jurídica, os termos interpretação e hermenêutica não se confundem.

A hermenêutica é a teoria geral ou a ciência dos métodos ou técnicas de interpretação. Seu objetivo não é a interpretação da lei em concreto, mas a descoberta e a fixação dos princípios reguladores da interpretação em geral. A hermenêutica jurídica é a teoria científica da ação de interpretar a lei. A interpretação da lei é a aplicação, na prática, dos preceitos da hermenêutica, na busca do sentido e do alcance de uma lei.

Quanto ao termo interpretação, deriva do latim interpretar, verbo derivado de *interpres*, mago, vidente, sacerdote, que, na antiga Roma, revelava o futuro pela leitura das entranhas de certos animais.

4.1.1 Técnicas de interpretação da lei

A interpretação das leis enseja uma série de técnicas específicas, todas de grande aplicação prática. Procuraremos resumir as principais técnicas.

Esquematizando-as, teremos:

Quanto ao método – gramatical, lógica, teleológica, histórica e sistemática;

Quanto à origem ou agente de que promana – autêntica, doutrinária e judicial;

Quanto aos resultados – declarativa, restritiva, extensiva e analógica.

4.1.1.1 Quanto ao método

a) Interpretação gramatical: também chamada literal, filológica ou sintática, refere-se aos elementos puramente verbais da lei, ao real significado de seus termos e períodos que informa o texto. A etimologia e a sinonímia são inestimáveis auxiliares no emprego deste método. Formulada segundo os usos linguísticos da coletividade, verifica tal método que o sentido de cada palavra varia no tempo e no espaço. A interpretação gramatical, então, busca estabelecer a coerência entre o significado, ou seja, o sentido normativo da lei e os usos linguísticos.

A interpretação gramatical é a mais antiga técnica de aferir o sentido da lei, desde que a primeira tarefa do intérprete é fazer surgir o real sentido gramatical dos termos da lei. Entretanto, a simples análise gramatical não é suficiente para revelar o sentido do texto legal, pois ela, por si só, pode levar o intérprete a conclusões adversas às diretrizes da ordem jurídica.

b) Interpretação lógica: busca demonstrar que o estudo puro e simples da letra da lei pode conduzir a resultados insuficientes e imprecisos, havendo necessidade de investigações mais amplas.

Dessa forma, o intérprete deve se valer das técnicas da lógica. Enfim, a interpretação lógica busca o real sentido da norma, fundamentando-se em elementos lógicos, como a razão da lei (*ratio legis*), a intenção da lei (*intentio legis*) e a ocasião da lei (*occasio legis*). A razão da lei permite-nos determinar as razões sociais determinantes da norma interpretada, seus elementos históricos circunstanciais, a relação existente entre a norma e a vida social. Pela intenção da lei afere-se a finalidade, a forma de elaboração desta. Quanto à ocasião da lei, consiste no levantamento dos elementos históricos coetâneos desta, pois o clima ideológico predominante na sua elaboração influi decisivamente.

c) Interpretação teleológica: por esse método busca-se desvelar qual o sentido social da norma, sua finalidade perante a sociedade.

Segundo o art. 5º da LINDB, o juiz, ao aplicar a lei ao caso concreto, deverá atender aos fins sociais a que a lei se dirige e às exigências do bem comum.

Aplicar a lei significa submeter uma relação da vida real às prescrições da lei. De acordo com Carlos Maximiliano, aplicar a lei é indicar o dispositivo adaptável a um fato concreto, tendo por objetivo descobrir os meios de amparar, juridicamente, um interesse.

A determinação de que o juiz deve observar os fins sociais da lei significa que o aplicador deverá atender, especificamente, à finalidade social nela contida. Toda lei tem um fim, uma finalidade, um objetivo. O fim social é o objetivo de uma sociedade, caracterizado pelo conjunto de referências que tornam a composição e a convivência dessa sociedade possível, abrangendo o útil, o necessário socialmente, o equilíbrio de interesses.

Por isso que essa forma de interpretação teológica ou finalística se apresenta como uma das mais importantes no dia a dia do Judiciário trabalhista.

Já o bem comum é a harmonização de vários elementos, como a paz, a justiça, a segurança, a utilidade social.

Assim, quando o texto da lei se apresentar duvidoso, o aplicador do direito, especificamente o magistrado, deve observar a realidade social, a fim de aplicar a lei de acordo com os interesses e exigências sociais.

A própria CLT, em seu art. 852-I, quando estipula os preceitos do rito sumaríssimo, preconiza essa técnica de interpretação:

> Art. 852-I. A sentença mencionará os elementos de convicção do juízo, com resumo dos fatos relevantes ocorridos em audiência, dispensado o relatório.
> § 1º O juízo adotará em cada caso a decisão que reputar mais justa e equânime, atendendo aos fins sociais da lei e as exigências do bem comum.

d) Interpretação histórica: consiste na investigação de elementos históricos que prevaleciam em determinada sociedade quando da elaboração da norma. Esta técnica de interpretação busca demonstrar quais eram as ideologias, os pensamentos dos autores da lei, os motivos que ensejaram a criação desta, os elementos do projeto de lei, com sua exposição de motivos, mensagens do Executivo, atas e informações, debates.

e) Interpretação sistemática: é aquela na qual se confronta o dispositivo a ser interpretado com as demais normas do sistema que tratam do mesmo assunto ou, mesmo, com a própria ordem jurídica global. A lei deve ser cotejada com as demais normas que compõem o ordenamento jurídico. Não deve ser lida e interpretada de maneira isolada. O sistema jurídico deve ser entendido como uno.

f) Mais recentemente surgiu a interpretação constitucional, como fruto do pós-positivismo jurídico.

Isso porque, com o advento da Constituição Federal de 1988, que absorveu o modelo dos países desenvolvidos, já que se abeberou das 27 Constituições da época pós-Guerra, incorporou em seu texto princípios de direitos humanos com elevado grau de abstração e flexibilidade interpretativa.

O magistrado moderno não se limita a fazer a subsunção do fato à norma e declarar o dispositivo legal, mas desenvolve, como agente político, um papel criativo e, às vezes, como agente de transformação social, na escolha de um entre vários princípios constitucionais possíveis, além de sopesar as valorações existentes, com base na ética e na moral, sem colidir com a função típica do Poder Legislativo.

Uma Constituição estável não significa ser refratária às mudanças e evoluções ocorridas na sociedade, sendo condição *sine qua non* que o exegeta fique atento às transformações que estão ocorrendo à sua volta.

Nesse sentido, é de extrema importância o papel do intérprete da Constituição, em especial o Poder Judiciário. Nesse processo de interpretação constitucional, o magistrado se dispõe a fazer uma releitura das normas constitucionais, bem como o devido processo de filtragem das normas infraconstitucionais, levando-se em conta a própria evolução social, cultural, econômica, histórica e política da sociedade.

Dessa forma, às vezes não é preciso emendar a Constituição para dotar um de seus artigos com uma nova interpretação. A interpretação constitucional evolutiva permite uma abertura para o fenômeno da mutação[7] constitu-

---

[7] "Direito constitucional e tributário – Ação declaratória de inexistência de relação jurídica tributária, cumulada com repetição de indébito. Imunidade prevista no art. 150, VI, *d*, da Constituição Federal. Contemplação de livros inseridos em mídias digitais. Aplicação da teoria da mutação constitucional. Necessidade de adaptação do texto constitucional à realidade vigente. Ação procedente. I – A atual definição de livro, no direito positivo brasileiro, encontra-se defasada em relação à realidade vigente, porque vincula intrinsecamente o conteúdo ao papel, ao meio físico, com detrimento do chamado livro eletrônico, sendo destoante, portanto, do progresso científico e tecnológico hoje vivenciado. II – **'denomina-se mutação constitucional o processo informal de mudança da Constituição, por**

cional[8], que permite a modificação informal da Constituição, sem alteração do texto, ou seja, sem a necessidade de alteração do conteúdo formal de seu texto, preservando-se a segurança jurídica. Note-se que o próprio Supremo Tribunal Federal já se utilizou de tal expediente, promovendo a interpretação evolutiva, ou seja, modificando a interpretação constitucional, adaptando-a aos novos tempos, sem lhe alterar o texto.

Com o advento do neoconstitucionalismo, a Constituição passou a ser o centro nuclear do ordenamento jurídico, com a elevação do princípio da dignidade humana não a um mínimo existencial, mas, se possível, ao seu máximo, no escopo da noção kantiana de que o homem é um fim em si mesmo, e que o Estado e as instituições republicanas servem ao homem e não o contrário.

Nesta ótica de filtragem constitucional, qualquer atividade interpretativa deve ter como parâmetro a Constituição. Esta, por sua vez, constitui-se de princípios e regras, sendo os primeiros dotados de cláusulas abertas, à semelhança do direito alemão, que possibilita ao exegeta, ao aplicar a norma do caso concreto, levar em consideração os valores maiores da sociedade, sem que um princípio venha a anular o outro.

Devem ser levados em consideração os princípios da unidade da Constituição, da força normativa, da concordância prática, da razoabilidade e da proporcionalidade.

---

meio do qual são atribuídos novos sentidos, conteúdos até então não ressaltados à letra da Constituição, quer através da interpretação, em suas diversas modalidades e métodos, quer por intermédio da construção (*CONSTRUCTION*), bem como dos usos e dos costumes constitucionais' (Uadi Lammêgo Bulos, *Constituição Federal Anotada*. 4. ed., São Paulo: Saraiva, 2002, p. 22). I V – Apelação provida" (TJMA, Proc. 0024502-98.2010.8.10.0001 – (110355/2012), Rel. Des. Marcelo Carvalho Silva, *DJe* 25.01.2012, p. 43).

[8] "Apelação cível. Ação de indenização. Acidente de trabalho. Incompetência absoluta da Justiça estadual. Reconhecimento de ofício. Demanda ajuizada antes da EC nº 45/2004, mas com sentença de mérito posterior à entrada em vigor da mutação constitucional. Competência da Justiça do Trabalho de acordo com os marcos temporais fixados pela jurisprudência do STF. Anulação do *decisum* e consequente remessa dos autos para o foro competente, com o aproveitamento dos demais atos praticados até então. I – Por força da Emenda Constitucional nº 45/2004, que alterou a redação do inciso VI, do art. 114, da Carta Política, a competência para dirimir ações de indenização por dano moral ou patrimonial, decorrentes da relação de trabalho, é da justiça obreira. II – De acordo com a jurisprudência do STF, esta nova orientação alcança os processos em trâmite pela Justiça Estadual, desde que pendentes de julgamento de mérito. III – Assim, as causas ajuizadas antes da mutação constitucional só permanecem na órbita da competência da Justiça Estadual se já houver sentença de mérito proferida anteriormente a 31.12.2004, data em que entrou em vigor a referida emenda. Se, como no caso dos autos, a sentença é posterior a esta data, é de se declarar a incompetência absoluta da Justiça Estadual, anular-se os atos decisórios, inclusive a sentença primária, e determinar a remessa do feito à Justiça do Trabalho" (TJBA, AC 6542-2/2006 – (19.873), 3ª C.Cív., Rel. Des. Jerônimo dos Santos, *DOE* 19.12.2006).

Para nós, as normas de processo do trabalho devem ser interpretadas e aplicadas em cotejamento às demais normas processuais, sejam estas de ordem geral, sejam do processo civil.

4.1.1.2 Quanto à origem

a) Interpretação autêntica: é realizada pelo próprio legislador, que cria uma lei interpretativa para declarar seu sentido e alcance. Pode, também, definir o instituto no próprio texto legal.

b) Interpretação judicial ou usual: é aquela realizada pelos órgãos judiciários (juízes e tribunais). Tradicionalmente, embora desfrutasse de autoridade, de acatamento espontâneo, respeitoso, essa interpretação não apresentava força obrigatória, a não ser para o caso concreto (coisa julgada). Porém, como já mencionado, com o advento do atual CPC/2015 (arts. 926 e 927), passam a ter destaque em nosso sistema, podendo, inclusive, imputar caráter coercitivo para instâncias inferiores e, com efeito, *erga omnes*.

4.1.1.3 Quanto aos resultados

a) Interpretação declarativa: consiste no tipo mais corrente de interpretação. Por seu intermédio se resolvem as dúvidas, aferindo-se a correspondência entre a letra da lei e a vontade do legislador, sem conferir à fórmula um sentido mais amplo ou mais restrito. Assim, a interpretação declarativa reconhece que o texto da norma coincide com o espírito desta, limitando-se, por definição, a declarar o próprio texto legal, sem estender seu sentido a situações não previstas.

b) Interpretação restritiva: procura restringir o texto que foge aos limites desejados pelo legislador. Ela posiciona o sentido da lei à esfera do pensamento que o legislador realmente desejou exprimir. A interpretação restritiva limita, então, o alcance das palavras da lei até o seu sentido real.

c) Interpretação extensiva: cabe quando o caso requer seja ampliado o alcance das palavras da lei, fazendo com que a letra da lei corresponda à vontade do texto. Ocorre quando o texto não expressa a sua vontade na extensão desejada. Ele diz menos do que o pretendido pelo legislador. Esta técnica de interpretação amplia o alcance dos termos puramente literais da norma, abrangendo casos que, mesmo cabíveis em sua mensagem, acham-se fora de sua expressão verbal, por ser o pensamento mais amplo que as palavras.

Sublinhamos que os métodos ou técnicas de interpretação devem se amalgamar a fim de se obter o mais amplo e completo sentido da lei, sublinhando que, na atualidade, o entendimento é o de fazer prevalecer a *mens legis*, isto é, o sentido da própria norma jurídica.

4.2 INTEGRAÇÃO

A integração do direito tem o condão de completar, preencher, inteirar, integralizar as lacunas da lei. O seu objeto é o de suprir as ausências de regras específicas para a solução de um determinado caso concreto. Por conseguinte, a integração reflete o corolário da plenitude do ordenamento jurídico.

Logo, a integração consiste no preenchimento das lacunas normativas do sistema jurídico em face de um caso concreto, com a utilização de técnicas jurídicas como a jurisprudência, a analogia, a equidade, princípios gerais do direito, direito comparado.

O art. 8º da CLT assim dispõe:

> Art. 8º As autoridades administrativas e a Justiça do Trabalho, na falta de disposições legais ou contratuais, decidirão, conforme o caso, pela jurisprudência, por analogia, por equidade e outros princípios e normas gerais de direito, principalmente do direito do trabalho e, ainda, de acordo com os usos e costumes, o direito comparado, mas sempre de maneira que nenhum interesse de classe ou particular prevaleça sobre o interesse público.
>
> Parágrafo único. O direito comum será fonte subsidiária do direito do trabalho, naquilo em que não for incompatível com os princípios fundamentais deste.

A Lei 13.467/2017 acrescentou mais dois parágrafos ao art. 8º da CLT, cuja redação transcrevemos:

> § 2º Súmulas e outros enunciados de jurisprudência editados pelo Tribunal Superior do Trabalho e pelos Tribunais Regionais do Trabalho não poderão restringir direitos legalmente previstos nem criar obrigações que não estejam previstas em lei.
>
> § 3º No exame de convenção coletiva ou acordo coletivo de trabalho, a Justiça do Trabalho analisará exclusivamente a conformidade dos elementos essenciais do negócio jurídico, respeitado o disposto no art. 104 da Lei 10.406, de 10 de janeiro de 2002 – Código Civil, e balizará sua atuação pelo princípio da intervenção mínima na autonomia da vontade coletiva. (NR)
>
> Art. 104/CC. A validade do negócio jurídico requer: I – agente capaz; II – objeto lícito, possível, determinado ou determinável; III – forma prescrita ou não defesa em lei.

Existem dois tipos de integração: a) autointegração: vale-se de norma supletiva componente nas próprias fontes principais do direito, como, por exemplo, analogia; e b) heterointegração: o operador do direito utiliza-se de normas de integração situadas fora do universo normativo principal do direito. Ex.: costumes, princípios gerais do direito, equidade.

Há integração do direito, no entender de Maria Helena Diniz[9], quando, ao solucionar um caso, o magistrado não encontrar lei específica que lhe seja aplicável, não podendo subsumir o fato a um preceito legal, caracterizando-se o problema das lacunas. Então, será necessário o desenvolvimento aberto do direito, pelo aplicador, criando uma norma individual, dentro dos limites estabelecidos pelo ordenamento (LINDB, arts. 4º e 5º).

Não obstante a possibilidade de a lei ser omissa sobre determinado tema, há no ordenamento jurídico técnicas à disposição do intérprete para que solucione o caso concreto.

Essa determinação ganha relevo com o art. 140 do CPC/2015, o qual dispõe que: "O juiz não se exime de decidir sob a alegação de lacuna ou obscuridade do ordenamento jurídico".

Complementando esse dispositivo processual, temos o art. 4º da LINDB, o qual determina que, "Quando a lei for omissa, o juiz decidirá o caso de acordo com a analogia, os costumes e os princípios gerais de direito".

Houve época em que, na falta de disposição legal aplicável ao caso concreto, o juiz abstinha-se de julgar; era a célebre fórmula *non liquet*. Hoje, entretanto, tal solução não mais se admite, a fim de se evitar conflitos individuais pendentes, sem pronunciamento definitivo. Quando a lei for lacunosa, deverá o juiz amparar-se nos costumes, na analogia e nos princípios gerais de direito.

Ao integrar o direito positivo, preenchendo as lacunas da lei, o juiz cria o direito, mas tal criação é sempre limitada aos casos de omissão da lei. Portanto, havendo lei expressa para ser aplicada ao caso concreto, a missão do juiz se resume a interpretá-la e aplicá-la conforme o disposto no art. 5º da LINDB, que consagra a interpretação teleológica ou finalística. Porém, se um determinado caso sucede na prática, e não foi previsto pelo legislador, surge o problema da lacuna da lei.

Ressaltamos que lacunas da lei não significam lacunas do Direito, e André Franco Montoro[10] assinala:

> Podem existir lacunas na lei, mas isto não ocorre com o ordenamento jurídico, já que este possui outras fontes, além dos textos legais, e por isso fornece ao aplicador do direito elementos para solucionar todos os casos.

Logo, não havendo norma jurídica, o aplicador do direito pode se valer das fontes secundárias (mediatas) do direito, como os costumes e os princípios gerais de direito.

---

[9] DINIZ, Maria Helena. *Lei de Introdução ao Código Civil Brasileiro interpretada*. 4. ed. São Paulo: Saraiva, 1998. p. 91-92.
[10] MONTORO, André Franco. *Introdução à ciência do direito*. 20. ed. São Paulo: RT, 1991.

A analogia não é fonte de direito, mas técnica de integração do ordenamento jurídico, por meio da qual o julgador se utiliza de uma determinada norma jurídica, específica para uma situação, para solucionar caso semelhante desprovido de lei.

A analogia pode ser de duas espécies: a legal (analogia *legis*) e a jurídica (analogia *juris*). A primeira ocorre quando uma norma existente é empregada para solucionar hipótese semelhante. Aqui uma norma jurídica isolada é aplicada a casos semelhantes. Já a analogia jurídica tem por fundamento a utilização de um conjunto de normas, por meio das quais se extrai uma solução para julgar o caso sem previsão legal. "Em detida e acurada análise, é possível concluir que, tecnicamente, a analogia *juris* não chega a ser um método de colmatação de lacunas, pois não existiu um vazio no sistema jurídico"[11].

O Direito brasileiro também aceita, conforme já mencionado alhures, como meio de integração do sistema jurídico, a equidade.

Ela pode ser compreendida sob duas concepções, que remontam à antiguidade clássica: a primeira ideia de equidade retrata o propósito de reparar equívocos da lei, retificando as iniquidades oriundas do comando abstrato da norma diante do caso concreto. Tem a sua origem nos ensinamentos de Aristóteles. Já a segunda concepção, de origem romana, busca demonstrar que a equidade se consolida como um mecanismo de criação de regras jurídicas, tornando-se uma fonte normativa[12].

Em nosso sistema, evidencia-se a equidade no sentido grego-aristotélico. A equidade é empregada pelo julgador para corrigir eventuais distorções da norma, colimando suavizar o rigor da norma abstrata quando aplicada ao caso concreto, considerando, para tanto, as especificidades e particularidades deste.

Nesse sentido, o art. 852-I, § 1º, da CLT estabelece que: "O juízo adotará em cada caso a decisão que reputar mais justa e equânime, atendendo aos fins sociais da lei e as exigências do bem comum".

Urge mencionar que a equidade só pode ser utilizada quando existir permissivo legal, em outras palavras, quando a lei autorizar. O atual Código de Processo Civil, em seu art. 140, dispõe que:

> O juiz não se exime de decidir sob a alegação de lacuna ou obscuridade do ordenamento jurídico.
>
> **Parágrafo único. O juiz só decidirá por equidade nos casos previstos em lei** (destaque nosso).

---

[11] FARIAS, Cristiano Chaves de; ROSENVALD, Nelson. *Curso de direito civil*: parte geral e LINDB. 13. ed. São Paulo: Atlas, 2015. v. 1, p. 89.

[12] DELGADO, Mauricio Godinho. *Curso de direito do trabalho*. 14. ed. São Paulo: LTr, 2015. p. 178.

A equidade, pois, transcende o direito escrito para ir ao encontro de um ideal de justiça distributiva. Em face do alto grau de subjetivismo, somente é possível o uso da equidade nos casos expressamente previstos na própria norma jurídica[13].

Cabe, ainda, apontar que a equidade pode ser utilizada como referência para os julgamentos de dissídios coletivos, em que a Justiça do Trabalho exerce o seu denominado poder normativo. Nesse sentido, o art. 766 da CLT:

> Art. 766. Nos dissídios sobre estipulação de salários, serão estabelecidas condições que, assegurando justos salários aos trabalhadores, permitam também justa retribuição às empresas interessadas.

4.3 AS LACUNAS DA LEI PROCESSUAL TRABALHISTA, O ART. 769 DA CLT E A APLICAÇÃO SUBSIDIÁRIA DO ATUAL CÓDIGO DE PROCESSO CIVIL

Nos dizeres de Carlos Henrique Bezerra Leite[14]:

> O processo do trabalho surgiu da necessidade de se implementar um sistema de acesso à Justiça do Trabalho que fosse, a um só tempo, simples, rápido e de baixo custo para os seus atores sociais.

Em que pese a CLT, no que tange às regras processuais, ter buscado um sistema de simplicidade e efetividade para o jurisdicionado, especialmente para o empregado, não podemos deixar de considerar que ela apresenta vazios normativos (lacunas), regras incompletas e até mesmo defasadas.

Dessa feita, quando estudamos o art. 769 da CLT, o qual permite a aplicação subsidiária do direito processual comum, desde que compatível com as normas (princípios e regras) que regem o processo do trabalho, devemos nos ater à ideia de que o processo do trabalho deve caminhar sincronicamente com os princípios constitucionais (gerais e processuais), bem como com os preceitos do processo comum que lhe são compatíveis.

Não defendemos a ideia de abandono às regras processuais da CLT, mas uma coadunação entre os microssistemas processuais e os princípios constitucionais, para que o processo do trabalho atenda verdadeiramente aos anseios de seus jurisdicionados, mormente o acesso efetivo a uma ordem jurídica justa, célere e que concretize a dignidade humana.

---

[13] FARIAS, Cristiano Chaves de; ROSENVALD, Nelson. *Curso de direito civil*: parte geral e LINDB. 13. ed. São Paulo: Atlas, 2015. v. 1, p. 93.
[14] LEITE, Carlos Henrique Bezerra. *Curso de direito processual do trabalho*. 10. ed. São Paulo: LTr, 2012. p. 100.

Podemos utilizar, tradicionalmente, as regras de processo civil (lembrando que essas regras não precisam ser exclusivamente do CPC, podendo ser utilizadas outras leis) quando:

- a CLT e as demais leis processuais trabalhistas forem omissas; e
- haja compatibilidade entre o processo civil (comum) e as normas processuais do trabalho.

A grande celeuma que envolve os doutrinadores e a jurisprudência diz respeito a qual tipo de lacuna permite o uso subsidiário das regras do processo comum.

Se levarmos em consideração a concepção tradicional de lacuna, estaremos diante de uma situação em que só há a falta de regras. Desse modo, o processo comum só poderia ser utilizado em não havendo regras específicas na CLT. Como se percebe, é uma concepção restrita de lacuna e que, obviamente, restringe o uso complementar do processo comum.

Com opinião próxima a essa ideia restritiva, Manoel Antonio Teixeira Filho[15], em artigo sobre a aplicação, ou não, do art. 475-J do CPC/1973, agora art. 523, § 1º, do CPC/2015, ao processo do trabalho, durante a fase de execução, assim declara:

> Todos sabemos que o art. 769 da CLT, permite a adoção supletiva de normas do processo civil desde que: a) a CLT seja omissa quanto à matéria; b) a norma do CPC não apresente incompatibilidade com a letra ou com o espírito do processo do trabalho. Não foi por obra do acaso que o legislador trabalhista inseriu o requisito da omissão, antes da incompatibilidade: foi, isto sim, em decorrência de um proposital critério lógico-axiológico. Desta forma, para que se possa cogitar da compatibilidade, ou não, de norma do processo civil com a do trabalho é absolutamente necessário, *ex vi legis*, que, antes disso, se verifique, se a CLT se revela omissa a respeito da matéria. Inexistindo omissão, nenhum intérprete estará autorizado a perquirir sobre a mencionada compatibilidade. Aquela, constitui, portanto, pressuposto fundamental desta.

Sem embargo, devemos mencionar que as lacunas da lei não podem ser estudadas somente sob o enfoque normativo. Devem ser compreendidas, também, em suas vertentes ontológicas e axiológicas.

Maria Helena Diniz[16] explica essas três espécies de lacunas:

---

[15] TEIXEIRA FILHO, Manuel Antonio. Processo do trabalho – embargos à execução ou impugnação à sentença? (A propósito do art. 475-J, do CPC). *Revista LTr*, 70-10/180. Apud SCHIAVI, Mauro. *Manual de direito processual do trabalho*. 8. ed. São Paulo: LTr. p. 157.

[16] DINIZ, Maria Helena. *Compêndio de introdução à ciência do direito*. 14. ed. São Paulo: Saraiva, 2001. p. 437.

1) normativa, quando não há norma sobre determinado caso;
2) ontológica, quando a norma é existente, mas não corresponde aos anseios sociais, ou seja, é incompatível com a situação fática atual;
3) axiológica, quando existe a norma, mas o seu conteúdo não é justo, isto é, se ela for aplicada, a solução do caso será injusta.

Destarte, a interpretação e a aplicação do art. 769 da CLT devem se alinhavar a essa última vertente. Vale dizer, o processo comum, precipuamente, o atual Código de Processo Civil deve ser aplicado de forma subsidiária ao processo do trabalho quando este apresentar lacunas normativas, ontológicas e axiológicas em sua legislação.

Não é diferente o posicionamento de grande parcela de juristas trabalhistas que elaboraram o Enunciado 66 na 1ª Jornada de Direito Material e Processual do Trabalho da ANAMATRA realizada no Tribunal Superior do Trabalho, o qual proclama:

> APLICAÇÃO SUBSIDIÁRIA DE NORMAS DO PROCESSO COMUM AO PROCESSO TRABALHISTA. OMISSÕES ONTOLÓGICA E AXIOLÓGICA. ADMISSIBILIDADE. Diante do atual estágio de desenvolvimento do processo comum e da necessidade de se conferir aplicabilidade à garantia constitucional da duração razoável do processo, os arts. 769 e 889 da CLT comportam interpretação conforme a Constituição Federal, permitindo a aplicação de normas processuais mais adequadas à efetivação do direito. Aplicação dos princípios da instrumentalidade, efetividade e não retrocesso social.

Claro que essa utilização do processo civil como fonte subsidiária deve estar atrelada ao designo de maior efetividade do processo trabalho, bem como aos seus princípios e particularidades. É inconcebível aplicar regras do CPC, mesmo havendo lacunas normativas do processo do trabalho, se estas forem contraditórias aos prolegômenos e às individualidades do processo do trabalho.

Com o assomo do atual Código de Processo Civil (Lei 13.105/2015), fortifica-se esse ideário de conjugação entre os dois ramos processuais, posto que o art. 15 do atual Código de Processo Civil assim dispõe: "Na ausência de normas que regulem processos eleitorais, trabalhistas ou administrativos, as disposições deste Código lhe serão aplicadas supletiva e subsidiariamente".

Com essa inovação, o Código de 2015 passou a ter uma atuação mais contundente no processo do trabalho, nas hipóteses de lacunas (teoria ampliativa – normativa, ontológica e axiológica) e compatibilidade com os preceitos que estruturam o processo trabalhista.

Além do mais, essa regra processual civil, contida no art. 15, determina que a colmatação de lacunas dar-se-á de forma supletiva e subsidiária. Isso demonstra uma nova hipótese, além da já fixada no art. 769 da CLT.

Aplicação supletiva significa complementar a regra existente, que não consegue aperfeiçoar, atingir o seu fim processual. A lei processual trabalhista existe, porém será arrematada pela lei de processo civil. De há muito essa técnica vem sendo utilizada, podendo ser citadas as seguintes hipóteses: regras sobre testemunhas capazes, impedidas ou suspeitas (art. 447 do CPC/2015) que preenchem as lacunas do art. 829 da CLT; hipóteses de impedimento e suspeição do juiz que adicionam as regras do art. 802 da CLT etc. Situação equivalente ocorria também relativamente à regra do ônus da prova do art. 373 do CPC/2015, que complementa o art. 81[17] da CLT; todavia, com o advento da Lei 13.467/2017, o aludido artigo não mais necessita do complemento da legislação processual civil.

Por outro lado, aplicação subsidiária denota a situação em que não há lei processual trabalhista, seja na CLT ou em legislação processual esparsa, regendo determinado tema, sendo aplicadas, então, as regras pertinentes do processo civil. São exemplos a ação rescisória, as regras sobre penhora (preferência e impenhorabilidade), as tutelas de urgência (hoje denominadas tutelas provisórias – urgência e evidência), as regras sobre intervenção de terceiros etc.

Essa aproximação entre as regras processuais (civis e trabalhistas) não desalinha os principais aspectos de configuração do processo do trabalho. Ao revés, maximiza a efetividade das regras processuais laborais, pois atua onde o processo do trabalho se apresenta defectivo.

Nessa senda, Mauro Schiavi[18] assevera:

> A CLT e a legislação processual trabalhista, em muitos aspectos, funcionam bem e devem ser mantidas. O procedimento oral, as tentativas obrigatórias de conciliação, a maior flexibilidade do procedimento, a majoração dos poderes do Juiz do Trabalho na condução do processo e a irrecorribilidade imediata das decisões interlocutórias têm obtido resultados excelentes. Não obstante, em alguns aspectos, a exemplo dos capítulos dos recursos e da execução, deve-se

---

[17] Com o advento da Lei 13.467/2017, o art. 818 da CLT passou a ter a seguinte redação, como segue: Art. 818. O ônus da prova incumbe: I – ao reclamante, quanto ao fato constitutivo de seu direito; II – ao reclamado, quanto à existência de fato impeditivo, modificativo ou extintivo do direito do reclamante. § 1º Nos casos previstos em lei ou diante de peculiaridades da causa relacionadas à impossibilidade ou à excessiva dificuldade de cumprir o encargo nos termos deste artigo ou à maior facilidade de obtenção da prova do fato contrário, poderá o juízo atribuir o ônus da prova de modo diverso, desde que o faça por decisão fundamentada, caso em que deverá dar à parte a oportunidade de se desincumbir do ônus que lhe foi atribuído. § 2º A decisão referida no § 1º deste artigo deverá ser proferida antes da abertura da instrução e, a requerimento da parte, implicará o adiamento da audiência e possibilitará provar os fatos por qualquer meio em direito admitido. § 3º A decisão referida no § 1º deste artigo não pode gerar situação em que a desincumbência do encargo pela parte seja impossível ou excessivamente difícil.

[18] SCHIAVI, Mauro. *Manual de direito processual do trabalho*. 8. ed. São Paulo: LTr. p. 162.

permitir ao Juiz do Trabalho buscar a melhoria constante da prestação jurisdicional trabalhista nos dispositivos do Código de Processo Civil e da Teoria Geral do Processo.

Diante do objetivo maior do Direito Processual do Trabalho, que é o de assegurar ao jurisdicionado, mormente ao trabalhador, acesso efetivo à Justiça, devemos compreender essa simbiose entre processo civil e processo do trabalho como uma realidade evolutiva, em que a ciência processual progredirá. É uma via de mão dupla, pois, em verdade, o processo civil também se apreende dos preceitos do processo do trabalho (como exemplo, podemos citar a prevalência da conciliação propugnada pelo CPC de 2015).

Ademais, como já tracejado em linhas anteriores, o processo do trabalho também deve ser aplicado sob os auspícios dos princípios constitucionais processuais e fundamentais (estruturantes). Inconcebível defender um processo trabalhista incólume e puro em detrimento de um efetivo e factível acesso à Justiça do Trabalho, principalmente no que pertine à duração razoável do processo.

Como bem leciona Carlos Henrique Bezerra Leite[19]:

> Para colmatar as lacunas ontológicas e axiológicas do art. 769 da CLT, torna-se necessária uma nova hermenêutica que propicie um novo sentido ao seu conteúdo devido ao peso dos princípios constitucionais do acesso efetivo à justiça que determina a utilização dos meios necessários para abreviar a duração do processo. (...) De outro giro, é imperioso romper com o formalismo jurídico e estabelecer o diálogo das fontes normativas infraconstitucionais do CPC e da CLT, visando a concretização do princípio da máxima efetividade das normas (princípios e regras) constitucionais de direito processual, especialmente o novel princípio da "duração razoável do processo com os meios que garantem a celeridade de sua tramitação" (EC 45/2004, art. 5º, LXXVIII).

Lembremos que as pretensões trabalhistas envolvem créditos de natureza alimentar, mas também indenizações que são oriundas de ofensas a direitos de personalidade dos trabalhadores. Portanto, quando a tutela jurisdicional trabalhista é pretendida, o processo do trabalho deve ser praticado com eficiência e concretude a fim de assegurar, igualmente, os princípios constitucionais fundamentais da dignidade da pessoa humana e da melhoria da condição social.

À vista disso, entendemos que o processo como instrumento de realização e consumação do direito material deve ser efetivo. Seguindo essa lógica, o processo do trabalho não pode se isolar das demais regras processuais comuns e dos princípios constitucionais. Logo, em havendo lacunas normativas,

---

[19] LEITE, Carlos Henrique Bezerra. *Curso de direito processual do trabalho*. 10. ed. São Paulo: LTr, 2012. p. 105-106.

ontológicas ou axiológicas no sistema processual trabalhista, o processo civil deve ser utilizado, desde que em conformidade com os princípios do Direito Processual do Trabalho.

As normas de processo civil, de igual forma, podem ser utilizadas pelo processo do trabalho, mesmo não havendo omissão na CLT, desde que mais efetivas e tendentes a cumprir os comandos normativos constitucionais supramencionados.

Concluímos com os dizeres precisos de Cândido Rangel Dinamarco[20]:

> Para o adequado cumprimento da função jurisdicional, é indispensável boa dose de sensibilidade do juiz aos valores sociais e às mutações axiológicas da sua sociedade. O juiz há de estar comprometido com esta e com as suas preferências. Repudia-se um juiz indiferente, o que corresponde a repudiar também o pensamento do processo como instrumento meramente técnico. Ele é um instrumento político de muita conotação ética, e o juiz precisa estar consciente disso. As leis envelhecem e também podem ter sido malfeitas. Em ambas as hipóteses carecem de legitimidade as decisões que as considerem isoladamente e imponham o comando emergente de mera interpretação gramatical. **Nunca é dispensável a interpretação dos textos legais no sistema da própria ordem jurídica positiva em consonância com os princípios constitucionais (interpretação sistemática) e sobretudo à luz dos valores aceitos (interpretação sociológica e axiológica).** (destaque nosso)

4.4 APLICAÇÃO

Segundo o art. 5º da LINDB, o juiz, ao aplicar a lei ao caso concreto, deverá atender aos fins sociais a que a lei se dirige e às exigências do bem comum.

Aplicar a lei significa submeter uma relação da vida real às suas prescrições.

A determinação de que o juiz deve observar os fins sociais da lei significa que o aplicador deverá atender, especificamente, ao objetivo social colimado pelos preceitos da norma. Toda lei tem um fim, uma finalidade, um propósito. O fim social é a meta de uma sociedade, caracterizada pelo conjunto de referências que tornam a constituição e a convivência dessa sociedade possível, abrangendo o útil, o necessário socialmente, o equilíbrio de interesses.

Já o bem comum é a harmonização de vários elementos, como a paz, a justiça, a segurança, a utilidade social.

Assim, quando o texto da lei se apresentar duvidoso, o aplicador do direito, especificamente o magistrado, deve observar a realidade social, a fim de aplicar a lei de acordo com os interesses e exigências sociais.

---

[20] DINAMARCO, Cândido Rangel. *A instrumentalidade do processo.* 12. ed. São Paulo: Malheiros, 2005. p. 361.

Nesse sentido, o Enunciado 1 da 1ª Jornada de Direito Material e Processual do Trabalho da ANAMATRA realizada no Tribunal Superior do Trabalho, *in verbis*:

> DIREITOS FUNDAMENTAIS. INTERPRETAÇÃO E APLICAÇÃO. Os direitos fundamentais devem ser interpretados e aplicados de maneira a preservar a integridade sistêmica da Constituição, a estabilizar as relações sociais e, acima de tudo, a oferecer a devida tutela ao titular do direito fundamental. No Direito do Trabalho, deve prevalecer o princípio da dignidade humana.

4.5 EFICÁCIA DA NORMA

A eficácia da norma jurídica está relacionada à sua aptidão no sentido de gerar ou produzir efeitos jurídicos (deveres e obrigações) nas relações sociais.

No plano do neoconstitucionalismo ou pós-positivismo, surgido após o advento da 2ª Guerra Mundial, a interpretação e eficácia da norma jurídica que estava fundamentada nas leis passou a ser direcionada aos princípios constitucionais, erigindo a Constituição Federal a centro político irradiador de todo o poder político, ou seja, de expressão máxima da soberania de uma nação.

Em outras palavras, sob a égide do neoconstitucionalismo[21] (ou pós-positivismo jurídico) houve uma completa reestruturação do sistema jurídico contemporâneo no sentido de se colocar a Constituição em seu centro nuclear, passando, então, a irradiar, a disseminar a todos os demais ramos da ciência jurídica as suas prescrições, sobretudo principiológicas.

Sob essa nova forma de interpretação da norma jurídica, todas as leis devem ser interpretadas à luz da Constituição Federal, sendo que os direitos humanos fundamentais ganham realce, de forma que o seu reconhecimento prescinde de complementação por lei infraconstitucional ou complementar.

Daí a importância da eficácia da norma, na medida em que, por meio de políticas públicas, o que se encontra em destaque é justamente a necessidade de concretização ou realização dos direitos humanos fundamentais albergados na Constituição, de forma a afastar a pecha de que esta contém apenas normas programáticas, destituídas de efetividade ou eficácia.

No neoconstitucionalismo (ou pós-positivismo) ocorre fundamentalmente o advento do Estado Democrático de Direito, que tem como uma de suas principais preocupações a proteção e o respeito às minorias vulneráveis.

---

[21] O neoconstitucionalismo influenciou os legisladores no Brasil na elaboração do CPC/2015, que adotou o chamado neoprocessualismo, também chamado de formalismo valorativo ou formalismo ético, que tem como escopo a boa-fé objetiva, a colaboração, a efetividade e a segurança jurídica, isto é, a inserção de princípios éticos constitucionais no processo civil, o que se verifica nos artigos 1º a 6º do Código de Processo Civil.

Dessa forma, a constitucionalização dos direitos, a força normativa de regras e princípios constitucionais, o método de filtragem[22] constitucional (no fato de que as leis infraconstitucionais devem ser interpretadas conforme a Constituição) e a força dos Poderes constituídos do Estado Democrático de Direito – o *empowerment* (empoderamento) dos agentes políticos na consecução das Políticas Públicas de direitos fundamentais (saúde, educação, transporte e segurança), bem como dos particulares na postulação e exigência de seus direitos fundamentais –, são pressupostos do neoconstitucionalismo contemporâneo.

É sobre esse eixo conceitual que a classificação das normas sob a regência de José Afonso da Silva[23] em normas de eficácia plena (*self-executing*), contida[24] e limitada, que fizeram enorme sucesso entre nós, deram lugar, hodiernamente, à classificação de Robert Alexy, sob a bandeira contemporânea do pós-positivismo ou neoconstitucionalismo de normas regras e normas programáticas.

Para Alexy[25], princípios e regras são normas, pois ambos expressam um dever-ser. Dessa forma, a norma, como gênero, subdivide-se em princípios e regras, sendo que a diferença entre ambos é qualitativa ou de densidade jurídica. É cediço que a norma jurídica apresenta os seguintes comandos: permite, autoriza ou proíbe. Sendo assim, os princípios postam-se, para este autor, como mandados ou mandamentos de otimização, devendo ser cumpridos no maior grau possível, limitando-se apenas pelas possibilidades fáticas e jurídicas ou, ainda, pela reserva do possível.

Assim, para Alexy[26], as regras são normas que devem ser cumpridas de maneira exata, pela sua menor densidade jurídica, sendo que seu cumprimento só pode ser feito de forma integral.

---

[22] É fato que qualquer magistrado em seu papel jurisdicional pode afastar, incidentalmente, ou se recusar a aplicar uma lei ou normativo que considere inconstitucional, ultrapassando esta questão prejudicial, adentrando no mérito, de forma a prolatar o provimento jurisdicional procedente ou improcedente no caso concreto. Em primeira instância, temos o advento da procedência ou improcedência dos pedidos formulados, enquanto em segunda instância temos o seu provimento ou improvimento.

[23] SILVA, José Afonso da. *Aplicabilidade das normas constitucionais*. 6. ed. 2. tir. São Paulo: Malheiros, 2003. p. 238.

[24] Normas de eficácia contida, segundo esta definição, são as normas que produzam todos os efeitos jurídicos desde a sua promulgação, como as normas *self-executing*, porém, poderão ser reduzidas, restringidas pela superveniência de norma infraconstitucional que a venha regulamentar. Já as normas de eficácia limitada são aquelas que apresentam eficácia apenas em relação ao legislador, já que todas as normas constitucionais são providas de eficácia, porém, no plano fático, somente produzirão efeitos após o advento de norma infraconstitucional que a venha regulamentar.

[25] ALEXY, Robert. *El concepto y la validez del derecho y otros ensayos*. Barcelona: Gedisa, 1994. p. 21.

[26] Robert Alexy (Teoria dos Direitos Fundamentais), em sua Habilitação na Faculdade de Direito de Georg August, Gotinga, 1985, preconiza o afastamento do positivismo jurídico

Havendo conflito entre regras, resolve-se pela substituição de uma pela outra pelo critério da hierarquia, da especialização ou cronológico. No entanto, ocorrendo colisão entre princípios, sobretudo os constitucionais, resolve-se pelo método da ponderação, da razoabilidade, da proporcionalidade, ou seja, dos pesos e dimensões dos direitos fundamentais envolvidos na controvérsia.

Já a efetividade social relaciona-se à possibilidade de concretização dos direitos fundamentais para toda a sociedade. Nesse sentido, Luís Roberto Barroso informa que

> a doutrina da efetividade constitucional se desenvolveu no período que antecedeu a convocação da Assembleia Constituinte de 1988 e objetivava-se que a lei fundamental deixasse de ser um mero papel sem aplicabilidade, uma vez que desde a independência do Brasil, em 1822, todas as constituições pátrias frustraram-se em seus propósitos, pois reinava a insinceridade constitucional, caracterizada pela dominação ideológica, repleta de promessas que não seriam honradas[27].

Portanto, para Barroso, a efetividade ou eficácia social da norma estaria relacionada à:

> (...) realização do direito, o desempenho concreto de sua função social. Ela representa a materialização, no mundo dos fatos, dos preceitos legais e simboliza a aproximação, tão íntima quanto possível, entre o dever-ser normativo e o ser da realidade social[28].

Para Ingo Wolfgang Sarlet[29], o Judiciário pode e deve atuar de forma a preencher as lacunas para viabilizar a fruição dos direitos fundamentais, sem que isso signifique que não existem limites para o ativismo judicial: "(...) os limites da reserva do possível, da fala de qualificação e/ou legitimação dos tribunais para a

---

e elabora um novo modo de pensar o direito, inaugurando o pós-positivismo jurídico, assinalando que "tanto as regras como os princípios também são normas, porquanto, ambos se formulam através de expressões deônticas fundamentais, como mandamento, permissão e proibição". Em sua teoria, buscou saídas para resolver os *hard cases* (casos duros ou problemáticos, ou colisão de princípios). Dessa forma, para Alexy, regras e princípios são subespécies de normas jurídicas. Ambos são normas porque estatuem o que deve ser, inseridos em um plano deontológico que podem apresentar as variações de ordem, permissão ou proibição.

[27] BARROSO, Luís Roberto. *Curso de direito constitucional contemporâneo*. Os conceitos fundamentais e a construção do novo modelo. 3. ed. São Paulo: Saraiva, 2011. p. 241.
[28] Idem, ibidem, p. 241-242.
[29] SARLET, Ingo Wolfgang; TIMM, Luciano Benetti (org.). *Direitos fundamentais*: orçamento e reserva do possível. Porto Alegre: Livraria do Advogado, 2010. p. 289.

implementação de determinados programas socioeconômicos, bem como a colisão com outros direitos fundamentais".

Para João Carlos Ribeiro de Souza[30]:

> o neoconstitucionalismo marca uma nova escrita e leitura das Constituições que se fundamenta na constitucionalização dos direitos e jurisdição constitucional; referida escrita tem por nascedouro o pós-positivismo, movimento jurídico que busca conciliar as visões naturalistas e positivistas do Direito, consagrando em normas a sua pretensão jurídica de correção e vocação ao justo; tal conceito abre espaço para uma discussão moral, dentro ou conexa ao jurídico e toca a todos os poderes e aos sujeitos, embora a atuação jurisdicional seja emblemática para sua concretude.

O art. 1º da LINDB preceitua que, salvo disposição em contrário, a lei começa a vigorar, no território brasileiro, 45 dias após ser oficialmente publicada.

Para adentrar no tema eficácia, primeiramente, faz-se necessária a distinção entre validade, vigência e eficácia.

A validade pode ser tomada em três sentidos, de acordo com Maria Helena Diniz[31]:

- validade constitucional: indica que determinada norma está de acordo com as prescrições estabelecidas pela Constituição; assim, a norma é válida quando respeita os preceitos constitucionais;
- validade formal: significa que determinada norma foi elaborada pelo órgão competente para fazê-lo, de acordo com os procedimentos legais. Assim, a norma formalmente válida é aquela promulgada por um ato legítimo da autoridade, de acordo com o procedimento preestabelecido. O órgão deve ser legítimo, por ter sido constituído para esse fim; a matéria tratada na norma deve ser da competência desse órgão (competência *ratione materiae*), e este deve seguir o procedimento, estabelecido em lei superior, para a produção dessa norma;
- validade fática: significa que uma norma é efetiva, ou seja, ocorre o comportamento que ela configura (hipótese de incidência) e a consequência jurídica (sanção) que ela prevê. A validade fática, portanto, configura a atividade do aparelho sancionador do Estado.

---

[30] SOUSA, João Carlos Ribeiro de. *Eficácia social dos direitos fundamentais sociais: Conformação ou desenvolvimento como liberdade?* Dissertação de mestrado defendida e aprovada no curso de pós-graduação da Universidade Cândido Mendes. Rio de Janeiro, março de 2016, p. 72.

[31] DINIZ, Maria Helena. *Lei de Introdução interpretada*. São Paulo: Saraiva, 1999. p. 48 e ss.

Vigência, em sentido estrito, é o lapso durante o qual a lei opera, no âmbito do ordenamento jurídico, podendo produzir efeitos (pois, sendo vigente, mas ineficaz, resta em desuso). É o período que vai da publicação da norma até a sua revogação, ou até o prazo estabelecido para sua validade. Durante esse tempo entende-se que a norma é vigente. A vigência designa, então, a existência específica de uma norma em determinada época.

A vigência poderá, ou não, coincidir com a validade formal, pois nada impede que uma norma válida, cujo processo de produção obedeceu a todos os procedimentos, tenha sua vigência adiada. E é exatamente isso que estabelece o art. 1º da LINDB ao determinar que a norma entrará em vigor 45 dias após a sua publicação. Assim, a norma, ainda que válida, não terá vigência durante os 45 dias posteriores à sua publicação; somente após esse período é que entrará em vigor.

Assim, *vacatio legis* é o período que medeia a publicação da lei e a sua entrada em vigor, tendo por finalidade fazer com que os destinatários da lei a conheçam e se preparem para cumpri-la. É a vacância da lei. Existem dois sistemas de vigência:

- sistema do prazo de vigência única ou simultânea ou sincrônica – a lei entra em vigor, em todo o país, em um só tempo;
- sistema do prazo de vigência progressiva ou sucessiva – a lei entra em vigor, no país, aos poucos. Este era o sistema adotado pela Lei de Introdução anterior ao Decreto 4.657/1942.

O Brasil adotou o primeiro sistema, porém de forma relativa, pois a lei dispõe que, "salvo disposição em contrário", a lei entrará em vigor, em todo o país, 45 dias depois de oficialmente publicada. Portanto, nada impede que haja regulamentação distinta e expressa, quanto ao prazo de vigência, pela própria norma.

A vigência está intimamente ligada ao conceito de eficácia, que é a qualidade da norma vigente de produzir efeitos jurídicos concretos. Assim, a eficácia de uma norma, em sentido técnico, significa que ela tem a possibilidade de ser aplicada, de produzir efeitos jurídicos perante a sociedade.

A eficácia pode ser vista, ainda, sob o prisma da adequação da norma em face da realidade social e dos valores vigentes na sociedade.

Observe-se que o legislador poderá estipular a imediata vigência de uma norma ou, ainda, dilatar o prazo caso entenda necessário um tempo maior para um completo entendimento da nova lei, como aconteceu com o Código Civil, que foi promulgado em 10 de janeiro de 2002 e passou a vigorar em 11 de janeiro de 2003, e com o Código de Processo Civil de 2015, que foi publicado em 17 de março de 2015, mas cuja vigência se iniciou em 18 de março de 2016 (art. 1.045 do CPC/2015 – "este Código entra em vigor após decorrido 1 (um) ano da data de sua publicação oficial"). A Lei 13.467/2017, com *vacatio legis* de 120 dias e eficácia a partir do dia 11 de novembro de 2017, modificou estruturalmente o Direito do Trabalho no Brasil em praticamente todas as suas vertentes.

Entretanto, não havendo estipulação especial, o prazo será de 45 dias, conforme estabelecido pelo já referido art. 1º da LINDB.

Como já mencionado, referido período entre a data da publicação da lei e a sua entrada em vigor é denominado *vacatio legis*, ou vacância da lei. Somente depois de finda a vacância, é que a lei nova torna-se obrigatória. Assim, a *vacatio* é entendida como complementação da publicação, sendo o período necessário para que se tome conhecimento da lei, tendo ela, então, após esse lapso temporal, força obrigatória.

Quanto à obrigatoriedade da lei brasileira no exterior, o § 1º do art. 1º da LINDB estabelece que a *vacatio legis*, neste caso, será de 3 meses, ou seja, uma lei brasileira terá vigência em território estrangeiro três meses após a data de sua publicação. No caso de se estabelecer um prazo superior a 3 meses, para a vigência da lei no território nacional, deverá ser observado esse mesmo prazo extraterritorialmente.

De acordo com o § 3º do art. 1º da LINDB, se, antes de a lei entrar em vigor, ocorrer nova publicação de seu texto, para fins de correção, o prazo da *vacatio legis* (45 dias e 3 meses) recomeça a ser contado da data da nova publicação. Assim, se durante a *vacatio legis* a norma vier a ser corrigida em seu texto, que contém erros substanciais, ensejando nova publicação, os prazos começam a correr da nova publicação, anulando-se o tempo decorrido.

Porém, se se fizer correção do texto de uma lei que já se encontra em vigor, essa correção só poderá ser feita por uma nova lei, que retificará a lei defeituosa (lei corretiva), de acordo com o § 4º do art. 1º da LINDB.

Tratamos, até aqui, do início da obrigatoriedade da lei.

Agora, vejamos o termo, ou o fim dessa obrigatoriedade. Em conformidade com o art. 2º da LINDB, se não se estipular prazo de duração para uma lei, ela terá vigência e eficácia por prazo indeterminado, até que seja revogada ou modificada por outra lei, de igual hierarquia ou de hierarquia superior, que regulamente a matéria de modo diverso, ou que a revogue explicitamente (princípio da continuidade das leis).

Uma lei será temporária no caso de se estipular prazo para o término de sua vigência, como a lei orçamentária, cuja temporariedade advém da própria natureza da norma, por estabelecer a despesa e a receita nacional pelo período de um ano; ou, ainda, leis criadas para atender a situações especiais, como os estados de sítio e de guerra.

Ao contrário, diante do princípio da continuidade das leis, não havendo previsão de seu término, elas serão permanentes, vigorando indefinidamente, produzindo os seus efeitos até que outra lei as revogue; lei esta de igual ou superior hierarquia. Assim, jurisprudência, costume, regulamento, decreto, portaria não revogam a lei, hierarquicamente superior a eles.

Revogação é o ato de tornar sem efeito uma norma, retirando a sua obrigatoriedade; exprime a ideia de fim da norma obrigatória.

A lei nova começa a vigorar a partir do dia em que a lei revogada perder a sua força; e isso se dá ciclicamente, no dia em que a lei revocatória passa a ter vigência, passa a ser obrigatória, ou seja, finda a *vacatio legis*. Enquanto não começar a obrigatoriedade da lei nova, a anterior continuará a ter eficácia, a não ser que se determine a sua suspensão.

A revogação comporta duas espécies:

- ab-rogação, que é a suspensão total da norma anterior, por ter a lei nova regulamentado inteiramente a matéria;
- derrogação, que torna sem efeito apenas uma parte da norma. A norma derrogada não perde a sua vigência, perdendo a obrigatoriedade somente os dispositivos alterados.

A revogação pode ser:

- expressa: quando a norma revogadora declara qual a lei ou os dispositivos de lei foram extintos;
- tácita: quando houver incompatibilidade entre a lei nova e a antiga, pelo fato de a lei nova passar a regular, parcial ou totalmente, a matéria tratada pela lei anterior.

4.5.1 Aplicação da norma processual no tempo

No que tange à efetividade da lei processual no tempo, devemos considerar duas diretrizes normativas:

- regras processuais possuem efeito imediato, de sorte que incidem nas relações processuais já iniciadas;
- o princípio da irretroatividade das normas processuais, ou seja, a lei não pode retroagir para prejudicar o direito adquirido, o ato jurídico perfeito e a coisa julgada.

Isto posto, temos que a lei processual, ao entrar em vigência, produzirá efeitos imediatos, respeitando, porém, o ato jurídico perfeito, o direito adquirido e a coisa julgada.

Essas normas estão consubstanciadas no art. 6º da Lei de Introdução às Normas de Direito Brasileiro e no art. 5º, XXXVI, da Constituição da República.

Decerto, os processos em trâmite terão os seus atos praticados sob os efeitos das novas regras processuais; no que toca aos atos processuais já praticados, estes estavam sob o império da norma revogada, não sendo atingidos pela novidade.

Nessa esteira, o atual Código de Processo Civil dedica dois artigos sobre o tema, os quais preceituam:

> Art. 1.046. Ao entrar em vigor este Código, suas disposições se aplicarão desde logo aos processos pendentes, ficando revogada a Lei nº 5.869, de 11 de janeiro de 1973.
>
> Art. 14. A norma processual não retroagirá e será aplicável imediatamente aos processos em curso, respeitados os atos processuais praticados e as situações jurídicas consolidadas sob a vigência da norma revogada.

Da mesma maneira, a Consolidação das Leis do Trabalho, em seu art. 912, consagra o princípio do efeito imediato, cujo teor está assim transcrito: "Os dispositivos de caráter imperativo terão aplicação imediata às relações iniciadas, mas não consumadas, antes da vigência desta Consolidação".

O Brasil adota o sistema do isolamento dos atos processuais "no qual a lei nova não atinge os atos processuais já praticados, nem seus efeitos, mas se aplica aos atos processuais a praticar, sem limitações relativas às chamadas fases processuais"[32].

Portanto, as normas de direito processual do trabalho entram em vigor, em regra, a partir da data de sua publicação, possuindo eficácia imediata e atingindo os processos em curso, respeitando os atos processuais já praticados sob a égide da lei processual antiga e, igualmente, as decisões acobertadas pela coisa julgada.

4.5.2 Aplicação da norma processual no espaço

No que tange à aplicação das normas processuais no espaço, prevalece o princípio da territorialidade, isto é, a lei processual a ser utilizada é a do território onde foi devidamente elaborada e aprovada.

Isso deve ser respeitado porque a lei processual regula a atividade jurisdicional, que é a manifestação de um poder estatal soberano, ou seja, cada lei processual regula a operacionalização judicial de seu país, evitando, assim, interferências em sua soberania.

Não há que se confundir com a aplicação de normas de direito material do trabalho. É certo que trabalhadores que prestam serviços em território brasileiro, em geral, são submetidos às regras da CLT (em regra, pois podem existir trabalhadores

---

[32] CINTRA, Antônio Carlos de Araújo; GRINOVER, Ada Pellegrini; DINAMARCO, Cândido Rangel. *Teoria geral do processo*. 18. ed. São Paulo: Malheiros, 2002. p. 98.

que são regulados pelas leis de seu país, como, por exemplo, trabalhadores nacionais que atuam em embaixadas e consulados de seu Estado).

Todavia, temos casos de trabalhadores brasileiros que são contratados ou transferidos para o exterior[33]. Nessa hipótese, o critério da territorialidade é desconsiderado, pois, embora prestem serviços no exterior, a legislação a ser aplicada será a da Lei 7.064/1982, ampliada pela Lei 11.962/2009, quando mais favorável em comparação com a lei estrangeira.

Com o cancelamento da Súmula 207 do Colendo Tribunal Superior do Trabalho, que tratava do princípio da *lex loci executiones*, consolidou-se em relação aos empregados contratados no Brasil para prestar serviços de engenharia no exterior, consoante lei supracitada (Lei 7.064/1982).

Essa lei foi modificada no sentido de estender a todos os empregados (brasileiros e estrangeiros) contratados no Brasil para prestar serviços no exterior[34].

---

[33] "Jurisdição brasileira. Competência autoridade judicial brasileira. Conflitos trabalhistas ocorridos no exterior. Reclamante brasileiro nato ou naturalizado. Soberania nacional. Interpretação constitucional. Territorialidade. Direito internacional. Normas internacionais. Os conflitos ocorridos no exterior podem ser dirimidos pela autoridade judicial brasileira, se provocada, caso o trabalhador seja brasileiro e desde que não haja convenção internacional dispondo o contrário. Não se pode dizer que a competência é definida pelo local da prestação dos serviços naquelas hipóteses em que a execução do contrato dá-se no estrangeiro. Do *caput* do art. 651 da CLT, extrai-se regra de competência ou de organização judiciária trabalhista brasileira, com incidência no território nacional. A regra do *caput* do artigo consolidado em análise aplica-se quando o contrato é executado no Brasil, ainda que o trabalhador, brasileiro ou estrangeiro, tenha sido contratado fora do local da prestação dos serviços e inclusive no exterior. Aos conflitos verificados no exterior aplica-se a regra do parágrafo 2º do art. 651 da CLT. Aliás, essa é a interpretação que faz sentido, sob as normas e princípios de Direito Internacional. Não é razoável o entendimento de que o *caput* do art. 651 da CLT estabelece regra de competência territorial para outros países. Sim, porque, em prevalecendo esse entendimento, ter-se-ia que o art. 651 da Consolidação das Leis do Trabalho do Brasil estabelece regra de competência pelo local da prestação de serviços para outros países. Seria dizer, no caso, que, se o reclamante laborou em Cracóvia, não poderia propor a ação no Brasil e tampouco em Varsóvia ou em qualquer outra cidade polonesa. Ora, é evidente que as leis brasileiras não trataram de cuidar das regras de competência interna dos países estrangeiros. Essa interpretação é, ademais, inconstitucional, pois afronta o art. 4º, incisos III e IV, da Carta Magna e atenta contra a soberania dos outros países. Declarada a competência da autoridade judicial brasileira" (TRT-2ª R., RO 00003843920125020073 – (20150194913), 12ª T., Rel. Maria Elizabeth Mostardo Nunes, DJe 20.03.2015).

[34] "Brasileiro contratado para trabalho no exterior. Navios de turismo em águas internacionais. Competência material da Justiça do Trabalho do Brasil. Conflito especial de leis. Lei da Bandeira. Código de Bustamante. Lei do lugar da execução do contrato. 'Most significant relationship'. Critérios de prevalência. Nos casos de contratos de trabalho executados por brasileiro em navios de turismo em águas internacionais, a eleição do princípio da Lei da Bandeira, ou 'Lei do Pavilhão', resolve o problema da extraterritorialidade da lei e tem

O art. 3º da Lei 7.064/1982 assim dispõe:

A empresa responsável pelo contrato de trabalho do empregado transferido assegurar-lhe-á, independentemente da observância da legislação do local da execução dos serviços:

I – os direitos previstos nesta lei;

---

como propósito beneficiar o empregado, dando a ele, em princípio, um foro residual, já que não é razoável exigir que o empregado demande o empregador, pelo mesmo contrato, em tantos quantos forem os portos em que tiver atracado, porque evidente a diversidade de legislações. A afetação da competência material pela origem da bandeira fincada nos mastros dos navios em que o empregado tiver trabalhado outorga ao empregado um foro natural, sejam quais forem os lugares por onde tiver navegado durante a execução desse contrato, mas esse princípio somente existe validamente na medida em que seja benéfico ao empregado, isto é, na medida em que, efetivamente, resolva em favor do empregado uma delicada questão de foro. Se, ao contrário, é usado para dificultar o seu acesso à jurisdição do seu país, então deve ser relativizado para que outro assuma o seu lugar e atinja aquele propósito que alimentou a intenção do legislador, ou seja, o de permitir que o empregado, parte débil do contrato, possa reivindicar seus direitos trabalhistas despendendo o menor esforço possível. O direito do trabalho certamente não desconhece o 'tráfico de bandeira', ou a 'bandeira de aluguel', prática comercial perniciosa que consiste em matricular a embarcação em países onde a legislação trabalhista é nitidamente menos protetiva que a legislação do país de origem do empregado, como forma de compelir o trabalhador a demandar no foro da bandeira do navio onde trabalhou, e, assim, apequenar seus direitos e dividir com o empregador o custo do negócio. Não é por outra razão que a jurisprudência mais bem aceita no foro vem firmando o entendimento de que em matéria de conflitos de leis trabalhistas no espaço vigora o *most significant relationship*, que consagra o que em doutrina se costumou chamar 'válvula de escape', técnica de solução de dissídios que permite ao julgador afastar, pontual e excepcionalmente, certas regras de direito internacional, sempre que verificar que, considerada a peculiaridade do caso concreto, a lide deduzida tenha ligação mais forte e efetiva com outro direito, que não aquele do lugar da bandeira ou do pavilhão onde o navio está matriculado. Se o empregado é brasileiro, e foi contratado no Brasil para prestar serviços a bordo de navios no exterior, não é relevante saber se se aplica a lei da bandeira, ou do pavilhão, isto é, a lei do país onde o navio está matriculado, ou onde o armador, dono das embarcações, tem sede ou o centro de sua ocupação principal, como está na Convenção de Havana (Decreto nº 18.871/1929). É de pouca serventia o fato de a maior parte do tempo de trabalho ter sido prestada em águas internacionais ou neste ou naquele país. A questão não se resolve por meio dessa aritmética. O que conta é a *most significant relationship*, isto é, o que é mais significativo, o que irradia efeitos mais substanciais no contrato de emprego, pouco importando o lapso de tempo em que isso se deu aqui ou acolá. Prevalece a regra do art. 651, § 3º, da CLT, claramente tuitiva, isto é, protetiva do empregado: se o empregador promove serviços em mais de um lugar, diversos daquele da contratação, o empregado pode demandar em qualquer deles, ainda que contratado no estrangeiro. Nesses contratos extraterritoriais de trabalho vige o princípio do centro de gravidade da relação jurídica, de que falou primeiramente OTTO GIERKE, depois SAVIGNY (teoria da sede do fato), isto é, não prevalece a lei do pavilhão, ou a do armador" (TRT-1ª R., RO 00011628620125010024/RJ, 2ª T., Des. Juiz José Geraldo da Fonseca, data de publicação: 16.10.2014).

> II – a aplicação da legislação brasileira de proteção ao trabalho, naquilo que não for incompatível com o disposto nesta lei, quando mais favorável do que a legislação territorial, no conjunto de normas e em relação a cada matéria.
>
> Parágrafo único. Respeitadas as disposições especiais desta lei, aplicar-se-á a legislação brasileira sobre Previdência Social, Fundo de Garantia do Tempo de Serviço (FGTS) e Programa de Integração Social (PIS/PASEP).

Dessa forma, vigora no Brasil o princípio da norma mais favorável ao trabalhador, consoante o art. 7º, *caput*, da Constituição Federal, devendo o magistrado aplicar a lei mais benéfica ao trabalhador, garantindo, também, aos empregados contratados no Brasil para prestarem serviços no exterior os direitos da legislação brasileira, se forem mais benéficos ou favoráveis.

Não obstante, o magistrado brasileiro aplicará a lei substancial do país onde os serviços forem prestados, em consonância com o art. 376[35] do Código de Processo Civil de 2015, porém a norma processual de regência será o art. 651, § 2º, da CLT, quanto ao procedimento, meios de prova, prazos processuais etc.

Em relação a essa matéria, a doutrina consagrou duas teorias: a do conglobamento e a da acumulação ou atomista. A primeira deve ser compreendida de forma sistemática, considerando-se o conjunto da norma. Ela tinha por fundamento o art. 620[36] da CLT, pelo qual as normas são consideradas e interpretadas em conjunto, e não de forma isolada.

Já a teoria atomista ou da acumulação pressupõe que, no caso concreto de aplicação do direito material, o magistrado vá pinçando as normas mais favoráveis de acordo com os pedidos da exordial e formando um único conjunto de normas mais favoráveis, seja de um país ou de outro em que houve a prestação dos serviços, ou seja, o intérprete pinça as normas mais favoráveis de vários instrumentos legais e compõe um novo conjunto de normas.

Com a mesma orientação, Gustavo Filipe Barbosa Garcia[37] aponta:

> Desse modo, ainda que determinada relação jurídica de trabalho seja regida pela lei estrangeira (em razão de prestação de serviço ter ocorrido em certo país do exterior), seguindo-se o critério da lei do local da prestação de serviços (Código de Bustamante, art. 198, quando não se tratar de hipótese abrangida pela Lei 7.064/1982, com redação dada pela Lei 11.962/2009), se o processo judicial tem

---

[35] "Art. 376. A parte que alegar direito municipal, estadual, estrangeiro ou consuetudinário provar-lhe-á o teor e a vigência, se assim o juiz determinar".

[36] Art. 620 da CLT foi alterado pela Lei 13.467/2017, passando a ter a seguinte redação: "As condições estabelecidas em acordo coletivo de trabalho sempre prevalecerão sobre as estipuladas em convenção coletiva de trabalho".

[37] GARCIA, Gustavo Filipe Barbosa. *Curso de direito processual do trabalho*. 4. ed. Rio de Janeiro: Forense, 2015. p. 53.

o seu curso no Brasil, perante a Justiça brasileira, as normas processuais a serem aplicadas serão as brasileiras.

Nesse compasso, o art. 13 do CPC/2015 estatui que "a jurisdição civil será regida pelas normas processuais brasileiras, ressalvadas as disposições específicas previstas em tratados, convenções ou acordos internacionais de que o Brasil seja parte".

Isto posto, claro está que a lei processual trabalhista vigora em todo o território nacional, atingindo os trabalhadores brasileiros e estrangeiros residentes no Brasil. O próprio CPC/2015, em seu art. 16, determina que: "A jurisdição civil é exercida pelos juízes e pelos tribunais em todo o território nacional, conforme as disposições deste Código".

Ressalta-se que sentenças estrangeiras, para serem executadas no Brasil, dependem da homologação do Superior Tribunal de Justiça, conforme o art. 105, I, *i*, da Constituição Federal, com redação dada pela Emenda Constitucional 45/2004. Tal homologação é conhecida como "juízo de delibação".

Na aplicação do direito, levando-se em conta os tratados e convenções internacionais ratificados pelo Brasil, utiliza-se o art. 5º e incisos, como seguem:

> § 1º As normas definidoras dos direitos e garantias fundamentais têm aplicação imediata.
>
> § 2º Os direitos e garantias expressos nesta Constituição não excluem outros decorrentes do regime e dos princípios por ela adotados, ou dos tratados internacionais em que a República Federativa do Brasil seja parte.
>
> § 3º Os tratados e convenções internacionais sobre direitos humanos que forem aprovados, em cada Casa do Congresso Nacional, em dois turnos, por três quintos dos votos dos respectivos membros, serão equivalentes às emendas constitucionais.
>
> § 4º O Brasil se submete à jurisdição de Tribunal Penal Internacional a cuja criação tenha manifestado adesão.

Daí a controvérsia se as convenções da OIT ingressam em nosso ordenamento jurídico com a hierarquia de ementa constitucional ou de norma supralegal, o que foi objeto de decisão do Supremo Tribunal Federal:

> Hierarquia constitucional de tratados internacionais. Prisão civil do depositário infiel. Diálogo entre as fontes. *Habeas corpus*. Denegação de medida liminar. Súmula nº 691/STF. Situações excepcionais que afastam a restrição sumular. Prisão civil. Depositário judicial. A questão da infidelidade depositária. Convenção Americana de Direitos Humanos (art. 7º, nº 7). Hierarquia constitucional dos tratados internacionais de direitos humanos. *Habeas corpus* concedido *ex officio*. Denegação de medida liminar. Súmula nº 691/STF. Situações excepcionais que

afastam a restrição sumular. A jurisprudência do Supremo Tribunal Federal, sempre em caráter extraordinário, tem admitido o afastamento, *hic et nunc*, da Súmula nº 691/STF, em hipóteses nas quais a decisão questionada divirja da jurisprudência predominante nesta Corte ou, então, veicule situações configuradoras de abuso de poder ou de manifesta ilegalidade. Precedentes. Hipótese ocorrente na espécie. Ilegitimidade jurídica da decretação da prisão civil do depositário infiel. Não mais subsiste, no sistema normativo brasileiro, a prisão civil por infidelidade depositária, independentemente da modalidade de depósito, trate-se de depósito voluntário (convencional) ou cuide-se de depósito necessário, como o é o depósito judicial. Precedentes. Tratados internacionais de direitos humanos: as suas relações com o direito interno brasileiro e a questão de sua posição hierárquica. A Convenção Americana sobre Direitos Humanos (art. 7º, nº 7). Caráter subordinante dos tratados internacionais em matéria de direitos humanos e o sistema de proteção dos direitos básicos da pessoa humana. Relações entre o direito interno brasileiro e as convenções internacionais de direitos humanos (CF, art. 5º e §§ 2º e 3º). Precedentes. Posição hierárquica dos tratados internacionais de direitos humanos no ordenamento positivo interno do Brasil: natureza constitucional ou caráter de supralegalidade? Entendimento do Relator, Ministro Celso de Mello, que atribui hierarquia constitucional às convenções internacionais em matéria de direitos humanos. A interpretação judicial como instrumento de mutação informal da constituição. A questão dos processos informais de mutação constitucional e o papel do Poder Judiciário: a interpretação judicial como instrumento juridicamente idôneo de mudança informal da Constituição. A legitimidade da adequação, mediante interpretação do Poder Judiciário, da própria Constituição da República, se e quando imperioso compatibilizá-la, mediante exegese atualizadora, com as novas exigências, necessidades e transformações resultantes dos processos sociais, econômicos e políticos que caracterizam, em seus múltiplos e complexos aspectos, a sociedade contemporânea. Hermenêutica e direitos humanos: a norma mais favorável como critério que deve reger a interpretação do poder judiciário. Os Magistrados e Tribunais, no exercício de sua atividade interpretativa, especialmente no âmbito dos tratados internacionais de direitos humanos, devem observar um princípio hermenêutico básico (tal como aquele proclamado no art. 29 da Convenção Americana de Direitos Humanos), consistente em atribuir primazia à norma que se revele mais favorável à pessoa humana, em ordem a dispensar-lhe a mais ampla proteção jurídica. O Poder Judiciário, nesse processo hermenêutico que prestigia o critério da norma mais favorável (que tanto pode ser aquela prevista no tratado internacional como a que se acha positivada no próprio direito interno do Estado), deverá extrair a máxima eficácia das declarações internacionais e das proclamações constitucionais de direitos, como forma de viabilizar o acesso dos indivíduos e dos grupos sociais, notadamente os mais vulneráveis, a sistemas institucionalizados de proteção aos direitos fundamentais da pessoa humana, sob pena de a liberdade, a tolerância e o respeito à alteridade humana tornarem-se palavras vãs. Aplicação, ao caso, do art. 7º, nº 7, c/c o art. 29, ambos da Convenção Americana de Direitos Humanos (Pacto de São José da Costa

Rica): um caso típico de primazia da regra mais favorável à proteção efetiva do ser humano (STF, HC 94.695, 2ª T., Rel. Min. Celso de Mello, j. 23.09.2008, DJe-025, Divulg. 05.02.2009, Public. 06.02.2009, *Ement.*, v. 02347-04, p. 658, *RTJ*, v. 00209-03).

Em relação aos trabalhadores que prestam serviços em embaixadas, consulados e representações internacionais, temos a divisão clássica em atos de gestão e atos de império. Nos atos de gestão aplica-se a lei brasileira (CLT), enquanto nos atos de império os órgãos competentes a processar e julgar os conflitos de interesse são os vinculados aos países de origem do empregador, pois se trata de relação estatutária de servidores públicos do país de origem.

A exceção vem por conta da imunidade de jurisdição, consoante definiu o Colendo Tribunal Superior do Trabalho, por meio da OJ 416, da SDI-I, *in verbis*:

> OJ 416 da SDI-I do TST. Imunidade de Jurisdição. Organização ou Organismo Internacional. As organizações ou organismos internacionais gozam de imunidade absoluta de jurisdição quando amparados por norma internacional incorporada ao ordenamento jurídico brasileiro, não se lhes aplicando a regra do Direito Consuetudinário relativa à natureza dos atos praticados. Excepcionalmente, prevalecerá a jurisdição brasileira na hipótese de renúncia expressa à cláusula de imunidade jurisdicional.

V

FORMAS DE SOLUÇÃO DOS CONFLITOS TRABALHISTAS

Desde tempos pretéritos, e principalmente hoje, a sociedade, em sua mais recente configuração – urbanizada, globalizada, mais politizada, altamente consumerista e tecnológica –, convive com uma série de conflitos. Estes são diversificados e abarcam vários segmentos daquela.

Para Dinamarco[1]:

> Conflito, assim entendido, é a situação existente entre duas ou mais pessoas ou grupos, caracterizada pela pretensão a um bem ou situação da vida e impossibilidade de obtê-lo – seja porque negada por quem poderia dá-lo, seja porque a lei impõe que só possa ser obtido por via judicial. Essa situação chama-se conflito, porque significa sempre o choque entre dois ou mais sujeitos, como causa da necessidade do uso do processo.

Para solucioná-los, a humanidade buscou (e busca) instrumentos eficazes e contundentes que possam, de maneira digna e ética, cerrar qualquer tipo de conflagração. Nesse desiderato que o Direito foi se institucionalizando e ganhando os contornos que hodiernamente nós enxergamos. Assim, podemos repetir o clássico ensinamento *ubi societas ibi jus*, ou seja, que sem Direito não há sociedade.

O Direito tem por fito conciliar, dentro de um critério de justiça (dar a cada um o que é seu, segundo sua necessidade ou merecimento), as relações que coordenam a vida em sociedade. Dessa feita, a ordem jurídica possui, em um primeiro momento, um intuito de prevenção e cautela, objetivando evitar os conflitos; e,

---

[1] DINAMARCO, Cândido Rangel. Op. cit., 2001, p. 117.

em segundo plano, presente o conflito, atua de modo a estancá-lo, ou removê-lo, pacificando o convívio em sociedade.

Parte integrante desse universo, as relações trabalhistas, por abarcarem parcela importante da vida das pessoas (convívio intersubjetivo envolvendo direitos patrimoniais e de personalidade), bem como sofrerem impactos constantes das alterações sociais e econômicas, apresentam, também, uma série de conflitos. Lembramos que o ramo justrabalhista tem por escopo valorizar as condições de contratação da força de trabalho na ordem socioeconômica[2], buscando proporcionar ao ser humano condições dignas de sobrevivência, situação que, por conseguinte, propicia conflitos.

Insta mencionar que na seara trabalhista ocorrem embates individuais e coletivos.

Quando ocorre o descumprimento de uma norma ou de um contrato, atingindo uma ou algumas pessoas, individualmente consideradas, estaremos diante de um conflito individual. De outro modo, nesses conflitos o debate recai sobre a observância, ou não, de normas já postas, envolvendo situações concretas. É o que ocorre, por exemplo, na tradicional reclamação trabalhista, ou ação atomizada, em que há um empregado litigando com um empregador. Cabe ressaltar, todavia, que o conflito individual é tipificado pela natureza da pretensão, e não pelo número de litigantes envolvidos no dissídio.

Por sua vez, os conflitos coletivos, ou ações moleculares, envolvem interesses abstratos concernentes a um grupo de trabalhadores ou uma categoria. Abstratos, pois o objetivo é a criação de normas jurídicas que serão aplicadas a esse determinado conjunto de trabalhadores. Os conflitos coletivos podem ser classificados em jurídico ou declaratório e econômico ou de interesse. Os jurídicos ou declaratórios têm por objeto a interpretação de uma norma jurídica aplicável aos grupos ou às categorias envolvidas no conflito. Já os conflitos coletivos econômicos ou de interesse envolvem a criação de normas para possibilitar melhores condições de trabalho e de remuneração.

Sergio Pinto Martins[3] diferencia as terminologias conflito, controvérsia e dissídio. Dessa forma, aponta conflito como sendo uma divergência ampla, que ocorre no campo dos fatos. Já a controvérsia ocorre quando o conflito se encontra prestes a ser solucionado por atuação das partes, que podem utilizar a negociação coletiva, mediação ou arbitragem. Por fim, o dissídio ocorre quando a controvérsia, individual ou coletiva, é encaminhada ao Poder Judiciário, que a apreciará e resolverá.

Conforme supramencionado, a sociedade não pode ficar à mercê de situações conflituosas e instáveis, o que não é diferente para o mundo trabalhista.

---

[2] DELGADO, Mauricio Godinho. *Curso de direito do trabalho*. 14. ed. São Paulo: LTr, 2015. p. 54.
[3] MARTINS, Sergio Pinto. Op. cit., 2014, p. 66.

Esses conflitos trabalhistas deverão ser pacificados, sendo que os mecanismos de atuação se apresentam da seguinte forma: *autodefesa, autocomposição* e *heterocomposição*, sendo estes dois últimos denominados, também, substitutivos da jurisdição ou equivalentes jurisdicionais.

5.1 AUTODEFESA

Autodefesa, também chamada de autotutela, foi a forma de solução mais utilizada em tempos pretéritos, em que não havia uma ordem jurídica instituída e, por conseguinte, não havia a figura do Estado-juiz e nem de normas. Nesse sistema havia a subordinação do mais fraco ao mais forte, vivendo a sociedade no medo e na incerteza, já que não havia parâmetros a serem respeitados.

Atualmente, a autodefesa é exceção, pois foi suplantada por outras formas de pacificação dos conflitos, sendo permitida somente por previsão legal. No Brasil, encontramos alguns exemplos de autodefesa, sendo eles previstos nos seguintes textos de lei: arts. 571, parágrafo único, 578 e 644 do Código Civil, que versam sobre o direito de retenção; o art. 1.220 do Código Civil, que trata do desforço imediato; o penhor legal, que se encontra no art. 1.467 do Código Civil; a autoexecutoriedade das decisões administrativas e a **greve**, que reflete a hipótese de autodefesa nos conflitos trabalhistas de cunho coletivo (o direito de greve é assegurado em nível constitucional – art. 9º, bem como regulamentado pela Lei 7.783/1989). A greve pode ser compreendida como meio de pressão, mas não de solução da controvérsia. Há, também, as hipóteses da legítima defesa, estado de necessidade e exercício regular do direito, que, para alguns doutrinadores, são exemplos de autotutela, mas que, para outros[4], são única e exclusivamente hipóteses de excludentes de ilicitude.

5.2 AUTOCOMPOSIÇÃO

Em um momento mais evoluído, a humanidade procurou extinguir os conflitos por meio de negociação, deixando o uso da força de lado. Desse modo, encontramos a autocomposição, que é o mecanismo em que as próprias partes envolvidas tentam pôr fim ao conflito. A solução do conflito não é imposta por terceiro.

A autocomposição[5] pode ser classificada em unilateral e bilateral. Unilateralmente, pode ocorrer quando o autor renuncia à sua pretensão

---

[4] MARTINS, Adalberto. *Manual didático de direito processual do trabalho.* 2. ed. São Paulo: Malheiros, 2005. p. 22.
[5] Para Fredie Didier Jr.: "autocomposição é gênero, do qual são espécies: a) *transação*: os conflitantes fazem concessões mútuas e solucionam o conflito; b) *submissão*: um dos conflitantes se submete à pretensão do outro voluntariamente, abdicando de seus interesses. Quando feita em juízo, a submissão do autor é denominada *renúncia* (art. 487, III, 'c', CPC); a do réu é designada como reconhecimento da procedência do pedido (art. 487, III, 'a' CPC)" (*Curso de direito processual civil.* 17. ed. Salvador: JusPodivm, 2015. vol.1, p. 165).

(art. 487[6], III, "c", do CPC) ou no momento em que o réu reconhece a procedência do pedido efetuado pelo autor (art. 487, III, "a", do CPC). Bilateralmente, a autocomposição se manifesta quando as partes envolvidas no conflito fazem concessões recíprocas (transação).

A autocomposição pode ser visualizada quando da realização da transação, da conciliação ou da mediação.

A transação é uma negociação bilateral, na qual os envolvidos fazem concessões mútuas, ou seja, ambos abdicam de parte daquilo que acham que têm direito, podendo ser judicial ou extrajudicial. Importante frisar que Dinamarco[7] assim a define: "A *autocomposição bilateral* transparece na *transação*, que se resolve em mútuas concessões (CC, art. 840) e, portanto, participa ao mesmo tempo da natureza da renúncia e da submissão, cada um dos sujeitos acedendo na parcial disposição de seus próprios interesses".

Por sua vez, a mediação[8] se apresenta como um meio de solução dos conflitos por meio do qual o mediador[9], além de aproximar as partes, apresenta recomendações para a solução do conflito, podendo, inclusive, se utilizar de meios persuasivos para tanto. Todavia, a proposta feita pelo mediador não possui caráter vinculativo perante as partes. Não há restrições, de caráter profissional, no que respeita à pessoa do mediador, bastando que seja eleito de comum acordo entre as partes.

---

[6] "Art. 487. Haverá resolução de mérito quando o juiz: I – acolher ou rejeitar o pedido formulado na ação ou na reconvenção; II – decidir, de ofício ou a requerimento, sobre a ocorrência de decadência ou prescrição; III – homologar: a) o reconhecimento da procedência do pedido formulado na ação ou na reconvenção; b) a transação; c) a renúncia à pretensão formulada na ação ou na reconvenção. Parágrafo único. Ressalvada a hipótese do § 1º do art. 332, a prescrição e a decadência não serão reconhecidas sem que antes seja dada às partes oportunidade de manifestar-se.
Art. 488. Desde que possível, o juiz resolverá o mérito sempre que a decisão for favorável à parte a quem aproveitaria eventual pronunciamento nos termos do art. 485".

[7] DINAMARCO, Cândido Rangel. Op. cit., 2001, p. 120.

[8] A Lei 10.101/2000, em seu art. 4º, I, possibilita, como forma de fixar a participação nos lucros e resultados, o uso da mediação.

[9] Na França, até 1955, a mediação somente era permitida no Direito Coletivo. Após 1957, a mediação passou a ser feita sob controle e iniciativa de um juiz, enquanto no art. 131 do Código Civil francês passou a ser prevista a mediação judiciária. Existe também o mediador, previsto no Código do Trabalho francês, que é escolhido pelas partes, e não havendo acordo pelo Ministro do Trabalho em lista de personalidades imparciais e competentes escolhidas por ele. O mediador francês se assemelha a um tipo de investigador qualificado, que pode ouvir testemunhas, selecionar peritos, analisar os elementos financeiros da empresa e por fim, após profunda análise, prover às partes de uma recomendação para a solução do conflito, com cópia ao Ministro do Trabalho, que inclusive pode tornar público tal documento.

A mediação pode ser realizada pelo Ministério do Trabalho, bem como pelo Ministério Público do Trabalho quando o conflito abarcar questões coletivas ou de grupos de trabalhadores, já que este órgão público federal possui competência e legitimidade para esse desiderato, consoante os arts. 83 e 84 da Lei Complementar 75/1993.

A conciliação também é uma maneira de as partes solucionarem o conflito, podendo haver, ou não, a participação de um conciliador. Em havendo, o conciliador atuará de maneira a aproximar as partes. Pode ocorrer em campo judicial ou extrajudicial. Judicialmente, no âmbito da Justiça do Trabalho, a conciliação é tentada pelo juiz do trabalho.

Na seara processual trabalhista, a conciliação é deveras prestigiada, conforme determinação do art. 764 da CLT: "Os dissídios individuais ou coletivos submetidos à apreciação da Justiça do Trabalho serão sempre sujeitos à conciliação".

Portanto, em nível individual, o juiz do trabalho deverá tentar a conciliação entre as partes quando do início da audiência, antes da apresentação da resposta do réu (art. 846 da CLT), bem como após o prazo das razões finais (art. 850 da CLT), no procedimento ordinário. Já no rito sumaríssimo, a conciliação pode ser tentada ao longo de toda a audiência[10]. Granjeada a conciliação, esta se torna irrecorrível para as partes, salvo para o INSS (art. 831 da CLT), gerando a extinção do processo com resolução do mérito.

Do mesmo modo, em conflitos coletivos, temos a conciliação que pode ser alcançada via negociação coletiva de trabalho[11], por meio de suas duas espécies, o *acordo coletivo* e a *convenção coletiva*, conforme o art. 611[12] da CLT.

---

[10] "Art. 852-E. Aberta a sessão, o juiz esclarecerá as partes presentes sobre as vantagens da conciliação e usará os meios adequados de persuasão para a solução conciliatória do litígio, em qualquer fase da audiência".

[11] Existe também a negociação coletiva de consumo, estabelecida no art. 107 da Lei 8.078/1990, *in verbis*: "Art. 107. As entidades civis de consumidores e as associações de fornecedores ou sindicatos de categoria econômica podem regular, por convenção escrita, relações de consumo que tenham por objeto estabelecer condições relativas ao preço, à qualidade, à quantidade, à garantia e características de produtos e serviços, bem como à reclamação e composição do conflito de consumo. § 1º A convenção tornar-se-á obrigatória a partir do registro do instrumento no cartório de títulos e documentos. § 2º A convenção somente obrigará os filiados às entidades signatárias. § 3º Não se exime de cumprir a convenção o fornecedor que se desligar da entidade em data posterior ao registro do instrumento".

[12] A Lei 13.467/2017 acrescentou os seguintes artigos na CLT: Art. 611-A. A convenção coletiva e o acordo coletivo de trabalho têm prevalência sobre a lei quando, entre outros, dispuserem sobre: I – pacto quanto à jornada de trabalho, observados os limites constitucionais; II – banco de horas anual; III – intervalo intrajornada, respeitado o limite mínimo de trinta minutos para jornadas superiores a seis horas; IV – adesão ao Programa Seguro-Emprego (PSE), de que trata a Lei 13.189, de 19 de novembro de 2015; V – plano de cargos, salários e funções compatíveis com a condição pessoal do empregado, bem como identificação

dos cargos que se enquadram como funções de confiança; VI – regulamento empresarial; VII – representante dos trabalhadores no local de trabalho; VIII – teletrabalho, regime de sobreaviso, e trabalho intermitente; IX – remuneração por produtividade, incluídas gorjetas percebidas pelo empregado, e remuneração por desempenho individual; X – modalidade de registro de jornada de trabalho; XI – troca do dia de feriado; XII – enquadramento do grau de insalubridade; XIII – prorrogação de jornada em ambientes insalubres, sem licença prévia das autoridades competentes do Ministério do Trabalho; XIV – prêmios de incentivo em bens ou serviços, eventualmente concedidos em programas de incentivo; XV – participação nos lucros ou resultados da empresa. § 1º No exame da convenção coletiva ou do acordo coletivo de trabalho, a Justiça do Trabalho observará o disposto no § 3º do art. 8º desta Consolidação. § 2º A inexistência de expressa indicação de contrapartidas recíprocas em convenção coletiva ou acordo coletivo de trabalho não ensejará sua nulidade por não caracterizar um vício do negócio jurídico. § 3º Se for pactuada cláusula que reduza o salário ou a jornada, a convenção coletiva ou o acordo coletivo de trabalho deverão prever a proteção dos empregados contra dispensa imotivada durante o prazo de vigência do instrumento coletivo. § 4º Na hipótese de procedência de ação anulatória de cláusula de convenção coletiva ou de acordo coletivo de trabalho, quando houver a cláusula compensatória, esta deverá ser igualmente anulada, sem repetição do indébito. § 5º Os sindicatos subscritores de convenção coletiva ou de acordo coletivo de trabalho deverão participar, como litisconsortes necessários, em ação individual ou coletiva, que tenha como objeto a anulação de cláusulas desses instrumentos. Art. 611-B Constituem objeto ilícito de convenção coletiva ou de acordo coletivo de trabalho, exclusivamente, a supressão ou a redução dos seguintes direitos: I – normas de identificação profissional, inclusive as anotações na Carteira de Trabalho e Previdência Social; II – seguro-desemprego, em caso de desemprego involuntário; III – valor dos depósitos mensais e da indenização rescisória do Fundo de Garantia do Tempo de Serviço (FGTS); IV – salário mínimo; V – valor nominal do décimo terceiro salário; VI – remuneração do trabalho noturno superior à do diurno; VII – proteção do salário na forma da lei, constituindo crime sua retenção dolosa; VIII – salário-família; IX – repouso semanal remunerado; X – remuneração do serviço extraordinário superior, no mínimo, em 50% (cinquenta por cento) à do normal; XI – número de dias de férias devidas ao empregado; XII – gozo de férias anuais remuneradas com, pelo menos, um terço a mais do que o salário normal; XIII – licença-maternidade com a duração mínima de cento e vinte dias; XIV – licença-paternidade nos termos fixados em lei; XV – proteção do mercado de trabalho da mulher, mediante incentivos específicos, nos termos da lei; XVI – aviso prévio proporcional ao tempo de serviço, sendo no mínimo de trinta dias, nos termos da lei; XVII – normas de saúde, higiene e segurança do trabalho previstas em lei ou em normas regulamentadoras do Ministério do Trabalho; XVIII – adicional de remuneração para as atividades penosas, insalubres ou perigosas; XIX – aposentadoria; XX – seguro contra acidentes do trabalho, a cargo do empregador; XXI – ação, quanto aos créditos resultantes das relações de trabalho, com prazo prescricional de cinco anos para os trabalhadores urbanos e rurais, até o limite de dois anos após a extinção do contrato de trabalho; XXII – proibição de qualquer discriminação no tocante a salário e critérios de admissão do trabalhador com deficiência; XXIII – proibição de trabalho noturno, perigoso ou insalubre a menores de dezoito anos e de qualquer trabalho a menores de dezesseis anos, salvo na condição de aprendiz, a partir dos quatorze anos; XXIV – medidas de proteção legal de crianças e adolescentes; XXV – igualdade de direitos entre o trabalhador com vínculo empregatício permanente e o trabalhador avulso; XXVI – liberdade de associação

O *acordo coletivo* é o instrumento de caráter normativo pactuado entre o sindicato profissional da categoria (empregados) e uma ou algumas empresas, tendo por objetivo criar normas que regulamentem as condições de trabalho e que serão aplicáveis em âmbito da empresa ou empresas acordantes.

Por outro lado, a *convenção coletiva de trabalho* é instrumento de caráter normativo firmado entre o sindicato da categoria profissional (trabalhadores) e o da categoria econômica (empregadores), cujo objetivo é criar e fixar normas que regulamentem as condições de trabalho no âmbito das respectivas áreas de atuação.

Cumpre lembrar que a tentativa de negociação é um dos requisitos para a instauração do dissídio coletivo de natureza econômica. Caso a negociação coletiva se torne infrutífera, as partes, de comum acordo, poderão interpor dissídio coletivo perante o Tribunal Regional do Trabalho ou o Tribunal Superior do Trabalho, dependendo da abrangência da base territorial dos entes sindicais envolvidos. Durante o dissídio, as partes poderão se conciliar, pondo termo ao conflito. Nessa hipótese, estamos diante de conciliação judicial.

O Código de Processo Civil, com o intuito de estimular a autocomposição, prevê uma série de artigos sobre mediação e conciliação (arts. 165 a 175), considerando como auxiliares da justiça o mediador e o conciliador que atuarão em processos judiciais (arts. 148, II, 170 e 173, II).

Há de se mencionar, ainda, a possibilidade de conciliação individual extrajudicial por intermédio das Comissões de Conciliação Prévia. Estas foram instituídas pela Lei 9.958, de 2000, que acrescentou à CLT os arts. 625-A a 625-H.

Por intermédio desta lei, as empresas e os sindicatos têm a faculdade de instituir Comissões de Conciliação, sempre em composição paritária, possuindo, portanto, representantes dos empregados e dos empregadores, cuja função primordial é de tentar conciliar os conflitos decorrentes do contrato individual de trabalho.

A Comissão é composta de, no mínimo, dois e, no máximo, dez membros, sendo metade indicada pelo empregador e a outra metade eleita pelos empregados, sendo estes possuidores de garantia de emprego (titulares e suplentes), por até um ano, após o final do mandato, exceto na hipótese de cometimento de falta

---

profissional ou sindical do trabalhador, inclusive o direto de não sofrer, sem sua expressa e prévia anuência, qualquer cobrança ou desconto salarial estabelecidos em convenção coletiva ou acordo coletivo de trabalho; XXVII – direito de greve, competindo aos trabalhadores decidir sobre a oportunidade de exercê-lo e sobre os interesses que devam por meio dele defender; XXVIII – definição legal sobre os serviços ou atividades essenciais e disposições legais sobre o atendimento das necessidades inadiáveis da comunidade em caso de greve; XXIX – tributos e outros créditos de terceiros; XXX – as disposições previstas nos arts. 373-A, 390, 392, 392-A, 394, 394-A, 395, 396 e 400 desta Consolidação. Parágrafo único. Regras sobre duração do trabalho e intervalos não são consideradas como normas de saúde, higiene e segurança do trabalho para os fins do disposto neste artigo.

grave, o que permitirá a sua dispensa, nos termos da lei (CLT, arts. 625-B e 482, respectivamente).

Vale ressaltar que mencionadas Comissões poderão ser instituídas por empresa ou de forma intersindical, sendo que a sua criação é mera faculdade. Todavia, uma vez instalada essa comissão, determina a lei (art. 625-D) que qualquer demanda trabalhista deverá ser submetida a ela, desde que envolva, é claro, trabalhador da empresa ou pertencente à categoria do sindicato instituidor da respectiva Comissão[13].

Diante dos dizeres da lei, há vozes[14] defendendo a obrigatoriedade do encaminhamento do conflito à Comissão de Conciliação Prévia. Para essa corrente, esse encaminhamento obrigatório tornou-se uma condição da ação. Desse modo, caso o empregado ajuíze ação sem ter direcionado, primeiramente, à Comissão de Conciliação Prévia, o juiz poderá extingui-la, por ser o autor carecedor da ação, vale dizer, por não possuir interesse de agir.

Dissentimos, respeitosamente, dos que defendem tal posicionamento, senão, vejamos os motivos: mesmo que o empregado-autor não compareça à Comissão de Conciliação Prévia e proponha diretamente a ação trabalhista em face do Estado-juiz, não há que se falar em falta de interesse de agir, pois, de qualquer forma, ao comparecer à audiência, o juiz tentará a conciliação antes de sua efetiva atuação jurisdicional (sentença). Portanto, a tentativa conciliatória em sede judicial elide qualquer eventual prejuízo fruto do não comparecimento à Comissão de Conciliação Prévia.

Afirma Estevão Mallet[15], sobre a integração das condições da ação, que:

> É suficiente que as condições da ação, eventualmente, inexistentes no momento da propositura desta, sobrevenham no curso do processo e estejam presentes no momento que a causa é decidida. Daí, que, mesmo não tentada conciliação

---

[13] O STF, no julgamento da ADIn 2.237, decidiu: "O Tribunal, por maioria e nos termos do voto da Relatora, Ministra Cármen Lucia (Presidente), julgou parcialmente procedentes os pedidos, para dar interpretação conforme a Constituição ao art. 625-D, § 1º a § 4º, da Consolidação das Leis do Trabalho, assentando que a Comissão de Conciliação Prévia constitui meio legítimo, mas não obrigatório, de solução de conflitos, permanecendo o acesso a Justiça resguardado para todos os que venham a ajuizar demanda diretamente ao órgão judiciário competente, e para manter hígido o inciso II do art. 852-B da CLT, no sentido de se considerar legítima a citação nos termos estabelecidos na norma. Vencidos, em parte, os Ministros Edson Fachin e Rosa Weber, no que se refere ao art. 625-E da CLT."

[14] Por todos, Sergio Pinto Martins: "nota-se que o procedimento instituído representa condição da ação para ajuizamento da reclamação trabalhista. Não se trata de pressuposto processual. (...)" (Op. cit., 2014, p. 57).

[15] MALLET, Estevão. Primeiras linhas sobre as Comissões de Conciliação. *Revista LTr*, abr. 2000, 64-04/445.

prévia, havendo defesa na reclamação, ou o não pagamento dos valores cobrados, surge o interesse processual, diante da resistência do reclamado.

No nosso sentir, o empregado possui maior respaldo jurídico diante do juiz do que diante dos membros da Comissão de Conciliação Prévia; ademais, não podemos nos olvidar do art. 5º, XXXV, da Constituição Federal, cujo sentido é o da inafastabilidade do Poder Judiciário, em conflitos judiciais e administrativos.

No mesmo diapasão são os dizeres de Mauro Schiavi[16]:

> Não nos parece justo e razoável o Juiz do Trabalho, após tentar a conciliação e não obtê-la, extinguir o processo em razão da falta de passagem do litígio pela Comissão de Conciliação Prévia. Tal extinção negando os princípios constitucionais da duração razoável do processo, da efetividade processual e do acesso à justiça. Questiona-se: se o acordo não surgiu diante das partes, advogados e do Juiz do Trabalho, ele acontecerá na Comissão de Conciliação Prévia? Pensamos que não.

No que tange ao procedimento, a demanda deverá ser apresentada por escrito ou reduzida a termo, por qualquer dos membros da Comissão, havendo a entrega de cópia datada e assinada pelo membro aos interessados (CLT, art. 625-D, § 1º). Caso a conciliação seja frutífera, será lavrado termo assinado pelos interessados e pela Comissão, valendo este como título executivo extrajudicial, possuindo eficácia liberatória geral, exceto quanto às parcelas expressamente ressalvadas (CLT, art. 625-E). Importante mencionar que a expressão "eficácia liberatória geral" deverá ser entendida com cautela, pois nada obsta que o empregado, em ação trabalhista, comprove nulidade presente no termo lavrado, como na hipótese de menção a pagamento total das horas extras e seus reflexos em outras verbas, sendo que, na realidade, o empregado possuía um número superior de horas a receber. Nesta hipótese, na Justiça do Trabalho, o empregado poderá comprovar, por qualquer meio permitido em lei, o não recebimento das horas devidas e a simulação do documento firmado perante a Comissão.

Não prosperando a conciliação, será fornecida ao empregado e ao empregador declaração da tentativa conciliatória frustrada, a qual deverá ser anexada a eventual reclamação (ação) trabalhista, conforme o § 2º do art. 625-D da CLT.

Por fim, o prazo prescricional será suspenso a partir da provocação da Comissão de Conciliação Prévia, recomeçando sua contagem, pelo que resta, da tentativa frustrada ou do término do prazo previsto no art. 625-F da CLT.

Porém, o Tribunal Superior do Trabalho, em 14 de maio de 2009, deu ao art. 625-D da CLT interpretação conforme a Constituição Federal para estabelecer

---

[16] SCHIAVI, Mauro. *Manual de direito processual do trabalho*. 8. ed. São Paulo: LTr. p. 49.

que demandas trabalhistas podem ser propostas sem prévia submissão às Comissões de Conciliação, em observância ao direito de acesso à justiça (art. 5º, XXXV, da Constituição Federal) e à liberdade de escolha, pelo cidadão, da via mais conveniente para a resolução de sua demanda.

Vejamos esta decisão paradigmática[17]:

> Comissão de Conciliação Prévia. Submissão obrigatória da demanda. Descabimento. Recurso de revista. Comissão de Conciliação Prévia. Necessidade de submissão prévia da controvérsia. I – Em 14.05.2009, o Supremo Tribunal Federal deu ao art. 625-D da CLT interpretação conforme a Constituição Federal para estabelecer que demandas trabalhistas podem ser propostas sem prévia submissão às Comissões de Conciliação, em observância ao direito de acesso à justiça (art. 5º, XXXV, da Constituição Federal) e à liberdade de escolha, pelo cidadão, da via mais conveniente para a resolução de sua demanda. II – Decisão Regional, em que se entendeu que a falta da submissão da demanda à Comissão de Conciliação Prévia não impede o exercício do direito de ação pelo reclamante, em conformidade com a jurisprudência do Supremo Tribunal Federal e desta Corte Superior. III – Recurso de revista de que não se conhece. Contribuições previdenciárias. Incidência de juros de mora e multa. Termo inicial. I – O entendimento que se consolidou acerca do tema é de que, se a prestação de serviços em relação à qual são devidas as contribuições sociais ocorreu antes de 04.03.2009, a regra prevista no art. 276, *caput*, do Decreto nº 3.048/1999 continua sendo aplicada para fins de incidência de multa e juros de mora (na hipótese, após o dia dois do mês seguinte ao da liquidação da sentença). Apenas nos casos em que a contribuição social devida se originar do trabalho prestado a partir de 04.03.2009 é que se considerará ocorrido o fato gerador na data da prestação de serviço, para efeito de incidência de multa e juros de mora (nova redação do art. 43, § 2º, da Lei nº 8.212/1991, dada pela Medida Provisória nº 449/2008, convertida na Lei nº 11.941/2009). II – Na presente hipótese, a prestação de serviços em relação à qual são devidas as contribuições sociais ocorreu antes de 04.03.2009, pois o contrato de trabalho vigorou entre 04.06.2006 e 03.09.2008. Logo, a regra a ser aplicada para fins de incidência de multa e juros de mora sobre as contribuições previdenciárias é a prevista no art. 276, *caput*, do Decreto nº 3.048/1999 (na hipótese, após o dia dois do mês seguinte ao da liquidação da sentença). III – Recurso de revista de que se conhece,

---

17 O STF, na ADI 2.160, julgou parcialmente procedentes os pedidos, para dar interpretação conforme a Constituição ao art. 625-D, § 1º a § 4º, da Consolidação das Leis do Trabalho, assentando que a Comissão de Conciliação Prévia constitui meio legítimo, mas não obrigatório, de solução de conflitos, permanecendo o acesso à Justiça resguardado para todos os que venham a ajuizar demanda diretamente ao órgão judiciário competente, e para manter hígido o inciso II do art. 852-B da CLT, no sentido de se considerar legítima a citação nos termos estabelecidos na norma.

por divergência jurisprudencial, e a que se dá provimento (TST, RR 0089100-48.2009.5.13.0006, Rel. Min. Fernando Eizo Ono, *DJe* 22.08.2014, p. 1.827).

5.3 HETEROCOMPOSIÇÃO

Neste sistema surgem duas outras técnicas de solução dos conflitos que apresentam, como característica primordial, a imposição para a resolução do conflito. Isso significa que, nessa sistemática heterocompositiva, a solução é imposta por um terceiro, cabendo aos interessados somente o cumprimento da respectiva determinação. Aludidas técnicas são a arbitragem e a jurisdição.

5.3.1 Arbitragem

A arbitragem é mais uma das formas de heterocomposição, destinada ao deslinde dos conflitos. Pode-se afirmar, de maneira singela, que a arbitragem é uma forma de solução de demanda, na qual uma pessoa, diferente dos conflitantes, sendo imparcial soluciona o caso a partir de uma decisão. Sua utilização se assemelha ao processo que tramita no Judiciário, tendo as partes em conflito e um terceiro imparcial a solucionar aquela contenda.

A diferença substancial entre a arbitragem e o processo que tramita no Judiciário típico é que o árbitro poderá decidir o conflito com base no direito (arbitragem de direito) ou poderá decidir com base em regras de equidade, isto é, com base em outra ciência do conhecimento ou com base em regras de experiência (arbitragem de equidade). A arbitragem possibilita essa solução não jurídica e isso a diferencia do Judiciário tradicional.

A sua utilização em sede trabalhista sempre gerou celeumas, porque a Constituição da República a previu para solucionar conflitos coletivos de trabalho, não fazendo menção às contendas individuais[18].

É realizada também por um terceiro estranho à relação contratual, eleito pelas partes, devendo ser pessoa física e capaz, sendo equiparado aos servidores públicos para efeitos penais (art. 13 da Lei 9.307/1996). A atuação deste terceiro, denominado por lei como árbitro, diverge, todavia, daquela exercida pelo mediador, essencialmente no que tange à obrigatoriedade da observância de sua decisão pelas partes envolvidas.

---

[18] CF, art. 114: "Compete à Justiça do Trabalho processar e julgar: [...] § 1º Frustrada a negociação coletiva, as partes poderão eleger árbitros. § 2º Recusando-se qualquer das partes à negociação coletiva ou à arbitragem, é facultado às mesmas, de comum acordo, ajuizar dissídio coletivo de natureza econômica, podendo a Justiça do Trabalho decidir o conflito, respeitadas as disposições mínimas legais de proteção ao trabalho, bem como as convencionadas anteriormente".

Assim, enquanto a proposta do mediador não vincula as partes, como dito alhures, o mesmo não ocorre na arbitragem, a qual submete os envolvidos à sentença arbitral, nome este dado à decisão apresentada pelo árbitro. Portanto, a vontade das partes incide na escolha do árbitro; mas, a partir da prolação da decisão, não mais cabe aos envolvidos optar entre aceitar ou não o resultado, restando-lhes apenas acatá-lo, ainda que contrário a seus interesses.

Para Alfredo Ruprecht[19], "arbitragem é um meio de solução de conflitos coletivos de trabalho, pelo qual as partes, voluntária ou obrigatoriamente, levam suas dificuldades ante um terceiro, obrigando-se a cumprir o laudo que o árbitro ditar".

Carlos Alberto Etala[20], por seu turno, conceitua arbitragem como

> um procedimento de solução das lides de trabalho, mediante a qual as partes, de comum acordo, designam uma pessoa alheia a elas – o árbitro – para que resolvam em um prazo determinado as questões controvertidas que lhes submetem voluntariamente a sua decisão.

Vemos, dessa forma, que a arbitragem, diferentemente da mediação e da conciliação, impõe a presença de um árbitro, ou seja, um terceiro de livre escolha dos litigantes, que, de comum acordo, podem estabelecer até mesmo o direito ou os princípios gerais de direito para a solução da controvérsia. Em outras palavras, de acordo com a lei de regência, as partes podem até mesmo antepor qual regra deverá ser aplicada ao caso concreto.

O instituto da arbitragem apresenta-se como um dos mais importantes instrumentos de resolução de conflitos nos Estados Unidos da América, o qual opera diferentemente das formas do sistema legal das cortes de justiça e das agências administrativas. No Brasil, os envolvidos em um conflito podem submetê-lo ao juízo arbitral *mediante convenção de arbitragem*, que se desdobra em cláusula compromissória e compromisso arbitral.

A cláusula compromissória é a convenção por meio da qual as partes, em contrato, comprometem-se a submeter à arbitragem os litígios futuros, que possam vir a surgir, relativamente a tal contrato (Lei 9.307/1996, art. 4º, *caput*, que foi aperfeiçoada pela Lei 13.129, de 26 de maio de 2015).

Já o compromisso arbitral é o pacto por meio do qual as partes submetem a contenda já existente, real, à arbitragem.

O elemento de distinção entre a cláusula compromissória e o compromisso é, justamente, o momento em que são estipulados, ou seja, aquela, precipuamente, estipula, em contrato ou acordo, que eventual conflito será dirimido por meio da

---

[19] RUPRECHT, Alfredo. *Relações coletivas de trabalho*. São Paulo: LTr, 1995. p. 941.
[20] ETALA, Carlos Alberto. *Derecho colectivo del trabajo*. Buenos Aires: Astrea, 2002. p. 392.

arbitragem; em contrapartida, o compromisso surge, por vontade das partes, durante um litígio atual, em que se procura o árbitro para solver a demanda, evitando acionar o Poder Judiciário.

A arbitragem não pode ser utilizada de forma absoluta, pois a própria Lei 9.307/1996, em seu art. 1º, *restringe sua aplicação a conflitos que envolvam direitos patrimoniais disponíveis, referentes a pessoas capazes.* O seu conteúdo pode envolver fundamentos jurídicos, caracterizando a arbitragem de direito, mas pode também envolver aspectos equânimes, de ponderação e prudência, quando será chamada de arbitragem de equidade.

O árbitro profere uma sentença arbitral, cujos efeitos são imediatos, não necessitando de homologação/convalidação judicial. Nesse sentido, a sentença arbitral é um título executivo judicial (art. 515, VII, do CPC e art. 31 da Lei 9.307/1996).

São de reconhecimento geral e legal, da doutrina e da jurisprudência, a legitimidade, o cabimento e a competência do instituto da arbitragem para a resolução de conflitos coletivos de trabalho, conforme já acima explanado, após sua inserção no art. 114 da Constituição Federal de 1988, *in verbis*:

> Art. 114. (...)
>
> § 1º Frustrada a negociação coletiva, as partes poderão eleger árbitros.
>
> § 2º Recusando-se qualquer das partes à negociação coletiva ou à arbitragem, é facultado às mesmas, de comum acordo, ajuizar dissídio coletivo de natureza econômica, podendo a Justiça do Trabalho decidir o conflito, respeitadas as disposições mínimas legais de proteção ao trabalho, bem como as convencionadas anteriormente. (Redação dada pela Emenda Constitucional 45, de 08.12.2004, *DOU* 31.12.2004.)

Já em 2000, a Lei 10.101 (Participação nos lucros e resultados das empresas) contemplava este instituto em seu art. 4º:

> Art. 4º Caso a negociação visando à participação nos lucros ou resultados da empresa resulte em impasse, as partes poderão utilizar-se dos seguintes mecanismos de solução do litígio:
>
> I – mediação;
>
> II – arbitragem de ofertas finais, utilizando-se, no que couber, os termos da Lei nº 9.307, de 23 de setembro de 1996. (Redação dada pela Lei nº 12.832, de 20.06.2013, *DOU* de 21.06.2013, com efeitos a partir de 01.01.2013)
>
> § 1º Considera-se arbitragem de ofertas finais aquela em que o árbitro deve restringir-se a optar pela proposta apresentada, em caráter definitivo, por uma das partes.
>
> § 2º O mediador ou o árbitro será escolhido de comum acordo entre as partes.

§ 3º Firmado o compromisso arbitral, não será admitida a desistência unilateral de qualquer das partes.

§ 4º O laudo arbitral terá força normativa, independentemente de homologação judicial.

A *Lei 11.442/2007 (Lei do Transporte Rodoviário de Cargas)* também apresentou a seguinte inovação: "Art. 19. É facultado aos contratantes dirimir seus conflitos recorrendo à arbitragem".

A Lei Complementar 75/1993, em seu art. 83, também apresenta o instituto da arbitragem como um dos veículos de solução de conflitos de atribuição e competência do *Parquet* Laboral: "XI – atuar como árbitro, se assim for solicitado pelas partes, nos dissídios de competência da Justiça do Trabalho".

A nova Lei dos Portos – Lei 12.815/2013 –, que revogou a Lei 8.630/1993, apresenta os artigos alusivos à arbitragem:

> Art. 37. Deve ser constituída, no âmbito do órgão de gestão de mão de obra, comissão paritária para solucionar litígios decorrentes da aplicação do disposto nos arts. 32, 33 e 35.
>
> § 1º Em caso de impasse, as partes devem recorrer à arbitragem de ofertas finais.
>
> § 2º Firmado o compromisso arbitral, não será admitida a desistência de qualquer das partes.
>
> § 3º Os árbitros devem ser escolhidos de comum acordo entre as partes, e o laudo arbitral proferido para solução da pendência constitui título executivo extrajudicial.
>
> § 4º As ações relativas aos créditos decorrentes da relação de trabalho avulso prescrevem em 5 (cinco) anos até o limite de 2 (dois) anos após o cancelamento do registro ou do cadastro no órgão gestor de mão de obra.

Da mesma forma, a LC 123/2006 e a LC 147/2014 também valorizaram o instituto da arbitragem, da conciliação e da mediação:

> Da Conciliação Prévia, Mediação e Arbitragem
>
> Art. 75. As microempresas e empresas de pequeno porte deverão ser estimuladas a utilizar os institutos de conciliação prévia, mediação e arbitragem para solução dos seus conflitos.
>
> § 1º Serão reconhecidos de pleno direito os acordos celebrados no âmbito das comissões de conciliação prévia.
>
> § 2º O estímulo a que se refere o *caput* deste artigo compreenderá campanhas de divulgação, serviços de esclarecimento e tratamento diferenciado, simplificado e favorecido no tocante aos custos administrativos e honorários cobrados.

O Estatuto da Defensoria Pública da União (LC 80/1994) também inseriu como funções institucionais deste órgão federal, o instituto da arbitragem:

> Art. 4º São funções institucionais da Defensoria Pública, dentre outras:
> I – prestar orientação jurídica e exercer a defesa dos necessitados, em todos os graus; (Redação dada pela Lei Complementar nº 132, de 07.10.2009, *DOU* 08.10.2009)
> II – promover, prioritariamente, a solução extrajudicial dos litígios, visando à composição entre as pessoas em conflito de interesses, por meio de mediação, conciliação, arbitragem e demais técnicas de composição e administração de conflitos; (Redação dada pela Lei Complementar nº 132, de 07.10.2009, *DOU* 08.10.2009).

A Lei Pelé (Lei 9.615/1998) também recebeu inovações da Lei 12.395/2011, que lhe acrescentou o seguinte artigo:

> Art. 90-C. As partes interessadas poderão valer-se da arbitragem para dirimir litígios relativos a direitos patrimoniais disponíveis, vedada a apreciação de matéria referente à disciplina e à competição desportiva.
> Parágrafo único. A arbitragem deverá estar prevista em acordo ou convenção coletiva de trabalho e só poderá ser instituída após a concordância expressa de ambas as partes, mediante cláusula compromissória ou compromisso arbitral.

Mais recentemente, o CPC de 2015 caminhou na mesma direção, ao introduzir, em seu art. 3º:

> Art. 3º Não se excluirá da apreciação jurisdicional ameaça ou lesão a direito.
> § 1º É permitida a arbitragem, na forma da lei.
> § 2º O Estado promoverá, sempre que possível, a solução consensual dos conflitos.
> § 3º A conciliação, a mediação e outros métodos de solução consensual de conflitos deverão ser estimulados por juízes, advogados, defensores públicos e membros do Ministério Público, inclusive no curso do processo judicial.

Observa-se que a própria Lei induz que os instrumentos de solução consensual de conflitos devem ser estimulados em todas as suas fases, não apenas pelos agentes políticos encarregados do processo, mas também por aqueles que participam da demanda.

E, ainda nesse desenvolvimento, como mencionado, a Lei 13.129, de 26 de maio de 2015, veio acrescentar alguns dispositivos à Lei 9.307/1996, bem como valorizar o papel dos árbitros, por meio de inovações legais, das quais citamos:

> Art. 1º (...)
> § 1º A administração pública direta e indireta poderá utilizar-se da arbitragem para dirimir conflitos relativos a direitos patrimoniais disponíveis.

§ 2º A autoridade ou o órgão competente da administração pública direta para a celebração de convenção de arbitragem é a mesma para a realização de acordos ou transações. (NR)

DAS TUTELAS CAUTELARES E DE URGÊNCIA

Art. 22-A. Antes de instituída a arbitragem, as partes poderão recorrer ao Poder Judiciário para a concessão de medida cautelar ou de urgência.

Parágrafo único. Cessa a eficácia da medida cautelar ou de urgência se a parte interessada não requerer a instituição da arbitragem no prazo de 30 (trinta) dias, contado da data de efetivação da respectiva decisão.

Art. 22-B. Instituída a arbitragem, caberá aos árbitros manter, modificar ou revogar a medida cautelar ou de urgência concedida pelo Poder Judiciário.

Parágrafo único. Estando já instituída a arbitragem, a medida cautelar ou de urgência será requerida diretamente aos árbitros.

CAPÍTULO IV-B

DA CARTA ARBITRAL

Art. 22-C. O árbitro ou o tribunal arbitral poderá expedir carta arbitral para que o órgão jurisdicional nacional pratique ou determine o cumprimento, na área de sua competência territorial, de ato solicitado pelo árbitro.

Parágrafo único. No cumprimento da carta arbitral será observado o segredo de justiça, desde que comprovada a confidencialidade estipulada na arbitragem.

Com base nesse breve retrospecto histórico, não é difícil constatar que o instituto da arbitragem e o papel dos árbitros vêm sendo gradualmente valorizados em todos os ramos do Direito, e é com fulcro nesse fundamento que defendemos a plena aplicabilidade do instituto para a resolução de demandas individuais de trabalho.

Embora haja fortes opiniões contrárias ao uso da arbitragem em conflitos individuais, essa técnica vem ganhando relevância para solucionar referidos conflitos. Hoje é possível se vislumbrar decisões dos pretórios defendendo o uso da arbitragem para resolver contendas individuais.

O Colendo Tribunal Superior do Trabalho tem se mostrado refratário à utilização da arbitragem como forma de resolução de conflito individual de trabalho[21].

---

[21] "Recurso de revista. Arbitragem. Inaplicabilidade da Lei 9.307/96 nos conflitos individuais de trabalho. Embora o artigo 31 da Lei nº 9.307/96 disponha que 'a sentença arbitral produz, entre as partes e seus sucessores, os mesmos efeitos da sentença proferida pelos órgãos do Poder Judiciário e, sendo condenatória, constitui título executivo', entendo-a inaplicável ao contrato individual de trabalho. Com efeito, o instituto da arbitragem, em princípio, não se coaduna com as normas imperativas do Direito Individual do Trabalho, pois parte da premissa, quase nunca identificada nas relações laborais, de que empregado e empregador negociam livremente as cláusulas que regem o contrato individual de trabalho. Nesse sentido, a posição de desigualdade (jurídica e econômica) existente entre empregado

Todavia, no próprio Tribunal Superior do Trabalho surgem decisões no sentido de prestigiar a arbitragem, conforme se demonstra a seguir:

> Agravo de instrumento em recurso de revista. Juízo arbitral. Coisa julgada. Lei nº 9.307/96. Constitucionalidade. O art. 5º, XXXV, da Constituição Federal dispõe sobre a garantia constitucional da universalidade da jurisdição, a qual, por definir que nenhuma lesão ou ameaça a direito pode ser excluída da apreciação do Poder Judiciário, não se incompatibiliza com o compromisso arbitral e os efeitos de coisa julgada de que trata a Lei nº 9.307/96. É que a arbitragem se caracteriza como forma alternativa de prevenção ou solução de conflitos à qual as partes aderem, por força de suas próprias vontades, e o inciso XXXV do art. 5º da Constituição Federal não impõe o direito à ação como um dever, no sentido de que todo e qualquer litígio deve ser submetido ao Poder Judiciário. Dessa forma, as partes, ao adotarem a arbitragem, tão só por isso, não praticam ato de lesão ou ameaça a direito. Assim, reconhecido pela Corte Regional que a sentença arbitral foi proferida nos termos da lei e que não há vício na decisão proferida pelo juízo arbitral, não se há de falar em afronta ao mencionado dispositivo constitucional ou em inconstitucionalidade da Lei nº 9.307/96. Despicienda a discussão em torno dos arts. 940 do Código Civil e 477 da CLT ou de que o termo de arbitragem não é válido por falta de juntada de documentos, haja vista que reconhecido pelo Tribunal Regional que a sentença arbitral observou os termos da Lei nº 9.307/96 – a qual não exige a observação daqueles dispositivos legais – e não tratou da necessidade de apresentação de documentos (aplicação das Súmulas nºs 126 e 422 do TST). Os arestos apresentados para confronto

---

e empregador no contrato de trabalho dificulta sobremaneira que o princípio da livre manifestação da vontade das partes se faça observado. Como reforço de tese, vale destacar que o artigo 114 da Constituição Federal, em seus parágrafos 1º e 2º, alude à possibilidade da arbitragem na esfera do Direito Coletivo do Trabalho, nada mencionando acerca do Direito Individual do Trabalho. Agravo de instrumento a que se nega provimento" (TST/ AIRR 415/2005-039-02-40.9, 6ª T., Rel. Min. Horácio Raymundo de Senna Pires, *DEJT* 26.06.2009).

"(...) Recurso de revista. Arbitragem. Relações individuais de trabalho. Inaplicabilidade. As fórmulas de solução de conflitos, no âmbito do Direito Individual do Trabalho, submetem-se, é claro, aos princípios nucleares desse segmento especial do Direito, sob pena de a mesma ordem jurídica ter criado mecanismo de invalidação de todo um estuário jurídico-cultural tido como fundamental por ela mesma. Nessa linha, é desnecessário relembrar a absoluta prevalência que a Carta Magna confere à pessoa humana, à sua dignidade no plano social, em que se insere o trabalho, e a absoluta preponderância deste no quadro de valores, princípios e regras imantados pela mesma Constituição. Assim, a arbitragem é instituto pertinente e recomendável para outros campos normativos (Direito Empresarial, Civil, Internacional, etc.), em que há razoável equivalência de poder entre as partes envolvidas, mostrando-se, contudo, sem adequação, segurança, proporcionalidade e razoabilidade, além de conveniência, no que diz respeito ao âmbito das relações individuais laborativas. Recurso de revista provido, no aspecto" (RR 8952000-45.2003.5.02.0900, 6ª T., Rel. Min. Mauricio Godinho Delgado, j. 10.02.2010, *DEJT* 19.02.2010).

de teses são inservíveis, a teor da alínea "a" do artigo 896 da CLT e da Súmula nº 296 desta Corte. Agravo de instrumento a que se nega provimento (TST, AIRR 1475/2000-193-0500.7, 7ª T., Rel. Min Pedro Paulo Manus, j. 15.10.2008, *DEJT* 17.10.2008).

Recurso de revista. Dissídio individual. Sentença arbitral. Efeitos. Extinção do processo sem resolução do mérito. Art. 267, VII, do CPC. I – É certo que o art. 1º da Lei nº 9.307/96 estabelece ser a arbitragem meio adequado para dirimir litígios relativos a direitos patrimoniais disponíveis. Sucede que a irrenunciabilidade dos direitos trabalhistas não é absoluta. Possui relevo no ato da contratação do trabalhador e durante vigência do pacto laboral, momentos em que o empregado ostenta nítida posição de desvantagem, valendo salientar que o são normalmente os direitos relacionados à higiene, segurança e medicina do trabalho, não o sendo, em regra, os demais, por conta da sua expressão meramente patrimonial. Após a extinção do contrato de trabalho, a vulnerabilidade e hipossuficiência justificadora da proteção que a lei em princípio outorga ao trabalhador na vigência do contrato, implica, doravante, a sua disponibilidade, na medida em que a dependência e subordinação que singularizam a relação empregatícia deixam de existir. II – O artigo 114, § 1º, da Constituição não proíbe o Juízo de arbitragem fora do âmbito dos dissídios coletivos. Apenas incentiva a aplicação do instituto nesta modalidade de litígio, o que não significa que sua utilização seja infensa à composição das contendas individuais. III – Para que seja consentida no âmbito das relações trabalhistas, a opção pela via arbitral deve ocorrer em clima de absoluta e ampla liberdade, ou seja, após a extinção do contrato de trabalho e à míngua de vício de consentimento. IV – Caso em que a opção pelo Juízo arbitral ocorreu de forma espontânea e após a dissolução do vínculo, à míngua de vício de consentimento ou irregularidade quanto à observância do rito da Lei nº 9.307/96. Irradiação dos efeitos da sentença arbitral. Extinção do processo sem resolução do mérito (artigo 267, VII, do CPC), em relação aos pleitos contemplados na sentença arbitral. (...). II – Recurso conhecido e provido (RR 1799/2004-024-05-00.6, 4ª T., Rel. Min. Antônio José de Barros Levenhagen, j. 03.06.2009, *DEJT* 19.06.2009).

No mesmo sentido, transcrevemos entendimento do Ministro Ives Gandra da Silva Martins Filho, atualmente Presidente do Colendo TST[22], para quem:

A mesma preocupação quanto ao desprestígio das comissões de conciliação prévia contempladas pela CLT pelo STF nos assalta em relação à vedação à arbitragem em dissídios individuais formulada pelo TST, quando a lei da arbitragem estabelece, logo em seu art. 1º, que "as pessoas capazes de contratar poderão

---

[22] MARTINS FILHO, Ives Gandra da Silva. Métodos alternativos de solução de conflitos laborais: viabilizar a jurisdição pelo prestígio à negociação coletiva. *Revista LTr*, São Paulo, ano 79, jul. 2015, p. 792-793.

valer-se da arbitragem para dirimir litígios relativos a direitos patrimoniais disponíveis" (Lei n. 9.307/96). Ora, afastar, de plano, a arbitragem em dissídios laborais individuais seria afirmar que todo o universo de direitos laborais tenha natureza indisponível, o que não condiz com a realidade.

Ainda conforme o ilustre Ministro Presidente do TST:

> Interessante notar que o veto presidencial ao § 4º do art. 4º da Lei n. 9.307/96, alterado pelo art. 1º da Lei n. 13.129/15, o qual previa expressamente *a arbitragem como meio alternativo de composição de litígio trabalhista em relação a empregados que ocupassem cargos de direção e administração de empresas*, fundou-se especialmente no princípio da isonomia, considerando discriminatória a arbitragem apenas em relação a tais empregados[23].

E finaliza sobre o assunto:

> De qualquer forma, em ações trabalhistas que tenham por reclamada embaixada, representação diplomática ou organismos internacionais que gozem de imunidade de jurisdição (Orientação Jurisprudencial n. 416 da SDI-1 do TST), especialmente na fase de execução, talvez a saída seja a arbitragem ou a mediação do Itamarati, visando a que o trabalhador brasileiro que neles se empregue possa vir a receber seus haveres trabalhistas reconhecidos judicialmente. Do contrário, continuarão a ganhar e não levar[24].

Filiamo-nos a idêntica posição exatamente porque nem todos os direitos trabalhistas são, o tempo todo, indisponíveis[25], pois, se assim fosse, jamais poderiam ser objeto de transação ou mesmo de negociação coletiva de trabalho.

Pensar dessa forma seria relevar todos os trabalhadores a uma situação de menoridade, de falta absoluta de discernimento quanto a seus direitos básicos, inclusive de cidadania.

---

[23] Idem, ibidem, p. 793.
[24] Idem, ibidem, p. 793.
[25] Pode-se notar que idêntico fenômeno se verifica na diferença entre as hipóteses de dispensa por justa causa (art. 482 da CLT) e no inquérito para apuração de falta grave de empregado estável (art. 494 da CLT). Naquele, a partir da dispensa do empregado, com o contrato de trabalho morto, os direitos laborais já não são mais disponíveis, transformam-se em créditos (art. 11 da CLT) e podem ser objeto de transação nas comissões de conciliação prévia ou nas audiências individuais no curso da ação trabalhista, enquanto no segundo, como o contrato de trabalho está suspenso, e, portanto ainda vivo, os direitos materiais laborais continuam indisponíveis e eventual dispensa do estável somente poderá ser declarada pelo juiz do trabalho, e não mais pelo empregador, com a limitação do poder potestativo patronal, que neste caso nada poderá fazer a não ser aguardar a decisão judicial, já que o poder disciplinar, nesta hipótese, não é mais absoluto.

Apesar de viver em um país de miseráveis, com enorme contingente de trabalhadores ainda analfabetos, sem teto, sem educação e agora sem emprego[26], e muitos na informalidade[27], as pessoas sabem como buscar seus direitos nos vários canais de acesso ao sistema de justiça disponibilizados, especialmente após a Constituição Federal de 1988.

Nesse mesmo sentido, temos a posição do Tribunal Regional do Trabalho da 5ª Região, cujas ementas transcrevemos a seguir:

> Arbitragem. Transação envolvendo direitos individuais trabalhistas. Possibilidade. A indisponibilidade dos direitos do empregado existe somente durante a vigência do contrato de trabalho, quando se presume encontrar-se o obreiro em uma situação de subordinação e dependência econômica que o impede de manifestar a sua vontade sem vícios. Findo o contrato de trabalho, esta indisponibilidade não mais existe, uma vez que o empregado já não se encontra subordinado ao empregador, nem também depende deste para a sua sobrevivência, estando, deste modo, em condições de livremente manifestar a sua vontade, o que inclusive possibilita a celebração de conciliação na Justiça do Trabalho, conforme dispõe o parágrafo único do art. 831 da CLT (TRT-5ª R., RO 0001482-62.2013.5.05.0551, 5ª T., Rel. Des. Paulino Couto, *DJe* 15.09.2014).

> Arbitragem. Direito do trabalho. Compatibilidade. Arbitragem. Lei nº 9.307/1996. Aplicável às relações individuais do trabalho. Validade da sentença arbitral quando inexistente vício de consentimento ou coação. As regras contidas na Lei nº 9.307/1996 são aplicáveis às relações individuais de trabalho e a sentença arbitral deve ser declarada válida nas demandas trabalhistas quando não demonstrado nenhum vício de consentimento, coação ou irregularidade capaz de torná-la nula (TRT-5ª R., RO 0001477-33.2012.5.05.0015, 3ª T., Rel. Des. Humberto Jorge Lima Machado, *DJe* 30.10.2013).

O fundamento que embasa a posição divergente quanto à aplicabilidade da arbitragem nas lides individuais de trabalho se relaciona ao art. 1º da Lei 9.307/1996, que assim dispõe:

> As pessoas capazes de contratar poderão valer-se da arbitragem para dirimir litígios relativos a direitos patrimoniais disponíveis.

Com o advento da Lei 13.129, de 26 de maio de 2015, ao presente artigo, foram incorporados os parágrafos seguintes:

---

[26] O índice de desemprego no Brasil, segundo pesquisa de outubro/2019 do IBGE, aponta um índice em torno de 11,8% nos grandes centros brasileiros.

[27] Segundo o IBGE, o trabalho informal avança para 41,3% da população ocupada, praticamente 38 milhões de pessoas. (fonte: <www.ibge.gov.br>).

Art. 1º (...)

§ 1º A administração pública direta e indireta poderá utilizar-se da arbitragem para dirimir conflitos relativos a direitos patrimoniais disponíveis.

§ 2º A autoridade ou o órgão competente da administração pública direta para a celebração de convenção de arbitragem é a mesma para a realização de acordos ou transações.

Observa-se que toda a discussão se relaciona ao fato de que, supostamente, as lides envolvendo os direitos individuais trabalhistas tratam de direitos materiais indisponíveis, e, portanto, não se inserem no objeto da lei da arbitragem.

Carlos Alberto Carmona[28] se posiciona no sentido de que "tanto para as questões ligadas aos direitos coletivos quanto para aquelas atinentes aos individuais pode incidir a Lei n. 9.307/96, cujos dispositivos são plenamente aplicáveis também à arbitragem trabalhista".

No mesmo sentido, defendendo a aplicabilidade da arbitragem às lides individuais de trabalho, J. E. Carreira Alvim[29] assinala que:

> excluem alguns ordenamentos jurídicos do âmbito da arbitragem – assim procede o italiano, art. 806 – as controvérsias individuais de trabalho, o que não acontece entre nós, onde a Lei n. 9307/96 não faz qualquer restrição neste sentido.

Este doutrinador defende o célebre adágio de que onde a lei não restringe, não cabe ao intérprete fazê-lo.

Francisco Ferreira Jorge Neto e Jouberto Pessoa Cavalcante[30] aduzem que:

> a doutrina trabalhista tem apresentado grande resistência à aplicação da arbitragem aos conflitos entre empregado e empregador, por serem os direitos individuais para o trabalhador. A Lei n. 9.307, art. 25, prevê que se no curso da arbitragem sobrevier controvérsia acerca de direito indisponível, o árbitro deverá remeter as partes ao Judiciário, como questão prejudicial.

Pensamos que, doravante, em virtude da Lei 13.467/2017, essa dicotomia sobre a aplicação ou não da arbitragem nos dissídios individuas deva ser atenuada. Seria ilusão pensar que não haverá vozes defendendo a não aplicação da arbitragem aos conflitos individuais, alegando, principalmente, que os direitos trabalhistas são indisponíveis. Todavia, após a reforma trabalhista, é inegável que a arbitragem se robustece, tendo a sua aplicação preconizada no artigo 507-A da CLT, cujos dizeres transcrevemos a seguir:

---

[28] CARMONA, Carlos Alberto. *Arbitragem e processo*: um comentário à Lei n. 9.307/96. São Paulo: Malheiros, 1998. p. 51.

[29] CARREIRA ALVIM, J. E. *Comentários à Lei de Arbitragem* (Lei n. 9307/96, de 23/9/1996). Rio de Janeiro: Lumen Juris, 2004. p. 32.

[30] JORGE NETO, Francisco Ferreira; CAVALCANTE, Jouberto Pessoa. *Direito processual do trabalho*. 7. ed. São Paulo: Atlas, 2015. p. 1.447.

Art. 507-A. Nos contratos individuais de trabalho cuja remuneração seja superior a duas vezes o limite máximo estabelecido para os benefícios do Regime Geral de Previdência Social, poderá ser pactuada cláusula compromissória de arbitragem, desde que por iniciativa do empregado ou mediante a sua concordância expressa, nos termos previstos na Lei 9.307, de 23 de setembro de 1996.

Precipuamente, alertamos que o legislador determina que o procedimento da arbitragem deva ocorrer por iniciativa do empregado que receba remuneração superior a duas vezes o valor máximo pago pelo INSS (valor atual de R$ 5.645,80 × 2 = R$ 11.291,60). Insta apontar que a pactuação ocorra mediante cláusula compromissória (fixada antes de existir o conflito, portanto, na assinatura do contrato de emprego). Logo, o mencionado instrumento fixa, de antemão, que, se existir eventual lide, ela será julgada por um árbitro, podendo, inclusive, prever quem será. Dessa feita, as partes retiram do Poder Judiciário a possibilidade de apreciação do conflito.

Contudo, devemos fazer a seguinte indagação:

O empregado, mormente aquele que realmente necessita do trabalho, tem possibilidade de discordar da imposição da arbitragem, quando da celebração do contrato? Acreditamos que, caso isso aconteça, a empresa não o contratará, posto que as partes envolvidas não se posicionam em nível de igualdade; em suma, o empregado não possui margem de negociação, salvo os grandes executivos e profissionais renomados. Não há como relevar, nestes casos, um certo grau de constrangimento entre patrão e empregado, mesmo dos altos empregados.

Portanto, a arbitragem somente será reconhecida e declarada lícita se o próprio empregado, por sua livre e espontânea vontade, sem qualquer vício de consentimento (principalmente erro e/ou coação), optar pela arbitragem. Do contrário, a Justiça do Trabalho se deparará com uma avalanche de processos trabalhistas cuja pretensão será a alegação de vício de consentimento na fixação da cláusula compromissória.

Considerando e respeitando todas as posições em contrário, nos posicionamos a favor da aplicação voluntária, e de comum acordo, da arbitragem no direito individual do trabalho, desde que observados os critérios fixados no art. 507-A da CLT, que, sem dúvida, poderia dar uma enorme contribuição no esvaziamento das causas individuais laborais, especialmente as de grande monta, de trabalhadores do conhecimento e da informação, que podem arcar com as despesas processuais/honorários arbitrais, com base nos seguintes fundamentos:

a) Trata-se de uma forma alternativa de resolução ou pacificação de conflito, coletivo ou individual, que não deve ser afastada no Judiciário Trabalhista, pelo contrário, consoante dispõe o novo Código de Processo Civil, deve ser privilegiada, incentivada e disponibilizada às partes que querem se valer deste instituto e tenham condições de arcar com os respectivos custos/despesas do processo arbitral.

b) Da mesma forma como entendem alguns doutrinadores supracitados, a hermenêutica é clara ao aduzir que onde a lei não discrimina ou restringe, não cabe ao intérprete fazê-lo, e não encontramos qualquer vedação legal à não utilização do instituto da arbitragem às lides individuais de trabalho.

c) Entendemos que o instituto também não agride ou colide com princípios basilares do Direito Individual do Trabalho, como o da proteção e sua tríplice vertente, o da irrenunciabilidade, o da indisponibilidade, o da igualdade etc., pois tais princípios se aplicam ao direito material individual, e não ao direito processual (ou instrumental) do trabalho, no qual devem prevalecer a imparcialidade e os poderes assistenciais do magistrado, aptos a fazer valer o princípio da paridade de armas.

d) Dessa forma, a arbitragem é plenamente aplicável às lides individuais de trabalho, da mesma forma que as Comissões de Conciliação Prévia – CCPs (Lei 9.958/2000). Se algum vício sobrevier no curso das arbitragens, da mesma forma que ocorre em relação às CCPs, as partes podem recorrer ao Judiciário para requerer sua nulidade.

e) A arbitragem se aplica geralmente[31] a direitos materiais individuais disponíveis, sujeitos à transação[32], na medida em que as partes buscam a

---

[31] Entendemos que não pode ser utilizado o instituto da arbitragem quando o contrato de trabalho estiver em curso (portanto, vivo), mesmo envolvendo servidores públicos, empregados públicos, contratados por meio de concursos públicos de provas e títulos, com sociedades de economia mista e empresas públicas, pois, enquanto remanesce o contrato de trabalho *in full force andeffect,* os direitos são indisponíveis, pois sob o guarda-chuva protetor do princípio da proteção. Observe que, mesmo neste caso, não haverá o temor reverencial do empregado em relação ao empregador, já que esses trabalhadores não podem mais ser dispensados arbitrariamente, sem o advento da motivação, consoante recente posição do Supremo Tribunal Federal. Defendemos, inclusive que, em cumprimento ao art. 5º, LIV, da Constituição Federal de 1988, tais dispensas tenham que passar pelo crivo do contraditório e da ampla defesa, ou seja, processo administrativo, já que houve a mitigação do entendimento em relação à Súmula 390 do Colendo TST: "Estabilidade. Art. 41 da CF/1988. Celetista. Administração direta, autárquica ou fundacional. Aplicabilidade. Empregado de empresa pública e sociedade de economia mista. Inaplicável. (Conversão das Orientações Jurisprudenciais nºs 229 e 265 da SDI-1 e da Orientação Jurisprudencial nº 22 da SDI-2). I – O servidor público celetista da administração direta, autárquica ou fundacional é beneficiário da estabilidade prevista no art. 41 da CF/1988. (ex-OJ nº 265 da SDI-1 – Inserida em 27.09.2002 e ex-OJ nº 22 da SDI-2 – Inserida em 20.09.00). II – Ao empregado de empresa pública ou de sociedade de economia mista, ainda que admitido mediante aprovação em concurso público, não é garantida a estabilidade prevista no art. 41 da CF/1988".

[32] Daí a redação do art. 7º, XXIX, da CF/1988: "XXIX – ação, quanto aos créditos resultantes das relações de trabalho, com prazo prescricional de cinco anos para os trabalhadores urbanos e rurais, até o limite de dois anos após a extinção do contrato de trabalho".

arbitragem apenas após a resolução do contrato individual de trabalho, ou seja, quando o contrato de trabalho está morto, restando claro que direitos indisponíveis trabalhistas somente têm guarida no contrato de trabalho vivo, que possui o guarda-chuva protetor do Direito do Trabalho.

f) Enquanto o contrato de trabalho está vivo, em curso, remanescem todos os direitos individuais, *in full force and effect*, que são indisponíveis e vários deles de ordem pública (relacionados a saúde, medicina, segurança e meio ambiente laboral), o que já não ocorre quando o contrato de trabalho é rescindido. Neste caso, os direitos indisponíveis trabalhistas, a partir do momento da rescisão (morte) do contrato laboral, se transmutam em "créditos", daí serem objetos de transação nas lides individuais em juízo (conciliação judicial na audiência), e também de eventual arbitragem.

g) É crível (e seria ingenuidade pensar de modo diferente) que não é todo trabalhador que se submeterá à arbitragem, que deverá ser mais um instrumento colocado à disposição de trabalhadores do conhecimento e da informação, com subordinação invertida[33] ou mitigada, que detêm condições econômico-financeiras para arcar com os custos da arbitragem, o que não acontecerá com grande maioria dos trabalhadores hipossuficientes subordinados, que dependem da gratuidade de justiça e que não possuem condições de arcar com os custos do processo sem prejuízo próprio e de sua família.

Dessa forma, o art. 507-A, anteriormente mencionado, permite a utilização do instituto da arbitragem[34] para pacificar conflitos de interesse entre patrão e

---

[33] Hipóteses de trabalhadores para subordinados, ou com subordinação invertida, ou seja, aqueles que a subordinação ou dependência é da empresa em relação ao expertise técnico e científico, ou *brainpower* do trabalhador, que constitui o "cérebro" do empreendimento, ou seja, o gestor empresarial, sem o qual a empresa poderá até mesmo sucumbir perante a concorrência.

[34] Transcrevemos acórdão recente do TRT 1ª Região, sobre a matéria: RECURSO DO RECLAMADO. PRELIMINAR DE CONVENÇÃO DE ARBITRAGEM. TRANSAÇÃO ENVOLVENDO DIREITOS TRABALHISTAS. POSSIBILIDADE. O fundamento principal para justificar que os direitos trabalhistas são indisponíveis/irrenunciáveis é fulcrado na hipossuficiência/vulnerabilidade do trabalhador. E é exatamente por isso que o próprio TST, ainda que timidamente, já vem admitindo a arbitragem nos casos em que não se vislumbra esta hipossuficiência, deixando claro que tal indisponibilidade/irrenunciabilidade não é absoluta. Fato é que nem todos os direitos trabalhistas são, a todo tempo, indisponíveis, pois, se assim o fossem, jamais poderiam ser objeto de transação ou mesmo de negociação coletiva de trabalho. Aliás, se todos os direitos gozassem de uma indisponibilidade absoluta intangível, haveria, certamente, um entrave à evolução da ordem jurídica e social. Na verdade, não há que se falar em indisponibilidade absoluta de qualquer direito em abstrato, pois é, no caso concreto, que o Judiciário vai aferir se aquele direito é ou não indisponível, analisando-o e ponderando-o com os demais direitos, princípios e normas

empregado, desde que este receba remuneração superior a duas vezes o limite máximo estabelecido para os benefícios do Regime Geral da Previdência Social e escolha livremente, ao assinar o seu contrato (cláusula compromissória), a opção de ver o seu conflito submetido à arbitragem.

5.3.2 Jurisdição

Forma de solução de conflitos mais utilizada no Brasil, a *jurisdição* deixa pouco espaço para os outros mecanismos de pacificação social, em grande parte devido à própria ignorância dos jurisdicionados em relação às diversas formas de acesso ao atual sistema de justiça prevalente no Brasil.

Diante desse cenário, o Código de Processo Civil de 2015 veio estimular os outros meios de solução dos conflitos, conforme se depreende do art. 3º:

> Art. 3º Não se excluirá da apreciação jurisdicional ameaça ou lesão a direito.
>
> § 1º É permitida a **arbitragem**, na forma da lei.
>
> § 2º O Estado promoverá, sempre que possível, a solução consensual dos conflitos.

---

presentes no ordenamento jurídico. No caso em questão, a magistrada sentenciante afastou a cláusula de arbitragem prevista no contrato celebrado entre o autor e o réu utilizando como fundamentos a "inafastabilidade da jurisdição" e a "indisponibilidade dos direitos trabalhistas". Quanto à inafastabilidade da jurisdição, esta não é violada com a aplicação da arbitragem, pois o decidido pelo árbitro evidentemente poderá ser apreciado pelo Poder Judiciário. E no que tange à indisponibilidade dos direitos trabalhistas, se esta é fulcrada na hipossuficiência/vulnerabilidade do trabalhador, então, obviamente, não tem aplicabilidade no presente caso, eis que o autor era um alto executivo do banco réu, verdadeiro alter ego e detentor de expertise e *brain-power* financeiro, com vultosos ganhos mensais e vasto conhecimento na área, razão pela qual não se vislumbra qualquer hipossuficiência/vulnerabilidade por parte dele, mas sim sua paridade com a parte adversa. Aliás, é justamente no setor do conhecimento e da informação que a relação jurídica de dependência muitas vezes se inverte, ou seja, é o empregador que fica dependente ou refém do empregado dotado de *expertise* e neurônios privilegiados, que dá um diferencial ao seu negócio, proporcionando-lhe elevados ganhos financeiros, levando-o a celebrar pactos e aditivos para a manutenção de tais empregados laborando a seu favor. Entendo também que os direitos indisponíveis do empregado se mantêm ao longo de todo o contrato de trabalho, pois, a partir da ruptura deste há uma transmutação dos direitos indisponíveis do empregado em créditos, na esteira do que expressa o art. 11 da CLT e o art. 7º, inciso XXIX da CF/88, o que permite até mesmo a transação entre as partes em juízo ou fora dele. Portanto, havendo instrumento alternativo entre os canais de acesso ao sistema de justiça, que não se confunde com acesso à jurisdição, que, na verdade constitui-se em apenas um entre os vários outros disponíveis ao empregado na seara laboral, deve-se privilegiar os demais meios de pacificação dos conflitos individuais e coletivos de trabalho e não rechaçá-los como fez o juízo monocrático, porque de nada vale o discurso, corroborado pelo CPC/2015, se, diante dos casos concretos, na prática, o judiciário, ao invés de acolhê-los, os afasta. Preliminar acolhida. RO PROCESSO nº 0011289-92.2013.5.01.0042 (RO). 5ª Turma. TRT 1ª Região. Relator: Des. Enoque Ribeiro dos Santos.

§ 3º A **conciliação, a mediação** e outros métodos de solução consensual de conflitos deverão ser estimulados por juízes, advogados, defensores públicos e membros do Ministério Público, inclusive no curso do processo judicial. (destaque nosso)

A *jurisdição* é uma das funções do Estado, que substitui os conflitantes, estipulando, de forma imparcial, uma decisão justa, que ponha termo ao litígio. É fruto do monopólio e da soberania estatal, desenvolvendo-se por meio de um processo. Classicamente, é conceituada como sendo, ao mesmo tempo, um poder, uma função e uma atividade[35].

É um poder, porque emana da própria capacidade do Estado de decidir e impor suas decisões de forma coercitiva, mais especificadamente por meio do Poder Judiciário (nos dissídios trabalhistas, por meio das Varas do Trabalho, dos Tribunais Regionais do Trabalho e do Tribunal Superior do Trabalho).

Caracteriza-se como função em virtude da obrigatoriedade que têm os órgãos do Poder Judiciário (estatais) de aplicar o direito (norma objetiva) aos conflitos existentes na sociedade, por intermédio do processo. É uma atividade, porque os órgãos jurisdicionais (juízos e Tribunais) praticam um conjunto de atos, por meio do processo, para fazer atuar o seu poder e cumprir a função que a lei lhes impõe. Os três elementos mencionados somente se efetivam por meio do devido processo legal, que é fruto de um processo devidamente consubstanciado.

Contudo, em que pese acharmos essa conceituação extremamente fundamental, devemos estudar e conceituar a *jurisdição* sob o prisma do direito constitucional e do novo processo civil.

Dessa feita, conceituamos a *jurisdição* como uma função do Estado, cujo propósito é solucionar lides (conflitos de interesses), bem como preveni-las, evitá-las ou, então, removê-las, realizando e criando o Direito (normas) ao caso concreto, por meio de um processo, alicerçado em preceitos legais, constitucionais e os elaborados pela própria jurisdição de forma imperativa, autônoma e imparcial.

Passemos a detalhar o presente conceito.

A jurisdição deve realizar (aplicar) as normas já existentes ao caso concreto (conflitos, problemas já existentes), mas não deve se contentar com essa atividade. Deve ir além, criando normas a partir de seus julgamentos, situação esta que irá se coadunar com o sistema de precedentes preconizados pelo Código de Processo Civil, no qual Tribunais irão julgar matérias repetitivas e cujas decisões (consolidadas) deverão ser observadas pelas instâncias inferiores (função normativa da jurisdição que irá evitar novos conflitos sobre o tema julgado). Temos, portanto,

---

[35] CINTRA, Antonio Carlos de Araújo; GRINOVER, Ada Pellegrini; DINAMARCO, Cândido Rangel. *Teoria geral do processo*. 25. ed. São Paulo: Malheiros, 2009. p. 147.

"norma jurídica criada diante do caso concreto, mas não uma norma individual que regula o caso concreto"[36].

Nesse mesmo contexto, a jurisdição não pode, por meio de seus operadores, somente aplicar a norma geral e abstrata ao caso concreto, por meio do processo, como se fosse um mero procedimento robotizado. Ademais, a Constituição, estabelecida em um Estado Democrático de Direito como detentora do poder político máximo, representativo da soberania estatal, deve ser o substrato do magistrado, como meio eficaz de garantir direitos fundamentais aos jurisdicionados.

Patrocinando a ideia de uma postura mais contundente do juiz, Didier[37], com base em Marinoni, assim prescreve:

> Atualmente, reconhece-se a necessidade de uma postura mais ativa do juiz, cumprindo-lhe compreender as particularidades do caso concreto e encontrar, na norma geral e abstrata, uma solução que esteja em conformidade com as disposições e normas constitucionais, mormente com os direitos fundamentais. Em outras palavras, o princípio da supremacia da lei, amplamente influenciado pelos valores do Estado Liberal, que enxergava na atividade legislativa algo perfeito e acabado, atualmente deve ceder espaço à crítica judicial, no sentido de que o magistrado, necessariamente, deve dar à norma geral e abstrata aplicável ao caso concreto uma interpretação conforme à Constituição, sobre ela exercendo o controle de constitucionalidade se for necessário, bem como viabilizando a melhor forma de tutelar os direitos fundamentais.

A jurisdição, por advir do próprio poder estatal, atuará de forma imperativa, impondo-se às partes litigantes, como se depreende do *princípio da inevitabilidade* que:

> significa que a autoridade dos órgãos jurisdicionais, sendo uma emanação do próprio poder estatal soberano, impõe-se por si mesma, independentemente da vontade das partes ou de eventual pacto para aceitarem os resultados do processo; a situação de ambas as partes perante o Estado-juiz (e particularmente a do réu) é de sujeição, que independe de sua vontade e consiste na impossibilidade de evitar que sobre elas e sobre sua esfera de direitos se exerça a autoridade estatal[38].

Além disso, a jurisdição deve ser exercida com imparcialidade, ou seja, os julgadores devem ser figuras estranhas ao conflito, bem como não podem apresentar

---

[36] MARINONI, Luiz Guilherme. *Curso de processo civil*: teoria gral do processo. São Paulo: RT, 2006. vol. 1, p. 97.
[37] DIDIER JR., Fredie. *Curso de direito processual civil*. 17. ed. Salvador: JusPodivm, 2015. vol.1, p. 158.
[38] CINTRA, Antonio Carlos de Araújo; GRINOVER, Ada Pellegrini; DINAMARCO, Cândido Rangel. *Teoria geral do processo*. 25. ed. São Paulo: Malheiros, 2009. p. 155.

nenhum tipo de interesse sobre ele, conduzindo o processo de maneira que as partes tenham igualdade de oportunidades, conforme o art. 7º do CPC/2015:

> É assegurada às partes paridade de tratamento em relação ao exercício de direitos e faculdades processuais, aos meios de defesa, aos ônus, aos deveres e à aplicação de sanções processuais, competindo ao juiz zelar pelo efetivo contraditório.

Por fim, a jurisdição atua de maneira autônoma, sendo a sua decisão a que realmente soluciona o litígio. Isto é, a decisão jurisdicional não resta submetida a nenhum outro poder, tendo o condão de se tornar imutável pela coisa julgada.

A jurisdição possui as seguintes características ou princípios:

- Substitutividade[39] – ao exercer a jurisdição, o Estado supre a atuação dos envolvidos na contenda, sob apreciação; vale dizer, o Estado, por meio do Poder Judiciário, substitui a vontade das partes, dizendo, definitivamente, quem possui a razão. Por esse motivo, a imparcialidade do órgão estatal torna-se fundamental para a sua atuação.

- Definitividade – as decisões proferidas pelos órgãos jurisdicionais são imutáveis, não permitindo revisão por outro Poder. Somente uma decisão judicial faz coisa julgada material, que é a qualidade de uma sentença de tornar os seus efeitos inexoráveis, sendo que nem as partes envolvidas podem propor, novamente, a mesma ação, bem como os órgãos jurisdicionais não podem retroceder acerca da decisão proferida. Há de se ressaltar que nem toda decisão faz coisa julgada, bem como existem decisões que podem ser atacadas por ação rescisória. Todavia, como já mencionado, só a decisão judicial tem essa característica de se tornar definitiva. A própria Constituição Federal, em seu art. 5º, XXXVI, reza que "a lei não prejudicará o direito adquirido, o ato jurídico perfeito e a coisa julgada".

- Inércia – os órgãos jurisdicionais são, por sua própria imparcialidade, inertes, isto é, atuam somente quando provocados pela parte interessada. Há determinação expressa no art. 2º do CPC, que determina: "O processo começa por iniciativa da parte e se desenvolve por impulso oficial, salvo as exceções previstas em lei". Também denominado de princípio da de-

---

[39] "Exercendo a jurisdição, o Estado substitui, com uma atividade sua, as atividades daqueles que estão envolvidos no conflito trazido à apreciação. Não cumpre a nenhuma das partes interessadas dizer definitivamente se a razão está com ela própria ou com a outra; nem pode, senão excepcionalmente, quem tem uma pretensão invadir esfera jurídica alheia para satisfazer-se" (CINTRA, Antonio Carlos de Araújo; GRINOVER, Ada Pellegrini; DINAMARCO, Cândido Rangel. *Teoria geral do processo*. 25. ed. São Paulo: Malheiros, 2009. p. 155. p. 148).

manda ou da ação. Existem exceções previstas em lei, que serão analisadas oportunamente.

- Investidura – o princípio em lume celebra a necessidade de a jurisdição ser exercida por quem se encontra legitimamente investido, ou seja, por quem foi aprovado em regular concurso público de provas e títulos.
- Aderência ao território – Como estudado, a jurisdição é exteriorização do poder estatal, o qual está ligado à ideia de soberania. Por sua vez, esta não é exercida fora do seu território. Logo, a jurisdição atuará ao longo do território nacional, onde predomina sua soberania. Como há muitos órgãos jurisdicionais no Brasil, localizados em vários entes da federação e com diferentes especializações, a jurisdição, por meio de seus órgãos, será exercida em áreas geográficas impostas por lei, por meio dos critérios de competência. Infere-se que os juízes têm sua autoridade jurisdicional vinculada aos limites territoriais definidos por lei.
- Indelegabilidade – por esse princípio, podemos afirmar que as funções atribuídas ao Poder Judiciário somente poderão ser desenvolvidas e praticadas pelos órgãos que o compõem. A própria Constituição Federal estipula a atuação sob a alçada do Judiciário, inclusive vedando qualquer dos Poderes (Legislativo, Executivo e Judiciário) de delegar atribuições. Em âmbito interno, o Judiciário poderá delegar atribuições, desde que haja permissivo legal. Exemplo: a Constituição, em seu art. 109, § 3º, estabelece que em determinados casos pode haver delegação da justiça federal para a justiça estadual quando no domicílio do segurado não houver vara federal, nesses termos: "Serão processadas e julgadas na justiça estadual, no foro do domicílio dos segurados ou beneficiários, as causas em que forem parte instituição de previdência social e segurado, sempre que a comarca não seja sede de vara do juízo federal, e, se verificada essa condição, a lei poderá permitir que outras causas sejam também processadas e julgadas pela justiça estadual".
- Inevitabilidade – por ser a jurisdição uma exteriorização do poder estatal soberano, sua atuação e autoridade não são passíveis de rejeição. O seu posicionamento se impõe independentemente da vontade das partes. Estas não possuem mecanismos jurídicos hábeis a contrastar a autoridade do Estado-juiz, que irá fazer prevalecer sua atuação sobre os interesses das partes. Singelamente, podemos falar que esse princípio traduz a sujeição das partes em face da autoridade do Poder Estatal (aqui retratada pelo Poder Judiciário). Todavia, o atual CPC traz uma exceção: a nomeação à autoria (mecanismo utilizado para "corrigir" o polo passivo da causa). Pode-se mencionar, também, como exceção à inevitabilidade, as regras sobre imunidade de jurisdição. Geralmente, os Estados estrangeiros e or-

- ganismos internacionais possuem imunidade (o assunto será desenvolvido no capítulo sobre competência).
- Inafastabilidade – também conhecido como princípio do acesso à Justiça, tem por fim garantir a todos os cidadãos a prestação da tutela jurisdicional, pois "a lei não excluirá da apreciação do Poder Judiciário lesão ou ameaça a direito" (CF, art. 5º, XXXV). Trata-se de um direito fundamental do cidadão que deseja ter os seus direitos efetivados. Essa tutela jurisdicional é desvelada pelo direito de ação (direito de acesso ao Poder Judiciário). Este deve ser compreendido não só como a prerrogativa de provocar o Judiciário, mas, também, como o lídimo acesso ao Judiciário. Portanto, deve o processo possuir regras efetivas, que garantam às partes praticar, em igualdade, atos que possam comprovar suas pretensões e que formarão a convicção do julgador. Isso, dentro de um período satisfatório, para que a decisão possa produzir resultados justos, não somente para as partes envolvidas, mas também para a sociedade.
- Juiz ou juízo natural – devemos interpretar esse princípio como uma garantia de que nenhum cidadão poderá ser julgado por *tribunais de exceção*, ou seja, órgãos criados especificadamente para determinadas situações, sem previsão constitucional. Desse modo, qualquer pessoa tem o direito constitucional de ser julgado por juiz (ou tribunal) independente e imparcial, previamente constituído e indicado por normas constitucionais e legais.
- Instrumentabilidade – O processo não constitui um fim em si mesmo, mas um instrumento de concretização do direito material que se postula, tendo como objetivo a justa composição do conflito de interesse submetido ao Poder Judiciário.

A Lei 13.467/2017, seguindo a tônica do CPC/2015, que no art. 725, VIII, autoriza o juiz a homologar acordos extrajudiciais em jurisdição voluntária, apresenta esta novidade ampliando a competência da Justiça do Trabalho em um novo procedimento, o qual transcrevemos:

> Do Processo de Jurisdição Voluntária
>
> Para Homologação de Acordo Extrajudicial
>
> Art. 855-B. O processo de homologação de acordo extrajudicial terá início por petição conjunta, sendo obrigatória a representação das partes por advogado.
>
> § 1º As partes não poderão ser representadas por advogado comum.
>
> § 2º Faculta-se ao trabalhador ser assistido pelo advogado do sindicato de sua categoria.
>
> Art. 855-C. O disposto neste Capítulo não prejudica os prazos estabelecidos no § 6º, art. 477, desta Consolidação e não afasta a aplicação da multa prevista no § 8º, art. 477, desta Consolidação.

Art. 855-D. No prazo de quinze dias a contar da distribuição da petição, o juiz analisará o acordo, designará audiência se entender necessário e proferirá sentença.

Art. 855-E. A petição de homologação de acordo extrajudicial suspende o prazo prescricional da ação quanto aos direitos nela especificados.

Parágrafo único. O prazo prescricional voltará a fluir no dia útil seguinte ao do trânsito em julgado da decisão que negar a homologação do acordo.

Observamos que doravante o Juiz do Trabalho poderá homologar qualquer espécie de acordo extrajudicial que se relacione às relações de trabalho (art. 114, CF/88), desde que preencha os requisitos legais, ou seja, a petição seja em conjunto, assinada por advogados diferentes, cada um representando obviamente cada uma das partes acordantes.

Tão logo interposta a petição no PJE, o magistrado terá o prazo de 15 dias para homologar ou rejeitar o acordo, de cuja decisão caberá recurso ordinário para o respectivo Tribunal Regional do Trabalho, de acordo com as regras estabelecidas na CLT em relação ao prazo de 8 dias, preparo recursal etc.

VI

ORGANIZAÇÃO DA JUSTIÇA DO TRABALHO

6.1 INTRODUÇÃO

Uma vez feita a apreciação da evolução histórica da Justiça do Trabalho, resta-nos demonstrar como os órgãos dessa Justiça estão estruturados. Inicialmente, alertamos que a Justiça do Trabalho integra o Poder Judiciário da União, sendo parte integrante da denominada Justiça Especial.

O art. 111 da Constituição Federal preconiza que os órgãos da Justiça do Trabalho são o Tribunal Superior do Trabalho, os Tribunais Regionais do Trabalho e os Juízes do Trabalho.

Portanto, a Justiça do Trabalho é, desde sua primitiva organização, hierarquizada em três níveis, sendo:

- em primeiro grau de jurisdição os Juízes do Trabalho que atuam nas Varas do Trabalho;
- em segundo grau de jurisdição, os Tribunais Regionais do Trabalho, com os Desembargadores e Juízes convocados;
- em instância superior ou instância extraordinária, o Tribunal Superior do Trabalho, com os Ministros e Desembargadores convocados.

6.2 TRIBUNAL SUPERIOR DO TRABALHO

Como órgão de cúpula na área trabalhista, temos o *Tribunal Superior do Trabalho*, que é composto por 27 Ministros, escolhidos dentre brasileiros com mais de 35 e menos de 65 anos, nomeados pelo Presidente da República, após aprovação pela maioria absoluta do Senado Federal. Dentro desse número, haverá vagas destinadas a advogados e a membros do Ministério Público, consoante o que dispõe o art. 111-A, I, da CF[1].

Desse modo, o TST será composto por um quinto de advogados e membros do Ministério Público do Trabalho, sendo os demais membros escolhidos dentre juízes (desembargadores) dos Tribunais Regionais do Trabalho, oriundos da carreira da Magistratura, indicados pelo próprio TST[2].

O procedimento acerca da indicação dos postulantes ao "quinto constitucional" deverá seguir o seguinte rito: os órgãos de representação das respectivas classes os indicarão, em lista sêxtupla, remetendo-a ao TST, que formará lista tríplice, enviando esta ao chefe do Poder Executivo, que terá vinte dias para escolher um novo integrante. O escolhido deverá ser sabatinado e aprovado por maioria absoluta do Senado Federal.

Conforme determinação do art. 96, I, *a*, da Constituição Federal, compete, privativamente, aos Tribunais elaborar seus regimentos internos, os quais disporão sobre a competência a atuação de seus órgãos.

Consoante determinação constitucional, o TST, por meio do art. 64 de seu Regimento Interno, definiu os seus órgãos: I – Tribunal Pleno; II – Órgão Especial; III – Seção Especializada em Dissídios Coletivos; IV – Seção Especializada em Dissídios Individuais, dividida em duas subseções; e V – Turmas. São órgãos que funcionam junto ao Tribunal Superior do Trabalho a Escola Nacional de Formação

---

[1] CF: "Art. 94. Um quinto dos lugares dos Tribunais Regionais Federais, dos Tribunais dos Estados, e do Distrito Federal e Territórios será composto de membros, do Ministério Público, com mais de dez anos de carreira e de advogados de notório saber jurídico e de reputação ilibada, com mais de dez anos de efetiva atividade profissional, indicados em lista sêxtupla pelos órgãos de representação das respectivas classes".

[2] Dispõe o art. 111-A da Constituição Federal: "O Tribunal Superior do Trabalho compor-se-á de vinte e sete Ministros, escolhidos dentre brasileiros com mais de trinta e cinco e menos de sessenta e cinco anos, de notável saber jurídico e reputação ilibada, nomeados pelo Presidente da República após aprovação pela maioria absoluta do Senado Federal, sendo: I – um quinto dentre advogados com mais de dez anos de efetiva atividade profissional e membros do Ministério Público do Trabalho com mais de dez anos de efetivo exercício, observado o disposto no art. 94; II – os demais dentre juízes dos Tribunais Regionais do Trabalho, oriundos da magistratura da carreira, indicados pelo próprio Tribunal Superior. § 1º A lei disporá sobre a competência do Tribunal Superior do Trabalho. § 2º Funcionarão junto ao Tribunal Superior do Trabalho: I – a Escola Nacional de Formação e Aperfeiçoamento de Magistrados do Trabalho, cabendo-lhe, dentre outras funções, regulamentar os cursos oficiais para o ingresso e promoção na carreira; (Incluído pela Emenda Constitucional nº 45, de 2004) II – o Conselho Superior da Justiça do Trabalho, cabendo-lhe exercer, na forma da lei, a supervisão administrativa, orçamentária, financeira e patrimonial da Justiça do Trabalho de primeiro e segundo graus, como órgão central do sistema, cujas decisões terão efeito vinculante. § 3º Compete ao Tribunal Superior do Trabalho processar e julgar, originariamente, a reclamação para a preservação de sua competência e garantia da autoridade de suas decisões".

e Aperfeiçoamento de Magistrados do Trabalho – ENAMAT e o Conselho Superior da Justiça do Trabalho – CSJT.

Por meio de um epítome, podemos mencionar as principais atribuições, bem como a composição dos aludidos órgãos[3]:

– *Tribunal Pleno*: é constituído por todos os Ministros da Corte. O seu funcionamento está vinculado à presença de, no mínimo, quatorze Ministros, sendo necessário maioria absoluta quando a deliberação tratar de:

– escolha dos nomes que integrarão a lista destinada ao preenchimento de vaga de Ministro do Tribunal;

– aprovação de Emenda Regimental;

– eleição dos Ministros para os cargos de direção do Tribunal;

– aprovação, revisão ou cancelamento de Súmula ou de Precedente Normativo cuja deliberação preliminar referente à existência de relevante interesse público que fundamente a proposta de edição, revisão ou cancelamento de súmula, orientação jurisprudencial e precedente normativo, deverá ser tomada por 2/3 (dois terços) dos votos dos Ministros que compõem o Tribunal Pleno, observado o § 3º, art. 702 da CLT (§ 2º, art. 68 do regimento interno do TST); e

– declaração de inconstitucionalidade de lei ou de ato normativo do poder público.

Contudo, com a Lei 13.467/2017, o legislador, estranhamente, inseriu a alínea *f* ao inciso I do artigo 702[4] (prejudicado, pela Lei 7.701/88), objetivando disciplinar o *modus operandi* do TST ao elaborar e modificar as suas súmulas. Passa-se a

---

[3] No capítulo sobre a competência da Justiça do Trabalho elencaremos as atribuições de cada órgão.

[4] "Art. 702. (...). I – (...) f) estabelecer ou alterar súmulas e outros enunciados de jurisprudência uniforme, pelo voto de pelo menos dois terços de seus membros, caso a mesma matéria já tenha sido decidida de forma idêntica por unanimidade em, no mínimo, dois terços das turmas em pelo menos dez sessões diferentes em cada uma delas, podendo, ainda, por maioria de dois terços de seus membros, restringir os efeitos daquela declaração ou decidir que ela só tenha eficácia a partir de sua publicação no Diário Oficial;§ 3º As sessões de julgamento sobre estabelecimento ou alteração de súmulas e outros enunciados de jurisprudência deverão ser públicas, divulgadas com, no mínimo, trinta dias de antecedência, e deverão possibilitar a sustentação oral pelo Procurador-Geral do Trabalho, pelo Conselho Federal da Ordem dos Advogados do Brasil, pelo Advogado-Geral da União e por confederações sindicais ou entidades de classe de âmbito nacional.§ 4º O estabelecimento ou a alteração de súmulas e outros enunciados de jurisprudência pelos Tribunais Regionais do Trabalho deverão observar o disposto na alínea f do inciso I e no § 3º deste artigo, com rol equivalente de legitimados para sustentação oral, observada a abrangência de sua circunscrição judiciária".

exigir um procedimento extremamente formal, suprimindo do TST o seu poder de, consoante o seu regimento interno, regulamentar a elaboração de suas súmulas. Os requisitos a serem observados pelo TST são os seguintes:

- a matéria deve ser aprovada por maioria qualificada de 2/3 de seus membros (portanto, não se fala mais em minoria simples);
- a matéria proposta deve ter sido julgada de maneira unânime em 2/3 das turmas em pelo menos 10 sessões diferentes. Dessa forma, a proposta deve ter sido analisada por pelo menos 5 turmas, já que o TST é composto por 8 turmas (2/3 de 8 = 5,33).

A sessão de julgamento na qual se fixarão ou modificarão súmulas ou outros enunciados de jurisprudência deverá ser pública, havendo a determinação de se dar publicidade à sua realização. Há, inclusive, um rol de legitimados que poderão sustentar oralmente sobre o tema afeto à elaboração ou alteração da súmula, dentre eles o Procurador-Geral do Trabalho, o Conselho Federal da OAB, o Advogado-Geral da União, as confederações sindicais ou entidades de classe de âmbito nacional.

O propósito precípuo do legislador foi o de retirar o protagonismo ou ativismo judicial do papel interpretativo e uniformizador do TST, de forma que caberá apenas ao Pleno, exclusivamente, o poder de uniformizar a jurisprudência, retirando da SDI e da SDC a possibilidade de elaboração das OJs (orientações jurisprudenciais) e de teses vinculantes.

Insta mencionar que a regra fixada no artigo 702, I, f tornará muito mais dificultosa a criação, alteração e supressão das Súmulas, Orientações Jurisprudenciais e de teses vinculantes pelo TST e pelos Tribunais Regionais do Trabalho. Os §§ 3º e 4º do art. 702 da CLT asseguram a publicidade e o direito de defesa como pré-requisitos à votação e criação dos precedentes judiciais vinculantes ou obrigatórios, que se firmarão como verdadeiros atos hermenêuticos, dotados de *ratio decidendi* (razão determinante), podendo sofrer alterações futuras pelos métodos do *distinguishing* (distinção), do *overruling* (superação) e do *signalling* (sinalização).

Com a revogação dos §§ 3º ao 6º do art. 896 da CLT, fica eliminada a possibilidade de criação teses prevalecentes pelo IUJ (incidente de uniformização de jurisprudência), que desaparecerá do mundo jurídico.

Verifica-se, dessa maneira, de forma definitiva no Brasil, a convergência do sistema da *common law* em nosso sistema romano-germânico, com a instituição dos precedentes vinculantes ou obrigatórios, que será utilizado como um GPS a guiar o caminho do jurisdicionado, evitando surpresas, decisões conflitantes ou colidentes, impondo maior tranquilidade, respeito às regras do jogo judicial e evitando loterias das decisões judiciais envolvendo as mesmas questões jurídicas e os fatos correlatos. Os precedentes vinculantes levam em consideração o princípio da igualdade, direito humano fundamental de segunda dimensão, na lógica de que para o mesmo fato terá de ser aplicada idêntica decisão, com a possibilidade de o magistrado adotar a técnica do *distinguishing* (a demanda apresenta peculiaridades que justificam e impõem a não aplicação do precedente) e do *overruling* (a tese jurídica elaborada no precedente encontra-se superada), e ainda do *signalling* (em que os tribunais superiores indicarão aos jurisdicionados que, após uma decisão paradigma, todos os demais casos semelhantes serão resultados da forma sinalizada no aludido acórdão, a exemplo do que ocorreu no caso Embraer, julgado pelo Colendo TST).

Cremos que os efeitos dos precedentes vinculantes na Justiça do Trabalho serão um maior número de acordos judiciais e extrajudiciais, maior certeza do direito, previsibilidade, igualdade, proporcionalidade, racionalidade, segurança jurídica e desestímulo à litigância.

Cumpre-nos mencionar que o artigo em discussão vai de encontro ao preconizado pelo CPC de 2015, o qual preceitua:

> Art. 926. Os tribunais devem uniformizar sua jurisprudência e mantê-la estável, íntegra e coerente.
>
> **§ 1º Na forma estabelecida e segundo os pressupostos fixados no regimento interno, os tribunais editarão enunciados de súmula correspondentes a sua jurisprudência dominante.**
>
> § 2º Ao editar enunciados de súmula, os tribunais devem ater-se às circunstâncias fáticas dos precedentes que motivaram sua criação. (grifo nosso)

Verifica-se, portanto, que o CPC enaltece a importância da uniformização de jurisprudência dos Tribunais, porém, mantém a independência dos mesmos para a concepção de seus regimentos internos, em concordância com o permitido pela Constituição Federal (art. 96, I, *a*).

– *Órgão Especial*: é integrado pelo Presidente e o Vice-Presidente do Tribunal, o Corregedor-Geral da Justiça do Trabalho, os sete Ministros mais antigos, incluindo os membros da direção, e sete Ministros eleitos pelo Tribunal Pleno. Os Ministros integrantes do Órgão Especial comporão também outras Seções do Tribunal. O quórum para funcionamento do Órgão Especial é de oito Ministros, sendo necessária maioria absoluta quando a deliberação tratar de disponibilidade ou aposentadoria de Magistrado.

– *Seção Especializada em Dissídios Coletivos* (SDC): órgão responsável pelo julgamento de dissídio coletivo, cuja área territorial exceda a de um Tribunal Regional do Trabalho, bem como pelo julgamento de recursos, em matéria de dissídio coletivo, oriundos dos Tribunais Regionais do Trabalho. É composta pelo Presidente e Vice-Presidente do Tribunal, pelo Corregedor Geral e por mais seis Ministros. Vale ressaltar que os Ministros da SDC integram, também, outras Seções do Tribunal. O quórum para funcionamento é de cinco Ministros.

– *Seção Especializada em Dissídios Individuais* (SDI I e II): órgão subdividido em duas Subseções.

A Subseção I Especializada em Dissídios Individuais é composta por quatorze Ministros, dentre eles: o Presidente e o Vice-Presidente do Tribunal, o Corregedor-Geral da Justiça do Trabalho e mais onze Ministros, preferencialmente os Presidentes de Turma, sendo exigida a presença de, no mínimo, oito Ministros para o seu funcionamento.

Já a Subseção II da Seção Especializada em Dissídios Individuais é composta pelo Presidente e o Vice-Presidente do Tribunal, o Corregedor-Geral da Justiça do Trabalho e mais sete Ministros, sendo exigida a presença de, no mínimo, seis Ministros para o seu funcionamento.

– *Turmas*: constituídas, cada uma delas, por três Ministros, sendo a Presidência conferida ao Ministro mais antigo que a compõe. Para que ocorra os seus julgamentos, é necessária a presença de três Magistrados.

Ainda, funcionam junto ao TST a Escola Nacional de Formação e Aperfeiçoamento de Magistrados do Trabalho (ENAMAT) e o Conselho Superior da Justiça do Trabalho (CSJT). Este último não tem função jurisdicional, porém as decisões por ele tomadas possuem efeito vinculativo. Sua atuação está disciplinada no art. 84 do RITST, o qual prevê:

> O Conselho Superior da Justiça do Trabalho é órgão que funciona junto ao Tribunal Superior do Trabalho, com autonomia administrativa, cabendo-lhe exercer a supervisão administrativa, orçamentária, financeira e patrimonial da Justiça do Trabalho, de primeiro e segundo graus, como órgão central do sistema.

6.3 TRIBUNAIS REGIONAIS DO TRABALHO

Antes da EC 45, de 2004, a redação original do art. 112 da CF/1988 preconizava a criação de, ao menos, um Tribunal Regional do Trabalho em cada Estado da Federação e no Distrito Federal. Todavia, a Emenda Constitucional 45/2004 suprimiu o aludido preceptivo, retirando a obrigatoriedade mencionada.

Hodiernamente, existem vinte e quatro Tribunais Regionais do Trabalho no sistema judiciário brasileiro. Cumpre-nos informar que, no Estado de São Paulo, existem dois Tribunais, um deles com sede na capital, outro com sede na cidade de Campinas. A composição do TRT também deve obedecer ao disposto no art. 94 da CF, isto é, um quinto de suas vagas será destinado aos membros do MPT e à classe dos advogados. Ademais, o art. 115 da CF/1988 determina que os Tribunais Regionais do Trabalho compõem-se de, no mínimo, sete juízes, recrutados, quando possível, na respectiva região, e nomeados pelo Presidente da República dentre brasileiros com mais de 30 e menos de 65 anos, sendo um quinto dentre advogados com mais de dez anos de efetiva atividade profissional e membros do

Ministério Público do Trabalho com mais de dez anos de efetivo exercício. Os demais desembargadores serão nomeados mediante promoção de juízes do trabalho por antiguidade e merecimento, alternadamente.

Os Tribunais Regionais do Trabalho, em assim sendo, devem ser compostos por pelo menos sete juízes do trabalho, com mais de 30 e menos de 65 anos, os quais serão nomeados pelo Presidente da República, sendo um quinto das vagas reservado a advogados e membros do Ministério Público do Trabalho. Em Tribunais Regionais do Trabalho em que há mais de 25 julgadores, poderá ser criado um órgão especial com, no mínimo, 11 e, no máximo, 25 julgadores, conforme preceitua o art. 93, XI, da Constituição.

Com a Emenda Constitucional 45/2004, os Tribunais Regionais do Trabalho instalaram a *justiça itinerante*. A norma constitucional, em uma tentativa de facilitar o acesso do cidadão, permitiu que a Justiça do Trabalho passasse a exercer a sua jurisdição em cidades onde não há Varas do Trabalho instaladas, realizando audiências e outros atendimentos.

No mesmo diapasão, Tribunais Regionais do Trabalho passaram a funcionar descentralizadamente, constituindo Câmaras regionais. O objetivo dessa regra, igualmente, é o de facilitar o acesso e o acompanhamento da tramitação processual, em todas as suas fases, pelos litigantes.

Os Tribunais Regionais do Trabalho possuem competência originária e recursal. A primeira diz respeito, entre outros, aos julgamentos de dissídios coletivos, ação rescisória, mandado de segurança e *habeas corpus*. Em grau recursal, julgam os recursos que atacam as decisões das Varas do Trabalho.

Os referidos Tribunais são divididos nas seguintes regiões:

- 1ª Região: Rio de Janeiro, sede na cidade do Rio de Janeiro;
- 2ª Região: compreende o Estado de São Paulo, com jurisdição na cidade de São Paulo, região metropolitana de São Paulo e baixada santista, sede na cidade de São Paulo;
- 3ª Região: Minas Gerais, sede em Belo Horizonte;
- 4ª Região: Rio Grande do Sul, sede em Porto Alegre;
- 5ª Região: Bahia, sede em Salvador;
- 6ª Região: Pernambuco, sede em Recife;
- 7ª Região: Ceará, sede em Fortaleza;
- 8ª Região: abrange os Estados do Pará e do Amapá, com sede em Belém;
- 9ª Região: Paraná, sede em Curitiba;
- 10ª Região: envolve Brasília, o Distrito Federal e o Tocantins, com sede em Brasília;

- 11ª Região: compreende os Estados do Amazonas e Roraima, com sede em Manaus;
- 12ª Região: Santa Catarina, sede em Florianópolis;
- 13ª Região: Paraíba, sede em João Pessoa;
- 14ª Região: abrange os Estados de Rondônia e Acre, com sede em Porto Velho;
- 15ª Região: com sede em Campinas, sua abrangência alcança a jurisdição não açambarcada pela 2ª Região, ou seja, interior do Estado de São Paulo e algumas cidades do litoral;
- 16ª Região: Maranhão, sede em São Luiz;
- 17ª Região: Espírito Santo, sede em Vitória;
- 18ª Região: Goiás, sede em Goiânia;
- 19ª Região: Alagoas, sede em Maceió;
- 20ª Região: Sergipe, sede em Aracaju;
- 21ª Região: Rio Grande do Norte, sede em Natal;
- 22ª Região: Piauí, sede em Teresina;
- 23ª Região: Mato Grosso, sede em Cuiabá;
- 24ª Região: Mato Grosso do Sul, sede em Campo Grande.

6.4 VARAS DO TRABALHO

As *Varas do Trabalho* são órgãos de primeiro grau de jurisdição. A lei determina a sua competência territorial. A competência de uma Vara do Trabalho poderá ser ampliada a Municípios circunvizinhos, onde não há Varas instaladas, desde que em um raio máximo de 100 quilômetros[5].

A sua criação fica submetida aos critérios previstos pela Lei 6.947/1981, quais sejam: número de empregados sob jurisdição ou quantidade de processos trabalhistas. Compete a cada Tribunal Regional do Trabalho, no âmbito de sua Região, mediante ato próprio, alterar e estabelecer a competência das Varas do Trabalho, bem como transferir-lhes a sede de um Município para outro, de acordo com a necessidade de agilização da prestação jurisdicional trabalhista (art. 28 da Lei 10.770/2003).

O Juiz do Trabalho é quem irá exercer a jurisdição nas Varas do Trabalho (art. 116 da CF/1988), podendo ser um Juiz do Trabalho titular e/ou um Juiz substituto, em regra.

---

[5] Lei 6.947/81: "Art. 2º A jurisdição de uma Vara do Trabalho só poderá ser estendida a Municípios situados em um raio máximo de 100 (cem) quilômetros da sede e desde que existam facilidades de acesso e meios de condução regulares".

Nas Comarcas onde não existir Varas do Trabalho, a competência trabalhista será atribuída a Juízes de Direito, de modo que a sua decisão poderá ser impugnada por meio de recurso ordinário para o TRT da respectiva região, é o que consigna o art. 112 da CF/1988.

> A lei criará varas da Justiça do Trabalho, podendo, nas comarcas não abrangidas por sua jurisdição, atribuí-la aos juízes de direito, com recurso para o respectivo Tribunal Regional do Trabalho.

Todavia, a competência do Juiz de Direito somente persistirá até a criação de uma Vara do Trabalho na respectiva Comarca, nestes termos a Súmula 10 do STJ:

> Instalada a Junta de Conciliação e Julgamento, cessa a competência do Juiz de Direito em matéria trabalhista, inclusive para a execução das sentenças por ele proferidas.

As competências territorial e funcional das Varas do Trabalho estão previstas nos arts. 651/653 da CLT.

6.5 DA MAGISTRATURA DO TRABALHO: INGRESSO, GARANTIAS E VEDAÇÕES

A Vara do Trabalho, como supracitado, é integrada por um juiz, podendo ser este titular ou substituto.

O ingresso na magistratura do trabalho ocorre por concurso público de provas e títulos, sendo exigidos requisitos específicos para tanto. Os critérios de admissão estão previstos no art. 93 da Constituição Federal, bem como na Resolução 75, de 12 de maio de 2009, do Conselho Nacional de Justiça (CNJ).

Dessa forma, o candidato, para ser aprovado, necessita participar do certame público, com a participação da Ordem dos Advogados do Brasil (OAB), o qual possui quatro fases eliminatórias (preambular, dissertativa, prática de sentença e prova oral) e uma fase meramente classificatória, em que se analisam os títulos. Além disso, o candidato deve ser bacharel em direito com, no mínimo, três anos de atividade jurídica, conforme determinação prevista na Constituição Federal, em seu art. 93[6].

---

[6] CF: "Art. 93. Lei complementar, de iniciativa do Supremo Tribunal Federal, disporá sobre o Estatuto da Magistratura, observados os seguintes princípios: I – ingresso na carreira, cujo cargo inicial será o de juiz substituto, mediante concurso público de provas e títulos, com a participação da Ordem dos Advogados do Brasil em todas as fases, exigindo-se do bacharel em direito, no mínimo, três anos de atividade jurídica e obedecendo-se, nas nomeações, à ordem de classificação".

A partir de 2017, o concurso para a magistratura trabalhista passou a ser de âmbito nacional, organizado pelo Tribunal Superior do Trabalho, da mesma forma que é realizado o concurso para o cargo de Procurador do Trabalho do Ministério Público do Trabalho, que é conduzido pela Procuradoria Geral do Trabalho, ambos sediados em Brasília. No entanto, a partir de 2018, o TST decidiu retornar ao regime anterior, ou seja, que cada Tribunal Regional do Trabalho organize seu próprio concurso interno de provas e títulos para a magistratura e para todas as demais funções.

Uma vez aprovado no concurso, os juízes, para exercerem suas funções institucionais, com independência e imparcialidade, têm, constitucionalmente, as seguintes garantias asseguradas:

- Vitaliciedade – após dois anos exercendo efetivamente suas funções em primeiro grau, o juiz não poderá perder o cargo, salvo por sentença judicial transitada em julgado ou por deliberação do Tribunal ao qual está vinculado.
- Inamovibilidade – é uma proteção conferida ao juiz, de não ser removido, forçosamente, da Comarca onde esteja exercendo suas atribuições para outra localidade, senão por motivo de interesse público e mediante decisão da maioria absoluta do Tribunal ou do Conselho Nacional de Justiça, sendo-lhe assegurada a ampla defesa. Assim dispõe a Constituição Federal, em seu art. 93, VII:

> Art. 93. (...)
>
> VIII – o ato de remoção, disponibilidade e aposentadoria do magistrado, por interesse público, fundar-se-á em decisão por voto da maioria absoluta do respectivo tribunal ou do Conselho Nacional de Justiça, assegurada ampla defesa;

- Irredutibilidade de subsídios – o subsídio é a nomenclatura dada ao salário do juiz, o qual, em concordância com a garantia constitucional, também é irredutível.

De outro giro, aos juízes são impostas, pela Constituição da República, vedações, consoante o preconizado pelo art. 95, parágrafo único, o qual anuncia que **os juízes não podem**: exercer, ainda que em disponibilidade, outro cargo ou função, salvo uma de magistério; receber, a qualquer título ou pretexto, custas ou participação em processo; dedicar-se a atividade político-partidária; receber, a qualquer título ou pretexto, auxílios ou contribuições de pessoas físicas, entidades públicas ou privadas, ressalvadas as exceções previstas em lei; e exercer a advocacia no juízo ou tribunal do qual se afastou, antes de decorridos três anos do afastamento do cargo por aposentadoria ou exoneração.

Por seu turno, o Código de Processo Civil de 2015 preconiza, em seu art. 139[7], os poderes e os deveres do juiz no decorrer do processo.

6.6 DOS SERVIÇOS AUXILIARES DA JUSTIÇA DO TRABALHO

Os Juízes do Trabalho, ao exercerem a prestação jurisdicional, são auxiliados pelos órgãos e seus servidores. Aludidos órgãos são chamados de secretarias, e atuam em primeira instância e nos Tribunais. Em regra, praticam atos processuais e serviços burocráticos inerentes à Justiça do Tzzrabalho.

Como dito, em primeira instância, temos a secretaria das Varas do Trabalho que, sob a chefia de um diretor e por intermédio de seus servidores, realiza atos que dão andamento ao processo, como autuação, protocolo de petições, notificações, atendimentos aos advogados, dentre outras atribuições mencionadas no art. 711 da CLT[8].

---

[7] "Art. 139. O juiz dirigirá o processo conforme as disposições deste Código, incumbindo-lhe: I – assegurar às partes igualdade de tratamento; II – velar pela duração razoável do processo; III – prevenir ou reprimir qualquer ato contrário à dignidade da justiça e indeferir postulações meramente protelatórias; IV – determinar todas as medidas indutivas, coercitivas, mandamentais ou sub-rogatórias necessárias para assegurar o cumprimento de ordem judicial, inclusive nas ações que tenham por objeto prestação pecuniária; V – promover, a qualquer tempo, a autocomposição, preferencialmente com auxílio de conciliadores e mediadores judiciais; VI – dilatar os prazos processuais e alterar a ordem de produção dos meios de prova, adequando-os às necessidades do conflito de modo a conferir maior efetividade à tutela do direito; VII – exercer o poder de polícia, requisitando, quando necessário, força policial, além da segurança interna dos fóruns e tribunais; VIII – determinar, a qualquer tempo, o comparecimento pessoal das partes, para inquiri-las sobre os fatos da causa, hipótese em que não incidirá a pena de confesso; IX – determinar o suprimento de pressupostos processuais e o saneamento de outros vícios processuais; X – quando se deparar com diversas demandas individuais repetitivas, oficiar o Ministério Público, a Defensoria Pública e, na medida do possível, outros legitimados a que se referem o art. 5º da Lei nº 7.347, de 24 de julho de 1985, e o art. 82 da Lei nº 8.078, de 11 de setembro de 1990, para, se for o caso, promover a propositura da ação coletiva respectiva. Parágrafo único. A dilação de prazos prevista no inciso VI somente pode ser determinada antes de encerrado o prazo regular".

[8] "Compete à secretaria das Juntas: a) o recebimento, a autuação, o andamento, a guarda e a conservação dos processos e outros papéis que lhe forem encaminhados; b) a manutenção do protocolo de entrada e saída dos processos e demais papéis; c) o registro das decisões; d) a informação, às partes interessadas e seus procuradores, do andamento dos respectivos processos, cuja consulta lhes facilitará; e) a abertura de vista dos processos às partes, na própria secretaria; f) a contagem das custas devidas pelas partes, nos respectivos processos; g) o fornecimento de certidões sobre o que constar dos livros ou do arquivamento da secretaria; h) a realização das penhoras e demais diligências processuais; i) o desempenho dos demais trabalhos que lhe forem cometidos pelo Presidente da Junta, para melhor execução dos serviços que lhe estão afetos".

As secretarias também são órgãos auxiliares e permanentes dos Tribunais Regionais e do Tribunal Superior do Trabalho, sendo, também, comandadas pelos respectivos diretores, cujas atribuições são as mesmas dos diretores das Varas do Trabalho, além dos afazeres previstos nos Regimentos Internos dos Tribunais, conforme se depreende do art. 719 da CLT.

Nas localidades onde há mais de uma Vara do Trabalho, bem como nos Tribunais que possuem mais de uma turma, é constituído um setor denominado de distribuição de feitos, cuja finalidade, por óbvio, é distribuir as reclamações ajuizadas, de maneira igual, entre as Varas do respectivo foro e, de igual modo, distribuir os processos trabalhistas que são encaminhados aos Tribunais, de acordo com o preceituado pelo art. 713 da CLT:

> Nas localidades em que existir mais de uma Junta de Conciliação e Julgamento (**Vara do Trabalho**) haverá um distribuidor. (grifo nosso)

As atribuições do distribuidor vêm descritas no art. 714 da CLT.

Cabe ressaltar que, se existir somente uma Vara do Trabalho na Comarca, não existirá a distribuição, sendo as petições apresentadas mediante simples protocolo.

Por fim, cumpre-nos apontar as incumbências dos oficiais de justiça na seara trabalhista. Referidos servidores exercem suas funções, primordialmente, na fase de execução, realizando penhoras de bens e sua correspondente avaliação, pois possuem competência para tanto. Todavia, podem atuar, seguindo o comando judicial, na fase de conhecimento, notificando reclamados (quando não são localizados via correios) e testemunhas recalcitrantes. Suas atribuições estão fixadas no art. 721 da CLT[9].

---

[9] "Art. 721. Incumbe aos Oficiais de Justiça e Oficiais de Justiça Avaliadores da Justiça do Trabalho a realização dos atos decorrentes da execução dos julgados das Juntas de Conciliação e Julgamento (**Varas**) e dos Tribunais Regionais do Trabalho, que lhes forem cometidos pelos respectivos Presidentes. § 1º Para efeito de distribuição dos referidos atos, cada Oficial de Justiça ou Oficial de Justiça Avaliador funcionará perante uma Junta de Conciliação e Julgamento, salvo quando da existência, nos Tribunais Regionais do Trabalho, de órgão específico, destinado à distribuição de mandados judiciais. § 2º Nas localidades onde houver mais de uma Junta, respeitado o disposto no parágrafo anterior, a atribuição para o cumprimento do ato deprecado ao Oficial de Justiça ou Oficial de Justiça Avaliador será transferida a outro Oficial, sempre que, após o decurso de 9 (nove) dias, sem razões que o justifiquem, não tiver sido cumprido o ato, sujeitando-se o serventuário às penalidades da lei. § 3º No caso de avaliação, terá o Oficial de Justiça Avaliador, para cumprimento do ato, o prazo previsto no art. 888. § 4º É facultado aos Presidentes dos Tribunais Regionais do Trabalho cometer a qualquer Oficial de Justiça ou Oficial de Justiça Avaliador a realização dos atos de execução das decisões desses Tribunais. § 5º Na falta ou impedimento do Oficial de Justiça ou Oficial de Justiça Avaliador, o Presidente da Junta poderá atribuir a realização do ato a qualquer serventuário".

VII

MINISTÉRIO PÚBLICO DO TRABALHO

7.1 ORIGEM E CONCEITO

Em sentido amplo, a palavra "ministério" pode ser empregada com sentido de "cargo" ou "função".

Concretamente, a instituição do Ministério Público surgiu no fim da Idade Média (séc. XIV), na França, sendo que seus agentes atuavam em prol do rei, ou seja, posicionavam-se de forma a defender o soberano, na esfera judicial, e não os interesses da sociedade. "Tradicionalmente, sustenta-se que o Ministério Público teve origem na Ordenança, de 25 de março de 1302, do rei francês Felipe IV, o Belo, o qual impunha que seus procuradores prestassem o mesmo juramento dos juízes, proibindo-lhes o patrocínio de outros que não o rei"[1].

No Brasil, o resquício de tal tradição permaneceu até a entrada em vigor da atual Constituição da República, pois, de acordo com as Constituições Federais de 1946 e 1967, a União (inclusive o Executivo) era representada judicialmente pelos Procuradores da República, o que vinculava a instituição do Ministério Público ao Executivo[2] e, consequentemente, tornava-se temerário, no que diz respeito à sua independência funcional.

Como dito acima, foi a Constituição Federal de 1988 a grande responsável pela expansão da atuação e da relevância do Ministério Público, tendo promovido uma verdadeira reconfiguração desse órgão federal. A partir da norma constitucional, passou a ser uma "instituição permanente, essencial à função jurisdicional

---

[1] LEITE, Carlos Henrique Bezerra. *Ministério Público do Trabalho*. 2. ed. São Paulo: LTr, 2002. p. 30.

[2] SANTOS, Enoque Ribeiro dos. *Processo coletivo do trabalho*. 2. ed. Rio de Janeiro: Forense, 2018, p. 23.

do Estado, incumbindo-lhe a defesa da ordem jurídica, do regime democrático e dos interesses sociais e individuais indisponíveis", conforme seu art. 127.

Além disso, o próprio dispositivo em estudo confere, em seus parágrafos, ao Ministério Público a autonomia funcional, bem como institui como um de seus princípios fundamentais a independência funcional. Portanto, é um órgão permanente, autônomo e independente.

Ressalta-se que o Ministério Público não pertence a nenhum dos três ramos do Poder, ou seja, não se agrega ao Executivo, nem ao Legislativo, e tampouco ao Judiciário; também não é um quarto Poder, podendo ser considerado como um órgão permanente, autônomo e independente, com respaldo e atribuições previstos na Constituição Federal que, dentre suas atribuições, busca primordialmente resguardar a sociedade e o interesse público.

A Constituição Federal de 1988 não apenas acolheu direitos existentes, como também reconheceu novos direitos humanos fundamentais, entre eles, os difusos e coletivos, e, ao mesmo tempo, engendrou o desenvolvimento de novos instrumentos processuais de tutela, não apenas a nível judicial, mas também administrativo. Ademais, é responsável pela reformatação jurídica do Ministério Público do Trabalho, como titular de alguns desses instrumentos. É exatamente sobre esses temas que iremos nos aprofundar nas próximas linhas.

A adoção, em 1988, de uma Constituição "processual" – criadora de diversos instrumentos jurídicos viabilizadores de participação política para a concretização dos direitos fundamentais – trouxe consigo a necessidade de reaparelhamento do sistema judicial brasileiro, em particular, do Poder Judiciário, do Ministério Público e da Defensoria Pública. Esse fortalecimento do sistema judicial decorreu também da necessidade de se confiar maior poder aos juízes e aos membros do Ministério Público para a defesa do Estado Democrático de Direito[3].

7.2 O MINISTÉRIO PÚBLICO DO TRABALHO E A CONSTITUIÇÃO DE 1988

Nessa linha de transformação induzida pela CF/1988, tão importante quanto a reorganização e a modernização dos juízos e tribunais brasileiros, foi a reordenação, em separado do Poder Judiciário e do Executivo, das chamadas "funções essenciais à justiça", especialmente o Ministério Público e a Defensoria Pública. O Ministério Público, embora tenha mantido muitas de suas funções republicanas, tradicionais, em especial a titularidade das ações penais públicas, foi completamente redesenhado para se constituir como órgão de defesa da sociedade.

---

[3] CASAGRANDE, Cássio. *Ministério Público e a judicialização da política*. Porto Alegre: Sergio Antonio Fabris, 2008. p. 58.

Assim, deixou o órgão de representar o interesse da Administração, papel que lhe fora reservado pelas Constituições anteriores e que muitas vezes se mostrava incompatível com a proteção ao interesse público primário. O constituinte reservou-lhe, assim, a função de defesa da ordem jurídica, do regime democrático e dos interesses sociais e individuais indisponíveis, dotando-o ao mesmo tempo de instrumentos e remédios para a proteção ao patrimônio público e dos interesses difusos e coletivos[4].

A reconfiguração no novo modelo que os constituintes imprimiram ao Ministério Público brasileiro levemente se aproxima do modelo norte-americano, que, por meio da Lei Wagner, de 1935, criou o *BOARD – National Labor Relations Board*, espécie de fiscal da lei coletiva nos Estados Unidos da América do Norte, cujos membros têm dupla função: alguns atuam como juízes[5] administrativos (*Law administrative judges*) e outros como promotores de justiça, com a responsabilidade de estabelecer e administrar mecanismos para uma pronta e pacífica determinação da representação das organizações sindicais, imposição de limites ao poder patronal e atuação nos atos antissindicais.

Tivemos oportunidade de estudar o assunto anteriormente, quando assim nos manifestamos sobre o *BOARD*, espécie de Ministério Público americano: "o *BOARD – National Labor Relations Board*, que foi estabelecido com a responsabilidade de garantir o cumprimento e a aplicação da legislação trabalhista norte-americana, exercia ao mesmo tempo dois papéis: servia como promotor e juiz para quaisquer violações no campo trabalhista. Adicionalmente, o *BOARD* tinha a responsabilidade de estabelecer e administrar mecanismos para uma pronta e pacífica determinação de representação. Era também altamente partidário que se impusesse restrições ao poder patronal, mas não em relação aos empregados e aos sindicatos. A diferença de tratamento era baseada parcialmente no fato de que, apesar do alto nível de militância individual dos trabalhadores, os sindicatos ainda eram considerados relativamente fracos como instituições em 1935. A lei nacional das relações de trabalho (NLRA) foi decretada para conduzir a organização dos sindicatos e estabelecer um sistema estável de negociação coletiva, permitindo, dessa forma, o crescimento do sindicalismo"[6].

Para Rogério Bastos Arantes[7], toda essa inovação institucional resulta do pacto político consubstanciado na Constituição de 1988, resultante do conhecimento convencional de dizer que o Ministério Público foi recriado ou transformado pela

---

[4] Idem, ibidem, p. 60-61.
[5] SANTOS, Enoque Ribeiro dos. *Fundamentos do direito coletivo do trabalho nos Estados Unidos da América, na União Europeia, no Mercosul e a experiência sindical brasileira*. 2. ed. Rio de Janeiro: Lumen Juris, 2018. p. 34.
[6] Idem, ibidem, p. 20.
[7] ARANTES, Rogério Bastos. *Ministério público e política no Brasil*. São Paulo: FAPESP/EUC/Sumaré, 2002. p. 114.

Carta de outubro de 1988. A instituição esteve sempre presente na organização do Estado brasileiro desde o período imperial e por todo o período republicado, ora vinculado ao Poder Judiciário, ora dependente do Poder Executivo, mas sempre exercendo suas funções perante o sistema de justiça, precipuamente ligada à repressão criminal, pelo exercício da ação penal pública, e à defesa do interesse de menores e incapazes nos feitos civis.

Podemos observar que, em face de todas as articulações havidas nos debates por ocasião da formação das comissões que produziram o texto constitucional de 1988, o aspecto mais importante relaciona-se à desvinculação do Ministério Público dos demais Poderes do Estado, tendo sido inserido no capítulo específico "funções essenciais à justiça", cabendo-lhe a defesa da sociedade. As atribuições que outrora cabiam ao Ministério Público foram canalizadas para a Advocacia-Geral da União, a quem coube a defesa dos órgãos do Estado.

Dessa forma, o Ministério Público apresenta-se, no texto constitucional, com características próprias de quase Poder estatal, em face de sua não subordinação aos demais poderes, da independência funcional, orçamentária e das prerrogativas idênticas aos magistrados que lhe foram atribuídas pela CF/1988 e reforçadas pela Lei Complementar 75/1993.

Além disso, a Constituição Federal de 1988 legitimou os membros do Ministério Público com tratamento inerente a de agentes políticos, e não de servidores públicos, da mesma forma que estão incluídos nesta categoria os membros do Judiciário, do Legislativo e do Executivo, todos regidos por estatutos próprios.

Nessa esteira, a atuação do Ministério Público do Trabalho – MPT – insere-se de maneira contundente nas defesas dos direitos fundamentais inerentes às relações de trabalho, atuando, sobranceiramente, para a efetivação do princípio constitucional da dignidade humana.

Neste espaço, achamos oportuno, a título de esclarecimentos, apresentar um quadro exemplificativo do funcionamento cotidiano dos órgãos do Ministério Público do Trabalho em cotejo com as Varas do Trabalho do Poder Judiciário, cada um atuando em suas atribuições peculiares, sendo o Procurador do Trabalho vocacionado à pacificação das lides moleculares e o Juiz do Trabalho mais afeto às lides atomizadas, muito embora também seja imprescindível no deslinde dos casos judicializados de natureza coletiva, a exemplo das ações civis públicas e demais instrumentos do microssistema jurisdicional de tutela coletiva, já que nessas situações é do magistrado que depende a prolação da decisão judicial.

Analogicamente, podemos dizer que, no deslinde de uma causa coletiva que seja pacificada por meio de um Termo[8] de Ajustamento de Conduta (TAC), as

---

[8] LACP (Lei 7.347/1985): "Art. 5º (...) § 6º Os órgãos públicos legitimados poderão tomar dos interessados compromisso de ajustamento de sua conduta às exigências legais, mediante cominações, que terá eficácia de título executivo extrajudicial".

Procuradorias do Trabalho do Ministério Público do Trabalho funcionam como espécies de Varas Coletivas do Trabalho, posto que o TAC possui a natureza jurídica de título extrajudicial e, da mesma forma que uma decisão judicial, se não cumprida, poderá ser objeto de execução.

Essa conclusão é de mais fácil visualização quando cotejamos o seguinte quadro simbólico e pragmático de atribuições desses dois órgãos públicos:

Varas do Trabalho – Poder Judiciário	Procuradorias do Trabalho – MPT
Titular: Juiz do Trabalho.	Titular: Procurador do Trabalho.
Quadro funcional: Diretor de Secretaria, servidores, assistentes, estagiários.	Quadro funcional: Diretor de Secretaria, servidores (vários cedidos por entes públicos), assistentes e estagiários.
Atividades diárias de rotina: audiências e prolação de sentenças, despachos etc.	Atividades diárias de rotina: audiências, celebração de TACs, despachos etc.
Clientela: ex-empregados (pessoas físicas), sindicatos e, eventualmente, o MPT.	Clientela: empregadores (pessoas jurídicas e físicas), sindicatos, associações, a partir de denúncias formuladas.
Produção de provas/instrução do processo judicial atomizado, inclusive oitiva de testemunhas.	Produção de provas nas audiências/juntadas de documentos nos Inquéritos Civis (processo administrativo molecular). Oitiva de testemunhas e dos representantes das empresas inquiridas.
Contraditório exauriente, tanto nas ações atomizadas, como nas moleculares (ACP).	Contraditório mitigado no Inquérito Civil. Os autos do Inquérito Civil poderão ser juntados como prova nos autos das ACPs.
Sentença judicial individual ou coletiva.	Termo de Compromisso de Ajustamento de Conduta (TAC). Sempre de natureza coletiva.
Natureza de título executivo judicial.	Natureza de título executivo extrajudicial.
Execução, em caso de descumprimento.	Execução, em caso de descumprimento.
Matéria-prima judicial: predominância de direitos individuais.	Matéria-prima judicial: direitos coletivos, difusos e individuais homogêneos.
Efetividade: justiça no caso concreto no "varejo" (caso a caso), nas ações atomizadas e algumas ACPs ou instrumentos de índole molecular.	Efetividade: pacificação do conflito por meio de TAC. Justiça no "atacado". O resultado prático do instrumento tem eficácia *erga omnes* ou *ultra partes*.
Subsunção do fato à norma. Prolação de decisões judiciais atomizadas e moleculares.	Manejo (*expertise* jurídico) dos instrumentos do microssistema processual de tutela coletiva. Se não houver arquivamento ou celebração de TAC, haverá ajuizamento de ação coletiva.
Expedição de ofícios e cópias de sentenças judiciais para órgãos públicos, inclusive MPT.	Expedição de "requisições" para verificação do cumprimento dos TACs celebrados às Gerências Regionais do Trabalho e Emprego (Poder Executivo).

Varas do Trabalho – Poder Judiciário	Procuradorias do Trabalho – MPT
Poderão propiciar a instauração de Inquéritos Civis pelo MPT.	Se se verificar que os TACs estão sendo descumpridos: Possibilidades:
O cumprimento de sentenças judiciais poderá ser verificado pelo MPT e pelas GRTE (Ministério do Trabalho e Emprego).	1. Celebração de TAC Aditivo.
Aplicação de *astreintes*, em caso de não cumprimento do provimento judicial.	2. Decretação de multas por descumprimento, *astreintes* e novas execuções em sede administrativa ou judicial.

Para esclarecer ainda mais a diferenciação existente nas atuações do *Parquet* Laboral, apresentamos a seguir um quadro mostrando também as diferenças entre as ações ditas atomizadas e as moleculares:

Principais diferenças	
Ações moleculares	Ações atomizadas
Objeto: direitos e interesses difusos, coletivos e DIH	Objeto: direitos individuais, plúrimos ou multitudinários
Tutela inibitória, preventiva, dissuasória, coativa, reparatória e pedagógica	Tutela: reparatória e ressarcitória, eventualmente preventiva
Objeto: bens da maior dignidade (vida, saúde, segurança, educação, meio ambiente)	Bens de natureza material, pecuniária
Obrigações de fazer, de não fazer e de dar ($) dano moral coletivo	Obrigações principalmente de dar (verbas, patrimônio, família)
Manejo: legitimados	Manejo: qualquer indivíduo lesado
Coisa julgada: *erga omnes/ultra partes* (atinge a todos que se encontrar na mesma situação)	Coisa julgada individual: *inter partes, pro et contra*, somente atinge os autores (arts. 502 e 503 do CPC)
Ampliação: concretização de D.H. constitucionais	Diminuição do n. processos (reforma do CPC) *microssistema de precedentes obrigatórios*

Dessa forma, no Direito Processual Individual, encontramos as ações atomizadas ou reclamatórias trabalhistas individuais, tendo geralmente como objeto uma obrigação de dar, consistente em verbas de naturezas salariais e indenizatórias, cuja sentença de natureza ressarcitória, reparatória, fará coisa julgada *inter partes*, ou seja, apenas produzirá seus efeitos em relação a autor e réu.

Já no Direito Processual Coletivo, as ações moleculares terão como objeto geralmente interesses e direitos difusos, coletivos ou individuais homogêneos, direito e interesses de terceira (3ª) dimensão, e o provimento jurisdicional de natureza inibitória, preventiva e pedagógica, envolverá direitos da mais alta dignidade possível, já que relacionados a direitos humanos fundamentais, e a sentença produzirá coisa julgada *erga omnes* e *ultra partes*.

Em outras palavras, por meio de uma única ação e uma única sentença, milhares de pessoas ou indivíduos poderão ser beneficiados em todo o País. Esta é a grande diferença e revolução provocada pelo processo coletivo.

Com a edição da MP 905/2019, que criou o contrato de trabalho verde e amarelo e alterou inúmeros dispositivos da CLT, o Estado procurou interferir na eficácia e força vinculante dos Termos de Ajuste de Conduta (TAC) firmados pelo MPT (art. 28 da MP, que modificou o art. 627-A[9] da CLT), bem como na destinação de multas e penalidades aplicadas nas ações civis públicas e nos TAC firmados pelo MPT em todo território nacional (art. 21[10] da MP).

No entanto, a aludida MP 905/2019 está sendo questionada no STF, quanto a sua constitucionalidade formal e material (art. 62, I, *b* e *c*, da CF/1988), pois agride

---

[1] CLT: "Art. 627-A. Poderá ser instaurado procedimento especial para a ação fiscal, com o objetivo de fornecer orientações sobre o cumprimento das leis de proteção ao trabalho e sobre a prevenção e o saneamento de infrações à legislação por meio de termo de compromisso, com eficácia de título executivo extrajudicial, na forma a ser disciplinada pelo Ministério da Economia.§ 1º Os termos de ajustamento de conduta e os termos de compromisso em matéria trabalhista terão prazo máximo de dois anos, renovável por igual período desde que fundamentado por relatório técnico, e deverão ter suas penalidades atreladas aos valores das infrações contidas nesta Consolidação e em legislação esparsa trabalhista, hipótese em que caberá, em caso de descumprimento, a elevação das penalidades que forem infringidas três vezes. § 2º A empresa, em nenhuma hipótese, poderá ser obrigada a firmar dois acordos extrajudiciais, seja termo de compromisso, seja termo de ajustamento de conduta, seja outro instrumento equivalente, com base na mesma infração à legislação trabalhista."

[2] "Art. 21. Sem prejuízo de outros recursos orçamentários a ele destinados, são receitas vinculadas ao Programa de Habilitação e Reabilitação Física e Profissional, Prevenção e Redução de Acidentes de Trabalho o produto da arrecadação de: I – valores relativos a multas ou penalidades aplicadas em ações civis públicas trabalhistas decorrentes de descumprimento de acordo judicial ou termo de ajustamento de conduta firmado perante a União ou o Ministério Público do Trabalho, ou ainda termo de compromisso firmado perante o Ministério da Economia, observado o disposto no art. 627-A da Consolidação das Leis do Trabalho, aprovada pelo Decreto-Lei nº 5.452, de 1943; II – valores relativos aos danos morais coletivos decorrentes de acordos judiciais ou de termo de ajustamento de conduta firmado pela União ou pelo Ministério Público do Trabalho; e III – valores devidos por empresas que descumprirem a reserva de cargos destinada a pessoas com deficiência, inclusive referentes à aplicação de multas. § 1º Os valores de que tratam os incisos I e II do *caput* serão obrigatoriamente revertidos ao Programa de Habilitação e Reabilitação Física e Profissional, Prevenção e Redução de Acidentes de Trabalho. § 2º Os recursos arrecadados na forma prevista neste artigo serão depositados na Conta Única do Tesouro Nacional. § 3º A vinculação de valores de que trata este artigo vigorará pelo prazo de cinco anos, contado da data da realização do depósito na Conta Única do Tesouro Nacional."

a autonomia funcional e a independência dos membros do Parquet, interferindo em dispositivos da Lei 7.347/1985 (ACP), no inquérito civil e nos termos de ajuste de conduta, instrumentos do microssistema de tutela coletiva trabalhista, inclusive quanto à destinação das indenizações e multas aplicadas (art. 28 da MP 905/2019).

7.3 ESTRUTURA ORGANIZACIONAL

O Ministério Público está estruturado de acordo com o que reza o art. 128 da CF, que assim dispõe:

> Art. 128. O Ministério Público abrange:
> I – o Ministério Público da União, que compreende:
> a) o Ministério Público Federal;
> b) o Ministério Público do Trabalho;
> c) o Ministério Público Militar;
> d) o Ministério Público do Distrito Federal e Territórios;
> II – os Ministérios Públicos dos Estados.

A aludida divisão tem caráter meramente administrativo, cujo objetivo é enfatizar e otimizar a atuação desta instituição, posto que o Ministério Público é uno e indivisível, tendo as entidades acima classificadas os mesmos interesses elencados no já citado art. 127 da CF.

O chefe do Ministério Público da União é o Procurador-Geral da República, nomeado pelo Presidente da República dentre os membros da instituição com mais de 35 anos de idade, devendo ser aprovado por maioria absoluta do Senado Federal, após devida sabatina, para mandato de dois anos, podendo ser reconduzido.

No âmbito do Ministério Público do Trabalho, seu chefe é o Procurador-Geral do Trabalho, nomeado pelo Procurador-Geral da República, conforme o art. 87 da Lei Complementar 75/1993. Os requisitos são praticamente os mesmos para a nomeação do Procurador-Geral da República, apresentando algumas particularidades: ter mais de 35 anos de idade e cinco anos na carreira; integrar lista tríplice escolhida mediante voto plurinominal, facultativo e secreto, pelo Colégio de Procuradores, para mandato de dois anos, permitida uma recondução, devendo ser observado o mesmo processo.

7.3.1 Princípios institucionais

De acordo com o art. 127, § 1º, da CF, o Ministério Público é dotado dos seguintes princípios:

- Unidade – por este princípio, infere-se que cada ramo do Ministério Público é dotado de membros que formam um só órgão, estando todos submetidos a um só órgão e sob um mesmo comando. Portanto, o Ministério Público é um único órgão, que possui uma divisão administrativa, cujo escopo é coordenar as suas áreas de atuação. Dessa forma, torna-se cabal demonstrar que este princípio deve ser entendido e utilizado, exclusivamente, no interior de cada ramo do Ministério Público, pois não há unidade entre órgãos de Ministérios Públicos distintos, o que vem a ser corroborado pelo art. 185 da LC 75/1993, que proíbe "a transferência ou aproveitamento nos cargos do Ministério Público da União, mesmo de um para outro de seus ramos".

- Indivisibilidade – no curso de um processo, os membros do Ministério Público atuam sem se vincular a ele, podendo ser substituídos uns pelos outros, de acordo com a lei, sem que haja modificação no polo subjetivo da relação processual. Isso também se aplica quando a atuação for extrajudicial.

- Independência funcional – dentro do Ministério Público não há hierarquia funcional entre os seus membros, podendo seus agentes atuar de forma independente, respeitando somente a lei e as funções a eles atribuídas. Há hierarquia somente em âmbito administrativo (por exemplo, aplicação de medidas disciplinares), como decorrência própria da existência do Procurador-Geral que, mesmo exercendo cargos de comando, deverá obedecer às determinações contidas na lei; ademais, como corolário de um Estado Democrático de Direito e da própria administração pública, temos o princípio da legalidade, que também se aplica sobremaneira ao Procurador Chefe.

- Princípio do promotor natural – fruto de interpretação doutrinária, o princípio em lume se baseia no art. 5º, LIII, da CF: "ninguém será processado nem sentenciado senão pela autoridade competente". Seu objetivo é resguardar o jurisdicionado, já que este não poderá ser investigado e/ou processado por membros do Ministério Público nomeados para tal ato, ou seja, o membro do Ministério Público deverá ter competência legal e constitucional para atuar no caso. É uma garantia constitucional (implícita) para evitar um processo de exceção.

7.4 GARANTIAS, PRERROGATIVAS E PROIBIÇÕES

7.4.1 Garantias

Constitucionalmente, a instituição possui as seguintes garantias asseguradas:

- Vitaliciedade – o agente do Ministério Público adquire a vitaliciedade após dois anos de efetivo exercício na função, não podendo perder o cargo, salvo por sentença judicial transitada em julgado (art. 128, § 5º, I, "a", da CF). Durante o período probatório de dois anos, o membro do *Parquet* somente perderá o cargo por decisão da maioria absoluta do respectivo Conselho Superior, conforme o art. 198 da LC 75/1993.

- Inamovibilidade – é uma proteção conferida aos membros do Ministério Público, de não serem removidos, forçosamente, de onde estejam exercendo suas atribuições para outra localidade, senão por motivo de interesse público e mediante decisão do órgão colegiado competente, por voto de dois terços de seus componentes, sendo-lhes assegurada ampla defesa (art. 128, § 5º, I, "b", da CF e art. 211 da LC 75/1993).

- Irredutibilidade de subsídios – na esteira dos membros do Judiciário, os membros do Ministério Público possuem a garantia da irredutibilidade nominal de seus subsídios, os quais sofrerão descontos fiscais e previdenciários, consoante determinação constitucional (art. 128, § 5º, I, "c", da CF).

7.4.2 Prerrogativas

Os membros do Ministério Público são detentores de determinadas prerrogativas para que possam exercer suas atividades em prol da sociedade, sempre com autonomia e independência, sem qualquer tipo de coerção. O art. 18 da LC 75/1993 divide essas prerrogativas em institucionais e processuais, *in verbis*:

> São prerrogativas dos membros do Ministério Público da União:
> I – institucionais:
> a) sentar-se no mesmo plano e imediatamente à direita dos juízes singulares ou presidentes dos órgãos judiciários perante os quais oficiem;
> b) usar vestes talares;
> c) ter ingresso e trânsito livres, em razão de serviço, em qualquer recinto público ou privado, respeitada a garantia constitucional da inviolabilidade do domicílio;
> d) a prioridade em qualquer serviço de transporte ou comunicação, público ou privado, no território nacional, quando em serviço de caráter urgente;
> e) o porte de arma, independentemente de autorização;
> f) carteira de identidade especial, de acordo com modelo aprovado pelo Procurador-Geral da República e por ele expedida, nela se consignando as prerrogativas constantes do inciso I, alíneas *c*, *d* e *e* do inciso II, alíneas *d*, *e* e *f*, deste artigo;
> II – processuais:
> a) do Procurador-Geral da República, ser processado e julgado, nos crimes comuns, pelo Supremo Tribunal Federal e pelo Senado Federal, nos crimes de responsabilidade;
> b) do membro do Ministério Público da União que oficie perante tribunais, ser processado e julgado, nos crimes comuns e de responsabilidade, pelo Superior Tribunal de Justiça;
> c) do membro do Ministério Público da União que oficie perante juízos de primeira instância, ser processado e julgado, nos crimes comuns e de respon-

sabilidade, pelos Tribunais Regionais Federais, ressalvada a competência da Justiça Eleitoral;

d) ser preso ou detido somente por ordem escrita do tribunal competente ou em razão de flagrante de crime inafiançável, caso em que a autoridade fará imediata comunicação àquele tribunal e ao Procurador-Geral da República, sob pena de responsabilidade;

e) ser recolhido à prisão especial ou à sala especial de Estado-Maior, com direito a privacidade e à disposição do tribunal competente para o julgamento, quando sujeito a prisão antes da decisão final; e a dependência separada no estabelecimento em que tiver de ser cumprida a pena;

f) não ser indiciado em inquérito policial, observado o disposto no parágrafo único deste artigo;

g) ser ouvido, como testemunhas, em dia, hora e local previamente ajustados com o magistrado ou a autoridade competente;

h) receber intimação pessoalmente nos autos em qualquer processo e grau de jurisdição nos feitos em que tiver que oficiar.

Parágrafo único. Quando, no curso de investigação, houver indício da prática de infração penal por membro do Ministério Público da União, a autoridade policial, civil ou militar, remeterá imediatamente os autos ao Procurador-Geral da República, que designará membro do Ministério Público para prosseguimento da apuração do fato.

No âmbito das prerrogativas processuais, podemos consignar, também, o prazo em dobro para apresentar defesa e recorrer (art. 183, § 1º, do CPC/215), e o prazo de trinta dias para intervir como fiscal da ordem jurídica, nas hipóteses previstas em lei ou Constituição Federal (art. 178 do CPC/2015), sendo os prazos contados a partir da intimação pessoal do membro do Ministério Público.

7.4.3 Vedações

Os membros do Ministério Público possuem algumas vedações que são elencadas no art. 128, § 5º, II, da Constituição Federal. No que tange ao Ministério Público da União, as proibições são impostas, também, pelo art. 237 da Lei Complementar 75/1993.

De acordo com a Constituição Federal, em seu já citado dispositivo, constituem-se proibições aos agentes do Ministério Público:

Art. 128. (...)

§ 5º (...)

II – as seguintes vedações:

a) receber, a qualquer título e sob qualquer pretexto, honorários, percentagens ou custas processuais;

b) exercer a advocacia;

c) participar de sociedade comercial, na forma da lei;

d) exercer, ainda que em disponibilidade, qualquer outra função pública, salvo uma de magistério;

e) exercer atividade político-partidária;

f) receber, a qualquer título ou pretexto, auxílios ou contribuições de pessoas físicas, entidades públicas ou privadas, ressalvadas as exceções previstas em lei.

7.5 MINISTÉRIO PÚBLICO DO TRABALHO

O Ministério Público do Trabalho (MPT) integra o Ministério Público da União (MPU), possuindo todas as garantias e prerrogativas e estando submetido às vedações que disciplinam a instituição Ministério Público. Seus órgãos componentes estão descritos no art. 85 da LC 75/1993, quais sejam:

- Procurador-Geral do Trabalho;
- Colégio de Procuradores do Trabalho;
- Conselho Superior do Ministério Público do Trabalho;
- Câmara de Coordenação e Revisão do Ministério Público do Trabalho;
- Corregedoria do Ministério Público do Trabalho;
- Subprocuradores-Gerais do Trabalho;
- Procuradores-Gerais do Trabalho;
- Procuradores do Trabalho.

A carreira do MPT é estabelecida pelos cargos de:

a) Procurador do Trabalho: designado para funcionar junto aos Tribunais Regionais do Trabalho e, na forma das leis processuais, nos litígios trabalhistas que envolvam, especialmente, interesses de menores, incapazes e índios. Igualmente, tutelam interesses coletivos e individuais homogêneos vinculados às relações de trabalho.

Os Procuradores do Trabalho serão lotados nos ofícios nas Procuradorias Regionais do Trabalho nos Estados e no Distrito. A designação de Procurador do Trabalho para oficiar em órgãos jurisdicionais diferentes dos previstos para a categoria dependerá de autorização do Conselho Superior (art. 112 da LC 75/1993). Em suma, atuam em causas que são vinculadas às Varas do Trabalho, sendo os seus principais instrumentos de atuação o inquérito civil, a ação civil pública e a ação civil coletiva.

b) Procuradores Regionais do Trabalho: são designados para oficiar junto aos Tribunais Regionais do Trabalho, atuando em sessões, ajuizando ações rescisórias etc.

c) Subprocurador Regional do Trabalho: são designados para oficiar junto ao Tribunal Superior do Trabalho e nos ofícios na Câmara de Coordenação e Revisão.

7.5.1 Ministério Público do Trabalho: metas e atribuições[11]

O Ministério Público do Trabalho, na defesa da ordem jurídica trabalhista, atua judicial e extrajudicialmente. Na primeira hipótese temos, obviamente, uma participação em processos judiciais, enquanto parte ou como fiscal da ordem jurídica: a atuação extrajudicial é visualizada em sede administrativa, como, por exemplo, na condução de inquéritos civis.

O exercício judicial ocorre, principalmente, por meio de ações civis públicas, ações civis coletivas, ação rescisória, ações anulatórias (declaratórias de nulidade) de cláusulas convencionais e dissídios coletivos em caso de greve em atividades essenciais. Nestes termos, o art. 83 da LC 75/1993 prevê:

> Art. 83. Compete ao Ministério Público do Trabalho o exercício das seguintes atribuições junto aos órgãos da Justiça do Trabalho:
>
> I – promover as ações que lhe sejam atribuídas pela Constituição Federal e pelas leis trabalhistas;
>
> II – manifestar-se em qualquer fase do processo trabalhista, acolhendo solicitação do juiz ou por sua iniciativa, quando entender existente interesse público que justifique a intervenção;
>
> III – promover a ação civil pública no âmbito da Justiça do Trabalho, para defesa de interesses coletivos, quando desrespeitados os direitos sociais constitucionalmente garantidos;
>
> IV – propor as ações cabíveis para declaração de nulidade de cláusula de contrato, acordo coletivo ou convenção coletiva que viole as liberdades individuais ou coletivas ou os direitos individuais indisponíveis dos trabalhadores;
>
> V – propor as ações necessárias à defesa dos direitos e interesses dos menores, incapazes e índios, decorrentes das relações de trabalho;
>
> VI – recorrer das decisões da Justiça do Trabalho, quando entender necessário, tanto nos processos em que for parte, como naqueles em que oficiar como fiscal da lei, bem como pedir revisão dos Enunciados da Súmula de Jurisprudência do Tribunal Superior do Trabalho;

---

[11] Os temas concernentes a inquérito civil, termo de ajuste de conduta, ação civil pública, ação coletiva serão trabalhados em capítulos específicos.

VII – funcionar nas sessões dos Tribunais Trabalhistas, manifestando-se verbalmente sobre a matéria em debate, sempre que entender necessário, sendo-lhe assegurado o direito de vista dos processos em julgamento, podendo solicitar as requisições e diligências que julgar convenientes;

VIII – instaurar instância em caso de greve, quando a defesa da ordem jurídica ou o interesse público assim o exigir;

IX – promover ou participar da instrução e conciliação em dissídios decorrentes da paralisação de serviços de qualquer natureza, oficiando obrigatoriamente nos processos, manifestando sua concordância ou discordância, em eventuais acordos firmados antes da homologação, resguardado o direito de recorrer em caso de violação à lei e à Constituição Federal;

X – promover mandado de injunção, quando a competência for da Justiça do Trabalho;

XI – atuar como árbitro, se assim for solicitado pelas partes, nos dissídios de competência da Justiça do Trabalho;

XII – requerer as diligências que julgar convenientes para o correto andamento dos processos e para a melhor solução das lides trabalhistas;

XIII – intervir obrigatoriamente em todos os feitos nos segundo e terceiro graus de jurisdição da Justiça do Trabalho, quando a parte for pessoa jurídica de Direito Público, Estado estrangeiro ou organismo internacional.

A atuação extrajudicial está prevista no art. 84 da LC 75/1993, sendo as mais usuais a instauração de inquérito civil e a celebração de Termos de Ajustamento de Conduta (TACs), além de outros procedimentos administrativos, objetivando resguardar os direitos sociais dos trabalhadores.

Seja qual for o meio utilizado, a atuação do Ministério Público do Trabalho está pautada na preservação e na efetivação dos direitos fundamentais e humanos do trabalhador. Para tanto, o Ministério Público do Trabalho guia-se pelas seguintes metas institucionais, que são desenvolvidas pelas suas coordenadorias e possui várias diretrizes institucionais, que são desenvolvidas por suas coordenadorias. Listaremos a seguir as principais atribuições do Ministério Público do Trabalho.

As matérias objeto do manejo das ações moleculares, cujas lesões determinam a intervenção do Ministério Público do Trabalho, integram o Temário Unificado do Ministério Público do Trabalho, segmentado em suas diversas Coordenadorias Nacionais, que, a título de esclarecimento, transcrevemos a seguir:

1. CODEMAT – (Coordenadoria Nacional de Defesa do Meio Ambiente do Trabalho)

1.1. Inspeção Prévia (NR 02)

1.2. Embargo ou interdição (NR 03)

1.3. SESMT – Serviços Especializados em Engenharia de Segurança e em Medicina do Trabalho (NR 04)

1.4. CIPA – Comissão Interna de Prevenção de Acidentes (NR 05)
1.5. EPI – Equipamentos de Proteção Individual (NR 06)
1.6. EPC – Equipamentos de Proteção Coletiva
1.7. PCMSO – Programa de Controle Médico de Saúde Ocupacional (NR 07)
1.7.1. Exames médicos (ASO, admissionais, demissionais, complementares, de retorno, de mudança de função)
1.8. Construção civil (NR 18)
1.9. PPRA – Programa de Prevenção de Riscos Ambientais (NR 09)
1.10. Instalações e serviços em eletricidade (NR 10)
1.11. Transporte, movimentação, armazenagem e manuseio de materiais (NR 11)
1.12. Máquinas e equipamentos (NR 12)
1.13. Caldeiras e vasos de pressão (NR 13)
1.14. Fornos (NR 14)
1.15. Atividades e operações insalubres (NR 15)
1.15.1. Agentes químicos (poeiras minerais – sílica, amianto, produtos químicos – agrotóxicos)
1.15.2. Agentes físicos (ruídos, temperatura, radiações ionizantes, radiações não ionizantes, condições hiperbáricas, vibrações, frio, umidade, pressões anormais)
1.15.3. Agentes biológicos
1.15.4. Mercúrio
1.15.5. Chumbo
1.16. Atividades e operações perigosas (NR 16)
1.17. Ergonomia (NR 17)
1.17.1. "Checkouts" (Anexo I da NR 17)
1.17.2. Teleatendimento/"telemarketing" (Anexo II da NR 17)
1.18. Explosivos (NR 19)
1.18.1. Fogos de artifício (Anexo I da NR 19)
1.19. Líquidos combustíveis e inflamáveis (NR 20)
1.20. Trabalho a céu aberto (NR 21)
1.21. Mineração: segurança e saúde ocupacional (NR 22)
1.22. Proteção contra incêndios (NR 23)
1.23. Condições sanitárias e de conforto nos locais de trabalho (NR 24)
1.24. Resíduos industriais (NR 25)
1.25. Sinalização de segurança (NR 26)
1.26. Segurança e saúde no trabalho na agricultura, pecuária, silvicultura, exploração florestal (NR 31)
1.27. Segurança e saúde no trabalho em serviços de saúde (NR 32)
1.28. Espaços confinados (NR 33)
1.29. Acidente de trabalho

1.29.1. Sem morte
1.29.2. Com morte (para fins estatísticos)
1.29.3. CAT – Comunicação de Acidente de Trabalho
1.30. Doença ocupacional ou profissional
1.30.1. LER/DORT
1.31. Saúde mental no trabalho
1.32. PCA – Programa de Conservação Auditiva
1.33. Proteção contra assaltos: portas de segurança
1.34. Recusa na emissão de documentos para a aposentadoria especial
1.35. Meio ambiente do trabalho degradante

2. CONAETE – (Coordenadoria Nacional de Erradicação do Trabalho Escravo)
2.1. Trabalho análogo ao de escravo
2.1.1. Condição degradante
2.1.2. Trabalho forçado
2.1.2.1. "Truck system"
2.1.3. Jornada exaustiva
2.1.4. Servidão por dívida
2.2. Tráfico de seres humanos (art. 2º da Política Nacional de Enfrentamento ao Tráfico de Seres Humanos)
2.2.1. Para fins de trabalho no território nacional
2.2.2. Para fins de trabalho fora do território nacional
2.3. Trabalho indígena

3. CONAFRET – (Coordenadoria Nacional de Combate às Fraudes nas Relações de Emprego)
3.1. Fraude à relação de emprego
3.1.1. Estágio
3.1.2. Parcerias
3.1.3. Cooperativa
3.1.4. Terceirização
3.1.5. Pessoa jurídica
3.1.6. Trabalho voluntário
3.1.7. Trabalho temporário
3.1.8. Avulso não portuário
3.1.9. Autônomos em geral
3.1.10. Intermediação de mão de obra
3.1.11. Simulação da condição de sócio
3.1.12. Franquia
3.1.13. Empreitada

3.2. Fraude na relação de emprego
3.2.1. Colusão
3.2.2. Lide simulada
3.2.3. Tribunal arbitral
3.2.4. Fase pré-contratual
3.2.5. Sucessão de empregadores
3.2.6. Comissão de Conciliação Prévia
3.2.7. Pagamentos não contabilizados
3.2.8. Coação para devolução de verbas rescisórias
3.2.9. Documentos assinados em branco
3.2.10. Tergiversação
3.3. Outras fraudes

4. CONAP – (Coordenadoria Nacional de Combate às Irregularidades Trabalhistas na Administração Pública)
4.1. Aprendizagem na administração pública
4.2. Estágio na administração pública
4.3. Função de confiança e cargo em comissão
4.4. Trabalho autônomo na administração pública
4.4.1. Nos presídios
4.4.2. Fora dos presídios
4.4.3. Trabalho penitenciário decorrente da conversão da pena em trabalho
4.5. Trabalho temporário na administração pública
4.6. Trabalho voluntário na administração pública
4.7. Terceirização na administração pública
4.7.1. Mão de obra fornecida por empresas
4.7.2. Mão de obra fornecida por cooperativas
4.7.3. Mão de obra fornecida por associações
4.7.4. Mão de obra fornecida por fundações
4.8. Programas governamentais
4.9. Pessoa jurídica de direito público com estrutura de direito privado – Irregularidade na natureza jurídica
4.10. Desvio de função
4.11. Descumprimento de normas trabalhistas
4.12. Improbidade administrativa

5. CONATPA – (Coordenadoria Nacional do Trabalho Portuário e Aquaviário)
5.1. Trabalho portuário
5.1.1. Escalação
5.1.1.1. Controle de assiduidade

5.1.1.2. Férias
5.1.1.3. Fraude
5.1.1.4. Interferência sindical
5.1.1.5. Jornada de trabalho
5.1.1.6. Omissão do OGMO
5.1.1.7. Preterição
5.1.1.8. Remuneração
5.1.2. Outras atribuições do OGMO
5.1.2.1. Acesso ao cadastro
5.1.2.2. Aposentados
5.1.2.3. Comissão paritária
5.1.2.4. Dimensionamento de quadros
5.1.2.5. Transposição para o registro
5.1.2.6. Treinamento e capacitação
5.1.3. Trabalhador vinculado
5.1.3.1. Composição de equipes
5.1.3.2. Contratação fora do sistema
5.1.3.3. Desvio de função
5.1.3.4. Jornada de trabalho
5.1.4. Normas convencionais
5.1.4.1. Atividade sindical
5.1.4.2. Composição de equipes
5.1.5. Terceirização
5.1.6. Multifuncionalidade
5.1.6.1. Habilitação
5.1.6.2. Treinamento
5.1.7. Autoridade portuária
5.1.7.1. Controle de acesso
5.1.7.2. Guarda portuária
5.1.7.3. Meio ambiente do trabalho
5.2. Trabalho aquaviário
5.2.1. Meio ambiente de trabalho
5.2.2. Tripulação
5.2.2.1. Jornada de trabalho
5.2.2.2. Proporcionalidade de brasileiros. 2/3
5.2.2.3. Terceirização
5.2.2.4. Trabalho de estrangeiros
5.2.2.5. Trabalho infantil e de adolescente

5.2.2.6. Treinamento e capacitação
5.2.3. Mergulho profissional
5.2.3.1. Contrato de trabalho
5.2.3.2. Escalas de trabalho
5.2.3.3. Meio ambiente do trabalho
5.2.3.4. Regulamentação das profissões de guia e instrutor de mergulho
5.2.4. Praticagem
5.2.5. Pesca
5.2.5.1. Colônia de pescadores
5.2.5.2. Cooperativa
5.2.5.3. Parceria
5.2.5.4. Pesca com compressor
5.2.5.5. Seguro-desemprego
5.2.6. Observador de bordo

6. COORDIGUALDADE – (Coordenadoria Nacional de Promoção de Igualdade de Oportunidades e Eliminação da Discriminação no Trabalho)
6.1. Discriminação a trabalhadores
6.1.1. Assédio moral fundado em critérios discriminatórios
6.1.2. Estado civil
6.1.3. Estética (aparência, padrão de beleza)
6.1.4. Exames médicos/genéticos
6.1.5. Exercício regular de um direito (direito de petição, exigência de certidão negativa de RT, testemunha JT, ajuizamento de RT)
6.1.6. Gênero
6.1.7. Idade
6.1.8. Informação desabonadora
6.1.9. Lista discriminatória
6.1.10. Obesidade
6.1.11. Orientação política, religiosa, filosófica
6.1.12. Orientação sexual
6.1.13. Origem
6.1.14. Portador de doença congênita ou adquirida
6.1.15. Raça/cor/etnia
6.1.16. Situação familiar
6.1.17. Veiculação de anúncios discriminatórios
6.1.18. Matérias afins
6.2. Proteção ao trabalho da pessoa com deficiência ou reabilitada
6.2.1. Adaptação do meio ambiente de trabalho

6.2.2. Discriminação
6.2.3. Intermediação de mão de obra por entidade assistencial
6.2.4. Reserva de vagas
6.2.5. Trabalho protegido
6.2.6. Matérias afins
6.3. Proteção à intimidade do empregado
6.3.1. Assédio sexual
6.3.2. Controle de transmissão de dados/correspondência
6.3.3. Monitoramento da imagem/voz do empregado
6.3.4. Revista íntima
6.3.5. Solicitação/intermediação de dados da vida pessoal
6.3.6. Matérias afins

7. COORDINFÂNCIA – (Coordenadoria Nacional de Combate à Exploração do Trabalho da Criança e do Adolescente)
7.1. Trabalho em ambiente insalubre ou perigoso
7.2. Acidente de trabalho com crianças e adolescentes
7.3. Aprendizagem
7.3.1. Cota-aprendizagem (empresa)
7.3.2. Entidades sem fins lucrativos
7.3.3. Sistema "S"
7.4. Trabalho de atletas
7.4.1. Adolescentes – idade superior a 16 anos
7.4.2. Adolescentes – idade inferior a 16 anos
7.5. Atividades ilícitas
7.5.1. Exploração sexual comercial
7.5.1.1. Nas ruas
7.5.1.2. Em estabelecimentos
7.5.1.3. Ação de terceiros
7.5.2. Tráfico de drogas
7.6. Autorizações judiciais para o trabalho de adolescentes até 16 anos
7.7. Estágio
7.8. Políticas públicas
7.8.1. Programas PETI/Bolsa família
7.8.2. Outros programas
7.8.3. Investigação em face de Município/Estado
7.9. Trabalho artístico
7.10. Trabalho na catação do lixo
7.10.1. Nas ruas

7.10.2. Nos lixões
7.10.3. Em depósitos
7.11. Trabalho infantil doméstico
7.11.1. Com idade superior a 16 anos
7.11.2. Com idade inferior a 16 anos
7.12. Trabalho educativo
7.13. Trabalho em horários inadequados para adolescentes entre 16 e 18 anos
7.14. Trabalho nas ruas
7.14.1. Comércio ambulante
7.14.2. Mendicância
7.14.3. Panfletagem
7.14.4. "Guarda-mirim"
7.14.5. Malabaristas
7.14.6. "Estacionamento regulamentado"
7.15. Trabalho rural
7.15.1. Por atividade econômica
7.15.2. Em regime de economia familiar
7.15.3. Atividades proibidas a adolescentes entre 16 e 18 anos
7.16. Outros casos de trabalho protegido em razão da idade (item "genérico", para a hipótese de não cabimento do caso em outro anterior)

8 – OUTROS TEMAS
8.1. Abuso do poder diretivo do empregador
8.2. Acompanhamento de idoso
8.3. Acordo Coletivo de Trabalho/Convenção coletiva de trabalho
8.3.1. Ilegalidade das cláusulas
8.3.2. Ilegalidade do termo aditivo
8.3.3. Descumprimento de cláusula de CCT ou ACT
8.4. Alimentação do trabalhador
8.5. Anulação de resolução administrativa
8.6. Aposentadoria de juiz classista
8.7. Arbitragem
8.8. Aviso prévio
8.9. Contracheque: não fornecimento
8.10. Crime contra a organização do trabalho
8.11. CTPS e registro de empregados
8.12. Descumprimento de ordem judicial
8.13. Desvio de função
8.14. Estabilidade

8.15. Extinção do contrato individual de trabalho
8.15.1. Não pagamento das verbas
8.15.2. Hipóteses
8.16. Exibição de documentos
8.17. Fiscalização
8.17.1. Deixar de apresentar documentos sujeitos a fiscalização
8.17.2. Impedimento a sua realização
8.17.3. Matérias afins
8.17.4. Recusa em exibir documentos
8.18. Fundo de Garantia do Tempo de Serviço
8.19. Gratificação de Natal
8.20. Greve
8.20.1. Abuso
8.20.2. Atividades essenciais
8.20.3. Coação de trabalhadores para não participar
8.20.4. Coação de trabalhadores para participar
8.20.5. Matérias afins
8.21. Honorários advocatícios
8.22. INSS
8.23. Jornada de trabalho
8.23.1. Anotação irregular
8.23.2. Duplicação de cartões
8.23.3. Horas excedentes
8.23.3.1. Compensação de jornada
8.23.3.1.1. Banco de horas
8.23.3.2. Horas extras
8.23.3.2.1. Prorrogação
8.23.4. Hora noturna
8.23.4.1. Adicional noturno
8.23.4.2. Redução da hora noturna
8.23.5. Períodos de repouso
8.23.5.1. Intervalo intrajornada
8.23.5.2. Intervalo interjornada
8.23.5.3. Repouso semanal remunerado
8.23.5.4. Feriados
8.23.5.5. Férias
8.23.5.6. Folga agrupada
8.23.6. Registro

8.23.7. Turno ininterrupto de revezamento
8.24. Liberdade para o exercício da profissão
8.25. Licença-maternidade
8.26. Licença-paternidade
8.27. Litigância de má-fé
8.28. Matéria administrativa
8.29. Mediação
8.30. Músicos
8.31. Normas regulamentares de atividade profissional
8.32. Negociação coletiva
8.33. Participação nos lucros e resultados da empresa
8.34. Peão de rodeio
8.34.1. Remuneração
8.34.2. Seguro de vida
8.35. RAIS
8.35.1. Omissão de empregado
8.35.2. Não apresentação
8.36. Reparação de danos
8.36.1. Danos materiais
8.36.2. Danos materiais e morais
8.36.3. Danos morais coletivos
8.37. Salário
8.38. Seguro-desemprego
8.39. Sindicato
8.39.1. Assistência jurídica
8.39.1.1. Negativa
8.39.1.2. Cobrança de honorários
8.39.2. Atos antissindicais
8.39.3. Atos atentatórios a liberdade sindical
8.39.4. Contribuições às entidades sindicais
8.39.5. Disputa intersindical
8.39.6. Falta de registro no órgão competente
8.39.7. Garantias sindicais
8.39.8. Ilegitimidade e/ou responsabilidade
8.39.9. Irregularidade administrativa e/ou financeira
8.39.10. Irregularidade na assembleia
8.39.11. Irregularidade na ou recusa de homologação de TRCT
8.39.12. Irregularidade na composição da diretoria sindical

8.39.13. Irregularidade na eleição dos membros
8.39.14. Lesão a direitos sindicais
8.39.15. Não participação em negociação coletiva
8.40. Trabalho avulso
8.41. Trabalho da mulher
8.42. Trabalho do estrangeiro
8.43. Trabalho doméstico
8.44. Trabalho em domicílio
8.45. Trabalho informal
8.46. Trabalho rural
8.47. Transferência
8.48. Transporte
8.49. Treinamento
8.50. Uniforme
8.51. Vale-transporte
8.52. Outros temas

Em 2009, foi criada outra coordenadoria denominada Coordenadoria de Liberdade Sindical – CONALIS, que tem como objetivo garantir a liberdade sindical e buscar pacificar conflitos coletivos de trabalho.

7.6 CONSELHO NACIONAL DO MINISTÉRIO PÚBLICO

Com a Emenda Constitucional 45/2004, fora criado o Conselho Nacional do Ministério Público, que tem por fito o controle externo do Ministério Público. É composto por 14 membros, nos termos do art. 130-A da Constituição Federal, com a seguinte formação:

> Art. 130-A. O Conselho Nacional do Ministério Público compõe-se de quatorze membros nomeados pelo Presidente da República, depois de aprovada a escolha pela maioria absoluta do Senado Federal, para um mandato de dois anos, admitida uma recondução, sendo:
>
> I – o Procurador-Geral da República, que o preside;
>
> II – quatro membros do Ministério Público da União, assegurada a representação de cada uma de suas carreiras;
>
> III – três membros do Ministério Público dos Estados;
>
> IV – dois juízes, indicados um pelo Supremo Tribunal Federal e outro pelo Superior Tribunal de Justiça;
>
> V – dois advogados, indicados pelo Conselho Federal da Ordem dos Advogados do Brasil;

VI – dois cidadãos de notável saber jurídico e reputação ilibada, indicados um pela Câmara dos Deputados e outro pelo Senado Federal.

§ 1º Os membros do Conselho oriundos do Ministério Público serão indicados pelos respectivos Ministérios Públicos, na forma da lei.

Como primado, o Conselho Nacional do Ministério Público controla a atuação administrativa e financeira de toda a instituição, bem como fiscaliza a atuação dos seus membros no que atine aos seus deveres funcionais, conforme prevê o art. 130-A, § 2º, da CF/1988:

> Compete ao Conselho Nacional do Ministério Público o controle da atuação administrativa e financeira do Ministério Público e do cumprimento dos deveres funcionais de seus membros, cabendo-lhe:
>
> I – zelar pela autonomia funcional e administrativa do Ministério Público, podendo expedir atos regulamentares, no âmbito de sua competência, ou recomendar providências;
>
> II – zelar pela observância do art. 37 e apreciar, de ofício ou mediante provocação, a legalidade dos atos administrativos praticados por membros ou órgãos do Ministério Público da União e dos Estados, podendo desconstituí-los, revê-los ou fixar prazo para que se adotem as providências necessárias ao exato cumprimento da lei, sem prejuízo da competência dos Tribunais de Contas;
>
> III – receber e conhecer das reclamações contra membros ou órgãos do Ministério Público da União ou dos Estados, inclusive contra seus serviços auxiliares, sem prejuízo da competência disciplinar e correicional da instituição, podendo avocar processos disciplinares em curso, determinar a remoção, a disponibilidade ou a aposentadoria com subsídios ou proventos proporcionais ao tempo de serviço e aplicar outras sanções administrativas, assegurada ampla defesa;
>
> IV – rever, de ofício ou mediante provocação, os processos disciplinares de membros do Ministério Público da União ou dos Estados julgados há menos de um ano;
>
> V – elaborar relatório anual, propondo as providências que julgar necessárias sobre a situação do Ministério Público no País e as atividades do Conselho, o qual deve integrar a mensagem prevista no art. 84, XI.

Por fim, alertamos que leis criarão ouvidorias do Ministério Público, para que qualquer interessado possa reclamar ou denunciar membros ou órgão do Ministério Público, conforme o art. 130-A, § 5º, da CF.

VIII

PRINCÍPIOS PROCESSUAIS

8.1 ASPECTOS INTRODUTÓRIOS

Não existe ramo no mundo do Direito que não se subordine a princípios próprios, os quais firmam as diretrizes e regramentos indispensáveis para a elaboração, interpretação e aplicação das regras respectivas.

Possuem funções específicas, quais sejam, a função informadora (inspiram a criação de normas, dando fundamento ao ordenamento jurídico), a função interpretativa (fornecem critérios orientadores sobre o significado e o alcance), a função normativa (integram o direito nas lacunas da lei) e a função integradora (preenchem ou colmatam as lacunas ou omissões da lei em regência).

Os princípios do processo fazem parte da democracia participativa em um Estado Democrático, que o utiliza não apenas para garantir as liberdades públicas, mas para disponibilizar ao povo, detentor do poder[1], um instrumento político relevante de participação política, por meio de vários canais de acesso ao sistema de justiça.

Dessa forma, podemos dizer que toda decisão do juiz é compromisso político e ético, subordinado às leis do Estado.

O sistema jurídico tradicional pátrio, calcado no neoconstitucionalismo jurídico, sempre tratou com distinção as normas e os princípios. Estes últimos possuíam um papel secundário, atuando, quando permitido, de forma supletiva. Desse modo, legislações antigas consideravam as normas como se regras fossem. Por sua vez, princípios seriam, apenas, valores morais, diversos das normas.

O Direito era considerado, em sua essência, um conjunto de normas em vigor, sendo considerado um sistema perfeito, o qual não precisava de justificação, pois era tido como um dogma[2].

---

[1] CF: "Art. 1º (...) Parágrafo único. Todo o poder emana do povo, que o exerce por meio de representantes eleitos, ou diretamente, nos termos desta Constituição".
[2] BARROSO, Luís Roberto (org.). *A nova interpretação constitucional*. 3. ed. Rio de Janeiro: Renovar, 2008. p. 25.

Exemplo, tradicional, dessa dissociação é o art. 4º da Lei de Introdução às Normas do Direito Brasileiro, quando estabelece que, em caso de lacuna normativa, devem ser utilizados os princípios gerais do direito. Embora não haja explícita distinção, infere-se desse dispositivo uma ideia de que princípio e norma possuem naturezas distintas, já que, na falta de um, utiliza-se o outro.

Com o advento do constitucionalismo contemporâneo, também denominado de neoconstitucionalismo ou pós-positivismo, a partir de meados do século XX (pós-Segunda Guerra Mundial), o positivismo jurídico perde sua prevalência em face do ressurgimento de um Direito intimamente vinculado à argumentação ética. Isto é, ocorre uma reconciliação entre o Direito e os valores morais críticos, pautados na razão. Evidencia-se pela alteração de paradigma, de Estado Legislativo de Direito para Estado Constitucional de Direito, em que a Constituição passa a influenciar todo o sistema jurídico.

O neoconstitucionalismo é uma teoria inerente aos Estados constitucionais democráticos, como é o caso do Brasil, onde o direito e a moral se exteriorizam por meio dos princípios constitucionais, mormente para enaltecer, efetivar e dar concretude no plano fático aos direitos fundamentais presentes nos textos constitucionais.

Dessa feita, hodiernamente, prevalece o entendimento, em nosso ordenamento jurídico, segundo o qual norma é o gênero que abarca as espécies de princípios e regras. Portanto, os princípios possuem, também, caráter normativo, não se revestindo, somente, como recomendações de caráter moral e ético para fundamentar regras ou suprir lacunas.

Justificando a força normativa dos princípios, assevera Robert Alexy[3]:

> O ponto decisivo na distinção entre regra e princípios é que princípios são normas que ordenam que algo seja realizado na maior medida possível dentro das possibilidades jurídicas e fáticas existentes. Princípios são, por conseguinte, mandamentos de otimização, que são caracterizados por poderem ser satisfeitos em graus variados e pelo fato de que a medida devida de sua satisfação não depende somente das possibilidades fáticas, mas também das possibilidades jurídicas.
>
> Já as regras são normas que são sempre ou satisfeitas ou não satisfeitas. Se uma regra vale, então, deve se fazer exatamente aquilo que ela exige: nem mais, nem menos. (...). Toda norma é ou uma regra ou um princípio.

Enfatizando a relevância dos princípios dentro do ordenamento jurídico, Celso Antonio Bandeira de Mello[4] conceitua princípios como

---

[3] ALEXY, Robert. *Teoria dos direitos fundamentais*. 2. ed. Trad. Virgílio Afonso da Silva. São Paulo: Malheiros, 2012. p. 90-91.

[4] BANDEIRA DE MELLO, Celso Antonio. *Curso de direito administrativo*. 12. ed. São Paulo: Malheiros, 2000. p. 747-748.

mandamento nuclear de um sistema, verdadeiro alicerce dele, disposição fundamental que se irradia sobre diferentes normas compondo-lhes o espírito e servindo de critério para sua exata compreensão e inteligência exatamente por definir a lógica e a racionalidade do sistema normativo, no que lhe confere a tônica e lhe dá sentido harmônico. É o conhecimento dos princípios que preside a intelecção das diferentes partes componentes do todo unitário que há por nome sistema jurídico positivo.

Violar um princípio é muito mais grave que transgredir uma norma qualquer. A desatenção ao princípio implica ofensa não apenas a um específico mandamento obrigatório, mas a todo sistema de comandos. É a mais grave forma de ilegalidade ou inconstitucionalidade, conforme o escalão do princípio atingido, porque representa insurgência contra todo o sistema, subversão de seus valores fundamentais, contumélia irremissível a seu arcabouço lógico e corrosão de sua estrutura mestra.

Como dito *supra*, a Constituição, em seu atual estágio, passa a magnetizar ou irradiar sua influência a todos os demais ramos do direito, ou seja, exerce sua preponderância sobre todo o sistema jurídico.

Neste diapasão, os princípios de todos os ramos do direito devem se coadunar com os princípios constitucionais. Assim, no estudo e na aplicação de um princípio legal devemos, primeiramente, observar os ditames dos princípios constitucionais, para, posteriormente, aplicar aquele.

Não ficando imune a toda essa evolução, o direito processual, igualmente, sofreu os reflexos dessas modificações constitucionais. Essa nova metodologia jurídica que reconhece a pujança da Constituição, a força normativa dos princípios (em que deixa de ser mero instrumento de integração e passa a ser uma espécie de norma jurídica) e a consagração dos direitos fundamentais leva-nos a um momento denominado pela doutrina de constitucionalização do processo.

Sustentamos essa ideia, posto que, no bojo da Constituição, vislumbramos normas processuais, das quais muitas são erigidas como direitos fundamentais. Ademais, o próprio processo civil enfatiza a determinação de cristalizar os preceitos constitucionais, inclusive os princípios constitucionais. Em outras palavras, há uma simbiose entre processo e constituição.

Nestes termos, o art. 1º do CPC/2015, *in verbis*:

> O processo civil será ordenado, disciplinado e interpretado conforme os valores e as normas fundamentais estabelecidos na Constituição da República Federativa do Brasil, observando-se as disposições deste Código.

Fredie Didier[5], sobre o mencionado artigo, dispõe o seguinte:

---

5   DIDIER JR., Fredie. *Curso de direito processual civil*: introdução ao direito processual civil, parte geral e processo de conhecimento. 17. ed. Salvador: JusPodivm, 2015. v. 1, p. 47.

Embora se trate de uma obviedade, é pedagógico e oportuno o alerta de que as normas de direito processual civil não podem ser compreendidas sem o confronto com texto constitucional, sobretudo no caso brasileiro, que possui um vasto sistema de normas constitucionais processuais, todas orbitando em torno do princípio do devido processo legal, também de natureza constitucional.

Ele é claramente uma tomada de posição do legislador no sentido de reconhecimento da força normativa da Constituição.

Assim, concluímos que essa força normativa dos princípios se traduz na possibilidade de o juiz aplicá-los, diretamente, para julgar casos concretos. Não nos esqueçamos de que os princípios mantêm, da mesma maneira, as suas funções de colmatar lacunas, interpretar as normas e inspirar o legislador.

Diante desse breviário sobre princípios, passemos a estudá-los, dividindo-os em constitucionais, do processo civil e do processo do trabalho.

8.2 PRINCÍPIOS CONSTITUCIONAIS

8.2.1 Princípio da igualdade ou isonomia

É uma das bases do Estado constitucional democrático. Encontra-se retratado pelo art. 5º, *caput* e I, da CRFB, *in verbis*:

> Todos são iguais perante a lei, sem distinção de qualquer natureza, garantindo-se aos brasileiros e aos estrangeiros residentes no País a inviolabilidade do direito à vida, à liberdade, à igualdade, à segurança e à propriedade, nos termos seguintes:
> I – homens e mulheres são iguais em direitos e obrigações, nos termos desta Constituição; (...)

Este princípio está relacionado à democracia e tem raízes na Revolução Francesa, que deu ensejo às três dimensões de direitos humanos (liberdade, igualdade, fraternidade ou solidariedade).

Rui Barbosa, no preâmbulo da Constituição Federal de 1894, já dizia que a regra da igualdade não consiste senão em aquinhoar desigualmente os desiguais, na exata medida em que se desigualam.

Pelo princípio da igualdade ou isonomia, as partes e os procuradores devem receber tratamento igualitário dentro do processo, com a finalidade de lhes garantir as mesmas oportunidades de defesa de seus interesses, em juízo.

Assim, transporta-se a igualdade perante a lei (CF, art. 5º, *caput*) para a igualdade perante o juiz, devendo-se observar a chamada "igualdade proporcional" ou "igualdade substancial", caracterizada pelo tratamento igual aos substancialmente iguais e, *contrario sensu*, pelo tratamento desigual aos desiguais, buscando-se alcançar, dessa forma, o equilíbrio dos contendores na relação processual.

O princípio em tela é sublinhado no processo por meio do princípio da paridade de armas, que pode ser verificado em duas passagens do Código de Processo Civil de 2015 quando preconiza que:

> Art. 7º É assegurada às partes paridade de tratamento em relação ao exercício de direitos e faculdades processuais, aos meios de defesa, aos ônus, aos deveres e à aplicação de sanções processuais, competindo ao juiz zelar pelo efetivo contraditório.
>
> Art. 139. O juiz dirigirá o processo conforme as disposições deste Código, incumbindo-lhe:
>
> I – assegurar às partes igualdade de tratamento; (...)

Consequentemente, o juiz deve assumir uma postura ativa para extinguir as desvantagens diretamente decorrentes da hipossuficiência de qualquer das partes.

Podemos dizer que o juiz deve se utilizar de seus poderes assistenciais e não se colocar apenas como um mero convidado de pedra no processo, auxiliando e elevando as partes mais fracas para que se igualem às contrapartes, de forma imparcial, para que mesmo o mais fraco dos adversários tenha plena consciência de que terá um provimento jurisdicional justo.

O processo, como instrumento político do Estado Democrático de Direito e direito humano fundamental, incluído inclusive na Declaração Universal dos Direitos do Homem, de 1948, da ONU, deve convencer todos: o magistrado, com fulcro no princípio do livre convencimento motivado, as partes, autor e réu, e toda a sociedade.

Pode, dessa forma, o magistrado atuar por diversos mecanismos, dentre eles:

- inverter o ônus da prova, com base não apenas no CDC (art. 6º, VIII[6]), mas, também, com espeque no CPC/2015, o qual traz a ideia de carga dinâmica do ônus da prova, na forma do art. 373[7];

---

[6] "VIII – a facilitação da defesa de seus direitos, inclusive com a inversão do ônus da prova, a seu favor, no processo civil, quando, a critério do Juiz, for verossímil a alegação ou quando for ele hipossuficiente, segundo as regras ordinárias de experiências".

[7] "Art. 373. O ônus da prova incumbe: I – ao autor, quanto ao fato constitutivo de seu direito; II – ao réu, quanto à existência de fato impeditivo, modificativo ou extintivo do direito do autor. § 1º Nos casos previstos em lei ou diante de peculiaridades da causa relacionadas à impossibilidade ou à excessiva dificuldade de cumprir o encargo nos termos do *caput* ou à maior facilidade de obtenção da prova do fato contrário, poderá o juiz atribuir o ônus da prova de modo diverso, desde que o faça por decisão fundamentada, caso em que deverá dar à parte a oportunidade de se desincumbir do ônus que lhe foi atribuído. § 2º A decisão prevista no § 1º deste artigo não pode gerar situação em que a desincumbência do encargo pela parte seja impossível ou excessivamente difícil. § 3º A distribuição diversa do ônus da prova também pode ocorrer por convenção das partes, salvo quando: I – recair sobre direito

- conceder o benefício da justiça[8] gratuita[9] a quem não pode litigar, em virtude de questões financeiras[10];

---

indisponível da parte; II – tornar excessivamente difícil a uma parte o exercício do direito. § 4º A convenção de que trata o § 3º pode ser celebrada antes ou durante o processo".

[8] "Art. 98. A pessoa natural ou jurídica, brasileira ou estrangeira, com insuficiência de recursos para pagar as custas, as despesas processuais e os honorários advocatícios tem direito à gratuidade da justiça, na forma da lei. § 1º A gratuidade da justiça compreende: I – as taxas ou as custas judiciais; II – os selos postais; III – as despesas com publicação na imprensa oficial, dispensando-se a publicação em outros meios; IV – a indenização devida à testemunha que, quando empregada, receberá do empregador salário integral, como se em serviço estivesse; V – as despesas com a realização de exame de código genético – DNA e de outros exames considerados essenciais; VI – os honorários do advogado e do perito e a remuneração do intérprete ou do tradutor nomeado para apresentação de versão em português de documento redigido em língua estrangeira; VII – o custo com a elaboração de memória de cálculo, quando exigida para instauração da execução; VIII – os depósitos previstos em lei para interposição de recurso, para propositura de ação e para a prática de outros atos processuais inerentes ao exercício da ampla defesa e do contraditório; IX – os emolumentos devidos a notários ou registradores em decorrência da prática de registro, averbação ou qualquer outro ato notarial necessário à efetivação de decisão judicial ou à continuidade de processo judicial no qual o benefício tenha sido concedido".

[9] Súmula nº 463 do TST. ASSISTÊNCIA JUDICIÁRIA GRATUITA. COMPROVAÇÃO (conversão da Orientação Jurisprudencial nº 304 da SBDI-1, com alterações decorrentes do CPC de 2015) – Res. 219/2017, DEJT divulgado em 28, 29 e 30.06.2017 – republicada – DEJT divulgado em 12, 13 e 14.07.2017. I – A partir de 26.06.2017, para a concessão da assistência judiciária gratuita à pessoa natural, basta a declaração de hipossuficiência econômica firmada pela parte ou por seu advogado, desde que munido de procuração com poderes específicos para esse fim (art. 105 do CPC de 2015); II – No caso de pessoa jurídica, não basta a mera declaração: é necessária a demonstração cabal de impossibilidade de a parte arcar com as despesas do processo.

[10] Súmula 219 do TST: "Honorários advocatícios. Cabimento. (alterada a redação do item I e acrescidos os itens IV a VI em decorrência do CPC de 2015) – Res. 204/2016, DEJT divulgado em 17, 18 e 21.03.2016 I – Na Justiça do Trabalho, a condenação ao pagamento de honorários advocatícios não decorre pura e simplesmente da sucumbência, devendo a parte, concomitantemente: a) estar assistida por sindicato da categoria profissional; b) comprovar a percepção de salário inferior ao dobro do salário mínimo ou encontrar-se em situação econômica que não lhe permita demandar sem prejuízo do próprio sustento ou da respectiva família (art. 14, § 1º, da Lei nº 5.584/1970). (ex-OJ nº 305 da SBDI-I). II – É cabível a condenação ao pagamento de honorários advocatícios em ação rescisória no processo trabalhista. III – São devidos os honorários advocatícios nas causas em que o ente sindical figure como substituto processual e nas lides que não derivem da relação de emprego. IV – Na ação rescisória e nas lides que não derivem de relação de emprego, a responsabilidade pelo pagamento dos honorários advocatícios da sucumbência submete-se à disciplina do Código de Processo Civil (arts. 85, 86, 87 e 90). V – Em caso de assistência judiciária sindical ou de substituição processual sindical, excetuados os processos em que a Fazenda Pública for parte, os honorários advocatícios são devidos entre o mínimo de dez e o máximo de vinte por cento sobre o valor da condenação, do proveito econômico obtido ou, não sendo possível mensurá-lo, sobre o valor atualizado

- reduzir o rigorismo das regras sobre competência territorial[11], sobretudo na Justiça do Trabalho, justamente para garantir o efetivo acesso do trabalhador hipossuficiente.

No campo legislado enxergamos instrumentos aptos a realizar esse princípio fundamental, como, por exemplo:

- as prerrogativas da Fazenda Pública[12], que possuem: prazo[13] em dobro para se manifestar nos autos e a remessa necessária nas causas em que a sentença lhe for desfavorável;
- o sistema de precedentes (microssistema), por meio do qual o CPC tenta garantir igualdade e previsibilidade, que leva à segurança jurídica.

---

da causa (CPC de 2015, art. 85, § 2º). VI – Nas causas em que a Fazenda Pública for parte, aplicar-se-ão os percentuais específicos de honorários advocatícios contemplados no Código de Processo Civil".

[11] Súmula 214 do TST: "Decisão interlocutória. Irrecorribilidade. Nova redação. Na Justiça do Trabalho, nos termos do art. 893, § 1º, da CLT, as decisões interlocutórias não ensejam recurso imediato, salvo nas hipóteses de decisão: a) de Tribunal Regional do Trabalho contrária à Súmula ou Orientação Jurisprudencial do Tribunal Superior do Trabalho; b) suscetível de impugnação mediante recurso para o mesmo Tribunal; c) que acolhe exceção de incompetência territorial, com a remessa dos autos para Tribunal Regional distinto daquele a que se vincula o juízo excepcionado, consoante o disposto no art. 799, § 2º, da CLT".

[12] Decreto-lei 779/1969: "Art. 1º (...) I – a presunção relativa de validade dos recibos de quitação ou pedidos de demissão de seus empregados ainda que não homologados nem submetidos à assistência mencionada nos parágrafos 1º, 2º e 3º do artigo 477 da Consolidação das Leis do Trabalho; II – o quádruplo do prazo fixado no artigo 841, in fine, da Consolidação das Leis do Trabalho; III – o prazo em dobro para recurso; IV – a dispensa de depósito para interposição de recurso; V – o recurso ordinário ex officio das decisões que lhe sejam total ou parcialmente contrárias; VI – o pagamento de custas a final, salvo quanto à União Federal, que não as pagará. Art. 2º O disposto no artigo anterior aplica-se aos processos em curso mas não acarretará a restituição de depósitos ou custas pagas para efeito de recurso, até decisão passada em julgado. Art. 3º Este decreto-lei entra em vigor na data de sua publicação, revogadas as disposições em contrário. Brasília, 21 de agosto de 1969; 148º da Independência e 81º da República. A. Costa e Silva".

[13] "Art. 535. A Fazenda Pública será intimada na pessoa de seu representante judicial, por carga, remessa ou meio eletrônico, para, querendo, no prazo de 30 (trinta) dias e nos próprios autos, impugnar a execução, podendo arguir: I – falta ou nulidade da citação se, na fase de conhecimento, o processo correu à revelia; II – ilegitimidade de parte; III – inexequibilidade do título ou inexigibilidade da obrigação; IV – excesso de execução ou cumulação indevida de execuções; V – incompetência absoluta ou relativa do juízo da execução; VI – qualquer causa modificativa ou extintiva da obrigação, como pagamento, novação, compensação, transação ou prescrição, desde que supervenientes ao trânsito em julgado da sentença".

8.2.2 Princípio da inafastabilidade do Poder Judiciário ou acesso ao Poder Judiciário

Referido princípio, também conhecido como princípio da indeclinabilidade da Jurisdição, determina que "a lei não excluirá da apreciação do Poder Judiciário lesão ou ameaça a direito", em conformidade com o art. 5º, XXXV, da CF. Esse preceito é repetido, expressamente, no art. 3º do CPC/2015.

O jurista italiano Mauro Cappelletti desenvolveu a teoria em que explicita as três ondas de desenvolvimento na busca do pleno acesso à ordem jurídica justa.

A primeira onda envolve a luta pela assistência gratuita aos litigantes necessitados, partindo do princípio de que a prestação do serviço judiciário é quase sempre onerosa, o que dificulta o acesso. Na seara trabalhista, a Lei 1.060/1950[14], referenciada pela Lei 5.584/1970, em seu art. 14, garantia o pleno acesso dos hipossuficientes econômicos ao Judiciário, com isenção no pagamento de despesas processuais e oferecimento de assistência judiciária gratuita por parte dos sindicatos da respectiva categoria[15].

A segunda onda de Cappelletti se relaciona à possibilidade de se postular direitos difusos, coletivos e individuais homogêneos em juízo, obtendo um provimento jurisdicional coletivo, que eliminaria uma multidão de ações individuais com as mesmas pretensões. Essa onda dá destaque aos direitos meta ou transindividuais, elencados no art. 81 da Lei 8.078, que, em conexão com a Lei 7.347/1985, engendrou a gênese do microssistema de tutela coletiva no Brasil.

Isso porque o sistema brasileiro foi construído com base no sistema dominante na Europa Continental dos séculos passados, com grande prevalência ao culto ao individualismo (liberalismo), que somente permitia que alguém fosse a juízo na defesa de seus próprios interesses[16].

---

[14] O art. 1.072 do CPC/15 revogou os artigos 2º, 3º, 4º, 6º, 7º, 11, 12 e 17 da Lei 1.060/50. Vejam a redação do art. 1.072 do CPC/2015: "Revogam-se os artigos (...) III – os arts. 2º, 3º, 4º, 6º, 7º, 11, 12 e 17 da Lei 1.060, de 5 de fevereiro de 1950".

[15] Lei 5.584: "Art. 14. Na Justiça do Trabalho, a assistência judiciária a que se refere a Lei nº 1.060, de 5 de fevereiro de 1950, será prestada pelo Sindicato da categoria profissional a que pertencer o trabalhador. § 1º A assistência é devida a todo aquele que perceber salário igual ou inferior ao dobro do mínimo legal, ficando assegurado igual benefício ao trabalhador de maior salário, uma vez provado que sua situação econômica não lhe permite demandar, sem prejuízo do sustento próprio ou da família. [...] Art. 18. A assistência judiciária, nos termos da presente lei, será prestada ao trabalhador ainda que não seja associado do respectivo Sindicato". O tema sobre justiça gratuita e assistência judiciária gratuita será aprofundado no capítulo XIII da presente obra.

[16] CPC/2015: "Art. 18. Ninguém poderá pleitear direito alheio em nome próprio, salvo quando autorizado pelo ordenamento jurídico. Parágrafo único. Havendo substituição processual, o substituído poderá intervir como assistente litisconsorcial".

A terceira onda de acesso à justiça de Cappelletti diz respeito às formas alternativas de resolução de conflitos individuais ou coletivos, pelos vários canais de acesso ao sistema de justiça (sindicatos, Ministério do Trabalho e Emprego, Ministério Público do Trabalho, Defensorias Públicas, Procons etc.).

Neste espírito, o célebre autor também preconiza a garantia de simplificação nos procedimentos em juízo, a desformalização dos procedimentos judiciais, a luta contra o formalismo (não contra a forma), já que o aspecto formal é garantia do procedimento e deve ser mantido para se obter um resultado útil e justo do processo.

Privilegiam-se formas alternativas de solução dos conflitos por meio da mediação, da conciliação extrajudicial e judicial, da arbitragem etc.

Observemos que praticamente todas as sugestões contidas no estudo sobre as ondas de acesso à justiça de Cappelletti foram contempladas no novo Código de Processo Civil, com exceção do direito processual coletivo, já que o CPC antigo e o novo não possuem instrumentos para pacificar conflitos coletivos, por sua enorme especificidade. Tanto isto é verdade que o art. 333 do Código que tratava das lides coletivas foi vetado pela Presidente da República.

A Constituição Federal de 1988 de nosso país alça em patamar destacado o princípio do acesso ao Poder Judiciário. Nesse sentido, podemos afirmar que toda pessoa, natural ou jurídica, tem amplo acesso à Justiça, ou seja, todos possuem o direito constitucional de ação, não significando dizer que todos terão uma resposta de mérito. Para que isso ocorra, mister se faz preencher as condições da ação e os pressupostos processuais.

Modernamente, esse princípio é compreendido como **acesso à *ordem jurídica justa*** [17], entendimento que possui quatro ideais principais:

- *efetivo acesso ao processo* (ingressar em juízo): os obstáculos para o ingresso em juízo devem ser proscritos, por intermédio do oferecimento da gratuidade da justiça, pelas atuações dos órgãos que prestam a assistência judiciária gratuita, ou pela tutela jurisdicional coletiva e os seus regramentos específicos, como a Lei de Ação Civil Pública e o Código de Defesa do Consumidor. Além disso, não há necessidade do esgotamento prévio de vias administrativas (ressalvadas as ações relativas à disciplina desportiva e às competições desportivas, inicialmente subordinadas apenas à Justiça Desportiva, na forma do art. 217[18], §§ 1º e 2º, da CRFB);

---

[17] CINTRA, Antônio Carlos de Araújo; GRINOVER, Ada Pellegrini; DINAMARCO, Cândido Rangel. Op. cit., 2009, p. 39.

[18] "§ 1º O Poder Judiciário só admitirá ações relativas à disciplina e às competições desportivas após esgotarem-se as instâncias da justiça desportiva, regulada em lei. § 2º A justiça desportiva terá o prazo máximo de sessenta dias, contados da instauração do processo, para proferir decisão final".

- *respeito ao devido processo legal*: as partes têm o direito de desempenhar um papel efetivo no processo, por meio do contraditório e da cooperação, influenciando, sobremaneira, no convencimento do juiz. Este, por sua vez, deverá manter-se equidistante em relação às partes, mas deverá ter uma postura ativa, permitindo o diálogo entre os litigantes e aplicando as regras processuais prefixadas, conduzindo, desse modo, o processo a um resultado justo;
- *as decisões devem ser justas*: embora o conceito de justiça seja amplo e indeterminado, no qual existe uma parcela de subjetivismo, o juiz, por meio do devido processo legal, deve proferir uma decisão em que a norma jurídica seja eficazmente aplicada, em um tempo razoável, gerando a pacificação do conflito;
- *eficácia das decisões*: a decisão justa não envolve somente a aplicação correta da norma, ofertando *o bem da vida (o direito-pretensão)* a quem o tem, abarca, também, medidas de efetivação para que essa decisão seja faticamente concretizada, não se tornando etérea.

Essa efetividade pode ser concretizada pelo juiz quando concede as tutelas provisórias, que é um gênero do qual são espécies as tutelas de urgência e as tutelas de evidência. As primeiras são as que já conhecemos (tutelas antecipada e cautelar), enquanto as segundas permitem que o juiz ofereça a tutela mesmo que não haja urgência, em razão da completa evidência (demonstração por prova pré-constituída) do direito material do autor.

Lembremos que não se pode impor ao autor o ônus do tempo do processo, daí a existência das referidas tutelas, as quais possuem papel fundamental na proteção do princípio da inafastabilidade da jurisdição.

Nesse desiderato, podemos mencionar a necessidade de ampliar os poderes do juiz no que toca a consumar as suas decisões. Exemplo desse objetivo é o art. 139, IV, do CPC/2015[19], que prevê uma cláusula executiva geral, por meio da qual o juiz tem a liberdade para tomar todas as medidas necessárias para efetivar a tutela, atuando de ofício, e utilizando a medida mais adequada para tal.

Por fim, o acesso à ordem jurídica justa só será realidade se o processo tiver uma tramitação célere, com o menor gasto de recursos e de tempo. Todavia, essa presteza deve ser limitada pelas demais garantias fundamentais do processo. O art. 4º[20]

---

[19] CPC/2015: "Art. 139. O juiz dirigirá o processo conforme as disposições deste Código, incumbindo-lhe: (...) IV – determinar todas as medidas indutivas, coercitivas, mandamentais ou sub-rogatórias necessárias para assegurar o cumprimento de ordem judicial, inclusive nas ações que tenham por objeto prestação pecuniária".

[20] "Art. 4º As partes têm o direito de obter em prazo razoável a solução integral do mérito, incluída a atividade satisfativa".

do CPC/2015 o anuncia expressamente. São exemplos de técnicas que buscam a razoável duração do processo os precedentes e a tutela provisória.

Concluímos esse princípio pelas palavras de Dinamarco[21]:

> Só tem acesso à ordem jurídica justa quem recebe justiça. E receber justiça significa ser admitido em juízo, poder participar, contar com a participação adequada do juiz e, ao fim, receber um provimento jurisdicional consentâneo com os valores da sociedade.

8.2.3 Princípio do contraditório e princípio da ampla defesa

Assegurado pelo art. 5º, LV, da Lei Maior, o princípio em lume garante às partes, seja em processo judicial ou administrativo, e aos acusados em geral, o direito de serem cientificados de todos os atos processuais praticados pelo juiz ou pela parte adversa, com a finalidade de lhe garantir contradizer os fatos alegados, buscando a proteção de seus interesses. O art. 5º, LV, da CRFB dispõe que "aos litigantes, em processo judicial ou administrativo, e aos acusados em geral são assegurados o contraditório e a ampla defesa, com os meios e recursos a ela inerentes".

Segundo Nelson Nery Jr.[22]:

> Por contraditório deve entender-se, de um lado, a necessidade de dar conhecimento da existência da ação e de todos os atos do processo às partes, e, de outro, a possibilidade de as partes reagirem aos atos que lhes sejam desfavoráveis.

Tradicionalmente, esse princípio é configurado no binômio informação e reação. As partes devem ser comunicadas sobre os atos praticados no processo e devem possuir prazo adequado para que se manifestem sobre eles.

Modernamente, o princípio do contraditório sofreu recentes evoluções, podendo ser compreendido como contraditório participativo e, até mesmo, como contraditório com cooperação. Dessa forma, as partes e o juiz estariam em cooperação para que o processo se desenvolva e produza um resultado efetivo e justo.

Igualmente, resta cristalino que o contraditório e a ampla defesa são princípios muito próximos, sendo ambos substratos do devido processo legal. O processo deve ser desenvolvido e exteriorizado como um procedimento em contraditório, isto é, toda decisão fruto de um processo (judicial ou administrativo) deve ser balizada na observância de um contraditório efetivo[23].

---

[21] DINAMARCO, Cândido Rangel. Op. cit., 2001, p. 115.
[22] NERY JR., Nelson. *Princípios do processo na Constituição Federal*. 11. ed. São Paulo: RT, 2013. p. 222.
[23] CÂMARA, Alexandre Freitas. *O novo processo civil brasileiro*. 3. ed. Rio de Janeiro: Forense, 2017. p. 10.

Contemporaneamente, o princípio do contraditório compreende um direito de influência[24]. Isso significa que todos participam do processo, juiz e partes, e que, para legitimar a atividade jurisdicional, as partes sempre poderão ter a possibilidade de influir no convencimento do juiz e em sua decisão. Para que possam influir, as partes devem ter informação e possibilidade de reação. Dessa forma, falando em contraditório como direito de influência, é preciso falar de efetiva participação do juiz e das partes no processo, para que se chegue a um resultado justo, em um tempo razoável.

> [...] Contraditório significa hoje conhecer e reagir, mas não só. *Significa participar do processo e influir nos seus rumos. Isto é: direito de influência.* Com essa nova dimensão, o direito ao contraditório deixou de ser algo cujos destinatários são tão somente as partes e começou a *gravar igualmente o juiz.* Daí a razão pela qual eloquentemente se observa que o juiz tem o dever não só de velar pelo contraditório entre as partes, *mas fundamentalmente a ele também se submeter.* O juiz encontra-se igualmente sujeito ao contraditório[25].

Dessa feita, podemos considerar o princípio do contraditório como sinônimo de efetiva participação[26] das partes e do juiz, para que o processo chegue a bom

---

[24] CABRAL, Antonio do Passo. Il principio del contradditorio come diritto d'influenza e dovere di dibattito. *Rivista di Diritto Processuale*, Padova: Cedam, 2005. v. 2, n. 2, p. 449-464.

[25] SARLET, Ingo Wolfgang; MARINONI, Luiz Guilherme; MITIDIERO, Daniel. *Curso de direito constitucional*. São Paulo: Revista dos Tribunais, 2012. p. 649.

[26] "Com efeito, a hodierna concepção de contraditório **refere-se ao direito de participação e de influência nos rumos do processo** (CABRAL, Antônio do Passo. II principio del contradditorio come diritto d'influenza e dovere di dibattito. *Rivista di Diritto Processuale*. Padova: Cedam, 2005; OLIVEIRA, Carlos Alberto. O juiz e o princípio do contraditório. *Revista do advogado*, nº 40, p. 35-38, jul. 1993), superando, assim, a visão que restringia à simples bilateralidade de instância, dirigindo-se apenas às partes do processo. Na realidade, a garantia do contraditório reclama que, uma vez verificada que uma dada ação estatal possa vulnerar objetivamente a esfera jurídica do cidadão, seja salvaguardada a prerrogativa de pronunciar-se previamente acerca de todas as questões fáticas e jurídicas debatidas no processo com vistas a subsidiar uma decisão amadurecida da controvérsia, inclusive acerca daquelas matérias que o magistrado pode *ex officio* conhecer (g.n.) (COMOGLIO, Paolo. *La garantizia dell' azione ed il processo civile*. Padova: Cedam, 1970. p. 145-146). Essa exigência encontra-se intimamente atrelada à ideia de contenção do arbítrio estatal, corolário do constitucionalismo, de vez que interdita comportamentos e decisões dos órgãos e agentes públicos lesivos ao patrimônio jurídico do cidadão. Tal imperativo se justifica, pelo menos, por duas razões: em primeiro lugar, por razões de segurança jurídica e de boa-fé objetiva, na medida em que o indivíduo não será surpreendido com uma decisão estatal que lhe seja desfavorável sem seu prévio conhecimento; e, em segundo lugar, a sua prévia manifestação pode fornecer novos argumentos que irão subsidiar o – e influir no – futuro pronunciamento estatal (jurisdicional ou administrativo), tornando a decisão mais consistente e, por conseguinte, legítima" (BRASIL. Supremo Tribunal Federal. MS 26849 AgR, Rel. Min. Luiz Fux, Tribunal Pleno, j. em 10/04/2014, *DJe*-096).

termo (contraditório como direito de influência). Portanto, o contraditório não se resume somente às atividades das partes, incidindo sobremaneira na postura do juiz durante a condução do processo.

Nesse passo são as palavras de Dinamarco e Lopes[27]:

> Contraditório é *participação*, e sua garantia, imposta pela Constituição com relação a todo e qualquer processo – civil, penal, trabalhista, ou mesmo não jurisdicional (art. 5º, inc. LV) –, significa em primeiro lugar que a lei deve instituir meios para a participação dos litigantes no processo e o juiz deve franquear-lhe esses meios. Mas significa também que o próprio juiz deve participar da preparação do julgamento a ser feito, *exercendo ele próprio o contraditório*. A garantia deste resolve-se portanto em um direito das partes e em deveres do juiz. É do passado a afirmação do contraditório exclusivamente como abertura para as partes, desconsiderada a participação do juiz.

O contraditório, além de garantir o direito de manifestação das partes, pode ser revelado pela efetiva participação desses agentes. Ao juiz compete controlar e possibilitar a efetiva participação daqueles. O próprio juiz se encontra envolto como o contraditório, pois está proibido de prolatar decisões de terceira via, ou seja, decisões surpresa, mesmo em questões envolvendo matéria de ordem pública, as quais poderiam ser julgadas de ofício. Esse sistema enaltece o contraditório e a participação das partes na condução do processo (acesso à ordem jurídica justa – devido processo legal). Nessa linha, o CPC assevera que não *se proferirá decisão contra uma das partes sem que ela seja previamente ouvida*, salvo quando se tratar de tutela provisória de urgência, hipóteses de tutela da evidência previstas no art. 311, II e III, e decisão prevista no art. 701 (art. 9º do CPC/2015).

No mesmo passo, o juiz não pode decidir, em grau algum de jurisdição, com base em fundamento a respeito do qual não se tenha dado às partes oportunidade de se manifestar, ainda que se trate de matéria sobre a qual deva decidir de ofício (art. 10 do CPC).

Intimamente ligado ao princípio do contraditório (igualmente previsto no art. 5º, LV, da CF), o princípio da ampla defesa mostra-se, concomitantemente, como causa e efeito maior daquele.

Senão, vejamos: o contraditório deve ser garantido às partes, por ser a forma adequada de assegurar a ampla defesa (causa). Em contrapartida, como já salientado, é a partir da informação da ocorrência de atos processuais que a parte apresentará, contrariamente a estes, argumentos favoráveis a seus interesses, proporcionando-lhe a ampla defesa (efeito).

---

[27] DINAMARCO, Cândido Rangel; LOPES, Bruno Vasconcelos Carrilho. *Teoria geral do novo processo civil*. 2. ed. São Paulo: Malheiros, 2017. p. 61.

Por fim, quando a Constituição se refere à ampla defesa com os recursos a ela inerentes, devemos entender que o intuito é o de ofertar uma gama de técnicas processuais para que a ampla defesa seja exercida adequadamente.

8.2.4 Princípio da imparcialidade do juiz

A partir do momento em que o Estado avoca para si a função jurisdicional, assume o compromisso de agir com total, plena e irrestrita imparcialidade na direção e condução do processo, conferindo a igualdade de tratamento das partes e garantindo, assim, a justiça. Para tanto, o juiz coloca-se entre as partes e acima delas.

Também este princípio apresenta vínculo com os dois anteriormente aventados, pois somente um juiz imparcial poderá afiançar o contraditório e a ampla defesa.

A própria Declaração Universal dos Direitos do Homem de 1948 estabelece, em seu art. 10, que "Toda pessoa tem direito, em condições de plena igualdade, de ser ouvida publicamente e com justiça por um tribunal independente e imparcial, para a determinação de seus direitos e obrigações ou para o exame de qualquer acusação contra ela em matéria penal".

Com a finalidade de assegurar referida imparcialidade, o Estado-juiz confere aos seus órgãos (magistrados) garantias constitucionais de vitaliciedade, inamovibilidade e irredutibilidade de vencimentos, previstas no art. 95[28] da CF.

8.2.5 Princípio da motivação das decisões

Sob pena de serem nulas, as decisões judiciais devem ser motivadas, ou seja, devidamente fundamentadas, visando à verificação da efetiva imparcialidade do juiz e à legalidade das decisões. A própria CF/1988, em seu art. 93, IX, estipula que

> todos os julgamentos dos órgãos do Poder Judiciário serão públicos, e fundamentadas todas as decisões, sob pena de nulidade, podendo a lei limitar a presença, em determinados atos, às próprias partes e a seus advogados, ou somente a estes, em casos nos quais a preservação do direito à intimidade do interessado no sigilo não prejudique o interesse público à informação.

O juiz é obrigado a fundamentar suas decisões, expondo suas razões fáticas e jurídicas, justamente para demonstrar para as partes envolvidas quais motivos

---

[28] "Art. 95. Os juízes gozam das seguintes garantias: I – vitaliciedade, que, no primeiro grau, só será adquirida após dois anos de exercício, dependendo a perda do cargo, nesse período, de deliberação do tribunal a que o juiz estiver vinculado, e, nos demais casos, de sentença judicial transitada em julgado; II – inamovibilidade, salvo por motivo de interesse público, na forma do artigo 93, VIII; III – irredutibilidade de subsídio, ressalvado o disposto nos artigos 37, X e XI, 39, § 4º, 150, II, 153, III, e 153, § 2º, I".

o levaram a decidir daquela maneira. A motivação das decisões judiciais também está inserida nos objetivos dos princípios constitucionais da publicidade e da informação do processo.

Indiretamente, podemos falar em controlabilidade dos atos judiciais e na ideia de preservação do princípio do contraditório.

Além disso, em uma análise mais restrita, o princípio da motivação das decisões judiciais atua como uma garantia das partes envolvidas no processo, permitindo-lhes a impugnação delas, quando da interposição de recursos. Em outras palavras, assegura às partes condições para fundamentar seus recursos, pois estes refutam as razões/motivos das decisões. Deve-se saber o que fundamentou a decisão do juiz para que ela seja atacada em recurso.

Ausentes essas ideias, não há um estado plenamente democrático.

O CPC, ratificando o preceito constitucional, dispõe que "todos os julgamentos dos órgãos do Poder Judiciário serão públicos, e fundamentadas todas as decisões, sob pena de nulidade" (art. 11 do CPC/2015)[29].

Igualmente, o art. 832 da CLT determina que da decisão deverão constar o nome das partes, o resumo do pedido e da defesa, a apreciação das provas, os fundamentos da decisão e a respectiva conclusão.

Este princípio é realçado no novo Código de Processo Civil, já que a motivação das decisões deve ser substancial e não meramente formal, no contexto do princípio da persuasão racional do magistrado, ou do convencimento motivado[30].

Tem por objetivo não apenas convencer as partes, a sociedade, mas também possibilitar aos juízos superiores (2º e 3º graus de jurisdição) a análise da legalidade das decisões, em sede recursal.

---

[29] CPC/2015: "Art. 489. (...) § 1º Não se considera fundamentada qualquer decisão judicial, seja ela interlocutória, sentença ou acórdão, que: I – se limitar à indicação, à reprodução ou à paráfrase de ato normativo, sem explicar sua relação com a causa ou a questão decidida; II – empregar conceitos jurídicos indeterminados, sem explicar o motivo concreto de sua incidência no caso; III – invocar motivos que se prestariam a justificar qualquer outra decisão; IV – não enfrentar todos os argumentos deduzidos no processo capazes de, em tese, infirmar a conclusão adotada pelo julgador; V – se limitar a invocar precedente ou enunciado de súmula, sem identificar seus fundamentos determinantes nem demonstrar que o caso sob julgamento se ajusta àqueles fundamentos; VI – deixar de seguir enunciado de súmula, jurisprudência ou precedente invocado pela parte, sem demonstrar a existência de distinção no caso em julgamento ou a superação do entendimento".

[30] CPC/2015: "Art. 371. O juiz apreciará a prova constante dos autos, independentemente do sujeito que a tiver promovido, e indicará na decisão as razões da formação de seu convencimento".

8.2.6 Princípio do devido processo legal

Constitucionalmente previsto no art. 5º, LIV, de nossa Lei Maior, determina que ninguém será privado de sua liberdade ou de seus bens sem o devido processo legal.

Também denominado *due process of law*, o princípio do devido processo legal pode mesmo ser entendido como a condensação de vários outros princípios, como os do juiz natural, o do contraditório e o da ampla defesa, o do duplo grau de jurisdição, o da motivação das decisões, o da publicidade do processo, entre outros, o que permitirá a observância das máximas processuais, garantidoras de um processo legal, legítimo, escorreito e justo.

8.2.7 Princípio da razoável duração do processo

Introduzido no art. 5º, LXXVIII, da CF pela EC 45/2004, o princípio da razoável duração do processo, ou princípio da celeridade processual, assegura a todos a razoável duração do processo e os meios que garantam a celeridade de sua tramitação, seja em âmbito judicial ou administrativo.

Todavia, o Pacto de São José da Costa Rica, tratado de direitos humanos ratificado pelo Brasil pelo Decreto 678/1992, bem antes, já assegurava mencionado direito.

Em sede infraconstitucional, o art. 4º do CPC/2015 ratifica que "as partes têm o direito de obter em prazo razoável a solução integral do mérito, incluída a atividade satisfativa".

O intuito desse princípio constitucional fundamental é garantir a máxima efetividade do processo, com o menor dispêndio possível de recursos e de tempo. Porém, essa celeridade deve respeitar o devido processo legal, sendo, portanto, limitada.

8.2.8 Princípio do juiz natural

Juiz natural é aquele que é aprovado em concurso público de provas e títulos e toma posse legalmente depois de preenchidos todos os requisitos para tal ato administrativo. Este princípio foi introduzido pela Constituição da República de 1946, a qual dispunha que "Não haverá foro privilegiado nem juízes e tribunais de exceção".

A Constituição Federal de 1988, no mesmo passo, em seu art. 5º, XXXVII, dispõe que "não haverá juízo ou tribunal de exceção".

Da mesma forma, é vedada a criação de órgãos jurisdicionais após a ocorrência dos fatos.

8.2.9 Princípio da liceidade das provas

Este princípio tem como pressuposto que todas as provas obtidas para utilização na justiça devem ser obtidas licitamente. O regramento constitucional encontra-se insculpido no art. 5º, LVI, cujo teor indica que "São inadmissíveis, no processo, as provas obtidas por meios ilícitos".

Em sede infraconstitucional, o art. 369 do Código de Processo Civil de 2015 fixa que "as partes têm o direito de empregar todos os meios legais, bem como os moralmente legítimos, ainda que não especificados neste Código, para provar a verdade dos fatos em que se funda o pedido ou a defesa e influir eficazmente na convicção do juiz".

A doutrina pacificou o entendimento de que a prova obtida ilicitamente contamina todo o processo, de acordo com a teoria dos frutos da árvore envenenada[31] (*theory of the fruits of poisonous tree*).

A ilicitude da prova pode se apresentar de forma material ou formal. A ilicitude material emerge quando a prova deriva de um ato contrário ao direito e pelo qual se consegue um dado probatório, como, por exemplo: invasão domiciliar, violação de sigilo epistolar, quebra de segredo profissional, escuta clandestina, constrangimento físico ou moral na obtenção de confissão ou depoimento testemunhal.

Já a ilicitude formal se apresenta quando a prova decorre da forma ilegítima pela qual é produzida, embora seja lícita a sua origem. Podemos citar como

---

[31] "Mérito. Aplicação da teoria dos frutos da árvore envenenada. Declaração de nulidade dos votos para todos os efeitos, inclusive para a subtração do cômputo da legenda. Recálculo do coeficiente eleitoral. Concessão da liminar. Provimento parcial do agravo. 1 – É de se reconhecer o interesse de agir do postulante que possui interesse direto na declaração de nulidade dos votos da candidata cassada, ante a possibilidade de assunção do cargo. Condição da ação verificada utilizando a teoria do *status assertiones*. 2 – *In casu*, esta Corte reconheceu que o voto nulo, com vício na origem, não tem qualquer prestabilidade, ou seja, não pode gerar efeito algum, aplicando-se a teoria dos frutos da árvore envenenada. Desta feita, o voto viciado, não prestando para eleger um candidato, muito menos poderá servir em benefício de partido ou coligação a que o mesmo tenha feito parte para disputar o pleito, no curso do qual acabou tendo sua candidatura inviabilizada pela prática ilícita de captação de votos. Interpretação que confere maior eficácia ao comando normativo constitucional da liberdade do voto, da higidez e do equilíbrio das eleições, consubstanciada na igualdade de oportunidades entre os candidatos, partidos e coligações, essenciais para a existência do princípio democrático. 3 – Tratando do assunto específico da cassação motivada em captação ilícita de sufrágio e abuso de poder, o art. 222 do Código Eleitoral é claro em afirmar a invalidade da votação. 4 – Os efeitos da nulidade devem ser modulados somente para proteger eventual boa-fé do vereador ou suplente que, porventura, deva se retirar com o recálculo do coeficiente eleitoral, nova totalização e divulgação de resultados. De fato, os efeitos da nulidade não podem retroagir para prejudicar terceiros de boa-fé (devolução dos salários) ou desconstituir situações já consolidadas pelo tempo (atos legislativos consolidados), em homenagem ao princípio da segurança jurídica. Deixa-se de conhecer o pedido relativo à devolução de salários. 5 – Recurso parcialmente provido" (TREPE, AgRg-AC 2555-22.2014.6.17.0000, Rel. Des. Paulo Victor Vasconcelos de Almeida, *DJe* 10.04.2015, p. 11).

exemplos as razões de legalidade e moralidade como causas restritivas de livre atividade probatória do Poder Público.

8.2.10 Princípio da autoridade competente

Tal princípio, na verdade, é um corolário lógico do princípio do juiz natural, na medida em que a Constituição Federal[32] assegura aos jurisdicionados, com base no princípio da legalidade estrita, que as autoridades ou agentes políticos devem ser regularmente investidos no cargo, dentro da competência de cada órgão da jurisdição, seja federal, estadual, trabalhista, eleitoral ou militar.

8.2.11 Princípio da publicidade dos atos processuais

É importante destacar a importância do princípio da publicidade, na medida em que o processo não se restringe apenas às partes, mas é de pleno interesse de toda a sociedade. Ademais, sendo as decisões judiciais públicas, poderão nortear o comportamento dos juristas e dos indivíduos na judicialização das controvérsias.

Todavia, esse princípio não é absoluto, podendo o magistrado restringir a publicidade dos atos processuais. Essa situação ocorre, em regra, quando há litígios envolvendo direitos fundamentais, como a intimidade e a dignidade da pessoa humana.

Tais disposições encontram-se abarcadas pela Constituição Federal de 1988, em seus arts. 5º, LX, e 93, IX[33].

Este princípio também se encontra inserido no art. 10 da Declaração dos Direitos do Homem, de 1948, da ONU e no art. 11 do atual Código de Processo Civil, o qual preceitua que:

> Todos os julgamentos dos órgãos do Poder Judiciário serão públicos, e fundamentadas todas as decisões, sob pena de nulidade. Parágrafo único. Nos casos de segredo de justiça, pode ser autorizada a presença somente das partes, de seus advogados, de defensores públicos ou do Ministério Público.

---

[32] Assim dispõe o art. 5º, LIII, da Constituição da República: "Ninguém será processado nem sentenciado senão por autoridade competente".
[33] "Art. 5º (...) LX – a lei só poderá restringir a publicidade dos atos processuais quando a defesa da intimidade ou o interesse social o exigirem".
"Art. 93. (...) IX – todos os julgamentos dos órgãos do Poder Judiciário serão públicos, e fundamentadas todas as decisões, sob pena de nulidade, podendo a lei limitar a presença, em determinados atos, às próprias partes e a seus advogados, ou somente a estes, em casos nos quais a preservação do direito à intimidade do interessado no sigilo não prejudique o interesse público à informação".

8.2.12 Princípio do duplo grau de jurisdição

Consiste na possibilidade de impugnar a decisão judicial, que, dessa forma, seria reexaminada pelo mesmo ou outro órgão jurisdicional.

Este princípio indica a possibilidade de reanálise ou revisão, por via recursal, das lides julgadas pelo juízo de primeiro grau, garantindo, em tese, destarte, um novo julgamento por parte dos órgãos de jurisdição superior.

O princípio do duplo grau de jurisdição acha-se intrinsecamente relacionado à teoria da substituição no processo, que, a rigor, consiste na substituição da sentença pelo acórdão.

O presente princípio não se encontra contemplado na Constituição Federal de 1988, mas uma corrente doutrinária se posiciona no sentido de que ele está implícito no art. 5º, LV, da Magna Carta, que estatui:

> Art. 5º (...)
> LV – aos litigantes, em processo judicial ou administrativo, e aos acusados em geral são assegurados o contraditório e ampla defesa, com os meios e recursos a ela inerentes.

Porém, o Colendo Tribunal Superior do Trabalho o considera como simples norma de organização judiciária, e não garantia constitucional, deixando claro que o legislador infraconstitucional pode impor certa limitação recursal, como, por exemplo, na Lei 5.584/1970, que, em seu art. 2º, não admite recurso em ações de alçada (até dois salários mínimos), a não ser que haja ofensa direta à Constituição Federal.

Na mesma direção, a própria Constituição Federal impõe certas limitações conforme se depreende da leitura do seu art. 121, § 3º, o qual determina que "são irrecorríveis as decisões do Tribunal Superior Eleitoral, salvo as que contrariarem esta Constituição e as denegatórias de *habeas corpus* ou mandado de segurança".

Igualmente, o art. 102, I, também do Texto Maior, que trata da competência do Supremo Tribunal Federal, em suas causas de competência originária, que não possuem previsão de recurso para outro órgão estatal.

Embora muito relacionados, o princípio do devido processo legal e o do duplo grau de jurisdição não apresentam relação de dependência, conexão ou continência entre si, porque é possível assegurar o devido processo legal (princípio do acesso à jurisdição) sem o duplo grau de jurisdição e vice-versa.

8.3 PRINCÍPIOS DO PROCESSO CIVIL

8.3.1 Princípio da demanda ou da ação

Também conhecido como princípio da inércia da jurisdição, tem como sustentáculo a livre-iniciativa, ou seja, a jurisdição só se manifestará se provocada.

Em outras palavras: "O processo começa por iniciativa da parte e se desenvolve por impulso oficial, salvo as exceções previstas em lei", consoante dispõe o art. 2º do CPC/2015.

Em linhas gerais, só haverá a prestação da tutela jurisdicional, por intermédio do processo, se a parte interessada acionar o Estado-juiz.

Em âmbito processual trabalhista, há exceções a esse princípio, como, por exemplo, a execução promovida de ofício pelo juiz (CLT, art. 878), agora limitada com o advento da Lei 13.467/2017 para os casos em que as partes estejam desacompanhadas de advogado[34], e a "instauração da instância" pelo juiz presidente do Tribunal, em casos de greve (CLT, art. 856)[35].

No interior do princípio da demanda, podemos visualizar o princípio do impulso oficial ou inquisitivo.

Por este princípio, o juiz, uma vez provocado, deverá dar andamento ao processo, até o encerramento da função jurisdicional, ou seja, o juiz tem o dever de dar uma resposta aos interessados, colocando fim ao litígio, o que, indiretamente, colabora para a pacificação social.

O art. 765 da CLT preceitua que "Os juízos e tribunais do trabalho terão ampla liberdade na direção do processo e velarão pelo andamento rápido das causas, podendo determinar qualquer diligência necessária ao esclarecimento delas".

Percebe-se que o impulso oficial complementa o princípio da demanda, pois, ao ser acionado, o Estado-juiz movimenta-se com o objetivo de consumar o conflito.

8.3.2 Princípio da concentração dos atos processuais

Consagra a utilização da prática de vários atos processuais, em um único momento, ou em poucos procedimentos. No processo do trabalho, a regra conclama a prática de vários atos processuais em audiência, desde a análise do pedido (petição inicial) até a sentença.

Está relacionado tanto ao princípio da economia processual, quanto ao princípio da oralidade, posto que, em audiência, a prática da maioria dos atos processuais dar-se-á por expressão oral.

O princípio em lume encontra-se exteriorizado no art. 849 da CLT, o qual prevê que "A audiência de julgamento será contínua, mas se não for possível, por motivo de força maior, concluí-la no mesmo dia, o juiz ou o presidente marcará

---

[34] "Art. 878. A execução será promovida pelas partes, permitida a execução de ofício pelo Juiz ou Presidente do Tribunal apenas nos casos em que as partes não estiverem representadas por advogado".

[35] Em relação a este preceito celetista, muitos têm se manifestado sobre sua inconstitucionalidade, em face do disposto no art. 114, §§ 2º e 3º, da CF.

a sua continuação para a primeira desimpedida, independentemente de nova notificação".

Cristalino, ainda, o princípio no art. 852-C[36], da mesma norma consolidada, o qual determina que as ações sujeitas ao rito sumaríssimo serão instruídas e julgadas em uma única audiência.

8.3.3 Princípio da oralidade

De acordo com Nelson Nery Junior[37], "o princípio da oralidade consiste no conjunto de subprincípios que interagem entre si, com o objetivo de fazer com que seja acolhida oralmente a prova e julgada a causa pelo juiz que a colheu".

Por este princípio, a maioria dos atos processuais é praticada por expressão falada, sendo a sua aplicação visualizada nitidamente no direito processual do trabalho. Observe-se que, no processo trabalhista, o pedido e a defesa podem ser verbais, o mesmo ocorrendo com as razões finais, além dos depoimentos das próprias partes e das testemunhas.

A doutrina costuma subdividir o princípio da oralidade em princípio da concentração dos atos processuais, princípio da imediatidade, princípio da identidade física do juiz (este princípio foi afastado por meio de cancelamento de súmula pelo Tribunal Superior do Trabalho) e irrecorribilidade das decisões interlocutórias. Vejamos:

- Concentração dos atos processuais: significa dizer que, em regra, os atos processuais são praticados em um único momento. No processo do trabalho a celeridade é enfatizada mormente pelos litígios envolverem créditos de natureza alimentar. Neste passo, grande parcela dos atos processuais é desenvolvida em audiência, diante do juiz. Todos os documentos e provas devem ser inseridos no sistema do PJE (sistema judicial eletrônico) junto com a petição inicial, somente se aceitando inclusão posterior em caso de documento novo, em casos excepcionais.
- Princípio da imediatidade ou imediação: por este princípio, o juiz vinculado à ação tem um contato próximo, direto com as partes, bem como testemunhas, eventualmente o perito e terceiros, e com o próprio bem da vida em litígio. Essa proximidade faz com que o magistrado busque a verdade real, obtendo elementos que irão formar o seu convencimento para o deslinde da ação.

---

[36] "Art. 852-C. As demandas sujeitas a rito sumaríssimo serão instruídas e julgadas em audiência única, sob a direção de juiz presidente ou substituto, que poderá ser convocado para atuar simultaneamente com o titular. (Artigo acrescentado pela Lei nº 9.957, de 12.01.2000, DOU 13.01.2000, com efeitos a partir de 60 dias da data de publicação)".

[37] NERY JR., Nelson. *Código de Processo Civil comentado*. 13. ed. São Paulo: RT, 2013. p. 478.

O seu aparato legal, no direito processual do trabalho, encontra-se no art. 820 da CLT, que proporciona ao magistrado o direito de inquirir as partes e as testemunhas.

- Princípio da identidade física do juiz[38]: este princípio impõe que o juiz que atuou na instrução do processo (tomou o depoimento das partes, fez a oitiva das testemunhas, pediu esclarecimentos verbais ao perito) seja o mesmo a proferir a sentença.

Sem dúvida, essa determinação é relevante, pois o juiz, instruindo o processo, angaria elementos suficientes para formar o seu convencimento, possibilitando o resultado de uma decisão mais próxima da verdade real.

O art. 132 do CPC de 1973 previa esse princípio; todavia, o Tribunal Superior do Trabalho, por meio da Súmula 136, asseverava que ele não se aplicava às Varas do Trabalho. Atualmente, referida súmula encontra-se cancelada, gerando um entendimento no sentido da aplicação da identidade física do juiz no processo do trabalho.

Contudo, o CPC de 2015 não reproduz os dizeres do seu antecessor.

Entendemos que o juiz que instrui e se vincula diretamente ao processo possui melhores condições para julgá-lo, devendo ser, por isso, respeitado o princípio da identidade física do juiz, no processo do trabalho.

- Irrecorribilidade das decisões interlocutórias[39]: outra característica ou subprincípio da oralidade que tem por escopo assegurar a celeridade processual, evitando que decisões incidentes (interlocutórias) sejam a todo instante impugnadas. Essas decisões poderão ser atacadas ao fim do processo, por meio de recurso que discute a decisão definitiva.

8.3.4 Princípio da instrumentalidade

Igualmente conhecido como princípio da finalidade, consagra a validade de atos que, conquanto praticados de outra forma que não a exigida pela lei, atingem a sua finalidade, desde que não haja cominação de nulidade. Está

---

[38] "Súmula 136 do TST – Juiz. Identidade física. (cancelada). Não se aplica às Varas do Trabalho o princípio da identidade física do juiz (ex-Prejulgado nº 7)".

[39] "Súmula 214 – Decisão interlocutória. Irrecorribilidade. Nova redação. Na Justiça do Trabalho, nos termos do art. 893, § 1º, da CLT, as decisões interlocutórias não ensejam recurso imediato, salvo nas hipóteses de decisão: a) de Tribunal Regional do Trabalho contrária à Súmula ou Orientação Jurisprudencial do Tribunal Superior do Trabalho; b) suscetível de impugnação mediante recurso para o mesmo Tribunal; c) que acolhe exceção de incompetência territorial, com a remessa dos autos para Tribunal Regional distinto daquele a que se vincula o juízo excepcionado, consoante o disposto no art. 799, § 2º, da CLT".

consagrado no art. 188 do CPC/2015, para o qual "os atos e os termos processuais independem de forma determinada, salvo quando a lei expressamente a exigir, considerando-se válidos os que, realizados de outro modo, lhe preencham a finalidade essencial".

Complementando a ideia desse princípio, o art. 277, também do CPC/2015, assevera que *quando a lei prescrever determinada forma, sem cominação de nulidade, o juiz considerará válido o ato se, realizado de outro modo, lhe alcançar a finalidade.*

Também chamado de princípio da transcendência, consubstanciado na expressão "que não há nulidade formal se o desvio não tem transcendência em relação às garantias essenciais de defesa", ou no famoso brocardo francês *pas de nulité sans grief.*

Nesse sentido, o art. 794 da CLT:

> Art. 794. Nos processos sujeitos à apreciação da Justiça do Trabalho só haverá nulidade quando resultar dos atos inquinados manifesto prejuízo às partes litigantes.

8.3.5 Princípio da cooperação

Dispõe o art. 6º do CPC/2015 que todos os sujeitos do processo devem cooperar entre si para que se obtenha, em tempo razoável, decisão de mérito justa e efetiva. Entende-se que esse princípio, em verdade, decorre da evolução ao princípio do contraditório (contraditório participativo).

8.4 PRINCÍPIOS DO PROCESSO DO TRABALHO

Não obstante o processo do trabalho ser guiado pelos princípios constitucionais e se utilizar de alguns princípios do processo civil, entendemos existir outros que lhe são inerentes ou estão mais presentes em sua esfera.

8.4.1 Princípio do *jus postulandi*

Na esfera do processo do trabalho, tanto o empregado quanto o empregador podem atuar no processo, sem a necessidade de advogado. Essa faculdade não é absoluta, pois o Tribunal Superior do Trabalho exige, em alguns casos, que a parte esteja representada por um advogado, conforme se depreende da Súmula 425, *in verbis*:

> *Jus postulandi* **na Justiça do Trabalho. Alcance.** O *jus postulandi* das partes, estabelecido no art. 791 da CLT, limita-se às Varas do Trabalho e aos Tribunais Regionais do Trabalho, não alcançando a ação rescisória, a ação cautelar, o mandado de segurança e os recursos de competência do Tribunal Superior do Trabalho.

O *jus postulandi*, a nosso ver, é ínsito às ações que envolvam empregado e empregador, não sendo aplicado às relações de trabalho *lato sensu*, não obstante a EC 45/2004 tenha ampliado a competência material da Justiça do Trabalho.

Tal posicionamento pode ser compreendido por meio da interpretação da IN 27/2005 do TST, a qual determina que os honorários advocatícios decorrem da mera sucumbência, o que, indiretamente, pressupõe a presença obrigatória do advogado.

Agora, com a utilização apenas do PJE (Processo Judicial Eletrônico), cremos que ficará cada vez mais difícil para o trabalhador postular em juízo diretamente, em face das dificuldades que encontrará para inserir seu pleito no sistema, restando-lhe apenas o comparecimento nas Varas do Trabalho, para, perante o diretor da Vara, postular o seu direito material, para que seja consignado em termo circunscrito e, daí, encaminhado ao processo eletrônico, para fins de distribuição.

8.4.2 Princípio da proteção

Este princípio caminha em conjunto com o princípio da isonomia, e objetiva reduzir o desequilíbrio naturalmente existente na relação jurídica trabalhista, buscando a igualdade das partes, no âmbito processual, na lógica da paridade de armas.

Nos dizeres de Wagner Giglio[40], "O primeiro princípio concreto, de âmbito internacional, é o protecionista: o caráter tutelar do Direito Material do Trabalho se transmite e vigora também no Direito Processual do Trabalho".

Nada mais justo que o Direito Processual do Trabalho recepcionar e efetivar o princípio da proteção, posto que o processo, com seu caráter instrumental, tem como escopo concretizar as normas de direito material e realizar o amparo a direitos violados. Dessa forma, a proteção em âmbito processual nada mais é do que assegurar, efetivamente, o princípio protetor consagrado no Direito do Trabalho.

Para Mauro Schiavi[41]:

> Modernamente, poderíamos chamar esse protecionismo do processo trabalhista de princípio da igualdade substancial nas partes no processo trabalhista, que tem esteio constitucional (art. 5º, *caput*, e inciso XXXV da CF), pois o Juiz do Trabalho deve tratar igualmente os iguais e desigualmente os desiguais. A correção do desequilíbrio é eminentemente processual e deve ser efetivada pelo julgador, considerando não as regras do procedimento, mas também os princípios constitucionais e infraconstitucionais do processo do trabalho, as circunstâncias do caso concreto e o devido processo legal justo e efetivo.

---

[40] GIGLIO, Wagner. *Direito processual do trabalho*. 12. ed. São Paulo: Saraiva, 2002. p. 71.
[41] SCHIAVI, Mauro. *Manual de direito processual do trabalho*. 8. ed. São Paulo: LTr. p. 125.

Entretanto, isso não significa ferir o devido processo legal, sobretudo o princípio da isonomia ou da paridade de armas, por meio do qual se concedem às partes as mesmas oportunidades.

As normas processuais, a seguir elencadas, não são privilégios concedidos ao empregado, mas mecanismos assecuratórios de um processo justo, realizado em igualdade de condições.

Assim, antes do advento da Lei 13.467/2017, prevalecia no Brasil a isenção de pagamento de custas por parte dos empregados, a ausência destes em audiência inicial que implicava o arquivamento dos autos (extinção do processo sem julgamento do mérito), a não exigência do depósito recursal, a assistência judiciária gratuita, a possibilidade de a execução ser instaurada de ofício pelo magistrado e a inversão do ônus da prova são exemplos de normas que buscam equilibrar a relação processual, seja pelo fato de um empregado possuir dificuldades financeiras, percalços em obter meios de prova e, em muitos casos, pela própria ignorância e sentimento de pavor que dominam grande parcela dos trabalhadores no Brasil.

Porém, a partir da Lei 13.467/2017, a ausência do reclamante na audiência inicial passou a ser regulada pelo art. 844, em seus parágrafos:

> § 2º Na hipótese de ausência do reclamante, este será condenado ao pagamento das custas calculadas na forma do art. 789 desta Consolidação, ainda que beneficiário da justiça gratuita, salvo se comprovar, no prazo de quinze dias, que a ausência ocorreu por motivo legalmente justificável.
>
> § 3º O pagamento das custas a que se refere o § 2º é condição para a propositura de nova demanda.

Com a alteração do art. 878 da CLT promovida pela Lei 13.467/2017, a execução *ex officio* pelo magistrado somente será possível se a parte interessada estiver desacompanhada de advogado.

E a gratuidade de justiça passou a ter um novo regramento, conforme podemos observar da nova redação do art. 790 da CLT em seus parágrafos:

> § 3º É facultado aos juízes, órgãos julgadores e presidentes dos tribunais do trabalho de qualquer instância conceder, a requerimento ou de ofício, o benefício da justiça gratuita, inclusive quanto a traslados e instrumentos, àqueles que perceberem salário igual ou inferior 40% (quarenta por cento) do limite máximo dos benefícios do Regime Geral de Previdência Social.
>
> § 4º O benefício da justiça gratuita será concedido à parte que comprovar insuficiência de recursos para o pagamento das custas do processo.

A partir do advento desta nova Lei, não basta a parte afirmar que não tem condições de arcar com as despesas processuais, pois a Lei exige que a parte comprove, ou seja, demonstre insuficiência de recursos para o pagamento das custas do processo, o que poderá ser feito por cópia da CTPS, dos contracheques, extratos bancários ou da Declaração Anual do Imposto de Renda. Na hipótese de a parte solicitante receber salário igual ou inferior a 40% do teto máximo do benefício da Previdência Social, já há uma presunção de hipossuficiência e, portanto, fará jus ao benefício da justiça gratuita.

E o art. 791-A também foi acrescido pela Lei 13.467/2017, com a seguinte redação:

> § 4º Vencido o beneficiário da justiça gratuita, desde que não tenha obtido em juízo, ainda que em outro processo, créditos capazes de suportar a despesa, as obrigações decorrentes de sua sucumbência ficarão sob condição suspensiva de exigibilidade e somente poderão ser executadas se, nos dois anos subsequentes ao trânsito em julgado da decisão que as certificou, o credor demonstrar que deixou de existir a situação de insuficiência de recursos que justificou a concessão de gratuidade, extinguindo-se, passado esse prazo, tais obrigações do beneficiário.
> § 5º São devidos honorários de sucumbência na reconvenção.

Dessa forma, vemos que o reclamante somente se livrará, definitivamente, das despesas processuais, mesmo que beneficiário da justiça gratuita, dois anos após o trânsito em julgado da decisão, e mesmo assim se o credor não conseguir demonstrar que houve alteração patrimonial ou financeira suscetível de possibilitar o pagamento daquelas despesas.

Essa regra aproximou o Processo do Trabalho do Processo Civil, que possui regramento idêntico, porém, com um prazo mais dilatado, ou seja, 5 anos[42] para que se verifique a possibilidade de mudança patrimonial do réu para arcar com as despesas processuais.

No que concerne ao empregador, este poderá obter isenção do pagamento das custas e do pagamento do depósito recursal, na forma da lei. Ainda, no que se refere ao empregador, as regras sobre as consequências de sua ausência em

---

[42] Art. 98 CPC/15: "(...) § 3º Vencido o beneficiário, as obrigações decorrentes de sua sucumbência ficarão sob condição suspensiva de exigibilidade e somente poderão ser executadas se, nos 5 (cinco) anos subsequentes ao trânsito em julgado da decisão que as certificou, o credor demonstrar que deixou de existir a situação de insuficiência de recursos que justificou a concessão de gratuidade, extinguindo-se, passado esse prazo, tais obrigações do beneficiário. § 4º A concessão de gratuidade não afasta o dever de o beneficiário pagar, ao final, as multas processuais que lhe sejam impostas. § 5º A gratuidade poderá ser concedida em relação a algum ou a todos os atos processuais, ou consistir na redução percentual de despesas processuais que o beneficiário tiver de adiantar no curso do procedimento. § 6º Conforme o caso, o juiz poderá conceder direito ao parcelamento de despesas processuais que o beneficiário tiver de adiantar no curso do procedimento".

audiência, outrora rígidas (revelia e confissão), foram atenuadas com a nova redação do art. 844 da CLT, modificado pela reforma trabalhista:

> (...)
>
> § 4º A revelia não produz o efeito mencionado no caput deste artigo se:
>
> I – havendo pluralidade de reclamados, algum deles contestar a ação;
>
> II – o litígio versar sobre direitos indisponíveis;
>
> III – a petição inicial não estiver acompanhada de instrumento que a lei considere indispensável à prova do ato;
>
> IV – as alegações de fato formuladas pelo reclamante forem inverossímeis ou estiverem em contradição com prova constante dos autos.
>
> § 5º Ainda que ausente o reclamado, presente o advogado na audiência, serão aceitos a contestação e os documentos eventualmente apresentados.

Novamente, valemo-nos das palavras de Wagner Giglio[43], para quem

> justo é tratar desigualmente os desiguais, na mesma proporção em que se desigualam, e o favorecimento é qualidade da lei e não defeito do juiz, que deve aplicá-la com objetividade, sem permitir que suas tendências pessoais influenciem seu comportamento. Em suma: o trabalhador é protegido pela lei, e não pelo juiz.

O princípio em tela deve ser aplicado aos detentores do contrato de emprego, os chamados empregados ou trabalhadores subordinados, o que não deve ocorrer, em nosso entendimento, nos casos de extensão da competência material da Justiça do Trabalho (EC 45/2004).

8.4.3 Princípio da conciliação

Conquanto este princípio apareça em outros ramos processuais, é no Processo do Trabalho que se apresenta com maior destaque.

A própria CLT, nos arts. 764 e 831, impõe aos magistrados a necessidade de se tentar a conciliação. Tanto é verdade que a tentativa de conciliação deverá ocorrer em dois momentos distintos no curso do processo. Primeiramente, "Aberta a audiência, o Juiz ou Presidente proporá a conciliação" (CLT, art. 846). Em segundo plano, temos a tentativa de conciliação, após a apresentação das razões finais pelas partes, cujo comando se encontra no art. 850 da CLT. No rito sumaríssimo, a conciliação pode ser trabalhada ao longo de toda a audiência[44].

---

[43] Ibidem, p. 73.
[44] Rito Sumaríssimo: "Art. 852-E. Aberta a sessão, o juiz esclarecerá as partes presentes sobre as vantagens da conciliação e usará os meios adequados de persuasão para a solução conciliatória do litígio, em qualquer fase da audiência".

A conciliação, aos olhos do Processo do Trabalho, torna-se tão importante que seus efeitos podem ser equiparados à coisa julgada, posto não ser passível de recurso, podendo ser somente atacada por ação rescisória[45] (Súmula 259 do TST).

8.4.4 Princípio da normatização coletiva

De forma exclusiva, a Justiça do Trabalho brasileira é a única que tem o condão de criar normas gerais e abstratas, por meio de sentença (tecnicamente, acórdão), que irão incidir de forma obrigatória nos contratos individuais de trabalho de integrantes pertencentes à categoria profissional envolvida no processo coletivo (dissídio coletivo).

É o denominado poder normativo da Justiça do Trabalho, ou seja, em situações de conflito coletivo, quando provocada, a Justiça do Trabalho poderá criar normas e condições de trabalho para dirimir o conflito, função essa ínsita, originariamente, ao Poder Legislativo.

Essa permissão "legislativa" encontra-se respaldada no art. 114, § 2º, da CF. Todavia, esse poder normativo não é pleno, esbarrando em limites fixados pela própria Constituição Federal, por normas de ordem pública de caráter protetivo para o trabalhador, por matérias de natureza estritamente legais, bem como por cláusulas contidas em acordos, convenções e sentenças normativas anteriormente estabelecidas.

8.4.5 Princípio da ultrapetição

Por meio deste princípio, permite-se ao magistrado o julgamento fora do pedido, em casos específicos, a notar:

1) nos casos de litigância de má-fé, consoante o art. 80[46] do CPC/2015. O juiz, de ofício ou a requerimento, condenará o litigante a indenizar a parte contrária dos prejuízos, mais honorários advocatícios e despesas, conforme o art. 81[47] do CPC/2015;

---

[45] Para alguns, o remédio cabível para atacar o termo de conciliação lavrado em audiência trabalhista seria a ação anulatória.

[46] "Art. 80. Considera-se litigante de má-fé aquele que: I – deduzir pretensão ou defesa contra texto expresso de lei ou fato incontroverso; II – alterar a verdade dos fatos; III – usar do processo para conseguir objetivo ilegal; IV – opuser resistência injustificada ao andamento do processo; V – proceder de modo temerário em qualquer incidente ou ato do processo; VI – provocar incidente manifestamente infundado; VII – interpuser recurso com intuito manifestamente protelatório".

[47] "Art. 81. De ofício ou a requerimento, o juiz condenará o litigante de má-fé a pagar multa, que deverá ser superior a um por cento e inferior a dez por cento do valor corrigido da

2) nos casos em que a obrigação consistir em prestações periódicas, as quais se considerarão incluídas no pedido, independentemente de declaração expressa do autor, de conformidade com o art. 323[48] do CPC;
3) no caso das obrigações de fazer ou não fazer, consoante o art. 497[49] do CPC/2015, nos quais o magistrado pode conceder a tutela específica, bem como impor multa diária ao réu, independentemente do pedido do autor;
4) nas situações em que a reintegração do empregado estável for desaconselhável, dado o grau de incompatibilidade resultante do dissídio, quando o empregador for pessoa física[50];
5) nos casos em que haja pleito de readmissão ou reintegração do empregado, nos quais o magistrado poderá condenar o réu ao pagamento dos salários e multa diária pelo retardamento no cumprimento da decisão (CLT, art. 729[51]).

---

causa, a indenizar a parte contrária pelos prejuízos que esta sofreu e a arcar com os honorários advocatícios e com todas as despesas que efetuou. § 1º Quando forem 2 (dois) ou mais os litigantes de má-fé, o juiz condenará cada um na proporção de seu respectivo interesse na causa ou solidariamente aqueles que se coligaram para lesar a parte contrária. § 2º Quando o valor da causa for irrisório ou inestimável, a multa poderá ser fixada em até 10 (dez) vezes o valor do salário mínimo. § 3º O valor da indenização será fixado pelo juiz ou, caso não seja possível mensurá-lo, liquidado por arbitramento ou pelo procedimento comum, nos próprios autos".

[48] "Art. 323. Na ação que tiver por objeto cumprimento de obrigação em prestações sucessivas, essas serão consideradas incluídas no pedido, independentemente de declaração expressa do autor, e serão incluídas na condenação, enquanto durar a obrigação, se o devedor, no curso do processo, deixar de pagá-las ou de consigná-las".

[49] "Art. 497. Na ação que tenha por objeto a prestação de fazer ou de não fazer, o juiz, se procedente o pedido, concederá a tutela específica ou determinará providências que assegurem a obtenção de tutela pelo resultado prático equivalente. Parágrafo único. Para a concessão da tutela específica destinada a inibir a prática, a reiteração ou a continuação de um ilícito, ou a sua remoção, é irrelevante a demonstração da ocorrência de dano ou da existência de culpa ou dolo".

[50] "Art. 496. Quando a reintegração do empregado estável for desaconselhável, dado o grau de incompatibilidade resultante do dissídio, especialmente quando for o empregador pessoa física, o tribunal do trabalho poderá converter aquela obrigação em indenização devida nos termos do artigo seguinte". Súmula 396 do TST: "Estabilidade provisória. Pedido de reintegração. Concessão do salário relativo ao período de estabilidade já exaurido. Inexistência de julgamento 'extra petita'. I – Exaurido o período de estabilidade, são devidos ao empregado apenas os salários do período compreendido entre a data da despedida e o final do período de estabilidade, não lhe sendo assegurada a reintegração no emprego. (ex-OJ nº 116 da SBDI-1 – inserida em 01.10.1997). II – Não há nulidade por julgamento 'extra petita' da decisão que deferir salário quando o pedido for de reintegração, dados os termos do art. 496 da CLT. (ex-OJ nº 106 da SBDI-1 – inserida em 20.11.1997)".

[51] "Art. 729. O empregador que deixar de cumprir decisão passada em julgado sobre a readmissão ou reintegração de empregado, além do pagamento dos salários deste, incorrerá

A litigância de má-fé foi acrescida à CLT pela Lei 13.467/2017 sob o título "Da Responsabilidade por dano processual", nos artigos 793-A e seguintes:

> Art. 793-A. Responde por perdas e danos aquele que litigar de má-fé como reclamante, reclamado ou interveniente.
>
> Art. 793-B. Considera-se litigante de má-fé aquele que:
>
> I – deduzir pretensão ou defesa contra texto expresso de lei ou fato incontroverso;
>
> II – alterar a verdade dos fatos;
>
> III – usar o processo para conseguir objetivo ilegal;
>
> IV – opuser resistência injustificada ao andamento do processo;
>
> V – proceder de modo temerário em qualquer incidente ou ato do processo;
>
> VI – provocar incidente manifestamente infundado;
>
> VII – interpuser recurso com intuito manifestamente protelatório.
>
> Art. 793-C. De ofício ou a requerimento, o juízo condenará o litigante de má-fé a pagar multa, que deverá ser superior a 1% (um por cento) e inferior a 10% (dez por cento) do valor corrigido da causa, a indenizar a parte contrária pelos prejuízos que esta sofreu e a arcar com os honorários advocatícios e com todas as despesas que efetuou.
>
> § 1º Quando forem dois ou mais os litigantes de má-fé, o juízo condenará cada um na proporção de seu respectivo interesse na causa ou solidariamente aqueles que se coligarem para lesar a parte contrária.
>
> § 2º Quando o valor da causa for irrisório ou inestimável, a multa poderá ser fixada em até duas vezes o limite máximo dos benefícios do Regime Geral de Previdência Social.
>
> § 3º O valor da indenização será fixado pelo juízo ou, caso não seja possível mensurá-lo, liquidado por arbitramento ou pelo procedimento comum, nos próprios autos.
>
> Art. 793-D. Aplica-se a multa prevista no art. 793-C desta Consolidação à testemunha que intencionalmente alterar a verdade dos fatos ou omitir fatos essenciais ao julgamento da causa.
>
> Parágrafo único: A execução da multa prevista neste artigo dar-se-á nos mesmos autos.

Verifica-se, assim, que até mesmo a testemunha será condenada a pagar a multa prevista na hipótese de agir de forma contrária ao direito, mentindo em juízo, ou alterando a verdade dos fatos, evento que se coaduna com os princípios éticos do processo, à luz do neoprocessualismo.

---

na multa de Cr$ 10,00 (dez cruzeiros) a Cr$ 50,00 (cinquenta cruzeiros) por dia, até que seja cumprida a decisão".

IX

COMPETÊNCIA DA JUSTIÇA DO TRABALHO

9.1 COMPETÊNCIA: CONCEITOS INTRODUTÓRIOS

Podemos observar que a jurisdição é a atividade estatal de solução dos conflitos; por meio dela, o Estado substitui os envolvidos e faz prevalecer a sua decisão heterônoma, que, em determinado momento, no curso do processo, torna-se imutável, eis que revestida sobre o manto da coisa julgada.

A jurisdição pode ser entendida como poder-dever do Estado, no sentido de pacificar os conflitos sociais e assegurar a ordem jurídica. Pode ser vista também como uma atividade estatal, no que se refere aos atos praticados pelo magistrado no processo, com a finalidade de pacificar os conflitos de interesses, pela aplicação do direito ao caso concreto, utilizando-se do direito objetivo.

Na medida em que é uno o poder[1] do Estado, a jurisdição, como função deste, e emanação da soberania[2], também é una e indivisível. Todavia, sua atuação

---

[1] Para nós, quem melhor definiu poder foi Max Weber, em sua célebre obra *Economia e sociedade* (São Paulo: Max Limonad, 2006. p. 345), para quem "poder é a faculdade ou prerrogativa de impor a própria vontade, mesmo em face de resistências", enquanto política "é a arte ou a técnica do exercício do poder".

[2] O conceito de soberania se transformou radicalmente desde sua criação por Jean Bodin. Concebida inicialmente para dar legitimidade ao soberano absolutista (despótico) e revesti-lo de um poder autocrático, ilimitado, que emanava da própria divindade, que lhe outorgava o direito à irresponsabilidade (*the king can do no wrong*), até de vida e morte sobre o povo, que lhe devia obediência irrestrita, contemporaneamente o conceito passou a significar o poder político máximo que emana da Constituição Federal. Alterou o foco da soberania: da pessoa do soberano ou governante passou para o texto constitucional, enquanto o conceito se expressa no poder político máximo, em duplo sentido: interno (em face de toda a sociedade) e externo (de não permitir ingerência em seus assuntos domésticos por Estados estrangeiros).

encontra-se partilhada entre inúmeros órgãos judiciários, os quais a exercem segundo critérios fixados pelas normas constitucionais e infraconstitucionais.

É neste diapasão que podemos compreender a competência como sendo uma parcela ou partilhamento da jurisdição. A competência estipula regras, fixando limites para que os vários órgãos do Poder Judiciário possam realizar suas atribuições jurisdicionais. É o exercício da jurisdição delimitado pela lei.

Na visão de Dinamarco[3]:

> é conjunto das atribuições jurisdicionais de cada órgão ou grupo de órgãos, estabelecidas pela Constituição e pela lei. Ela também é conceituada como medida de jurisdição (definição tradicional) ou quantidade de jurisdição cujo exercício é atribuído a um órgão ou grupo de órgãos (Liebman).

Voltamos a afirmar que todo juiz investido regularmente é possuidor de jurisdição, mas a competência para exercê-la está atrelada aos limites fixados em lei.

Nesse sentido, Humberto Theodoro Jr.[4] assevera:

> Se todos os juízes têm jurisdição, nem todos, porém, se apresentam com competência para conhecer e julgar determinado litígio.

A competência é distribuída a vários órgãos da jurisdição, justamente para oferecer uma prestação jurisdicional mais eficaz, na medida em que há órgãos especializados, e também para gerar uma prestação jurisdicional ética e segura, pois se evita, desta forma, que um único órgão julgador detenha o monopólio de atuação.

9.2 REGRAS GERAIS PARA SE VERIFICAR QUAL O ÓRGÃO COMPETENTE

Para se verificar corretamente em qual órgão jurisdicional a demanda deve ser aforada, a doutrina[5] criou um mecanismo por meio do qual se conseguem apurar todas as seis espécies de competência. Dessa forma, temos que verificar:

a) se o processo não é de competência originária dos Tribunais de superposição – STF ou STJ;

---

[3] DINAMARCO, Cândido Rangel. Op. cit., 2001, p. 411.
[4] THEODORO JR., Humberto. *Curso de direito processual civil*. 53. ed. Rio de Janeiro: Forense, 2012. v. 1, p. 179.
[5] CINTRA, Antonio Carlos de Araújo; GRINOVER, Ada Pellegrini; DINAMARCO, Cândido Rangel. *Teoria geral do processo*. 25. ed. São Paulo: Malheiros, 2009. p. 250-251. No mesmo sentido: GONÇALVES, Marcus Vinicius Rios. *Novo curso de direito processual civil*: teoria geral e processo de conhecimento (1ª parte). 13. ed. São Paulo: Saraiva, 2016. v. 1, p. 90.

b) qual a justiça competente, comum ou especial. Se for da justiça especial, deve-se verificar se são competentes os órgãos de primeira instância ou os respectivos tribunais;

c) se for a justiça comum, deve-se apurar se a competência é da justiça federal ou estadual;

d) se a competência é originária dos tribunais federais ou estaduais. Em não sendo,

e) qual o foro competente;

f) qual o juízo competente.

Na Justiça do Trabalho, não temos que percorrer todo esse *iter*, mas podemos utilizá-lo como parâmetro para entendermos e aplicarmos as regras de competência. Assim, podemos estipular o seguinte roteiro:

a) se o processo não é de competência originária dos Tribunais de superposição – STF ou STJ – e verificando-se que é da justiça trabalhista (especial), devemos:

b) verificar se são competentes os Tribunais – TST ou TRTs (competência originária) – para o julgamento, caso não o sejam:

c) a verificação consistirá em determinar qual o foro competente (circunscrição territorial ou comarcas) que possui um juízo competente (vara do trabalho – primeiro grau de jurisdição).

9.3 CRITÉRIOS FIXADORES DA COMPETÊNCIA

A competência de um determinado órgão jurisdicional é fixada, tradicionalmente, com fulcro em três critérios: objetivo, funcional e territorial.

Nessa senda, a competência no sistema processual brasileiro sofreu influência da tradicional classificação de Chiovenda, a qual leva em consideração os seguintes elementos:

Objetivo – que engloba a *competência material* e a *competência em razão do valor da causa*. Ambas levam em consideração os elementos da demanda. Aqui, cabe observar que esse critério não considerou a competência em razão da pessoa, pois Giuseppe Chiovenda, quando da criação desse esquema de repartição de competências, o fez de acordo com a realidade processual italiana[6]. Portanto, ausente o elemento "partes".

O critério *em razão da matéria* se pauta na relação jurídica substancial controvertida. Fundamenta-se na causa de pedir, pois esta apresenta os fatos narrados

---

[6] DINAMARCO, Cândido Rangel. Op. cit., 2001, p. 439.

e os fundamentos de direito material que serão pleiteados na demanda, isto é, a natureza do conflito, como, por exemplo, matérias cíveis, criminais e envolvendo relações de trabalho.

Dessa forma, indica qual Justiça irá julgar a demanda. Por exemplo, a Justiça comum é incompetente para julgar relação de emprego[7].

Por sua vez, a competência *em razão do valor da causa* determina a competência de diferentes juízos, tomando por base o valor imputado ao pedido, que também é um dos elementos da demanda. O exemplo significativo desse critério são os Juizados Especiais Federais Cíveis, cuja competência abarca somente demandas cujo valor não exceda 60 salários mínimos (art. 3º da Lei 10.259/2001).

No processo do trabalho, o valor da causa não define a competência da Justiça do Trabalho, servindo, tão somente, para apontar qual o procedimento a ser adotado para o julgamento da causa (ordinário, sumaríssimo ou sumário).

Em que pese a classificação tradicional supraexposta não incluir o elemento identificador da ação "partes" (pessoas que estão atuando no processo), muitos doutrinadores entendem que o critério objetivo também deve abarcar a *competência em razão da pessoa*, a qual leva em consideração as características ou particularidades das partes envolvidas.

Funcional – estipula a organização das funções dentro de um processo, ou seja, articula as relações entre os órgãos jurisdicionais no curso das fases processuais. Assim, leva em consideração quem deve atuar (qual órgão) naquele momento processual (fase). Frequentemente, a doutrina classifica esse critério em horizontal e vertical.

Sob o prisma horizontal, vislumbra-se a prática de atos processuais, no mesmo processo, por órgãos jurisdicionais distintos, mas de igual hierarquia (mesma instância).

> É o que ocorre, por exemplo, quando um determinado juízo expede uma ou mais cartas precatórias para a oitiva de testemunhas. É que, neste caso, a competência do juízo deprecado para a prática deste ato decorre justamente em virtude de o mesmo estar imbuído de "competência funcional horizontal"[8].

Outro exemplo seria a competência para julgar o incidente de inconstitucionalidade em um Tribunal, conforme os arts. 948 a 950[9] do CPC/2015.

---

[7] Idem, p. 425.
[8] HARTMANN, Rodolfo Kronemberg. *Curso completo de processo civil*. Niterói: Impetus, 2014. p. 38.
[9] "Art. 948. Arguida, em controle difuso, a inconstitucionalidade de lei ou de ato normativo do poder público, o relator, após ouvir o Ministério Público e as partes, submeterá a questão à turma ou à câmara à qual competir o conhecimento do processo. Art. 949.

O critério funcional no aspecto vertical leva em consideração a hierarquia entre os órgãos jurisdicionais, sendo exemplo a competência recursal de um órgão ou a competência originária, como no caso da ação rescisória.

Territorial – determina a área geográfica onde os órgãos irão atuar, vale dizer, determina a circunscrição territorial de exercício dos vários órgãos jurisdicionais. É também denominado de competência de foro (unidades territoriais para o exercício da jurisdição).

O Código de Processo Civil adotou regras sobre a distribuição de competência de forma mais singela, pois apenas estabeleceu os critérios da competência territorial. Os demais critérios estão dispostos na Constituição Federal ou nos regimentos dos Tribunais. Tal posicionamento é retirado da regra do art. 44 da aludida legislação adjetiva:

> Art. 44. Obedecidos os limites estabelecidos pela Constituição Federal, a competência é determinada pelas normas previstas neste Código ou em legislação especial, pelas normas de organização judiciária e, ainda, no que couber, pelas constituições dos Estados.

Cumpre salientar que os aludidos critérios não se excluem; ao revés, em muitos casos, serão aplicados em conjunto, conforme esquema de verificação retromencionado: i) se os fatos envolvem matéria trabalhista (competência material); ii) se a competência é originária do TRT ou do TST (competência funcional); iii) em não sendo, qual o foro competente (territorial).

Em relação à competência territorial, em caso de controvérsia, a Lei 13.467/2017 regulamentou o incidente de exceção de incompetência territorial, nos termos do artigo 800, cuja redação transcrevemos:

Se a arguição for: I – rejeitada, prosseguirá o julgamento; II – acolhida, a questão será submetida ao plenário do tribunal ou ao seu órgão especial, onde houver. Parágrafo único. Os órgãos fracionários dos tribunais não submeterão ao plenário ou ao órgão especial a arguição de inconstitucionalidade quando já houver pronunciamento destes ou do plenário do Supremo Tribunal Federal sobre a questão. Art. 950. Remetida cópia do acórdão a todos os juízes, o presidente do tribunal designará a sessão de julgamento. § 1º As pessoas jurídicas de direito público responsáveis pela edição do ato questionado poderão manifestar-se no incidente de inconstitucionalidade se assim o requererem, observados os prazos e as condições previstos no regimento interno do tribunal. § 2º A parte legitimada à propositura das ações previstas no art. 103 da Constituição Federal poderá manifestar-se, por escrito, sobre a questão constitucional objeto de apreciação, no prazo previsto pelo regimento interno, sendo-lhe assegurado o direito de apresentar memoriais ou de requerer a juntada de documentos. § 3º Considerando a relevância da matéria e a representatividade dos postulantes, o relator poderá admitir, por despacho irrecorrível, a manifestação de outros órgãos ou entidades".

Art. 800. Apresentada exceção de incompetência territorial no prazo de cinco dias a contar da notificação, antes da audiência e em peça que sinalize a existência dessa exceção, seguir-se-á o procedimento estabelecido no artigo.

§ 1º Protocolada a petição, será suspenso o processo e não se realizará a audiência a que se refere o art. 843 desta Consolidação até que se decida a exceção.

§ 2º Os autos serão imediatamente conclusos ao juiz, que intimará o reclamante e, se existentes, os litisconsortes, para manifestação no prazo comum de cinco dias.

§ 3º Se entender necessária a produção de prova oral, o juízo designará audiência, garantindo o direito de o excipiente e de suas testemunhas serem ouvidos, por carta precatória, no juízo que este houver indicado como competente.

§ 4º Decidida a exceção de incompetência territorial, o processo retomará seu curso, com a designação de audiência, a apresentação de defesa e a instrução processual perante o juízo competente. (NR)

Observamos um procedimento específico para superar este incidente processual, relacionado à competência territorial do juízo, que poderá inclusive designar audiência e ouvir testemunhas com vistas a pacificar o conflito e dar prosseguimento à demanda. Neste ponto, a nova CLT, na nova redação do art. 800, caminha em sentido oposto ao CPC/2015, que extinguiu a exceção de incompetência e a transformou em um capítulo da contestação (art. 337, II, CPC/2015).

Tal sistemática tem por objetivo evitar manobras fraudulentas utilizadas por reclamantes que ajuizavam reclamações em locais distantes do local da prestação de serviços no intuito de dificultar a defesa do réu.

O prazo para a arguição da incompetência é de 5 dias, a contar da data da citação, restando preclusa a oportunidade se não a exercer, já que não poderá renová-la na data da audiência.

9.4 CLASSIFICAÇÃO

9.4.1 Competência originária e derivada

A competência originária determina onde ocorrerá o ajuizamento da demanda, ou seja, onde o processo deve tramitar inicialmente. Indica qual órgão jurisdicional tem competência para, em primeiro lugar, conhecer da causa. Conquanto a regra seja a atribuição da competência originária aos órgãos de primeira instância (Varas do Trabalho), excepcionalmente, por força da lei, temos hipótese em que a ação deve ser apresentada, originariamente, em tribunais, como ocorre com a ação rescisória e o dissídio coletivo na Justiça do Trabalho (os quais "nascem" no TRT ou no TST).

A competência derivada, também chamada de recursal, é a concedida aos órgãos que, dentre as suas atribuições, podem julgar recursos. Em regra, essa competência é atribuída aos tribunais. Todavia, o nosso sistema processual permite que o próprio juízo de primeira instância tenha competência recursal, como no caso de embargos de declaração (art. 897-A da CLT e art. 994, IV, do CPC/2015).

Ambas tipificam hipótese de competência absoluta e funcional.

9.4.2 Competência relativa e competência absoluta

A competência absoluta é instituída considerando-se fatores de ordem pública, ou seja, interesses da sociedade. Não pode ser modificada ou derrogada pela vontade das partes, nem por conexão ou continência.

A incompetência absoluta pode ser alegada a qualquer tempo, pelas partes, ou ser declarada de ofício pelo julgador (art. 64[10], § 1º, do CPC/2015). São exemplos de competência absoluta, no processo do trabalho, os critérios que envolvem matéria, pessoa e hierarquia (funcional).

Já a competência relativa[11] está calcada em regras que atendem, primordialmente, aos interesses das partes, ou seja, a lei determina o foro competente, mas as partes podem alterá-lo.

A incompetência relativa somente pode ser alegada pelo réu, em preliminar na contestação, sob pena de prorrogação de competência do juízo (juiz relativamente incompetente passa a ser competente). O juiz não pode declará-la de ofício (OJ 149 da SDI-II do TST).

A competência relativa pode ser alterada quer pelo foro de eleição (**regra não aplicada ao processo do trabalho**), quer pela não apresentação da exceção de incompetência (em preliminar de contestação – arts. 64 e 337[12], II, do CPC/2015

---

[10] "Art. 64. A incompetência, absoluta ou relativa, será alegada como questão preliminar de contestação. § 1º A incompetência absoluta pode ser alegada em qualquer tempo e grau de jurisdição e deve ser declarada de ofício. § 2º Após manifestação da parte contrária, o juiz decidirá imediatamente a alegação de incompetência. § 3º Caso a alegação de incompetência seja acolhida, os autos serão remetidos ao juízo competente. § 4º Salvo decisão judicial em sentido contrário, conservar-se-ão os efeitos de decisão proferida pelo juízo incompetente até que outra seja proferida, se for o caso, pelo juízo competente".

[11] "Art. 65. Prorrogar-se-á a competência relativa se o réu não alegar a incompetência em preliminar de contestação. Parágrafo único. A incompetência relativa pode ser alegada pelo Ministério Público nas causas em que atuar".

[12] "Art. 337. Incumbe ao réu, antes de discutir o mérito, alegar: I – inexistência ou nulidade da citação; II – incompetência absoluta e relativa; III – incorreção do valor da causa; IV – inépcia da petição inicial; V – perempção; VI – litispendência; VII – coisa julgada; VIII – conexão; IX – incapacidade da parte, defeito de representação ou falta de autorização; X – convenção de arbitragem; XI – ausência de legitimidade ou de interesse processual; XII – falta de caução ou de outra prestação que a lei exige como preliminar; XIII – indevida concessão do benefício de gratuidade de justiça".

e arts. 799[13] e 800[14] da CLT, que agora possui uma nova redação de acordo com a Lei 13.467/2017) e também pela conexão e continência.

São exemplos de critérios relativos a competência territorial e o valor da causa, lembrando que este último não é utilizado no processo do trabalho.

9.4.3 Competência de juízo ou por distribuição

Em nosso sistema processual, juízo corresponde ao órgão jurisdicional de primeira instância – usualmente chamado de *vara* – que se localiza em um determinado foro. Suas regras estão fixadas em leis de organização judiciária e se tipificam como uma competência absoluta, ou seja, sua violação pode ser reconhecida de ofício pelo juiz ou arguida pela parte demandada, conforme o art. 64, § 1º, do CPC/2015.

A competência de juízo indica qual órgão competente, dentro de um foro, receberá e conduzirá o processo desde o seu nascimento, bem como os órgãos que possuem competência para apreciar eventuais recursos interpostos.

Nas preclaras palavras de Dinamarco[15],

> competência de juízo é a quantidade de jurisdição cujo exercício se atribui a um específico órgão judiciário ou a órgãos da mesma espécie, pertencentes à mesma Justiça, localizados no mesmo grau de jurisdição e ocupando a mesma base territorial.

Sobre a utilidade dessa competência, aduz o mencionado autor:

> Só tem significado a busca do conhecimento das regras sobre competência de juízo, em relação aos foros em que dada Justiça mantenha mais de um órgão jurisdicional: nos casos de *varas únicas*, a concretização da competência está consumada no momento em que se define o foro competente. Quando nesse foro só existem varas de uma espécie – competências iguais para todos, ou como se costuma dizer, competência comum e cumulativa – a busca do órgão concretamente competente resolve-se em uma mera distribuição, sem maiores dificuldades.

---

[13] "Art. 799. Nas causas da jurisdição da Justiça do Trabalho, somente podem ser opostas, com suspensão do feito, as exceções de suspeição ou incompetência. § 1º As demais exceções serão alegadas como matéria de defesa. § 2º Das decisões sobre exceções de suspeição e incompetência, salvo, quanto a estas, se terminativas do feito, não caberá recurso, podendo, no entanto, as partes alegá-las novamente no recurso que couber da decisão final. (Redação dada ao artigo pelo Decreto-Lei nº 8.737, de 19.01.1946, *DOU* 21.01.1946).

[14] "Art. 800. Apresentada exceção de incompetência territorial no prazo de cinco dias a contar da notificação, antes da audiência e em peça que sinalize a existência dessa exceção, seguir-se-á o procedimento estabelecido neste artigo".

[15] DINAMARCO, Cândido Rangel. Op. cit., 2001, p. 548-550.

Nesse diapasão, não há como se discutir ou imputar competência de juízo na Justiça do Trabalho, posto que as suas varas são da mesma espécie e igualmente competentes, não existindo varas especializadas, como ocorre na Justiça Comum.

Porém, a competência em lume poderá determinar qual o juízo *prevento* que reunirá as ações idênticas, conexas ou continentes.

9.5 PERPETUATIO JURISDICTIONIS

Analisando-se o caso concreto, detecta-se o juízo competente, entre os vários outros igualmente competentes, que será o incumbido para processar e julgar a demanda. Dessa forma, aplica-se a regra da *perpetuatio jurisdictionis*, isto é, a **perpetuação da competência ou da jurisdição**. Esse princípio denota que o processo deve ter toda tramitação e julgamento no órgão em que se iniciou.

Ajuizada a demanda (esta corporificada pela petição inicial) e havendo o respectivo registro ou a distribuição, conforme o caso, perante o órgão jurisdicional, este passa a ser o único órgão competente. Qualquer modificação no estado de fato ou de direito não repercutirá na competência.

Destarte, uma vez fixada a competência, circunstâncias posteriores não são capazes de promover a sua alteração.

Essa regra é determinada pelo art. 43 do Código de Processo Civil de 2015, o qual afirma que o registro (vara única) ou a distribuição da petição inicial (mais de uma vara) será o momento de fixação da competência. Serão estes também os critérios para a determinação do juízo prevento (prevenção)[16].

A regra da *perpetuatio jurisdictionis*, em conjunto com os preceitos do art. 329[17] do Código de Processo Civil de 2015, estabelece o sistema de estabilidade do processo[18].

Porém, existem exceções que rompem com o rigor da perpetuação da competência:

i) supressão do órgão judiciário, como, por exemplo, a exclusão de uma vara do trabalho;

---

[16] "Art. 59. O registro ou a distribuição da petição inicial torna prevento o juízo".

[17] "Art. 329. O autor poderá: I – até a citação, aditar ou alterar o pedido ou a causa de pedir, independentemente de consentimento do réu; II – até o saneamento do processo, aditar ou alterar o pedido e a causa de pedir, com consentimento do réu, assegurado o contraditório mediante a possibilidade de manifestação deste no prazo mínimo de 15 (quinze) dias, facultado o requerimento de prova suplementar. Parágrafo único. Aplica-se o disposto neste artigo à reconvenção e à respectiva causa de pedir".

[18] DIDIER JR., Fredie. *Curso de direito processual civil*. 17. ed. Salvador: JusPodivm, 2015. vol.1, p. 200.

ii) alteração de critério absoluto após o aforamento da demanda, como no caso das demandas acidentárias (processar e julgar as ações de indenização por dano moral ou patrimonial, decorrentes da relação de trabalho), que passaram a ser de competência da Justiça do Trabalho. Como consequência dessa mudança, houve a migração para a Justiça Trabalhista de todas as causas de responsabilidade civil que tramitavam na Justiça Comum Estadual, já que é um critério absoluto de fixação de competência.

9.6 COMPETÊNCIA DA JUSTIÇA DO TRABALHO

De pronto, devemos alertar para o fato de que o art. 114[19] da Constituição Federal traduz, na quase totalidade, as matérias de competência da Justiça do Trabalho. Note-se que o referido artigo ganhou relevante destaque ao ser ampliado pela Emenda Constitucional 45/2004.

Pelo que se observa do preceito constitucional supramencionado, temos que a competência em razão da matéria passa a ser o critério determinante para designar a competência da Justiça do Trabalho, passando a ser o critério em razão da pessoa um elemento identificador secundário.

A regra constitucional se fundamenta, primordialmente, na competência material, tendo em vista que o enfoque do legislador recaiu sobre conflitos que envolvem a *relação de trabalho*, isto é, situações e enfrentamentos que cercam o trabalho humano, não mais enfatizando, exclusivamente, a relação de emprego.

---

[19] "Art. 114. Compete à Justiça do Trabalho processar e julgar: I – as ações oriundas da relação de trabalho, abrangidos os entes de direito público externo e da administração pública direta e indireta da União, dos Estados, do Distrito Federal e dos Municípios; II – as ações que envolvam exercício do direito de greve; III – as ações sobre representação sindical, entre sindicatos, entre sindicatos e trabalhadores, e entre sindicatos e empregadores; IV – os mandados de segurança, *habeas corpus* e *habeas data*, quando o ato questionado envolver matéria sujeita à sua jurisdição; V – os conflitos de competência entre órgãos com jurisdição trabalhista, ressalvado o disposto no art. 102, I, *o*; VI – as ações de indenização por dano moral ou patrimonial, decorrentes da relação de trabalho; VII – as ações relativas às penalidades administrativas impostas aos empregadores pelos órgãos de fiscalização das relações de trabalho; VIII – a execução de ofício, das contribuições sociais previstas no art. 195, I, *a*, e II, e seus acréscimos legais, decorrentes das sentenças que proferir; IX – outras controvérsias decorrentes da relação de trabalho, na forma da lei. § 1º Frustrada a negociação coletiva, as partes poderão eleger árbitros. § 2º Recusando-se qualquer das partes à negociação coletiva ou à arbitragem, é facultado às mesmas, de comum acordo, ajuizar dissídio coletivo de natureza econômica, podendo a Justiça do Trabalho decidir o conflito, respeitadas as disposições mínimas legais de proteção ao trabalho, bem como as convencionadas anteriormente. § 3º Em caso de greve em atividade essencial, com possibilidade de lesão do interesse público, o Ministério Público do Trabalho poderá ajuizar dissídio coletivo, competindo à Justiça do Trabalho decidir o conflito".

Nesse posicionamento afirma Mauro Schiavi[20]:

> No nosso sentir, a competência em razão da pessoa é uma subdivisão da competência em razão da matéria, pois, quando o legislador constitucional a ela se refere, pretende enfatizar o *status* que determinada pessoa ostenta diante de uma relação jurídica de direito material.

No que respeita aos critérios funcional e territorial, ambos são fixados por lei infraconstitucional (CLT) e pelos regimentos internos dos Tribunais, consoante o disposto no art. 113 da própria Lei Maior, o qual assevera que "A lei disporá sobre a constituição, investidura, jurisdição, competência, garantias e condições de exercício dos órgãos da Justiça do Trabalho".

9.6.1 Competência material da Justiça do Trabalho (*ratione materiae*)

A competência em razão da matéria origina-se da natureza da lide, vinculando-se à relação jurídica de direito material. Referida relação é constatada pela análise da causa de pedir e do pedido, ou seja, elementos da demanda, expostos na petição inicial. O que se leva em consideração é a relação jurídica discutida em juízo, também chamada de *res in judicium deducta*, isto é, a relação jurídica litigiosa.

Dessa feita, a competência em razão da matéria é determinada com base nos fatos e fundamentos jurídicos, bem como na pretensão que compõe a causa.

Como já analisado, o art. 114 da Constituição Federal ampliou a competência material da Justiça do Trabalho, pois, após o seu advento, a Justiça Laboral passou a ser competente para julgar não somente causas referentes à relação de emprego, mas também aquelas oriundas da relação de trabalho.

Insta mencionar que algumas matérias, embora não se tipifiquem como relação de trabalho ou contrato de emprego, passaram, igualmente, a ser de competência da Justiça do Trabalho, pois guardam similitude e estrita relação com aquela. Nesse campo, podemos apontar as ações envolvendo questões sindicais as que decorrem da fiscalização do trabalho.

Podemos afirmar que relação de trabalho é o gênero, enquanto relação de emprego apresenta-se como espécie, caracterizando-se como uma relação que envolve uma atividade exercida por pessoa natural, destinada a um fim lícito e proveitoso a outrem.

Mauricio Godinho Delgado[21] assevera que relação de trabalho:

---

[20] SCHIAVI, Mauro. *Manual de direito processual do trabalho*. 8. ed. São Paulo: LTr. p. 217.
[21] DELGADO, Maurício Godinho. *Curso de direito do trabalho*. 14. ed. São Paulo: LTr, 2015. p. 295-296.

tem caráter genérico: refere-se a todas as relações jurídicas caracterizadas por terem sua prestação essencial centrada em uma obrigação de fazer consubstanciada em *labor* humano. Refere-se, pois, a toda modalidade de contratação de trabalho humano modernamente admissível. (...) refere-se a dispêndio de energia pelo ser humano objetivando resultado útil (e não dispêndio de energia por seres irracionais ou pessoas jurídicas). Trabalho é atividade da pessoa humana, compondo o conteúdo físico e psíquico dos integrantes da humanidade.

Logo, todas as prestações de trabalho realizadas por pessoa natural, de modo subordinado ou autônomo, habitual ou eventual, para outra pessoa natural ou jurídica, estariam envolvidas pela expressão relação de trabalho. Assim, conflitos envolvendo trabalhadores autônomos (e todas as suas ramificações), trabalhadores eventuais, trabalhador avulso, trabalho voluntário e estágio (nesses dois últimos casos, para aferir se há ou não fraude, o que importaria na constituição de um contrato de emprego) seriam de competência da Justiça do Trabalho.

Em decorrência desse raciocínio, resta cristalino que a prestação de serviços por pessoa jurídica não se insere na competência da Justiça do Trabalho, haja vista que o trabalho é um fazer, uma execução ínsita ao ser humano. Os contratos de prestação de serviços envolvendo pessoas jurídicas são regulados pela Lei 8.078/1990 (CDC) ou pelo Código Civil brasileiro.

Por óbvio, a Justiça do Trabalho mantém sua competência material para julgar os conflitos envolvendo a relação de emprego, que emerge de um contrato individual de trabalho (para nós, a melhor nomenclatura seria contrato de emprego), bem como todas as questões que a envolvem.

Dessa forma, conflitos coletivos de trabalho (dissídio de greve, ações civis públicas e ações coletivas), reparação de danos decorrentes de contrato de emprego (assédio moral, assédio sexual, acidentes de trabalho), cadastramento do PIS/PASEP, entre outros, também se submetem ao judiciário trabalhista.

Cumpre-nos consignar que, não obstante a Justiça do Trabalho ser competente para processar e julgar litígios que atingem trabalhadores, que não são tipificados como empregados, somente atuará seguindo a lei processual trabalhista; o que não lhes confere direitos trabalhistas.

Isso ocorre em razão da própria relação jurídica que os caracteriza, ou seja, não são empregados. Atentamos, igualmente, para as regras prescricionais, as quais deverão ser aplicadas de acordo com a natureza da relação jurídica de direito material.

Desse modo, quando a Constituição, em seu art. 114, determina a competência da Justiça do Trabalho para julgar *ações decorrentes da relação de trabalho*, parece-nos que todas as situações conflituosas que envolvem o trabalho humano, sob a forma empregatícia ou autônoma, em face de outrem, deveriam ser apreciadas por aquela Justiça especializada.

Com o pensamento alinhado ao nosso, Mauro Schiavi[22] afirma que:

> a interpretação da expressão "relação de trabalho", para fins de competência material da Justiça do Trabalho, abrange: As lides decorrentes de qualquer espécie de prestação de trabalho humano, preponderantemente pessoal, seja qualquer a modalidade do vínculo jurídico, prestado por pessoa natural em favor de pessoa natural ou jurídica. Abrange tanto as ações propostas pelos trabalhadores, como as ações propostas pelos tomadores de serviços.

De forma idêntica, o Enunciado 64 aprovado na 1ª Jornada de Direito Material e Processual na Justiça do Trabalho:

> COMPETÊNCIA DA JUSTIÇA DO TRABALHO. PRESTAÇÃO DE SERVIÇO POR PESSOA FÍSICA. RELAÇÃO DE CONSUMO SUBJACENTE. IRRELEVÂNCIA.
>
> Havendo prestação de serviços por pessoa física a outrem, seja a que título for, há relação de trabalho incidindo a competência da Justiça do Trabalho para os litígios dela oriundos (CF, art. 114, I), não importando qual o direito material que será utilizado na solução da lide (CLT, CDC, CC etc.).

Entretanto, sabemos que há posicionamentos doutrinários e jurisprudenciais contrários à ampliação da competência material da Justiça do Trabalho. As referidas manifestações interpretam a expressão relação de trabalho de maneira restritiva, fazendo com que a competência da Justiça do Trabalho fique reprimida e não alcance determinados conflitos que poderiam, facilmente, ser, por ela, dirimidos.

Daí poder-se afirmar que não há consenso sobre a expressão relação de trabalho e a sua implicação para definir qual a concreta competência material da Justiça do Trabalho.

Em face de tal discussão, elencamos as principais correntes sobre a abrangência da competência material da Justiça do Trabalho após a EC 45:

a) uma delas preconiza que, embora a EC 45 tenha se utilizado da expressão relação de trabalho, a Justiça do Trabalho mantém sua competência apenas para julgar lides decorrentes do contrato de emprego e as controvérsias permitidas tradicionalmente pela CLT (ex.: pequena empreitada);

b) outra corrente assinala que o art. 114, I, da Constituição da República, ao se utilizar da expressão relação de trabalho, o fez com a intenção de incorporar todas as formas de trabalho humano, seja qual for o ramo de Direito que a discipline. Assim, basta existir a prestação de serviço por

---

22 SCHIAVI, Mauro. *Manual de direito processual do trabalho*. 8. ed. São Paulo: LTr. p. 228.

pessoa natural em prol de outra pessoa, independentemente do ramo jurídico que a regule (Civil, Consumidor etc.);

c) uma outra corrente ainda advoga que a relação de trabalho deve ser compreendida de maneira mais restrita, pois abarcaria todas as prestações de serviço pela pessoa natural, exceto as que caracterizem relação de consumo.

Como se denota, existem vários argumentos para determinar a competência material da Justiça do Trabalho. Não obstante, a jurisprudência vem se direcionando no sentido de acolher a corrente que propugna que a Justiça do Trabalho é competente para julgar todas as prestações de trabalho por pessoa natural a um determinado tomador, desde que não se tipifique como relação de consumo[23].

Passemos a verificar os incisos do art. 114 da Constituição da República.

9.6.1.1 Relação de trabalho

Após os breves comentários sobre a relação de trabalho, podemos assinalar o caso de alguns trabalhadores, não empregados, que terão seus eventuais conflitos apreciados e julgados pela Justiça do Trabalho. Repise-se que trabalho é gênero e abrange um fazer humano para uma determinada pessoa (física, jurídica ou despersonalizada) com um determinado objetivo.

Dentro desse contexto, podemos mencionar o trabalhador autônomo, que realiza seu mister sem subordinação, conduzindo de maneira independente suas atribuições. Em regra, são disciplinados pelo Código Civil brasileiro (prestador de serviço desde que não envolva relação de consumo – corrente majoritária – e empreitada), mas temos, também, o contrato de representação comercial (Lei 4.886/1965), entre outros.

Importante destacar que a própria CLT, em seu art. 652, "a", III, determina a competência da Justiça do Trabalho para julgar o pequeno empreiteiro.

Há o trabalhador eventual, aquela pessoa natural que presta serviços a vários tomadores de maneira não habitual, como, por exemplo, a diarista doméstica.

Além destes, podemos apontar o trabalhador avulso, que é uma espécie de trabalhador eventual, mas que tem a sua força de trabalho intermediada por um determinado órgão, geralmente o OGMO ou um sindicato.

Nos dizeres de Maurício Godinho Delgado[24]:

---

[23] TRT-3ª R., RO 00378.2005.016.03.00.5, 4ª T., Rel. Juiz Antonio Álvares da Silva, *DJMG* 30.08.2005; TRT-10ª R., RO 0000481-26.2014.5.10.0015, Rel. Des. Grijalbo Fernandes Coutinho, *DJe* 20.03.2015, p. 17.

[24] DELGADO, Maurício Godinho. *Curso de direito do trabalho.* 14. ed. São Paulo: LTr, 2015. p. 364.

"o obreiro chamado avulso corresponde a modalidade de trabalhador eventual, que oferta sua força de trabalho, por curtos períodos de tempo, a distintos tomadores, sem se fixar especificamente a qualquer deles". Corresponde a esse tipo de trabalhador o avulso portuário, que é regulamentado pela Lei 12.815/2013. Nos termos da legislação, o portuário poderá ser trabalhador avulso ou empregado contratado pelo operador portuário. Na primeira hipótese, a contratação ocorre através do Órgão Gestor de Mão de Obra (OGMO). Já na hipótese do vínculo de emprego, o contrato é celebrado diretamente com o operador. Cabe ressaltar que não há vínculo de emprego do portuário com o OGMO. Um outro exemplo de trabalhador avulso, além do portuário, é o movimentador de mercadoria, regulamentado pela Lei 12.023/2009. Tal lei disciplina regras semelhantes ao do portuário, sendo que a intermediação de mão de obra é através do sindicato da categoria e não do OGMO. A Constituição, em seu art. 7º, XXXIV, equiparou os direitos do trabalhador avulso com os direitos do trabalhador com vínculo de emprego.

O estagiário, que é regulamentado pela Lei 11.788/2008, também poderá ver o seu conflito processado e julgado pela Justiça do Trabalho, pois poderá postular o reconhecimento de vínculo empregatício, bem como os direitos materiais que lhe foram suprimidos.

Além disso, a Lei 13.467/2017 regulamentou outros tipos de relação de emprego e de trabalho, como o teletrabalho, o trabalho intermitente, o trabalhador formalizado com contrato de autônomo, bem como a competência da Justiça Trabalhista para homologar acordo extrajudicial entre empregador e empregado.

9.6.1.2 *Relação de trabalho e relação de consumo*

Questão polêmica envolve a possibilidade de a Justiça do Trabalho possuir, ou não, competência material para julgar as relações de trabalho pautadas em uma relação contratual de consumo.

Muito embora haja uma grande aproximação entre o Direito do Trabalho e o Direito do Consumidor, em face de proteger hipossuficientes, certa similitude entre seus princípios nucleares (da proteção e sua tríplice vertente e o princípio da vulnerabilidade do consumidor), bem como de institutos conexos (inversão do ônus de prova – art. 6º, VIII, do CDC), responsabilidade objetiva da empresa (art. 14[25] do CDC), desconsideração da personalidade jurídica (art. 28[26] do CDC),

---

[25] "Art. 14. O fornecedor de serviços responde, independentemente da existência de culpa, pela reparação dos danos causados aos consumidores por defeitos relativos à prestação dos serviços, bem como por informações insuficientes ou inadequadas sobre sua fruição e riscos".

[26] "Art. 28. O juiz poderá desconsiderar a personalidade jurídica da sociedade quando, em detrimento do consumidor, houver abuso de direito, excesso de poder, infração da lei, fato

contrato de adesão[27] etc., ocorre o dissenso doutrinário, posto que muitas prestações de serviço realizadas por pessoa natural são contornadas pelas regras e princípios do Código de Defesa do Consumidor (Lei 8.078/1990), o qual preconiza que:

> Art. 2º Consumidor é toda pessoa física ou jurídica que adquire ou utiliza produto ou **serviço como destinatário final**.
>
> Art. 3º Fornecedor é toda **pessoa física** ou jurídica, pública ou privada, nacional ou estrangeira, bem como os entes despersonalizados, que desenvolvem atividade de produção, montagem, criação, construção, transformação, importação, exportação, distribuição ou comercialização de produtos **ou prestação de serviços**. (grifamos)

O art. 3º, § 2º, regulamenta o que vem a ser serviço:

> Serviço é qualquer atividade fornecida no mercado de consumo, mediante remuneração, inclusive as de natureza bancária, financeira, de crédito e securitária, salvo as decorrentes das relações de caráter trabalhista.

Mesmo assim, a relação de consumo, ainda que envolva prestação de serviços por pessoa física, e a relação de trabalho se apresentam como relações jurídicas distintas, com conceitos e desdobramentos próprios.

A Constituição Federal de 1988, em seu art. 5º, XXXII, dispõe que "O Estado promoverá, na forma da lei, a defesa do consumidor", enquanto, em seu art. 24, VIII, determina a competência concorrente da União, dos Estados e do Distrito Federal para legislar sobre responsabilidade por dano ao consumidor. Já no art. 170[28], V, dispondo sobre o princípio da ordem econômica, inclui a defesa do consumidor[29].

Gustavo Filipe Barbosa Garcia assinala que:

> todos estes dispositivos constitucionais confirmam a existência de uma modalidade de relação jurídica específica, que é a de consumo, não se confundindo, portanto, com outras. A distinção em face da relação de trabalho pode ser

---

ou ato ilícito ou violação dos estatutos ou contrato social. A desconsideração também será efetivada quando houver falência, estado de insolvência, encerramento ou inatividade da pessoa jurídica provocados por má administração".

[27] "Art. 54. Contrato de adesão é aquele cujas cláusulas tenham sido aprovadas pela autoridade competente ou estabelecidas unilateralmente pelo fornecedor de produtos ou serviços, sem que o consumidor possa discutir ou modificar substancialmente seu conteúdo".

[28] "Art. 170. A ordem econômica, fundada na valorização do trabalho humano e na livre-iniciativa, tem por fim assegurar a todos existência digna, conforme os ditames da justiça social, observados os seguintes princípios: (...) V – defesa do consumidor".

[29] GARCIA, Gustavo Filipe Barbosa. *Competência da justiça do trabalho*. Rio de Janeiro: Forense, 2012. p. 116.

percebida quando a Constituição da República, por exemplo, no referido art. 170, em seu *caput*, faz menção ao "trabalho humano" (o que remete às relações jurídicas de trabalho), e, em seu inciso V, separadamente, refere-se ao "consumidor" (voltado, assim, às relações de consumo).

Aduz, ainda, este doutrinador,

> que além disso, a Constituição em vigor, no art. 98, inciso I, determina a criação de Juizados especiais, que exercem importante papel na solução célere e eficaz dos conflitos decorrentes das relações de consumo, em consonância com o inciso LXXVIII, do art. 5º, da Constituição da República, acrescentado pela mesma Emenda Constitucional n. 45. Não faria sentido, assim, interpretar o art. 114, inciso I, da CRFG/1988, em detrimento do próprio consumidor, e em contrariedade, ainda que implícita, ao referido art. 98, inciso I, estabelecido pelo Poder Constituinte originário[30].

Por conseguinte, para nós, só haverá típica relação de consumo se o fornecedor (prestador de serviços) exercer sua atividade de maneira habitual, auferindo rendimentos, diretos ou indiretos, para destinatários finais (o consumidor não pode repassar o serviço e nem utilizá-lo com intuito de lucro). Essa é a ideia da denominada teoria finalista, a qual preconiza que consumidor é o destinatário final do bem ou do serviço, isto é, considera-se consumidor a última pessoa na cadeia de consumo. O consumidor não adquire o produto ou o serviço com intuito de transmiti-lo onerosamente e obter lucro. Portanto, para a teoria finalista, se for constatado que a prestação de serviços se volta para um destinatário final, a relação será caracterizada como de consumo. Ao revés, se a pessoa utiliza o serviço de outrem em seu processo produtivo (cadeia produtiva), ela não será destinatária final e, consequentemente, essa relação não será de consumo, podendo se tipificar como relação de trabalho.

Melhor explicando:

Em uma situação hipotética, imaginemos, um advogado (profissional liberal) que em seu escritório particular presta serviços para vários clientes. De fato, o serviço que esse advogado presta é uma relação de trabalho, pois ele é uma pessoa física – profissional liberal – ativando sua força de trabalho em favor de um tomador. Entretanto, essa relação de trabalho não será de competência da Justiça do Trabalho.

Isso ocorre porque os clientes que recebem atendimento são, ao mesmo tempo, os tomadores e destinatários finais do serviço, situação que tipifica uma relação de consumo, arrastando eventuais litígios para a competência da Justiça Comum.

---

[30] Idem, ibidem, p. 116.

Dito isso, necessário se faz mencionar que a doutrina e a jurisprudência trabalhista não aceitam encartar a Justiça do Trabalho como competente para julgar os conflitos que apresentam contornos consumeristas. A sustentação é no sentido de que a relação de consumo apresenta delineamentos próprios, dentre eles, o amparo ou proteção ao consumidor (tomador de serviços), fato este diametralmente oposto aos anseios do Direito do Trabalho, que, por seu turno, protege a figura do prestador de serviços, que é o trabalhador.

Advogando no sentido da incompetência da Justiça do Trabalho para julgar lides que envolvam relação de consumo, Otávio Amaral Calvet[31] declara:

> Se é pacífico que a doutrina trabalhista vê na relação de consumo questões similares à relação de emprego (em sentido estrito), pela hipossuficiência de uma das partes e pela concessão de benefícios a ela em busca de uma igualdade substantiva, há de se ressaltar que na relação de consumo, o protegido é o consumidor e, em hipótese alguma, o prestador dos serviços, este aparecendo como o detentor do poder econômico que oferece publicamente seus préstimos, auferindo ganhos junto aos consumidores. Transportando para as relações de trabalho em sentido lato, seria no mínimo estranho imaginar-se o deferimento de uma tutela especial ao consumidor que, no caso, apareceria também como tomador de serviços, reconhecendo-se-lhe, simultaneamente, duas posições que se afiguram incompatíveis ontologicamente: a de fragilizado consumidor com a de contratante beneficiado pela energia de trabalho (tomador de serviços). Assim, resta fixada a segunda premissa para caracterização das relações de trabalho da competência da Justiça do Trabalho: o tomador de serviços não pode ser o usuário final, mas mero utilizador da energia de trabalho para consecução da sua finalidade social (ainda que seja o tomador pessoa natural ou ente despersonalizado).

Também defendendo a exclusão da Justiça do Trabalho, Gustavo Filipe Barbosa Garcia[32] se posiciona:

> (...) como mencionado, para fins de interpretação do art. 114, inciso I da Constituição Federal de 1988, defende-se aqui ser mais razoável e lógico entender que a presença de relação de consumo afasta a existência da relação de trabalho, no que se refere especificamente à atribuição da competência da Justiça do Trabalho, tal como previsto no referido dispositivo constitucional.

Com o mesmo entendimento, Carlos Henrique Bezerra Leite[33] adverte:

---

[31] CALVET, Otávio Amaral. Nova competência da justiça do trabalho: relação de trabalho *x* relação de consumo. *Revista Legislação do Trabalho*, São Paulo: LTr, ano 69, vol. 01, 2005, p. 56-57.

[32] GARCIA, Gustavo Filipe Barbosa. *Curso de direito processual do trabalho*. 4. ed. Rio de Janeiro: Forense, 2015. p. 159.

[33] LEITE, Carlos Henrique Bezerra. *Curso de direito processual do trabalho*. 10. ed. São Paulo: LTr, 2012. p. 217.

(...) ao nosso ver, não são da competência da Justiça do Trabalho as ações oriundas da relação de consumo. Vale dizer, quando o trabalhador autônomo se apresentar como fornecedor de serviços e, como tal, pretender receber honorários do seu cliente, a competência para a demanda será da Justiça Comum e não da Justiça do Trabalho, pois a matéria diz respeito à relação de consumo e não à de trabalho. Do mesmo modo, se o tomador de serviço se apresentar como consumidor e pretender devolução do valor pago pelo serviço prestado, a competência também será da Justiça comum.

Para ilustrar a situação em tela, valemo-nos do exemplo de Carlos Henrique Bezerra Leite[34]:

> se, por exemplo, um médico labora como trabalhador autônomo em uma clínica médica especializada, recebendo honorários desta, e presta serviços ao paciente, teremos duas relações distintas:
>
> a) entre o médico – pessoa física – e a clínica – empresa tomadora de serviços – há uma relação de trabalho, cuja competência para dirimir os conflitos dela oriundos é da Justiça do Trabalho;
>
> b) entre o médico – pessoa física fornecedora de serviços – e o paciente – consumidor de serviços – há uma relação de consumo, pois o paciente aqui é a pessoa física que utiliza o serviço como destinatário final. A competência para apreciar e julgar as demandas oriundas desta relação é da Justiça Comum.

No sentido de ser da competência da Justiça Comum as lides envolvendo as relações de trabalho, porém com contornos de relação de consumo, o Superior Tribunal de Justiça editou a Súmula 363, a qual determina: "Compete à Justiça estadual processar e julgar a ação de cobrança ajuizada por profissional liberal contra cliente".

O Tribunal Superior do Trabalho também vem se posicionando dessa forma, como indica a jurisprudência:

> Recurso de revista. Competência da Justiça do Trabalho. Corretor de imóveis. Cliente. Relação de trabalho × relação de consumo. Provimento. A Justiça do Trabalho é incompetente para julgar a presente ação, em que o corretor de imóveis busca o recebimento da sua comissão pela venda de um imóvel da recorrente. Trata-se de uma relação de consumo, e não de trabalho, sendo, portanto, de competência da Justiça Comum. *In casu*, o trabalho não é o cerne do contrato, mas sim um bem de consumo que se traduziu nele, que é o resultado esperado diante de um contrato realizado entre as partes, qual seja, a venda do imóvel. Recurso de revista conhecido e provido (TST, RR 303-85.2010.5.05.0038, Rel. Min. Aloysio Corrêa da Veiga, *DJe* 15.04.2014).

---

[34] Idem, ibidem, p. 217.

Honorários de advogado. **Relação de consumo.** Processo do trabalho. Juízo competente. Com o advento da EC nº 45, de fato grassou controvérsia no foro sobre os limites da competência da Justiça do Trabalho para lides decorrentes de relação de trabalho. Não se tem critério preciso para afirmar o que seja relação de trabalho. Sabe-se, por exclusão, que relação de trabalho é toda relação que não seja de emprego ou de consumo. A relação advocatícia estabelecida entre o advogado e seu cliente não é de emprego nem de trabalho, mas de consumo. O advogado presta ao cliente um serviço que decorre de uma obrigação de meio. A competência para julgar lides de cobrança de honorários de advogado, mesmo depois do advento da EC nº 45, é da Justiça Comum, e não da do Trabalho (TRT-1ª R., Agravo de Petição, 2ª T., Des. José Geraldo da Fonseca, Data de publicação: 22.07.2015).

Em sentido contrário, propugnado pela ampla competência da Justiça do Trabalho para dirimir conflitos que abarcam relação de consumo, Mauro Schiavi[35] assim se posiciona:

> entendemos que há relação de consumo de interesse para a competência da Justiça do Trabalho: quando há prestação pessoal de serviços por uma pessoa natural que coloca seus serviços no mercado de consumos e os executa de forma preponderantemente pessoal, sem vínculo empregatício, mediante remuneração, em prol de um consumidor, pessoa física ou jurídica, que é destinatária final destes serviços.

Concluindo o seu pensamento, o mesmo autor arremata:

> Para nós, a razão está com a vertente interpretativa no sentido de que tanto as ações propostas pelo prestador de serviços no mercado de consumo, quanto as ações em face deles propostas pelos consumidores tomadores, são de competência da Justiça do Trabalho (...).

Em sentido diverso, no qual preconiza uma competência mitigada da Justiça do Trabalho, é o entendimento de Renato Saraiva[36]:

> Todavia, se o litígio entre o prestador de serviços e o consumidor abranger a relação de trabalho existente entre ambos, como no caso de não recebimento pelo fornecedor pessoa física do numerário contratado para a prestação dos respectivos serviços, não há dúvida que a Justiça do Trabalho será competente para processar e julgar a demanda.

Reiteramos que, contudo, a corrente preponderante, nos dias atuais, é a consagrada na Súmula 363 do STJ, ou seja, a competência para julgar ações entre

---

[35] SCHIAVI, Mauro. *Manual de direito processual do trabalho*. 8. ed. São Paulo: LTr. p. 234-236.
[36] SARAIVA, Renato. *Curso de direito processual do trabalho*. São Paulo: Método, 2005. p. 76.

profissionais liberais e seus clientes é da Justiça Comum Estadual, inclusive as ações que envolvem honorários advocatícios.

9.6.1.3 Relação de trabalho e servidores da administração pública

Ainda no âmbito da competência em razão da matéria, devemos observar questão atinente à relação de trabalho envolvendo os servidores da administração pública.

A administração pública é constituída pela União, os Estados, os Municípios, o Distrito Federal, as autarquias, as fundações, as sociedades de economia mista e as empresas públicas.

Em relação às sociedades de economia mista e às empresas públicas, como são submetidas ao regime próprio das empresas privadas (art. 173, II, da CF/1988), os seus servidores são regidos pela CLT, tendo, portanto, a Justiça do Trabalho plena competência para julgar eventuais conflitos.

Porém, como já analisado, a Emenda Constitucional 45/2004 conferiu ao art. 114, *caput*, I, da Constituição Federal uma amplitude de matérias a serem julgadas pela Justiça do Trabalho.

O mencionado inciso I preceitua que a Justiça do Trabalho poderá julgar as ações oriundas da relação de trabalho que abranjam, entre outros, os entes da administração pública direta e indireta da União, dos Estados, do Distrito Federal e dos Municípios. Em um primeiro momento, pensou-se que qualquer servidor público (os estatutários, os regidos pela CLT e os temporários) poderia reclamar perante a Justiça do Trabalho.

Ocorre que a Associação dos Juízes Federais do Brasil – AJUF ajuizou, em 25 de janeiro de 2005, ação direta de inconstitucionalidade perante o Supremo Tribunal Federal, em face do dispositivo aventado. O então Presidente do STF, Ministro Nelson Jobim, concedeu liminar suspendendo qualquer interpretação dada ao inciso I do art. 114 da CF que possibilitasse à Justiça do Trabalho processar e julgar as ações entre servidores públicos (estatutários) e o Poder Público – ADIN 3.395-6.

Posteriormente, o Plenário do Supremo Tribunal Federal, no julgamento da ADI-MC 3.395/DF, tendo como relator o Ministro Cezar Peluso, deferiu liminar para que as ações envolvendo o Poder Público e seus servidores estatutários fossem processadas perante a Justiça Comum, excluída outra interpretação da norma do art. 114, I, da Constituição Federal, com a redação da Emenda Constitucional 45/2004.

> Inconstitucionalidade. Ação direta. Competência. Justiça do Trabalho. Incompetência reconhecida. Causas entre o Poder Público e seus servidores estatutários. Ações que não se reputam oriundas de relação de trabalho. Conceito estrito desta relação. Feitos da competência da Justiça Comum. Interpretação do art. 114,

inc. I, da CF, introduzido pela EC 45/2004. Precedentes. Liminar deferida para excluir outra interpretação. O disposto no art. 114, I, da Constituição da República **não abrange as causas instauradas entre o Poder Público e servidor que lhe seja vinculado por relação jurídico-estatutária** (STF, ADIN-MC 3.395/DF, Plenário, Rel. Min. Cezar Peluso, *DJ* 10.11.2006). (grifo nosso)

Em vista disso, claro resta que o Supremo Tribunal Federal adotou o posicionamento de que a Justiça do Trabalho **não** possui competência para julgar ações envolvendo servidores públicos estatutários[37].

Nessa mesma linha, o Supremo Tribunal Federal vem decidindo que os trabalhadores temporários[38], que são contratados emergencialmente para atender um excepcional interesse público, muitas vezes sem concurso público, por possuírem uma relação de caráter jurídico-administrativo[39], devem ter os seus conflitos apreciados e julgados pela Justiça Comum[40]. A par disso, o Tribunal Superior do

---

[37] STJ, AgRg-CC 126.130 – (2012/0268705-6), 1ª S., Rel. Min. Benedito Gonçalves, *DJe* 07.05.2013; TRT-7ª R., RO 258-23.2011.5.07.0028, 3ª T., Rel. Plauto Carneiro Porto, *DJe* 08.01.2013, p. 28.

[38] CF: "Art. 37. (...) IX – a lei estabelecerá os casos de contratação por tempo determinado para atender a necessidade temporária de excepcional interesse público".

[39] "Servidor público temporário. Vínculo. Julgamento. Competência. Constitucional. Reclamação. Medida Liminar na ADIn 3.357. Ação civil pública. Servidores públicos. Regime temporário. Justiça do Trabalho. Incompetência. 1. No julgamento da ADIn 3.395-MC, este Supremo Tribunal suspendeu toda e qualquer interpretação do inciso I do artigo 114 da CF (na redação da EC 45/2004) que inserisse, na competência da Justiça do Trabalho, a apreciação de causas instauradas entre o Poder Público e seus servidores, a ele vinculados por típica relação de ordem estatutária ou de caráter jurídico-administrativo. 2. Contratações temporárias que se deram com fundamento na Lei amazonense nº 2.607/00, que minudenciou o regime jurídico aplicável às partes figurantes do contrato. Caracterização de vínculo jurídico – administrativo entre contratante e contratados. 3. Procedência do pedido. 4. Agravo regimental prejudicado" (STF, Rcl 5.381-4/AM, Tribunal Pleno, Rel. Min. Carlos Britto, *DJe* 08.08.2008).

[40] "Agravo regimental em conflito de competência. Município de Cáceres/MT. Agente comunitário de saúde. Sucessivos contratos temporários fundados no art. 37, IX, da Constituição Federal. Precedentes desta corte e do STF que ressaltam a natureza jurídico-administrativa do respectivo vínculo. Competência da Justiça comum estadual. 1 – Conforme documentação nos autos, o autor prestou serviços ao Município de Cáceres/MT, com base em sucessivos contratos temporários, todos fundados no art. 37, IX, da Constituição Federal, daí despontando a feição administrativa do respectivo vínculo funcional. 2 – Por conseguinte, a compreensão firmada no Supremo Tribunal Federal e neste Superior Tribunal de Justiça é a de que a contratação de servidor temporário, com arrimo no artigo 37, IX, da CF/1988, ainda que indevidamente prorrogada, é de natureza jurídico-administrativa, o que acarreta na competência da Justiça Comum para solver as controvérsias decorrentes dessa modalidade contratual. Precedentes. 3 – Agravo regimental a que se nega provimento, reafirmando-se a competência da Justiça Comum Estadual" (STJ, AgRg-CC 139.350 – (2015/0063397-9), 1ª S., Rel. Min. Sérgio Kukina, *DJe* 19.05.2015).

Trabalho cancelou a OJ 205 da SDI-I, alinhando-se à ideia de que a Justiça Comum é a competente para julgar mencionados servidores.

Embora seja o posicionamento atual, não há consenso na doutrina sobre qual a natureza do liame existente entre o trabalhador temporário e a administração pública, ou seja, se é regulado pelo direito administrativo, ou se é amparado pela CLT, fato que refletirá para a determinação da Justiça competente. O próprio STF também suscita dúvidas acerca do presente tema, conforme se detecta no processo Rcl 4.351, exposto no Informativo 596/10 do STF:

Contratação de Servidores Temporários e Competência

O Tribunal iniciou julgamento de agravo regimental interposto contra decisão do Min. Marco Aurélio, que indeferira medida acauteladora requerida em reclamação, da qual relator, ajuizada pelo Município do Recife com o objetivo de suspender ação civil pública proposta pelo Ministério Público do Trabalho perante vara trabalhista. No caso, o *parquet* pretende a anulação de contratações e de credenciamentos de profissionais – ditos empregados públicos – sem a prévia aprovação em concurso público. O relator, na ocasião, não vislumbrara ofensa ao que decidido na ADI 3.395 MC/DF (*DJU* de 10.11.2006) – que afastara interpretação do inciso I do art. 114 da CF, na redação dada pela EC 45/2004, que implicasse reconhecimento da Justiça do Trabalho para apreciar conflitos a envolver regime especial, de caráter jurídico-administrativo, por reputar que, na situação dos autos, a contratação temporária estaria ligada à Consolidação das Leis do Trabalho – CLT. O Min. Marco Aurélio, na presente assentada, desproveu o recurso. Aduziu que a competência se definiria de acordo com a ação proposta (causa de pedir e pedido) e que, na espécie, a causa de pedir seria única: a existência de relação jurídica regida pela CLT. Ademais, consignou que apenas caberia perquirir se o curso da ação civil pública, tal como proposta, considerada a causa de pedir e o pedido, discreparia, ou não, da interpretação do art. 114 da CF afastada pelo Plenário quando da apreciação do pedido de medida cautelar na citada ADI. Após, pediu vista dos autos o Min. Dias Toffoli (Rcl 4.351 AgR-MC/PE, Rel. Min. Marco Aurélio, 18.08.2010).

Urge mencionarmos que, quando o tema abarcado é o meio ambiente de trabalho, a competência é da Justiça do Trabalho, mesmo quando se tratar de servidores públicos estatutários. Nesse sentido:

RECURSO DE REVISTA INTERPOSTO SOB A ÉGIDE DA LEI Nº 13.015/2014 – AÇÃO CIVIL PÚBLICA PROPOSTA CONTRA A ADMINISTRAÇÃO PÚBLICA – OBSERVÂNCIA DAS NORMAS DE SAÚDE, HIGIENE E SEGURANÇA DO TRABALHO – VÍNCULO JURÍDICO ESTATUTÁRIO.

A Justiça do Trabalho é competente para apreciar demandas que envolvam o cumprimento de normas relativas à segurança do trabalho, independentemente do regime jurídico a que estão vinculados os trabalhadores. Incidência da Súmula nº 736 do STF. Precedentes.

Recurso de Revista conhecido e provido (RR 591-23.2015.5.04.0802, Rel ª Min. Maria Cristina Irigoyen Peduzzi, 8ª Turma, j. 28.06.2017, *DEJT* 30.06.2017.

STF, Súmula 736 – Compete à justiça do trabalho julgar as ações que tenham como causa de pedir o descumprimento de normas trabalhistas relativas à segurança, higiene e saúde dos trabalhadores.

Nesse cenário, podemos, em suma, afirmar que a Justiça do Trabalho possui competência para julgar os conflitos entre a administração pública e os seus servidores, desde que estes sejam regidos pela CLT, isto é, sejam detentores de emprego público. Essa afirmação é válida tanto para a administração pública direta, quanto para a indireta, sempre lembrando que a empresa pública e a sociedade de economia mista exploradoras de atividade econômica serão regulamentadas pelo regime próprio das empresas privadas; portanto, os seus trabalhadores serão regidos pela norma consolidada – CE, art. 173[41], § 1º, II.

Os servidores públicos municipais e estaduais regidos por estatuto e os temporários acionarão a Justiça Comum Estadual, enquanto os servidores públicos federais, temporários e estatutários buscarão suas reivindicações perante a Justiça Federal.

9.6.1.4 *Relação de trabalho e entes de direito público externo*

Situação delicada diz respeito ao julgamento de ações propostas por empregados que trabalham para entes de direito público externo, ou seja, entes de Direito Internacional Público.

No que se refere aos Estados estrangeiros, muitos deles possuem representatividade em nosso território, por meio de suas missões diplomáticas (embaixadas). Da mesma forma, há atuação, em nosso território, dos agentes consulares, funcionários de um Estado estrangeiro, que atuam, primordialmente, para ofertar assistência aos seus nacionais que aqui se encontram, prestando-lhes atividades notariais e registrais, inclusive.

Assim, é possível que as embaixadas e os consulados contratem cidadãos brasileiros para trabalhar em suas repartições, existindo, faticamente, uma relação de trabalho ou, até mesmo, um contrato de emprego. Em havendo conflito decorrente dessa relação, a Constituição preconiza ser da Justiça do Trabalho a competência para julgá-lo, pois se trata de atos de gestão e não de império:

---

[41] "Art. 173. Ressalvados os casos previstos nesta Constituição, a exploração direta de atividade econômica pelo Estado só será permitida quando necessária aos imperativos da segurança nacional ou a relevante interesse coletivo, conforme definidos em lei. § 1º (...) II – a sujeição ao regime jurídico próprio das empresas privadas, inclusive quanto aos direitos e obrigações civis, comerciais, trabalhistas e tributários".

Art. 114. Compete à Justiça do Trabalho processar e julgar:

I – as ações oriundas da relação de trabalho, abrangidos os **entes de direito público externo e** da administração pública direta e indireta da União, dos Estados, do Distrito Federal e dos Municípios;

A Constituição Federal de 1988, seguindo moderna tendência do direito estrangeiro (principalmente após alguns julgados do STF – AC 9.696-3-SP, Rel. Min. Francisco Rezek), entendeu que não há que se falar em imunidade de jurisdição quando os Estados estrangeiros praticarem atos de gestão (atos característicos de uma relação privada, como é o caso de se contratar um empregado).

O STF se posicionou, assim, no sentido de que o Estado estrangeiro, em conflitos trabalhistas, submeta-se à jurisdição brasileira, sendo da competência da Justiça do Trabalho julgá-los.

Porém, prevalece o entendimento de que os Estados estrangeiros, uma vez condenados, não poderão sofrer processo de execução, ou seja, mantém-se a imunidade de execução. Todavia, se o ente externo possuir bens que não sejam afetos às suas finalidades enquanto órgão de representação diplomática ou de representação consular, poderá ser executado, consoante já decidiu o STF – RE 222.368-4[42].

No que tange aos organismos internacionais, o posicionamento é outro[43]. O TST, por meio da OJ 416 da SDI-I, firmou entendimento de que esses organismos

---

[42] Vejamos trecho de ementa no mesmo sentido: "(...) Ademais, releva consignar a previsão, em princípio, no tocante ao Estado estrangeiro, do privilégio da imunidade à execução forçada de bens de sua propriedade, eventualmente localizados em território pátrio, não obstante traduzindo-se tal argumento em mera corroboração à imunidade de jurisdição já reconhecida, porquanto 'o privilégio resultante da imunidade de execução não inibe a justiça brasileira de exercer jurisdição nos processos de conhecimento instaurados contra Estados estrangeiros' (STF, AgRg RE nº 222.368-4/PE, Rel. Ministro Celso de Mello, *DJU* 14.02.2003). 7 – Mesmo vislumbrando-se, em tese, a incidência ao réu, Estado estrangeiro, das imunidades de jurisdição e execução a obstaculizar o exercício da atividade jurisdicional pelo Estado brasileiro, cumpre não olvidar a prerrogativa soberana dos Estados de renúncia a mencionados privilégios. 8 – Recurso Ordinário conhecido e provido para, reconhecendo-se a competência concorrente da autoridade judiciária brasileira, nos termos do art. 88, III, do CPC e, simultaneamente, as imunidades de jurisdição e execução ao Estado estrangeiro, determinar o prosseguimento do feito, com a notificação ou citação do Estado demandado, a fim de que exerça o direito à imunidade jurisdicional ou submeta-se voluntariamente à jurisdição pátria" (STJ, *DJU* 06.03.2006, p. 387).

[43] "Competência. ONU. Imunidade de jurisdição. Efeitos. Agravo regimental. Organização das Nações Unidas – ONU. Imunidade de jurisdição. Reforma da decisão agravada. Considerando as recentes decisões proferidas pelo colendo Tribunal Superior do Trabalho no sentido de ter a ONU imunidade absoluta de jurisdição, revejo meu posicionamento anterior para reconsiderar a decisão agravada e reconhecer que os Organismos Internacionais detêm imunidades e privilégios disciplinados por acordos e tratados internacionais que foram ratificados pelo Brasil (*in casu*, Decretos ns. 27.784/1950 – Convenção sobre

internacionais possuem imunidade de jurisdição, não se sujeitando ao Judiciário brasileiro.

IMUNIDADE DE JURISDIÇÃO. ORGANIZAÇÃO OU ORGANISMO INTERNACIONAL.

As organizações ou organismos internacionais gozam de imunidade absoluta de jurisdição quando amparados por norma internacional incorporada ao ordenamento jurídico brasileiro, não se lhes aplicando a regra do Direito Consuetudinário relativa à natureza dos atos praticados. Excepcionalmente, prevalecerá a jurisdição brasileira na hipótese de renúncia expressa à cláusula de imunidade jurisdicional.

Usualmente, os tratados internacionais que criam esses organismos internacionais já determinam suas próprias imunidades[44]. Uma vez ratificados pelo Brasil, aludidos tratados integram o nosso ordenamento jurídico, devendo ser respeitados e cumpridos, inclusive pelo próprio Estado brasileiro.

Por isso, o colendo Tribunal Superior do Trabalho (TST) entendeu que o Brasil, ao integrar uma determinada organização internacional possuidora de imunidade[45], não poderá processá-la e julgá-la, em nenhuma hipótese, sob pena de desrespeitar o tratado ratificado, sujeitando-se às sanções na ordem internacional.

Privilégios e Imunidades das Nações Unidas –, 52.288/1963 – Convenção sobre Privilégios e Imunidades das Agências Especializadas das Nações Unidas – e 59.308/1966 – Acordo Básico de Assistência Técnica com as Nações Unidas e suas Agências Especializadas), desde que essas normas internacionais, ratificadas pelo Brasil, concedem imunidade absoluta de jurisdição aos Organismos Internacionais que regulam. Portanto, reconhecendo a imunidade de jurisdição da ONU, reconsidero a decisão agravada para determinar que não seja iniciada a execução nos autos da Reclamação Trabalhista nº 0333-2006-004-20-00-9 ou para, caso já tenha se iniciado, que seja a mesma suspensa, nos termos do pedido formulado na exordial. Decisão agravada que se reforma" (TRT-20ª R., AR 897-02.2010.5.20.0000, Rel. Des. Josenildo dos Santos Carvalho, *DJe* 24.11.2010).

[44] "Organismo internacional. Renúncia à imunidade de jurisdição. Nos termos da OJ nº 416 da SBDI-I do TST, as organizações ou organismos internacionais gozam de imunidade absoluta de jurisdição quando amparados por norma internacional incorporada ao ordenamento jurídico brasileiro, não se lhes aplicando a regra do Direito Consuetudinário relativa à natureza dos atos praticados. Ocorre que, quando há renúncia expressa à cláusula de imunidade de jurisdição, prevalece a brasileira, conforme o contido na exceção da referida Orientação Jurisprudencial" (TRT-3ª R., RO 00619/2014-105-03-00.1, Rel. Juiz Conv. Manoel Barbosa da Silva, *DJe* 20.04.2015, p. 46).

[45] "Agravo de instrumento em recurso de revista. Reino da Espanha. Estado estrangeiro. Imunidade de jurisdição relativa. Alcance. Agravo de instrumento em recurso de revista. Reino da Espanha. Estado estrangeiro. Imunidade de jurisdição relativa. Nega-se provimento ao agravo de instrumento, quando não demonstrados os requisitos intrínsecos de cabimento do recurso de revista. A jurisprudência desta Corte Superior consolidou-se no sentido de reconhecer imunidade de jurisdição absoluta somente a organismos internacionais,

9.6.1.5 Competência para ações envolvendo o exercício do direito de greve

Nos termos de seu art. 114, II, a Constituição Federal reitera a competência da Justiça do Trabalho para processar e julgar ações que envolvam o exercício do direito de greve.

O direito de greve, direito humano fundamental e instrumento de pressão dos trabalhadores, pode gerar conflitos que demandam ações não só de natureza trabalhista, mas, também, de cunho civilista. Ademais, poderá, também, envolver questões penais, mas estas não são da competência da Justiça do Trabalho, e sim da Justiça Comum.

Dessa feita, compete à Justiça do Trabalho julgar as seguintes ações envolvendo o exercício do direito de greve.

i) Ações possessórias: buscam a reintegração ou manutenção de posse (quando já ocorrido o esbulho ou a turbação da posse, respectivamente), ou a prevenção contra ameaça de lesão futura à posse (interdito proibitório[46]), como, por exemplo, uma ação preventiva para evitar bloqueios ou piquetes na porta do estabelecimento do empregador.

Confirmando a competência da Justiça do Trabalho, o STF editou a Súmula Vinculante 23:

> A Justiça do Trabalho é competente para processar e julgar ação possessória ajuizada em decorrência do exercício do direito de greve pelos trabalhadores da iniciativa privada.

ii) Ações indenizatórias: durante a greve, podem ser praticadas ações que produzam danos às partes envolvidas, bem como a terceiros. Eventuais reparações serão postuladas na Justiça do Trabalho. Assim exarado no Informativo 519/08 do STF:

---

permanecendo o entendimento de atribuir imunidade de jurisdição relativa aos Estados estrangeiros, nas demandas que envolvam relação de trabalho. Incidência da Súmula nº 333 deste Tribunal à revisão pretendida. Agravo de instrumento a que se nega provimento" (TST, AIRR 1873-48.2011.5.10.0001, 1ª T., Rel. Min. Walmir Oliveira da Costa, DJe 29.11.2013).

[46] "Greve. Ações possessórias. Conflitos correlatos. Justiça do Trabalho. Competência. Greve. Ações possessórias. Interditos. Competência da Justiça do Trabalho. A Justiça do Trabalho detém a competência material para conhecer e decidir ações possessórias envolvendo o direito de greve. Assim, conflitos que lhe são correlatos, relativos ao ingresso dos dirigentes sindicais nos locais de trabalho e realização de manifestações pacíficas em frente aos estabelecimentos da base territorial do sindicato, e bem assim, a apreciação de todas as demandas coletivas decorrentes de paralisações, greves ou manifestações da categoria, e também os processos em que se controverte acerca de interdito proibitório, devem ser julgados nesta Justiça Especializada, a teor do entendimento consubstanciado na Súmula Vinculante nº 23 do eg. Supremo Tribunal Federal" (TRT-2ª R., RO 01528-2006-010-02-00-6 – (Ac. 2010/0086050), 4ª T., Rel. Des. Fed. Ricardo Artur Costa e Trigueiros, DJe 26.02.2010).

Justiça do Trabalho: Ação de Interdito Proibitório e Greve. É da competência da Justiça do Trabalho o julgamento de interdito proibitório em que se busca garantir o livre acesso de funcionários e de clientes a agências bancárias sob o risco de serem interditadas em decorrência de movimento grevista. Com base nesse entendimento, o Tribunal, por maioria, proveu recurso extraordinário interposto pelo Sindicato dos Empregados em Estabelecimentos Bancários de Belo Horizonte contra acórdão do Tribunal de Justiça do Estado de Minas Gerais que entendera ser da competência da Justiça Comum o julgamento de ação de interdito proibitório ajuizado pela agência bancária recorrida. Considerou-se estar-se diante de ação que envolve o exercício do direito de greve, matéria afeta à competência da Justiça Trabalhista, a teor do disposto no art. 114, II, da CF. Asseverou-se tratar-se de um piquete, em que a obstrução, a ocupação, ocorrem como um ato relativo à greve. Vencido o Min. Menezes Direito, relator, que desprovia o recurso, por reputar ser da Justiça Comum a competência para julgar o feito, ao fundamento de que o pedido e a causa de pedir do interdito proibitório não envolveriam matéria que pudesse vincular o exercício do direito de greve à proteção do patrimônio (RE 579.648/MG, Rel. orig. Min. Menezes Direito, Rel. p/ o acórdão Min. Cármen Lúcia, 10.09.2008).

iii) Ações envolvendo obrigação de fazer para que, durante a greve, sejam asseguradas as necessidades básicas da sociedade (ex.: ação civil pública para manutenção adequada do transporte público).

Todas as mencionadas ações são caracterizadas como dissídios individuais, devendo ser propostas perante a Vara do Trabalho competente.

Ademais, a Justiça do Trabalho é competente para julgar os dissídios coletivos de greve (art. 114, § 3º, da CF), os quais são de competência originária dos Tribunais (TRT ou TST). Será da competência de um TRT, quando a greve atingir exclusivamente a sua área de jurisdição (art. 677[47] da CLT). Entretanto, se a greve ultrapassar a área de jurisdição de um Tribunal Regional do Trabalho, a competência passará a ser do TST (art. 2º, I, *a*, da Lei 7.701/1988), com exceção do Estado de São Paulo, pois, de conformidade com o regimento interno do TRT da 2ª Região, havendo conflito coletivo abrangendo também a circunscrição territorial do TRT da 15ª Região, o conflito será julgado pelo TRT da 2ª Região, que, neste caso, atrairá a competência.

O dissídio coletivo de greve que envolver qualquer trabalhador regido pela CLT, inclusive os servidores públicos celetistas, será de competência da Justiça do Trabalho.

---

[47] "Art. 677. A competência dos Tribunais Regionais determina-se pela forma indicada no artigo 651 e seus parágrafos e, nos casos de dissídio coletivo, pelo local onde este ocorrer".

Controvérsias surgem quando a greve envolver servidores estatutários (investidos em cargos públicos de provimento efetivo), no que concerne à possibilidade de exercerem o direito de greve, bem como qual o órgão competente para julgá-la.

O STF, ao julgar o Mandado de Injunção 712-8, regulamentou o exercício do direito de greve do servidor público, aplicando a este, primordialmente, as disposições da Lei 7.783/1989.

No que toca à competência para julgar os dissídios de greve que envolvam servidores estatutários, conforme já visto, a Justiça do Trabalho não é detentora dessa competência. O STF já sedimentou que as relações de trabalho referentes a servidores estatutários fogem da seara trabalhista, sendo competente a Justiça Comum, Federal ou Estadual, conforme a situação.

9.6.1.6 Ações envolvendo sindicatos e suas representações

No que respeita às ações sindicais, o inciso III do art. 114 da CF concedeu à Justiça do Trabalho a competência para processar e julgar qualquer ação que envolva sindicatos, sindicatos e trabalhadores e sindicatos e empregadores.

Dessa forma, a competência é trabalhista para julgar as ações sobre representação sindical, ações entre sindicatos (ex.: divisão de valores oriundos da contribuição sindical), ação entre sindicato e empregados (ex.: desconto sobre contribuição assistencial) e ação entre sindicatos e empregadores (ex.: ação de consignação de pagamento de contribuição sindical ajuizada por empregador).

Essas ações são ajuizadas perante as Varas do Trabalho, em primeira instância.

Cumpre, por fim, mencionar que, apesar da Constituição, em seu art. 114, III, mencionar somente a palavra sindicato, deve-se entender que eventuais conflitos abrangendo federações e confederações também serão da competência da Justiça do Trabalho.

9.6.1.7 *Mandado de segurança*, habeas corpus *e* habeas data

O art. 114, IV, da CF fixa a competência da Justiça do Trabalho para processar e julgar os remédios constitucionais, **quando o tema questionado abranger matéria trabalhista**.

i) Mandado de segurança

O mandado de segurança está positivado na Lei 12.016/2009, bem como no art. 5º, LXIX, da CRFB.

Na Justiça do Trabalho, como regra, é manejado para atacar atos jurisdicionais, podendo ser de competência das Varas do Trabalho ou dos Tribunais Regionais do Trabalho, dependendo de quem seja a autoridade apontada como coatora.

Após o advento da Emenda Constitucional 45, passou a incluir entre as autoridades coatoras os auditores fiscais do trabalho, os superintendentes regionais do trabalho, os oficiais registradores (responsáveis pelos Cartórios de Registro Civil das Pessoas Jurídicas, que se recusam a efetivar o registro de uma entidade sindical, por exemplo) e os membros do Ministério Público do Trabalho (em inquéritos civis públicos).

Sérgio Pinto Martins[48] consigna que:

> O mandado de segurança poderá ser impetrado contra o auditor fiscal do trabalho ou o Superintendente Regional do Trabalho em decorrência de aplicação de multas provenientes de fiscalização das relações de trabalho (art. 114, VII, da Constituição), na interdição de estabelecimento ou setor, de máquina ou equipamento, no embargo à obra (art. 161 da CLT). Será a ação proposta perante a primeira instância e não no TRT.

Portanto, o mandado de segurança pode ser impetrado em face de autoridade judicial ou administrativa.

Assim, podemos concluir que, contra ato de juiz do trabalho, a competência será do respectivo Tribunal Regional do Trabalho; quando a autoridade impetrada for administrativa, como, por exemplo, o mandado de segurança impetrado em face do procurador do trabalho ou do auditor fiscal do trabalho, o órgão competente para processar e julgar será a Vara do Trabalho, ou seja, o juiz do trabalho, em primeira instância.

O TST também tem competência para apreciar mandado de segurança, nos termos da Lei 7.701/1988[49].

ii) *Habeas data*

Este é um remédio constitucional (ação) cujo objetivo é garantir o acesso de uma pessoa a informações sobre ela, que estejam constando em arquivos ou bancos de dados de entidades governamentais ou públicas. Também pode ser utilizado para pedir a correção de dados equivocados.

Está previsto no art. 5º, LXXII, da CF/1988, sendo regulamentado pela Lei 9.507/1997.

---

[48] MARTINS, Sergio Pinto. Op. cit., 2014, p. 129.
[49] "Art. 2º Compete à seção especializada em dissídios coletivos, ou seção normativa: I – originariamente: (...) d) julgar os mandados de segurança contra os atos praticados pelo Presidente do Tribunal ou por qualquer dos Ministros integrantes da seção especializada em processo de dissídio coletivo" e "Art. 3º Compete à Seção de Dissídios Individuais julgar: I – originariamente: a) as ações rescisórias propostas contra decisões das Turmas do Tribunal Superior do Trabalho e suas próprias, inclusive as anteriores à especialização em seções; e b) os mandados de segurança de sua competência originária, na forma da lei".

LXXII – conceder-se-á *habeas data*:

a) para assegurar o conhecimento de informações relativas à pessoa do impetrante, constantes de registros ou bancos de dados de entidades governamentais ou de caráter público;

b) para a retificação de dados, quando não se prefira fazê-lo por processo sigiloso, judicial ou administrativo.

Na Justiça do Trabalho sua aplicação é rara. Mencionamos ementa envolvendo sociedade de economia mista:

> Sociedade de economia mista. *Habeas data*. Ilegitimidade passiva. *Habeas data*. Sociedade de economia mista. Ilegitimidade passiva *ad causam*. A sociedade de economia mista, porquanto entidade não governamental ou de caráter público, e sim pessoa jurídica de direito privado, não configura como parte passiva legítima para ação de *habeas data*. O Banco do Brasil, ao fazer e manter o cadastro de seus clientes, não pode ser considerado como um mantenedor de banco de dados oficiais, suscetível de ser demandado pela via estreita e específica do *habeas data* (TJMG, AC 1.0702.02.001085-7/001(1), 16ª C.Cív., Rel. Des. Sebastião Pereira de Souza, *DJMG* 31.01.2007).

iii) *Habeas corpus*

Como supramencionado, o art. 114, IV, da Constituição Federal atribuiu à Justiça do Trabalho competência para julgar *habeas corpus*, desde que a matéria envolva sua jurisdição.

De acordo com Júlio César Bebber[50],

> *habeas corpus* é, na verdade, ação mandamental que integra a chamada jurisdição constitucional das liberdades, e que tem por escopo a proteção da liberdade de locomoção, quando coarctada ou ameaçada de sê-lo, por ilegalidade ou abuso do Poder Público.

O seu maior uso, no âmbito da Justiça do Trabalho, ocorria nos casos de prisão civil do depositário infiel. Era interposto perante o Tribunal Regional do Trabalho.

Porém, a sua utilização foi esvaziada na seara da Justiça Laboral, quando da edição da Súmula 25 do Supremo Tribunal Federal, em obediência aos ditames do Pacto de San José de Costa Rica, cujo entendimento dispõe que "É ilícita a prisão civil de depositário infiel, qualquer que seja a modalidade do depósito".

---

[50] BEBBER, Júlio César. *Processo do trabalho*: temas atuais. São Paulo: LTr, 2003. p. 275-276.

9.6.1.8 Dano patrimonial e dano moral

O legislador constitucional fixou, expressamente, competência para a Justiça do Trabalho[51] processar e julgar ações cujo pedido envolva indenizações por dano patrimonial e/ou moral, desde que referidos danos sejam decorrentes da relação de trabalho.

Trata-se de uma competência em razão da matéria, pois o seu substrato está na relação de trabalho. Portanto, é uma competência absoluta.

Dessa feita, quaisquer espécies de danos ao direito da personalidade (dano moral individual ou coletivo, assédio moral, dano existencial etc.) no curso da relação de trabalho, a competência será da Justiça do Trabalho, excetuando-se as hipóteses mencionadas dos servidores públicos estatutários, das relações de consumo e das relações envolvendo trabalhadores temporários.

Corroborando a determinação constitucional, o Supremo Tribunal Federal, por meio da Súmula Vinculante 22, aponta:

> A Justiça do Trabalho é competente para processar e julgar as ações de indenização por danos morais e patrimoniais decorrentes de acidente de trabalho propostas por empregado contra empregador, inclusive aquelas que ainda não possuíam sentença de mérito em primeiro grau quando da promulgação da Emenda Constitucional nº 45/04.

Evoluindo sobre o tema, o Tribunal Superior do Trabalho, além de ratificar a competência da Justiça do Trabalho para julgar ações de indenização por dano moral e material, decorrentes da relação de trabalho, incluiu, também, o denominado dano moral em ricochete, na hipótese de falecimento do trabalhador vítima de acidente do trabalho.

> SÚMULA 392 DO TST – DANO MORAL E MATERIAL. RELAÇÃO DE TRABALHO. COMPETÊNCIA DA JUSTIÇA DO TRABALHO
> Nos termos do art. 114, inc. VI, da Constituição da República, a Justiça do Trabalho é competente para processar e julgar ações de indenização por dano moral e material, decorrentes da relação de trabalho, inclusive as oriundas de acidente de trabalho e doenças a ele equiparadas, ainda que propostas pelos dependentes ou sucessores do trabalhador falecido.

A Lei 13.467/2017 apresenta um novo regramento, com tarifação em relação ao dano extrapatrimonial trabalhista, no artigo 223-A, que transcrevemos:

---

[51] "Art. 114. Compete à Justiça do Trabalho processar e julgar: (...) VI – as ações de indenização por dano moral ou patrimonial, decorrentes da relação de trabalho".

Art. 223-A Aplicam-se à reparação de danos de natureza extrapatrimonial decorrentes da relação de trabalho apenas os dispositivos deste Título.

Art. 223-B. Causa dano de natureza extrapatrimonial a ação ou omissão que ofenda a esfera moral ou existencial da pessoa física ou jurídica, as quais são as titulares exclusivas do direito à reparação.

Art. 223-C. A honra, a imagem, a intimidade, a liberdade de ação, a autoestima, a sexualidade, a saúde, o lazer e a integridade física são os bens juridicamente tutelados inerentes à pessoa física.

Art. 223-D. A imagem, a marca, o nome, o segredo empresarial e o sigilo da correspondência são bens juridicamente tutelados inerentes à pessoa jurídica.

Art. 223-E. São responsáveis pelo dano extrapatrimonial todos os que tenham colaborado para a ofensa ao bem jurídico tutelado, na proporção da ação ou da omissão.

Art. 223-F. A reparação por danos extrapatrimoniais pode ser pedida cumulativamente com a indenização por danos materiais decorrentes do mesmo ato lesivo.

§ 1º Se houver cumulação de pedidos, o juízo, ao proferir a decisão, discriminará os valores das indenizações a título de danos patrimoniais e das reparações por danos de natureza extrapatrimonial.

§ 2º A composição das perdas e danos, assim compreendidos os lucros cessantes e os danos emergentes, não interfere na avaliação dos danos extrapatrimoniais.

Art. 223-G. Ao apreciar o pedido, o juízo considerará:

I – a natureza do bem jurídico tutelado; II – a intensidade do sofrimento ou da humilhação; III – a possibilidade de superação física ou psicológica; IV – os reflexos pessoais e sociais da ação ou da omissão; V – a extensão e a duração dos efeitos da ofensa; VI – as condições em que ocorreu a ofensa ou o prejuízo moral; VII – o grau de dolo ou culpa; VIII – a ocorrência de retratação espontânea; IX – o esforço efetivo para minimizar a ofensa; X – o perdão, tácito ou expresso; XI – a situação social e econômica das partes envolvidas; XII – o grau de publicidade da ofensa.

§ 1º Se julgar procedente o pedido, o juízo fixará a indenização a ser paga, a cada um dos ofendidos, em um dos seguintes parâmetros, vedada a acumulação:

I – ofensa de natureza leve, até três vezes o último salário contratual do ofendido;

II – ofensa de natureza média, até cinco vezes o último salário contratual do ofendido;

III – ofensa de natureza grave, até vinte vezes o último salário contratual do ofendido;

IV – ofensa de natureza gravíssima, até cinquenta vezes o último salário contratual do ofendido.

§ 2º Se o ofendido for pessoa jurídica, a indenização será fixada com observância dos mesmos parâmetros estabelecidos no § 1º deste artigo, mas em relação ao salário contratual do ofensor.

§ 3º Na reincidência entre partes idênticas, o juízo poderá elevar ao dobro o valor da indenização.

De acordo com entendimento do STJ, verificamos que a pessoa jurídica do empregador também foi contemplada com a possibilidade de ser indenizada pelo dano moral.

Questão divergente na doutrina diz respeito à competência, ou não, da Justiça do Trabalho para julgar danos morais e materiais na fase pré-contratual.

Para Sergio Pinto Martins[52], "A competência não será da Justiça do Trabalho, pois inexistiu contrato de trabalho ou relação de trabalho entre as partes, mas da Justiça Comum".

Em contrapartida, Mauro Schiavi[53] assim se posiciona:

> O fato de não existir ainda a relação de emprego não é suficiente para afastar a competência da Justiça do Trabalho, pois só houve o dano em razão de um futuro contrato de trabalho, se não fosse a relação de emprego ou de trabalho, que é o objeto do negócio jurídico, não haveria o dano.

Aderimos a essa última posição, pois, embora não tenha existido um contrato de emprego ou de relação de trabalho, o contato entre as partes, bem como o eventual dano ou lesão, só foi possível em virtude da possibilidade ou da potencialidade de se constituir um contrato de trabalho.

9.6.1.9 Penalidades administrativas aplicadas pelo Poder Executivo

O inciso VII do art. 114 da Constituição Federal, em sua atual redação, dada pela Emenda Constitucional 45/2004, determinou que a Justiça do Trabalho passasse a ter competência para apreciar e julgar litígios cujo teor envolve penalidades administrativas, impostas pelos órgãos de fiscalização das relações de trabalho. É o caso que envolve multa administrativa aplicada pelo extinto Ministério do Trabalho, hoje Ministério da Economia, contra o empregador. O auditor-fiscal do trabalho verifica que o empresário está cometendo uma infração à legislação trabalhista, como, por exemplo, está deixando de observar uma norma de segurança e higiene do trabalho e lhe aplica uma multa administrativa. Em decorrência desse permissivo, empregadores (para parte da doutrina, os tomadores de serviços também) poderão ajuizar ações para discutir as penalidades administrativas provenientes dos órgãos de fiscalização das relações de trabalho, como nas situações em que o auditor fiscal do trabalho aplica uma multa, ou quando há interdição de seu estabelecimento. Aludidas ações poderão tipificar-se como anulatórias, tutelas provisórias, mandado de segurança e ação declaratória.

---

[52] MARTINS, Sergio Pinto. Op. cit., 2014, p. 128.
[53] SCHIAVI, Mauro. *Manual de direito processual do trabalho*. 8. ed. São Paulo: LTr. p. 280.

9.6.1.10 Contribuições previdenciárias

A EC 45/2004 só veio corroborar a competência material da Justiça do Trabalho para executar as contribuições previdenciárias decorrentes de suas decisões. Dessa forma, valores devidos à Previdência Social, que foram reconhecidos em decisão trabalhista, deverão ser executados de ofício pelo magistrado trabalhista.

Insta mencionar que valores devidos ao INSS, oriundos de acordos homologados, também estarão sujeitos à mesma regra (pois possuem a qualidade de coisa julgada material – CLT, art. 831[54], parágrafo único).

Nestes termos, o art. 876, parágrafo único, da CLT:

> Serão executadas *ex officio* as contribuições sociais devidas em decorrência de decisão proferida pelos Juízes e Tribunais do Trabalho, resultantes de condenação ou homologação de acordo, **inclusive sobre os salários pagos durante o período contratual reconhecido.** (grifo nosso)

A Lei 13.467/2017 deu nova redação a este parágrafo, como segue:

> Parágrafo único. A Justiça do Trabalho executará, de ofício, as contribuições sociais previstas na alínea a do inciso I e no inciso II do caput do art. 195 da Constituição Federal, e seus acréscimos legais, relativas ao objeto da condenação constante das sentenças que proferir e dos acordos que homologar.

Diante do texto da CLT, dúvidas surgem acerca da competência da Justiça do Trabalho para a execução das contribuições previdenciárias quando a sentença trabalhista tiver somente cunho declaratório. Isso ocorre quando a sentença reconhece somente o vínculo empregatício, sem impor uma condenação em pecúnia.

O Supremo Tribunal Federal, apreciando a questão, decidiu que a Justiça do Trabalho só pode executar contribuições previdenciárias decorrentes de sentença condenatória em pecúnia, ou que emanem dos acordos judiciais homologados.

> **Justiça do Trabalho: Execução de Ofício de Contribuições Previdenciárias e Alcance.** A competência da Justiça do Trabalho, nos termos do disposto no art. 114, VIII, da CF, limita-se à execução, de ofício, das contribuições sociais previstas no art. 195, I, *a*, e II, e seus acréscimos legais, decorrentes das sentenças condenatórias em pecúnia que proferir e aos valores objeto de acordo homologado que integrem o salário de contribuição, não abrangendo, portanto, a execução de contribuições atinentes ao vínculo de trabalho reconhecido na decisão, mas sem condenação ou acordo quanto ao pagamento das verbas salariais que lhe possam servir como base de cálculo ("Art. 114. (...) VIII – a execução, de ofício, das contribuições

---

[54] "Parágrafo único. No caso de conciliação, o termo que for lavrado valerá como decisão irrecorrível, salvo para a Previdência Social quanto às contribuições que lhe forem devidas".

sociais previstas no art. 195, I, *a*, e II, e seus acréscimos legais, decorrentes das sentenças que proferir;"). Com base nesse entendimento, o Tribunal desproveu recurso extraordinário interposto pelo INSS em que sustentava a competência da Justiça especializada para executar, de ofício, as contribuições previdenciárias devidas, incidentes sobre todo o período de contrato de trabalho, quando houvesse o reconhecimento de serviços prestados, com ou sem vínculo trabalhista, e não apenas quando houvesse o efetivo pagamento de remunerações. Salientou-se que a decisão trabalhista que não dispõe sobre pagamento de salário, mas apenas se restringe a reconhecer a existência do vínculo empregatício não constitui título executivo no que se refere ao crédito de contribuições previdenciárias. **Assim, considerou-se não ser possível admitir uma execução sem título executivo. Asseverou-se que, em relação à contribuição social referente ao salário cujo pagamento foi determinado em decisão trabalhista é fácil identificar o crédito exequendo e, por conseguinte, admitir a substituição das etapas tradicionais de sua constituição por ato típico, próprio, do magistrado. Ou seja, o lançamento, a notificação, a apuração são todos englobados pela intimação do devedor para o seu pagamento, porque a base de cálculo para essa contribuição é o valor mesmo do salário que foi objeto da condenação. Já a contribuição social referente ao salário cujo pagamento não foi objeto da sentença condenatória, e, portanto, não está no título exequendo, ou não foi objeto de algum acordo, dependeria, para ser executada, da constituição do crédito pelo magistrado sem que este tivesse determinado o pagamento do salário, que é exatamente a causa e a base da sua justificação.** O Min. Ricardo Lewandowski, em acréscimo aos fundamentos do relator, aduziu que a execução de ofício de contribuição social antes da constituição do crédito, apenas com base em sentença trabalhista que reconhece o vínculo empregatício sem fixar quaisquer valores, viola também o direito ao contraditório e à ampla defesa. Em seguida, o Tribunal, por maioria, aprovou proposta do Min. Menezes Direito, relator, para edição de súmula vinculante sobre o tema, e cujo teor será deliberado nas próximas sessões. Vencido, no ponto, o Min. Marco Aurélio, que se manifestava no sentido da necessidade de encaminhamento da proposta à Comissão de Jurisprudência (RE 569.056/PR, Rel. Min. Menezes Direito, 11.09.2008, Informativo STF 519 – destaque nosso).

No mesmo sentido do Supremo Tribunal Federal[55], a Súmula 368 do Tribunal Superior do Trabalho, item I:

> DESCONTOS PREVIDENCIÁRIOS E FISCAIS. COMPETÊNCIA. RESPON-SABILIDADE PELO PAGAMENTO. FORMA DE CÁLCULO

---

[55] Súmula Vinculante 53 do STF: "A competência da Justiça do Trabalho prevista no art. 114, VIII, da Constituição Federal alcança a execução de ofício das contribuições previdenciárias relativas ao objeto da condenação constante das sentenças que proferir e acordos por ela homologados".

I – A Justiça do Trabalho é competente para determinar o recolhimento das contribuições fiscais. A competência da Justiça do Trabalho, quanto à execução das contribuições previdenciárias, **limita-se às sentenças condenatórias em pecúnia que proferir e aos valores, objeto de acordo homologado, que integrem o salário de contribuição**. (grifo nosso)

Dessarte, atualmente, prevalece o posicionamento no sentido de a Justiça do Trabalho possuir competência para executar, *ex officio*, tão somente as contribuições previdenciárias oriundas de sentença condenatória em pecúnia, por ela proferida, bem como as decorrentes de acordos homologados judicialmente. Excluída, portanto, a execução de decisões de caráter declaratório.

Por derradeiro, apontamos, consoante Súmula 454 do Tribunal Superior do Trabalho, que a Justiça do Trabalho possui competência para executar contribuições sociais vinculadas ao seguro de acidente de trabalho, tendo em vista se tratar de uma parcela que é paga pelo empregador e que reverte para os cofres da União; há competência material da Justiça do Trabalho, ou seja, na execução trabalhista incidirá, não somente a contribuição previdenciária, mas também a contribuição para o SAT.

> COMPETÊNCIA DA JUSTIÇA DO TRABALHO. EXECUÇÃO DE OFÍCIO. CONTRIBUIÇÃO SOCIAL REFERENTE AO SEGURO DE ACIDENTE DE TRABALHO (SAT). ARTS. 114, VIII, E 195, I, "A", DA CONSTITUIÇÃO DA REPÚBLICA
>
> Compete à Justiça do Trabalho a execução, de ofício, da contribuição referente ao Seguro de Acidente de Trabalho (SAT), que tem natureza de contribuição para a seguridade social (arts. 114, VIII, e 195, I, "a", da CF), pois se destina ao financiamento de benefícios relativos à incapacidade do empregado decorrente de infortúnio no trabalho (arts. 11 e 22 da Lei nº 8.212/1991).

9.6.1.11 Outras controvérsias decorrentes da relação de trabalho

O art. 114, IX, da Constituição Federal deixou uma espécie de inciso aberto para incluir eventuais relações jurídicas, de índole trabalhista, que não se enquadrem nas hipóteses dos incisos anteriores. Em outras palavras, nada mais fez o legislador constitucional derivado que confirmar a ampliação da competência material da Justiça do Trabalho, afastando, dessa forma, qualquer dúvida sobre a sua legitimidade de atuação sobre conflitos de competência que possam surgir, de forma superveniente, relativamente a aspectos da relação de trabalho.

Entendemos que o inciso IX supramencionado deve ser interpretado em conjunto e de forma harmônica como o inciso I do mesmo preceito legal.

Dessa forma, assinala Estevão Mallet[56]:

---

[56] MALLET, Estevão. Apontamentos sobre a competência da Justiça do Trabalho após a Emenda Constitucional n. 45. *Direito, trabalho e processo em transformação*. São Paulo: LTr, 2005. p. 184.

A previsão de hipótese aberta de competência da Justiça do Trabalho, para julgamento de "outras controvérsias decorrentes da relação de trabalho" conforme o disposto em lei, nos termos do inciso IX, do art. 114, fica em grande medida esvaziada pela amplitude da regra do inciso I do mesmo dispositivo. Há contudo, como dar sentido à norma, entendendo-se que, por meio de lei, cabe atribuir à Justiça do Trabalho outras competências ainda não contidas em nenhum dos incisos do novo art. 114.

Nessa esteira, a Justiça do Trabalho é competente para julgar, igualmente, questões que abarquem:

- meio ambiente do trabalho – Súmula 736 do STF;
- cadastramento no PIS – Súmula 300 do TST;
- indenização por não fornecimento de guias de seguro-desemprego – Súmula 389, I, do TST;
- ação declaratória de nulidade de cláusula de acordo ou convenção coletiva que fira liberdade e direitos indisponíveis dos empregados – Lei Complementar 75/1993, art. 83, IV.

9.6.2 Competência em razão da pessoa (*ratione personae*)

Essa competência é fruto da qualidade da parte ou das partes envolvidas no litígio. Caminha ao lado da competência em razão da matéria, estabelecida no art. 114 da CF. Portanto, é muito comum, ao se analisar a competência em razão da matéria, também estar-se considerando a competência em razão da pessoa.

De forma singela, podemos afirmar que essa competência é determinada com a seguinte indagação: quais as pessoas que podem litigar perante o Judiciário trabalhista?

Como já mencionado, as hipóteses estão previstas no próprio art. 114 da Constituição Federal, o que nos leva a indicar as pessoas que poderão demandar na seara trabalhista:

- trabalhadores, em sentido genérico, abarcando, como já referido, empregados, bem como os trabalhadores que não possuem as características empregatícias, como o eventual (art. 643 da CLT[57]), o avulso (art. 652, *a*, V, da CLT[58]), o autônomo, o temporário (art. 19 da Lei 6.019/1974) e o servidor público regido pela CLT (art. 114, I, da CF);

---

[57] "Art. 643. Os dissídios oriundos das relações entre empregados e empregadores, bem como de trabalhadores avulsos e seus tomadores de serviços em atividades reguladas na legislação social, serão dirimidos pela Justiça do Trabalho, de acordo com o presente título e na forma estabelecida pelo processo judiciário do trabalho".

[58] "V – as ações entre trabalhadores portuários e os operadores portuários ou o Órgão Gestor de Mão de Obra – OGMO decorrentes da relação de trabalho".

- entes de direito público externo (pessoas jurídicas de direito público externo) (art. 114, I, da CF);
- sindicatos (art. 114, III, da CF e art. 872[59], parágrafo único, da CLT);
- órgãos do Poder Executivo, quando propuserem ações cujo objetivo é impor penalidades administrativas aos empregadores, relacionadas à fiscalização do trabalho (art. 114, VII, da CF);
- servidores de serventias (cartórios) extrajudiciais, desde que regidos pela CLT, uma vez que também existem servidores de tabelionatos de notas e de registros de imóveis regidos de forma estatutária.

9.6.3 Competência em razão da função

A competência funcional é a fixada com fulcro nas atribuições internas dos órgãos jurisdicionais, levando-se em conta as disposições contidas na Constituição Federal e nas leis processuais, assim como nos Regimentos Internos dos Tribunais.

Por este critério, determina-se a competência e a função de cada órgão, dentro da organização da Justiça do Trabalho, para agir durante toda a tramitação processual. Trata-se de uma competência absoluta, podendo ser declarada pelo juiz, independentemente de manifestação das partes.

Neste sistema de atribuições, podemos indicar que a competência funcional é gênero, contemplando três espécies: a competência originária, a recursal e a executória.

Podemos elencar os três órgãos da Justiça do Trabalho como sendo detentores das respectivas competências funcionais, a saber.

9.6.3.1 Varas do Trabalho

Como já mencionado, as Varas do Trabalho, hoje, são compostas apenas pelo juiz concursado (titular ou substituto), não havendo mais a figura dos classistas (Emenda Constitucional 24/1999).

Desta feita, o juiz trabalhista deverá atender aos preceitos instituídos pelos arts. 652[60] e 653 da CLT. As Varas do Trabalho possuem competência originária (ações que devem ser, inicialmente, propostas na primeira instância) e executória.

---

[59] "Art. 872. Celebrado o acordo, ou transitada em julgado a decisão, seguir-se-á o seu cumprimento, sob as penas estabelecidas neste Título. Parágrafo único. Quando os empregadores deixarem de satisfazer o pagamento de salários, na conformidade da decisão proferida, poderão os empregados ou seus sindicatos, independentes de outorga de poderes de seus associados, juntando certidão de tal decisão, apresentar reclamação à Junta ou Juízo competente, observado o processo previsto no Capítulo II deste Título, sendo vedado, porém, questionar sobre a matéria de fato e de direito já apreciada na decisão".

[60] "Art. 652. Compete às Juntas de Conciliação e Julgamento (Varas do Trabalho): a) conciliar e julgar: I – os dissídios em que se pretenda o reconhecimento da estabilidade de empregado;

A Lei 13.467/2017 atribui mais duas competências às Varas do Trabalho. Acrescentou o inciso f ao art. 652 da CLT: "(...) f) decidir quanto à homologação de acordo extrajudicial em matéria de competência da Justiça do Trabalho". E alterou o art. 800 no que respeita à exceção de incompetência territorial:

> Art. 800. Apresentada exceção de incompetência territorial no prazo de cinco dias a contar da notificação, antes da audiência e em peça que sinalize a existência dessa exceção, seguir-se-á o procedimento estabelecido no artigo.
>
> § 1º Protocolada a petição, será suspenso o processo e não se realizará a audiência a que se refere o art. 843 desta Consolidação até que se decida a exceção.

9.6.3.2 Tribunais Regionais do Trabalho

Os TRTs têm fixada sua competência funcional nas hipóteses dos arts. 678 a 680 da CLT, conforme sejam divididos, ou não, em Turmas. Sucintamente, podemos elencar algumas situações de competência exclusiva dos TRTs: dissídios coletivos; mandados de segurança (observando-se as disposições do art. 114, IV e VII, da CF); ações rescisórias; conflitos de competência entre as Varas do Trabalho sob sua jurisdição, ou entre estas e Juízes de Direito investidos na jurisdição trabalhista; julgamento de recurso. Possuem competência originária, a exemplo dos dissídios coletivos e ações rescisórias, bem como competência recursal, quando julgam um recurso ordinário ou um agravo de petição.

9.6.3.3 Tribunal Superior do Trabalho

Como já estudado alhures, o TST possui sua competência disciplinada pela CLT, pelo seu Regimento Interno (RITST) e pela Lei 7.701/1988, sendo que referida norma igualmente atribui as competências de seus respectivos órgãos (Tribunal Pleno, SDC, SDI-I e II e Turmas).

Apontaremos as principais atribuições desses órgãos.

II – os dissídios concernentes a remuneração, férias e indenizações por motivo de rescisão do contrato individual de trabalho; III – os dissídios resultantes de contratos de empreitadas em que o empreiteiro seja operário ou artífice; IV – os demais dissídios concernentes ao contrato individual de trabalho; V – as ações entre trabalhadores portuários e os operadores portuários ou o Órgão Gestor de Mão de Obra – OGMO decorrentes da relação de trabalho; (Incluído pela Medida Provisória nº 2.164-41, de 2001) b) processar e julgar os inquéritos para apuração de falta grave; c) julgar os embargos opostos às suas próprias decisões; d) impor multas e demais penalidades relativas aos atos de sua competência; (Redação dada pelo Decreto-lei nº 6.353, de 20.3.1944) Parágrafo único. Terão preferência para julgamento os dissídios sobre pagamento de salário e aqueles que derivarem da falência do empregador, podendo o Presidente da Junta, a pedido do interessado, constituir processo em separado, sempre que a reclamação também versar sobre outros assuntos".

Assim dispõe, em regras gerais, o art. 74 do RITST sobre a competência do Tribunal Superior do Trabalho:

> Art. 67. Compete ao Tribunal Superior do Trabalho processar, conciliar e julgar, na forma da lei, em grau originário ou recursal ordinário ou extraordinário, as demandas individuais e os dissídios coletivos que excedam a jurisdição dos Tribunais Regionais, os conflitos de direito sindical, assim como outras controvérsias decorrentes de relação de trabalho, e os litígios relativos ao cumprimento de suas próprias decisões, de laudos arbitrais e de convenções e acordos coletivos.

9.6.3.3.1 Tribunal Pleno

Compete ao Pleno decidir sobre declaração de inconstitucionalidade de lei ou ato normativo do poder público, quando aprovada a arguição pelas Seções Especializadas ou Turmas; aprovar, modificar ou revogar Súmulas da jurisprudência predominante em dissídios individuais e os Precedentes Normativos da Sessão de Dissídios Coletivos. Prescreve o art. 75 do RITST que:

> Compete ao Tribunal Pleno:
>
> I – eleger, por escrutínio secreto, o Presidente e o Vice-Presidente do Tribunal Superior do Trabalho, o Corregedor-Geral da Justiça do Trabalho, os sete Ministros para integrar o Órgão Especial, o Diretor, o Vice-Diretor e os membros do Conselho Consultivo da Escola Nacional de Formação e Aperfeiçoamento de Magistrados do Trabalho – ENAMAT, os Ministros membros do Conselho Superior da Justiça do Trabalho – CSJT e respectivos suplentes e os membros do Conselho Nacional de Justiça;
>
> II – dar posse aos membros eleitos para os cargos de direção do Tribunal Superior do Trabalho, aos Ministros nomeados para o Tribunal, aos membros da direção e do Conselho Consultivo da Escola Nacional de Formação e Aperfeiçoamento de Magistrados do Trabalho – ENAMAT;
>
> III – escolher os integrantes das listas para preenchimento das vagas de Ministro do Tribunal;
>
> IV – deliberar sobre prorrogação do prazo para a posse no cargo de Ministro do Tribunal Superior do Trabalho e o início do exercício;
>
> V – determinar a disponibilidade ou a aposentadoria de Ministro do Tribunal;
>
> VI – opinar sobre propostas de alterações da legislação trabalhista, inclusive processual, quando entender que deve manifestar-se oficialmente;
>
> VII – estabelecer ou alterar súmulas e outros enunciados de jurisprudência uniforme, pelo voto de pelo menos 2/3 (dois terços) de seus membros, caso a mesma matéria já tenha sido decidida de forma idêntica por unanimidade em, no mínimo, 2/3 (dois terços) das turmas, em pelo menos 10 (dez) sessões diferentes em cada uma delas, podendo, ainda, por maioria de 2/3 (dois terços)

de seus membros, restringir os efeitos daquela declaração ou decidir que ela só tenha eficácia a partir de sua publicação no Diário Oficial;

VIII – julgar os incidentes de assunção de competência e os incidentes de recursos repetitivos, afetados ao órgão;

IX – decidir sobre a declaração de inconstitucionalidade de lei ou ato normativo do Poder Público, quando aprovada a arguição pelas Seções Especializadas ou Turmas;

X – aprovar e emendar o Regimento Interno do Tribunal Superior do Trabalho;

XI – processar e julgar as reclamações destinadas à preservação de sua competência e à garantia da autoridade de suas decisões e à observância obrigatória de tese jurídica firmada em decisão com eficácia de precedente judicial de cumprimento obrigatório, por ele proferida.

O Tribunal Pleno passou a ter novas atribuições em face da Lei 13.467/2017, conforme a regra fixada no art. 702, *f* e §§ 3º e 4º, da CLT:

(...)

f) estabelecer ou alterar súmulas e outros enunciados de jurisprudência uniforme, pelo voto de pelo menos dois terços de seus membros, caso a mesma matéria já tenha sido decidida de forma idêntica por unanimidade em, no mínimo, dois terços das turmas em pelo menos dez sessões diferentes em cada uma delas, podendo, ainda, por maioria de dois terços de seus membros, restringir os efeitos daquela declaração ou decidir que ela só tenha eficácia a partir de sua publicação no Diário Oficial.

(...)

E os parágrafos deste mesmo art. 702:

§ 3º As sessões de julgamento sobre estabelecimento ou alteração de súmulas e outros enunciados de jurisprudência deverão ser públicas, divulgadas com, no mínimo, trinta dias de antecedência e deverão possibilitar a sustentação oral pelo Procurador-Geral do Trabalho, pelo Conselho Federal da Ordem dos Advogados do Brasil, pelo Advogado Geral da União e por confederações sindicais ou entidades de classe de âmbito nacional.

§ 4º O estabelecimento ou a alteração de súmulas e outros enunciados de jurisprudência pelos Tribunais Regionais do Trabalho deverão observar o disposto na alínea f do inciso I e no § 3º deste artigo, com rol equivalente de legitimidade para sustentação oral, observada a abrangência de sua circunscrição judiciária.

9.6.3.3.2   Seção Especializada em Dissídios Coletivos (SDC)

Compete a esta Seção julgar os dissídios coletivos de natureza econômica ou jurídica, situados no âmbito de sua competência (quando o dissídio coletivo envolver categorias organizadas em nível nacional – bancários, petroleiros, entre outros); julgar recursos ordinários interpostos contra as decisões proferidas pelos

TRTs, em dissídio coletivo de natureza econômica ou jurídica; julgar embargos infringentes interpostos contra decisão não unânime proferida em processo de dissídio coletivo de sua competência originária, salvo se a decisão atacada estiver em consonância com Precedente Normativo do TST ou com Súmula de jurisprudência predominante. Dessa forma, o art. 77 do RITST impõe que compete à Seção Especializada em Dissídios Coletivos:

I – originariamente:

a) julgar os dissídios coletivos de natureza econômica e jurídica, de sua competência, ou rever suas próprias sentenças normativas, nos casos previstos em lei;

b) homologar as conciliações firmadas nos dissídios coletivos;

c) julgar as ações anulatórias de acordos e convenções coletivas;

d) julgar as ações rescisórias propostas contra suas sentenças normativas;

e) julgar os agravos regimentais contra despachos ou decisões não definitivas, proferidos pelo Presidente do Tribunal, ou por qualquer dos Ministros integrantes da Seção Especializada em Dissídios Coletivos;

f) julgar os conflitos de competência entre Tribunais Regionais do Trabalho em processos de dissídio coletivo;

g) processar e julgar as medidas cautelares incidentais nos processos de dissídio coletivo; e

h) processar e julgar as ações em matéria de greve, quando o conflito exceder a jurisdição de Tribunal Regional do Trabalho;

i) processar e julgar as reclamações destinadas à preservação de sua competência e à garantia da autoridade de suas decisões.

II – em última instância, julgar:

a) os recursos ordinários interpostos contra as decisões proferidas pelos Tribunais Regionais do Trabalho em dissídios coletivos de natureza econômica ou jurídica;

b) os recursos ordinários interpostos contra decisões proferidas pelos Tribunais Regionais do Trabalho em ações rescisórias e mandados de segurança pertinentes a dissídios coletivos e a direito sindical e em ações anulatórias de acordos e convenções coletivas;

c) os embargos infringentes interpostos contra decisão não unânime proferida em processo de dissídio coletivo de sua competência originária, salvo se a decisão embargada estiver em consonância com precedente normativo do Tribunal Superior do Trabalho, ou com Súmula de sua jurisprudência predominante; e

d) os agravos de instrumento interpostos contra despacho denegatório de recurso ordinário nos processos de sua competência.

9.6.3.3.3 Seção Especializada em Dissídios Individuais (SDI)

Consoante o art. 78 do RITST, a Seção Especializada em Dissídios Individuais, em composição plena ou dividida em duas Subseções, possui as seguintes competências:

I – em composição plena:

a) julgar, em caráter de urgência e com preferência na pauta, os processos nos quais tenha sido estabelecida, na votação, divergência entre as Subseções I e II da Seção Especializada em Dissídios Individuais, quanto à aplicação de dispositivo de lei federal ou da Constituição da República.

b) processar e julgar as reclamações destinadas à preservação de sua competência, à garantia da autoridade de suas decisões e à observância obrigatória de tese jurídica firmada em decisão com eficácia de precedente judicial de cumprimento obrigatório, por ela proferida.

II – à Subseção I:

a) julgar os embargos interpostos contra decisões divergentes das Turmas, ou destas que divirjam de decisão da Seção de Dissídios Individuais, de súmula ou de orientação jurisprudencial;

b) processar e julgar as reclamações destinadas à preservação de sua competência, à garantia da autoridade de suas decisões e à observância obrigatória de tese jurídica firmada em decisão com eficácia de precedente judicial de cumprimento obrigatório, por ela proferida;

c) julgar os agravos internos interpostos contra decisão monocrática exarada em processos de sua competência ou decorrentes do juízo de admissibilidade da Presidência de Turmas do Tribunal;

d) processar e julgar os incidentes de recursos repetitivos que lhe forem afetados;

III – à Subseção II:

a) originariamente:

I – julgar as ações rescisórias propostas contra suas decisões, as da Subseção I e as das Turmas do Tribunal;

II – julgar os mandados de segurança contra os atos praticados pelo Presidente do Tribunal, ou por qualquer dos Ministros integrantes da Seção Especializada em Dissídios Individuais, nos processos de sua competência;

III – julgar os pedidos de concessão de tutelas provisórias e demais medidas de urgência;

IV – julgar os *habeas corpus*;

V – processar e julgar os Incidentes de Resolução de Demandas Repetitivas suscitados nos processos de sua competência originária;

VI – processar e julgar as reclamações destinadas à preservação de sua competência, à garantia da autoridade de suas decisões e à observância obrigatória de tese jurídica firmada em decisão com eficácia de precedente judicial de cumprimento obrigatório, por ela proferida.

b) em única instância:

I – julgar os agravos internos interpostos contra decisão monocrática exarada em processos de sua competência;

II – julgar os conflitos de competência entre Tribunais Regionais e os que envolvam Desembargadores dos Tribunais de Justiça, quando investidos da jurisdição trabalhista, e Juízes do Trabalho em processos de dissídios individuais.

c) em última instância:

I – julgar os recursos ordinários interpostos contra decisões dos Tribunais Regionais em processos de dissídio individual de sua competência originária;

II – julgar os agravos de instrumento interpostos contra decisão denegatória de recurso ordinário em processos de sua competência.

9.6.3.3.4 Turmas

Têm por competência julgar os recursos de revista interpostos de decisão dos Tribunais Regionais do Trabalho, nos casos previstos em lei; julgar os agravos de instrumento dos despachos do Presidente do Tribunal Regional que negarem seguimento a recurso de revista; julgar os agravos e os agravos regimentais interpostos contra despacho exarado em processos de sua competência. Determina o art. 79 do RITST que compete a cada uma das Turmas julgar:

I – as reclamações destinadas à preservação da sua competência e à garantia da autoridade de suas decisões;

II – os recursos de revista interpostos contra decisão dos Tribunais Regionais do Trabalho, nos casos previstos em lei;

III – os agravos de instrumento das decisões de Presidente de Tribunal Regional que denegarem seguimento a recurso de revista;

IV – os agravos internos interpostos contra decisão monocrática exarada em processos de sua competência;

V – os recursos ordinários em tutelas provisórias e as reclamações, quando a competência para julgamento do recurso do processo principal for atribuída à Turma, bem como a tutela provisória requerida em procedimento antecedente de que trata o art. 114 deste Regimento.

9.6.4 Competência territorial ou de foro

Uma vez determinada a competência material da Justiça do Trabalho e, do mesmo modo, verificando-se que a competência originária não pertence a um Tribunal, resta determinar qual o foro competente.

Para Dinamarco[61]:

> Sabido que foro é cada uma das porções em que se divide o território nacional para o exercício da jurisdição, competência territorial (ou de foro) é a quantidade de jurisdição cujo exercício se atribui aos órgãos de determinada Justiça situados em determinada base territorial.

Destarte, a competência territorial tem por objetivo determinar a comarca em que deverá ser proposta a demanda. A competência de foro[62] "é determinada com base na circunscrição geográfica sobre a qual atua o órgão jurisdicional"[63].

Trata-se de uma competência relativa; portanto, qualquer manifestação sobre incompetência territorial deve ser arguida pela reclamada (réu) quando do momento para sua resposta (exceção de incompetência), não podendo o juiz declarar de ofício a incompetência em razão do lugar[64].

Nesse sentido a Orientação Jurisprudencial 149 da SDI-II do TST:

> CONFLITO DE COMPETÊNCIA. INCOMPETÊNCIA TERRITORIAL. HIPÓTESE DO ART. 651, § 3º, DA CLT. IMPOSSIBILIDADE DE DECLARAÇÃO DE OFÍCIO DE INCOMPETÊNCIA RELATIVA. **Não cabe declaração de ofício de incompetência territorial** no caso do uso, pelo trabalhador, da faculdade prevista no art. 651, § 3º, da CLT. Nessa hipótese, resolve-se o conflito pelo reconhecimento da competência do juízo do local onde a ação foi proposta. (grifo nosso)

No Direito Processual do Trabalho, a regra é fixada pela Consolidação das Leis do Trabalho, cujo art. 651 determina a competência territorial das Varas do Trabalho, dispondo o seguinte:

> Art. 651. A competência das Juntas de Conciliação e Julgamento *(Varas)* é determinada pela localidade onde o empregado, reclamante ou reclamado, prestar serviços ao empregador, ainda que tenha sido contratado noutro local ou no estrangeiro.
>
> § 1º Quando for parte de dissídio agente ou viajante comercial, a competência será da Junta da localidade em que a empresa tenha agência ou filial e a esta o empregado esteja subordinado e, na falta, será competente a Junta da localização em que o empregado tenha domicílio ou a localidade mais próxima.

---

[61] DINAMARCO, Cândido Rangel. Op. cit., 2001, p. 483-484.
[62] O foro pode ser caracterizado como o âmbito territorial limítrofe, onde o órgão jurisdicional exerce sua jurisdição.
[63] LEITE, Carlos Henrique Bezerra. Op. cit., 2012, p. 203.
[64] Súmula 33 do STJ: "A incompetência relativa não pode ser declarada de ofício".

§ 2º A competência das Juntas de Conciliação e Julgamento, estabelecida neste artigo, estende-se aos dissídios ocorridos em agência ou filial no estrangeiro, desde que o empregado seja brasileiro e não haja convenção internacional dispondo em contrário.

§ 3º Em se tratando de empregador que promova realização de atividades fora do lugar do contrato de trabalho, é assegurado ao empregado apresentar reclamação no foro da celebração do contrato ou no da prestação dos respectivos serviços.

Verificando a regra retroapresentada, extrai-se que a competência territorial é fixada pelo local da prestação de serviços, isto é, a demanda deve ser ajuizada no local onde o empregado presta os seus serviços. Importante notar que a CLT determina essa regra tanto na hipótese de o empregado ser autor (reclamante), quanto réu (reclamando).

O objetivo da norma é assegurar o pleno acesso do trabalhador ao Judiciário, porquanto, *em regra*, o local da prestação de serviços coincide com o domicílio do trabalhador, o que evita maiores gastos com a sua locomoção, para se fazer presente no fórum trabalhista. Do mesmo modo, facilita a produção de provas (ex.: perícia), inclusive no que tange ao comparecimento de testemunhas.

Entendemos que, em decorrência da ampliação da competência material da Justiça do Trabalho, os trabalhadores, que não são tipificados como empregados, poderão se valer dessa regra para ajuizarem eventuais demandas.

Comumente, afirma-se que o foro para ajuizamento da ação trabalhista é o do último lugar onde o empregado prestou serviços ao empregador; dessa forma, mesmo trabalhando em diversos locais, a competência territorial será da Vara do Trabalho da última localidade onde o empregado cumpriu suas obrigações[65] contratuais.

No mesmo sentido, Carlos Henrique Bezerra Leite[66] se posiciona:

> Caso o empregado tenha trabalhado em diversos estabelecimentos em locais diferentes, a competência territorial da vara do Trabalho deve ser fixada em razão do derradeiro lugar da execução do contrato de trabalho, e não de cada local dos estabelecimentos da empresa na qual tenha prestado serviços.

Todavia, surgem vozes dissonantes na doutrina, como, por exemplo, a opinião de Mauro Schiavi[67], para quem:

---

[65] Na seara do Direito Processual Coletivo do Trabalho existe a possibilidade de o empregado, munido de uma sentença genérica oriunda de uma ação civil coletiva, ajuizar sua reclamatória trabalhista (ou habilitação na liquidação de uma lide coletiva, envolvendo direitos individuais homogêneos), por cálculos ou artigos, consoante o art. 96 e seguintes do CDC (Lei 8.078/1990) em seu domicílio ou no local da prestação de serviços, conforme já entendeu o colendo Tribunal Superior do Trabalho.
[66] LEITE, Carlos Henrique Bezerra. Op. cit., 2012, p. 282.
[67] SCHIAVI, Mauro. *Manual de direito processual do trabalho*. 8. ed. São Paulo: LTr. p. 456.

Com efeito, se o reclamante trabalhou em vários locais, pensamos que a competência das Varas do Trabalho de cada local trabalhado é concorrente, já que todas as Varas são competentes, cabendo a escolha do local da propositura da ação ao reclamante, uma vez que a competência em razão do lugar se fixa tendo por escopo facilitar o acesso do trabalhador à Justiça. Portanto, no nosso sentir, a competência neste caso se dá pela prevenção, sendo competente a Vara do local em que a reclamatória foi proposta em primeiro lugar.

Conforme o art. 651, § 1º, da CLT, o empregado, agente ou viajante comercial, exercendo seu mister em várias localidades, deverá observar duas regras para identificar qual o foro competente, surgindo a primeira exceção em face da regra constante do *caput*. Dessa forma, a competência do foro será assim determinada:

- será competente a Vara do Trabalho da localidade em que a empresa tem agência ou filial e a esta o empregado esteja subordinado, e, na falta desta, será competente a Vara do Trabalho em que o empregado tenha domicílio ou a localidade mais próxima;
- embora a norma, em seu *caput*, utilize-se da expressão "empregado", entendemos, como já mencionado, que o seu comando também alcança outras modalidades de trabalhadores (art. 114, I, da CR/1988), como o trabalhador autônomo externo e o representante comercial autônomo (regido pela Lei 4.886/1965).

A segunda exceção à regra geral está prevista no § 2º do art. 651 da CLT, cujo teor determina que as Varas do Trabalho têm competência para dirimir conflitos ocorridos em agência ou filial no estrangeiro, devendo o empregado ser brasileiro e não existir, ainda, Convenção Internacional dispondo em contrário.

Interpretando o dispositivo em tela, para que a demanda seja efetiva, ou seja, para que possa se desenvolver por meio de um processo trabalhista, com plena aplicabilidade fática, o empregador estrangeiro deverá ter algum órgão representativo em solo brasileiro, seja uma filial ou até mesmo um escritório de representação. Caso contrário, haverá a inviabilidade da ação, pois o empregador estrangeiro dificilmente se sujeitará à jurisdição brasileira. Há, porém, a possibilidade de se utilizar a carta rogatória; todavia, esta não gera qualquer obrigação para que a empresa estrangeira se submeta à jurisdição brasileira.

Apesar de o legislador indicar que o empregado deva ser brasileiro, diante do princípio da isonomia, entendemos que o empregado estrangeiro, residente no Brasil, também possa se utilizar da Justiça do Trabalho, na ocorrência dos fatos descritos na norma (trabalhar no exterior para um empregador que tenha representatividade em solo nacional), diante do art. 5º da Constituição Federal, que também dá guarida para os estrangeiros.

Em virtude da lacuna presente no parágrafo em tela, a doutrina e a jurisprudência vêm divergindo sobre qual Vara do Trabalho será competente para o julgamento da ação. Em outras palavras, a lei só menciona que a Justiça do Trabalho é competente para solucionar o conflito, mas não aponta em qual Vara do Trabalho deverá ser ajuizada a ação.

Diante dessa problemática, surgem correntes doutrinárias no sentido de que o empregado poderá ajuizar sua demanda no local onde se encontra o órgão representativo no Brasil, ou no local onde fora contratado, antes de se locomover para o estrangeiro.

Aderindo a essa posição, aduz Gustavo Filipe Barbosa Garcia[68] que:

> Nesse caso, pode-se entender que ação deve ser ajuizada no foro do local da contratação, ou da sede da empresa no Brasil. Desse modo, há necessidade de que a empresa em questão possua alguma unidade no Brasil.

Há que se mencionar, ainda, uma derradeira abordagem sobre a presente regra. Como houve o trabalho no exterior e tendo a Justiça Laboral brasileira competência para julgar os eventuais conflitos, resta fixar quais serão as normas aplicáveis ao caso.

Como o julgamento está sob a égide da jurisdição trabalhista brasileira, a regra de direito processual utilizada será a do ordenamento jurídico brasileiro.

Entretanto, dúvidas restam sobre a regra de direito material a ser aplicada pelos órgãos jurisdicionais brasileiros, pois o TST cancelou a Súmula 207, a qual determinava a aplicação do direito material trabalhista do país onde ocorrera a prestação de serviços (*Lex Loci Executiones*).

Em decorrência, surgiram duas correntes sobre qual direito substancial será utilizado. A primeira defende que a lei trabalhista a ser aplicada será a mais favorável ao trabalhador, seja a estrangeira ou a nacional; a segunda, inobstante o cancelamento da mencionada Súmula, defende que a lei trabalhista será a do local da prestação[69] de serviços[70]. Filiamo-nos à primeira corrente.

---

[68] GARCIA, Gustavo Filipe Barbosa. Op. cit., 2015, p. 218.

[69] "Competência territorial. Local da prestação dos serviços. Foro mais acessível ao empregado. Alcance. Trabalhista. Constitucional. Processual. Competência territorial (art. 651 da CLT). Acesso à justiça. Competência territorial. Local da prestação dos serviços. Foro mais acessível ao empregado. Em regra, tem-se que a competência para o ajuizamento de reclamação trabalhista é da localidade em que o empregado presta os serviços (art. 651, *caput*, da CLT). Todavia, em observância às normas protetivas do empregado – princípio basilar do direito do trabalho –, deve-se privilegiar o juízo da localidade que seja mais acessível ao trabalhador, assegurando-lhe o amplo acesso aos órgãos judiciários, princípio estabelecido no art. 5º, XXXV, da Constituição Federal. Assim, as regras de competência em razão do lugar, no âmbito do processo trabalhista, devem beneficiar o hipossuficiente. Recurso. Provido. Recurso ordinário conhecido e provido" (TRT-22ª R., Proc. 0000855-79.2013.5.22.0003, Rel. Des. Wellington Jim Boavista, *DJe* 15.09.2014, p. 34).

[70] "Incompetência em razão do lugar. Foro do local da prestação dos serviços. Conforme os dados disponibilizados pelo Tribunal Regional, o reclamante foi contratado e prestou

Por fim, ainda sob o art. 651 da CLT, devemos analisar a última exceção, contida em seu § 3º. Tal regra se aplica quando o empregador promove atividades fora[71] do lugar do contrato de trabalho, sendo assegurado ao empregado propor

---

[71] serviços nos Estados Unidos da América. Como é sabido, a competência em razão do lugar para o ajuizamento de reclamação trabalhista, via de regra, é a do local da prestação dos serviços (*caput* do artigo 651 da CLT), sendo facultado o ajuizamento da ação, no foro da celebração do contrato de trabalho ou no da prestação dos respectivos serviços, em se tratando de empregador que realize suas atividades fora do local da contratação (§ 3º do artigo 651 consolidado). Da literalidade do aludido § 3º emerge com clareza que ao reclamante só é dada a escolha do ajuizamento da ação entre o local da contratação e o da prestação dos serviços. À exceção do § 1º, que trata de agente ou viajante comercial, o que não é o caso dos autos, não há permissão expressa para que se firme a competência em tela em razão do domicílio ou nacionalidade do reclamante, diferentemente do que acontece na lei processual comum, em que a regra geral de competência é a do foro do domicílio do réu. Da presente exegese conclui-se que, como o reclamante foi contratado nos Estados Unidos da América, quer pelo § 3º quer pelo *caput*, não há como firmar a presente competência pelo lugar do domicílio, quando este não coincidir nem com o da contratação nem com o da prestação dos serviços. A jurisprudência trabalhista adotou em casos de conflito de leis no espaço, o princípio da *lex loci executionis*, como esclarece a Súmula nº 207 do TST, em consonância com o art. 198 do Código Bustamante, verdadeiro Código de Direito Internacional Privado, aplicável no Brasil desde a ratificação pelo Decreto nº 18.871, de 13.08.1929. Agravo de instrumento a que se nega provimento" (TST, AIRR 2812/2002-16-02-40.9, 6ª T., Rel. Min Horácio Senna Pires, *DJU* 1 06.06.2008). Resta informar que a Súmula 207 do TST foi cancelada.

"Competência territorial. Art. 651, § 3º da CLT. Local da prestação de serviços ou da contratação obreira. Nos termos do art. 651, § 3º, da CLT, faculta-se ao empregado, nas situações em que o empregador realizar atividades fora do lugar do contrato de trabalho, optar entre ajuizar a reclamação trabalhista no foro da celebração do contrato ou no local da prestação de serviços. Provimento parcial do recurso patronal" (TRT-1ª R., RO 0010195-51.2013.5.01.0029, 5ª T., Rel. Roberto Norris, *DOERJ* 17.04.2015).

"Jurisdição brasileira. Competência. Autoridade judicial brasileira. Conflitos trabalhistas ocorridos no exterior. Reclamante brasileiro nato ou naturalizado. Soberania nacional. Interpretação constitucional. Territorialidade. Direito internacional. Normas internacionais. Os conflitos ocorridos no exterior podem ser dirimidos pela autoridade judicial brasileira, se provocada, caso o trabalhador seja brasileiro e desde que não haja convenção internacional dispondo o contrário. Não se pode dizer que a competência é definida pelo local da prestação dos serviços naquelas hipóteses em que a execução do contrato dá-se no estrangeiro. Do *caput* do art. 651 da CLT, extrai-se regra de competência ou de organização judiciária trabalhista brasileira, com incidência no território nacional. A regra do *caput* do artigo consolidado em análise aplica-se quando o contrato é executado no Brasil, ainda que o trabalhador, brasileiro ou estrangeiro, tenha sido contratado fora do local da prestação dos serviços e inclusive no exterior. Aos conflitos verificados no exterior aplica-se a regra do parágrafo 2º do art. 651 da CLT. Aliás, essa é a interpretação que faz sentido, sob as normas e princípios de Direito Internacional. Não é razoável o entendimento de que o *caput* do art. 651 da CLT estabelece regra de competência territorial para outros países. Sim, porque, em prevalecendo esse entendimento, ter-se-ia que o art. 651 da Consolidação das Leis do Trabalho do Brasil estabelece regra de competência pelo local da prestação de

ação trabalhista tanto no foro da celebração do contrato, quanto no da respectiva prestação de serviço.

Podemos citar como exemplos as empresas que atuam fora do local da celebração do contrato, os circos, empresas de rodeios, empresas de auditorias, construtoras, entre outras.

No que concerne ao local para homologar acordo extrajudicial, a lei reformadora somente fez menção à competência funcional, indicando que compete à Vara do Trabalho apreciar o referido procedimento de jurisdição voluntária (arts. 652-F c/c arts. 855-B a 855-E).

Como há silêncio na lei, entendemos que a competência territorial para homologar os acordos extrajudiciais deve seguir a regra geral do art. 651 da CLT, não havendo espaço para a utilização do foro de eleição, embora saibamos que, por se tratar de um acordo extrajudicial, as partes envolvidas exaram as suas vontades.

O TST, por meio da Instrução Normativa 39/2016, já fixou posicionamento no sentido de não permitir o foro de eleição na Justiça do Trabalho (art. 2º da IN 39/2016). No mesmo passo é o enunciado 125 da 2ª Jornada de Direito Material e Processual:

> PROCESSO DE JURISDIÇÃO VOLUNTÁRIA. HOMOLOGAÇÃO DE ACORDO EXTRAJUDICIAL. COMPETÊNCIA TERRITORIAL
>
> I – A competência territorial do processo de jurisdição voluntária para homologação de acordo extrajudicial segue a sistemática do art. 651 da CLT.
>
> II – aplica-se analogicamente o art. 63, § 3º, do CPC, permitindo que o juiz repute ineficaz de ofício a eleição de foro diferente do estabelecido no art. 651 da CLT, remetendo os autos para o juízo natural e territorialmente competente.

Não podemos deixar de mencionar que, relativamente à competência material, em caso de controvérsia, a Lei 13.467/2017 regulamentou o incidente de exceção de incompetência territorial, nos termos do artigo 800, cuja redação transcrevemos:

> Art. 800. Apresentada exceção de incompetência territorial no prazo de cinco dias a contar da notificação, antes da audiência e em peça que sinalize a existência dessa exceção, seguir-se-á o procedimento estabelecido neste artigo.

---

serviços para outros países. Seria dizer, no caso, que, se o reclamante laborou em Cracóvia, não poderia propor a ação no Brasil e tampouco em Varsóvia ou em qualquer outra cidade polonesa. Ora, é evidente que as leis brasileiras não trataram de cuidar das regras de competência interna dos países estrangeiros. Essa interpretação é, ademais, inconstitucional, pois afronta o art. 4º, incisos III e IV, da Carta Magna e atenta contra a soberania dos outros países. Declarada a competência da autoridade judicial brasileira" (TRT-2ª R., RO 00003843920125020073 – (20150194913), 12ª T., Rel. Maria Elizabeth Mostardo Nunes).

§ 1º Protocolada a petição, será suspenso o processo e não se realizará a audiência a que se refere o art. 843 desta Consolidação até que se decida a exceção.

§ 2º Os autos serão imediatamente conclusos ao juiz, que intimará o reclamante e, se existentes, os litisconsortes, para manifestação no prazo comum de cinco dias.

§ 3º Se entender necessária a produção de prova oral, o juízo designará audiência, garantindo o direito de o excipiente e de suas testemunhas serem ouvidos, por carta precatória, no juízo que este houver indicado como competente.

§ 4º Decidida a exceção de incompetência territorial, o processo retomará seu curso, com a designação de audiência, a apresentação de defesa e a instrução processual perante o juízo competente. (NR)

Observamos um procedimento específico para superar este incidente processual, relacionado à competência territorial do juízo, que poderá inclusive designar audiência e ouvir testemunhas com vistas a pacificar o conflito e dar prosseguimento à demanda.

Neste ponto, a nova CLT, na nova redação do art. 800, caminha em sentido oposto ao CPC/2015, que extinguiu a exceção de incompetência e a transformou em um capítulo da contestação (art. 337, II, CPC/2015).

Tal sistemática tem por objetivo evitar manobras fraudulentas utilizadas por reclamantes que ajuizavam reclamações em locais distantes do local da prestação de serviços no intuito de dificultar a defesa do réu.

O prazo para a arguição da incompetência é de 5 dias a contar da data da citação, restando preclusa a oportunidade se não a exercer, já que não poderá renová-la na data da audiência.

9.6.5 Modificação da competência na Justiça do Trabalho

Como já mencionado, a competência absoluta, em regra, é inalterável, inderrogável. Todavia, o mesmo não ocorre com a competência relativa que, conforme o art. 54[72] do CPC, poderá sofrer modificações. A CLT passou a regulamentar a exceção de incompetência territorial, de forma diversa do que se verifica no CPC/2015, como vimos anteriormente, que trata do tema como capítulo da contestação (art. 337, II, CPC/2015).

A modificação de competência, denominada, também, de dinâmica de competência, somente se opera no caso de competências relativas. Pode ocorrer em quatro situações: prorrogação, derrogação, conexão e continência.

O art. 54 do CPC permite a modificação de competência, em virtude da conexão, ou pela continência.

---

[72] "Art. 54. A competência relativa poderá modificar-se pela conexão ou pela continência, observado o disposto nesta Seção".

Conexão é o liame que se cria entre duas ou mais ações. Toda ação possui três elementos que a identificam, quais sejam, as partes, a causa de pedir e o pedido. Dessa maneira, a conexão surge quando há uma relação estabelecida entre duas ou mais demandas. A identidade entre as ações se afere pelo pedido e pela causa de pedir, podendo ocorrer a ligação entre a causa de pedir **ou** os pedidos. Como exemplo, podemos mencionar um grupo de trabalhadores que ajuíza uma demanda em face do mesmo empregador, pleiteando horas extras, sob alegação de que o banco de horas não era autorizado pela negociação coletiva. Portanto, ações conexas são aquelas que possuem elementos em comum, símiles.

O art. 55 do CPC/2015, ao determinar o julgamento conjunto de ações conexas, tem por objetivo, primeiramente, a economia processual e, em continuação, impedir a prolação de sentenças contraditórias sobre o mesmo tema. De acordo com o mencionado artigo:

> Art. 55. Reputam-se conexas 2 (duas) ou mais ações quando lhes for comum o pedido ou a causa de pedir. § 1º Os processos de ações conexas serão reunidos para decisão conjunta, salvo se um deles já houver sido sentenciado.

Ressaltamos que o juiz não está obrigado a reunir os processos. Em sendo razoável a reunião das demandas, o magistrado poderá fazê-lo com base em seu juízo de conveniência e oportunidade. Nessa linha, admite-se reunião de processos de ofício, pois há em jogo o interesse público de que os feitos conexos tenham decisões harmonizadas e céleres. A junção dos processos poderá acontecer até a prolação da sentença[73].

Continência, conforme o art. 56 do CPC, ocorre "entre 2 (duas) ou mais ações quando houver identidade quanto às partes e à causa de pedir, mas o pedido de uma, por ser mais amplo, abrange o das demais".

Pode-se concluir que a continência também é uma forma processual, por meio da qual duas ou mais ações em curso são unidas; porém, exige-se que as partes sejam as mesmas e que seja idêntica a causa de pedir, o que torna as ações muito próximas. Os pedidos devem ser diferentes (pois, se iguais, haveria litispendência), sendo que um deve ser mais amplo, envolvendo o outro, ou outros. Os motivos que levam à alteração da competência territorial, bem como ao julgamento simultâneo, são os mesmos da conexão.

Dessa feita, havendo conexão ou continência, os processos deverão ser reunidos para julgamento em conjunto (salvo se um deles já houver sido sentenciado), no juízo prevento, de acordo com o art. 58 do CPC/2015.

Já a prevenção é conceituada por Dinamarco como:

---

[73] Súmula 235 do STJ: "A conexão não determina a reunião dos processos, se um deles já foi julgado".

a fixação de competência de um entre os juízes igualmente competentes para dada causa, com exclusão dos demais (...) ela é um fato – o fato de um juiz haver, por algum modo, chegado ao processo antes dos demais[74].

O Código de Processo Civil de 2015, em seu art. 284, determina que onde houver mais de um juiz (tecnicamente, juízo) os processos deverão ser distribuídos. Essa regra serve para estipular qual o juízo *prevento*, ou seja, o juízo para o qual, primeiramente, a causa (petição inicial) será distribuída (art. 59 do CPC/2015).

Dessarte, o efeito da prevenção é concentrar a competência de um juízo, repelindo-a dos demais órgãos igualmente competentes.

No processo do trabalho, as consequências da prevenção ocorrem quando da propositura da ação, sendo o juízo prevento aquele para o qual a demanda fora distribuída em primeiro lugar. O atual CPC adota esse método mais simples, consoante se verifica em seu art. 59: "O registro ou a distribuição da petição inicial torna prevento o juízo".

Outrossim, como forma de modificação da competência, a norma processual permite a chamada derrogação de competência, também conhecida como foro de eleição.

Segundo a regra contida no art. 63 do CPC/2015, as competências em razão do valor e do território podem ser modificadas segundo a vontade das partes, as quais determinarão o foro em que eventuais conflitos serão dirimidos.

Logo, a derrogação surge em razão de cláusula eletiva de foro, a qual estipula foro diverso daqueles estabelecidos nas leis processuais. É cabível no caso de ações fundadas em direito das obrigações, devendo haver expressa previsão contratual.

Está regulada no art. 63 do CPC, nos seguintes termos:

> Art. 63. As partes podem modificar a competência em razão do valor e do território, elegendo foro onde será proposta ação oriunda de direitos e obrigações.
>
> § 1º A eleição de foro só produz efeito quando constar de instrumento escrito e aludir expressamente a determinado negócio jurídico.
>
> § 2º O foro contratual obriga os herdeiros e sucessores das partes.
>
> § 3º Antes da citação, a cláusula de eleição de foro, se abusiva, pode ser reputada ineficaz de ofício pelo juiz, que determinará a remessa dos autos ao juízo do foro de domicílio do réu.
>
> § 4º Citado, incumbe ao réu alegar a abusividade da cláusula de eleição de foro na contestação, sob pena de preclusão.

Desse modo, existe vedação para que a derrogação ocorra em ações que versem sobre direitos reais e direitos indisponíveis (estado, capacidade etc.).

---

[74] DINAMARCO, Cândido Rangel. Op. cit., 2001, p. 621.

Observe-se que o NCPC amplia esse reconhecimento de ofício para qualquer cláusula abusiva. O juiz poderá reconhecer, de ofício, a nulidade da cláusula eletiva de foro, refutando, neste caso específico, a incidência da Súmula 33 do STJ, ou seja, mesmo a incompetência sendo relativa, neste caso, poderá ser reconhecida de ofício.

Entretanto, a utilização da cláusula de eleição de foro é vista com restrições no Processo do Trabalho. As regras contidas no art. 651 da CLT são de ordem pública, bem como não preveem foro de eleição. Logo, são insuscetíveis de modificação pela vontade das partes. Ademais, o foro de eleição pode dificultar ou, até mesmo, inviabilizar o acesso do trabalhador à Justiça do Trabalho. Devemos levar em consideração a situação fática de nosso contexto socioeconômico, em que a grande parcela de trabalhadores se encontra em estado de submissão em face do empregador.

Todavia, há doutrinadores que defendem o foro de eleição no contrato de trabalho, desde que este facilite o acesso do trabalhador ao Poder Judiciário trabalhista[75].

Carlos Henrique Bezerra Leite[76] defende ser possível o foro de eleição quando a controvérsia envolver relação de trabalho *lato sensu*, ou seja, relação de trabalho que não tipifica relação de emprego. Nesse sentido:

> Impende ressaltar, porém, que em razão do art. 114, I, da CF, com redação dada pela EC n. 45/2004, a Justiça do Trabalho passou a ser competente também para processar e julgar as relações oriundas da relação de trabalho autônomo, eventual, avulso, estagiário, cooperado etc., em função do que, em tais casos, parece-nos que não há incompatibilidade ou impedimento para que os sujeitos de tais relações de trabalho possam, com base no princípio da liberdade contratual, estipular cláusula dispondo sobre foro de eleição.

Derradeiramente, a competência territorial pode ser modificada, em virtude da prorrogação de competência. É o fenômeno processual pelo qual há a preclusão de uma nulidade relativa do processo, que não foi impugnada pela parte.

Nesse sentido, o art. 799 da CLT permite a oposição da exceção de incompetência com suspensão do feito. Caso a parte interessada (réu) não apresente a sua exceção de incompetência na audiência, *a Vara do Trabalho incompetente em razão do lugar passará a ter sua competência prorrogada* e, consequentemente, tornar-se-á, com o amparo da lei, competente para julgar o conflito.

O CPC de 2015, em seu art. 65, preceitua que a exceção deverá ser alegada em preliminar de contestação, abandonando o formalismo do anterior Código de 1973.

---

[75] ALMEIDA, Cleber Lúcio. *Direito processual do trabalho*. 4. ed. Belo Horizonte: Del Rey, 2012. p. 210.
[76] Idem, p. 211.

9.6.6 Conflitos de competência

Trata-se de "um incidente processual que ocorre quando dois órgãos judiciais proclamam-se competentes (conflito positivo) ou incompetentes (conflito negativo) para processar e julgar determinado processo"[77].

Surge o conflito de competência quando dois ou mais juízos se declaram competentes (conflito positivo) ou incompetentes (conflito negativo).

A Constituição da República, em seu art. 114, V, traça a competência da Justiça do Trabalho para processar e julgar "os conflitos de competência entre órgãos com jurisdição trabalhista, ressalvado o disposto no art. 102, I, *o*".

Logo, a Justiça do Trabalho é competente para dirimir os conflitos entre os seus órgãos (TST, TRTS e Varas do Trabalho), bem como eventuais conflitos que envolvam Juízes de Direito *com jurisdição trabalhista*.

Infere-se, também, do mencionado artigo que o Supremo Tribunal Federal será o competente para julgar conflitos entre o Tribunal Superior do Trabalho e o Superior Tribunal de Justiça.

Em resumo, podemos assim expor os conflitos, bem como os órgãos competentes para solucioná-los:

i) Conflitos surgidos entre Varas do Trabalho[78], ou entre estas e Juízos de Direito investidos na jurisdição trabalhista (vinculados ao mesmo Tribunal) serão dirimidos pelo Tribunal Regional do Trabalho da respectiva região, conforme o art. 808[79], *a*, da CLT. Esquematicamente, temos: VT × VT; VT × Juízo de Direito investido de jurisdição trabalhista – julgamento do conflito pelo TRT da mesma região[80].

---

[77] LEITE, Carlos Henrique Bezerra. Op. cit., 2012, p. 216.

[78] "ÓRGÃO ESPECIAL. CONFLITO DE COMPETÊNCIA. AÇÃO CIVIL PÚBLICA E AÇÃO INDIVIDUAL. PREVENÇÃO. INOCORRÊNCIA. INTELIGÊNCIA DA SÚMULA 23 E PRECEDENTE 32 DO ÓRGÃO ESPECIAL DESTE TRIBUNAL REGIONAL. Não se configura prevenção no caso de conexão entre Ação Civil Pública e ação individual, ainda que os pedidos sejam parciais ou totalmente idênticos, pois à parte que deseja aproveitar-se do transporte *in utilibus* da coisa julgada coletiva, de que trata o art. 104 do CDC, compete requerer a suspensão do processo. Desta forma, não há como se verificar decisões conflitantes. Inteligência da Súmula nº 23 e Precedente nº 32 do Órgão Especial do Tribunal Regional do Trabalho da 1ª Região. Procedente, assim, o conflito de competência. RO. 00010378820155010000. Tipo de processo: Conflito de Competência. Data de publicação: 13.11.2015. Órgão julgador: Órgão Especial. Desembargador/Juiz do Trabalho: Enoque Ribeiro dos Santos".

[79] "Art. 808. Os conflitos de jurisdição de que trata o artigo 803 serão resolvidos: (Expressão 'o artigo 803' com redação dada pelo Decreto-Lei nº 6.353, de 20.03.1944, *DOU* de 21.03.1944) a) pelos Tribunais Regionais, os suscitados entre Juntas e entre Juízos de Direito, ou entre uma e outras, nas respectivas regiões".

[80] Súmula 180 do STJ: "Na lide trabalhista, compete ao Tribunal Regional do Trabalho dirimir conflito de competência verificado, na respectiva região, entre Juiz Estadual e Junta de Conciliação e Julgamento (vara do trabalho)".

ii) Se os conflitos surgirem entre os Tribunais Regionais, entre Varas do Trabalho, ou entre Varas do Trabalho e Juízos de Direito (no exercício da jurisdição trabalhista), porém submetidos à jurisdição de Tribunais Regionais diferentes, serão julgados pelo Tribunal Superior do Trabalho, conforme o art. 808, *b*, da CLT. Esquematicamente, temos: VT × VT (regiões diversas); VT × Juízo de Direito no exercício da jurisdição trabalhista (abrangidos por TRTs diversos) e TRT × TRT – julgamento do conflito pelo TST.

iii) Havendo conflitos entre Tribunais Regionais do Trabalho e outros Tribunais (TRF ou TJ) ou entre Vara do Trabalho e juiz de direito e juiz federal, estes serão julgados pelo STJ, conforme o art. 105[81], I, *d*, da CF/1988. Assim, temos: TRT × TJ ou TRF; Vara do Trabalho × Juiz de Direito ou Juiz Federal (tribunais diversos); STJ julgará o conflito.

iv) Caso haja conflito de competência entre o TST e o STJ, ou entre o TST e qualquer outro Tribunal (TST × TJ, ou TRF), tal demanda será julgada pelo STF, conforme o art. 102, I, *o*[82], da CF.

9.6.7 Incompetência da Justiça do Trabalho

Uma vez analisadas as matérias que são da alçada da Justiça do Trabalho, devemos mencionar as questões que suscitam dúvidas no cotidiano forense trabalhista, mas que não são apreciadas e julgadas por aquela especializada.

O primeiro tema é a complementação de aposentadoria. Esta é uma vantagem acordada, em regra, por acordo ou convenção coletiva, bem como pelos regulamentos internos de empresas, que tem por objetivo majorar o benefício pago pela previdência social. Logo, não se trata de um benefício previdenciário.

Como esse valor surge em virtude do contrato de trabalho, muitos advogavam a tese de que seria da Justiça do Trabalho a competência para julgar eventuais conflitos.

Todavia, o Supremo Tribunal Federal[83] entendeu que a complementação da aposentadoria[84] é fruto de uma relação previdenciária autônoma, inclusive não

---

[81] "Art. 105. Compete ao Superior Tribunal de Justiça: I – processar e julgar, originariamente: (...) d) os conflitos de competência entre quaisquer tribunais, ressalvado o disposto no artigo 102, I, *o*, bem como entre tribunal e juízes a ele não vinculados e entre juízes vinculados a tribunais diversos".

[82] "Art. 102. Compete ao Supremo Tribunal Federal (...) I – processar e julgar, originariamente: (...) o) os conflitos de competência entre o Superior Tribunal de Justiça e quaisquer tribunais, entre Tribunais Superiores, ou entre estes e qualquer outro tribunal".

[83] STF, RE 586.453 e RE 583.050.

[84] "Agravo de instrumento em recurso de revista pela Fazenda Pública do Estado de São Paulo. Diferenças de complementação de aposentadoria. Estrutura de cargos e salários.

integrando o contato de trabalho. Dessa feita, a competência para julgar divergências sobre o tema será da Justiça Comum[85].

> Piso salarial profissional. Correção automática pelo salário mínimo. Vedação. Demonstrada possível violação do art. 7º, IV, da Constituição Federal, impõe-se o provimento do agravo de instrumento para determinar o processamento do recurso de revista. Agravo de instrumento provido. II – Recurso de revista. 1 – Complementação de aposentadoria. Entendimento fixado pelo STF, em recursos extraordinários com repercussão geral. Competência da Justiça comum. Sentença proferida na Justiça do Trabalho. Modulação de efeitos. A matéria referente à competência da Justiça do Trabalho para apreciar feitos em que se discutem direitos decorrentes de aposentadoria complementar privada mereceu repercussão geral reconhecida pelo Supremo Tribunal Federal. Em recente julgamento do Recurso Extraordinário 586.453-7, o STF, em sessão Plenária, realizada em 20.02.2013, reformou acórdão proferido por este Tribunal para declarar a competência da Justiça Comum para julgar causas envolvendo complementação de aposentadoria por entidade de previdência privada. Diante da modulação dos efeitos da decisão proferida pelo Pleno do Supremo Tribunal Federal, nos autos do Recurso Extraordinário 586.453-7, encontra-se preservada a competência da Justiça do Trabalho para apreciar a questão suscitada nos presentes autos até sua final execução, não havendo de se falar em violação dos dispositivos de lei, tampouco em dissenso pretoriano. Recurso de revista não conhecido. (...) Ademais, esta Corte, em atenção ao disposto no art. 7º, IV, da Constituição Federal e tendo em conta o entendimento preconizado na Súmula Vinculante 4 do STF, analisando casos análogos, vem reiteradamente entendendo que não cabe pleito de diferenças de complementação de aposentadoria, fundado na inobservância do piso salarial de 2,5 salários mínimos, porquanto implicaria na correção automática dos proventos em virtude do reajuste aplicado ao salário mínimo. Recurso de revista conhecido e provido. III – Agravo de instrumento em recurso de revista interposto pela reclamante. Competência da Justiça do Trabalho. Complementação de aposentadoria. Em face do provimento do recurso de revista do reclamado, fica prejudicado o exame do agravo de instrumento interposto pela reclamante" (TST, ARR 0001866-51.2010.5.15.0066, Rel. Min. Delaíde Miranda Arantes, *DJe* 08.05.2015, p. 4.835).

[85] "Incompetência absoluta. Complementação de aposentadoria. A Justiça do Trabalho não é competente para conhecer, instruir e julgar as demandas nas quais se discute a complementação de aposentadoria, todavia, por uma questão de segurança jurídica, o Excelso, em decisão modular manteve essa competência material para a hipótese dos processos já sentenciados até a data de 20.02.2013. A sentença do presente foi prolatada em 25.06.2012 e publicada em 19.07.2012. Rejeitada a preliminar. Ilegitimidade ativa e passiva. Demandantes afirmam serem credores de diferenças de complementação de aposentadoria, que seriam de responsabilidade de ambas as empresas, sendo o que basta para a configuração da legitimidade ativa e passiva dos integrantes da presente relação processual. Rejeitada. Impossibilidade jurídica do pedido e falta de interesse de agir. A resistência é mesmo a tônica das defesas apresentadas por ambas as acionadas, restando plenamente caracterizada a lide e o interesse de agir. Outrossim, diversamente do que sustentam, não existe proibição legal que impeça a formulação de pedido de diferenças de complementação de aposentadoria. Preliminar que se rejeita. Prescrição total. No caso do pedido de diferença de complementação de aposentadoria oriunda de norma regulamentar, a prescrição aplicável é a parcial, não atingindo o direito de ação, mas, tão somente, as parcelas anteriores ao quinquênio (Súmula 327, TST). Prejudicial que se rejeita. Concessão de níveis. Ocorrendo a concessão de aumento salarial pela primeira demandada, Petrobras, ainda que esse seja travestido de 'promoção' generalizada ou 'concessão de nível', deve ser considerado nas

A segunda discussão recai sobre a competência penal da Justiça do Trabalho. Após a EC 45, muitos doutrinadores sustentam que a Justiça do Trabalho passou a ter competência para julgar delitos adstritos ao direito do trabalho, como crimes contra a organização do trabalho, crimes contra a organização da Justiça do Trabalho, crimes praticados durante a greve.

Modificando nosso posicionamento anterior, passamos a nos posicionar no sentido de que a competência da Justiça do Trabalho está pautada, como vimos, na relação de trabalho, não havendo espaço para apreciar e julgar questões imanentes ao poder punitivo do Estado. Ademais, a Justiça do Trabalho tem por primado garantir e propagar os direitos fundamentais, mormente os inerentes à dignidade do trabalhador, não estando afeita às matérias de cunho criminal.

De outra parte, com fulcro na própria Constituição Federal, que, em seu art. 109, VI, determina a competência da Justiça Federal para julgar os crimes contra a organização do trabalho. Crimes como desacato praticado em face do juiz do trabalho e falso testemunho em processo trabalhista também serão da competência da Justiça Federal[86].

Nestes termos, a Súmula 165 do STJ:

> Compete à Justiça Federal processar e julgar crime de falso testemunho cometido no processo trabalhista.

O Supremo Tribunal Federal também exprimiu o seu entendimento:

> Competência criminal. Justiça do Trabalho. Ações penais. Processo e julgamento. Jurisdição penal genérica. Inexistência. Interpretação conforme dada ao art. 114, incs. I, IV e IX, da CF, acrescidos pela EC nº 45/2004. Ação direta de inconstitucionalidade. Liminar deferida com efeito *ex tunc*. O disposto no art. 114, incs. I, IV e IX, da Constituição da República, acrescidos pela Emenda Constitucional nº 45, não atribui à Justiça do Trabalho competência para processar e julgar ações penais" (STF, ADI 3.684-MC, Tribunal Pleno, Rel. Min. Cezar Peluso, j. 1º.02.2007, publ. 03.08.2007; *LEXSTF* v. 29, n. 344, 2007, p. 69-86).

---

complementações de aposentadorias. OJT nº 62 da SDI-1 do C. TST. Provimento negado. Responsabilidade solidária. A promiscuidade de interesses e a coordenação de atividades encontra-se espelhada nos artigos do Regulamento da Petros, onde se verifica a interveniência direta do conselho de administração da Petrobras. Incidência do § 2º do art. 2º da CLT. Recursos não providos" (TRT-1ª R., RO 01072003320095010023, 5ª T., Rel. Des. Enoque Ribeiro dos Santos, Data de publicação: 22.07.2013).

[86] Na hipótese de um crime ser praticado contra o próprio Poder Judiciário – como nos casos de falso testemunho e falsificação de documento em um processo trabalhista –, o juiz do trabalho expedirá ofício para o Ministério Público Federal, já que a Justiça do Trabalho é um órgão da União, que é o órgão competente para apurar a situação. Portanto, será de competência do MPF verificar se realmente o crime foi cometido e se é o caso de ajuizar uma ação penal.

X

AÇÃO TRABALHISTA

10.1 ASPECTOS GERAIS

Quanto mais conflituosa uma sociedade, maior o número de processos ou ações judiciais em trâmite, na medida em que o processo somente tem sua gênese quando uma obrigação (de pagar ou de dar, de fazer, não fazer, ou entregar coisa) não é cumprida voluntariamente.

Se as pessoas agem eticamente e cumprem suas obrigações de forma voluntária, não há razão nenhuma de se buscar a tutela jurisdicional do Estado. Daí, quanto mais ética uma sociedade, menor o número de ações judiciais. O exemplo típico é o Japão, que possui um dos menores números de ações judicializadas do planeta, posto que o japonês sente-se constrangido em ajuizar um processo em face de seu concidadão.

O Estado, quando excepcionou que as pessoas exercessem a autotutela e avocou para si a jurisdição, obrigou-se a decidir os conflitos existentes na sociedade, desde que provocado, aplicando-lhes o direito objetivo ou positivado (norma).

A jurisdição tem como um de seus princípios a inércia, não podendo atuar, em regra, sem ser provocada. A provocação, pelo interessado, dá-se por meio de um direito humano constitucionalmente assegurado, que é a ação[1]. Portanto, singelamente, ação é o direito de exigir do Estado que este exerça sua atividade jurisdicional[2], outorgando uma resposta/decisão ao litígio apresentado, ou seja, o provimento jurisdicional.

---

[1] CPC/2015: "Art. 312. Considera-se proposta a ação quando a petição inicial for protocolada, todavia, a propositura da ação só produz quanto ao réu os efeitos mencionados no art. 240 depois que for validamente citado".

[2] CPC/2015: "Art. 240. A citação válida, ainda quando ordenada por juízo incompetente, induz litispendência, torna litigiosa a coisa e constitui em mora o devedor, ressalvado o

Seguindo o raciocínio processual, podemos afirmar que, por meio da ação, a parte provoca o Estado-juiz (jurisdição), que irá se desenvolver por meio do processo, consubstanciado em um conjunto complexo de atos processuais.

10.2 CONCEITO E NATUREZA JURÍDICA

A ação é um direito constitucional, fundamental, de provocar o Judiciário, o qual atuará por meio de um processo, objetivando a tutela jurisdicional para solucionar a controvérsia.

A ação pode ser compreendida, dentre várias acepções, como:

- direito constitucional de ação ou poder de demandar, que é o direito **incondicionado** de provocar a instauração de um processo e obter um **provimento qualquer**. É fruto da garantia de acesso à justiça e do direito de petição;
- direito de ação ou direito processual de ação, que é o direito condicionado, regulado pelo Código de Processo Civil, de requerer um provimento jurisdicional sobre o mérito, ou seja, que aprecie a pretensão.

Ao longo do desenvolvimento processual, surgiram algumas teorias que procuraram explicar a natureza jurídica da ação, sendo as mais importantes:

a) Teoria imanentista ou concretista, também conhecida por teoria civilista ou clássica, cujo maior expoente fora Savigny. No Brasil, essa teoria foi propagada, principalmente, por Clóvis Beviláqua e João Monteiro, e vinha retratada no art. 75 do Código Civil de 1916[3]. A fundamentação era de que a ação é o próprio

---

disposto nos arts. 397 e 398 da Lei nº 10.406, de 10 de janeiro de 2002 (Código Civil). § 1º A interrupção da prescrição, operada pelo despacho que ordena a citação, ainda que proferido por juízo incompetente, retroagirá à data de propositura da ação. § 2º Incumbe ao autor adotar, no prazo de 10 (dez) dias, as providências necessárias para viabilizar a citação, sob pena de não se aplicar o disposto no § 1º. § 3º A parte não será prejudicada pela demora imputável exclusivamente ao serviço judiciário. § 4º O efeito retroativo a que se refere o § 1º aplica-se à decadência e aos demais prazos extintivos previstos em lei. Art. 241. Transitada em julgado a sentença de mérito proferida em favor do réu antes da citação, incumbe ao escrivão ou ao chefe de secretaria comunicar-lhe o resultado do julgamento".

[3] "Art. 75. A todo direito corresponde uma ação, que o assegura". Na verdade, houve um erro de tradução neste artigo, uma vez que o vocábulo alemão "ansprucht" fora traduzido como "ação" e a tradução correta é pretensão. Miguel Reale corrigiu tal erro no Código Civil de 2002, que dispõe em seu art. 189: "Violado o direito, nasce para o titular a pretensão, a qual se extingue, pela prescrição, nos prazos a que aludem os arts. 205 e 206". Além disso, Miguel Reale também adotou no novo Código o critério científico de Agnello Amorim Filho sobre a natureza jurídica da prescrição e da decadência, que remeto o leitor às páginas 201 a 207 do nosso livro *O dano moral na dispensa do empregado* (6. ed. São Paulo: LTr, 2017), em que discutimos essa matéria. Observe-se que, mesmo com o advento da

direito material em movimento. A ação era considerada um assunto do direito material. Segundo o pensamento de Savigny, precursor da teoria imanentista, "ação é o direito de pedir em juízo o que nos é devido. Não há ação sem direito nem direito sem ação".

Todavia, os partidários da escola clássica foram combatidos, pois não conseguiram justificar as situações em que a parte exerce o direito de ação, mas a sua pretensão (pedido) era julgada improcedente por falta da titularidade do direito material.

Referida corrente fora superada, efetivamente, quando, por meio da polêmica entre dois autores alemães, Windscheid e Muther, sobre as condições da ação, ficou estabelecido que a ação é um direito autônomo em face do direito material. Nesse contexto, Muther afirmava que ação englobava dois direitos: a pretensão do titular do direito material, exercida contra o violador; e o direito à tutela jurisdicional, dirigido em face do Estado, e que tinha como pressuposto o direito originário do autor. Dessa forma, a ação é um direito autônomo em referência ao direito material, mas o pressupõe.

Na verdade, observando-se o mundo real, temos duas relações jurídicas distintas: uma de natureza material e outra de natureza processual, se aquela relação de direito material não for cumprida ou satisfeita voluntariamente, exigindo do titular do pretenso direito material o ato de querer, de exigir, o seu cumprimento. Somente neste caso que temos o nascimento da relação jurídica de natureza processual, por meio do processo ou ação judicial, ou, ainda, o acesso do titular do direito aos canais[4] de acesso ao sistema de justiça disponibilizados no Brasil.

b) Teoria da ação como direito autônomo concreto: preconizada por Wach, ao estudar as ações declaratórias. A ação seria um direito autônomo, de natureza pública e subjetiva, mas só existente se a sentença fosse favorável ao autor. Dessa forma, só haveria direito de ação se o direito material do autor fosse reconhecido, ou seja, se a sentença fosse procedente. Essa teoria também fora refutada, de modo a não fazer sentido, pois, se ao final o pedido for julgado improcedente, não quer dizer que não houve o exercício do direito de ação.

---

prescrição e da decadência, o direito material não se esvai, não desaparece. Permanece em latência, podendo até mesmo a obrigação prescrita ser cumprida ocorrendo um lampejo de consciência do devedor, como o que ocorre com o pagamento de um cheque prescrito. Por outro lado, o direito de ação também é assegurado a todos, mesmo que o autor não seja o verdadeiro titular do direito pleiteado, o que será resolvido por meio do provimento jurisdicional procedente ou improcedente.

4   O jurisdicionado pode buscar a concretização de seu direito material perante os vários canais de acesso ao sistema de justiça disponibilizados, como o Ministério do Trabalho e Emprego, o Ministério Público do Trabalho, sindicatos, juizados especiais de pequenas causas, a Defensoria Pública, a Promotoria Pública, órgãos de proteção ao consumidor etc.

c) Teoria da ação como direito autônomo e abstrato. Para Carnelluti, o direito de ação é autônomo em relação ao direito material, mas, também, é um direito abstrato, não tendo vinculação nenhuma com um direito material específico. É o direito de provocar a jurisdição objetivando a sua tutela, independentemente da resposta ser favorável ou não. Ou seja, todos têm direito de ação, que seria um direito de peticionar em juízo, sem limitação, pois, mesmo que a sentença seja desfavorável, houve o pleno exercício do direito de ação, posto que o Judiciário fora provocado e prestou a tutela jurisdicional. Para essa corrente, as condições da ação não são permissivos para o exercício do direito de ação.

d) Teoria eclética da ação: Enrico Tullio Liebman visualizou o direito de ação como autônomo e abstrato, porém condicionado. Assim, Liebman, apesar de reconhecer o direito de ação como um direito abstrato, constitucionalmente garantido, ressalvava que, para que este fosse exercido em âmbito processual, gerando uma sentença de mérito, necessitava ter preenchido alguns requisitos. **Esses requisitos são as chamadas condições da ação.**

Dessa forma, o direito de ação deve ser compreendido sob dois aspectos: o primeiro ligado ao direito constitucional – direito de ação como o direito de petição, de provocar plenamente o Judiciário; o segundo de cunho estritamente de direito processual – para ter o direito de obter, efetivamente, uma tutela jurisdicional, com pronunciamento sobre o mérito, é necessário o preenchimento das condições da ação.

Para o autor mencionado, não seria razoável exigir que o Estado-juiz fosse movimentado por qualquer petição a ele direcionada; no seu entendimento, a ação seria um direito autônomo, abstrato e condicionado, pois o autor só teria direito a uma sentença de mérito, favorável ou não, se presentes as condições da ação.

O CPC/1973 adotou, explicitamente, a teoria de Liebman sobre as condições da ação no art. 267, VI, o qual propugnava que o processo seria extinto, *sem resolução de mérito, quando não concorrer qualquer das condições da ação, como a possibilidade jurídica, a legitimidade das partes e o interesse processual.*

O novo Código de Processo Civil trata a matéria em seu art. 485, VI, afirmando que o *juiz não resolverá o mérito quando verificar ausência de legitimidade ou de interesse processual.*

Podemos observar que o legislador afastou a "possibilidade jurídica do pedido" como uma das condições da ação, mantendo-se apenas a legitimidade e o interesse processual.

Desse modo, só haveria o direito de ação se presentes as mencionadas condições.

Diante do nosso sistema constitucional e processual, podemos conceituar o direito de ação como um direito fundamental, público, subjetivo, autônomo e abstrato para que qualquer pessoa possa exigir do Estado a tutela jurisdicional.

É um direito público e subjetivo, já que qualquer pessoa pode exercê-lo em face do Estado, que deverá lhe prestar a tutela jurisdicional. Importante lembrar que contra o réu há um direcionamento da pretensão de direito material, que produzirá ou não efeitos jurídicos.

Observe-se, assim, que a ação é exercida perante o Estado, ao passo que a pretensão (pedido) se volta contra o réu. O que se espera do Estado, portanto, é que ele resolva a lide, solucione o conflito, dizendo qual o direito deferido e de quem é esse direito; do réu, busca-se a satisfação do direito material pretendido. O Estado-juiz dirá se os pedidos são procedentes ou improcedentes, em primeira instância, enquanto na seara recursal, os pleitos serão providos ou improvidos (dá-se ou nega-se provimento).

Autônomo, pois a relação de direito material não se confunde com a de direito processual, já que é possível acionar o Estado e receber uma resposta, mesmo que esta não atenda aos interesses lançados no pedido. Assim, o direito de promover a ação difere do direito material pretendido, o qual pode vir a ser negado ao final do processo. Sem dúvida, há um vínculo entre ambos, haja vista ser o direito de ação o instrumento que viabiliza a concretização do direito material; porém, essa ligação não é fundamental para o exercício do direito de ação, o qual pode, como salientado, ser exercitado mesmo sabendo-se da total inviabilidade de obtenção do direito material.

A abstração é a característica que retrata o direito de ação independente do direito material, o que vale dizer que o exercício do direito de ação prescinde da existência real e concreta do direito material invocado, isto é, mesmo a decisão sendo desfavorável ao autor, houve o pleno exercício do direito de ação.

A ação, em nosso ordenamento jurídico, é constitucionalmente amparada, sendo inclusive alçada à categoria de direito fundamental e corolário da jurisdição. É o que se depreende do art. 5º, XXXV: "a lei não excluirá da apreciação do Poder Judiciário lesão ou ameaça a direito".

10.3 CONDIÇÕES DA AÇÃO NO CÓDIGO DE PROCESSO CIVIL/2015

Como vimos, o direito de ação pátrio era um direito condicionado, de modo que a existência do direito de ação, em sua plenitude, estava jungida à presença das condições da ação, conforme influência de Liebman.

Essa visão foi modificada, pois o CPC de 2015 não faz qualquer referência às condições da ação. Porém, continua a utilizar a expressão "interesse e legitimidade", consoante o preconizado no art. 17: "Para postular em juízo é necessário ter interesse e legitimidade".

Nessa senda, o CPC de 2015, ao contrário do CPC/1973, que determinava que o juiz extinguisse o processo sem resolução do mérito caso não concorresse qualquer das condições da ação, como a possibilidade jurídica do pedido, a legitimidade das partes e o interesse processual, preceitua apenas que o juiz não resolverá o mérito quando verificar a ausência de legitimidade ou de interesse processual; desapareceu, por conseguinte, a decisão que declara o autor como carecedor de ação. Nestes termos, o art. 485 do CPC/2015, supracitado.

Como não há mais quaisquer alegações no atual CPC sobre a expressão "condições da ação", surgiram alguns posicionamentos sobre o tema: alguns doutrinadores defendem que o atual CPC não adotou a teoria das condições da ação; por outro lado, outros defendem que o atual CPC aproximou-se da teoria geral do processo alemã, que funde pressupostos processuais e condições da ação na mesma categoria, como assevera Fredie Didier Jr.[5]:

> Não há mais razão para o uso, pela ciência do processo brasileiro, do conceito "condição da ação".
>
> A legitimidade *ad causum* e o interesse de agir passarão a ser explicados com suporte no repertório teórico dos pressupostos processuais.

Em nosso pensar, com todo o respeito aos que defendem as teorias supramencionadas, as condições da ação foram preservadas, à exceção da possibilidade jurídica do pedido, porém com outra destinação.

As condições da ação não se apresentam doravante como requisitos fundamentais para a existência do direito de ação – por isso o CPC não faz alusão à expressão "carência de ação" para o autor que não seja detentor das mencionadas condições. Servirão, porém, como requisitos para que o juiz possa prolatar um provimento final, com ou sem resolução do mérito.

À vista disso, o juiz só proferirá uma sentença de mérito, analisando a pretensão do autor, se as condições da ação estiverem presentes; condições estas que agora estão limitadas à legitimidade das partes e ao interesse processual.

10.3.1 Legitimidade das partes

A legitimidade das partes refere-se à titularidade ativa ou passiva da ação. É a denominada *legitimatio ad causam*, que traduz, em âmbito processual, o titular do direito material em litígio. Podemos, assim, falar que, em regra, o sujeito titular da pretensão resistida é quem possui legitimação para propor a ação.

Valendo-se da conceituação de Alfredo Buzaid[6], a legitimação para a causa é "a pertinência subjetiva da ação".

---

[5] DIDIER JR., Fredie. *Curso de direito processual civil*. 17. ed. Salvador: JusPodivm, 2015. vol.1, p. 306.

[6] BUZAID, Alfredo. *Agravo de petição no sistema do código de processo civil*. 2. ed. São Paulo: Saraiva, 1956. p. 89.

A parte deve demonstrar que compõe a relação jurídica de direito material que entrou em crise, podendo figurar na ação judicial, em outras palavras, decorre do liame entre o sujeito e o direito material que se discute. Deve, então, haver uma equivalência entre os atores da relação jurídica material e da relação jurídica processual.

Caso não haja essa equivalência, figurando no processo pessoa estranha à relação jurídica material, haverá extinção do processo sem resolução do mérito, em regra.

A título exemplificativo, numa relação empregatícia, o empregado é o titular para receber as verbas trabalhistas, fruto de uma relação jurídica de direito material, sendo ele, também, em regra, o legitimado para intentar ação objetivando o recebimento daquelas.

Ocorrem, porém, hipóteses em que não há coincidência entre o titular do direito material e a parte que estará ajuizando a demanda e atuando no processo.

Nessas situações, estaremos diante da legitimação extraordinária[7], que são casos especiais previstos na lei. Nesses casos, embora não haja pertinência subjetiva da ação, existirá legitimidade para a causa.

Podemos conceituar a legitimação extraordinária como a situação processual em que a lei autoriza alguém a atuar em nome próprio, como parte, no processo, defendendo ou pleiteando interesse ou direito alheio. Tal fenômeno só ocorre de forma excepcional, quando a lei expressamente permitir.

No processo do trabalho, exemplificativamente, temos autorização para a chamada legitimação extraordinária no art. 8º, III[8], da CF, que confere aos sindicatos a possibilidade de defender interesses de seus associados. Há, ainda, figuras legais que corroboram a legitimação extraordinária, em âmbito trabalhista, como as hipóteses do art. 872, parágrafo único[9], e do art. 195, § 2º, da CLT, que

---

[7] CPC/2015: "Art. 18. Ninguém poderá pleitear direito alheio em nome próprio, salvo quando autorizado pelo ordenamento jurídico. Parágrafo único. Havendo substituição processual, o substituído poderá intervir como assistente litisconsorcial". Este artigo trata da legitimação extraordinária, exercida geralmente por autores ideológicos que defendem direito alheio em nome próprio, devidamente autorizados por lei. É o caso do Ministério Público do Trabalho, que, agindo como fiscal da lei ou órgão interveniente, sempre defende interesses do trabalhador e jamais interesse próprio, retirando sua legitimidade autônoma do próprio texto constitucional (art. 129, III, da Constituição Federal de 1988).

[8] CF: "Art. 8º (...) III – ao sindicato cabe a defesa dos direitos e interesses coletivos ou individuais da categoria, inclusive em questões judiciais ou administrativas".

[9] "Parágrafo único. Quando os empregadores deixarem de satisfazer o pagamento de salários, na conformidade da decisão proferida, poderão os empregados ou seus sindicatos, independentes de outorga de poderes de seus associados, juntando certidão de tal decisão, apresentar reclamação à Junta ou Juízo competente, observado o processo previsto no Capítulo II deste Título, sendo vedado, porém, questionar sobre a matéria de fato e de direito já apreciada na decisão".

tratam, respectivamente, da ação de cumprimento e da ação de insalubridade ou periculosidade.

Em contrapartida, o réu, ou seja, aquele que resiste à pretensão também deve ser legítimo, figurando na relação jurídica de direito material, pois somente assim poderá ser parte integrante da relação jurídica processual e arcar com o resultado estipulado na decisão.

10.3.2 Interesse de agir

É forjado pelo binômio *necessidade* e *adequação*. Processualmente, o interesse vem a lume quando o autor necessita do provimento jurisdicional para obter o bem da vida desejado. Caso consiga obter esse bem sem recorrer ao Poder Judiciário, não há que se falar em interesse de agir.

Por outro lado, a adequação está intimamente ligada ao meio processual a ser utilizado pelo autor, para que este lhe propicie um resultado efetivo, útil. Assim, o autor deve, ao ajuizar a ação, escolher a tutela jurisdicional mais adequada para solucionar o litígio que envolve o direito material.

Desse modo, o interesse de agir ou processual emerge quando a necessidade e a adequação são verificadas no processo; estas últimas são, na verdade, os indicadores da existência ou não de interesse de agir.

Assim, se o direito não está em crise, ou seja, se não há controvérsia ou conflito de interesses (lide), não há necessidade de ação (necessidade). Da mesma forma, se o tipo de ação escolhida pelo autor for equivocada para a solução da crise jurídica, não haverá adequação e, por óbvio, falta de interesse de agir.

Seria um caso de falta de interesse a hipótese de sindicatos ajuizarem dissídio coletivo sem esgotar a via negocial[10], posto que não respeitado o preceito constitucional contido no art. 114, § 2º, que determina o esgotamento das tentativas negociais, para só então o sindicato poder ajuizar (necessidade) a ação coletiva, o chamado dissídio coletivo.

A ausência de qualquer dessas condições acarreta a extinção do processo sem resolução do mérito.

10.3.3 Possibilidade jurídica do pedido

Diferentemente do CPC de 1973, que previa a possibilidade jurídica do pedido como condição da ação, o atual CPC não a considera como uma condição autônoma, mas sim integrante do interesse de agir.

Dessa forma, o CPC de 2015, adotando o pensamento reformulado de Liebman, entende que só haverá interesse de agir se o pedido não ofender o ordenamento jurídico.

---

[10] SARAIVA, Renato. Op. cit., p. 262.

O juiz, ao se deparar com um pedido juridicamente impossível, deve julgar o processo extinto, sem resolução do mérito, por falta de interesse de agir.

10.4 MOMENTOS PARA SE VERIFICAR AS CONDIÇÕES DA AÇÃO

Questão que gera cizânia na doutrina e na jurisprudência nacional diz respeito ao momento em que as condições da ação devem ser aferidas. Em outras palavras, qual o momento em que se verifica a presença das mencionadas condições, a fim de se justificar um julgamento de mérito?

Basta que o juiz, ao ler a inicial, identifique-as, ou é preciso que essas condições estejam presentes ao longo de todo o processo?

Para solucionar esta questão, apresentam-se duas correntes.

A primeira delas, a teoria tradicional, também conhecida por concretista, é a defendida por Liebman e, no Brasil, por Cândido Rangel Dinamarco. Para esta corrente, as condições da ação devem estar presentes ao longo de todo o processo, não bastando a sua existência simplesmente mencionada na peça inaugural.

Logo, se o juiz observar no decorrer do processo que não há mais legitimidade ou interesse de agir, extingue-a sem resolução do mérito.

Já a teoria da asserção, defendida, no Brasil, dentre outros, por Barbosa Moreira e Kazuo Watanabe, preconiza que as condições da ação devem ser demonstradas *in statu assertionis*, ou seja, devem estar contidas nas assertivas (asserções) ou narração apresentada ao juiz, na petição inicial. Ocorrendo o desaparecimento destas ao longo do processo, ou em havendo alteração dos fatos, ainda assim, haverá o julgamento do mérito; isso porque as condições da ação têm fundamento ético e econômico, objetivando a otimização da atividade jurisdicional do Estado, evitando aventuras jurídicas, ou seja, ações sem futuro, com respaldo nos princípios do acesso à Justiça, celeridade, efetividade, simplicidade e instrumentalidade do processo.

Hodiernamente, tem prevalecido, na seara processual trabalhista, a teoria da asserção[11].

---

[11] "Responsabilidade subsidiária. Ilegitimidade passiva *ad causam*. Consideram-se legitimados para a causa os titulares da relação jurídica deduzida no processo, desde que haja pertinência subjetiva entre o que se pede e em face de quem se pede. O nosso ordenamento jurídico filiou-se à **teoria da asserção**, segundo a qual as condições da ação devem ser analisadas *in status assertionis*, ou seja, à luz das alegações feitas pela parte na inicial. Sendo a segunda reclamada indicada pela parte autora como devedora subsidiária da relação jurídica material e havendo pertinência subjetiva, tais fatos bastam para legitimá-la a figurar no polo passivo da relação processual, sem ofensa a dispositivo de lei apontado pela parte agravante. 2 – Responsabilidade subsidiária. Violação à lei, à Constituição, contrariedade à Orientação Jurisprudencial nº 191, da SBDI-1 e à Súmula nº 331, ambas desta Corte. Responsabilidade subsidiária do tomador dos serviços. Dono da obra. Desprovimento. 2.1 – Inviável o processamento do recurso de revista quando o Acórdão Regional se

10.5 ELEMENTOS DA AÇÃO

Em face do número de conflitos, cada qual com vários e diversificados pedidos e partes, e da necessidade de o Estado solucionar os que lhe são apresentados, a ação deduzida em juízo deverá conter elementos que a identificarão, para isolá-la e distingui-la das demais ações propostas, das que venham a sê-lo ou de qualquer outra ação que se possa imaginar.

Esses elementos são as partes, a causa de pedir e o pedido, e servem, portanto, para identificar as ações.

10.5.1 Partes

Partes no processo são todos que postulam em uma relação jurídica processual, incluindo autor, réu, terceiros intervenientes e o Ministério Público, enquanto fiscal da lei ou órgão agente. Atuam no processo com parcialidade. Exclui-se, portanto, desse rol o(s) julgador(es).

Normalmente, as partes são consideradas elementos subjetivos da ação, podendo agir individualmente (autor/reclamante, réu/reclamado); por uma pluralidade de pessoas, caracterizando o litisconsórcio; representadas, quando

---

lastreia em Súmula de jurisprudência desta Corte, firme no entendimento cristalizado pelo verbete nº 331, IV, dada a condenação subsidiária imposta à segunda reclamada em face da condição de tomadora dos serviços do empregado, segundo premissa fático-jurídica reconhecida na origem. 2.2 – É insuscetível de revisão, em sede extraordinária, a decisão proferida pelo Tribunal Regional à luz da prova carreada aos autos, quando somente com o revolvimento do substrato fático constante dos autos seria possível afastar a premissa sobre a qual se erigiu a conclusão consagrada pelo Tribunal Regional. Incidência da Súmula nº 126 do Tribunal Superior do Trabalho. Agravo de instrumento desprovido" (TST, AIRR 0000064-91.2013.5.02.0254, Rel. Des. Conv. Alexandre Teixeira de Freitas Bastos Cunha, DJe 15.05.2015, p. 981). "Agravo de instrumento. 1) Ilegitimidade passiva – Consideram-se legitimados para a causa os titulares da relação jurídica deduzida pela demandante no processo, desde que haja pertinência subjetiva entre o que se pede e em face de quem se pede. O ordenamento jurídico brasileiro filiou-se à **teoria da asserção,** segundo a qual as condições da ação devem ser analisadas in status assertionis, ou seja, à luz das alegações feitas pela parte na inicial. Sendo o terceiro reclamado indicado, pela parte autora, como devedor subsidiário da relação jurídica material, havendo pertinência subjetiva, tais fatos bastam para legitimá-lo a figurar no polo passivo da relação processual, sem ofensa a dispositivos de lei ou da Constituição. 2) Terceirização – Responsabilidade subsidiária de ente público – Revelando a decisão recorrida sintonia com a jurisprudência pacífica deste Tribunal, consoante entendimento cristalizado no verbete nº 331, inciso V, dada a condenação subsidiária imposta ao terceiro reclamado em face da condição de tomador dos serviços do empregado, sem que houvesse prova da fiscalização do cumprimento de obrigações trabalhistas pela contratada, não se conhece do recurso de revista, nos termos do § 4º (atual § 7º) do art. 896, da CLT. Agravo de instrumento a que se nega provimento" (TST, AIRR 0000124-10.2012.5.09.0091, Rel. Des. Conv. Alexandre Teixeira de Freitas Bastos Cunha, DJe 15.05.2015, p. 990).

uma pessoa litiga em nome e sobre direito alheio (menor/representantes legais); substituídas processualmente, quando alguém litiga em nome próprio, pleiteando direito alheio (legitimação extraordinária, como no caso dos sindicatos em ação de cumprimento).

Mister se faz estabelecermos a distinção entre parte material e parte formal. O primeiro termo refere-se ao titular, ou titulares, da relação de direito material em litígio, como credor/devedor, pai/filho.

Contudo, nem sempre as partes materiais coincidirão com as partes formais (ou processuais), uma vez que, como já dito, a parte poderá ser substituída (MPT substituindo determinado grupo de trabalhadores, por meio de ação civil pública, buscando a tutela de direitos individuais homogêneos, como, por exemplo, questões envolvendo pedido de insalubridade ou periculosidade – referentes à saúde do trabalhador) ou representada (pai representando filho absolutamente incapaz, em ação trabalhista, em que se discutem verbas trabalhistas oriundas de um contrato de emprego proibido).

10.5.2 Causa de pedir

A causa de pedir refere-se aos fatos e aos fundamentos jurídicos que embasam a pretensão almejada, ou seja, o acontecimento e seus reflexos jurídicos que autorizam o pedido. Está estabelecida no art. 319, III, do CPC, cuja regra estipula que *a petição inicial indicará: o fato e os fundamentos jurídicos do pedido*.

O autor, em sua petição inicial, deve descrever o fato e demonstrar como o direito o reconhece, ou seja, o fundamento jurídico. Em suma, uma petição inicial deve indicar o fato, bem como o direito material relacionado a ele, que expressa obrigações e deveres entre as partes postulantes.

Todavia, não será qualquer fato a poder embasar a demanda; mas somente aqueles considerados relevantes na esfera jurídica. Fatos, em sentido amplo, são ocorrências sociais vivenciadas por pessoas (naturais ou jurídicas), as quais poderão, ou não, repercutir juridicamente. Nesta última hipótese, ou seja, em não havendo reflexos jurídicos, teremos apenas o que se denomina "fatos materiais", sem consequências no mundo do dever-ser e que, portanto, não se configuram em subsídio factual para a propositura de uma demanda judicial. Exemplificativamente, podemos citar a situação em que um indivíduo recebe auxílio de seu vizinho para podar uma árvore em seu jardim. O direito não se ocupará de tal acontecimento, ocorrido dentro dos parâmetros de normalidade, o qual não gerará qualquer vínculo entre as partes.

Todavia, existem fatos que alcançam o mundo do direito, transmutando-se em fatos jurídicos. Daí, fato jurídico significa todo acontecimento que gera reflexos na órbita do direito e que, consequentemente, será por este atingido e regulamentado, podendo vir a se tipificar como direito ou obrigação. A título ilustrativo, pode-se mencionar uma relação jurídica de emprego, em que tanto o empregado quanto o empregador possuem direitos e obrigações recíprocas.

Logo, resta clara a importância da narrativa dos fatos na petição inicial, não sendo suficiente apenas trazer ao processo o fundamento jurídico (por exemplo: ser credor de certa verba salarial, alegar negligência do empregador etc.), pois, muitas vezes, o processo gravita em torno da análise fática.

A causa de pedir também pode ser compreendida como próxima e remota, não havendo na doutrina, todavia, posicionamento uníssono quanto a essa classificação.

Para a corrente majoritária, os fatos são a causa de pedir remota, enquanto os fundamentos jurídicos são a causa de pedir próxima; para outros doutrinadores, como Nelson Nery Jr.[12], a causa de pedir remota são os fundamentos jurídicos, enquanto os fatos são a causa de pedir próxima, pois, do ponto de vista lógico, não há como violar o direito que não foi criado.

Diante dessas premissas, podemos dizer que o Brasil adota a teoria da substanciação ou consubstanciação, a qual preconiza que a causa de pedir é composta pelos fatos e pelos fundamentos jurídicos. Como corolário de referida teoria, temos o brocardo jurídico *da mihi factum dabo tibi jus* (dá-me os fatos que te dou o direito).

Neste sistema, o juiz pode modificar o embasamento jurídico relacionado aos fatos, desde que não modifique estes últimos.

O juiz não analisa a lei em abstrato; observa e examina a lei incidindo sobre um fato, que está a pôr o direito em risco, o que é denominado subsunção do fato à norma. O direito existe no processo vinculado ao fato.

Exemplificando, podemos citar a hipótese em que certo empregado alega haver trabalhado para seu empregador além do horário normal de trabalho (horas extras – fato – causa de pedir remota) sem nunca ter recebido os valores correspondentes (inadimplemento contratual – fundamentação jurídica – causa de pedir próxima). A este empregado bastará, então, alegar e fundamentar tal fato. Ao juiz caberá a função de proceder à subsunção do fato à norma, ou seja, enquadrar o fato descrito à hipótese legalmente prevista, identificando, assim, a configuração de horas extras a receber (CLT, art. 58).

Outro exemplo comum no processo do trabalho é a extinção do contrato de emprego sem justa causa (fato) sem o adimplemento das verbas rescisórias (fundamento jurídico), podendo o autor pleitear vários pedidos.

10.5.3 Pedido

É o elemento crucial da demanda, pois nele se encontra resumido todo o desejo ou interesse da parte que provocou a tutela jurisdicional, pleiteando o direito

---

[12] NERY JR., Nelson. Op. cit., 2004, p. 322.

material de que se considera legítimo titular. É também chamado de objeto da ação, sobre o qual o Estado-juiz irá se manifestar.

O autor, em sua petição inicial, deve identificar qual provimento jurisdicional deseja, sendo este designado pela doutrina de pedido imediato; também deverá delimitar qual o bem jurídico almejado, sendo este pedido designado de mediato.

Esclarecendo, o pedido se divide em dois:

- Imediato – proposto perante o Estado, cujo objetivo é obter um provimento jurisdicional em consonância com seus interesses. Esse provimento jurisdicional poderá ser: a condenação em uma determinada obrigação, a declaração de uma relação jurídica, a constituição ou desconstituição de uma situação jurídica, a tomada de providências executivas, a emanação de uma ordem etc.

- Mediato – caracterizado como o objeto ou o bem jurídico ou, ainda, o bem da vida pretendido, que será passível de apreciação pelo órgão julgador. Exemplificando, o bem da vida pleiteado em uma ação trabalhista pode ser a condenação do réu ao pagamento das férias em dobro, em relação ao período não gozado, ou, também, ao pagamento de adicional noturno e de horas extras etc.

Em resumo, o pedido é o mérito do processo. Logo, o juiz, ao proferir sua decisão, deve estar adstrito àquele, ou seja, deve haver congruência entre o pedido e o dispositivo da sentença.

Pelo Código de Processo Civil de 2015, o pedido não é mais interpretado restritivamente[13], mas sim considerando o conjunto da postulação e o princípio da boa-fé.

No processo do trabalho, a reclamatória é regida pelo art. 840 da CLT e poderá ser escrita ou verbal.

> Art. 840. (...)
>
> § 1º Sendo escrita, a reclamação deverá conter a designação do presidente da Junta, ou do juiz de direito a quem for dirigida, a qualificação do reclamante e do reclamado, uma breve exposição dos fatos de que resulte o dissídio, o pedido, a data e a assinatura do reclamante ou de seu representante.
>
> § 2º Se verbal, a reclamação será reduzida a termo, em 2 (duas) vias datadas e assinadas pelo escrivão ou secretário, observado, no que couber, o disposto no parágrafo anterior.

---

[13] "Art. 322. O pedido deve ser certo. § 1º Compreendem-se no principal os juros legais, a correção monetária e as verbas de sucumbência, inclusive os honorários advocatícios. § 2º A interpretação do pedido considerará o conjunto da postulação e observará o princípio da boa-fé".

Com o advento da Lei 13.467/2017, apresentamos a seguir a nova redação desses parágrafos do art. 840 da CLT:

> § 1º Sendo escrita, a reclamação deverá conter a designação do juízo, a qualificação das partes, a breve exposição dos fatos de que resulte o dissídio, o pedido, que deverá ser certo, determinado e com indicação de seu valor, a data e a assinatura do reclamante ou de seu representante.
>
> § 2º Se verbal, a reclamação será reduzida a termo, em duas vias datadas e assinadas pelo escrivão ou secretário, observado, no que couber, o disposto no § 1º deste artigo.
>
> § 3º Os pedidos que não atendam ao disposto no § 1º deste artigo serão julgados extintos sem resolução do mérito.

Verifica-se que os pedidos doravante devem ser certos e determinados, ou seja, a ação deve ser líquida, de forma que o somatório dos pedidos deve refletir o valor exato da causa, sob pena de extinção do processo, sem resolução de mérito.

Como na Justiça do Trabalho ainda existe o *jus postulandi*, entendemos que no caso de o reclamante estar desacompanhado de advogado, e fizer seu pleito diretamente na Secretaria da Vara, também deverá ser orientado no sentido de observar os ditames legais anteriormente mencionados, para que sua ação não seja extinta sem resolução do mérito.

10.6 CLASSIFICAÇÃO DAS AÇÕES

No processo do trabalho, a ação judicial possui uma nomenclatura específica, qual seja: reclamação trabalhista. Porém, é classificada consoante os tradicionais critérios da processualística civil.

Dessa maneira, as demandas podem ser classificadas sob vários critérios, dentre eles, o que leva em consideração os efeitos da tutela jurisdicional sobre a relação jurídica. Nessa classificação se observa o tipo de provimento jurisdicional postulado pelo autor em sua inicial (pedido imediato).

De acordo com o tipo de tutela jurisdicional invocado, as ações poderão ser de conhecimento, executórias e cautelares. Todavia, há ainda a classificação quinária, na qual se reconhece a existência da ação mandamental e da ação executiva *lato sensu*.

10.6.1 Ação de conhecimento ou cognitiva

A *ação de conhecimento* ou *de cognição* é utilizada pelo autor quando este deseja obter um pronunciamento judicial no qual haja a certificação de seu direito material, de sorte a pôr fim ao litígio. Nesse tipo de ação, o juiz deverá fazer a subsunção do fato à norma objetiva, no caso concreto. Esta se subdivide em declaratória, constitutiva e condenatória.

Todavia, em verdade, em uma mesma ação, e sua consequente decisão, pode-se visualizar, conjuntamente, todos os efeitos mencionados, ou seja, a tutela jurisdicional invocada pela demanda pode conter mais de uma providência jurisdicional – declaratória, constitutiva e condenatória. Dessa maneira, a classificação deve levar em consideração o efeito preponderante.

As *ações declaratórias* são as intentadas com o objetivo de se obter a declaração judicial da existência (declaração positiva) ou inexistência (declaração negativa) de uma relação jurídica e, também, a autenticidade ou falsidade de determinado documento. Seu intuito é certificar uma determinada situação jurídica.

As ações declaratórias são aplicadas ao processo do trabalho pelo permissivo legal contido no art. 769 da CLT, sendo os seus preceitos traçados nos arts. 19 e 20 do CPC[14]. Tais ações são eternas, ou seja, imprescritíveis[15].

No processo do trabalho, um típico exemplo de ação declaratória é o pleito da existência ou não do contrato de emprego, podendo haver, também, a ação declaratória de nulidade de cláusulas convencionais (cláusulas previstas em acordos ou convenções coletivas).

As *ações constitutivas* buscam um provimento jurisdicional para criar, modificar ou extinguir uma determinada relação jurídica. Nesse tipo de ação, a decisão que reconhece a nova situação jurídica já produz efeitos a partir do trânsito em julgado, não necessitando ser executada.

Em outras palavras, a situação jurídica se torna efetiva por intermédio da intervenção judicial. Podemos exemplificar, no processo do trabalho, as seguintes hipóteses de ações constitutivas: fixação de salário do empregado (art. 460 da CLT) e equiparação salarial (art. 461 da CLT) como ações constitutivas positivas; já como constitutiva negativa ou desconstitutiva temos o inquérito (ação/reclamação) para apuração de falta grave de dirigente sindical, cujo objetivo é obter a decretação da extinção do contrato de trabalho deste (art. 853 da CLT) e a ação rescisória.

Entretanto, as ações mais usuais na Justiça do Trabalho são as *condenatórias*, cujo escopo é o de obter uma decisão que imponha ao réu o cumprimento de uma

---

[14] "Art. 19. O interesse do autor pode limitar-se à declaração: I – da existência, da inexistência ou do modo de ser de uma relação jurídica; II – da autenticidade ou da falsidade de documento.
Art. 20. É admissível a ação meramente declaratória, ainda que tenha ocorrido a violação do direito".

[15] "Art. 11. O direito de ação quanto a créditos resultantes das relações de trabalho prescreve: (...) § 1º O disposto neste artigo não se aplica às ações que tenham por objeto anotações para fins de prova junto à Previdência Social".

obrigação de dar (pagar), entregar coisa, fazer ou não fazer algo. O provimento jurisdicional, neste tipo de ação, além de reconhecer a quem pertence o direito, garante que ele seja efetivado.

Dessa forma, se o réu não cumprir voluntariamente o provimento jurisdicional contido na decisão, poderá sofrer a constrição por meio de um processo de execução, o qual, no processo do trabalho, pode ser promovido pelo interessado ou pelo juiz, de ofício, consoante o art. 878[16] da CLT, porém, a partir da Lei 13.467/2017, somente quando as partes estiverem desacompanhadas de advogado.

São exemplos: as ações em que o reclamante pleiteia o adimplemento de verbas salariais oriundas do contrato de emprego (salários, pagamento de férias, adicionais etc.); as ações que envolvem uma obrigação de fazer, como assinar a CTPS, instalar equipamentos para a segurança dos empregados, fornecer EPI's, reintegrar empregado estável etc.

10.6.2 Ações executivas

Este tipo de ação possibilita ao vencedor do litígio que o conteúdo previsto no provimento jurisdicional (decisão), que se converteu em título executivo, após o trânsito em julgado, seja, efetivamente, realizado.

Caso o derrotado não cumpra espontaneamente a obrigação contida na decisão judicial, o vencedor (credor) poderá exigir do Estado-juiz que o faça cumprir o mandamento contido no referido título executivo judicial. Dessa forma, possui um caráter de satisfação do direito material reconhecido em um título executivo.

Há, também, no processo do trabalho, a possibilidade de executar determinados títulos extrajudiciais que estão taxativamente fixados no art. 876 da CLT (os termos de ajuste de conduta, firmados perante o Ministério Público do Trabalho, e os termos de conciliação, firmados perante as Comissões de Conciliação Prévia). Entretanto, há discussão sobre a existência de novos títulos extrajudiciais, em virtude da ampliação da competência da Justiça do Trabalho, sendo certo que as notas promissórias e cheques, quando decorrentes da relação de trabalho, constituem títulos executivos extrajudiciais, que podem ser executados na Justiça do Trabalho.

10.6.3 Ação cautelar

Tem por objetivo resguardar, proteger um provável direito, assegurando o resultado útil de um provimento jurisdicional. O seu fundamento pode ser encontrado na urgência e na evidência de um direito.

---

16 "Art. 878. A execução será promovida pelas partes, permitida a execução de ofício pelo Juiz ou Presidente do Tribunal apenas nos casos em que as partes não estiverem representadas por advogado."

Hodiernamente, é denominada de tutela cautelar e é espécie da tutela provisória[17].

Pelo fato de a Consolidação das Leis do Trabalho não tratar referida ação, aplicam-se, subsidiariamente, os artigos referidos do comando processual civil, pelo permissivo legal dos arts. 769 (conhecimento) e 889 (execução) da própria CLT.

10.6.4 Ação mandamental

Este tipo de ação integra o chamado processo sincrético, no qual não há divisão entre o processo de conhecimento e o de execução, entregando-se o bem da vida ao seu legítimo titular em um único processo.

Dessa forma, o provimento judicial não exige a fase de execução, pois já contempla uma ordem, um comando, o qual vem reforçado por uma cominação de sanção (uma coação psicológica). Exemplo é o mandado de segurança, por meio do qual o juiz, ao decidir, determina o cumprimento de sua decisão (mandamento) sob pena de desobediência (coação).

10.6.5 Ação executiva *lato sensu*

É a ação cuja sentença impõe ao vencido uma obrigação, que, se não cumprida voluntariamente, poderá ser executada no mesmo processo, isto é, independentemente de um processo autônomo (o processo tem natureza sincrética). São exemplos as ações de obrigação de fazer do art. 497[18] do CPC/2015. Importante mencionar que ações sincréticas são aquelas em que se entrega o bem da vida ao seu legítimo titular em um mesmo processo, perfazendo um misto de processo de conhecimento e de execução.

10.7 TUTELA JURISDICIONAL

A ação, como visto, é um dos institutos fundamentais do processo. Contudo, a ação não tem o condão de solucionar o problema ou a crise jurídica apresentada ao Judiciário. O exercício do direito de ação apenas encaminha o conflito para a solução, **sendo a tutela jurisdicional** a medida eficaz para sanar o problema.

---

[17] O tema será desenvolvido em capítulo específico.
[18] "Art. 497. Na ação que tenha por objeto a prestação de fazer ou de não fazer, o juiz, se procedente o pedido, concederá a tutela específica ou determinará providências que assegurem a obtenção de tutela pelo resultado prático equivalente. Parágrafo único. Para a concessão da tutela específica destinada a inibir a prática, a reiteração ou a continuação de um ilícito, ou a sua remoção, é irrelevante a demonstração da ocorrência de dano ou da existência de culpa ou dolo".

O conceito de tutela jurisdicional é bem resumido por José Roberto dos Santos Bedaque[19]:

> Assim, a tutela jurisdicional tem o significado de proteção de um direito ou de uma situação jurídica, pela via jurisdicional. Implica prestação jurisdicional em favor do titular de uma situação substancial amparada pela norma, caracterizando a atuação do Direito em casos concretos trazidos à apreciação do Poder Judiciário. É o estudo da técnica processual a partir do resultado e em função dele.

Nessa conjuntura, importante destacar que a tutela jurisdicional pode ser conferida tanto ao autor como ao réu, isto é, será ofertada àquele que tiver razão.

Portanto, hodiernamente, a tutela jurisdicional é associada à espécie de conflito/crise jurídica posta em juízo para ser solucionada por intermédio do processo.

Dessa feita, a tutela jurisdicional é classificada em:

- de conhecimento, a qual tem a aptidão de solucionar crises jurídicas que envolvam situações meramente declaratórias, constitutivas ou condenatórias;
- executiva, cujo objetivo é sanar uma crise de satisfação, posto já haver, em tese, um direito reconhecido;
- cautelar, que tem por escopo solver uma crise de perigo que pode influenciar na concessão de uma tutela definitiva (como já retromencionado, em virtude do CPC/2105, a tutela cautelar encontra-se inserida na tutela provisória).

---

[19] BEDAQUE, José Roberto dos Santos. *Direito e processo*: influência do direito material sobre o processo. 2. ed. São Paulo: Malheiros, 1997. p. 10-11.

XI

PROCESSO E PROCEDIMENTO

11.1 ASPECTOS INTRODUTÓRIOS

Como já visto, o Estado é o detentor da jurisdição, a qual se caracteriza como poder-dever-função de dizer o direito. A jurisdição[1], em tese[2], é inerte, devendo ser acionada pela vontade dos interessados, que necessitam da intervenção do Estado-juiz para tutelar jurisdicionalmente os seus direitos.

O liame entre a demanda (provocação efetiva da jurisdição) e a prestação da tutela jurisdicional se realiza pelo processo. Assim, o processo é o meio, o instrumento, o mecanismo utilizado pelo Estado, por meio dos órgãos jurisdicionais, para aplicar a norma objetiva (lei) ao caso concreto, exercendo, assim, a jurisdição.

---

[1] A jurisdição (dizer o direito no caso concreto) como emanação da soberania em um Estado Democrático de Direito não é monopólio do Poder Judiciário. O Poder Legislativo exerce a jurisdição em casos especiais, como, por exemplo, quando julga processo de *impeachment* em face do Presidente da República. No conceito moderno de jurisdição, o Ministério Público do Trabalho também possui jurisdição administrativa, nas hipóteses em que celebra Termo de Ajustamento de Conduta (TAC) com os empregadores, na medida em que tal termo possui natureza jurídica de título executivo extrajudicial.

[2] O Ministério Público do Trabalho, na pessoa do agente político procurador do trabalho, que o presenta, possui suas atribuições discriminadas nos arts. 83 e 84 da Lei Complementar 75/1993, agindo ora como órgão agente, ora como órgão interveniente. Na qualidade de órgão agente, o procurador do trabalho se autoprovoca, ou seja, de ofício, detém legitimidade para instaurar procedimento preliminar em face de empregadores, desde que o objeto da investigação ou das irregularidades seja relacionado a direitos ou interesses difusos, coletivos ou individuais homogêneos, com relevância social. Dessa forma, se eventual inquérito civil for concluído na forma de um Termo de Ajustamento de Conduta, tal título executivo será decorrente por uma atividade proativa do membro do *Parquet* Laboral, não havendo que se falar em inércia.

Na verdade, o processo é um verdadeiro direito humano fundamental, elencado na Declaração dos Direitos do Homem, da ONU, de 1948, consistindo em instrumento ético, de participação política do cidadão no Estado, ou seja, um verdadeiro exercício da cidadania.

José Roberto dos Santos Bedaque[3] conceitua o processo como:

> O processo é uma entidade complexa, que pode ser vista por dois ângulos: o externo, representado pelos atos que lhe dão corpo e a relação entre eles (procedimento) e o interno, que são as relações entre os sujeitos processuais (relação processual). A moderna doutrina processual vem desenvolvendo a ideia de que o processo é todo procedimento realizado em contraditório. A legitimidade do provimento resultante do processo depende da efetiva participação das partes na sua formação, ou seja, depende da efetividade do contraditório.

Fenômeno inerente ao exercício da jurisdição, o processo, em si, é um sistema abstrato, materializado, porém, por uma sequência de atos concatenados logicamente (procedimento), os quais são praticados pelos sujeitos que o integram (relação jurídica processual).

É, pois, o procedimento a faceta extrínseca do processo, o instrumento que viabiliza sua existência e efetivação no plano fático (conhecido por elemento material; é o aspecto visível do processo).

Em complemento, a relação jurídica processual é o vínculo entre autor, juiz e réu permeado por direitos, deveres, faculdades e ônus, que dá vida ao procedimento (elemento imaterial, invisível). Essa relação jurídica não se confunde com a outra, a de direito material, que também estabelece um vínculo de direitos e obrigações entre o empregado e o empregador.

O ajuizamento da demanda pelo autor, a notificação do réu para comparecer em audiência e apresentar sua resposta, a oitiva das partes e das testemunhas e o julgamento são exemplos de atos processuais praticados pelos sujeitos, cujo intuito é o de alcançarem o provimento jurisdicional.

Embora possamos enxergar o processo como um procedimento animado por uma relação jurídica processual, que se desenvolve em contraditório[4], não podemos nos olvidar da ideia de que o processo é uma técnica de atuação do Estado para solucionar situações jurídicas, pacificando a sociedade. Daí a sua natureza pública.

---

[3] BEDAQUE, José Roberto dos Santos. *Poderes instrutórios do juiz.* 3. ed. São Paulo: RT, 2001. p. 67.
[4] CPC/2015: "Art. 10. O juiz não pode decidir, em grau algum de jurisdição, com base em fundamento a respeito do qual não se tenha dado às partes oportunidade de se manifestar, ainda que se trate de matéria sobre a qual deva decidir de ofício".

11.2 PRESSUPOSTOS PROCESSUAIS

Ensina Marcus Vinicius Rios Gonçalves que: "O processo pode ser considerado uma espécie de caminho que deve ser percorrido pelas partes e pelo juiz para que, ao final, se chegue ao fim almejado, que é a prestação jurisdicional"[5].

Portanto, para que o juiz cumpra a efetiva prestação jurisdicional, julgando o mérito (pretensão) da demanda, deverá verificar se estão presentes os pressupostos processuais, bem como se as condições da ação foram preenchidas.

Os pressupostos processuais são requisitos indispensáveis para que o processo nasça e se desenvolva validamente.

A ausência de um pressuposto processual deve ser declarada de ofício pelo juiz, pois se trata de matéria de ordem pública. Em não sendo reconhecida a falta na primeira oportunidade, o juiz, e de igual maneira as partes, poderão alegar em momento posterior, pois, como matéria de ordem pública, não se sujeita à preclusão. Nesse sentido, em havendo recurso, o Tribunal poderá conhecer de ofício a falta de um pressuposto processual. Todavia, insta alertar que a ausência de um pressuposto processual não poderá ser reconhecida de ofício pelo Tribunal Superior do Trabalho, pois o recurso de revista exige prequestionamento, portanto, a matéria já deveria ter sido suscitada em instância inferior (TRT).

> Ao proferir a sentença, o juiz examinará, portanto, em primeiro lugar, se foram preenchidos os pressupostos processuais; depois, as condições da ação. Em caso negativo, nada restará senão a extinção do processo sem resolução do mérito. Somente em caso positivo é que o juiz julgará o pedido, concedendo ou não o provimento que o autor postula[6].

Para efeitos elucidativos, mencionamos a existência da classificação que divide os pressupostos em subjetivos e objetivos. Os subjetivos estão relacionados aos sujeitos do processo, ou seja, o juiz e as partes.

Em relação ao juiz, os pressupostos são: jurisdição (juiz deve ser investido), competência e imparcialidade.

Em relação às partes, os pressupostos envolvem os seguintes requisitos: capacidade de ser parte, capacidade processual e capacidade postulatória.

Já os pressupostos objetivos são: demanda (pedido formulado na petição inicial), citação do réu e inexistência de coisa julgada, litispendência ou perempção.

---

[5] GONÇALVES, Marcus Vinicius Rios. *Novo curso de direito processual civil.* 13. ed. São Paulo: Saraiva, 2016. v. 1, p. 131.
[6] GONÇALVES, Marcus Vinicius Rios. *Novo curso de direito processual civil.* 13. ed. São Paulo: Saraiva, 2016. v. 1, p. 131.

Todavia, adotaremos o posicionamento da doutrina majoritária que os classifica em: pressupostos processuais de existência (eficácia), pressupostos processuais de validade (desenvolvimento válido) e pressupostos processuais negativos.

Atualmente, na fase do neoconstitucionalismo ou pós-positivismo jurídico, a decisão judicial não consiste apenas na subsunção do fato à norma, mas sim em um juízo de ponderação do magistrado, que deverá levar em consideração os princípios da proporcionalidade e razoabilidade em sua decisão, no caso concreto.

11.3 PRESSUPOSTOS PROCESSUAIS DE EXISTÊNCIA

a) Existência de jurisdição ou investidura: só serão existentes (eficazes) os atos processuais praticados perante os órgãos legalmente investidos na função jurisdicional. Ao revés, serão inexistentes atos processuais praticados por um juiz aposentado ou afastado de suas funções.

b) Existência de demanda: em nosso sistema processual, prevalece o princípio da inércia ou da demanda, cujo teor demonstra que a jurisdição, em tese, é inerte; portanto, é necessário que a parte interessada provoque o Estado-juiz. Por meio dessa provocação, o autor apresenta a sua demanda – compreendida como o ato de se postular a tutela jurisdicional, requerendo a submissão do interesse alheio ao seu interesse próprio. Essa provocação ocorre por meio de uma petição inicial, tipificando-se essa como um instrumento da demanda.

c) Capacidade de ser parte: corresponde à personalidade civil. Portanto, é possibilidade de todas as pessoas naturais e jurídicas, bem como de alguns entes despersonalizados (ex.: espólio, massa falida, condomínio, sociedade em comum) e órgãos públicos (ex.: MPT, Tribunal de Contas etc.) de figurarem em um processo.

Na primeira edição desta obra, entendíamos que a citação era um pressuposto de existência[7], em razão de que sem a citação a relação jurídica processual não restaria formada, e que, portanto, não haveria processo para o reclamado-réu (inexistência).

Porém, a citação vem sendo motivo de cizânia na doutrina, mormente em decorrência do CPC de 2015, o qual a considera um pressuposto de validade. Em virtude dessa polêmica, analisaremos a citação quando da explanação sobre os pressupostos processuais de validade, antecipando que a mesma deve ser compreendida sob dois enfoques: em relação ao réu e em relação ao processo.

---

7   Defendendo a ideia de que a citação é um pressuposto de existência: ARRUDA ALVIM, José Manoel de. *Manual de direito processual civil*. 8. ed. São Paulo: RT, 2003. v. 1. p. 549-550; NERY JR., Nelson; NERY, Rosa Maria Andrade. *Código de Processo Civil comentado*. 10. ed. São Paulo: RT, 2008. p. 464.

11.4 PRESSUPOSTOS PROCESSUAIS DE VALIDADE

a) Competência: para o processo se desenvolver validamente, é necessário que a demanda tenha sido aforada em órgão jurisdicional absolutamente competente. Se a ação for julgada por um órgão absolutamente incompetente, restará nulo o processo. O mesmo não ocorre com a incompetência relativa, posto competir ao réu alegar na primeira oportunidade a incompetência relativa, caso contrário, prorroga-se a competência. A competência está diretamente relacionada com a jurisdição.

A competência é a parcela ou o partilhamento da jurisdição, ou seja, a área geográfica em um Estado em que o magistrado detém legitimidade para dizer o direito no caso concreto.

b) Imparcialidade: o juiz ou o órgão julgador deverão ser imparciais, não podendo ser legalmente impedidos de conduzir o processo. No que se refere à suspeição, novamente, compete à parte interessada, por meio da exceção, alegar tempestivamente a aludida impossibilidade.

c) Petição inicial apta: o ajuizamento da demanda, por meio da petição inicial, é um pressuposto processual de existência; no entanto, essa petição deve ser apta, preenchendo os requisitos previstos em lei (CPC/2015, art. 319[8]), para que possa o processo ser válido, permitindo que o julgador profira uma sentença de mérito.

d) Capacidade processual[9]: conhecida como capacidade para estar em juízo[10] ou, para alguns, legitimidade processual (*legitimatio ad processum*), é a aptidão de atuar diretamente como parte do processo, sem a necessidade de representantes

---

[8] "Art. 319. A petição inicial indicará: I – o juízo a que é dirigida; II – os nomes, os prenomes, o estado civil, a existência de união estável, a profissão, o número de inscrição no Cadastro de Pessoas Físicas ou no Cadastro Nacional da Pessoa Jurídica, o endereço eletrônico, o domicílio e a residência do autor e do réu; III – o fato e os fundamentos jurídicos do pedido; IV – o pedido com as suas especificações; V – o valor da causa; VI – as provas com que o autor pretende demonstrar a verdade dos fatos alegados; VII – a opção do autor pela realização ou não de audiência de conciliação ou de mediação. § 1º Caso não disponha das informações previstas no inciso II, poderá o autor, na petição inicial, requerer ao juiz diligências necessárias a sua obtenção. § 2º A petição inicial não será indeferida se, a despeito da falta de informações a que se refere o inciso II, for possível a citação do réu. § 3º A petição inicial não será indeferida pelo não atendimento ao disposto no inciso II deste artigo se a obtenção de tais informações tornar impossível ou excessivamente oneroso o acesso à justiça".

[9] "Art. 76. Verificada a incapacidade processual ou a irregularidade da representação da parte, o juiz suspenderá o processo e designará prazo razoável para que seja sanado o vício. § 1º Descumprida a determinação, caso o processo esteja na instância originária: I – o processo será extinto, se a providência couber ao autor; II – o réu será considerado revel, se a providência lhe couber; III – o terceiro será considerado revel ou excluído do processo, dependendo do polo em que se encontre".

[10] "Art. 70. Toda pessoa que se encontre no exercício de seus direitos tem capacidade para estar em juízo. Art. 71. O incapaz será representado ou assistido por seus pais, por tutor ou por curador, na forma da lei".

ou assistentes, atribuída às pessoas dotadas de capacidade civil plena (capacidade de fato ou de exercício).

e) Capacidade postulatória: é necessário que as partes estejam representadas[11] adequadamente por um advogado, pois a relação processual é técnica e exige habilidades específicas para o seu desenvolvimento. O Código de Processo Civil, em seu art. 104[12], § 2º, deixa claro que o ato processual praticado sem advogado será ineficaz e, portanto, não se convalida.

Entretanto, no Processo do Trabalho esse pressuposto é atenuado, pois as partes podem postular em determinadas situações, sem a presença de advogados, exercendo o *jus postulandi*.

f) Citação válida: o processo se inicia com o ajuizamento da demanda, por intermédio da petição inicial, na qual o autor provoca a manifestação do órgão jurisdicional acerca de sua pretensão; uma vez realizada a citação[13] do réu, a relação jurídica processual torna-se completa. Com a citação, podemos falar em uma relação jurídica processual, em que os principais sujeitos do processo estarão interligados, ou seja, autor, juiz e réu. Antes da citação válida do réu há processo, embora formado somente entre o juiz e o autor. Tanto é verdade que o próprio CPC preconiza o julgamento de mérito antes da citação do réu[14].

---

[11] "Art. 75. Serão representados em juízo, ativa e passivamente: I – a União, pela Advocacia-Geral da União, diretamente ou mediante órgão vinculado; II – o Estado e o Distrito Federal, por seus procuradores; III – o Município, por seu prefeito ou procurador; IV – a autarquia e a fundação de direito público, por quem a lei do ente federado designar; V – a massa falida, pelo administrador judicial; VI – a herança jacente ou vacante, por seu curador; VII – o espólio, pelo inventariante; VIII – a pessoa jurídica, por quem os respectivos atos constitutivos designarem ou, não havendo essa designação, por seus diretores; IX – a sociedade e a associação irregulares e outros entes organizados sem personalidade jurídica, pela pessoa a quem couber a administração de seus bens; X – a pessoa jurídica estrangeira, pelo gerente, representante ou administrador de sua filial, agência ou sucursal aberta ou instalada no Brasil; XI – o condomínio, pelo administrador ou síndico".

[12] "Art. 104. O advogado não será admitido a postular em juízo sem procuração, salvo para evitar preclusão, decadência ou prescrição, ou para praticar ato considerado urgente. § 1º Nas hipóteses previstas no *caput*, o advogado deverá, independentemente de caução, exibir a procuração no prazo de 15 (quinze) dias, prorrogável por igual período por despacho do juiz. § 2º O ato não ratificado será considerado ineficaz relativamente àquele em cujo nome foi praticado, respondendo o advogado pelas despesas e por perdas e danos".

[13] "Art. 238. Citação é o ato pelo qual são convocados o réu, o executado ou o interessado para integrar a relação processual.
Art. 239. Para a validade do processo é indispensável a citação do réu ou do executado, ressalvadas as hipóteses de indeferimento da petição inicial ou de improcedência liminar do pedido".

[14] "Art. 332. Nas causas que dispensem a fase instrutória, o juiz, independentemente da citação do réu, julgará liminarmente improcedente o pedido que contrariar: I – enunciado

Portanto, podemos entender que a citação tem que ser válida para que se tenha uma relação jurídica processual plena – autor, juiz e réu. Logo, a validade da citação é um pressuposto de validade para o processo, como uma relação jurídica complexa.

Por outro lado, a citação é um pressuposto processual de existência para ao réu, de modo que, sem ela, não existe processo para ele, mas somente em relação ao juiz e ao autor.

Por exemplo, temos o ajuizamento de uma demanda na qual o juiz indefere a petição inicial. Mesmo diante do indeferimento, tivemos o processo, pois é necessária uma sentença. Caberá até recurso ordinário ao Tribunal Regional para anular essa sentença de indeferimento da petição inicial. Dessa forma, não é possível falarmos que não houve processo ou ação, mesmo não tendo havido a citação. O que ocorreu é que não teve processo para o réu. Logo, a citação é um pressuposto processual de existência para o réu, ou seja, o autor participará do processo com o ajuizamento da petição inicial, mas o réu, só com a citação.

11.5 PRESSUPOSTOS PROCESSUAIS NEGATIVOS

Para a validade de um processo, mister se faz que determinadas ocorrências não estejam presentes, como:

- litispendência: instituto processual que denuncia a presença de duas ações idênticas;
- coisa julgada: interposição de ação idêntica a uma outra que já fora julgada, cuja decisão transitou em julgado (materialmente);
- perempção: no Processo do Trabalho, a perempção não reproduz o conceito fixado no art. 486, § 3º, do Código Processo Civil de 2015, já que o art. 732 da CLT preceitua que, se o autor der causa ao arquivamento da reclamação (ausência na audiência inicial), por duas vezes seguidas, não terá direito, pelo prazo de seis meses, de propor novamente a ação. Na realidade, ocorre uma suspensão punitiva pela negligência do autor.

11.6 PROCEDIMENTO

Como já visto, procedimento (*iter*) é a sequência de atos processuais, os quais são logicamente concatenados tendentes a um ato processual fim, qual seja,

---

de súmula do Supremo Tribunal Federal ou do Superior Tribunal de Justiça; II – acórdão proferido pelo Supremo Tribunal Federal ou pelo Superior Tribunal de Justiça em julgamento de recursos repetitivos; III – entendimento firmado em incidente de resolução de demandas repetitivas ou de assunção de competência; IV – enunciado de súmula de tribunal de justiça sobre direito local. § 1º O juiz também poderá julgar liminarmente improcedente o pedido se verificar, desde logo, a ocorrência de decadência ou de prescrição (...)".

o provimento jurisdicional (decisão). É o aspecto extrínseco do processo. Alguns doutrinadores fazem distinção entre procedimento e rito, embora, atualmente, doutrinadores modernos os considerem sinônimos.

Pelo procedimento, podemos vislumbrar como os atos processuais deverão ser praticados, mormente quanto às formas e aos prazos. Desta feita, a prática de referidos atos é o que dá vida ao processo, o qual nasce com o ajuizamento da demanda e se finda, em regra, com o trânsito em julgado da decisão (entrega da prestação jurisdicional invocada).

Insta mencionar que o procedimento trabalhista prima pela informalidade (não há o formalismo como o do processo civil) e pela concentração dos atos processuais em audiência, enaltecendo a oralidade e a simplicidade.

O procedimento no processo trabalhista de conhecimento pode ser de dois tipos:

11.6.1 Procedimento comum

Encontra-se subdividido em ordinário, sumário e sumaríssimo.

a) Procedimento **ordinário**: é o rito utilizado no Processo do Trabalho para as ações cujo valor exceda a quarenta salários mínimos, bem como para as demandas que não se sujeitam aos procedimentos sumário e sumaríssimo. Como é o procedimento mais complexo, analisaremos todos os seus atos em capítulos específicos, ao longo desta obra. Com o advento da Lei 13.467/2017, que alterou o art. 840, § 1º, da CLT, o pedido deve ser certo e determinado, ou seja, líquido, de acordo com a nova redação de seus parágrafos, como segue:

> § 1º Sendo escrita, a reclamação deverá conter a designação do juízo, a qualificação das partes, a breve exposição dos fatos de que resulte o dissídio, o pedido, que deverá ser certo, determinado e com indicação de seu valor, a data e a assinatura do reclamante ou de seu representante.
>
> § 2º Se verbal, a reclamação será reduzida a termo, em duas vias datadas e assinadas pelo escrivão ou secretário, observado, no que couber, o disposto no § 1º deste artigo.
>
> § 3º Os pedidos que não atendam ao disposto no § 1º deste artigo serão julgados extintos sem resolução do mérito. (NR)

Muito embora o § 3º se refira à extinção do processo sem julgamento do mérito, em caso de descumprimento do disposto no § 1º, entendemos de bom alvitre o magistrado conceder prazo para a emenda da inicial, nos moldes do art. 321 do CPC, em homenagem ao princípio da colaboração. Tal medida também viria de encontro às pretensões do reclamante no exercício do *jus postulandi*, sem o acompanhamento de advogado.

Exige-se, dessa forma, que o valor da causa seja igual à soma dos pedidos, sendo que, se o pedido for líquido, tanto a decisão de primeiro grau como o acórdão deverão também ser líquidos e determinados, consoante arts. 491 e 492 do CPC.

b) Procedimento **sumaríssimo**: com o objetivo de empreender uma maior rapidez ao Processo do Trabalho, a Lei 9.957/2000 aduziu à CLT os arts. 852-A[15] a 852-I. O intento foi o de concentrar e propiciar maior rapidez às demandas trabalhistas de menor complexidade.

Neste procedimento, serão processadas e julgadas as ações cujo valor não ultrapasse quarenta vezes o salário mínimo vigente na data do ajuizamento da ação.

Em hipótese alguma serão submetidas ao rito sumaríssimo as ações em que figurem como partes a Administração Pública direta, autárquica e fundacional (art. 852-A, parágrafo único, da CLT). Também não se sujeitarão ao rito sumaríssimo os dissídios coletivos, as ações civis públicas e as ações civis coletivas. De outro modo, as ações plúrimas (litisconsórcio), desde que o valor total dos pedidos dos reclamantes não ultrapasse 40 salários mínimos.

Outra particularidade do procedimento em estudo é a exigência de que o autor faça pedido certo ou determinado, indicando o valor líquido. Embora a lei se utilize do conectivo "ou", a petição do autor deve conter pedido certo **e** determinado. No que tange à certeza do pedido, refere-se a mesma à identidade do bem da vida pleiteado; ao passo que a determinabilidade vincula-se à quantidade e à qualidade do objeto desejado; em suma, o autor deve apontar o bem da vida desejado e o seu respectivo valor; pois o juiz não pode julgar algo que não se está pedindo (certeza), salvo os pedidos implícitos admitidos pela lei ou pela jurisprudência, bem como não pode julgar em quantidade maior do que se está a pedir.

Se a petição inicial não indicar os valores, a demanda será arquivada (extinta sem resolução do mérito) conforme art. 485, IV do CPC e art. 852-B da CLT[16].

Entretanto, sem considerar isoladamente o objetivo da celeridade processual insculpida no rito sumaríssimo, pensamos que o juiz do trabalho pode oportunizar ao autor a correção do erro (ausência de liquidez) conforme o art. 6º – princípio da cooperação – e o art. 321, ambos do CPC.

Além disso, a citação somente se dará pela via postal, pois a lei proíbe a citação por edital, uma vez ser incompatível com o objetivo primordial do rito, que é a celeridade.

---

[15] "Art. 852-A. Os dissídios individuais cujo valor não exceda a quarenta vezes o salário mínimo vigente na data do ajuizamento da reclamação ficam submetidos ao procedimento sumaríssimo. Parágrafo único. Estão excluídas do procedimento sumaríssimo as demandas em que é parte a Administração Pública direta, autárquica e fundacional".

[16] "Art. 852-B. Nas reclamações enquadradas no procedimento sumaríssimo: I – o pedido deverá ser certo ou determinado e indicará o valor correspondente; (...) § 1º O não atendimento, pelo reclamante, do disposto nos incisos I e II deste artigo importará no arquivamento da reclamação e condenação ao pagamento de custas sobre o valor da causa".

Na prática, o juiz percebendo que o reclamado está se escusando do recebimento da notificação, poderá determinar que esta seja efetivada por oficial de justiça.

Não sendo possível a realização da notificação por meio das duas modalidades *supra* (via postal e oficial de justiça), o juiz poderá converter o rito para ordinário e proceder à notificação por edital.

Porém, de acordo com o art. 852-B, § 1º, da CLT, caso o reclamante não apresente a petição com o pedido certo e determinado, bem como não indique corretamente o nome e o endereço do reclamado, o processo será arquivado (extinto sem resolução do mérito).

O processo, por este rito, deverá ser apreciado no prazo máximo de quinze dias, desde o seu ajuizamento, podendo haver pauta especial para tanto, conforme o art. 852-B, III.

A instrução e o julgamento realizar-se-ão em audiência única, havendo a concentração dos atos processuais, ainda que possa existir a necessidade de prova pericial, o que geraria a necessidade de uma audiência em prosseguimento.

Para tanto, o juiz terá liberdade para impor as provas a serem realizadas, respeitando o ônus probatório de cada parte, podendo, inclusive, limitar ou excluir provas que considerar desnecessárias.

O juiz deverá propor a conciliação no início da audiência, argumentando sobre suas vantagens. Durante toda a audiência, o juiz poderá se utilizar de mecanismos de persuasão para obter a conciliação entre as partes.

Os incidentes e exceções (ex.: exceção de incompetência, conexão etc.) que possam interferir no andamento da audiência e do processo serão dirimidos de plano; as demais questões serão decididas na sentença (CLT, art. 852-G).

Todas as provas serão produzidas em audiência de instrução e julgamento, já que a audiência deverá ser única. Porém, como já alertamos, se existir a necessidade de prova pericial ou oitiva de testemunhas por carta precatória, o juiz poderá suspender a audiência, designando uma nova audiência para prosseguimento.

Sobre os documentos apresentados por uma das partes, manifestar-se-á imediatamente a parte contrária, sem interrupção da audiência, salvo absoluta impossibilidade, a critério do juiz (art. 852-H, § 1º).

O número de testemunhas, para cada uma das partes, será de, no máximo, duas, as quais deverão comparecer à audiência independentemente de intimação, sob pena de condução coercitiva. A testemunha só será intimada caso a parte interessada comprove a realização do convite (art. 852-H, § 3º).

Salvo em matérias para cujo teor probatório seja necessária a produção de prova técnica (insalubridade, periculosidade e doenças ocupacionais), o juiz poderá interromper a audiência, fixar prazo, nomear perito e especificar o objeto da perícia, devendo as partes ser intimadas para se manifestarem acerca do laudo técnico, no prazo comum de cinco dias (art. 852-H, §§ 4º e 6º).

Mesmo com essa interrupção, a lei determina que a solução do processo deva ser apresentada no prazo máximo de trinta dias, salvo motivo imperioso apresentado pelo juiz nos autos (art. 852-H, § 7º).

Por fim, a sentença, no rito sumaríssimo, **não terá o relatório**, contendo apenas o resumo dos fatos relevantes ocorridos em audiência e a fundamentação da decisão, **que será composta por elementos de justiça e equidade e deverá atender aos fins sociais da lei e às exigências do bem comum**. Nestes termos, a CLT, em seu art. 852-I, § 1º, *in verbis*:

> Art. 852-I. A sentença mencionará os elementos de convicção do juízo, com resumo dos fatos relevantes ocorridos em audiência, dispensado o relatório.
>
> § 1º O juízo adotará em cada caso a decisão que reputar mais justa e equânime, atendendo aos fins sociais da lei e as exigências do bem comum.
>
> § 2º (Vetado)
>
> § 3º As partes serão intimadas da sentença na própria audiência em que prolatada.

c) Procedimento **sumário**: também conhecido como procedimento de alçada, objetiva oferecer maior celeridade às demandas trabalhistas. Está previsto na Lei 5.584/1970.

Muito se discutiu sobre a revogação tácita dessa lei quando do surgimento da Lei 9.957/2000, que institui o procedimento sumaríssimo. Contudo, o posicionamento majoritário defende a permanência do rito em tela, sob o fundamento de que norma geral (sumaríssimo) não pode revogar norma especial (sumário), consoante o propugnado pelo art. 2º, § 2º, da Lei de Introdução às Normas de Direto Brasileiro. Portanto, há plena compatibilidade entre os dois procedimentos.

Como mencionado, o objetivo desse rito é analisar demandas de maneira célere. Assim, as ações sob esse rito deverão ter o valor da causa **de até dois salários mínimos**. Importante destacar algumas particularidades importantes desse procedimento: **irrecorribilidade das sentenças**, pois nenhum recurso poderá ser interposto das sentenças proferidas no rito sumário (dissídios de alçada), salvo se versarem sobre matéria constitucional. Logo, se a sentença ofender a Constituição, o recurso cabível será o extraordinário, sendo apreciado pelo Supremo Tribunal Federal; o **resumo dos depoimentos é dispensável**, competindo ao juiz fazer constar na ata de audiência sua conclusão quanto às matérias fáticas.

11.6.2 Procedimento especial

Possui especificidades em relação ao procedimento ordinário, às vezes, com a modificação de apenas um simples ato processual, é utilizado para ações como inquérito judicial para apuração de falta grave (art. 853[17] e seguintes da CLT), dissídio coletivo (art. 856[18] e seguintes da CLT), ação de cumprimento (art. 872[19] da CLT), entre outras. Recebe esse nome por adotar práticas diferenciadas para o seu desenrolar, conforme adiante se verá.

11.7 PROCEDIMENTO PARA AÇÕES QUE NÃO ENVOLVAM RELAÇÃO DE EMPREGO E PARA AÇÕES ESPECIAIS QUE TRAMITAM NA JUSTIÇA DO TRABALHO

Em decorrência da ampliação da competência da Justiça do Trabalho, em razão da já suscitada EC 45/2004, debates surgiram sobre qual o procedimento a ser seguido para a condução das ações que não envolvessem relação de emprego.

De nossa parte, acreditamos que o procedimento a ser seguido é o previsto pela CLT, especialmente pela sua informalidade e celeridade, facilitando o acesso do trabalhador ao Judiciário.

Lembramos que as regras processuais trabalhistas podem ser integradas pelas regras processuais comuns, sobretudo pelas do Código de Processo Civil, consoante os arts. 769 e 889 da CLT, em casos de omissão ou lacuna e não havendo incompatibilidade.

---

[17] "Art. 853. Para a instauração de inquérito para apuração de falta grave contra empregado garantido com estabilidade, o empregador apresentará reclamação por escrito à Junta ou Juízo de Direito, dentro de 30 dias, contados da data da suspensão do empregado.
Art. 854. O processo do inquérito perante a Junta ou Juízo obedecerá às normas estabelecidas no presente Capítulo, observadas as disposições desta Seção.
Art. 855. Se tiver havido prévio reconhecimento da estabilidade do empregado, o julgamento do inquérito pela Junta ou Juízo não prejudicará a execução para pagamento dos salários devidos ao empregado, até a data da instauração do mesmo inquérito".

[18] "Art. 856. A instância será instaurada mediante representação escrita ao presidente do Tribunal. Poderá ser também instaurada por iniciativa do presidente, ou, ainda, a requerimento da Procuradoria da Justiça do Trabalho, sempre que ocorrer suspensão do trabalho.
Art. 857. A representação para instaurar a instância em dissídio coletivo constitui prerrogativa das associações sindicais, excluídas as hipóteses aludidas no art. 856, quando ocorrer suspensão do trabalho. (Redação dada ao *caput* pelo Decreto-Lei nº 7.321, de 14.02.1945, DOU 31.12.1945)".

[19] "Art. 872. Celebrado o acordo, ou transitada em julgado a decisão, seguir-se-á o seu cumprimento, sob as penas estabelecidas neste Título. Parágrafo único. Quando os empregadores deixarem de satisfazer o pagamento de salários, na conformidade da decisão proferida, poderão os empregados ou seus sindicatos, independentes de outorga de poderes de seus associados, juntando certidão de tal decisão, apresentar reclamação à Junta ou Juízo competente, observado o processo previsto no Capítulo II deste Título, sendo vedado, porém, questionar sobre a matéria de fato e de direito já apreciada na decisão".

O Tribunal Superior do Trabalho, nesse sentido, decidiu, por meio da Instrução Normativa 27/2005[20], que as ações aforadas na Justiça do Trabalho deverão seguir os procedimentos previstos na CLT, salvo as ações que possuem regramentos expressos quanto ao seu procedimento, tais como mandado de segurança, ação rescisória, tutelas provisórias (antecipadas e cautelares), ação de consignação em pagamento e *habeas data*.

O TST determina, também, que eventuais recursos contra essas ações seguirão o procedimento da CLT, inclusive no que respeita ao pagamento[21,22] do depósito recursal.

Assim também o preconizado pelo Enunciado 65 da 1ª Jornada de Direito Material e Processual do Trabalho do TST, *in verbis*:

> AÇÕES DECORRENTES DA NOVA COMPETÊNCIA DA JUSTIÇA DO TRABALHO – PROCEDIMENTO DA CLT. I – Excetuadas as ações com procedimentos especiais, o procedimento a ser adotado nas ações que envolvam as matérias da nova competência da Justiça do Trabalho é o previsto na CLT, ainda que adaptado. II – As ações com procedimentos especiais submetem-se ao sistema recursal do processo do trabalho.

---

[20] "Dispõe sobre normas procedimentais aplicáveis ao processo do trabalho em decorrência da ampliação da competência da Justiça do Trabalho pela Emenda Constitucional nº 45/2004. Art. 1º As ações ajuizadas na Justiça do Trabalho tramitarão pelo rito ordinário ou sumaríssimo, conforme previsto na Consolidação das Leis do Trabalho, excepcionando-se, apenas, as que, por disciplina legal expressa, estejam sujeitas a rito especial, tais como o Mandado de Segurança, *Habeas Corpus*, *Habeas Data*, Ação Rescisória, Ação Cautelar e Ação de Consignação em Pagamento. Art. 2º A sistemática recursal a ser observada é a prevista na Consolidação das Leis do Trabalho, inclusive no tocante à nomenclatura, à alçada, aos prazos e às competências. Parágrafo único. O depósito recursal a que se refere o art. 899 da CLT é sempre exigível como requisito extrínseco do recurso, quando houver condenação em pecúnia. Art. 3º Aplicam-se quanto às custas as disposições da Consolidação das Leis do Trabalho. § 1º As custas serão pagas pelo vencido, após o trânsito em julgado da decisão. § 2º Na hipótese de interposição de recurso, as custas deverão ser pagas e comprovado seu recolhimento no prazo recursal (artigos 789, 789-A, 790 e 790-A da CLT). § 3º Salvo nas lides decorrentes da relação de emprego, é aplicável o princípio da sucumbência recíproca, relativamente às custas. Art. 4º Aos emolumentos aplicam-se as regras previstas na Consolidação das Leis do Trabalho, conforme previsão dos artigos 789-B e 790 da CLT. Art. 5º Exceto nas lides decorrentes da relação de emprego, os honorários advocatícios são devidos pela mera sucumbência. Art. 6º Os honorários periciais serão suportados pela parte sucumbente na pretensão objeto da perícia, salvo se beneficiária da justiça gratuita. Parágrafo único. Faculta-se ao juiz, em relação à perícia, exigir depósito prévio dos honorários, ressalvadas as lides decorrentes da relação de emprego. Art. 7º Esta Resolução entrará em vigor na data da sua publicação".

[21] A Lei n. 13.660/2018 alterou o parágrafo 2º do art. 819 da CLT para constar: as despesas decorrentes do disposto neste artigo correrão por conta da parte sucumbente, salvo se beneficiária de justiça gratuita.

[22] A Resolução CSJT 223/2018 e a Resolução CSJT 185/2017, que dispõem sobre a padronização do uso, governança, infraestrutura e gestão do Sistema Processo Judicial Eletrônico (PJe) instalado na Justiça do Trabalho.

XII

ATOS, TERMOS, PRAZOS E NULIDADES PROCESSUAIS

12.1 ATOS PROCESSUAIS

Como já mencionado no capítulo anterior, o processo enquanto método jurisdicional de solução de situações jurídicas (hoje, é pacífico que o processo não é só para dirimir conflitos, mas, igualmente, qualquer risco de lesão a direitos ou fatos juridicamente relevantes) se manifesta por duas vertentes: a intrínseca, que ocorre por meio da relação jurídica entre as partes e o juiz que o integram (relação jurídica processual), e a extrínseca, por meio da qual o processo nasce, se desenvolve e se encerra.

Esse aspecto que exterioriza o processo é o procedimento (iter ou sequência de atos processuais coordenados, realizados em contraditório).

Logo, o processo deixa o campo da abstração, tornando uma realidade fenomenológica perceptível[1], quando os sujeitos da relação jurídica processual praticam atos processuais, em consonância com a Constituição e as leis, objetivando a prestação jurisdicional.

Dessa feita, a prática de atos processuais, pelos sujeitos do processo, em conformidade com um determinado procedimento, dá vida ao processo. Referidos atos formam uma cadeia interligada, já que cada um deles está jungido a um ato precedente e ao seu consequente.

Os atos processuais se materializam pelos documentos (petições, documentos probatórios, laudos periciais, decisões etc.), formando os autos do processo.

---

[1] CINTRA, Antônio Carlos de Araújo; GRINOVER, Ada Pellegrini; DINAMARCO, Cândido Rangel. Op. cit., 2009, p. 297.

Os atos processuais são os praticados pelos sujeitos do processo, ou seja, "são as condutas humanas voluntárias que têm relevância para o processo"[2]. São manifestações da vontade humana, as quais geram feitos jurídicos no processo. Portanto, os atos processuais podem ser praticados pelas partes, pelo juiz, por órgãos auxiliares da justiça, desde que efetivados no curso do processo.

Em contrapartida, podem surgir fatos que não decorrem de condutas humanas, mas que geram importantes reflexos no processo. São os fatos jurídicos processuais. Em regra, nascem de fatos naturais e, tocados pelo direito, transmutam-se em fatos jurídicos, como a morte de uma das partes, o falecimento do juiz, a inundação que pode causar danos aos autos; porém, igualmente, o processo pode sofrer consequências por atitudes de terceiros estranhos ao processo, como no caso de roubos, greve etc.

No processo do trabalho, os atos processuais são praticados conforme a regra contida no art. 770 da CLT, sendo "públicos salvo quando o contrário determinar o interesse social, e realizar-se-ão nos dias úteis das 6 (seis) às 20 (vinte) horas".

Dias úteis, para a prática de atos processuais, são aqueles em que há expediente forense, ou seja, segunda a sexta-feira.

Dispõe o parágrafo único do art. 770 da CLT que a penhora poderá *ser realizada em domingo ou feriados, desde que haja autorização judicial* (destaque nosso).

Todavia, entendemos ser aplicável o art. 212, § 2º, do CPC/2015 ao processo do trabalho, justamente para garantir maior efetividade e celeridade aos atos processuais. Mencionado artigo dispõe que "os atos processuais serão realizados em dias úteis, das 6 (seis) às 20 (vinte) horas". Contudo, "serão concluídos após as 20 (vinte) horas os atos iniciados antes, quando o adiamento prejudicar a diligência ou causar grave dano. **Independentemente de autorização judicial**, as citações, intimações e penhoras poderão realizar-se no período de férias forenses, onde as houver, e nos feriados ou dias úteis fora do horário estabelecido neste artigo, observado o disposto no art. 5º, inciso XI, da Constituição Federal". À vista disso, pelo art. 212 do CPC, independentemente de uma ordem expressa no mandado, o oficial de justiça pode praticar a citação, intimação ou penhora, por exemplo, após as 20h, desde que se respeite a inviolabilidade do domicílio.

Nessa linha, entendemos ser possível a realização de atos processuais, na seara processual trabalhista, em período noturno (citação, penhora etc.), mesmo que não haja autorização judicial, quando existir situações excepcionais, em que o reclamado ou executado só podem ser encontrados durante esse período, como,

---

[2] GONÇALVES, Marcus Vinicius Rios. *Novo curso de direito processual civil*: teoria geral e processo de conhecimento (1ª parte). 13. ed. São Paulo: Saraiva, 2016. v. 1, p. 262.

por exemplo, em boates, restaurantes (que só abrem durante a noite), eventos festivos etc., com fulcro no art. 212 do CPC.

Atualmente, com o advento do processo judicial eletrônico, aplica-se o art. 213 do CPC/2015 e o disposto no regimento interno dos Tribunais do Trabalho. Dispõe o referido artigo que "a prática eletrônica de ato processual pode ocorrer em qualquer horário até as 24 (vinte e quatro) horas do último dia do prazo".

As partes, ou seus procuradores, poderão consultar, com ampla liberdade, os processos nos cartórios ou secretarias (art. 779 da CLT).

Portanto, em regra, os atos processuais são públicos, respeitando o princípio constitucional da publicidade dos atos processuais (art. 5º, LX).

Todavia, o juiz, ao analisar o caso concreto, pode determinar que o processo transcorra em segredo de justiça, fundamentando sua decisão no art. 189, I e III, do CPC, o qual prevê que os atos processuais são públicos, todavia poderão tramitar em segredo de justiça quando houver interesse público ou social e nos processos que envolvam dados protegidos pelo direito constitucional à intimidade.

Como exemplo, o juiz poderá decretar sigilo em casos envolvendo pedido de reintegração de empregado portador do vírus HIV, assédio sexual, dispensa por justa causa sob o fundamento de ser o empregado usuário de entorpecentes etc.

12.2 ESPÉCIES DE ATOS PROCESSUAIS

Os atos processuais, como já dito, podem ser praticados pelas partes, pelo juiz e pelos auxiliares do juízo.

As partes, em regra, praticam atos postulatórios e de manifestação. São atos unilaterais como a petição inicial, a apresentação de defesa, a manifestação sobre documentos, a interposição de recursos, os depoimentos pessoais, a apresentação de razões finais etc.

Porém, podem praticar atos processuais bilaterais, como os que ensejam a conciliação.

O juiz, conforme vaticina o art. 203 do CPC, pratica três tipos de atos:

– despacho, provimento judicial sem caráter decisório, portanto, irrecorríveis. Exemplo é a abertura de prazo para manifestação das partes sobre laudo pericial;
– decisão interlocutória, provimento judicial de cunho decisório que resolve questão incidente, sendo exemplo decisão que acata, ou não, exceção de incompetência, que dispensa oitiva de testemunhas, que julga uma tutela provisória etc.;

- sentença, é o pronunciamento por meio do qual o juiz, com fundamento nos arts. 485 e 487[3], põe fim à fase cognitiva do procedimento comum, bem como extingue a execução (art. 203, § 1º, do CPC/2015).

Ao conceituar sentença, o legislador valeu-se do conteúdo do pronunciamento, mas, sobretudo, de sua aptidão para pôr fim ao processo ou à fase de conhecimento. Isso porque, nos casos em que for proferida sentença condenatória, caso não haja cumprimento voluntário, o processo prosseguirá, com uma fase subsequente de cumprimento de sentença[4].

Se quiser manter o processo de conhecimento vivo, o réu deverá interpor, no prazo legal, o competente recurso ordinário, para evitar o trânsito em julgado material, e o fenômeno da transmutação deste provimento jurisdicional em título executivo judicial, que dará ensejo a uma outra fase do processo: o processo de execução. Observa-se que a interposição do recurso produz o efeito de procrastinar a formação da coisa julgada material e, daí, do título executivo judicial.

Além desses mencionados, o juiz pratica outros atos, como o interrogatório das partes, a oitiva das testemunhas, inspeção judicial, entre outros.

Já os órgãos auxiliares da justiça praticam atos que, paralelamente, darão subsídios ao desenrolar do processo, como a citação do executado pelo oficial de justiça, redução a termo (transformar em escrito o ato verbal) de atos processuais praticados pelas partes ou pelo juiz de forma oral (art. 840, § 2º[5], da CLT).

12.3 TERMOS PROCESSUAIS

Termo nada mais é do que a redução escrita do ato praticado oralmente. É a transcrição dos atos praticados verbalmente pelos sujeitos do processo, ocorridos,

---

[3] "Art. 487. Haverá resolução de mérito quando o juiz: I – acolher ou rejeitar o pedido formulado na ação ou na reconvenção; II – decidir, de ofício ou a requerimento, sobre a ocorrência de decadência ou prescrição; III – homologar: a) o reconhecimento da procedência do pedido formulado na ação ou na reconvenção; b) a transação; c) a renúncia à pretensão formulada na ação ou na reconvenção. Parágrafo único. Ressalvada a hipótese do § 1º do art. 332, a prescrição e a decadência não serão reconhecidas sem que antes seja dada às partes oportunidade de manifestar-se".

[4] GONÇALVES, Marcus Vinicius Rios. *Novo curso de direito processual civil*: teoria geral e processo de conhecimento (1ª parte). 13. ed. São Paulo: Saraiva, 2016. v. 1, p. 265.

[5] De acordo com a Lei 13.467/2017, eis a nova redação destes parágrafos: "§ 1º Sendo escrita, a reclamação deverá conter a designação do juízo, a qualificação das partes, a breve exposição dos fatos de que resulte o dissídio, o pedido, que deverá ser certo, determinado e com indicação de seu valor, a data e a assinatura do reclamante ou de seu representante. § 2º Se verbal, a reclamação será reduzida a termo, em duas vias datadas e assinadas pelo escrivão ou secretário, observado, no que couber, o disposto no § 1º deste artigo. § 3º Os pedidos que não atendam ao disposto no § 1º deste artigo serão julgados extintos sem resolução do mérito." (NR)

em sua maioria, durante a audiência. Em suma, é a documentação de um ato processual realizado oralmente.

Nos termos constantes do processo, não serão admitidos espaços em branco, emendas, rasuras, entrelinhas ou anotações a lápis. Para as partes que não puderem assinar e que não estejam representadas por advogado, os atos serão firmados a rogo, perante duas testemunhas.

12.4 FORMA DOS ATOS PROCESSUAIS

No que respeita à prática dos atos processuais, prevalece o *princípio da liberdade das formas*. Como regra, os atos podem ser praticados independentemente de forma estipulada, que mesmo assim serão válidos. Nesse sentido, o art. 188 do CPC/2015:

> Art. 188. Os atos e os termos processuais independem de forma determinada, salvo quando a lei expressamente a exigir, considerando-se válidos os que, realizados de outro modo, lhe preencham a finalidade essencial.

O mencionado preceito legal preconiza a liberdade para a execução dos atos, porém acaba impondo limites para a prática dos atos que possuem formas determinadas pela lei. Isto é, quando a lei impuser uma determinada forma, o ato deverá ser praticado em conformidade com esta, sob pena de nulidade.

Todavia, o mesmo dispositivo acaba atenuando a sua exceção, pois consagra o *princípio da instrumentalidade da forma dos atos processuais*. Isso porque considera válido o ato que, mesmo não respeitando a forma prevista em lei, alcance a sua finalidade essencial. Portanto, é válido o ato que, realizado de outro modo, alcance o seu objetivo.

Os atos processuais são praticados em língua portuguesa, sendo que documentos redigidos em língua estrangeira somente poderão ser anexados aos autos quando acompanhados da respectiva tradução, conforme previsto pelo art. 192 do CPC/2015.

Ademais, os atos processuais podem ser praticados digitalmente. Tal regra está contemplada no art. 193 do CPC/2015, para o qual:

> Os atos processuais podem ser total ou parcialmente digitais, de forma a permitir que sejam produzidos, comunicados, armazenados e validados por meio eletrônico, na forma da lei.

De acordo com Gustavo Filipe Barbosa Garcia[6]:

---
6   GARCIA, Gustavo Filipe Barbosa. Op. cit., 2012, p. 236.

Trata-se, como é evidente, de disposição em consonância com os avanços da tecnologia e da informática, com especial destaque para a *Internet*, buscando a sua útil aplicação no campo processual, por facilitar o acesso ao Poder Judiciário, bem como permitir maior economia de tempo e de custo ao jurisdicionado.

Podemos mencionar o sistema *e-doc*[7] (sistema integrado de protocolização e fluxo de documentos eletrônicos da Justiça do Trabalho), por meio do qual as partes, os advogados e os peritos podem protocolar petições e documentos sem a necessidade de juntar o documento original aos autos físicos do processo[8].

Há, ainda, o PJe-JT[9], no qual os atos são praticados eletronicamente, não havendo, logicamente, o processo físico.

Logo, os peticionamentos via e-doc e PJe-JT são assinados digitalmente, por meio de certificado digital de assinaturas, emitido por Autoridade Certificadora credenciada pelo ICP – Brasil[10].

Dessa forma, desde que respeitadas as exigências de certificação, bem como o cadastramento perante o órgão que se deseja atuar, os atos processuais assinados digitalmente presumem-se autênticos, dispensada a posterior apresentação e juntada de documentos originais ou autenticados.

---

[7] IN TST 30/2007: "Art. 5º A prática de atos processuais, por meio eletrônico, pelas partes, advogados e peritos será feita, na Justiça do Trabalho, através do Sistema Integrado de Protocolização e Fluxo de Documentos Eletrônicos (e-DOC); § 1º O e-DOC é um serviço de uso facultativo, disponibilizado no Portal-JT, na *Internet*; § 2º Revogado; § 3º O sistema do e-DOC deverá buscar identificar, dentro do possível, os casos de ocorrência de prevenção, litispendência e coisa julgada; § 4º A parte desassistida de advogado, que desejar utilizar o sistema do e-DOC, deverá se cadastrar, antes, nos termos desta Instrução Normativa".

[8] IN TST 30/2007: "Art. 7º O envio da petição, por intermédio do e-DOC, dispensa a apresentação posterior dos originais ou de fotocópias autenticadas, inclusive aqueles destinados à comprovação de pressupostos de admissibilidade do recurso".

[9] O Processo Judicial eletrônico (PJe) é um sistema desenvolvido pelo CNJ em parceria com os tribunais e a participação da Ordem dos Advogados do Brasil (OAB) para a automação do Judiciário. O objetivo principal é manter um sistema de processo judicial eletrônico capaz de permitir a prática de atos processuais, assim como o acompanhamento desse processo judicial, independentemente de o processo tramitar na Justiça Federal, na Justiça dos Estados, na Justiça Militar dos Estados e na Justiça do Trabalho (conceito retirado do site do CNJ, em 20 de março de 2016. Disponível em: <www.cnj.jus.br>).

[10] Medida Provisória 2.200-2/2001: "Art. 10. (...) § 1º As declarações constantes dos documentos em forma eletrônica produzidos com a utilização de processo de certificação disponibilizado pela ICP-Brasil presumem-se verdadeiros em relação aos signatários, na forma do art. 131 da Lei nº 3.071, de 1º de janeiro de 1916 – Código Civil" (o art. 131 corresponde ao art. 219 do Código Civil de 2002).

É o que se dessume da Lei 11.419, de 2006, por meio dos seguintes artigos, *in verbis*:

> Art. 1º O uso de meio eletrônico na tramitação de processos judiciais, comunicação de atos e transmissão de peças processuais será admitido nos termos desta Lei.
>
> § 1º Aplica-se o disposto nesta Lei, indistintamente, aos processos civil, penal e trabalhista, bem como aos juizados especiais, em qualquer grau de jurisdição.
>
> § 2º Para o disposto nesta Lei, considera-se:
>
> I – meio eletrônico qualquer forma de armazenamento ou tráfego de documentos e arquivos digitais;
>
> II – transmissão eletrônica toda forma de comunicação a distância com a utilização de redes de comunicação, preferencialmente a rede mundial de computadores;
>
> III – assinatura eletrônica as seguintes formas de identificação inequívoca do signatário:
>
> a) assinatura digital baseada em certificado digital emitido por Autoridade Certificadora credenciada, na forma de lei específica;
>
> b) mediante cadastro de usuário no Poder Judiciário, conforme disciplinado pelos órgãos respectivos.
>
> Art. 2º O envio de petições, de recursos e a prática de atos processuais em geral por meio eletrônico serão admitidos mediante uso de assinatura eletrônica, na forma do art. 1º desta Lei, sendo obrigatório o credenciamento prévio no Poder Judiciário, conforme disciplinado pelos órgãos respectivos.
>
> § 1º O credenciamento no Poder Judiciário será realizado mediante procedimento no qual esteja assegurada a adequada identificação presencial do interessado.
>
> § 2º Ao credenciado será atribuído registro e meio de acesso ao sistema, de modo a preservar o sigilo, a identificação e a autenticidade de suas comunicações.
>
> § 3º Os órgãos do Poder Judiciário poderão criar um cadastro único para o credenciamento previsto neste artigo.

Compete ao Conselho Nacional de Justiça e, supletivamente, aos tribunais regulamentar a prática e a comunicação oficial de atos processuais por meio eletrônico e velar pela compatibilidade dos sistemas, disciplinando a incorporação progressiva de novos avanços tecnológicos e editando, para esse fim, os atos que forem necessários, respeitadas as normas fundamentais do Código de Processo Civil (art. 196 do CPC/2015).

As unidades do Poder Judiciário assegurarão às pessoas com deficiência acessibilidade aos seus sítios na rede mundial de computadores, ao meio eletrônico de prática de atos judiciais, à comunicação eletrônica dos atos processuais e à assinatura eletrônica (art. 119 do CPC/2015).

Na seara processual trabalhista, temos a Resolução 136[11]/2014 do Conselho Superior da Justiça do Trabalho (CSJT) disciplinando a tramitação processual por meio eletrônico.

Por fim, considera-se praticado o ato processual digital até as 24 horas do dia em que se encerra o prazo processual, conforme o art. 33 da Resolução 136/2014, *in verbis*:

> A postulação encaminhada será considerada tempestiva quando enviada, integralmente, até às 24 (vinte e quatro) horas do dia em que se encerra o prazo processual, considerado o horário do Município sede do órgão judiciário ao qual é dirigida a petição.

Ademais, não se deve confundir o sistema e-DOC com o PJE. Nesse sentido, as seguintes ementas:

> Agravo de instrumento. Recurso ordinário em mandado de segurança. Intempestividade. Sistemas PJe e E-DOC. Dispõe o art. 50 da Resolução CSJT nº 136, de 25 de abril de 2014, que "a partir da implantação do PJe-JT em unidade judiciária, fica vedada a utilização do e-DOC ou qualquer outro sistema de peticionamento eletrônico para o envio de petições relativas aos processos que tramitam no PJe-JT". O parágrafo único do preceito adverte que "o descumprimento da determinação constante do *caput* implicará no descarte dos documentos recebidos, que não constarão de nenhum registro e não produzirão qualquer efeito legal". É incontroverso que o recurso ordinário, no caso, foi protocolizado sob o modelo e-DOC, somente retornando aos autos, nos moldes próprios, após o decurso do prazo para sua interposição. Em tal quadro, a primeira peça processual não produziu "qualquer efeito legal", como condena a norma referida. A petição corretamente manejada, assim, é, efetivamente intempestiva. Agravo de instrumento conhecido e desprovido (TST, AIRO 1001390-55.2013.5.02.0000,

---

[11] "Art. 1º A tramitação do processo judicial no âmbito da Justiça do Trabalho, a prática de atos processuais e sua representação por meio eletrônico, nos termos da Lei 11.419, de 19 de dezembro de 2006, serão realizadas exclusivamente por intermédio do Sistema Processo Judicial Eletrônico da Justiça do Trabalho – PJe-JT regulamentado por esta Resolução. (...) Art. 4º Os atos processuais terão sua produção, registro, visualização, tramitação, controle e publicação exclusivamente em meio eletrônico e serão assinados digitalmente, contendo elementos que permitam identificar o usuário responsável pela sua prática. § 1º A cópia de documento extraída dos autos digitais deverá conter elementos que permitam verificar a sua autenticidade no endereço referente à consulta pública do PJe-JT, cujo acesso também será disponibilizado nos sítios do Conselho Superior da Justiça do Trabalho, do Tribunal Superior do Trabalho e dos Tribunais Regionais do Trabalho na rede mundial de computadores. § 2º O usuário é responsável pela exatidão das informações prestadas, quando de seu credenciamento, assim como pela guarda, sigilo e utilização da assinatura digital, não sendo oponível, em qualquer hipótese, alegação de uso indevido, nos termos da Medida Provisória nº 2.200-2, de 24 de agosto de 2001".

Subseção II Especializada em Dissídios Individuais, Rel. Min. Alberto Luiz Bresciani de Fontan Pereira, *DEJT* 27.11.2015). Agravo de instrumento. Recurso de revista indeferido. Provimento do TRT que vedou a utilização do sistema e-DOC nos processos eletrônicos. Conformidade com o art. 39 da Resolução CSJT nº 94/2012, com a redação dada pela Resolução CSJT nº 128/2013. Não provimento. O sistema e-DOC é um sistema eletrônico para peticionamento em processos físicos. "A partir da implantação do PJe-JT em unidade judiciária, o recebimento de petição inicial ou de prosseguimento, relativas aos processos que nele tramitam, somente pode ocorrer no meio eletrônico próprio do sistema, sendo vedada a utilização do e-DOC ou qualquer outro sistema de peticionamento eletrônico". Inteligência da Resolução CSJT nº 94/2012. Agravo de instrumento não provido (TST, AIRR 620-75.2012.5.09.0661, 6ª T., Rel. Min. Aloysio Corrêa da Veiga, *DEJT* 06.03.2015).

12.5 COMUNICAÇÃO DOS ATOS PROCESSUAIS

O processo se inicia por vontade das partes, mas se desenvolve por impulso oficial (princípio inquisitivo). Para tanto, o juiz deve comunicar as partes para que, se desejarem, pratiquem atos processuais, dando andamento ao processo. A essa situação denominamos comunicação dos atos processuais, que nada mais é do que dar ciência aos sujeitos do processo sobre a existência de um ato processual ou a necessidade de praticá-lo. É um reflexo do princípio da publicidade.

No Processo do Trabalho, o termo utilizado pela CLT para indicar a comunicação dos atos processuais é *notificação*, herança da época em que a Justiça do Trabalho era um órgão do Poder Executivo.

Assim, notificação, em âmbito processual trabalhista, pode ser entendida como o mecanismo de comunicação de todos os atos processuais realizados na Justiça do Trabalho, abarcando a citação e a intimação.

Como a norma consolidada não faz a distinção supramencionada, devemos nos socorrer ao Código de Processo Civil, para o qual citação é o ato pelo qual são convocados o réu, o executado ou o interessado para integrar a relação processual (art. 238).

Já a intimação: "é o ato pelo qual se dá ciência a alguém dos atos e dos termos do processo" (art. 269 do CPC/2015).

No Processo do Trabalho, a citação do reclamado é realizada pelo servidor da secretaria da Vara do Trabalho, após 48 horas do protocolo da ação, por carta (A.R.), para comparecer à audiência, que deverá ser a primeira desimpedida, após cinco dias, para, se desejar, apresentar sua defesa.

Assim, determina o art. 841 da CLT:

> Recebida e protocolada a reclamação, o escrivão ou secretário, dentro de 48 (quarenta e oito) horas, remeterá a segunda via da petição, ou do termo, ao

reclamado, notificando-o ao mesmo tempo, para comparecer à audiência do julgamento, que será a primeira desimpedida, depois de 5 (cinco) dias.

§ 1º A notificação será feita em registro postal com franquia. Se o reclamado criar embaraços ao seu recebimento ou não for encontrado, far-se-á a notificação por edital, inserto no jornal oficial ou no que publicar o expediente forense, ou, na falta, afixado na sede da Junta ou Juízo.

§ 2º O reclamante será notificado no ato da apresentação da reclamação ou na forma do parágrafo anterior.

A Lei 13.467/2017 acrescentou o § 3º como segue:

§ 3º Oferecida a contestação, ainda que eletronicamente, o reclamante não poderá, sem o consentimento do reclamado, desistir da ação.

Como a citação, ou notificação inicial, é automática, decorrendo da lei, o autor não precisa requerê-la em sua peça inaugural, bem como não há despacho do juiz determinando seu cumprimento.

A notificação, normalmente, é realizada pelos correios, por meio de carta com aviso de recebimento.

Onde não existir o serviço de postagem dos correios, a citação poderá ser realizada pelo oficial de justiça.

Poderá ser feita, entretanto, por edital, quando o reclamado estiver em local desconhecido. O edital será publicado no *Diário Oficial* ou no órgão que publicar o expediente da Justiça do Trabalho ou, ainda, será fixado na sede da Vara ou do Tribunal do Trabalho (art. 841, § 1º, da CLT).

Na prática, é comum os juízes permitirem, antes de deferir a citação por edital, a tentativa de citação do reclamado pelo oficial de justiça. O objetivo é evitar futura alegação de cerceamento de defesa, já que dificilmente o reclamado tomará conhecimento do edital, bem como evitar o aumento de despesas no processo.

A citação não precisa ser pessoal na fase de conhecimento. Basta que a correspondência e a cópia da petição inicial (contrafé) sejam entregues no local correto, ou seja, no endereço do reclamado. Logo, qualquer pessoa que se encontra no endereço do reclamado pode receber a citação.

O Código de Processo Civil adota regramento semelhante em seu art. 248, § 2º, cujo preceito determina que:

Sendo o citando pessoa jurídica, será válida a entrega do mandado a pessoa com poderes de gerência geral ou de administração ou, ainda, a funcionário responsável pelo recebimento de correspondências.

Ademais, os Correios possuem a obrigação de devolver a notificação (citação) quando não encontrar o destinatário ou quando houver recusa. Neste passo, o art. 774 da CLT:

> Art. 774. Salvo disposição em contrário, os prazos previstos neste Título contam-se, conforme o caso, a partir da data em que for feita pessoalmente, ou recebida a notificação, daquela em que for publicado o edital no jornal oficial ou no que publicar o expediente da Justiça do Trabalho, ou, ainda, daquela em que for afixado o edital na sede da Junta, Juízo ou Tribunal.
>
> **Parágrafo único. Tratando-se de notificação postal, no caso de não ser encontrado o destinatário ou no de recusa de recebimento, o Correio ficará obrigado, sob pena de responsabilidade do servidor, a devolvê-la, no prazo de 48 (quarenta e oito) horas, ao Tribunal de origem.** (destaque nosso)

Vejamos a seguinte ementa do Colendo Tribunal Superior do Trabalho, sob o tema:

> Recurso de revista. Processo sob a égide da Lei nº 13.015/14. Vício de citação. Cerceamento do direito de defesa. Não configuração. Decisão denegatória. Manutenção. A citação é ato pelo qual se chama a Juízo o réu ou o interessado a fim de se defender (CPC, art. 213). No processo do Trabalho, a citação rege-se pela regra da impessoalidade, bastando a entrega da notificação no endereço do Reclamado para que seja considerada perfeita e acabada (Súmula 16/TST). No caso concreto, o TRT assentou que a notificação inicial foi encaminhada e recebida no endereço consignado no Contrato Social da Reclamada, mesmo endereço constante no termo de rescisão do contrato de trabalho e na guia de recolhimento do depósito recursal. Desta forma, evidencia-se que o ato foi realizado no modo previsto no art. 841, § 1º, da CLT, atingindo a finalidade para a qual se destina, não se havendo falar em nulidade. Ileso o art. 5º, LV, da Constituição Federal. Agravo de instrumento desprovido (AIRR 1053-77.2014.5.03.0111, 3ª T., Rel. Min. Mauricio Godinho Delgado, j. 09.03.2016, *DEJT* 11.03.2016).

Para evitar problemas em relação ao prazo e à operacionalidade dos Correios, o TST *presume* que a notificação tenha sido entregue ao reclamado no prazo de 48 horas.

Nesse passo, **a Súmula 16 do TST**, que estabelece:

> NOTIFICAÇÃO. Presume-se recebida a notificação 48 (quarenta e oito) horas depois de sua postagem. O seu não recebimento ou a entrega após o decurso desse prazo constituem ônus de prova do destinatário.

Portanto, o TST adota um critério de presunção *juris tantum* (relativa) acerca do recebimento da notificação. Como se trata de uma presunção relativa, o destinatário pode fazer prova em sentido contrário, vale dizer, comprovar que não foi citado efetivamente ou até mesmo demonstrar que entre a citação e a audiência não houve respeito ao intervalo mínimo de cinco dias.

No processo de execução, a regra é que o executado seja citado pessoalmente pelo oficial de justiça (art. 880 da CLT).

Lembremos que o procedimento sumaríssimo não aceita a citação por edital, devendo o autor indicar corretamente o nome e endereço do réu.

Ainda, é possível a notificação (a citação e a intimação) por meio eletrônico quando o processo tramitar por autos eletrônicos. O regramento sobre esse tipo de comunicação de ato processual vem regulado pelo art. 23 da Resolução 136/2014 do CSJT, o qual preceitua:

> No processo eletrônico, todas as citações, intimações e notificações, inclusive as destinadas à Fazenda Pública, far-se-ão por meio eletrônico.
>
> § 1º As citações, intimações, notificações e remessas que viabilizem o acesso à íntegra do processo correspondente serão consideradas vista pessoal do interessado para todos os efeitos legais.
>
> § 2º Quando, por motivo técnico, for inviável o uso do meio eletrônico para a realização de citação, intimação ou notificação, ou ainda nas hipóteses de urgência/determinação expressa do magistrado, esses atos processuais poderão ser praticados segundo as regras ordinárias.
>
> § 3º Na ocorrência de ato urgente em que o usuário externo não possua certificado digital para o peticionamento, ou em se tratando da hipótese prevista no artigo 791 da Consolidação das Leis do Trabalho, a prática será viabilizada por intermédio de servidor da Unidade Judiciária destinatária da petição ou do setor responsável pela redução a termo e digitalização de peças processuais.
>
> § 4º As intimações endereçadas aos advogados nos módulos de primeiro e segundo graus, cuja ciência não exija vista pessoal, as inclusões em pauta de órgão julgador colegiado, a publicação de acórdãos e de decisões monocráticas, deverão ser feitas por meio do Diário Eletrônico da Justiça do Trabalho, hipótese em que a contagem dos prazos reger-se-á na forma prevista nos §§ 3º e 4º do artigo 4º da Lei nº 11.419.

Quando a parte estiver exercendo o *jus postulandi*, ou seja, quando postular sem advogado, a intimação deverá, necessariamente, ocorrer pelos correios ou por meio do oficial de justiça.

Por outro lado, em sendo as partes representadas por advogados, as intimações poderão ocorrer, sempre que possível, por meio eletrônico (art. 270 do CPC/2015).

Porém, as intimações, na Justiça do Trabalho, mesmo nos processos que tramitam pelo PJe, são realizadas por meio de publicação no *DEJT*, seguindo os requisitos estabelecidos pelo art. 272 do CPC:

> Quando não realizadas por meio eletrônico, consideram-se feitas as intimações pela publicação dos atos no órgão oficial.

§ 1º Os advogados poderão requerer que, na intimação a eles dirigida, figure apenas o nome da sociedade a que pertençam, desde que devidamente registrada na Ordem dos Advogados do Brasil.

§ 2º Sob pena de nulidade, é indispensável que da publicação constem os nomes das partes e de seus advogados, com o respectivo número de inscrição na Ordem dos Advogados do Brasil, ou, se assim requerido, da sociedade de advogados.

Havendo mais de um advogado representando a parte, caso haja pedido expresso para que as intimações sejam publicadas exclusivamente em nome de um único advogado, a comunicação em nome de outro advogado com procuração nos autos é tida como nula, salvo se não existir prejuízo.

Nestes termos, a Súmula 427 do TST:

> INTIMAÇÃO. PLURALIDADE DE ADVOGADOS. PUBLICAÇÃO EM NOME DE ADVOGADO DIVERSO DAQUELE EXPRESSAMENTE INDICADO. NULIDADE
>
> Havendo pedido expresso de que as intimações e publicações sejam realizadas exclusivamente em nome de determinado advogado, a comunicação em nome de outro profissional constituído nos autos é nula, salvo se constatada a inexistência de prejuízo.

Para que as citações e as intimações possam ocorrer por meio eletrônico, o CPC/2015, em seu art. 1.050, determina que a União, os Estados, o Distrito Federal, os Municípios, suas respectivas entidades da administração indireta, o Ministério Público, a Defensoria Pública e a Advocacia Pública se cadastrem, no prazo de 30 dias, a contar da data da sua entrada em vigor, perante a administração do tribunal no qual atuem.

Da mesma forma, as empresas públicas e privadas devem cumprir o seu cadastramento, também no prazo de 30 dias, a contar da data de inscrição do ato constitutivo da pessoa jurídica, perante o juízo onde tenham sede ou filial. Essa regra não se estende às microempresas e às empresas de pequeno porte (art. 1.051 do CPC/2015).

A comunicação de atos processuais não se restringe somente às partes e aos seus procuradores. Pode haver a necessidade de comunicação **entre juízos**, a qual é realizada mediante emissão de cartas.

A comunicação entre um órgão jurisdicional brasileiro e uma autoridade judiciária estrangeira é realizada por **carta rogatória** e deve se coadunar às regras contidas no art. 26[12] do CPC/2015, que trata sobre a cooperação jurídica internacional.

---

[12] "Art. 26. A cooperação jurídica internacional será regida por tratado de que o Brasil faz parte e observará: I – o respeito às garantias do devido processo legal no Estado requerente; II – a igualdade de tratamento entre nacionais e estrangeiros, residentes ou não no Brasil,

Quando um tribunal solicita uma informação ou a realização de um ato processual por um juízo a ele subordinado, haverá a **carta de ordem**.

Já a carta precatória é a comunicação entre órgãos jurisdicionais de foros distintos, podendo ou não esses órgãos serem de uma mesma instância. Assim, por exemplo, o TRT do RJ pode encaminhar uma carta precatória para o TRT de SP ou para um juiz do trabalho (primeira instância) da cidade de Franca/SP (pertencente ao TRT 15 – Campinas). Portanto, a carta precatória é a forma de comunicação entre órgãos jurisdicionais de foros distintos, com distintas competências territoriais, mesmo que eles não sejam da mesma instância.

Esse sistema de comunicação se amolda ao que o CPC de 2015 denomina de "cooperação nacional", estando previsto no art. 67 e seguintes, que prevê que:

> Aos órgãos do Poder Judiciário, estadual ou federal, especializado ou comum, em todas as instâncias e graus de jurisdição, inclusive aos tribunais superiores, incumbe o dever de recíproca cooperação, por meio de seus magistrados e servidores.

Da regra supramencionada se depreende que a cooperação judiciária deve ocorrer entre todos os órgãos jurisdicionais, independente do ramo do Poder Judiciário.

Os requisitos das cartas de ordem, precatória e rogatória estão indicados no art. 260 do CPC/2015.

As cartas de ordem e precatória podem ser realizadas por meio eletrônico, devendo constar a assinatura eletrônica do juiz (art. 263 do CPC). A carta de ordem e a carta precatória por meio eletrônico, por telefone ou por telegrama conterão, em resumo substancial, os requisitos mencionados no art. 250[13], especialmente no que se refere à aferição da autenticidade (art. 264 do CPC/2015).

---

em relação ao acesso à justiça e à tramitação dos processos, assegurando-se assistência judiciária aos necessitados; III – a publicidade processual, exceto nas hipóteses de sigilo previstas na legislação brasileira ou na do Estado requerente; IV – a existência de autoridade central para recepção e transmissão dos pedidos de cooperação; V – a espontaneidade na transmissão de informações a autoridades estrangeiras".

[13] "Art. 250. O mandado que o oficial de justiça tiver de cumprir conterá: I – os nomes do autor e do citando e seus respectivos domicílios ou residências; II – a finalidade da citação, com todas as especificações constantes da petição inicial, bem como a menção do prazo para contestar, sob pena de revelia, ou para embargar a execução; III – a aplicação de sanção para o caso de descumprimento da ordem, se houver; IV – se for o caso, a intimação do citando para comparecer, acompanhado de advogado ou de defensor público, à audiência de conciliação ou de mediação, com a menção do dia, da hora e do lugar do comparecimento; V – a cópia da petição inicial, do despacho ou da decisão que deferir tutela provisória; VI – a assinatura do escrivão ou do chefe de secretaria e a declaração de que o subscreve por ordem do juiz".

O novo CPC contempla, também, a carta arbitral, a qual também poderá ser utilizada quando ocorrer a utilização da arbitragem no direito do trabalho. A carta arbitral ocorre quando o juízo arbitral (arbitragem) quer comunicar algo ao órgão jurisdicional ou solicitar algo dele. Exemplo: existe um processo em que há necessidade de garantir determinados bens, para o qual se necessita de uma tutela de urgência; como o juízo arbitral não tem poder executivo (coercitivo), esse pedido deverá sempre ser solicitado ao órgão do poder judiciário competente (art. 237 do CPC/2015).

12.6 PRAZOS PROCESSUAIS

Como o processo objetiva, em regra, solucionar controvérsias, crises ou evitar lesões, necessário se faz que os atos que lhe dão vida respeitem o fator tempo; pois, do contrário, o conflito poderia se perpetuar, causando insegurança social e jurídica aos jurisdicionados. Por conseguinte, todo ato processual deverá ser praticado dentro de um lapso temporal. Assim, prazo pode ser compreendido como o intervalo de tempo entre o termo inicial (termo *a quo*) e o termo final (termo *ad quem*).

Por questões didáticas, adotaremos a classificação dos prazos processuais do autor Marcelo Abelha Rodrigues[14].

Quanto à origem de fixação:

- legais – determinados pela própria norma, isto é, a própria lei fixa o prazo, como o prazo de oito dias para interposição de recursos na Justiça do Trabalho;
- judiciais – impostos pelo juiz como prazo para apresentação de razões finais e para indicação de assistentes técnicos;
- convencionais – negociados entre as partes, como a hipótese do art. 313, II, do CPC/2015, que possibilita a suspensão do processo, para tentativa de acordo (contudo, esse prazo não poderá ser superior a seis meses).

Quanto à natureza:

- dilatórios[15] – prazos que podem ser prorrogados to pelo juiz,; todavia, essa prorrogação somente se efetivará caso requisitada anteriormente ao vencimento do prazo, pois, do contrário, ocorrerá a preclusão temporal;

---

[14] RODRIGUES, Marcelo Abelha. *Elementos de direito processual civil*. São Paulo: RT, 2000. v. 2, p. 273-275.

[15] CPC:"Art. 139. O juiz dirigirá o processo conforme as disposições deste Código, incumbindo-lhe: (...)

– peremptórios – prazos não passíveis de prorrogação, emanados de normas de ordem pública, como o prazo para recorrer. Todavia, o art. 222, *caput* e § 2º, do CPC/2015 apresenta duas exceções, por meio das quais os prazos, mesmo que peremptórios, podem ser prorrogados. Assim, na comarca, seção ou subseção judiciária onde for difícil o transporte, o juiz poderá prorrogar os prazos por até dois meses. Da mesma forma, o prazo poderá ser ampliado quando houver calamidade pública.

O novo teor do art. 775 da CLT também expõe que:

> § 1º Os prazos podem ser prorrogados, pelo tempo estritamente necessário, nas seguintes hipóteses:
>
> I – quando o juízo entender necessário;
>
> II – em virtude de força maior, devidamente comprovada.
>
> § 2º Ao juízo incumbe dilatar os prazos processuais e alterar a ordem de produção dos meios de prova, adequando-os às necessidades do conflito de modo a conferir maior efetividade à tutela do direito.

Essa regra apresenta uma ampla margem de subjetivização, ou seja, é um tipo aberto, por meio do qual o juiz terá uma ampla margem para interpretá-la. A expressão "quando entender necessário" permite ao juiz atuar no caso concreto com plena liberdade, prorrogando, ou não, prazos em consonância com os fatos ocorridos no curso do processo. O problema que isso pode gerar diz respeito à insegurança jurídica, já que situações similares podem ser tratadas de maneira desigual.

Além do risco anteriormente mencionado, referida regra não aponta quais os prazos que poderão ser prorrogados. Entendemos que o juiz terá liberdade para flexibilizar prazos dilatórios (apresentação de quesitos, indicação de peritos, manifestação sobre documentos), enquanto os peremptórios (prazos fatais, em regra determinados por lei, como os prazos recursais) somente poderão ser ampliados em caso de força maior devidamente comprovado (art. 775 § 1º, II).

Derradeiramente, a regra contida no § 2º ao apontar que ao juiz incumbe alterar a ordem de produção dos meios de prova, quando for necessário para solucionar o conflito com maior efetividade, já faz menção, ainda que indiretamente, à teoria da distribuição dinâmica do ônus da prova, a qual é retratada explicitamente no art. 818, § 1º[16], da CLT.

---

[16] VI – dilatar os prazos processuais e alterar a ordem de produção dos meios de prova, adequando-os às necessidades do conflito de modo a conferir maior efetividade à tutela do direito;"

"§ 1º Nos casos previstos em lei ou diante de peculiaridades da causa relacionadas à impossibilidade ou à excessiva dificuldade de cumprir o encargo nos termos deste artigo ou à maior facilidade de obtenção da prova do fato contrário, poderá o juízo atribuir o ônus da

Quanto aos destinatários:

- próprios – possuem como destino as próprias partes, estando submetidos ao instituto da preclusão, podendo caracterizar-se como legais ou judiciais;
- impróprios – estabelecidos por lei, tendo como destinatários os juízes e os servidores do Poder Judiciário. Impróprios, por não se submeterem à preclusão, posto que, mesmo que os atos a eles submetidos sejam praticados fora do prazo determinado, serão tidos como válidos.

12.6.1 Preclusão

Os prazos processuais destinados às partes são próprios. Assim, em regra, as partes possuem o ônus de praticá-los dentro de um determinado período. A parte que não agir dentro desse período não poderá fazê-lo em outra oportunidade. Isso ocorre para que o processo possa caminhar até o seu fim, sem que fique sujeito a intermináveis paralisações, perpetuando-se no tempo.

Nesse sistema surge o instituto da preclusão, que é a perda, pela parte, da faculdade processual de praticar um determinado ato processual.

A preclusão pode ser estudada sob três espécies:

- Preclusão temporal: é a perda da faculdade processual de praticar um ato, por não o ter exercido dentro do prazo estabelecido. Exemplo típico é a interposição intempestiva (fora do prazo) do recurso.

O CPC apresenta uma exceção a essa regra, conforme se verifica do art. 223, para o qual:

> Decorrido o prazo, extingue-se o direito de praticar ou de emendar o ato processual, independentemente de declaração judicial, ficando assegurado, porém, à parte provar que não o realizou por justa causa.
> § 1º Considera-se justa causa o evento alheio à vontade da parte e que a impediu de praticar o ato por si ou por mandatário.
> § 2º Verificada a justa causa, o juiz permitirá à parte a prática do ato no prazo que lhe assinar.

Dessa forma, a justa causa permite a renovação do prazo para a parte que não conseguiu realizar o ato. A prática do ato deverá ocorrer dentro dos limites temporais fixados pelo juiz.

---

prova de modo diverso, desde que o faça por decisão fundamentada, caso em que deverá dar à parte a oportunidade de se desincumbir do ônus que lhe foi atribuído."

- Preclusão lógica: ocorre quando a parte pratica um ato processual que é incompatível com o ato processual antecedente. Como exemplo, temos a hipótese de a parte aceitar o resultado sentença (solicitando guias para o depósito do valor devido) e, logo em seguida, interpor o respectivo recurso. Nesse sentido, o art. 1.000 do CPC/2015 determina que "a parte que aceitar expressa ou tacitamente a decisão não poderá recorrer".
- Preclusão consumativa: surge quando a parte já praticou o ato (consumado) e deseja renová-lo, sob a alegação de que ainda está dentro do prazo. Dessa forma, se a parte interpõe recurso, não poderá complementá-lo ou alterá-lo, mesmo que ainda lhe reste prazo. Ao praticar o primeiro ato, houve a consumação, ou seja, exauriu a sua faculdade de praticar o ato processual.

12.6.2 Contagem do prazo

Consoante a nova redação do art. 775 da CLT, introduzida pela Lei 13.467/2017, os prazos processuais na Justiça do Trabalho serão contabilizados em dias úteis, com a exclusão do dia do começo e inclusão do dia do vencimento. Os prazos que vencerem em dias não úteis serão postergados para o próximo dia útil. Portanto, os dias não úteis como sábado, domingo, feriados e os que não possuírem expediente forense não são considerados para a contagem do prazo.

O legislador acompanhou a regra prevista no art. 219 do CPC. Sem nenhuma dúvida, essa mudança facilita o cotidiano dos advogados que precisam gerir os seus prazos processuais, possibilitando um maior tempo para o preparo de suas peças processuais.

Contudo, aludida regra faz desaparecer um dos fundamentais princípios do processo do trabalho, qual seja, o da celeridade processual, bem como contribui para descaracterizar a sua independência enquanto ramo autônomo, desvencilhado do processo civil.

No que tange à contagem, podemos distinguir, portanto, duas situações: a primeira diz respeito ao início do prazo, que se dá a partir do momento em que o interessado é notificado sobre o ato a ser praticado; já **a contagem do prazo inicia-se em dia útil** subsequente ao do início do prazo. *Então temos a distinção entre o dia do início do prazo e o dia do início da contagem do prazo.*

O dia em que a parte toma ciência da notificação deve ser excluído da contagem, bem como deve ser um dia de expediente forense; não o sendo, a notificação será considerada efetivada no próximo dia útil subsequente.

Se, porventura, a parte for notificada em sábado ou feriado, o início do prazo dar-se-á no primeiro dia útil seguinte e a sua contagem, no subsequente.

É o que se infere da Súmula 262 do TST:

PRAZO JUDICIAL. NOTIFICAÇÃO OU INTIMAÇÃO EM SÁBADO. RECESSO FORENSE. I – Intimada ou notificada a parte no sábado, o início do prazo se dará no primeiro dia útil imediato e a contagem, no subsequente.

Sendo a notificação recebida na sexta-feira, o início da contagem do prazo dar-se-á na segunda-feira posterior, salvo se não houver expediente forense, sendo prorrogado, então, para o dia útil que se seguir, conforme Súmula 1 do colendo TST:

> PRAZO JUDICIAL. Quando a intimação tiver lugar na sexta-feira, ou a publicação com efeito de intimação for feita nesse dia, o prazo judicial será contado da segunda-feira imediata, inclusive, salvo se não houver expediente, caso em que fluirá no dia útil que se seguir.

Carlos Henrique Bezerra Leite[17] nos contempla com o seguinte exemplo: "a notificação foi postada no dia 8.5.2002 (quarta-feira), presume-se (TST, Enunciado n. 16) recebida no dia 10.5.2002 (sexta-feira), que é o início do prazo (*dies a quo*). Logo, o início da contagem do prazo ocorre no dia 13.5.2002 (segunda-feira)".

Se a intimação for pelo Diário da Justiça eletrônico, considera-se a data da publicação o primeiro dia útil posterior ao da disponibilização; e a contagem do prazo iniciar-se-á no primeiro dia útil seguinte ao da publicação.

Em síntese, os prazos serão contabilizados somente nos dias úteis, não podendo se iniciar nem se encerrar em dia em que não há expediente forense (dia não útil).

Nos processos eletrônicos, PJe-JT, a data da intimação será considerada como realizada no dia da consulta; caso esse dia não seja dia útil, a intimação será considerada realizada no primeiro dia útil seguinte. Tal determinação decorre do art. 5º da Lei 11.419/2006.

Caso não haja a consulta eletrônica no prazo de 10 dias corridos, presume-se que a intimação tenha sido realizada. Em outras palavras, expedida a intimação no processo eletrônico e não havendo a consulta no prazo de 10 dias corridos, a parte será considerada intimada, começando a contagem do prazo no primeiro dia útil seguinte.

A Resolução 136[18]/2014 do CSJT, em seu art. 25, determina como será a contagem do prazo quando ocorrer mencionada situação.

---

[17] LEITE, Carlos Henrique Bezerra. Op. cit., 2012, p. 271.
[18] "Art. 25. Para efeito da contagem do prazo de 10 (dez) dias corridos de que trata o art. 5º, § 3º, da Lei nº 11.419/2006, sendo a intimação feita pelo sistema do processo judicial eletrônico: I – o dia inicial da contagem é o seguinte ao da disponibilização do ato de comunicação no sistema, independentemente de esse dia ser, ou não, de expediente no órgão comunicante; II – o dia da consumação da intimação ou comunicação é o décimo a partir do dia inicial, caso seja de expediente judiciário, ou o primeiro dia útil seguinte, conforme previsto no art. 5º, § 2º, da Lei nº 11.419/2006. Parágrafo único. A intercorrência de feriado, interrupção de expediente ou suspensão de prazo entre o dia inicial e final

Dessa maneira, no processo eletrônico haverá uma data que será a **data da disponibilização da publicação/intimação no diário eletrônico**, ou seja, nessa data haverá a disponibilização da publicação/intimação no *site* (Diário Eletrônico da Justiça do Trabalho).

Considera-se como data da publicação (ou seja, a data do início do prazo) o dia útil subsequente à data da disponibilização da publicação/intimação. Dessa forma, a data da contagem do prazo será o dia útil subsequente à data do início do prazo. A título elucidativo mencionamos o seguinte exemplo:

No dia 10/08 foi publicada no *DEJT* uma informação relacionada a uma intimação. No dia 11/08é que se considerará a intimação publicada; e o início da contagem do prazo será no dia 12/08.

12.6.3 Suspensão e interrupção dos prazos

Como preconizado pelo art. 775 da CLT, os prazos processuais serão contados em dias úteis, com exclusão do dia do começo e inclusão do dia do vencimento. Todavia, em virtude de lei, os prazos poderão ser prorrogados, pelo tempo estritamente necessário, nas seguintes hipóteses elencadas nos parágrafos do art. 775:

> § 1º Os prazos podem ser prorrogados, pelo tempo estritamente necessário, nas seguintes hipóteses:
>
> I – quando o juízo entender necessário;
>
> II – em virtude de força maior devidamente comprovada.
>
> § 2º Ao juízo incumbe dilatar os prazos processuais e alterar a ordem de produção dos meios de prova, adequando-se às necessidades do conflito, de modo a conferir maior efetividade à tutela do direito.

Podemos ter também a suspensão e a interrupção do prazo processual. Na suspensão, o prazo para de correr, mas, quando for restabelecido, transcorre pelo remanescente, ou seja, volta a ser contado do ponto em que havia parado. Exemplo comum na Justiça do Trabalho é o recesso que ocorre no período entre 20 de dezembro e 6 de janeiro, o qual suspende os prazos processuais.

A Súmula 262 do TST ratifica esse entendimento:

> (...) II – O recesso forense e as férias coletivas dos Ministros do Tribunal Superior do Trabalho suspendem os prazos recursais.

Do mesmo modo, o CPC/2015, que, em seu art. 220, prevê:

---

do prazo para conclusão da comunicação não terá nenhum efeito sobre sua contagem, excetuada a hipótese do inciso II".

Suspende-se o curso do prazo processual nos dias compreendidos entre 20 de dezembro e 20 de janeiro, inclusive.

Nesse diapasão, a Lei 13.545/2017 passa a incluir o art. 775-A na CLT, o qual reproduz a regra do art. 220 do CPC:

> Art. 775-A. Suspende-se o curso do prazo processual nos dias compreendidos entre 20 de dezembro e 20 de janeiro, inclusive.
>
> § 1º Ressalvadas as férias individuais e os feriados instituídos por lei, os juízes, os membros do Ministério Público, da Defensoria Pública e da Advocacia Pública e os auxiliares da Justiça exercerão suas atribuições durante o período previsto no *caput* deste artigo.
>
> § 2º Durante a suspensão do prazo, não se realizarão audiências nem sessões de julgamento.

Entretanto, há de se observar a Resolução n. 244 de 2016 do CNJ, por meio da qual obtemos o seguinte entendimento:

Entre os dias 20 de dezembro e 6 de janeiro, a prática de dos atos processuais ficará suspensa, não havendo expediente forense; somente medidas de urgência serão praticadas.

No período compreendido entre 7 de janeiro e 20 de janeiro, haverá expediente forense normal, porém os prazos, as audiências e as sessões ficarão suspensas.

De outro giro, a causa de interrupção, uma vez presente, restitui à parte o prazo em sua integralidade, isto é, o prazo começará a ser contado novamente em sua totalidade. Fato que gera a interrupção do prazo é a oposição do recurso de embargos de declaração que vem a ser conhecido pelo juízo. Exemplificativamente, prolatada uma sentença, a oposição dos embargos de declaração interrompe o prazo para a interposição do recurso ordinário.

Dessa feita, somente após a intimação do julgamento dos referidos embargos é que começará, em sua integralidade, o prazo para a interposição do recurso ordinário. Assim, a parte interessada terá oito dias para interpor o recurso ordinário.

12.6.4 Principais prazos e prazos diferenciados

Os principais prazos na Justiça do Trabalho são:

- defesa verbal – 20 minutos;
- defesa escrita – até o início da audiência, quando for PJe;
- razões finais – 10 minutos para cada parte;
- recursos – 8 dias;
- embargos de declaração – 5 dias;

- recurso extraordinário para o STF – 15 dias;
- pedido de revisão do valor da causa – 48 horas;
- embargos à execução – 5 dias;
- embargos à execução pela Fazenda Pública – 30 dias;
- exceção de incompetência –5 dias, contados a partir do recebimento da notificação;
- ato processual praticado por meio eletrônico – até as 24 horas do último dia do prazo;
- apresentação de documentos em cartório ou em secretaria, em processo eletrônico, quando for tecnicamente inviável a digitalização dos documentos – 10 dias;
- prazo decadencial para interposição de inquérito para apuração de falta grave – 30 dias, a contar da suspensão do empregado;
- ajuizamento de ação rescisória – 2 anos, contados do trânsito em julgado da decisão;
- prazo prescricional para reclamar créditos trabalhistas – até 2 anos após a extinção do contrato.

Como regra, os prazos supramencionados valem para todos que litigam na Justiça do Trabalho. Contudo, os entes de direito público que não explorem atividade econômica e o Ministério Público do Trabalho são detentores de prazos diferenciados.

Em conformidade com o Decreto-lei 779, de 1969, nos processos perante a Justiça do Trabalho, a União, os Estados, o Distrito Federal, os Municípios e as autarquias ou fundações de direito público federais, estaduais ou municipais que não explorem atividade econômica **possuem prazo em quádruplo do prazo fixado no art. 841 (designação de audiência), parte final, da Consolidação das Leis do Trabalho; e prazo em dobro para recorrer.**

O art. 841 da CLT determina que entre o recebimento da notificação (citação) e a designação da audiência deve existir um intervalo mínimo de cinco dias, justamente para que o reclamado possa preparar sua defesa.

Como o Decreto-lei 779/1969 menciona que os entes públicos terão prazo em quádruplo, logo se percebe que o prazo a ser respeitado entre a notificação e a data da audiência deverá ser de, no mínimo, 20 dias.

Embora o CPC cuide da matéria em seu art. 183, *caput*, determinado que os entes públicos possuirão prazo em dobro para todas as manifestações processuais, entendemos que tal dispositivo não se aplica ao processo do trabalho, haja vista o regramento específico sobre o tema.

Não obstante, em relação aos recursos, o prazo será sempre em dobro. Assim, como o prazo dos recursos trabalhistas é de oito dias, os entes públicos terão o prazo de 16 dias. Lembrando que o prazo para a oposição dos embargos de declaração, conforme o art. 897-A da CLT, é de cinco dias, sendo que o da Fazenda Pública é de 10 dias.

O Ministério Público gozará de prazo em dobro para manifestar-se nos autos, que terá início a partir de sua intimação pessoal, conforme o art. 180[19]do CPC/2015.

Igualmente, a Defensoria Pública gozará de prazo em dobro[20] para todas as suas manifestações processuais, sendo, também, intimada pessoalmente.

Por fim, cumpre-nos alertar sobre a inaplicabilidade do prazo em dobro, no processo do trabalho, para litisconsortes com advogados diferentes, conforme **Orientação Jurisprudencial 310 da SDI-1 do TST**, *in verbis*:

> LITISCONSORTES. PROCURADORES DISTINTOS. PRAZO EM DOBRO. ART. 229, *CAPUT* E §§ 1º E 2º, DO CPC DE 2015. ART. 191 DO CPC DE 1973. INAPLICÁVEL AO PROCESSO DO TRABALHO
>
> Inaplicável ao processo do trabalho a norma contida no art. 229, *caput* e §§ 1º e 2º, do CPC de 2015 (art. 191 do CPC de 1973), em razão de incompatibilidade com a celeridade que lhe é inerente.

12.7 NULIDADES PROCESSUAIS

Não é de hoje que o sistema processual prestigia a instrumentalidade das formas, cujo intento é atenuar o apego às formalidades dos atos processuais.

Corroborando esse pensamento, o art. 277 do CPC/2015, já citado nesta obra, afirma que os atos processuais não dependem de forma determinada, salvo quando a lei expressamente a exigir, considerando-se válidos aqueles que alcancem a finalidade essencial, mesmo que realizados de outro modo.

---

[19] "Art. 180. O Ministério Público gozará de prazo em dobro para manifestar-se nos autos, que terá início a partir de sua intimação pessoal, nos termos do art. 183, § 1º. § 1º Findo o prazo para manifestação do Ministério Público sem o oferecimento de parecer, o juiz requisitará os autos e dará andamento ao processo. § 2º Não se aplica o benefício da contagem em dobro quando a lei estabelecer, de forma expressa, prazo próprio para o Ministério Público".

[20] "Art. 182. Incumbe à Advocacia Pública, na forma da lei, defender e promover os interesses públicos da União, dos Estados, do Distrito Federal e dos Municípios, por meio da representação judicial, em todos os âmbitos federativos, das pessoas jurídicas de direito público que integram a administração direta e indireta.
Art. 183. A União, os Estados, o Distrito Federal, os Municípios e suas respectivas autarquias e fundações de direito público gozarão de prazo em dobro para todas as suas manifestações processuais, cuja contagem terá início a partir da intimação pessoal. § 1º A intimação pessoal far-se-á por carga, remessa ou meio eletrônico. § 2º Não se aplica o benefício da contagem em dobro quando a lei estabelecer, de forma expressa, prazo próprio para o ente público".

Ao se praticar um ato processual, busca-se obter um determinado resultado no processo. Porém, para que esse ato alcance os efeitos desejados, há de se respeitar as formas e/ou determinações cominadas em lei. Lembrando que uma eventual forma que foi desrespeitada não gerará nulidade se o ato cumpriu sua finalidade e não houve prejuízo para as partes.

Em sede processual, diferentemente do direito material, os atos nulos e até os ineficazes (inexistentes juridicamente) são aptos a produzir efeitos, devendo haver uma decisão judicial que declare a existência dos vícios e, consequentemente, faça cessar aqueles efeitos.

Conquanto não exista uma homogeneidade quanto à classificação das nulidades, adotamos a categorização que elenca os vícios em três níveis: as meras irregularidades, as nulidades e a ineficácia (inexistência jurídica)[21].

As meras irregularidades são aquelas oriundas de um ato processual que não observa uma formalidade considerada irrelevante para o desenvolvimento válido do processo. Como exemplo, temos os erros materiais que podem ser corrigidos de ofício pelo juiz.

Por sua vez, as nulidades processuais podem ser absolutas ou relativas.

Absoluta será quando o ato processual maculado infringir normas de interesse público[22], devendo ser declarada de ofício pelo magistrado, não havendo, *em um primeiro momento*, possibilidade de se convalidar tal ato. Na hipótese de ela não ser declarada de ofício pelo juiz ou mesmo pela parte, durante o processo, a nulidade absoluta se convalidará.

Isso porque existe um limite temporal máximo para que seja declarada a nulidade absoluta. " Não significa que inexistam limites temporais para a declaração de nulidade, uma vez que ela, em regra, não pode mais ser reconhecida depois do trânsito em julgado da sentença (já não pode ser reconhecida nem mesmo em grau de recurso especial ou extraordinário, pois a matéria teria de ter sido prequestionada)"[23].

A última oportunidade para se alegar a nulidade absoluta de um ato processual é por meio da ação rescisória. " Portanto, com o transcurso do prazo para a

---

[21] Classificação baseada na obra de Marcus Vinicius Rios Gonçalves.
[22] "Processo do trabalho. Tentativa de conciliação. Inexistência. Preliminar de nulidade. Acolhimento. Conciliação. Nulidade. A ausência de tentativa conciliatória importa em nulidade absoluta, que não pode de modo algum ser suprimida, muito menos renunciada, vez que a conciliação no Direito Trabalhista constitui preceito constitucional, consoante o art. 114 da Constituição Federal. Recurso ordinário conhecido. Preliminar de nulidade do julgado acolhida" (TRT-16ª R., RO 01086-2008-012-16-00-6, Rel. Des. Gerson de Oliveira Costa Filho, *DJe* 28.01.2010).
[23] GONÇALVES, Marcus Vinicius Rios. *Novo curso de direito processual civil*: teoria geral e processo de conhecimento (1ª parte). 13. ed. São Paulo: Saraiva, 2016. v. 1, p. 289.

ação rescisória, as nulidades processuais sanam-se, e o ato processual inválido se convalesce"[24].

Como exemplo, podemos citar a incompetência absoluta, que deve ser declarada de ofício em qualquer tempo e grau de jurisdição (art. 64, § 1º, do CPC/2015), porém, se não houver a declaração de incompetência e após o juiz proferir uma sentença, esta terá validade e produzirá os seus efeitos e não poderá ser rescindida caso o prazo para ajuizamento da ação rescisória tenha transcorrido *in albis*.

Outro exemplo de nulidade absoluta surge quando a decisão é proferida por um juiz impedido. Como dito *supra*, não havendo manifestação, esse ato pode ser convalidado e produzir efeitos.

O CPC apresenta outra hipótese de nulidade absoluta em seu art. 279, cujo preceito determina que:

> É nulo o processo quando o membro do Ministério Público não for intimado a acompanhar o feito em que deva intervir.
>
> § 1º Se o processo tiver tramitado sem conhecimento do membro do Ministério Público, o juiz invalidará os atos praticados a partir do momento em que ele deveria ter sido intimado.
>
> § 2º A nulidade só pode ser decretada após a intimação do Ministério Público, que se manifestará sobre a existência ou a inexistência de prejuízo.

A nulidade relativa surge em virtude de o ato processual violar norma de interesse privado, ou seja, o ato eivado de vício atinge norma que atende ao interesse das partes. Consequentemente, a nulidade relativa só pode ser arguida pela parte que efetivamente sofreu o prejuízo, não podendo ser declarada de ofício pelo juiz.

Se não alegada no momento oportuno, preclui. Sua convalidação ocorre no curso do processo. Logo, não enseja a nulidade da sentença ou do processo.

Como exemplo de nulidade relativa, temos o caso de incompetência relativa, já que o órgão territorialmente incompetente poderá se tornar competente caso o réu/reclamado não oponha exceção de incompetência no prazo para resposta. Outro exemplo é a decisão proferida por juiz suspeito.

A ineficácia jurídica ou inexistência jurídica do ato processual decorre de um vício extremamente grave. A mácula proporcionada pelo vício é tão grave que o ato processual não existe juridicamente. Esse vício é insanável.

---

[24] Idem, p. 133.

Assim, uma sentença proferida em processo em que não houve a citação[25] do réu produz efeitos, pois existiu materialmente. Todavia, o réu pode, a qualquer tempo, ajuizar uma ação declaratória de ineficácia, para retirar todos os efeitos da sentença.

Portanto, tanto as nulidades quanto a ineficácia, "para deixarem de produzir efeitos, dependem de decisão judicial, mas a nulidade sana-se após um determinado tempo (o prazo máximo é o transcurso *in albis* do prazo para a ação rescisória), ao passo que a ineficácia é insanável"[26].

12.7.1 Princípios das nulidades processuais

A Consolidação das Leis do Trabalho dedica, por intermédio dos arts. 794 a 798, um capítulo às nulidades processuais. Dessa forma, podemos elencar os seguintes princípios que norteiam as nulidades processuais:

12.7.1.1 Princípio da instrumentalidade das formas ou da finalidade

Mesmo que uma eventual forma tenha sido desrespeitada, não haverá nulidade se o ato cumpriu sua finalidade e não houve prejuízo para as partes. Tal princípio encontra-se consubstanciado, igualmente, no art. 277 do CPC/2015, o qual prevê que "Quando a lei prescrever determinada forma, o juiz considerará válido o ato se, realizado de outro modo, lhe alcançar a finalidade".

12.7.1.2 Princípio do prejuízo ou da transcendência

Princípio inspirado no sistema francês (*pas de nullité sans grief*), estampado explicitamente no art. 794 da CLT:

> Nos processos sujeitos à apreciação da Justiça do Trabalho só haverá nulidade quando resultar dos atos inquinados manifesto prejuízo às partes litigantes.

---

[25] "Recurso da segunda reclamada. Nulidade de citação. Verifica-se, pela análise dos autos, que, a citação postal e a citação efetuada por mandado restaram frustradas, tendo em vista que o reclamante informou ao Juízo endereço diverso daquele indicado pelo próprio empregador na CTPS e nos contracheques. Dessa forma, resta configurado 'error in procedendo', na modalidade de nulidade de citação, vício que invalida todos os atos processuais posteriores a ele (arts. 214 do antigo CPC/73 e 239 do novo CPC/15), diante da irregularidade no momento de integração das partes ao processo. Preliminar de nulidade acolhida, determinando-se o retorno dos autos à Origem, a fim de que seja suprido o vício de citação, como entender de direito" (RO 0108379020145010222. 2017-04-27, 5ª Turma, Desembargador Enoque Ribeiro dos Santos, Data de publicação: 27.04.2017).

[26] GONÇALVES, Marcus Vinicius Rios. *Novo curso de direito processual civil*: teoria geral e processo de conhecimento (1ª parte). 13. ed. São Paulo: Saraiva, 2016. v. 1, p. 287.

Pressupõe, portanto, a necessidade de um prejuízo processual claro à parte, não cabendo, aqui, prejuízos de ordem financeira ou moral, decorrentes da relação jurídica material.

12.7.1.3 Princípio da convalidação ou da preclusão

Previsto no art. 795 da CLT, que dispõe:

> As nulidades[27] não serão declaradas senão mediante provocação das partes[28], as quais deverão argui-las a primeira vez[29] em que tiverem de falar em audiência[30] ou nos autos.

---

[27] "Agravo de instrumento. Recurso de revista. Cerceamento de defesa. Nulidade. Indeferimento de produção de prova. Protesto. Ausência 1. Não se pronuncia a nulidade processual, por suposto cerceamento de defesa, se a parte, ciente da decisão que lhe indefere a prova, não registrar inconformismo na primeira oportunidade em que lhe couber pronunciar-se nos autos, o que, em linha de princípio, dá-se por ocasião das razões finais, imediatamente após encerrada a instrução probatória (art. 795 da CLT). 2. Silente a parte, inviável, em sede de recurso de revista, a análise de eventual nulidade em decorrência de pretenso cerceamento de defesa. 3. Agravo de instrumento de que se conhece e a que se nega provimento" (TST, AIRR 0000970-71.2011.5.10.0111, Rel. Min. João Oreste Dalazen, DJe 15.05.2015, p. 1.809).

[28] "Nulidade por cerceamento de defesa. Indeferimento do pedido de adiamento da audiência de instrução. Protesto em audiência. Desnecessidade de renovação em razões finais. Preclusão não configurada. Dispõe o artigo 795, caput, da CLT que 'as nulidades não serão declaradas senão mediante provocação das partes, as quais deverão argui-las à primeira vez em que tiverem de falar em audiência ou nos autos'. Se, in casu, o procurador do reclamante pleiteou o adiamento da audiência, na primeira oportunidade que teve para se manifestar nos autos, resultando consignado o seu protesto contra o indeferimento do pedido, considera-se suprido o disposto no referido dispositivo, não havendo necessidade de renovação em razões finais. Recurso de revista conhecido e provido" (TST, RR 2423100-09.2009.5.09.0028, Rel. Min. José Roberto Freire Pimenta, DJe 08.05.2015, p. 5.015).

[29] "Nulidade. Cerceio de defesa. Juntada de documentos antes do encerramento da instrução processual. Nos termos dos arts. 794 e 795 da CLT, só haverá nulidade quando resultar dos atos inquinados manifesto prejuízo às partes litigantes e não serão declaradas senão mediante provocação das partes, as quais deverão argui-las à primeira vez em que tiverem que falar em audiência ou nos autos. Ainda assim, a teor do art. 796 do mesmo diploma, a nulidade não será pronunciada quando for possível suprir-se a falta ou repetir-se o ato ou quando arguida por quem lhe tiver dado causa. No caso em exame, constata-se prejuízo à segunda demandada, cuja prova documental apresentada antes do encerramento da fase de instrução não foi admitida pela magistrada singular, por operada a preclusão, contrariamente ao disposto no art. 845 da CLT, que autoriza a produção de demais provas na mesma ocasião da oitiva de testemunhas. Mister se faz o acolhimento da preliminar de cerceio de defesa suscitada para declarar a nulidade da sentença e determinar o retorno dos autos à Vara de origem para a devida instrução probatória, com a prolação de uma nova

O CPC/2015, em seu art. 278, também retrata o tema asseverando que:

> **A nulidade dos atos deve ser alegada na primeira oportunidade em que couber à parte falar nos autos, sob pena de preclusão.**
>
> Parágrafo único. Não se aplica o disposto no *caput* às nulidades que o juiz deva decretar de ofício, nem prevalece a preclusão provando a parte legítimo impedimento. (grifo nosso)

Primeiramente, deve-se destacar que tal princípio só se aplica às nulidades relativas, uma vez que estas necessitam de provocação da parte interessada para serem declaradas. Caso a parte não se manifeste na primeira oportunidade, haverá a convalidação do ato, ou seja, o ato relativamente nulo passará a ser válido, bem como o direito da parte de demonstrar a nulidade do ato restará precluso. Exemplo clássico é a não apresentação da exceção de incompetência (em razão do lugar), no momento da defesa em audiência.

Ainda, no que tange ao art. 795, § 1º, há de se ter cuidado, pois este apresenta uma redação equivocada quando determina que a "incompetência de foro" deve ser declarada de ofício.

Essa expressão deve ser compreendida como incompetência material, no sentido de matéria cível, criminal etc., ou seja, de natureza absoluta. Em sendo assim, poderá ser reconhecida de ofício pelo juiz. Como dito acima, a incompetência de foro ou territorial é relativa e deve ser arguida pela reclamada.

12.7.1.4 *Princípio da economia processual*

Preceituado no art. 796, *a*, da CLT, consagra a hipótese de otimização dos atos processuais, pois somente serão anulados os atos que realmente não puderem ser aproveitados, conforme a literalidade do referido artigo: "A nulidade não será pronunciada: a) quando for possível suprir-se a falta ou repetir-se o ato (...)".

---

decisão" (TRT-1ª R., RO 0011125-97.2013.5.01.0052, 7ª T., Rel. Sayonara Grillo Coutinho Leonardo da Silva, *DOERJ* 30.04.2015).

[30] "Nulidade de citação – Como sabido, nessa Justiça Especializada as nulidades só serão declaradas mediante a provocação das partes, que deverão argui-las na primeira oportunidade que tiverem de falar em audiência ou nos autos, conforme artigo 795 da CLT. 'Art. 795 – As nulidades não serão declaradas senão mediante provocação das partes, as quais deverão argui-las à primeira vez em que tiverem de falar em audiência ou nos autos'. Desta forma, ante o comparecimento espontâneo do preposto em audiência que nada arguiu e a prática de atos processuais pela Recorrente, tenho que a citação, mesmo que realizada em local diverso, cumpriu a sua finalidade de cientificar a Ré quanto aos termos da demanda e formar validamente a relação processual" (TRT-2ª R., RO-RS 00012325220145020074, (20150089141), 4ª T., Rel. Ivani Contini Bramante, *DJe* 27.02.2015).

12.7.1.5 Princípio do interesse

A parte prejudicada só poderá alegar a nulidade do ato se não contribuiu, direta ou indiretamente, para a consecução do ato viciado. Este princípio nada mais faz do que declarar que ninguém pode obter vantagem valendo-se de sua própria torpeza e encontra-se previsto no art. 796, *b*, da CLT: "A nulidade não será pronunciada: (...) b) quando arguida por quem lhe tiver dado causa".

12.7.1.6 Princípio da utilidade

Expresso no art. 798 da CLT: "A nulidade do ato não prejudicará senão os posteriores que dele dependem ou sejam consequência".

Pode ser coadunado com o princípio da economia processual, tendo como ideia aproveitar os atos posteriores àquele viciado, desde que não maculados por ele ou que não sejam dependentes dele.

Na mesma direção o art. 281 do CPC/2015, que afirma que, "Anulado o ato, consideram-se de nenhum efeito todos os subsequentes que dele dependam, todavia, a nulidade de uma parte do ato não prejudicará as outras que dela sejam independentes".

Trata-se do efeito expansivo das nulidades. Dessa forma, uma nulidade só contamina outros atos processuais que lhe sejam posteriores e desde que esses atos sejam dependentes dos atos anteriores.

A nulidade de parte de um ato não contamina as demais partes que foram independentes.

Ao pronunciar a nulidade, o juiz declarará quais atos são atingidos e ordenará as providências necessárias a fim de que sejam repetidos ou retificados. O ato não será repetido nem sua falta será suprida quando não prejudicar a parte. Quando puder decidir o mérito a favor da parte a quem aproveite a decretação da nulidade, o juiz não a pronunciará nem mandará repetir o ato ou suprir-lhe a falta (art. 282 do CPC/2015).

XIII

PARTES E PROCURADORES

13.1 PARTES

Longínqua e clássica a discussão doutrinária sobre o conceito de parte no direito processual. Para Chiovenda[1], parte é o sujeito que não é terceiro, vale dizer, é aquele que demanda ou é demandado no processo. Demandar é apresentar o pedido de tutela jurisdicional ao Estado-juiz, exercendo o direito de ação. Consequentemente, demandado é o sujeito contra quem o pedido é feito.

Ressalta-se o objeto do processo, ou seja, o pedido. Verifica-se por quem e contra quem é feito o pedido. Daí se constata quem são as partes.

Em contrapartida, existe o conceito de Liebman. É um conceito mais amplo, já que, para o autor italiano, partes são os sujeitos interessados que exercem o contraditório no processo, defendendo uma pretensão própria ou alheia. Trata-se de um conceito puramente processual, de modo a considerar parte qualquer *sujeito interessado* que figure na relação processual, independentemente de propor demanda ou ser demandado, como nos casos do assistente simples, do perito que entra em litígio com as partes a respeito do levantamento ou não dos honorários, do Ministério Público, enquanto órgão agente ou fiscal da ordem jurídica etc.

Nos dizeres de Daniel Amorim Assumpção Neves[2]:

> (...) parcela da doutrina pátria entende possível a convivência dos dois entendimentos em tese contraditórios. A tese restritiva, defendida originariamente por Chiovenda, determina o conceito de **"partes na demanda"**, exigindo-se para que o sujeito seja considerado parte, além de sua presença na relação jurídica

---

[1] DINAMARCO, Cândido Rangel. Op. cit., 2002, vol. 2, p. 272.
[2] NEVES, Daniel Amorim Assumpção. *Manual de direito processual civil*. Volume único. 5. ed. São Paulo: Método, 2013. p. 101.

processual que esteja em juízo pedindo tutela ou contra ele esteja sendo pedida tutela jurisdicional. A tese ampliativa, defendida por Liebman, determina o conceito de "**partes no processo**", bastando para que o sujeito seja parte que participe da relação jurídica processual, sendo titular de situações jurídicas processuais ativas e passivas, independentemente de fazer pedido ou contra ele algo ser pedido.

No Processo do Trabalho, a nomenclatura utilizada para se referir às partes é *reclamante*, para o autor, e *reclamado* para o réu. Referidas expressões sofrem críticas de parte da doutrina, pois seriam referências do período em que a Justiça do Trabalho estava atrelada ao Poder Executivo, não se tratando de um órgão do Poder Judiciário, posto que somente foi incorporada ao Poder Judiciário em 1946.

Todavia, embora passível de críticas, as expressões *reclamante* e *reclamado* foram utilizadas pela lei reformadora de 2017, o que nos leva a compreender que são termos que devem ser utilizados no cotidiano do processo do trabalho.

13.2 CAPACIDADE DE SER PARTE

A capacidade de ser parte está diretamente vinculada à capacidade de adquirir direitos e contrair obrigações[3]. É a capacidade de ser titular de direitos e deveres, na esfera civil, coincidindo com a personalidade jurídica.

Personalidade é uma aptidão genérica para adquirir direitos e contrair obrigações. A personalidade da pessoa natural inicia-se com o nascimento com vida, conforme o previsto no art. 2º do Código Civil.

Por consequência, se o indivíduo adquire personalidade, sendo reconhecido como sujeito de direito, tem capacidade de direito ou de gozo, ou seja, tem aptidão para ter direitos e deveres.

Por outro lado, as pessoas jurídicas, uma vez tendo os seus atos constitutivos (contrato social, estatuto) devidamente registrados, passam a ser reconhecidas como sujeitos de direito. O registro personifica a instituição de direito privado, ou seja, atribui à pessoa jurídica a capacidade[4] de direito. Portanto, é este o momento em

---

[3] "Petição inicial. Nascituro. Capacidade de ser parte. Reconhecimento. Direitos do nascituro. Capacidade de ser parte. A capacidade de ser parte, igualmente denominada de *legitimatio ad causam*, relaciona-se com o direito e a pretensão à tutela jurídica. Tal requisito encontra-se previsto no art. 5º, inciso XXXV, da Constituição Federal, que garante a todos, indistintamente, a tutela jurisdicional. Bem assim, todos são capazes de ser parte, até mesmo o nascituro, tendo em vista que a legislação lhe assegura direitos desde a sua concepção." (TRT-17ª R., RO 104000-31.2009.5.17.0004, Rel. Des. Cláudio Armando Couce de Menezes, *DJe* 19.01.2011).

[4] "Câmara Municipal. Reclamação trabalhista. Ilegitimidade passiva *ad causam*. A prerrogativa de fiscalizar o Executivo, a autonomia financeira e administrativa do Poder Legiferante, por si só, não conferem às câmaras municipais personalidade jurídica própria e, por

que a entidade moral adquire personalidade civil: o registro. Apenas a partir do registro a entidade passa a ter autonomia patrimonial (direitos e deveres próprios).

O art. 45 do Código Civil dispõe que:

> Começa a existência legal das pessoas jurídicas de direito privado com a inscrição do ato constitutivo no respectivo registro, precedida, quando necessário, de autorização ou aprovação do Poder Executivo, averbando-se no registro todas as alterações por que passar o ato constitutivo.

Assim, todas as pessoas, sejam elas físicas ou jurídicas, possuem a capacidade de direito (são aptas a figurar em uma relação jurídica como sujeito ou titular do direito).

Não podemos nos olvidar, ainda, dos entes despersonalizados que, embora não dotados da aptidão genérica para serem sujeitos de direito, possuem legitimidade especial ou extraordinária para participarem de certas e determinadas relações. Em caráter excepcional, portanto, um ente despersonalizado pode figurar como sujeito participando de uma relação jurídica (no polo ativo ou passivo).

Tal legitimação especial requer uma autorização do ordenamento jurídico, justamente porque não há a aptidão genérica, ou seja, não são pessoas, não existindo uma condução automática ao polo de uma relação. São exemplos dessa legitimação especial os casos do condomínio edilício, do espólio, da herança jacente e da massa falida, entre outros, que são autorizados a figurar em relações jurídicas praticando atos sem, contudo, serem reconhecidos como sujeitos ou titulares efetivos do direito ou obrigação.

13.3 CAPACIDADE DE ESTAR EM JUÍZO (CAPACIDADE PROCESSUAL)

A capacidade de estar em juízo, também denominada de capacidade processual, corresponde, no âmbito material, à prática de atos da vida civil (capacidade de fato ou exercício). Podemos afirmar, portanto, que a capacidade processual abrange aqueles que estão em pleno exercício da capacidade civil.

Quanto às pessoas físicas, a capacidade tem início aos 18 anos completos. Importante ressaltar que a emancipação é uma forma de antecipação da capacidade de fato.

Todavia, nem toda pessoa (ainda que maior de idade ou emancipada) tem a capacidade de exercer pessoalmente os atos da vida civil, em decorrência de determinação legal, que objetiva proteger aqueles que não apresentem condições

---

corolário, não têm, via de regra, capacidade de ser parte, nem de estar em juízo, segundo dispõe o art. 12 do CPC" (TRT-15ª R., Proc. 34.667/03 – (19285-04 PATR), 5ª T., Rel. Juíza Elency Pereira Neves, *DOESP* 04.06.2004).

plenas de exteriorizar a sua vontade, de maneira consciente e segura, a si mesmo e aos seus interesses.

Desta feita, alguns indivíduos, que não apresentem tirocínio necessário ao exercício de seus direitos e ao cumprimento de suas obrigações, são protegidos pela lei, sendo declarados incapazes, devendo ser assistidos (relativamente incapazes) ou representados (absolutamente incapazes) por sujeitos com capacidade plena, a fim de que tenham sua pessoa e/ou seu patrimônio resguardado.

O rol taxativo das pessoas incapazes é trazido pelos arts. 3º e 4º do Código Civil, os quais foram recentemente alterados, em decorrência da entrada em vigor do chamado Estatuto da Pessoa com Deficiência (Lei 13.146/2015[5]).

Em consonância com a nova lei, dito rol fora reduzido, sendo dele excluídos os indivíduos acometidos de deficiência ou doença mental, bem como os excepcionais, constantes da redação original do Código Civil de 2002. Em verdade, o que se buscou com a mudança legislativa foi o fim da automática consideração desses sujeitos como incapazes, tendo-se em vista os diferentes graus de deficiências e doenças mentais. Ademais, hodiernamente, os procedimentos de educação e inclusão social fazem com que muitas das pessoas portadoras de deficiências ou doenças mentais possam praticar, com autonomia, atos da vida civil.

Todavia, se constatada, mediante o devido processo judicial de interdição, a necessidade de se qualificar determinado sujeito como incapaz, assim será feito, e este somente poderá agir jurídica (atos e negócios extrajudiciais) e judicialmente

---

[5] No que respeita aos direitos relacionados ao trabalho do deficiente, a nova lei traz um capítulo especial, *in verbis*: "Do Direito ao Trabalho. Seção I. Disposições Gerais. Art. 34. A pessoa com deficiência tem direito ao trabalho de sua livre escolha e aceitação, em ambiente acessível e inclusivo, em igualdade de oportunidades com as demais pessoas. § 1º As pessoas jurídicas de direito público, privado ou de qualquer natureza são obrigadas a garantir ambientes de trabalho acessíveis e inclusivos. § 2º A pessoa com deficiência tem direito, em igualdade de oportunidades com as demais pessoas, a condições justas e favoráveis de trabalho, incluindo igual remuneração por trabalho de igual valor. § 3º É vedada restrição ao trabalho da pessoa com deficiência e qualquer discriminação em razão de sua condição, inclusive nas etapas de recrutamento, seleção, contratação, admissão, exames admissional e periódico, permanência no emprego, ascensão profissional e reabilitação profissional, bem como exigência de aptidão plena. § 4º A pessoa com deficiência tem direito à participação e ao acesso a cursos, treinamentos, educação continuada, planos de carreira, promoções, bonificações e incentivos profissionais oferecidos pelo empregador, em igualdade de oportunidades com os demais empregados. § 5º É garantida aos trabalhadores com deficiência acessibilidade em cursos de formação e de capacitação. Art. 35. É finalidade primordial das políticas públicas de trabalho e emprego promover e garantir condições de acesso e de permanência da pessoa com deficiência no campo de trabalho. Parágrafo único. Os programas de estímulo ao empreendedorismo e ao trabalho autônomo, incluídos o cooperativismo e o associativismo, devem prever a participação da pessoa com deficiência e a disponibilização de linhas de crédito, quando necessárias".

se for devidamente representado, ou assistido, de acordo com o grau de sua incapacidade, determinando-se a extensão de sua curatela.

A nova legislação prevê, ainda, um novo instituto jurídico de amparo à pessoa com doença ou deficiência mental, o *processo de tomada de decisão apoiada*, fazendo incluir o art. 1.783-A[6] ao Código Civil.

Por este novo instituto, não haverá necessidade, quando possível, de interdição do incapaz, que poderá eleger duas pessoas capazes, idôneas e de sua confiança para orientá-lo e apoiá-lo em suas decisões sobre os atos da vida civil.

Em conclusão, podemos afirmar que o sujeito ou pessoa plenamente capaz pode atuar em uma relação processual sem a necessidade de ser representado ou assistido. Toda pessoa que se encontre no livre exercício de seus direitos tem capacidade para estar em juízo.

Porém, como já visto, as pessoas físicas limitadas no exercício de sua capacidade devem agir por meio de, ou amparadas por outros sujeitos, tipificando-se, respectivamente, os institutos da representação e da assistência.

---

[6] "Art. 1.783-A. A tomada de decisão apoiada é o processo pelo qual a pessoa com deficiência elege pelo menos 2 (duas) pessoas idôneas, com as quais mantenha vínculos e que gozem de sua confiança, para prestar-lhe apoio na tomada de decisão sobre atos da vida civil, fornecendo-lhes os elementos e informações necessários para que possa exercer sua capacidade. § 1º Para formular pedido de tomada de decisão apoiada, a pessoa com deficiência e os apoiadores devem apresentar termo em que constem os limites do apoio a ser oferecido e os compromissos dos apoiadores, inclusive o prazo de vigência do acordo e o respeito à vontade, aos direitos e aos interesses da pessoa que devem apoiar. § 2º O pedido de tomada de decisão apoiada será requerido pela pessoa a ser apoiada, com indicação expressa das pessoas aptas a prestarem o apoio previsto no *caput* deste artigo. § 3º Antes de se pronunciar sobre o pedido de tomada de decisão apoiada, o juiz, assistido por equipe multidisciplinar, após oitiva do Ministério Público, ouvirá pessoalmente o requerente e as pessoas que lhe prestarão apoio. § 4º A decisão tomada por pessoa apoiada terá validade e efeitos sobre terceiros, sem restrições, desde que esteja inserida nos limites do apoio acordado. § 5º Terceiro com quem a pessoa apoiada mantenha relação negocial pode solicitar que os apoiadores contra-assinem o contrato ou acordo, especificando, por escrito, sua função em relação ao apoiado. § 6º Em caso de negócio jurídico que possa trazer risco ou prejuízo relevante, havendo divergência de opiniões entre a pessoa apoiada e um dos apoiadores, deverá o juiz, ouvido o Ministério Público, decidir sobre a questão. § 7º Se o apoiador agir com negligência, exercer pressão indevida ou não adimplir as obrigações assumidas, poderá a pessoa apoiada ou qualquer pessoa apresentar denúncia ao Ministério Público ou ao juiz. § 8º Se procedente a denúncia, o juiz destituirá o apoiador e nomeará, ouvida a pessoa apoiada e se for de seu interesse, outra pessoa para prestação de apoio. § 9º A pessoa apoiada pode, a qualquer tempo, solicitar o término de acordo firmado em processo de tomada de decisão apoiada. § 10. O apoiador pode solicitar ao juiz a exclusão de sua participação do processo de tomada de decisão apoiada, sendo seu desligamento condicionado à manifestação do juiz sobre a matéria. § 11. Aplicam-se à tomada de decisão apoiada, no que couber, as disposições referentes à prestação de contas na curatela".

Ressaltamos que somente as pessoas físicas agem representadas ou assistidas, uma vez que não se pode falar em incapacidade de fato ou de exercício da pessoa jurídica. Não no sentido ora tratado. Em verdade, as pessoas jurídicas têm sua capacidade limitada ao seu objeto e à finalidade para a qual foi criada, de acordo com seu ato constitutivo e com a legislação pertinente. Assim, as limitações à capacidade da pessoa jurídica são definidas por sua própria condição.

Assim sendo, não se pode estabelecer tratamento análogo entre a representação das pessoas jurídicas e aquela extensiva aos incapazes, que lhes garante proteção e suprimentos legais. Diferentemente, na representação das pessoas jurídicas, sejam elas de direito privado ou público, o que se tem é a "atribuição de voz", para que possam se expressar e praticar os atos da vida civil. Na realidade, o diretor ou administrador é um instrumento, ou órgão da pessoa jurídica. Nas palavras de Sílvio de Salvo Venosa,

> Há, pois, na pessoa jurídica, mais propriamente uma presentação, algo de originário na atividade dos chamados representantes, do que propriamente uma "representação". A pessoa jurídica presenta-se (ou se apresenta) perante os atos jurídicos, e não se representa, como ordinariamente se diz[7].

13.3.1 Representação e assistência no direito processual

Como mencionado alhures, representar[8] tem por sentido atuar em nome e na defesa de interesses de outrem, o qual não pode exprimir a sua vontade, ou não tem

---

[7] VENOSA, Sílvio de Salvo. *Direito civil*: parte geral. 15. ed. São Paulo: Atlas, 2015. v. 1, p. 255.

[8] CPC/2015: "Art. 71. O incapaz será representado ou assistido por seus pais, por tutor ou por curador, na forma da lei. (...)
Art. 75. Serão representados em juízo, ativa e passivamente: I – a União, pela Advocacia-Geral da União, diretamente ou mediante órgão vinculado; II – o Estado e o Distrito Federal, por seus procuradores; III – o Município, por seu prefeito ou procurador; IV – a autarquia e a fundação de direito público, por quem a lei do ente federado designar; V – a massa falida, pelo administrador judicial; VI – a herança jacente ou vacante, por seu curador; VII – o espólio, pelo inventariante; VIII – a pessoa jurídica, por quem os respectivos atos constitutivos designarem ou, não havendo essa designação, por seus diretores; IX – a sociedade e a associação irregulares e outros entes organizados sem personalidade jurídica, pela pessoa a quem couber a administração de seus bens; X – a pessoa jurídica estrangeira, pelo gerente, representante ou administrador de sua filial, agência ou sucursal aberta ou instalada no Brasil; XI – o condomínio, pelo administrador ou síndico. § 1º Quando o inventariante for dativo, os sucessores do falecido serão intimados no processo no qual o espólio seja parte. § 2º A sociedade ou associação sem personalidade jurídica não poderá opor a irregularidade de sua constituição quando demandada. § 3º O gerente de filial ou agência presume-se autorizado pela pessoa jurídica estrangeira a receber citação para qualquer processo. § 4º Os Estados e o Distrito Federal poderão ajustar compromisso

sua vontade reconhecida pelo ordenamento jurídico, em decorrência de variados fatores, como já analisado (menoridade civil, doença ou deficiência mental).

Nesta hipótese, o ato é praticado pelo representante, em nome e no interesse do representado, que não participa da relação processual.

Por outro lado, a assistência significa a prática conjunta do ato, a fim de se dar validade jurídica a ele, tendo-se em vista a capacidade relativa do demandante. Desta feita, faz-se necessária a validação da vontade do titular do direito pela manifestação conjunta de vontade daquele plenamente capaz que o assiste, a fim de que aquele primeiro aja com maior discernimento.

Normalmente, a representação no Processo do Trabalho dar-se-á nos casos de trabalhadores menores de 16 anos de idade, ou para aquele que, no curso do processo, tenha se tornado absolutamente incapaz.

A Lei 13.467/2017 revogou o art. 792 da CLT, que estabelecia: "Art. 792. Os maiores de 18 (dezoito) e menores de 21 (vinte e um) anos e as mulheres casadas poderão pleitear perante a Justiça do Trabalho sem a assistência de seus pais, tutores ou maridos".

Embora a Constituição Federal de 1988, em seu art. 7º, XXXIII, determine a proibição de qualquer trabalho por menores de 16 anos, salvo na condição de aprendiz, diuturnamente, deparamo-nos com crianças, em tenra idade, sendo vítimas da exploração do trabalho infantil. Mesmo sendo proibido tal trabalho, o direito ao recebimento das verbas oriundas do contrato existente é reconhecido e, nesta hipótese, serão esses menores igualmente representados processualmente.

Por outro lado, trabalhadores adolescentes, a partir dos 16 e até os 18 anos de idade, serão assistidos por seus representantes legais.

Repise-se que, na assistência, o assistido atua no decorrer de todo o ato, sendo necessária somente a confirmação de sua vontade por seu responsável legal, ao passo que o representado não tem a sua vontade reconhecida pelo ordenamento jurídico, devendo o seu representante atuar em seu nome.

No Processo do Trabalho, a representação e assistência dos incapazes (de acordo com a incapacidade absoluta ou relativa) recai sobre os pais ou tutor; na falta destes, caberá ao MPT[9], ao sindicato da categoria profissional correspon-

---

recíproco para prática de ato processual por seus procuradores em favor de outro ente federado, mediante convênio firmado pelas respectivas procuradorias".

9 "Termo de Compromisso de Ajustamento de Conduta. Obrigação de apresentar projeto de lei visando a implementação de políticas públicas para erradicar ou prevenir o trabalho infantil. Descumprimento. Eventual descumprimento de obrigação assumida em Termo de Ajustamento de Conduta com o Ministério Público do Trabalho exige análise estrita dos termos ajustados. Na hipótese de Município que se compromete apresentar projeto de lei objetivando implementar políticas públicas, será analisado se foi efetivamente apresentado projeto no prazo estabelecido e se ele atende aos fins objeto do TCAC. Se houve atraso no

dente, ao Ministério Público estadual ou ao curador à lide, nomeado pelo juiz, dita representação – CLT, art. 793.

O art. 72, I, do CPC determina que:

> O juiz nomeará curador especial ao:
>
> I – incapaz, se não tiver representante legal ou se os interesses deste colidirem com os daquele, enquanto durar a incapacidade.

No que concerne, ainda, ao aspecto da representação, necessário se faz ter atenção aos erros terminológicos, presentes na Consolidação das Leis do Trabalho, como, por exemplo, no art. 843, § 2º, que, em linhas gerais, faz menção à possibilidade de um empregado doente ou impossibilitado de comparecer à audiência ser representado por outro empregado, ou pelo sindicato. Na hipótese em lume, não há representação, mas uma mera faculdade autorizada por lei, de um empregado

---

cumprimento da obrigação, que só foi satisfeita após o ajuizamento da ação de execução e depois de passados alguns anos da assinatura do TCAC, cabem penalidades. A análise, na situação concreta, restringe-se ao cumprimento da obrigação de apresentar projeto de lei, não sendo relevante discutir se houve, ou não, efetiva execução de políticas públicas. Quando o compromisso é de encaminhar projeto de Lei voltado à erradicação e prevenção do trabalho infantojuvenil, a obrigação adquire dimensão extraordinária diante do art. 227, da Constituição Federal, que ao adotar a doutrina da proteção integral e da prioridade absoluta à criança e ao adolescente, impôs ao Poder Público, em todas as suas esferas, a obrigação de assegurar-lhes com absoluta prioridade o direito à vida, saúde, alimentação, educação, lazer, profissionalização, cultura, dignidade, respeito, liberdade e convivência familiar e comunitária, além de colocá-los a salvo de toda forma de negligência, discriminação, exploração, violência, crueldade e opressão. O dever dos Poderes Públicos, nesse tema, tem caráter permanente e contínuo e decorre, também, do art. 30, incisos VI e VII, que atribuem competência aos Municípios de elaborar e manter programas de educação infantil e de ensino fundamental e prestar serviços de atendimento à saúde da população, com a cooperação técnica e financeira da União e dos Estados. O objetivo da norma foi garantir a perpetuidade das políticas públicas nesse campo de proteção por meio de um comando legal, independente de quem esteja no comando do poder político e da época. Constatado que a obrigação não foi cumprida ou foi com atraso, é devido o pagamento de multa. Multa diária. Cumulação de cláusula penal moratória e astreintes. – A penalidade estabelecida no TCAC tem natureza de cláusula penal, orientada pelos arts. 408 e seguintes do Código Civil, com a função de prefixar a indenização na hipótese de descumprimento ou atraso no cumprimento da obrigação. É possível acumular a cláusula penal com outra multa fixada pelo Magistrado, com fundamento no art. 461, § 4º do CPC, que reconhece a possibilidade de a autoridade judicial, como medida inibitória, impor astreintes, bem assim, rever o seu valor e até isentar a parte de seu pagamento. Enquanto a cláusula penal tem natureza jurídica de direito material e destina-se a impor punição à parte pelo descumprimento de uma obrigação, astreintes são de natureza processual, possuem caráter coercitivo para obrigar o executado a cumprir a obrigação imposta no título executivo. Agravo do petição do executado a que se nega provimento" (TRT-9ª R., AP 0587000-20.2009.5.09.0024, Rel. Marlene Teresinha Fuverki Suguimatsu, *DJe* 20.03.2015, p. 218).

enviar outra pessoa para evitar o "arquivamento da reclamação", ou seja, o julgamento do processo sem resolução do mérito.

No entanto, a Lei 13.467/2017 alterou radicalmente a situação para o reclamante que deixar de comparecer à audiência, sem motivo relevante. Vejamos a redação dos parágrafos seguintes, do art. 844 da CLT, na nova redação:

> § 2º Na hipótese de ausência do reclamante, este será condenado ao pagamento das custas calculadas na forma do art. 789 desta Consolidação, ainda que beneficiário da justiça gratuita, salvo se comprovar, no prazo de quinze dias, que a ausência ocorreu por motivo legalmente justificável.
>
> § 3º O pagamento das custas a que se refere o § 2º é condição para a propositura de nova demanda.

Cremos que a imposição da obrigação de pagamento de custas pelo reclamante, inclusive aquele beneficiário da justiça gratuita, fere o princípio maior da inafastabilidade da jurisdição (art. 5º, XXXV, da CF/1988) e é inconstitucional, pois impossibilita o ajuizamento de nova demanda. Esta obrigação ao reclamante colide também com a 1ª onda de acesso à jurisdição preconizada pelo doutrinador italiano Mauro Cappelleti em seu estudo sobre as três ondas de acesso à jurisdição.

Trata-se de hipótese de extinção do processo sem resolução do mérito pela ausência do reclamante na primeira audiência (arquivamento), salvo se este comprovar que sua ausência ocorreu por justo motivo.

Também a redação do art. 843 da CLT é capaz de gerar equívocos. O Processo do Trabalho determina a presença pessoal das partes em audiência, conforme o aludido dispositivo legal.

Contudo, o § 1º do referido artigo concede ao empregador a possibilidade de se fazer substituir por um preposto, pela linguagem da CLT, "pelo gerente, ou qualquer outro preposto que tenha conhecimento do fato, e cujas declarações obrigarão o preponente".

O preposto é um representante do empregador. É aquele que comparecerá em juízo em nome do reclamado que não puder ou não quiser comparecer à audiência. Esse preposto necessita, somente, ter conhecimento dos fatos.

Na realidade, o que ocorre é uma representação convencional do empregador pelo preposto, pois a própria lei afirma que as declarações e a atuação deste último obrigarão o preponente.

De idêntica forma, a Lei 13.467/2017 impôs nova normativa em relação ao tema, nos parágrafos seguintes do art. 844, *in verbis*:

> § 4º A revelia não produz o efeito mencionado no caput deste artigo se:
>
> I – havendo pluralidade de reclamados, algum deles contestar a ação;

II – o litígio versar sobre direitos indisponíveis;

III – a petição inicial não estiver acompanhada de instrumento que a lei considere indispensável à prova do ato;

IV – as alegações de fato formuladas pelo reclamante forem inverossímeis ou estiverem em contradição com prova constante dos autos.

§ 5º Ainda que ausente o reclamado, presente o advogado na audiência, serão aceitos a contestação e os documentos eventualmente apresentados.

Observa-se que os parágrafos anteriores que destacam a revelia nada mais fazem do que reproduzir o conteúdo do art. 345 do CPC/2015, enquanto a novidade de fato reside no § 5º do art. 844 da CLT, que valoriza o réu que, embora ausente, se contratou advogado que comparece à audiência portando defesa com documentos, estes serão aceitos.

Na prática, este procedimento propiciou a igualdade de tratamento da revelia no Processo do Trabalho ao Processo Civil, porquanto deixa de ser o não comparecimento do réu e passa a ser a ausência de defesa.

Conquanto mantida a confissão a ser imposta ao réu ausente, restrita aos fatos controvertidos, já que deverão ser considerados pelo magistrado os documentos apresentados e apreciados os pedidos e requerimentos formulados na contestação, o novel dispositivo legal valorizou a figura do réu que contratou patrono para se defender em juízo, em contraposição àquele que nada fez e com nada se preocupou.

O TST, por meio da Súmula 377, determina que o preposto deve ser, necessariamente, empregado do reclamado, salvo no que concerne às microempresas e empresas de pequeno porte, além do empregador doméstico.

SÚMULA 377 DO TST – PREPOSTO. EXIGÊNCIA DA CONDIÇÃO DE EMPREGADO.

Exceto quanto à reclamação de empregado doméstico, ou contra micro ou pequeno empresário, o preposto deve ser necessariamente empregado do reclamado. Inteligência do art. 843, § 1º, da CLT e do art. 54 da Lei Complementar nº 123, de 14 de dezembro de 2006.

Entretanto, essa súmula se choca com o art. 843, § 3º, da CLT, o qual preceitua que o preposto da reclamada não precisa ser seu empregado.

Dessa forma, a lei reformadora corrobora o que muitos já afirmavam sobre o sentido da redação anterior do art. 843 não exigir que a figura do preposto fosse empregado da reclamada.

Porém, o que o TST desejou com o enunciado da Súmula 377 foi o de evitar a presença da figura do preposto profissional; aquele sujeito que não tendo vivenciado e nem tendo conhecimento dos fatos comparecia à audiência de instrução, representando o empregador, mediante pagamento, e treinado para apresentar respostas genéricas acerca dos fatos litigiosos. Situação que não se coadunava com o intuito da lei para se realizar uma audiência de instrução, na qual as partes deveriam explanar com clareza sobre os fatos, propiciando, inclusive, a obtenção da confissão.

Com a regra imposta pela reforma, vislumbramos mais uma forte ingerência da lei na atividade interpretativa e jurisdicional do TST; logo, o TST deverá rever o teor da sua Súmula 377, reformando-a ou mesmo cancelando-a.

Ainda quanto ao tema, as pessoas jurídicas de direito público e de direto privado serão representadas, ativa e passivamente, pelas pessoas alinhavadas no art. 75 do CPC/2015, como já demonstrado.

Em relação ao empregador doméstico, a representação[10] poderá ser feita por qualquer pessoa da família ou, ainda, integrante do ambiente familiar, desde que absolutamente capaz, residente na moradia em que se deu a prestação de serviços e que tenha conhecimento dos fatos relacionados à demanda.

13.4 CAPACIDADE POSTULATÓRIA

A capacidade postulatória é a aptidão conferida pela lei aos advogados para praticar atos processuais em juízo, sob pena de nulidade do processo. É capacidade técnica-formal e se exterioriza com a inscrição na Ordem dos Advogados do Brasil. Logo, as pessoas que não são advogadas precisam integrar a sua incapacidade postulatória, nomeando um representante judicial: o advogado.

---

[10] "Recurso ordinário. Empregador doméstico. Representação processual por antigo empregado. Conhecimento dos fatos. Cabimento. Súmula 377 do C. TST. Revelia afastada. Devolução dos autos ao juízo de origem para os devidos fins. I – A Súmula 377, do C. TST, cristalizou o entendimento de que é imprescindível que o preposto seja empregado da empresa, exceções feitas aos empregadores domésticos e micro e pequeno empresários. II – A hipótese a trato cuida de empregador doméstico, que foi representado em Juízo por antigo empregado, o que se afigura regular, porquanto não há obrigatoriedade legal de que sejam nomeados tão somente familiares, pois no âmbito das relações domésticas é possível que amigos ou conhecidos, frequentadores do núcleo por algum motivo, tenham conhecimento dos fatos controvertidos, que inspiraram o ajuizamento da reclamação trabalhista. Por certo a busca da verdade real norteou a jurisprudência pátria, objetivando trazer para o processo aspectos da proximidade do empregador micro, pequeno empresário ou doméstico. Nesse sentido, como decorrência do Princípio da Transcendência, configurado o requisito do prejuízo, necessário a declaração da nulidade dos atos praticados a partir do encerramento da instrução do processo (inclusive), 'ex vi' dos termos dos art. 794, da CLT, e 249, §§ 1º e 2º, do CPC, até mesmo porque a providência não pode de outra forma ser superada, haja vista que provas não foram colhidas. Impõe-se, então, declarar que houve cerceamento do direito de defesa, para, afastando a revelia e confissão ficta, determinar a devolução dos autos ao Juízo de Origem, para fins de prosseguimento da instrução do feito, como entendido de direito" (TRT-6ª R., RO 0010245-41.2014.5.06.0211, 1ª T., Rel. Des. Valéria Gondim Sampaio, *DJe* 20.04.2015, p. 114).

De acordo com o art. 103 do CPC/2015:

> A parte será representada em juízo por advogado regularmente inscrito na Ordem dos Advogados do Brasil.

Como regra (excepcionando as ações de até 20 salários mínimos nos juizados especiaiscíveis que tramitam no 1º grau de jurisdição e nas hipóteses permitidas no processo do trabalho – *jus postulandi*), somente advogados podem praticar atos postulatórios no processo.

A capacidade postulatória, como já estudada, *é um pressuposto processual de validade*, tal como a capacidade processual (ou de estar em juízo, sem a necessidade de um representante ou assistente), portanto, são pressupostos processuais para que o processo possa se desenvolver validamente.

Por conseguinte, nas situações em que a lei exige a presença de um advogado para atuar no processo, se a parte não estiver assistida por um, faltará um pressuposto processual, de modo que o processo poderá ser extinto sem resolução de mérito, na hipótese do reclamante, e, quando for o réu que não estiver devidamente acompanhado por um advogado, poderá se considerar uma irregularidade de representação e, em razão disso, aplicar-lhe a revelia.

Para tanto, é necessário que a parte outorgue ao advogado poderes por meio de um contrato de mandato, instrumentalizado pela procuração *ad judicia*. Assim, a procuração é o instrumento do mandato, a qual deve ser apresentada em juízo, pois, de acordo com o art. 104 do CPC/2015:

> O advogado não será admitido a postular em juízo sem procuração, salvo para evitar preclusão, decadência ou prescrição, ou para praticar ato considerado urgente.

Em um primeiro momento, esse documento é fundamental para que o patrono possa ingressar com a ação e atuar em juízo. Além disso, a pessoa jurídica deve ter cuidado ao elaborar o instrumento de mandato, a fim de atender aos requisitos constantes da **Súmula 456 do TST**.

> REPRESENTAÇÃO. PESSOA JURÍDICA. PROCURAÇÃO. INVALIDADE. IDENTIFICAÇÃO DO OUTORGANTE E DE SEU REPRESENTANTE.
>
> I – É inválido o instrumento de mandato firmado em nome de pessoa jurídica que não contenha, pelo menos, o nome do outorgante e do signatário da procuração, pois estes dados constituem elementos que os individualizam.
>
> II – Verificada a irregularidade de representação da parte na instância originária, o juiz designará prazo de 5 (cinco) dias para que seja sanado o vício. Descumprida a determinação, extinguirá o processo, sem resolução de mérito,

se a providência couber ao reclamante, ou considerará revel o reclamado, se a providência lhe couber (art. 76, § 1º, do CPC de 2015).

III – Caso a irregularidade de representação da parte seja constatada em fase recursal, o relator designará prazo de 5 (cinco) dias para que seja sanado o vício. Descumprida a determinação, o relator não conhecerá do recurso, se a providência couber ao recorrente, ou determinará o desentranhamento das contrarrazões, se a providência couber ao recorrido (art. 76, § 2º, do CPC de 2015).

No que toca aos entes de direito público, como a própria lei determina que a sua representação em juízo seja feita pelos seus respectivos procuradores, não há necessidade de juntada do instrumento de mandato, conforme se depreende do posicionamento da Súmula 436 do TST:

> REPRESENTAÇÃO PROCESSUAL. PROCURADOR DA UNIÃO, ESTADOS, MUNICÍPIOS E DISTRITO FEDERAL, SUAS AUTARQUIAS E FUNDAÇÕES PÚBLICAS. JUNTADA DE INSTRUMENTO DE MANDATO
>
> I – A União, Estados, Municípios e Distrito Federal, suas autarquias e fundações públicas, quando representadas em juízo, ativa e passivamente, por seus procuradores, estão dispensadas da juntada de instrumento de mandato e de comprovação do ato de nomeação.
>
> II – Para os efeitos do item anterior, é essencial que o signatário ao menos declare-se exercente do cargo de procurador, não bastando a indicação do número de inscrição na Ordem dos Advogados do Brasil.

O art. 105, § 1º, do CPC/2015[11] permite que a procuração seja assinada digitalmente.

O advogado pode renunciar ao mandato, porém, deverá permanecer representando o mandante pelo prazo de 10 dias após a notificação de renúncia, consoante o previsto no art. 112 do CPC/2015, *in verbis*:

> Art. 112. O advogado poderá renunciar ao mandato a qualquer tempo, provando, na forma prevista neste Código, que comunicou a renúncia ao mandante, a fim de que este nomeie sucessor.
>
> § 1º Durante os 10 (dez) dias seguintes, o advogado continuará a representar o mandante, desde que necessário para lhe evitar prejuízo.

---

[11] "Art. 105. A procuração geral para o foro, outorgada por instrumento público ou particular assinado pela parte, habilita o advogado a praticar todos os atos do processo, exceto receber citação, confessar, reconhecer a procedência do pedido, transigir, desistir, renunciar ao direito sobre o qual se funda a ação, receber, dar quitação, firmar compromisso e assinar declaração de hipossuficiência econômica, que devem constar de cláusula específica. § 1º A procuração pode ser assinada digitalmente, na forma da lei".

§ 2º Dispensa-se a comunicação referida no *caput* quando a procuração tiver sido outorgada a vários advogados e a parte continuar representada por outro, apesar da renúncia.

A revogação do mandato também pode ocorrer de forma implícita, conforme entendimento da Orientação Jurisprudencial 349-SDI-I do TST:

> MANDATO. JUNTADA DE NOVA PROCURAÇÃO. AUSÊNCIA DE RESSALVA. EFEITOS.
>
> A juntada de nova procuração aos autos, sem ressalva de poderes conferidos ao antigo patrono, implica revogação tácita do mandato anterior.

Igualmente, o advogado poderá substabelecer, ou seja, transmitir a outro advogado os poderes que a ele foram conferidos, por meio do instrumento de mandato. Esse substabelecimento só será válido se ocorrer após a outorga da procuração, ou seja, a partir do momento em que o advogado possui poderes de representação. Apesar de que, no processo do trabalho, o mandato só será efetivado quando o instrumento (procuração) for juntado aos autos. Tal hipótese vem declinada na OJ 371 da SDI-I:

> IRREGULARIDADE DE REPRESENTAÇÃO. SUBSTABELECIMENTO NÃO DATADO. INAPLICABILIDADE DO ART. 654, § 1º, DO CÓDIGO CIVIL.
>
> Não caracteriza a irregularidade de representação a ausência da data da outorga de poderes, pois, no mandato judicial, ao contrário do mandato civil, não é condição de validade do negócio jurídico. Assim, a data a ser considerada é aquela em que o instrumento for juntado aos autos, conforme preceitua o art. 409, IV, do CPC de 2015 (art. 370, IV, do CPC de 1973). Inaplicável o art. 654, § 1º, do Código Civil.

A procuração, instrumento do contrato de mandato, pode ser:

- *ad judicia* – que confere poderes para o advogado atuar judicialmente sobre determinado processo;
- *ad judicia et extra* – que, além dos poderes supramencionados, outorga poderes para o advogado atuar em outros órgãos oficiais e, até mesmo, em relações com particulares (negócios jurídicos extrajudiciais).

Todavia, hipóteses há em que o advogado atua sem o mandato. É o que chamamos de mandato tácito. O respectivo mandato tipifica-se quando o procurador comparece à audiência representando uma das partes e atuando em seu nome, sem constar nos autos do processo, contudo, o instrumento contratual (procuração).

Mesmo não havendo a procuração, o advogado poderá prosseguir atuando no processo, inclusive interpondo recurso.

Há na doutrina quem defenda a diferença entre o mandato tácito e a procuração *apud acta*, sob o argumento de que o mandato tácito surge em decorrência do comparecimento do advogado à audiência, enquanto a procuração *apud acta* é fruto de um ato formal praticado pelo juiz, quando este registra em ata a nomeação do advogado[12].

Como supraexposto, o mandato tácito é uma forma de concessão de poderes ao advogado, para que este possa atuar no processo. Todavia, o advogado que atua sob essa condição não poderá substabelecer, segundo a **Orientação Jurisprudencial 200 da SDI-I**:

> MANDATO TÁCITO. SUBSTABELECIMENTO INVÁLIDO
> É inválido o substabelecimento de advogado investido de mandato tácito.

Por fim, consignamos que, em havendo irregularidade na representação, o TST não admite a sua regularização na fase recursal, conforme o disposto na Súmula 383, a qual transcrevemos:

> RECURSO. MANDATO. IRREGULARIDADE DE REPRESENTAÇÃO. CPC DE 2015, ARTS. 104 E 76, § 2º (nova redação em decorrência do CPC de 2015) – Res. 210/2016, *DEJT* divulgado em 30.06.2016 e 01 e 04.07.2016
>
> I – É inadmissível recurso firmado por advogado sem procuração juntada aos autos até o momento da sua interposição, salvo mandato tácito. Em caráter excepcional (art. 104 do CPC de 2015), admite-se que o advogado, independentemente de intimação, exiba a procuração no prazo de 5 (cinco) dias após a interposição do recurso, prorrogável por igual período mediante despacho do juiz. Caso não a exiba, considera-se ineficaz o ato praticado e não se conhece do recurso.
>
> II – Verificada a irregularidade de representação da parte em fase recursal, em procuração ou substabelecimento já constante dos autos, o relator ou o órgão competente para julgamento do recurso designará prazo de 5 (cinco) dias para que seja sanado o vício. Descumprida a determinação, o relator não conhecerá do recurso, se a providência couber ao recorrente, ou determinará o desentranhamento das contrarrazões, se a providência couber ao recorrido (art. 76, § 2º, do CPC de 2015).

No processo do trabalho há o *jus postulandi*, conforme determinação legal, constante no art. 791 da norma consolidada.

Jus postulandi vem a ser a capacidade, por permissão legal, conferida às partes para acionarem a prestação jurisdicional e atuarem diretamente no processo, sem a necessidade de serem representadas por advogado.

---

[12] SARAIVA, Renato. *Curso de direito processual do trabalho*. São Paulo: Método, 2007. p. 206.

O *jus postulandi*, embora haja posicionamentos em contrário, continua válido no Processo do Trabalho. Neste ponto, assim discorre a *Súmula 425 do TST*:

> JUS POSTULANDI NA JUSTIÇA DO TRABALHO. ALCANCE
>
> O *jus postulandi* das partes, estabelecido no art. 791 da CLT, limita-se às Varas do Trabalho e aos Tribunais Regionais do Trabalho, não alcançando a ação rescisória, a ação cautelar, o mandado de segurança e os recursos de competência do Tribunal Superior do Trabalho.

Não obstante a permissão do *jus postulandi* no processo do trabalho, verificamos que o TST restringiu a sua utilização. Dessa forma, para aforar ação rescisória, medidas cautelares, mandado de segurança, e interpor recursos que são de competência do TST, haverá a necessidade de a parte ser representada por um advogado. Esse posicionamento se justifica, pois são medidas processuais que exigem aprimoramento técnico.

Em relação ao mandato tácito em sede de agravo de instrumento, na Justiça do Trabalho, o colendo TST editou as Orientações Jurisprudenciais 286 e 110 da SDI-I:

> OJ 286. AGRAVO DE INSTRUMENTO. TRASLADO. MANDATO TÁCITO. ATA DE AUDIÊNCIA. CONFIGURAÇÃO.
>
> I – A juntada da ata de audiência, em que consignada a presença do advogado, desde que não estivesse atuando com mandato expresso, torna dispensável a procuração deste, porque demonstrada a existência de mandato tácito.
>
> II – Configurada a existência de mandato tácito fica suprida a irregularidade detectada no mandato expresso.
>
> OJ 110. REPRESENTAÇÃO IRREGULAR. PROCURAÇÃO APENAS NOS AUTOS DE AGRAVO DE INSTRUMENTO.
>
> A existência de instrumento de mandato apenas nos autos de agravo de instrumento, ainda que em apenso, não legitima a atuação de advogado nos processos de que se originou o agravo.

No que respeita à representação irregular, o TST editou a OJ 151 da SDI-II do TST:

> AÇÃO RESCISÓRIA E MANDADO DE SEGURANÇA. PROCURAÇÃO. PODERES ESPECÍFICOS PARA AJUIZAMENTO DE RECLAMAÇÃO TRABALHISTA. IRREGULARIDADE DE REPRESENTAÇÃO PROCESSUAL. FASE RECURSAL. VÍCIO PROCESSUAL SANÁVEL. (nova redação em decorrência do CPC de 2015) – Res. 211/2016, *DEJT* divulgado em 24, 25 e 26.08.2016.
>
> A procuração outorgada com poderes específicos para ajuizamento de reclamação trabalhista não autoriza a propositura de ação rescisória e mandado de segurança. Constatado, todavia, o defeito de representação processual na fase

recursal, cumpre ao relator ou ao tribunal conceder prazo de 5 (cinco) dias para a regularização, nos termos da Súmula nº 383, item II, do TST.

A não obediência aos ditames da retromencionada Orientação Jurisprudencial (OJ 151) provocou inúmeras extinções, sem julgamento do mérito, em sede de mandados de segurança, pois, invariavelmente, o patrono se utiliza da mesma procuração *ad judicia* que utilizou para judicializar o processo trabalhista originário.

Já em relação às condições de validade do substabelecimento, temos a **Súmula 395** do TST:

> MANDATO E SUBSTABELECIMENTO. CONDIÇÕES DE VALIDADE. (nova redação dos itens I e II e acrescido o item V em decorrência do CPC de 2015) – Res. 211/2016, *DEJT* divulgado em 24, 25 e 26.08.2016
>
> I – Válido é o instrumento de mandato com prazo determinado que contém cláusula estabelecendo a prevalência dos poderes para atuar até o final da demanda (§ 4º do art. 105 do CPC de 2015). (ex-OJ nº 312 da SBDI-1 – *DJ* 11.08.2003)
>
> II – Se há previsão, no instrumento de mandato, de prazo para sua juntada, o mandato só tem validade se anexado ao processo o respectivo instrumento no aludido prazo. (ex-OJ nº 313 da SBDI-1 – *DJ* 11.08.2003)
>
> III – São válidos os atos praticados pelo substabelecido, ainda que não haja, no mandato, poderes expressos para substabelecer (art. 667, e parágrafos, do Código Civil de 2002). (ex-OJ nº 108 da SBDI-1 – inserida em 01.10.1997)
>
> IV – Configura-se a irregularidade de representação se o substabelecimento é anterior à outorga passada ao substabelecente. (ex-OJ nº 330 da SBDI-1 – *DJ* 09.12.2003)
>
> V – Verificada a irregularidade de representação nas hipóteses dos itens II e IV, deve o juiz suspender o processo e designar prazo razoável para que seja sanado o vício, ainda que em instância recursal (art. 76 do CPC de 2015).

Em relação à procuração para atos supostamente urgentes, em fase recursal, o Colendo TST editou a **Súmula 383**, *in verbis*:

> RECURSO. MANDATO. IRREGULARIDADE DE REPRESENTAÇÃO. CPC DE 2015, ARTS. 104 E 76, § 2º (nova redação em decorrência do CPC de 2015) – Res. 210/2016, *DEJT* divulgado em 30.06.2016 e 01 e 04.07.2016
>
> I – É inadmissível recurso firmado por advogado sem procuração juntada aos autos até o momento da sua interposição, salvo mandato tácito. Em caráter excepcional (art. 104 do CPC de 2015), admite-se que o advogado, independentemente de intimação, exiba a procuração no prazo de 5 (cinco) dias após a interposição do recurso, prorrogável por igual período mediante despacho do juiz. Caso não a exiba, considera-se ineficaz o ato praticado e não se conhece do recurso.
>
> II – Verificada a irregularidade de representação da parte em fase recursal, em procuração ou substabelecimento já constante dos autos, o relator ou o

órgão competente para julgamento do recurso designará prazo de 5 (cinco) dias para que seja sanado o vício. Descumprida a determinação, o relator não conhecerá do recurso, se a providência couber ao recorrente, ou determinará o desentranhamento das contrarrazões, se a providência couber ao recorrido (art. 76, § 2º, do CPC de 2015).

Quanto à representação de autarquias, o TST editou a **OJ 318 da SDI-I**:

> AUTARQUIA. FUNDAÇÃO PÚBLICA. Legitimidade para recorrer. Representação processual (incluído o item II e alterada em decorrência do CPC de 2015) – Res. 220/2017, DEJT divulgado em 21, 22 e 25.09.2017
>
> I – Os Estados e os Municípios não têm legitimidade para recorrer em nome das autarquias e das fundações públicas.
>
> II – Os procuradores estaduais e municipais podem representar as respectivas autarquias e fundações públicas em juízo somente se designados pela lei da respectiva unidade da federação (art. 75, IV, do CPC de 2015) ou se investidos de instrumento de mandato válido.

De outra parte, a **OJ 255 da SDI-I do TST** trata da eventual desnecessidade de juntada de estatutos da empresa:

> Mandato. Contrato social. Desnecessária a juntada. O art. 75, inciso VIII, do CPC de 2015 (art. 12, VI, do CPC de 1973) não determina a exibição dos estatutos da empresa em juízo como condição de validade do instrumento de mandato outorgado ao seu procurador, salvo se houver impugnação da parte contrária.

Já a **OJ 373 da SDI-I do TST** cuida da procuração inválida. Vejamos seu teor:

> Representação. Pessoa Jurídica. Procuração. Invalidade. Identificação do Outorgante e de seu Representante. É inválido o instrumento de mandato firmado em nome de pessoa jurídica que não contenha, pelo menos, o nome da entidade outorgante e do signatário da procuração, pois estes dados constituem elementos que os individualizam.

Em relação à habilitação de estagiário, o TST editou a **OJ 319** da SDI-I, cuja redação transcrevemos:

> Representação Regular. Estagiário. Habilitação Posterior. Válidos são os atos praticados por estagiário se, entre o substabelecimento e a interposição do recurso, sobreveio a habilitação, do então estagiário, para atuar como advogado.

Em relação a eventuais poderes específicos para declaração de insuficiência econômica, o TST editou a **OJ 331 da SDI-I**:

Justiça Gratuita. Declaração de Insuficiência Econômica. Mandato. Poderes Específicos Desnecessários. Desnecessária a outorga de poderes especiais ao patrono da causa para firmar declaração de insuficiência econômica, destinada à concessão dos benefícios da justiça gratuita.

No caso de juntada de nova procuração nos autos, sem ressalva, o TST editou a **OJ 349 da SDI-I**:

> Mandato. Juntada de Nova Procuração. Ausência de Ressalva. Efeitos. A juntada de nova procuração aos autos, sem ressalva de poderes conferidos ao antigo patrono, implica revogação tácita do mandato anterior.

Com efeito, a nova redação do art. 791-A e seus parágrafos foram incorporados à nova CLT pela Lei 13.467/2017, objetivando regrar os honorários advocatícios na Justiça do Trabalho.

Mesmo o beneficiário da justiça gratuita deverá arcar com os honorários advocatícios, que serão pagos com os créditos auferidos naquele ou em outro processo em trâmite na Justiça do Trabalho. Não havendo crédito, a exigibilidade dos honorários ficará suspensa pelo prazo de 2 anos, regra esta idêntica à do CPC/2015, prazo em que poderá ser extinta se o credor não provar que a situação de hipossuficiência econômica do reclamante deixou de existir.

A Fazenda Pública também deverá arcar com os honorários advocatícios em caso de sucumbência, o que deverá provocar alteração substancial no enunciado da Súmula 219 do Colendo TST. Outra novidade é que o magistrado deverá arbitrar os honorários advocatícios, entre 5% e 15%, de acordo com o caput do art. 791-A, em relação a cada pedido julgado procedente.

Muito embora a Lei se omita em relação aos honorários advocatícios na execução, o magistrado poderá arbitrá-los nesta fase processual, de acordo com os arts. 889 da CLT e 15 do CPC/2015. O tema será aprofundado no item sobre honorários advocatícios (item 13.11).

13.5 SUBSTITUIÇÃO PROCESSUAL

Em regra, a legitimidade para compor a relação jurídica processual (legitimidade para a causa) decorre da vinculação da parte com relação jurídica de direito material anteriormente existente. Assim, tradicionalmente, uma vez proposta a ação, o processo somente prosperará caso haja correspondência entre os sujeitos da relação material e as partes do processo, tipificando-se a legitimidade ordinária, uma das condições da ação.

Portanto, deve haver a demonstração de que a parte do processo compõe a relação jurídica de direito material que entrou em crise; deve, então, haver uma equivalência entre os atores da relação jurídica material e da relação jurídica processual, como, exemplificativamente, o empregado (reclamante) que busca a satisfação de suas verbas salariais em face do empregador (reclamado) – ambos estão previamente vinculados pelo contrato de emprego (relação jurídica material). Caso não haja essa equivalência, figurando no processo pessoa estranha à relação jurídica material, haverá julgamento do processo sem resolução do mérito, em regra.

Como já dito alhures, em havendo coincidência das partes envolvidas nas relações jurídicas material e processual, podemos falar em uma legitimação ordinária.

Isto é o que se depreende do art. 18 do CPC/2015:

> Art. 18. Ninguém poderá pleitear direito alheio em nome próprio, salvo quando autorizado pelo ordenamento jurídico.
>
> Parágrafo único. Havendo substituição processual, o substituído poderá intervir como assistente litisconsorcial.

Porém, existem situações excepcionais que se mostram como hipóteses de legitimação extraordinária, episódios especiais previstos em lei, nos quais não há pertinência subjetiva da ação, mas há legitimidade para a causa. Isso ocorre quando a lei autoriza alguém a atuar no processo como parte (em nome próprio, portanto), defendendo interesse alheio.

Isso significa que, embora o sujeito não faça, ou não tenha feito, parte da relação jurídica de direito material, não sendo seu titular, poderá ele atuar como parte no processo, a fim de resguardar interesse de terceiro, desde que seja legitimado para esse fim. Ressaltamos tratar-se de hipótese excepcional, só podendo acontecer quando a lei expressamente assim o prever.

Em suma, a substituição processual não se confunde com a legitimação ordinária, e tampouco com os institutos da representação e da sucessão processual. Assim, temos:

- legitimação ordinária – o autor da ação (suposto ou pretenso titular do direito material vindicado) coincide com o detentor da pretensão resistida;
- legitimação extraordinária – instituição ou entidade (ou autor ideológico) pleiteia, em nome próprio, direito alheio, ou seja, não há coincidência entre o autor da ação e o detentor da pretensão resistida (art. 18 do CPC/2015);
- representação – o representante age em nome e no interesse do titular do direito, não sendo parte no processo.

A substituição processual é um instituto nitidamente de processo civil, estando regulamentado no art. 18[13] do CPC/2015. Conceitualmente, é a possibilidade de alguém pleitear direito alheio em nome próprio, consistindo em uma legitimidade extraordinária, anômala. O direito de ação, como já dito, usualmente é exercido pelo titular do direito, porém quando a lei, expressamente, autorizar, o referido direito é conferido a quem não é o seu sujeito.

No processo do trabalho, a substituição processual vem consagrada no art. 8º, III, da CF, que confere ao sindicato "a defesa dos direitos e interesses coletivos ou individuais da categoria, inclusive em questões judiciais ou administrativas".

Para Amauri Mascaro Nascimento[14]:

> Substituto é aquele a quem a lei confere legitimidade para estar em juízo em nome próprio, como autor da ação, defendendo direito alheio. Já o substituído é o titular do direito material, ausente da relação processual, nesta figurando o substituto.

Dessa forma, podemos dizer que a legitimação extraordinária é a própria substituição processual, fugindo à regra geral supraexposta, já que o titular da ação atua em nome próprio na defesa de interesse ou direito que não lhe pertence, descortinando uma forma extraordinária (não ordinária) de atuação processual.

Para Wagner Giglio[15]:

> A substituição processual consiste numa legitimação anômala, numa *legitimatio ad causam* extraordinária em que, por exceção, alguém pleiteia o direito alheio em nome próprio.

O TST, até o fim de 2003, por intermédio da Súmula 310, adotou uma interpretação restritiva, considerando possível a substituição processual somente nos casos previstos em lei (exemplificativamente, arts. 195, § 2º – insalubridade – e 872, parágrafo único – ação de cumprimento –, ambos da CLT).

De forma oposta, o STF interpretou, por diversas vezes, o dispositivo constitucional de forma ampliativa, conferindo aos sindicatos uma legitimação extraordinária irrestrita, sempre que se versar sobre direitos individuais homogêneos, ou seja, direitos individuais dos trabalhadores que decorrem de uma origem comum, como, por exemplo, quando o sindicato ajuíza ação civil coletiva buscando o

---

[13] "Art. 18. Ninguém poderá pleitear direito alheio em nome próprio, salvo quando autorizado pelo ordenamento jurídico. Parágrafo único. Havendo substituição processual, o substituído poderá intervir como assistente litisconsorcial".
[14] NASCIMENTO, Amauri Mascaro. *Iniciação ao processo do trabalho*. São Paulo: Saraiva, 2005. p. 191.
[15] GIGLIO, Wagner. *Direito processual do trabalho*. 16. ed. São Paulo: Saraiva, 2003. p. 116.

pagamento de horas extras realizadas por um grupo de trabalhadores, ou por todos os trabalhadores, do estabelecimento.

Observa-se que os titulares do direito são individualizados (cada um dos trabalhadores); todavia, o direito de cada um e de todos eles nasce de um fato comum (o não pagamento reiterado das horas excedentes trabalhadas na mesma empregadora) – o pedido, portanto, está fundamentado na mesma causa de pedir.

Podemos classificar a legitimação extraordinária em duas espécies:

13.5.1 Legitimação extraordinária

Neste tipo de substituição processual, o autor ideológico ou autor da ação defende em nome próprio direito ou interesse alheio, mas tem interesse direto no resultado da demanda, já que ela irá beneficiar um conjunto de pessoas, legítimas titulares do direito material vindicado, que lhe são relacionados por uma relação, ao menos de associação ou de proximidade ideológica ou social (sindicalizados, associados aos sindicatos, integrantes da categoria profissional ou econômica etc.).

Esse é o típico caso da substituição profissional pelo sindicato da categoria profissional ou econômica, que retira do texto constitucional sua legitimidade, como autor ideológico interessado, por força do art. 8º, III, do Texto Republicano de 1988, para ajuizar quaisquer tipos de demandas em prol da respectiva categoria.

Da mesma forma, os sindicatos detêm legitimação extraordinária para postular em juízo, por meio de ações moleculares[16] (ação civil pública, ação civil

---

[16] Temos o princípio de representação adequada, extraído do direito norte-americano de "adequacy representation", que diferencia substancialmente o acesso à jurisdição nas ações atomizadas e nas ações moleculares ou coletivas. Nas primeiras, qualquer pessoa que preencher as condições da ação (legitimidade *ad causam*, interesse de agir e possibilidade jurídica do pedido) e os pressupostos processuais subjetivos e objetivos poderá acessar a máquina judiciária do Estado para dirimir um conflito de interesses, em que haja resistência dos devedores de cumprir voluntariamente uma obrigação, geralmente de dar ou de fazer, posto que vigoram em nosso ordenamento jurídico a Teoria Abstrata do Direito de Ação e a Teoria da Asserção. Nas ações moleculares, diversamente, não basta o preenchimento das condições e dos pressupostos retroenunciados. É necessário não apenas a superação daqueles itens, mas também figurar nos dispositivos legais coletivos (LACP, Lei da Ação Popular, CDC etc.) como legitimado, além de preencher o requisito da "pertinência temática", ou seja, que o objeto nuclear da ação coletiva acha-se inserido em seus objetivos sociais, de molde que o magistrado possa, de forma *ope legis*, entender pela adequação de sua representação processual. De outra parte, esse princípio tem por finalidade reforçar o princípio da segurança jurídica e estabilidade das decisões judiciais na seara das ações coletivas, dada sua influência na vida de toda a comunidade. O legitimado, seja o Ministério Público, a Defensoria Pública ou mesmo uma associação, tem que demonstrar o exercício do direito coletivo de forma ampla e eficaz, colaborando na formação de convicção do magistrado quanto à sua devida representação, cujas atribuições e responsabilidades são majoradas na medida em que uma ação proferida em um município de interior poderá

coletiva, mandado de segurança coletivo etc.), os direitos da respectiva categoria, pois figuram como legitimados no art. 5º, § 6º, da Lei 7.347/1985 e no art. 82 e seguintes do CDC (Lei 8.078/1990), que formam o núcleo basilar do microssistema de tutela coletiva.

Os sindicatos não precisam nem demonstrar que em seus estatutos sociais constam os objetivos (objeto) das ações moleculares em curso, pois retiram o fundamento de sua legitimidade diretamente da Constituição Federal (art. 8º.) e se sobrepõem a outros tipos de legitimados, ou mesmo de outras associações.

13.5.2 Legitimação autônoma

Nas ações de massa ou moleculares, não se aplica tal diretriz legal, pois a própria Constituição Federal de 1988, ao reconhecer os direitos difusos e coletivos, veio ampliar os limites do art. 6º do CPC/2015 e pavimentar o caminho da consolidação da aplicação da Lei 7.347/1985, recepcionada pelos arts. 5º, XXI e LXX, 8º, III, e 129, III e § 1º, bem como o advento da Lei 8.078/1990. Portanto, só detêm legitimidade para as ações de massa no Brasil, das quais a ação civil pública é espécie, os legitimados dispostos no art. 5º da Lei 7.347/1985, e não qualquer pessoa, como acontece nos Estados Unidos da América do Norte.

Após o cancelamento da Súmula 310 do Colendo Tribunal Superior do Trabalho, pela qual esse Tribunal lhe atribuía uma interpretação restritiva, contrariando entendimento de nossa Suprema Corte (STF), para o qual a substituição processual dos sindicatos era ampla, com fulcro nas Leis 7.347/1985 e 8.078/1990, não remanesce qualquer dúvida quanto à substituição processual das associações e dos sindicatos na defesa de direitos individuais homogêneos de seus associados e da categoria profissional ou econômica que representam.

A legitimação autônoma decorre do próprio texto constitucional, no art. 129, III, atribuída ao Ministério Público do Trabalho, na defesa do interesse público primário dos trabalhadores, e, por conseguinte, da própria sociedade, que muitas vezes é afetada em seus direitos difusos. Com a recente alteração do art. 5º da Lei 7.347/1985, podemos também acrescentar que a Defensoria Pública possui legitimidade autônoma constitucional para postular em sede de ação civil pública direitos da cidadania, principalmente de pessoas desamparadas.

É natural que o Ministério Público do Trabalho, apesar de legitimado autônomo para ajuizar a ação civil pública, muitas vezes não se utilize desse instrumento processual para a tutela de direitos difusos e coletivos, de forma imediata, ou seja,

---

afetar a vida não apenas de uma comunidade, mas também de toda uma nação, pelo efeito *erga omnes* inserido no provimento jurisdicional. Remetemos o leitor à leitura de nosso livro: *O microssistema de tutela coletiva*. 3. ed. São Paulo: LTr, 2015.

sem exaurir o caminho administrativo, por meio da discussão de celebração do Termo de Ajustamento de Conduta com eventuais infratores.

Observe-se que, nesse tipo de legitimação autônoma, o autor ideológico, Ministério Público, em qualquer de suas áreas de atuação (MPU ou MPE), diferentemente das associações, não detém qualquer tipo de interesse (pecuniário ou não) no bem da vida vindicado, a não ser satisfazer o interesse público, e não qualquer tipo de interesse privado, como acontece no caso da legitimação extraordinária típica.

13.5.3 Representatividade adequada e pertinência temática

Deve-se, em primeiro plano, observar que os critérios para identificação da legitimidade são totalmente diferentes nas ações atomizadas e nas ações moleculares. Diversamente das primeiras, que seguem o método tradicional entabulado em nosso ordenamento jurídico pelo Código de Processo Civil, nas ações coletivas o magistrado deverá observar a representatividade adequada (*adequacy representation* do direito norte-americano) e a pertinência temática para dar seguimento ao processo.

A doutrina vem questionando se os sindicatos, como espécies do gênero associação, detêm competência para promover a defesa e proteção de todos os direitos metaindividuais ou, tão somente, os direitos coletivos e individuais homogêneos.

Márcio Túlio Viana[17], embora reconhecendo a existência de interesses difusos na esfera trabalhista, nega legitimidade aos sindicatos para a defesa direta de interesses difusos, entendendo que cabe aos sindicatos a defesa dos interesses da categoria. Para esse autor, nada impede, entretanto, a busca da satisfação reflexa de interesses difusos dos trabalhadores que nela ainda não tenham se inserido.

Há ainda os que negam essa legitimidade aos sindicatos para a defesa de interesses ou direitos difusos, sob a hipótese de que tal proteção e defesa foi conferida ao Ministério Público por conta da disposição do art. 129, III, da CF/1988.

Temos vários direitos difusos constitucionalmente garantidos, como e principalmente a dignidade da pessoa humana (art. 1º, III), a igualdade (art. 5º, *caput*), a proibição de discriminação atentatória dos direitos e liberdades fundamentais (art. 5º, XLI), os valores sociais do trabalho e da livre-iniciativa (art. 1º, IV), entre outros. Tais direitos difusos podem ser atribuídos não apenas ao trabalhador, mas também a toda a sociedade.

De nossa parte, entendemos que descabe qualquer razão técnico-jurídica para restringir a legitimidade dos sindicatos na defesa dos direitos difusos, já que existe pacificação quanto à sua legitimidade para a defesa dos direitos coletivos e individuais homogêneos.

---

[17] VIANA, Márcio Túlio. Interesses difusos na Justiça do Trabalho. *Revista LTr*, São Paulo, ano 59, n. 2, p. 184, fev. 1995.

Partindo do axioma jurídico de que onde a lei não restringe, não cabe ao intérprete fazê-lo, e tratando-se, ainda, de proteção de direitos humanos fundamentais do trabalhador, e também pelo fato de haver uma tendência de expansão da atividade sindical na proteção de direitos dos trabalhadores, não hesitamos em refutar aquela tese, advogando pela ampla legitimidade dos sindicatos na defesa de quaisquer direitos de índole trabalhista.

Contudo, o que ocorre com frequência, não sabemos se por ausência de conhecimento técnico ou de certo acanhamento jurídico, é o ajuizamento das ações civis públicas, tendo por objeto direitos difusos dos trabalhadores, na esmagadora maioria das vezes pelo Ministério Público do Trabalho, limitando-se os sindicatos a levar suas denúncias a esse órgão federal, sem tomar a iniciativa, como legitimado concorrente que é, na tutela desses direitos.

A pertinência temática e da *adequacy representation* das associações vem expressa no art. 5º da Lei 7.347/1985, *in verbis*:

> Art. 5º (...)
> V – a associação que, concomitantemente:
> a) esteja constituída há pelo menos 1 (um) ano nos termos da lei civil;
> b) inclua, entre suas finalidades institucionais, a proteção ao patrimônio público e social, ao meio ambiente, ao consumidor, à ordem econômica, à livre concorrência, aos direitos de grupos raciais, étnicos ou religiosos ou ao patrimônio artístico, estético, histórico, turístico e paisagístico.
> (...)
> § 4º O requisito da pré-constituição poderá ser dispensado pelo juiz, quando haja manifesto interesse social evidenciado pela dimensão ou característica do dano, ou pela relevância do bem jurídico a ser protegido.

Tais requisitos fizeram-se necessários para limitar aventuras jurídicas de associações que poderiam se aproveitar de brechas na legislação para movimentar a máquina judiciária em detrimento dos altos e nobres valores imanentes nos interesses e direitos transindividuais e na necessidade de maior segurança jurídica na identificação dos entes legitimados para a tutela e proteção daqueles interesses.

A pertinência temática relaciona-se à verificação da compatibilidade dos fins institucionais da associação ou dos demais entes legitimados para a demanda coletiva e a defesa dos interesses transindividuais nesta objetivados.

Não obstante a preocupação do legislador, tais requisitos não se aplicam aos sindicatos, como espécies de associações, na medida em que o exame da pertinência temática e da *adequacy representation* dessas entidades é feito à luz do art. 8º, II, da CF/1988.

Se esse inciso III do texto constitucional estatui que "ao sindicato cabe a defesa dos direitos e interesses coletivos ou individuais da categoria, inclusive em questões judiciais ou administrativas", podemos extrair da norma que à entidade sindical cabe a defesa ampla de todo e qualquer direito (difuso, coletivo ou individual homogêneo), podendo atuar, inclusive, em face de outra categoria, se presente a pertinência temática em seus estatutos sociais, não havendo qualquer necessidade de previsão estatutária para agir em juízo em defesa de interesses metaindividuais relacionados direta ou indiretamente à categoria profissional representada.

Elucidativo, nesse particular, o pensamento de Ronaldo Lima dos Santos[18], para quem:

> Diferentemente das demais associações passíveis de legitimação no processo civil, no campo do processo do trabalho, a pertinência temática em relação aos sindicatos é extraída diretamente da dicção do art. 8º, III, da CF/88. Este critério legal de aferição da representatividade adequada refere-se ao campo de atuação primária dos sindicatos, de modo que podem estes atuar na defesa da ordem jurídico-trabalhista, ainda que em face de outra categoria, se presente a pertinência temática em seus estatutos ou em seus valores institucionais. Cite-se, por exemplo, o combate ao trabalho escravo em determinada fazenda. Ele pode ser realizado por qualquer entidade sindical, uma vez que concerne à defesa da ordem jurídico-trabalhista, valor inerente às associações sindicais.

Destarte, a *adequacy representation* nas ações civis públicas promovidas por entidades sindicais significa que a legitimação processual de determinado sindicato[19] está diretamente vinculada ao enquadramento da empresa demandada na categoria econômica que corresponde à categoria profissional do mesmo sindicato.

Assim sendo, independentemente de previsão estatutária específica, o sindicato poderá promover a tutela de direitos metaindividuais não apenas dos trabalhadores de sua categoria, mas também de toda a sociedade, como, por exemplo, a inserção de trabalhadores deficientes e de aprendizes no mercado de trabalho, o combate a quaisquer formas de discriminação no trabalho, meio ambiente do trabalho, na medida em que esses direitos e interesses enquadram-se em sua área de atuação, por força constitucional (art. 8º, III, da CF/1988).

Quanto ao requisito da pré-constituição sindical, expressa no art. 5º, V, "a", da LACP, embora ainda haja teses discordantes, entendemos pela desnecessidade de sua aplicação em relação aos sindicatos.

---

[18] SANTOS, Ronaldo Lima dos. *Sindicatos e ações coletivas*. 3. ed. São Paulo: LTr, 2014. p. 268.

[19] "Ação civil pública. Sindicato. Legitimidade ativa. O art. 8º, inciso III, da Constituição Federal prevê que 'aos sindicatos cabe a defesa dos direitos e interesses coletivos e individuais da categoria, inclusive em questões judiciais ou administrativas'. Diante disso, bem como em razão da natureza de associação civil dos sindicatos, estes são legitimados para a propor ação civil pública, ainda que não estejam arrolados expressamente nos arts. 5º da Lei nº 7.347/85 e 82 do CDC, desde que o direito perseguido diga respeito à categoria por eles representada" (TRF-4ª R., AI 2009.04.00.007331-6/RS, 3ª T., Rel. Des. Fed. Maria Lúcia Luz Leiria, *DJe* 22.07.2009, p. 451).

Isso porque os sindicatos necessitam preencher vários requisitos até que obtenham a dupla personalidade jurídica para que tenham livre curso na seara do Direito Coletivo e possam praticar todos os atos inerentes a essa identidade especial: participar de negociações coletivas de trabalho, celebrar acordos e convenções coletivas de trabalho, celebrar convênios arbitrais, promover assembleias gerais para deliberação sobre o direito de greve, ajuizar dissídio coletivo de trabalho, participar de mediação com empresas etc.

A primeira personalidade jurídica dos sindicatos é obtida mediante o registro de seus estatutos no Cartório de Pessoas Jurídicas (art. 45[20] do Código Civil e arts. 114 a 121 da Lei 6.015/1973), e a outra, a sindical, é obtida junto ao Ministério do Trabalho e Emprego, Secretaria das Relações do Trabalho[21], após a análise de natureza extrínseca de seus atos constitutivos, e observados os trâmites de impugnação pela respectiva Confederação. Por esses motivos é que não se aplicam ao sindicato as restrições supraimpostas aos demais tipos de associações.

De outra parte, diversamente das demais associações, cujas finalidades sociais são retiradas da redação de seus estatutos sociais e dos objetivos para os quais foram criadas, os objetivos sindicais são imanentes diretamente da Constituição da República (art. 8º, III, da CF/1988). Daí, não faz o mínimo sentido que o sindicato, a partir da aquisição de sua personalidade sindical, possa celebrar acordos e convenções coletivas de trabalho ou ajuizar dissídio coletivo de natureza econômica, cujos instrumentos jurídicos possuem eficácia *erga omnes ou ultra partes* em relação aos membros da categoria, inclusive aos não filiados, e mesmo promover a defesa judicial ou extrajudicial desses direitos (ação de cumprimento) e, ainda, ter que se submeter ao requisito da pré-constituição de um ano.

Além disso, invariavelmente, a obtenção da personalidade jurídica propriamente dita e a sindical pelas organizações sindicais extrapolam o interregno de um ano, o que tornaria letra morta aquele dispositivo legal em relação a essas instituições.

---

[20] "Art. 45. Começa a existência legal das pessoas jurídicas de direito privado com a inscrição do ato constitutivo no respectivo registro, precedida, quando necessário, de autorização ou aprovação do Poder Executivo, averbando-se no registro todas as alterações por que passar o ato constitutivo". "Art. 114. No Registro Civil de Pessoas Jurídicas serão inscritos: I – os contratos, os atos constitutivos, o estatuto ou compromissos das sociedades civis, religiosas, pias, morais, científicas ou literárias, bem como o das fundações e das associações de utilidade pública". Essa personalidade sindical confere legitimidade ao sindicato para participar das negociações coletivas de trabalho, bem como ajuizar dissídios coletivos nos tribunais do trabalho. A esse respeito, o Supremo Tribunal Federal editou a Súmula 677: "Até que lei venha a dispor a respeito, incumbe ao Ministério do Trabalho proceder ao registro das entidades sindicais e zelar pela observância do princípio da unicidade".

[21] A Portaria 592/2016 do Ministério do Trabalho e Previdência Social introduziu algumas modificações e novos artigos na Portaria 326/2013, que trata da solicitação do registro sindical pelos sindicatos junto àquele Ministério.

Outrossim, o Supremo Tribunal Federal[22] já afastou o requisito de constituição, há pelo menos um ano, às organizações sindicais para impetração de mandado de segurança coletivo, o que nos leva à conclusão analógica de que a mesma interpretação possa ser aplicada em relação às ações civis públicas, já que ambas as ações são chamadas à tutela de direitos metaindividuais, demandando essas ações tratamento semelhante.

Não obstante, esse requisito pode ser superado pela discricionariedade do magistrado, que, de acordo com o § 4º do art. 5º da LACP, poderá dispensar o requisito da pré-constituição quando houver manifesto interesse social evidenciado pela dimensão ou característica do dano, ou pela relevância do bem jurídico a ser protegido.

Nesse mesmo sentido, coadunando com o entendimento do STF, o TST, por meio da Resolução 119/2003, cancelou a Súmula 310, o que nos parece ser uma autorização implícita para os sindicatos atuarem como substitutos processuais.

A legitimação extraordinária gera muitas vantagens, tanto para o Judiciário, quanto para os próprios substituídos, pois:

- como substituto, o sindicato pode atuar em nome de vários trabalhadores, diminuindo o número de ações individuais ajuizadas e, consequentemente, desafogando o judiciário laboral, inclusive permitindo uma maior celeridade nas decisões, pois as ações coletivas ou moleculares possuem preferência em sua edição pelo magistrado;
- evita a prolação de decisões contraditórias;
- o trabalhador poderá, substituído pelo sindicato, acionar o Judiciário, mesmo na vigência do contrato de trabalho, pois, caso faça individualmente, certamente sofrerá represálias por parte do empregador.

Hoje, a Justiça do Trabalho julga, praticamente, ações interpostas após o rompimento do contrato de trabalho, sendo chamada de justiça dos desempregados, justamente pelo temor que o empregado sente de perder o emprego caso acione a Justiça do Trabalho no curso do contrato de trabalho.

13.6 SUCESSÃO PROCESSUAL

Sucessão processual é um fenômeno que pode acontecer em razão de um ato *inter vivos* ou *mortis causa*, havendo uma alteração no polo ativo ou passivo da causa, sem, contudo, haver alteração de legitimidade. Ocorre quando uma das

---

[22] "Legitimidade do sindicato para a impetração de mandado de segurança coletivo independentemente da comprovação de um ano de constituição e funcionamento. Acórdão que, interpretando desse modo a norma do art. 5º, LXX, da CF, não merece censura. Recurso não conhecido" (RE 198.919/DF, Rel. Min. Ilmar Galvão, j. 05.06.1999).

partes se retira da relação processual, vindo a ocupar o seu lugar uma outra pessoa, que se tornará o novo titular da ação. Havia um legitimado ordinário originário, que é sucedido por um novo legitimado ordinário.

Pode ocorrer em qualquer um dos polos da ação, como já dito, podendo, assim, haver tanto a sucessão do reclamante, quanto do reclamado.

Em relação à sucessão processual de pessoa física, o seu fato desencadeador será a morte. Dessa forma, falecendo, no curso do processo, empregado ou empregador, serão estes substituídos por seu respectivo espólio (representado pelo inventariante), ou por seus herdeiros, consoante o art. 110[23] do CPC/2015.

Nessa hipótese, haverá a habilitação incidente (art. 313, I e §§ 1º e 2º, do CPC[24]), e consequente suspensão do feito.

Quando o empregado não possuir bens a serem inventariados, os dependentes do *de cujus* perante a Previdência Social poderão ingressar no processo, recebendo, caso procedente o pleito, por meio de alvará judicial, as verbas pleiteadas, conforme dispõe a Lei 6.858/1980[25].

---

[23] "Art. 110. Ocorrendo a morte de qualquer das partes, dar-se-á a sucessão pelo seu espólio ou pelos seus sucessores, observado o disposto no art. 313, §§ 1º e 2º".

[24] "I – falecido o réu, ordenará a intimação do autor para que promova a citação do respectivo espólio, de quem for o sucessor ou, se for o caso, dos herdeiros, no prazo que designar, de no mínimo 2 (dois) e no máximo 6 (seis) meses; II – falecido o autor e sendo transmissível o direito em litígio, determinará a intimação de seu espólio, de quem for o sucessor ou, se for o caso, dos herdeiros, pelos meios de divulgação que reputar mais adequados, para que manifestem interesse na sucessão processual e promovam a respectiva habilitação no prazo designado, sob pena de extinção do processo sem resolução de mérito. § 3º No caso de morte do procurador de qualquer das partes, ainda que iniciada a audiência de instrução e julgamento, o juiz determinará que a parte constitua novo mandatário, no prazo de 15 (quinze) dias, ao final do qual extinguirá o processo sem resolução de mérito, se o autor não nomear novo mandatário, ou ordenará o prosseguimento do processo à revelia do réu, se falecido o procurador deste".

[25] "Art. 1º Os valores devidos pelos empregadores aos empregados e os montantes das contas individuais do Fundo de Garantia do Tempo de Serviço e do Fundo de Participação PIS-PASEP, não recebidos em vida pelos respectivos titulares, serão pagos, em quotas iguais, aos dependentes habilitados perante a Previdência Social ou na forma da legislação específica dos servidores civis e militares, e, na sua falta, aos sucessores previstos na lei civil, indicados em alvará judicial, independentemente de inventário ou arrolamento. § 1º As quotas atribuídas a menores ficarão depositadas em caderneta de poupança, rendendo juros e correção monetária, e só serão disponíveis após o menor completar 18 (dezoito) anos, salvo autorização do juiz para aquisição de imóvel destinado à residência do menor e de sua família ou para dispêndio necessário à subsistência e educação do menor. § 2º Inexistindo dependentes ou sucessores, os valores de que trata este artigo reverterão em favor, respectivamente, do Fundo de Previdência e Assistência Social, do Fundo de Garantia do Tempo de Serviço ou do Fundo de Participação PIS-PASEP, conforme se tratar de quantias devidas pelo empregador ou de contas de FGTS e do Fundo PIS-PASEP".

Sendo o empregador pessoa jurídica e falecendo algum de seus titulares (pessoas físicas), não há que se falar em sucessão processual, uma vez que o empregador é a pessoa jurídica, que possui personalidade e, consequentemente, direitos, deveres e patrimônio distintos das pessoas naturais que a compõem.

Ocorrendo substituição de partes *inter vivos*, isto é, havendo sucessão de empregadores, dar-se-á a substituição processual, no polo passivo da ação, nos moldes dos arts. 10[26] e 448[27] da CLT[28]. Assim, exemplificativamente, se a empresa A é adquirida pela empresa B, esta última substituirá a primeira nas relações processuais concernentes a débitos trabalhistas já existentes ao tempo da referida aquisição.

A Lei 13.467/2017 acrescentou o art. 10-A ao art. 10 da CLT com a seguinte redação:

> Art. 10-A. O sócio retirante responde subsidiariamente pelas obrigações trabalhistas da sociedade, relativas ao período em que figurou como sócio, somente em ações ajuizadas até dois anos depois de averbada a modificação do contrato, observada a seguinte ordem de preferência: I – a empresa devedora; II – os sócios atuais; e III – os sócios retirantes.
>
> Parágrafo único. O sócio retirante responderá solidariamente com os demais quando ficar comprovada fraude na alteração societária decorrente da modificação do contrato.

---

[26] "Art. 10. Qualquer alteração na estrutura jurídica da empresa não afetará os direitos adquiridos por seus empregados". Vejamos a ementa: "Recurso de revista. Sucessão de empresas. Responsabilidade. O Regional, soberano na análise probatória, entendeu que houve a sucessão trabalhista e a aplicação dos arts. 10 e 448 da CLT conduz à conclusão de que a sucessora, no caso a ora Recorrente, é responsável pelos débitos da empresa sucedida, uma vez que a sucessão de empresas pressupõe a cessão de créditos e débitos, ainda que trabalhistas. Recurso de Revista não conhecido" (TST, RR 0001284-78.2013.5.09.0562, Rel. Min. Maria de Assis Calsing, *DJe* 15.05.2015, p. 1.825).

[27] "Sucessão de empregadores. Pressupostos. Responsabilidade. Configuração. Na visão moderna do instituto da sucessão trabalhista, basta, à sua caracterização, que a empresa sucessora tenha se aproveitado de parte significativa do instrumental de trabalho adquirido da empresa sucedida, não sendo a continuidade da prestação de serviços pelo empregado ao novo empregador elemento essencial ao reconhecimento da sucessão trabalhista. Inteligência dos artigos 10 e 448 da CLT. Recurso ordinário da quarta reclamada desprovido" (TRT-1ª R., RO 0001339-92.2012.5.01.0301, 5ª T., Rel. Enoque Ribeiro dos Santos, *DOERJ* 06.05.2015).

[28] Ao art. 448 da CLT foi acrescido, pela Lei 13.467/2017, o art. 448-A, *in verbis*: Caracterizada a sucessão empresarial ou de empregadores prevista nos arts. 10 e 448 desta Consolidação, as obrigações trabalhistas, inclusive as contraídas à época em que os empregados trabalhavam para a empresa sucedida, são de responsabilidade do sucessor. Parágrafo único. A empresa sucedida responderá solidariamente com a sucessora quando ficar comprovada fraude na transferência.

Podemos observar que o artigo anterior foi influenciado pelo art. 1.032 do Código Civil, que assim se expressa:

> Art. 1.032. A retirada, exclusão ou morte do sócio, não o exime, ou a seus herdeiros, da responsabilidade pelas obrigações sociais anteriores, até dois anos após averbada a resolução da sociedade; nem nos dois primeiros casos, pelas posteriores e em igual prazo, enquanto não se requerer a averbação.

A responsabilidade legal do sócio retirante fica limitada ao período em que figurou como sócio no empreendimento, sendo de caráter subsidiário, na seguinte gradação: em primeiro lugar respondem os bens da empresa devedora; em segundo, os bens dos sócios atuais e somente em terceiro plano, os sócios retirantes, até o prazo de dois anos contados da data da averbação da alteração societária na Junta Comercial ou órgão equivalente, salvo em caso de fraude, em que a responsabilidade será solidária (art. 9º, CLT).

Esse artigo deverá ser examinado em conjunto com o art. 855-A[29] da CLT, na nova redação da Lei 13.467/2017, que trata da desconsideração da personalidade jurídica.

13.7 LITISCONSÓRCIO

13.7.1 Conceito e classificação

Há o litisconsórcio quando duas ou mais pessoas figuram conjuntamente no mesmo polo do processo, seja ele ativo ou passivo, ou, ainda, em ambos os polos da relação processual. Assim, ter-se-á uma relação com vários demandantes, ou com diversos demandados, ou, ainda, com multiplicidade de demandantes e demandados. Importa destacar que haverá apenas e tão somente um único processo, embora com diferentes reclamantes e reclamados.

Também é denominado modalidade de cumulação processual subjetiva, tendo em vista a pluralidade de partes em um ou nos dois polos do processo.

Sendo vários os autores, o litisconsórcio será ativo; se diversos os réus, passivo; se a diversidade ocorrer em ambos os polos, será misto.

---

[29] "Art. 855-A. Aplica-se ao Processo do Trabalho o incidente de desconsideração da personalidade jurídica previsto nos arts. 133 a 137 da Lei 13.105, de 16 de março de 2015 – Código de Processo Civil. § 1º Da decisão interlocutória que acolher ou rejeitar o incidente: I – na fase de cognição, não cabe recurso de imediato, na forma do § 1º do art. 893 desta Consolidação; II – na fase de execução, cabe agravo de petição, independentemente de garantia do juízo; III – cabe agravo interno se proferida pelo relator, em incidente instaurado originariamente no tribunal. § 2º A instauração do incidente suspenderá o processo, sem prejuízo de concessão da tutela de urgência de natureza cautelar de que trata o art. 301 da Lei 13.105, de 16 de março de 2015 (Código de Processo Civil)."

A justificativa para a formação do litisconsórcio é a presença de uma interligação entre as relações jurídicas de direito material dos litisconsortes.

A sua importância decorre do fato de que o processo, nestas condições, mostra-se mais econômico, pois se terá um único processo a solucionar várias relações jurídicas. Senão o bastante, mostra-se a relevância do litisconsórcio também pelo fato de que, ao serem julgadas diversas relações jurídicas, por uma única sentença, permite-se a harmonização do resultado final do provimento jurisdicional, com soluções semelhantes ou iguais para pessoas que estejam em situações jurídicas semelhantes, de modo a promover a segurança jurídica e a pacificação social, principais escopos do processo.

O litisconsórcio no processo do trabalho está previsto no art. 842 da CLT, o qual afirma que:

> Sendo várias as reclamações e havendo identidade de matéria, poderão ser acumuladas num só processo, se se tratar de empregados da mesma empresa ou estabelecimento.

Contudo, a CLT possui apenas o dispositivo mencionado acerca do tema. O artigo referido trata do litisconsórcio ativo, especificamente o da identidade de matéria.

Diante da omissão da CLT em relação às outras espécies de litisconsórcio e a compatibilidade com o processo do trabalho, o regramento do Código de Processo Civil é aplicável ao processo do trabalho, de forma subsidiária (art. 769 da CLT), não havendo qualquer discordância na Justiça do Trabalho. Vê-se, portanto, que os empregados podem formar um litisconsórcio originário, ativo, facultativo e simples.

Ademais, é muito comum a formação de litisconsórcio passivo, em âmbito trabalhista, principalmente nos casos de responsabilidade subsidiária (Súmula 331, IV, do TST[30]), solidária (art. 2º, § 2º[31], da CLT[32]) e empreitada (art. 455 da CLT[33]).

---

[30] "IV – O inadimplemento das obrigações trabalhistas, por parte do empregador, implica a responsabilidade subsidiária do tomador dos serviços quanto àquelas obrigações, desde que haja participado da relação processual e conste também do título executivo judicial".

[31] A Lei 13.467/2017 alterou este artigo 2º, § 2º da CLT, e ainda acrescentou o § 3º, como segue: "§ 2º Sempre que uma ou mais empresas, tendo, embora, cada uma delas, personalidade jurídica própria, estiverem sob a direção, controle ou administração de outra, ou ainda quando, mesmo guardando cada uma sua autonomia, integrem grupo econômico, serão responsáveis solidariamente pelas obrigações decorrentes da relação de emprego. § 3º Não caracteriza grupo econômico a mera identidade de sócios, sendo necessárias, para a configuração do grupo, a demonstração do interesse integrado, a efetiva comunhão de interesses e a atuação conjunta das empresas dele integrante."

[32] "§ 2º Sempre que uma ou mais empresas, tendo, embora, cada uma delas, personalidade jurídica própria, estiverem sob a direção, controle ou administração de outra, constituin-

O litisconsórcio, além da classificação supra exposta (ativo, passivo ou misto), pode ainda sofrer outras divisões, como segue.

Primeiramente, quanto à sua *obrigatoriedade*:

- Necessário – quando existir lei impondo sua formação, podendo decorrer, ainda, de relação jurídica indivisível, tendo o juiz que decidir o litígio uniformemente[34], para todas as partes. Com a Lei 13.467/2017 (reforma trabalhista), o artigo 611-A, § 5º[35], passa a determinar a formação de litisconsórcio necessário no processo do trabalho.

---

do grupo industrial, comercial ou de qualquer outra atividade econômica, serão, para os efeitos da relação de emprego, solidariamente responsáveis a empresa principal e cada uma das subordinadas". Vejamos uma hipótese em que se não configura a responsabilidade solidária do empregador: "Recurso de revista. Contrato de franquia típico. Responsabilidade solidária. Não configuração. A Corte regional, soberana na análise do conjunto fático-probatório trazido aos autos, consignou a existência de contrato de franquia entre as reclamadas. Ocorre que a Corte *a quo* constatou que a referida hipótese traduz, portanto, nada mais que a formação de um grupo econômico para efeitos trabalhistas, nos termos do § 2º do art. 2º da CLT. Na presente hipótese, a franqueada não se encontra sob direção, controle ou administração do franqueador, não existindo, portanto, ingerência direta da franqueadora nos negócios da primeira-reclamada, franqueada, o que não configura a constituição de um grupo econômico, mas sim de um contrato de franquia típico. O que ocorre é que a franqueada contrata os próprios empregados para realizar o trabalho, o que torna inaplicável a ela a responsabilidade solidária. Recurso de revista conhecido e provido" (TST, RR 0000295-18.2011.5.15.0096, Rel. Min. Luiz Philippe Vieira de Mello Filho, *DJe* 15.05.2015, p. 2.378).

[33] "Art. 455. Nos contratos de subempreitada responderá o subempreiteiro pelas obrigações derivadas do contrato de trabalho que celebrar, cabendo, todavia, aos empregados, o direito de reclamação contra o empreiteiro principal pelo inadimplemento daquelas obrigações por parte do primeiro".

[34] "Art. 114. O litisconsórcio será necessário por disposição de lei ou quando, pela natureza da relação jurídica controvertida, a eficácia da sentença depender da citação de todos que devam ser litisconsortes.

Art. 115. A sentença de mérito, quando proferida sem a integração do contraditório, será: I – nula, se a decisão deveria ser uniforme em relação a todos que deveriam ter integrado o processo; II – ineficaz, nos outros casos, apenas para os que não foram citados. Parágrafo único. Nos casos de litisconsórcio passivo necessário, o juiz determinará ao autor que requeira a citação de todos que devam ser litisconsortes, dentro do prazo que assinar, sob pena de extinção do processo".

[35] "Art. 611-A. A convenção coletiva e o acordo coletivo de trabalho têm prevalência sobre a lei quando, entre outros, dispuserem sobre: [...] § 5º Os sindicatos subscritores de convenção coletiva ou de acordo coletivo de trabalho deverão participar, como litisconsortes necessários, em ação individual ou coletiva, que tenha como objeto a anulação de cláusulas desses instrumentos".

Além do supramencionado artigo, podemos citar o art. 73, § 1º[36], do CPC/2015 e a Súmula 406, I, do TST.

> SÚMULA 406 DO TST – AÇÃO RESCISÓRIA. LITISCONSÓRCIO. NECESSÁRIO NO POLO PASSIVO E FACULTATIVO NO ATIVO. INEXISTENTE QUANTO AOS SUBSTITUÍDOS PELO SINDICATO
> I – O litisconsórcio, na ação rescisória, é necessário em relação ao polo passivo da demanda, porque supõe uma comunidade de direitos ou de obrigações que não admite solução díspar para os litisconsortes, em face da indivisibilidade do objeto. Já em relação ao polo ativo, o litisconsórcio é facultativo, uma vez que a aglutinação de autores se faz por conveniência e não pela necessidade decorrente da natureza do litígio, pois não se pode condicionar o exercício do direito individual de um dos litigantes no processo originário à anuência dos demais para retomar a lide. (...)

– Facultativo – ocorre quando as partes envolvidas na relação jurídica podem optar por formar, ou não, o litisconsórcio. Nesse tipo de litisconsórcio, as partes (litigantes) optam por se associar para ajuizar uma demanda ou o autor opta por posicionar vários litigantes coligados no polo passivo. Isso não pode ser feito de forma indiscriminada, devendo os interessados obedecer aos critérios para formação do litisconsórcio facultativo, conforme os termos dos incisos do art. 113 do CPC/2015, os quais afirmam que:

> Art. 113 Duas ou mais pessoas podem litigar, no mesmo processo, em conjunto, ativa ou passivamente, quando:
> I – entre elas houver comunhão de direitos ou de obrigações relativamente à lide;
> II – entre as causas houver conexão pelo pedido ou pela causa de pedir;
> III – ocorrer afinidade de questões por ponto comum de fato ou de direito.

Como exemplo, no processo do trabalho temos a situação de vários empregados que ingressam com uma ação pleiteando pretensões idênticas, ou mesmo diferentes, mas fundamentadas na mesma causa de pedir, como na hipótese de quatro empregados que ajuízam ação em face do mesmo empregador, reivindicando o pagamento de adicionais noturno e de insalubridade. Trata-se de um litisconsórcio facultativo ativo e originário.

Como litisconsórcio facultativo passivo e originário, podemos mencionar o exemplo de um empregado que ingressa contra empresas que compõem um grupo

---

[36] "Art. 73. O cônjuge necessitará do consentimento do outro para propor ação que verse sobre direito real imobiliário, salvo quando casados sob o regime de separação absoluta de bens. § 1º Ambos os cônjuges serão necessariamente citados para a ação: I – que verse sobre direito real imobiliário, salvo quando casados sob o regime de separação absoluta de bens; II – resultante de fato que diga respeito a ambos os cônjuges ou de ato praticado por eles; III – fundada em dívida contraída por um dos cônjuges a bem da família; IV – que tenha por objeto o reconhecimento, a constituição ou a extinção de ônus sobre imóvel de um ou de ambos os cônjuges".

econômico, já que todas as pessoas jurídicas possuem responsabilidade solidária em relação ao cumprimento das obrigações trabalhistas. Situação semelhante há quando o empregado aciona em conjunto as empresas tomadora e prestadora de serviço, na hipótese de terceirização.

Já, aplicando-se como critério classificatório os *efeitos da decisão* do processo, em relação aos litisconsortes, o litisconsórcio pode se classificar em:

– Unitário – abarca uma única relação jurídica material e indivisível. Não há como dividi-la, razão pela qual não pode haver decisões judiciais diferentes para os litisconsortes. Surge quando a solução do conflito deverá ser igual[37] para todos os litisconsortes; em regra, está adstrito ao litisconsórcio necessário, pois, sendo este reflexo de uma relação incindível com vários titulares, por conseguinte, todos[38] eles serão afetados[39] pela decisão.

No processo do trabalho, podemos citar o exemplo de terceirização e de solidariedade do grupo econômico, posto que a eventual condenação atingirá igualmente todas as empresas. Resta esclarecer que, embora essa decisão seja unitária, quanto à sua formação, o litisconsórcio é facultativo. A título de exemplo, podemos narrar o seguinte caso:

---

[37] "Art. 116. O litisconsórcio será unitário quando, pela natureza da relação jurídica, o juiz tiver de decidir o mérito de modo uniforme para todos os litisconsortes. Art. 117. Os litisconsortes serão considerados, em suas relações com a parte adversa, como litigantes distintos, exceto no litisconsórcio unitário, caso em que os atos e as omissões de um não prejudicarão os outros, mas os poderão beneficiar. Art. 118. Cada litisconsorte tem o direito de promover o andamento do processo, e todos devem ser intimados dos respectivos atos".

[38] "Litisconsórcio. Código de Processo Civil, art. 509. Aplicabilidade. Processo civil. A norma do art. 509 do Código de Processo Civil só é aplicável aos casos de litisconsórcio unitário. Nos termos do art. 509, *caput*, do atual Código de Processo Civil, 'o recurso interposto por um dos litisconsortes a todos aproveita, salvo se distintos ou opostos os seus interesses', e assim também era no Código de Processo Civil de 1939, com a só diferença que neste se dizia 'aproveitará'. A norma deve ser interpretada sob o influxo do art. 48 do Código de Processo Civil vigente, a cujo teor, 'salvo disposição em contrário, os litisconsortes serão considerados, em suas relações com a parte adversa, como litigantes distintos; os atos e omissões de um não prejudicarão nem beneficiarão os outros'. A regra, portanto, é a de que os litisconsortes devem, cada qual, cumprir os ônus processuais (*v.g.*, provas, recursos, etc.); a exceção diz respeito unicamente à aquela espécie de litisconsórcio em que a solução deve ser uniforme para todos os litisconsortes, quer dizer, quando se trata de litisconsórcio unitário. Embargos de declaração rejeitados" (STJ, EDcl-EDcl-AgRg-AI 988.735 – (2007/0303095-3), 1ª T., Rel. Min. Napoleão Nunes Maia Filho, *DJe* 15.04.2014).

[39] "Processo civil. Ação declaratória. *Querela nullitatis*. Cabimento. Litisconsórcio unitário. Ausência de citação de todos os réus. É cabível ação declaratória de nulidade (*querela nullitatis*), para se combater sentença proferida, sem a citação de todos os réus que, por se tratar, no caso, de litisconsórcio unitário, deveriam ter sido citados. Recurso conhecido e provido" (STJ, REsp 194.029/SP, 6ª T., Rel. Min. Maria Thereza de Assis Moura, *DJ* 02.04.2007).

Na da terceirização,[40] temos o autor, que ajuíza uma demanda em face da prestadora de serviços (empresa terceirizante) e também em face da tomadora.

Na sentença, tendo o juiz fixado a responsabilidade da tomadora, o litisconsórcio é considerado unitário, posto que o julgamento tem de ser igual para ambas as reclamadas. Não se pode deferir pleitos (como, por exemplo, horas extras ou adicional de periculosidade) em face da prestadora e não deferir em face da tomadora, ou o contrário. A decisão deve ser idêntica, porque, de acordo com a Súmula 331, VI, do TST, a tomadora responde por todas as verbas do período em que ela foi beneficiária da mão de obra.

Vale reafirmar que embora unitário, esse tipo de litisconsórcio não é necessário, pois o autor pode optar por ajuizar a ação apenas ante a empresa prestadora, excluindo a tomadora.

Outro exemplo desta espécie de litisconsórcio é a ação anulatória ou de nulidade de cláusula convencional, disposto no art. 83, IV, da LC 75/1993, por meio da qual o MPT tem por objetivo declarar a nulidade de dispositivo convencional, previsto em acordo ou convenção coletiva. Necessariamente, estarão no polo passivo os sindicatos envolvidos e/ou os empregadores, e o teor da sentença atingirá de forma indiscriminada a todos eles, uma vez que a (in)validade da cláusula operará em face de todos os signatários.

Tema que gera grande cizânia diz respeito ao litisconsórcio ativo necessário. O problema se concentra na relutância de um dos sujeitos que necessariamente deveria fazer parte da relação jurídica processual no polo ativo, mas não pretende litigar. Em suma, o sujeito deveria compor o polo ativo da ação, mas se recusa a litigar.

O que se vislumbra nessa hipótese é conflito entre dois valores:

> de que ninguém é compelido a litigar, ou seja, ajuizar demanda contrariamente à sua vontade. Tal situação privilegia a liberdade da pessoa, enfatizando que o Estado deve respeitar o direito fundamental da liberdade individual. Parcela considerável da doutrina defende a ideia de que não pode haver um litisconsórcio necessário ativo, porque não se pode obrigar ninguém a litigar caso não queira. Por conseguinte, caso o terceiro integrante da relação jurídica de direito material não deseje propor a ação, não será crível o ajuizamento da mesma.

---

[40] Na ADPF 324 e RE 958.252 – O Tribunal, no mérito, por maioria, julgou procedente o pedido e firmou a seguinte tese: 1. É lícita a terceirização de toda e qualquer atividade, meio ou fim, não se configurando relação de emprego entre a contratante e o empregado da contratada. 2. Na terceirização, compete à contratante: i) verificar a idoneidade e a capacidade econômica da terceirizada; e ii) responder subsidiariamente pelo descumprimento das normas trabalhistas, bem como por obrigações previdenciárias, na forma do art. 31 da Lei 8.212/1993. Aplica o entendimento sobre terceirização aos *call-centers* de empresas de telefonia - ARE 791932: Disponível em: <http://portal.stf.jus.br/noticias/verNoticiaDetalhe.asp?idConteudo=392545>.

em contraposição, há de se considerar o acesso à justiça, não podendo ficar o sujeito que quer demandar na dependência do outro sujeito que compõe a relação jurídica de direito material;

Adotamos a ideia de que o terceiro que se recusa a formar o polo ativo do litisconsórcio deve ser citado como parte interessada (embora alguns autores, como Fredie Didier, entendem que deva ser intimado) para integrar a relação jurídica processual, vinculando-o, independentemente de sua postura, ao processo.

Uma vez citado/intimado, poderá se posicionar no polo ativo, permanecer inerte ou até mesmo negar a sua posição de litisconsorte[41].

Nesse passo, Daniel Amorim Assumpção Neves[42]:

> como ninguém pode se negar a demandar, estaria superado também o problema de que ninguém é obrigado a propor demanda judicial contra a sua vontade, porque nesse caso o sujeito que não quis ser autor foi colocado no polo passivo do processo.

– Simples – Em regra, envolve uma relação jurídica divisível. Podem ser aplicadas decisões judiciais diferentes, favoráveis a um litisconsorte e desfavoráveis ao outro. Quando o julgador prolatar decisão cujo teor não seja uniforme para todos os envolvidos, ou seja, o juiz não está compelido a julgar de maneira idêntica em relação a todos. Assim, a título ilustrativo, pode-se citar o exemplo supramencionado, de quatro empregados que ajuízam ação em face do mesmo empregador, reivindicando o pagamento de adicionais noturno e de insalubridade; neste caso, o juiz, verificando o teor das provas, poderá entender que alguns fazem jus aos direitos requeridos e outros, não. Dessa maneira, o litisconsórcio simples se caracteriza pela possibilidade de haver decisões diferentes para os litisconsortes e não pela necessidade de que isso ocorra.

Considerando-se o *momento de sua formação*, o litisconsórcio será:

- Inicial ou originário – quando o litisconsórcio é formado inicialmente já em petição;
- Ulterior ou superveniente – quando há formação do litisconsórcio em momento posterior à distribuição da ação, ou seja, no curso da relação processual.

O litisconsórcio pode se configurar como *multitudinário*, ao apresentar um grande número de litisconsortes em qualquer um, ou em ambos os polos

---

[41] GONÇALVES, Marcus Vinicius Rios. *Novo curso de direito processual civil*. 13.ed. São Paulo: Saraiva, 2016. v. 1.
[42] NEVES, Daniel Amorim Assumpção. *Manual de direito processual civil*. Volume único. 9. ed. Salvador: JusPodivm, 2017. p. 321.

do processo. A lei não determina a partir de quantos sujeitos ter-se-ia um litisconsórcio multitudinário caracterizado; apenas autoriza o desmembramento do processo, no caso concreto, sempre que o juiz verificar que o número excessivo de litigantes possa comprometer a efetiva solução do litígio, ou o direito de defesa, bem como possa dificultar o cumprimento da sentença (art. 113, §§ 1º e 2º, do CPC/2015).

Dito fracionamento somente é permitido na hipótese de litisconsórcio facultativo, pela óbvia razão de que, se necessário o litisconsórcio, todos os envolvidos deverão estar presentes no mesmo processo.

Resta tratarmos, também, do litisconsórcio *iussi judicis*, que é aquele formado pela vontade do juiz. O CPC/2015 reproduz a matéria no art. 115, parágrafo único, a seguir transcrita.

Existem casos de litisconsórcio necessário, em que o litisconsórcio deve ser formado obrigatoriamente, sob pena de não conhecimento da lide pelo magistrado. Há as hipóteses de litisconsórcio facultativo, em que as partes podem, por vontade própria, formar o litisconsórcio.

O litisconsórcio *iussi judicis*[43] não está em nenhuma das duas vertentes. Caracteriza-se como uma terceira vertente, na qual o julgador, apesar da inexigência legal, entende ser viável, plausível e benéfico o estabelecimento do litisconsórcio. Procura, dessa forma, por meio de intimação[44], a integração de uma parte, que originariamente estava ausente da ação.

Fredie Didier Jr.[45] afirma que, quando o juiz, em caso de litisconsórcio, manda emendar a petição inicial, para incluir a parte no processo, estaríamos diante do litisconsórcio *iussi judicis*.

---

[43] "Recurso ordinário do reclamante. Litisconsórcio passivo necessário. Formação irregular. Intervenção *iussu iudicis*. Nulidade. Declaração *ex officio*. Verificando a exigência de constituição de litisconsórcio passivo necessário, deve o juiz determinar que o autor promova a inclusão e citação do litisconsorte no processo. Trata-se de intervenção *iussu iudicis*, prevista no art. 47, parágrafo único, do CPC/73. Tal medida tem por objetivo evitar a nulidade do julgado por violação do art. 472 do CPC/73, já que os efeitos da sentença terminariam por ultrapassar os limites subjetivos da lide, afrontando, também, ainda que indiretamente, o art. 5º, LV, da CF/88. Nulidade da sentença declarada de ofício" (TRT-1ª R., RO 02117001620025010244, 5ª T., Des. Juiz Enoque Ribeiro dos Santos, Data de publicação: 11.05.2015).

[44] "Art. 115. A sentença de mérito, quando proferida sem a integração do contraditório, será: I – nula, se a decisão deveria ser uniforme em relação a todos que deveriam ter integrado o processo; II – ineficaz, nos outros casos, apenas para os que não foram citados. Parágrafo único. Nos casos de litisconsórcio passivo necessário, o juiz determinará ao autor que requeira a citação de todos que devam ser litisconsortes, dentro do prazo que assinar, sob pena de extinção do processo".

[45] "Diante dessa situação – demanda proposta por um litigante, mas que poderia ter sido proposta por mais de um, em litisconsórcio unitário –, cabe ao juiz determinar a convoca-

Todavia, o que o magistrado está a fazer é somente cumprir a lei, determinando que o autor, defronte a uma hipótese de litisconsórcio necessário passivo, proceda a citação de todos que devem constituir o polo passivo da demanda, sob pena de julgamento do processo, sem resolução de mérito. Assim, não se trata de uma vontade exclusiva do juiz, fundada em sua conveniência, mas sim de uma regra imposta pelo art. 115 do CPC.

13.7.2 Efeitos ou regime do litisconsórcio

Regra geral, os efeitos dos atos e omissões praticados por um dos litisconsortes, ao longo do processo, não atingem os demais, não os beneficiando, nem os prejudicando, sendo cada um deles considerado parte autônoma ou distinta perante o adversário, conforme disposto no art. 117 do CPC/2015.

Exceções existem, todavia; mormente quando se tratar de litisconsórcio unitário e simples, ou seja, espécies consideradas a partir da eficácia do resultado final em relação aos sujeitos processuais.

Como já sabido, no litisconsórcio unitário, haverá uma única decisão de idênticos efeitos sobre todos os litisconsortes; já no litisconsórcio simples, a única decisão poderá trazer consequências (efeitos) distintas para cada um dos litisconsortes. Assim, a repercussão dos atos e omissões praticados pelos múltiplos sujeitos de um determinado polo processual varia, de acordo com a espécie de litisconsórcio estabelecido.

No regime do litisconsórcio simples (art. 117 do CPC/2015), a conduta de um não interfere nos interesses dos demais litisconsortes, havendo autonomia entre eles.

Podemos mencionar, a título ilustrativo, a hipótese da contestação apresentada por um e não apresentada por outro, sendo que somente este último será considerado revel. No mesmo sentido, a hipótese do recurso interposto por um, e não por outro, salvo se a matéria alegada no recurso for comum a todos os litisconsortes, caso em que aquele que não recorreu será também beneficiado.

No caso do litisconsórcio unitário, o regime não é de autonomia, mas de interdependência entre os atos processuais praticados por qualquer dos litisconsortes, os quais reverberarão nos demais, atingindo-os. Contudo, o reflexo ou efeitos dos atos praticados por um serão distintos em relação aos outros litisconsortes, em se tratando de consequências benéficas ou prejudiciais.

No primeiro caso, isto é, quando houver benefícios, ainda que o ato tenha sido praticado por um só, todos dele se aproveitarão, como a contestação apresentada por somente um deles, que afastará os efeitos da revelia em favor de todos

---

ção de possível litisconsorte unitário ativo para, querendo, integrar o processo. Trata-se de exemplo de intervenção *iussu iudicis* (...)" (DIDIER JR., Fredie. *Curso de direito processual civil*. 17. ed. Salvador: JusPodivm, 2015. vol.1, p. 454).

(art. 345, I⁴⁶, do CPC/2015). O depósito recursal efetuado por um reclamado, que fora solidariamente condenado, aproveita aos demais, exceto se este pleitear a sua exclusão da lide (Súmula 128⁴⁷, III, do TST).

Em contrapartida, havendo prejuízo, o ato praticado por um não repercutirá sobre os outros litisconsortes, como na hipótese de confissão ou de reconhecimento do pedido por um que não atingirá os demais (art. 391⁴⁸ do CPC/2015).

13.8 DA RESPONSABILIDADE POR DANO PROCESSUAL

Uma das tônicas do CPC/2015 é a questão principiológica, expressa pelo neoprocessualismo, ou seja, a inserção de princípios constitucionais no processo civil, consoante os arts. 1º a 8º do CPC/2015. Nesta esteira, o art. 5º do CPC/2015 preconiza que qualquer sujeito que atue no processo deve se guiar pela boa-fé.

Nessa senda, a CLT passa a abordar a responsabilidade por dano processual nos arts. 793-A a 793-D, que foi analisada entre os artigos 7º e 9º da Instrução Normativa 41/2018 do TST.

Importante frisar que a aplicação dos arts. 793-A, 793-B e 793-C, § 1º, é imediata, consoante a mencionada Instrução Normativa. Isso significa que, uma vez detectada a litigância de má-fé, mesmo nos processos ajuizados antes da reforma trabalhista, o juiz deverá aplicar a sanção.

No que concerne aos arts. 793-C, *caput*, §§ 2º, 3º, e 793-D, serão aplicáveis somente às demandas ajuizadas a partir de 11 de novembro de 2017.

A temática prevista nos aludidos artigos não se distancia das regras previstas no CPC.

---

⁴⁶ "Art. 345. A revelia não produz o efeito mencionado no art. 344 se: I – havendo pluralidade de réus, algum deles contestar a ação".

⁴⁷ "Súmula 128: Depósito recursal. (incorporadas as Orientações Jurisprudenciais nºs 139, 189 e 190 da SDI-1) I – É ônus da parte recorrente efetuar o depósito legal, integralmente, em relação a cada novo recurso interposto, sob pena de deserção. Atingido o valor da condenação, nenhum depósito mais é exigido para qualquer recurso. (ex-Súmula nº 128, redação dada pela Res 121/2003, DJ 21.11.03, que incorporou a OJ nº 139 – Inserida em 27.11.1998) II – Garantido o juízo, na fase executória, a exigência de depósito para recorrer de qualquer decisão viola os incisos II e LV do art. 5º da CF/1988. Havendo, porém, elevação do valor do débito, exige-se a complementação da garantia do juízo. (ex-OJ nº 189 – Inserida em 08.11.2000) III – Havendo condenação solidária de duas ou mais empresas, o depósito recursal efetuado por uma delas aproveita as demais, quando a empresa que efetuou o depósito não pleiteia sua exclusão da lide. (ex-OJ nº 190 – Inserida em 08.11.2000)".

⁴⁸ "Art. 391. A confissão judicial faz prova contra o confitente, não prejudicando, todavia, os litisconsortes. Parágrafo único. Nas ações que versarem sobre bens imóveis ou direitos reais sobre imóveis alheios, a confissão de um cônjuge ou companheiro não valerá sem a do outro, salvo se o regime de casamento for o de separação absoluta de bens".

O art. 793-A prescreve que responde por perdas e danos aquele que litigar de má-fé como reclamante, reclamado ou interveniente.

O grande destaque neste artigo é a menção à responsabilização do "interveniente", o que permite que além do autor e do réu, podem ser punidos outros sujeitos do processo como, por exemplo, o perito e a testemunha.

O art. 793-B apresenta as hipóteses caracterizadoras da litigância de má-fé. As contingências são as mesmas previstas no art. 80 do Código de Processo Civil:

> Art. 793-B. Considera-se **litigante de má-fé** aquele que:
>
> I – deduzir pretensão ou defesa contra texto expresso de lei ou fato incontroverso;
>
> II – alterar a verdade dos fatos;
>
> III – usar do processo para conseguir objetivo ilegal;
>
> IV – opuser resistência injustificada ao andamento do processo;
>
> V – proceder de modo temerário em qualquer incidente ou ato do processo;
>
> VI – provocar incidente manifestamente infundado;
>
> VII – interpuser recurso com intuito manifestamente protelatório. (grifo nosso)

De acordo com o art. 793-C, o juízo de ofício ou a requerimento, condenará o litigante de má-fé a pagar multa, que deverá ser superior a 1% (um por cento) e inferior a 10% (dez por cento) do valor corrigido da causa, a indenizar a parte contrária pelos prejuízos que esta sofreu e a arcar com os honorários advocatícios e com todas as despesas que efetuou.

A primeira observação diz respeito à punição: além da multa, o litigante poderá ser condenado igualmente a indenizar e a pagar honorários advocatícios e despesas. A segunda concerne ao valor da multa, que será superior a 1% (um por cento) e inferior a 10% (dez por cento).

De acordo com o § 1º, quando forem dois ou mais os litigantes de má-fé, o juízo condenará cada um na proporção de seu respectivo interesse na causa ou solidariamente aqueles que se coligaram para lesar a parte contrária. Exemplos plausíveis ocorrem nas defesas de empresas de grupo econômico ou nos casos de terceirização.

Já o § 2º fixa que quando o valor da causa for irrisório ou inestimável, a multa poderá ser fixada em até duas vezes o limite máximo dos benefícios do Regime Geral de Previdência Social. Dessa forma, quando o valor da causa não for determinado ou irrisório, o valor da multa será até duas vezes o teto da Previdência Social.

Por fim, o § 3º dispõe que o juiz fixará o valor da indenização. Contudo, caso não se possa mensurar a indenização, será feita uma liquidação por arbitramento (exigência de perícia) ou pelo procedimento comum (antiga liquidação por artigos) nos próprios autos.

A previsão contida no art. 793-D estabelece que se aplica a multa prevista no art. 793-C da Consolidação à testemunha que intencionalmente alterar a verdade dos fatos ou omitir fatos essenciais ao julgamento da causa. A execução da multa prevista neste artigo dar-se-á nos mesmos autos.

O mandamento anterior só corrobora que a figura do "interveniente", prevista no art. 793-A, poderá sofrer as sanções pecuniárias.

Todavia, a IN 41/2018 determina, no parágrafo único do art. 10, a seguinte conduta por parte do magistrado:

> Após a colheita da prova oral, a aplicação de multa à testemunha dar-se-á na sentença e será precedida de instauração de incidente mediante o qual o juiz indicará o ponto ou os pontos controvertidos no depoimento, assegurados o contraditório, a defesa, com os meios a ela inerentes, além de possibilitar a retratação.

O valor da multa de litigância de má-fé destina-se a quem sofreu a litigância de má-fé; por exemplo, a testemunha da reclamada, uma vez considerada litigante de má-fé, pagará a multa para o reclamante.

Conquanto não haja previsão expressa na CLT, o art. 77 do CPC/2015 também é aplicável ao processo do trabalho. O referido artigo determina serem deveres das partes e seus procuradores e de todos os que participarem do processo:

> Art. 77. (...)
>
> I – expor os fatos em juízo conforme a verdade;
>
> II – não formular pretensão ou de apresentar defesa quando cientes de que são destituídas de fundamento;
>
> III – não produzir provas e não praticar atos inúteis ou desnecessários à declaração ou à defesa do direito;
>
> IV – cumprir com exatidão as decisões jurisdicionais, de natureza provisória ou final, e não criar embaraços à sua efetivação;
>
> V – declinar, no primeiro momento que lhes couber falar nos autos, o endereço residencial ou profissional onde receberão intimações, atualizando essa informação sempre que ocorrer qualquer modificação temporária ou definitiva;
>
> VI – não praticar inovação ilegal no estado de fato de bem ou direito litigioso.

E complementa:

> § 1º Nas hipóteses dos incisos IV e VI, o juiz advertirá qualquer das pessoas mencionadas no *caput* de que sua conduta poderá ser punida como ato atentatório à dignidade da justiça.
>
> § 2º A violação ao disposto nos incisos IV e VI constitui ato atentatório à dignidade da justiça, devendo o juiz, sem prejuízo das sanções criminais, civis

e processuais cabíveis, aplicar ao responsável multa de até vinte por cento do valor da causa, de acordo com a gravidade da conduta.

§ 3º Não sendo paga no prazo a ser fixado pelo juiz, a multa prevista no § 2º será inscrita como dívida ativa da União ou do Estado após o trânsito em julgado da decisão que a fixou, e sua execução observará o procedimento da execução fiscal, revertendo-se aos fundos previstos no art. 97.

§ 4º A multa estabelecida no § 2º poderá ser fixada independentemente da incidência das previstas nos arts. 523, § 1º, e 536, § 1º.

§ 5º Quando o valor da causa for irrisório ou inestimável, a multa prevista no § 2º poderá ser fixada em até 10 (dez) vezes o valor do salário mínimo.

§ 6º Aos advogados públicos ou privados e aos membros da Defensoria Pública e do Ministério Público não se aplica o disposto nos §§ 2º a 5º, devendo eventual responsabilidade disciplinar ser apurada pelo respectivo órgão de classe ou corregedoria, ao qual o juiz oficiará.

§ 7º Reconhecida violação ao disposto no inciso VI, o juiz determinará o restabelecimento do estado anterior, podendo, ainda, proibir a parte de falar nos autos até a purgação do atentado, sem prejuízo da aplicação do § 2º.

§ 8º O representante judicial da parte não pode ser compelido a cumprir decisão em seu lugar.

Assim, em consonância com os §§ 2º e 3º acima, as hipóteses dos incisos IV e VI do art. 77 do CPC/2015 são reconhecidas como atos atentatórios à dignidade da justiça ou ao exercício da jurisdição (*contempt of court*).

Os demais incisos (I a III e V) são considerados atos caracterizadores da litigância de má-fé, aos quais se acrescem as hipóteses aventadas pelo art. 80 do CPC/2015, o qual, atualmente, encontra ressonância no art. 793-B da CLT, conforme menção anterior.

Art. 80. Considera-se litigante de má-fé aquele que:

I – deduzir pretensão ou defesa contra texto expresso de lei ou fato incontroverso;

II – alterar a verdade dos fatos;

III – usar do processo para conseguir objetivo ilegal;

IV – opuser resistência injustificada ao andamento do processo;

V – proceder de modo temerário em qualquer incidente ou ato do processo;

VI – provocar incidente manifestamente infundado;

VII – interpuser recurso com intuito manifestamente protelatório.

Assim, como o processo, em seu aspecto intrínseco, traduz-se por uma relação jurídica processual, as partes devem agir com lealdade, honestidade, pautadas na ética e na boa-fé objetiva, que se tipifica não apenas como um aspecto subjetivo, no sentido de pretender e acreditar estar agindo de forma digna e escorreita para com o outro demandante, mas, sim, num comportamento probo e íntegro, de forma que sejam observados, inclusive, os deveres conexos decorrentes da cláusula geral da boa-fé objetiva, quais sejam, informação, colaboração e proteção entre as partes, sob pena de caracterização da litigância de má-fé.

O Código de Processo Civil de 2015, em seu art. 98, § 2º, preceitua, de modo cristalino, que o fato de a parte ser beneficiária da justiça gratuita não a exime do pagamento das multas processuais que lhe forem impostas.

Nos últimos tempos, vem-se discutindo a aplicação do instituto denominado *assédio processual*, o qual se tipifica como abuso de direito, caracterizando-se, conforme as palavras de Mauro Schiavi, como

> todo ato processual praticado de forma reiterada, insidiosa, por um dos sujeitos que atuam no processo (juiz, partes, servidores etc.) que tem por objetivo minar a autoestima de uma das partes litigantes, degradando o processo[49].

Importa ressaltar que o assédio processual não se confunde com a litigância de má-fé, posto não haver, quanto ao primeiro, tipificação legal, podendo surgir em decorrência de atos praticados no processo, pautando-se sua devida reparação nos parâmetros da indenização por dano moral, cujo valor poderá ser liquidado e executado nos próprios autos, não se restringindo aos limites das multas processuais previstas para a litigância de má-fé[50].

13.9 DESPESAS PROCESSUAIS

As despesas processuais são os valores pagos em decorrência da prática de um ato processual. Constituem gênero, do qual são espécies as custas, os emolumentos[51], os honorários do perito, os honorários advocatícios, as diárias de testemunhas,

---

[49] SCHIAVI, Mauro. *Manual de direito processual do trabalho*. 8. ed. São Paulo: LTr. p. 356.

[50] "Art. 81. De ofício ou a requerimento, o juiz condenará o litigante de má-fé a pagar multa, que deverá ser superior a um por cento e inferior a dez por cento do valor corrigido da causa, a indenizar a parte contrária pelos prejuízos que esta sofreu e a arcar com os honorários advocatícios e com todas as despesas que efetuou. § 1º Quando forem 2 (dois) ou mais os litigantes de má-fé, o juiz condenará cada um na proporção de seu respectivo interesse na causa ou solidariamente aqueles que se coligaram para lesar a parte contrária. § 2º Quando o valor da causa for irrisório ou inestimável, a multa poderá ser fixada em até 10 (dez) vezes o valor do salário mínimo. § 3º O valor da indenização será fixado pelo juiz ou, caso não seja possível mensurá-lo, liquidado por arbitramento ou pelo procedimento comum, nos próprios autos".

[51] Emolumentos correspondem aos gastos que o Estado tem para prestar certas atividades. Os incisos do artigo 789-B da CLT trazem atos materiais que geram um custo para o Poder Judiciário. Os emolumentos, portanto, nada mais são que ressarcimento do que a União gastou para produzir aquele ato.
"Art. 789-B. Os emolumentos serão suportados pelo Requerente, nos valores fixados na seguinte tabela: (Incluído pela Lei nº 10.537, de 27.8.2002)

as despesas com publicação, o exame de DNA etc. Logo, as despesas processuais são gastos incorridos pelas partes em virtude da prática de atos processuais e de sua atuação no processo.

Relevante destacar, muito embora haja dissonância doutrinária, que as multas processuais como retro destacadas (litigância de má-fé, por ato atentatório à dignidade da justiça etc.) não podem ser consideradas como despesas processuais, pois a multa se caracteriza como uma punição a parte que praticou um ato ilícito. Em contrapartida, as despesas processuais são devidas e cobradas pela prática de atos processuais lícitos, praticados consoante o ordenamento processual.

As custas possuem natureza jurídica de taxa, sendo devidas ao Estado, em virtude da prestação jurisdicional (art. 98, § 2º[52], da CF).

Justamente por ser um tributo, as custas são regidas pelo princípio da legalidade, o qual impõe que só existem os tributos se previstos/criados em lei, cujo teor deverá estabelecer as hipóteses de incidência, a base de cálculo e o percentual de alíquota.

No processo do trabalho, o seu regramento encontra-se no art. 789 da CLT, que passa a ter a seguinte redação, em virtude da Lei 13.467/2017, sobre as custas processuais:

> Art. 789. Nos dissídios individuais e nos dissídios coletivos do trabalho, nas ações e procedimentos de competência da Justiça do Trabalho, bem como nas demandas propostas perante a Justiça Estadual, no exercício da jurisdição trabalhista, as custas relativas ao processo de conhecimento incidirão à base de 2% (dois por cento), observado o mínimo de R$ 10,64 (dez reais e sessenta e quatro centavos) e o máximo de quatro vezes o limite máximo dos benefícios do Regime Geral de Previdência Social, e serão calculadas:
>
> I – quando houver acordo ou condenação, sobre o respectivo valor;

I – autenticação de traslado de peças mediante cópia reprográfica apresentada pelas partes – por folha: R$ 0,55 (cinquenta e cinco centavos de real); (Incluído pela Lei nº 10.537, de 27.8.2002)

II – fotocópia de peças – por folha: R$ 0,28 (vinte e oito centavos de real);(Incluído pela Lei nº 10.537, de 27.8.2002)

III – autenticação de peças – por folha: R$ 0,55 (cinquenta e cinco centavos de real); (Incluído pela Lei nº 10.537, de 27.8.2002)

IV – cartas de sentença, de adjudicação, de remição e de arrematação – por folha: R$ 0,55 (cinquenta e cinco centavos de real); (Incluído pela Lei nº 10.537, de 27.8.2002)

V – certidões – por folha: R$ 5,53 (cinco reais e cinquenta e três centavos). (Incluído pela Lei nº 10.537, de 27.8.2002)".

[52] "§ 2º As custas e emolumentos serão destinados exclusivamente ao custeio dos serviços afetos às atividades específicas da Justiça. (NR) (Parágrafo acrescentado pela Emenda Constitucional nº 45, de 08.12.2004, DOU31.12.2004)".

II - quando houver extinção do processo, sem julgamento do mérito, ou julgado totalmente improcedente o pedido, sobre o valor da causa;

III - no caso de procedência do pedido formulado em ação declaratória e em ação constitutiva, sobre o valor da causa;

IV - quando o valor for indeterminado, sobre o que o juiz fixar.

§ 1º As custas serão pagas pelo vencido, após o trânsito em julgado da decisão. No caso de recurso, as custas serão pagas e comprovado o recolhimento dentro do prazo recursal.

§ 2º Não sendo líquida a condenação, o juízo arbitrar-lhe-á o valor e fixará o montante das custas processuais.

§ 3º Sempre que houver acordo, se de outra forma não for convencionado, o pagamento das custas caberá em partes iguais aos litigantes.

§ 4º Nos dissídios coletivos, as partes vencidas responderão solidariamente pelo pagamento das custas, calculadas sobre o valor arbitrado na decisão, ou pelo Presidente do Tribunal. (NR)

A novidade apresentada pelo caput diz respeito somente à fixação de um teto para o recolhimento das custas, o qual será de 04 (quatro) vezes o limite máximo dos benefícios previdenciários fixado pelo Regime Geral de Previdência Social (que atualmente se encontra fixado em R$ 6.084,71, portanto, o valor máximo de custas será em torno de R$ 24.338,84).

Exemplo: em uma condenação de R$ 1.500.000,00 (um milhão e meio de reais), as custas a 2% gerariam um valor de R$ 30.000,00, contudo, aplicando-se a regra do máximo legal de quatro vezes o teto do INSS, o valor a ser pago será de aproximadamente R$ 24.338,84 para as custas.

Foi mantido o percentual de 2% sobre o valor da condenação, quando a sentença for líquida, ou sobre o valor arbitrado, quando for ilíquida. Também servirá de base de cálculo para as custas o valor da causa ou do acordo, consoante o deslinde do caso.

Essa fixação de um teto é salutar, pois valores exagerados podem impedir o acesso ao sistema recursal, já que para que o recurso seja conhecido, é necessário o recolhimento das custas processuais.

Importante mencionar que o inciso IV do artigo em lume resta prejudicado, pois, com a reforma, a petição inicial deverá apontar o valor da causa.

No processo do trabalho, diferentemente do processo civil, as custas processuais são devidas após a prolatação da sentença. Neste ponto, deve-se ter cuidado, pois, caso a parte queira recorrer da decisão, deverá recolher as custas, já que estas integram o preparo, que é um pressuposto recursal. Caso a parte não recorra, o seu recolhimento dar-se-á após o trânsito em julgado da decisão.

As custas devem ser recolhidas em guias denominadas Guia de Recolhimento da União – GRU.

O recolhimento das custas, ordinariamente, é de responsabilidade da parte vencida. Mesmo que o reclamante apresente diversas pretensões e saia vitorioso apenas em uma, a responsabilidade pelo pagamento recai sobre o reclamado ou empregador, integralmente, ou seja, não há divisão do pagamento das custas, em havendo sucumbência recíproca[53]. Logo, tanto faz se a sentença seja procedente ou procedente em parte, pois a responsabilidade pelo recolhimento das custas é do empregador/reclamado. Dessa forma, há a incidência do princípio da proteção, que faz com que só o reclamado pague as custas, diferentemente do Processo Civil, em que cada um paga sua parte de sucumbência. Importante sublinhar que a Reforma Trabalhista não trouxe nenhum dispositivo no sentido de que o reclamante terá que pagar custas na sucumbência recíproca, somente honorários advocatícios.

Essa regra não vale para as relações de trabalho *lato sensu* (nas quais não há vínculo empregatício), de conformidade com a IN 27/2005 do TST.

No processo de conhecimento, as custas equivalem a 2% sobre o valor da condenação.

Não existindo condenação, ou seja, quando o juiz julgar o processo sem analisar o mérito, ou julgá-lo improcedente, as custas serão calculadas no importe de 2% sobre o valor dado à causa.

Na hipótese de homologação de acordo, o percentual também será de 2% sobre o valor acordado, porém devendo ser pago pelas litigantes em partes iguais (1% para cada parte), salvo se pactuarem de forma distinta.

Nas ações meramente declaratórias, ou meramente constitutivas, sem que haja pedido condenatório, as custas serão fixadas em 2% do valor da causa, a serem suportadas pelo reclamante ou pelo reclamado, conforme a sucumbência.

No dissídio coletivo, as custas serão pagas pelas partes vencidas, de maneira solidária.

Em ações plúrimas (litisconsórcio), as custas serão calculadas sobre o valor total dos pedidos (Súmula 36 do TST).

As custas, na fase de execução, em regra, têm os seus valores fixos, conforme o determinado no art. 789-A da CLT[54].

---

[53] Vejamos o art. 86 do CPC/2015: (...) Parágrafo único. Se um litigante sucumbir em parte mínima do pedido, o outro responderá, por inteiro, pelas despesas e pelos honorários.

[54] "Art. 789-A. No processo de execução são devidas custas, sempre de responsabilidade do executado e pagas ao final, de conformidade com a seguinte tabela: I – autos de arrematação, de adjudicação e de remição: 5% (cinco por cento) sobre o respectivo valor, até o máximo de R$ 1.915,38 (um mil, novecentos e quinze reais e trinta e oito centavos); II – atos dos oficiais de justiça, por diligência certificada: a. em zona urbana: R$ 11,06 (onze reais e

13.9.1 Isenção de custas

Conforme preconizado por Mauro Cappelletti e Bryant Garth no livro *Acesso à justiça*, a justiça deve proporcionar meios efetivos de se aproximar da população, bem como demonstrar a efetividade do processo. Para tanto, os mencionados autores trabalham com o que chamam de as 3 (três) ondas de acesso, as quais se complementam.

A denominada 1ª Onda de acesso aborda a gratuidade da justiça. O ponto crucial é remover o obstáculo financeiro para quem não possui condições financeiras de arcar com as despesas processuais. A falta de recurso financeiro não pode inibir o acesso à justiça. Nessa senda, a CF/88 assegura a assistência jurídica integral e gratuita.

> Art. 5º, LXXIV, CF – o Estado prestará assistência jurídica integral e gratuita aos que comprovarem insuficiência de recursos.

Já a 2ª Onda enaltece a coletivização do processo, prestigiando os processos coletivos e os instrumentos coletivos de solução de demandas de massa e repetitivas.

A 3ª Onda busca implementar mecanismos processuais mais efetivos e racionais, bem como meios alternativos de solução de conflitos, tal como a arbitragem, a mediação e a conciliação.

Nesse ponto da obra, interessa-nos o desenvolvimento da gratuidade da justiça, preconizada na 1º Onda. Assim, a gratuidade da justiça se coaduna coma a ideia de valorizar o amplo acesso à justiça, permitindo a todos, independentemente de sua condição financeira, a busca pela tutela jurisdicional.

Destarte, embora a lei preveja o pagamento das custas, existem partes que são isentas desse pagamento. Os critérios definidores sobre a concessão do benefício da justiça gratuita encontram-se nos arts. 790 e 790-A da CLT. Com a Lei 13.467/2017, o art. 790 teve o seu § 3º modificado, bem como lhe foi inserido o § 4º.

Com intuito de demonstrar o que fora alterado, bem como quais são os novos critérios para a concessão do benefício da justiça gratuita, elencamos a redação antiga do § 3º do art. 790:

> seis centavos); b. em zona rural: R$ 22,13 (vinte e dois reais e treze centavos); III – agravo de instrumento: R$ 44,26 (quarenta e quatro reais e vinte e seis centavos); IV – agravo de petição: R$ 44,26 (quarenta e quatro reais e vinte e seis centavos); V – embargos à execução, embargos de terceiro e embargos à arrematação: R$ 44,26 (quarenta e quatro reais e vinte e seis centavos); VI – recurso de revista: R$ 55,35 (cinquenta e cinco reais e trinta e cinco centavos); VII – impugnação à sentença de liquidação: R$ 55,35 (cinquenta e cinco reais e trinta e cinco centavos); VIII – despesa de armazenagem em depósito judicial – por dia: 0,1% (um décimo por cento) do valor da avaliação; IX – cálculos de liquidação realizados pelo contador do juízo – sobre o valor liquidado: 0,5% (cinco décimos por cento) até o limite de R$ 638,46 (seiscentos e trinta e oito reais e quarenta e seis centavos)".

É facultado aos juízes, órgãos julgadores e presidentes dos tribunais do trabalho de qualquer instância, conceder, a requerimento ou de ofício, o benefício da justiça gratuita, inclusive quanto a traslados e instrumentos, àqueles que perceberem salário igual ou inferior ao dobro do mínimo legal, ou declararem, sob as penas da lei, que não estão em condições de pagar as custas do processo sem prejuízo do sustento próprio ou de sua família (Redação dada pela Lei 10.537, de 27.8.2002)

Consequentemente, para que o empregado fosse beneficiário da justiça gratuita (isento do pagamento não só das custas, mas das despesas do processo em geral – custas, honorários, emolumentos), precisaria:

- Receber salário igual ou inferior ao dobro do mínimo legal nacional (ex.: salário mínimo atual de R$ 1.039,00[55]; a pessoa que recebesse menos de R$ 2.078,00 já estaria automaticamente abrangida e seria beneficiária da justiça gratuita, mesmo que não declarasse); ou,
- Bastava a parte declarar que não tinha condições de pagar as custas processuais sem prejuízo de seu sustento ou de sua família; era a chamada declaração de hipossuficiência econômica, por meio da qual o reclamante, ou o seu advogado, declarasse que não tinha condições de pagar as custas e as demais despesas do processo.

Contudo, na prática, tal sistema permitia situações constrangedoras[56], já que muitos juízes concediam o benefício da justiça gratuita em situações que, aparentemente, não justificariam a concessão, como nos casos em que o reclamante (empregado) possuía condições financeiras, mas declarava que era hipossuficiente, não podendo arcar com o pagamento das custas e despesas do processo, ou seja, a declaração de hipossuficiência gerava uma presunção absoluta para a isenção.

Diante desse sistema, em que não havia um filtro contundente para se verificar a real situação do empregado – vulnerável ou não – o legislador buscou mudar esse panorama. Dessa feita, a alteração do § 3º busca evitar esse tipo de distorção.

---

[55] Novo salário mínimo nacional estabelecido pelo Presidente da República, em 31/12/2019.

[56] "Justiça gratuita. Declaração de pobreza. Presunção relativa de veracidade não elidida pelo fato de o reclamante ter recebido verbas rescisórias e de indenização em decorrência de adesão a plano de demissão voluntária. O fato de o reclamante ter recebido quantia vultosa (R$ 1.358.507,65) decorrente de verbas rescisórias e de indenização oriunda de adesão a plano de demissão voluntária não é suficiente para elidir a presunção de veracidade da declaração de pobreza por ele firmada. Sob esse fundamento, a SBDI-I, maioria, conheceu dos embargos por contrariedade à Orientação Jurisprudencial nº 304 da SBDI-I, e, no mérito, deu-lhes provimento para restabelecer a sentença que deferira os benefícios da justiça gratuita. Vencidos os Ministros João Oreste Dalazen, Renato de Lacerda Paiva e Alexandre Agra Belmonte" (TST-ERR-11237-87.2014.5.18.0010, SBDI-I, rel. Min. Hugo Carlos Scheuermann, 2.2.2017).

Doravante, a nova regra retira a menção feita à chamada declaração de hipossuficiência. Logo, no novo texto da CLT, não há mais a previsão da declaração de hipossuficiência:

> § 3º É facultado aos juízes, órgãos julgadores e presidentes dos tribunais do trabalho de qualquer instância conceder, a requerimento ou de ofício, o benefício da justiça gratuita, inclusive quanto a traslados e instrumentos, àqueles que perceberem salário igual ou inferior a 40% (quarenta por cento) do limite máximo dos benefícios do Regime Geral de Previdência Social.

Para que o empregado seja beneficiário da justiça gratuita, é necessário que o mesmo receba um salário igual ou inferior a 40% (quarenta por cento) do valor considerado teto dos benefícios do Regime Geral da Previdência Social.

Portanto, como regra, a parte que receba mais de 40% (quarenta por cento) do valor considerado máximo para os benefícios do INSS precisa comprovar, e não apenas declarar, que não possui condições de pagar as custas do processo, em consonância com o § 4º do art. 790 da CLT.

Entendemos que essa regra somente se aplica aos reclamantes que estejam empregados, e que possam comprovar a renda mensal, pois não faz sentido aplicá-la aos desempregados, que, a nosso sentir, gozam da presunção de estado de miserabilidade.

É uma regra que deve ser aplicada com parcimônia, pois pode inibir o acesso à justiça, posto que quando se passa a exigir custas, criando obstáculos financeiros para que o cidadão tenha acesso ao Poder Judiciário, está-se a violar o art. 5º, XXXV, CF/1988, ou seja, o princípio do acesso à justiça.

Ressalta-se que a concessão do benefício pode ocorrer a requerimento ou de ofício, em qualquer instância.

Importante mencionar, também, que o art. 790, § 4º[57], CLT, prevê que será concedido o benefício da justiça gratuita à parte que comprovar a insuficiência de recursos para o pagamento das custas do processo.

A partir dessa nova regra, o empregador poderá ser beneficiário da justiça gratuita, deixando de pagar as custas. O dispositivo em comento pacificou o entendimento de que o benefício será concedido à parte, não fazendo qualquer tipo de exclusão. Assim sendo, pode ser beneficiário da justiça gratuita: o empregador pessoa física, pessoa jurídica (sem fins lucrativos ou com fins lucrativos), em recuperação judicial ou em falência, ou seja, **desde que comprove sua situação de insolvência ou de insuficiência patrimonial.**

Também são isentos:

---

[57] "§ 4º O benefício da justiça gratuita será concedido à parte que comprovar insuficiência de recursos para o pagamento das custas do processo".

- a União, os Estados, o Distrito Federal, os Municípios e respectivas autarquias e fundações públicas federais, estaduais ou municipais que não explorem atividade econômica (art. 790-A, I, da CLT);
- o Ministério Público do Trabalho (art. 790-A, II, da CLT);
- a massa falida, conforme a Súmula 86 do TST;

> DESERÇÃO. MASSA FALIDA. EMPRESA EM LIQUIDAÇÃO EXTRAJUDICIAL
>
> Não ocorre deserção de recurso da massa falida por falta de pagamento de custas ou de depósito do valor da condenação. Esse privilégio, todavia, não se aplica à empresa em liquidação extrajudicial.

- Empresa Brasileira de Correios e Telégrafos – embora seja uma empresa pública, o STF a isenta, em virtude de sua função pública (Decreto-lei 509/1969[58]);
- Hospital de Clínicas de Porto Alegre (Lei 5.604/1970) (TST-SBDI-1 Transitória – OJ 74), *in verbis*:

> HOSPITAL DE CLÍNICAS DE PORTO ALEGRE. CUSTAS PROCESSUAIS. RECOLHIMENTO. ISENÇÃO. ART. 15 DA LEI Nº 5.604, DE 02.09.1970. A isenção tributária concedida pelo art. 15 da Lei nº 5.604, de 02.09.1970, ao Hospital de Clínicas de Porto Alegre compreende as custas processuais, por serem estas espécie do gênero tributo.

Não estão isentas as empresas públicas e as sociedades de economia mista (Súmula 170[59] do TST), bem como as entidades fiscalizadoras de exercício profissional (ex.: CREA, CRM, CRF etc.) (art. 790-A, parágrafo único, da CLT).

Em sessão de março de 2016, o colendo Tribunal Superior do Trabalho promoveu o cancelamento da OJ 305 da SDI-I do TST, alterou a redação da Súmula 219 (que será transcrita no item seguinte), bem como da Súmula 25, *in verbis*:

---

[58] OJ 247 da SDI-I: "Servidor público. Celetista concursado. Despedida imotivada. Empresa pública ou sociedade de economia mista. Possibilidade.
I – A despedida de empregados de empresa pública e de sociedade de economia mista, mesmo admitidos por concurso público, independe de ato motivado para sua validade;
II – A validade do ato de despedida do empregado da Empresa Brasileira de Correios e Telégrafos (ECT) está condicionada à motivação, por gozar a empresa do mesmo tratamento destinado à Fazenda Pública em relação à imunidade tributária e à execução por precatório, além das prerrogativas de foro, prazos e custas processuais. (Redação dada pela Resolução TST nº 143, de 08.11.2007)".

[59] Súmula 170: "Sociedade de economia mista. Custas. Os privilégios e isenções no foro da Justiça do Trabalho não abrangem as sociedades de economia mista, ainda que gozassem desses benefícios anteriormente ao Decreto-Lei nº 779, de 21.08.1969. Ex-prejulgado nº 50".

CUSTAS PROCESSUAIS. INVERSÃO DO ÔNUS DA SUCUMBÊNCIA.

I – A parte vencedora na primeira instância, se vencida na segunda, está obrigada, independentemente de intimação, a pagar as custas fixadas na sentença originária, das quais ficará isenta a parte então vencida;

II – No caso de inversão do ônus da sucumbência em segundo grau, sem acréscimo ou atualização do valor das custas e se estas já foram devidamente recolhidas, descabe um novo pagamento pela parte vencida, ao recorrer. Deverá ao final se sucumbente, reembolsar a quantia; (ex-OJ nº 186 da SBDI-1)

III – Não caracteriza deserção a hipótese em que, acrescido o valor da condenação, não houve fixação ou cálculo do valor devido a título de custas e tampouco intimação da parte para o preparo do recurso, devendo ser as custas pagas ao final; (ex-OJ 104 da SBDI-1)

IV – O reembolso das custas à parte vencedora faz-se necessário mesmo na hipótese em que a parte vencida for pessoa isenta do seu pagamento, nos termos do artigo 790-A, parágrafo único, da CLT.

Resumindo, o benefício da justiça gratuita contempla as seguintes características:

- o beneficiário deve receber salário igual ou inferior a 40% do limite máximo dos benefícios do Regime Geral da Previdência Social (já há uma presunção legal de vulnerabilidade) ou, na hipótese de perceber um salário maior, comprovar que não possui condições de arcar com as despesas do processo, conforme art. 790, § 4º, da CLT;
- pode ser deferido de ofício ou a requerimento;
- a parte pode estar representada por advogado do sindicato ou por advogado particular;
- o benefício pode ser franqueado em qualquer instância.

Os emolumentos serão suportados pelo requerente, nos valores fixados na tabela constante no art. 789-B da CLT. Assim como as custas, os emolumentos são uma espécie de taxa, devendo ser pago pela parte que solicita e não pela regra da sucumbência ou causalidade, como ocorre com as custas.

No que concerne aos honorários periciais, são eles devidos pela parte que foi sucumbente na pretensão objeto da perícia, e não em relação às demais pretensões (art. 790-B da CLT), mesmo que detentor do benefício da justiça gratuita. Dessa forma, caso o reclamante tenha elaborado diversos pedidos, dentre os quais insalubridade, por exemplo, e fique constatado pelo laudo pericial que o local não era insalubre, e a decisão não reconheça o pagamento do respectivo adicional, o empregado deverá arcar com os honorários periciais, mesmo que tenha alcançado êxito em relação aos demais pedidos.

Nesse sentido é o teor da nova redação do art. 790-B da CLT:

> Art. 790-B. A responsabilidade pelo pagamento dos honorários periciais é da parte sucumbente na pretensão objeto da perícia, ainda que beneficiária da justiça gratuita.
>
> § 1º Ao fixar o valor dos honorários periciais, o juízo deverá respeitar o limite máximo estabelecido pelo Conselho Superior da Justiça do Trabalho.
>
> § 2º O juízo poderá deferir parcelamento dos honorários periciais.
>
> § 3º O juízo não poderá exigir adiantamento de valores para realização de perícias.
>
> § 4º Somente no caso em que o beneficiário da justiça gratuita não tenha obtido em juízo créditos capazes de suportar a despesa referida no *caput*, ainda que em outro processo, a União responderá pelo encargo.

Diante desse novo regramento, o teor da Súmula 457 do TST deverá ser alterado:

> HONORÁRIOS PERICIAIS. BENEFICIÁRIO DA JUSTIÇA GRATUITA. RESPONSABILIDADE DA UNIÃO PELO PAGAMENTO. RESOLUÇÃO Nº 66/2010 DO CSJT. OBSERVÂNCIA
>
> A União é responsável pelo pagamento dos honorários de perito quando a parte sucumbente no objeto da perícia for beneficiária da assistência judiciária gratuita, observado o procedimento disposto nos arts. 1º, 2º e 5º da Resolução nº 66/2010 do Conselho Superior da Justiça do Trabalho – CSJT.

A reforma trabalhista trouxe, também, uma novidade, prevista no § 3º do art. 790-B, proibindo o pagamento antecipado dos honorários periciais veio corroborar o posicionamento consolidado pelo TST, conforme **Orientação Jurisprudencial 98 da SDI-II do TST**:

> MANDADO DE SEGURANÇA. CABÍVEL PARA ATACAR EXIGÊNCIA DE DEPÓSITO PRÉVIO DE HONORÁRIOS PERICIAIS
>
> É ilegal a exigência de depósito prévio para custeio dos honorários periciais, dada a incompatibilidade com o processo do trabalho, sendo cabível o mandado de segurança visando à realização da perícia, independentemente do depósito.

Todavia, aludida proibição **não** alcança as ações que não decorrem da relação de emprego (art. 6º, parágrafo único, da IN 27 do TST).

De todo o exposto, depreende-se que a parte sucumbente, ainda que beneficiária da gratuidade de justiça, será responsável pelos honorários periciais, que terão um teto máximo com previsão no § 1º do art. 790-B[60] da CLT, com possibilidade de parcelamento pelo juízo trabalhista, desde que com a concordância do perito.

---

[60] Resolução CSJT 66, de 10 de junho de 2010.

A novidade vem por conta não apenas da possibilidade de parcelamento dos honorários periciais, como também do fato de que somente no caso em que o beneficiário da justiça gratuita não tenha obtido em juízo créditos capazes de suportar a despesa referida no caput do art. 790-B, ainda que em outro processo, a União responderá por tal encargo.

Em vista disso, o § 4º do art. 790-B impõe ao sucumbente no objeto da perícia, ainda que beneficiário da justiça gratuita, arcar com os honorários periciais. O valor dos honorários será descontado de eventuais créditos decorrentes do próprio ou de outro processo.

Exemplificando, um reclamante beneficiário da justiça gratuita ingressa com uma demanda, na qual faz pedido de férias vencidas, pagamento por fora e adicional de insalubridade. Ao final do processo, o magistrado reconhece ao reclamante o pagamento das férias e do valor pago por fora, porém nega o pedido de adicional de insalubridade; o valor total da condenação perfaz o montante de R$ 20.000,00. Desse valor, o juiz descontará o valor dos honorários periciais.

O questionamento que perdurará até um posicionamento consolidado dos Tribunais é: a autorização da cobrança de honorários periciais do beneficiário da justiça gratuita seria uma violação à gratuidade prevista na Constituição?

13.10 ASSISTÊNCIA JUDICIÁRIA GRATUITA E BENEFÍCIO DA JUSTIÇA GRATUITA

Como dito alhures, o acesso à Justiça deve ser assegurado pelo Estado, por diferentes modos. Uma dessas possibilidades se dá quando o Estado proporciona assistência jurídica gratuitamente aos seus jurisdicionados, que não possuem condições financeiras de arcar com as despesas processuais.

Em nosso país, trata-se de um direito fundamental, consubstanciado no art. 5º, LXXIV, da Constituição da República, o qual assevera que "O Estado prestará assistência jurídica integral e gratuita aos que comprovarem insuficiência de recursos".

À vista disso, a assistência judiciária deveria ser prestada pela Defensoria Pública da União[61], mas, por questões estruturais e históricas, acaba não efetivando essa sua atribuição. Estruturais porque faltam defensores e estrutura física para cobrir todo território nacional; historicamente, coube aos sindicatos o oferecimento de advogados gratuitamente aos trabalhadores de suas respectivas categorias.

Tradicionalmente, a assistência judiciária, na Justiça do Trabalho, regulamentada pelo art. 14 da Lei 5.584/1970, confere aos sindicatos o dever de prestá-la aos

---

[61] LC 80/94, art. 14: "A Defensoria Pública da União atuará nos Estados, no Distrito Federal e nos Territórios, junto às Justiças Federal, do Trabalho, Eleitoral, Militar, Tribunais Superiores e instâncias administrativas da União".

trabalhadores pertencentes à respectiva categoria profissional, *independentemente de serem associados* (art. 18 da Lei 5.584/1970). O artigo 14, §1º, da Lei 5.584/70 fixava que a assistência judiciária fosse prestada pelo sindicato, desde que o trabalhador recebesse salário igual ou inferior a 2 salários mínimos ou que, mesmo recebendo salário superior, declarasse que não tinhas condições de demandar sem prejuízo de seu próprio sustento ou de sua família.

Entretanto, com o advento da Lei 13.467/2017, o parâmetro para se determinar a insuficiência de recursos foi alterado. Conforme já exposto, o art. 790, §§ 3º e 4º, passou a considerar trabalhador hipossuficiente aquele que percebe salário igual ou inferior a 40% (quarenta por cento) do valor considerado máximo para os benefícios da previdência social, ou, mesmo recebendo um valor maior, desde que comprove que eventuais custas comprometem o seu sustento, ou o de sua família.

Desse modo, doravante, a assistência judiciária será prestada pelo respectivo sindicato ao trabalhador que perceber salário igual ou inferior a 40% (quarenta por cento) do valor considerado máximo para os benefícios da previdência social, ou mesmo recebendo um valor maior, desde que comprove que eventuais custas comprometem o seu sustento, ou o de sua família.[62]

Referida regra significa que o sindicato oferecerá, gratuitamente, a representação técnica (advogados) aos trabalhadores pertencentes à sua categoria, filiados ou não, que se encontrem em estado de miserabilidade; ademais, o empregado não arcará com as despesas processuais (custas e emolumentos).

Entretanto, na atual conjuntura, pós-reforma trabalhista, em que não há mais a contribuição sindical obrigatória, será que faz sentido obrigar o sindicato a oferecer o serviço de assistência judiciária de forma gratuita?

O sindicato é uma pessoa jurídica de direito privado, e como tal não pode ser compelido pelo Estado (lei) a prestar um serviço, no caso o de assistência judiciária de forma gratuita. Mencionada situação não nos parece razoável. Resta a seguinte indagação: faz sentido, juridicamente, obrigar um particular a prestar um serviço gratuito?

Sustentamos que ao sindicato resta prestar a assistência judiciária ao seus filiados (sindicalizados), não sendo mais obrigado a prestar assistência judiciária integral para trabalhadores não sindicalizados.

---

[62] CLT: "Art. 790. (...) § 3º É facultado aos juízes, órgãos julgadores e presidentes dos tribunais do trabalho de qualquer instância conceder, a requerimento ou de ofício, o benefício da justiça gratuita, inclusive quanto a traslados e instrumentos, àqueles que perceberem salário igual ou inferior a 40% (quarenta por cento) do limite máximo dos benefícios do Regime Geral de Previdência Social. § 4º O benefício da justiça gratuita será concedido à parte que comprovar insuficiência de recursos para o pagamento das custas do processo".

Em sentido pariforme, Élisson Miessa[63] defende que o sindicato não tem mais a obrigação de ofertar a assistência judiciária:

> [...] com a extinção da contribuição sindical obrigatória, pensamos que tais resquícios deixam de existir, de modo que o sindicato, sendo pessoa jurídica de direito privado, deixa de ter o dever legal de prestar gratuitamente a assistência judiciária.
> [...] a assistência judiciária gratuita exercida pelo sindicato deixa de ser obrigatória, podendo ser desempenhada quando prevista no estatuto da entidade, com os requisitos por ele estabelecidos.

Podemos afirmar que a assistência judiciária engloba a justiça gratuita, ou seja, o empregado que obtém assistência judiciária também goza do benefício da justiça gratuita.

O benefício da justiça gratuita significa a possibilidade de a parte demandar sem ter que arcar com as despesas processuais, como custas e emolumentos. Vale relembrar que os honorários periciais e honorários advocatícios passam a ser devidos, em caso de sucumbência, mesmo por aqueles que gozam do benefício da justiça gratuita.

Para justificar o referido benefício, o trabalhador deverá receber salário igual ou inferior a 40% (quarenta por cento) do limite máximo dos benefícios do regime geral de previdência social ou comprovar insuficiência de recursos para o pagamento das custas do processo, como já salientado.

Mesmo que a parte (autora ou ré) seja representada por advogado particular, preenchendo os requisitos legais, ou seja, comprovando sua hipossuficiência econômica e que não tem condições de arcar com os gastos do processo, terá direito ao benefício da gratuidade de justiça. Esta prova poderá ser feita, quando o empregado perceber remuneração não superior a 40% do valor máximo do benefício da previdência social, por meio de cópias da CTPS, do termo de rescisão do contrato de trabalho e das últimas três declarações do Imposto de Renda, com requerimento de imposição de sigilo. Como a Justiça do Trabalho é também chamada de justiça dos "desempregados", somos levados a crer que estes, demandando em juízo e provando que estão sem emprego, restará presumido[64] seu estado de miserabilidade, pela ausência de renda e, por corolário lógico, há desnecessidade da prova.

---

[63] MIESSA, Elisson. *Processo do trabalho para concursos*. 6. ed. Salvador: JusPodivm, 2018. p. 342.

[64] Vejamos o art. 99 do CPC/2015: "O pedido de gratuidade da justiça pode ser formulado na petição inicial, na contestação, na petição para ingresso de terceiro no processo ou em recurso. § 1º Se superveniente à primeira manifestação da parte na instância, o pedido poderá ser formulado por petição simples, nos autos do próprio processo, e não suspenderá seu curso. § 2º O juiz somente poderá indeferir o pedido se houver nos autos elementos

Como visto, o benefício da justiça gratuita pode ser concedido de ofício pelo juiz, em qualquer instância.

Embora o benefício possa ser concedido em qualquer instância, a parte deve respeitar a **Orientação Jurisprudencial 269 da SDI-I do TST**:

> OJ 269 DA SDI-I JUSTIÇA GRATUITA. REQUERIMENTO DE ISENÇÃO DE DESPESAS PROCESSUAIS. MOMENTO OPORTUNO (inserido item II em decorrência do CPC de 2015) – Res. 219/2017, DEJT divulgado em 28, 29 e 30.06.2017 – republicada – DEJT divulgado em 12, 13 e 14.07.2017
>
> I – O benefício da justiça gratuita pode ser requerido em qualquer tempo ou grau de jurisdição, desde que, na fase recursal, seja o requerimento formulado no prazo alusivo ao recurso.
>
> II – Indeferido o requerimento de justiça gratuita formulado na fase recursal, cumpre ao relator fixar prazo para que o recorrente efetue o preparo (art. 99, § 7º, do CPC de 2015).

O entendimento do TST se justifica tendo em vista que o pagamento das custas processuais fixadas na decisão consiste em pressuposto recursal. Dessa forma, se a parte condenada no processo quiser recorrer, mas não o fizer no prazo recursal e não recolher o pagamento das custas, o seu recurso será tido por deserto e, consequentemente, não será conhecido para julgamento.

Esquematicamente, podemos assim dizer:

- assistência judiciária gratuita: abarca a assistência pelo sindicato (advogado – para os seus filiados) ou pela Defensoria Pública da União + isenção das despesas processuais;
- justiça gratuita: só isenção das despesas processuais, independentemente de a parte estar representada por advogado do sindicato, pois o fundamento é o estado de miserabilidade da parte. Em outras palavras, abrange taxas, emolumentos, custas, honorários periciais e outras despesas do processo.

Atualmente, o empregador também poderá ser beneficiário da justiça gratuita, conforme já exposto. Para tanto, a concessão do mencionado benefício deve se basear em prova inequívoca da insuficiência econômica do empregador.

---

que evidenciem a falta dos pressupostos legais para a concessão de gratuidade, devendo, antes de indeferir o pedido, determinar à parte a comprovação do preenchimento dos referidos pressupostos. § 3º Presume-se verdadeira a alegação de insuficiência deduzida exclusivamente por pessoa natural. § 4º A assistência do requerente por advogado particular não impede a concessão de gratuidade da justiça."

Portanto, o empregador[65] deve comprovar[66] a sua incapacidade econômica de prover as custas do processo de maneira irrefutável.

Neste caso não se aplica, por analogia, ao empregador, o que se exige em relação ao empregado hipossuficiente, fazendo-se necessário que aquele apresente extratos de contas bancárias, declaração de imposto de renda da pessoa jurídica e de seus sócios, consulta do Serasa, balancetes recentes, demonstrativo de lucros e perdas e balanço patrimonial de seu empreendimento para demonstrar a sua efetiva situação econômico-financeira.

A respeito, o TST editou em, 26/6/2017, a Súmula 463, com a seguinte redação:

ASSISTÊNCIA JUDICIÁRIA GRATUITA. COMPROVAÇÃO. (Conversão da OJ 304 da SBDI-I, com alterações decorrentes do CPC/2015.)

---

[65] "Agravo de instrumento em recurso de revista. Depósito recursal. Empresa que alega ser beneficiária da justiça gratuita. Efeitos. Agravo de instrumento. Recurso de revista. Depósito recursal. Deserção. Preliminar de nulidade. Cerceamento do direito de defesa. Decisão denegatória. Manutenção. Na Justiça do Trabalho, a concessão da justiça gratuita está relacionada à figura do empregado, conforme se infere do art. 14 da Lei nº 5.584/1970. Assim, a justiça gratuita, também prevista no art. 790, § 3º, da CLT, é benefício concedido ao hipossuficiente que não puder demandar sem o comprometimento do sustento próprio e de sua família. Embora excepcionalmente admita-se a hipótese de extensão dessa benesse ao empregador pessoa física que não explore atividade econômica, é imprescindível a comprovação da hipossuficiência, já que, não se tratando de empregado, a parte não se beneficia da presunção legal de pobreza. Mesmo se se entendesse que a Lei nº 1.060/1950 não tivesse excluído o empregador do benefício da assistência judiciária, certo que ela, em seu art. 3º, isenta o beneficiário apenas do pagamento das despesas processuais, não alcançando o depósito recursal (art. 899, § 1º, da CLT), pressuposto específico do recurso no processo do trabalho, que tem por escopo a garantia do juízo. Sendo assim, não há como assegurar o processamento do recurso de revista quando o agravo de instrumento interposto não desconstitui os fundamentos da decisão denegatória, que subsiste por seus próprios fundamentos. Agravo de instrumento desprovido" (TST, AIRR 2328-93.2010.5.12.0000, Rel. Min. Mauricio Godinho Delgado, DJe 12.11.2010).

[66] "Agravo de instrumento em recurso ordinário. Gratuidade de justiça requerida pelo reclamado. Diante da nova redação do inciso VII, do art. 3º da Lei nº 1.060, de 1950, não remanesce qualquer dúvida que o empregador (pessoa física ou jurídica) tem direito ao benefício da assistência judiciária gratuita, porém, desde que comprove nos autos, de forma cabal e inexorável, sua real situação econômico-financeira. No caso vertente, não se aplica a analogia em relação ao benefício atribuído ao empregado hipossuficiente, não bastando para o empregador a mera alegação de pobreza ou de insuficiência de recursos financeiros. É imperioso o acompanhamento de outros meios de prova que demonstrem as reais dificuldades econômicas e financeiras do empregador para fazer face aos custos judiciais do processo. Recurso improvido. Vistos, relatados e discutidos estes autos de Recurso Ordinário, em que figuram como agravante, Fortec Construções Ltda. e, como agravado, Ivanildo Cosmo da Silva" (TRT-1ª R., Agravo de Instrumento em RO 03441920145010027, 5ª T., Des. Enoque Ribeiro dos Santos, Data de publicação: 08.09.2015).

I – a partir de 26.6.2017, para a concessão da assistência judiciária gratuita à pessoa natural, basta a declaração de hipossuficiência econômica firmada pela parte ou por seu advogado, desde que munida de procuração com poderes específicos para esse fim (art. 105 do CPC de 2015);

II – No caso de pessoa jurídica, não basta a mera declaração: é necessária a demonstração cabal de impossibilidade de a parte arcar com as despesas do processo.

Não obstante a Súmula acima mencionada ter sido editada antes da reforma trabalhista e os dizeres do inciso I da súmula não se coadunarem com as regras do art. 790, § 3º, da CLT, o inciso II, por sua vez, é plenamente compatível com a *ratio* estabelecida na Lei 13.467/2017 a esse respeito.

13.11 HONORÁRIOS ADVOCATÍCIOS

Com o advento da Lei 13.467/2017, institui-se a regra dos honorários advocatícios sucumbenciais na Justiça do Trabalho.

O art. 791-A passa a preconizar os honorários da seguinte forma:

> Art. 791-A. Ao advogado, ainda que atue em causa própria, serão devidos honorários de sucumbência, fixados entre o mínimo de 5% (cinco por cento) e o máximo de 15% (quinze por cento) sobre o valor que resultar da liquidação da sentença, do proveito econômico obtido ou, não sendo possível mensurá-lo, sobre o valor atualizado da causa.
>
> § 1º Os honorários são devidos também nas ações contra a Fazenda Pública e nas ações em que a parte estiver assistida ou substituída pelo sindicato de sua categoria.
>
> § 2º Ao fixar os honorários, o juízo observará:
>
> I – o grau de zelo do profissional;
>
> II – o lugar de prestação do serviço;
>
> III – a natureza e a importância da causa;
>
> IV – o trabalho realizado pelo advogado e o tempo exigido para o seu serviço.
>
> § 3º Na hipótese de procedência parcial, o juízo arbitrará honorários de sucumbência recíproca, vedada a compensação entre os honorários.
>
> § 4º Vencido o beneficiário da justiça gratuita, desde que não tenha obtido em juízo, ainda que em outro processo, créditos capazes de suportar a despesa, as obrigações decorrentes de sua sucumbência ficarão sob condição suspensiva de exigibilidade e somente poderão ser executadas se, nos dois anos subsequentes ao trânsito em julgado da decisão que as certificou, o credor demonstrar que deixou de existir a situação de insuficiência de recursos que justificou a concessão de gratuidade, extinguindo-se, passado esse prazo, tais obrigações do beneficiário.
>
> § 5º São devidos honorários de sucumbência na reconvenção.

Com essa nova previsão, a de cabimento dos honorários advocatícios sucumbenciais, o processo do trabalho se aproxima cada vez mais do processo civil, o que significa dizer que a sua autonomia dogmática vem sendo fortemente atenuada (embora caiba ressaltar que muitos dos institutos do processo do trabalho influenciaram na elaboração do novo CPC, sendo exemplos a oralidade, a conciliação, a irrecorribilidade imediata das decisões interlocutórias – passou a ser regra no CPC – maior simplicidade na prática dos atos processuais etc.).

O que importa é compreender que essa nova regra muda substancialmente a essência do processo do trabalho, o qual permitia o fácil acesso à Justiça do Trabalho.

Inicia-se uma fase na qual os atores do contrato de trabalho pensarão em provocar o Judiciário com maior cautela, posto que daqui para o futuro o custo financeiro de um processo será, de certa forma um obstáculo; as regras para a concessão da gratuidade da justiça estão mais rigorosas (lembrem-se que não há mais a possibilidade da mera declaração de hipossuficiência, devendo a parte comprovar, quando for o caso, a sua vulnerabilidade financeira) e agora impera a regra dos honorários sucumbenciais.

Dessa feita, empregados e empregadores sofrerão os impactos dessa nova norma. Se serão benéficos ao processo do trabalho só o tempo dirá. Contudo, devemos extrair, a priori, situações benéficas tanto aos olhos do empregado como do empregador.

Para o empregado, podemos vislumbrar, como positivo, o fato de o empregador se sentir compelido a pagar corretamente as verbas rescisórias quando da extinção contratual, visto que caso o empregado ajuíze a reclamação trabalhista e consiga a procedência de seus pleitos, o empregador, além de ter que pagar as verbas rescisórias, terá que pagar honorários advocatícios sucumbenciais ao advogado do empregado. Ou seja, haverá um acréscimo na condenação.

Desse modo, espera-se que tal regra desestimule os empregadores a postergar o pagamento de verbas incontroversas, discutindo-as em juízo, porque sabem que terão que arcar também com os honorários advocatícios, o que não é interessante do ponto de vista econômico.

Em relação ao empregador, o art. 791-A traz a vantagem de inibir que empregados que agem de má-fé (aqueles que não possuem direito, mas mesmo assim procuram o judiciário trabalhista), ajuízem demandas na Justiça do Trabalho.

Como não havia honorários advocatícios sucumbenciais, o empregado ajuizava sua demanda (mesmo sabendo ser temerária) na Justiça do Trabalho, pois tinha a certeza de que mesmo sucumbente, nada teria que pagar a título de honorários advocatícios sucumbenciais ao advogado do reclamado, em regra, seu ex-empregador.

Para a advocacia, essa nova regra corrigiu uma injustiça histórica, pois o processo do trabalho era o único ramo em que não havia a concessão dos honorários advocatícios. Havia, somente, os honorários assistenciais, quando o empregado estava sendo assistido pelo advogado do respectivo sindicato – art. 16 da Lei 5.584/1970). Porém, esse artigo foi revogado pela Lei 13.725/2018. Doravante, os honorários advocatícios, consoante expressa previsão legal do art. 791 da CLT são devidos em caso de sucumbência, mesmo que a parte esteja assistida ou substituída pelo respectivo sindicato da categoria.

Dessa forma, com a devida remuneração por meio dos honorários sucumbenciais, o empregado terá condições de melhor negociar e ajustar com seus patronos os percentuais outrora remunerados, cujos percentuais chegavam a 30% sobre o valor dos seus créditos.

Passemos a analisar alguns pontos da nova regra.

O percentual dos honorários advocatícios sucumbenciais, previsto no caput do art. 791-A da CLT, é fixado entre 5 (cinco) a 15% (quinze por cento). Aqui cabe mencionar que, no processo civil, os honorários podem ser estipulados entre 10 (dez) e 20% (vinte por cento) conforme preconiza o § 2º, art. 85, CPC/2015[67]:

> A base de cálculo dos honorários advocatícios será o valor liquidado da sentença. Logo, somente após o trânsito em julgado da decisão e sua respectiva liquidação é que calcular-se-á a porcentagem de 5 (cinco) a 15% (quinze por cento). Como é cediço, o valor arbitrado pelo juiz em sua sentença é meramente estimativo.

Outro ponto relevante da reforma abarca a decisão de procedência parcial, na qual haverá o direito a honorários advocatícios recíprocos. Nessa hipótese, como os honorários advocatícios serão recíprocos, não será possível a compensação. Os honorários não pertencem às partes, mas sim aos advogados. Constituem direito autônomo do advogado, o qual tem caráter alimentar.

Dessa feita, o reclamante tem que pagar honorários advocatícios sucumbenciais para o advogado do reclamado e o reclamado tem que pagar honorários advocatícios sucumbenciais para o advogado do reclamante, porque houve sucumbência recíproca. Um tem que pagar para o advogado do outro nesta situação.

A título exemplificativo, se o reclamante tivesse que pagar R$ 2.000,00 (dois mil reais) para o advogado do reclamado e o reclamado tivesse que pagar R$ 2.000,00 (dois mil reais) para o advogado do reclamante, estes créditos não se anulariam, porque cada advogado terá direito ao seu crédito.

Também serão devidos honorários advocatícios sucumbenciais na reconvenção, nas ações contra a Fazenda Pública e nos casos de substituição processual por meio dos sindicatos.

---

[67] "Art. 791-A. Ao advogado, ainda que atue em causa própria, serão devidos honorários de sucumbência, fixados entre o mínimo de 5% (cinco por cento) e o máximo de 15% (quinze por cento) sobre o valor que resultar da liquidação da sentença, do proveito econômico obtido ou, não sendo possível mensurá-lo, sobre o valor atualizado da causa (Incluído pela Lei 13.467, de 13/07/2017). Art. 85, § 2º CPC Os honorários serão fixados entre o mínimo de dez e o máximo de vinte por cento sobre o valor da condenação, do proveito econômico obtido ou, não sendo possível mensurá-lo, sobre o valor atualizado da causa, atendidos: I – o grau de zelo do profissional; II – o lugar de prestação do serviço; III – a natureza e a importância da causa; IV – o trabalho realizado pelo advogado e o tempo exigido para o seu serviço".

Em relação à Fazenda Pública, interessante notar que o TST, por meio da Súmula 219, fixava os valores dos honorários em consonância aos parâmetros do CPC, ou seja, entre 10% e 20%. Agora, com a previsão legal, o TST deverá reformar esse seu entendimento.

Na hipótese de improcedência dos pedidos, o empregado deverá arcar com os honorários do advogado da reclamada, fixados entre 5% e 15% sobre o valor atualizado da causa.

No que tange ao beneficiário da justiça gratuita, a lei reformadora definiu que o mesmo deverá arcar com os honorários advocatícios, podendo o juiz reter créditos oriundos do próprio processo ou solicitar valores decorrentes de outros processos.

De outro modo, se o beneficiário da justiça gratuita for vencido e não possuir valores para pagar os honorários a obrigação ficará suspensa, por dois anos, conforme o § 4º do art. 791-A da CLT:

> § 4º Vencido o beneficiário da justiça gratuita, desde que não tenha obtido em juízo, ainda que em outro processo, créditos capazes de suportar a despesa, as obrigações decorrentes de sua sucumbência ficarão sob condição suspensiva de exigibilidade e somente poderão ser executadas se, nos dois anos subsequentes ao trânsito em julgado da decisão que as certificou, o credor demonstrar que deixou de existir a situação de insuficiência de recursos que justificou a concessão de gratuidade, extinguindo-se, passado esse prazo, tais obrigações do beneficiário.

Para facilitar a compreensão do leitor, apresentamos o seguinte exemplo: tendo o reclamante beneficiário da justiça gratuita que pagar honorários advocatícios sucumbenciais no valor de R$ 4.000,00 (quatro mil reais) para o advogado da reclamada, e não possuindo condições, a exigibilidade ficará suspensa durante dois anos. Consequentemente, o advogado do reclamado não poderá cobrar seus honorários advocatícios sucumbenciais do reclamante nestes dois anos, exceto na hipótese de surgir novos fatos que caracterizem que o reclamante/devedor não mais se apresenta na condição de insuficiência de recursos, passando a ter condições para pagar os honorários.

Tal regra encontra ressonância no art. 98 do CPC/2015, sendo que neste o prazo suspensivo é de cinco anos.

Dois questionamentos devem ser levantados:

- Haverá honorários sucumbenciais no cumprimento de sentença?
- Os honorários sucumbenciais são devidos na fase recursal?

Tais indagações surgem pelo fato de que no CPC/2015 os honorários advocatícios são devidos nas duas hipóteses.

Art. 85. (...)

§ 1º São devidos honorários advocatícios na reconvenção, no cumprimento de sentença, provisório ou definitivo, na execução, resistida ou não, e nos recursos interpostos, cumulativamente.

A reforma não contemplou tal hipótese na CLT, não havendo previsão expressa estipulando que são devidos os honorários advocatícios sucumbenciais na execução e no cumprimento de sentença.

Possivelmente, surgirão vozes no sentido de que os mesmos são devidos, nas hipóteses referidas, embasadas na regra do art. 769 da CLT, o qual prevê a aplicação subsidiária do CPC.

Em outro leme, é possível afirmar que não poderá haver aplicação subsidiária do CPC, porque não há omissão da CLT, pois a mesma decretou que somente é cabível os honorários advocatícios sucumbenciais na fase de conhecimento.

Em relação aos honorários recursais, o art. 85 do CPC, § 11, assim prevê:

Art. 85. (...)

§ 11. O tribunal, ao julgar recurso, majorará os honorários fixados anteriormente levando em conta o trabalho adicional realizado em grau recursal, observando, conforme o caso, o disposto nos §§ 2º a 6º, sendo vedado ao tribunal, no cômputo geral da fixação de honorários devidos ao advogado do vencedor, ultrapassar os respectivos limites estabelecidos nos §§ 2º e 3º para a fase de conhecimento

A regra anteriormente exposta permite que o Tribunal possa majorar o percentual dos honorários advocatícios fixados pelo juiz da primeira instância. O fito dessa norma é, na verdade, desestimular a interposição de recursos.

No que se refere à sua aplicação ao processo do trabalho, as razões são as mesmas apresentadas sobre os honorários na fase de cumprimento de sentença; por conseguinte, haverá dois posicionamentos.

A CLT é omissa e, portanto, aplicar-se-ia subsidiariamente o regramento do CPC; ou pode-se afirmar que não há lacuna na CLT e que não há espaço para o regramento dos honorários recursais do CPC ao processo do trabalho.

Ao longo da prática jurisprudencial, após o advento da Lei 13.467/2017, surgiram outros fatos jurídicos que carecem de observações.

O primeiro se relaciona ao cabimento dos honorários advocatícios na Justiça do Trabalho, ou seja, a partir da data do ajuizamento das ações trabalhistas (dia 11/11/2017), ou da data da sentença[68]?

---

68 Agravo interno. Recurso extraordinário com agravo. Honorários advocatícios no processo do trabalho. Art. 791-A da CLT, introduzido pela Lei n. 13.467/2017. INAPLICABILIDADE A PROCESSO JÁ SENTENCIADO. 1. A parte vencedora pede a fixação de honorários advocatícios na causa com base em direito superveniente. A Lei n. 13.467/2017 que promoveu

No que concerne ao direito material do trabalho, as regras criadas ou alteradas pela Lei 13.467/2017, cremos que têm aplicação tão somente aos fatos ocorridos após sua entrada em vigor, incluídos os critérios e demais requisitos para a fixação ou caracterização do dano moral, pois tais normas não retroagem, consoante art. 5º, XXXVI, da CF/1988, art. 912 da CLT e art. 6º da LINDB, em prestígio ao princípio da segurança jurídica.

Em relação às questões processuais, vige a máxima *tempus regitactum* e do isolamento dos atos processuais (art. 1.046 do CPC/2015).

No que concerne aos honorários sucumbenciais e concessão da gratuidade de justiça, entendemos que possuem natureza híbrida (REsp 1.465.535/SP-STJ), tendo seu regramento fixado no momento do ajuizamento da ação e estabilização da lide, permitindo às partes apurarem o risco da demanda. Aplica-se também o princípio da não surpresa (art. 10 do CPC c/c com o art. 769 da CLT), porquanto os temas a serem debatidos tiveram seus lineamentos fixados antes da vigência das referidas lei e medida provisória. No mesmo sentido é a posição fixada no art. 6º da Instrução Normativa 41/2018 do TST, que dispõe no sentido de que a condenação em honorários advocatícios sucumbenciais, nos termos previstos no art. 791-A e parágrafos da CLT, não se aplica aos processos iniciados antes da vigência da Lei 13.467/2017:

> *Na Justiça do Trabalho, a condenação em honorários advocatícios sucumbenciais, prevista no art. 791-A, e parágrafos, da CLT, será aplicável apenas às ações propostas após 11 de novembro de 2017 (Lei nº13.467/2017). Nas ações propostas anteriormente, subsistem as diretrizes do art. 14 da Lei nº 5.584/1970 e das Súmulas nºs. 219 e 329 do TST.*

No que tange à possibilidade de condenação do beneficiário da justiça gratuita ao pagamento de honorários de sucumbência, aplica-se o § 4º do art. 791-A da CLT, como já discorremos neste capítulo.

Podemos também observar que o art. 12 da Lei 1.060/1950 já previa sobre a possibilidade de condenação da parte beneficiada pela isenção do pagamento de custas ao pagamento das despesas judiciais, desde que não houvesse prejuízo do próprio sustento ou de sua família, *in verbis*:

> *Art. 12. A parte beneficiada pela isenção do pagamento das custas ficará obrigada a pagá-las, desde que possa fazê-lo, sem prejuízo do sustento próprio ou da*

---

a cognominada "Reforma Trabalhista". 2. O direito a honorários advocatícios sucumbenciais surge no instante da prolação da sentença. Se tal crédito não era previsto no ordenamento jurídico nesse momento processual, não cabe sua estipulação com base em lei posterior, sob pena de ofensa ao princípio da irretroatividade da lei. 3. Agravo interno a que se nega provimento. (STF, ARE 1014675 AGR/MG, Min. Alexandre de Moraes, j. 12.04.2018).

família, se dentro de cinco anos, a contar da sentença final, o assistido não puder satisfazer tal pagamento, a obrigação ficará prescrita.

O STF, no julgamento RE 249.003/RS-ED, considerou que a referida norma foi recepcionada pela CF/1988.

Desta forma, no tópico, podemos concluir que as disposições contidas na Lei 13.467/2017, em relação à possibilidade de pagamento de honorários sucumbenciais pela parte beneficiária da justiça gratuita são constitucionais, pois se trata de benefício condicionado ao estado de carência do necessitado, que pode vir a ser revertido no futuro, de modo que a condenação não é incompatível com a gratuidade concedida, nem mesmo impede o acesso à justiça.

Apesar da revogação do aludido dispositivo pelo CPC/2015, o art. 98 do CPC, ao regular o tema, não isentou o beneficiário da justiça gratuita da condenação aos honorários de sucumbência, ficando suspensa a obrigação enquanto persistir a insuficiência de recursos. Vejamos:

> Art. 98. A pessoa natural ou jurídica, brasileira ou estrangeira, com insuficiência de recursos para pagar as custas, as despesas processuais e os honorários advocatícios tem direito à gratuidade da justiça, na forma da lei.
>
> § 1º A gratuidade da justiça compreende:
>
> I – as taxas ou as custas judiciais;
>
> II – os selos postais;
>
> III – as despesas com publicação na imprensa oficial, dispensando-se a publicação em outros meios;
>
> IV – a indenização devida à testemunha que, quando empregada, receberá do empregador salário integral, como se em serviço estivesse;
>
> V – as despesas com a realização de exame de código genético – DNA e de outros exames considerados essenciais;
>
> VI – os honorários do advogado e do perito e a remuneração do intérprete ou do tradutor nomeado para apresentação de versão em português de documento redigido em língua estrangeira;
>
> VII – o custo com a elaboração de memória de cálculo, quando exigida para instauração da execução;
>
> VIII – os depósitos previstos em lei para interposição de recurso, para propositura de ação e para a prática de outros atos processuais inerentes ao exercício da ampla defesa e do contraditório;
>
> IX – os emolumentos devidos a notários ou registradores em decorrência da prática de registro, averbação ou qualquer outro ato notarial necessário à efetivação de decisão judicial ou à continuidade de processo judicial no qual o benefício tenha sido concedido.

§ 2º A concessão de gratuidade não afasta a responsabilidade do beneficiário pelas despesas processuais e pelos honorários advocatícios decorrentes de sua sucumbência.

§ 3º Vencido o beneficiário, as obrigações decorrentes de sua sucumbência ficarão sob condição suspensiva de exigibilidade e somente poderão ser executadas se, nos 5 (cinco) anos subsequentes ao trânsito em julgado da decisão que as certificou, o credor demonstrar que deixou de existir a situação de insuficiência de recursos que justificou a concessão de gratuidade, extinguindo-se, passado esse prazo, tais obrigações do beneficiário.

§ 4º A concessão de gratuidade não afasta o dever de o beneficiário pagar, ao final, as multas processuais que lhe sejam impostas. [...]

Cabe ainda ressaltar que a procedência de créditos na ação trabalhista, por si só, não implica alteração na condição econômica do trabalhador. Havendo declaração de hipossuficiência firmada pelo reclamante, com valor probatório firmado na Lei 7.115/1983, o benefício restará mantido até que haja provas substanciais suficientes para o afastamento de tal presunção, cujo ônus cabe à parte adversa. Daí a aplicação literal do § 4º do art.791-A da CLT.

Já em relação à sucumbência em parte mínima do pedido, também cabe algumas reflexões.

Diz o art. 86 do CPC/2015:

> Art. 86. Se cada litigante for, em parte, vencedor e vencido, serão proporcionalmente distribuídas entre eles as despesas.
>
> Parágrafo único. Se um litigante sucumbir em parte mínima do pedido, o outro responderá, por inteiro, pelas despesas e pelos honorários.

Como a Lei 13.467/2017 não traz qualquer alusão a respeito do tema, resta a aplicação subsidiária do CPC/2015.

Mas, o que podemos entender como sucumbência em parte mínima do pedido?

Como se trata de verdadeira cláusula aberta ou conceito jurídico indeterminado, a sua colmatação caberá ao magistrado, no caso concreto.

Daí entendemos que sucumbência em parte mínima do pedido ocorrerá nos casos em que, diante de vários pedidos da petição inicial, o autor logrará procedência igual ou superior aos ¾ dos pedidos, ou seja, perante dez pedidos, seja vencedor em torno de sete. Neste caso, caberá a aplicação do parágrafo único do art. 86 do CPC/2015.

XIV

PETIÇÃO INICIAL

14.1 NOÇÕES INTRODUTÓRIAS

Como já visto, a jurisdição, como exteriorização do Poder Estatal de dizer o direito, só atua se for provocada. Essa manifestação acontece quando o autor ajuíza a sua demanda, apresentando sua pretensão. É a consagração do princípio da inércia.

Nos ensinamentos de José Carlos Barbosa Moreira[1]:

> Chama-se demanda ao ato pelo qual alguém pede ao Estado a prestação de atividade jurisdicional. Pela demanda começa a exercer-se o direito de ação e dá-se causa à formação do processo (...).

O ato processual que aciona a atividade jurisdicional, inaugurando o processo, é a petição inicial. É por meio dela que há o exercício de ação em relação ao Estado-Juiz. Assim, tendo o Estado-Juiz o monopólio da jurisdição, deverá prestá-la regularmente quando provocado.

A petição inicial é o instrumento da demanda[2], de tal sorte que a demanda é o conteúdo e a petição é o mecanismo de expressá-la. Em suma, a demanda é o conteúdo exteriorizado pela petição inicial[3].

A petição inicial, como ato processual inaugural, apresenta-se como de suma importância, pois o ato de ajuizar ação é pressuposto processual de existência do processo, sendo a demanda (o pedido da prestação da atividade jurisdicional)

---

[1] BARBOSA MOREIRA, José Carlos. *O novo processo civil brasileiro*. 23 ed. Rio de Janeiro: Forense, 2005. p. 10.
[2] Ibidem, p. 11.
[3] DIDIER JR., Fredie. *Curso de direito processual civil*. 17. ed. Salvador: JusPodivm, 2015. vol. 1, p. 548.

instrumentalizada por uma petição inicial apta, o que tipifica pressuposto de validade do processo.

É na peça inaugural que se visualiza a perfeita identificação da demanda.

Por meio da petição inicial o autor expressa o que ele pretende, em face de quem ele quer e qual o motivo da postulação. Sendo assim, o réu possui elementos para se defender de forma adequada; logo, a petição inicial possui importante relação com o princípio do contraditório. Assim declina o CPC/2015:

> Art. 312. Considera-se proposta a ação quando a petição inicial for protocolada, todavia, a propositura da ação só produz quanto ao réu os efeitos mencionados no art. 240 depois que for validamente citado.

Ademais, a peça exordial traça quais os limites objetivos para atuação do juiz, quando da prolação de sua decisão. Isso significa que o juiz deve se ater aos pedidos elencados na petição inicial, não podendo se desviar deles. Dessa maneira, a decisão não poderá ser *citra* (aquém), *extra* (fora) ou *ultra petita* (além) daquilo que foi postulado. Essa regra está prevista no CPC/2015 (arts. 141 e 492) e é denominada *congruência* ou vinculação.

Nesse mesmo sentido, Fredie Didier Jr.[4]:

> Como a demanda tem a função de bitolar a atividade jurisdicional, que não pode extrapolar os seus limites (decidindo além, aquém ou fora do que foi pedido). Costuma-se dizer que a petição inicial é um projeto de sentença: contém aquilo que o demandante almeja ser o conteúdo da decisão que vier a acolher o seu pedido.

No processo do trabalho a solicitação da prestação jurisdicional ocorre quando o autor/reclamante provoca o Judiciário mediante a reclamação trabalhista, que pode ser escrita ou verbal.

Nos dissídios individuais a petição inicial pode ser escrita ou verbal (art. 840 da CLT). A mais usual é a escrita, devendo, obrigatoriamente, ser subscrita por advogado.

O art. 840 da CLT, em face da Lei 13.467/2017, manteve o caput original, mas com nova redação em seus parágrafos, como segue:

> § 1º Sendo escrita, a reclamação deverá conter a designação do juízo, a qualificação das partes, a breve exposição dos fatos de que resulte o dissídio, o pedido, que deverá ser certo, determinado e com indicação de seu valor, a data e a assinatura do reclamante ou de seu representante.

---

[4] DIDIER JR., Fredie. *Curso de direito processual civil*. 17. ed. Salvador: JusPodivm, 2015. vol. 1, p. 548.

§ 2º Se verbal, a reclamação será reduzida a termo, em duas vias datadas e assinadas pelo escrivão ou secretário, observado, no que couber, o disposto no § 1º deste artigo.

§ 3º Os pedidos que não atendam ao disposto no § 1º deste artigo serão julgados extintos sem resolução do mérito. (NR)

A petição feita oralmente, quando a parte exercer o *jus postulandi*[5], deverá ser reduzida a termo, no prazo de cinco dias, na secretaria da Vara do Trabalho, sob pena de perempção. Esta, na Justiça do Trabalho, significa a suspensão do direito de reclamar (direito de ação) perante a Justiça Laboral pelo prazo de seis meses (art. 786, parágrafo único c/c art. 731 da CLT).

A petição inicial escrita deverá ser apresentada em duas vias, de acordo com a lei (art. 787 da CLT). Todavia, interessante sempre apresentar uma via excedente, para fins de controle e comprovação de protocolo. Se houver mais de um réu, deverá ser fornecida uma via para cada um deles, além da peça que formará os autos do processo e a cópia do autor (contrafé).

Observe-se que, no momento, alguns Tribunais do Trabalho somente aceitam a petição inicial por meio do Processo Judicial Eletrônico, sendo que, no futuro, as petições por papel devem se constituir em casos cada vez mais raros.

Obrigatoriamente, as petições que inauguram o dissídio coletivo e o inquérito para apuração de falta grave devem ser sempre escritas (arts. 853 e 856 da CLT, respectivamente).

14.2 REQUISITOS DA PETIÇÃO INICIAL

A Lei 13.467/2017 alterou os requisitos da petição inicial trabalhista. Embora continue sendo possível ajuizar demanda trabalhista tanto de forma verbal como de forma escrita, o art. 840, § 1º, passa a exigir novos requisitos para a sua confecção. De acordo com esse dispositivo, os requisitos da petição inicial trabalhista são os seguintes:

a) Designação da autoridade judiciária a quem for dirigida – o primeiro requisito da petição inicial é a identificação *do juízo* a quem ela será dirigida, ou seja, o autor deverá indicar a autoridade competente, o destinatário da petição inicial é o órgão jurisdicional (Vara do Trabalho, Juízo de Direito investido na jurisdição trabalhista ou Egrégio Tribunal Regional do Trabalho e o Tribunal Superior do Trabalho). Se houver incorreção no direcionamento da petição, o juízo

---

[5] Súmula 425 do TST: "*Jus postulandi* na Justiça do Trabalho. Alcance. O *jus postulandi* das partes, estabelecido no art. 791 da CLT, limita-se às Varas do Trabalho e aos Tribunais Regionais do Trabalho, não alcançando a ação rescisória, a ação cautelar, o mandado de segurança e os recursos de competência do Tribunal Superior do Trabalho".

que a recebeu deve, simplesmente, redirecionar a petição para o juízo correto. Tal situação, que já estava consolidada na jurisprudência, foi encampada pelo CPC, pois, ainda que o juiz incompetente tenha praticado atos decisórios, eles não serão nulos de plano, serão válidos até que o juiz competente decida invalidá-los.

Essa ideia é conhecida por *translatio iudicii*, e tem por objetivo a preservação dos atos processuais, ainda que haja mudança do órgão incompetente para o competente, conforme se infere do art. 64, § 4º, do Código de Processo Civil de 2015:

> Salvo decisão judicial em sentido contrário, conservar-se-ão os efeitos de decisão proferida pelo juízo incompetente até que outra seja proferida, se for o caso, pelo juízo competente.

b) Qualificação das partes – a CLT determina, genericamente, que a petição inicial aponte a qualificação das partes. Em contrapartida, o CPC/2015, em seu art. 319, II, expõe, detalhadamente, quais os elementos identificadores que deve conter a inicial, quais sejam: os nomes, os prenomes, o estado civil, a existência de união estável, a profissão, o número de inscrição no Cadastro de Pessoas Físicas ou no Cadastro Nacional da Pessoa Jurídica, o endereço eletrônico, o domicílio e a residência do autor e do réu.

Dessa forma, entendemos que a petição inicial trabalhista, em sendo possível, deve informar, em seu bojo, o nome completo do autor, a sua nacionalidade, estado civil, profissão, endereço completo e o número do CPF; sendo recomendável a indicação dos números da CTPS, do RG e do PIS.

No que tange às pessoas jurídicas, deve-se indicar o nome ou a razão social, a natureza jurídica (pessoa de direito público ou privado), o CNPJ e o endereço completo, já que, como dantes mencionado, o CPC impõe às empresas públicas e privadas a obrigação de manter cadastro nos sistemas de processo em autos eletrônicos, para efeito de recebimento de citações e intimações, as quais serão efetuadas preferencialmente por esse meio, salvo para as microempresas e para as empresas de pequeno porte (art. 246, § 1º[6]).

Como é sabido, em muitas oportunidades o empregado/reclamante não possui todos os dados do seu empregador, chegando, em algumas hipóteses, nem mesmo a saber o verdadeiro nome ou razão social daquele. Referida situação não pode impedir o reclamante de buscar a prestação jurisdicional. Portanto, o formalismo não deve frear o acesso ao Judiciário.

---

6 "§ 1º Com exceção das microempresas e das empresas de pequeno porte, as empresas públicas e privadas são obrigadas a manter cadastro nos sistemas de processo em autos eletrônicos, para efeito de recebimento de citações e intimações, as quais serão efetuadas preferencialmente por esse meio".

Consequentemente, qualquer mecanismo de identificação, como nome fantasia, apelidos e outros elementos identificadores do empregador, serve para que o reclamante possa postular na Justiça do Trabalho, lembrando que o processo trabalhista é guiado pelo informalismo.

A Consolidação dos Provimentos da Corregedoria-Geral da Justiça do Trabalho, de 17 de agosto de 2012, prevê que os juízes devem primar pela identificação das partes, todavia isso não pode ser um impedimento para o acesso à justiça. Assim dispõe em seus arts. 32 e 33:

> Art. 32. O juiz zelará pela precisa identificação das partes no processo, a fim de propiciar o cumprimento das obrigações fiscais e previdenciárias, o levantamento dos depósitos de FGTS, o bloqueio eletrônico de numerário em instituições financeiras e o preenchimento da guia de depósito judicial trabalhista.
>
> Art. 33. Salvo impossibilidade que comprometa o acesso à Justiça, o juiz do trabalho determinará às partes a apresentação das seguintes informações: a) no caso de pessoa física, o número da CTPS, RG e órgão expedidor, CPF e PIS/PASEP ou NIT (Número de Inscrição do Trabalhador); b) no caso de pessoa jurídica, o número do CNPJ e do CEI (Cadastro Específico do INSS), bem como cópia do contrato social ou da última alteração feita no contrato original, constando o número do CPF do(s) proprietário(s) e do(s) sócio(s) da empresa demandada.
>
> Parágrafo único. Não sendo possível obter das partes o número do PIS/PASEP ou do NIT, no caso de trabalhador, e o número da matrícula no Cadastro Específico do INSS – CEI, relativamente ao empregador pessoa física, o juiz determinará à parte que forneça o número da CTPS, a data de seu nascimento e o nome da genitora.

O CPC também caminha nesse sentido, ao admitir que o autor, em sua inicial, solicite ao juiz medidas para obter as informações que qualifiquem o réu. Dessa forma, segundo o previsto no art. 319, §§ 1º e 2º, do CPC/2015, caso não disponha de todas as informações para qualificar o réu, poderá o autor, na petição inicial, requerer ao juiz diligências necessárias a sua obtenção. Logo, a petição inicial não será indeferida se, a despeito da falta de informações, for possível a citação do réu.

c) Breve exposição dos fatos de que resulte o conflito – seguindo a literalidade da lei, não seria necessário que o reclamante descrevesse em sua peça inaugural os fundamentos jurídicos. No entanto, diante dessa disposição, há de se fazer uma divisão: quando a parte se utilizar do *jus postulandi*, não é necessário se ater a um formalismo exacerbado, bastando a breve exposição dos fatos que originaram o conflito e que dão ensejo ao pedido, principalmente pelo fato de ser uma reclamação (ação) feita verbalmente e reduzida a termo pelo servidor da Vara do Trabalho. Todavia, conforme o § 2º do art. 840 da CLT, o servidor responsável pela redução a termo da petição inicial verbal deverá respeitar os preceitos contidos no § 1º, no que for possível, não podendo elaborar uma simples petição. Entendemos que o servidor deverá cumprir os requisitos básicos contemplados no § 1º, como, por exemplo, endereçamento, qualificação das partes, breve exposição dos fatos e pedidos, os quais, dependendo do caso, não precisarão ser certos e determinados até mesmo pelas lacônicas informações prestadas pelo reclamante quando da exposição verbal dos acontecimentos.

Em contrapartida, quando as petições forem apresentadas por escrito e, consequentemente, subscritas por advogado, aludida regra de singeleza não deve prevalecer. Não basta a simples narração dos fatos.

Entendemos que, como no processo civil, a inicial trabalhista deve narrar os fatos e apontar os seus fundamentos jurídicos. Logo, o autor, em sua petição inicial, deve descrever o fato e demonstrar como o direito o reconhece, ou seja, qual o fundamento jurídico.

Existem fatos que alcançam o mundo do direito, transmutando-se em fatos jurídicos. Daí, fato jurídico significa todo acontecimento que gera reflexos na órbita do direito e que, consequentemente, será por este atingido e regulamentado, podendo vir a se tipificar como direito ou obrigação. A título ilustrativo, pode-se mencionar uma relação jurídica de emprego onde tanto o empregado quanto o empregador possuem direitos e obrigações recíprocas.

Logo, resta clara a importância da narrativa dos fatos na petição inicial, não sendo suficiente apenas trazer ao processo o fundamento jurídico (por exemplo: ser credor de certa verba salarial, alegar negligência do empregador etc.), pois, muitas vezes, o processo gravita em torno da análise fática.

Em suma, uma petição inicial deve indicar o fato, bem como o direito material relacionado a ele, que expressa obrigações e deveres entre as partes postulantes.

Os fatos são a causa de pedir remota, enquanto os fundamentos jurídicos são a causa de pedir próxima. Como já mencionado, o Brasil adota a teoria da substanciação[7].

d) Pedido – é o mérito do processo, o seu objeto. Pode ser compreendido como o vetor da pretensão desejada pelo autor. É o veículo da pretensão manifestada pelo autor[8]; é a pretensão da demanda[9]; é a solicitação que se pede ao Poder Judiciário.

É o elemento crucial da demanda, pois nele se encontra resumido todo o desejo ou interesse da parte que provocou a tutela jurisdicional, pleiteando o direito material de que se considera legítimo titular.

O pedido pode ser classificado em:

---

[7] O tema está detalhado no Capítulo X – Direito de ação.
[8] CÂMARA, Alexandre Freitas. *Lições de direito processual civil*. 25. ed. Rio de Janeiro: Atlas, 2014. p. 358.
[9] Segundo Didier (*Curso de direito processual civil*. 17. ed. Salvador: JusPodivm, 2015. vol. 1. p. 287): "O vocábulo demanda tem duas acepções: a) é o ato de ir a juízo provocar a atividade jurisdicional e b) **é também o conteúdo dessa postulação**". (grifo nosso)

- Imediato – proposto perante o Estado, cujo objetivo é obter um provimento jurisdicional em consonância com seus interesses. Essa providência jurisdicional poderá ser: a condenação, a declaração de uma relação jurídica, a constituição ou desconstituição de uma situação jurídica, a tomada de providências executivas, a emanação de uma ordem etc.
- Mediato – caracterizado como o objeto ou o bem jurídico ou, ainda, o bem da vida pretendido, que será passível de apreciação pelo órgão julgador. Exemplificando, o bem da vida pleiteado em uma ação trabalhista pode ser a condenação do réu ao pagamento das férias em dobro, em relação ao período não gozado, ou, também, o pagamento de adicional noturno e de horas extras etc.

O pedido, como retromencionado, vincula a atuação do juiz, pois o provimento jurisdicional não pode ser prestado *citra, extra* ou *ultra petita*, respeitando a regra da congruência contida nos arts. 141[10] e 492[11] do CPC/2015. Logo, o juiz, ao proferir sua decisão, deve estar adstrito àquele, ou seja, deve haver congruência entre o pedido e o dispositivo da sentença.

Ademais, o pedido[12], como elemento identificador da demanda, serve para identificar hipóteses de litispendência, coisa julgada ou conexão.

Em face de toda a importância desse elemento da ação, a CLT, por meio da reforma, passa a exigir, acertadamente, que o pedido deva ser certo, determinado e com a indicação do seu valor.

No que tange à certeza do pedido, refere-se a mesma à identidade do bem da vida pleiteado, ao passo que a determinabilidade vincula-se à quantidade e à qualidade do objeto desejado; em suma, o autor deve apontar o bem da vida desejado e o seu respectivo valor, pois o juiz não pode julgar algo que não se está pedindo (certeza), salvo os pedidos implícitos admitidos pela lei ou pela jurisprudência, bem como não pode julgar em quantidade maior do que se está a pedir.

Contudo, há posicionamentos que entendem que a *indicação do valor* (§ 1º do art. 840 da CLT) não corresponde ao valor liquidado, sendo somente um valor estimativo, o qual não vincularia o julgamento. Logo, o magistrado poderia julgar

---

[10] "Art. 141. O juiz decidirá o mérito nos limites propostos pelas partes, sendo-lhe vedado conhecer de questões não suscitadas a cujo respeito a lei exige iniciativa da parte".

[11] "Art. 492. É vedado ao juiz proferir decisão de natureza diversa da pedida, bem como condenar a parte em quantidade superior ou em objeto diverso do que lhe foi demandado".

[12] O magistrado primevo ou de primeiro grau, ao examinar os pedidos na petição inicial, ao prolatar a sentença, decidirá se estes são procedentes ou improcedentes. Já os magistrados de segundo grau (desembargadores e ministros), ao julgarem o recurso, darão ou negarão provimento aos pleitos recursais.

além deste valor, pois este seria somente uma estimativa, não se caracterizando uma decisão *ultra petita* (além do pedido)[13].

Em casos complexos, como fixação de valores correspondentes às horas extras e seus reflexos, PLR, adicional de insalubridade (em que não se consegue mensurar qual o percentual – 10% 20% ou 40%) pensamos ser viável a relativização da regra, ou seja, os pedidos podem ser fixados por estimativa ou podem até mesmo ser ilíquidos.

Com a reforma, entendemos que a indicação do valor da causa passa a ser obrigatória, embora a CLT não a mencione explicitamente. Mesmo antes da lei reformadora, em virtude do processo judicial eletrônico, nenhuma demanda poderia ser ajuizada sem a indicação do valor da causa. Doravante, o valor da causa passa a ter, indiretamente, guarida legal.

O valor da causa[14] deve refletir o conteúdo econômico do pedido, externando o montante desejado pelo reclamante. A sua menção serve como parâmetro para os cálculos das custas e para indicar o procedimento que será utilizado para o desenvolvimento do processo (sumário, sumaríssimo ou ordinário). Ademais, o valor da causa serve como parâmetro para que o juízo comine a pena ao litigante de má-fé, ou seja, a litigância de má-fé deve ser calculada sobre o valor corrigido da causa (art. 793-C, CLT).

Ainda, uma vez tendo a petição inicial indicado o valor da causa, há a facilitação do contraditório, sendo, também, um indicativo para que as partes e o juiz possam tentar a conciliação. Ademais, o valor da causa pode influenciar na questão recursal, posto que o procedimento sumário (até dois salários mínimos – Lei 5.584/1970) não permite a interposição de recurso contra a sentença, salvo se a matéria abordar questão constitucional.

O pedido que não contiver o seu respectivo valor será extinto sem julgamento do mérito; deve-se atentar aos dizeres do legislador, o qual menciona que o pedido sem valor é que será extinto, e não o processo em sua integralidade.

Pensamos que o juiz do trabalho pode oportunizar ao autor a correção do erro (ausência de liquidez) conforme o art. 6º – princípio da cooperação – e o art. 321[15], ambos do CPC.

---

[13] XIX CONAMAT, realizado de 2 a 5 de maio de 2018, em Belo Horizonte (MG). Disponível em: <https://www.anamatra.org.br/conamat/teses-plenaria-final>.
[14] CPC/2015: "Art. 291. A toda causa será atribuído valor certo, ainda que não tenha conteúdo econômico imediatamente aferível".
[15] "Art. 321. O juiz, ao verificar que a petição inicial não preenche os requisitos dos arts. 319 e 320 ou que apresenta defeitos e irregularidades capazes de dificultar o julgamento de mérito, determinará que o autor, no prazo de 15 (quinze) dias, a emende ou a complete, indicando com precisão o que deve ser corrigido ou completado. Parágrafo único. Se o autor não cumprir a diligência, o juiz indeferirá a petição inicial".

Há de se analisar também se a Lei 13.467/2017 revogou tacitamente o art. 2º da Lei 5.584/1970[16]. O mencionado artigo admite que diante da ausência do valor da causa, compete ao juiz fixá-la, de ofício, restando às partes, caso não consintam com o valor, impugná-lo, em audiência, ao aduzir razões finais. Se o juiz o mantiver, a(s) parte(s) poderá(ão) pedir revisão da decisão, no prazo de 48 horas, ao Presidente do Tribunal Regional (art. 2º, § 1º, da Lei 5.584/1970).

Diante desse impasse, como o § 1º do art. 840 foi de clareza solar, no sentido de que o pedido deverá ser líquido, ou seja, certo, determinado e com indicação de seu valor, inclusive, sem possibilidade de concessão de prazo para emendar a inicial, que ficará ao livre alvedrio do magistrado, entendemos que o art. 2º da Lei 5.584/1970 foi revogado pela Lei 13.467/2017.

Pertinente à impugnação do valor da causa, o réu pode combatê-la por meio de sua contestação[17] como matéria preliminar, conforme o art. 293 do CPC/2015.

O juiz também pode corrigir, de ofício, o valor da causa, quando este não for compatível com critérios legais. Referida situação é preconizada pelo art. 292, § 3º, do CPC/2015[18], sendo plenamente aplicável ao processo do trabalho, conforme orientação do art. 3º da IN 39 do TST de 2016.

Se eventualmente o autor tiver dúvidas inafastáveis quanto ao valor da causa, poderá pleitear, previamente ao juízo competente, por meio de requerimento específico, o acesso a documentos e provas no sentido de atender aos requisitos impostos pela Lei 13.467/2017 quanto à certeza e liquidez dos pedidos da petição inicial.

Havendo recalcitrância ou omissão empresarial, o autor ainda poderá se valer dos institutos da ação probatória autônoma, de colheita de documentos e provas necessárias ao ajuizamento da demanda principal, de acordo com o art. 381[19] do CPC/2015, bem como do protesto judicial de interrupção da prescrição, no sentido de salvaguardar seus futuros direitos.

---

[16] "Art. 2º Nos dissídios individuais, proposta a conciliação, e não havendo acordo, o Presidente da Junta ou o Juiz, antes de passar à instrução da causa, fixar-lhe-á o valor para a determinação da alçada, se este for indeterminado no pedido".

[17] "Art. 337. Incumbe ao réu, antes de discutir o mérito, alegar: (...) III – incorreção do valor da causa".

[18] "§ 3º O juiz corrigirá, de ofício e por arbitramento, o valor da causa quando verificar que não corresponde ao conteúdo patrimonial em discussão ou ao proveito econômico perseguido pelo autor, caso em que se procederá ao recolhimento das custas correspondentes".

[19] "Art. 381. A produção antecipada da prova será admitida nos casos em que: I – haja fundado receio de que venha a tornar-se impossível ou muito difícil a verificação de certos fatos na pendência da ação; II – a prova a ser produzida seja suscetível de viabilizar a autocomposição ou outro meio adequado de solução de conflito; III – o prévio conhecimento dos fatos possa justificar ou evitar o ajuizamento de ação".

e) Data e assinatura do reclamante ou do seu representante (advogado) – a petição que não contenha assinatura de seu subscritor é inexistente, o que, por conseguinte, torna inexistente o próprio processo.

Não obstante a sua nova redação, o art. 840 da CLT não exige que a petição inicial trabalhista decline o requerimento de provas e a citação do réu.

Diferentemente do processo civil, que determina a indicação de provas pelo autor em sua inicial, no processo do trabalho não se faz necessário que o autor decline, já na inicial, as provas a serem produzidas, de modo que as provas testemunhais e outras porventura necessárias (o juiz, na audiência, verificará se é caso ou não de prova pericial e/ou inspeção judicial) deverão ser apresentadas em audiência (art. 845 da CLT[20]).

Todavia, fundamental dizer que as provas documentais deverão acompanhar a exordial, sob pena de preclusão (art. 787 da CLT[21] e art. 320 do CPC[22]).

Também não é necessário que o autor peça a citação da parte contrária na petição inicial, pois a citação é automaticamente feita pela Secretaria da Vara, independentemente, inclusive, de despacho judicial.

Recebida e protocolada a petição inicial, o funcionário da secretaria da Vara deverá enviar, em 48 horas, a cópia da petição inicial ao reclamado, notificando-o[23]

---

[20] CLT: "Art. 845. O reclamante e o reclamado comparecerão à audiência acompanhados das suas testemunhas, apresentando, nessa ocasião, as demais provas".

[21] "Art. 787. A reclamação escrita deverá ser formulada em 2 (duas) vias e desde logo acompanhada dos documentos em que se fundar".

[22] "Art. 320. A petição inicial será instruída com os documentos indispensáveis à propositura da ação".

[23] Atualmente, com o sistema PJE, a empresa é notificada de que existe em face dela uma demanda judicial, informando uma relação de documentos que estão acostados aos autos. De forma ilustrativa, segue um exemplo de notificação, no sistema PJE: "Processo: (...) Classe: Ação trabalhista. Rito ordinário (985). Reclamante: (...) Reclamado: (...). Notificação PJe-JT. Audiência – Una. Destinatário(s): (...) endereço. Comparecer à audiência no dia, horário e local abaixo indicados, observando as instruções que se seguem: Tipo: Una. Sala: Inicial. Data: 26.08.2015. Hora: 09:40. 1ª Vara do Trabalho do Rio de Janeiro. Rua do Lavradio, 132, 1º andar, Centro, Rio de Janeiro – RJ – CEP: 20230-070. 1ª Vara do Trabalho do Rio de Janeiro.
1) O não comparecimento do(a) Autor(a) à audiência importará no arquivamento da ação e, do Réu, no julgamento da ação a sua revelia e na aplicação da pena de confissão.
2) As partes deverão comparecer munidas de documento de identificação, sendo, o Autor, preferencialmente, de sua CTPS. Sendo a Ré pessoa jurídica, deverá ser representada por sócio, diretor ou empregado registrado, anexando eletronicamente carta de preposto, bem como cópia do contrato social ou dos atos constitutivos da empresa.
3) Nos termos do art. 33, alínea 'b' do Provimento Consolidado da Corregedoria-Geral da Justiça do Trabalho, a pessoa jurídica de direito privado que comparece em Juízo na qualidade de Ré ou de Autora, deverá informar o número do CNPJ e do CEI (Cadastro

de que a audiência será a primeira desimpedida, depois de cinco dias (art. 841 da CLT), e, nos casos de pessoas jurídicas de direito público, depois de 20 dias, quando o réu[24] irá, então, apresentar sua defesa.

A Lei n. 13.467/2017 acrescentou o § 3º ao art. 841 da CLT, com a seguinte redação: "§ 3º Oferecida a contestação, ainda que eletronicamente, o reclamante não poderá, sem o consentimento do reclamado, desistir da ação".

Dessa forma, para desistir da ação, o autor depende da concordância prévia do réu, se teve acesso ao conteúdo da peça de defesa (contestação), em homenagem ao princípio da paridade de armas. Se houve a inserção da peça de defesa antes da audiência pelo sistema do PJE, com sigilo, cremos que não há motivo para obstar a desistência unilateral. Caso contrário, tendo sido inserida a peça de defesa sem sigilo, o autor somente poderá desistir com a concordância ou o consentimento do réu. Encontramos regra idêntica no art. 485, § 4º, do CPC/2015.

Específico do INSS) bem como cópia do contrato social ou da última alteração feita no contrato original, constando o(s) número(s) do(s) CPF(s) do proprietário e do(s) sócio(s) da empresa demandada, tudo em formato eletrônico.
4) Recomenda-se que as partes estejam acompanhadas de advogados, devidamente cadastrados no sistema do PJe-JT do 1º grau do TRT da 1ª Região, portando certificado digital.
5) Solicita-se ao advogado do Réu que apresente sua defesa e documentos em formato eletrônico de acordo com a Lei nº 11.419/2006, com a Resolução nº 94/2012, com a redação dada pela Resolução nº 120/2013 do CSJT, ambas do CSJT, em até uma hora antes do início da audiência (Ato nº 16/2013, art. 2º, § 2º, do TRT/RJ), cabendo à parte utilizar os próprios meios, podendo, em casos excepcionais, solicitar auxílio do setor de apoio ao usuário do PJe.
6) A prova documental deverá observar os arts. 283 e 396 do CPC e deve ser produzida previamente, em formato eletrônico, junto com a peça inicial ou a defesa.
7) O Réu deverá apresentar os controles de frequência e recibos salariais do período trabalhado, na forma do art. 355 do CPC e sob as penas do art. 359 do mesmo diploma.
8) As testemunhas deverão ser trazidas independentemente de intimação, na forma dos arts. 825 e 845 da CLT. Caso as partes pretendam a notificação de suas testemunhas, deverão arrolá-las em 05 dias, fornecendo rol com os endereços e a qualificação destas, preferencialmente com CPF, presumindo-se, no silêncio, que a parte assumiu o ônus de trazê-las espontaneamente, sob pena de perda deste meio de prova (art. 412, § 1º, do CPC c/c art. 769 da CLT).
9) Ficam cientes, desde já, os patronos de que deverão controlar a devolução de notificação das testemunhas, requerendo o que for necessário, tempestivamente, sob pena de preclusão".
[24] Assim que recebida a notificação, a empresa, por meio de seu patrono, deverá promover sua habilitação nos autos eletrônicos, geralmente da seguinte forma: "(...) vem requerer ainda, a Habilitação nos autos do processo para que as intimações pertinentes ao presente feito sejam publicadas no Diário Oficial na forma da Súmula nº 427 do Tribunal Superior do Trabalho exclusivamente em nome do advogado (...) OAB/(...) n., bem como as notificações postais sejam remetidas ao endereço comercial na Rua J(...)".

14.3 PEDIDO

14.3.1 Regras

Como já demonstrado, o pedido tem relação direta com o mérito do processo, razão pela qual deve ter congruência com o dispositivo da sentença.

O pedido tem que ser certo e determinado, em regra.

Pedido certo[25] é o pedido evidente, patente, cuja identificação é plenamente possível; é aquele que expressa o bem da vida pretendido. Logo, certeza é o que se está a pedir, de modo que o juiz não pode julgar algo que não se está pedindo[26].

Em contraponto à certeza, o CPC permite, como exceção, a existência de alguns pedidos implícitos. O pedido implícito não decorre da petição inicial, ele decorre da própria lei, como, por exemplo, nos casos dos juros legais, da correção monetária e das verbas de sucumbência, inclusive os honorários advocatícios. Nesse sentido, a Súmula 211 do TST:

> JUROS DE MORA E CORREÇÃO MONETÁRIA. INDEPENDÊNCIA DO PEDIDO INICIAL E DO TÍTULO EXECUTIVO JUDICIAL
>
> Os juros de mora e a correção monetária incluem-se na liquidação, ainda que omisso o pedido inicial ou a condenação.

No que toca ao tema, ainda, o CPC/2015, em seu art. 322, § 2º, afirma que "A interpretação do pedido considerará o conjunto da postulação e observará o princípio da boa-fé".

Consequentemente, o juiz, ao julgar, não se restringirá em interpretar o pedido, devendo fazê-lo com fulcro no conjunto de toda a petição inicial, observada a boa-fé.

O pedido determinado corresponde à quantificação, isto é, o pedido deve ser definido em relação à sua quantidade e qualidade (pedir quantia certa em valor real, pedir a declaração de nulidade de alguma cláusula contratual etc.). Também se define como parâmetro para o juiz, que não pode julgar em quantidade maior do que se está a pedir. O oposto do pedido delimitado é o pedido genérico[27]. A lei

---

[25] CPC/2015: "Art. 322. O pedido deve ser certo. § 1º Compreendem-se no principal os juros legais, a correção monetária e as verbas de sucumbência, inclusive os honorários advocatícios".

[26] CPC/2015: "Art. 141. O juiz decidirá o mérito nos limites propostos pelas partes, sendo-lhe vedado conhecer de questões não suscitadas a cujo respeito a lei exige iniciativa da parte".

[27] "Art. 324. O pedido deve ser determinado. § 1º É lícito, porém, formular pedido genérico: I – nas ações universais, se o autor não puder individuar os bens demandados; II – quando não for possível determinar, desde logo, as consequências do ato ou do fato; III – quando a determinação do objeto ou do valor da condenação depender de ato que deva ser praticado pelo réu".

permite a elaboração do pedido genérico, pois, quando da propositura da demanda, a sua determinação/quantificação não é possível.

14.3.2 Cumulação dos pedidos

Para dar efetividade aos princípios da economia processual e da celeridade, a lei processual civil permite ao autor formular dois ou mais pedidos em um único processo, consoante regra firmada no art. 327 do CPC/2015, cujo teor expõe que "É lícita a cumulação, em um único processo, contra o mesmo réu, de vários pedidos, ainda que entre eles não haja conexão".

Quando, para cada pedido, corresponder tipo diverso de procedimento, será admitida a cumulação se o autor empregar o procedimento comum, sem prejuízo do emprego das técnicas processuais diferenciadas previstas nos procedimentos especiais a que se sujeitam um ou mais pedidos cumulados, que não forem incompatíveis com as disposições sobre o procedimento comum (art. 327, § 2º, do CPC/2015).

Essa regra é plenamente aplicável ao processo do trabalho, sendo que o procedimento a ser seguido é o ordinário.

Cada pedido deveria corresponder, na prática, a uma demanda (ação), de modo que, existindo vários pedidos, restará caracterizada uma cumulação de demandas (ações), as quais serão analisadas e julgadas concomitantemente, em um único processo.

Porém, na Justiça do Trabalho é corrente e normal o fato de que, em uma única demanda ou ação, o reclamante venha postular uma série de pedidos ou pleitos.

Nesta senda, estaremos diante da denominada cumulação de pedidos, também reconhecida como cumulação objetiva. Não se deve confundir com cumulação subjetiva, a qual retrata a formação do litisconsórcio.

As cumulações podem ser classificadas em:

a) Cumulação própria ou cumulação em sentido estrito – surge quando o autor/reclamante formula mais de um pedido e, em tese, todos podem ser acolhidos. É a hipótese em que há, a rigor, a verdadeira cumulação objetiva (pedidos). Como o autor deseja vários pedidos, ele poderia ajuizar várias ações; mas, por razões de economia e celeridade, opta por cumular todos os pedidos para que sejam julgados em um único processo. Pode ser subdividida em:

a.1) Cumulação simples: verifica-se quando o autor faz dois ou mais pedidos, desejando lograr êxito em todos. Não existe ordem de precedência entre eles. A análise dos pedidos é independente, ou seja, o resultado de um pedido não influi no outro. O juiz pode reconhecer ambos, negar ambos, ou acatar um e negar outro. É uma situação corriqueira no processo do trabalho, sendo exemplo: a petição inicial que conjuga pedidos de férias mais 1/3, 13º salário, horas extras, danos morais.

a.2) Cumulação sucessiva: acontece quando entre os pedidos há uma relação de prejudicialidade, ou seja, os pedidos posteriores só serão analisados se os anteriores forem acolhidos. Exemplo: o autor postula o reconhecimento de vínculo empregatício e, cumulativamente, o pagamento de verbas salariais e rescisórias.

Por óbvio, as mencionadas verbas só serão deferidas se o vínculo empregatício for reconhecido. Logo, se o juiz julga o primeiro pedido improcedente, o segundo sequer é apreciado, restando prejudicado.

b) Cumulação imprópria – nesta hipótese, o autor faz mais de um pedido, mas somente um deles pode ser deferido. É o que ocorre com a cumulação alternativa e a cumulação eventual.

b.1) Cumulação alternativa[28]: quando o autor formula dois ou mais pedidos, desejando o deferimento de apenas um deles. O autor não aponta uma ordem de preferência. A procedência de um pedido exclui a do outro, mas tipificando-se como uma decisão de total procedência.

Essa regra encontra guarida no art. 326, parágrafo único, do CPC/2015: "É lícito formular mais de um pedido, alternativamente, para que o juiz acolha um deles".

b.2) Cumulação eventual ou subsidiária: do mesmo modo, o autor elenca dois ou mais pedidos, desejando que apenas um seja acolhido; porém, fixa uma ordem de preferência, criando uma subsidiariedade entre eles. Consequentemente, o juiz, ao apreciar os pedidos, o fará em consonância com a ordem desejada pelo autor; se o pedido preferencial for acolhido, os demais nem serão apreciados, isto é, os pedidos posteriores só serão analisados na eventualidade de o predileto não ser atendido.

Essa regra encontra-se disciplinada no art. 326 do CPC/2015: "É lícito formular mais de um pedido em ordem subsidiária, a fim de que o juiz conheça do posterior, quando não acolher o anterior". Exemplo: quando uma empregada gestante, detentora de garantia de emprego, é dispensada sem justa causa. Consequentemente, ajuíza uma demanda e pleiteia a reintegração e, de forma subsidiária, postula a indenização referente ao período estabilitário. Se for reintegrada, não se aprecia a indenização; caso contrário, o juiz analisará o pedido de indenização.

---

[28] Não se pode confundir cumulação alternativa com pedido alternativo. Naquela (cumulação) o autor formula dois ou mais pedidos, gerando alternativas para o juiz. No pedido alternativo, na verdade, há um único pedido relacionado a uma obrigação alternativa. E essa obrigação pode ser cumprida por mais de um modo. O tema é disciplinado no art. 325: "O pedido será alternativo quando, pela natureza da obrigação, o devedor puder cumprir a prestação de mais de um modo".

14.3.3 Requisitos para cumulação de pedidos

Para que haja cumulação de pedidos, é necessário observar os seguintes requisitos[29]:

a) Compatibilidade entre si: significa que os pedidos não podem se excluir mutuamente. Essa regra deve ser atendida, pelo menos na cumulação própria – simples e sucessiva –, cujos pedidos têm que ser compatíveis entre si, não excludentes. Nada obsta que na cumulação imprópria os pedidos sejam incompatíveis.

b) Competência para conhecer todos os tipos de cumulação (pedidos): para haver cumulação de pedidos, o órgão julgador, por óbvio, deve ser competente para julgar todos os pedidos. Caso os pedidos devam ser julgados por órgãos com competência absoluta distinta, outra solução não há senão a propositura de demandas distintas.

c) Adequação do procedimento: em regra, é necessário que o procedimento seja uniforme para todos os pedidos.

O próprio art. 327, § 2º, do CPC/2015 atenua o rigor dessa regra afirmando que:

> Quando, para cada pedido, corresponder tipo diverso de procedimento, será admitida a cumulação se o autor empregar o procedimento comum, sem prejuízo do emprego das técnicas processuais diferenciadas previstas nos procedimentos especiais a que se sujeitam um ou mais pedidos cumulados, que não forem incompatíveis com as disposições sobre o procedimento comum.

Transportando aludida situação para o processo do trabalho, o procedimento sumaríssimo pode ser convertido em procedimento ordinário.

14.4 INDEFERIMENTO DA PETIÇÃO INICIAL

No Processo do Trabalho, o juiz somente analisa a petição inicial na própria audiência, salvo se se tratar de tutela provisória ou de urgência. Nesse momento cabe ao magistrado examinar a admissibilidade da petição inicial, verificando se esta não descumpriu os requisitos legais.

Caso a petição inicial não preencha os requisitos do art. 840 da CLT, e o vício detectado seja sanável, o juiz deve determinar ao autor que a emende no prazo de

---

[29] CPC/2015: "Art. 327. É lícita a cumulação, em um único processo, contra o mesmo réu, de vários pedidos, ainda que entre eles não haja conexão. § 1º São requisitos de admissibilidade da cumulação que: I – os pedidos sejam compatíveis entre si; II – seja competente para conhecer deles o mesmo juízo; III – seja adequado para todos os pedidos o tipo de procedimento".

15 dias[30]. Esse posicionamento se alinha à observância dos princípios da economia processual e da instrumentalidade das formas.

Os Tribunais trabalhistas já se inclinavam nesse sentido, decidindo por não poder ser indeferida, de plano, a petição inicial que contenha vícios sanáveis.

É o entendimento da **Súmula 263 do TST**:

> PETIÇÃO INICIAL. INDEFERIMENTO. INSTRUÇÃO OBRIGATÓRIA DEFICIENTE (nova redação em decorrência do CPC de 2015) – Res. 208/2016, *DEJT* divulgado em 22, 25 e 26.04.2016
>
> Salvo nas hipóteses do art. 330 do CPC de 2015 (art. 295 do CPC de 1973), o indeferimento da petição inicial, por encontrar-se desacompanhada de documento indispensável à propositura da ação ou não preencher outro requisito legal, somente é cabível se, após intimada para suprir a irregularidade em 15 (quinze) dias, mediante indicação precisa do que deve ser corrigido ou completado, a parte não o fizer (art. 321 do CPC de 2015).

A emenda à inicial é cabível no Processo do Trabalho, tendo o autor, portanto, o prazo de 15 dias para sanar os defeitos ou irregularidades contidas em sua inicial, sob pena de indeferimento desta. Pontuando que emenda é correção e aditamento é acréscimo.

O prazo para que o reclamante emende ou faça o aditamento de sua petição inicial se inicia a partir do momento em que o Juiz do Trabalho tenha contato com a petição inicial, qual seja o início da audiência, quando da tentativa de conciliação e antes do recebimento da contestação. O Juiz do Trabalho deve admitir a emenda ou o aditamento da petição inicial independentemente do consentimento do reclamado, posto que é nesse momento o primeiro contato que ele, juiz, tem com o processo; ademais, o reclamado sequer apresentou sua contestação.

No caso da PJe, conquanto a contestação já esteja nos autos, o seu efetivo recebimento só ocorrerá após a tentativa inicial de conciliação. Consequentemente, o Juiz do Trabalho pode admitir a emenda e/ou aditamento da petição inicial mesmo após a citação e sem o consentimento do reclamado, desde que antes do recebimento da contestação.

Contudo, conferido o prazo para o autor emendar a inicial, permanecendo ele inerte, deve a exordial ser indeferida, ocorrendo a extinção do processo sem resolução do mérito.

---

[30] "Art. 321. O juiz, ao verificar que a petição inicial não preenche os requisitos dos arts. 319 e 320 ou que apresenta defeitos e irregularidades capazes de dificultar o julgamento de mérito, determinará que o autor, no prazo de 15 (quinze) dias, a emende ou a complete, indicando com precisão o que deve ser corrigido ou completado".

De outro giro, o indeferimento da petição pode ocorrer sumariamente, quando há um vício processual muito grave que não é possível ser corrigido.

O art. 330[31] do CPC/2015 elenca as causas que ensejam o indeferimento da petição inicial.

a) Petição inicial inepta: é petição que não consegue prosperar, pois incapaz de gerar consequências para o processo. Essa petição não consegue coadunar a causa de pedir com pedido; ou apresentá-los de maneira inteligível, permitindo que o mérito/pretensão possa ser analisado e julgado. A inépcia da inicial está contemplada no art. 330, § 1º, do CPC:

> § 1º Considera-se inepta a petição inicial quando:
> I – lhe faltar pedido ou causa de pedir;
> II – o pedido for indeterminado, ressalvadas as hipóteses legais em que se permite o pedido genérico;
> III – da narração dos fatos não decorrer logicamente a conclusão;
> IV – contiver pedidos incompatíveis entre si.

Importante compreender o inciso I desse dispositivo do CPC, cujo regra impõe que a falta do pedido ou da causa de pedir na petição inicial tipifica a hipótese de **falta de pressuposto processual de existência,** porquanto para que o processo nasça é primordial a existência dos sujeitos (partes e juiz), bem como o objeto (pedido ou a causa de pedir que o embasará) sobre o qual recairá a atividade jurisdicional.

b) A parte for manifestamente ilegítima: como já analisado, para que o mérito seja apreciado, mister que a parte seja legítima; a legitimidade *ad causam* é uma condição da ação.

Logo, verificando o juiz que a parte não é legítima, poderá indeferir de pronto a petição inicial.

c) O autor carecer de interesse processual: outra condição da ação que o juiz deve apurar se está presente. Constatando que o autor não possui o binômio necessidade/adequação (interesse processual), deve de plano indeferir a inicial, posto que o mérito não poderá ser apreciado.

d) Quando o autor, postulando em causa própria, não cumprir as determinações do art. 106 do CPC e quando o reclamante não emendar a petição inicial, nos termos do art. 321 do CPC.

---

[31] "Art. 330. A petição inicial será indeferida quando: I – for inepta; II – a parte for manifestamente ilegítima; III – o autor carecer de interesse processual; IV – não atendidas as prescrições dos arts. 106 e 321".

O indeferimento da petição inicial sobrevém com uma sentença de extinção sem resolução do mérito[32]. Dessa sentença, caberá recurso ordinário, o qual deverá ser interposto no prazo de oito dias. O juiz *poderá* se retratar em cinco dias, entendendo que a petição inicial é apta. Caso o juiz não se retrate, deverá citar o réu para apresentar suas contrarrazões.

14.5 DA IMPROCEDÊNCIA LIMINAR DO PEDIDO

No firme propósito de dar efetividade ao processo, o CPC de 2015 manteve a determinação que permite a improcedência liminar do pedido; contudo, acabou por aprimorar o dispositivo que lhe era correspondente no CPC de 1973, bastando que se faça presente alguma das hipóteses previstas nos incisos do art. 332 do CPC/2015.

> Nas causas que dispensem a fase instrutória, o juiz, independentemente da citação do réu, julgará liminarmente improcedente o pedido que contrariar:
>
> I – enunciado de súmula do Supremo Tribunal Federal ou do Superior Tribunal de Justiça;
>
> II – acórdão proferido pelo Supremo Tribunal Federal ou pelo Superior Tribunal de Justiça em julgamento de recursos repetitivos;
>
> III – entendimento firmado em incidente de resolução de demandas repetitivas ou de assunção de competência;
>
> IV – enunciado de súmula de tribunal de justiça sobre direito local.
>
> § 1º O juiz também poderá julgar liminarmente improcedente o pedido se verificar, desde logo, a ocorrência de decadência ou de prescrição.

Desse modo, a regra de improcedência liminar permite ao juiz focar o seu olhar *sobre o pedido constante da inicial* e verificar se ele trata sobre uma questão eminentemente de direito, objeto de julgamentos vários e repetitivos, com tese sedimentada em sentido contrário, e julgá-lo improcedente de plano.

Trata-se de julgar, de plano, improcedente o pedido. Há julgamento de mérito[33], o que possibilita a formação de coisa julgada material.

O Tribunal Superior do Trabalho, por intermédio da IN 39, de 2016, entende ser aplicável o mencionado art. 332 do CPC/2015, fazendo as devidas adaptações:

> Art. 7º Aplicam-se ao Processo do Trabalho as normas do art. 332 do CPC, com as necessárias adaptações à legislação processual trabalhista, cumprindo ao juiz do trabalho julgar liminarmente improcedente o pedido que contrariar:

---

[32] CPC/2015: "Art. 485. O juiz não resolverá o mérito quando: I – indeferir a petição inicial".
[33] CPC/2015: "Art. 487. Haverá resolução de mérito quando o juiz: I – acolher ou rejeitar o pedido formulado na ação ou na reconvenção".

I – enunciado de súmula do Supremo Tribunal Federal ou do Tribunal Superior do Trabalho (CPC, art. 927, inciso V);

II – acórdão proferido pelo Supremo Tribunal Federal ou pelo Tribunal Superior do Trabalho em julgamento de recursos repetitivos (CLT, art. 896-B; CPC, art. 1046, § 4º);

III – entendimento firmado em incidente de resolução de demandas repetitivas ou de assunção de competência;

IV – enunciado de súmula de Tribunal Regional do Trabalho sobre direito local, convenção coletiva de trabalho, acordo coletivo de trabalho, sentença normativa ou regulamento empresarial de observância obrigatória em área territorial que não exceda à jurisdição do respectivo Tribunal (CLT, art. 896, "b", *a contrario sensu*).

Parágrafo único. O juiz também poderá julgar liminarmente improcedente o pedido se verificar, desde logo, a ocorrência de decadência.

Embora o TST permita a aplicação subsidiária do artigo em tela, há uma ressalva no que tange ao julgamento liminar envolvendo prescrição. Portanto, o juiz deverá permanecer silente, aguardando a manifestação a quem interessa sobre a ocorrência da prescrição.

Dessa decisão, caberá recurso ordinário, no prazo de oito dias, sendo possível, como ocorre no indeferimento da inicial, a retratação[34] do magistrado, também, no prazo de cinco dias. Ou seja, há a incidência do efeito regressivo.

Ao autor a lei faculta a possibilidade de modificar pedido, por meio de aditamento da petição inicial, desde que o autor não tenha sido citado (art. 329, I, do CPC/2015). Em contrapartida, feita a citação e apresentada a defesa, é inadmissível a modificação do pedido ou da causa de pedir sem o consentimento do réu (art. 264 do CPC/1973, sem correspondente no CPC/2015).

No Processo do Trabalho, normalmente, o pedido de aditamento ocorre em audiência, momento em que o réu irá apresentar sua defesa; o juiz deverá autorizar o aditamento somente se o réu concordar, caso contrário, deverá prosseguir o autor com os pedidos lançados na inicial originária.

---

[34] CPC/2015: "Art. 332. (...) § 3º Interposta a apelação, o juiz poderá retratar-se em 5 (cinco) dias. § 4º Se houver retratação, o juiz determinará o prosseguimento do processo, com a citação do réu, e, se não houver retratação, determinará a citação do réu para apresentar contrarrazões, no prazo de 15 (quinze) dias" – **8 dias no processo do trabalho**.

XV

AUDIÊNCIA

15.1 CONCEITO

De acordo com Sergio Pinto Martins[1], "audiência vem do latim *audientia*, que é o ato de escutar".

Audiência é o ato processual formal e solene, no qual o juiz analisa a petição inicial[2] do autor, tenta a conciliação, recebe a resposta do réu, ouve as partes e as suas testemunhas, analisa documentos e profere a sentença. Em linhas gerais, é a ocasião em que são praticados atos processuais tanto pelas partes, quanto pelo magistrado.

É, sobretudo, um dos atos mais importantes do processo do trabalho, quiçá o mais importante.

Na audiência, pratica-se grande parcela dos atos processuais: a conciliação, a resposta[3] do réu, o saneamento do processo, os depoimentos[4] das

---

[1] MARTINS, Sergio Pinto. *Direito processual do trabalho*. 35. ed. São Paulo: Atlas, 2014. p. 278.

[2] Essa é a regra. Contudo, o juiz poderá analisar a petição inicial antes da audiência em hipóteses em que há pedido de tutelas provisórias e liminares.

[3] "Revelia. Contestação intempestiva. Alcance. Contestação. Apresentação fora do prazo legal. Advogado e preposto sem poderes. Concessão prazo para regularização. Descumprimento. Revelia configurada. Inteligência dos arts. 13, II e 37, parágrafo único do CPC, c/c art. 847 da CLT. No processo do trabalho a contestação deve ser apresentada na audiência inaugural, conforme disposto no art. 847 da CLT, sob pena de presumirem-se verdadeiros os fatos alegados pela parte adversa e não contestados, na forma do art. 319 do CPC. Ocorrendo a presença do advogado e preposto na audiência inaugural, sem respectivas procuração e carta de preposição, e tendo sido concedido prazo para regularização do defeito de representação, sem o devido cumprimento, deve ser aplicada a regra inserta nos arts. 13, II, e 37, parágrafo único, do CPC, considerando-se revel o demandado, bem como inexistentes os atos havidos e não ratificados no prazo concedido" (TRT-13ª R., RO 0006400-45.2014.5.13.0004, Rel. Des. Carlos Coelho de Miranda Freire, *DJe* 14.05.2015, p. 1).

[4] "Nulidade. Interesse de menor. Ausência da intervenção do MPT. Reconhecimento. Nulidade do processo. Falta de intervenção do Ministério Público do Trabalho. Interesse de menor. Na espécie, a ausência de intervenção do Ministério Público do Trabalho durante a instrução trouxe manifesto prejuízo aos interesses do menor herdeiro, sendo nulo o processo desde a

partes[5] e das testemunhas, razões finais e, por fim, a sentença. É a materialização do princípio da concentração dos atos processuais.

Neste ato, ainda, tornam-se perceptíveis o princípio da oralidade e o da imediatidade[6].

A oralidade é refletida pelo próprio desenrolar da audiência, posto que a defesa[7] pode ser apresentada de maneira oral, o depoimento das partes[8] e das testemunhas é feito de forma oral, bem como as razões finais[9]. Os atos processuais são praticados por meio das palavras.

A imediatidade[10] ocorre pela aproximação do juiz com as partes e com todos os demais que participam do processo (testemunhas, perito) durante a audiência.

---

audiência inicial, devendo os autos retornarem à MMª Vara de origem para que se realize nova audiência inicial e dela seja intimado o MPT. Recurso Provido" (TRT-4ª R., RO 0001226-09.2011.5.04.0005, 11ª T., Rel. Des. Flávia Lorena Pacheco, *DJe* 15.05.2015).

[5] "Processo do trabalho. Perempção. Ocorrência. Perempção trabalhista. Arquivamento de duas ações trabalhistas anteriores por ausência do reclamante. Configuração. Para que reste configurada a perempção trabalhista a que alude o art. 732 da CLT, basta que a parte autora tenha dado causa, por duas vezes seguidas, ao arquivamento de ações anteriormente ajuizadas perante esta Justiça Especializada, em virtude do seu não comparecimento à audiência inaugural. Neste caso, perderá o direito de ajuizar ações trabalhistas durante o prazo de seis meses" (TRT-8ª R., RO 0000861-33.2014.5.08.0103, 3ª T., Rel. Des. Fed. Mario Leite Soares, *DJe* 01.05.2015, p. 172).

[6] "Diferenças salariais. Exercício de função diversa da registrada. Jornada. Prova oral. Valoração pelo Juízo 'a quo'. Princípio da imediatidade. Há que se privilegiar a valoração da prova, realizada pelo Juízo 'a quo', pois sua conclusão decorre não só do teor dos depoimentos, como também das demais impressões colhidas pelo julgador durante a audiência de instrução, já que o contato direto com os depoentes também lhe possibilita sentir e avaliar todas as suas reações. Trata-se da aplicação do princípio da imediatidade, diretamente decorrente do princípio maior da oralidade processual. Recurso ordinário conhecido e não provido" (TRT-2ª R., Proc. 0001473-41.2014.5.02.0069 – (20150867012), Rel. Lycanthia Carolina Ramage, *DJe* 09.10.2015).

[7] CLT: "Art. 847. Não havendo acordo, o reclamado terá vinte minutos para aduzir sua defesa, após a leitura da reclamação, quando esta não for dispensada por ambas as partes".

[8] CLT: "Art. 848. Terminada a defesa, seguir-se-á a instrução do processo, podendo o presidente, *ex officio* ou a requerimento de qualquer juiz temporário, interrogar os litigantes. § 1º Findo o interrogatório, poderá qualquer dos litigantes retirar-se, prosseguindo a instrução com o seu representante. § 2º Serão, a seguir, ouvidas as testemunhas, os peritos e os técnicos, se houver".

[9] CLT: "Art. 850. Terminada a instrução, poderão as partes aduzir razões finais, em prazo não excedente de 10 (dez) minutos para cada uma. Em seguida, o juiz ou presidente renovará a proposta de conciliação, e não se realizando esta, será proferida a decisão".

[10] "Recurso ordinário da reclamada. Prova testemunhal. Base para a formação do convencimento do juiz. Identidade física. Imediatidade. Como decorrência do princípio da imediação, que confere ao Magistrado papel proeminente na regência do procedimento probatório, o valor por ele conferido aos depoimentos prestados assume relevância singular.

Esse contato mais próximo permite ao juiz[11] angariar elementos para se aproximar da verdade real[12], os quais servirão de fundamento para a sua decisão. Ademais, esse contato pode facilitar a condução, pelo juiz, para que haja a conciliação entre as partes. Daí por que ao magistrado cabe até mesmo, na audiência e no contato direto e face a face (olho a olho) com as partes e testemunhas, agir como se psicólogo fosse, sopesando e examinando as reações corporais, as expressões faciais, o tom da voz e o olhar direto ou não nos depoimentos colhidos para motivar o seu convencimento em relação à verdade e justiça nas decisões.

Outro princípio que se destaca no curso da audiência é o da irrecorribilidade imediata das decisões interlocutórias, pois, já que os atos processuais estão concentrados em uma única audiência, indubitavelmente não há que se cogitar a possibilidade do manuseio de recursos contra decisões interlocutórias.

Além do mais, conceitualmente, não há que se confundir audiência com sessão. Esta é a "realização de várias audiências ou julgamentos, em que são decididos vários processos"[13], geralmente nos tribunais.

15.2 ASPECTOS GERAIS

As audiências trabalhistas, do procedimento ordinário, são públicas, sendo realizadas na sede do juízo, em dias úteis, previamente fixados, entre 8 e 18 horas, não podendo ultrapassar cinco horas seguidas, salvo quando houver matéria urgente (art. 813 da CLT).

Horas extraordinárias. Evidenciado que havia trabalho além da jornada legal, correta a condenação da reclamada ao pagamento de horas extraordinárias. Adicional noturno – Ante a incorreção no pagamento do adicional noturno, faz jus o autor às diferenças postuladas. Multa prevista no artigo 477 da CLT – Conforme comprova o TRCT, a homologação foi tardia, ou seja, mais de dois meses após o término do contrato de trabalho. Houve descumprimento do prazo legal e, por isso, é devida a multa definida no § 8º do artigo 477 da CLT. Adicional de insalubridade indevido. Coleta de lixo em condomínio – Em interpretação sistemática, ainda que reste comprovado o manuseio de lixo por laudo pericial, a Súmula nº 448 do C. TST, não apenas firmou o entendimento de que 'é necessária a classificação da atividade insalubre na relação oficial elaborada pelo Ministério do Trabalho', como também bloqueou a equiparação da limpeza em residências e escritórios à higienização de instalações sanitárias de uso público ou coletivo de grande circulação, e a respectiva coleta de lixo. Recurso ordinário da reclamada conhecido e parcialmente provido" (TRT-1ª R., RO 0011509-07.2014.5.01.0026, 5ª T., Rel. Marcia Leite Nery, *DOERJ* 22.09.2015).

[11] CLT: "Art. 820. As partes e testemunhas serão inquiridas pelo juiz ou presidente, podendo ser reinquiridas, por seu intermédio, a requerimento dos vogais, das partes, seus representantes ou advogados".
[12] A verdade real deve ser compreendida como as certezas que são apresentadas e constatadas nos autos do processo.
[13] MARTINS, Sérgio Pinto. Op. cit., 2014, p. 278.

Ante a omissão da CLT e a compatibilidade do instituto, entendemos ser aplicável o art. 367, §§ 5º e 6º, do CPC/2015[14], que permite a gravação da audiência.

Como regra, as audiências são públicas em conformidade com o art. 93, IX, da Constituição da República, *in verbis*:

> Todos os julgamentos dos órgãos do Poder Judiciário serão públicos, e fundamentadas todas as decisões, sob pena de nulidade, podendo a lei limitar a presença, em determinados atos, às próprias partes e a seus advogados, ou somente a estes, em casos nos quais a preservação do direito à intimidade do interessado no sigilo não prejudique o interesse público à informação.

Logo, todos podem assistir às audiências trabalhistas e consultar os autos do processo.

Contudo, o princípio da publicidade não é absoluto. O CPC/2015, em seu art. 189, declina que:

> Art. 189. Os atos processuais são públicos, todavia tramitam em segredo de justiça os processos:
>
> I – em que o exija o interesse público ou social; (...)
>
> III – em que constem dados protegidos pelo direito constitucional à intimidade;
>
> IV – que versem sobre arbitragem, inclusive sobre cumprimento de carta arbitral, desde que a confidencialidade estipulada na arbitragem seja comprovada perante o juízo.
>
> § 1º O direito de consultar os autos de processo que tramite em segredo de justiça e de pedir certidões de seus atos é restrito às partes e aos seus procuradores.
>
> § 2º O terceiro que demonstrar interesse jurídico pode requerer ao juiz certidão do dispositivo da sentença, bem como de inventário e de partilha resultantes de divórcio ou separação.

Desse modo, quando o processo versar sobre interesse público ou sobre situações que possam vir a expor a intimidade das partes (dispensa de portador de HIV, assédio sexual, justa causa versando sobre improbidade, alcoolismo etc.), o juiz poderá decretar segredo de justiça, sendo as audiências realizadas a portas fechadas. Cabe mencionar que o segredo de justiça poderá, igualmente, ser solicitado pela(s) parte(s), tendo a decisão do juiz caráter interlocutório e, portanto, irrecorrível de imediato.

---

[14] CPC/2015: "Art. 367. (...) § 5º A audiência poderá ser integralmente gravada em imagem e em áudio, em meio digital ou analógico, desde que assegure o rápido acesso das partes e dos órgãos julgadores, observada a legislação específica. § 6º A gravação a que se refere o § 5º também pode ser realizada diretamente por qualquer das partes, independentemente de autorização judicial".

15.3 PROCEDIMENTO E REGRAS DA AUDIÊNCIA TRABALHISTA

A realização da audiência trabalhista deve respeitar o intervalo mínimo de cinco dias previsto no art. 841, *caput*, da CLT[15]. Esse intervalo é computado a partir do momento em que o reclamado é notificado, portanto, entre a ciência da data da audiência e a sua realização deve existir um lapso temporal mínimo de cinco dias.

Quando os entes de direito público que não explorem atividade econômica (União, Estados, DF, Municípios, autarquias e fundações públicas) estiverem no polo passivo, o intervalo mínimo passa a ser de 20 dias, tendo em vista que o prazo para os entes públicos apresentarem sua defesa é computado em quádruplo[16], consoante o previsto no art. 1º do Decreto-lei 779/1969. Aqui se afasta a regra do art. 182 do CPC/2015, pois, como apresentado, há regra específica no processo do trabalho.

A empresa brasileira de correios e telégrafos (EBCT) foi equiparada à Fazenda Pública, possuindo as mesmas prerrogativas processuais (art. 12 do Decreto-lei 509/1969).

No que concerne ao Ministério Público do Trabalho, caso esteja no polo passivo da demanda, o prazo a ser respeitado é o de 10 dias, já que, conforme o art. 180 do CPC, possui prazo em dobro para se manifestar nos autos.

15.3.1 Local, horário e duração

As audiências serão realizadas na sede do juízo ou tribunal. Em casos especiais, poderá ser designado outro local para a realização das audiências, desde que seja afixado edital na sede do Juízo ou Tribunal, com a antecedência mínima de 24 horas (art. 813, § 1º, da CLT).

Elas devem ser realizadas em dias úteis, das 8h às 18h. Nos tribunais, as sessões ocorrerão entre as 14h e 17h, podendo ser prorrogadas pelo presidente em caso de manifesta necessidade (art. 701 da CLT).

Atualmente, essa regra é flexibilizada nos Tribunais do Trabalho, pois as sessões são realizadas inclusive no período da manhã, a partir das 8h, e no período da tarde, a partir das 13h, de acordo com o regimento interno dos tribunais e deliberação dos presidentes das turmas.

---

[15] "Art. 841. Recebida e protocolada a reclamação, o escrivão ou secretário, dentro de 48 (quarenta e oito) horas, remeterá a segunda via da petição, ou do termo, ao reclamado, notificando-o ao mesmo tempo, para comparecer à audiência do julgamento, que será a primeira desimpedida, depois de 5 (cinco) dias".

[16] "Art. 1º Nos processos perante a Justiça do Trabalho, constituem privilégio da União, dos Estados, do Distrito Federal, dos Municípios e das autarquias ou fundações de direito público federais, estaduais ou municipais que não explorem atividade econômica: (...) II – o quádruplo do prazo fixado no artigo 841, *in fine*, da Consolidação das Leis do Trabalho".

Como regra, a duração da audiência não pode ultrapassar cinco horas seguidas, salvo quando existir matéria urgente. Essa regra vem sendo interpretada no sentido de que a duração máxima de cinco horas deva corresponder à totalidade de audiências da pauta, e não somente a uma. Na defesa dessa interpretação, Mauro Schiavi[17] assim se posiciona:

> Pensamos que a melhor interpretação do art. 813 da CLT sinaliza no sentido de que o prazo máximo de cinco horas é aplicável para todas as audiências da pauta, e não a uma única audiência, pois se cada audiência puder durar no máximo cinco horas, dificilmente o Juiz do Trabalho conseguirá realizar todas as audiências da pauta. Além disso, o art. 813 da CLT utiliza o termo *audiências*, e não audiência, o que denota que quis se referir à sessão das audiências do dia.

Em regra, as partes e o juiz devem estar presentes na hora marcada para a realização da audiência. Caso o juiz não se faça presente na hora determinada, atrasando-se por mais de 15 minutos para o início da audiência, os presentes poderão retirar-se, devendo o ocorrido constar do livro de registro de audiências (art. 815, parágrafo único, da CLT). Essa regra deve ser aplicada quando o juiz se atrasar para a primeira audiência da pauta, não sendo válida para as audiências subsequentes, tendo em vista que cada audiência apresenta suas particularidades, podendo ter uma breve duração ou perdurar por um longo período.

Não há tolerância para as partes se atrasarem[18]. Nesse sentido, a Orientação Jurisprudencial **245 da SDI-I do TST**:

REVELIA. ATRASO[19]. AUDIÊNCIA

---

[17] SCHIAVI, Mauro. *Manual de direito processual do trabalho*. 8. ed. São Paulo: LTr. p. 564.
[18] "Audiência. Comparecimento. Atraso de 1 minuto. Pena de confissão. Aplicação. Cerceamento de defesa. Configuração. Atraso no comparecimento à audiência de instrução. Cerceamento do direito de defesa. Configuração. Apesar de o ordenamento processual vigente não prever tolerância de atraso no comparecimento das partes nas audiências designadas, postura esta adotada pela jurisprudência majoritária, nos termos da Orientação Jurisprudencial nº 245 da SDI 1 do col. TST, no caso dos autos, o atraso ocorrido no comparecimento do ato foi de apenas 2 minutos (ou tão somente 1 minuto se considerarmos que a reclamada foi apregoada por duas vezes, uma às 8h e, posteriormente, às 8h1min), configurando, a decisão do MM. Juiz de origem de não reabrir a audiência de instrução, afronta ao princípio da razoabilidade, na medida em que seus efeitos, a confissão da parte, implica além de rigorismo excessivo, cerceando ao direito de defesa da parte, principalmente na hipótese em exame, em que a parte já havia oferecido defesa na primeira audiência. Desta feita, acolho a arguição de cerceamento do direito de defesa para afastar os efeitos da pena de confissão ficta aplicada à reclamada e determinar o retorno dos autos à origem para reabertura da instrução processual, proferindo-se nova decisão, como se entender de direito" (TRT-23ª R., RO 00375.2009.001.23.00-7, Rel. Des. Leila Calvo, DJe 10.02.2010).
[19] "Recurso ordinário. Atraso audiência. Tolerância. Previsão inexistente. Inexiste previsão legal tolerando atraso no horário de comparecimento da parte na audiência. Inteligência

Inexiste previsão legal tolerando atraso no horário de comparecimento da parte na audiência.

No transcurso das audiências, o juiz exercerá o poder de polícia[20] primando pela ordem, podendo, inclusive, mandar retirar do recinto quem agir de forma impertinente (art. 816 da CLT).

15.3.2 Audiência una e em prosseguimento

A regra preceituada pela CLT é a de que a audiência seja una e contínua, devendo todos os atos processuais ser praticados durante a sua realização. Da análise da petição inicial, passando pela tentativa de conciliação, instrução, até a prolação da decisão, tudo deve ocorrer nesse instante.

Sem dúvida, o mérito desse dispositivo é a tentativa de conjugar todos os atos processuais em um único instante, primando pela celeridade e economia processual.

Porém, a realidade se mostra uma adversária complexa. Cada dia mais, a Justiça do Trabalho é assoberbada por demandas, sendo algumas delas dotadas de grande complexidade; fato este que influencia na necessidade de haver um grande número de audiências, o que, logicamente, compromete a realização de todos os atos processuais em uma única audiência.

O art. 849 da CLT dispõe que:

> A audiência de julgamento será contínua; mas, se não for possível, por motivo de força maior, concluí-la no mesmo dia, o juiz ou presidente marcará a sua continuação para a primeira desimpedida, independentemente de nova notificação.

A norma determina que a audiência seja única, mas abre exceção nos casos de força maior, permitindo que o juiz possa fracioná-la.

Em igual entendimento o art. 365 do CPC/2015[21], cujo teor prevê a audiência como una e contínua, mas permite o seu fracionamento.

---

da OJ nº 245, da SDI-1, do C. TST" (TRT-1ª R., RO 0000474-49.2012.5.01.0243, 2ª T., Red. p/ Ac. Volia Bomfim Cassar, *DOERJ* 24.09.2015).

[20] CPC/2015: "Art. 360. O juiz exerce o poder de polícia, incumbindo-lhe: I – manter a ordem e o decoro na audiência; II – ordenar que se retirem da sala de audiência os que se comportarem inconvenientemente; III – requisitar, quando necessário, força policial; IV – tratar com urbanidade as partes, os advogados, os membros do Ministério Público e da Defensoria Pública e qualquer pessoa que participe do processo; V – registrar em ata, com exatidão, todos os requerimentos apresentados em audiência".

[21] CPC/2015: "Art. 365. A audiência é una e contínua, podendo ser excepcional e justificadamente cindida na ausência de perito ou de testemunha, desde que haja concordância das partes. Parágrafo único. Diante da impossibilidade de realização da instrução, do debate e do julgamento no mesmo dia, o juiz marcará seu prosseguimento para a data mais próxima possível, em pauta preferencial".

Na prática, todavia, os juízes, principalmente aqueles que atuam em cidades onde o movimento processual é extremamente volumoso, fracionam as audiências, independentemente de haver motivo de força maior.

Dessa maneira, não sendo possível a prática de todos os atos processuais em uma única audiência, o juiz marcará uma nova data para o seu prosseguimento. Ademais, com fulcro no art. 765[22] da CLT, muitos juízes fragmentam a audiência em três, a saber:

- audiência inicial ou de conciliação: na qual se tenta a conciliação e, restando infrutífera, o juiz recebe a resposta do réu (quando se tratar de processo físico) e designa a audiência de instrução;
- audiência de instrução: também chamada de audiência em prosseguimento, tem por objetivo a realização dos atos de instrução, quais sejam: interrogatório e depoimento pessoal das partes, oitiva das testemunhas e, se for o caso, oitiva do perito e dos assistentes técnicos. Dessa forma, podemos compreender a audiência em prosseguimento como uma redesignação da audiência inicial, isto é, o juiz fraciona (seja por determinar que a primeira audiência tenha por objetivo a conciliação, seja porque a audiência não pode continuar, como no caso da necessidade de se produzir prova pericial)a audiência e a redesigna para um outro momento, sendo essa audiência em continuidade denominada, também, de instrução;
- audiência de julgamento: momento em que o juiz profere a decisão.

Insta mencionar que em muitas oportunidades, mesmo não havendo o desmembramento da audiência, ou seja, a audiência é una, o juiz não consegue, por escassez de tempo ou pela complexidade da demanda, proferir a decisão na própria audiência. Ocorrendo essa situação, o juiz determinará uma nova data para a audiência de julgamento, na qual promulgará a sentença. O não comparecimento das partes nessa audiência de julgamento não gerará nenhum efeito prejudicial para ambos, pois essa audiência só tem a finalidade de estabelecer o prazo inicial para a interposição do recurso. Na realidade, o objetivo é avisar, de antemão, as partes de que a sentença será publicada na data da audiência designada. Assim,

> SÚMULA 197 DO TST – PRAZO
>
> O prazo para recurso da parte que, intimada, não comparecer à audiência em prosseguimento para a prolação da sentença conta-se de sua publicação.

---

[22] CLT: "Art. 765. Os Juízos e Tribunais do Trabalho terão ampla liberdade na direção do processo e velarão pelo andamento rápido das causas, podendo determinar qualquer diligência necessária ao esclarecimento delas".

SÚMULA 30 DO TST – INTIMAÇÃO DA SENTENÇA
Quando não juntada a ata ao processo em 48 horas, contadas da audiência de julgamento (art. 851, § 2º, da CLT), o prazo para recurso será contado da data em que a parte receber a intimação da sentença.

Por fim, em relação a esse tema, repisamos sobre o procedimento sumaríssimo, cujo rito determina a realização de audiência una, não comportando, portanto, a cisão desta. Nestes termos o art. 852-C da CLT:

> Art. 852-C. As demandas sujeitas a rito sumaríssimo serão instruídas e julgadas em audiência única, sob a direção de juiz presidente ou substituto, que poderá ser convocado para atuar simultaneamente com o titular.

15.3.3 Do procedimento e do comparecimento das partes

Na audiência, a presença das partes é obrigatória, independentemente do comparecimento dos seus advogados. Essa regra se coaduna com os ditames principiológicos e legais supramencionados.

Diante dos princípios já mencionados, como a concentração dos atos em audiência, da oralidade e da imediatidade, desvelam-se a tentativa de conciliação, a resposta do réu, os depoimentos, atos que só serão possíveis e efetivos com a presença das partes.

Dessa feita, a lei e a jurisprudência pacífica, reiterada e remansosa[23] são rigorosas quanto à obrigatoriedade do comparecimento das partes em audiência. Essa ideia se infere da CLT:

> Art. 843. Na audiência de julgamento **deverão** estar presentes o reclamante e o reclamado, independentemente do comparecimento de seus representantes salvo, nos casos de Reclamatórias Plúrimas ou Ações de Cumprimento, quando os empregados poderão fazer-se representar pelo Sindicato de sua categoria. (grifo nosso)

É sabido que o advogado pode ser empregado, mas este não pode atuar no processo, exercendo, de maneira simultânea, as funções de patrono e de preposto do empregador (art. 3º da Lei 8.096/1994 – Estatuto da OAB).

---

[23] "Recurso ordinário. Atraso da parte reclamante para audiência de instrução. Confissão ficta. Nulidade processual não configurada. Nos moldes previstos no artigo 844 da CLT, é dever das partes comparecer em dia e hora previamente designados pelo Juízo para a realização audiência, sob pena de aplicação das sanções legais cominadas. Nesse contexto, a aplicação da pena de confissão à parte em virtude do atraso do reclamante à audiência de instrução não conduz à configuração de cerceamento de defesa, mormente sem que fosse demonstrado justo motivo que a impediu de comparecer tempestivamente à sessão" (TRT-5ª R., RO 0001704-27.2012.5.05.0531, 3ª T., Rel. Des. Marizete Menezes, *DJe* 31.07.2015).

A imperatividade da norma é excepcionada quando a ação envolver as reclamatórias plúrimas (litisconsórcios) ou ações de cumprimento. Nesses casos, o sindicato pode representar os trabalhadores, como substitutos processuais, ou autores ideológicos, pois essas ações, em regra, envolvem interesses de uma quantidade considerável de trabalhadores, envolvendo geralmente direitos individuais homogêneos, e, se todos estiverem presentes em audiência, pode haver comprometimento desta, bem como do próprio processo.

No entanto, há mais ressalvas contidas na referida norma.

Em relação ao empregador, a CLT lhe confere a faculdade de se fazer representar por gerente ou qualquer outro preposto[24] que tenha conhecimento[25] dos fatos[26], cujas declarações obrigarão o preponente (art. 843, § 1º, da CLT). O mesmo ocorre nos dissídios coletivos (art. 861 da CLT).

O preposto atua em audiência como se fosse o empregador, tendo os mesmos deveres e prerrogativas; pode apresentar proposta de acordo, defesa oral, caso o empregador não tenha constituído advogado, prestar depoimento etc.

Com a edição da Lei 13.467/2017, o art. 843 da CLT passa a preconizar, como dito, em seu § 3º, que o preposto da reclamada não precisa ser seu empregado.

Referido ditame, porém, vai de encontro com o TST que, até o advento da lei reformadora, sempre exigiu que o preposto do empregador fosse, em regra, seu empregado.

Assim proclamava a Súmula 377 do TST, que deverá ser alterada:

---

[24] "Confissão ficta. Condomínio. Preposto. Gerente administrativo autônomo. Inaplicabilidade. Condomínio. Confissão ficta. Preposto gerente administrativo autônomo. Da exegese do que dispõem os arts. 12, IX, do CPC, e § 1º do art. 843 da CLT, extrai-se que a representação em juízo do condomínio deve realizar-se mediante a figura do síndico ou administrador, podendo este se fazer substituir por preposto que tenha conhecimento dos fatos. Por consequência, não há que se cogitar em aplicação da confissão ficta no caso em que o condomínio-réu é representado em juízo por preposto nomeado pelo síndico, o qual, segundo declarou em depoimento, é gerente administrativo do condomínio, tendo contrato de prestação de serviços autônomos" (TRT-15ª R., RO 0192500-54.2009.5.15.0093 (Ac. 67095/2013), 3ª T., Rel. Des. Edna Pedroso Romanini, *DJe* 16.08.2013).

[25] "No processo do trabalho, ao empregador se reserva a prerrogativa de se fazer substituir, em audiência, por qualquer preposto – Que tenha conhecimento do fato e cujas declarações obrigarão o proponente (art. 843, § 1º, da CLT). Ao indicar, como seu preposto, alguém que desconhecia a 'rotina' do reclamante, a reclamada menosprezava o comando inscrito no art. 843, § 1º, da CLT, assumindo um 'risco' específico, no processo. Se o empregador envia para representá-lo em juízo, alguém – O seu preposto – Que desconhece os fatos que constituem o objeto da demanda, incorre em confissão, ainda que ficta" (TRT-1ª R., RO 0001127-43.2011.5.01.0451, 8ª T., Rel. Roque Lucarelli Dattoli, *DOERJ* 23.09.2015).

[26] A Lei 13.467/2017 acrescentou o presente parágrafo ao art. 843, da CLT, como se expressa: "§ 3º O preposto a que se refere o § 1º deste artigo não precisa ser empregado da parte reclamada".

PREPOSTO. EXIGÊNCIA DA CONDIÇÃO DE EMPREGADO

Exceto quanto à reclamação de empregado doméstico, ou contra micro ou pequeno empresário, o preposto deve ser necessariamente empregado do reclamado. Inteligência do art. 843, § 1º, da CLT e do art. 54 da Lei Complementar nº 123, de 14 de dezembro de 2006.

Pela Súmula supra, o empregador poderia se fazer representar pelo preposto, desde que o mesmo fosse seu empregado, excepcionando-se apenas em relação ao empregador doméstico, que poderia (e continua podendo) ser representado por qualquer pessoa da família que tenha conhecimento dos fatos, e até mesmo por um amigo que frequente a casa na qual foi realizada a prestação de serviços; a mesma exceção (hoje regra) se estendia ao micro e pequeno empresário.

Não obstante o posicionamento do TST, a lei reformadora corrobora o que muitos operadores do direito já afirmavam sobre o sentido da redação anterior do art. 843 de que o preposto não precisaria ser empregado da reclamada.

A CLT (art. 843, § 1º) exige que o preposto tenha conhecimento dos fatos, não necessitando que os tenha presenciado. Complementa que as declarações do preposto obrigarão o preponente (reclamado/empregador). Dessa forma, em audiência, o preposto deve demonstrar que possui ciência dos fatos, seja por si próprio ou por informações de terceiros. Caso contrário, o desconhecimento dos fatos, alinhado com respostas evasivas, poderá acarretar a pena de confissão ficta ao reclamado[27].

Quando a ação versar sobre relação de trabalho *lato sensu* (que não tipifica o vínculo empregatício), entendemos que o tomador de serviços poderá ser representado por qualquer preposto que tenha conhecimento dos fatos, seguindo a orientação do § 3º do art. 843 da CLT.

O preposto deve ser apresentado por meio da Carta de Preposição, assinada pelo empregador/tomador de serviços, tendo em vista que a sua presença em audiência permite a prática de vários atos processuais, como celebrar acordo, prestar depoimento e, até, apresentar defesa, na hipótese de o reclamado não ter advogado.

Obviamente, isso gera consequências para o empregador. Tal regra decorre da praxe forense e da jurisprudência. Se, porventura, o preposto não apresentar a

---

[27] CPC/2015: "Art. 385. Cabe à parte requerer o depoimento pessoal da outra parte, a fim de que esta seja interrogada na audiência de instrução e julgamento, sem prejuízo do poder do juiz de ordená-lo de ofício. § 1º Se a parte, pessoalmente intimada para prestar depoimento pessoal e advertida da pena de confesso, não comparecer ou, comparecendo, se recusar a depor, o juiz aplicar-lhe-á a pena. (...) Art. 386. Quando a parte, sem motivo justificado, deixar de responder ao que lhe for perguntado ou empregar evasivas, o juiz, apreciando as demais circunstâncias e os elementos de prova, declarará, na sentença, se houve recusa de depor".

carta de proposição²⁸ em audiência²⁹, entendemos que o magistrado deve conceder um prazo para que ela seja juntada aos autos, pois se trata de um vício sanável, conforme lição do art. 76 do CPC/2015, *in verbis*:

> Art. 76. Verificada a incapacidade processual ou a irregularidade da representação da parte, o juiz suspenderá o processo e designará prazo razoável para que seja sanado o vício.
>
> § 1º Descumprida a determinação, caso o processo esteja na instância originária:
>
> I – o processo será extinto, se a providência couber ao autor;
>
> II – o réu será considerado revel, se a providência lhe couber;
>
> III – o terceiro será considerado revel ou excluído do processo, dependendo do polo em que se encontre.

De igual modo, como já salientado, o empregado deverá comparecer pessoalmente à audiência. Porém, em casos de doença ou de impossibilidade de comparecimento, desde que comprovadas, poderá se valer do comparecimento de outro empregado pertencente à mesma profissão ou pelo sindicato (art. 843, § 2º, da CLT), evitando o arquivamento da ação (leia-se extinção do processo sem julgamento do mérito).

Aqui, não se trata da hipótese de representação³⁰, mas de um mecanismo para evitar um prejuízo maior ao empregado/autor, qual seja, a extinção do processo sem julgamento do mérito. É um permissivo legal para que haja o adiamento da audiência.

Em verdade, esse "representante" do empregado não poderá praticar atos inerentes a essa condição, tais como renunciar, confessar, acordar e prestar

---

[28] "Revelia e confissão. Não configuração. Nos termos do artigo 843, § 1º, da CLT, e da Súmula 377 do TST, exige-se que o preposto seja empregado da empresa e que tenha conhecimento dos fatos discutidos. A carta de preposição tem natureza meramente declaratória, de caráter formal, importando para atendimento do art. 843 da CLT que o preposto se faça presente na audiência, representando a empresa" (TRT-3ª R., RO 01072/2014-003-03-00.0, Rel. Des. Monica Sette Lopes, *DJe* 23.09.2015, p. 272).

[29] "Não concessão de prazo para juntada de carta de preposição. Configuração de cerceamento do direito de defesa. Em razão do silêncio normativo a respeito da necessidade de apresentação da carta de preposição, a praxe trabalhista consagrou tal obrigatoriedade em virtude das consequências que a atuação do preposto em audiência pode acarretar ao empregador. No entanto, o comparecimento do preposto à audiência, sem o respectivo documento que o habilita a atuar em nome do reclamado, não enseja a aplicação da revelia e sim a suspensão do processo, a fim de que, no prazo assinalado pelo Juízo, seja sanada a irregularidade de representação do polo passivo da demanda, nos termos do disposto no artigo 13 do CPC" (TRT-6ª R., RO 0001601-88.2014.5.06.0121, 2ª T., Rel. Juíza Conv. Larry da Silva Oliveira Filho, *DJe* 04.06.2015, p. 202).

[30] Em sentido contrário: Amauri Mascaro Nascimento e Mauro Schiavi defendem que se trata de uma hipótese clara de representação.

depoimento pessoal. Inclusive, o próprio reclamante deve ser intimado da data da nova audiência.

Estando presentes as partes e iniciada a audiência, o juiz deverá tentar a conciliação (art. 846 da CLT).

A CLT estabelece dois momentos obrigatórios, sem prejuízo de outros, para que haja a tentativa de conciliação: início da audiência e após a apresentação das razões finais. O magistrado deve conduzir a tentativa de conciliação com uma postura ativa, demonstrando às partes as vantagens da mesma. Porém, ele sempre deve deixar claro que a decisão sobre firmar o acordo é soberana da parte e do seu advogado, isto é, a não aceitação de um acordo não poderá implicar um juízo de valor por parte do magistrado.

Havendo acordo[31], o respectivo termo de conciliação será lavrado, sendo este considerado irrecorrível, salvo para o INSS[32] no que respeita às contribuições previdenciárias.

O acordo, no processo trabalhista, possui maior força do que a própria sentença, posto que esta é passível de recurso, enquanto que aquele só é atacável por ação rescisória, conforme o disposto na **Súmula 259 do TST**.

TERMO DE CONCILIAÇÃO. AÇÃO RESCISÓRIA
Só por ação rescisória é impugnável o termo de conciliação previsto no parágrafo único do art. 831 da CLT.

Ademais, o TST entende que, uma vez homologado o acordo em audiência, sem nenhuma ressalva, aquele atinge não somente as parcelas contidas na petição inicial, mas todas as parcelas referentes ao extinto contrato de trabalho, nesse sentido, **a OJ 132 da SDI-II**.

AÇÃO RESCISÓRIA. ACORDO HOMOLOGADO. ALCANCE. OFENSA À COISA JULGADA
Acordo celebrado – homologado judicialmente – em que o empregado dá plena e ampla quitação, sem qualquer ressalva, alcança não só o objeto da inicial, como também todas as demais parcelas referentes ao extinto contrato de trabalho, violando a coisa julgada, a propositura de nova reclamação trabalhista.

No termo de acordo deverá conter prazo e condições para o seu cumprimento (art. 846, § 1º, da CLT). Essas condições mencionadas na lei poderão abarcar,

---

[31] CLT: "Art. 846. Aberta a audiência, o juiz ou presidente proporá a conciliação. § 1º Se houver acordo lavrar-se-á termo, assinado pelo presidente e pelos litigantes, consignando-se o prazo e demais condições para seu cumprimento".
[32] CLT: "Art. 831. (...) Parágrafo único. No caso de conciliação, o termo que for lavrado valerá como decisão irrecorrível, salvo para a Previdência Social quanto às contribuições que lhe forem devidas".

além do pagamento total avençado no acordo, indenização ou multa, sendo que esta não poderá ser superior ao valor da obrigação principal (acordo), conforme preceitua o art. 412 do Código Civil.

Não sendo frutífero o acordo, o reclamado terá 20 minutos para apresentar sua defesa, todavia, na prática, as defesas são apresentadas por escrito, ressaltando que, no processo eletrônico, a defesa escrita deve ser remetida ao sistema antes da audiência (art. 22 da Resolução 185/2017 do CSJT)[33].

Portanto, superada a tentativa inicial de conciliação, o magistrado recebe a defesa da parte reclamada. Embora a Consolidação das Leis do Trabalho (CLT) preveja defesa oral em audiência, no prazo de 20 minutos, na praxe forense temos o oferecimento de defesa escrita.

Nos processos físicos, o reclamado apresentava sua defesa escrita (impressa em folha de papel) e todos os documentos na própria audiência, oportunidade em que eram juntados aos autos. Todavia, atualmente, com os processos eletrônicos, isso acabou sendo alterado. À luz da Resolução 185/2017 do Conselho Superior da Justiça do Trabalho, nos processos eletrônicos, a defesa deve ser apresentada aos autos até o momento da audiência.

Ponto importante, e que ainda não foi consolidado pela doutrina ou pela jurisprudência, diz respeito ao momento da desistência da ação. O artigo 841, § 3º, da CLT, incluído pela Reforma Trabalhista (Lei 13.467, de 2017), preceitua que, ofertada a defesa, o reclamante não poderá mais desistir da ação sem o consentimento do reclamado. Dessa forma, até o oferecimento da defesa, o reclamante poderá desistir da ação de forma unilateral. Contudo, a dúvida é reconhecer qual o momento em que a defesa é considerada apresentada: se a defesa é efetivada a partir da sua juntada aos autos do processo eletrônico ou se somente será considerada oferecida a partir do seu recebimento pelo juiz, isto é, após a tentativa inicial de conciliação.

Pensamos que antes de o juiz receber a defesa do reclamado, a defesa não se efetiva por completo (embora já tenha apresentado os seus pontos de refutação). No intervalo entre o oferecimento eletrônico e o recebimento pelo juiz, vimos que há a tentativa de conciliação. Assim, nesse período (antes do recebimento da contestação) pode ocorrer, também, o pedido do autor para aditar ou emendar a sua petição inicial. Esse pleito poderá ser feito na própria audiência, porém, entendemos que nesse caso será necessário adiar a audiência, justamente para não gerar prejuízo ao reclamado. Este terá um prazo concedido pelo magistrado para complementar sua defesa (em relação aos novos pedidos), sendo, neste caso, a audiência redesignada.

---

[33] "Art. 22. A contestação, reconvenção, exceção e documentos deverão ser protocolados no PJe até a realização da proposta conciliatória infrutífera, com a utilização de equipamento próprio, sendo automaticamente juntados, facultada a apresentação de defesa oral, na forma do art. 847, da CLT".

O momento para o reclamante se manifestar sobre a defesa e os seus respectivos documentos é na própria audiência. Nada impede, porém, que à parte seja concedido um prazo (que o juiz entender apropriado) para tal manifestação.

Sérgio Pinto Martins afirma que o momento correto de a parte se manifestar é por ocasião das razões finais[34].

Na prática, em algumas Varas, o reclamante faz sua manifestação após a apresentação da contestação pelo reclamado e antes da instrução processual.

Após a reclamada apresentar sua defesa, e o autor se manifestar, inclusive sobre os respectivos documentos, a instrução processual terá início, respeitando a seguinte ordem: depoimento pessoal do reclamante, depoimento pessoal da reclamada, oitiva das testemunhas do reclamante e oitiva das testemunhas da reclamada. Em havendo necessidade, os esclarecimentos do perito são prestados, na prática, antes da oitiva das testemunhas. Esquematicamente, conforme a CLT, temos a seguinte ordem de prática dos atos processuais em audiência:

a) interrogatório e depoimento pessoal das partes (art. 848 da CLT);
b) oitiva das testemunhas e dos peritos, se houver (art. 848, § 2º, da CLT).

Evidencia-se, todavia, que o Código de Processo Civil permite ao magistrado alterar a ordem de oitiva das testemunhas, caso haja concordância das partes.

> Art. 456. O juiz inquirirá as testemunhas separada e sucessivamente, primeiro as do autor e depois as do réu, e providenciará para que uma não ouça o depoimento das outras.
> Parágrafo único. O juiz poderá alterar a ordem estabelecida no *caput* se as partes concordarem.

Por outro lado, o art. 775, § 2º, da CLT dispõe que o juiz poderá alterar a ordem de produção de provas:

> Art. 775 (...)
> § 2º Ao juízo incumbe dilatar os prazos processuais e alterar a ordem de produção dos meios de prova, adequando-os às necessidades do conflito de modo a conferir maior efetividade à tutela do direito.

A regra da CLT é mais efetiva e contundente, pois não menciona que o juiz deva ter a anuência das partes para modificar a ordem de produção de provas. Com isso, há uma maior efetividade do processo.

---

[34] O prazo para razões finais é de dez minutos para cada uma das partes (art. 850 da CLT) e é feito oralmente.

No que tange ao comparecimento das testemunhas, o art. 845 da CLT dispõe que "o reclamante e o reclamado comparecerão à audiência acompanhados de suas testemunhas, apresentando, nessa ocasião, as demais provas".

Esse dispositivo consolidado deverá ser conjugado com o art. 825 e seu parágrafo único, também da CLT.

Dessa forma, a lei trabalhista apresenta duas hipóteses no que diz respeito ao comparecimento das testemunhas em audiência: deverão se apresentar voluntariamente, quando convidadas pelas partes, ou serão intimadas pelo juiz, quando não comparecerem espontaneamente, ficando sujeitas à condução coercitiva, além do pagamento de multa (arts. 730 e 825 da CLT).

Porém, se as partes comprometem-se a trazer as testemunhas, independentemente de intimação, e estas[35] não comparecem, ocorre a preclusão da prova, presumindo-se que a parte desistiu de ouvi-las.

Finda a instrução, as partes poderão aduzir razões finais, em prazo não superior a 10 minutos. É a possibilidade que as partem possuem para arguir nulidades[36] ocorridas no curso da instrução, bem como robustecer os seus fundamentos, a fim de forjarem o convencimento do juiz.

Na prática, os magistrados permitem que as partes apresentem razões por escrito. É comum também que elas façam alegações finais remissivas, isto é, alusivas ao quanto alegado e provado nos autos.

Derradeiramente, o juiz, após o fim do prazo para apresentação das razões finais, **renovará a proposta de conciliação**, sendo este ato também obrigatório.

Em dois momentos, na audiência, é obrigatória a tentativa de conciliação:

- antes de ser apresentada a contestação (art. 846 da CLT); e
- após o oferecimento das razões finais (art. 850 da CLT).

No rito sumaríssimo não há razões finais.

Por fim, o juiz prolatará a sentença na própria audiência ou em audiência de "julgamento", onde será publicada a decisão.

---

[35] A Lei 13.467/2017 acrescentou à CLT o Art. 793-D. "Aplica-se a multa prevista no art. 793-C desta Consolidação à testemunha que intencionalmente alterar a verdade dos fatos ou omitir fatos essenciais ao julgamento da causa". E anda: "Art. 793-C. De ofício ou a requerimento, o juízo condenará o litigante de má-fé a pagar multa, que deverá ser superior a 1% (um por cento) e inferior a 10% (dez por cento) do valor corrigido da causa, a indenizar a parte contrária pelos prejuízos que esta sofreu e a arcar com os honorários advocatícios e com todas as despesas que efetuou."

[36] CLT: "Art. 794. Nos processos sujeitos à apreciação da Justiça do Trabalho só haverá nulidade quando resultar dos atos inquinados manifesto prejuízo às partes litigantes".

15.3.4 Da ausência das partes e seus efeitos

Como mencionado alhures, o art. 844 da CLT, versa sobre o comparecimento obrigatório das partes em audiência, sendo que a ausência do reclamante importa no arquivamento da ação (extinção do processo sem resolução do mérito) e o não comparecimento do réu gera a revelia e a confissão quanto à matéria fática.

> Art. 844. O não comparecimento do reclamante à audiência importa o arquivamento da reclamação, e o não comparecimento do reclamado importa revelia, além de confissão quanto à matéria de fato.

O artigo em lume teve o seu conteúdo fortemente impactado pela reforma trabalhista de 2017, pois passa a contar com 05 (cinco) parágrafos, os quais modificam substancialmente os entendimentos acerca da ausência das partes e da revelia do réu. Passaremos à análise dos parágrafos.

> (...)
> § 1º Ocorrendo motivo relevante, poderá o juiz suspender o julgamento, designando nova audiência.

O legislador trabalhou com a denominada cláusula aberta, também conhecida por "conceito jurídico indeterminado", por intermédio da qual o magistrado terá ampla liberdade, desde que fundamentada, para suspender a audiência. Abre-se um permissivo para a subjetividade do juiz, que analisando os fatos poderá se utilizar da regra mencionada. Uma situação típica, que justifica a suspensão da audiência, seria uma greve generalizada dos transportes ou mesmo uma onda de violência que assola determinada região e que impede que as pessoas saiam de suas casas. Motivos pessoais da parte também podem ensejar a suspensão da audiência, lembrando que quem irá determinar se o motivo é ou não relevante é o magistrado.

> § 2º Na hipótese de ausência do reclamante, este será condenado ao pagamento das custas calculadas na forma do art. 789 desta Consolidação, ainda que beneficiário da justiça gratuita, salvo se comprovar, no prazo de quinze dias, que a ausência ocorreu por motivo legalmente justificável.

O parágrafo suso se apresenta como uma grande novidade na seara processual, pois determina o pagamento das custas mesmo sendo o trabalhador beneficiário da justiça gratuita. Em verdade, o legislador caracterizou o pagamento das custas, na hipótese em estudo, como um mecanismo punitivo, indenizatório para o trabalhador que se ausentar à audiência, sem motivo legalmente justificável. Aqui, o pagamento das custas não está vinculado às despesas processuais. Houve um equívoco técnico do legislador, pois as custas estão atreladas às despesas processuais e não podem ser utilizadas como instrumento para punir o reclamante; beneficiário da justiça gratuita não paga custas. Seria mais correto o legislador ter instituído uma multa, conforme as regras do art. 793-C da CLT, o que seria mais condizente com o seu intuito.

Independentemente do erro técnico do legislador, o que se passa a ter no processo do trabalho é a possibilidade de se condenar o reclamante, mesmo beneficiário da justiça gratuita, ao pagamento do valor de 2% sobre o valor da causa.

O intuito do legislador foi o de coibir o ajuizamento de demandas descompromissadas, impedir que reclamantes irresponsáveis se utilizem da Justiça do Trabalho de maneira leviana. Embora fosse exceção, alguns trabalhadores ajuizavam verdadeiras ações lotéricas, ou seja, sem qualquer tipo de fundamento, pois não eram compelidos a pagar qualquer encargo (hoje, o empregado poderá ser responsabilizado não só ao pagamento das custas do § 2º do art. 844, mas também ao pagamento dos honorários advocatícios).

As custas somente serão isentas caso o reclamante comprove, no prazo de 15 dias, que a ausência se deu por motivo legalmente justificável. O prazo de 15 dias para o reclamante justificar a sua ausência corre automaticamente a partir da audiência, ou seja, não é necessária a sua intimação. Uma vez transcorrido o prazo sem que haja manifestação do reclamante, as custas serão devidas. Questão relevante diz respeito a quem caberá a cobrança do respectivo valor; será que o magistrado poderá executar *ex officio*? A lei nada menciona, porém como se trata de taxa devida ao Estado, entendemos que o magistrado deve cobrar, *ex officio*, sob pena de execução.

A lei é expressa no sentido de que o reclamante ficará isento do pagamento das custas quando se manifestar no prazo de 15 dias e apresentar motivo legalmente justificável. Novamente, deparamo-nos com um conceito jurídico aberto, pois o que seria legalmente justificável?

No vazio da lei, podemos mencionar algumas hipóteses que estão arroladas no art. 473 da CLT, como, por exemplo, morte de parentes, casamento, acidente próprio ou de familiares, doenças, entre outras. Reiteramos que é o juiz quem deverá, no caso concreto, verificar se o fato justificou, nos termos da lei, a ausência do reclamante. E esse subjetivismo poderá gerar problemas, posto que situações semelhantes poderão ser tratadas de maneira desigual.

> § 3º O pagamento das custas a que se refere o § 2º é condição para a propositura de nova demanda.

Uma vez condenado ao pagamento das custas, o reclamante só poderá ajuizar novamente a demanda caso comprove o respectivo pagamento; portanto, o pagamento das custas passa a ser um pressuposto processual objetivo.

Ainda, no que tange ao empregado, o seu não comparecimento importa no arquivamento do processo (art. 844 da CLT). O arquivamento consiste na extinção do processo sem julgamento de mérito.

Quando o reclamante der causa a dois arquivamentos, ocorrerá a perempção[37]. Isso significa que ele ficará com o direito de ação suspenso, pelo prazo de seis meses, de reclamar (propor ação) perante a Justiça do Trabalho (art. 732 da CLT). No entanto, é necessário que sejam dois arquivamentos seguidos e não alternados. Compete ao reclamado fazer a prova de que tem conhecimento de que o autor deu causa a dois arquivamentos. A pena aplicada pelo juiz é feita por meio de sentença.

Na hipótese de o reclamante não comparecer à audiência de instrução, também denominada audiência em prosseguimento (após já ter havido uma audiência de tentativa de conciliação), na qual deveria prestar depoimento pessoal, não há arquivamento do processo, mas confissão quanto à matéria de fato, eis que já foi estabelecida a *litiscontestatio*[38]. É o que preconiza o TST:

> SÚMULA 9 DO TST – AUSÊNCIA DO RECLAMANTE
> A ausência do reclamante, quando adiada a instrução após contestada a ação em audiência, não importa arquivamento do processo.
>
> SÚMULA 74 DO TST – CONFISSÃO
> I – Aplica-se a confissão à parte que, expressamente intimada com aquela cominação, não comparecer à audiência em prosseguimento, na qual deveria depor.
> II – A prova pré-constituída nos autos pode ser levada em conta para confronto com a confissão ficta (arts. 442 e 443 do CPC de 2015 – art. 400, I, CPC de 1973), não implicando cerceamento de defesa o indeferimento de provas posteriores.
> III – A vedação à produção de prova posterior pela parte confessa somente a ela se aplica, não afetando o exercício, pelo magistrado, do poder/dever de conduzir o processo.

Importante ressaltar que, quando a audiência for fracionada, o reclamado deverá apresentar a sua resposta (contestação ou reconvenção) sempre na primeira audiência, ainda que esta seja apenas para tentativa de conciliação.

No que concerne à presença do reclamado, a regra impõe que ele compareça pessoalmente à audiência ou representado por um preposto. Caso essa determinação não seja respeitada, será considerado revel e confesso quanto à matéria fática, nos termos do art. 844 da CLT:

> O não comparecimento do reclamante à audiência importa o arquivamento da reclamação, e o não comparecimento do reclamado importa revelia, além de confissão quanto à matéria de fato.

---

[37] No Processo do Trabalho, a perempção não possui o sentido adotado no CPC, pois, neste, a perempção impossibilita o autor negligente de propor ação definitivamente. Já em âmbito trabalhista, o que ocorre é a suspensão, por seis meses, do direito de propor ação.

[38] Contestação da lide.

A revelia no processo do trabalho não tem o mesmo significado que a revelia do processo civil. No processo do trabalho, a revelia abarca duas situações: a ausência do reclamado à audiência e a ausência de contestação.

A reforma buscou atenuar os efeitos da revelia com a adoção expressa das regras do processo civil (art. 345, CPC), informando que a revelia não produzirá os seus efeitos (previstos no *caput* do art. 844) quando:

> § 4º A revelia não produz o efeito mencionado no caput deste artigo se:
>
> I – havendo pluralidade de reclamados, algum deles contestar a ação;
>
> II – o litígio versar sobre direitos indisponíveis;
>
> III – a petição inicial não estiver acompanhada de instrumento que a lei considere indispensável à prova do ato;
>
> IV – as alegações de fato formuladas pelo reclamante forem inverossímeis ou estiverem em contradição com prova constante dos autos.
>
> § 5º Ainda que ausente o reclamado, presente o advogado na audiência, serão aceitos a contestação e os documentos eventualmente apresentados.
>
> I – havendo pluralidade de reclamados, algum deles contestar a ação.

Situação em que pode ocorrer tal fato envolve o litisconsórcio entre empresas do grupo econômico ou no caso de terceirização. Estando ausente uma empresa (revel e consequentemente foi confessa), mas a outra reclamada em sua defesa apresenta argumentos e provas (recibos de pagamento, cartões de ponto etc.) que beneficiam a ausente, os efeitos da revelia serão afastados.

> II – o litígio versar sobre direitos indisponíveis.
>
> III – a petição inicial não estiver acompanhada de instrumento que a lei considere indispensável à prova do ato.

Podemos citar, como exemplo, a ausência das normas coletivas que embasam as pretensões do reclamante, a ação do mandado de segurança, cuja prova documental é essencial para o prosseguimento da ação etc.

> IV – as alegações de fato formuladas pelo reclamante forem inverossímeis ou estiverem em contradição com prova constante dos autos.

Sem dúvida alguma, essa regra será muito aplicada ao processo do trabalho, mormente nas hipóteses em que a petição inicial narra fatos que fogem ao senso comum, à realidade do homem médio, como, por exemplo, quando o reclamante afirma que trabalha todos os dias, inclusive em feriados, 18 horas por dia; ou que nunca gozou intervalo intrajornada durante os cinco anos de contrato.

Logo, mesmo havendo revelia, o juiz poderá verificar que os fatos narrados na inicial não condizem com a realidade, podendo, com fulcro na regra acima, julgar improcedente o pleito do reclamante.

O § 5º aborda a questão na qual o empregador não comparece e também não envia o seu preposto à audiência, mas o seu advogado se faz presente munido com a procuração e a defesa. O aludido parágrafo passa a determinar que o juiz aceite a contestação e os documentos que a integram.

Com isso, se afasta a aplicabilidade da Súmula 122 do TST, a qual assevera que estando presente o advogado, munido de defesa, procuração, mas ausente[39] o empregador ou o respectivo preposto, o juiz decretará a revelia da empresa.

A revelia somente poderia ser guerreada por atestado médico que comprovasse a impossibilidade da presença do empregador ou do seu preposto na audiência. Nesse sentido, a Súmula 122 do TST, com redação dada pela Res. 129/2005, *in verbis*:

> REVELIA. ATESTADO MÉDICO. A reclamada, ausente à audiência em que deveria apresentar defesa, é revel, ainda que presente seu advogado munido de procuração, podendo ser ilidida a revelia mediante a apresentação de atestado médico, que deverá declarar, expressamente, a impossibilidade de locomoção do empregador ou do seu preposto no dia da audiência.

Em regra, o não comparecimento do reclamado à audiência importa em revelia, e um dos seus principais efeitos é a confissão ficta (art. 844 da CLT). Logo, os fatos narrados pelo reclamante na petição inicial tornar-se-ão incontroversos, possibilitando a aplicação da multa do art. 467 da CLT.

Diante de tal ponto, o TST assim se postou:

> SÚMULA 69 DO TST – RESCISÃO DO CONTRATO
> A partir da Lei nº 10.272, de 05.09.2001, havendo rescisão do contrato de trabalho e sendo revel e confesso quanto à matéria de fato, deve ser o empregador condenado ao pagamento das verbas rescisórias, não quitadas na primeira audiência, com acréscimo de 50% (cinquenta por cento).

---

[39] "Revelia. Não comparecimento à audiência. Consequências. *Ficta confessio*. I – O artigo 843 da Consolidação das Leis do Trabalho exige a presença do reclamante e do reclamado na audiência. II – A ausência injustificada da parte ré à audiência de julgamento importa em revelia, além de confissão quanto à matéria de fato, na forma prevista no artigo 844, *caput*, da Consolidação das Leis do Trabalho. III – No caso concreto, a parte ré sofreu os efeitos da revelia, e não havendo nos autos sequer a juntada de controles de frequência da parte autora, procede o direito ao pagamento de horas extraordinárias, inclusive as decorrentes dos intervalos intrajornadas não usufruídos integralmente (entendimento pacificado pelo colendo Tribunal Superior do Trabalho, consubstanciado por meio da Súmula 437), com os reflexos nas demais verbas, tendo em vista a habitualidade em que eram prestadas, conforme alegação inicial. IV – Provimento negado" (TRT-1ª R., RO 0010211-96.2014.5.01.0052, 5ª T., Rel. Evandro Pereira Valadão Lopes, *DOERJ* 24.09.2015).

Entretanto, se a reclamada comparecer à primeira audiência (tentativa de conciliação e apresentar a sua defesa), mas não comparecer à audiência em prosseguimento (instrução), na qual deveria depor, não será considerada revel, sendo considerada somente confessa quanto à matéria fática (confissão ficta), ou seja, é a presunção de serem verdadeiros os fatos articulados pelo adversário. É o entendimento do TST, por meio da **Súmula 74**, *in verbis*:

> CONFISSÃO
>
> I – Aplica-se a pena de confissão à parte que, expressamente intimada com aquela cominação, não comparecer à audiência em prosseguimento, na qual deveria depor. (...)

Cabe salientar, novamente, que a confissão ficta também pode ser aplicada ao autor da ação/reclamante caso este não compareça à audiência de prosseguimento (instrução) na qual deverá prestar depoimento.

AUSÊNCIA DA PARTE RECLAMANTE	AUSÊNCIA DA PARTE RECLAMADA
Se a parte reclamante faltar à audiência inicial, haverá o **arquivamento** do processo.	Se a parte reclamada faltar à audiência inicial, decreta-se, em princípio, sua **revelia**.
Se a parte reclamante faltar à audiência de prosseguimento, opera-se a **confissão ficta** (Súmula 74, I, do TST).	Se a parte reclamada faltar à audiência de prosseguimento, opera-se a **confissão ficta** (Súmula 74, I, do TST).

Afirmamos, no quadro supra, que a ausência da reclamada gera, inicialmente, a sua revelia. Isso porque, com a Reforma Trabalhista, inseriu-se o § 5º no artigo 844 da CLT. Conforme já demonstrado, a nova regra determina que o juiz receba a defesa e os documentos apresentados pelo advogado presente na audiência, ainda que ausente o reclamado ou o seu preposto.

> Art. 844. (...)
>
> § 5º Ainda que ausente o reclamado, presente o advogado na audiência, serão aceitos a contestação e os documentos eventualmente apresentados.

Já nos posicionamos no sentido de que a solução mais justa para essa questão é não considerar o reclamado revel, posto haver defesa nos autos, contudo lhe aplicar a pena de confissão ficta quanto à matéria de fato, tendo em vista a sua ausência ou a do seu preposto. Portanto, os fatos narrados pela petição inicial são presumidamente verdadeiros, mas essa presunção de veracidade é meramente relativa. Isso significa dizer que toda prova pré-constituída nos autos poderá ser confrontada com os fatos aduzidos na petição inicial.

Assim, só haverá revelia se realmente a reclamada deixar de comparecer à audiência e não enviar preposto ou advogado munido com a sua defesa.

XVI

RESPOSTA DO RÉU

16.1 CONSIDERAÇÕES INICIAIS

Uma vez devidamente notificado (citado) o reclamado poderá tomar as seguintes medidas: reconhecer a procedência do pedido, ficar inerte ou pode apresentar resposta.

No Processo do Trabalho, a defesa[1] deverá ser apresentada na primeira audiência, tendo o reclamado o prazo de 20 (vinte) minutos para apresentá-la oralmente.

A Lei 13.467/2017 (reforma trabalhista) acrescentou o parágrafo único ao art. 847 da CLT com o objetivo de regulamentar a apresentação da contestação por meio eletrônico nas hipóteses nas quais o processo tramita pelo PJe. De acordo com esse dispositivo, a contestação deverá ser apresentada até audiência.

> Art. 847. (...)
> Parágrafo único. A parte poderá apresentar defesa escrita pelo sistema de processo judicial eletrônico até a audiência.

No PJe-JT vigorava a determinação de que a resposta deveria ser ofertada antes da realização da audiência (art. 29 da Resolução 136/2014 do CSJT), todavia, se a parte preferisse, poderia apresentar sua resposta de forma oral.

Contudo, a Resolução 185, de 24 de março de 2017, do CSJT revogando a Resolução 136/2014, apresentou dispositivo com texto semelhante à nova disposição contida no art. 847, parágrafo único da CLT (já com a reforma).

A Resolução 185/2017 do CSJT vaticina que a defesa pode ser entregue até o momento da tentativa da conciliação que restou frustrada (art. 22).

---

[1] CLT: "Art. 847. Não havendo acordo, o reclamado terá vinte minutos para aduzir sua defesa, após a leitura da reclamação, quando esta não for dispensada por ambas as partes".

Art. 22. A contestação, reconvenção, exceção e documentos deverão ser protocolados no PJe até a realização da proposta conciliatória infrutífera, com a utilização de equipamento próprio, sendo automaticamente juntados, facultada a apresentação de defesa oral, na forma do art. 847, da CLT.

Dessa feita, a Resolução 185/2017 não menciona expressamente que a resposta seja apresentada até a audiência, limitando-se a afirmar que seja externada "até o fracasso da conciliação". Portanto, a defesa não pode ocorrer após este momento.

Como supra apontado o art. 847, em seu novo parágrafo único, expressa que a resposta seja manifestada "até a audiência". Portanto, as regras da Resolução e do art. 847, parágrafo único, leva-nos a entender que o momento adequado para a entrega da defesa seja até no início da audiência, compreendida a possibilidade de apresentá-la após o acordo restar infrutífero.

Resumindo: a apresentação da defesa geralmente poderia ocorrer até uma hora antes do início da audiência, com estabelecimento do sigilo. Com a revogação da Resolução 136/2014, o art. 22 da Resolução 185/2017 determina a apresentação da contestação, exceção e reconvenção em audiência até o momento da primeira proposta conciliatória, inclusive a defesa oral, conforme dispõe a CLT.

Dessa forma, entendemos que houve a manutenção da faculdade de inserir a peça de contestação no PJE a qualquer momento antes do início da audiência, sendo que a apresentação da defesa não está mais limitada a uma hora antes da audiência, podendo, como dito, ser apresentada ao magistrado no início da audiência.

A peça de defesa que foi inserida no PJE antes da data da audiência ficará sob sigilo, aguardando sua liberação ou desbloqueio pelo magistrado no início da audiência em que haja o comparecimento das partes.

A norma consolidada não utiliza a nomenclatura contestação, mas sim a expressão defesa. Em relação à exceção, a CLT só faz alusão às de foro (incompetência territorial) e de suspeição. Assim, não trata da exceção de impedimento nem da reconvenção, mas essas duas formas de resposta são plenamente condizentes com o processo do trabalho, sendo utilizadas as regras do processo civil. A resposta do réu é um gênero, abarcando três espécies: contestação, exceções (sentido estrito) e objeções e reconvenção (não sendo esta uma defesa, mas ação típica do réu contra o autor do processo originário, uma espécie de contra-ataque).

Esse direito de defesa, em sentido amplo, está consubstanciado nos princípios constitucionais do devido processo legal, da inafastabilidade da jurisdição, do contraditório e da ampla defesa.

16.2 CONTESTAÇÃO

A Consolidação das Leis do Trabalho não faz alusão à palavra contestação, utilizando a terminologia "defesa". Essa deve ser compreendida como contestação, pois é a defesa mais usual, através da qual o réu lança todos os seus argumentos na direção oposta à pretensão do reclamante.

É a modalidade de resposta em que o réu refuta as pretensões do autor, atacando o mérito, mas, também, em que alega as defesas em face do processo, as chamadas preliminares.

Na contestação deve-se observar o princípio da eventualidade, segundo o qual o réu deve alegar todas as teses que possam eventualmente ser úteis para a sua defesa, mesmo que esses argumentos sejam contraditórios. Assim, se uma tese for afastada, as demais podem ser apreciadas. Na contestação, vislumbra-se a oportunidade para o demandado alegar todos os seus argumentos de defesa, sob pena de preclusão. Podemos compreender o princípio da eventualidade como uma das formas de concretizar o princípio da boa-fé processual; tal ideia decorre de que o princípio da eventualidade tem, também, o fito de evitar situações em que o réu surpreenda a parte contrária com alegações que já poderia ter apresentado em momento anterior. Logo, o impedimento de situações surpresa objetiva equilibrar a relação entre as partes no curso da tramitação do processo. É uma forma de concretizar a paridade de armas. O princípio da eventualidade, consagrado no art. 336 do CPC/2015[2], é plenamente aplicável no Processo do Trabalho, ressalvando somente a hipótese de especificação das provas a serem produzidas, isto porque as provas documentais devem vir acompanhando a contestação e as testemunhas deverão comparecer à audiência, independentemente de intimação, bem como o juiz poderá, em audiência, determinar as provas que entender necessárias.

Por meio da contestação, o reclamado lança sua defesa com o objetivo de buscar o reconhecimento da improcedência do pedido do autor, ou, então, a extinção do processo sem resolução de mérito. Não há provimento em favor do réu, visto que ele não formulou nenhum pedido de tutela jurisdicional (só há falar em pedidos do réu na reconvenção e no pedido contraposto).

A doutrina mais abalizada e o CPC/2015[3] também preconizam que a contestação deve contemplar o princípio da impugnação especificada. Dessa forma, o reclamado deve na contestação refutar de forma específica todos os fatos e pedidos narrados pelo autor em sua petição inicial. O ônus da impugnação especificada veda o oferecimento de uma defesa genérica.

---

[2] "Art. 336. Incumbe ao réu alegar, na contestação, toda a matéria de defesa, expondo as razões de fato e de direito com que impugna o pedido do autor e especificando as provas que pretende produzir".

[3] "Art. 341. Incumbe também ao réu manifestar-se precisamente sobre as alegações de fato constantes da petição inicial, presumindo-se verdadeiras as não impugnadas, salvo se: I – não for admissível, a seu respeito, a confissão; II – a petição inicial não estiver acompanhada de instrumento que a lei considerar da substância do ato; III – estiverem em contradição com a defesa, considerada em seu conjunto."

Na hipótese de o réu não impugnar especificadamente um fato, presume-se que ele estaria reconhecendo que o fato desfavorável ao seu interesse aconteceu tal como narrado na petição inicial. Todavia, trata-se de uma presunção relativa (*juris tantum*) e, portanto, admite prova em sentido contrário.

A contestação[4], como mencionado, poderá ser direcionada contra o processo, por meio de preliminares, sendo chamada de defesa processual, como também se voltar contra o mérito, direta ou indiretamente.

16.2.1 Defesas processuais

As defesas processuais são utilizadas para combater eventuais vícios da relação jurídico-processual, não objetivando atacar o mérito. O seu alvo são os requisitos de pertinência da ação (condições da ação) e do processo (pressupostos processuais).

São também reconhecidas por defesas preliminares ou, simplesmente, preliminares. As preliminares envolvem questões estritamente processuais. As preliminares são questões antecedentes cuja solução determina a possibilidade ou não de o julgador apreciar a questão subordinada, isto é, o mérito do processo.

Por meio delas o reclamado irá discutir se o processo está formalmente apto para que o juiz possa julgar o mérito.

As preliminares de contestação, via de regra, são questões processuais e de ordem pública, devendo ser alegadas e apreciadas antes da análise do mérito, conforme preceito do art. 337 do CPC/2015, *in verbis*:

> Art. 337. Incumbe ao réu, antes de discutir o mérito, alegar:
> I - inexistência ou nulidade da citação;
> II - incompetência absoluta e relativa;
> III - incorreção do valor da causa;
> IV - inépcia da petição inicial;
> V - perempção;
> VI - litispendência;
> VII - coisa julgada;
> VIII - conexão;
> IX - incapacidade da parte, defeito de representação ou falta de autorização;
> X - convenção de arbitragem;
> XI - ausência de legitimidade ou de interesse processual;
> XII - falta de caução ou de outra prestação que a lei exige como preliminar;
> XIII - indevida concessão do benefício de gratuidade de justiça.

---

[4] Veja a redação do parágrafo único do art. 847 da CLT, inserido de acordo com a Lei 13.467/2017: "Parágrafo único. A parte poderá apresentar defesa escrita pelo sistema de processo judicial eletrônico até a audiência".

Como a CLT nada menciona, o art. 337 em tela é aplicável ao Processo do Trabalho, com algumas adaptações.

Por se tratar de matéria de ordem pública, não opera a preclusão em relação às hipóteses em análise, enquanto não transitar em julgado a sentença (art. 485, § 3º, do CPC/2015).

Essas preliminares são também conhecidas por *objeções*, pois podem ser reconhecidas de ofício pelo juiz[5], exceto a convenção de arbitragem e a incompetência relativa. Portanto, objeções são as matérias de defesa alegadas pelo réu e que podem ser declaradas de ofício pelo magistrado, a qualquer tempo e grau de jurisdição, estando relacionadas às questões de ordem pública. No que concerne ao seu conteúdo, a objeção pode ser processual (ex.: condições ação e pressupostos processuais) ou material (prescrição e decadência legal).

No processo civil, a incompetência relativa deixa de ser alegada por exceção e passa a ser arguida como preliminar de contestação. Essa regra não poderá ser aplicada ao processo do trabalho, tendo em vista que a reforma trabalhista trouxe procedimento próprio para o âmbito do processo do trabalho (art. 800 CLT).

Vejamos a nova redação do art. 800 da CLT e seus parágrafos, de acordo com a novel Lei 13.467/2017:

> Art. 800. Apresentada exceção de incompetência territorial no prazo de cinco dias a contar da notificação, antes da audiência e em peça que sinalize a existência dessa exceção, seguir-se-á o procedimento estabelecido no artigo.
>
> § 1º Protocolada a petição, será suspenso o processo e não se realizará a audiência a que se refere o art. 843 desta Consolidação até que se decida a exceção.
>
> § 2º Os autos serão imediatamente conclusos ao juiz, que intimará o reclamante e, se existentes, os litisconsortes, para manifestação no prazo comum de cinco dias.
>
> § 3º Se entender necessária a produção de prova oral, o juízo designará audiência, garantindo o direito de o excipiente e de suas testemunhas serem ouvidos, por carta precatória, no juízo que este houver indicado como competente.
>
> § 4º Decidida a exceção de incompetência territorial, o processo retomará seu curso, com a designação de audiência, a apresentação de defesa e a instrução processual perante o juízo competente.

Em relação a esse tema, ainda, cumpre-nos informar que:

- a CLT aborda o tema exceção de incompetência de maneira específica, nos arts. 799 e 800;

---

[5] "Art. 337. (...) § 5º Excetuadas a convenção de arbitragem e a incompetência relativa, o juiz conhecerá de ofício das matérias enumeradas neste artigo".

- a incompetência relativa (em razão do lugar) é matéria dispositiva, ou seja, de interesse privado. Portanto, não poderá ser declarada de ofício pelo juiz, devendo sempre ser perquirida pela parte interessada, qual seja, o reclamado/réu.

Neste passo, a **Orientação Jurisprudencial 149 da SDI-II** do TST:

> Conflito de Competência. Incompetência Territorial. Hipótese do Art. 651, § 3º, da CLT. Impossibilidade de Declaração de Ofício de Incompetência Relativa. Não cabe declaração de ofício de incompetência territorial no caso do uso, pelo trabalhador, da faculdade prevista no art. 651, § 3º, da CLT. Nessa hipótese, resolve-se o conflito pelo reconhecimento da competência do juízo do local onde a ação foi proposta.

O STJ também entende que a incompetência relativa não pode ser declarada de ofício, consoante consta da Súmula 33: "A incompetência relativa não pode ser declarada de ofício".

Além disso, dentre as defesas processuais algumas são peremptórias e outras dilatórias.

As peremptórias, uma vez reconhecidas, implicarão na extinção do processo sem resolução do mérito, como nas hipóteses de inépcia da petição inicial; perempção, litispendência, coisa julgada; falta de condições da ação e convenção de arbitragem[6].

Contudo, antes de julgar, extinguindo o processo, o juiz deverá intimar previamente as partes, pois "Não se proferirá decisão contra uma das partes sem que ela seja previamente ouvida" (art. 9º do CPC/2015).

A perempção, no processo do trabalho, não possui o sentido adotado no CPC[7], pois, neste, a perempção impossibilita o autor negligente de propor ação definitivamente. Já em âmbito trabalhista, o que ocorre é a suspensão, por seis meses, do direito de propor ação.

As situações ensejadoras da perempção estão previstas nos artigos da CLT abaixo alinhavados:

---

[6] Em regra, a arbitragem no processo do trabalho só é aceita no dissídio coletivo, mas há julgados aceitando a sua aplicação em dissídios individuais. Nosso entendimento é pelo cabimento da arbitragem inclusive nas lides individuais, com as devidas adequações, não abrangendo, por óbvio, todas as demandas trabalhistas de forma geral. Para aprofundamento, remetemos o leitor ao capítulo V – formas de solução dos conflitos.

[7] "Art. 486. (...) § 3º Se o autor der causa, por 3 (três) vezes, a sentença fundada em abandono da causa, não poderá propor nova ação contra o réu com o mesmo objeto, ficando-lhe ressalvada, entretanto, a possibilidade de alegar em defesa o seu direito".

Art. 731. Aquele que, tendo apresentado ao distribuidor reclamação verbal, não se apresentar, no prazo estabelecido no parágrafo único do art. 786, à Junta ou Juízo para fazê-lo tomar por termo, incorrerá na pena de perda, pelo prazo de 6 (seis) meses, do direito de reclamar perante a Justiça do Trabalho.

Art. 732. Na mesma pena do artigo anterior incorrerá o reclamante que, por 2 (duas) vezes seguidas, der causa ao arquivamento de que trata o art. 844.

A litispendência surge quando se repete ação que está em curso. Uma ação é idêntica a outra quando possui as mesmas partes, a mesma causa de pedir e o mesmo pedido (art. 337, § 3º).

Há coisa julgada quando se repete ação idêntica que já foi decidida por decisão transitada em julgado (art. 337, § 4º).

A falta de condições da ação diz respeito à ausência de legitimidade e interesse processual (de agir). Também pode ser reconhecida de ofício pelo juiz. Lembrando que não há mais, como condição da ação, na ótica do Código de Processo Civil de 2015, a possibilidade jurídica do pedido.

As preliminares dilatórias não geram a extinção do processo, mas a sua procrastinação. Elas mencionam vícios processuais, que devem ser sanados para que o processo possa caminhar até o julgamento do mérito. São eles: inexistência ou nulidade da citação; incompetência absoluta e relativa; incorreção do valor da causa; conexão[8]; incapacidade da parte, defeito de representação ou falta de autorização; falta de caução ou de outra prestação que a lei exige como preliminar; indevida concessão do benefício de gratuidade de justiça.

O requisito caução não é aplicado ao processo do trabalho, por não se coadunar com os seus princípios, além de ser um óbice ao trabalhador para efetivar o livre acesso à Justiça.

O CPC de 2015 trouxe uma novidade para o caso de ilegitimidade passiva em preliminar de contestação. É uma situação semelhante à nomeação à autoria (modalidade de intervenção de terceiros, prevista no CPC/1973).

Alegando o réu, na contestação, ser parte ilegítima ou não ser o responsável pelo prejuízo invocado, o juiz facultará ao autor, em 15 (quinze) dias, a alteração da petição inicial para substituição do réu.

---

[8] "Art. 55. Reputam-se conexas 2 (duas) ou mais ações quando lhes for comum o pedido ou a causa de pedir. § 1º Os processos de ações conexas serão reunidos para decisão conjunta, salvo se um deles já houver sido sentenciado. (...) § 3º **Serão reunidos para julgamento conjunto os processos que possam gerar risco de prolação de decisões conflitantes ou contraditórias caso decididos separadamente, mesmo sem conexão entre eles. Art. 56. Dá-se a continência entre 2 (duas) ou mais ações quando houver identidade quanto às partes e à causa de pedir, mas o pedido de uma, por ser mais amplo, abrange o das demais".

A nomeação à autoria no CPC/1973 era um dever do réu.

No CPC/2015 essa disposição se mantém conforme disposição do CPC/1973:

> Art. 339. Quando alegar sua ilegitimidade, incumbe ao réu indicar o sujeito passivo da relação jurídica discutida sempre que tiver conhecimento, sob pena de arcar com as despesas processuais e de indenizar o autor pelos prejuízos decorrentes da falta de indicação.
>
> § 1º O autor, ao aceitar a indicação, procederá, no prazo de 15 (quinze) dias, à alteração da petição inicial para a substituição do réu, observando-se, ainda, o parágrafo único do art. 338.
>
> § 2º No prazo de 15 (quinze) dias, o autor pode optar por alterar a petição inicial para incluir, como litisconsorte passivo, o sujeito indicado pelo réu.

No caso de o réu indicar corretamente o polo passivo e o autor aceitar, emendando a sua petição inicial, réu deverá ser ressarcido pelo autor com o que gastou no processo, de acordo com parágrafo único do art. 338 do CPC/2015.

16.2.2 Defesa do mérito

A defesa de mérito, também denominada de substancial, pode ser estudada sob dois aspectos.

A defesa *direta* e a defesa *indireta* do mérito.

16.2.2.1 Defesa direta

A defesa direta configura-se quando o réu ataca o fato constitutivo da pretensão requerida pelo autor. Denega a existência do fato constitutivo do direito do autor, ou seja, alega a inexistência fatos declinados na petição inicial.

De acordo com Marcus Vinicius Rios Gonçalves[9]:

> Além de simplesmente negar os fatos narrados na petição inicial, o réu pode negar os efeitos que o autor pretende deles extrair. Ou seja, pode impugnar os fatos e fundamentos jurídicos do pedido.

A título exemplificativo, temos a hipóteses em que o autor alega, em sua inicial, ter prestado serviços com todos os requisitos tipificadores da relação de emprego. O reclamado, em sua peça de defesa, nega a prestação de serviços (fato constitutivo do direito do autor).

Nesse diapasão, o reclamado deverá elidir os pedidos e os fundamentos jurídicos desejados pelo autor, de forma específica, não podendo se pautar em uma defesa genérica. **É o ônus da impugnação especificada.**

---

[9] GONÇALVES, Marcus Vinicius Rios. *Novo curso de direito processual civil*: teoria geral e processo de conhecimento (1ª parte). 13. ed. São Paulo: Saraiva, 2016. v. 1, p. 427.

Trata-se de um ônus imputado ao réu, que deve atacar por meio de sua contestação, na parte do mérito, todos os fatos e fundamentos jurídicos trazidos pelo autor, sob pena de os fatos não atacados de maneira específica serem considerados incontroversos e, por isso, verdadeiros. Está previsto no art. 341 do CPC/2015:

> Art. 341. Incumbe também ao réu manifestar-se precisamente sobre as alegações de fato constantes da petição inicial, presumindo-se verdadeiras as não impugnadas, salvo se:
>
> I – não for admissível, a seu respeito, a confissão;
>
> II – a petição inicial não estiver acompanhada de instrumento que a lei considerar da substância do ato;
>
> III – estiverem em contradição com a defesa, considerada em seu conjunto.
>
> Parágrafo único. O ônus da impugnação especificada dos fatos não se aplica ao defensor público, ao advogado dativo e ao curador especial.

No CPC de 2015, houve a retirada do Ministério Público do rol daqueles que podem apresentar defesa por negativa geral, *ex vi* do parágrafo único do art. 341 do CPC/2015, supratranscrito.

Malgrado da redação do aludido parágrafo, sabemos que, quando o interesse público estiver presente, não cabe confissão e nas hipóteses em que não cabe confissão não se aplica a regra do ônus da impugnação especificada. Em regra, na totalidade dos casos em que se faz necessária a atuação do Ministério Público há interesse público, porque jamais o membro do *Parquet* defende interesse próprio ou privado, daí, portanto, cremos que houve uma espécie de silêncio eloquente do legislador, de modo que o Ministério Público poderá apresentar defesa por negativa geral nos casos em que comparecer ao processo na condição de curador especial, por exemplo, na defesa de incapazes.

16.2.2.2 Defesa indireta

Já na defesa indireta do mérito, o réu, apesar de reconhecer fato constitutivo que embasa a pretensão do autor, imputa-lhe fatos extintivos, impeditivos ou modificativos.

Segundo Carlos Henrique Bezerra Leite[10], temos:

– fatos impeditivos – não permitem a eficácia dos fatos constitutivos alegados pelo autor[11];

---

[10] Op. cit., 2012, p. 559.
[11] Exemplo: o reclamante pede pagamento de aviso prévio, alegando ter sido despedido sem justa causa, e o reclamado reconhece a despedida, mas alega que a dispensa se deu em virtude de ato de improbidade do reclamante (CLT, art. 482, *a*).

- fatos modificativos – alteram os fatos constitutivos alegados pelo autor[12];
- fatos extintivos – eliminam a obrigação pelo réu, por não ser ela mais exigível[13].

Normalmente, alegam-se como prejudiciais de mérito, no Processo do Trabalho, a prescrição, a decadência, a compensação, a renúncia e a retenção.

16.2.2.2.1 Prescrição e decadência

Ambas são hipóteses de fatos extintivos de direito, pois, se presentes, geram o julgamento do processo, com análise do mérito.

São prejudiciais de mérito, pois sua análise precede as demais defesas de mérito, já que o seu reconhecimento gera o imediato julgamento do processo, sem que seja necessário apreciar as demais defesas.

Apesar de o CPC permitir que o juiz reconheça de ofício a prescrição[14], na seara trabalhista o posicionamento majoritário é no sentido de que não se pode declará-la de ofício[15], pois essa regra processual civil não se encontra em conformidade com os princípios de direito material e processual do trabalho, mormente os da proteção e da irrenunciabilidade.

A propósito, as palavras de Mauricio Godinho Delgado[16]:

> (...) A pronúncia oficial da prescrição pelo juiz, principalmente em situações que não envolvam o patrimônio público, subverte toda a estrutura normativa do Direito Material e Processual do Trabalho, não só seus princípios como também a lógica que cimenta suas regras jurídicas. Tão grave quanto tudo isso – se tal não fosse suficiente – atinge a postura do Magistrado no processo do trabalho, em contraposto às próprias razões de existência do Direito do Trabalho e Direito Processual do Trabalho.

---

[12] Exemplo: o reclamante pede o pagamento integral e imediato de participação nos lucros e o reclamado alega que o pagamento foi ajustado em parcelas mensais e não de forma integral e imediata.

[13] Exemplo: o reclamante pede o pagamento de saldo de salários e o reclamado alega que efetuou o respectivo pagamento. A renúncia, a transação, a prescrição e a decadência são também fatos extintivos do direito do autor.

[14] "Art. 487. Haverá resolução de mérito quando o juiz: (...) II – decidir, de ofício ou a requerimento, sobre a ocorrência de decadência ou prescrição".

[15] Com a reforma trabalhista, o juiz poderá declarar de ofício a prescrição intercorrente (prescrição da pretensão executiva), nestes termos: "Art. 11-A. Ocorre a prescrição intercorrente no processo do trabalho no prazo de dois anos. § 1º A fluência do prazo prescricional intercorrente inicia-se quando o exequente deixa de cumprir determinação judicial no curso da execução. § 2º A declaração da prescrição intercorrente pode ser requerida ou declarada de ofício em qualquer grau de jurisdição".

[16] DELGADO, Maurício Godinho. A prescrição na Justiça do Trabalho: novos desafios. *Revista do Tribunal Superior do Trabalho*, Porto Alegre: Magister, 2008, p. 53.

Neste sentido, a ementa:

> Agravo de Instrumento Interposto pela Reclamada. Prescrição. Declaração de Ofício. Incompatibilidade com o Processo do Trabalho. Diretor Empregado. Subordinação. Ausência de Suspensão do Contrato de Trabalho. Decisão Denegatória de Seguimento do Recurso de Revista. Manutenção. A prescrição consiste em meio de extinção da pretensão, em virtude do esgotamento do prazo para seu exercício. Nesse contexto, não se mostra compatível com o processo do trabalho a nova regra processual inserida no art. 219, § 5º, do CPC. Segundo a jurisprudência que se pacificou no TST, torna-se clara a incompatibilidade do novo dispositivo com a ordem justrabalhista (arts. 8º e 769 da CLT). É que, ao determinar a atuação judicial em franco desfavor dos direitos sociais laborais, a novel regra civilista entra em choque com vários princípios constitucionais, como os da valorização do trabalho e do emprego, da norma mais favorável e da submissão da propriedade à sua função socioambiental, além do próprio princípio da proteção. Não há como assegurar o processamento do recurso de revista quando o agravo de instrumento interposto não desconstitui os termos da decisão denegatória, que subsiste por seus próprios fundamentos. Agravo de instrumento desprovido (AIRR 221200-92.2003.5.02.0002, 6ª Turma, Rel. Min. Mauricio Godinho Delgado, j. 28.03.2012, *DEJT* 13.04.2012).

A corrente minoritária aceita a declaração de ofício da prescrição nas demandas trabalhistas. Os seus principais argumentos são a omissão da CLT quanto ao tema, a segurança jurídica e a efetividade processual.

Vejamos, abaixo, a ementa e a fundamentação neste sentido:

> Recurso do Exequente. Agravo de Petição. Prescrição Intercorrente. Extinção da Execução. A prescrição intercorrente é aquela que ocorre no curso do processo ou entre um processo e outro. Com as recentes alterações processuais, as quais acabaram com a separação entre o processo de conhecimento e de execução de título judicial, que deram ensejo ao surgimento do processo sincrético, a prescrição intercorrente também poderá se dar entre as fases do processo (conhecimento e execução). A prescrição intercorrente é aplicável ao Processo do Trabalho, em face da expressa previsão legal do art. 884, § 1º, da CLT. Todavia, não tendo sido determinada a suspensão do processo, não há falar em prescrição intercorrente, consoante § 4º e *caput* do art. 40 da Lei 6.830/80. Agravo de petição a que se dá provimento (TRT-1ª Reg., RO 0010600-58.1999.5.01.0068, 5ª Turma, Rel. Des. Enoque Ribeiro dos Santos, Data de Publicação: 23.02.2016).

A fundamentação se deu nos seguintes termos, a seguir transcritos:

> Extinção da Execução. Trata-se de execução de crédito trabalhista fundada na sentença de fls. 208/212, que julgou procedentes os pedidos arrolados na inicial. Em fase executiva, após ser intimada para pagar o valor devido (fl. 247), a reclamada ofereceu penhora e após o auto de penhora de fl. 246, apresentou embargos à execução (fls. 248/250), que foram julgados improcedentes (fl. 254).

Manifestou-se o executado em agravo de petição, ao qual foi negado provimento segundo v. Acórdão de fl. 273 (04/06/2001). Determinada penhora na renda, porém os bens já estavam comprometidos e o autor desistiu da penhora (fl. 304) requerendo a penhora *on-line* que foi infrutífera (fl. 322). Ato contínuo, a parte exequente foi intimada para requerer o que fosse do seu interesse (29 de junho de 2007). Outros meios para retomada da execução também foram negativos. Nova intimação para o autor indicar o que fosse de seu interesse (fl. 334 – 09/06/2009). Nova penhora foi realizada, tendo sido arrematado o bem oferecido. Contudo o bem já havia sido arrematado pela 16ª Vara do Trabalho (fl. 354). A ré foi incluída no BNDT (fl. 357). Renova penhora *on-line*, sendo negativa (fl. 362). Pois bem. Após inúmeras tentativas de prosseguimento da execução, com a utilização de todos os meios necessários para assestar os bens da executada, foi exarada a seguinte decisão pelo juízo da execução, *in verbis*: "Intime-se o exequente para tomar ciência de que o Juízo utilizou-se dos meios de coerção do devedor e para que, se tiver outros, apresente-os em 30 dias, assim como informe, na hipótese de ausência de outros meios de coerção, se tem interesse na expedição da certidão de crédito. Decorrido o prazo *supra*, sem que o exequente apresente outros meios de coerção do devedor, ou manifeste o seu interesse pela certidão de crédito, julgo extinta a execução, nos moldes dos artigos 794, II e 598 do CPC, devendo ser excluídos do BNDT os dados dos executados, e os autos enviados ao arquivo geral COM BAIXA na distribuição. Manifestando-se o exequente o seu interesse na certidão, expeça-se a Certidão de Crédito nos termos do ato 01/2012 da CGJT e Resolução Administrativa 14/2012, intimando-se o interessado para retirar a referida certidão e os documentos no prazo de 30 dias. Ato contínuo, liberem-se as restrições porventura existentes e arquivem-se os autos sem baixa, porém com efeitos de baixa na distribuição. Rio, 04.12.2012". Dessa decisão a parte exequente foi intimada em 17/01/2013. Em 12/06/2013 foi notificada para comparecer à Secretaria da Vara para retirar a Certidão de Crédito, no prazo de 3 dias (fl. 376). Em 30/01/2015 renovou o juízo da execução a intimação do autor para indicar os meios de prosseguimento da execução, em 30 dias, sob as penas do art. 40 da Lei nº 6.830/80. Por fim, ante a inércia do autor, o juízo *a quo* extinguiu a execução pronunciando a prescrição intercorrente (fl. 379). A exequente interpõe agravo de petição sustentando que não cabe a prescrição intercorrente, uma vez que na Justiça do Trabalho a execução é mero procedimento, que cabe ao juiz impulsionar o feito de ofício e, ainda, com base na inexistência de intimação pessoal do autor para dar prosseguimento ao feito, nos termos do artigo 267, par. 1º, do CPC. Analisa-se. Primeiramente, faz-se imperioso tecer breves comentários sobre o referido instituto. Segundo o art. 40, § 4º, da Lei nº 6.830/80, configura-se a prescrição intercorrente, quando a execução ficar parada, ante a inércia do exequente, por mais de 2 (dois) anos, *in litteram*: " Se da decisão que ordenar o arquivamento tiver decorrido o prazo prescricional, o juiz, depois de ouvida a Fazenda Pública, poderá, de ofício, reconhecer a prescrição intercorrente e decretá-la de imediato. Em relação ao tema, colaciona-se a seguinte jurisprudência do TRT da 2ª Região: "Execução. Prescrição intercorrente. Aplicabilidade. Plenamente aplicável a prescrição intercorrente na esfera trabalhista, em face do disposto no art. 40, parágrafo 4º, da Lei nº 6.830/1980, aplicável subsidiariamente ao

Processo do Trabalho, por inaceitável o trâmite de execuções eternas, à mercê da provocação da parte interessada que se mantém inerte, deixando de praticar ato exclusivo e necessário para o regular prosseguimento do feito, no lapso temporal de cinco anos (Súmula 154 do TST). Contudo, sem a observância das normas internas quanto à intimação da parte interessada no arquivamento da execução, não há que se falar em curso prescricional. Apelo provido" (TRT-2ª Reg., Agravo de Petição 00639005520075020381, Rel. Kiong Mi Lee, Data de publicação: 21.05.2012).

Nesse sentido, mencionamos o entendimento do ilustre doutrinador Manoel Antônio Teixeira Filho, que preconiza, em textual: "(...) prescrição intercorrente é a que ocorre no curso da ação: forma-se, portanto, de permeio. Durante longo período se discutiu, na doutrina e na jurisprudência, sobre a admissibilidade, ou não, dessa espécie de prescrição no processo do trabalho". "Sustentava-se, de um ponto, que acarretando a perda do direito de ação não se poderia aceitar que viesse a consumar-se após o ajuizamento desta; a este argumento se acrescentava o de que, no processo trabalhista, o juiz pode tomar a iniciativa de praticar os atos do procedimento (CLT, art. 765), máxime na execução (CLT, art. 878, *caput*), não sendo possível pensar-se, aqui, pois, em prescrição intercorrente". "De outro, porém, se afirmava que o art. 8º da CLT autoriza a aplicação supletória de normas do direito civil – atendidos os pressupostos de omissão e de compatibilidade, motivo por que seria perfeitamente possível a adoção do art. 173 do Código Civil (1916), a teor do qual a prescrição recomeça a fluir a contar do ato que a interrompera. (TEIXEIRA FILHO, Manoel Antonio. Execução no Processo do Trabalho, 7ª ed., pp. 288/289)". Embora o col. TST tenha entendido ser inaplicável na Justiça do Trabalho a prescrição intercorrente (Súmula 114), o STF, por meio da Súmula 327, adota posição contrária ao considerar que "O Direito Trabalhista admite a prescrição intercorrente". Nesse sentido, destaca-se que o STF é, por excelência, o guardião da Constituição da República, norma maior do ordenamento jurídico brasileiro e pilar principal do Estado Democrático de Direito brasileiro, e atualmente suas decisões consolidadas são de grande relevância e prestígio, podendo atingir, inclusive, efeito vinculante (conforme inovações da Emenda Constitucional 45, de 8 de dezembro de 2004, que trouxe o art. 103-A à Constituição da República). Com a Lei 11.280/2006, o art. 219, § 5º, do CPC passou a prever que o juiz pronunciará, de ofício, a prescrição. A prescrição aplicada *ex officio* tem aplicação no Direito do Trabalho (art. 8º da CLT e art. 889 da CLT) e no Direito Processual do Trabalho (art. 769), por não haver incompatibilidade com as regras trabalhistas e porque o sistema de proteção do trabalhador não pode ultrapassar os limites do Direito Material para atingir o Direito Processual. Também não se pode olvidar que a própria Constituição prevê prazo prescricional para os créditos de natureza trabalhista. A prescrição intercorrente é aplicável ao Processo do Trabalho, em face da expressa previsão legal do art. 884, § 1º, da CLT e do art. 40, § 4º, da Lei 6.830/1980, aplicado de forma subsidiária. Em outras palavras, uma das matérias a ser alegada nos embargos do executado na esfera é a prescrição da dívida. A execução do Processo Laboral tem, em caráter subsidiário, a Lei dos Executivos Fiscais (Lei 6.830/1980 c/c art. 889 da CLT). A Lei 6.830/1980, no *caput* do art. 40, determina que o juiz suspenderá o curso da execução enquanto não for localizado o devedor ou encontrados bens sobre os quais possa recair a penhora e, nesses casos, não correrá o prazo da prescrição. O art. 40 trata de uma hipótese de causa suspensiva da prescrição intercorrente, o que vem a corroborar a aplicação deste instituto no processo trabalhista. Em que pese aplicável a prescrição intercorrente, ela não alcança o caso em exame, notadamente porque não se deu a suspensão do processo, nos termos do *caput* do art. 40 da Lei 6.830/1980, do que se depreende que não poderia se declarar a prescrição preconizada pelo § 4º do mesmo diploma. Portanto, dou provimento ao agravo de petição do exequente para determinar o regular prosseguimento do feito, como entender de direito.

Apesar de o Código Civil, em seu art. 193, permitir que a prescrição seja alegada em qualquer instância, por quem dela se aproveite, o TST, por sua Súmula 153, admite a arguição da prescrição somente em instância ordinária.

Súmula 153 do TST – Prescrição (mantida) – Res. 121/2003, *DJ* 19, 20 e 21.11.2003. Não se conhece de prescrição não arguida na instância ordinária (ex-Prejulgado nº 27).

Logo, a parte interessada deve alegar a prescrição até o momento das razões de recurso ordinário, situação que garante o contraditório para o adversário, já que poderá se manifestar nas contrarrazões. Ademais, para se alcançar a instância extraordinária (TST ou STF) é necessário o prequestionamento[17] da matéria, ou seja, a matéria, no caso a prescrição, deve ter sido discutida em instâncias originárias, não podendo ser alegada, ordinariamente, na instância extraordinária.

No que tange à prescrição intercorrente, que é aquela que surge no curso da ação, mormente no curso da fase de execução (prescrição da pretensão executiva) o TST, por longo período, defendeu ser inaplicável na Justiça do Trabalho, conforme preceito estampado na Súmula 114.

Entretanto, o STF entende ser aplicável a prescrição intercorrente na Justiça do Trabalho, de acordo com a Súmula 327.

Com a reforma trabalhista, o juiz poderá declarar de ofício a prescrição intercorrente (prescrição da pretensão executiva), nestes termos:

Art. 11-A. Ocorre a prescrição intercorrente no processo do trabalho no prazo de dois anos.

---

[17] Súmula 297 do TST: "Prequestionamento. Oportunidade. Configuração. I. Diz-se prequestionada a matéria ou questão quando na decisão impugnada haja sido adotada, explicitamente, tese a respeito. II. Incumbe à parte interessada, desde que a matéria haja sido invocada no recurso principal, opor embargos declaratórios objetivando o pronunciamento sobre o tema, sob pena de preclusão. III. Considera-se prequestionada a questão jurídica invocada no recurso principal sobre a qual se omite o Tribunal de pronunciar tese, não obstante opostos embargos de declaração".

§ 1º A fluência do prazo prescricional intercorrente inicia-se quando o exequente deixa de cumprir determinação judicial no curso da execução.

§ 2º A declaração da prescrição intercorrente pode ser requerida ou declarada de ofício em qualquer grau de jurisdição.

Já, a decadência é a perda do próprio direito material, pelo fato de não tê-lo exercido, no prazo legal, sendo, por regra, declarada de ofício pelo juiz.

Desta forma, podemos assinalar que a prescrição é um instituto de direito material que significa a perda da pretensão, e não a perda do direito de ação, como anteriormente já se entendeu, no sentido de extinção de uma ação ajuizável, em virtude da inércia de seu titular durante certo lapso de tempo, na ausência de causas preclusivas de seu curso. Isto porque o direito material, mesmo após a prescrição, não se esvai, não se perde totalmente, continua latente, com vida; porém, perde sua força coercitiva, transmudado em obrigação natural e o direito de ação, como direito constitucional e direito humano fundamental que é, não pode ser obstado, de acordo com o art. 5º, XXXV, da Constituição da República.

O Código Civil de 1916 continha um equívoco, ao enunciar no art. 75, que "a todo direito corresponde uma ação (*anspruch*)", quando o correto seria "a todo direito corresponde uma pretensão", uma vez que o termo *anspruch* foi traduzido erroneamente como ação, quando na verdade significa "pretensão", no sentido de poder exigir, querer, pretender.

Esta situação foi devidamente corrigida no Código Civil de 2002, na medida em que o art. 189 estatui: "violado o direito, nasce para o titular a pretensão, a qual se extingue, pela prescrição, nos prazos a que aludem os arts. 205 e 206".

Na verdade, em relação à pretensão podemos dizer que, quando o sujeito passivo (devedor) não cumpre sua obrigação ou dever jurídico, de forma voluntária, poderemos ter uma ação para satisfação do direito.

Logo, a prescrição atinge a pretensão (e não a ação), uma vez que a ação é um direito constitucional (art. 5º, XXXV, da CF/1988), assegurado a todos, mesmo que não tenha a titularidade do direito material postulado, que permanece incólume, mesmo após a pronúncia da prescrição, transmutando-se em obrigação natural, não mais imantado com a força coercitiva que o Estado lhe atribuiu.

Como atualmente não mais vige a Teoria Imanentista ou Concretista, para a qual para ter o direito de ação era necessário ter o direito material ou substancial, vige no nosso ordenamento jurídico a ação como um direito autônomo, abstrato, desvinculado do direito em si.

Nem é preciso provar a titularidade do direito material para ter o direito de ação. Basta o preenchimento das condições da ação (legitimidade e interesse de agir), de acordo com o art. 485[18] do Código de Processo Civil de 2015, e dos pressupostos processuais (objetivos e subjetivos) para se ter o direito de postular em juízo a solução da lide. O nosso ordenamento adjetivo ou instrumental é regido pela Teoria Abstrata do direito de ação.

Logo, o direito de ação visto por esse ângulo não pode ser atingido ou extinto. Porém, se o titular de um direito material, embora possa exigi-lo, deixa de fazê-lo em relação ao cumprimento da obrigação pelo devedor, pelo decurso do tempo e por sua inércia, estará dando ensejo à prescrição dessa faculdade de exigir o pagamento ou o cumprimento da obrigação. Haverá, a partir de então, ou seja, a partir do prazo da prescrição, apenas um direito subjetivo, porém, não mais a pretensão em si e, consequentemente, não mais o direito de ação.

Em outras palavras, o direito de ação passa a ser inócuo, na medida em que se utilizado, dará ensejo ao julgamento do processo pelo magistrado, com resolução do mérito, com fulcro no art. 487, II[19], do Código de Processo Civil de 2015. Daí, a prescrição, como a decadência, constituir-se prejudicial de mérito e matéria de ordem pública, podendo ser conhecida pelo juízo, em grau ordinário de jurisdição, até mesmo sem provocação do titular do direito.

Aquela obrigação antes exigível na sua plenitude transmuda-se apenas em uma obrigação natural, como, por exemplo, o pagamento da dívida prescrita (cheque vencido há mais de seis meses, ou dívida de jogo).

O Código Civil de 2002 utilizou-se do critério científico de Agnello Amorim Filho para estabelecer a diferença entre prescrição e decadência. Assim, podemos dizer que a decadência é a perda do direito material pelo seu não exercício, pela inação de seu titular que deixa escoar o prazo legal ou aquele voluntariamente fixado para o seu exercício. Exemplificando, temos o prazo decadencial de dois anos da ação rescisória, o prazo de 30 (trinta) dias para o empregador ajuizar o inquérito para apuração de falta grave do dirigente sindical, o prazo entre 7 e no máximo 120 dias para o empregado requerer o benefício do seguro desemprego, e os prazos fixados pelo empregador para o empregado aderir ao Plano de Demissão Voluntária.

---

[18] "Art. 485. O juiz não resolverá o mérito quando: I - indeferir a petição inicial; II - o processo ficar parado durante mais de 1 (um) ano por negligência das partes; III - por não promover os atos e as diligências que lhe incumbir, o autor abandonar a causa por mais de 30 (trinta) dias; IV - verificar a ausência de pressupostos de constituição e de desenvolvimento válido e regular do processo; V - reconhecer a existência de perempção, de litispendência ou de coisa julgada; VI - verificar ausência de legitimidade ou de interesse processual; VII - acolher a alegação de existência de convenção de arbitragem ou quando o juízo arbitral reconhecer sua competência; VIII - homologar a desistência da ação; IX - em caso de morte da parte, a ação for considerada intransmissível por disposição legal; e X - nos demais casos prescritos neste Código".

[19] "Art. 487. Haverá resolução de mérito quando o juiz: (...) II - decidir, de ofício ou a requerimento, sobre a ocorrência de decadência ou prescrição".

De acordo com o critério científico citado, a prescrição atinge os direitos subjetivos a uma pretensão (positiva ou negativa), isto é, atinge direitos reais e pessoais, onde existe sujeito passivo obrigado a uma prestação positiva (dar ou fazer) ou negativa (não fazer). Esses direitos subjetivos são exercidos sobre os bens da vida e estão reforçados de "pretensão" (do poder de exigir, querer) contra o obrigado.

De outra banda, a decadência envolve os direitos subjetivos de sujeição (direitos potestativos ou formativos), poderes que a lei confere a determinadas pessoas de influírem, com uma declaração de vontade, em situações jurídicas de outras pessoas, sem o concurso de vontade destas. Exemplos: o poder do mandante na revogação do mandato, o poder do herdeiro em aceitar ou renunciar à herança, o poder do contratante de rescindir o contrato por inadimplemento e por vícios redibitórios, a ocupação de *res nulius*, o poder do empregador em rescindir o contrato de trabalho.

Portanto, podemos conceituar o direito potestativo que ampara o instituto da decadência como a faculdade que tem o sujeito de produzir efeitos jurídicos mediante declaração de vontade sua, em certos casos, integrada por decisão judicial. A essa faculdade corresponde, da parte daquele contra quem ela se exerce, um estado de sujeição, consistente em ficar submetido aos efeitos jurídicos produzidos, sem concorrer para eles e sem a eles poder opor-se[20].

Em face da classificação científica, com fulcro na teoria de Agnello Amorim Filho, para se identificar a natureza jurídica da ação que se qualifica como prescrição ou decadência, podemos enunciar a classificação moderna denominada de "classificação quinária", que assim se desdobra:

a) ações condenatórias: pretendem obter do réu uma determinada prestação (positiva ou negativa) pela violação de uma obrigação. O título condenatório servirá como título executivo;
b) ações constitutivas: visam não uma prestação, mas a criação, modificação ou extinção de relações jurídicas;
c) ações declaratórias: têm o objetivo de obter certeza jurídica, ou existência ou inexistência de relações jurídicas;
d) ações mandamentais: têm por objetivo a obtenção de uma sentença em que o juiz emite uma ordem, cujo descumprimento por quem a receba, caracteriza desobediência à autoridade estatal passível de sanções, inclusive de caráter penal (art. 330 do Código Penal – crime de desobediência). O não cumprimento com exatidão do provimento mandamental sujeita o destinatário da ordem do juiz a multa de até 20% do valor da causa, que reverterá aos cofres públicos, sem prejuízo de imposição das demais sanções criminais, civis e processuais (art. 77[21] do CPC/2015);

---

20 SILVA, De Plácido e. *Dicionário jurídico*. 3. ed. Rio de Janeiro: Forense.
21 "Art. 77. Além de outros previstos neste Código, são deveres das partes, de seus procuradores e de todos aqueles que de qualquer forma participem do processo: I – expor os fatos em juízo conforme a verdade; II – não formular pretensão ou de apresentar defesa

e) ações executivas *lato sensu* (ou ações sincréticas, misto de ação de conhecimento e de execução): por meio delas o autor não necessitará do processo de execução para obter a pretendida alteração no mundo dos fatos. Sua sentença de procedência é exequível no mesmo processo em que foi proferida. Exemplos: ações de despejo e tutela de antecipação para reintegração do dirigente sindical - art. 300[22] do CPC e art. 498[23] do novo CPC).

---

quando cientes de que são destituídas de fundamento; III - não produzir provas e não praticar atos inúteis ou desnecessários à declaração ou à defesa do direito; IV - cumprir com exatidão as decisões jurisdicionais, de natureza provisória ou final, e não criar embaraços à sua efetivação; V - declinar, no primeiro momento que lhes couber falar nos autos, o endereço residencial ou profissional onde receberão intimações, atualizando essa informação sempre que ocorrer qualquer modificação temporária ou definitiva; VI - não praticar inovação ilegal no estado de fato de bem ou direito litigioso. § 1º Nas hipóteses dos incisos IV e VI, o juiz advertirá qualquer das pessoas mencionadas no *caput* de que sua conduta poderá ser punida como ato atentatório à dignidade da justiça. § 2º A violação ao disposto nos incisos IV e VI constitui ato atentatório à dignidade da justiça, devendo o juiz, sem prejuízo das sanções criminais, civis e processuais cabíveis, aplicar ao responsável multa de até vinte por cento do valor da causa, de acordo com a gravidade da conduta. § 3º Não sendo paga no prazo a ser fixado pelo juiz, a multa prevista no § 2º será inscrita como dívida ativa da União ou do Estado após o trânsito em julgado da decisão que a fixou, e sua execução observará o procedimento da execução fiscal, revertendo-se aos fundos previstos no art. 97. § 4º A multa estabelecida no § 2º poderá ser fixada independentemente da incidência das previstas nos arts. 523, § 1º, e 536, § 1º. § 5º Quando o valor da causa for irrisório ou inestimável, a multa prevista no § 2º poderá ser fixada em até 10 (dez) vezes o valor do salário mínimo. § 6º Aos advogados públicos ou privados e aos membros da Defensoria Pública e do Ministério Público não se aplica o disposto nos §§ 2º a 5º, devendo eventual responsabilidade disciplinar ser apurada pelo respectivo órgão de classe ou corregedoria, ao qual o juiz oficiará. § 7º Reconhecida violação ao disposto no inciso VI, o juiz determinará o restabelecimento do estado anterior, podendo, ainda, proibir a parte de falar nos autos até a purgação do atentado, sem prejuízo da aplicação do § 2º. § 8º O representante judicial da parte não pode ser compelido a cumprir decisão em seu lugar".

[22] "Art. 300. A tutela de urgência será concedida quando houver elementos que evidenciem a probabilidade do direito e o perigo de dano ou o risco ao resultado útil do processo. § 1º Para a concessão da tutela de urgência, o juiz pode, conforme o caso, exigir caução real ou fidejussória idônea para ressarcir os danos que a outra parte possa vir a sofrer, podendo a caução ser dispensada se a parte economicamente hipossuficiente não puder oferecê-la. § 2º A tutela de urgência pode ser concedida liminarmente ou após justificação prévia. § 3º A tutela de urgência de natureza antecipada não será concedida quando houver perigo de irreversibilidade dos efeitos da decisão".

[23] "Art. 498. Na ação que tenha por objeto a entrega de coisa, o juiz, ao conceder a tutela específica, fixará o prazo para o cumprimento da obrigação. Parágrafo único. Tratando-se de entrega de coisa determinada pelo gênero e pela quantidade, o autor individualizá-la-á na petição inicial, se lhe couber a escolha, ou, se a escolha couber ao réu, este a entregará individualizada, no prazo fixado pelo juiz".

Se as ações executivas objetivam a perseguição do cumprimento forçado de uma obrigação, pela qual responde o patrimônio do devedor, as executivas *lato sensu* correspondem a uma eficácia executiva que se efetiva no mesmo processo em que foi proferida a decisão, e que atua independentemente da conduta do réu. Desta forma, por força de sua natureza condenatória, estas ações executivas *lato sensu* também se submetem aos prazos prescricionais.

Após essa digressão, com apoio no critério científico de Agnello Amorim Filho, podemos classificar as ações sujeitas à prescrição ou à decadência da forma que segue.

Todas as ações condenatórias (e somente elas) estão sujeitas à prescrição, conforme o art. 206 do Código Civil de 2002. Essas ações condenatórias estão imbuídas ou armadas de pretensão, do direito de se exigir ou querer o cumprimento da obrigação. Quando a lei não fixar prazo, a prescrição ocorrerá em 10 anos (art. 205 do Código Civil/2002), enquanto no art. 177 do Código Civil de 1916 o prazo era de 20 anos. E quando a prescrição deve ser alegada? Na oportunidade e no prazo em que a parte é chamada a se defender em juízo (art. 335[24] do CPC/2015), pois toda a matéria de defesa deve ser alegada quando da defesa (art. 336[25] do CPC/2015), inclusive a prescrição trabalhista.

O Código de Processo Civil confere à prescrição o *status* de mérito. Extingue-se o processo, com julgamento do mérito, com base no art. 332, § 1º[26], do CPC/2015.

Em sendo mérito, por dever de obediência ao princípio da oralidade (concentração dos atos judiciais e imediatidade), respeito ao princípio do contraditório e da ampla defesa, deverá a parte invocar a prescrição em primeiro grau, sob pena de permitir-se a supressão de instância.

A Súmula 153 do TST dispõe que não se conhece de prescrição não arguida na instância ordinária. Dessa forma, é cabível a arguição da prescrição durante todo o processo de conhecimento, ou mesmo em sede recursal, ou ainda até o momento

---

[24] "Art. 335. O réu poderá oferecer contestação, por petição, no prazo de 15 (quinze) dias, cujo termo inicial será a data: I – da audiência de conciliação ou de mediação, ou da última sessão de conciliação, quando qualquer parte não comparecer ou, comparecendo, não houver autocomposição; II – do protocolo do pedido de cancelamento da audiência de conciliação ou de mediação apresentado pelo réu, quando ocorrer a hipótese do art. 334, § 4º, inciso I; III – prevista no art. 231, de acordo com o modo como foi feita a citação, nos demais casos".

[25] "Art. 336. Incumbe ao réu alegar, na contestação, toda a matéria de defesa, expondo as razões de fato e de direito com que impugna o pedido do autor e especificando as provas que pretende produzir".

[26] "Art. 332. Nas causas que dispensem a fase instrutória, o juiz, independentemente da citação do réu, julgará liminarmente improcedente o pedido que contrariar: (...) § 1º O juiz também poderá julgar liminarmente improcedente o pedido se verificar, desde logo, a ocorrência de decadência ou de prescrição".

da formulação das contrarrazões do recurso ou recurso adesivo. Não é cabível a arguição da prescrição no processo em fase de execução, exceto se superveniente à sentença transitada em julgado.

A prescrição intercorrente poderá acontecer na fase de execução, quando o autor deixar o processo paralisado após o lapso prescricional de dois anos, com fulcro no art. 884, § 1º, da CLT e na Súmula 327 do Supremo Tribunal Federal, muito embora a Súmula 114 do Tribunal Superior do Trabalho seja em sentido contrário. A prescrição também não pode ser alegada em ação rescisória. A determinação legal de que a prescrição poderia ser alegada em qualquer instância deve ser entendida em seus devidos termos, isto é, que a alegação só é possível, desde que a parte a quem aproveite não tenha ainda falado nos autos. A prescrição deve ser alegada pela parte a quem aproveita (art. 191 do Código Civil).

O § 5º do art. 219 do antigo Código de Processo Civil, foi revogado pelo art. 487 do Código de Processo Civil de 2015, que afasta a pronúncia de ofício da prescrição, sem que antes seja dada às partes oportunidade de manifestação, *in verbis*:

> Art. 487. Haverá resolução de mérito quando o juiz:
>
> I – acolher ou rejeitar o pedido formulado na ação ou na reconvenção;
>
> II – decidir, de ofício ou a requerimento, sobre a ocorrência de decadência ou prescrição;
>
> III – homologar:
>
> a) o reconhecimento da procedência do pedido formulado na ação ou na reconvenção;
>
> b) a transação;
>
> c) a renúncia à pretensão formulada na ação ou na reconvenção.
>
> **Parágrafo único. Ressalvada a hipótese do § 1º do art. 332[27], a prescrição e a decadência não serão reconhecidas sem que antes seja dada às partes oportunidade de manifestar-se.** (grifo nosso).

---

[27] "Art. 332. Nas causas que dispensem a fase instrutória, o juiz, independentemente da citação do réu, julgará liminarmente improcedente o pedido que contrariar: I – enunciado de súmula do Supremo Tribunal Federal ou do Superior Tribunal de Justiça; II – acórdão proferido pelo Supremo Tribunal Federal ou pelo Superior Tribunal de Justiça em julgamento de recursos repetitivos; III – entendimento firmado em incidente de resolução de demandas repetitivas ou de assunção de competência; IV – enunciado de súmula de tribunal de justiça sobre direito local. § 1º O juiz também poderá julgar liminarmente improcedente o pedido se verificar, desde logo, a ocorrência de decadência ou de prescrição. § 2º Não interposta a apelação, o réu será intimado do trânsito em julgado da sentença, nos termos do art. 241. § 3º Interposta a apelação, o juiz poderá retratar-se em 5 (cinco) dias. § 4º Se houver retratação, o juiz determinará o prosseguimento do processo, com a citação do réu, e, se não houver retratação, determinará a citação do réu para apresentar contrarrazões, no prazo de 15 (quinze) dias".

Não obstante, alterando entendimento anterior, e nos curvando à posição do Colendo Tribunal Superior do Trabalho e da maioria dos colegas da 5ª Turma do Tribunal Regional do Trabalho da 1ª Região, bem como à nova redação do art. 487, parágrafo único, acima transcrito, utilizado de forma subsidiária no Processo do Trabalho, passamos a nos posicionar pela não aplicação da prescrição *ex officio* no Direito do Trabalho, uma vez que esse ramo do direito, no plano do direito material, é informado pelo princípio da proteção ao trabalhador, bem como pelo fato de que a prescrição tem o condão de favorecer o réu, no caso o empregador, polo mais forte da relação trabalhista.

No entanto, em face do novo regramento estabelecido pela Lei 13.467/2017, que regulamentou a aplicação da prescrição intercorrente na Justiça do Trabalho, a partir de 11/11/2017, a 5ª Turma do TRT da 1ª Região, novamente, deverá rever sua atual posição.

Diante desse impasse, e enquanto o TST não se posicionar acerca do tema, vislumbramos duas vias de interpretação:

Primeiro posicionamento: se o legislador da reforma trabalhista abordou o tema da prescrição e se limitou a abordar que somente a prescrição intercorrente pode ser reconhecida de ofício, isso seria um silêncio eloquente do legislador. Logo, a CLT, quando trata da prescrição de ofício, refere-se, exclusivamente, a prescrição intercorrente, ou seja, aquela que ocorre no processo de execução. Por conseguinte, a prescrição na fase de conhecimento não poderia ser pronunciada de ofício.

Em sentido oposto, como segunda interpretação: poderia se entender como possível a aplicação da prescrição de ofício na fase de conhecimento, posto ser a prescrição um instituto que é unitário, uma coisa só, ainda que se analise sob a perspectiva da prescrição intercorrente e da prescrição na fase de conhecimento. Assim, se o legislador preconiza que a prescrição intercorrente pode ser pronunciada de ofício, a mesma razão jurídica se aplicará à prescrição na fase de conhecimento. O termo inicial da contagem da prescrição segue o princípio do *actio nata*, isto é, a partir da lesão ao direito (art. 189 do Código Civil). Todavia, em face do entendimento jurisprudencial, esse princípio não é aplicável a uma série de situações fáticas. Assim, a contagem é feita em *dies a quo* (Lei 810/1949), desconsiderando-se o dia de início e computando-se o dia de vencimento (art. 132 do Código Civil).

Logo a seguir, ainda na classificação de acordo com o critério científico de Agnello Amorim Filho, temos a decadência: os únicos direitos para os quais podem ser fixados prazos de decadência são os direitos potestativos (ou de sujeição).

Assim, as únicas ações ligadas ao instituto da decadência são as ações constitutivas, negativas ou positivas, que têm prazo especial de exercício fixado em lei e espraiados pelo Código Civil (arts. 119, 178, 445, 1.555 e 1.560, dentre outros).

No Direito do Trabalho, podemos mencionar a decadência do seguro-desemprego se não requerida no prazo de 120 dias da ação rescisória (dois anos), mandado de segurança (120 dias), entre outras.

Geralmente, a decadência conta-se em dias, ao passo que a prescrição conta-se em anos. Portanto, a decadência cabe em ações constitutivas positivas ou negativas (direito potestativo), ou seja, ações constitutivas que têm prazo especial de exercício fixado em lei, ou de forma convencional entre as partes.

Em seguida, mencionamos as ações declaratórias, que são classificadas como ações imprescritíveis, eternas ou perpétuas, o que atinge também aquelas ações constitutivas para as quais a lei não fixa prazo especial de exercício, como o art. 11, § 1º, da CLT.

Já as ações mandamentais estão sujeitas à decadência (Lei 12.016/2009 - mandado de segurança).

Desta forma, encontramos os prazos decadenciais dispersos pelo Código Civil em cada situação específica. Podemos asseverar que os prazos - se de decadência ou de prescrição - são determinados pela natureza da pretensão para o seu efetivo exercício.

Quanto à decadência em si, também podemos enunciar o que segue:

a) ela não pode ser alegada pela primeira vez em recursos especiais ou extraordinários (arts. 102 e 105 da CF/1988), pois se exige que a matéria impugnada tenha sido decidida na instância inferior, ou haja prequestionamento;

b) a decadência é causa extintiva de direito pelo não exercício no prazo estipulado na lei ou na convenção;

c) cabe em ações constitutivas (positivas ou negativas), direitos potestativos ou pretensões constitutivas;

d) cabe em pretensões anulatórias (constitutiva negativa), por exemplo, ação rescisória em dois anos;

e) a decadência e a prescrição, após o advento da Lei 11.280/2006, têm natureza jurídica de ordem pública, e atualmente sob os novos ditames do Código de Processo Civil somente poderão ser pronunciadas após manifestação das partes, consoante seu art. 487, parágrafo único;

f) a decadência convencional constitui exceção à regra, uma vez que pode ser disposta entre as partes por meio do contrato, ou convenção. De acordo com o art. 211 do Código Civil, as partes podem convencionar a decadência do direito objeto da relação jurídica que celebram.

Portanto, a decadência convencional apresenta um regime jurídico híbrido, insuscetível de preclusão (a parte a quem aproveita pode alegá-la, a qualquer tempo e grau ordinário de jurisdição). O juiz dela não pode tomar conhecimento de ofício e só pode conhecer da decadência convencional se for alegada pela parte a quem aproveita. Constitui matéria de direito dispositivo (das partes) e tem natureza jurídica de ordem pública, portanto, não preclui.

Como exemplos de decadência no Direito do Trabalho, podemos enumerar: inquérito para apuração de falta grave (30 dias); ação rescisória (dois anos); prazo fixado em instrumento normativo para a empregada gestante comprovar condição de gravidez para o empregador (Súmula 244[28,29] do TST, item I, ex-OJ 88 da SDI-I do TST foi alterada eliminando essa exigência – de aviso do estado de gravidez ao empregador após eventual dispensa – para seguir entendimento do Supremo Tribunal Federal, em acórdão da lavra do Ministro Celso Mello, para quem o direito da empregada gestante é de natureza constitucional e norma coletiva não tem o condão de desconstituí-lo); prazo aberto para o empregado proceder à opção retroativa pelos depósitos do FGTS relativos ao período anterior à CF/1988 (tratando-se de empregado não optante naquele período. O prazo para o exercício do direito potestativo de opção retroativa cessa com extinção do vínculo de emprego).

Em relação à decadência e à prescrição, aplica-se o brocardo "o Direito não ampara os que dormem" (*dormientibus non succurrit jus*), com base no princípio da razoabilidade, da boa-fé e a jurisprudência trabalhista reiteradamente vem excluindo a indenização pecuniária dos meses em que o trabalhador se manteve inerte na busca de seu direito, reconhecendo-o apenas a partir do ingresso da ação em juízo.

O suporte jurídico desse entendimento decorre do fato de que, com a lesão ao direito obrigacional, nasce o direito de ação (*actio nata*) – art. 189 do Código Civil 2002 – que pode ser exercido no prazo de cinco anos, até o limite de dois anos após a extinção do contrato de trabalho (art. 7º, XXIX, da CF/1988 e art. 11[30] da CLT).

---

[28] "Súmula 244 – Gestante. Estabilidade provisória (Redação do Item III Alterada na Sessão do Tribunal Pleno Realizada em 14.09.2012) I – O desconhecimento do estado gravídico pelo empregador não afasta o direito ao pagamento da indenização decorrente da estabilidade (art. 10, II, 'b' do ADCT). II – A garantia de emprego à gestante só autoriza a reintegração se esta se der durante o período de estabilidade. Do contrário, a garantia restringe-se aos salários e demais direitos correspondentes ao período de estabilidade. III – A empregada gestante tem direito à estabilidade provisória prevista no art. 10, inciso II, alínea 'b', do Ato das Disposições Constitucionais Transitórias, mesmo na hipótese de admissão mediante contrato por tempo determinado".

[29] O STF em sessão plenária no julgamento do RE 629053, com repercussão geral reconhecida, definiu que "A incidência da estabilidade prevista no artigo 10, inciso II, alínea 'b', do Ato das Disposições Constitucionais Transitórias (ADCT), somente exige a anterioridade da gravidez à dispensa sem justa causa".

[30] "Art. 11. O direito de ação quanto a créditos resultantes das relações de trabalho prescreve: (Redação dada ao artigo pela Lei nº 9.658, de 05.06.1998, *DOU* 08.06.1998). (...) § 1º O disposto neste artigo não se aplica às ações que tenham por objeto anotações para fins de prova junto à Previdência Social. (Parágrafo acrescentado pela Lei nº 9.658, de 05.06.1998, *DOU* 08.06.1998)".

Quanto ao trabalhador menor não corre qualquer prazo de prescrição (art. 440 da CLT) e após a Emenda 28/2000, que alterou o inciso XXIX do art. 7º da CF/1988, não há mais diferença de prazo de prescrição entre o trabalhador urbano e rural. Nunca é demais repetir que as ações condenatórias sempre estarão sujeitas à prescrição e que o exemplo acima fulcra-se na OJ 116 da SDI-I do TST:

> Estabilidade provisória. Período estabilitário exaurido. Reintegração não assegurada. Devidos apenas os salários desde a data da despedida até o final do período estabilitário.

Finalmente, cabe-nos, perfunctoriamente, apresentar a diferenciação entre prescrição total e parcial no Direto do Trabalho.

Ocorre prescrição total nas situações em que se verifica ato único do empregador, se o direito do trabalhador não estiver assegurado em preceito de lei. Exemplo encontramos na Súmula 294 do TST, *in verbis*:

> Súmula 294 do TST - Prescrição - Alteração Contratual - Trabalhador Urbano — (Revisão das Súmulas 168 e 198) — Tratando-se de demanda que envolva pedido de prestações sucessivas decorrente de alteração do pactuado, a prescrição é total, exceto quando o direito à parcela esteja também assegurado por preceito de lei.

Por preceito de lei devem ser entendidos os dispositivos contidos na CLT e na legislação complementar. Insere-se nesse caso de prescrição total, a complementação dos proventos de aposentadoria que jamais foi paga ao ex-empregado.

Tratando-se de pedido de complementação de aposentadoria oriunda de norma regulamentar e jamais paga ao ex-empregado, a prescrição é a total, começando a fluir o biênio a partir da aposentadoria. Logo, o prazo de prescrição é de dois anos, contados da data da jubilação.

Daí, a aplicação da Súmula 326 do TST, que enuncia:

> Complementação de Aposentadoria. Prescrição Total (nova redação) - Res. 174/2011, *DEJT* divulgado em 27, 30 e 31.05.2011
>
> A pretensão à complementação de aposentadoria jamais recebida prescreve em 2 (dois) anos contados da cessação do contrato de trabalho.

A prescrição parcial, por seu turno, nesse caso, estaria relacionada à diferença de complementação de aposentadoria não paga. Isto é, as parcelas vencem mês a mês, atingindo os últimos dois anos.

Diz a **Súmula 327 do TST**, como segue:

> Complementação dos Proventos de Aposentadoria. Diferenças. Prescrição Parcial - A pretensão a diferenças de complementação de aposentadoria sujeita-se

à prescrição parcial e quinquenal, salvo se o pretenso direito decorrer de verbas não recebidas no curso da relação de emprego e já alcançadas pela prescrição, à época da propositura da ação.

Por derradeiro, resta enunciar que existe posicionamento contrário ao enunciado da **Súmula 326 do TST**, supramencionado, no sentido de que o entendimento do TST não trilha o melhor caminho, no caso da complementação de aposentadoria nunca recebida pelo empregado, mas prevista em regulamento de empresa, pois se a complementação de aposentadoria foi instituída por regulamento de empresa, já se incorporou ao patrimônio do empregado (**Súmula 51 do TST**), e, daí, a prescrição deveria ser a parcial e não a total, de molde a se respeitar o direito adquirido do empregado (não se enquadraria como caso de ato único do empregador a ensejar a prescrição total, mas sim de prestações sucessivas, devendo recair no caso de prescrição parcial) consoante dispõe o art. 5º, XXXVI, da Constituição Federal de 1988 e o art. 6º da Lei de Introdução às normas do Direito Brasileiro (LINDB).

Considerando que o dano moral é um instituto de direito material, de natureza civil, parte da doutrina e da jurisprudência passou a entender que a prescrição aplicável ao dano moral trabalhista também tinha que seguir os ditames do Código Civil.

Entretanto, sabemos que não é a natureza do instituto que tem o condão de fixar regras de aplicação da prescrição. De acordo com decisão paradigmática do Supremo Tribunal Federal:

> A determinação da competência da Justiça do Trabalho não importa que dependa a solução da lide de questões de direito civil, mas sim, no caso, que a promessa de contratar, cujo alegado conteúdo é o fundamento do pedido, tenha sido feita em razão da relação de emprego, inserindo-se no contrato de trabalho" (STF, Ac. Pleno, Conflito de Jurisdição 6.959, Rel. Sepúlveda Pertence, *DJU* 22.05.1991).

No mesmo sentido, Raimundo Simão de Melo[31] afirma que

> Não é a natureza da matéria que determina a competência de um órgão julgador, como também não é essa competência que fixa o prazo prescricional de uma ação. A prescrição é instituto de direito material, enquanto que a competência pertence ao direito processual. Logo, o argumento da competência da Justiça Laboral é insuficiente para justificar a aplicação da prescrição trabalhista no caso.

Para Francisco Jorge Neto e Jouberto de Quadros Pessoa Cavalcante[32],

---

[31] MELO, Raimundo Simão de. Prescrição nas ações acidentárias sob o enfoque da tutela dos direitos humanos. *Revista LTr*, São Paulo, 72-05, p. 528.
[32] JORGE NETO, Francisco; CAVALCANTE, Jouberto de Quadros Pessoa. *Direito do trabalho*. 4. ed. Rio de Janeiro: Lumen Juris. t. II, p. 961.

sendo crédito trabalhista, a aplicação prevista correta será, portanto, a prescrição prevista na CF/88 como um dos direitos sociais que limita o direito de ação, quanto aos créditos resultantes das relações de trabalho, ao prazo prescricional de cinco anos para os trabalhadores urbanos e rurais, até dois anos após a extinção do contrato de trabalho. A posição jurisprudencial dominante tem aplicado a prescrição do art. 7º, XXIX, da CF.

Para outra corrente, todavia, a fixação da Justiça competente não tem o condão de alterar a natureza jurídica do pedido, que, no caso de reparação dos danos, será indenizatório. Como decorrente de um ato lesivo não se equipara a um crédito trabalhista, portanto, o prazo prescricional a ser aplicável é de 20 anos, com respaldo no art. 177 do CC de 1916, e três anos, com fundamento no art. 206, § 3º, V, do CC/2002.

A situação do dano material e moral seria equivalente àqueles "direitos alheios à CLT", nos quais a jurisprudência fixou prazo prescricional diverso, *v.g.*, depósitos do FGTS, contribuições do PIS etc.[33].

16.2.2.2.2 Compensação e retenção

São formas de defesa indireta do mérito, constituindo fatos modificativos da pretensão do autor.

Segundo o art. 767 da CLT: "A compensação ou retenção, só poderá ser arguida como matéria de defesa".

Momento oportuno para alegação da compensação ou da retenção será na contestação apresentada em audiência, sob pena de restar preclusa a matéria. Dessa forma, não há espaço para se discutir os institutos em lume nas razões finais, em recursos ou, até mesmo, na fase de execução. Neste sentido, o TST:

> Súmula 48 do TST – Compensação. A compensação só poderá ser arguida com a contestação.

Na compensação[34], duas pessoas são credoras e devedoras, concomitantemente, uma da outra.

Dessa forma, quando o reclamado entender ser credor do reclamante, poderá requerer que a dívida do empregado seja compensada com os eventuais créditos

---

[33] Idem, ibidem, p. 962. Ver também: TST, E-RR 172200-06.2003.5.02.0041, Subseção I Especializada em Dissídios Individuais, Rel. Min. Augusto César Leite de Carvalho, j. 28.06.2012, Data de Publicação: 03.08.2012; TRT-3ª Reg., RO 225/2012-018-03-00.0, Rel. Des. Paulo Chaves Correa Filho, *DJe* 14.10.2013, p. 97.

[34] CC: "Art. 368. Se duas pessoas forem ao mesmo tempo credor e devedor uma da outra, as duas obrigações extinguem-se, até onde se compensarem. Art. 369. A compensação efetua-se entre dívidas líquidas, vencidas e de coisas fungíveis".

deste, desde que a dívida seja de natureza trabalhista (adiantamentos salariais, aviso prévio não concedido pelo empregado, prejuízos causados por dolo do empregado).

Não se admite a compensação de dívidas de natureza diversa (civil ou comercial, por exemplo), atendendo-se à Súmula 18 do TST.

16.2.2.2.3 Prescrição nas ações coletivas

Como o Processo Coletivo do Trabalho se guia pelo microssistema de tutela coletiva, com suas regras, normas, princípios e instituições próprias, tendo como núcleo fundamental a Lei 7.347/1985 e a Lei 8.078/1980, a prescrição do direito individual não se aplica no direito coletivo.

Como cediço, o objeto das ações coletivas são os direitos difusos, coletivos e individuais homogêneos, em obrigações de fazer e não fazer (nas ações civis públicas), e de pagar (verbas trabalhistas nas ações civis coletivas), tendo como obrigações secundárias as astreintes, as multas ou eventualmente a indenização por dano moral coletivo.

Dessa forma, perguntamos: qual o prazo prescricional das ações coletivas envolvendo obrigações de fazer e não fazer?

Por sua própria natureza, é pacífico o entendimento de que as ações que tenham por objeto principal direitos difusos e coletivos, envolvendo obrigações de fazer e não fazer, são imprescritíveis, pois envolvem direitos da mais alta relevância e dignidade social relacionados à vida, à saúde, à segurança, ao meio ambiente etc.

Como os direitos individuais homogêneos, em sua essência, são direitos individuais, em relação a eles se aplica a prescrição do Direito Individual do Trabalho, estabelecida no art. 5º, XXIX, da CF/1988.

No entanto, o mesmo não pode se dizer em relação às obrigações acessórias, derivadas das ações coletivas, representadas por obrigações pecuniárias, derivadas de multas por descumprimento de ações civis públicas ou coletivas, ou de descumprimento das cláusulas dos TAC (termos de ajustamento de conduta), celebrados pelo Ministério Público do Trabalho.

Embora as ações civis públicas e os Termos de Ajustamento de Conduta, que tenham por objeto obrigações de fazer e não fazer, envolvendo direitos difusos e coletivos, se apresentam como títulos sem prazo de validade, ou de vencimento, e daí, como títulos executivos judiciais ou extrajudiciais eternos, a prescrição sobre a prestação derivada, envolvendo pecúnia, segue um regramento próprio, com três correntes doutrinárias e jurisprudenciais que passamos a expor.

A primeira corrente defende que as multas decorrentes das ações coletivas ou TACs descumpridos, como acessória, segue o principal, daí, não haver prazo prescricional determinado. Após o *actio nata* (nascimento do direito), ou após a data do efetivo descumprimento, a multa poderá ser calculada e cobrada pelo exato prazo verificado no caso concreto, independentemente do número de anos ou meses em que ocorreu.

Para mitigar o rigor dessa corrente, existem os Precedentes 17[35] e 20[36] do CSMPT, os quais permitem ao Procurador do Trabalho, discricionariamente, reduzir ou até mesmo zerar esta multa de acordo com as condições do executado/ empregador.

A segunda corrente entende que a prescrição aplicada às obrigações secundárias e pecuniárias decorrentes de multas por sentenças judiciais ou termos de ajustamento de conduta do MPT descumpridas terá o prazo de 10 anos, estabelecido no art. 205 do Código Civil, utilizado subsidiariamente no Direito do Trabalho, já que não haveria prazo prescricional específico na legislação correlata, nem seria o caso de imprescritibilidade das obrigações pecuniárias decorrentes da inexecução do TAC.

A terceira corrente entende que não é o caso de aplicação da prescrição trabalhista, de 5 anos[37], uma vez que não se fala aqui em créditos de natureza trabalhista.

---

[35] Precedente n. 17. CSMPT. Violação de direitos individuais DJ-18/10/2005, Aprovado na 129ª homogêneos – Atuação do Ministério Público do Trabalho. Discricionariedade do Procurador CSMPT, em oficiante. 11/10/2005. Mantém-se, por despacho, o arquivamento da Representação quando a repercussão social da lesão não for significativamente suficiente para caracterizar uma conduta com consequências que reclamem a atuação do Ministério Público do Trabalho em defesa de direitos individuais homogêneos. A atuação do Ministério Público deve ser orientada pela "conveniência social". Ressalvados os casos de defesa judicial dos direitos e interesses de incapazes e população indígena.

[36] PRECEDENTE 20 do CSMPT. INVIABILIDADE DE EXECUÇÃO DE TAC. Aprovado na 124ª COMPROMETIMENTO FINANCEIRO DA DENUNCIADA. No processo de execução de TAC ou ACP, o Procurador oficiante poderá renegociar prazos e condições de cumprimento das obrigações principais, bem como o valor da multa respectiva, inclusive para dispensá-la parcial ou integralmente, quando o interesse público assim exigir e a medida se revelar oportuna e compatível com as metas do Ministério Público do Trabalho.

[37] "PROCESSUAL CIVIL. EMBARGOS À EXECUÇÃO. VÍCIO NA CONSTITUIÇÃO DO TÍTULO. TEORIA DA APARÊNCIA. TERMO DE AJUSTAMENTO DE CONDUTA. OBRIGAÇÃO DE FAZER. INADIMPLEMENTO. MULTA ESTIPULADA NO TAC. NATUREZA AMBIENTAL. RESPONSABILIDADE SOLIDÁRIA. PRESCRIÇÃO QUINQUENAL. EXCESSO. CONFIGURAÇÃO. I – Na hipótese dos autos, a declaração de inexigibilidade do título executivo (TAC), em razão de vício formal, afronta o princípio da razoabilidade, assim como o da própria boa-fé objetiva, que deve nortear tanto o ajuste, como o cumprimento dos negócios jurídicos em geral. II – O Termo de Ajustamento de Conduta, título executivo que dá base à ação principal, estabelece os requisitos para imposição da multa por descumprimento dos termos ajustados. III – O inadimplemento da obrigação de fazer estipulada no TAC dá ensejo à aplicação da multa estipulada e torna exigível o título executivo. IV – A responsabilidade pela proteção do meio ambiente é comum e solidária. V – A prescrição nas ações contra a Fazenda Pública, conforme determina o Decreto nº 20.910/32, é de cinco anos contados da ocorrência do ato ou fato respectivo. Em verdade, a prescrição atinge tão-somente a exigibilidade das prestações

Por analogia, esta corrente entende que deve se aplicar o prazo prescricional estabelecido no Decreto 20.910/1932, pois, quando a cobrança da multa se dá em face de ente público, existe jurisprudência se fixando no sentido de reconhecimento da prescrição quinquenal com base no Decreto 20.910/1932, que estabelece prescrição quinquenal para as dívidas passivas da Fazenda Pública.

Diante deste quadro, esta corrente, à qual nos filiamos, entende que a prescrição das ações civis públicas e dos TACs, no tocante às obrigações pecuniárias decorrentes do seu inadimplemento, é quinquenal quando o sujeito passivo for ente público e decenal quando se trata de um particular (ausência de norma específica – art. 205 CCB).

16.2.2.2.4 Compensação

A compensação, na Justiça do Trabalho, está restrita a dívidas de natureza trabalhista.

Importante verificar que a CLT também aborda a compensação quando dispõe sobre a rescisão contratual.

Embora o caput e vários parágrafos do art. 477 da CLT tenham sido alterados ou revogados pela Lei 13.467/2017, o § 5º da CLT foi mantido, como segue:

> Art. 477. (...)
>
> § 5º Qualquer compensação (...) não poderá exceder o equivalente a um mês de remuneração do empregado.

---

anteriores ao quinquênio que antecedeu o ajuizamento da ação, nos termos do art. 3º do mesmo diploma. Processo nº 0001526-80.2013.4.05.8500. Embargos à execução interpostos pela ADEMA – Administração Estadual do Meio Ambiente, objetivando, em relação a si, a não aplicação da multa pecuniária pretendida por descumprimento de obrigação de fazer convencionada no ajuste ou por omissão de cumprimento de obrigação legal decorrente de seu próprio mister institucional, com a consequente extinção da execução petitório, em face da quantia executada referir-se a valor incluído no âmbito dos precatórios judiciais". Tribunal Regional Federal da 5ª Região. Relator: Desembargador Federal Manoel Erhardt. "APELAÇÃO CÍVEL – EMBARGOS À EXECUÇÃO – AÇÃO DE EXECUÇÃO POR TÍTULO EXTRAJUDICIAL – TERMO DE AJUSTAMENTO DE CONDUTA – PRESCRIÇÃO – INOCORRÊNCIA – MULTA – FIXAÇÃO EM SALÁRIO MÍNIMO – POSSIBILIDADE. A prescrição da ação de execução para a cobrança de multa estipulada em TAC é quinquenal como disciplina o art. 1º do Decreto 20.910/1932, em atenção ao princípio da isonomia. Uma vez deferida a dilação de prazo para o cumprimento da prestação assumida pela parte em TAC, não há motivos para se exigir multa decorrente do descumprimento da obrigação antes de finito o prazo deferido à parte para seu adimplemento e não como indexador." STF. Brasília, 21 de novembro de 2014. Ministro Luiz Fux. Relator.

Na regra acima mencionada, a consolidação estipula um valor limite para a compensação de até 1 (um) mês de remuneração do empregado, já que se trata de um ato extrajudicial, que pode ou não (extinções do contrato com menos de um ano) ter a assistência do sindicato da categoria ou da superintendência regional do trabalho. Por isso o valor limite.

Por outro lado, quando a compensação for alegada em juízo, como matéria de defesa, entendemos não existir um valor limite, já que se trata de um litígio sob a apreciação do Judiciário. Claro que os valores a serem compensados só podem ser relacionados ao contrato de trabalho e limitados aos créditos postulados pelo reclamante. Caso o empregador requeira valores superiores aos pleiteados pelo reclamante deverá ajuizar uma reconvenção.

A compensação não pode ser confundida com a dedução, embora sejam próximas.

A dedução na Justiça do Trabalho surge quando o juiz, analisando os recibos de pagamentos, constata já ter havido alguns pagamentos referentes às verbas postuladas, ou seja, já ter havido cumprimento parcial da obrigação, relacionados aos mesmos títulos.

Consequentemente, determina que os valores já pagos sejam abatidos do valor total da condenação. Essa dedução pode ocorrer de ofício pelo juiz do trabalho, posto ser matéria de ordem pública, calcada no princípio do não enriquecimento sem causa.

Sobre a dedução, há a **Orientação Jurisprudencial 415 da SDI-I do TST**, *in verbis*:

> Horas Extras. Reconhecimento em Juízo. Critério de Dedução/Abatimento dos Valores comprovadamente Pagos no Curso do Contrato de Trabalho.
>
> A dedução das horas extras comprovadamente pagas daquelas reconhecidas em juízo não pode ser limitada ao mês de apuração, devendo ser integral e aferida pelo total das horas extraordinárias quitadas durante o período imprescrito do contrato de trabalho.

O direito de retenção, por sua vez, em aspectos genéricos, caracteriza-se como o direito do possuidor direto ou do detentor de coisa alheia de manter consigo o bem, a fim de forçar o cumprimento de uma obrigação pelo titular do objeto, em seu benefício. Esta hipótese ocorre em prol do credor, impelindo o devedor ao pagamento.

Na seara trabalhista, pode ocorrer, exemplificativamente, quando, em virtude de dano ocasionado pelo trabalhador ao respectivo empregador, adquire este último o direito de ser indenizado pelos prejuízos sofridos. Desta feita, a coisa pertencente ao devedor (reclamante) poderá ser retida pelo credor (reclamado), até que aquele quite sua dívida para com este, sendo requisitos para sua configuração:

16.3 DAS EXCEÇÕES

O vocábulo exceção pode ser compreendido nas seguintes perspectivas.

Como sinônimo de defesa, abrangendo todas as suas modalidades (sentido amplo). Desse modo, exceção, como sinônimo de defesa, seria o direito constitucional do qual se acha investido o réu para obstar, por diversas maneiras, à ação que lhe foi movida. Contrapõe-se ao direito de ação.

Exceções podem ser entendidas, também, como matérias de defesa que só podem ser conhecidas caso sejam suscitadas pelas partes (exemplo: o pagamento, a compensação). Em outras palavras, matérias não conhecíveis de ofício e que, alegadas a destempo, tornam-se preclusas. Podem ser entendidas como antônimo de objeção.

Por fim, temos *a exceção ritual*, que é uma defesa processual, pois objetiva corrigir vícios que atingem o juízo (local) e o julgador (pessoa do magistrado). Logo, são defesas indiretas que não colocam termo ao processo, procurando sanar vícios relacionados aos pressupostos processuais. *São as exceções de incompetência, de impedimento, de suspeição.*

Cabe ressaltar que essas foram extintas pelo CPC de 2015.

Para discutir as hipóteses de impedimento e suspeição (arts. 144 e 145 do CPC/2015), bastará uma "petição específica", não se utilizando mais a exceção. Não há no CPC/2015 as expressões "exceção de suspeição" e "exceção de impedimento", sendo a terminologia utilizada "incidente de suspeição/impedimento". A arguição do impedimento ou da suspeição deve ser feita em peça autônoma (petição separada), tanto no processo civil quanto no processo do trabalho.

Contudo, o procedimento é praticamente o mesmo.

Quando for o caso de incompetência relativa, a questão deverá ser suscitada em sede de preliminar de contestação (art. 337, II, do CPC/2015).

Não obstante o surgimento das novas regras processuais, a CLT possui regramento próprio para as exceções rituais. Consequentemente essas regras continuarão a ser aplicadas, embora necessitem de complementação das normas do processo civil.

Passemos ao estudo das exceções rituais trabalhistas.

A Consolidação das Leis do Trabalho, em seu art. 799, **somente faz menção às exceções de suspeição ou incompetência**:

> Art. 799. Nas causas da jurisdição da Justiça do Trabalho, somente podem ser opostas, com suspensão do feito, as exceções de suspeição ou incompetência.
>
> § 1º As demais exceções serão alegadas como matéria de defesa.
>
> § 2º Das decisões sobre exceções de suspeição e incompetência, salvo, quanto a estas, se terminativas do feito, não caberá recurso, podendo, no entanto, as partes alegá-las novamente no recurso que couber da decisão final.

A primeira observação é de que a exceção no processo do trabalho suspende o curso do processo.

Silencia-se, a regra, quanto à exceção de impedimento. Neste caso, aplica-se a norma processual civil, de forma subsidiária.

Ainda, diante do texto da norma consolidada podemos observar que todas as demais defesas, preliminares e defesas indiretas do mérito, devem ser apresentadas em contestação ("§ 1º As demais exceções serão alegadas como matéria de defesa").

A regra consubstanciada no § 2º consagra o princípio da irrecorribilidade imediata das decisões interlocutórias. A decisão que julga uma exceção é de natureza interlocutória e, portanto, não desafia, de imediato, qualquer recurso.

Contudo, se essa decisão for terminativa do feito no âmbito da Justiça do Trabalho, isto é, se for reconhecida a incompetência da Justiça do Trabalho para julgar a demanda e, consequentemente, se os autos forem remetidos para outro ramo do Poder Judiciário, será cabível, de imediato, recurso ordinário para o Tribunal Regional do Trabalho da respectiva região.

Há de se mencionar, neste contexto, a Súmula 214 do TST. Por meio dela é possível recorrer, de imediato, de decisão interlocutória que reconhece a incompetência territorial apresentada pelo réu e remete os autos para outro juízo, pertencente a outro Tribunal Regional do Trabalho.

> Súmula 214 do TST – Decisão interlocutória. Irrecorribilidade. Na Justiça do Trabalho, nos termos do art. 893, § 1º, da CLT, as decisões interlocutórias não ensejam recurso imediato, salvo nas hipóteses de decisão: (...) c) que acolhe exceção de incompetência territorial, com a remessa dos autos para Tribunal Regional distinto daquele a que se vincula o juízo excepcionado, consoante o disposto no art. 799, § 2º, da CLT.

As exceções de impedimento e suspeição devem ser apresentadas, via de regra, em audiência, podendo ser escrita ou verbal (art. 847 da CLT). Em regra, porque embora as exceções de impedimento e suspeição sejam tratadas como resposta do réu/reclamado, na realidade elas podem ser arguidas pelas partes, ou seja, pelo autor e pelo réu. Consequentemente, ela pode ser apresentada em um momento posterior à audiência.

Dessa feita, quando a parte tomar conhecimento do fato que enseja o impedimento ou a suspeição, deve apresentar a sua exceção na primeira oportunidade. Claro que, se o reclamado já tem conhecimento da situação, deverá apresentá-la na audiência, ou seja, na primeira oportunidade que tem para falar nos autos (art. 795 da CLT).

Tecnicamente, se a exceção for apresentada pelo reclamado por escrito, ela deve ser apresentada em peça separada. Contudo, não vemos óbice se ela for exposta como preliminares da peça de contestação, devendo ser aplicado o princípio da instrumentalidade das formas.

16.3.1 Exceção de suspeição e impedimento

De acordo com o art. 801 da CLT:

> Art. 801. O juiz, titular ou substituto, é obrigado a dar-se por suspeito, e pode ser recusado, por alguns dos seguintes motivos, em relação à pessoa dos litigantes:
> a) inimizade pessoal;
> b) amizade íntima;
> c) parentesco por consanguinidade ou afinidade até o terceiro grau civil;
> d) interesse particular na causa.

Como outrora salientado, a CLT não faz referência às hipóteses que tipificam o impedimento, bem como não esgota as hipóteses de suspeição. Portanto, é pacífica, na doutrina e na jurisprudência, a utilização das regras dos arts. 144 e 145 do CPC/2015.

As exceções, de impedimento e de suspeição, têm por fito garantir que o processo seja julgado por um juiz imparcial (pressuposto processual de validade do processo).

O impedimento aborda questões de ordem objetiva, relacionando vínculos de natureza concreta entre o juiz e as partes, ou entre o juiz e o advogado das partes. Esses vínculos podem ser de naturezas diversas, como mencionado no art. 144 do CPC/2015:

> Art. 144. Há impedimento do juiz, sendo-lhe vedado exercer suas funções no processo:
> I - em que interveio como mandatário da parte, oficiou como perito, funcionou como membro do Ministério Público ou prestou depoimento como testemunha;
> II - de que conheceu em outro grau de jurisdição, tendo proferido decisão;
> III - quando nele estiver postulando, como defensor público, advogado ou membro do Ministério Público, seu cônjuge ou companheiro, ou qualquer parente, consanguíneo ou afim, em linha reta ou colateral, até o terceiro grau, inclusive;
> IV - quando for parte no processo ele próprio, seu cônjuge ou companheiro, ou parente, consanguíneo ou afim, em linha reta ou colateral, até o terceiro grau, inclusive;
> V - quando for sócio ou membro de direção ou de administração de pessoa jurídica parte no processo;
> VI - quando for herdeiro presuntivo, donatário ou empregador de qualquer das partes;
> VII - em que figure como parte instituição de ensino com a qual tenha relação de emprego ou decorrente de contrato de prestação de serviços;

VIII - em que figure como parte cliente do escritório de advocacia de seu cônjuge, companheiro ou parente, consanguíneo ou afim, em linha reta ou colateral, até o terceiro grau, inclusive, mesmo que patrocinado por advogado de outro escritório;

IX - quando promover ação contra a parte ou seu advogado.

Em regra, por se tratar de matéria de ordem pública, o juiz deve se declarar impedido. Contudo, o julgamento realizado por um juiz impedido enseja a nulidade absoluta do processo, convalidando-se apenas se passado o prazo da ação rescisória. Nesse sentido, o art. 966 do CPC aduz que:

Art. 966. A decisão de mérito, transitada em julgado, pode ser rescindida quando: (...)

II - for proferida por juiz impedido ou por juízo absolutamente incompetente.

Por outro lado, a suspeição envolve elementos subjetivos, sentimentos, situações etéreas, a exemplo da amizade íntima e da inimizade capital. O art. 145 do CPC/2015 aponta as causas de suspeição:

Art. 145. Há suspeição do juiz:

I - amigo íntimo ou inimigo de qualquer das partes ou de seus advogados;

II - que receber presentes de pessoas que tiverem interesse na causa antes ou depois de iniciado o processo, que aconselhar alguma das partes acerca do objeto da causa ou que subministrar meios para atender às despesas do litígio;

III - quando qualquer das partes for sua credora ou devedora, de seu cônjuge ou companheiro ou de parentes destes, em linha reta até o terceiro grau, inclusive;

IV - interessado no julgamento do processo em favor de qualquer das partes.

O juiz pode se declarar suspeito por motivos de foro íntimo, sem necessidade de declarar as suas razões.

A suspeição enseja nulidade relativa, razão pela qual deve ser alegada na primeira oportunidade que as partes possuem para falar nos autos (art. 795 da CLT), sob pena de preclusão. Logo, a suspeição se convalida, caso a parte interessada não se manifeste em tempo hábil.

Considera-se suprida a irregularidade, em conformidade ao art. 801, parágrafo único, da CLT, mesmo sendo suspeito o juiz, se o recusante houver praticado algum ato pelo qual haja consentido na pessoa do juiz, não mais podendo alegar exceção de suspeição, salvo sobrevindo novo motivo; e se do processo constar que o recusante deixou de alegá-la anteriormente, quando já a conhecia, ou que, depois de conhecida, aceitou o juiz recusado ou, ainda, se procurou de propósito o motivo de que ela se originou.

16.3.2 Procedimento para alegação

O procedimento para alegação de suspeição ou impedimento do juiz encontra-se no art. 802 da CLT:

> Art. 802. Apresentada a exceção de suspeição, o juiz ou Tribunal designará audiência dentro de 48 (quarenta e oito) horas, para instrução e julgamento da exceção.
>
> § 1º Nas Juntas de Conciliação e Julgamento e nos Tribunais Regionais, julgada procedente a exceção de suspeição, será logo convocado para a mesma audiência ou sessão, ou para a seguinte, o suplente do membro suspeito, o qual continuará a funcionar no feito até decisão final. Proceder-se-á da mesma maneira quando algum dos membros se declarar suspeito.
>
> § 2º Se se tratar de suspeição de Juiz de Direito, será este substituído na forma da organização judiciária local.

Esse preceito tem por referência a antiga estrutura da Justiça do Trabalho, na qual havia as Juntas de Conciliação e Julgamento. Nessas Juntas havia um juiz residente (togado-concursado) e dois juízes classistas (nomeados). Como era um órgão colegiado, em havendo a suspeição ou o impedimento de um deles, os demais poderiam julgar a exceção. Como houve a supressão dos juízes classistas (EC 24/1999), a primeira instância da Justiça do Trabalho passou a ser formada por um juízo monocrático (Varas do Trabalho), fato que enseja dúvidas sobre a utilização do procedimento adotado pelo artigo supramencionado.

A hesitação em relação ao procedimento a ser adotado tem lógica, pois se adotássemos a regra consolidada teríamos a estranha situação do próprio juiz suspeito/impedido julgando a exceção que lhe foi imposta.

Entendemos, diante dessa hipótese, que a exceção em estudo, quando proposta em face do juiz da Vara do Trabalho, deva ser julgada por um órgão hierarquicamente superior, ou seja, o respectivo Tribunal Regional do Trabalho, visto não parecer adequado que o próprio juiz, que se encontra sob alegação de suspeição ou impedimento, julgue a aludida exceção. Plausível a aplicação subsidiária do art. 146 do CPC/2015:

> Art. 146. No prazo de 15 (quinze) dias, a contar do conhecimento do fato, a parte alegará o impedimento ou a suspeição, em petição específica dirigida ao juiz do processo, na qual indicará o fundamento da recusa, podendo instruí-la com documentos em que se fundar a alegação e com rol de testemunhas.
>
> § 1º Se reconhecer o impedimento ou a suspeição ao receber a petição, o juiz ordenará imediatamente a remessa dos autos a seu substituto legal, caso contrário, determinará a autuação em apartado da petição e, no prazo de 15 (quinze) dias, apresentará suas razões, acompanhadas de documentos e de rol de testemunhas, se houver, ordenando a remessa do incidente ao tribunal.

Nessa direção, a Corregedoria-Geral da Justiça do Trabalho determina a aplicação subsidiária do CPC (embora faça menção aos artigos do Código de 1973, não existe óbice para a aplicação do CPC de 2015), conforme se depreende dos arts. 20 e 21 da Consolidação dos Provimentos da Corregedoria-Geral da Justiça do Trabalho:

> Art. 20. Se o juiz de 1º grau não reconhecer o impedimento ou a suspeição alegada, será aplicado o procedimento previsto no art. 146 do Código de Processo Civil, exceto, quanto a este último, na parte relativa à condenação às custas ao magistrado. Parágrafo único. Acolhido o impedimento ou a suspeição do juiz, será designado outro magistrado para dar prosseguimento ao processo, incluindo-o em pauta de julgamento, se for o caso, no prazo máximo de 10 (dez) dias.
>
> Art. 21. Na hipótese de impedimento ou suspeição de desembargador do trabalho, contemporânea ao julgamento do processo, este será mantido em pauta com a convocação de outro desembargador para compor o *quorum* do julgamento.

Logo, diante da ótica do CPC o juiz do trabalho, em não reconhecendo sua suspeição/impedimento, deverá remeter a exceção ao respectivo Tribunal Regional do Trabalho, para que este efetive o julgamento.

O CPC de 2015 permite que a manifestação da parte sobre impedimento ou suspeição ocorra por simples petição, situação que pode se alinhar ao processo do trabalho, justamente por ser simples e célere. Todavia, mesmo nessa hipótese, o processo deverá ser suspenso, conforme proclama o art. 799[38] da CLT.

Contudo, acreditamos que nos casos de impedimento e de suspeição a exceção deva ser apresentada em peça autônoma, com os motivos e documentos que a embasam, permitindo ao juiz uma melhor condição de análise sobre os motivos da recusa. A arguição do impedimento ou da suspeição gera um incidente processual. Caso o juiz reconheça a situação que lhe é imposta, os autos do processo são remetidos ao seu substituto legal. No entanto, na hipótese de o julgador não se reconhecer impedido ou suspeito, a petição precisa ser autuada em apartado. Após a apresentação das razões do juiz, o incidente é remetido ao Tribunal para julgamento.

O CPC afirma que se o Tribunal decidir que o juiz é suspeito ou impedido, será fixado o momento em que ele se tornou suspeito ou impedido, anulando-se os atos dali para frente. Dessa forma, não se anulam todos os atos decisórios, tampouco os praticados após a data da decisão, mas sim os atos decisórios praticados a partir do momento em que fixada a suspeição ou impedimento pelo tribunal.

---

[38] "Art. 799. Nas causas da jurisdição da Justiça do Trabalho, somente podem ser opostas, com suspensão do feito, as exceções de suspeição ou incompetência".

16.3.3 Exceção de incompetência

A incompetência relativa, conhecida como territorial ou de foro, também é atacada por meio de exceção, conforme já mencionado, quando da análise do art 799 da CLT. Como já dito, o CPC não contempla mais a exceção. Por conseguinte, a incompetência relativa, na seara civil, deve ser alegada em preliminares da contestação. Entretanto, há vozes na doutrina trabalhista que não aceitam essa regra do CPC e defendem a manutenção do sistema da CLT, como é o posicionamento de Mauro Schiavi[39], para quem:

> (...) se o reclamado for apresentar a contestação de forma escrita e também a exceção de incompetência, acreditamos que elas devam ser apresentadas em peças separadas, por interpretação sistemática dos arts. 799 e 847 da CLT, pois o § 1º do art. 799 da CLT aduz que as demais exceções serão invocadas em defesa. Ora, a CLT disciplina a exceção em capítulo próprio e destacado da contestação. Portanto, a exceção deve ser apresentada em peça separada. (...).

No mesmo pensar são os dizeres de Gustavo Filipe Barbosa Garcia[40]:

> Ainda, no processo civil a incompetência, absoluta ou relativa, será alegada como questão preliminar de contestação (art. 64 da CLT).
>
> Entretanto, no processo do trabalho, como visto acima, a incompetência relativa, a suspeição e o impedimento, devem ser alegados, por meio de exceção.
>
> Portanto, no processo civil, a exceção de incompetência foi revogada pelo CPC/2015 e passou a ser um capítulo da contestação (preliminar), conforme dispõe o art. 337, II, do CPC, enquanto a Lei 13.467/2017 modificou o art. 800 da CLT para estabelecer o procedimento da exceção de incompetência, com a denominação de incompetência territorial, com o escopo de simplificar o procedimento e evitar manobras de eventuais reclamantes.

A Lei 13.467/2017 não deixa mais dúvidas quanto ao procedimento a ser adotado. A nova redação do artigo 800 é cristalina ao asseverar que a incompetência territorial dever ser arguida pela via da exceção. Portanto, não há que se falar em aplicação suplementar do processo civil.

Os novos dizeres do art. 800 da CLT passam a determinar o seguinte:

> Art. 800. Apresentada exceção de incompetência territorial no prazo de cinco dias a contar da notificação, antes da audiência e em peça que sinalize a existência desta exceção, seguir-se-á o procedimento estabelecido neste artigo. (Redação dada pela Lei 13.467, de 13/07/2017)

---

[39] SCHIAVI, Mauro. *Manual de direito processual do trabalho*. 8. ed. São Paulo: LTr, p. 647.
[40] GARCIA, Gustavo Filipe Barbosa. Op. cit., 2012, p. 433.

§ 1º Protocolada a petição, será suspenso o processo e não se realizará a audiência a que se refere o art. 843 desta Consolidação até que se decida a exceção. (Incluído pela Lei 13.467, de 13/07/2017)

§ 2º Os autos serão imediatamente conclusos ao juiz, que intimará o reclamante e, se existentes, os litisconsortes, para manifestação no prazo comum de cinco dias. (Incluído pela Lei 13.467, de 13/07/2017)

§ 3º Se entender necessária a produção de prova oral, o juízo designará audiência, garantindo o direito de o excipiente e de suas testemunhas serem ouvidos, por carta precatória, no juízo que este houver indicado como competente. (Incluído pela Lei 13.467, de 13/07/2017)

§ 4º Decidida a exceção de incompetência territorial, o processo retomará seu curso, com a designação de audiência, a apresentação de defesa e a instrução processual perante o juízo competente. (Incluído pela Lei 13.467, de 13/07/2017)

O escopo do legislador foi o de permitir que o réu possa se manifestar acerca da incompetência territorial do juízo sem ter que se deslocar ao local no qual o reclamante ajuizou a demanda; a lei prima pela pelo acesso à justiça, facilitando, também, o direito de defesa por parte do réu.

Pela norma anterior do art. 800 da CLT, o réu deveria comparecer à audiência no local onde fora ajuizada a ação, para então apresentar a sua exceção de incompetência; esse deslocamento, em muitos casos, gerava alguns obstáculos para o empregador, principalmente financeiro, impedindo-o de comparecer à audiência, situação que o colocava na condição de revel.

Vale ressaltar que a regra (art. 651, caput, da CLT) determina que o trabalhador deva aforar a sua demanda no local onde presta ou prestou os serviços – lembrando que essa regra comporta exceções fixadas nos respectivos parágrafos do art. 651; todavia, na prática forense, em muitas ocasiões, o trabalhador presta os seus serviços em uma determinada localidade e, ao ter o seu contrato extinto, ingressa com ação no local de seu domicílio, como, por exemplo, um trabalhador rural que prestou serviços em uma fazenda no interior de São Paulo, mas tem o seu domicílio em uma cidade no norte de Minas Gerais e lá ingressa com a sua demanda (remetemos o leitor ao capítulo sobre competência, no qual apresentamos os pontos relevantes sobre esse tema).

Feitas essas observações, concluímos que a nova disposição do art. 800 da CLT é muito bem-vinda ao sistema processual trabalhista, pois, como já mencionado, facilita o acesso do réu ao Judiciário e não gera nenhum tipo de prejuízo ao empregado reclamante que poderá distribuir a sua demanda no que entender pertinente.

Em havendo desrespeito às regras fixadoras de competência, o réu não necessitaria comparecer ao juízo incompetente para apresentar a sua exceção.

Doravante, o réu (excipiente), terá o prazo de 5 (cinco) dias, contados do recebimento da notificação (citação), sob pena de preclusão, para que apresente a sua exceção de incompetência territorial do juízo (*caput* do art. 800 da CLT[41]).

Da leitura do artigo depreende-se que a exceção deva ser apresentada em peça autônoma, não se aplicando a regra do CPC, nos próprios autos do processo. Protocolada a petição da exceção, o processo ficará suspenso; na realidade, não se paralisa totalmente o processo, pois a questão envolvendo a incompetência ou não do juízo prossegue; assim, o que fica estagnado ou suspenso é o julgamento do mérito.

Antes de julgar a exceção de incompetência, o juiz deverá intimar o reclamante (chamado de excepto) e, caso seja o caso, os litisconsortes, para no prazo comum de cinco dias apresentar sua impugnação.

Na hipótese de o juiz entender necessária a produção de prova oral para formar a sua convicção sobre qual o juízo competente, poderá determinar a produção de prova oral, ouvindo o excipiente (reclamado) e suas testemunhas por meio de carta precatória no juízo que aquele indicou como competente. Trata-se, na realidade, de uma instrução para a colheita de provas sobre qual deverá ser o juízo competente.

Dessa forma, caso o reclamante (excepto) tenha ajuizado sua demanda em uma cidade no norte de Minas e o réu (excipiente) apresente sua exceção na cidade de Ribeirão Preto, alegando que os serviços foram ali prestados, o juízo de Minas Gerais, se for o caso, ouvirá por carta precatória a reclamada e suas testemunhas no juízo de Ribeirão Preto.

Reiteramos que aludida instrução nem sempre se fará necessária, pois, muitas vezes, o reclamante (excepto) concorda com a alegação de incompetência territorial ou pode ser que a exceção de incompetência esteja devidamente instruída com documentos que comprovem o verdadeiro local da prestação de serviços realizada pelo reclamante.

Findo os trâmites acima mencionados, a exceção de incompetência territorial será decidida pelo juízo no qual a ação fora originariamente distribuída. Após, o processo retomará o seu curso, com a designação de audiência, apresentação de defesa e a instrução processual perante o juízo competente (art. 800, § 3º, da CLT).

No que toca ao julgamento da exceção de incompetência territorial, duas situações podem ocorrer:

> Caso rejeite a exceção de incompetência territorial, o processo irá prosseguir normalmente na localidade de origem, passando o juiz a analisar a contestação e continuar com o andamento processual. Dessa decisão não cabe recurso de imediato.

---

[41] "Art. 800. Apresentada exceção de incompetência territorial no prazo de cinco dias a contar da notificação, antes da audiência e em peça que sinalize a existência desta exceção, seguir-se-á o procedimento estabelecido neste artigo." (Redação dada pela Lei 13.467, de 13 de julho de 2017)

Ao revés, na hipótese de o juiz acolher a exceção, os autos serão remetidos ao juízo competente. Situação essa que também não comporta recurso, de imediato.

A decisão que julga a exceção de incompetência territorial é de caráter interlocutório, sendo esta, no Processo do Trabalho, em regra, irrecorrível de imediato.

Conquanto essa seja a regra, o TST em sua Súmula 214 interpretou o art. 799, § 2º, entendendo ser possível interpor recurso ordinário da decisão interlocutória que, acolhendo a exceção de incompetência, encaminha os autos para juízo vinculado a outro TRT, ou seja, distinto daquele que se vincula o juízo excepcionado (que julgou a exceção). O recurso cabível será o ordinário e será endereçado ao TRT da vara de origem.

Exemplo dessa hipótese: João prestou serviços, como empregado, na cidade de São Paulo, durante 10 anos. Ao ser dispensado voltou para a sua cidade natal, Belo Horizonte, onde ajuizou demanda trabalhista em face do seu ex – empregador. O reclamado apresentou sua exceção de incompetência, alegando que a prestação de serviços se deu na cidade de São Paulo. O juiz reconhece a incompetência do juízo de Belo Horizonte (TRT da 3ª Região) e remete os autos para a cidade de São Paulo (TRT da 2ª Região), onde serão distribuídos para uma de suas varas. Logo, os autos deixam a cidade de Belo Horizonte (vara do trabalho pertencente à 3ª Região) e são direcionados à uma vara do trabalho da cidade de São Paulo (2ª Região). Nesta hipótese, consoante a Súmula 214, "c", do TST caberá recuso ordinário para o TRT da 3ª Região (Minas Gerais).

Nada obsta que o réu possa oferecer mais de uma exceção, simultaneamente, devendo a exceção de suspeição ou impedimento preceder à de incompetência territorial, já que o juiz suspeito ou impedido nem chegará a analisar a incompetência territorial.

16.4 RECONVENÇÃO

A reconvenção faz parte das possíveis respostas do réu, todavia, não se trata de defesa. Tipifica-se como uma ação proposta pelo réu, em face do autor, no próprio processo em que é demandado. É um contra-ataque do réu em face do autor, no mesmo processo. A reconvenção tem natureza jurídica de demanda do réu contra o autor, no mesmo processo.

Reconvenção é um modo de exercício do direito de ação, sob a forma de contra-ataque do réu contra o autor, dentro do processo já iniciado, ensejando processamento simultâneo com a ação principal, a fim de que o juiz resolva as duas lides na mesma sentença[42].

---

42 NERY JUNIOR, Nelson; NERY, Rosa Maria de Andrade. *Código de Processo Civil comentado e legislação processual civil extravagante em vigor*. 13. ed. São Paulo: RT, 2013. p. 702.

A reconvenção não é precisamente uma defesa, possuindo natureza jurídica de ação (demanda), eis que o réu formula uma pretensão de um fato novo em face do autor. Cria-se uma nova relação jurídica processual no interior do processo já existente. Permite a reconvenção, desta feita, que haja duas demandas em um único processo.

A reconvenção é uma verdadeira ação. Neste contexto, o reclamado/réu pode, somente, apresentar sua contestação. Porém, não ficará impedido de buscar suas pretensões por intermédio de uma ação autônoma (que seria objeto da reconvenção), que tramitará em um processo próprio, o qual será distribuído por dependência (ao processo onde figura como réu), em razão da conexão, sendo, nesse caso, autuado em apenso.

Trata-se, portanto, de uma faculdade do réu, que poderá reconvir ou ajuizar a sua ação autonomamente.

Segundo Fredie Didier Jr.[43]:

> trata-se de um incidente processual que amplia o objeto litigioso do processo. Não se trata de processo incidente: a reconvenção é demanda nova em processo já existente. Por isso que a decisão do magistrado que indefere a petição da reconvenção não extingue o processo; é decisão interlocutória e, portanto agravável.

O CPC determina que a reconvenção deva ser apresentada na própria contestação[44]. Se o reclamado oferece contestação, sem mencionar a reconvenção em sua peça de defesa, haverá a preclusão consumativa, ou seja, não poderá apresentar nenhuma outra resposta.

Surge a dúvida: para reconvir o réu obrigatoriamente tem que contestar? A resposta é negativa, sendo possível reconvir sem contestar, pois, como acima exposto, a reconvenção é uma demanda autônoma, e pode ser ajuizada independentemente da contestação. Por outro lado, havendo a contestação, a reconvenção deve estar em seu contexto. Trata-se de uma questão de economia processual e celeridade.

---

[43] DIDIER JR., Fredie. *Curso de direito processual civil*. 17. ed. Salvador: JusPodivm, 2015. vol. 1, p. 657.

[44] "Art. 343. Na contestação, é lícito ao réu propor reconvenção para manifestar pretensão própria, conexa com a ação principal ou com o fundamento da defesa. § 1º Proposta a reconvenção, o autor será intimado, na pessoa de seu advogado, para apresentar resposta no prazo de 15 (quinze) dias. § 2º A desistência da ação ou a ocorrência de causa extintiva que impeça o exame de seu mérito não obsta ao prosseguimento do processo quanto à reconvenção. § 3º A reconvenção pode ser proposta contra o autor e terceiro. § 4º A reconvenção pode ser proposta pelo réu em litisconsórcio com terceiro. § 5º Se o autor for substituto processual, o reconvinte deverá afirmar ser titular de direito em face do substituído, e a reconvenção deverá ser proposta em face do autor, também na qualidade de substituto processual. § 6º O réu pode propor reconvenção independentemente de oferecer contestação".

Ademais o CPC é expresso quanto ao tema:

> Art. 343. Na contestação, é lícito ao réu propor reconvenção para manifestar pretensão própria, conexa com a ação principal ou com o fundamento da defesa. (...)
> § 6º O réu pode propor reconvenção independentemente de oferecer contestação.

A reconvenção, como ação que é, exige do réu-reconvinte o cumprimento dos pressupostos processuais e das condições da ação (legitimidade e interesse processual).

Para Nelson Nery Junior e Rosa Maria Andrade Nery[45], a admissibilidade da reconvenção exige quatro pressupostos específicos, a saber:

- que o juiz da causa principal não seja absolutamente incompetente para julgar a reconvenção; significa dizer, não deve haver incompetência em razão da matéria ou funcional do juízo originário. Se houver incompetência relativa, não haverá óbice, consoante o disposto no art. 61 do CPC/2015: "A ação acessória será proposta no juízo competente para a ação principal";
- haver compatibilidade entre os ritos procedimentais da ação principal e da ação reconvencional;
- haver processo pendente: a pendência da ação principal é requisito para a propositura da reconvenção, de modo que se o juiz extinguir a inicial, o réu não tem mais o suporte processual necessário para ajuizar a demanda reconvencional. Em sendo assim, a solução seria que o réu ajuizasse uma nova ação em face do autor originário;
- haver conexão: a reconvenção deve conter matérias que sejam conexas com a ação principal ou mesmo com o fundamento de defesa lançado na contestação.

Para elucidar essa ideia, utilizaremos o exemplo de Gustavo Filipe Barbosa Garcia[46]:

> se o autor ajuíza ação postulando verbas rescisórias, decorrentes de dispensa sem justa causa, o empregador pode ajuizar reconvenção, alegando que a despedida foi por justa causa, sendo o autor original devedor de prejuízos causados ao réu reconvinte.

No processo do Trabalho, a reconvenção será apresentada em audiência, na própria peça de contestação (art. 334 do CPC/2015). Em sendo assim, o juiz deverá

---

[45] NERY JUNIOR, Nelson; NERY, Rosa Maria de Andrade. *Código de Processo Civil comentado e legislação processual civil extravagante em vigor*. 13. ed. São Paulo: RT, 2013. p. 338.
[46] GARCIA, Gustavo Filipe Barbosa. Op. cit., 2012, p. 446-447.

designar nova audiência, respeitando o intervalo mínimo de 5 (cinco) dias, por analogia ao art. 841 da CLT, para que o autor-reconvindo possa apresentar a sua resposta em face da reconvenção. Na hipótese de o autor-reconvindo não apresentar defesa, será considerado revel e confesso quanto à matéria de fato lançada na reconvenção.

Mesmo havendo desistência da ação principal, ou qualquer causa extintiva antecipada do processo principal, não haverá paralisação ou extinção da ação reconvencional (art. 343, § 2º, do CPC). Caso haja desistência da reconvenção, não influenciará no curso da ação principal, que seguirá até sua decisão final.

A reconvenção pode ser indeferida liminarmente, através de uma decisão interlocutória. Neste caso, no processo do trabalho, não caberá recurso de imediato (art. 893 da CLT), podendo a parte questionar aludida decisão quando da interposição do recurso ordinário em face da decisão final da Vara do Trabalho.

Todavia, se não existir indeferimento liminar, a reconvenção deverá ser julgada na mesma sentença que julga a ação. Tal possibilidade evita que decisões contraditórias se harmonizem com a economia e a celeridade processual.

16.5 REVELIA

Uma vez notificado, o réu pode tomar algumas iniciativas. Pode reconhecer o pedido do autor, responder ou permanecer inerte. Desta forma, a contestação é um ônus processual e não um dever. Dessa feita, se o reclamado permanecer silente, não apresentando sua contestação, será considerado revel, e deverá suportar, em regra, os seus efeitos.

No processo civil, revelia é a não apresentação de contestação tempestivamente (art. 344 do CPC/2015[47]).

No processo do trabalho há uma dicotomia em relação à ocorrência da revelia.

Parte da doutrina e da jurisprudência reconhece que a revelia surge em decorrência da ausência do reclamado na audiência una/inaugural, tendo em vista o comando previsto no art. 844 da CLT, o qual preceitua que:

> O não comparecimento do reclamante à audiência importa o arquivamento da reclamação, e o não comparecimento do reclamado importa revelia, além de confissão quanto à matéria de fato.

Em contraponto, há vozes que defendem que a revelia é a ausência de contestação, argumento que vai ao encontro da regra do art. 344 do CPC/2015.

---

[47] "Art. 344. Se o réu não contestar a ação, será considerado revel e presumir-se-ão verdadeiras as alegações de fato formuladas pelo autor".

O TST, por meio da Súmula 122, posiciona-se de acordo com a primeira corrente:

> Revelia. Atestado Médico (incorporada a Orientação Jurisprudencial nº 74 da SBDI-1) - Res. 129/2005, *DJ* 20, 22 e 25.04.2005
>
> A reclamada, ausente à audiência em que deveria apresentar defesa, é revel, ainda que presente seu advogado munido de procuração, podendo ser ilidida a revelia mediante a apresentação de atestado médico, que deverá declarar, expressamente, a impossibilidade de locomoção do empregador ou do seu preposto no dia da audiência.

Nada obstante o posicionamento sumulado tenha optado por tipificar a revelia, o § 5º do art. 844 da CLT apresenta regra diametralmente oposta, já que afasta o efeito da revelia quando o empregador não comparece e também não envia o seu preposto à audiência, mas o seu advogado se faz presente munido com a procuração e a defesa. Logo, o aludido parágrafo passa a determinar que o juiz aceite a contestação e os documentos que a integram.

Com isso, resta prejudicada a aplicabilidade da Súmula do 122 do TST, a qual assevera que estando presente o advogado, munido de defesa, procuração, mas ausente[48] o empregador ou o respectivo preposto, o juiz decretará a revelia da empresa.

Diante desse novo dispositivo legal, entendemos que, embora o reclamado não seja considerado revel, a ele deverá ser imputada a confissão ficta, ou seja, a presumir-se-ão verdadeiros os fatos articulados pelo autor em sua inicial.

Porém, como o art. 844, § 5º, da CLT permite que o advogado da reclamada apresente a defesa e eventuais documentos probatórios, ato contínuo será plausível que o magistrado admita a produção de provas requeridas pelo advogado da reclamada, como o depoimento pessoal do reclamante e de suas testemunhas, bem como de possíveis testemunhas da reclamada. Esse entendimento se coaduna com o entendimento consolidado na Súmula 74, II e III do TST, (infracitada). Em não

---

[48] "Revelia. Não comparecimento à audiência. Consequências. *Ficta confessio*. I – O artigo 843 da Consolidação das Leis do Trabalho exige a presença do reclamante e do reclamado na audiência. II – A ausência injustificada da parte ré à audiência de julgamento importa em revelia, além de confissão quanto à matéria de fato, na forma prevista no artigo 844, *caput*, da Consolidação das Leis do Trabalho. III – No caso concreto, a parte ré sofreu os efeitos da revelia, e não havendo nos autos sequer a juntada de controles de frequência da parte autora, procede o direito ao pagamento de horas extraordinárias, inclusive as decorrentes dos intervalos intrajornadas não usufruídos integralmente (entendimento pacificado pelo colendo Tribunal Superior do Trabalho, consubstanciado por meio da Súmula 437), com os reflexos nas demais verbas, tendo em vista a habitualidade em que eram prestadas, conforme alegação inicial. IV – Provimento negado" (TRT-1ª R., RO 0010211-96.2014.5.01.0052, 5ª T., Rel. Evandro Pereira Valadão Lopes, *DOERJ* 24.09.2015).

adotando esse procedimento, poderia se indagar qual a utilidade do novo dispositivo, ou seja, do que serviria o juiz aceitar a contestação e eventuais documentos anexados pelo advogado do réu revel, se não os levaria em consideração no exame do caso concreto e na prolação da sentença?

Certamente, não podemos mais afirmar que a simples ausência do reclamado faz incidir todos os efeitos da revelia, afinal, se o seu advogado comparecer à audiência, apresentar defesa e documentos, o magistrado deverá recebê-los.

Consequentemente, podemos compreender que a revelia no processo do trabalho vem se aproximando do conceito clássico desse instituto no processo civil, ou seja, será considerado revel aquele que não apresentar contestação.

A revelia pode gerar dois efeitos.

O efeito material da revelia gera a presunção de veracidade das alegações formuladas pelo autor na petição inicial. Trata-se de uma hipótese de *confissão ficta*.

> Art. 344. Se o réu não contestar a ação, será considerado revel e presumir-se-ão verdadeiras as alegações de fato formuladas pelo autor.

Desse modo, se o reclamado não comparecer à audiência (ou não contestar por meio de advogado presente à audiência), as alegações dos fatos lançadas na inicial serão presumidamente verdadeiras. Trata-se de uma presunção relativa. Contudo, não há óbice para que o juiz determine provas, para que possa embasar o seu convencimento e proferir uma decisão justa.

Insta mencionar que no processo do trabalho a *confissão ficta* não é fruto somente da revelia. Ela pode emanar, também, da ausência da parte na audiência em que deveria prestar depoimento pessoal (audiência em prosseguimento).

Alinhando-se a esse posicionamento, o TST editou a Súmula 74, como segue:

> Confissão
>
> I – Aplica-se a confissão à parte que, expressamente intimada com aquela cominação, não comparecer à audiência em prosseguimento, na qual deveria depor.
>
> II – A prova pré-constituída nos autos pode ser levada em conta para confronto com a confissão ficta (arts. 442 e 443 do CPC de 2015 – art. 400, I, CPC de 1973), não implicando cerceamento de defesa o indeferimento de provas posteriores. (ex-OJ nº 184 da SBDI-1 – inserida em 08.11.2000)
>
> III – A vedação à produção de prova posterior pela parte confessa somente a ela se aplica, não afetando o exercício, pelo magistrado, do poder/dever de conduzir o processo.

Por se tratar de uma confissão ficta, onde a presunção é relativa, poderá ser refutada pelas provas constantes nos autos (lembrando que se trata de uma audiência em prosseguimento, portanto, o réu já apresentou sua defesa na audiência inicial). É o que está previsto no inciso II da Súmula em lume.

Lógico que, se o reclamado não comparece à audiência una/inaugural ou não enviar o seu advogado à audiência, para apresentar defesa e documentos, ele será revel e confesso, posto que não prestará depoimento pessoal.

Contudo, é crucial levarmos em consideração a nova redação do art. 844, § 4º, da CLT, o qual apregoa que a revelia não produzirá os seus efeitos:

> I - havendo pluralidade de reclamados, algum deles contestar a ação;
>
> II - o litígio versar sobre direitos indisponíveis;
>
> III - a petição inicial não estiver acompanhada de instrumento que a lei considere indispensável à prova do ato;
>
> IV - as alegações de fato formuladas pelo autor forem inverossímeis ou estiverem em contradição com prova constante dos autos.

Trata-se de uma reprodução do art. 345 do CPC.

Em outras passagens do Código Processual Civil podemos vislumbrar situações que produzem algo parecido com o efeito material da revelia, a chamada confissão ficta: quando o réu tem a posse de um documento e o juiz determina a exibição desse documento, mas o réu não o faz. Nesse caso, considera-se verdadeiro aquilo que o autor pretendia provar com a exibição do documento. O mesmo ocorre quando o réu apresenta contestação, mas não impugna os fatos de modo específico.

No processo do trabalho há de se destacar as ações envolvendo pedidos de insalubridade e periculosidade. Nestas ocorrências, mesmo o réu sendo revel, será necessária a realização de perícia, de modo a aplicar a regra contida no art. 195, § 2º[49], da CLT, ou seja, a revelia não produz o seu efeito no que tange à pretensão de insalubridade ou periculosidade.

Consequentemente, quando os efeitos materiais da revelia não forem detectados, o art. 349 do CPC/2015, de incidência no processo do trabalho, permite que:

> Ao réu revel será lícita a produção de provas, contrapostas às alegações do autor, desde que se faça representar nos autos a tempo de praticar os atos processuais indispensáveis a essa produção.

No que respeita ao efeito processual da revelia, o primeiro reflexo é a possibilidade de julgamento antecipado do mérito, conforme o preconizado pelo art. 355 do CPC/2015:

---

[49] "§ 2º Arguida em juízo insalubridade ou periculosidade, seja por empregado, seja por Sindicato em favor de grupo de associados, o juiz designará perito habilitado na forma deste artigo, e, onde não houver, requisitará perícia ao órgão competente do Ministério do Trabalho".

O juiz julgará antecipadamente o pedido, proferindo sentença com resolução de mérito, quando: (...)

II - o réu for revel, ocorrer o efeito previsto no art. 344 e não houver requerimento de prova, na forma do art. 349.

Outro efeito é visualizado no art. 346 do CPC/2015, que determina:

> Os prazos contra o revel que não tenha patrono nos autos fluirão da data de publicação do ato decisório no órgão oficial.
>
> Parágrafo único. O revel poderá intervir no processo em qualquer fase, recebendo-o no estado em que se encontrar.

Diante da regra acima exposta, se o reclamado for revel, mas tiver advogado constituído nos autos (como no caso da Súmula 122[50] do TST), este passa a ser intimado regularmente para os demais atos. Deve-se atentar para o fato de que a atuação do advogado ficará limitada, tendo em vista a preclusão para apresentar defesa, a atos futuros, como, por exemplo, interpor recurso.

O artigo 852 da CLT assegura a notificação pessoal da sentença ao reclamado revel, ainda que não tenha patrono constituído.

> Art. 852. Da decisão serão os litigantes notificados, pessoalmente, ou por seu representante, na própria audiência. No caso de revelia, a notificação far-se-á pela forma estabelecida no § 1º do art. 841.

Importante destacar que na hipótese de o réu não comparecer à audiência, mas o seu patrono constituído comparecer, não se aplicará o efeito processual da revelia. Logo, nesse caso, o réu revel será intimado de todos os atos processuais na pessoa do seu advogado.

Mesmo com advogado nos autos, o réu não pode apresentar tese defensiva, exceto nas hipóteses do art. 342 do CPC/2015, o qual prevê que:

> Depois da contestação, só é lícito ao réu deduzir novas alegações quando:
>
> I - relativas a direito ou a fato superveniente;
>
> II - competir ao juiz conhecer delas de ofício;
>
> III - por expressa autorização legal, puderem ser formuladas em qualquer tempo e grau de jurisdição.

---

50 "Súmula 122 - Revelia. Atestado Médico. (Incorporada a Orientação Jurisprudencial nº 74 da SDI-1). A reclamada, ausente à audiência em que deveria apresentar defesa, é revel, ainda que presente seu advogado munido de procuração, podendo ser ilidida a revelia mediante a apresentação de atestado médico, que deverá declarar, expressamente, a impossibilidade de locomoção do empregador ou do seu preposto no dia da audiência".

Ainda, caso o revel não tenha advogado constituído nos autos, os prazos correrão a partir da publicação de cada ato decisório. Isto significa que os prazos fluirão independentemente de intimação.

Por último, o reclamado poderá intervir no processo em qualquer fase. Contudo, o processo não irá retroagir para a prática dos atos que já passaram. O revel não pode trazer alegação nova e produzir prova sobre ela, mas pode produzir contraprova em face das alegações elaboradas pelo autor, consoante o propugnado pelo art. 349 do CPC/2015:

> Ao réu revel será lícita a produção de provas, contrapostas às alegações do autor, desde que se faça representar nos autos a tempo de praticar os atos processuais indispensáveis a essa produção.

XVII

DAS PROVAS

17.1 CONCEITO

No processo de conhecimento, a produção de provas é ponto crucial para ajudar o juiz a formar sua convicção e para decidir o mérito do processo. Com fulcro nas provas levadas aos autos, o juiz possuirá condições de formar sua convicção sobre a fidedignidade das alegações feitas pelas partes sobre os fatos mencionados na causa.

Prova vem do latim *probatio*, que significa persuadir alguém. Prova é todo mecanismo apto a contribuir para forjar o convencimento do magistrado acerca da existência de um alegado fato. É um instrumento de convencimento.

> Quer isso significar que tudo aquilo que for levado aos autos com o fim de convencer o juiz de que determinado fato ocorreu será chamado de prova[1].

Marcus Vinicius Rios Gonçalves[2] conceitua prova como "os meios utilizados para formar o convencimento do juiz a respeito de fatos controvertidos que tenha relevância para o processo".

Consequentemente, as provas devem recair sobre as alegações das partes que dizem respeito a fatos controvertidos e importantes para o processo, incidindo raramente sobre questões de direito.

Diante do conceito da prova vislumbramos que o magistrado é o destinatário final da prova, pois é quem faz a última interpretação ou exegese; ainda que haja

---

[1] CÂMARA, Alexandre Freitas. *Lições de direito processual civil*. 25. ed. São Paulo: Atlas, 2014. v. 1, p. 431.
[2] GONÇALVES, Marcus Vinicius Rios. *Novo curso de direito processual civil*. 11. ed. São Paulo: Saraiva. 2014. v. 1, p. 409.

recurso da parte interessada, o Tribunal, quando possível, fará uma nova análise para poder decidir sobre o objeto da demanda.

Contudo, o juiz não pode ser considerado o único destinatário da prova, ele pode ser o último, mas não o único. "A prova, uma vez levada aos autos, pertence a todos, isto é, pertence ao processo, não sendo de nenhuma das partes (princípio da comunhão da prova)"[3]. Todos[4] os sujeitos do processo podem ser enxergados como destinatários da prova. Isso se comprova quando as partes, com fulcro nas provas produzidas nos autos, elaboram, ao final da instrução, suas razões finais.

Assim, suas alegações finais podem ser influenciadas e fundamentadas pelas provas produzidas, fato que comprova que os sujeitos processuais, além do juiz, também são destinatários da prova.

17.2 CLASSIFICAÇÃO DAS PROVAS

As provas podem ser classificadas quanto ao fato, quanto ao sujeito e quanto ao objeto.

a) Quanto ao fato: **as provas podem ser diretas ou indiretas**. As provas diretas são as que estão diretamente ligadas ao fato que se deseja demonstrar. O depoimento de uma testemunha que narra a realização de horas extras do reclamante durante o contrato de emprego. De outro giro, as indiretas são as provas que não estão vinculadas ao fato que se pretende provar, mas há outro fato a ele conectado. Por esse liame, é possível convencer o juiz, por meio de um raciocínio dedutivo, sobre a existência do fato probando. Um exemplo é o depoimento de uma testemunha que não presenciou o acidente de trabalho, mas que afirma que a máquina da empresa apresentava falhas e não havia manutenção.

b) Quanto ao sujeito: **as provas podem ser pessoais ou reais**. A prova pessoal se fundamenta na declaração de uma pessoa sobre um determinado fato, como, por exemplo, na oitiva de uma testemunha ou no depoimento pessoal de uma das partes. Já a prova real consiste no exame de uma determinada coisa, como a inspeção judicial ou a prova pericial.

c) Quanto aos meios de realização: **as provas podem ser testemunhais, documentais e materiais**. A prova testemunhal é aquela embasada em uma declaração verbal, seja de uma testemunha propriamente dita, seja da parte quando presta o seu depoimento pessoal. A prova documental está fundamentada em uma assertiva, uma declaração retratada de maneira escrita ou gravada como, por

---

[3] CÂMARA, Alexandre Freitas. *Lições de direito processual civil*. 25. ed. São Paulo: Atlas, 2014. v. 1, p. 441.

[4] Isso porque o processo visto como um direito humano fundamental da parte autora também constitui um instrumento político da cidadania organizada, de modo que a sentença prolatada deverá convencer não apenas o juiz, como também as partes e toda a sociedade.

exemplo, contratos de trabalho, recibos salariais, imagens gravadas (fotos e vídeos). Já as provas materiais são aquelas que decorrem de qualquer outra materialidade, podendo ser provadas por perícia ou inspeção judicial[5].

17.3 PRINCÍPIOS PROBATÓRIOS

As provas devem estar calcadas em determinados princípios, objetivando lisura e efetividade do procedimento instrutório.

O direito à prova é constitucional. Embasa-se nos princípios da inafastabilidade ou do acesso ao Judiciário, do contraditório e da ampla defesa. Logo, por ser um direito fundamental, permite que as partes possam produzir suas provas[6] e se manifestem sobre as contraprovas dos seus adversários. Dessa forma, constituída a relação processual, os sujeitos envolvidos devem receber as mesmas oportunidades para apresentarem as suas provas e, em igualdade de condições, levando-se, também, em consideração o princípio da paridade de armas[7].

Cabe frisar sobre o papel que o juiz[8] pode realizar dentro desse contexto probatório, ao determinar, de ofício ou mediante solicitação, a produção de provas, bem como negar a realização daquelas que são consideradas impertinentes para o deslinde do processo.

Princípio da necessidade da prova – não bastam as alegações feitas pelas partes para a demonstração da existência ou verdade sobre desejados fatos. No processo, há a necessidade de que as mesmas sejam provadas, através dos diferentes meios, admitidos em direito.

Princípio da comunhão da prova ou da aquisição da prova – uma vez produzida a prova, ela se incorpora ao processo. A prova realizada por qualquer das partes passa a pertencer ao processo, devendo ser analisada em um sistema de comunhão, ou seja, deve ser considerada no contexto do conjunto probatório,

---

[5] CÂMARA, Alexandre Freitas. *Lições de direito processual civil*. 25. ed. São Paulo: Atlas, 2014. v. 1, p. 432.

[6] "Art. 369. As partes têm o direito de empregar todos os meios legais, bem como os moralmente legítimos, ainda que não especificados neste Código, para provar a verdade dos fatos em que se funda o pedido ou a defesa e influir eficazmente na convicção do juiz".

[7] Este princípio preconiza que o juiz não é mais um mero convidado de pedra no processo, devendo ao longo do mesmo se utilizar de seus poderes assistenciais, de modo a equilibrar as partes, fazendo com que o mais humilde ou hipossuficiente tenha plena convicção de que mesmo tendo por parte adversa o mais potente dos adversários terá direito a uma sentença justa e imparcial.

[8] CPC: "Art. 370. Caberá ao juiz, de ofício ou a requerimento da parte, determinar as provas necessárias ao julgamento do mérito. Parágrafo único. O juiz indeferirá, em decisão fundamentada, as diligências inúteis ou meramente protelatórias".

e não de forma isolada. E é com fulcro nesse conjunto probatório que o juiz deve formar a sua convicção[9] para proferir a sua decisão.

Princípio da oralidade – em regra, as provas são produzidas oralmente, na presença do juiz, o que se coaduna aos princípios da imediação e da celeridade processual (arts. 845[10], 848 a 852[11] e 852-H[12] da CLT). Exceção a este princípio são as provas documentais.

Princípio da imediação – em virtude da imediação, ocorre a oralidade, pois as provas são produzidas perante o juiz, que tem a direção do processo e, em consequência, pode, de ofício, interrogar as partes, bem como determinar a produção de provas que entender necessárias (arts. 765[13], 848[14] e 852-D[15] da CLT).

A Lei 13.467/2017 introduziu o § 2º ao art. 775 da CLT, cuja redação transcrevemos a seguir:

---

[9] "Art. 371. O juiz apreciará a prova constante dos autos, independentemente do sujeito que a tiver promovido, e indicará na decisão as razões da formação de seu convencimento".

[10] "Art. 845. O reclamante e o reclamado comparecerão à audiência acompanhados das suas testemunhas, apresentando, nessa ocasião, as demais provas. Art. 846. Aberta a audiência, o Juiz ou presidente proporá a conciliação. (Redação dada ao *caput* pela Lei nº 9.022, de 05.04.1995, *DOU* 06.04.1995), § 1º Se houver acordo lavrar-se-á termo, assinado pelo presidente e pelos litigantes, consignando-se o prazo e demais condições para seu cumprimento. (Parágrafo acrescentado pela Lei nº 9.022, de 05.04.1995, *DOU* 06.04.1995). § 2º Entre as condições a que se refere o parágrafo anterior, poderá ser estabelecida a de ficar a parte que não cumprir o acordo obrigada a satisfazer integralmente o pedido ou pagar uma indenização convencionada, sem prejuízo do cumprimento do acordo. (Parágrafo acrescentado pela Lei nº 9.022, de 05.04.1995, *DOU* 06.04.1995)".

[11] "Art. 852. Da decisão serão os litigantes notificados, pessoalmente, ou por seu representante na própria audiência. No caso de revelia, a notificação far-se-á pela forma estabelecida no § 1º do artigo 841".

[12] "Art. 852-H. Todas as provas serão produzidas na audiência de instrução e julgamento, ainda que não requeridas previamente".

[13] "Art. 765. Os juízos e Tribunais do Trabalho terão ampla liberdade na direção do processo e velarão pelo andamento rápido das causas, podendo determinar qualquer diligência necessária ao esclarecimento delas".

[14] "Art. 848. Terminada a defesa, seguir-se-á a instrução do processo, podendo o presidente, *ex officio* ou a requerimento de qualquer juiz temporário, interrogar os litigantes. (Redação dada ao *caput* pela Lei nº 9.022, de 05.04.1995, *DOU* 06.04.1995). § 1º Findo o interrogatório, poderá qualquer dos litigantes retirar-se, prosseguindo a instrução com o seu representante. § 2º Serão, a seguir, ouvidas as testemunhas, os peritos e os técnicos, se houver".

[15] "Art. 852-D. O juiz dirigirá o processo com liberdade para determinar as provas a serem produzidas, considerado o ônus probatório de cada litigante, podendo limitar ou excluir as que considerar excessivas, impertinentes ou protelatórias, bem como para apreciá-las e dar especial valor às regras de experiência comum ou técnica. (Artigo acrescentado pela Lei nº 9.957, de 12.01.2000, *DOU* 13.01.2000, com efeitos a partir de 60 dias da data de publicação)".

(...)

§ 2º Ao juízo incumbe dilatar os prazos processuais e alterar a ordem de produção dos meios de prova, adequando-se às necessidades do conflito, de modo a conferir maior efetividade à tutela do direito.

17.4 OBJETO DA PROVA

Predominou na doutrina, por muito tempo, a ideia de que o objeto da prova seriam os fatos controvertidos. Hodiernamente, a ideia prevalente se direciona em afirmar que o objeto da prova *são as alegações* elaboradas pelas partes sobre os determinados fatos. *Assim, o objeto da prova não são os fatos, mas sim as alegações sobre os fatos.*

Nas preclaras palavras de Alexandre Freitas Câmara[16]:

> Os fatos existem ou não existem, e isso é certo. (...) a prova não tem por fim criar a certeza dos fatos, mas a convicção do juiz sobre tal certeza.
>
> As alegações podem ou não coincidir com a verdade, e o que se quer com a produção da prova é exatamente convencer o juiz de que uma determinada alegação é verdadeira. Alegações sobre os fatos, pois, e não os fatos propriamente constituem o objeto da prova.

Nem todas as alegações precisam ser provadas. Somente a alegação que se tornou controvertida, que seja relevante para a causa e que não diga respeito a fatos não notórios nem a fatos presumidos. Constituem objeto da prova, portanto, as alegações sobre os fatos relevantes, pertinentes e controvertidos.

Nesse sentido, o art. 374 do CPC assevera que:

> Não dependem de prova os fatos:
>
> I – notórios;
>
> II – afirmados por uma parte e confessados pela parte contrária;
>
> III – admitidos no processo como incontroversos;
>
> IV – em cujo favor milita presunção legal de existência ou de veracidade.

Fatos notórios são os conhecidos por grande parcela da população onde o processo tramita, isto é, são os fatos amplamente divulgados em uma determinada região. A notoriedade não é um simples comentário, um boato, mas sim algo que todos sabem dentro de determinado contexto histórico, social, político ou em determinado local. Dependendo do objeto do processo a notoriedade pode ser restrita,

---

[16] CÂMARA, Alexandre Freitas. *Lições de direito processual civil*. 25. ed. São Paulo: Atlas, 2014. v. 1, p. 434-435.

sendo circunscrita a um bairro, mas poderá alcançar proporções maiores, como os fatos que ocorrem em uma empresa, uma cidade etc. Exemplo é a abertura das lojas com horários prolongados em épocas festivas, principalmente na época do Natal. Períodos de safra de um determinado produto em uma determinada região.

Já os fatos afirmados por uma parte e confessados pela parte contrária geram os fatos incontrovertidos, ou seja, não há discordância sobre os fatos. Podem ser frutos de uma confissão real ou ficta. Essa regra envolve somente os fatos que admitam confissão.

Os fatos admitidos no processo como incontroversos são aqueles cujas alegações não estão em desacordo. Essa situação se assemelha ao caso anterior. Logo, em não havendo divergência sobre o fato, ele se torna incontroverso e não precisa ser provado. O reclamante alega que trabalhou para o empregador e este em sua contestação confirma a prestação dos serviços.

Os fatos que são *presumidamente* existentes ou verídicos também não precisam ser provados. Essa presunção pode ser enquadrada como legal ou como simples, também conhecida como *hominis*.

A presunção legal pode ser relativa ou absoluta:

- absoluta (*juris et jure*) – é a presunção que não admite prova em contrário ao fato alegado (exemplo: impedimento do juiz é uma presunção absoluta de parcialidade; registro de penhora de imóveis gera presunção absoluta de conhecimento sobre a restrição imposta sobre o imóvel);
- relativa (*juris tantum*) – o fato alegado pode ser refutado por prova em sentido contrário.

São exemplos: Súmula 74, II, do TST – a confissão ficta pode ser elidida por outras provas constantes nos autos; as anotações na CTPS, conforme Súmula 12 do TST.

17.4.1 Carteira profissional

As anotações apostas pelo empregador na carteira profissional do empregado não geram presunção *juris et de jure*, mas apenas *juris tantum*.

A presunção simples ou *hominis* são as mencionadas no art. 375 do CPC/2015:

> O juiz aplicará as regras de experiência comum subministradas pela observação do que ordinariamente acontece e, ainda, as regras de experiência técnica, ressalvado, quanto a estas, o exame pericial.
>
> As presunções, que pertencem ao tema da dispensa de provas, não se confundem com os indícios, que são começos de prova. São sinais indicativos da existência ou

veracidade de um fato, mas que por si só, seriam insuficientes para prová-lo. No entanto, somados a outras circunstâncias ou a outros indícios, podem fazê-lo[17].

Normalmente questões de direito não precisam ser provadas. Todavia, a parte que alegar direito municipal, estadual, estrangeiro ou consuetudinário provar-lhe-á o teor e a vigência, se assim o juiz determinar (art. 376[18] do CPC/2015).

Essa comprovação abrange a prova de fato e de direito, pois a parte deve provar a existência e a vigência da lei, e não apenas o direito em si.

Neste sentido, o art. 769 da CLT autoriza o juiz do trabalho a se utilizar da regra do art. 376 do CPC/2015 para determinar que a parte prove o teor e a vigência dos acordos coletivos, convenções coletivas, regulamentos empresariais, sentenças normativas ou direito comparado que invocar como fundamento da ação ou defesa.

17.5 ÔNUS DA PROVA

O objetivo primordial do processo é o de solucionar o conflito e extinguir a crise jurídica. Para tanto, o juiz deve proferir uma sentença de mérito. Essa decisão deve ser pautada em sua convicção, cuja formação se respalda na comprovação das alegações sobre os fatos deduzidos no tramitar do processo. Por essa lógica, é essencial que os fatos alegados sejam elucidados pelas partes. O juiz também pode determinar a produção de provas para tentar formar sua convicção (art. 370 do CPC/2015). Isso não significa que o juiz será parcial, pois a sua atividade probatória será prioritariamente complementar à atividade das partes, podendo atuar de modo a suprir deficiências probatórias.

Mesmo diante de todo esse suporte para a produção de provas, há a possibilidade de que as alegações sobre os fatos não tenham sido devidamente esclarecidas. Nesse contexto, a lei processual estipula regras de julgamento que serão utilizadas pelo juiz para poder sentenciar.

Essas regras de julgamento surgem quando o juiz, precisando julgar a demanda, verifica que os fatos não estão devidamente elucidados e que não há outras provas a ser produzidas. Neste cenário entra o ônus da prova.

Dessa forma, ônus da prova é uma regra de julgamento, sendo utilizada pelo juiz quando da elaboração da sentença ao verificar que todos os meios de prova foram utilizados, mas, mesmo assim, os fatos não foram aclarados.

---

[17] GONÇALVES, Marcus Vinicius Rios. *Novo curso de direito processual civil*. 11. ed. São Paulo: Saraiva. 2014. v. 1, p. 411.

[18] "Art. 376. A parte que alegar direito municipal, estadual, estrangeiro ou consuetudinário provar-lhe-á o teor e a vigência, se assim o juiz determinar".

O juiz não pode se eximir de sentenciar, sob o fundamento de que os fatos não foram elucidados e que, portanto, não formou a sua convicção (vedação do *non liquet*).

Ônus processual é uma atividade que a parte não é obrigada a exercer, porém essa sua omissão pode lhe gerar um prejuízo jurídico-processual[19]. Assim, a parte tem o ônus de contestar, mas se não contesta, os fatos alegados pelo autor serão presumidos como verdadeiros. Nesse passo caracteriza-se o ônus da prova. A parte não é compelida a comprovar a alegação do fato, mas se não o faz, assume o risco de o juiz não considerá-la para formar a sua convicção.

Desse modo, no momento de elaborar sua sentença o juiz irá considerar quem tinha o ônus de provar determinado fato.

No posicionamento de Adalberto Martins:

Em síntese, as regras de ônus da prova só têm função prática quando o magistrado constata, por ocasião da prolação da sentença, que a prova não foi produzida ou não o foi à saciedade. Nesta situação a indagação tem cabimento, para que a sucumbência da demanda recaia sobre aquele que tinha o ônus da prova e não provou[20].

Consequentemente, a parte que detinha o ônus da prova e não se desincumbiu, ou seja, não a produziu, sofrerá as consequências desfavoráveis. A regra do ônus da prova se efetiva, como certa penalidade, na hora da sentença, quando o juiz avalia o processo e verifica o que foi ou não provado e a quem competia tal prova.

17.5.1 Aspectos subjetivos e objetivos do ônus da prova

O ônus da prova deve ser examinado em dois aspectos: o ônus subjetivo e o ônus objetivo.

O ônus subjetivo aponta quem deve provar. O CPC/2015, em seu art. 373, impõe as regras sobre a distribuição do ônus da prova. Referida lei determina a quem cabe provar determinados fatos, precipuamente, o chamado ônus estático.

Art. 373. O ônus da prova incumbe:
I – ao autor, quanto ao fato constitutivo[21] de seu direito;

---

[19] Segundo Fredie Didier: "ônus é o encargo cuja inobservância pode colocar o sujeito numa situação de desvantagem. Não é um dever e, por isso mesmo, não se pode exigir o seu cumprimento".

[20] MARTINS, Adalberto. *Manual didático de direito processual do trabalho*. 2. ed. São Paulo: Malheiros, 2005. p. 163.

[21] Fato constitutivo: é o fato que embasa, que origina a relação jurídica deduzida em juízo. Ex.: o reclamante em uma demanda pede a condenação do reclamado ao pagamento de verbas salariais e rescisórias, decorrentes de um contrato de emprego. Esse contrato de emprego é fato constitutivo do direito do autor e a ele incumbe o ônus da prova.

II - ao réu, quanto à existência de fato impeditivo[22], modificativo[23] ou extintivo[24] do direito do autor.

Sobrevém a possibilidade de as partes não terem conseguido produzir as provas de maneira satisfatória, não conseguindo desvelar a verdade dos fatos. Independentemente desse cenário, o juiz deve julgar, pois é vedado *non liquet*.

Nesse diapasão, surge o ônus objetivo.

Sob a perspectiva do ônus objetivo, temos as regras de julgamento, que são as aplicadas, como já mencionado, na ocasião em que o juiz profere sua decisão.

Nos dizeres de Alexandre Câmara[25]:

> O juiz só deverá considerar as regras sobre a distribuição do ônus da prova, portanto, no momento de julgar o mérito, eis que só assim poderá verificar quem será prejudicado em razão da inexistência de prova sobre determinados fatos. Assim é que a inexistência de prova sobre fato constitutivo levará à improcedência do pedido. (...)
>
> Em outras palavras, provados todos os fatos da causa, o juiz não dará qualquer aplicação às regras de distribuição do ônus da prova.

Essa regra era única e estava contemplada no art. 333 do CPC/1973. Era o que a doutrina, com base em Chiovenda, chamava de regra do interesse, de modo que cabia ao autor provar os fatos constitutivos do seu direito, enquanto cabia ao réu provar os fatos modificativos, impeditivos ou extintivos do direito do autor. A doutrina denominava tal situação de distribuição estática do ônus da prova (ônus subjetivo).

O CPC de 2015, como retromencionado, em seu art. 373, incisos I e II, se posta exatamente no mesmo sentido.

A CLT, por sua vez, era lacônica sobre o tema. A redação do seu antigo art. 818 simplesmente mencionava que: "A prova das alegações incumbe à parte que as fizer". Em vista disso, quem alegava tinha o ônus de comprovar sua alegação.

Na doutrina e na jurisprudência restou consagrado que aludido artigo deveria ser conjugado com os preceitos do CPC. Assim, como regra, o ônus da prova

---

[22] É o fato que impede a criação válida da relação jurídica posta em juízo. Ex.: a dispensa por justa causa impede o recebimento das verbas rescisórias.

[23] É o fato que altera a relação jurídica deduzida em juízo. Ex.: pagamento parcial, compensação.

[24] Fato extintivo é o que põe termo, fim à relação jurídica apresentada em juízo. Ex.: prescrição, decadência, pagamento total etc.

[25] CÂMARA, Alexandre Freitas. *Lições de direito processual civil*. 25. ed. Rio de Janeiro: Atlas, 2014. v. 1, p. 438-439.

no processo do trabalho também era vislumbrado e aplicado seguindo a regra da distribuição estática previsto no CPC (art. 373, I e II).

Com a reforma legislativa implementada pela Lei 13.467/2017, o art. 818 da CLT acaba reproduzindo o art. 373 do CPC/2015:

> Seção IX – Das Provas
>
> Art. 818. O ônus da prova incumbe: (Redação dada pela Lei 13.467, de 13.07.2017)
>
> I – ao reclamante, quanto ao fato constitutivo de seu direito; (Incluído pela Lei 13.467, de 13.07.2017)
>
> II – ao reclamado, quanto à existência de fato impeditivo, modificativo ou extintivo do direito do reclamante. (Incluído pela Lei 13.467, de 13.07.2017)
>
> § 1º Nos casos previstos em lei ou diante de peculiaridades da causa relacionadas à impossibilidade ou à excessiva dificuldade de cumprir o encargo nos termos deste artigo ou à maior facilidade de obtenção da prova do fato contrário, poderá o juízo atribuir o ônus da prova de modo diverso, desde que o faça por decisão fundamentada, caso em que deverá dar à parte a oportunidade de se desincumbir do ônus que lhe foi atribuído. (Incluído pela Lei 13.467, de 13.07.2017)
>
> § 2º A decisão referida no § 1º deste artigo deverá ser proferida antes da abertura da instrução e, a requerimento da parte, implicará o adiamento da audiência e possibilitará provar os fatos por qualquer meio em direito admitido. (Incluído pela Lei 13.467, de 13.07.2017)
>
> § 3º A decisão referida no § 1º deste artigo não pode gerar situação em que a desincumbência do encargo pela parte seja impossível ou excessivamente difícil. (Incluído pela Lei 13.467, de 13.07.2017)

Com a nova redação, a CLT passa a acompanhar a regra adotada pelo CPC de 2015 sobre ônus da prova, inclusive sobre a aplicabilidade da denominada **carga dinâmica do ônus da prova**[26]. Doravante, a CLT passa a ter regramento autônomo, não mais sendo necessário se socorrer das regras do art. 373 do CPC.

Contudo, antes de nos aprofundarmos sobre a inversão do ônus da prova, retrataremos o que vem a ser o ônus estático.

---

[26] "Art. 373. (...) § 1º Nos casos previstos em lei ou diante de peculiaridades da causa relacionadas à impossibilidade ou à excessiva dificuldade de cumprir o encargo nos termos do *caput* ou à maior facilidade de obtenção da prova do fato contrário, poderá o juiz atribuir o ônus da prova de modo diverso, desde que o faça por decisão fundamentada, caso em que deverá dar à parte a oportunidade de se desincumbir do ônus que lhe foi atribuído. § 2º A decisão prevista no § 1º deste artigo não pode gerar situação em que a desincumbência do encargo pela parte seja impossível ou excessivamente difícil. § 3º A distribuição diversa do ônus da prova também pode ocorrer por convenção das partes, salvo quando: I – recair sobre direito indisponível da parte; II – tornar excessivamente difícil a uma parte o exercício do direito. § 4º A convenção de que trata o § 3º pode ser celebrada antes ou durante o processo".

O inciso I do art. 818 imputa ao reclamante o ônus de provar o fato constitutivo de seu direito, ou seja, deve provar a alegação que dá origem ao fato que embasa o seu direito. A título exemplificativo podemos mencionar as seguintes hipóteses:

> Quando o reclamante postula vínculo empregatício – que é um fato constitutivo do seu direito (enquanto autor) – e o reclamado nega, de forma absoluta, que o reclamante lhe tenha prestado qualquer tipo de serviços (nega o fato), competirá ao primeiro fazer prova do seu direito, ou seja, o ônus da prova é do reclamante.
>
> Da mesma maneira, quando o reclamante pleiteia horas extras e o reclamado (empregador com menos de 10 funcionários) nega qualquer tipo de serviço extraordinário, será do reclamante o ônus de provar a realização de horas suplementares.

No que toca ao preceito do inciso II do art. 818 – ao reclamado, quanto à existência de fato impeditivo, modificativo ou extintivo do direito do reclamante –, temos a situação em que o reclamado concorda com os fatos alegados pelo reclamante, porém lhe atribui as situações obstativas anteriormente previstas. Podemos exemplificar da seguinte maneira:

> Se o reclamado concorda que o reclamante lhe prestou serviços não como empregado, mas sim como profissional autônomo ou eventual, traz para si o ônus da prova; logo, deverá provar o fato modificativo da relação jurídica (que o houve o trabalho, mas não com as características tipificadoras do vínculo empregatício). Isso porque o reclamado admitiu a afirmação do reclamante de que houve uma relação de trabalho (e a relação de trabalho, em princípio, é sempre uma relação de emprego; esta é a presunção que se origina das máximas da experiência), mas alegou um fato que busca modificar essa situação, logo, transfere para si o ônus da prova (que o trabalho era realizado com autonomia ou de maneira eventual).

O TST, em algumas de suas súmulas, também determina situações em que o ônus da prova é do reclamado. Ao final do presente capítulo, outras súmulas são elencadas demonstrando o posicionamento do TST acerca do assunto.

Súmula 6 (...)

VIII - É do empregador o ônus da prova do fato impeditivo, modificativo ou extintivo da equiparação salarial. (ex-Súmula 68 - RA 9/1977, *DJ* 11.02.1977) (...)

Súmula 212 do TST – Despedimento. Ônus da Prova (mantida) - Res. 121/2003, *DJ* 19, 20 e 21.11.2003.

O ônus de provar o término do contrato de trabalho, quando negados a prestação de serviço e o despedimento, é do empregador, pois o princípio da continuidade da relação de emprego constitui presunção favorável ao empregado.

Súmula 338 do TST – Jornada de Trabalho. Registro. Ônus da Prova (incorporadas as Orientações Jurisprudenciais nos 234 e 306 da SBDI-1) - Res. 129/2005, *DJ* 20, 22 e 25.04.2005.

I - É ônus do empregador que conta com mais de 10 (dez) empregados o registro da jornada de trabalho na forma do art. 74, § 2º, da CLT. A não apresentação injustificada dos controles de frequência gera presunção relativa de veracidade da jornada de trabalho, a qual pode ser elidida por prova em contrário.

Antes absoluta, a concepção de ônus estático passa a ter a companhia da denominada carga dinâmica do ônus da prova. Dessa forma, o artigo 818 da CLT apresenta, como regra geral, a distribuição estática do ônus da prova, mas permite que o juiz se valha da regra denominada carga dinâmica da prova ou ônus dinâmico da prova, consoante as diretrizes do 818, §§ 1º, 2º e 3º.

Antes do CPC de 2015, apenas o CDC em seu art. 6º, VIII, tratava da inversão do ônus da prova com base na hipossuficiência probatória do consumidor.

O CPC de 2015 trouxe a norma de forma expressa sobre o tema, como visto linhas acima. A CLT, por meio do seu art. 818, § 1º[27], acompanhou o preceito fixado pelo § 1º do art. 373 CPC.

A lei traz como critérios os casos previstos em lei, como é o caso do art. 6º, VIII, do CDC, e a impossibilidade ou dificuldade de produzir a prova, situação denominada prova diabólica.

A prova diabólica surge quando a parte possui o ônus da prova, contudo, tal situação se mostra substancialmente difícil de ser efetivada. Isto é, a parte encontra uma dificuldade considerável para produzir a sua prova e se desincumbir do ônus.

Dessa maneira, diante de uma situação de prova diabólica, em que o autor, ou o réu, terá dificuldade de produzir a prova, o juiz pode determinar que a parte contrária o faça, invertendo-se o ônus da prova. Em vista disso, em um caso concreto em que a prova seja muito difícil para uma parte e a prova do fato contrário seja mais fácil, o juiz poderá inverter o ônus da prova. Tal procedimento refere-se à chamada inversão do ônus da prova *ope judicis*, que significa inversão do ônus da prova por decisão judicial. A despeito de a norma determinar que essa decisão deva ser fundamentada, essa determinação nem mesmo necessitaria estar estampada na CLT, posto ser evidente que a decisão deve ser fundamentada, como qualquer decisão judicial. Por óbvio que a decisão do juiz, ao inverter o ônus da prova, deve estar fundamentada, não podendo agir ao seu livre alvedrio.

Consequentemente, o juiz somente deve inverter o ônus da prova se houver fundamento ou dificuldade de prova ou facilidade de prova do fato contrário.

---

27 "§ 1º Nos casos previstos em lei ou diante de peculiaridades da causa relacionadas à impossibilidade ou à excessiva dificuldade de cumprir o encargo nos termos deste artigo ou à maior facilidade de obtenção da prova do fato contrário, poderá o juízo atribuir o ônus da prova de modo diverso, desde que o faça por decisão fundamentada, caso em que deverá dar à parte a oportunidade de se desincumbir do ônus que lhe foi atribuído".

São exemplos, no processo do trabalho, os conflitos envolvendo insalubridade, periculosidade, doenças ocupacionais, entre outros. Nesses casos, o empregador possui maiores condições de provar que o ambiente de trabalho é salubre, não é perigoso, já que as Normas Regulamentadoras (NRs) do Ministério do Trabalho (MTb) 15 e 16 preconizam que as empresas que tenham um potencial ambiente de trabalho insalubre e/ou perigoso devem, obrigatoriamente, manter alguns laudos técnicos feitos por profissionais habilitados da área, como, por exemplo, o PPP (Perfil Profissiográfico Previdenciário), o PPRA (Programa de Prevenção de Riscos Ambientais), o LTCAT (Laudo Técnico das Condições Ambientais de Trabalho), o PCMSO (Programa de Controle Médico de Saúde Ocupacional).

Em regra, o juiz intima a empresa para juntar os laudos (com objetivo de provar o fato contrário alegado pelo reclamante); em não os apresentando no prazo judicial concedido, haverá a inversão do ônus da prova.

No processo do trabalho, o momento oportuno para a modificação do ônus da prova ocorre em audiência, primeira oportunidade que tem o magistrado de conhecer a lide. Será o momento em que o juiz poderá sanear o processo, delimitar o objeto ou cerne da controvérsia e definir as regras sobre o ônus da prova.

Consoante disposição legal (art. 818, § 1º, CLT), o juiz, verificando a necessidade de inverter o ônus da prova, deverá fazê-lo antes de iniciar a instrução, evitando, assim, que a parte sobre quem vier a recair o ônus seja surpreendida. Destarte, o juiz poderá inverter o ônus da prova, mas terá que fazê-lo com parcimônia e de maneira que assegure que a parte prejudicada possa produzir a prova, ou seja, antes da instrução processual.

Em consonância com o § 2º do art. 818, a decisão referida no § 1º deste artigo deverá ser proferida antes da abertura da instrução e, a requerimento da parte, implicará o adiamento da audiência e possibilitará provar os fatos por qualquer meio em direito admitido.

O objetivo da nova regra foi de impor ao juiz que ao inverter o ônus da prova na audiência inicial ou na audiência una, ele deve redesigná-la de forma a permitir que, sobre quem o ônus incidirá, possa elaborar/modificar a sua defesa, bem como possa se preparar com relação àquela inversão, melhorando seus meios probatórios (juntar mais documentos, procurar novas testemunhas etc.).

Isso deixa cristalino que a inversão do ônus da prova *ope judicis* não é regra de julgamento, pois como dito alhures, a regra de julgamento diz respeito ao ônus estático da prova ser invertido pelo juiz na sentença, surpreendendo a parte. Essa situação é comum na relação de consumo envolvendo casos sobre o defeito do produto e/ou do serviço (acidente de consumo). Neste contexto, o § 3º do art. 14 do CDC diz que o ônus de comprovar que não há defeito do produto e/ou do serviço é do fornecedor:

§ 3º O fornecedor de serviços só não será responsabilizado quando provar:
I - que, tendo prestado o serviço, o defeito inexiste;
II - a culpa exclusiva do consumidor ou de terceiro.

Na hipótese em comento, a inversão do ônus da prova *ope legis* é uma regra de julgamento, posto que o fornecedor, em virtude do mandamento legal e de forma prévia, já sabe que é dele o ônus da prova. Logo, nesse caso, o juiz não estará julgando de maneira a surpreender a parte, nem violará o art. 10 do CPC/2015.

Por derradeiro, temos a regra do § 3º do mesmo, artigo o qual preceitua que: "A decisão referida no § 1º deste artigo não pode gerar situação em que a desincumbência do encargo pela parte seja impossível ou excessivamente difícil". A ideia do legislador foi a de deixar claro que uma dificuldade em se provar não pode ser substituída por outra dificuldade. Nessa hipótese, o juiz não deverá inverter o ônus da prova, mas julgar por outros mecanismos permitidos como, por exemplo, a equidade ou até mesmo os indícios.

Da decisão que determina a inversão do ônus da prova, cabe recurso de agravo de instrumento, conforme art. 1.015, XI, do CPC/2015.

Sem embargo, mencionada regra não será aplicável ao processo do trabalho, posto não cabível, na órbita processual trabalhista, recurso contra decisão interlocutória, à luz da Súmula 414 do Colendo TST. Em face de uma situação delicada, na qual a parte suscite abuso do magistrado ao inverter o ônus da prova, será possível a interposição de mandado[28] de segurança, desde que, também, demonstre-se a ofensa a direito líquido e certo.

O § 3º do art. 373 do CPC trata da inversão convencional do ônus da prova, ressalvando algumas questões. A convenção pode ser celebrada antes ou durante o processo. No nosso entender essa regra não é compatível com o processo do trabalho, sobretudo em virtude do princípio da proteção, bem como por ter a CLT, em seu art. 818, contemplado de forma plena as regras sobre o ônus da prova no processo do trabalho.

---

[28] "Súmula 414. Mandado de segurança. Tutela provisória concedida antes ou na sentença (nova redação em decorrência do CPC de 2015)
I - A tutela provisória concedida na sentença não comporta impugnação pela via do mandado de segurança, por ser impugnável mediante recurso ordinário. É admissível a obtenção de efeito suspensivo ao recurso ordinário mediante requerimento dirigido ao tribunal, ao relator ou ao presidente ou ao vice-presidente do tribunal recorrido, por aplicação subsidiária ao processo do trabalho do artigo 1.029, § 5º, do CPC de 2015.
II - No caso de a tutela provisória haver sido concedida ou indeferida antes da sentença, cabe mandado de segurança, em face da inexistência de recurso próprio.
III - A superveniência da sentença, nos autos originários, faz perder o objeto do mandado de segurança que impugnava a concessão ou o indeferimento da tutela provisória".

O art. 852-D[29] da CLT, que apesar de regrar o rito sumaríssimo, pode, por analogia, estender-se ao rito ordinário, preceitua de forma clara que o juiz, na direção do processo, terá liberdade para determinar as provas a serem produzidas, considerando o ônus probatório de cada litigante.

Sobre o ônus da prova, o Tribunal Superior do Trabalho estipula algumas regras, conforme se observa pela leitura das seguintes Súmulas:

> Súmula 6 do TST – Equiparação Salarial. Art. 461 da CLT
>
> (...)
>
> VI – Presentes os pressupostos do art. 461 da CLT, é irrelevante a circunstância de que o desnível salarial tenha origem em decisão judicial que beneficiou o paradigma, exceto: a) se decorrente de vantagem pessoal ou de tese jurídica superada pela jurisprudência de Corte Superior; b) na hipótese de equiparação salarial em cadeia, suscitada em defesa, se o empregador produzir prova do alegado fato modificativo, impeditivo ou extintivo do direito à equiparação salarial em relação ao paradigma remoto, considerada irrelevante, para esse efeito, a existência de diferença de tempo de serviço na função superior a dois anos entre o reclamante e os empregados paradigmas componentes da cadeia equiparatória, à exceção do paradigma imediato.
>
> (...)
>
> VIII – É do empregador o ônus da prova do fato impeditivo, modificativo ou extintivo da equiparação salarial. (ex-Súmula nº 68 – RA 9/1977, *DJ* 11.02.1977) (...)

> Súmula 212 do TST – Despedimento. Ônus da Prova (mantida) – Res. 121/2003, *DJ* 19, 20 e 21.11.2003.
>
> O ônus de provar o término do contrato de trabalho, quando negados a prestação de serviço e o despedimento, é do empregador, pois o princípio da continuidade da relação de emprego constitui presunção favorável ao empregado.

> Súmula 338 do TST – Jornada de Trabalho. Registro. Ônus da Prova (incorporadas as Orientações Jurisprudenciais nos 234 e 306 da SBDI-1) – Res. 129/2005, *DJ* 20, 22 e 25.04.2005.
>
> I – É ônus do empregador que conta com mais de 10 (dez) empregados o registro da jornada de trabalho na forma do art. 74, § 2º, da CLT. A não apresentação injustificada dos controles de frequência gera presunção relativa de veracidade da jornada de trabalho, a qual pode ser elidida por prova em contrário. (ex-Súmula nº 338 – alterada pela Res. 121/2003, *DJ* 21.11.2003)

---

[29] "Art. 852-D. O juiz dirigirá o processo com liberdade para determinar as provas a serem produzidas, considerado o ônus probatório de cada litigante, podendo limitar ou excluir as que considerar excessivas, impertinentes ou protelatórias, bem como para apreciá-las e dar especial valor às regras de experiência comum ou técnica".

II – A presunção de veracidade da jornada de trabalho, ainda que prevista em instrumento normativo, pode ser elidida por prova em contrário. (ex-OJ nº 234 da SBDI-1 – inserida em 20.06.2001)

III – Os cartões de ponto que demonstram horários de entrada e saída uniformes são inválidos como meio de prova, invertendo-se o ônus da prova, relativo às horas extras, que passa a ser do empregador, prevalecendo a jornada da inicial se dele não se desincumbir. (ex-OJ nº 306 da SBDI-1 – *DJ* 11.08.2003)

Súmula 443 do TST – Dispensa Discriminatória. Presunção. Empregado Portador de Doença Grave. Estigma ou Preconceito. Direito à Reintegração. Presume-se discriminatória a despedida de empregado portador do vírus HIV ou de outra doença grave que suscite estigma ou preconceito. Inválido o ato, o empregado tem direito à reintegração no emprego.

17.6 CRITÉRIOS DE AVALIAÇÃO DA PROVA PELO JUIZ

Desde que devidamente produzida, a prova passa a pertencer ao processo (princípio da comunhão ou da aquisição das provas) e tem por objetivo colaborar com a formação da convicção do julgador sobre os fatos.

Como já mencionado, o destinatário final da prova é o juízo. Dessa forma, para formar o seu posicionamento o órgão julgador necessita de um método para valorar a prova, não podendo agir arbitrariamente. Ao longo da história do direito processual três sistemas foram propagados:

a) Critério legal ou sistema da prova tarifada: a lei determinava o valor de cada prova, bastando o juiz somar a pontuação para verificar quem "mais provou" o fato. Por esse método a lei também podia impor qual prova poderia ser utilizada.

b) Critério da íntima convicção ou do livre convencimento: de acordo com esse sistema o magistrado poderia decidir sem trazer qualquer fundamentação. O juiz seria soberano para valorar a prova. O sistema da íntima convicção está em desarmonia com a Constituição, que exige decisão motivada, fundamentada (art. 93, IX, da CRFB).

c) Sistema do livre convencimento motivado ou da persuasão racional: esse sistema era o adotado pelo CPC de 1973 e preceituava que o juiz era livre para valorar as provas, mas deveria expor os motivos de seu convencimento. Portanto, o juiz era livre para imputar relevância, importância às provas apresentadas, mas deveria expor as suas razões; a decisão que não fosse fundamentada era considerada nula. Existia uma discricionariedade para valorar a prova.

O CPC de 2015 muda essa orientação, enunciando que o juiz não será livre para apreciar e valorar a prova. Nesse sentido o art. 371:

O juiz apreciará a prova constante dos autos, independentemente do sujeito que a tiver promovido, e indicará na decisão as razões da formação de seu convencimento.

No mesmo leme, Fredie Didier Jr. argumenta:

> O CPC atual não mais se vale do advérbio "livremente". Não é por acaso. A valoração da prova pelo juiz não é livre: há uma série de limitações, conforme examinado. Além disso, o adjetivo "livre" era mal compreendido, como se o juiz pudesse valorar a prova como bem entendesse.

Todas as referências ao "livre convencimento motivado" foram extirpadas do texto do código. O silêncio é eloquente. O convencimento do julgador deve ser racionalmente motivado: isso é quanto basta para a definição do sistema de valoração da prova pelo juiz adotado pelo CPC de 2015. Ademais, exige o atual Código de Processo Civil que as decisões sejam exaustivamente fundamentadas[30], devendo o magistrado enfrentar toda argumentação relevante para o deslinde da causa. O juiz não pode, ao seu alvedrio, desconsiderar a prova produzida, simplesmente pela sua opinião. A norma não confere ao magistrado esse grau de discricionariedade, essa ampla liberdade. Por óbvio que o juiz pode desconsiderar uma determinada prova (por exemplo, um depoimento pessoal, um laudo pericial) e julgar contrariamente a ela, porém, não pode tomar tal atitude à sua maneira, pela sua íntima convicção; ele pode fazê-la desde que fundamentadamente.

---

[30] "Art. 489. São elementos essenciais da sentença: I - o relatório, que conterá os nomes das partes, a identificação do caso, com a suma do pedido e da contestação, e o registro das principais ocorrências havidas no andamento do processo; II - os fundamentos, em que o juiz analisará as questões de fato e de direito; III - o dispositivo, em que o juiz resolverá as questões principais que as partes lhe submeterem. § 1º Não se considera fundamentada qualquer decisão judicial, seja ela interlocutória, sentença ou acórdão, que: I - se limitar à indicação, à reprodução ou à paráfrase de ato normativo, sem explicar sua relação com a causa ou a questão decidida; II - empregar conceitos jurídicos indeterminados, sem explicar o motivo concreto de sua incidência no caso; III - invocar motivos que se prestariam a justificar qualquer outra decisão; IV - não enfrentar todos os argumentos deduzidos no processo capazes de, em tese, infirmar a conclusão adotada pelo julgador; V - se limitar a invocar precedente ou enunciado de súmula, sem identificar seus fundamentos determinantes nem demonstrar que o caso sob julgamento se ajusta àqueles fundamentos; VI - deixar de seguir enunciado de súmula, jurisprudência ou precedente invocado pela parte, sem demonstrar a existência de distinção no caso em julgamento ou a superação do entendimento. § 2º No caso de colisão entre normas, o juiz deve justificar o objeto e os critérios gerais da ponderação efetuada, enunciando as razões que autorizam a interferência na norma afastada e as premissas fáticas que fundamentam a conclusão. § 3º A decisão judicial deve ser interpretada a partir da conjugação de todos os seus elementos e em conformidade com o princípio da boa-fé".

Alguns doutrinadores defendem a tese de que o CPC/2015 adotou o sistema da **valoração democrática da prova**[31], o qual preconiza que o juiz em sua decisão fundamente e indique suas razões de julgar, não se admitindo em qualquer hipótese a discricionariedade.

Dessa feita, o juiz deverá proferir sua decisão, respaldando-se nas provas existentes nos autos, valendo-se de critérios racionais e técnicos para justificar as razões que o fizeram aplicar ou afastar determinada prova. Assim, o CPC veda a fundamentação discricionária do juiz no que tange à valoração da prova. Portanto, para nós, o sistema a ser considerado é o da persuasão racional (isoladamente, sem a livre motivação), posto ser esse sistema uma forma de inibir arbitrariedades.

17.7 MEIOS E FONTES DE PROVAS

A doutrina usualmente apresenta a distinção entre meios de prova e fontes de prova. Meios de prova são os mecanismos destinados à produção das provas, ou seja, instrumentos para se aferir a prova. A fonte é a origem material da prova, de onde emana, nasce ou surge a prova.

No mesmo giro, Alexandre Freitas Câmara[32] assevera:

> O sistema aqui adotado, que vê na fonte de prova algo que preexiste ao processo, de onde promana o meio de prova, sendo este o instrumento que leva ao processo os elementos que irão atuar na formação da convicção do juiz.

Desse modo, podemos afirmar que os meios de prova são aqueles legalmente e moralmente admitidos pelo ordenamento jurídico, como o depoimento pessoal, a prova documental, a prova testemunhal, a perícia e a inspeção judicial. As fontes, por sua vez, são as pessoas e as coisas.

Como exemplo, podemos citar a prova testemunhal: a oitiva da testemunha é um meio de prova; a pessoa da testemunha é a fonte.

17.8 PROIBIÇÃO DA PROVA ILÍCITA

As provas ilícitas são vedadas pela Constituição. Existe previsão expressa em seu art. 5º, LVI. A Constituição tem por fito resguardar a intimidade e a liberdade dos cidadãos contra atos despóticos e injustificados.

A ilicitude pode surgir quando o meio de prova em si é proibido, como por exemplo, um grampo telefônico ou violação de domicílio para obter a prova; ou

---

[31] CÂMARA, Alexandre Freitas. *O novo processo civil brasileiro.* São Paulo: Atlas, 2015. p. 228-229.
[32] CÂMARA, Alexandre Freitas. *Lições de direito processual civil.* 25. ed. Rio de Janeiro: Atlas, 2014. v. 1, p. 444.

quando o meio de prova é lícito, mas a produção da prova é realizada de maneira ilícita no caso concreto, tal qual um depoimento pessoal mediante tortura.

Em âmbito processual civil e, por corolário, no processual trabalhista, existem duas nítidas correntes.

A primeira, capitaneada pelo Supremo Tribunal Federal, adota um posicionamento proibitivo, ou seja, qualquer prova ilícita é vedada, não devendo produzir efeitos no processo. Para o STF, são ineficazes as provas que derivam de fontes (meios) ilícitas ou são formadas mediante ilicitudes.

Nesse passo, além de não se admitir a utilização de provas ilícitas, o STF não permite o aproveitamento de outras provas que só foram produzidas em decorrência da produção de uma prova ilícita (Teoria dos Frutos da Árvore Envenenada – *the fruits of poisonous tree*[33]).

Entretanto, a segunda corrente, que envolve grande parcela da doutrina, defende uma interpretação mais tênue do preceito constitucional.

Para essa corrente, denominada de proporcionalista, a inadmissibilidade da prova ilícita pode ser considerada uma negação à tutela jurisdicional de uma das partes. Dessa forma, embora a proibição constitucional da prova ilícita busque a proteção de direitos fundamentais como a intimidade, a privacidade etc., ela não pode ser considerada absoluta. Referidos direitos poderão ser suplantados por outros direitos fundamentais de igual ou maior relevância.

Assim, no caso concreto, o juiz deve, de acordo com Luiz Guilherme Marinoni[34], ponderar

---

[33] "Ação Penal Originária – Bando ou Quadrilha – Prescrição da Pretensão Punitiva Estatal – Consumação. O prazo prescricional do delito, à luz da pena máxima cominada em abstrato, é de oito anos. Recebida a denúncia há mais de treze, à míngua de qualquer causa ulterior interruptiva ou suspensiva, opera-se a prescrição da pretensão punitiva estatal. Ação Penal Originária – Artigo 1º, Inciso I, do Decreto-lei nº 201/1967 – Teoria dos Frutos da Árvore Envenenada – Adequação. Mostrando-se ilícita a prova originária, porque obtida por Comissão Parlamentar de Inquérito, anulada por pronunciamento jurisdicional transitado em julgado, absolve-se o réu em razão de o acervo probatório restante ser dela derivado. Precedente: Habeas Corpus nº 69.912, Pleno, relator ministro Sepúlveda Pertence, julgado em 16 de dezembro de 1993, Diário de Justiça de 25 de março de 1994. AP 341/MG – Minas Gerais. Ação Penal. Relator(a): Min. Marco Aurélio. Julgamento: 25/08/2015. Órgão Julgador: Primeira Turma. A Turma declarou a prescrição da pretensão punitiva estatal quanto ao delito do art. 288, do Código Penal, e absolveu o réu do crime previsto no art. 1º, inc. I, do Decreto-Lei nº 201/1967, na forma do art. 386, inc. VII, do Código de Processo Penal, nos termos do voto do Relator. Unânime. Falou o Dr. Marcelo Leonardo, pelo Réu. Presidência da Senhora Ministra Rosa Weber. 1ª Turma, 25.8.2015".

[34] MARINONI, Luiz Guilherme; MITIDIERO, Daniel. *Código de Processo Civil comentado*. São Paulo: RT, 2008. p. 335.

entre o direito afirmado em juízo pelo o autor e o direito violado pela prova ilícita, haja vista os diversos valores passíveis de proteção e discussão no direito processual civil brasileiro. (...)

Dois critérios podem auxiliar o órgão jurisdicional nessa tarefa: em primeiro lugar, é fundamental que os valores postos à ponderação sejam devidamente identificados e explicitados pelo órgão jurisdicional; em segundo, saber se tinha a parte que postula a admissão da prova ilícita no processo outro meio de prova à sua disposição ou não para a prova de suas alegações.

Nesse sentido, é imprescindível a análise da prova ilícita para a formação do convencimento jurisdicional para saber se ela pode ou não ser aproveitada em juízo.

Filiamo-nos a essa segunda corrente, aduzindo que, se a prova é fundamental para a solução da demanda e não existe outra forma de comprovação dos fatos, mesmo a prova ligeiramente ilícita (aquela que não seguiu todos os preceitos formais) deve ser admitida, a bem da verdade e da justiça.

À vista disso, interessante apresentar a distinção entre a interceptação telefônica e gravação ambiental.

Gravação ambiental ocorre quando um dos interlocutores da conversa faz uma gravação (audiovisual ou apenas de áudio) objetivando constatar fato que ocorre no ambiente em que ele está presente.

No processo do trabalho, podemos mencionar a hipótese de o empregado fazer gravações de áudio, dentro do ambiente de trabalho, para demonstrar as sevícias morais e/ou assédio sexual sofridos. Trata-se de uma gravação ambiental, plenamente aceita, ou seja, é um meio de prova lícito, em nada se confundindo com a interceptação telefônica.

Por outro lado, a interceptação telefônica é caracterizada pela situação na qual terceiro alheio à conversa consegue, de alguma forma, gravar/interceptar a conversa entre duas pessoas. Essa hipótese caracteriza a prova ilícita, porque viola a regra constitucional que prevê o direito à intimidade.

Na seara do processo civil e do processo do trabalho, não é possível a interceptação telefônica. O juiz do trabalho não pode determinar a interceptação de conversa de terceiros. Entretanto, é plenamente possível o uso do diálogo interceptado pelo juízo criminal como prova no processo do trabalho e no processo civil, pois a intimidade já fora quebrada.

17.9 PROVA EMPRESTADA

Tradicionalmente, a elaboração das provas deve ser realizada no processo no qual a demanda será julgada. Todavia, hipótese há em que a fonte da prova expirou, não podendo ser mais produzida.

Em ocorrendo uma situação de impossibilidade de produção da prova e tendo sido essa prova já realizada em outro processo anterior, torna-se possível a utilização desta prova no novo processo. Em síntese, o que se pretende é reproduzir a prova que foi elaborada em processo anterior no novo processo.

A prova oral ou pericial, ou ambas, já consubstanciada em um outro processo, será transportada como prova documentada para o novo processo.

Os motivos para a utilização da prova emprestada[35] são:

- a preservação do direito à prova, quando a sua reprodução se torna impossível, como, por exemplo, a morte de uma testemunha ou quando o estabelecimento ou a coisa periciada não foram preservados.
- economia processual, pois se evita a repetição inútil dos mesmos atos.

O CPC de 2015 traz regra sobre a aplicação da prova emprestada, em seu art. 372, porém, sem mencionar como seria produzido este tipo de prova, somente garantindo o contraditório.

> Art. 372. O juiz poderá admitir a utilização de prova produzida em outro processo, atribuindo-lhe o valor que considerar adequado, observado o contraditório.

Um inconveniente levantado pela doutrina se refere à efetividade do princípio do contraditório, ou seja, como garantir o contraditório tendo em vista que a prova fora produzida em outro processo, em um momento pretérito.

---

[35] "Adicional de Insalubridade. Prova Pericial Emprestada. Possibilidade. Não padece de qualquer irregularidade o acolhimento de prova emprestada, até mesmo *ex officio*, consoante dispõe o artigo 130 do CPC, não se vislumbrando, em tal proceder, eventual quebra do dever de imparcialidade ou afronta ao princípio do dispositivo. Não por outra razão é que a *mens legis* do Novo Código de Processo Civil (Lei nº 13.105, de 16 de março de 2015), em *vacatio legis*, sinaliza para soluções coletivas e homogêneas em casos similares, inspirado na *Musterverfahren*, prevista na Lei de procedimento-modelo para os investidores em mercados de capitais alemã, via da qual se obtém, por provocação, um provimento-padrão aplicável a demandas similares. Nesse sentido, o Incidente de Resolução de Demandas Repetitivas (NCPC, artigos 976-987), que poderá ocorrer mediante provocação ou *ex officio*, visa justamente a detectar macrolesões na ordem jurídica e saneá-las por meio de um provimento comum que a todas servirá de norte, estabelecendo, assim, homogeneidade e celeridade às decisões, sem prejuízo dos princípios fundantes da regularidade processual. Nesse passo, é de ver que, *mutatis mutandis*, o Juízo *a quo* agiu imbuído do vanguardístico espírito que inspira o novo Código de Processo Civil, cuja vigência se avizinha. Por outro lado, eventual amesquinhamento teleológico da regra preconizada no *caput* do artigo 195 da CLT não pode servir de guarida à restrição justamente do direito material que ele próprio tem por missão tutelar, sobretudo quando assegurados a ampla defesa e o contraditório, como ocorreu no presente caso. Reconhecida, por outro lado, a congruência entre a situação fática do demandante em face do laudo pericial utilizado como prova emprestada, o provimento do recurso é medida que se impõe" (TRT-9ª Reg., RO 0001385-95.2013.5.09.0019, Rel. Rosemarie Diedrichs Pimpão, *DJe* 17.07.2015).

Respondendo a esse problema, emanam alguns posicionamentos.

O primeiro defende que para se garantir o contraditório deve existir a total identidade das partes do processo no qual a prova foi produzida e do processo onde ela será utilizada, situação rara na prática.

A segunda corrente defende que basta que a parte contra quem a prova será usada tenha participado no processo onde ela foi produzida, pois o contraditório a ela foi garantido.

Por fim, há um posicionamento mais liberal, o qual entende não ser necessário que as partes tenham participado do processo originário, devendo o documento ser trazido para o novo processo[36], oportunidade em que as partes poderão se manifestar a seu respeito.

O STJ[37] vem defendendo a utilização da prova emprestada de forma ampla, exigindo somente a garantia[38] do contraditório. Tal posicionamento é extraído do

---

[36] "Adicional de Insalubridade. Odontólogo. Pagamento Devido. Trabalhista. Odontólogos. Adicional de insalubridade. Devido. Honorários advocatícios. Deferimento. Adicional de insalubridade. Demonstrada a insalubridade por laudo colhido em prova emprestada, devido o adicional postulado, nos termos do art. 192, CLT, e norma regulamentadora NR 15/MTE. Honorários advocatícios. Preenchidos os requisitos da Súmula nº 219, III, do C. TST, agindo o sindicato na qualidade de substituto processual, defere-se a verba honorária. Recurso ordinário conhecido e improvido" (TRT-22ª Reg., Proc. 0001864-70.2013.5.22.0102, Rel. Des. Wellington Jim Boavista, DJe 30.01.2015, p. 55).

[37] "(...) É inegável que a grande valia da prova emprestada reside na economia processual que proporciona, tendo em vista que se evita a repetição desnecessária da produção de prova de idêntico conteúdo, a qual tende a ser demasiado lenta e dispendiosa, notadamente em se tratando de provas periciais na realidade do Poder Judiciário brasileiro".

[38] Nesse norte, a economia processual decorrente da utilização da prova também importa em incremento de eficiência, na medida em que garante a obtenção do mesmo resultado útil, em menor período de tempo, em consonância com a garantia constitucional da duração razoável do processo, inserida na Carta Magna pela EC 45/04. Em vista das reconhecidas vantagens da prova emprestada no processo civil, é recomendável que essa seja utilizada sempre que possível, desde que se mantenha hígida a garantia do contraditório. No entanto, ao contrário do que pretendem os embargantes, a prova emprestada não pode se restringir a processos em que figurem partes idênticas, sob pena de se reduzir excessivamente sua aplicabilidade, sem justificativa razoável para tanto" (STJ, Embargos de Divergência em REsp 617.428/SP, Rel. Min. Nancy Andrighi.

"Posse. Reintegração. Indenização por Danos Materiais. Prova Emprestada. Possibilidade. Agravo regimental no agravo em recurso especial. Reintegração de posse c/c indenização por danos materiais. Prova emprestada. Possibilidade. Precedentes. Indeferimento de prova pericial. Reexame. Súmula nº 7/STJ. Agravo regimental a que se nega provimento. 1. É pacífico o entendimento do Superior Tribunal de Justiça quanto à legalidade da prova emprestada, quando esta foi produzida com respeito aos princípios do contraditório e da ampla defesa. Rever os fundamentos que levaram a tal conclusão, ou seja, de que a prova emprestada utilizada no processo não teria passado pelo crivo do contraditório, demandaria reexame do conjunto probatório. Incidência da Súmula nº 7/STJ. 2. Tendo as instâncias

julgamento realizado pela Corte Especial do STJ quando da análise dos Embargos de Divergência em Recurso Especial – EREsp 617.428-SP, de 04.06.2014.

17.10 PRODUÇÃO ANTECIPADA DA PROVA

Pelo CPC de 1973 a realização de prova antecipada era medida cautelar, e tinha por pressuposto o *periculum in mora*. Assim, quando a fonte da prova corria o risco de desaparecer, a parte interessada postulava a produção antecipada da prova, pois se a fonte perecesse não poderia mais ser produzida a prova.

O CPC de 2015 muda esse entendimento, pois a produção antecipada de prova não possui mais natureza cautelar. Ela pode ser ajuizada como uma ação autônoma (arts. 381-384 do CPC) ou requerida de maneira incidental, no curso do processo.

O regramento a trata como procedimento autônomo dentro do capítulo de provas, sem necessariamente a característica de cautelar.

A produção antecipada está lastreada em 3 (três) fundamentos, de acordo com o preceituado pelo CPC:

> Art. 381. A produção antecipada da prova será admitida nos casos em que:
>
> I – haja fundado receio de que venha a tornar-se impossível ou muito difícil a verificação de certos fatos na pendência da ação;
>
> II – a prova a ser produzida seja suscetível de viabilizar a autocomposição ou outro meio adequado de solução de conflito;
>
> III – o prévio conhecimento dos fatos possa justificar ou evitar o ajuizamento de ação.

A primeira hipótese visa proteger, conservar a fonte da prova, evitando o seu perecimento. Possui um caráter de preservação, proteção do direito de produzir a prova.

A segunda tem por intuito proporcionar, por meio da prova realizada antecipadamente, uma autocomposição entre as partes. Em outras palavras, a parte interessada produz a prova, de maneira antecipada, para se municiar e, assim, fomentar a solução consensual do conflito. Isso pode ocorrer quando uma das partes quer o acordo, mas não tem prova suficiente para embasar seu pleito; uma vez realizada a prova, a mesma pode favorecer a autocomposição.

---

ordinárias entendido pela desnecessidade de realização de provas, hão de ser levados em consideração o princípio da livre admissibilidade da prova e do livre convencimento do juiz, que, nos termos do art. 130 do Código de Processo Civil, permitem ao julgador determinar as provas que entende necessárias à instrução do processo, bem como o indeferimento daquelas que considerar inúteis ou protelatórias. Precedentes. 3. Agravo regimental não provido" (STJ, AgRg-AG-REsp 426.343 – (2013/0364582-1), 4ª Turma, Rel. Min. Luis Felipe Salomão, *DJe* 18.03.2014).

O último fundamento diz respeito à viabilidade para o ajuizamento da demanda. Com a prova em mãos, a parte pode verificar se é, ou não, plausível ajuizar a ação. A parte possui condições de verificar se faz sentido provocar a jurisdição.

17.11 MEIOS DE PROVA

Dispõe o art. 369 do CPC/2015:

> As partes têm o direito de empregar todos os meios legais, bem como os moralmente legítimos, ainda que não especificados neste Código, para provar a verdade dos fatos em que se funda o pedido ou a defesa e influir eficazmente na convicção do juiz.

Como já exposto, os meios de prova são os instrumentos por intermédio dos quais as partes produzem as suas provas. Esses mecanismos podem ser:

17.11.1 Depoimento pessoal e interrogatório

O depoimento pessoal vem previsto nos arts. 385 a 388 do CPC/2015. É a declaração prestada pelas partes em juízo, durante a audiência de instrução.

O depoimento pessoal[39], como meio de prova, deve ser requerido, em regra, pelas partes (o autor requer o depoimento pessoal do réu e vice-versa), com o objetivo de se obter a confissão. O juiz também poderá determinar o depoimento pessoal de ofício. A realização dessa prova ocorre, como mencionado, em audiência de instrução e julgamento. Dessa forma, o não comparecimento injustificável da parte intimada gera a confissão ficta dos fatos alegados pela parte adversa.

Cabe recordar que no processo do trabalho a audiência, em regra, é una. Em vista disso, caso o reclamante não compareça, o processo será arquivado (extinto sem resolução do mérito), devendo arcar com as custas processuais, ainda que beneficiário da justiça gratuita (art. 844, § 2º, CLT); ausente o reclamado, será revel e confesso quanto à matéria fática (art. 844 da CLT).

Já o interrogatório é ato do juiz[40], podendo ser determinado de ofício, a qualquer momento durante o trâmite do processo. Destarte, quando o juiz entende que precisa esclarecer algum fato, pode requerer, de ofício, a oitiva das partes ou de

---

[39] "Art. 385. Cabe à parte requerer o depoimento pessoal da outra parte, a fim de que esta seja interrogada na audiência de instrução e julgamento, sem prejuízo do poder do juiz de ordená-lo de ofício".

[40] CPC/2015, art. 139: "O juiz dirigirá o processo conforme as disposições deste Código, incumbindo-lhe: [...] VIII – determinar, a qualquer tempo, o comparecimento pessoal das partes, para inquiri-las sobre os fatos da causa, hipótese em que não incidirá a pena de confesso;"

uma delas. O não comparecimento ao interrogatório não gera confissão ficta, pois seu objetivo não é obter a confissão, mas sim elucidar os fatos para o magistrado formar sua convicção.

Essa regra é pontual para o processo civil. No âmbito cível, por mais que o juiz possa fazer o interrogatório a qualquer momento, não incide a pena de confesso. A confissão ficta, por seu turno, só ocorre no depoimento pessoal da parte.

Em contrapartida, no processo trabalhista, entendemos que há sim confissão ficta na hipótese de a parte se recusar a depor ou caso alegue desconhecimento dos fatos durante o interrogatório. No processo do trabalho, existe regra específica sobre o interrogatório, não se falando na aplicação do CPC.

Consequentemente, há de se distinguir depoimento pessoal de interrogatório. Este último sempre é determinado de ofício pelo juiz e pode ocorrer em qualquer momento no curso do processo. Aquele deve ser requerido pela parte interessada, sob pena de preclusão, para, em audiência, ser realizado.

No Processo do Trabalho, não há menção ao depoimento pessoal. O art. 848 da CLT expressa, somente, a possibilidade do interrogatório:

> Terminada a defesa, seguir-se-á a instrução do processo, podendo o presidente, *ex officio* ou a requerimento de qualquer juiz temporário, interrogar os litigantes.
>
> § 1º Findo o interrogatório, poderá qualquer dos litigantes retirar-se, prosseguindo a instrução com o seu representante.
>
> § 2º Serão, a seguir, ouvidas as testemunhas, os peritos e os técnicos, se houver.

Em virtude da redação do artigo acima exposto, alguns doutrinadores entendem que a CLT não permite o depoimento pessoal. Não obstante as opiniões de relevo, entendemos pela aplicação do depoimento pessoal ao processo do trabalho. Para tanto, basta interpretar sistematicamente os arts. 820 e 848 da norma consolidada.

Pela regra contida no art. 848 da CLT, após a defesa, ocorre a instrução do processo, oportunidade em que o juiz pode, de ofício, interrogar os litigantes. Já o art. 820 do mesmo diploma estatui que as partes e testemunhas serão inquiridas pelo juiz, e podem ser por ele reinquiridas ou a requerimento das partes, representantes ou advogados. Nestes termos:

> Art. 820. As partes e testemunhas serão inquiridas pelo juiz ou presidente, podendo ser reinquiridas, por seu intermédio, a requerimento dos vogais, das partes, seus representantes ou advogados.

O próprio TST, por intermédio da Súmula 74 prevê a prática do depoimento pessoal, determinando, inclusive, a aplicação da pena de confissão ficta para a parte que devidamente intimada não comparece à audiência para depor.

Súmula 74 do TST – Confissão.

I – Aplica-se a confissão à parte que, expressamente intimada com aquela cominação, não comparecer à audiência em prosseguimento, na qual deveria depor.

II – A prova pré-constituída nos autos pode ser levada em conta para confronto com a confissão ficta (arts. 442 e 443 do CPC de 2015 – art. 400, I, CPC de 1973), não implicando cerceamento de defesa o indeferimento de provas posteriores.

III – A vedação à produção de prova posterior pela parte confessa somente a ela se aplica, não afetando o exercício, pelo magistrado, do poder/dever de conduzir o processo. (destaque nosso)

Outras hipóteses também geram a confissão ficta, como quando a parte não refuta, em sua contestação, determinadas pretensões do reclamante, tornando os fatos incontroversos; quando a parte comparece para depor, mas se recusa a falar ou o faz por meio de evasivas (art. 385, § 1º, do CPC/2015), ou ainda quando o preposto desconhece os fatos sobre os quais devia ter plena ciência.

Contudo, a lei cede diante de algumas exceções, não tendo a parte obrigação de se manifestar sobre: fatos criminosos ou torpes a ela imputados, fatos a cujo respeito tenha dever legal de sigilo, acerca dos quais não possa responder sem desonra própria, de seu cônjuge, ou de seu companheiro ou de parente em grau sucessível ou que coloquem em perigo a sua vida (do depoente) ou dessas pessoas (art. 388[41] do CPC/2015).

Geralmente, ouve-se em primeiro lugar o autor e depois o réu, todavia, nada impede que o juiz modifique essa ordem em virtude do ônus da prova. É vedado a quem ainda não depôs assistir ao interrogatório da outra parte.

17.11.2 Confissão

A confissão surge quando a parte declara serem verdadeiros os fatos contrários aos seus interesses e favoráveis ao interesse da parte contrária. Consiste em uma declaração unilateral, por meio da qual o confitente reconhece fatos que lhe são desfavoráveis e benéficos ao seu adversário.

Não se confunde com reconhecimento da procedência do pedido. A confissão se refere a fatos. Enquanto o reconhecimento da procedência jurídica do pedido se

---

[41] "Art. 388. A parte não é obrigada a depor sobre fatos: I – criminosos ou torpes que lhe forem imputados; II – a cujo respeito, por estado ou profissão, deva guardar sigilo; III – acerca dos quais não possa responder sem desonra própria, de seu cônjuge, de seu companheiro ou de parente em grau sucessível; IV – que coloquem em perigo a vida do depoente ou das pessoas referidas no inciso III. Parágrafo único. Esta disposição não se aplica às ações de estado e de família".

refere, em última instância, ao próprio direito do autor, situação que coloca termo ao processo com resolução do mérito (art. 487, III, *a*, do CPC/2015).

17.11.2.1 Espécies de confissão

A confissão pode ser **judicial ou extrajudicial**.

A judicial, como o próprio nome expõe, é a produzida no curso do processo. Pode ser obtida por meio do depoimento pessoal ou por escrito em uma petição. A confissão judicial pode ser espontânea ou provocada. A confissão espontânea pode ser feita pela própria parte ou por representante com poder especial (como exemplo: o preposto).

Consequentemente, a confissão feita por representante só é possível se for espontânea. Não pode ser provocada, pois ele é mero comunicador do ato da parte. Deve ter poderes especiais, pois se não os tiver, vale como prova a ser livremente apreciada. A confissão provocada constará do termo de depoimento pessoal (art. 390[42] do CPC/2015).

A extrajudicial é realizada fora do processo, mas nele deve produzir efeitos. Pode ser realizada por escrito, em qualquer documento, ou verbal. Neste último caso, a confissão só terá eficácia nos casos em que a lei não exija prova literal (art. 394[43] do CPC/2015).

Segundo Gustavo Filipe Barbosa Garcia[44]:

> A confissão extrajudicial, principalmente se feita pelo empregado, durante o contrato de trabalho, deve ser objeto de verificação quanto à sua validade, em especial quanto à higidez da manifestação da vontade. Exemplificando, pode-se defender que não será válida a confissão extrajudicial do empregado, no sentido de que não trabalhou em condições perigosas, se na realidade dos fatos isso ocorria.

Ainda, a confissão pode **ser real (expressa) ou** *ficta*.

A real é a que emana por manifestação expressa do confitente. Essa expressão pode ser por escrito ou verbal.

---

[42] "Art. 390. A confissão judicial pode ser espontânea ou provocada. § 1º A confissão espontânea pode ser feita pela própria parte ou por representante com poder especial. § 2º A confissão provocada constará do termo de depoimento pessoal".

[43] "Art. 394. A confissão extrajudicial, quando feita oralmente, só terá eficácia nos casos em que a lei não exija prova literal. Art. 395. A confissão é, em regra, indivisível, não podendo a parte que a quiser invocar como prova aceitá-la no tópico que a beneficiar e rejeitá-la no que lhe for desfavorável, porém cindir-se-á quando o confitente a ela aduzir fatos novos, capazes de constituir fundamento de defesa de direito material ou de reconvenção".

[44] GARCIA, Gustavo Filipe Barbosa. Op. cit., 2012, p. 478.

Em contrapartida, a *ficta* é uma confissão presumida. Há uma suposição sobre a ocorrência dos fatos. É uma ficção jurídica. Ela se manifesta quando a parte, devidamente intimada, não comparece para prestar o depoimento pessoal (art. 844[45] da CLT e Súmula 74, I, do TST), quando a parte se recusa a depor ou o faz por evasivas ou, ainda, quando não impugna de forma especificada os fatos narrados pelo autor na inicial.

Importante mencionar que a confissão judicial faz prova contra o confitente, não prejudicando, todavia, os litisconsortes (art. 391[46] do CPC/2015). Nesse sentido, a confissão feita por um dos litisconsortes não prejudica os demais. Contudo, há de se analisar o tipo de litisconsórcio. Em relação aos efeitos da decisão final o litisconsórcio pode ser simples e unitário, conforme a decisão atinja separadamente ou não os litisconsortes.

Quanto ao litisconsórcio unitário, essa é uma verdade absoluta, pois como o resultado deve ser igual para todos, se um deles confessa e os demais não, a confissão não terá valor algum. Com relação ao litisconsórcio simples, como o resultado pode ser diferente para os litisconsortes, não há regra de que o resultado deva ser o mesmo. Contudo, não se pode afastar o lado humano da apreciação judicial nem esquecer que a prova, uma vez produzida no processo, passa a lhe pertencer, de acordo com o princípio da comunhão da prova, de modo que não se pode afastar por completo a confissão.

A confissão não será eficaz quando se relacionar a direitos indisponíveis, tais como os direitos de personalidade e os direitos públicos. Ainda que haja confissão, nas demandas que envolvam direitos indisponíveis, os fatos não serão considerados incontroversos e o juiz prosseguirá no feito, podendo requisitar, caso seja necessário, a produção de provas sobre os fatos confessados.

De outra parte, a confissão será ineficaz se feita por quem não for capaz de dispor do direito a que se referem os fatos confessados. A confissão feita por um

---

[45] "Art. 844. O não comparecimento do reclamante à audiência importa o arquivamento da reclamação, e o não comparecimento do reclamado importa revelia, além de confissão, quanto à matéria de fato. Parágrafo único. Ocorrendo, entretanto, motivo relevante, poderá o presidente suspender o julgamento, designando nova audiência". A Lei 13.467/2017 acrescentou os §§ 2º e 3º alusivos ao tema: "§ 2º Na hipótese de ausência do reclamante, este será condenado ao pagamento das custas calculadas na forma do art. 789 desta Consolidação, ainda que beneficiário da justiça gratuita, salvo se comprovar, no prazo de quinze dias, que a ausência ocorreu por motivo legalmente justificável. § 3º O pagamento das custas a que se refere o § 2º é condição para a propositura de nova demanda."

[46] "Art. 391. A confissão judicial faz prova contra o confitente, não prejudicando, todavia, os litisconsortes. Parágrafo único. Nas ações que versarem sobre bens imóveis ou direitos reais sobre imóveis alheios, a confissão de um cônjuge ou companheiro não valerá sem a do outro, salvo se o regime de casamento for o de separação absoluta de bens".

representante somente é eficaz nos limites em que este pode vincular o representado (art. 392[47] do CPC/2015).

Ela é irrevogável, mas pode ser anulada se decorreu de erro de fato ou de coação. Não há mais a invalidação da confissão por dolo, como era permitida pelo CPC de 1973, conforme se infere do texto doutrinário:

> Somente se justifica a invalidação da confissão por erro de fato (que é o objeto da declaração de ciência) ou por coação, que "provoca uma declaração não querida pelo agente, já que aconteceu apenas em razão da grave e injusta ameaça do coator"[48].

A confissão pode ser invalidada por meio de ação anulatória, caso não tenha ocorrido o trânsito em julgado da decisão judicial. A legitimidade para a ação anulatória é exclusiva do confitente, mas na hipótese de seu falecimento, pode ser transferida à seus herdeiros ou ao espólio. O prazo máximo para ajuizar ação anulatória é o prazo decadencial previsto no Código Civil para anular ato por vício de vontade, qual seja 4 (quatro) anos.

Caso já tenha transitado em julgado, o instrumento para atacar o vício será a ação rescisória. Todavia, o art. 966 do CPC/2015, que trata da ação rescisória, nada menciona a respeito de rescisória fundada em sentença de confissão nula. A alternativa é procurar nos incisos do art. 966 uma hipótese na qual a situação se enquadra. A solução seria fundamentar na ocorrência de coação e prova falsa, conforme incisos III e VI do dispositivo legal.

> Art. 966. A decisão de mérito, transitada em julgado, pode ser rescindida quando: (...)
> III - resultar de dolo ou coação da parte vencedora em detrimento da parte vencida ou, ainda, de simulação ou colusão entre as partes, a fim de fraudar a lei; (...)
> VI - for fundada em prova cuja falsidade tenha sido apurada em processo criminal ou venha a ser demonstrada na própria ação rescisória.

A confissão é, em regra, indivisível, não podendo a parte que a quiser invocar como prova aceitá-la no tópico que a beneficiar e rejeitá-la no que lhe for desfavorável. A indivisibilidade pode ser traduzida no sentido de que o ato de confissão deve ser considerado em seu conjunto, abraçando temas contrários ao interesse do

---

[47] "Art. 392. Não vale como confissão a admissão, em juízo, de fatos relativos a direitos indisponíveis. § 1º A confissão será ineficaz se feita por quem não for capaz de dispor do direito a que se referem os fatos confessados. § 2º A confissão feita por um representante somente é eficaz nos limites em que este pode vincular o representado".

[48] DIDIER JR., Fredie; OLIVEIRA, Rafael Alexandria de; BRAGA, Paula Sarno. Op. cit., p. 173.

confitente (confissão propriamente dita), mas também outros tópicos que lhe podem favorecer, os quais não podem ser considerados, efetivamente, como confissão.

Porém, a confissão poderá ser cindida quando o confitente a ela aduzir fatos novos, capazes de constituir fundamento de defesa de direito material ou de reconvenção. Dessa forma, o juiz fará a separação entre o fato confessado pelo confitente, considerando-o incontroverso, e o fato novo, o qual deverá ser comprovado. Exemplificando, podemos apontar o caso do reclamado que confessa a dívida com o reclamante (fato incontroverso), mas alega um dano causado por aquele, desejando a compensação. Este fato deverá ser comprovado, pois, além de novo, é favorável aos interesses do confitente.

De acordo com Marcus Vinicius Rios Gonçalves[49]: "A razão disso é que ninguém pode confessar em seu próprio favor, mas apenas sobre fatos contrários ao seu interesse".

Por fim, temos que o principal efeito da confissão, seja real ou ficta, é a **dispensa da produção de provas** quanto ao fato confessado. Portanto, se o fato foi confessado, ele se tornou incontroverso e, por óbvio, não há mais necessidade de produção de provas em relação a ele. A confissão, por conseguinte, faz com que se presuma verdadeira a narrativa de fato contrária ao interesse do confitente.

17.11.3 Documentos

Em sentido amplo, documento pode ser considerado qualquer coisa apta a representar um fato. Documento é todo objeto que demonstra, por escrita ou por gravação, a ocorrência de um fato. Assim, o documento pode assumir uma forma literal (escrita) ou uma forma material, como as reproduções fotográficas, fonográficas e até virtuais (CD-ROM, HD externos, *pen drive* etc.).

O documento é fonte, enquanto que a prova documento é o canal que o leva a ser apreciado pelo juiz.

Documento não se confunde com instrumento. Instrumento é documento criado para fazer prova escrita de um negócio jurídico. É documento pré-constituído.

No processo do trabalho, a prova documental vem disciplinada nos arts. 777, 780, 787 e 830 da CLT. Dessa forma, os preceitos do CPC sobre prova documental podem ser aplicados subsidiariamente.

A prova documental, no processo do trabalho, é um meio de prova cujo valor probatório é relativizado. Tal ideia decorre do fato de que, na realidade trabalhista, a prova documental é uma prova geralmente produzida pelo empregador e, geralmente, surgida no curso da relação de trabalho, mas que em muitas circunstâncias não condizem com a realidade, sobretudo pela situação de necessidade

---

[49] GONÇALVES, Marcus Vinicius Rios. Op. cit., 2015, p. 471.

do empregado em manter o seu emprego. Nesse contexto, o juiz deve aplicar o princípio da primazia da realidade, privilegiando o que realmente ocorreu em detrimento de documentos muitas vezes forjados.

Os documentos[50] devem acompanhar a inicial ou a contestação, conforme se depreende da CLT:

> Art. 787. A reclamação escrita deverá ser formulada em 2 (duas) vias e desde logo acompanhada dos documentos em que se fundar.

Todavia, o CPC permite a juntada de provas, em momento posterior[51], desde que o juiz conceda vistas à parte contrária antes da decisão. Assim, entendemos ser aplicável a regra do CPC ao processo do trabalho, pois a CLT é omissa, não há incompatibilidade, tratando-se de um procedimento que vai ao encontro da efetiva solução da lide. Desta forma, os documentos devem ser apresentados, pelo autor, na petição inicial e, em audiência, junto à contestação, pelo réu, ou inseridos, de imediato, no sistema do PJE (Processo Judicial Eletrônico). O descumprimento dessa regra dá ensejo à preclusão, salvo se a parte provar motivo relevante ou fato novo.

Este é o entendimento do TST, expresso na Súmula 8, *in verbis*:

> Súmula 8 – Juntada de Documento. A juntada de documentos na fase recursal só se justifica quando provado o justo impedimento para sua oportuna apresentação ou se referir a fato posterior à sentença.

Sempre que uma das partes requerer a juntada de documento aos autos, o juiz ouvirá, a seu respeito, a outra parte, que disporá do prazo de 15 (quinze) dias para adotar qualquer das posturas indicadas no art. 436. Embora o CPC informe que o prazo seja de 15 dias, entendemos que no processo do trabalho o juiz poderá reduzi-lo, adequando o prazo ao procedimento trabalhista que é mais célere.

A parte intimada para falar sobre o documento novo poderá, segundo o art. 436 do CPC:

---

[50] "Art. 434. Incumbe à parte instruir a petição inicial ou a contestação com os documentos destinados a provar suas alegações. Parágrafo único. Quando o documento consistir em reprodução cinematográfica ou fonográfica, a parte deverá trazê-lo nos termos do *caput*, mas sua exposição será realizada em audiência, intimando-se previamente as partes".

[51] "Art. 435. É lícito às partes, em qualquer tempo, juntar aos autos documentos novos, quando destinados a fazer prova de fatos ocorridos depois dos articulados ou para contrapô-los aos que foram produzidos nos autos. Parágrafo único. Admite-se também a juntada posterior de documentos formados após a petição inicial ou a contestação, bem como dos que se tornaram conhecidos, acessíveis ou disponíveis após esses atos, cabendo à parte que os produzir comprovar o motivo que a impediu de juntá-los anteriormente e incumbindo ao juiz, em qualquer caso, avaliar a conduta da parte de acordo com o art. 5º".

I - impugnar a admissibilidade da prova documental;

II - impugnar sua autenticidade;

III - suscitar sua falsidade, com ou sem deflagração do incidente de arguição de falsidade;

IV - manifestar-se sobre seu conteúdo.

Parágrafo único. Nas hipóteses dos incisos II e III, a impugnação deverá basear-se em argumentação específica, não se admitindo alegação genérica de falsidade.

Diante do previsto na CLT, os documentos juntados aos autos podem ser cópias simples, desde que declarados como autênticos pelo advogado, que terá responsabilidade pessoal.

Nestes termos, a redação do art. 830 da CLT:

> Art. 830. O documento em cópia oferecido para prova poderá ser declarado autêntico pelo próprio advogado, sob sua responsabilidade pessoal.
>
> Parágrafo único. Impugnada a autenticidade da cópia, a parte que a produziu será intimada para apresentar cópias devidamente autenticadas ou o original, cabendo ao serventuário competente proceder à conferência e certificar a conformidade entre esses documentos.

Para as pessoas jurídicas de direito público, de acordo com a Lei 10.522/2002, em seu art. 24, não há necessidade de se autenticar os documentos fotocopiados que serão apresentados em juízo.

Ratificando tal regra, **a OJ 134 da SDI-I do TST**:

> Autenticação. Pessoa Jurídica de Direito Público. Dispensada. Medida Provisória nº 1.360, de 12.03.1996.
>
> São válidos os documentos apresentados, por pessoa jurídica de direito público, em fotocópia não autenticada, posteriormente à edição da Medida Provisória nº 1.360/96 e suas reedições.

Quando o documento for comum às partes, como ocorre nos casos de acordo coletivo, convenção coletiva e sentença normativa, as cópias são consideradas autênticas, desde que não haja impugnação ao seu conteúdo. Esse é o entendimento do TST, **reproduzido pela OJ 36 da SDI-I**:

> Instrumento Normativo. Cópia não Autenticada. Documento Comum às Partes. Validade (título alterado e inserido dispositivo) - DJ 20.04.2005.
>
> O instrumento normativo em cópia não autenticada possui valor probante, desde que não haja impugnação ao seu conteúdo, eis que se trata de documento comum às partes.

A prova documental faz-se necessária, nos casos de comprovação de pagamento de salários (art. 464 da CLT)[52]. Mas, não havendo prova documental que ateste o pagamento dos salários, e o empregado confessar o recebimento dos mesmos, em juízo, entendemos que o fato resta cabalmente comprovado.

O acordo de prorrogação da jornada também deve ser comprovado mediante prova documental (art. 59, *caput*, §§ 1º e 2º, da CLT).

No mesmo sentido é o conteúdo da Súmula 85[53] do TST.

As anotações feitas na CTPS geram presunção relativa, admitindo, portanto, outros meios de prova, para refutá-la; em relação ao empregador, a presunção das anotações feitas na CTPS é absoluta, *jure et de jure*, pois ele próprio foi o mentor das referidas anotações, salvo se comprovado erro material.

17.11.4 Arguição de falsidade documental

É permitida a qualquer uma das partes impugnar o conteúdo dos documentos apresentados pela parte contrária, suscitando o incidente de falsidade. A CLT não trata do tema, motivo pelo qual se aplica subsidiariamente as regras constantes nos arts. 430 a 434 do CPC/2015.

O objetivo desse incidente é demonstrar a falsidade na formação de um documento (falsidade material) ou arguir a falsidade das informações contidas no documento, ou seja, do seu conteúdo (falsidade ideológica).

---

[52] "Art. 464. O pagamento do salário deverá ser efetuado contra recibo, assinado pelo empregado; em se tratando de analfabeto, mediante sua impressão digital, ou, não sendo esta possível, a seu rogo. Parágrafo único. Terá força de recibo o comprovante de depósito em conta bancária, aberta para esse fim em nome de cada empregado, com o consentimento deste, em estabelecimento de crédito próximo ao local de trabalho". Precedente Normativo 58 – "Salário. Pagamento ao analfabeto. O pagamento de salário ao empregado analfabeto deverá ser efetuado na presença de 2 (duas) testemunhas".

[53] Súmula 85 do TST – "Compensação de Jornada. I. A compensação de jornada de trabalho deve ser ajustada por acordo individual escrito, acordo coletivo ou convenção coletiva. II. O acordo individual para compensação de horas é válido, salvo se houver norma coletiva em sentido contrário. III. O mero não atendimento das exigências legais para a compensação de jornada, inclusive quando encetada mediante acordo tácito, não implica a repetição do pagamento das horas excedentes à jornada normal diária, se não dilatada a jornada máxima semanal, sendo devido apenas o respectivo adicional. IV. A prestação de horas extras habituais descaracteriza o acordo de compensação de jornada. Nesta hipótese, as horas que ultrapassarem a jornada semanal normal deverão ser pagas como horas extraordinárias e, quanto àquelas destinadas à compensação, deverá ser pago a mais apenas o adicional por trabalho extraordinário. V. As disposições contidas nesta súmula não se aplicam ao regime compensatório na modalidade 'banco de horas', que somente pode ser instituído por negociação coletiva. VI. Não é válido acordo de compensação de jornada em atividade insalubre, ainda que estipulado em norma coletiva, sem a necessária inspeção prévia e permissão da autoridade competente, na forma do art. 60 da CLT".

A falsidade pode ser suscitada no prazo de manifestação, após a juntada do documento. Arguida a falsidade, a parte será intimada para se manifestar. Nestes termos:

> Art. 430 do CPC. A falsidade deve ser suscitada na contestação, na réplica ou no prazo de 15 (quinze) dias, contado a partir da intimação da juntada do documento aos autos.
>
> Parágrafo único. Uma vez arguida, a falsidade será resolvida como questão incidental, salvo se a parte requerer que o juiz a decida como questão principal, nos termos do inciso II do art. 19.

No Processo do Trabalho, contudo, como o reclamado, geralmente, toma ciência dos documentos apresentados pelo reclamante durante a audiência, não poderá apresentar o incidente de falsidade juntamente com a sua defesa, devendo ser aberto o prazo de 15 dias para a arguição de falsidade. Após a apresentação da arguição a parte que produziu o documento será intimada para responder, também, no prazo de 15 dias. Em sequência, o juiz ordenará o exame pericial.

Caso a parte que se utilizou do documento impugnado concordar em retirá-lo e a parte impugnante não se opuser, não será necessária a produção de prova técnica (pericial).

Se o ônus da prova acerca da falsidade documental se tratar de falsidade de documento ou de preenchimento abusivo compete à parte que a arguir, todavia, se a falsidade discutida for sobre à assinatura exarada no documento, o ônus recairá sobre quem o produziu (art. 429, I e II, do CPC/2015).

De acordo o CPC, a falsidade será resolvida como questão incidental, salvo se a parte requerer que o juiz a decida como questão principal. Portanto, a declaração de falsidade não será parte integrante do dispositivo da sentença, de maneira automática, devendo a parte requerer tal providência.

Desse modo, a sentença que decide a arguição de falsidade não fará coisa julgada material, exceto se a parte assim requerer. Nesta orientação, o art. 433 do CPC, *in verbis*:

> Art. 433. A declaração sobre a falsidade do documento, quando suscitada como questão principal, constará da parte dispositiva da sentença e sobre ela incidirá também a autoridade da coisa julgada.

17.11.5 Exibição de documento ou coisa

Trata-se de um incidente utilizado quando a parte necessita fazer uma prova, cuja fonte é um documento ou uma coisa, mas estes não se encontram ao seu alcance.

É comum, especialmente no Processo do Trabalho, quando o empregado/reclamante deseja provar suas fundamentações através de documentos que estão em posse do próprio adversário ou de terceiros.

Quanto à sua natureza jurídica, entende-se que quando o pedido é feito em face da parte contrária trata-se de mero incidente processual; quando requerido em face de terceiro, é uma verdadeira ação.

Nos dizeres de Fredie Didier Jr.[54]:

> A exibição, quando requerida em face de terceiro, dá ensejo a um processo incidental, deflagrando uma nova relação jurídica processual, que passa a vincular o requerente e o terceiro-requerido. É possível que o juiz, de ofício, determine ao terceiro particular a exibição de documento/coisa. Nesse caso, porém, não se vai deflagrar um processo incidente, mas apenas um incidente do processo, que será em tudo semelhante ao incidente da requisição de que trata o art. 438 do CPC.

Destarte, a parte poderá formular o seu pedido de exibição na petição inicial, se for o autor, na contestação, caso seja o réu; na hipótese de ser solicitado o documento no curso do processo, basta uma simples petição autônoma, a qual conterá (art. 397 do CPC/2015):

> I – a individuação, tão completa quanto possível, do documento ou da coisa;
>
> II – a finalidade da prova, indicando os fatos que se relacionam com o documento ou com a coisa;
>
> III – as circunstâncias em que se funda o requerente para afirmar que o documento ou a coisa existe e se acha em poder da parte contrária.

O requerido dará sua resposta nos 5 (cinco) dias subsequentes à sua intimação. Se o requerido afirmar que não possui o documento ou a coisa, o juiz permitirá que o requerente prove, por qualquer meio, que a declaração não corresponde à verdade (art. 398 do CPC/2015).

Ao decidir o pedido, o juiz admitirá como verdadeiros os fatos que, por meio do documento ou da coisa, a parte pretendia provar se o requerido não efetuar a exibição nem fizer nenhuma declaração no prazo de 5 (cinco) dias ou a recusa for havida por ilegítima (art. 400 do CPC/2015).

Sendo necessário, o juiz pode adotar medidas indutivas, coercitivas, mandamentais ou sub-rogatórias para que o documento seja exibido.

Referidas medidas correspondem à busca e apreensão e às *astreintes*. Quando estas não forem suficientes, poderá o juiz se valer de qualquer outra medida para alcançar o documento ou coisa.

Quando o documento ou a coisa estiver em poder de terceiro, o juiz ordenará sua citação para responder no prazo de 15 (quinze) dias, pois se trata de uma ação.

---

54 DIDIER JR., Fredie; OLIVEIRA, Rafael Alexandria de; BRAGA, Paula Sarno. Op. cit., p. 233.

Se o terceiro negar a obrigação de exibir ou a posse do documento ou da coisa, o juiz designará audiência especial, tomando-lhe o depoimento, bem como o das partes e, se necessário, o de testemunhas, e em seguida proferirá decisão (art. 402 do CPC/2015).

Se o terceiro, sem justo motivo, se recusar a efetuar a exibição, o juiz ordenar-lhe-á que proceda ao respectivo depósito em cartório ou em outro lugar designado, no prazo de 5 (cinco) dias, impondo ao requerente que o ressarça pelas despesas que tiver (art. 403 do CPC).

Se o terceiro descumprir a ordem, o juiz expedirá mandado de apreensão, requisitando, se necessário, força policial, sem prejuízo da responsabilidade por crime de desobediência, pagamento de multa e outras medidas indutivas, coercitivas, mandamentais ou sub-rogatórias necessárias para assegurar a efetivação da decisão (art. 403, parágrafo único, do CPC).

Das decisões que julgam o incidente, antes da sentença, não cabem recurso de imediato, pois as mesmas possuem natureza interlocutória. Dessa feita, poderá ser atacada quando da prolação da sentença, por meio de recurso ordinário (art. 893, § 1º, da CLT).

17.11.6 Ata notarial

O CPC de 2015, em seu art. 384, apresenta como meio de prova a ata notarial.

> Art. 384. A existência e o modo de existir de algum fato podem ser atestados ou documentados, a requerimento do interessado, mediante ata lavrada por tabelião.
>
> Parágrafo único. Dados representados por imagem ou som gravados em arquivos eletrônicos poderão constar da ata notarial.

No que pertine à ata notarial, importante frisar que ela não deixa de ser uma prova documental. É um documento juntado aos autos. A sua particularidade, em comparação à prova documental em geral, consiste no fato de ser um documento lavrado por um tabelião no exercício de suas funções.

O tabelião de notas é quem elabora a ata notarial, retratando a ocorrência de determinados fatos.

A ata notarial é um meio probatório a ser utilizado para comprovar registros audiovisuais como, por exemplo, os fatos estampados em meios eletrônicos (*WhatsApp* e *Facebook*), os quais podem ser facilmente apagados, o que pode gerar dificuldades para transportá-los para o processo. Em decorrência dessa situação, a parte pode se utilizar da ata notarial para demonstrar no processo, de forma documentada e escrita, registros audiovisuais.

A ata notarial tem por finalidade provar e demonstrar a existência ou ocorrência de algum fato, devendo ser lavrada perante um tabelião. Como exemplo podemos apontar o caso de um *post* no *Facebook,* no qual o empregado ofende diretamente a pessoa do empregador. É possível ir ao cartório pedir ao tabelião para documentar aquela página da internet. Mesmo que o *post* seja removido, o documento comprobatório ainda existirá.

17.11.7 Prova testemunhal

A prova testemunhal é o meio de prova mais frágil, suscetível de falhas, inseguro, posto ser realizado pelo ser humano, que está sujeito a vários tipos de pressão. Além disso, as impressões vivenciadas pela testemunha acabam sendo permeadas ou mesmo contaminadas por fatores subjetivos. Entretanto, em virtude das dificuldades encontradas pelo empregado em obter documentos que comprovem suas alegações, tornou-se o meio de prova mais usual no Processo do Trabalho, sendo, não raro, o único.

Testemunha é necessariamente pessoa natural estranha ao processo. Qualquer pessoa que faça parte ou tenha algum tipo de interesse no processo não pode figurar como testemunha.

Cada parte poderá indicar, no máximo, três testemunhas, no rito ordinário, duas, no sumaríssimo e até seis, na ação para apuração de falta grave.

Existindo litisconsórcio passivo, cada reclamada fará jus ao número máximo de testemunhas para o respectivo procedimento. A mesma regra não se aplica ao litisconsórcio ativo e facultativo, dado que a opção foi feita pelos próprios reclamantes, que, nesta situação, optaram pelo ajuizamento da demanda em conjunto.

No Processo do Trabalho, não há rol de testemunhas. As testemunhas deverão comparecer à audiência independentemente de intimação. Se não comparecer espontaneamente à audiência, o juiz poderá, de ofício ou a requerimento da parte, determinar a sua intimação[55]. Se, porventura, a testemunha, sem motivo justificado, não atender à intimação, poderá ser conduzida coercitivamente e estará sujeita ao pagamento de multa prevista no art. 730[56] da CLT.

Nas causas submetidas ao procedimento sumaríssimo, a intimação das testemunhas somente será realizada se ficar comprovado que a testemunha foi convidada e não compareceu (art. 852-H, §§ 3º e 4º, da CLT). Logo, nesse procedimento a parte deverá comprovar que a testemunha fora convidada, caso contrário, o juiz não irá proceder à intimação. A comprovação do convite pode ser constatada por

---

[55] "Art. 825. As testemunhas comparecerão à audiência independentemente de notificação ou intimação. Parágrafo único. As que não comparecerem serão intimadas, *ex officio* ou a requerimento da parte, ficando sujeitas a condução coercitiva, além das penalidades do art. 730, caso, sem motivo justificado, não atendam à intimação".

[56] "Art. 730. Aqueles que se recusarem a depor como testemunhas, sem motivo justificado, incorrerão na multa de Cr$ 50,00 (cinquenta cruzeiros) a Cr$ 500,00 (quinhentos cruzeiros)".

um documento, tal como um *e-mail* ou uma carta com aviso de recebimento (AR), embora, na prática, alguns juízes permitem a constatação por meio de testemunhas.

Toda pessoa natural, plenamente capaz, que tenha ciência dos fatos relativos ao processo pode ser testemunha. Todavia, não podem ser testemunhas as pessoas incapazes, impedidas ou suspeitas (art. 447 do CPC/2015).

De acordo com o art. 829 da CLT, não estão sujeitas a compromisso as testemunhas que forem parentes até o terceiro grau civil, amigo íntimo ou inimigo de qualquer das partes, valendo seus depoimentos como simples informação. Diante da singeleza da regra celetista, aplica-se a regra contida no art. 447 do CPC/2015.

Desse modo, **são incapazes para depor**, consoante dicção do art. 447, § 1º, do CPC/2015:

> Art. 447. (...)
>
> § 1º São incapazes:
>
> I - o interdito por enfermidade ou deficiência mental;
>
> II - o que, acometido por enfermidade ou retardamento mental, ao tempo em que ocorreram os fatos, não podia discerni-los, ou, ao tempo em que deve depor, não está habilitado a transmitir as percepções;
>
> III - o que tiver menos de 16 (dezesseis) anos;
>
> IV - o cego e o surdo, quando a ciência do fato depender dos sentidos que lhes faltam.

Questão tormentosa envolve a testemunha que esteja entre os 16 e 18 anos de idade. Como apresentado, o CPC permite que a testemunha com 16 (dezesseis) anos preste depoimento como tal. Contudo, há posicionamentos na jurisprudência e na doutrina no sentido de que o menor de 18 anos, por não ser penalmente imputável (e, por isso, não pode ser responsabilizado pelo crime de falso testemunho; no máximo, estaria cometendo um ato infracional), não pode ser ouvido como testemunha, já que não prestaria compromisso, devendo ser ouvido na condição de informante.

Entendemos que aludida situação deva ser atenuada no processo do trabalho, mormente pelo fato de que a própria legislação permite, como regra, a contratação, como empregados, de menores de 18 (dezoito) anos, fato esse que enseja a plausibilidade de se tomar os seus depoimentos como testemunhas. É claro que o juiz, dentro de um critério de razoabilidade, deverá mensurar a importância ou não de ouvir o menor de 18 anos como testemunha ou como informante.

Já **os impedidos** estão declinados no art. 447, § 2º, do CPC/2015:

> I - o cônjuge, o companheiro, o ascendente e o descendente em qualquer grau e o colateral, até o terceiro grau, de alguma das partes, por consanguinidade ou afinidade, salvo se o exigir o interesse público ou, tratando-se de causa relativa ao estado da pessoa, não se puder obter de outro modo a prova que o juiz repute necessária ao julgamento do mérito;

II - o que é parte na causa;

III - o que intervém em nome de uma parte, como o tutor, o representante legal da pessoa jurídica, o juiz, o advogado e outros que assistam ou tenham assistido as partes.

Por fim, **são suspeitos** as pessoas apontadas no art. 447, § 3º, do CPC/2015:

I - o inimigo da parte ou o seu amigo íntimo;

II - o que tiver interesse no litígio.

Em situações excepcionais, relembrando, o juiz poderá admitir o depoimento das testemunhas menores, impedidas ou suspeitas. Estes depoimentos serão prestados independentemente de compromisso, e o juiz lhes atribuirá o valor que possam merecer (art. 447, §§ 4º e 5º).

Em relação à testemunha, **a Súmula 357 do TST** entende não ser suspeita a testemunha que litigou ou esteja litigando contra o mesmo empregado.

> Súmula 357 do TST. Testemunha. Ação contra a Mesma Reclamada. Suspeição. Não torna suspeita a testemunha o simples fato de estar litigando ou de ter litigado contra o mesmo empregador.

Sobre a Súmula em tela, cabe o apontamento de Gustavo Filipe Barbosa Garcia[57]:

> Não obstante, se no caso concreto ficar demonstrada a "troca de favores" entre a atual testemunha (que ajuizou ação anteriormente) e o reclamante, o qual tenha testemunhado em favor daquela, conforme ajuste assim estabelecido, observa-se a suspeição daquela, por ter interesse na solução do litígio (art. 447, § 3º, inciso II, do CPC).

Quando o empregado tiver que faltar ao serviço para comparecer em juízo para depor, como testemunha, não poderá sofrer nenhum desconto em seu salário. Essa regra vem estampada no art. 822 da CLT[58], bem como nas seguintes Súmulas do TST:

---

[57] GARCIA, Gustavo Filipe Barbosa. Op. cit., 2012, p. 499.
[58] "Art. 822. As testemunhas não poderão sofrer qualquer desconto pelas faltas ao serviço, ocasionadas pelo seu comparecimento para depor, quando devidamente arroladas ou convocadas.
Art. 823. Se a testemunha for funcionário civil ou militar, e tiver de depor em hora de serviço, será requisitada ao chefe da repartição para comparecer à audiência marcada".

Súmula 89 – Falta ao Serviço. Se as faltas já são justificadas pela lei, consideram-se como ausências legais e não serão descontadas para o cálculo do período de férias.

Súmula 155 – Ausência ao Serviço. As horas em que o empregado falta ao serviço para comparecimento necessário, como parte, à Justiça do Trabalho não serão descontadas de seus salários (ex-Prejulgado nº 30).

Em regra, a oitiva das testemunhas deve ocorre na sede do juízo, em audiência de instrução e julgamento. Todavia, quando a parte ou a testemunha, por enfermidade ou por outro motivo relevante, estiver impossibilitada de comparecer, mas não de prestar depoimento, o juiz designará, conforme as circunstâncias, dia, hora e lugar para inquiri-la (art. 449[59], parágrafo único, do CPC/2015).

A oitiva de testemunha que residir em comarca, seção ou subseção judiciária diversa daquela onde tramita o processo poderá ser realizada por meio de videoconferência ou outro recurso tecnológico de transmissão e recepção de sons e imagens em tempo real, o que poderá ocorrer, inclusive, durante a audiência de instrução e julgamento (art. 453[60], § 1º, do CPC).

Para que isso tenha efetividade na prática, os juízes deverão manter equipamento para a transmissão e recepção de sons e imagens.

Antes de ser inquirida, a testemunha será qualificada[61]. Nesse ato, a testemunha fornece os seus dados (nome completo, documento de identificação, endereço e profissão). A qualificação da testemunha é ato anterior ao seu depoimento. Após a realização do pregão, chama-se a testemunha e, quando ela comparece, o magistrado deve imediatamente qualificá-la.

Problema prático envolve a situação na qual a testemunha comparece em juízo para depor, mas sem portar os seus documentos: O juiz poderá ouvi-la sem que a mesma apresente o seu documento?

---

[59] "Art. 449. Salvo disposição especial em contrário, as testemunhas devem ser ouvidas na sede do juízo. Parágrafo único. Quando a parte ou a testemunha, por enfermidade ou por outro motivo relevante, estiver impossibilitada de comparecer, mas não de prestar depoimento, o juiz designará, conforme as circunstâncias, dia, hora e lugar para inquiri-la".

[60] "Art. 453. As testemunhas depõem, na audiência de instrução e julgamento, perante o juiz da causa, exceto: I – as que prestam depoimento antecipadamente; II – as que são inquiridas por carta. § 1º A oitiva de testemunha que residir em comarca, seção ou subseção judiciária diversa daquela onde tramita o processo poderá ser realizada por meio de videoconferência ou outro recurso tecnológico de transmissão e recepção de sons e imagens em tempo real, o que poderá ocorrer, inclusive, durante a audiência de instrução e julgamento. § 2º Os juízes deverão manter equipamento para a transmissão e recepção de sons e imagens a que se refere o § 1º".

[61] "Art. 828. Toda testemunha, antes de prestar o compromisso legal, será qualificada, indicando o nome, nacionalidade, profissão, idade, residência, e, quando empregada, o tempo de serviço prestado ao empregador, ficando sujeita, em caso de falsidade, às leis penais".

Entendemos, a priori, que não poderá depor; primeiro, porque a testemunha não poderá prestar o compromisso legal e, consequentemente, ser advertida sobre as possíveis penalidades por eventual crime de falso testemunho (está sem o seu documento); em segundo, pelo fato de que o depoimento pessoal é um ato formal, com exigências prévias fixadas em lei.

Todavia, há posicionamentos no sentido de que a não oitiva da testemunha, que não apresenta o seu documento pessoal, configuraria cerceamento de defesa, posto que a lei não exige que a testemunha deva apresentar documento em juízo.

Após a qualificação é lícito à parte contraditar a testemunha, arguindo-lhe a incapacidade, o impedimento ou a suspeição, bem como, caso a testemunha negue os fatos que lhe são imputados, provar a contradita com documentos ou com testemunhas, até 3 (três), apresentadas no ato e inquiridas em separado (art. 457[62], § 1º, do CPC/2015). Portanto, a contradita deve ocorrer após a qualificação da testemunha e antes do compromisso legal.

Se a testemunha for rejeitada, o juiz a dispensará. Caso não seja contraditada ou não seja rejeitada, a testemunha prestará compromisso de dizer a verdade, sendo advertida pelo juiz que poderá sofrer sanção penal caso faça afirmação falsa, bem como se silenciar ou omitir a verdade[63].

Em regra, o juiz deve inquirir, primeiramente, as testemunhas do autor, passando, posteriormente à oitiva das testemunhas do réu. Não obstante, em virtude da distribuição do ônus da prova, o juiz poderá inverter o procedimento, iniciando a oitiva pelas testemunhas do reclamado. Dessa feita, no processo do trabalho, é o juiz quem interroga diretamente as partes e as testemunhas, não se aplicando a regra do CPC por meio da qual o advogado pergunta diretamente para as testemunhas. Nesse leme, é a Instrução Normativa 39/2016 do TST, a qual define que o procedimento de inquirição de testemunhas do CPC não se aplica no processo do trabalho, pois há uma regra própria prevista na CLT, não havendo lacuna.

Após a inquirição realizada pelo juiz, os advogados das partes poderão indagar as testemunhas realizando as perguntas por intermédio do magistrado, isto

---

[62] "Art. 457. Antes de depor, a testemunha será qualificada, declarará ou confirmará seus dados e informará se tem relações de parentesco com a parte ou interesse no objeto do processo. § 1º É lícito à parte contraditar a testemunha, arguindo-lhe a incapacidade, o impedimento ou a suspeição, bem como, caso a testemunha negue os fatos que lhe são imputados, provar a contradita com documentos ou com testemunhas, até 3 (três), apresentadas no ato e inquiridas em separado. § 2º Sendo provados ou confessados os fatos a que se refere o § 1º, o juiz dispensará a testemunha ou lhe tomará o depoimento como informante. § 3º A testemunha pode requerer ao juiz que a escuse de depor, alegando os motivos previstos neste Código, decidindo o juiz de plano após ouvidas as partes".

[63] CPC/2015: "Art. 458. Ao início da inquirição, a testemunha prestará o compromisso de dizer a verdade do que souber e lhe for perguntado. Parágrafo único. O juiz advertirá à testemunha que incorre em sanção penal quem faz afirmação falsa, cala ou oculta a verdade".

é, não podem perguntar diretamente para as testemunhas. O juiz sempre terá o poder-dever de controlar as perguntas elaboradas.

O juiz providenciará para que as testemunhas não ouçam o depoimento em curso (art. 824 da CLT).

O depoimento poderá ser documentado por meio de gravação.

O juiz pode ordenar, de ofício ou a requerimento da parte, a inquirição de testemunhas referidas nas declarações da parte ou das testemunhas. Essas testemunhas são denominadas *testemunhas referidas*[64]. Como tiveram seus nomes mencionados nos depoimentos das partes ou das testemunhas, poderão ser inquiridas pelo juiz, de modo a colaborar para o esclarecimento dos fatos. Essa situação pode ocorrer mesmo que o juiz já tenha inquirido o número máximo de testemunhas permitido pelo procedimento, uma vez que aludida testemunha passa a ser do juízo.

Existindo contradição ou divergências entre as declarações, o juiz poderá proceder à acareação entre duas ou mais testemunhas ou de alguma delas com a parte, principalmente se o fato for relevante e puder influir na decisão da causa.

Insta mencionarmos que com a Lei 13.467/2017 a testemunha que dolosamente modificar a verdade dos fatos ou omiti-los, propositalmente, será condenada ao pagamento de uma multa – entre 1% e 10% calculado sobre o valor da causa[65]. Essa regra tem por finalidade combater a deslealdade processual, em nada se confundindo com o crime de falso testemunho.

17.11.8 Prova pericial

A prova pericial é necessária para elucidar fatos que requeiram um domínio técnico, ou seja, a pessoa que irá analisar o fato necessita possuir conhecimento técnico especializado.

---

[64] CPC/2015: "Art. 461. O juiz pode ordenar, de ofício ou a requerimento da parte: I – a inquirição de testemunhas referidas nas declarações da parte ou das testemunhas".

[65] "Art. 793-A. Responde por perdas e danos aquele que litigar de má-fé como reclamante, reclamado ou interveniente. [...] Art. 793-C. De ofício ou a requerimento, o juízo condenará o litigante de má-fé a pagar multa, que deverá ser superior a 1% (um por cento) e inferior a 10% (dez por cento) do valor corrigido da causa, a indenizar a parte contrária pelos prejuízos que esta sofreu e a arcar com os honorários advocatícios e com todas as despesas que efetuou. § 1º Quando forem dois ou mais os litigantes de má-fé, o juízo condenará cada um na proporção de seu respectivo interesse na causa ou solidariamente aqueles que se coligaram para lesar a parte contrária. § 2º Quando o valor da causa for irrisório ou inestimável, a multa poderá ser fixada em até duas vezes o limite máximo dos benefícios do Regime Geral de Previdência Social.§ 3º O valor da indenização será fixado pelo juízo ou, caso não seja possível mensurá-lo, liquidado por arbitramento ou pelo procedimento comum, nos próprios autos. Art. 793-D. Aplica-se a multa prevista no art. 793-C desta Consolidação **à testemunha que intencionalmente alterar a verdade dos fatos ou omitir fatos essenciais ao julgamento da causa**. Parágrafo único. A execução da multa prevista neste artigo dar-se-á nos mesmos autos."

Nesta hipótese, "o perito substitui, pois, o juiz[66], naquelas atividades de inspeção que exijam o conhecimento de um profissional especializado. Nesses casos, a *inspeção judicial é substituída por uma inspeção pericial (perícia)*"[67].

Geralmente, a prova pericial tem por objeto as pessoas e as coisas, mas nada impede que outras fontes de prova sejam periciadas, como, por exemplo, o barulho e o odor.

Em consonância com o art. 464 do CPC/2015, a perícia pode ser realizada através de um exame, ou de uma vistoria ou de uma avaliação.

O exame é feito em pessoas, semoventes e coisas que não sejam bens imóveis; a vistoria é uma perícia que se destina a analisar um bem imóvel, (vistoria para verificar se o estabelecimento empresarial é insalubre ou não); e a avaliação busca determinar o valor de uma coisa ou bem.

A prova pericial é realizada por um perito, pessoa que deve ser especialista em uma determinada área de conhecimento. É considerado um auxiliar eventual do juízo.

Os peritos serão nomeados entre os profissionais legalmente habilitados e os órgãos técnicos ou científicos devidamente inscritos em cadastros mantidos pelo tribunal, ao qual o juiz está vinculado.

Para formação do cadastro, os tribunais devem realizar consulta pública, por meio de divulgação na rede mundial de computadores ou em jornais de grande circulação, além de consulta direta a universidades, a conselhos de classe, ao Ministério Público, à Defensoria Pública e à Ordem dos Advogados do Brasil,

---

[66] "Recurso do Reclamante. Estabilidade Acidentária. Nulidade da Dispensa. Doença Profissional. Laudo Pericial. *Peritus Peritorum*. Não Vinculação do Juízo. Arts. 436 e 458, II, do CPC. Em que pese a conclusão do laudo pericial ter afirmado a impossibilidade de caracterização acerca da existência de nexo causal entre a doença que acometeu o autor e a atividade por ele exercida no reclamado, é possível que o magistrado supere tal questão pela análise de outros elementos trazidos aos autos. Isto porque o Juiz não está vinculado às conclusões do laudo pericial. Por força das funções de que está investido, o juiz é o perito dos peritos (*peritus peritorum*). Inteligência dos arts. 436 e 458, II, do CPC, aplicado subsidiariamente. Constatada a existência de doença do trabalho, nula é a dispensa do trabalhador promovida antes do fim do prazo da garantia provisória de emprego. Recurso a que se dá provimento. Honorários Advocatícios. No âmbito da Justiça do trabalho, os honorários advocatícios são devidos nas hipóteses em que o empregado é beneficiário da gratuidade de justiça e está assistido por seu sindicato de classe. A jurisprudência do Tribunal Superior do Trabalho já sedimentou tal entendimento, consubstanciado nas Súmulas nos 219 e 329 e Orientação Jurisprudencial nº 304 da SDI-I, todos do col. TST. Recurso a que se dá provimento, no aspecto" (RO 00112838620135010074, 5ª Turma, Rel. Des. Enoque Ribeiro dos Santos, Data de publicação: 07.12.2015).

[67] DIDIER JR., Fredie; OLIVEIRA, Rafael Alexandria de; BRAGA, Paula Sarno. Op. cit., p. 258.

para a indicação de profissionais ou de órgãos técnicos interessados (art. 156[68] do CPC/2015).

Será organizada lista de peritos na vara ou na secretaria, com disponibilização dos documentos exigidos para habilitação à consulta de interessados, para que a nomeação seja distribuída de modo equitativo, observadas a capacidade técnica e a área de conhecimento.

O perito cumprirá escrupulosamente o encargo que lhe foi cometido, *independentemente de termo de compromisso* (art. 466[69] do CPC/2015), devendo efetivar o seu trabalho no prazo que lhe designar o juiz.

Entretanto, o perito pode se escusar do encargo alegando motivo legítimo. A escusa será apresentada no prazo de 15 dias, contados da intimação, da suspeição ou do impedimento supervenientes, sob pena de renúncia ao direito a alegá-la.

Na seara processual trabalhista a perícia vem regulamentada pela Lei 5.584/1970, que revogou tacitamente o art. 826 da CLT.

O art. 3º da referida lei prevê que os exames periciais sejam *realizados por perito único*, designado pelo juiz, que fixará o prazo para entrega do laudo. Ademais, *permite-se a cada parte a indicação de um assistente, cujo laudo terá que ser apresentado no mesmo prazo assinado para o perito, sob pena de ser desentranhado dos autos*.

---

[68] "Art. 156. O juiz será assistido por perito quando a prova do fato depender de conhecimento técnico ou científico. § 1º Os peritos serão nomeados entre os profissionais legalmente habilitados e os órgãos técnicos ou científicos devidamente inscritos em cadastro mantido pelo tribunal ao qual o juiz está vinculado. § 2º Para formação do cadastro, os tribunais devem realizar consulta pública, por meio de divulgação na rede mundial de computadores ou em jornais de grande circulação, além de consulta direta a universidades, a conselhos de classe, ao Ministério Público, à Defensoria Pública e à Ordem dos Advogados do Brasil, para a indicação de profissionais ou de órgãos técnicos interessados. § 3º Os tribunais realizarão avaliações e reavaliações periódicas para manutenção do cadastro, considerando a formação profissional, a atualização do conhecimento e a experiência dos peritos interessados. § 4º Para verificação de eventual impedimento ou motivo de suspeição, nos termos dos arts. 148 e 467, o órgão técnico ou científico nomeado para realização da perícia informará ao juiz os nomes e os dados de qualificação dos profissionais que participarão da atividade. § 5º Na localidade onde não houver inscrito no cadastro disponibilizado pelo tribunal, a nomeação do perito é de livre escolha pelo juiz e deverá recair sobre profissional ou órgão técnico ou científico comprovadamente detentor do conhecimento necessário à realização da perícia".

[69] "Art. 466. O perito cumprirá escrupulosamente o encargo que lhe foi cometido, independentemente de termo de compromisso. § 1º Os assistentes técnicos são de confiança da parte e não estão sujeitos a impedimento ou suspeição. § 2º O perito deve assegurar aos assistentes das partes o acesso e o acompanhamento das diligências e dos exames que realizar, com prévia comunicação, comprovada nos autos, com antecedência mínima de 5 (cinco) dias".

Pensamos que a regra acima descrita deva ser adaptada com a regra do art. 475 do CPC/2015[70]. Desse modo, havendo perícias complexas, que são aquelas que investigam fatos relacionados a mais de uma área de conhecimento, o juiz não está obrigado a nomear apenas um perito, ao revés, deve indicar o número de peritos para cobrir cada especialidade do fato sob perícia.

De forma exemplificativa, podemos apontar a situação na qual o empregado alega ter uma determinada doença ocupacional, bem como que o ambiente do estabelecimento empresarial é insalubre; nesta hipótese, o juiz pode indicar um perito-médico para examinar a possível doença e um perito-engenheiro para verificar a insalubridade.

Além disso, as partes podem, de comum acordo, escolher o perito, indicando-o mediante requerimento, desde que sejam plenamente capazes e a causa possa ser resolvida por autocomposição (art. 471[71] do CPC/2015).

Em relação aos assistentes técnicos, *cada parte possui a faculdade de indicar ou não*. O assistente técnico é um auxiliar da parte, portanto, não se submete ao rol de impedimentos ou suspeições. Seu trabalho consiste em produzir quesitos (questões técnicas sobre o fato a ser periciado), fiscalizar o trabalho do perito e elaborar o seu parecer técnico sobre o laudo do perito. Nesse passo, o posicionamento do TST:

> Súmula 341 do TST – Honorários do Assistente Técnico. A indicação do perito assistente é faculdade da parte, a qual deve responder pelos respectivos honorários, ainda que vencedora no objeto da perícia.

Se o fato ensejar a realização da prova pericial, o juiz nomeará perito especializado no objeto da perícia e fixará de imediato o prazo para a entrega do laudo. Em regra, no processo do trabalho, a perícia é determinada em audiência. Assim, neste ato, o juiz já deve intimar as partes para, dentro do prazo assinalado (o CPC[72] menciona 15 dias), arguir o impedimento ou a suspeição do perito e, se for o caso, indicar assistente técnico e apresentar quesitos.

---

[70] "Art. 475. Tratando-se de perícia complexa que abranja mais de uma área de conhecimento especializado, o juiz poderá nomear mais de um perito, e a parte, indicar mais de um assistente técnico".

[71] "Art. 471. As partes podem, de comum acordo, escolher o perito, indicando-o mediante requerimento, desde que: I – sejam plenamente capazes; II – a causa possa ser resolvida por autocomposição".

[72] CPC: "Art. 465. O juiz nomeará perito especializado no objeto da perícia e fixará de imediato o prazo para a entrega do laudo. § 1º Incumbe às partes, dentro de 15 (quinze) dias contados da intimação do despacho de nomeação do perito: I – arguir o impedimento ou a suspeição do perito, se for o caso; II – indicar assistente técnico; III – apresentar quesitos".

Há de se ressaltar que nas demandas envolvendo pedidos de adicionais de insalubridade e periculosidade, a realização de perícia é obrigatória (art. 195[73], § 2º, da CLT). Essa regra é válida mesmo quando o reclamado for revel, pois como se trata de pedidos envolvendo fatos técnicos, é fundamental a realização da prova técnica, não se permitindo a confissão *ficta*, ou seja, a presunção relativa da veracidade dos fatos alegados pelo autor na inicial.

Para constatar e classificar[74] a insalubridade e a periculosidade é imperioso a confecção do laudo pericial por um médico ou engenheiro do trabalho.

A respeito do tema, o TST formulou a OJ 165 da SDI-I:

> Perícia. Engenheiro ou Médico. Adicional de Insalubridade e Periculosidade. Válido. Art. 195 da CLT.
>
> O art. 195 da CLT não faz qualquer distinção entre o médico e o engenheiro para efeito de caracterização e classificação da insalubridade e periculosidade, bastando para a elaboração do laudo seja o profissional devidamente qualificado.

Contudo, é possível que a sociedade empresária não esteja mais ativada e o seu estabelecimento encontra-se fechado. Neste caso, a perícia pode ser realizada por intermédio de prova emprestada, com a juntada do laudo pericial elaborado em processo anterior ajuizado contra o mesmo empregador.

Sobre o tema, o TST assim se expressou por meio da **OJ 278 da SDI-I**:

> Adicional de Insalubridade. Perícia. Local de Trabalho Desativado. A realização de perícia é obrigatória para a verificação de insalubridade. Quando não for possível sua realização, como em caso de fechamento da empresa, poderá o julgador utilizar-se de outros meios de prova.

---

[73] "Art. 195. A caracterização e a classificação da insalubridade e da periculosidade, segundo as normas do Ministério do Trabalho, far-se-ão através de perícia a cargo de Médico do Trabalho ou Engenheiro do Trabalho, registrados no Ministério do Trabalho. § 1º É facultado às empresas e aos sindicatos das categorias profissionais interessadas requererem ao Ministério do Trabalho a realização de perícia em estabelecimento ou setor deste, com o objetivo de caracterizar e classificar ou delimitar as atividades insalubres ou perigosas. § 2º Arguida em juízo insalubridade ou periculosidade, seja por empregado, seja por Sindicato em favor de grupo de associados, o juiz designará perito habilitado na forma deste artigo, e, onde não houver, requisitará perícia ao órgão competente do Ministério do Trabalho".

[74] Súmula 448 do TST: "Atividade Insalubre. Caracterização. Previsão na Norma Regulamentadora nº 15 da Portaria do Ministério do Trabalho nº 3.214/78. Instalações Sanitárias (conversão da Orientação Jurisprudencial nº 4 da SBDI-1 com nova redação do item II) – Res. 194/2014, *DEJT* divulgado em 21, 22 e 23.05.2014. I – Não basta a constatação da insalubridade por meio de laudo pericial para que o empregado tenha direito ao respectivo adicional, sendo necessária a classificação da atividade insalubre na relação oficial elaborada pelo Ministério do Trabalho".

Ainda, sobre o tema envolvendo realização de prova pericial para atividades perigosas, o TST entende que a mesma não é necessária quando o pagamento realizado pelo empregador decorre por mera liberalidade.

Nestes termos, a **Súmula 453 do TST**:

> Adicional de Periculosidade. Pagamento Espontâneo. Caracterização de Fato Incontroverso. Desnecessária a Perícia de que trata o art. 195 da CLT.
>
> O pagamento de adicional de periculosidade efetuado por mera liberalidade da empresa, ainda que de forma proporcional ao tempo de exposição ao risco ou em percentual inferior ao máximo legalmente previsto, dispensa a realização da prova técnica exigida pelo art. 195 da CLT, pois torna incontroversa a existência do trabalho em condições perigosas.

A prova pericial também será dispensada quando o pagamento do adicional decorrer de própria imposição legal, como ocorre em relação às profissões de vigilantes (art. 193, II[75], da CLT) e de bombeiros civis (art. 6º, III, da Lei 11.901/2009). Dessa feita, o fato ensejador do pagamento é o próprio exercício da profissão.

Apresentado o laudo pericial, as partes serão intimadas, para se manifestarem acerca do mesmo. O perito bem como os assistentes técnicos poderão ser ouvidos, em audiência, pelo juiz, para elucidar questões inerentes ao laudo pericial (art. 827 da CLT).

É lícito ao juiz, entendendo não se encontrar a matéria devidamente esclarecida, determinar, de ofício ou a requerimento da parte, a realização de nova perícia[76], vislumbrando a correção de eventual omissão ou inexatidão do primeiro exame pericial. A segunda perícia não substitui a primeira, cabendo ao juiz apreciar o valor de uma e de outra.

O juiz não fica adstrito ao laudo pericial, fundamentados, na sentença, os motivos que o levaram a considerar ou a deixar de considerar as conclusões do laudo, levando em conta o método utilizado pelo perito (art. 479[77] do CPC/2015). Dessa forma, o magistrado pode julgar em sentido contrário ao laudo pericial, desde que fundamente o seu entendimento com fulcro no cenário fático apresentado nos autos e nas demais provas apresentadas (persuasão racional).

---

[75] "II - roubos ou outras espécies de violência física nas atividades profissionais de segurança pessoal ou patrimonial. (Redação dada ao *caput* pela Lei nº 12.740, de 08.12.2012, *DOU* de 10.12.2012)".

[76] CPC: "Art. 480. O juiz determinará, de ofício ou a requerimento da parte, a realização de nova perícia quando a matéria não estiver suficientemente esclarecida".

[77] "Art. 479. O juiz apreciará a prova pericial de acordo com o disposto no art. 371, indicando na sentença os motivos que o levaram a considerar ou a deixar de considerar as conclusões do laudo, levando em conta o método utilizado pelo perito".

Como alternativa ao sistema tradicional de prova pericial, o CPC cria a *prova técnica simplificada*[78], objetivando maior celeridade e redução de gastos. Essa forma de perícia é realizada por meio da simples inquirição do especialista, não sendo necessário o laudo pericial.

O art. 790-B da CLT impõe o pagamento dos honorários periciais à parte sucumbente **na pretensão objeto da perícia**, ainda que beneficiária da justiça gratuita. Na situação do beneficiário da justiça gratuita ser sucumbente, os honorários eram suportados pela União.

A Lei 13.467/2017 alterou esse artigo, que passou a ter a seguinte redação, com eficácia a partir de 11/11/2017: "Art. 790-B. A responsabilidade pelo pagamento dos honorários periciais é da parte sucumbente na pretensão objeto da perícia, ainda que beneficiária de justiça gratuita".

E ainda: "§ 4º Somente no caso em que o beneficiário da justiça gratuita não tenha obtido em juízo créditos capazes de suportar a despesa referida no caput, ainda que em outro processo, a União responderá pelo encargo". Portanto, a União somente arcará com os honorários do perito, caso a parte beneficiária da justiça gratuita não tenha valores para fazê-lo.

Sobre esse tema, temos a posição do Colendo TST, por meio da Súmula 457 do TST, que poderá ter sua redação modificada:

> Honorários Periciais. Beneficiário da Justiça Gratuita. Responsabilidade da União pelo Pagamento. Resolução nº 66/2010 do CSJT. Observância. A União é responsável pelo pagamento dos honorários de perito quando a parte sucumbente no objeto da perícia for beneficiária da assistência judiciária gratuita, observado o procedimento disposto nos arts. 1º, 2º e 5º da Resolução nº 66/2010 do Conselho Superior da Justiça do Trabalho – CSJT.

Por derradeiro, insta mencionar que a exigência de pagamento antecipado dos honorários periciais não é permitida no processo do trabalho. Assim é o disposto na Orientação Jurisprudencial 98 da SDI-II, *in verbis*:

> Mandado de Segurança. Cabível para atacar Exigência de Depósito Prévio de Honorários Periciais. É ilegal a exigência de depósito prévio para custeio dos honorários periciais, dada a incompatibilidade com o processo do trabalho,

---

[78] "Art. 464 (...) § 2º De ofício ou a requerimento das partes, o juiz poderá, em substituição à perícia, determinar a produção de prova técnica simplificada, quando o ponto controvertido for de menor complexidade. § 3º A prova técnica simplificada consistirá apenas na inquirição de especialista, pelo juiz, sobre ponto controvertido da causa que demande especial conhecimento científico ou técnico. § 4º Durante a arguição, o especialista, que deverá ter formação acadêmica específica na área objeto de seu depoimento, poderá valer-se de qualquer recurso tecnológico de transmissão de sons e imagens com o fim de esclarecer os pontos controvertidos da causa".

sendo cabível o mandado de segurança visando à realização da perícia, independentemente do depósito.

Entretanto, essa regra não se aplica às causas envolvendo relação de trabalho *lato sensu*, conforme determinação do art. 6º, parágrafo único, da IN (Instrução Normativa) 27 do TST, embora a nova redação do art. 790-B, em seus §§ 2º a 4º assim dispõem:

> § 1º Ao fixar o valor dos honorários periciais, o juízo deverá respeitar o limite máximo estabelecido pelo Conselho Superior da Justiça do Trabalho.
>
> § 2º O juízo poderá deferir parcelamento dos honorários periciais.
>
> § 3º O juízo não poderá exigir adiantamento de valores para realização de perícias.

17.11.9 Inspeção judicial

A CLT é omissa a respeito da inspeção judicial, aplicando-se, de forma subsidiária, os artigos do CPC.

O juiz, de ofício ou a requerimento da parte, pode, em qualquer fase do processo, inspecionar pessoas ou coisas, a fim de se esclarecer sobre fato que interesse à decisão da causa (art. 481 do CPC/2015).

Logo, o juiz irá ao local onde se encontre a pessoa ou a coisa quando:

> Art. 483 do CPC/2015. (...)
>
> I – julgar necessário para a melhor verificação ou interpretação dos fatos que deva observar;
>
> II – a coisa não puder ser apresentada em juízo sem consideráveis despesas ou graves dificuldades;
>
> III – determinar a reconstituição dos fatos.

O juiz, ao realizar a perícia, poderá ser assistido por um ou mais peritos, devendo as partes ser intimadas para acompanhamento da inspeção, apresentando esclarecimentos e observações pertinentes à causa. Não havendo dita intimação, a inspeção será tida como nula.

Concluída a diligência, o juiz mandará lavrar auto circunstanciado, mencionando nele tudo quanto for útil ao julgamento da causa. O auto poderá ser instruído com desenho, gráfico ou fotografia (art. 484 do CPC/2015).

XVIII

DA FASE DECISÓRIA

18.1 SENTENÇA

A redação originária do CPC de 1973 definia sentença como ato do juiz que colocava fim ao processo. Esse conceito estava calcado na sistemática processual da época, na qual o processo de conhecimento era autônomo e distinto do processo de execução.

Todavia, mencionar que a sentença era o ato do juiz que colocava fim ao processo significava expor somente o seu efeito e não o seu real conceito.

Em 2005, com a Lei 11.232/2005, houve a modificação do mencionado sistema, passando o processo a ser único, com duas fases distintas: a de conhecimento e de execução. Esse processo passou a ser chamado de sincrético pela doutrina, já que, apesar de ser uno, continha em seu interior uma fase cognitiva e uma fase executiva. Em outras palavras, o processo sincrético significa que em um único processo, sem fases distintas ou preordenadas, o Estado-juiz entregará o bem da vida ao seu legítimo titular.

Nesse contexto, o legislador teve que adequar o conceito de sentença a essa nova sistemática, em razão de que ela não poderia ser mais visualizada como sendo exclusivamente o ato que colocava fim ao processo, posto que o processo poderia prosseguir, no caso de haver necessidade de se executar o título judicial proveniente da decisão.

Logo, o art. 162, § 1º, do CPC de 1973[1] passou a contemplar sentença como o ato do magistrado que gerava uma das situações dos arts. 267 ou 269, daquele

---

[1] CPC/1973: "Art. 162. Os atos do juiz consistirão em sentenças, decisões interlocutórias e despachos. § 1º Sentença é o ato do juiz que implica alguma das situações previstas nos arts. 267 e 269 desta Lei. (Redação dada pela Lei nº 11.232, de 2005)".

CPC. Portanto, a sentença passou a ser caracterizada pelo seu conteúdo e não mais pela propensão de pôr fim ao processo.

Referido conceito tornou-se alvo de forte crítica da doutrina. Porquanto, ao se considerar uma decisão como sentença somente pelo seu conteúdo, descartando a sua aptidão para colocar termo ao processo, haveria a possibilidade de o juiz proferir várias "sentenças", em um único processo. Seria a hipótese de, "por exemplo, sendo formulados dois pedidos na inicial, um incontroverso e outro controvertido, o juiz preferiria uma sentença inicial, acolhendo o primeiro, e determinaria o prosseguimento do processo para instrução e posterior julgamento do segundo"[2].

Essa situação, na qual o juiz proferia um ato com o conteúdo do art. 267 ou do art. 269 do CPC/1973, mas, ainda sim, o processo prosseguia para julgar outros pleitos contidos na petição inicial, gerava incertezas e controvérsias práticas. Muitos juristas vivenciavam a dúvida se, para cada decisão, realmente haveria a necessidade de um recurso e qual era o recurso cabível quando ocorria essa hipótese (já que a apelação é recurso que objetiva recorrer de sentença no processo civil).

Com o fito de corrigir esse equívoco, o CPC de 2015 apresenta um novo conceito de sentença, que passa a ser:

> Art. 203. Os pronunciamentos do juiz consistirão em sentenças, decisões interlocutórias e despachos.
>
> § 1º Ressalvadas as disposições expressas dos procedimentos especiais, **sentença é o pronunciamento por meio do qual o juiz, com fundamento nos arts. 485 e 487, põe fim à fase cognitiva do procedimento comum, bem como extingue a execução.** (grifo nosso)

O artigo em lume passa a considerar sentença o ato decisório que *conjuga* o conteúdo (arts. 485 e 487 do CPC) e a finalidade (pôr fim à fase cognitiva do procedimento comum ou extinguir a execução). O art. 485 aborda as hipóteses em que o juiz profere uma sentença sem analisar o mérito, enquanto o art. 487 elenca as situações onde há julgamento com resolução do mérito.

Nessa senda, podemos conceituar sentença como o ato decisório de primeira instância que, com fundamento nos arts. 485 e/ou 487, é apto a extinguir uma das fases do processo, quais sejam: a fase de conhecimento/cognitiva do processo ou a fase de execução. Poderíamos até mesmo ainda dizer que a sentença é o ato do magistrado por meio do qual há a certificação do direito material ao seu legítimo titular.

---

[2] GONÇALVES, Marcus Vinicius Rios. *Direito processual civil esquematizado*. 5. ed. São Paulo: Saraiva, 2015. p. 478.

Em posicionamento mais enfático sobre a necessidade de a sentença ter que encerrar umas das fases do processo, Fredie Didier Jr.[3] assim assevera:

> Não é apenas a sentença que pode fundar-se em uma das hipóteses desses dispositivos. Acórdão e decisões proferidas por relator também podem fundar-se nas mesmas hipóteses; o mesmo se pode dizer das decisões interlocutórias. Isso demonstra que, para que seja sentença, é indiferente saber qual o conteúdo do pronunciamento – se ele resolve ou não o mérito, por exemplo. Importa saber qual os seus efeito em relação ao procedimento em primeira instância: se põe fim a uma das suas fases, é sentença.

Dessa forma, para ser sentença não basta o pronunciamento judicial de primeira instância estar fundamentado nos arts. 485 e ou 487 do CPC/2015, é necessário que esse ato ponha fim à fase de conhecimento do processo ou extinga a execução.

Diante da omissão da CLT em conceituar sentença, aplica-se o conceito de sentença oriundo do processo civil ao processo do trabalho, com supedâneo no art. 15 do atual CPC, que é utilizado a partir de sua vigência não apenas de forma subsidiária ou secundária, mas também supletiva, ou seja, de forma complementar ou integrativa.

18.2 ESPÉCIES (FUNDAMENTOS) DA SENTENÇA

Como analisado, o juiz de primeira instância, ao proferir sua sentença, deve estar alicerçado em uma das hipóteses dos art. 485 e/ou 487 do CPC/2015, para que possa colocar fim a uma fase do processo (conhecimento ou execução), certificando a existência do direito material ao seu legítimo titular, por meio da procedência de sua(s) pretensão(ões).

A sentença, conforme fundamento utilizado, pode ser de duas espécies: a sentença sem resolução de mérito, também chamada de terminativa, e a sentença com resolução do mérito, igualmente denominada de definitiva.

Mérito é o objeto, a pretensão postulada em juízo. São os conflitos deduzidos pelas partes, no processo, para serem analisados e julgados pelo Judiciário. Consoante o ensinamento de Cassio Scarpinella Bueno[4]:

> Mérito (...) merece ser sempre entendido como sinônimo de conflito de interesses levado ao Judiciário para solução. É aquilo sobre o que o autor e o réu querem que recaia a tutela jurisdicional.

---

[3] DIDIER JR., Fredie; OLIVEIRA, Rafael Alexandria; BRAGA, Paula Sarno. Op. cit., p. 305.
[4] BUENO, Cassio Scarpinella. *Manual de direito processual civil*. São Paulo: Saraiva, 2016. p. 344.

A distinção é de suma importância, pois somente as sentenças definitivas (que resolvem o mérito – art. 487 do CPC/2015) são envolvidas pela autoridade da coisa julgada material. Logo, a sentença definitiva pode ser objeto de ação rescisória.

As sentenças terminativas, por não analisarem a pretensão (mérito), são revestidas pela coisa julgada formal, situação que não obsta a repropositura da demanda[5].

18.2.1 Hipóteses de sentença sem resolução do mérito: art. 485 do CPC/2015

a) Quando o juiz indeferir a petição inicial; os casos de indeferimento estão no art. 330 do CPC/2015.

b) Art. 485, II e III, são hipóteses que versam sobre: o abandono do processo pelas partes – autor e réu – por mais de um ano, bem como o abandono do processo pelo autor por mais de 30 dias.

A Súmula 240 do STJ dispõe que

> A extinção do processo, por abandono de causa pelo autor, depende de requerimento do réu.

Dessa forma, é necessário o requerimento do réu para que o processo seja extinto, ou seja, são situações em que não cabe impulso oficial.

c) Art. 485, IV, o processo é julgado sem resolução de mérito quando faltar pressuposto processual. O CPC não diz quais são os pressupostos processuais, cabendo à doutrina e à jurisprudência a sua criação.

d) Art. 485, V. O processo será extinto sem resolução de mérito quando houver ofensa à coisa julgada, litispendência ou perempção. Esses institutos são analisados pelo prisma dos elementos da ação (mesmas partes, mesmo pedido e mesma causa de pedir). Se os processos idênticos estão em curso, ocorre a litispendência. Se um dos processos, idêntico ao anterior, já foi julgado com resolução de mérito, já se consubstanciou a coisa julgada. Perempção, no processo civil, é conceituada no art. 486, § 3º[6]. Contudo, no processo do trabalho a sua acepção é outra, de modo que o autor não perderá o direito para propor a ação, mas somente ficará com esse direito suspenso pelo período de seis meses[7].

---

[5] "Art. 486. O pronunciamento judicial que não resolve o mérito não obsta a que a parte proponha de novo a ação".

[6] "Art. 486. (...) § 3º Se o autor der causa, por 3 (três) vezes, a sentença fundada em abandono da causa, não poderá propor nova ação contra o réu com o mesmo objeto, ficando-lhe ressalvada, entretanto, a possibilidade de alegar em defesa o seu direito".

[7] CLT: "Art. 731. Aquele que, tendo apresentado ao distribuidor reclamação verbal, não se apresentar, no prazo estabelecido no parágrafo único do art. 786, à Junta ou Juízo para fazê-lo tomar por termo, incorrerá na pena de perda, pelo prazo de 6 (seis) meses, do direito

Cabe ressaltar que o CPC de 2015 prevê, como exceção, a possibilidade de ação rescisória para impugnar essas sentenças, conforme se infere da leitura do art. 966, § 2º, I, do CPC, *in verbis*:

> Art. 966. A decisão de mérito, transitada em julgado, pode ser rescindida quando: (...)
>
> § 2º Nas hipóteses previstas nos incisos do *caput*, será rescindível a decisão transitada em julgado que, embora não seja de mérito, impeça:
>
> I - **nova propositura da demanda**. (grifo nosso)

e) Art. 485, VI, do CPC/2015: julgamento sem resolução de mérito por falta de legitimidade e falta de interesse. Como já estudado alhures, o CPC de 2015 elimina entre as condições da ação, a possibilidade jurídica do pedido, amparando-se tão somente na legitimidade e interesse. Outro ponto de destaque é a eliminação do termo "condições da ação".

Em relação à manutenção das condições da ação, existem doutrinadores que entendem que as mesmas desapareceram, passando a integrar os pressupostos processuais, como é o caso de Fredie Didier Jr.[8]

Em contraponto, com a devida *venia*, entendemos que as condições da ação, embora não mais mencionadas explicitamente, permanecem em pleno vigor em nosso sistema processual. Ação e processo são institutos fundamentais do direito processual, porém distintos, de modo que cada um possui particularidades e requisitos específicos para a sua existência.

Nesse sentido, são os ensinamentos de Afranio Silva Jardim[9], para quem:

> Tendo em vista o sistema adotado pelo novo Código de Processo Civil, que dá tratamento processual semelhante às condições da ação e aos pressupostos processuais, alguns relevantes autores e professores da matéria estão agora

---

de reclamar perante a Justiça do Trabalho. Art. 732. Na mesma pena do artigo anterior incorrerá o reclamante que, por 2 (duas) vezes seguidas, der causa ao arquivamento de que trata o art. 844".

[8] "A legitimidade e o interesse passarão, então, a constar da exposição sistemática dos pressupostos processuais de validade: o interesse, como pressuposto de validade objetivo intrínseco; legitimidade, como pressuposto de validade subjetivo relativo às partes. A mudança não é pequena. Sepulta-se um conceito que, embora prenhe de defeitos, estava amplamente disseminado no pensamento jurídico brasileiro. Inaugura-se, no particular, um novo paradigma teórico, mais adequado que o anterior, e que, por isso mesmo, é digno de registro e aplausos" (DIDIER JR., Fredie; OLIVEIRA, Rafael Alexandria; BRAGA, Paula Sarno. Op. cit., v. 1, p. 306).

[9] *Revista Eletrônica de Direito Processual* – REDP, v. 15, jan.-jun. 2015. Periódico Semestral da Pós-Graduação *Stricto Sensu* em Direito Processual da UERJ. Patrono: José Carlos Barbosa Moreira. www.redp.com.br. ISSN: 1982-7636, p. 11-13.

negando, doutrinariamente, a permanência do sistema de Liebman. Alegam estes mestres que não mais faria sentido usar expressões como "condições da ação" e distingui-las dos pressupostos processuais. (...).

Não resta dúvida de que podemos até colocar "tudo no mesmo saco", com algum outro nome, como "pressupostos para o exame do mérito" etc. Realmente são questões preliminares e tanto a presença das condições para o regular exercício da ação como os pressupostos processuais devem ser examinados antes da resolução do mérito do processo. Entretanto, se ação é uma categoria distinta do processo, cada um terá os seus requisitos mínimos para existir (...).

Por outro lado, sendo a ação um direito subjetivo (para uns poder jurídico), de manifestar em juízo uma determinada pretensão (no sentido de Carnelutti), ela deve obedecer a alguns condicionantes para que não haja o abuso do exercício do direito. O direito de ação é autônomo e abstrato, mas serve de instrumento ou meio para ver tutelado ou satisfeito um outro direito, regulado pela lei material (caráter instrumental). O direito de ação não é um fim em si mesmo. Já o processo, em existindo, deve ter os atos realizados de acordo com as normas que os regulam. Tudo é uma questão lógica e decorre do sistema processual e não depende do legislador.

(...)

Em suma, o novo Código de Processo Civil vai nos levar a crer que ação e processo são categorias idênticas? Se são distintas, não podem deixar de ter pressupostos, condições, requisitos (ou outro nome qualquer) diferentes. É até mesmo intuitivo.

No mesmo sentido são as palavras de Cassio Scarpinella Bueno[10], que assevera:

Particularmente, entendo que nada há de errado na adoção da conhecida expressão idiomática tão significativa para a cultura e para a doutrina do direito processual civil brasileiro, qual seja, "condições da ação".

(...)

No entanto, mesmo no ambiente do CPC de 2015, parece ser absolutamente adequado entender que os fundamentos e o substrato do "interesse de agir" e da "legitimidade para a causa" não guardam nenhuma relação com o processo, nem com sua constituição nem com o seu desenvolvimento. Muito pelo contrário, ambos os institutos só se justificam, na perspectiva do mérito, na perspectiva da afirmação de direito feita por aquele que postula em juízo.

Ademais, se fossem categorias idênticas, ou seja, se a legitimidade e interesse fossem pressupostos processuais, o CPC não os elencaria em um inciso apartado dos pressupostos processuais, isto é, estariam abarcadas no inciso IV do art. 485.

---

10 BUENO, Cassio Scarpinella. *Manual de direito processual civil*. São Paulo: Saraiva, 2016. p. 99.

f) Art. 485, VII, há julgamento sem resolução de mérito se o juiz acolher alegação de convenção de arbitragem ou o juízo arbitral reconhecer a sua competência. Nesse caso, o juiz togado não pode analisar o mérito, mas o juiz não pode conhecer da convenção de arbitragem de ofício. A parte, o reclamado, deverá alegar a convenção de arbitragem, em preliminar de contestação, senão ocorrerá a preclusão (art. 337 do CPC/2015). Lembrando que no processo do trabalho a utilização da arbitragem é vista com restrição nas demandas individuais, embora nosso entendimento de que é plenamente possível a utilização deste instituto para pacificar determinadas lides individuais de trabalho, em relação a empregados que detenham condições financeiras para arcar com os honorários arbitrais.

g) Art. 485, VIII. Aqui também há extinção sem resolução de mérito quando o autor desiste da ação. Dessa forma, no processo do trabalho, o reclamante poderá desistir da ação, sem a necessidade de anuência do reclamado, até o início da audiência, em específico até o término da tentativa de conciliação, pois após esse instante o réu apresentará a sua defesa.

h) Art. 485, IX, do CPC/2015: O juiz não resolverá o mérito quando:

> IX – em caso de morte da parte, a ação for considerada intransmissível por disposição legal.

18.2.2 Hipóteses de sentenças com resolução do mérito: art. 487 do CPC

O art. 487 elenca as situações por meio das quais o juiz profere decisão com resolução do mérito.

> Art. 487. Haverá resolução de mérito quando o juiz:
> I – acolher ou rejeitar o pedido formulado na ação ou na reconvenção;
> II – decidir, de ofício ou a requerimento, sobre a ocorrência de decadência ou prescrição;
> III – homologar:
> a) o reconhecimento da procedência do pedido formulado na ação ou na reconvenção;
> b) a transação;
> c) a renúncia à pretensão formulada na ação ou na reconvenção.

18.3 REQUISITOS DA SENTENÇA

Os requisitos essenciais da sentença estão previstos no art. 832 da CLT, o qual preceitua que:

> Da decisão deverão constar o nome das partes, o resumo do pedido e da defesa, a apreciação das provas, os fundamentos da decisão e a respectiva conclusão.

Ademais, o § 1º do artigo mencionado preconiza que quando a decisão concluir pela procedência do pedido, o juiz deve determinar o prazo e as condições para o seu cumprimento. Essa regra serve de embasamento para que o juiz possa aplicar a multa de 10% do art. 523, § 1º, do CPC/2015 (cumprimento de sentença).

O § 2º determina que a decisão mencione, sempre, as custas que devam ser pagas pela parte vencida. O juiz deve apontar quem será o responsável pelo pagamento das custas, lembrando que as custas são calculadas no importe de 2% sobre o valor da condenação (se procedente ou procedente em parte o pedido) ou sobre o valor dado à causa, se for improcedente o pedido ou julgado o processo sem resolução do mérito, consoante art. 790 da CLT.

Por fim, o § 3º impõe ao magistrado o dever de discriminar as verbas que foram impostas, ou seja, a decisão, cognitiva ou homologatória, deverá sempre indicar a natureza jurídica das parcelas constantes da condenação ou do acordo homologado, se salariais e/ou indenizatórias, inclusive o limite de responsabilidade de cada parte pelo recolhimento da contribuição previdenciária, se for o caso.

Nesta hipótese cabe analisar o posicionamento do TST sobre o tema:

> Súmula 368 – Descontos Previdenciários. Imposto de Renda. Competência[11]. Responsabilidade pelo Recolhimento. Forma de Cálculo. Fato Gerador (aglutinada a parte final da Orientação Jurisprudencial nº 363 da SBDI-I à redação do item II e incluídos os itens IV, V e VI em sessão do Tribunal Pleno realizada em 26.06.2017) – Res. 219/2017, republicada em razão de erro material – DEJT divulgado em 12, 13 e 14.07.2017
>
> I – A Justiça do Trabalho é competente para determinar o recolhimento das contribuições fiscais. A competência da Justiça do Trabalho, quanto à execução das contribuições previdenciárias, limita-se às sentenças condenatórias em pecúnia que proferir e aos valores, objeto de acordo homologado, que integrem o salário de contribuição (ex-OJ nº 141 da SBDI-1 – inserida em 27.11.1998).
>
> II – É do empregador a responsabilidade pelo recolhimento das contribuições previdenciárias e fiscais, resultantes de crédito do empregado oriundo de condenação judicial. A culpa do empregador pelo inadimplemento das verbas remuneratórias, contudo, não exime a responsabilidade do empregado pelos pagamentos do imposto de renda devido e da contribuição previdenciária que recaia sobre sua quota-parte. (ex-OJ nº 363 da SBDI-1, parte final)
>
> III – Os descontos previdenciários relativos à contribuição do empregado, no caso de ações trabalhistas, devem ser calculados mês a mês, de conformidade com o art. 276, § 4º, do Decreto nº 3.048/1999, que regulamentou a Lei nº 8.212/1991,

---

[11] A Lei 13.476/2017 acrescentou ao art. 876: "Parágrafo único. A Justiça do Trabalho executará, de ofício, as contribuições sociais previstas na alínea *a* do inciso I e no inciso II do *caput* do art. 195 da Constituição Federal, e seus acréscimos legais, relativas ao objeto da condenação constante das sentenças que proferir e dos acordos que homologar".

aplicando-se as alíquotas previstas no art. 198, observado o limite máximo do salário de contribuição (ex-OJs nºs 32 e 228 da SBDI-1 – inseridas, respectivamente, em 14.03.1994 e 20.06.2001).

IV – Considera-se fato gerador das contribuições previdenciárias decorrentes de créditos trabalhistas reconhecidos ou homologados em juízo, para os serviços prestados até 4.3.2009, inclusive, o efetivo pagamento das verbas, configurando-se a mora a partir do dia dois do mês seguinte ao da liquidação (art. 276, *caput*, do Decreto nº 3.048/1999). Eficácia não retroativa da alteração legislativa promovida pela Medida Provisória nº 449/2008, posteriormente convertida na Lei nº 11.941/2009, que deu nova redação ao art. 43 da Lei nº 8.212/91.

V – Para o labor realizado a partir de 5.3.2009, considera-se fato gerador das contribuições previdenciárias decorrentes de créditos trabalhistas reconhecidos ou homologados em juízo a data da efetiva prestação dos serviços. Sobre as contribuições previdenciárias não recolhidas a partir da prestação dos serviços incidem juros de mora e, uma vez apurados os créditos previdenciários, aplica-se multa a partir do exaurimento do prazo de citação para pagamento, se descumprida a obrigação, observado o limite legal de 20% (art. 61, § 2º, da Lei nº 9.430/96).

VI – O imposto de renda decorrente de crédito do empregado recebido acumuladamente deve ser calculado sobre o montante dos rendimentos pagos, mediante a utilização de tabela progressiva resultante da multiplicação da quantidade de meses a que se refiram os rendimentos pelos valores constantes da tabela progressiva mensal correspondente ao mês do recebimento ou crédito, nos termos do art. 12-A da Lei nº 7.713, de 22/12/1988, com a redação conferida pela Lei nº 13.149/2015, observado o procedimento previsto nas Instruções Normativas da Receita Federal do Brasil.

Referido dispositivo da CLT deve ser conjugado com o art. 489 do CPC, o qual disciplina como requisitos essenciais da sentença:

> I – o relatório, que conterá os nomes das partes, a identificação do caso, com a suma do pedido e da contestação, e o registro das principais ocorrências havidas no andamento do processo;
>
> II – os fundamentos, em que o juiz analisará as questões de fato e de direito;
>
> III – o dispositivo, em que o juiz resolverá as questões principais que as partes lhe submeterem.

Dessa maneira, a sentença trabalhista, como um ato formal do magistrado, deve respeitar a exigência legal, que determina a presença dos seguintes elementos: relatório, fundamentação e conclusão/dispositivo.

a) Relatório: No relatório será elaborada descrição resumida das principais ocorrências havidas no curso do processo, bem como o nome dos litigantes, o pedido do reclamante e a defesa do reclamado. É uma apresentação do processo.

Não há necessidade de ser profundo, sendo costume ser breve. Mesmo o relatório sendo breve, ele é um ato válido. Ressaltamos que no procedimento sumaríssimo a lei dispensa a presença do relatório no corpo da sentença (art. 852-I da CLT)[12]. A sentença sem relatório é tida por nula, já que não contempla um dos seus requisitos.

b) Fundamentação: Na fundamentação ou motivação, o juiz deverá analisar as questões fáticas e jurídicas que embasaram a sua convicção para decidir o conflito. O art. 489, § 1º, do CPC/2015 declina, em seus incisos, as hipóteses em que não se considera fundamentada a sentença. Mencionado artigo busca evitar as decisões "prontas" ou as fundamentações genéricas, cujo conteúdo acaba, por vezes, sendo aplicado indiscriminadamente a várias hipóteses. Dessa forma preceitua o art. 489, § 1º, do CPC/2015:

> São elementos essenciais da sentença: (...)
>
> § 1º Não se considera fundamentada qualquer decisão judicial, seja ela interlocutória, sentença ou acórdão, que:
>
> I – se limitar à indicação, à reprodução ou à paráfrase de ato normativo, sem explicar sua relação com a causa ou a questão decidida;
>
> II – empregar conceitos jurídicos indeterminados, sem explicar o motivo concreto de sua incidência no caso;
>
> III – invocar motivos que se prestariam a justificar qualquer outra decisão;
>
> IV – não enfrentar todos os argumentos deduzidos no processo capazes de, em tese, infirmar a conclusão adotada pelo julgador;
>
> V – se limitar a invocar precedente ou enunciado de súmula, sem identificar seus fundamentos determinantes nem demonstrar que o caso sob julgamento se ajusta àqueles fundamentos;
>
> VI – deixar de seguir enunciado de súmula, jurisprudência ou precedente invocado pela parte, sem demonstrar a existência de distinção no caso em julgamento ou a superação do entendimento.

Assim, o juiz deverá mencionar e fundamentar, de maneira pormenorizada, as razões de seu entendimento, ou convencimento, adequando-as às particularidades de cada caso concreto que lhe são apresentados. De maneira singela, o juiz deve motivar a sua decisão. Somente agindo desta forma, o magistrado efetivará as exigências contidas no art. 93, IX, da Constituição da República e do art. 11 do CPC/2015. Não havendo fundamentação, a decisão é nula por falta de prestação jurisdicional.

---

[12] Igualmente, ele é dispensado no juizado especial, seja estadual, federal, ou fazendário. A previsão está no art. 38 da Lei 9.099/1995: "A sentença mencionará os elementos de convicção do Juízo, com resumo dos fatos relevantes ocorridos em audiência, dispensado o relatório".

Para Cassio Scarpinella Bueno[13]:

> Fundamentações padronizadas, sem que sejam enfrentados os argumentos e as teses trazidas pelas partes, não são aceitas, tanto quanto meras reproduções de texto de lei ou de enunciados de súmula da jurisprudência dos Tribunais, sem explicar por que se aplicam ou deixam de se aplicar ao caso, sem que se proceda, quando for o caso, portanto a chamada *distinção*.

A distinção citada pelo autor acima mencionado é a que decorre do art. 489, § 1º, V. Doutrinariamente, é reconhecida como técnica do *distinguishing*, que é a técnica de cotejar a causa em julgamento (caso concreto) com o precedente, seja para admiti-lo (*distinguishing* positivo) ou para afastá-lo (*distinguishing* negativo). Outra técnica relacionada ao tema é denominada *overruling*, ou seja, de superação de um precedente quando ele já não reflete mais a realidade, incumbência que caberá ao órgão criador do referido precedente.

Se a sentença desrespeitar qualquer um dos incisos do art. 489 do CPC/2015, será possível a oposição de Embargos de Declaração[14].

c) Dispositivo: É no dispositivo (ou conclusão) que se encontra o caráter decisório da sentença. É o momento culminante da sentença, em que o juiz definitivamente resolve sobre as pretensões que lhe foram submetidas, ou seja, apresenta a resposta sobre a pretensão autoral. É no dispositivo que se vislumbra a procedência ou a improcedência do que foi pleiteado na demanda, sendo o único requisito da sentença a ser atingido pelos efeitos da coisa julgada material.

Nesse sentido, Manoel Antonio Teixeira Filho[15] assevera:

> A importância do dispositivo ou acórdão está em que, por meio dele, dirá o juiz se condena o réu ou se o absolve (...).

Destarte, entre as partes da sentença, o dispositivo é o que se submete aos efeitos da coisa julgada material.

A inexistência do dispositivo faz com que a decisão seja inexistente, pois, efetivamente, nada decidiu o magistrado. Não houve entrega da tutela jurisdicional.

---

[13] BUENO, Cassio Scarpinella. *Manual de direito processual civil*. São Paulo: Saraiva, 2016. p. 353.

[14] CPC/2015: "Art. 1.022. Cabem embargos de declaração contra qualquer decisão judicial para: I - esclarecer obscuridade ou eliminar contradição; II - suprir omissão de ponto ou questão sobre o qual devia se pronunciar o juiz de ofício ou a requerimento; III - corrigir erro material. Parágrafo único. Considera-se omissa a decisão que: (...) II - incorra em qualquer das condutas descritas no art. 489, § 1º".

[15] TEIXEIRA FILHO, Manoel Antonio. *A sentença no processo do trabalho*. 3. ed. São Paulo: LTr, 2004. p. 293.

18.4 CLASSIFICAÇÃO DAS SENTENÇAS

Quanto ao conteúdo ou à essência da decisão, as sentenças definitivas (que julgam o mérito) podem ser classificadas em:

– Declaratória, constitutiva ou condenatória. É a teoria ternária (trinária).
– Além dos três tipos de sentença acima mencionados, as sentenças podem ser classificadas como sentença mandamental e executiva *lato sensu*. É a denominada classificação quinária, que tem o seu suporte nas lições de Pontes de Miranda.

Embora exista essa dicotomia entre as classificações, na essência tanto a sentença mandamental quanto a sentença executiva *lato sensu* podem ser condenatórias, embora saibamos que o mandado de segurança, como ação mandamental, possua natureza jurídica constitutiva. Essas três espécies carregam em seu conteúdo a imposição de uma obrigação. O que as difere é a técnica processual utilizada para se efetivar a decisão.

Para Alexandre Freitas Câmara[16]:

> A rigor, o que se pode aceitar como cientificamente correto é que a sentença condenatória pode ser objeto de uma subclassificação, dividindo-se em duas categorias: sentença condenatória executiva e sentença condenatória mandamental.

Passemos à análise de cada espécie.

18.4.1 Sentenças declaratórias

Aquelas cujo conteúdo determina a existência ou inexistência de uma relação jurídica ou de um determinado direito material[17]. Por seu intermédio declara-se algo, bem como se busca eliminar uma dúvida. O seu efeito prático é o de apontar uma certeza jurídica.

Relevante mencionar que toda sentença de improcedência possui natureza meramente declaratória, uma vez que o juiz estará declarando que não existe o direito alegado pelo autor. De outro giro, a sentença de procedência também pode ser declaratória, a exemplo de quando o juiz julga procedente uma demanda para declarar a autenticidade de um documento.

---

[16] CÂMARA, Alexandre Freitas. *Lições de direito processual civil*. 25. ed. Rio de Janeiro: Atlas, 2014. v. 1, p. 493.
[17] CLT: "Art. 11. (...) § 1º O disposto neste artigo não se aplica às ações que tenham por objeto anotações para fins de prova junto à Previdência Social. (Parágrafo acrescentado pela Lei nº 9.658, de 05.06.1998, *DOU* 08.06.1998)".

A eficácia da sentença declaratória é retroativa, isto é, *ex tunc*, e imprescritível. Em regra, a sentença declaratória não precisa ser executada, satisfazendo o vencedor por si só (não exige execução forçada).

Em todas as ações de conhecimento existe uma declaração acerca do objeto do processo, mesmo que este possua teor constitutivo ou condenatório.

No Processo do Trabalho, são tipicamente declaratórias as sentenças que reconhecem a existência de relação empregatícia entre autor e réu e as decisões que julgam dissídio coletivo de natureza jurídica.

18.4.2 Sentenças constitutivas

Aquelas que, apesar de terem em seu bojo a declaração da existência de um direito, objetivam, primordialmente, criar, modificar, alterar total ou parcialmente, ou extinguir uma relação jurídica de direito material. Para alguns, alteram uma situação jurídica existente; para outros, somente corroboram uma situação preestabelecida. As sentenças constitutivas não precisam ser executadas, pois geram efeitos por si mesmas. A sua eficácia é *ex nunc*, ou seja, os seus efeitos tornam-se perceptíveis após o trânsito em julgado, não retroagindo. Todavia, a sentença constitutiva pode possuir efeito *ex tunc*, quando julgar procedente ação (inquérito) para apuração de falta grave, já que seus efeitos retroagirão à data da suspensão do contrato de trabalho do empregado.

No Processo do Trabalho, são exemplos de sentenças constitutivas as que julgam procedente pedido de rescisão indireta (art. 483 da CLT) e as que autorizam a resolução do contrato de trabalho de empregados com garantia de emprego (efeitos *ex nunc*).

As sentenças constitutivas com prazo fixado no Código Civil Brasileiro são decadenciais, enquanto aquelas que não têm prazo fixado (como as ações de reconhecimento de paternidade) são imprescritíveis, segundo o critério científico de Agnelo Amorim Filho de identificação da prescrição ou decadência, adotado pelo atual Código Civil.

18.4.3 Sentenças condenatórias

São as sentenças que impõem uma obrigação ao vencido. Dessa maneira, a sentença condenatória impõe uma obrigação de pagar, de fazer, não fazer ou de entrega de coisa. A sua eficácia é *ex tunc*, pois retroage à época da propositura da ação.

Diferentemente, das sentenças declaratórias e constitutivas, a sentença condenatória não produz efeito por si mesma. Ela exige uma atuação do devedor. Caso ela não cumpra voluntariamente a obrigação nela imposta, caberá ao credor, em regra, executá-la.

Ademais, a sentença condenatória não necessita aguardar o trânsito em julgado para produzir efeitos, pois é possível executá-la provisoriamente ("cumprimento provisório da sentença").

Desse modo, em caso de sentença condenatória, e o recurso for dotado de efeito meramente devolutivo, como é regra no processo do trabalho, é possível ao autor promover a execução provisória.

No Processo do Trabalho as sentenças geralmente são condenatórias, visto que o contrato de emprego se fundamenta em obrigações de pagar, como por exemplo, a obrigação do empregador de pagar o 13º salário, horas extras, férias, valores inerentes a verbas rescisórias de uma dispensa sem justa causa etc.

Segundo o critério científico de Agnelo Amorim Filho, todas as ações condenatórias e somente elas são sujeitas ao prazo prescricional, pois armadas de uma pretensão, de um "querer" ou de um "exigir" no cumprimento da obrigação pelo seu verdadeiro titular, derivados de seu direito subjetivo.

18.4.4 Sentenças mandamentais

Como supramencionado, não se trata de uma categoria autônoma de sentença, mas sim uma subespécie da sentença condenatória. Na mandamental, o juiz impõe ao vencido uma obrigação e, ao mesmo tempo uma ordem para o seu cumprimento, isto é, o juiz estabelece um meio de coerção. Meios de *coerção* "são os destinados a pressionar psicologicamente o demandado a fim de que este, pessoalmente, cumpra o comando contido na sentença"[18], tal como ocorre com *astreintes*[19].

O mandado de segurança é uma espécie de ação mandamental, possuindo prazo decadencial de 120 dias.

---

[18] CÂMARA, Alexandre Freitas. *Lições de direito processual civil*. 25. ed. Rio de Janeiro: Atlas, 2014. v. 1, p. 493.

[19] "Art. 537. A multa independe de requerimento da parte e poderá ser aplicada na fase de conhecimento, em tutela provisória ou na sentença, ou na fase de execução, desde que seja suficiente e compatível com a obrigação e que se determine prazo razoável para cumprimento do preceito. § 1º O juiz poderá, de ofício ou a requerimento, modificar o valor ou a periodicidade da multa vincenda ou excluí-la, caso verifique que: I - se tornou insuficiente ou excessiva; II - o obrigado demonstrou cumprimento parcial superveniente da obrigação ou justa causa para o descumprimento. § 2º O valor da multa será devido ao exequente. § 3º A decisão que fixa a multa é passível de cumprimento provisório, devendo ser depositada em juízo, permitido o levantamento do valor após o trânsito em julgado da sentença favorável à parte. (Redação dada pela Lei nº 13.256, de 2016) § 4º A multa será devida desde o dia em que se configurar o descumprimento da decisão e incidirá enquanto não for cumprida a decisão que a tiver cominado. § 5º O disposto neste artigo aplica-se, no que couber, ao cumprimento de sentença que reconheça deveres de fazer e de não fazer de natureza não obrigacional".

18.4.5 Sentenças executivas *lato sensu*

Igualmente, são consideradas uma espécie da sentença condenatória. Nesse sentido, em não havendo o cumprimento espontâneo da obrigação pelo vencido, o Estado-juiz agirá, diretamente, para concretizar a entrega do bem da vida (obrigação) ao legítimo titular. Permite-se uma execução por sub-rogação ou direta. Neste tipo de ação, se o titular deixar transcorrer *in albis* o prazo oferecido pelo Estado para a busca de seu direito, o prazo será prescricional.

Segundo Fredie Didier Jr.:

> O Poder Judiciário prescinde da colaboração do executado para a efetivação da prestação devida; há uma substituição da conduta do devedor pela conduta do Estado-juiz[20].

O seu fundamento é lastreado pelo art. 536 do CPC/2015:

> Art. 536. No cumprimento de sentença que reconheça a exigibilidade de obrigação de fazer ou de não fazer, o juiz poderá, de ofício ou a requerimento, para a efetivação da tutela específica ou a obtenção de tutela pelo resultado prático equivalente, determinar as medidas necessárias à satisfação do exequente.
> § 1º Para atender ao disposto no *caput*, **o juiz poderá determinar, entre outras medidas, a imposição de multa, a busca e apreensão, a remoção de pessoas e coisas, o desfazimento de obras e o impedimento de atividade nociva, podendo, caso necessário, requisitar o auxílio de força policial.** (grifo nosso)

18.5 HIPOTECA JUDICIÁRIA

O tema vem previsto no art. 495 do CPC/2015:

> A decisão que condenar o réu ao pagamento de prestação consistente em dinheiro e a que determinar a conversão de prestação de fazer, de não fazer ou de dar coisa em prestação pecuniária valerão como título constitutivo de hipoteca judiciária.

Trata-se a hipoteca de um direito real de garantia, cuja finalidade é atribuir ao credor hipotecário o direito de preferência sobre os valores arrecadados com a venda judicial e compulsória do bem.

Por conseguinte, a hipoteca judiciária, uma vez constituída, implicará, para o credor hipotecário, o direito de preferência, quanto ao pagamento, em relação a outros credores, observada a prioridade no registro.

A hipoteca judiciária poderá ser realizada mediante apresentação de cópia da sentença perante o cartório de registro imobiliário, independentemente de

---

[20] DIDER JR., Fredie. Op. cit., v. 2, p. 422.

ordem judicial, de declaração expressa do juiz ou de demonstração de urgência (art. 495, § 2º, do CPC).

No prazo de até 15 (quinze) dias da data de realização da hipoteca, a parte informa-la-á ao juízo da causa, que determinará a intimação da outra parte para que tome ciência do ato (art. 495, § 3º, do CPC/2015).

Sobrevindo a reforma ou a invalidação da decisão que impôs o pagamento de quantia, a parte responderá, independentemente de culpa, pelos danos que a outra parte tiver sofrido em razão da constituição da garantia, devendo o valor da indenização ser liquidado e executado nos próprios autos (art. 495, § 5º, do CPC/2015).

Observe-se que no Processo do Trabalho, os direitos trabalhistas são vistos como uma espécie de direito de sequela em relação ao patrimônio do empregador, e o acompanham onde quer que ele vá, na medida em que foi com o auxílio dos trabalhadores que ele foi amealhado.

18.6 DEFEITOS DA SENTENÇA

Sentença válida é a que contém todos os seus elementos estruturantes, mormente a fundamentação e o dispositivo.

Igualmente, a sentença deve se alinhar às pretensões lançadas pelo autor em sua inicial. Significa dizer que o juiz, ao proferir sua sentença, há de se restringir aos limites fixados pelo autor, quando da propositura da sua demanda, ou seja, o magistrado fica vinculado, adstrito às pretensões ajuizadas. Porém, os limites da demanda compreendem não só o pedido, mas a causa de pedir e os fatos contrapostos pelo réu.

Aludida situação decorre do princípio da congruência, também denominado de correlação ou adstrição.

Nesse sentido, o princípio da congruência pode ser compreendido sob duas vertentes: a objetiva e a subjetiva.

A **congruência objetiva** impõe ao magistrado o dever de proferir decisão em consonância ao que foi pedido, à causa de pedir e aos fatos jurídicos apresentados pelo réu, isto é, não pode o julgador sentenciar de forma diversa ao postulado pelo autor, nem condenar diversamente ao que foi pedido ou em quantidade superior ao pleiteado.

No que tange à **congruência subjetiva**, a sentença deve se referir às partes que integram a relação jurídica-processual.

Nas lições de Cândido Rangel Dinamarco[21]: "decidir nos limites da demanda proposta (...) significa não ir além ou fora deles, nem ficar aquém".

---

21 DINAMARCO, Cândido Rangel. *Instituições de direito processual civil*. 3. ed. São Paulo: Malheiros, 2003. v. 3, p. 274.

Neste sentido, o magistrado não poderá, em regra, julgar além, fora ou aquém dos referidos limites. É o que a doutrina chama de proibição de julgamento *ultra*, *extra* e *citra petita*.

Nessa lógica, dispõe o CPC/2015:

> Art. 141. O juiz decidirá o mérito nos limites propostos pelas partes, sendo-lhe vedado conhecer de questões não suscitadas, a cujo respeito a lei exige iniciativa da parte.
>
> Art. 492. É vedado ao juiz proferir decisão de natureza diversa da pedida, bem como condenar a parte em quantidade superior ou em objeto diverso do que lhe foi demandado.
>
> Parágrafo único. A decisão deve ser certa, ainda que resolva relação jurídica condicional.

Dessa forma, na hipótese de o juiz emitir um pronunciamento judicial em desalinho ao princípio da congruência, o mesmo poderá ser considerado: *extra petita*, *ultra petita* ou *citra petita*.

a) Extra petita: a sentença atribui à parte pretensão diferente[22] da que foi pedida, ou analisa fatos que não foram suscitados pelas partes ou envolve pessoas que não participaram do processo. Em suma, o juiz julga algo diferente do que foi proposto. Exemplificando, o autor postula o pagamento de adicional de insalubridade, mas o juiz condena o reclamado ao pagamento de horas extras.

Esse tipo de sentença é nula, podendo a invalidade ser atacada por recurso ordinário ou por ação rescisória, caso já tenha ocorrido o trânsito em julgado.

---

[22] "Ação Rescisória. Violação de Literal Disposição de Lei. Não ocorrência. Violação dos Arts. 128 e 460 do Código de Processo Civil. Julgamento *extra petita* não caracterizado. Utilização como Sucedâneo Recursal. Impossibilidade. 1. 'Para que a ação rescisória fundada no art. 485, V, do CPC prospere é necessário que a interpretação dada pelo *decisum* rescindendo seja de tal modo aberrante, que viole o dispositivo legal em sua literalidade. Se, ao contrário, o acórdão rescindendo elege uma dentre as interpretações cabíveis, ainda que não seja a melhor, a ação rescisória não merece vingar, sob pena de tornar-se um mero 'recurso' com prazo de 'interposição' de dois anos' (REsp 9.086/SP, Rel. Min. Adhemar Maciel, *RSTJ* v. 93, p. 416-417). 2. Somente ocorre julgamento *extra petita* quando constatada discrepância entre o pedido, a causa de pedir e a prestação jurisdicional, o que, como bem decidido pelo acórdão rescindendo, não ocorreu na hipótese. 3. A ação rescisória não se presta para simples rediscussão da causa. Ou seja, não pode ser utilizada como sucedâneo recursal, sendo cabível, excepcionalmente, somente nos casos em que flagrante a transgressão da lei. 4. Ação rescisória improcedente" (STJ, AR 4.176 – (2009/0005863-8), 2ª Seção, Rel. Min. Ricardo Villas Bôas Cueva, *DJe* 01.07.2015, p. 1.683).

b) Ultra petita: a sentença julga a pretensão[23] formulada pelo autor, mas lhe concede mais do que fora pedido, ou seja, condena o reclamado em quantidade superior à pedida. É o caso do reclamante que pede R$ 20.000,00 (vinte mil reais) por danos morais e o juiz condena o réu no montante de R$ 30.000,00.

A nulidade dessa sentença é menor, pois restrita à parte que ultrapassar o limite do pedido. Do mesmo modo, pode ser objeto de recurso ordinário ou ação rescisória.

c) Citra petita: também denominada de *infra petita*[24], embora haja dissonância na doutrina quanto a essa nomenclatura, é a sentença que não julga uma ou algumas pretensões ajuizadas pelo autor. É uma decisão omissa.

---

[23] "Dano Moral. Falecimento do Pai dos Autores em decorrência de Atropelamento. Indenização Devida. Recurso especial. Ação de indenização por danos morais. Falecimento do pai dos autores em decorrência de atropelamento. 1 Omissão do acórdão recorrido. Inexistência. 2 Valor da condenação por danos morais. Alegação de julgamento *ultra petita*. Não ocorrência. 3 Compensação entre o valor da indenização e o do seguro obrigatório. Possibilidade. Súmula nº 246/STJ. 4 Recurso parcialmente provido. 1. Consoante dispõe o art. 535 do Código de Processo Civil, destinam-se os embargos de declaração a expungir do julgado eventuais omissão, obscuridade ou contradição, não se caracterizando via própria ao rejulgamento da causa. 2. Trata-se de ação de indenização por danos morais decorrentes do falecimento do pai dos autores, vítima de atropelamento, cujas peculiaridades do caso recomendam o afastamento da alegação de julgamento *ultra petita*, pelo fato de o magistrado ter interpretado que o pedido genérico à reparação por dano moral em 50 (cinquenta) salários mínimos refere-se a cada um dos 2 (dois) filhos individualmente, e não a valor único global, o qual, inclusive, se afigura singelo, se comparado aos parâmetros utilizados por esta Corte em situações análogas. 3. É devida a compensação entre o valor do seguro obrigatório e o montante fixado a título de indenização pelos danos sofridos, sob pena de *bis in idem*, conforme a Súmula nº 246/STJ. 4. Recurso especial parcialmente provido" (STJ, REsp 1.319.526 – (2012/0008520-3), 3ª Turma, Rel. Min. Marco Aurélio Bellizze, *DJe* 18.05.2015, p. 1.336).

[24] "Apelação Cível. Ação Revisional de Contrato. Julgamento *Citra Petita*. Contradição entre a Fundamentação e o Dispositivo. Violação à Súmula nº 381 do STJ. Sentença Anulada de Ofício. Apelo Prejudicado. 1. À luz do que dispõe o art. 128 do CPC, o juiz decidirá a lide nos limites em que foi proposta. Extrai-se da referida norma processual que a sentença é corolário da inicial e, portanto, imperioso que, entre o pedido e o julgado, haja perfeita correlação, sob pena de decidir o juiz aquém (*citra petita*), fora (*extra petita*), ou além (*ultra petita*), do requerido na peça de ingresso. 2. Não obstante a extensa fundamentação apresentada pelo juízo sentenciante no tocante à ilegalidade dos juros superiores a 12%, da capitalização de juros, das tarifas de abertura de crédito, despesas com terceiros, tarifa de cadastro e custo com registro, observo que este deixou de apreciar o pedido de revisão contratual no que tange à tarifa de avaliação do bem, seguro e restituição em dobro dos valores tido como indevidos, configurando o julgamento *citra petita*, que ocorre quando não se examina em toda a sua amplitude o pedido formulado na inicial. 3. Verificando-se a existência de conclusão divergente da fundamentação esposada na sentença, ou seja, contradição entre a fundamentação e o dispositivo, impõe-se a anulação da sentença para que outra seja proferida corretamente. 4. Há julgamento *extra petita* quando a apelação afasta a cobrança de TAC e tarifas de serviços de terceiros e registro de contrato, sem que

Aludida omissão pode ser sanada, bastando que a parte interessada oponha embargos de declaração (art. 897-A da CLT).

Caso o prejudicado não oponha embargos de declaração, poderá interpor recurso ordinário invocando a omissão da decisão de primeira instância. Nessa hipótese, o tribunal poderá, desde que em condições de imediato julgamento, decidir o pedido sobre o qual recaiu a omissão, conforme o art. 1.013, § 3º, do CPC/2015.

Igualmente, dentro o prazo de dois anos após o trânsito em julgado, a parte pode impugnar a sentença omissa por meio de ação rescisória. Nestes termos, a Orientação Jurisprudencial 41 da SDI-II do TST, *in verbis*:

> OJ 41. Ação Rescisória. Sentença "Citra Petita". Cabimento.
>
> Revelando-se a sentença "citra petita", o vício processual vulnera os arts. 141 e 492 do CPC de 2015 (arts. 128 e 460 do CPC de 1973), tornando-a passível de desconstituição, ainda que não interpostos embargos de declaração.

Questão que gera dúvidas se relaciona ao cenário da sentença omissa transitar em julgado, sem que tenha havido qualquer manifestação da parte interessada. Assim, qual providência que o interessado deve efetivar para que o seu pedido, o qual não foi apreciado pela sentença omissa, seja apreciado?

Consoante as preclaras palavras de Marcus Vinicius Rios Gonçalves[25]:

> Parece-nos, como já dito, que não será caso de ação rescisória, que serve para rescindir o que foi decidido, e não para que se decida o que não foi. Tampouco parece ser necessário ajuizar ação declaratória de inexistência. O correto será o interessado ajuizar nova ação, representando o pedido não apreciado.

Não obstante a necessidade de se respeitar os limites da demanda, o princípio da congruência é superado diante de exceções que autorizam o julgamento *ultra* e *extra petita*. Compete à lei autorizar essas hipóteses, justamente para garantir o contraditório e a ampla defesa. No processo do trabalho, temos entre outros, os seguintes casos:

- Conversão do pedido de reintegração em pagamento de salários, nos termos do art. 496 da CLT e **da Súmula 396** do TST.

    Estabilidade Provisória. Pedido de Reintegração. Concessão do Salário Relativo ao Período de Estabilidade já Exaurido. Inexistência de Julgamento "Extra Petita".

---

tal pedido tenha sido deduzido na inicial. Incidência da Súmula nº 381 do STJ. 5. Sentença cassada. Apelo prejudicado" (TJES, Ap 48120219638, 4ª Câmara Cível, Rel. Walace Pandolpho Kiffer, j. 04.05.2015, DJe 11.05.2015).

[25] GONÇALVES, Marcus Vinicius Rios. *Direito processual civil esquematizado*. 5. ed. São Paulo: Saraiva, 2015. p. 485.

I – Exaurido o período de estabilidade, são devidos ao empregado apenas os salários do período compreendido entre a data da despedida e o final do período de estabilidade, não lhe sendo assegurada a reintegração no emprego.

II – Não há nulidade por julgamento "extra petita" da decisão que deferir salário quando o pedido for de reintegração, dados os termos do art. 496 da CLT.

- Aplicação de ofício do art. 467 da CLT[26].
- Decisão que faz incidir juros de mora e correção monetária na liquidação de sentença, mesmo que não tenha sido pleiteado pelo autor em sua inicial, como se constata da **Súmula 211** do TST.

Juros de Mora e Correção Monetária. Independência do Pedido Inicial e do Título Executivo Judicial. Os juros de mora e a correção monetária incluem-se na liquidação, ainda que omisso o pedido inicial ou a condenação.

18.7 INTIMAÇÃO DA SENTENÇA

As partes deverão ser intimadas da sentença, na própria audiência de seu pronunciamento (art. 852 da CLT), salvo na hipótese de revelia, quando, então, o revel será intimado nos termos do art. 841, § 1º, da CLT, isto é, mediante registro postal com franquia.

Como já mencionado nessa obra, o juiz pode determinar uma audiência só para realizar o julgamento, isto é, proferir sentença. Em sendo esta a situação, compete às partes comparecerem para tomar ciência da decisão. Estando ausentes, as partes serão consideradas intimadas da sentença, conforme preconiza a **Súmula 197** do TST:

Prazo (mantida) – Res. 121/2003, *DJ* 19, 20 e 21.11.2003

O prazo para recurso da parte que, intimada, não comparecer à audiência em prosseguimento para a prolação da sentença conta-se de sua publicação.

Encontrando-se o réu em local incerto e não sabido, a intimação da sentença deverá ser feita por edital.

Entretanto, caso o magistrado não junte a sentença no prazo de 48 horas, constados da data da audiência de julgamento, as partes deverão ser intimadas, iniciando-se o prazo recursal após referida intimação. Nestes termos, a Súmula 30 do TST:

---

[26] "Art. 467. Em caso de rescisão de contrato de trabalho, havendo controvérsia sobre o montante das verbas rescisórias, o empregador é obrigado a pagar ao trabalhador, à data do comparecimento à Justiça do Trabalho, a parte incontroversa dessas verbas, sob pena de pagá-las acrescidas de cinquenta por cento".

Quando não juntada a ata ao processo em 48 horas, contadas da audiência de julgamento (art. 851, § 2º, da CLT), o prazo para recurso será contado da data em que a parte receber a intimação da sentença.

18.8 JUÍZO DE RETRATAÇÃO

Como a CLT não aborda o tema, bem como há compatibilidade com os preceitos processuais trabalhistas, entendemos que a regra contida no art. 485, § 7º, do CPC/2015 é plenamente aplicável ao processo do trabalho.

> Art. 485. O juiz não resolverá o mérito quando:
> (...)
> § 7º Interposta a apelação em qualquer dos casos de que tratam os incisos deste artigo, o juiz terá 5 (cinco) dias para retratar-se.

Dessa forma, é possível o juiz do trabalho se retratar, no prazo de 5 (cinco) dias, quando a parte interpuser recurso ordinário em face de sentença que não apreciou o mérito.

18.9 DECISÕES PARCIAIS DE MÉRITO

Dispõe o CPC em seu art. 356 que o juiz decidirá parcialmente o mérito quando um ou mais dos pedidos formulados ou parcela deles mostrar-se incontroverso ou estiver em condições de imediato julgamento, nos termos do art. 355.

A regra do processo civil permite ao juiz, nas hipóteses em que há cumulação de pedidos, proferir decisão parcial interlocutória acerca de um ou mais pedidos, prosseguindo o processo em relação aos demais pleitos.

Exemplificando, uma inicial contempla 3 pedidos: pedido de multa do art. 477 da CLT, pedido de horas extras e pedido de adicional de insalubridade. Em relação ao primeiro pedido, sendo incontroverso (pagamento da rescisão fora do prazo), o juiz já poderia julgá-lo; porém, no tocante aos demais, como os fatos ensejam a produção de provas, como prova testemunhal e perícia, o processo há de continuar tramitando.

Ao julgar parcialmente o mérito, aplicando o art. 356 do CPC, o juiz estará proclamando uma decisão interlocutória.

Aludida decisão, na órbita do processo civil, pode ser guerreada por agravo de instrumento, previsto no art. 1.015 do CPC.

Em vista disso, percebe-se que o CPC buscou dar concretude à ideia da celeridade processual, de modo que o juiz possa julgar cada pedido, desde que ele se encontre maduro para o julgamento, sem ter que esperar a instrução dos demais pedidos, que são independentes.

O TST, em sua IN 39/2016, preconiza a aplicação do referido artigo ao processo do trabalho.

Todavia, visualizamos um inconveniente para a aplicação das decisões parciais de mérito no processo do trabalho, uma vez que nesse ramo o agravo de instrumento não é um recurso que se presta a impugnar decisões interlocutórias em geral.

O agravo de instrumento, como será analisado, na seara do processo do trabalho, tem a única e exclusiva finalidade de permitir o destrancamento de recursos.

Portanto, a decisão parcial de mérito (interlocutória), na Justiça do Trabalho, não pode ser combatida por meio do agravo de instrumento, o que nos leva a concluir pela sua inaplicabilidade ao processo do trabalho.

Ademais, o TST, embora preveja a aplicação do art. 356 do CPC, não apontou qual seria o seu procedimento no cotidiano do processo, ou seja, como funcionaria a sua aplicação na prática.

XIX

COISA JULGADA

19.1 INTRODUÇÃO E CONCEITO

A jurisdição tem como escopo primordial solucionar o conflito e dizer o direito ao caso concreto de forma definitiva, entregando a prestação jurisdicional e, desta forma, a pacificação social. Essa decisão peremptória deve ser associada à intenção de segurança jurídica.

Mesmo o juiz proclamando sua sentença, terminativa ou definitiva, o processo pode prosseguir, pois, em regra, poderá ela ser impugnada pelos meios recursais cabíveis. Logo, enquanto suscetível de recursos a decisão não soluciona e tampouco pacifica plenamente o conflito.

Na verdade, a motivação dos recursos é justamente procrastinar o processo de conhecimento – a certificação do reconhecimento do direito material e seu legítimo titular, e daí, a formação da coisa julgada material, ou seja, o título executivo judicial.

Entretanto, apesar de existir, em nosso ordenamento jurídico, uma gama diversificada e extensa de recursos, estes não são ilimitados.

Nesse passo, o processo não perdurará *ad eternum*[1], posto que as possibilidades recursais esgotar-se-ão, fazendo com que a decisão judicial se torne irrecorrível.

---

[1] De certa forma podemos dizer que existem sentenças definitivas ou títulos executivos judiciais (e mesmo extrajudiciais) eternos, ou seja, que não possuem prazo de validade, quando o seu objeto consiste em obrigações de fazer ou não fazer. Reflita, por exemplo, sobre uma decisão judicial transitada em julgado que contenha a obrigação de contratar deficientes, de acordo com a quota legal estabelecida no art. 93 da Lei 8.213/1991, bem como um TAC (termo de ajuste de conta) celebrado pelo empregador com o Ministério Público do Trabalho envolvendo a obrigação de contratar aprendizes, de acordo com os arts. 428 e seguintes da CLT. Tais títulos poderão ser desarquivados a qualquer tempo, no futuro, para verificação de seu exato e total cumprimento pelas autoridades responsáveis.

Além dos recursos serem finitos, eles devem ser articulados dentro do prazo fixado em lei. Havendo desrespeito a esse período ou lapso temporal disposto na lei de regência, os recursos não poderão ser interpostos, fazendo com que a decisão, também, torne-se irrecorrível.

Dessa feita, tanto na circunstância do esgotamento das vias recursais, como na hipótese da perda do prazo para a interposição do recurso admissível, o provimento judicial tornar-se-á irrecorrível.

Nesse cenário, nos quais a decisão torna-se indiscutível e imutável, emerge o instituto da coisa julgada.

Coisa julgada, tradicionalmente conceituada, é a qualidade que torna imutável o conteúdo que reveste a decisão judicial.

Consequentemente, duas ideias devem ser absorvidas: coisa julgada não é um efeito da sentença (ou do acórdão), e não são os efeitos da decisão que se tornam imutáveis.

Nos dizeres de Alexandre Freitas Câmara[2]:

> A sentença, como qualquer ato jurídico, tem um conteúdo, assim entendidas as notas essenciais que a distinguem dos outros atos jurídicos. Além disso, é a sentença, em tese, e também aqui como todos os atos jurídicos, suscetível de produzir efeitos no mundo do direito. (...)
>
> O efeito, porém, não se confunde com o conteúdo do ato jurídico, uma vez que este se localiza dentro do ato, enquanto aquele é necessariamente extrínseco. (...)
>
> Assim é que a sentença, como os atos jurídicos em geral, possui um conteúdo e produz efeitos, não se podendo confundir estes com aquele.

No mesmo sentido, Fredie Didier Jr.[3] assinala referido entendimento, com as seguintes palavras:

> Uma importante consequência da distância entre o conteúdo e os efeitos da sentença, aqui tomada em sentido amplo, está em que a coisa julgada atinge a norma jurídica individualizada estabelecida pelo magistrado (isto é, o conteúdo da sentença) e não os seus efeitos.
>
> Nessa linha de pensamento, é possível ao titular da situação jurídica ativa renunciar ao direito que lhe fora certificado na decisão ou mesmo celebrar acordo em momento posterior ao trânsito em julgado, afastando os efeitos, jamais o conteúdo da decisão.

---

[2] CÂMARA, Alexandre Freitas. *Lições de direito processual civil.* 25. ed. Rio de Janeiro: Atlas, 2014. v. 1, p. 480-481.

[3] DIDIER JR., Fredie; OLIVEIRA Rafael Alexandria; BRAGA, Paula Sarno. *Curso de direito processual civil.* 10. ed. Salvador: JusPodivm, 2015. v. 2, p. 417.

O CPC/2015, em seu art. 502, define coisa julgada:

> Denomina-se coisa julgada material a autoridade que torna imutável e indiscutível a decisão de mérito não mais sujeita a recurso.

Consoante o preceito legal mencionado, a coisa julgada faz com que, não restando a possibilidade de se interpor nenhum tipo de recurso, a decisão se torne definitiva (não pode ser modificada, alterada) e inquestionável, ou seja, não se sujeita a uma nova discussão. Torna-se uma decisão sólida, irrefragável.

A indiscutibilidade da decisão que transitou materialmente em julgado pode ser analisada sob duas vertentes.

A primeira, denominada de **efeito negativo da coisa julgada**, é justamente a autoridade de impedir que a demanda já julgada seja novamente rediscutida e rejulgada. Logo, a coisa julgada impede que a questão discutida e decidida em um processo seja rediscutida em um outro processo, ainda que o objeto deste não seja o mesmo daquele. O efeito negativo da coisa julgada (indiscutibilidade) é uma defesa (preliminar – pressuposto processual negativo) que pode ser utilizada pelo réu/reclamado (art. 337, VII, do CPC/2015).

Dessa feita, podemos falar que a coisa julgada não é somente uma qualidade da sentença, mas também, um pressuposto processual de desenvolvimento válido (negativo). Pode-se dizer que, para um processo se desenvolver validamente a coisa julgada[4] não pode ser detectada. Identifica-se a coisa julgada, em regra,

---

[4] "Mercadoria Estrangeira – Ausência de Documentação – Pena de Perdimento do Veículo Transportador – Coisa Julgada – Administrativo. Processual civil. Aduaneiro. Mercadoria estrangeira. Ausência de documentação comprobatória de regular importação. Pena de perdimento do veículo transportador. Coisa julgada. Mandado de segurança anterior. Extinção do feito sem resolução do mérito 1. A coisa julgada relaciona-se intimamente à tutela do interesse público, verificando-se nas hipóteses em que se repete ação definitivamente julgada, ou seja, contra a qual não caiba recurso. Assim como a peremção e a litispendência, constitui pressuposto processual negativo ao julgamento do mérito do processo, razão por que, quando manifestada, impede o exame da pretensão deduzida pela parte. 2. Impetração de anterior ação mandamental, cuja sentença de improcedência já transitou em julgado, com causa de pedir e pedido idênticos aos deduzidos na presente demanda. Posicionamento pacífico da jurisprudência no sentido de ser plenamente possível a ocorrência de coisa julgada entre mandado de segurança e ação ordinária. Precedentes. 3. Configurada a identidade de partes, embora o mandado de segurança seja impetrado em face de ato praticado por Delegado da Receita Federal e esta ação de conhecimento seja manejada contra a União Federal. A análise de possível coincidência entre os sujeitos passivos das demandas não leva em conta a autoridade coatora em si, mas o ente público ao qual se encontra funcionalmente vinculada. 4. Constatada a ocorrência de coisa julgada, deve o segundo processo, aquele em que se deu a citação cronologicamente posterior, ser extinto sem resolução de mérito, sob pena de ofensa ao princípio da economia processual, ensejando-se a possibilidade de julgamentos contraditórios, o que instauraria incerteza

quando se intenta uma nova ação, com os mesmos elementos (partes, causa de pedir e pedido) de uma ação anteriormente ajuizada e definitivamente julgada (transitada em julgado).

Na outra vertente, o efeito positivo da coisa julgada corresponde à obrigatoriedade de se respeitar a decisão acobertada pela coisa julgada. Isso significa que caso a coisa julgada seja utilizada como fundamento em uma outra demanda, o juiz não poderá deixar de observá-la, ou seja, o julgador fica vinculado ao que fora decidido em outro processo. Para Didier[5]:

> O efeito positivo da coisa julgada determina que a questão indiscutível pela coisa julgada, uma vez retornando como fundamento de uma pretensão (como questão incidental, portanto), tenha de ser observada, não podendo ser resolvida de modo distinto. (...) O juiz fica adstrito ao que foi decidido em outro processo.

A coisa julgada tem por fito não mais permitir que retornem à discussão questões já decididas pelo Poder Judiciário, possibilitando a segurança jurídica e a pacificação intersubjetiva.

Portanto, o fundamento da coisa julgada é a segurança jurídica, de modo a permitir que uma determinada questão, posta em juízo, possa se tornar consolidada e definitiva. A decisão revestida de coisa julgada passa a ser um direito adquirido, corroborado judicialmente. Por essa razão, esse instituto, tão caro ao nosso ordenamento jurídico, é considerado uma garantia constitucional, um direito fundamental.

19.2 COISA JULGADA: FORMAL E MATERIAL

Apesar de a lei não fazer a distinção, temos duas formas de exteriorização da coisa julgada: a **formal e a material**.

A coisa julgada é "um fenômeno único. A material e a formal não são propriamente dois tipos, espécies de coisa julgada, mas duas formas de manifestação do mesmo fenômeno"[6].

A coisa julgada formal é a qualidade/autoridade da sentença que torna imutável e indiscutível o conteúdo da decisão no interior do próprio processo onde foi proferida.

---

e abalaria a estabilidade das relações jurídicas. 5. Extinção do feito sem resolução de mérito, a teor do art. 267, V, do CPC. Apelação prejudicada" (TRF-3ª Reg., AC 0016631-18.2009.4.03.6100, 6ª Turma, Rel. Des. Fed. Mairan Maia, *DJe* 21.08.2015).

5 DIDIER JR., Fredie; OLIVEIRA Rafael Alexandria; BRAGA, Paula Sarno. *Curso de direito processual civil*. 10. ed. Salvador: JusPodivm, 2015. v. 2, p. 514.

6 GONÇALVES, Marcus Vinicius. *Direito processual civil esquematizado*. 5. ed. São Paulo: Saraiva, 2015. p. 493.

A **coisa julgada formal** faz com que o conteúdo da decisão se torne sólido e permanente *dentro do processo*, uma vez que emerge como resultado da impossibilidade das partes interporem recurso, seja por não haver mais recursos possíveis contra a decisão, seja porque a parte interessada não interpôs o recurso no momento oportuno.

Em decorrência dessa sistemática, a doutrina a considera uma espécie de preclusão, para alguns, preclusão máxima. A preclusão, em regra, é a perda da faculdade de praticar um ato processual; no caso da coisa julgada formal há a impossibilidade de se discutir ou modificar o ato judicial, pois contra ele não se permite mais recursos, havendo o trânsito em julgado da decisão. Por isso, o que restou decidido no âmbito do processo permanece intacto.

Em conclusão: a coisa julgada formal se efetiva no processo em que foi proferida (é um fenômeno interno do processo), alcançando tanto as decisões terminativas (que não analisam o mérito) quanto às decisões definitivas (que julgam o mérito).

Contudo, como a sentença terminativa não faz coisa julgada material, mas tão somente formal (estável somente dentro daquele processo em que foi emitida), a demanda poderá ser novamente ajuizada, bastando que o demandante corrija os vícios que ocasionaram o julgamento sem análise do mérito.

Assim, é possível, desde que sanados os vícios originais, aforar, novamente, a mesma demanda (com os mesmos elementos – partes, causa de pedir e pedido), iniciando um novo processo, eis que a decisão terminativa não impede a repropositura da ação (repise-se: a decisão torna-se imutável tão somente dentro do processo em que foi gerada).

Contudo, a lei impõe uma hipótese em que mesmo sendo a sentença terminativa, não será possível ajuizar uma nova ação. Tal situação ocorre quando a decisão julga o processo sem analisar o mérito, com fulcro no art. 485[7], V, do CPC/2015, tendo o juiz acolhido a alegação de peremção ou coisa julgada, pois são defeitos insuscetíveis de correção. Embora a litispendência esteja incluída no mencionado inciso, ela não é causa que impede a repropositura da demanda.

Nesses termos, em havendo sentença terminativa e coisa julgada meramente formal, a lei permite o ajuizamento de nova ação, excetuadas as hipóteses acima mencionadas, nos termos do art. 486 do CPC/2015, *in verbis*:

> Art. 486. O pronunciamento judicial que não resolve o mérito não obsta a que a parte proponha de novo a ação.
>
> § 1º No caso de extinção em razão de litispendência e nos casos dos incisos I, IV, VI e VII do art. 485, a propositura da nova ação depende da correção do vício que levou à sentença sem resolução do mérito.

---

[7] "Art. 485. O juiz não resolverá o mérito quando: (...) V – reconhecer a existência de peremção, de litispendência ou de coisa julgada".

§ 2º A petição inicial, todavia, não será despachada sem a prova do pagamento ou do depósito das custas e dos honorários de advogado.

§ 3º Se o autor der causa, por 3 (três) vezes, a sentença fundada em abandono da causa, não poderá propor nova ação contra o réu com o mesmo objeto, ficando-lhe ressalvada, entretanto, a possibilidade de alegar em defesa o seu direito.

Dessarte, consoante a possibilidade da repropositura da mesma ação, não faz sentido o cabimento de ação rescisória de sentença terminativa, pois em sua decisão o juiz não enfrentou o mérito, mas apenas reconheceu um vício formal (processual), possivelmente, sanável.

Entretanto, o CPC passou a permitir ação rescisória na hipótese de sentença terminativa que impede a renovação da demanda, como ocorre nas hipóteses de perempção e coisa julgada (art. 486, §§ 1º e 3º). Nesses termos, a regra do art. 966, § 2º:

> Art. 966. A decisão de mérito, transitada em julgado, pode ser rescindida quando: (...)
>
> § 2º Nas hipóteses previstas nos incisos do caput, será rescindível a decisão transitada em julgado **que, embora não seja de mérito**, impeça: (destacamos)
>
> I - nova propositura da demanda (...).

Portanto, para o CPC de 2015, a ação rescisória não será manejada apenas para decisões que formam coisa julgada material, mas também para aquelas que fazem coisa julgada formal.

Por sua vez, **a coisa julgada material** é a autoridade capaz de tornar imutável e indiscutível o conteúdo da decisão não só nos domínios do processo onde foi proferida, mas em qualquer outro processo que porventura venha discutir a mesma ação. Nesse cenário, projeta, também, os seus efeitos para fora do processo, impedindo que a mesma demanda seja futuramente discutida em outro processo.

A coisa julgada material tem como pressupostos:

- que a sentença seja definitiva, portanto, tenha analisado o mérito;
- que tenha havido o trânsito em julgado, ou seja, a decisão não se sujeita a mais nenhum recurso.

Assim dispõe o CPC:

> Art. 502. Denomina-se coisa julgada material a autoridade que torna imutável e indiscutível a decisão de mérito não mais sujeita a recurso.

Nesse quadro, podemos afirmar que a coisa julgada material necessariamente pressupõe uma coisa julgada formal. Isso significa que toda decisão revestida pela autoridade da coisa julgada material, também o é pela coisa julgada formal. Explicamos: em sendo a decisão de mérito e contra ela não existindo mais a possibilidade de se interpor, haverá a formação da coisa julgada formal (impossibilidade de se discutir e modificar a decisão dentro do próprio processo em que foi proferida); e, ao mesmo tempo, surgirá a coisa julgada material, já que a decisão de mérito transita em julgado e não poderá ser objeto de discussão em qualquer outro processo que possa vir a ser instaurado para debater a mesma demanda.

O mecanismo jurídico para combater a decisão transitada em julgado é ação rescisória. O prazo, decadencial, para ajuizá-la é de dois anos e conta-se do trânsito em julgado da última decisão proferida no processo.

19.3 SISTEMA DE FORMAÇÃO OU PRODUÇÃO DA COISA JULGADA

Uma vez transitada em julgado a decisão de mérito, passa a ser revestida pela autoridade da coisa julgada, o que a torna indiscutível e imutável. Nesse contexto, a coisa julgada material se forma, independentemente a quem favoreça. Nas lides individuais, é a chamada coisa julgada *pro et contra*. Essa expressão *pro et contra* significa que, sendo analisado o mérito, forma-se a coisa julgada material, não importando em favor de quem.

Nessa sistemática, é insignificante se conhecer se o pedido do reclamante/autor foi procedente ou improcedente, se o juiz homologou a conciliação realizada em audiência. Se a decisão é de mérito, faz coisa julgada material.

Entretanto, quando a ação versar sobre direitos difusos[8] e coletivos, bem como individuais[9] homogêneos[10], a coisa julgada material não se formará conforme a regra acima apontada.

---

[8] A coisa julgada nas ações atomizadas configura-se como de natureza *inter partes* e *pro et contra*. *Inter partes*, na medida em que vincula apenas os sujeitos do processo, limitando os efeitos da imutabilidade da decisão (art. 472 do CPC). *Pro et contra*, porque ocorre tanto para o benefício do autor, como a procedência da demanda que confirma a sua pretensão, como em seu prejuízo, como declaração negativa de seu direito. Porém, a coisa julgada nas ações moleculares se processa de forma diversa. A primeira fórmula nacional foi a coisa julgada *secundum eventus probationis*, colocada no art. 18 da Lei 4.717/1965 e no art. 16 da Lei 7.347/1985, segundo a qual, em caso de insuficiência de provas, não se daria coisa julgada material, podendo ser reproposta a demanda. Essa solução deixava a desejar, principalmente porque não cuidava da situação dos direitos individuais dos particulares, em caso de julgamentos pela improcedência do pedido. Faltava a lei determinar em que grau estariam vinculados os titulares de direitos individuais. O CDC (Lei 8.078/1990) estabeleceu nova disciplina, dando atenção direta às garantias individuais, ditando que não serão prejudicadas as ações individuais em razão do insucesso da ação coletiva, sem a anuência do indivíduo. A improcedência de uma demanda coletiva poderia ser estabilizada pela coisa julgada material apenas no âmbito da tutela coletiva, sem qualquer repercussão no âmbito da tutela individual. A procedência da demanda coletiva torna-se indiscutível pela coisa julgada material no

âmbito da tutela coletiva e, ainda, estende os seus efeitos para beneficiar os indivíduos em suas ações individuais. Fredie Didier Jr. e Hermes Zaneti Jr. aduzem que "foi dessa forma que surgiu uma situação interessante e nova, a extensão *secundum eventum litis*, da coisa julgada coletiva ao plano individual: as sentenças somente terão estabilizadas suas eficácias com relação aos substituídos (indivíduos) quando o forem de procedência nas ações coletivas. (...) A decisão nas ações coletivas trará, porém, sempre alguma influência sobre as ações individuais mesmo quando denegatória no mérito. Como salientou-se na doutrina, somente em casos excepcionais os titulares individuais terão chance de êxito, visto que a natural amplitude da discussão no processo coletivo agirá como fator de reforço ou fortalecimento da convicção jurisdicional". Esses autores concluem o seu pensamento destacando que, "em contrapartida, o CDC determinou a ocorrência da coisa julgada material entre os colegitimados e a contraparte, ou seja, a impossibilidade de repropor a demanda coletiva caso haja sentença de mérito (*pro et contra*), atendendo, assim, aos fins do Estado na obtenção da segurança jurídica e respeitando o devido processo legal com relação ao réu que não se expõe indeterminadamente à ação coletiva, ficando, desta forma, respeitada a regra tantas vezes defendida pela doutrina: 'a coisa julgada, como resultado da definição da relação processual, é obrigatória para os sujeitos desta'. Nos processos coletivos ocorre sempre coisa julgada. A extensão subjetiva desta é que se dará 'segundo o resultado do litígio' atingindo os titulares do direito individual (de certa forma denominados substituídos) apenas para seu benefício". Podemos, dessa forma, aduzir que os efeitos *secundum eventum litis* aplicam-se aos interesses e direitos difusos, produzindo coisa julgada será *erga omnes*. Neste caso, apenas se a decisão for de procedência é que gerará efeitos processuais para os integrantes da coletividade representada na ação civil pública, em suas esferas individuais. No caso da coisa julgada em sede de ação civil pública envolvendo interesses difusos, ocorrendo a improcedência do pedido, por insuficiência de provas, ocorre coisa julgada *secundum eventum probationis*, com possibilidade de propositura de nova demanda com o mesmo objeto e causa de pedir, com base em novas provas, inclusive pelo autor que havia proposto a ação anterior. Nas ações civis públicas, cujo objeto sejam direitos ou interesses difusos, ocorrendo a improcedência do pedido por qualquer motivo, que não a insuficiência de provas, ocorrerá coisa julgada material, com eficácia *erga omnes* e a impossibilidade de propositura de nova demanda, com o mesmo objeto e causa de pedir, por qualquer ente legitimado. Nas ações moleculares, tendo por objeto direitos coletivos, em caso de procedência do pedido, ocorrerá coisa julgada material, com eficácia *ultra partes*, com a consequente impossibilidade de propositura de nova demanda com o mesmo objeto e causa de pedir, por qualquer ente legitimado. De modo diverso, ocorrendo a improcedência do pedido, nas ações moleculares, cujo objeto sejam os interesses e direitos coletivos, por qualquer motivo que não a insuficiência de provas, haverá coisa julgada material, com eficácia *ultra partes* e impossibilidade de propositura de nova demanda com o mesmo objeto e causa de pedir, por qualquer legitimado. Se ainda nesse mesmo tipo de ação coletiva, envolvendo direitos coletivos, a improcedência do pedido se der por insuficiência de provas, haverá coisa julgada *secundum eventum probationis*, com possibilidade de propositura de nova demanda com o mesmo objeto e causa de pedir, com base em novas provas, inclusive pelo autor que havia proposto a ação anterior.

Na tutela coletiva de direitos individuais homogêneos[11], a coisa julgada se forma *secundum eventum litis* (de acordo com a solução do litígio). Nesse sistema,

---

[9] "Tutela de Interesses Individuais Homogêneos. Ação Civil Coletiva. Ministério Público do Trabalho. Legitimidade Ativa. Falência da Ré no Curso do Processo Coletivo. Pleito de Exercício da *Vis Attractiva* pelo Juízo Falimentar. O dispositivo legal (arts. 97 a 99 da Lei n. 8.078/90) é claro no sentido de que existe uma hierarquia no exercício da liquidação, procedimento prévio à futura execução do julgado, envolvendo os direitos individuais homogêneos, mesmo porque em sua essência, são direitos individuais puros, na qual, em primeiro plano, o empregado deverá provar a titularidade de seu direito material, o nexo causal (relação de emprego com a Ré) e o conteúdo ou quantificação do dano ou da lesão. Somente após o transcurso do prazo de 1 (um) ano, não havendo um número razoável de habilitações, ou sendo esta inexpressiva, é que, de forma subsidiária, caberá aos legitimados dos arts. 5º da LACP e 82 do CDC, entre eles, o MPT, o direito de promover a liquidação de forma coletiva, e, mesmo assim – abrangendo as vítimas cujas indenizações já tiverem sido fixadas em sentença de liquidação, sem prejuízo do ajuizamento de outras execuções. No entanto, em razão da futura atração do Juízo Falimentar, tão logo tornadas as contas individuais líquidas e certas, por meio de liquidação por artigos dos créditos individuais dos trabalhadores, ex-empregados da Ré, nas Varas do Trabalho (do domicílio ou do local de trabalho), todas estas liquidações individuais deverão ser habilitadas junto ao Administrador Judicial da Empresa Falida (Ré), conforme Provimento n. 1/2012, da CGJT, para fins de celeridade, economia processual e dinâmica da futura execução no Juízo Falimentar, nos limites do art. 83 da Lei n. 11.105, de 2005. Recurso a que se nega provimento nesse aspecto" (TRT-1ª Reg., RO 01574004320055010004, 5ª Turma, Des. Enoque Ribeiro dos Santos, Data de publicação: 07.05.2014).

[10] "Mandado de Segurança. Sobrestamento da Ação Individual. Julgamento Definitivo da Ação Coletiva. Aplicação do Código de Defesa do Consumidor. Concessão da Segurança. Há que se destacar que o Código de Processo Civil de 1973 não possui dignidade para pacificar questões de índole coletiva ou molecular, na medida em que à época de sua promulgação os direitos de massa ainda não permeavam a nossa sociedade como nos dias de hoje. Por isso, é que para solucionar conflitos de natureza coletiva, envolvendo direitos difusos, coletivos ou individuais homogêneos, como no caso vertente, aplica-se os instrumentos jurídicos do microssistema de tutela coletiva, que possui como núcleo fundamental a Lei da Ação Civil Pública (Lei 7.347/85 e o CDC Lei 8.078/90), especialmente pela imbricação dos arts. 19 da LACP e 90 do CDC. No caso em apreço, pretende a impetrante o sobrestamento do feito até o julgamento definitivo da ação coletiva, ajuizada pelo *Parquet* laboral, com fulcro no art. 104 do CDC, visando garantir o direito de utilizar a sentença coletiva em seu processo atomizado (transporte *in utilibus*), comprovando a identidade fática da situação e o nexo etiológico, de modo a possibilitar-lhe, em liquidação por artigos, a satisfação de seus direitos, observando-se a extensão subjetiva da coisa julgada, segundo o resultado da lide, o que deve ser admitido, tendo em vista a plena aplicabilidade do microssistema de tutela coletiva nesta hipótese. Concessão da segurança" (TRT-1ª Reg., MS 00111758520135010000, SEDI-2, Des. Juiz Enoque Ribeiro dos Santos, Data de publicação: 21.07.2014).

[11] Em se tratando de ação civil coletiva, que tem como objeto direitos individuais homogêneos, a sentença prolatada será de caráter genérico, consoante o art. 95 do CDC (Lei 8.078/1990): "Em caso de procedência do pedido, a condenação será genérica, fixando a responsabilidade do réu pelos danos causados". Na órbita do direito processual do trabalho, a ação

civil coletiva, tendo como objeto direitos individuais homogêneos, de origem comum, tem como escopo principal a reparação dos danos sofridos pelos trabalhadores individualmente considerados. Na prolação da sentença, o magistrado fixará a responsabilidade do réu pelos danos causados, porém a sentença assumirá uma conotação toda peculiar, semelhante a uma sentença com efeitos diferidos no tempo, ou seja, tão somente na fase de execução é que será determinada a extensão dos danos e a determinação exata dos valores da condenação, em relação a cada trabalhador, para posterior execução. Este é o exato teor da sentença genérica mencionado naquele dispositivo legal. A sentença decorrente da ação civil coletiva é genérica no sentido de que deixa em aberto somente a determinação exata do *quantum debeatur* individual, que será fixado na liquidação por artigos, na fase executória do comando judicial, sendo que essa sentença será, em seus demais elementos, totalmente precisa e determinada. Resta pontuar que os direitos individuais homogêneos tanto podem ser tutelados pela via individual, por meio de uma ação atomizada, quanto pela via molecular, através da ação civil coletiva, desde que neste caso preencha o requisito legal da relevância social ou do interesse público. Neste último caso, a sentença genérica funcionará como uma espécie de atalho jurisdicional, na medida em que o trabalhador individualmente considerado não precisará percorrer, às vezes, o longo caminho do processo de conhecimento para chegar à execução do julgado. Bastará a ele uma certidão da sentença genérica proveniente da ação civil coletiva, julgada procedente, para em seguida, postular a execução de seus direitos individuais, de origem comum, por meio da liquidação por artigos. Diversamente do que ocorre na ação civil pública, os pedidos e o conteúdo da decisão judicial na seara da ação civil coletiva serão distintos. Em sede de direitos difusos e coletivos, objeto da ação civil pública, o pedido deverá ser certo e determinado, e a ação terá por objeto uma tutela específica (art. 3º da Lei 7.347/1985), de modo que o conteúdo da decisão judicial molecular também se mostrará como específico (pagamento de uma indenização por dano moral coletivo destinada ao FAT, ou a entidades filantrópicas da comunidade), ao mesmo tempo em que fixará obrigações de fazer ou não fazer (abster-se de permitir que seus trabalhadores sejam assediados moralmente por superiores hierárquicos), enquanto na ação civil coletiva, em caso de procedência do pedido, a condenação será genérica, devendo o *quantum debeatur* ser apurado em liquidação ou execução pelos próprios interessados individuais (arts. 97 e 98 da Lei 8.078/1990). Não obstante, na liquidação de sentença, por artigos, cada trabalhador liquidante deverá provar não apenas o valor que lhe é devido (*quantum debeatur*), como também a existência do seu dano pessoal e o nexo causal entre o dano reconhecido na demanda molecular e a sua lesão particularizada. Considerando o grau de pulverização dos titulares dos direitos individuais homogêneos envolvidos, é grande a dificuldade de se determinar, aprioristicamente, na órbita da ação civil coletiva, o exato campo de incidência dos indivíduos envolvidos e que serão eventualmente beneficiários da sentença coletiva genérica, posto que o que irá determinar o contexto subjetivo de abrangência da coisa julgada é justamente a origem comum dos interesses individuais, que em alguns casos, poderão estar largamente difundidos e dispersos no seio da sociedade. Em face desta problemática é que se dá o caráter *erga omnes* neste tipo de ação molecular, consoante disposto no inciso II, retrorreferenciado. Como se infere da própria nomenclatura, o Código de Defesa do Consumidor (Lei 8.078/1990) foi concebido para tutelar os direitos dos consumidores. Porém, considerando que seus princípios, notadamente o Princípio da Vulnerabilidade, aproximam-se dos princípios protetivos do direito laboral, passou a integrar o microssistema jurisdicional de tutela coletiva, aplicável também na seara do direito processual do trabalho, em conjunto principalmente com a LACP (Lei 7.347/1984), com adaptações e abrandamentos. Feita esta digressão, podemos observar que na ação civil coletiva trabalhista, diferentemente da ação coletiva na órbita do direito do consumidor propriamente dito, geralmente ocorre situações em que todos os titulares do direito material individual violado, de origem comum, poderão ser perfeitamente identificados. Dessa forma, as ações civis coletivas para a defesa dos direitos individuais homogêneos apresentam não apenas a característica *erga omnes* da coisa julgada, como também os efeitos da coisa julgada *secundum eventum litis*, ou seja, de acordo com a sorte da lide, de tal arte que o conteúdo da sentença molecular atingirá os titulares dos direitos individuais na hipótese de procedência da demanda, permitindo-lhes se beneficiar desta decisão favorável, promovendo diretamente a execução dos seus direitos, sem a necessidade do prévio processo de cognição. Cabe mencionar que eventual comando judicial de improcedência da ação não possui eficácia *erga omnes* relativamente aos titulares individuais que não participaram do processo molecular, como litisconsortes dos autores legitimados, que poderão propor suas ações atomizadas para a defesa de seus direitos, consoante art. 103, § 2º, do CDC. No caso de extinção do processo, sem julgamento do mérito (art. 267 do CPC), nas ações civis coletivas, envolvendo direitos individuais homogêneos, haverá a produção de coisa julgada formal, com possibilidade de propositura de nova demanda, com o mesmo pedido e causa de pedir, inclusive pelo autor ideológico que havia proposto a ação anterior. A título ilustrativo, mencionamos um caso concreto de ação civil coletiva, em que o Ministério Público do Trabalho e o sindicato da categoria profissional, como autores ideológicos, formulam em juízo trabalhista a pretensão da reparação dos danos de origem alimentar a todos os empregados de uma empresa que paralisou suas atividades. Na ação civil coletiva deverão ser formulados, como pedidos certos e determinados: pagamento dos consectários legais (salários em atraso, 13º salário proporcional, férias vencidas e vincendas, verbas rescisórias e recolhimentos do FGTS): pedido genérico: prolação de uma sentença molecular responsabilizando o empregador pelo pagamento de todos os pedidos pleiteados envolvendo todos os trabalhadores da empresa que militavam no momento em que ela deixou de operar; sentença genérica de procedência: reconhecendo os pleitos formulados e condenando o empregador; efeitos *erga omnes* e *secundum eventum litis*: a sentença, se favorável, beneficiará todos os empregados do estabelecimento, perfeitamente identificáveis e determinados, os quais poderão promover, coletivamente ou individualmente a execução do julgado, por meio de liquidação por artigos. Observe-se que esses efeitos *erga omnes* e *secundum eventum litis* favoráveis não se estenderão para os trabalhadores que no momento da propositura da ação civil coletiva já tinham ajuizado ações trabalhistas individuais, com idênticos pedidos da ação civil coletiva e em relação ao mesmo empregador e não requereram a suspensão do processo, no prazo de 30 dias, a contar da ciência dos autos do ajuizamento da ação coletiva. Tais trabalhadores poderão ter seus pleitos individuais julgados improcedentes. Caso a ação civil coletiva seja julgada improcedente, por meio da sentença genérica, os trabalhadores individualmente considerados poderão ajuizar seus pleitos atomizados (reclamatórios individuais), podendo inclusive haver reconhecimento de seus direitos, independentemente do resultado desfavorável da ação civil coletiva, sendo que somente os trabalhadores que participaram do pleito coletivo estarão obstaculizados de rediscutir a matéria por meio de reclamatórias individuais, consoante art. 104 do CDC. Esse benefício não se aplica aos autores ideológicos ou legitimados para a defesa dos direitos e interesses individuais homogêneos. Nos casos de procedência ou improcedência dos pleitos formulados sempre haverá a formação

consoante preceito do art. 103[12], § 1º, do CDC (Código de Defesa do Consumidor), caso a sentença determine a improcedência da pretensão, os efeitos da coisa julgada não prejudicarão os indivíduos titulares do direito.

Portanto, no que tange às ações coletivas que versem sobre direitos individuais homogêneos, a coisa julgada é formada conforme o resultado da lide. Isso significa que a coisa julgada só se forma em caso de procedência, ou seja, apenas para beneficiar titulares dos direitos individuais. Por outro lado, uma decisão de improcedência em ação coletiva que verse sobre direitos individuais homogêneos, em princípio, não irá vincular os indivíduos, os quais poderão ajuizar suas demandas individualmente, a não ser que tenham participado da lide coletiva como assistentes simples ou litisconsorciais.

Segundo Daniel Amorim Assumpção Neves[13]:

> Significa dizer que, decorrendo de uma mesma situação fática jurídica consequências no plano do direito coletivo e individual e sendo julgado improcedente o pedido formulado em demanda coletiva, independentemente de fundamentação – os indivíduos não estarão vinculados a esse resultado, podendo ingressar livremente com suas ações individuais.

Porém, na hipótese de a sentença ser procedente, os efeitos da coisa julgada atingem os indivíduos, pois os beneficiarão. Em resumo, julgada procedente a

---

da coisa julgada material, inclusive nas hipóteses de improcedência por insuficiência de provas, o que impedirá a propositura de nova demanda coletiva com os mesmos pedidos e causa de pedir por qualquer que seja o autor ideológico, tenha ou não participado do processo coletivo anterior.

[12] "Art. 103. Nas ações coletivas de que trata este Código, a sentença fará coisa julgada: I - *erga omnes*, exceto se o pedido for julgado improcedente por insuficiência de provas, hipótese em que qualquer legitimado poderá intentar outra ação, com idêntico fundamento, valendo-se de nova prova, na hipótese do inciso I, do parágrafo único, do artigo 81; II - *ultra partes*, mas limitadamente ao grupo, categoria ou classe, salvo improcedência por insuficiência de provas, nos termos do inciso anterior, quando se tratar da hipótese prevista no inciso II, do parágrafo único, do artigo 81; III - *erga omnes*, apenas no caso de procedência do pedido, para beneficiar todas as vítimas e seus sucessores, na hipótese do inciso III, do parágrafo único, do artigo 81. § 1º Os efeitos da coisa julgada previstos nos incisos I e II não prejudicarão interesses e direitos individuais dos integrantes da coletividade, do grupo, categoria ou classe. § 2º Na hipótese prevista no inciso III, em caso de improcedência do pedido, os interessados que não tiverem intervindo no processo como litisconsortes poderão propor ação de indenização a título individual. § 3º Os efeitos da coisa julgada de que cuida o artigo 16, combinado com o artigo 13 da Lei nº 7.347, de 24 de julho de 1985, não prejudicarão as ações de indenização por danos pessoalmente sofridos, propostas individualmente ou na forma prevista neste Código, mas, se procedente o pedido, beneficiarão as vítimas e seus sucessores, que poderão proceder à liquidação e à execução, nos termos dos artigos 96 a 99".

[13] NEVES, Daniel Amorim Assumpção. *Manual de direito processual civil.* 5. ed. São Paulo: Método, 2013. p. 561.

ação, faz coisa julgada material e não pode ser discutida em nova ação. Julgada improcedente, pode se ajuizar nova ação, em caso de ter sido julgada desta forma por falta de provas.

Ainda sobre o tema, a coisa julgada material pode se formar *secundum eventum probationis*. Essa espécie de coisa julgada material é visualizada nas ações que envolvem a tutela coletiva de direitos difusos ou coletivos[14] (metaindividuais direitos indivisíveis). Em um primeiro momento a coisa julgada se forma em conformidade com a regra, ou seja, toda procedência faz coisa julgada material, assim como toda improcedência. Contudo, se a demanda for julgada improcedente por insuficiência ou ausência de provas, a coisa julgada não será formada, podendo ser ajuizada uma nova ação, com os mesmos elementos (partes, causa de pedir e pedido). Comumente, esse tipo de coisa julgada é claramente detectado nas ações populares e ações civis públicas que tutelem direitos difusos ou direitos coletivos.

19.4 LIMITES OBJETIVOS E SUBJETIVOS DA COISA JULGADA

19.4.1 Limites objetivos

Quando se estuda os limites objetivos[15] da coisa julgada, busca-se reconhecer o que, de fato, não pode ser objeto de discussão em outro processo.

O CPC/2015 trata o tema em seu art. 503, o qual ensina que

---

[14] "Ação Coletiva e Ação Individual – Litispendência – Inexistência – Conforme prevê o art. 104 do CDC, não há litispendência entre ação coletiva e ação individual. Os efeitos da coisa julgada na ação coletiva para tutela de direitos individuais homogêneos podem apenas beneficiar as partes, não tendo o condão de as prejudicar, nem de inibir a propositura de ação individual. Tal situação é decorrência dos fenômenos conhecidos como coisa julgada *secundum eventum litis* e *in utilibus*. Inteligência dos artigos 103 e 104 do CDC. Recurso da ré ao qual se nega provimento quanto ao ponto. Hora Noturna – Horário Misto – Mesmo sendo realizado o trabalho em horário misto, há a necessidade de pagamento com adicional noturno das horas laboradas em sua prorrogação, pois o trabalhador apenas dá continuidade ao labor nas mesmas condições, sem ter usufruído do descanso noturno. Tal conclusão encontra respaldo nos §§ 4º e 5º, do artigo 73 da CLT, os quais permitem a aplicação do disposto no capítulo em questão ('Capítulo II – Da Duração do Trabalho') à jornada mista e às prorrogações nas mesmas condições. Na mesma linha, é o teor da Súmula nº 60, inciso II, do C. TST. Recurso da autora ao qual se dá provimento" (TRT-9ª Reg., RO 0001240-17.2012.5.09.0652, Rel. Thereza Cristina Gosdal, *DJe* 10.02.2015, p. 189).

[15] "Direito Administrativo – Agravo Regimental em Agravo de Instrumento – Limites Objetivos da Coisa Julgada – Matéria Infraconstitucional – 1 – A jurisprudência do Supremo Tribunal Federal afasta o cabimento de recurso extraordinário para o questionamento de violação aos limites da coisa julgada, uma vez que se trata de tema cujo âmbito é estritamente infraconstitucional, além de demandar o reexame de fatos e de provas constantes dos autos. Precedentes. 2 – Agravo regimental a que se nega provimento" (STF, AgRg-AI 542.304/SP, 1ª T., Rel. Min. Roberto Barroso, j. 23.06.2015).

A decisão que julgar total ou parcialmente o mérito tem força de lei nos limites da questão principal expressamente decidida.

Insta destacar que a regra processual menciona decisão, utilizando uma expressão genérica que engloba, além das sentenças e acórdãos, as decisões interlocutórias que, no processo civil, podem julgar o mérito, conforme arts. 354[16], parágrafo único, e 356[17] do CPC/2015. O TST, por meio da Instrução Normativa 39[18], entende ser cabível a regra do art. 356 do CPC/2015 no processo do trabalho.

Fundamental recordar que a sentença (aqui utilizada em sentido amplo – de decisão) é composta pelo relatório, pela fundamentação e pelo dispositivo (conclusão), sendo que somente este último é dotado dos efeitos da coisa julgada. Em outras palavras, somente o dispositivo da sentença possui a qualidade de ser imutável e indiscutível. Por lógica, o relatório e a fundamentação não operam a coisa julgada[19].

A questão principal é a pretensão posta em juízo (o mérito – objeto do litígio), e a sua análise e julgamento formarão o conteúdo da decisão, que uma vez transitado em julgado, terão a qualidade da coisa julgada material. Dessa feita, fatos e fundamentos não são atingidos pela coisa julgada, somente a questão principal.

Como novidade, o CPC de 2015 passou a permitir que as questões prejudiciais sejam analisadas em conjunto com a questão principal. Nestes termos, o § 1º do art. 503 do CPC:

---

[16] "Art. 354. Ocorrendo qualquer das hipóteses previstas nos arts. 485 e 487, incisos II e III, o juiz proferirá sentença. Parágrafo único. A decisão a que se refere o *caput* pode dizer respeito a apenas parcela do processo, caso em que será impugnável por agravo de instrumento".

[17] "Art. 356. O juiz decidirá parcialmente o mérito quando um ou mais dos pedidos formulados ou parcela deles: I - mostrar-se incontroverso; II - estiver em condições de imediato julgamento, nos termos do art. 355. § 1º A decisão que julgar parcialmente o mérito poderá reconhecer a existência de obrigação líquida ou ilíquida. § 2º A parte poderá liquidar ou executar, desde logo, a obrigação reconhecida na decisão que julgar parcialmente o mérito, independentemente de caução, ainda que haja recurso contra essa interposto. § 3º Na hipótese do § 2º, se houver trânsito em julgado da decisão, a execução será definitiva. § 4º A liquidação e o cumprimento da decisão que julgar parcialmente o mérito poderão ser processados em autos suplementares, a requerimento da parte ou a critério do juiz. § 5º A decisão proferida com base neste artigo é impugnável por agravo de instrumento".

[18] "Art. 5º Aplicam-se ao Processo do Trabalho as normas do art. 356, §§ 1º a 4º, do CPC que regem o julgamento antecipado parcial do mérito, cabendo recurso ordinário de imediato da sentença".

[19] CPC/2015: "Art. 504. Não fazem coisa julgada: I - os motivos, ainda que importantes para determinar o alcance da parte dispositiva da sentença; II - a verdade dos fatos, estabelecida como fundamento da sentença".

> Art. 503. (...)
>
> § 1º O disposto no *caput* aplica-se à resolução de questão prejudicial, decidida expressa e incidentemente no processo, se:
>
> I - dessa resolução depender o julgamento do mérito;
>
> II - a seu respeito tiver havido contraditório prévio e efetivo, não se aplicando no caso de revelia;
>
> III - o juízo tiver competência em razão da matéria e da pessoa para resolvê-la como questão principal.

Destarte, a questão prejudicial, que em muitas oportunidades era enfrentada na fundamentação da sentença, passa a ser acobertada pela coisa julgada. Contudo, como o juiz pode ampliar os limites objetivos da coisa julgada de ofício, deve observar o contraditório prévio e efetivo para a solução da lide, e deve garantir o contraditório prévio entre as partes. A ressalva ocorre em caso de revelia.

19.4.2 Limites subjetivos da coisa julgada

Esta temática tem por objetivo designar a quem a coisa julgada irá atingir, a quem irá se vincular. Em regra, conforme declina o CPC, a coisa julgada atinge as partes do processo. Dessa forma, dispõe o art. 506 do CPC/2015, como segue:

> Art. 506. A sentença faz coisa julgada às partes entre as quais é dada, não prejudicando terceiros.

Não obstante, é possível que a imutabilidade dos efeitos da sentença atinja a terceiros, como nos casos em que houver substituição processual.

Em síntese, a coisa julgada, como regra, não beneficia terceiros, só podendo atingir aqueles que fizeram parte da relação material e exerceram o contraditório no processo. Contudo, é possível, em alguns casos de direito material, que haja o aproveitamento dos efeitos benéficos da sentença por outros sujeitos que, embora partícipes da relação material, não foram partes no processo, como, por exemplo, no caso de crédito solidário (em que pode haver pluralidade de interessados, sem que esses tenham necessariamente que ser partes do processo).

XX

TEORIA GERAL DOS RECURSOS

20.1 CONCEITO E CARACTERÍSTICAS

Em decorrência do próprio devido processo legal, que assegura a todos um processo hígido, com igualdade de oportunidades, surgem os recursos, como mecanismos de controle e de oportunidade para as partes. Controle porque de uma forma direta obriga o magistrado a proferir um julgamento pautado nos fundamentos e pedidos alçados no processo, obrigando-o a enquadrá-los nas normas objetivas vigentes à época, evitando arbitrariedades. Oportunidade, pelo fato de as partes poderem submeter eventuais decisões desfavoráveis a um novo julgamento, usualmente, por órgãos hierarquicamente superiores e mais experientes.

Conceito consagrado e usualmente adotado é o do professor José Carlos Barbosa Moreira[1], para quem recurso é o "remédio voluntário idôneo apto a ensejar, dentro do mesmo processo, a reforma, a invalidação, o esclarecimento ou a integração da decisão que se impugna".

Para Manoel Antonio Teixeira Filho, recurso vem a ser "o direto que a parte vencida ou o terceiro possui de, na mesma relação processual, e atendidos os pressupostos de admissibilidade, submeter a matéria contida na decisão recorrida a reexame, pelo mesmo órgão prolator, ou por órgão distinto e hierarquicamente superior, com o objetivo de anulá-la ou de reformá-la, total ou parcialmente"[2].

Depreendemos, com fulcro nos conceitos acima, que os recursos possuem as seguintes características:

---

[1] BARBOSA MOREIRA, José Carlos. *Comentários ao Código de Processo Civil*. 14. ed. Rio de Janeiro: Forense, 2008. v. V, p. 233.
[2] TEIXEIRA FILHO, Manoel Antonio. *A sentença no processo do trabalho*. 3. ed. São Paulo: LTr, 2004. p. 75.

- **Remédio**: é um expediente, uma ferramenta processual que tem por objetivo corrigir uma falta ou um erro jurídico.

- **Voluntário**: o ato de recorrer decorre da *manifestação de vontade* dos legitimados (partes, Ministério Público do Trabalho, enquanto fiscal da ordem jurídica, e terceiros juridicamente interessados). Não há recurso obrigatório e não há recurso de ofício, ou seja, interposto pelo juiz.

É importante destacar que o recurso é ato voluntário para diferenciá-lo da denominada remessa necessária (do duplo grau obrigatório). Como veremos adiante, o reexame necessário não é recurso, pois não se vislumbra a voluntariedade. Para ser considerado recurso é fundamental que haja o pronunciamento voluntário da parte interessada.

- **Dentro da mesma relação processual**: a interposição do recurso faz com que o processo continue, evitando a formação da coisa julgada. O manejo do recurso não enseja uma nova demanda e um novo processo, mas a simples continuação do processo já existente. É um prolongamento do processo já em curso. Essa característica elucida a diferença entre recursos e os demais meios de impugnação das decisões, conforme veremos adiante.

- **Reforma da decisão**: o intuito do recorrente é fazer com que o conteúdo, a essência da decisão, que lhe é desfavorável, seja modificado. As razões recursais são pautadas em uma eventual injustiça da decisão. O recorrente invoca em seu recurso o *error in judicando* da decisão, aduzindo que o julgador não se atentou, com o devido cuidado, para as provas produzidas durante o processo (ex.: não analisou um determinado documento; ou não conflitou os depoimentos das testemunhas etc.) ou não aplicou corretamente a norma jurídica vinculada à causa.

- **Invalidação da decisão**: nessa hipótese, o recurso se fundamenta em um possível vício formal (erro de procedimento) que tenha atingido o processo ou a decisão. É o denominado *error in procedendo*. Exemplificando, podemos aduzir o caso onde juiz deveria determinar prova pericial e não o fez; o juiz era impedido ou absolutamente incompetente; a sentença foi *extra petita* etc.

- **Esclarecimento ou integração da decisão**: o recurso pode ter por finalidade elucidar decisões obscuras e/ou contraditórias, bem como completar decisões omissas. O propósito, em um primeiro momento, não é o de reformar a decisão. A correção dos mencionados vícios pode ser pleiteada pelo recurso denominado embargos de declaração.

- **Órgão julgador distinto e hierarquicamente superior**: usualmente, os recursos são apreciados por órgãos judiciais hierarquicamente superiores (na Justiça do Trabalho pelos TRTs e pelo TST). Porém, na hipótese de embargos de declaração, o próprio órgão prolator da decisão é o responsável pelo julgamento do recurso, já que, como apontado, o objetivo preliminar não é o de modificar a decisão.

20.2 NATUREZA JURÍDICA DOS RECURSOS

Duas correntes discutem sobre a natureza jurídica dos recursos.

A primeira defende que o recurso é uma ação autônoma, não se vinculando àquela que lhe deu origem. De outra banda, a segunda corrente, majoritária, preconiza que o recurso é o prosseguimento do procedimento originário, constituindo-se como um prolongamento do exercício do direito de ação dentro do mesmo processo.

Nesse sentido as palavras de Humberto Theodoro Jr.[3]:

> A corrente dominante, no entanto, prefere conceituar o poder de recorrer como simples aspecto, elemento ou modalidade do próprio direito de ação exercido no processo.
>
> Apresenta-se, também, o recurso como ônus processual, porquanto a parte não está obrigada a recorrer do julgamento que a prejudica.

Igualmente é o posicionamento de Nelson Nery Jr.[4], que assim se posiciona:

> (...) já nos sentimos em condição de adotar aquela que o entende como um prolongamento, dentro do mesmo procedimento, do exercício do direito de ação, compreendido este em seu sentido mais amplo (...). Em sendo o recurso o prolongamento do direito de ação dentro do mesmo processo, há igualmente necessidade de serem observados requisitos específicos para a sua admissibilidade.

20.3 DISTINÇÃO ENTRE RECURSOS E OUTROS MEIOS DE IMPUGNAÇÃO

Os pronunciamentos judiciais podem ser guerreados por outros mecanismos de impugnação, também reconhecidos como sucedâneos recursais.

> Não são considerados como recursos, mas tendo em vista a finalidade para a qual foram criados, fazem as vezes destes e, por esta razão, são denominados de seus sucedâneos[5].

Logo, os recursos podem ser compreendidos como espécie do gênero meios de impugnação.

---

[3] THEODORO JR., Humberto. *Curso de direito processual civil*. 53. ed. Rio de Janeiro: Forense, 2012. v. I, p. 590.
[4] NERY JR., Nelson. *Teoria geral dos recursos*. 6. ed. São Paulo: RT, 2004. p. 232-233.
[5] NERY JR., Nelson. Op. cit., p. 74.

No âmbito dos mecanismos de impugnação encontramos, além dos recursos, as ações autônomas, o reexame necessário, a correição parcial e, para alguns, o pedido de reconsideração.

Dessa feita, mister fazermos uma diferenciação entre o recurso e os outros instrumentos de impugnação.

a) *Ações autônomas de impugnação:* são ações que tramitam em processo próprio. Iniciam-se por uma petição inicial, criando uma nova relação processual e têm por finalidade atacar a decisão judicial, para invalidá-la ou reformá-la. São exemplos, a ação rescisória, a ação declaratória de inexistência ou nulidade da sentença (*querela nulitatis insanabilis*), o mandado de segurança contra ato judicial, os embargos à execução e os embargos de terceiros e a reclamação constitucional[6].

Essas ações se diferem do recurso por não estarem previstas no rol dos recursos (princípio da taxatividade) e se desenvolverem em um processo próprio, distinto do da decisão que desejam atacar.

b) *Remessa necessária ou reexame necessário:* em havendo sentenças contrárias às pessoas jurídicas de direito público (União, Estados, Distrito Federal, Municípios e suas respectivas autarquias e fundações), que não exploram atividade econômica, as mesmas só produzirão os seus efeitos após serem, obrigatoriamente, submetidas à reapreciação e corroboradas pelo respectivo Tribunal competente. O reexame necessário pode até mesmo levar à reforma da decisão, invalidá-la.

Publicada a sentença, nada obsta que o ente público possa, voluntariamente, interpor o seu recurso ordinário. A interposição do recurso ordinário afasta a necessidade da remessa necessária.

Na realidade, trata-se de uma providência a ser observada pelo juiz, pois, publicada a sentença condenando, total ou parcialmente, a Fazenda Pública, as partes são intimadas para a interposição do recurso; transcorrido o prazo recursal, o magistrado deve verificar se houve ou não a interposição do recurso pelo ente público; não havendo recurso, os autos são remetidos, pelo juiz, ao Tribunal para fins de reexame necessário.

Cumpre-nos alertar que se o ente público não interpuser o seu recurso voluntariamente, a sentença será submetida à remessa necessária, porém, o ente

---

[6] A reclamação constitucional é prevista nos arts. 988 a 993 do Código de Processo Civil de 2015: "Art. 988. Caberá reclamação da parte interessada ou do Ministério Público para: I – preservar a competência do tribunal; II – garantir a autoridade das decisões do tribunal; III – garantir a observância de enunciado de súmula vinculante e de decisão do Supremo Tribunal Federal em controle concentrado de constitucionalidade; IV – garantir a observância de acórdão proferido em julgamento de incidente de resolução de demandas repetitivas ou de incidente de assunção de competência".

público não poderá, mantida a sentença pelo TRT, interpor recurso de revista para o TST, nos termos da Orientação Jurisprudencial 334 da SDI-I do TST, *in verbis*:

> Remessa "ex officio". Recurso de Revista. Inexistência de Recurso Ordinário Voluntário de Ente Público. Incabível.
>
> Incabível recurso de revista de ente público que não interpôs recurso ordinário voluntário da decisão de primeira instância, ressalvada a hipótese de ter sido agravada, na segunda instância, a condenação imposta.

Desse modo, o reexame necessário não é recurso, posto não possuir voluntariedade. Igualmente, *não* se pode falar em recurso do juiz, já que recurso depende da voluntariedade da parte interessada.

Contudo, o princípio que veda a reforma para pior é um princípio recursal, mas, é possível a sua aplicação à remessa necessária, conforme declina o STJ:

> Súmula 45 do STJ – No reexame necessário é defeso, ao Tribunal, agravar a condenação imposta à Fazenda Pública.

Em verdade, **a remessa necessária é condição de eficácia da sentença**, que não transita em julgado nem produz os seus efeitos enquanto não for reexaminada pelo Tribunal competente, que no caso da Justiça do Trabalho é o Tribunal Regional do Trabalho.

Neste passo, a Súmula n. 423 do Supremo Tribunal Federal:

> Não transita em julgado a sentença por haver omitido o recurso *ex officio*, que se considera interposto *ex lege*.

A súmula é antiga e, por isso, denomina a remessa necessária de recurso *ex officio*. Todavia, essa nomenclatura deve ser desconsiderada, pois, como já exaustivamente fundamentado, não se trata de recurso, mas de sucedâneo recursal, sem o qual a decisão não transita em julgado.

Como a sentença só irá produzir os seus efeitos e transitar em julgado após o reexame necessário, não há que se falar em ação rescisória enquanto tal procedimento não se concluir. Nestes termos, a Orientação Jurisprudencial 21 da SDI-II do TST:

> OJ 21 – Ação Rescisória. Duplo Grau de Jurisdição. Trânsito em Julgado. Inobservância. Decreto-lei nº 779/69, art. 1º, V. Incabível.
>
> É incabível ação rescisória para a desconstituição de sentença não transitada em julgado porque ainda não submetida ao necessário duplo grau de jurisdição, na forma do Decreto-Lei nº 779/69. Determina-se que se oficie ao Presidente do TRT para que proceda à avocatória do processo principal para o reexame da sentença rescindenda.

A remessa necessária tem cabimento[7] nas seguintes hipóteses declinadas pelo art. 496 do CPC:

> Art. 496. Está sujeita ao duplo grau de jurisdição, não produzindo efeito senão depois de confirmada pelo tribunal, a sentença:
>
> I - proferida contra a União, os Estados, o Distrito Federal, os Municípios e suas respectivas autarquias e fundações de direito público;
>
> II - que julgar procedentes, no todo ou em parte, os embargos à execução fiscal.
>
> § 1º Nos casos previstos neste artigo, não interposta a apelação no prazo legal, o juiz ordenará a remessa dos autos ao tribunal, e, se não o fizer, o presidente do respectivo tribunal avoca-los-á.
>
> § 2º Em qualquer dos casos referidos no § 1º, o tribunal julgará a remessa necessária.

Entretanto, o mesmo artigo prevê quando a remessa necessária deixa de ser obrigatória:

> § 3º Não se aplica o disposto neste artigo quando a condenação ou o proveito econômico obtido na causa for de valor certo e líquido inferior a:
>
> I - 1.000 (mil) salários mínimos para a União e as respectivas autarquias e fundações de direito público;

---

[7] Súmula 303 do TST: "Fazenda Pública. Reexame Necessário (nova redação em decorrência do CPC de 2015) - Res. 211/2016, *DEJT* divulgado em 24, 25 e 26.08.2016. I – Em dissídio individual, está sujeita ao reexame necessário, mesmo na vigência da Constituição Federal de 1988, decisão contrária à Fazenda Pública, salvo quando a condenação não ultrapassar o valor correspondente a: a) 1.000 (mil) salários mínimos para a União e as respectivas autarquias e fundações de direito público; b) 500 (quinhentos) salários mínimos para os Estados, o Distrito Federal, as respectivas autarquias e fundações de direito público e os Municípios que constituam capitais dos Estados; c) 100 (cem) salários mínimos para todos os demais Municípios e respectivas autarquias e fundações de direito público. II – Também não se sujeita ao duplo grau de jurisdição a decisão fundada em: a) súmula ou orientação jurisprudencial do Tribunal Superior do Trabalho; b) acórdão proferido pelo Supremo Tribunal Federal ou pelo Tribunal Superior do Trabalho em julgamento de recursos repetitivos; c) entendimento firmado em incidente de resolução de demandas repetitivas ou de assunção de competência; d) entendimento coincidente com orientação vinculante firmada no âmbito administrativo do próprio ente público, consolidada em manifestação, parecer ou súmula administrativa. III – Em ação rescisória, a decisão proferida pelo Tribunal Regional do Trabalho está sujeita ao duplo grau de jurisdição obrigatório quando desfavorável ao ente público, exceto nas hipóteses dos incisos anteriores. (ex-OJ nº 71 da SBDI-1 – inserida em 03.06.1996) IV – Em mandado de segurança, somente cabe reexame necessário se, na relação processual, figurar pessoa jurídica de direito público como parte prejudicada pela concessão da ordem. Tal situação não ocorre na hipótese de figurar no feito como impetrante e terceiro interessado pessoa de direito privado, ressalvada a hipótese de matéria administrativa. (ex-OJs nos 72 e 73 da SBDI-1 – inseridas, respectivamente, em 25.11.1996 e 03.06.1996)".

II – 500 (quinhentos) salários mínimos para os Estados, o Distrito Federal, as respectivas autarquias e fundações de direito público e os Municípios que constituam capitais dos Estados;

III – 100 (cem) salários mínimos para todos os demais Municípios e respectivas autarquias e fundações de direito público.

§ 4º Também não se aplica o disposto neste artigo quando a sentença estiver fundada em:

I – súmula de tribunal superior;

II – acórdão proferido pelo Supremo Tribunal Federal ou pelo Superior Tribunal de Justiça em julgamento de recursos repetitivos;

III – entendimento firmado em incidente de resolução de demandas repetitivas ou de assunção de competência;

IV – entendimento coincidente com orientação vinculante firmada no âmbito administrativo do próprio ente público, consolidada em manifestação, parecer ou súmula administrativa.

O CPC de 2015 acaba restringindo o reexame necessário das sentenças proferidas em contrariedade às pessoas jurídicas de direito público, com plena razão. Vivemos um período em que os entes públicos já conseguiram, em sua grande maioria, estruturar, pelo menos minimamente, os seus órgãos jurídicos de representação (procuradorias). Avanços e melhorias são necessários, mas já existe uma mínima estrutura que permite que aludidos entes sejam diligentemente representados.

Ademais, e não menos importante, o CPC de 2015 alinhou as suas regras sobre reexame necessário ao sistema de precedentes judiciais. Isso fica nítido quando nos deparamos com as regras contidas no § 4º do art. 496, o qual impede o duplo grau de jurisdição quando a sentença se encontra alinhada aos posicionamentos já consolidados dos Tribunais.

Por fim, ressaltamos que o reexame necessário recai somente sobre a sentença, não sendo aplicado em acórdão. Desse modo, o ente público, em querendo modificar o acórdão que julgou contrariamente aos seus interesses, obrigatoriamente deverá interpor recurso de revista para o TST, e não remessa necessária nessa hipótese.

Em conclusão, o reexame necessário não é recurso porque lhe falta voluntariedade e taxatividade, bem como não é um instrumento colocado à disposição das partes.

c) ***Correição parcial:*** a correição parcial não vem a ser, efetivamente, um recurso, mas sim um procedimento administrativo previsto pelos Tribunais, em seus Regimentos Internos.

É um mecanismo de controle dos atos praticados pelos magistrados, no exercício da jurisdição; ou seja, almeja controlar atos do juiz que violem ou atentem contra a boa ordem processual.

A correição parcial está prevista nos regimentos internos dos Tribunais[8], os quais fixarão o procedimento e o prazo para a sua utilização. Em regra, o prazo para a sua interposição pode variar entre cinco e oito dias.

Quando o problema estiver ocorrendo na Vara do Trabalho, esse sucedâneo deve ser dirigido ao respectivo Tribunal Regional, e será julgado pelo Corregedor-Regional; quando o ato questionado for detectado no Tribunal Regional do Trabalho, a correição parcial deve ser apresentada ao Tribunal Superior do Trabalho, e o seu julgamento será feito pelo Corregedor-Geral da Justiça do Trabalho.

Para sua interposição, é necessária a existência concomitante de três requisitos:

1. o ato atacado deve ser violador do trâmite processual (abusos e omissões que tumultuam o andamento do processo);
2. não pode existir recurso previamente estipulado para impugnar referido ato;
3. a parte solicitante deve demonstrar o prejuízo processual sofrido.

Também não se trata de um recurso, pois lhe falta taxatividade e o seu objetivo é apurar a infração cometida pelo magistrado. Trata-se de um procedimento administrativo.

d) **Pedido de reconsideração:** é uma medida que não consta, expressamente, em lei, tendo a sua aplicação fundamentada no próprio sistema processual que permite que o juiz se retrate ou reconsidere os seus atos. Busca-se a economia e a celeridade processual. Todavia, a sua utilização é vista com reservas, tanto pela doutrina quanto pela jurisprudência.

A respeito, as considerações de Nelson Nery Jr.[9]:

> Parece não haver menção em nosso direito positivo a respeito desse sucedâneo recursal denominado pedido de reconsideração. (...)
>
> Pela análise que fizemos da jurisprudência pátria, verificamos, entretanto, que tem sido frequentemente utilizado pelos advogados, de modo que o direito não pode ignorá-lo a pretexto de a lei processual não o haver contemplado entre suas regras.
>
> (...)

---

[8] CLT: "Art. 709. Compete ao Corregedor, eleito dentre os Ministros togados do Tribunal Superior do Trabalho: (...) II – decidir reclamações contra os atos atentatórios da boa ordem processual praticados pelos Tribunais Regionais e seus Presidentes, quando inexistir recurso específico".

[9] NERY JR., Nelson. Op. cit., 2004, p. 89-92.

Ocorre que as regras do processo não foram feitas para, somente, comodidade das partes, em detrimento dos princípios de ordem pública que as norteiam. É preciso que as regras cogentes sejam observadas por todos aqueles que atuem no processo, ou seja, pelas partes e seus advogados, intervenientes, Ministério Público, juiz e auxiliares.

E a mais importante das regras cogentes, que funciona como uma espécie de freio contra abusos que o pedido de reconsideração possa gerar é o *prazo para a interposição do recurso*.

e) **Reclamação:** a reclamação constitucional é um sucedâneo que vem previsto na Constituição da República, cuja finalidade maior é a de preservar as decisões do STJ (art. 105, I, "f") e do STF (art. 102, I, "l"[10]) e a de garantir o respeito à Súmula Vinculante (art. 103-A, § 3º).

Com o advento do Código de Processo Civil de 2015, o cabimento da reclamação[11] foi potencializado, de modo que o seu ajuizamento é permitido para preservar a competência de qualquer tribunal, garantir a autoridade das decisões do tribunal; garantir a observância de enunciado de súmula vinculante e de decisão do Supremo Tribunal Federal em controle concentrado de constitucionalidade e garantir a observância de acórdão proferido em julgamento de incidente de resolução de demandas repetitivas ou de incidente de assunção de competência.

---

[10] "l) a reclamação para a preservação de sua competência e garantia da autoridade de suas decisões".

[11] "Reclamação constitucional. Autoridade de decisão proferida pelo Supremo Tribunal Federal. Artigo 102, inciso I, alínea *l*, da Constituição da República. Medida Cautelar na Ação Direta de Inconstitucionalidade nº 3.395. Contratação temporária de servidores públicos. Artigo 37, inciso IX, da Constituição da República. Ações ajuizadas por servidores temporários contra a Administração Pública. Competência da Justiça Comum. Causa de pedir relacionada a uma relação jurídico-administrativa. Agravo regimental provido e reclamação procedente. 1 – O Supremo Tribunal Federal decidiu no julgamento da Medida Cautelar na Ação Direta de Inconstitucionalidade nº 3.395 que 'o disposto no art. 114, I, da Constituição da República, não abrange as causas instauradas entre o Poder Público e servidor que lhe seja vinculado por relação jurídico-estatutária'. 2 – Apesar de ser da competência da Justiça do Trabalho reconhecer a existência de vínculo empregatício regido pela legislação trabalhista, não sendo lícito à Justiça Comum fazê-lo, é da competência exclusiva desta o exame de questões relativas a vínculo jurídico-administrativo. 3 – Se, apesar de o pedido ser relativo a direitos trabalhistas, os autores da ação suscitam a descaracterização da contratação temporária ou do provimento comissionado, antes de se tratar de um problema de direito trabalhista a questão deve ser resolvida no âmbito do direito administrativo, pois para o reconhecimento da relação trabalhista terá o juiz que decidir se teria havido vício na relação administrativa a descaracterizá-la. 4 – No caso, não há qualquer direito disciplinado pela legislação trabalhista a justificar a sua permanência na Justiça do Trabalho. 5 – Agravo regimental a que se dá provimento e reclamação julgada procedente" (STF, AgRg-RCL 4.054-2, Rel. Marco Aurélio, *DJe* 21.11.2008, p. 31).

Atualmente, portanto, a reclamação não se restringe ao STF e ao STJ, podendo incidir em outros Tribunais, pois o art. 988[12], § 1º, do CPC/2015 prevê que a reclamação pode ser proposta perante qualquer tribunal. Respaldado nesse ditame, consideramos plenamente aplicável a reclamação na Justiça do Trabalho.

Logo, a reclamação é um instrumento para garantir o respeito aos posicionamentos dos Tribunais Regionais, seja em seu próprio âmbito, seja pelas instâncias inferiores.

A reclamação[13] tem, para alguns, natureza jurídica de ação e, para outros, natureza de direito de petição. Repise-se que não é recurso.

---

[12] "Art. 988. Caberá reclamação da parte interessada ou do Ministério Público para: I – preservar a competência do tribunal; II – garantir a autoridade das decisões do tribunal; III – garantir a observância de enunciado de súmula vinculante e de decisão do Supremo Tribunal Federal em controle concentrado de constitucionalidade; IV – garantir a observância de acórdão proferido em julgamento de incidente de resolução de demandas repetitivas ou de incidente de assunção de competência. § 1º A reclamação pode ser proposta perante qualquer tribunal, e seu julgamento compete ao órgão jurisdicional cuja competência se busca preservar ou cuja autoridade se pretenda garantir. § 2º A reclamação deverá ser instruída com prova documental e dirigida ao presidente do tribunal. § 3º Assim que recebida, a reclamação será autuada e distribuída ao relator do processo principal, sempre que possível. § 4º As hipóteses dos incisos III e IV compreendem a aplicação indevida da tese jurídica e sua não aplicação aos casos que a ela correspondam. § 5º É inadmissível a reclamação: I – proposta após o trânsito em julgado da decisão reclamada; (Incluído pela Lei nº 13.256, de 2016) II – proposta para garantir a observância de acórdão de recurso extraordinário com repercussão geral reconhecida ou de acórdão proferido em julgamento de recursos extraordinário ou especial repetitivos, quando não esgotadas as instâncias ordinárias. (Incluído pela Lei nº 13.256, de 2016) § 6º A inadmissibilidade ou o julgamento do recurso interposto contra a decisão proferida pelo órgão reclamado não prejudica a reclamação".

[13] "Recurso de Revista. Servidor público. Contratação temporária. Previsão em Lei Municipal. Incompetência da Justiça do Trabalho. Decisão proferida pelo STF na ADI 3.395. Efeitos. 1. Conforme consignado no acórdão recorrido, a relação havida entre as partes possui natureza estatutária, uma vez que a contratação se deu em caráter temporário e decorre de previsão na Lei Municipal nº 1.727/93, enquadrando-se, portanto, na autorização contida no art. 37, IX, da Constituição Federal. 2. O Supremo Tribunal Federal, no julgamento da Ação Direta de Inconstitucionalidade nº 3.395, suspendeu toda e qualquer interpretação imprimida ao inciso I do art. 114 da CF, na redação dada pela EC 45/2004, que inclua, na competência da Justiça do Trabalho, a apreciação de causas que sejam instauradas entre o Poder Público e seus servidores, a ele vinculados por típica relação de caráter jurídico-administrativo e ordem estatutária. (ADI-3.395/DF, Relator Min. Cezar Peluso, DJ de 19/04/2006). 3. A citada decisão foi referendada pelo Pleno do STF e produz eficácia contra todos e efeito vinculante (CF, art. 102, § 2º), de sorte que seu descumprimento ensejaria, inclusive, reclamação constitucional (CF, art. 102, I, L). 4. Assim, declara-se a incompetência da Justiça do Trabalho para instruir e julgar a ação instaurada entre o Município de Sapucaia do Sul e o reclamante, na qual se discute a natureza do vínculo de trabalho decorrente de contratação temporária, por não se inserir na competência material traba-

Podemos esquematizar a reclamação da seguinte maneira:

1) *Cabimento*

- preservar a competência do tribunal;
- garantir a autoridade das decisões do tribunal;
- garantir a observância de enunciado de súmula vinculante e de decisão do Supremo Tribunal Federal em controle concentrado de constitucionalidade;
- garantir a observância de acórdão proferido em julgamento de incidente de resolução de demandas repetitivas ou de incidente de assunção de competência (art. 988 do CPC/2015).

2) *Não cabimento*

A reclamação não pode ser apresentada:

- após o trânsito em julgado da decisão reclamada;
- para garantir a observância de acórdão de recurso extraordinário com repercussão geral reconhecida ou de acórdão proferido em julgamento de recursos extraordinário ou especial repetitivos (no processo do trabalho é o recurso de revista), quando não esgotadas as instâncias ordinárias.

3) *Legitimidade*

Tem legitimidade para propor a reclamação a parte interessada e o Ministério Público.

4) *Procedimento*

A reclamação deve ser proposta perante o órgão jurisdicional cuja competência se busca preservar ou cuja autoridade se pretenda garantir.

Deve ser instruída com as provas documentais e dirigida ao presidente do Tribunal.

Não pode ser interposta após o trânsito em julgado da decisão, já que não se trata de ação rescisória, nem para garantir a observância de acórdão de recurso extraordinário com repercussão geral reconhecida ou de acórdão proferido em julgamento de recursos extraordinário ou especial repetitivos, quando não esgotadas as instâncias ordinárias (art. 988, § 5º, do CPC/2015).

---

lhista delimitada no art. 114, I, da Carta Magna. Em consequência, decreta-se a nulidade dos atos decisórios e determina-se a remessa dos autos à Justiça Comum do Estado do Rio Grande do Sul (artigos 795, §§ 1º e 2º, da CLT e 113, § 2º, do CPC). Recurso de revista de que se conhece e a que se dá provimento" (TST, RR 657316/2000.9, 5ª Turma, Rel. Juiz Conv. Walmir Oliveira da Costa, *DJU* 27.10.2006).

Assim que recebida, a reclamação será autuada e distribuída ao relator do processo principal, sempre que possível. Ao despachar a reclamação, o Relator:

I - requisitará informações da autoridade a quem for imputada a prática do ato impugnado, que as prestará no prazo de 10 (dez) dias;

II - se necessário, ordenará a suspensão do processo ou do ato impugnado para evitar dano irreparável;

III - determinará a citação do beneficiário da decisão impugnada, que terá prazo de 15 (quinze) dias para apresentar a sua contestação.

Qualquer interessado poderá impugnar o pedido do reclamante (art. 990 do CPC/2015).

Na reclamação que não houver formulado, o Ministério Público terá vista do processo por cinco dias, após o decurso do prazo para informações e para o oferecimento da contestação pelo beneficiário do ato impugnado (art. 991 do CPC/2015).

Em sendo julgada procedente a reclamação, o tribunal cassará a decisão exorbitante de seu julgado ou determinará medida adequada à solução da controvérsia (art. 992 do CPC/2015).

O presidente do tribunal determinará o imediato cumprimento da decisão, lavrando-se o acórdão posteriormente (art. 993 do CPC/2015).

Entendemos que a reclamação deva ser manejada como um instrumento de natureza subsidiária. Significa dizer que as instâncias ordinárias deverão ser esgotadas para apresentar a reclamação, ou seja, somente se não couber recurso sob determinada decisão, poderá o legitimado se utilizar da reclamação. Obviamente, o interessado deve ficar atento, já que não cabe reclamação quando houver trânsito em julgado da decisão.

Com isso, é possível que ocorra a interposição do recurso e, simultaneamente, a apresentação da reclamação; ou interposto recurso, para combater a decisão e evitar o trânsito em julgado, o interessado poderá propor a reclamação. A reclamação pode provocar a suspensão do processo.

Por fim, devemos observar que a reclamação deve ser proposta antes do trânsito em julgado, sendo que o posterior trânsito em julgado não prejudicará a reclamação já em curso.

Nestes termos, o art. 988, § 6º, do CPC determina que:

A inadmissibilidade ou o julgamento do recurso interposto contra a decisão proferida pelo órgão reclamado não prejudica a reclamação.

20.4 CLASSIFICAÇÃO DOS RECURSOS

A doutrina costuma classificar os recursos com suporte nos seguintes critérios:

20.4.1 Quanto à extensão do inconformismo ou da matéria impugnada

Por esse critério, o recurso pode ser considerado *total* ou *parcial*.

Há o recurso total quando recorrente ataca todo o conteúdo impugnável da decisão judicial, ou seja, combate todos os capítulos da decisão em que fora sucumbente e não, necessariamente, toda a decisão.

A parte recorre, integralmente, em relação àquilo que perdeu. Em sentido idêntico, Daniel Amorim Assumpção Neves[14] aduz:

> (...) os recursos totais têm por objeto a integralidade da parcela da decisão que tenha gerado sucumbência à parte recorrente. (...)

Registre-se que o recurso total não significa recurso que tenha como objeto a integralidade da decisão impugnada, porque havendo uma parcial procedência da pretensão, haverá parcela da decisão para a qual faltará à parte vitoriosa interesse recursal.

De outra forma, o recurso parcial impugna somente uma parte da decisão que determinou a sucumbência do recorrente. Isto é, o recorrente ataca apenas um ou alguns dos capítulos da decisão impugnada. A título de elucidação, podemos citar uma reclamação trabalhista, por meio da qual o reclamante postula o pagamento de horas *in itinere*, adicional de insalubridade, dano moral e dano material. A sentença é de improcedência. O reclamante só interpõe recurso, combatendo a sentença, em relação às horas *in itinere* e adicional de insalubridade.

Essa classificação é relevante, pois permite a análise do momento em que há a formação da coisa julgada. Tradicionalmente, afirma-se que, se o recurso é parcial, ou seja, se o recorrente apenas impugna um capítulo da decisão, o capítulo não impugnado transita em julgado. Por conseguinte, o capítulo não impugnado não fica sujeito ao efeito obstativo e, por isso, pode ser objeto de execução definitiva.

Todavia, a propositura da ação rescisória só é possível quando a decisão transitar, totalmente, em julgado. Assim preconiza o STJ:

> Súmula 401 – O prazo para o ajuizamento da ação rescisória só se inicia com o trânsito em julgado da última decisão proferida no processo, inclusive quanto aos capítulos que ainda não haviam sido impugnados.

20.4.2 Quanto à fundamentação: de fundamentação vinculada e de fundamentação livre

O recurso de fundamentação livre é aquele que a lei não determina que a parte indique um vício de maneira especificada. O recorrente pode apresentar qualquer

---

[14] NEVES, Daniel Amorim Assumpção. *Manual de direito processual* civil. 5. ed. São Paulo: Método, 2013. p. 575.

argumento para combater a decisão. Pode, por exemplo, dizer que há vício processual, que a prova não foi bem analisada. É o que ocorre com o recurso ordinário.

Em contrapartida, recurso de fundamentação vinculada só pode ser manejado nos casos que a lei estabelece. Os argumentos que podem ser invocados pelo recorrente estão, taxativamente, previstos em lei, não se permitindo a utilização de qualquer argumento. A fundamentação está vinculada ao texto normativo.

São exemplos: recurso de revista, que só cabível se o recorrente demonstrar violação à norma Constitucional, ou a lei federal, ou, ainda, divergência jurisprudencial; embargos de declaração, que só pode ser manejado para sanar omissão, contradição e obscuridade.

20.4.3 Quanto ao objeto imediato do recurso: extraordinário e ordinário

Primeiramente, importante sublinhar que não se deve confundir essa classificação com as espécies recursais. Aqui não estamos falando do recurso extraordinário que vai para o STF, nem do recurso ordinário que pode atacar sentenças ou os acórdãos dos TRTs, em matérias de sua competência originária.

Tratamos, nesse instante, da classificação dos recursos de natureza extraordinária e ordinária.

O recurso de natureza ordinária tem como objeto a proteção do direito material subjetivo do recorrente, ou seja, é aquele que busca tutelar o interesse particular do recorrente. São exemplos: o recurso ordinário, o agravo de petição, o agravo de instrumento, o pedido de revisão etc.

Por outro lado, o recurso de natureza extraordinária é indiferente à situação particular da parte (direito subjetivo), pois aqui não mais se revolve fatos e provas. Neste tipo de processo se discute apenas teses jurídicas[15]. Preocupa-se com a higidez do sistema normativo, quer dizer, o objeto principal desse tipo de recurso é proteger o ordenamento jurídico (direito objetivo), fazendo com que haja a correta aplicação da lei.

No processo do trabalho temos os recursos de revista, os embargos para SDI e o recurso extraordinário (espécie).

Como o intuito é o de preservar a norma, os recursos de natureza extraordinária não permitem a discussão de fatos e o reexame de provas. Nessa direção é o comando do TST:

> Súmula 126 – Recurso. Cabimento. Incabível o recurso de revista ou de embargos (arts. 896 e 894, "b", da CLT) para reexame de fatos e provas.

---

[15] Por isso é que há a expressão de que "quem faz justiça neste país são o primeiro e segundo grau de jurisdição, que revolvem fatos e provas". Nesse sentido, a Súmula 7 do STJ: "Pretensão de simples reexame de prova não enseja recurso especial".

20.4.4 Quanto à independência/autonomia do recurso: autônomo ou dependente

Recurso autônomo, também denominado de independente ou de principal é aquele que é interposto por uma das partes, dentro do prazo recursal, independentemente do comportamento da parte adversária. A parte sucumbente interpõe o recurso, cumprindo estritamente os pressupostos de admissibilidade.

Recurso adesivo ou subordinado é o recurso interposto pela parte sucumbente no prazo para contrarrazões, ou seja, no prazo para responder ao recurso interposto pela parte contrária. Desse modo, a parte sucumbente, que poderia ter apresentado o seu recurso dentro do prazo fixado em lei, mas não o fez, passa a ter uma nova oportunidade para recorrer, quando da abertura do prazo para responder o recurso (independente/principal) interposto pelo adversário.

Proferida uma sentença parcialmente procedente tanto o reclamante como o reclamado podem recorrer. Todavia, somente um recorre. A parte que não recorreu poderá, quando for aberto o prazo para se manifestar sobre o recurso do adversário, apresentar o seu recurso de forma adesiva.

O recurso adesivo não é uma modalidade (espécie) de recurso, mas uma forma de interposição. A parte poderá interpor o recurso, no prazo para apresentar suas contrarrazões.

O prazo da Fazenda Pública para a interposição do recurso adesivo é simples, ou seja, não há previsão legal que permita a dobra do prazo. O Decreto-lei 779/1969 prevê o prazo em dobro para as pessoas jurídicas de direito público apenas para recorrer, não fazendo qualquer referência ao prazo para as contrarrazões.

Portanto, por ser uma norma excepcional, não pode ser interpretada extensivamente. Ademais, a Lei 5.584/1970, em seu art. 6º, declina que o prazo para as contrarrazões é de oito dias, não mencionando a dobra do prazo. No mesmo sentido é o art. 900 da CLT.

O Ministério Público do Trabalho possui o prazo de oito dias[16] para contra-arrazoar recursos e, consequentemente, apresentar o recurso adesivo. O CPC/2015, em seu art. 997[17] preceitua sobre a possibilidade do uso do recurso adesivo.

---

[16] Lei 5.584/1970: "Art. 5º Para exarar parecer, terá o órgão do Ministério Público da União, junto à Justiça do Trabalho, o prazo de 8 (oito) dias, contados da data em que lhe for distribuído o processo. (...) Art. 6º Será de 8 (oito) dias o prazo para interpor e contra-arrazoar qualquer recurso (CLT, artigo 893)".

[17] "Art. 997. Cada parte interporá o recurso independentemente, no prazo e com observância das exigências legais. § 1º Sendo vencidos autor e réu, ao recurso interposto por qualquer deles poderá aderir o outro. § 2º O recurso adesivo fica subordinado ao recurso independente, sendo-lhe aplicáveis as mesmas regras deste quanto aos requisitos de admissibilidade e julgamento no tribunal, salvo disposição legal diversa, observado, ainda, o seguinte: I – será dirigido ao órgão perante o qual o recurso independente fora interposto, no prazo de que

No processo do trabalho, não há regra específica sobre o recurso adesivo, mas o TST permite a sua aplicação, conforme posicionamento da Súmula 283.

> Recurso Adesivo. Pertinência no Processo do Trabalho. Correlação de Matérias.
> O recurso adesivo é compatível com o processo do trabalho e cabe, no prazo de 8 (oito) dias, nas hipóteses de interposição de recurso ordinário, de agravo de petição, de revista e de embargos, sendo desnecessário que a matéria nele veiculada esteja relacionada com a do recurso interposto pela parte contrária.

Diante do preceito fixado no art. 997 do CPC/2015, sendo vencidos autor e réu, ao recurso interposto por qualquer deles poderá aderir o outro. A regra permite o recurso adesivo quando haja sucumbência recíproca, ou seja, quando a decisão seja parcialmente procedente.

Somente havendo a interposição do recurso principal é que surge a oportunidade para a interposição do recurso adesivo.

Por consequência, o recurso adesivo fica subordinado ao recurso independente, isso significa que o recurso adesivo só será analisado se aquele for conhecido. Deste modo, se o recurso principal/independente não for conhecido por falta de preparo ou por intempestivo, o recurso adesivo, automaticamente, também não o será.

O recurso adesivo deve cumprir todos os requisitos de admissibilidade previstos para o recurso principal. Desse modo, todos os pressupostos recursais inerentes ao recurso principal deverão ser cumpridos ao se interpor um recurso adesivo.

Exemplificando: reclamante postula uma indenização por danos materiais, morais e estéticos. O juiz profere uma sentença condenando a reclamada a pagar somente os danos morais, portanto, procedente em parte. O reclamante apresenta recurso ordinário, pois deseja receber os danos materiais e os danos estéticos. A reclamada não recorre. Ao ser intimado para contra-arrazoar o recurso interposto pelo reclamante, a reclamada poderá, nesse prazo, responder ao recurso ordinário e apresentar o seu recurso ordinário adesivo, mas deverá cumprir todos os pressupostos recursais exigidos para o recurso ordinário, dentre eles: respeitar o prazo, pagar o preparo (custas + depósito recursal).

Em resumo, o recurso adesivo no processo do trabalho é compatível com os seguintes recursos: recurso ordinário, agravo de petição, recurso de revista e embargos no TST. Para ser utilizado, deve preencher os seguintes requisitos:

a) sucumbência recíproca, ou seja, a decisão deve ser de procedência parcial;
b) interposição de um recurso válido pelo adversário;

---

a parte dispõe para responder; II – será admissível na apelação, no recurso extraordinário e no recurso especial; III – não será conhecido, se houver desistência do recurso principal ou se for ele considerado inadmissível".

c) inexistência de recurso autônomo daquele que pretende interpor recurso adesivo. Se já tiver interposto recurso autônomo, ocorrerá preclusão consumativa;

d) preenchimento dos pressupostos recursais inerentes ao recurso principal.

Recordando que recurso adesivo não será analisado se, por qualquer motivo, não for conhecido o principal.

20.5 PRINCÍPIOS RECURSAIS NO PROCESSO DO TRABALHO

20.5.1 Princípio do duplo grau de jurisdição

Este princípio propugna pela possibilidade do reexame da decisão judicial de uma instância inferior por outro órgão hierarquicamente superior do Poder Judiciário. Desse modo, quando se fala em decisão judicial a ideia é que se tenha um recurso que permita o seu reexame por um órgão superior.

Para Nelson Nery Jr.[18], basta que a decisão seja revista, ainda que pelo mesmo órgão que prolatou a decisão.

Tal princípio reveste-se de natureza política, ao prever o controle dos atos estatais. A possibilidade de revisão e reforma das decisões ocasiona uma maior responsabilidade aos juízes, os quais poderão ter suas decisões submetidas a uma nova apreciação, além de proporcionar nova oportunidade de tutela aos litigantes, permitindo que decisões equivocadas sejam alteradas.

Há, contudo, no Brasil, divergência doutrinária e jurisprudencial, acerca da qualificação deste princípio.

Num primeiro plano, há quem defenda ser o duplo grau de jurisdição possuidor de *status* constitucional, um direito fundamental, estando subentendido no art. 5º, LV, da CF, *in verbis*:

> Art. 5º (...)
>
> LV – aos litigantes, em processo judicial ou administrativo, e aos acusados em geral são assegurados o contraditório e ampla defesa, com os meios e recursos a ela inerentes.

Com respaldo nessa interpretação, parte da doutrina e da jurisprudência passou a compreender que a Constituição contemplava o duplo grau de jurisdição de modo absoluto, ou seja, a lei infraconstitucional não poderia restringi-lo.

---

[18] NERY JR., Nelson. *Código de Processo Civil comentado e legislação extravagante*. 13. ed. São Paulo: RT, 2013. p. 970.

Em sentido oposto, corrente surge defendendo que o princípio em estudo não é um princípio constitucional explícito, tratando-se de simples norma de organização judiciária, podendo a lei infraconstitucional restringir o uso dos recursos, bem como suas hipóteses de incidência.

Nos dizeres de Manoel Antonio Teixeira Filho[19], o termo "recurso" não foi empregado na Constituição Federal em sentido técnico e estrito, como mecanismo de guerrear decisões judiciais, mas como um amplo sistema de alternativas e meios fundamentais para a garantia do contraditório e da ampla defesa.

A tese prevalente é de que o princípio do duplo grau de jurisdição não tem previsão constitucional, devendo ser reputado como princípio geral de direito, ou norma de organização judiciária.

A jurisprudência do STF geralmente se posiciona nesse sentido (com exceção das questões envolvendo processo penal).

Entendemos, destarte, que aludido princípio deve ser compreendido como uma regra de organização judiciária, já que o Poder Judiciário é organizado em graus/instâncias.

O próprio Tribunal Superior do Trabalho emitiu as Súmulas ns. 303 e 356[20], citadas nas páginas anteriores, que expressamente restringem o duplo grau de jurisdição.

Nesse diapasão, podemos vislumbrar em nosso ordenamento jurídico hipóteses onde não se constata o duplo grau de jurisdição, como nos casos de competência originária do Supremo Tribunal Federal, o rito sumário no processo do trabalho, o qual, em regra, não admite a interposição de recurso (art. 2º, § 4º, da Lei 5.584/1970) etc.

20.5.2 Princípio da taxatividade

De acordo com o princípio da taxatividade, só são considerados recursos aqueles derivados da lei. No caso do Brasil, somente a lei federal pode legislar sobre recursos, uma vez que é da União a competência para legislar sobre a matéria processual (art. 22, I, da CF).

Logo, as partes devem valer-se dos recursos previstos em lei, não podendo criar outros recursos. O rol estipulado em lei, fixando quais são os recursos, é taxativo.

---

[19] TEIXEIRA FILHO, Manoel Antonio. *Sistema dos recursos trabalhistas*. 10. ed. São Paulo: LTr, 2003. p. 66.
[20] Súmula nº 356 do TST: "ALÇADA RECURSAL. VINCULAÇÃO AO SALÁRIO MÍNIMO (mantida) - Res. 121/2003, DJ 19, 20 e 21.11.2003. O art. 2º, § 4º, da Lei nº 5.584, de 26.06.1970, foi recepcionado pela CF/1988, sendo lícita a fixação do valor da alçada com base no salário mínimo".

No processo do trabalho, referido rol vem enunciado no art. 893 da CLT, o qual declara que:

> Das decisões são admissíveis os seguintes recursos:
> I - embargos;
> II - recurso ordinário;
> III - recurso de revista;
> IV - agravo.

Como visto, somente lei federal pode criar recursos. No entanto, é comum os regimentos internos dos Tribunais preverem outras espécies de recursos, como é o caso dos agravos regimentais.

O CPC ratifica essa possibilidade ao prever, em seu art. 1.070 que:

> É de 15 (quinze) dias o prazo para a interposição de qualquer agravo, previsto em lei ou em regimento interno de tribunal, contra decisão de relator ou outra decisão unipessoal proferida em tribunal.

No processo do trabalho temos os agravos regimentais, mas o prazo de sua interposição segue, em regra, o prazo recursal trabalhista, que é de oito dias. Todavia, há de se ter atenção, pois existem Tribunais regionais que estipulam prazo de cinco dias.

De acordo com Mauro Schiavi[21], no Processo do Trabalho, são cabíveis os seguintes recursos, segundo a sistemática da CLT:

a) Recurso ordinário (art. 895 da CLT);
b) Recurso de revista (art. 896 da CLT);
c) Embargos para o TST (art. 894 da CLT);
d) Agravo de instrumento (art. 897 da CLT);
e) Agravo de petição (art. 897 da CLT);
f) Embargos de declaração (art. 897-A da CLT);
g) Agravo regimental (art. 709, § 1º, da CLT);
h) Pedido de revisão ao valor atribuído à causa (art. 2º, § 1º, da Lei 5.584/1970).

Existe também a possibilidade de interposição do Recurso Extraordinário, que não é um recurso trabalhista *stricto sensu*, mas, por ser um recurso constitucional, é aplicável ao Processo do Trabalho, de acordo com o art. 102 da CF/1988.

---

21 Schiavi, Mauro. Op. cit., p. 496.

A remessa *ex officio*, ou remessa necessária ou reexame necessário, prevista no art. 496 do CPC e no Decreto-lei 779/1969, também é aplicável ao Processo do Trabalho.

20.5.3 Princípio da singularidade, unirrecorribilidade ou unicidade recursal

É a impossibilidade de se interpor, simultaneamente, mais de um recurso contra a mesma decisão, ou seja, em regra a decisão desafia somente um recurso. Todavia, é necessário se atentar à possibilidade de se opor embargos de declaração em face de qualquer decisão e, posteriormente, interpor o recurso principal. Exemplificando, é possível opor embargos de declaração diante de uma sentença e, após o seu julgamento, interpor o recurso ordinário.

Tal sistemática não é absoluta, pois é possível a interposição de mais de um recurso contra a mesma decisão, desde que esses recursos tenham finalidades diferentes. Por isso há a possibilidade de o mesmo acórdão da Turma do TST ser impugnado por embargos para a SDI (por divergência) e por recurso extraordinário ao STF (art. 102, III, da CF).

20.5.4 Princípio da conversibilidade ou fungibilidade

Esse princípio se assemelha ao princípio da instrumentalidade, o qual propugna que quando um ato é praticado de maneira equivocada, não se observando a forma descrita em lei, mas atinge a sua finalidade, esse ato deverá ser aproveitado.

O princípio da fungibilidade, como dito, tem conteúdo semelhante. Assim, o recorrente que apresentou recurso errado, mas observou corretamente os requisitos do recurso correto, poderá vê-lo aproveitado. Todavia, o princípio da fungibilidade deve ser enxergado com parcimônia, *pois se trata de uma exceção* ao pressuposto recursal do cabimento.

Por conseguinte, para que possa ser utilizado, o princípio da fungibilidade exige que determinados requisitos estejam presentes. São os seguintes requisitos:

1) Dúvida objetiva quanto ao recurso cabível (divergência jurisprudencial e doutrinária sobre a natureza da decisão).

2) Inexistência de erro grosseiro, ou seja, que o recurso interposto não tenha sido interposto contra expressa determinação legal. Erro grosseiro surge quando há expressa menção de qual recurso cabível em face de uma determinada decisão, porém o recorrente, por negligência ou desconhecimento jurídico, interpõe o recurso errado.

3) Havendo dúvida sobre qual recurso interpor, o recorrente, demonstrando boa-fé, deve recorrer no prazo menor. No processo do trabalho vigora a uniformidade dos prazos recursais, que, em regra, são de oito dias, salvo o recurso de embargos de declaração, cujo prazo é de cinco dias.

Não existe previsão legal sobre o princípio da fungibilidade no processo do trabalho, mas o TST, por meio de Súmula e orientações jurisprudenciais, aborda o tema:

> Súmula 421 – Embargos de Declaração. Cabimento. Decisão Monocrática do Relator Calcada no art. 932 do CPC de 2015. Art. 557 do CPC de 1973 (atualizada em decorrência do CPC de 2015) – Res. 208/2016, DEJT divulgado em 22, 25 e 26.04.2016.
>
> I – Cabem embargos de declaração da decisão monocrática do relator prevista no art. 932 do CPC de 2015 (art. 557 do CPC de 1973), se a parte pretende tão somente juízo integrativo retificador da decisão e, não, modificação do julgado.
>
> II – Se a parte postular a revisão no mérito da decisão monocrática, cumpre ao relator converter os embargos de declaração em agravo, em face dos princípios da fungibilidade e celeridade processual, submetendo-o ao pronunciamento do Colegiado, após a intimação do recorrente para, no prazo de 5 (cinco) dias, complementar as razões recursais, de modo a ajustá-las às exigências do art. 1.021, § 1º, do CPC de 2015.
>
> OJ 412 da SDI-I – Agravo interno ou agravo regimental. interposição em face de decisão colegiada. Não cabimento. Erro grosseiro. Inaplicabilidade do princípio da fungibilidade recursal (nova redação em decorrência do CPC de 2015) – Res. 209/2016, *DEJT* divulgado em 01, 02 e 03.06.2016.
>
> É incabível agravo interno (art. 1.021 do CPC de 2015, art. 557, § 1º, do CPC de 1973) ou agravo regimental (art. 235 do RITST) contra decisão proferida por Órgão colegiado. Tais recursos destinam-se, exclusivamente, a impugnar decisão monocrática nas hipóteses previstas. Inaplicável, no caso, o princípio da fungibilidade ante a configuração de erro grosseiro.
>
> OJ 69 da SDI-II – Fungibilidade Recursal. Indeferimento Liminar de Ação Rescisória ou Mandado de Segurança. Recurso para o TST. Recebimento como Agravo Regimental e Devolução dos autos ao TRT.
>
> Recurso ordinário interposto contra despacho monocrático indeferitório da petição inicial de ação rescisória ou de mandado de segurança pode, pelo princípio de fungibilidade recursal, ser recebido como agravo regimental. Hipótese de não conhecimento do recurso pelo TST e devolução dos autos ao TRT, para que aprecie o apelo como agravo regimental.
>
> OJ 152 da SDI-II – Ação Rescisória e Mandado de Segurança. Recurso de Revista de Acórdão Regional que julga Ação Rescisória ou Mandado de Segurança. Princípio da Fungibilidade. Inaplicabilidade. Erro Grosseiro na Interposição do Recurso.
>
> A interposição de recurso de revista de decisão definitiva de Tribunal Regional do Trabalho em ação rescisória ou em mandado de segurança, com fundamento em violação legal e divergência jurisprudencial e remissão expressa ao art. 896

da CLT, configura erro grosseiro, insuscetível de autorizar o seu recebimento como recurso ordinário, em face do disposto no art. 895, "b", da CLT.

Por outro lado, o CPC de 2015 contempla exemplos de fungibilidade no art. 1.024, § 3º – fungibilidade entre embargos de declaração e agravos internos – e nos arts. 1.032 e 1.033 – entre recurso extraordinário e recurso especial.

20.5.5 Princípio da proibição da *reformatio in pejus*

Este princípio veda que o Tribunal, ao julgar um recurso interposto, *exclusivamente,* por uma das partes, profira decisão mais gravosa, prejudicial ao recorrente.

Assim, o Tribunal não pode decidir de modo a agravar a situação do recorrente; o pronunciamento judicial do Tribunal não pode ser mais severo do que a decisão recorrida. Repise-se que essa regra é válida para quando somente uma das partes recorre.

Exemplo: reclamante postula 10 e ganha cinco. Somente ele, o reclamante, interpõe recurso ordinário. Em conformidade com o princípio que veda a reforma para pior, o Tribunal pode manter a decisão em cinco ou aumentá-la até 10; contudo, não poderá reduzir o valor original, ou seja, reduzir aquém de cinco.

Entretanto, esse princípio não é absoluto.

É possível a reforma para pior. Referida situação decorre do efeito translativo, o qual permite ao Tribunal apreciar de ofício as matérias de ordem pública.

No mesmo sentido, o Tribunal, ao aplicar a teoria da causa madura, poderá emitir julgamento que agrave a situação do recorrente. Nestes termos, o art. 1.013, § 3º, do CPC/2015:

> § 3º Se o processo estiver em condições de imediato julgamento, o tribunal deve decidir desde logo o mérito quando:
>
> I – reformar sentença fundada no art. 485;
>
> II – decretar a nulidade da sentença por não ser ela congruente com os limites do pedido ou da causa de pedir;
>
> III – constatar a omissão no exame de um dos pedidos, hipótese em que poderá julgá-lo;
>
> IV – decretar a nulidade de sentença por falta de fundamentação.

20.5.6 Princípio da dialeticidade

O princípio em lume preconiza a necessidade de o recorrente motivar, fundamentar, suas razões de recurso. Embora a CLT, em seu art. 899, *caput,* permita a interposição de recurso "por simples petição", o que prevalece é a obrigatoriedade de os recursos serem devidamente fundamentados.

Primeiramente, para assegurar a ampla defesa e o contraditório da parte recorrida; e, igualmente, para demonstrar quais as questões que declinam o inconformismo do recorrente e que fundamentam o recurso. Ademais, o recurso de revista, os embargos no TST e o agravo de petição são recursos que exigem tecnicidade, o que leva a necessidade de ampla fundamentação para que possam ser interpostos.

Em conformidade com a dialeticidade, a própria CLT impõe que o recurso de revista seja devidamente fundamentado. O art. 896, § 1º-A, preceitua que:

> Art. 896. (...)
>
> § 1º-A. Sob pena de não conhecimento, é ônus da parte: (...)
>
> II – indicar, de forma explícita e fundamentada, contrariedade a dispositivo de lei, súmula ou orientação jurisprudencial do Tribunal Superior do Trabalho que conflite com a decisão regional;
>
> III – expor as razões do pedido de reforma, impugnando todos os fundamentos jurídicos da decisão recorrida, inclusive mediante demonstração analítica de cada dispositivo de lei, da Constituição Federal, de súmula ou orientação jurisprudencial cuja contrariedade aponte.

Da mesma maneira, posiciona-se o TST por meio da Súmula 422:

> Súmula 422 – Recurso. Fundamento Ausente ou Deficiente. Não Conhecimento.
>
> I – Não se conhece de recurso para o Tribunal Superior do Trabalho se as razões do recorrente não impugnam os fundamentos da decisão recorrida, nos termos em que proferida.
>
> II – O entendimento referido no item anterior não se aplica em relação à motivação secundária e impertinente, consubstanciada em despacho de admissibilidade de recurso ou em decisão monocrática.
>
> III – Inaplicável a exigência do item I relativamente ao recurso ordinário da competência de Tribunal Regional do Trabalho, exceto em caso de recurso cuja motivação é inteiramente dissociada dos fundamentos da sentença.

20.5.7 Princípio da consumação

Uma vez interposto o recurso, não pode mais o recorrente impugnar a mesma decisão, bem como aditar, corrigir ou modificar o recurso interposto.

Todavia, o art. 1.024, §§ 4º e 5º[22], do CPC/2015 autoriza a parte que já havia interposto recurso complementar ou adaptar as razões recursais, caso sejam acolhidos os embargos de declaração do adversário.

---

[22] "§ 4º Caso o acolhimento dos embargos de declaração implique modificação da decisão embargada, o embargado que já tiver interposto outro recurso contra a decisão originária

20.5.8 Princípio da voluntariedade

Recurso é um remédio voluntário, colocado à disposição das partes e dos demais legitimados. Portanto, só podemos falar em recurso quando houver manifesta intenção do recorrente de refutar a decisão, declarando a sua expressa insatisfação.

20.6 PECULIARIDADES DOS RECURSOS TRABALHISTAS

Embora alguns doutrinadores considerem essas características como sendo princípios, entendemos, *data venia*, que estas são particularidades do processo do trabalho, pois reproduzem regras procedimentais. São elas:

a) Irrecorribilidade imediata das decisões interlocutórias

O processo do trabalho apresenta, como traço marcante, a impossibilidade de se recorrer, de imediato das decisões interlocutórias, conforme se depreende do art. 893, § 1º. Busca-se a uma prestação jurisdicional mais célere e efetiva.

Todavia, esse preceito foi mitigado pela Súmula 214[23] do TST:

> Decisão Interlocutória. Irrecorribilidade[24]
>
> Na Justiça do Trabalho, nos termos do art. 893, § 1º, da CLT, as decisões interlocutórias não ensejam recurso imediato, salvo nas hipóteses de decisão:

---

tem o direito de complementar ou alterar suas razões, nos exatos limites da modificação, no prazo de 15 (quinze) dias, contado da intimação da decisão dos embargos de declaração. § 5º Se os embargos de declaração forem rejeitados ou não alterarem a conclusão do julgamento anterior, o recurso interposto pela outra parte antes da publicação do julgamento dos embargos de declaração será processado e julgado independentemente de ratificação".

[23] "Decisão indeferitória de aplicação da prescrição intercorrente. Natureza não terminativa. Irrecorribilidade imediata. A despeito das razões expostas pelo agravante, o entendimento desta Especializada é no sentido de que as decisões de natureza interlocutória não acarretam a sua recorribilidade imediata, salvo se incidir uma das exceções previstas na Súmula nº 214 do excelso TST, o que não ocorreu na hipótese vertente. Agravo não conhecido" (TRT-13ª Reg., AP 0126400-91.2002.5.13.0005, Rel. Des. Leonardo Jose Videres Trajano, *DJe* 05.12.2014, p. 24).

[24] "Agravo de petição. Não conhecimento. Sentença ilíquida. Impugnação aos cálculos. Decisão interlocutória. Irrecorribilidade imediata. Nos termos do art. 884, § 3º, da CLT, para os casos de sentença ilíquida, em que não se discute a conta na forma do § 2º do art. 879 da CLT, a impugnação dos cálculos apenas pode se dar após garantido o juízo. Com efeito, o agravo de petição é recurso próprio para impugnar decisões proferidas no curso do processo de execução, desde que sejam terminativas ou definitivas, de modo que as de natureza interlocutória não comportam o emprego da medida recursal em referência. Logo, não se admite o agravo de petição interposto pelo exequente, em face da falta de garantia do juízo" (TRT-23ª Reg., AP 0111500-60.2004.5.23.0036, 2ª Turma, Rel. Des. Beatriz Theodoro, j. 04.09.2013).

a) de Tribunal Regional do Trabalho contrária à Súmula ou Orientação Jurisprudencial do Tribunal Superior do Trabalho;

b) suscetível de impugnação mediante recurso para o mesmo Tribunal;

c) que acolhe exceção de incompetência territorial, com a remessa dos autos para Tribunal Regional distinto daquele a que se vincula o juízo excepcionado, consoante o disposto no art. 799, § 2º, da CLT.

b) Efeito devolutivo dos recursos

No Direito Processual do Trabalho, a regra é de que os recursos não são dotados de efeito suspensivo, mas tão somente efeito devolutivo, o que faculta ao recorrente dar início à execução provisória que prosseguirá até a penhora.

Exceção a essa regra é a possibilidade de o presidente do TST conceder efeito suspensivo ao recurso ordinário interposto atacando sentença normativa (dissídio coletivo) proferida por TRT (art. 7º, § 6º, da Lei 7.701/1988 e art. 14 da Lei 10.192/2001).

c) Uniformidade dos prazos recursais

Em regra, os prazos recursais no processo do trabalho são de oito dias, tanto para razões, quanto para contrarrazões. Exceção recai nos embargos de declaração, cujo período é de cinco dias e no recurso extraordinário, cujo prazo é de 15 dias para interposição.

d) Instância única nos dissídios de alçada

Nas matérias submetidas ao rito sumário, que não excedam a dois salários mínimos, não caberá recurso, salvo se a matéria versar sobre questão constitucional.

20.7 EFEITOS DOS RECURSOS

Normalmente, a doutrina faz menção aos efeitos dos recursos.

Porém, não são os recursos que possuem os efeitos, mas sim, a sua interposição que produz efeito na decisão recorrida. São as consequências jurídicas que a decisão recorrida sofre, quando da interposição do recurso. Nesse sentido, o recurso, ao ser interposto no processo civil, em regra, suspende os efeitos da sentença; por isso, normalmente se diz que os recursos no processo civil conferem à sentença o efeito suspensivo.

No processo do trabalho, como retromencionado, a regra é o efeito meramente devolutivo. Passemos a estudar as características dos efeitos:

20.7.1 Efeito obstativo

É o efeito que impede a ocorrência da coisa julgada sobre a matéria objeto do recurso. Posterga o trânsito em julgado. O efeito em tela é verificado mesmo que o recurso não seja conhecido, ou seja, não preencha os requisitos da admissibilidade.

Contudo, se o motivo do não conhecimento for a intempestividade ou se verificar que o recurso era manifestamente incabível, não se aplicará o efeito obstativo.

A respeito, a Súmula 100, III, do TST, *in verbis*:

> Ação Rescisória. Decadência
>
> (...)
>
> III - Salvo se houver dúvida razoável, a interposição de recurso intempestivo ou a interposição de recurso incabível não protrai o termo inicial do prazo decadencial.

20.7.2 Efeito devolutivo

Revela-se como um desdobramento do princípio dispositivo (também chamado de princípio da demanda), de modo que a parte recorrente é quem vai delimitar a matéria objeto do recurso. O órgão julgador (*ad quem*), em regra, só poderá apreciar e julgar a matéria que foi objeto de impugnação nas razões de recurso.

A matéria é devolvida (encaminhada) a outro órgão jurisdicional, diferente daquele que proferiu a decisão, permitindo-se que a mesma seja novamente apreciada. Somente nos casos do recurso de embargos de declaração a apreciação será realizada pelo próprio órgão que proferiu a decisão.

Insta mencionar que todos os recursos são dotados de efeito devolutivo, pois, ao se interpor um recurso, a matéria nele impugnada será devolvida (remetida) ao órgão *ad quem*.

O efeito devolutivo pode ser analisado sob dois prismas: extensão (efeito horizontal) ou profundidade (efeito vertical).

A **extensão** vem prevista no art. 1.013, *caput*, do CPC, e diz respeito à matéria que será objeto de análise pelo Tribunal, ou seja, "A apelação devolverá ao tribunal o conhecimento da matéria impugnada".

O órgão *ad quem* fica adstrito ao que tiver sido objeto de impugnação pelo recurso da parte. O efeito em tela decorre do brocardo romano *tantum devolutum quantum apellatum*, o qual preconiza que o recorrente deve apresentar e limitar, em seu recurso, a matéria contra qual se insurge.

Portanto, é a parte recorrente quem fixa quais os capítulos da sentença que será reapreciada pelo órgão *ad quem*; é justamente a manifestação do princípio dispositivo, "já que permite à parte estabelecer os limites dentro dos quais o órgão ad quem poderá apreciar a pretensão manifestada"[25].

---

[25] CÂMARA, Alexandre Freitas. *Lições de direito processual civil*. 23. ed. São Paulo: Atlas, 2014. v. 2, p. 83.

Por exemplo, se o reclamante pede dano material e dano moral, em decorrência de uma doença ocupacional, tendo o juiz julgado, em sua sentença, ambos os pedidos improcedentes. O autor entende que pelo menos o dano moral é devido, e recorre apenas quanto ao dano moral (recurso parcial). Nesse caso, como consequência do *tantum devolutum quantum apellatum,* o Tribunal (*ad quem*) somente vai analisar o dano moral (efeito devolutivo na extensão fixado pelas partes).

De outro modo, a **profundidade** do efeito devolutivo permite que o órgão *ad quem* possa adentrar em todas as questões e fundamentos que embasam o capítulo da sentença impugnado. Isto é, o Tribunal poderá analisar praticamente tudo que envolve o objeto do recurso.

O efeito devolutivo, em profundidade, vem previsto no art. 1.013, §§ 1º e 2º, *in verbis*:

> § 1º Serão, porém, objeto de apreciação e julgamento pelo tribunal todas as questões suscitadas e discutidas no processo, ainda que não tenham sido solucionadas, desde que relativas ao capítulo impugnado.
>
> § 2º Quando o pedido ou a defesa tiver mais de um fundamento e o juiz acolher apenas um deles, a apelação devolverá ao tribunal o conhecimento dos demais.

Consoante o § 1º, o Tribunal (*ad quem*) poderá conhecer, inclusive, de matérias suscitadas e discutidas, porém que não foram decididas. Como exemplo, podemos mencionar a seguinte hipótese: o juiz negou os pedidos de dano moral e dano material por entender que ambos estavam prescritos. O reclamante recorre da decisão, mas somente sobre o pedido de dano moral (extensão – fixa o objeto do recurso). O Tribunal, ao julgar o recurso, pode afastar a prescrição e julgar se houve ou não ato ensejador do dano moral (que não foi enfrentado pelo juiz de primeiro grau).

Já o § 2º autoriza o Tribunal a se debruçar sobre todos os fundamentos relativos ao pedido ou à defesa. A decisão do órgão *a quo* tem por obrigação apreciar todos os pedidos, sob pena de ser considerada *citra petita*. Mas, essa obrigatoriedade não se estende à análise dos fundamentos (causa de pedir), posto a sentença decidir sobre a pretensão, tomando por base um único fundamento. Com o recurso, o Tribunal pode se aprofundar sobre todos os fundamentos que concernem à matéria impugnada.

Para esclarecer essa hipótese, utilizaremos o exemplo de Élisson Miessa[26]:

> Reclamante postula a reintegração no emprego com o *fundamento* de que era representante da CIPA ou porque sofreu acidente de trabalho. Caso o juiz reconheça a garantia de emprego com base na representação da CIPA, nada

---

[26] MIESSA, Élisson. *Processo do trabalho*. 3. ed. Salvador: JusPodivm, 2016. p. 559.

mencionando sobre a garantia pelo acidente do trabalho da reclamante, na hipótese de recurso ordinário pela empresa, poderá o tribunal negar a garantia de emprego pela representação da CIPA, mas admiti-la com base no acidente de trabalho, mesmo que a reclamada não levante esse fundamento nas contrarrazões de recurso.

O TST, por meio da Súmula 393, aborda o tema do efeito devolutivo em profundidade:

> Recurso Ordinário. Efeito Devolutivo em Profundidade. art. 1.013, § 1º, do CPC de 2015. Art. 515, § 1º, do CPC de 1973 (nova redação em decorrência do CPC de 2015) – Res. 208/2016, DEJT divulgado em 22, 25 e 26.04.2016.
>
> I – O efeito devolutivo em profundidade do recurso ordinário, que se extrai do § 1º do art. 1.013 do CPC de 2015 (art. 515, § 1º, do CPC de 1973), transfere ao Tribunal a apreciação dos fundamentos da inicial ou da defesa, não examinados pela sentença, ainda que não renovados em contrarrazões, desde que relativos ao capítulo impugnado.
>
> II – Se o processo estiver em condições, o tribunal, ao julgar o recurso ordinário, deverá decidir desde logo o mérito da causa, nos termos do § 3º do art. 1.013 do CPC de 2015, inclusive quando constatar a omissão da sentença no exame de um dos pedidos.

Como última análise, o presente efeito possibilita que a parte recorrente inicie a execução provisória, a qual prosseguirá até a fase da penhora.

20.7.3 Efeito suspensivo

A interposição do recurso impede que a sentença produza os seus efeitos, até o julgamento do recurso. Contudo, como já exposto, **no processo do trabalho impera o efeito devolutivo, situação que enseja a decisão judicial possa produzir os seus efeitos.**

Dessa feita, em conformidade com o que dispõe o artigo 899 da CLT, os recursos não impedem a execução provisória da decisão (a decisão pode ser executada provisoriamente, enquanto houver recurso pendente, antes mesmo do trânsito em julgado da decisão). A execução provisória possui restrições, não sendo permitido entregar dinheiro para o credor (esse tema será abordado oportunamente na parte de execução).

No Processo do Trabalho, como regra, não há o efeito suspensivo *ope legis*, ou seja, a CLT não prevê o efeito suspensivo automático. Podemos falar, dessa feita, que o efeito suspensivo *ope legis* é aquele previsto na lei. De antemão, a própria lei já estabelece que o recurso irá sustar a eficácia da decisão judicial recorrida, ou seja, enquanto não houver decisão final referente ao recurso, a decisão judicial recorrida não produzirá efeitos. Exceção a essa regra surge com a possibilidade de o presidente do TST conceder efeito suspensivo ao recurso ordinário interposto atacando sentença normativa (dissídio coletivo) proferida por TRT (art. 7º, § 6º, da Lei 7.701/1988 e art. 14 da Lei 10.192/2001). Reitera-se tratar de uma faculdade do Ministro Presidente do TST.

Todavia, é possível obter a concessão do efeito suspensivo por meio de uma decisão judicial. Esse efeito suspensivo é denominado *ope judicis*. Para tanto, o recorrente pode se valer de uma tutela provisória em sede recursal (medida cautelar ou de urgência), a ser interposta perante o Tribunal ou perante o relator competente para julgar o recurso, devendo justificar e comprovar o motivo que o leva a solicitar a paralisação dos efeitos da sentença. Nesse caso, estaremos diante do efeito suspensivo *ope judicis*, que ocorre quando a lei não prevê o efeito suspensivo de forma automática, porém o magistrado, por uma decisão judicial, o confere, sustando os efeitos automático da decisão recorrida.

Neste sentido, é a Súmula 414, I, do TST:

> Mandado de segurança. Tutela provisória concedida antes ou na sentença (nova redação em decorrência do CPC de 2015)
>
> I – A tutela provisória concedida na sentença não comporta impugnação pela via do mandado de segurança, por ser impugnável mediante recurso ordinário. É admissível a obtenção de efeito suspensivo ao recurso ordinário mediante requerimento dirigido ao tribunal, ao relator ou ao presidente ou ao vice-presidente do tribunal recorrido, por aplicação subsidiária ao processo do trabalho do artigo 1.029, § 5º, do CPC de 2015.

A súmula ratifica que, para se obter o efeito suspensivo *ope judicis*, o requerimento deverá ser direcionado ao Tribunal, isto é, ao relator ou ao presidente do Tribunal.

20.7.4 Efeito translativo

Permite ao Tribunal analisar, automaticamente, de ofício, matérias de ordem pública, ainda que não mencionadas no recurso ou nas contrarrazões, sem caracterizar julgamento *ultra ou extra petita*. Trata-se de um desdobramento do efeito devolutivo em profundidade, porém restrito a matéria de ordem pública.

A doutrina e a jurisprudência divergiam sobre a ocorrência do efeito translativo nos recursos de natureza extraordinária (recurso de revista, embargos no TST e recurso extraordinário).

A corrente tradicional defende que não tem como se aplicar o efeito translativo, pois a exigência do prequestionamento só permite que o Tribunal aprecie matérias já discutidas.

A corrente mais moderna assevera ser possível a ocorrência do efeito translativo, porque o prequestionamento é só um requisito de admissibilidade. Dessa feita, admitido o recurso, o Tribunal possui total liberdade para analisar as matérias de ordem pública.

O CPC de 2015 caminhou no sentido da segunda tese, conforme se verifica da leitura do seu art. 1.034, parágrafo único, *in verbis*:

> Art. 1.034. Admitido o recurso extraordinário ou o recurso especial, o Supremo Tribunal Federal ou o Superior Tribunal de Justiça julgará o processo, aplicando o direito.
>
> Parágrafo único. Admitido o recurso extraordinário ou o recurso especial por um fundamento, **devolve-se ao tribunal superior o conhecimento dos demais fundamentos para a solução do capítulo impugnado**. (grifo nosso)

20.7.5 Efeito extensivo

Verifica-se o efeito em estudo quando o julgamento do recurso amplia, estende os seus efeitos a matérias que não foram objeto do recurso, bem como a sujeitos que não participaram do recurso.

Exemplo do presente efeito é visualizado quando da interposição do recurso por um litisconsorte unitário; sendo o recurso provido, ou seja, favorável, todos os litisconsortes serão beneficiados. Tem respaldo no art. 1.005 do CPC/2015[27].

20.7.6 Efeito substitutivo

Na hipótese de o Tribunal conhecer e julgar o mérito do recurso, o acórdão irá substituir a decisão recorrida, ou seja, a decisão do órgão *a quo* será substituída pelo acórdão do órgão *ad quem*. E é esta decisão que poderá ser objeto de execução ou de uma eventual ação rescisória.

20.7.7 Efeito regressivo

Ocorre quando a lei permite ao juízo *a quo* que se retrate de sua decisão. Dessa forma, quando a parte apresenta o seu recurso, é possível, consoante autorização legal, que o juízo se retrate. Mencionada situação pode ser vislumbrada quando da interposição do recurso de agravo de instrumento, quando o juiz indefere a petição inicial e o autor interpõe recurso ordinário (art. 331 do CPC/2015) e nas hipóteses de julgamento sem análise do mérito, quando a parte também pode interpor o recurso ordinário, sendo facultado ao juiz se retratar no prazo de cinco dias (art. 485, § 7º[28], do CPC/2015).

---

[27] "Art. 1.005. O recurso interposto por um dos litisconsortes a todos aproveita, salvo se distintos ou opostos os seus interesses".

[28] "§ 7º Interposta a apelação em qualquer dos casos de que tratam os incisos deste artigo, o juiz terá 5 (cinco) dias para retratar-se".

20.8 JUÍZO DE ADMISSIBILIDADE

Quando a parte interpõe um recurso, o seu intuito é ver as suas razões recursais (mérito do recurso) julgadas pelo órgão *ad quem*. Entretanto, para que isso seja possível, o recuso deve submeter-se a um juízo de admissibilidade, que consiste em verificar se os pressupostos recursais foram preenchidos.

Referidos pressupostos, também denominados de requisitos de admissibilidade, são formalidades que devem ser cumpridas, a fim de que o mérito do recurso possa ser analisado e julgado.

Desse modo, o juízo de admissibilidade é realizado pelo órgão *a quo*, o qual prolatou a decisão recorrida, sem embargo de, posteriormente, ser novamente apreciado pelo órgão *ad quem*, que é responsável pelo julgamento do recurso. O primeiro juízo de admissibilidade não vincula o juízo do órgão *ad quem* (Tribunal).

Todo recurso está sujeito ao juízo de admissibilidade. Preenchidos os pressupostos de admissibilidade, o órgão *ad quem* passa a analisar o mérito.

Portanto, realizado o juízo de admissibilidade pelo Tribunal e, estando presentes, os pressupostos recursais, fala-se que o recurso foi admitido, ou conhecido, podendo o Tribunal passar a analisar o mérito.

Na apreciação do mérito, o recurso poderá ser provido ou desprovido (negado provimento).

No processo do trabalho, o juízo de admissibilidade é realizado, usualmente, em mais de um grau de jurisdição (exceção atinge o recurso de embargos de declaração, pois o juízo de admissibilidade é realizado pelo próprio órgão que proferiu a decisão).

Não há que se falar, em âmbito processual trabalhista, da aplicação do art. 1.010, § 3º, do CPC, o qual prevê a desnecessidade de o juízo *a quo* exercer o controle de admissibilidade na apelação (no processo do trabalho, o recurso ordinário).

Nesse sentido é o posicionamento do TST, que determina por intermédio da Instrução Normativa 39, que:

> Art. 2º Sem prejuízo de outros, não se aplicam ao Processo do Trabalho, em razão de inexistência de omissão ou por incompatibilidade, os seguintes preceitos do Código de Processo Civil: (...)
> XI – art. 1.010, § 3º.

Em suma, estando todos os pressupostos recursais presentes, o recurso será conhecido, podendo ser julgado; todavia, ausente um único pressuposto, o recurso não será conhecido, estando impossibilitado de ser julgado. A seguir, passaremos ao estudo dos pressupostos recursais.

20.9 PRESSUPOSTOS RECURSAIS

Como anteriormente exposto, o mérito do recurso só será julgado caso o Tribunal detecte que os pressupostos recursais ou requisitos de admissibilidade recursal foram preenchidos.

Logo, os pressupostos recursais são questões prévias que devem ser analisadas, preliminarmente, antes de se adentrar ao mérito do recurso.

A doutrina adota alguns critérios para classificá-los, sendo os mais usuais os que os dividem em pressupostos objetivos e subjetivos[29] e pressupostos extrínsecos e intrínsecos.

Adotaremos, nesse estudo, a clássica classificação do professor José Carlos Barbosa Moreira[30], para quem:

> Os requisitos de admissibilidade dos recursos podem classificar-se em dois grupos: requisitos *intrínsecos* (atinentes à própria *existência* do direito de recorrer) e requisitos *extrínsecos* (concernentes ao *exercício* daquele direito).

Destarte, temos:

- *pressupostos intrínsecos*: o cabimento, a legitimação para recorrer, o interesse em recorrer e a inexistência de fato impeditivo ou extintivo do poder de recorrer;
- *pressupostos extrínsecos*: tempestividade, preparo, representação e regularidade formal.

20.9.1 Pressupostos intrínsecos

Dizem respeito ao direito de recorrer. São eles:

a) Cabimento

Por este pressuposto, verifica-se se o recurso utilizado possui previsão legal (princípio da taxatividade), se a decisão combatida é recorrível e, ainda, se o recurso apresentado é o adequado para impugnar aquela decisão.

Dessa forma, a análise do cabimento se concentra em dois requisitos:

---

[29] Adotando essa classificação, Carlos Henrique Bezerra Leite afirma que os pressupostos subjetivos são ligados à pessoa do recorrente, sendo classificados em: legitimidade, capacidade e interesse. Já os pressupostos objetivos são aqueles relacionados aos aspectos extrínsecos do recurso, e envolvem as seguintes situações: recorribilidade do ato, adequação, tempestividade, regularidade de representação e inexistência de fato extintivo ou impeditivo do direito de recorrer (*Curso de direito processual do trabalho*. 10. ed. São Paulo: LTr, 2013. p. 753-756).

[30] BARBOSA MOREIRA, José Carlos. *O novo processo civil brasileiro*. 23. ed. Rio de Janeiro: Forense, 2005. p. 117.

- *recorribilidade do ato* – a decisão, para ser passível de recurso, não pode se deparar com óbices, previstos em lei, que vetam a sua recorribilidade. Em suma, a decisão deve ser recorrível. Caso o órgão julgador perceba a existência de impossibilidade ao exercício da pretensão recursal, deverá não conhecer do recurso, por ser o ato judicial atacado irrecorrível. Exemplo: sentenças proferidas nas causas de alçada (Lei 5.584/1970, art. 2º, § 4º), os despachos de mero expediente e as decisões interlocutórias (CLT, art. 893, § 1º), salvo as hipóteses previstas na Súmula 214 do TST;
- *adequação* – a parte deverá interpor o recurso correto, adequado para refutar aquela decisão. Assim, por exemplo, da sentença proferida pela Vara do Trabalho cabe recurso ordinário. Bem verdade que há a possibilidade de o órgão julgador conhecer de um recurso interposto de maneira equivocada, por outro previsto em lei, em decorrência da aplicação do princípio da fungibilidade, salvo no caso de comprovada má-fé do recorrente.

b) Legitimidade

Diz respeito a quem puder recorrer.

O recurso pode ser interposto pela parte vencida, pelo terceiro prejudicado e pelo Ministério Público, como parte ou como fiscal da ordem jurídica. Cumpre ao terceiro demonstrar a possibilidade de a decisão sobre a relação jurídica submetida à apreciação judicial atingir direito de que se afirme titular ou que possa discutir em juízo como substituto processual (art. 996 do CPC/2015).

O CPC de 2015 manteve o equívoco ao mencionar a expressão "parte vencida", uma vez que vencida aponta para interesse e não para legitimidade.

Portanto, possuem legitimidade as partes envolvidas no litígio, o terceiro juridicamente prejudicado e o Ministério Público do Trabalho.

O Ministério Público do Trabalho tem legitimidade para recorrer como parte e, se for o caso, como fiscal da ordem jurídica, porém, deve ter atuado na fase de conhecimento. Sobre a legitimidade do Ministério Público do Trabalho para recorrer, o TST assim declina:

> OJ 237 da SDI-I – Ministério Público do Trabalho. Legitimidade para recorrer. Sociedade de Economia Mista. Empresa Pública (incorporada a Orientação Jurisprudencial nº 338 da SBDI-I) – Res. 210/2016, *DEJT* divulgado em 30.06.2016 e 01 e 04.07.2016.
>
> I – O Ministério Público do Trabalho não tem legitimidade para recorrer na defesa de interesse patrimonial privado, ainda que de empresas públicas e sociedades de economia mista.
>
> II – Há legitimidade do Ministério Público do Trabalho para recorrer de decisão que declara a existência de vínculo empregatício com sociedade de economia

mista ou empresa pública, após a Constituição Federal de 1988, sem a prévia aprovação em concurso público, pois é matéria de ordem pública.

OJ 338 da SDI-I – Ministério Público do Trabalho. Legitimidade para recorrer. Sociedade de Economia Mista. Empresa Pública (incorporada a Orientação Jurisprudencial nº 338 da SBDI-I) – Res. 210/2016, *DEJT* divulgado em 30.06.2016 e 01 e 04.07.2016.

I – O Ministério Público do Trabalho não tem legitimidade para recorrer na defesa de interesse patrimonial privado, ainda que de empresas públicas e sociedades de economia mista.

II – Há legitimidade do Ministério Público do Trabalho para recorrer de decisão que declara a existência de vínculo empregatício com sociedade de economia mista ou empresa pública, após a Constituição Federal de 1988, sem a prévia aprovação em concurso público, pois é matéria de ordem pública.

Como terceiro juridicamente interessado, podemos mencionar a hipótese da empresa do grupo econômico que não participou da relação jurídica processual, bem como o INSS, quanto às questões envolvendo contribuições previdenciárias (arts. 831, parágrafo único, e 832, § 4º, da CLT). O sócio retirante também poderá interpor recurso mesmo que não tenha participado do processo de conhecimento, haja vista ser terceiro juridicamente interessado (tem uma relação jurídica com as partes); importante lembrar que, com a reforma trabalhista, o sócio retirante da empresa responde pelas dívidas trabalhistas. Portanto, em uma eventual ação movida por um ex-empregado contra a empresa, esta é a devedora e o sócio retirante o responsável subsidiário.

Há cizânia na jurisprudência se os auxiliares do juízo possuem legitimidade para recorrerem ou não. A corrente prevalente nega essa possibilidade, sob o argumento de que não são partes. Dessa feita, o recurso cabível é o mandado de segurança.

c) Interesse recursal

O interesse recursal está ligado, em regra, à ideia de sucumbência (prejuízo). Baseia-se no binômio necessidade e utilidade, ou seja, o recorrente deverá demonstrar que o recurso interposto é o instrumento útil e necessário para ter os seus anseios julgados pelo Tribunal. Logo, o interesse recursal justifica-se quando o recurso puder melhorar a situação jurídica do recorrente (que pode ser parte, terceiro interessado – titular de uma situação jurídica conexa – ou até o Ministério Público como *custos legis*).

Exemplificando a situação em que o interesse recursal está associado à hipótese de melhoria da condição jurídica do recorrente, podemos apontar o episódio em que o juiz profira uma sentença extinguindo o processo sem resolução de mérito. Em uma análise simplista, poder-se-ia afirmar que o réu não teria interesse em recorrer tendo em vista que sequer o pedido fora analisado. Todavia, é plenamente interessante ao réu, nesse caso, recorrer para postular um julgamento de improcedência, pois o julgamento sem resolução de mérito faz coisa julgada meramente formal. Assim, resta cristalino que o réu tem interesse recursal em combater a decisão que não analisou o mérito, visto que, se o pedido, via recurso, for julgado improcedente, haverá a coisa julgada material em seu favor, melhorando sua situação jurídica.

Importante ressaltarmos que o Ministério Público, como fiscal da ordem jurídica, e o terceiro juridicamente interessado não são sucumbentes e, por isso, não podemos vincular o interesse recursal necessariamente à situação de sucumbência.

d) Inexistência de fato impeditivo ou extintivo do poder de recorrer

Ao realizar a admissibilidade do recurso, o órgão julgador deve verificar se não há fatos que impeçam ou que extingam o direito de recorrer.

A desistência é um fato extintivo. O recorrente interpõe o seu recurso, porém, pode desistir do mesmo, até o início do seu julgamento.

O recorrente poderá, a qualquer tempo, sem a anuência do recorrido ou dos litisconsortes, desistir do recurso (art. 998[31] do CPC/2015).

Todavia, conforme o parágrafo único do artigo acima mencionado, a desistência do recurso não impede a análise de questão cuja repercussão geral já tenha sido reconhecida e daquela objeto de julgamento de recursos extraordinários ou especiais repetitivos (no processo do trabalho, aludida exceção recai nos recursos de revista repetitivos).

Em relação aos extintivos, podemos apontar as hipóteses de aceitação da decisão e renúncia do direito de recorrer.

Ambas podem ser expressas ou tácitas.

A aceitação expressa ocorre quando a parte se manifesta, formalmente, anuindo com o teor da decisão.

A aceitação tácita é detectada quando a parte pratica um ato incompatível com a vontade de recorrer como, por exemplo, quando cumpre a obrigação determinada na decisão, dentro prazo recursal. Trata-se de uma situação de preclusão lógica.

---

[31] "Art. 998. O recorrente poderá, a qualquer tempo, sem a anuência do recorrido ou dos litisconsortes, desistir do recurso. Parágrafo único. A desistência do recurso não impede a análise de questão cuja repercussão geral já tenha sido reconhecida e daquela objeto de julgamento de recursos extraordinários ou especiais repetitivos.
Art. 999. A renúncia ao direito de recorrer independe da aceitação da outra parte.
Art. 1.000. A parte que aceitar expressa ou tacitamente a decisão não poderá recorrer. Parágrafo único. Considera-se aceitação tácita a prática, sem nenhuma reserva, de ato incompatível com a vontade de recorrer".

Nestes termos, o CPC em seu art. 1.000 retrata que a parte que aceitar expressa ou tacitamente a decisão não poderá recorrer, considerando aceitação tácita a prática, sem nenhuma reserva, de ato incompatível com a vontade de recorrer.

A renúncia expressa ocorre quando a parte declara formalmente que não deseja recorrer.

A renúncia tácita é visualizada quando a parte interessada não apresenta o seu recurso dentro do prazo recursal, ou seja, deixa transcorrer *in albis* (em branco) o prazo para interpor o seu recurso. É uma situação de preclusão temporal.

20.9.2 Pressupostos extrínsecos

São os que dizem respeito ao modo, à maneira de exercer o direito de recorrer. São os aspectos extrínsecos, objetivos, factíveis do recurso. São eles:

a) Tempestividade – o direito de recorrer, como prosseguimento da relação processual, deve se ater às regras procedimentais que, por sua vez, dão vida ao processo. Nesse sentido, o recurso também deve ser utilizado, respeitando os prazos legalmente fixados que, por sua vez, são peremptórios, ou seja, não podem as partes, por convenção, prorrogá-los ou alterá-los. Os prazos fixados para os recursos estão previstos no art. 6º da Lei 5.584/1970. Lembrando que doravante, em virtude da Lei 13.467/2017, os prazos serão computados em dias úteis[32].

Em regra, são de oito dias, mas para os entes de direito público, para o Ministério Público do Trabalho e para a Defensoria Pública o prazo é em dobro, portanto, de 16 dias.

A contagem se inicia a partir da intimação da decisão. Nas hipóteses em que as partes estão assistidas por advogado e não há revelia, a intimação dar-se-á através de publicação no diário oficial.

---

[32] "Art. 775. Os prazos estabelecidos neste título serão contados em dias úteis, com exclusão do dia do começo e inclusão do dia do vencimento. § 1º Os prazos podem ser prorrogados, pelo tempo estritamente necessário, nas seguintes hipóteses: I – quando o juízo entender necessário; II – em virtude de força maior, devidamente comprovada. § 2º Ao juízo incumbe dilatar os prazos processuais e alterar a ordem de produção dos meios de prova, adequando-os às necessidades do conflito de modo a conferir maior efetividade à tutela do direito. (NR)

Art. 775-A. Suspende-se o curso do prazo processual nos dias compreendidos entre 20 de dezembro e 20 de janeiro, inclusive. (Incluído pela Lei nº 13.545, de 2017)

§ 1º Ressalvadas as férias individuais e os feriados instituídos por lei, os juízes, os membros do Ministério Público, da Defensoria Pública e da Advocacia Pública e os auxiliares da Justiça exercerão suas atribuições durante o período previsto no caput deste artigo. (Incluído pela Lei nº 13.545, de 2017)

§ 2º Durante a suspensão do prazo, não se realizarão audiências nem sessões de julgamento".

Outra situação é a prevista na Súmula 197 do TST. Nessa circunstância, o juiz designa uma audiência para a prolação da sentença e as partes já são informadas que o início do prazo recursal ocorrerá a partir dessa data.

> PRAZO. O prazo para recurso da parte que, intimada, não comparecer à audiência em prosseguimento para a prolação da sentença conta-se de sua publicação.

No que toca aos litisconsortes com diferentes procuradores, o prazo de recurso **não** lhes é contado em dobro, a teor da Orientação Jurisprudencial 310 da SDI-I:

> OJ 310 da SDI-I – Litisconsortes. Procuradores Distintos. Prazo em Dobro. art. 229, *caput* e §§ 1º e 2º, do CPC de 2015. Art. 191 do CPC de 1973. Inaplicável ao Processo do Trabalho (atualizada em decorrência do CPC de 2015) – Res. 208/2016, *DEJT* divulgado em 22, 25 e 26.04.2016.
>
> Inaplicável ao processo do trabalho a norma contida no art. 229, *caput* e §§ 1º e 2º, do CPC de 2015 (art. 191 do CPC de 1973), em razão de incompatibilidade com a celeridade que lhe é inerente.

Sobre a tempestividade, devemos observar a hipótese envolvendo feriado local. Nestes termos, a Súmula 385 do TST:

> SUM-385. FERIADO LOCAL OU FORENSE. AUSÊNCIA DE EXPEDIENTE. PRAZO RECURSAL. PRORROGAÇÃO. COMPROVAÇÃO. NECESSIDADE (alterada em decorrência do CPC de 2015) – Res. 220/2017 – DEJT divulgado em 21, 22 e 25.09.2017
>
> I – Incumbe à parte o ônus de provar, quando da interposição do recurso, a existência de feriado local que autorize a prorrogação do prazo recursal (art. 1.003, § 6º, do CPC de 2015). No caso de o recorrente alegar a existência de feriado local e não o comprovar no momento da interposição do recurso, cumpre ao relator conceder o prazo de 5 (cinco) dias para que seja sanado o vício (art. 932, parágrafo único, do CPC de 2015), sob pena de não conhecimento se da comprovação depender a tempestividade recursal;
>
> II – Na hipótese de feriado forense, incumbirá à autoridade que proferir a decisão de admissibilidade certificar o expediente nos autos;
>
> III – Admite-se a reconsideração da análise da tempestividade do recurso, mediante prova documental superveniente, em agravo de instrumento, agravo interno, agravo regimental, ou embargos de declaração, desde que, em momento anterior, não tenha havido a concessão de prazo para a comprovação da ausência de expediente forense.

Após a edição da Lei 9.800/1999, tornou-se possível interpor recursos via fax, exigindo, contudo, que a parte recorrente apresente os originais dentro do prazo de cinco dias, findo o prazo original para a interposição do recurso.

O TST preconiza esse entendimento por intermédio da Súmula 387.

Recurso. Fac-símile. Lei nº 9.800/1999.

I – A Lei nº 9.800, de 26.05.1999, é aplicável somente a recursos interpostos após o início de sua vigência.

II – A contagem do quinquídio para apresentação dos originais de recurso interposto por intermédio de fac-símile começa a fluir do dia subsequente ao término do prazo recursal, nos termos do art. 2º da Lei nº 9.800, de 26.05.1999, e não do dia seguinte à interposição do recurso, se esta se deu antes do termo final do prazo.

III – Não se tratando a juntada dos originais de ato que dependa de notificação, pois a parte, ao interpor o recurso, já tem ciência de seu ônus processual, não se aplica a regra do art. 224 do CPC de 2015 (art. 184 do CPC de 1973) quanto ao "dies a quo", podendo coincidir com sábado, domingo ou feriado.

IV – A autorização para utilização do fac-símile, constante do art. 1º da Lei nº 9.800, de 26.05.1999, somente alcança as hipóteses em que o documento é dirigido diretamente ao órgão jurisdicional, não se aplicando à transmissão ocorrida entre particulares.

Por derradeiro, cumpre-nos informar que o recurso interposto antes da publicação da decisão não mais será considerado intempestivo. Esse recurso interposto antes da publicação da decisão era denominado prematuro e o TST, por meio da Súmula 434, o considerava intempestivo. Fato este que ia de encontro ao princípio da celeridade processual.

O TST reviu o seu posicionamento e cancelou a Súmula 434. Portanto, hodiernamente, o recurso pode ser interposto mesmo antes da publicação, aplicando-se, subsidiariamente, o art. 218, § 4º, do CPC, *in verbis*:

§ 4º Será considerado tempestivo o ato praticado antes do termo inicial do prazo.

b) Regularidade de representação – no processo do trabalho as partes não precisam estar representadas por advogados (arts. 791 e 839 da CLT), pois ambas podem exercer o *jus postulandi*.

Logo, é possível que as partes possam interpor seus próprios recursos, desde que não sejam os recursos excetuados pela Súmula 425[33] do TST. Recursos para o TST e para o STF exigem representação por advogado.

Nada obsta que as partes se façam representar por advogados, mesmo nas hipóteses em que é permitido o *jus postulandi*, situação que se estende à interposição

---

[33] Súmula 425 do TST: "*Jus postulandi* na Justiça do Trabalho. Alcance. O *jus postulandi* das partes, estabelecido no art. 791 da CLT, limita-se às Varas do Trabalho e aos Tribunais Regionais do Trabalho, não alcançando a ação rescisória, a ação cautelar, o mandado de segurança e os recursos de competência do Tribunal Superior do Trabalho".

de recursos. Assim, se a parte for apresentar o seu recurso por um advogado, este deve possuir uma procuração que o autorize praticar mencionado ato.

Por conseguinte, se o advogado recorrer, mas não tiver procuração nos autos, o recurso não será conhecido.

Nesse passo, a representação da parte, por um advogado, deve ser comprovada nos autos por um mandato, que pode ser expresso ou tácito (*apud acta*).

O mandato tácito pressupõe que o advogado tenha participado de alguma audiência, tendo o seu nome sido consignado na respectiva ata. Esse fato faz presumir que a parte concordou em ser representada por aquele advogado. Portanto, não havendo procuração expressa, suficiente será a juntada da ata de audiência, na qual conste o nome do advogado, para corroborar a representação da parte. Ademais, caso haja qualquer irregularidade no mandato expresso, o mandato tácito é um meio apto para regularizar a representação.

Confirmando esses dizeres, estatui a **Orientação Jurisprudencial 286 da SDI – I do TST**, *in verbis*:

> Agravo de Instrumento. Traslado. Mandato Tácito. Ata de Audiência. Configuração.
>
> I – A juntada da ata de audiência, em que consignada a presença do advogado, desde que não estivesse atuando com mandato expresso, torna dispensável a procuração deste, porque demonstrada a existência de mandato tácito.
>
> II – Configurada a existência de mandato tácito fica suprida a irregularidade detectada no mandato expresso.

Nesse diapasão, o TST entende não ser possível, em fase recursal, regularizar a representação processual, bem como oferecer procuração após a apresentação do recurso, sob a alegação de se tratar de um ato urgente.

O posicionamento do TST se fundamenta na ideia de que recurso não é ato urgente, pois quando as partes passam a compor a relação jurídica processual (processo) já devem ter o conhecimento de que podem ser derrotadas e, que, portanto, a utilização do recurso é presumível.

Nessa perspectiva, a **Súmula 383 do TST**:

> Súmula 383 – Recurso. Mandato. Irregularidade de Representação. CPC de 2015, arts. 104 e 76, § 2º (nova redação em decorrência do CPC de 2015) – Res. 210/2016, *DEJT* divulgado em 30.06.2016 e 01 e 04.07.2016.
>
> I – É inadmissível recurso firmado por advogado sem procuração juntada aos autos até o momento da sua interposição, salvo mandato tácito. Em caráter excepcional (art. 104 do CPC de 2015), admite-se que o advogado, independentemente de intimação, exiba a procuração no prazo de 5 (cinco) dias após a interposição do recurso, prorrogável por igual período mediante despacho do juiz. Caso não a exiba, considera-se ineficaz o ato praticado e não se conhece do recurso.

II – Verificada a irregularidade de representação da parte em fase recursal, em procuração ou substabelecimento já constante dos autos, o relator ou o órgão competente para julgamento do recurso designará prazo de 5 (cinco) dias para que seja sanado o vício. Descumprida a determinação, o relator não conhecerá do recurso, se a providência couber ao recorrente, ou determinará o desentranhamento das contrarrazões, se a providência couber ao recorrido (art. 76, § 2º, do CPC de 2015).

A Súmula em lume foi elaborada na vigência do CPC de 1973 (arts. 13 e 37), no entanto, o CPC de 2015 modifica o seu pensar em relação à regularização da representação, bem como a possibilidade de o advogado atuar sem procuração nos autos.

Torna-se possível o advogado regularizar a sua representação processual na fase recursal, tal como postular em juízo sem procuração para evitar a preclusão, conforme se depreende dos arts. 76 e 104 do CPC/2015.

Assim, os artigos inspiradores da aludida Súmula foram modificados, tendo o CPC de 2015 enaltecido o aproveitamento dos atos processuais. Dessa maneira, sendo o vício sanável, o magistrado deverá abrir prazo para a parte corrigi-lo, privilegiando o princípio da primazia da decisão de mérito (arts. 4º e 6º do CPC/2015).

Por isso, é possível que o TST reveja o conteúdo da mencionada Súmula.

Sobre o tema, importante mencionar a respeito do mandato outorgado por pessoa jurídica, consoante o entendimento do TST.

> Súmula 456 – Representação. Pessoa Jurídica. Procuração. Invalidade. Identificação do Outorgante e de seu Representante.
>
> I – É inválido o instrumento de mandato firmado em nome de pessoa jurídica que não contenha, pelo menos, o nome do outorgante e do signatário da procuração, pois estes dados constituem elementos que os individualizam.
>
> II – Verificada a irregularidade de representação da parte na instância originária, o juiz designará prazo de 5 (cinco) dias para que seja sanado o vício. Descumprida a determinação, extinguirá o processo, sem resolução de mérito, se a providência couber ao reclamante, ou considerará revel o reclamado, se a providência lhe couber (art. 76, § 1º, do CPC de 2015).
>
> III – Caso a irregularidade de representação da parte seja constatada em fase recursal, o relator designará prazo de 5 (cinco) dias para que seja sanado o vício. Descumprida a determinação, o relator não conhecerá do recurso, se a providência couber ao recorrente, ou determinará o desentranhamento das contrarrazões, se a providência couber ao recorrido (art. 76, § 2º, do CPC de 2015).

Já as pessoas jurídicas de direito público, desde que representadas por seus procuradores, estão dispensadas da juntada do instrumento de mandato, todavia, é fundamental que o signatário se declare exercente do cargo de procurador, não sendo suficiente mencionar o número de inscrição na OAB. Nesse sentido, é a **Sumula 436 do TST**:

> Representação Processual. Procurador da União, Estados, Municípios e Distrito Federal, suas Autarquias e Fundações Públicas. Juntada de Instrumento de Mandato (conversão da Orientação Jurisprudencial nº 52 da SBDI-I e inserção do item II à redação) – Res. 185/2012, *DEJT* divulgado em 25, 26 e 27.09.2012.
>
> I – A União, Estados, Municípios e Distrito Federal, suas autarquias e fundações públicas, quando representadas em juízo, ativa e passivamente, por seus procuradores, estão dispensadas da juntada de instrumento de mandato e de comprovação do ato de nomeação.
>
> II – Para os efeitos do item anterior, é essencial que o signatário ao menos declare-se exercente do cargo de procurador, não bastando a indicação do número de inscrição na Ordem dos Advogados do Brasil.

Derradeiramente, em relação ao tema cabe uma palavra sobre a situação dos estagiários. Como regra, o estagiário só pode assinar a peça de recurso em conjunto com o advogado, pois o ato de recorrer é privativo deste. Entretanto, uma vez aprovado no exame de ordem, tornando-se advogado, poderá praticar sozinho os atos processuais inclusive, interpor recurso, sem a necessidade de uma nova procuração, consoante o posicionamento da Orientação Jurisprudencial 319 da SDI-I do TST:

> OJ 319 SDI-I – Representação Regular. Estagiário. Habilitação Posterior
>
> Válidos são os atos praticados por estagiário se, entre o substabelecimento e a interposição do recurso, sobreveio a habilitação, do então estagiário, para atuar como advogado.

c) **Preparo** – é o pressuposto processual que tem por exigência o pagamento das *custas e do depósito recursal* pelo recorrente.

Assim, não efetuado o pagamento de ambos, dentro do prazo para a interposição do recurso, o recurso não será conhecido por deserção. Deserção, portanto, é o não pagamento das custas e do depósito recursal.

- **Custas processuais** – no que tange ao pagamento das custas, as regras estão preceituadas no art. 789, § 1º, da CLT, sendo pagas, comumente, pelo vencido, após o trânsito em julgado da decisão. Todavia, na hipótese de a parte interpor o seu recurso, as custas devem ser recolhidas e comprovadas dentro prazo recursal.

O reclamante somente pagará as custas quando o processo for julgado sem resolução de mérito ou sua pretensão for julgada improcedente, *desde que não seja beneficiário da justiça gratuita*[34].

---

[34] "Art. 790. (...) § 3º É facultado aos juízes, órgãos julgadores e presidentes dos tribunais do trabalho de qualquer instância conceder, a requerimento ou de ofício, o benefício da jus-

Consequentemente, se a pretensão for parcialmente acolhida, quem pagará as custas é a reclamada (geralmente o empregador). Não há proporcionalidade no processo do trabalho.

O montante a ser recolhido será de 2% sobre o valor da condenação ou sobre o valor da causa nos demais casos (improcedência ou julgamento sem análise do mérito), observado o mínimo de R$ 10,64 (dez reais e sessenta e quatro centavos), conforme as regras dos arts. 789 e 790 da CLT.

Na hipótese de a decisão ser omissa quanto ao valor da condenação e, por óbvio, das custas processuais, a parte deverá pagá-las somente após ser intimada do cálculo, conforme se verifica da Súmula 53 do TST:

> Custas (mantida) - Res. 121/2003, DJ 19, 20 e 21.11.2003
>
> O prazo para pagamento das custas, no caso de recurso, é contado da intimação do cálculo.

Em relação à ausência de intimação e também sobre a possibilidade de inversão da sucumbência na instância recursal, assinala a Súmula 25 do TST:

> Custas Processuais. Inversão do Ônus da Sucumbência.
>
> I - A parte vencedora na primeira instância, se vencida na segunda, está obrigada, independentemente de intimação, a pagar as custas fixadas na sentença originária, das quais ficará isenta a parte então vencida;
>
> II - No caso de inversão do ônus da sucumbência em segundo grau, sem acréscimo ou atualização do valor das custas e se estas já foram devidamente recolhidas, descabe um novo pagamento pela parte vencida, ao recorrer. Deverá ao final, se sucumbente, **reembolsar** a quantia;
>
> III - Não caracteriza deserção a hipótese em que, acrescido o valor da condenação, não houve fixação ou cálculo do valor devido a título de custas e tampouco intimação da parte para o preparo do recurso, devendo ser as custas pagas ao final;
>
> IV - O reembolso das custas à parte vencedora faz-se necessário mesmo na hipótese em que a parte vencida for pessoa isenta do seu pagamento, nos termos do art. 790-A, parágrafo único, da CLT.

---

tiça gratuita, inclusive quanto a traslados e instrumentos, àqueles que perceberem salário igual ou inferior a 40% (quarenta por cento) do limite máximo dos benefícios do Regime Geral de Previdência Social. § 4º O benefício da justiça gratuita será concedido à parte que comprovar insuficiência de recursos para o pagamento das custas do processo." E ainda dispõe o art. 844 da CLT, com a nova redação dada pela Lei 13.467/2017: "§ 2º Na hipótese de ausência do reclamante, este será condenado ao pagamento das custas calculadas na forma do art. 789 desta Consolidação, ainda que beneficiário da justiça gratuita, salvo se comprovar, no prazo de quinze dias, que a ausência ocorreu por motivo legalmente justificável. § 3º O pagamento das custas a que se refere o § 2º é condição para a propositura de nova demanda."

Estão isentos do pagamento das custas:

- os beneficiários da justiça gratuita (ressaltamos que esse benefício pode ser concedido à parte, ou seja, pode ser estendido também ao empregador que comprovar insuficiência de recursos, conforme art. 790, § 4º, da CLT, já mencionado) que poderão requer o respectivo benefício até o momento de interposição do recurso, conforme a Orientação Jurisprudencial 269 da SDI-I do TST:

    OJ 269 DA SDI-I JUSTIÇA GRATUITA. REQUERIMENTO DE ISENÇÃO DE DESPESAS PROCESSUAIS. MOMENTO OPORTUNO (inserido item II em decorrência do CPC de 2015) – Res. 219/2017, DEJT divulgado em 28, 29 e 30.06.2017 – republicada – DEJT divulgado em 12, 13 e 14.07.2017
    I – O benefício da justiça gratuita pode ser requerido em qualquer tempo ou grau de jurisdição, desde que, na fase recursal, seja o requerimento formulado no prazo alusivo ao recurso.
    II – Indeferido o requerimento de justiça gratuita formulado na fase recursal, cumpre ao relator fixar prazo para que o recorrente efetue o preparo (art. 99, § 7º, do CPC de 2015).

- a União, os Estados, o DF, os Municípios e as respectivas autarquias e fundações públicas federais, estaduais ou municipais *que não explorem atividade econômica*;
- o Ministério Público do Trabalho.

Embora a Empresa Brasileira de Correios e Telégrafos seja uma empresa pública, a ela fora concedida o mesmo tratamento destinado à Fazenda Pública, logo, também não pagará as custas processuais.

Nesse sentido, a Orientação Jurisprudencial 247, II, da SDI-I do TST:

    OJ 247 – Servidor Público. Celetista Concursado. Despedida Imotivada. Empresa Pública ou Sociedade de Economia Mista. Possibilidade.
    (...)
    II – A validade do ato de despedida do empregado da Empresa Brasileira de Correios e Telégrafos (ECT) está condicionada à motivação, por gozar a empresa do mesmo tratamento destinado à Fazenda Pública em relação à imunidade tributária e à execução por precatório, além das prerrogativas de foro, prazos e custas processuais.

A massa falida também não está compelida a recolher as custas, consoante disposição da Súmula 86 do TST:

Deserção. Massa Falida. Empresa em Liquidação Extrajudicial.

Não ocorre deserção de recurso da massa falida por falta de pagamento de custas ou de depósito do valor da condenação. Esse privilégio, todavia, não se aplica à empresa em liquidação extrajudicial.

A empresa em recuperação judicial, em virtude do art. 790, § 4º, da CLT, também poderá solicitar o benefício da justiça gratuita, obtendo, por consequência, a isenção das custas.

No caso de não pagamento das custas pelo vencido no processo, executa-se a quantia respectiva, segundo o procedimento estabelecido nos arts. 876 e seguintes da CLT.

O pagamento das custas deve ser realizado, exclusivamente, mediante Guia de Recolhimento da União – GRU Judicial, dentro do prazo para a interposição do recurso, como já dito.

Na hipótese do recolhimento das custas ou do depósito recursal ser insuficiente, ou seja, aquém do valor estipulado, o recurso não será considerado deserto, de imediato, pois ao recorrente deverá ser concedido o prazo de 5 (cinco) dias para complementá-lo. Assim se posiciona a SDI do TST, por intermédio da OJ n. 140:

> Depósito recursal e custas processuais. Recolhimento insuficiente. Deserção (nova redação em decorrência do CPC de 2015)
>
> Em caso de recolhimento insuficiente das custas processuais ou do depósito recursal, somente haverá deserção do recurso se, concedido o prazo de 5 (cinco) dias previsto no § 2º do art. 1.007 do CPC de 2015, o recorrente não complementar e comprovar o valor devido.

Vislumbra-se que o TST passou a considerar a aplicação do CPC no caso de insuficiência do preparo. Tal posicionamento se coaduna à principiologia do processo de prestigiar o julgamento de mérito. Supera-se a jurisprudência defensiva do TST.

Porém, ponto de indagação recai sobre a hipótese de não ocorrer o preparo. Esse é um tema polêmico sobre o qual não houve, até o momento, um posicionamento expresso do TST. Há tribunais que entendem que, em caso de inexistência do preparo, não se pode fazer o recolhimento em dobro, pois a norma do CPC não seria aplicável no Processo do Trabalho. Ao revés, outros tribunais permitem que, em caso de inexistência do preparo, basta que o recorrente faça o preparo em dobro.

Nos dissídios coletivos, as partes vencidas serão solidariamente responsáveis pelo recolhimento das custas, que serão calculadas sobre o valor fixado na sentença normativa ou pelo presidente do Tribunal.

Tratando-se de empregado que não tenha obtido o benefício da justiça gratuita ou isenção de custas, o sindicato que houver intervindo no processo responderá solidariamente pelo pagamento das custas devidas (art. 799, § 1º, da CLT).

- **Depósito recursal** – o depósito recursal tem por objetivo garantir o juízo, ou seja, objetiva possibilitar o sucesso, ainda que em parte, de eventual execução proposta pelo empregado. Ademais, impede, ainda que indiretamente, que os recursos sejam interpostos com o intuito de procrastinar o andamento processual.

O depósito recursal só é devido se a sentença condenatória impuser ao vencido *obrigação de caráter pecuniário*, sendo cabível sua cobrança também no recurso adesivo, consoante disposição contida na **Súmula 161 do TST**:

> Depósito. Condenação a Pagamento em Pecúnia.
> Se não há condenação a pagamento em pecúnia, descabe o depósito de que tratam os §§ 1º e 2º do art. 899 da CLT.

O depósito recursal só é exigível do empregador. O empregado, ainda que vencido em ação ajuizada tanto por ele quanto pelo empregador, não estará obrigado a recolher o depósito que alude o art. 899 da CLT.

O recolhimento do depósito recursal será efetuado na conta vinculada do juízo e corrigido com os mesmos índices da poupança, conforme dispõe o art. 899, § 4º, da CLT, decorrente da Lei 13.467/2017. Anteriormente à reforma, o depósito recursal era efetuado em conta vinculada do FGTS do empregado, por meio da guia GFIP – guia de recolhimento do FGTS e informações à previdência social. No que toca aos trabalhadores que não são regidos pela CLT, o depósito continuará a ser efetuado em uma conta judicial na sede do juízo. Nesse sentido:

> Súmula 426 do TST – Depósito Recursal. Utilização da Guia GFIP. Obrigatoriedade.
> Nos dissídios individuais o depósito recursal será efetivado mediante a utilização da Guia de Recolhimento do FGTS e Informações à Previdência Social – GFIP, nos termos dos §§ 4º e 5º do art. 899 da CLT, admitido o depósito judicial, realizado na sede do juízo e à disposição deste, na hipótese de relação de trabalho não submetida ao regime do FGTS.

Em decorrência da reforma trabalhista, aludida Súmula deverá sofrer parcial reformulação, de modo a retirar a determinação do depósito em conta vinculada do FGTS.

A comprovação do depósito deve ser efetivada dentro do prazo referente à interposição do recurso, sob pena de este ser considerado deserto, conforme *Súmula 245 do TST*:

> Depósito Recursal. Prazo. O depósito recursal deve ser feito e comprovado no prazo alusivo ao recurso. A interposição antecipada deste não prejudica a dilação legal.

Dessa forma, caso o recorrente interponha o recurso no terceiro dia do prazo, poderá comprovar o deposito recursal até o oitavo dia. Todavia, essa regra não se aplica ao recurso de agravo de instrumento, pois nessa modalidade a comprovação do depósito deve ser simultânea à interposição do recurso (art. 899, § 7º, da CLT e IN 3, item VIII, do TST).

O valor a ser depositado está limitado ao montante prefixado, anualmente, pelo TST[35]. Dessa forma, o depósito recursal será calculado da seguinte maneira:

- caso o valor da condenação seja superior ao teto legal determinado pelo TST, o recorrente deverá recolher o montante equivalente ao teto. Porém, para cada recurso interposto será necessário efetuar o depósito recursal, até que se atinja o valor da condenação (TST-IN 3/1993);
- todavia, se a condenação for inferior ao valor máximo fixado pelo TST, o recorrente estará compelido a depositar somente o valor da condenação. Na hipótese de interposição de novos recursos, igualmente, não precisará efetuar o depósito recursal, posto que o juízo já se encontra garantido.

Consoante a IN 3, II, do TST, o valor do depósito recursal para os recursos de revista, embargos para a SDI e extraordinário para o STF será o dobro do valor do recurso ordinário.

Para o recurso de agravo de instrumento, o valor do depósito recursal corresponderá a 50% do valor do depósito do recurso[36] ao qual se pretende destrancar.

Sobre o tema, dispõe a Súmula 128 do TST:

> Depósito Recursal
>
> I - É ônus da parte recorrente efetuar o depósito legal, integralmente, em relação a cada novo recurso interposto, sob pena de deserção. Atingido o valor da condenação, nenhum depósito mais é exigido para qualquer recurso.
>
> II - Garantido o juízo, na fase executória, a exigência de depósito para recorrer de qualquer decisão viola os incisos II e LV do art. 5º da CF/1988. Havendo, porém, elevação do valor do débito, exige-se a complementação da garantia do juízo.
>
> III - Havendo condenação solidária de duas ou mais empresas, o depósito recursal efetuado por uma delas aproveita as demais, quando a empresa que efetuou o depósito não pleiteia sua exclusão da lide.

---

[35] IN 3, item VI, do TST: "Os valores alusivos aos limites de depósito recursal serão reajustados anualmente pela variação acumulada do INPC do IBGE dos doze meses imediatamente anteriores, e serão calculados e publicados no Diário Eletrônico da Justiça do Trabalho por ato do Presidente do Tribunal Superior do Trabalho, tornando-se obrigatória a sua observância a partir do quinto dia seguinte ao da publicação".

[36] Art. 899 da CLT, sob a nova redação dada pela Lei 13.467/2017: "(...) § 4º O depósito recursal será feito em conta vinculada ao juízo e corrigido com os mesmos índices da poupança".

A Súmula acima exposta, em seu inciso II, retrata sobre a inexigibilidade do depósito recursal na fase de execução. Nesse sentido, caso a parte interponha agravo de petição, não precisará realizar o depósito recursal, salvo se houver majoração do valor da dívida. Neste caso, o depósito deverá ser o equivalente ao valor do aumento da dívida.

Ainda, sobre o inciso III da Súmula, importante perceber a situação envolvendo condenação solidária, como ocorre nos casos de grupo econômico. Em um primeiro momento, o depósito recursal efetuado por uma empresa aproveita às demais. Entretanto, caso o depósito recursal tenha sido efetuado por uma empresa que postula a exclusão do polo passivo, sob alegação de não fazer parte do grupo econômico, não haverá o aproveitamento.

Em se tratando de recurso ordinário em ação rescisória, o depósito recursal só é exigível quando for julgado procedente o pedido e imposta condenação em pecúnia, conforme determinação da Súmula 99 do TST:

> Ação Rescisória. Deserção. Prazo.
>
> Havendo recurso ordinário em sede de rescisória, o depósito recursal só é exigível quando for julgado procedente o pedido e imposta condenação em pecúnia, devendo este ser efetuado no prazo recursal, no limite e nos termos da legislação vigente, sob pena de deserção.

Julgada procedente ação rescisória e imposta condenação em pecúnia, será exigido um único depósito recursal, dispensado novo depósito para os recursos subsequentes, salvo o depósito do agravo de instrumento.

Tradicionalmente, os empregados, as pessoas jurídicas de direito público (Decreto-lei 779/1969) e o Ministério Público do Trabalho não estão sujeitos ao depósito recursal.

Todavia, com a lei reformadora, os critérios de isenção do depósito recursal foram ampliados, consoante os §§ 9º e 10º, art. 899, da CLT. Dessa forma, as novas regras assim determinam:

- pagarão pela metade o depósito recursal as entidades sem fins lucrativos, empregadores domésticos, microempreendedores individuais, microempresas e empresas de pequeno porte;
- estão isentos os beneficiários da justiça gratuita, as entidades filantrópicas e as empresas em recuperação judicial.

A massa falida também não está sujeita ao pagamento de custas nem ao depósito recursal (Súmula 86 do TST). Em caso de dissídio coletivo não há o depósito recursal, pois a natureza jurídica da sentença normativa será constitutiva ou declaratória, não se constituindo de cunho condenatório.

Finalmente, importante destacar que o depósito recursal[37] é exigido do empregador, mesmo que ele seja beneficiário da justiça gratuita, pois, como já salientado, o depósito recursal[38] tem por objeto garantir futura execução, ao passo que o benefício da justiça gratuita contempla isenção das custas processuais.

d) *Regularidade formal* – no que concerne ao aspecto formal, a CLT permite a interposição dos recursos mediante simples petição, o que afastaria a necessidade de fundamentação do recurso.

Todavia, pensamos que os recursos devem ser fundamentados, permitindo que a parte recorrida possa efetivamente se defender, bem como o órgão julgador possa visualizar quais as razões do inconformismo do recorrente. Esse raciocínio vai ao encontro do princípio da dialeticidade recursal (sobre o mesmo remetemos o leitor ao tópico sobre princípios recursais).

Para nós, somente na hipótese de o recurso ser interposto pela parte, no exercício de seu *jus postulandi*, será plausível a ausência de fundamentação, recordando

---

[37] "Comissão de Conciliação Prévia. Acordo homologado. Validade. Eficácia liberatória geral. Efeitos. Recurso de revista. Comissão de conciliação prévia. Validade do acordo homologado. Eficácia liberatória geral. Deserção do recurso de revista. Na sentença foi arbitrado à condenação o valor de R$ 2.021,70. As Reclamadas, no momento da interposição do recurso ordinário, recolheram a quantia de R$ 1.973,00 a título de depósito recursal. No acórdão proferido pelo Tribunal Regional, a condenação foi mantida, uma vez que os recursos (patronal e obreiro) foram desprovidos. Com a interposição do recurso de revista, as Reclamadas não efetuaram nenhum complemento de depósito recursal. Embora não caiba, no presente momento processual, discutir sobre a regularidade do preparo do recurso ordinário das Reclamadas, não há como deixar de reconhecer a deserção do presente recurso de revista. Considerando que somente não será exigido depósito recursal quando já houver sido depositado o valor total da condenação, o que não ocorreu no caso, e não tendo as Reclamadas efetuado o recolhimento do depósito recursal no valor arbitrado no provimento condenatório proferido na primeira instância (não alterado pela Corte Regional), é inequívoca a deserção do recurso de revista. Recurso de revista não conhecido" (TST, RR 0068800-49.2010.5.23.0007, Rel. Min. Douglas Alencar Rodrigues, *DJe* 01.05.2015, p. 2.478).

[38] "Relação de emprego. Submetida ao regime do FGTS. Obrigatoriedade da GFIP. Utilização de Guia de Depósito Destinada a Outros Fins. Irregularidade. Deserção. Recurso ordinário do reclamado. Depósito recursal. Comprovante de pagamento. Relação de emprego submetida ao regime do FGTS. Obrigatoriedade da GFIP. Utilização de guia de depósito destinada a outros fins. Irregularidade. Deserção. Embora o recorrente tenha efetuado o depósito recursal no prazo legalmente previsto e em conformidade com o valor estabelecido no Ato nº 372/SEGJUD.GP, de 16 de julho de 2014, observa-se que não utilizou a guia adequada à espécie. Isso porque a guia trazida à colação é específica para garantia de juízo, pagamento, consignação em pagamento e outros, não podendo ser utilizada para a realização dos depósitos recursais, na medida em que se trata de relação de emprego submetida ao regime do Fundo de Garantia por Tempo de Serviço. Recurso Ordinário do reclamado não conhecido. Recurso ordinário do reclamante. Preposto não empregado" (TRT-1ª Reg., RO 0000706-13.2014.5.01.0301, 5ª Turma, Rel. Marcia Leite Nery, *DOERJ* 18.06.2015).

que essa hipótese está limitada ao recurso ordinário e aos embargos de declaração opostos perante a Vara do Trabalho e/ou perante o TRT (Súmula 425 do TST).

A ampla fundamentação é visualizada nos recursos de caráter técnico, como o recurso de revista, embargos no TST e agravo de petição, os quais exigem requisitos específicos para a sua interposição.

Nesse sentido a **Súmula 422 do TST**, *in verbis*:

> Recurso. Fundamento Ausente ou Deficiente. Não Conhecimento.
>
> I – Não se conhece de recurso para o Tribunal Superior do Trabalho se as razões do recorrente não impugnam os fundamentos da decisão recorrida, nos termos em que proferida. (...)

Ademais, os recursos devem ser subscritos por quem está exercendo a capacidade postulatória, ou seja, a própria parte ou o advogado. Sobre o tema, colacionamos a **OJ 120 da SDI-I** do TST, *in verbis*:

> Recurso. Assinatura da Petição ou das Razões Recursais. Art. 932, Parágrafo Único, do CPC de 2015 (alterada em decorrência do CPC de 2015). Res. 212/2016, *DEJT* divulgado em 20, 21 e 22.09.2016.
>
> I - Verificada a total ausência de assinatura no recurso, o juiz ou o relator concederá prazo de 5 (cinco) dias para que seja sanado o vício. Descumprida a determinação, o recurso será reputado inadmissível (art. 932, parágrafo único, do CPC de 2015).
>
> II - É válido o recurso assinado, ao menos, na petição de apresentação ou nas razões recursais.

20.10 CONTRARRAZÕES

Com fulcro no contraditório, a parte recorrida possui o direito constitucional de refutar as argumentações apresentadas pelo recorrente em suas razões de recurso. Assim, no prazo de 8[39] (oito) dias úteis (inclusive para as pessoas jurídicas de direito público, Ministério Público do Trabalho e litisconsórcio com procuradores distintos) terá, a parte recorrida, a oportunidade de apresentar suas contrarrazões, sendo que estas não possuem caráter reformador, ou seja, não têm o condão de modificar, reformar a decisão recorrida. Em outras palavras, as contrarrazões não devem ser utilizadas como supedâneo de recurso, ou para promover inovações recursais, artifício que é considerado meio inapropriado de irresignação.

---

[39] O prazo para interpor e contra-arrazoar todos os recursos trabalhistas, inclusive agravo interno e agravo regimental, é de oito dias (art. 6º da Lei 5.584/1970 e art. 893 da CLT, exceto embargos de declaração (CLT, art. 897-A). Insta mencionar que o MPT (aplicação do art. 180 do CPC) e a Fazenda Pública (Decreto-lei 779/1969) possuem prazo em **dobro para recorrer**.

A parte que irá contra-arrazoar o recurso pode alegar matérias de índole cogente, como pressupostos recursais, processuais e condições da ação.

Nas hipóteses de reexame necessário e recurso interposto pelo Ministério Público do Trabalho, na condição de fiscal da ordem jurídica, não há que se falar em contrarrazões.

20.11 DOCUMENTOS NA FASE RECURSAL

A juntada de documentos na fase recursal é uma possibilidade remota, ou seja, uma exceção, tendo em vista que a dilação probatória deve ocorrer na fase de instrução do processo, tradicionalmente realizada nas instâncias originárias (Vara do Trabalho e no TRT, quando envolver demandas de sua competência originária).

Nesse sentido, o TST, por meio da **Súmula 8**, permite a juntada de documentos na fase recursal, desde que tenha ocorrido justo impedimento para a sua oportuna apresentação (art. 1.014 do CPC/2015) ou que sirva para comprovar fato posterior à sentença (art. 493 do CPC/2015).

XXI

RECURSOS TRABALHISTAS EM ESPÉCIE

21.1 RECURSO ORDINÁRIO

O recurso ordinário é o remédio, a medida recursal oponível em face da sentença, definitiva ou terminativa, proferida pelo juízo de primeiro grau.

Logo, o recurso ordinário pode ser apresentado para discutir sentenças terminativas, que não analisaram o mérito, ou as definitivas, que julgaram o mérito, proferidas pelas Varas do Trabalho ou pelo juiz de direito no exercício da jurisdição trabalhista de primeiro grau.

Entretanto, o recurso ordinário também é o meio para atacar as decisões proferidas pelos TRTs em julgamentos de matérias de sua competência originária, como ocorre nos casos de dissídio coletivo, ação rescisória, mandado de segurança e ação anulatória de cláusula ou de convenção coletiva de trabalho.

No caso do dissídio coletivo, a sentença normativa proferida pelo TRT poderá ser objeto de recurso ordinário, que será julgado pelo TST, mais especificadamente, pela SDC.

As demais ações de competência originária do TRT, ação rescisória, mandado de segurança contra ato judicial e ação anulatória de cláusulas convencionais, também poderão ter seus acórdãos impugnados mediante recurso ordinário, que será julgado pela SDI-II do TST.

Urge consignar que algumas decisões interlocutórias podem ser refutadas por meio de recurso ordinário, como ocorre quando a decisão do juiz, baseada na hipótese do art. 799, § 2º, da CLT, declara a incompetência absoluta, em razão da matéria, da Justiça do Trabalho e os autos são remetidos à Justiça Comum. Da mesma maneira, quando o juiz acolhe a exceção de incompetência de foro (em razão do lugar), remetendo os autos para juízo pertencente à jurisdição de outro TRT, em conformidade à Súmula 214, *c*, do TST.

Não cabe recurso ordinário das decisões proferidas em sede de processos de rito sumário (art. 2º, §§ 3º e 4º, da Lei 5.584/1970), isto é, naqueles em que o valor atribuído à causa for igual ou inferior a dois salários mínimos. *No referido rito, só haverá a possibilidade de recurso se a decisão versar sobre matéria constitucional, quando poderá ser impugnada por recurso extraordinário.*

Quanto aos efeitos, os recursos trabalhistas possuem, em regra, efeito devolutivo (art. 899 da CLT), lembrando que o efeito suspensivo é exceção, sendo possível sua aplicação no caso de recurso ordinário contra sentença normativa proferida em dissídio coletivo, desde que o presidente do TST o conceda.

Como já dito alhures, é possível que o recorrente obtenha efeito suspensivo quando comprovar que os efeitos da decisão possam gerar prejuízos irreparáveis ou de difícil reparação. Nesse passo, **a Súmula 414 do TST**, *in verbis*:

> Mandado de segurança. Tutela provisória concedida antes ou na sentença (nova redação em decorrência do CPC de 2015)
>
> I – A tutela provisória concedida na sentença não comporta impugnação pela via do mandado de segurança, por ser impugnável mediante recurso ordinário. É admissível a obtenção de efeito suspensivo ao recurso ordinário mediante requerimento dirigido ao tribunal, ao relator ou ao presidente ou ao vice-presidente do tribunal recorrido, por aplicação subsidiária ao processo do trabalho do artigo 1.029, § 5º, do CPC de 2015.
>
> II – No caso de a tutela provisória haver sido concedida ou indeferida antes da sentença, cabe mandado de segurança, em face da inexistência de recurso próprio.
>
> III – A superveniência da sentença, nos autos originários, faz perder o objeto do mandado de segurança que impugnava a concessão ou o indeferimento da tutela provisória.

O recurso ordinário devolve (remete) ao juízo *ad quem* toda a matéria *efetivamente impugnada* pelo recorrente, permitindo que a sentença seja executada de forma provisória, até a penhora. É o princípio do *tantum devolutum quantum appellatum*, cujo teor nos informa que apenas as matérias impugnadas serão devolvidas (remetidas) à apreciação do Tribunal *ad quem*.

A **profundidade** do efeito devolutivo permite que o órgão *ad quem* possa adentrar em todas as questões e fundamentos que embasam o capítulo da sentença impugnado. Isto é, o Tribunal poderá analisar praticamente tudo que envolve o objeto do recurso.

Em virtude dessa profundidade é possível a utilização, no processo do trabalho, da **teoria da causa madura**, prevista no art. 1.013, §§ 3º e 4º, do CPC/2015.

> Art. 1.013. A apelação devolverá ao tribunal o conhecimento da matéria impugnada. (...)

§ 3º **Se o processo estiver em condições de imediato julgamento**, o tribunal deve decidir desde logo o mérito quando: (grifo nosso)

I – reformar sentença fundada no art. 485;

II – decretar a nulidade da sentença por não ser ela congruente com os limites do pedido ou da causa de pedir;

III – constatar a omissão no exame de um dos pedidos, hipótese em que poderá julgá-lo;

IV – decretar a nulidade de sentença por falta de fundamentação.

§ 4º Quando reformar sentença que reconheça a decadência ou a prescrição, o tribunal, se possível, julgará o mérito, examinando as demais questões, sem determinar o retorno do processo ao juízo de primeiro grau.

Aludida regra está sedimentada nos princípios da economia e da celeridade processual e busca, com toda razão, conferir efetividade à jurisdição e privilegiar a instrumentalidade do processo.

Todavia, as matérias consideradas de ordem pública devem ser conhecidas *ex officio* pelo órgão revisor, independentemente de arguição pelas partes, pois não se sujeitam à preclusão, ou seja, o Tribunal pode analisar, automaticamente, de ofício, matérias de ordem pública, ainda que não mencionadas no recurso ou nas contrarrazões, sem caracterizar julgamento *ultra* ou *extra petita* (efeito translativo).

21.1.1 Juízo de retratação

Comumente, publicada a sentença, o juiz não poderá modificá-la, salvo para corrigir-lhe, de ofício ou a requerimento da parte, inexatidões materiais ou erros de cálculo, ou por meio de embargos de declaração.

Apesar de o tema não ser tratado pela CLT, entendemos que o CPC, nesse ponto, pode ser aplicado de forma subsidiária. Logo, quando a sentença não solucionar o mérito o juiz poderá se retratar. Assim, interposto o recurso ordinário o juiz terá cinco dias para retratar-se (art. 485, § 7º, do CPC/2015).

Na mesma direção, quando o juiz indeferir a petição inicial e o autor interpuser o recurso ordinário, é facultado o juízo de retratação, isto é, o juiz pode reconsiderar sua sentença e considerar a petição inicial apta, dando continuidade ao processo[1].

O TST, por meio da IN 39/2016, prevê:

Art. 3º Sem prejuízo de outros, aplicam-se ao Processo do Trabalho, em face de omissão e compatibilidade, os preceitos do Código de Processo Civil que regulam os seguintes temas:

---

[1] CPC/2015: "Art. 331. Indeferida a petição inicial, o autor poderá apelar, facultado ao juiz, no prazo de 5 (cinco) dias, retratar-se".

(...)

VIII - art. 485, § 7º (juízo de retratação no recurso ordinário).

21.1.2 Processamento do recurso ordinário

De forma singela, podemos elencar a cronologia do processamento do recurso ordinário em face das sentenças das Varas do Trabalho:

a) intimada da sentença, a parte terá o prazo de 8 (oito) dias para interpor o recurso ordinário;

b) a petição do recurso deverá ser protocolada no próprio juízo do qual se recorre, ou seja, o recurso será interposto na própria Vara do Trabalho;

c) o juiz despachará o recurso, oportunidade em que declara que o recebe no efeito devolutivo (regra) e examina os pressupostos processuais;

d) posteriormente, é aberto o prazo de 8 (oito) dias para a parte contrária apresentar suas contrarrazões, caso queira, pois se trata de uma faculdade;

e) após o prazo para contrarrazões, o juiz poderá:
   - estando todos os requisitos de admissibilidade presentes, remeter os autos ao TRT para julgamento.
   - não admitir o recurso, sob o argumento de que ausentes alguns dos pressupostos recursais. Diante de tal situação, a parte prejudicada poderá interpor agravo de instrumento.

No TRT, o recurso terá a seguinte tramitação:

> O recurso ordinário será distribuído a uma turma. O desembargador relator irá proceder ao segundo juízo de admissibilidade, podendo adotar os seguintes procedimentos, conforme o art. 932 do CPC/2015:

Quanto à admissibilidade:

- não conhecer de recurso inadmissível, prejudicado ou que não tenha impugnado especificamente os fundamentos da decisão recorrida.

Quanto ao mérito:

- **negar provimento** a recurso que for contrário a:

   a) súmula do Supremo Tribunal Federal, do Superior Tribunal de Justiça e do Tribunal Superior do Trabalho (adaptação do texto do art. 932 do CPC/2015);

   b) acórdão proferido pelo Supremo Tribunal Federal ou pelo Superior Tribunal de Justiça ou pelo Tribunal Superior do Trabalho em julgamento de recursos repetitivos (adaptação do texto do art. 932 do CPC/2015);

c) entendimento firmado em incidente de resolução de demandas repetitivas ou de assunção de competência.

- **dar provimento ao recurso se a decisão recorrida for contrária a:**

   a) súmula do Supremo Tribunal Federal, do Superior Tribunal de Justiça ou do Tribunal Superior do Trabalho (adaptação do texto do art. 932 do CPC/2015);

   b) acórdão proferido pelo Supremo Tribunal Federal, pelo Superior Tribunal de Justiça ou pelo Tribunal Superior do Trabalho em julgamento de recursos repetitivos (adaptação do texto do art. 932 do CPC/2015);

   c) entendimento firmado em incidente de resolução de demandas repetitivas ou de assunção de competência.

Antes de considerar inadmissível o recurso, o relator concedera o prazo de 5 (cinco) dias ao recorrente para que seja sanado vício ou complementada a documentação exigível (art. 932, parágrafo único, do CPC/2015).

Diante da decisão monocrática do relator, o recurso cabível será o de agravo (chamado de interno ou regimental), no prazo fixado pelo regimento interno do respectivo Tribunal (pode variar entre cinco e oito dias), o qual será encaminhado para a turma (que apreciaria o recurso de revista).

Tal situação é declinada pela Súmula 421 do TST, *in verbis*:

> Embargos de Declaração. Cabimento. Decisão Monocrática do Relator Calcada no art. 932 do CPC de 2015. Art. 557 do CPC de 1973 (atualizada em decorrência do CPC de 2015) – Res. 208/2016, DEJT divulgado em 22, 25 e 26.04.2016.
>
> I – Cabem embargos de declaração da decisão monocrática do relator prevista no art. 932 do CPC de 2015 (art. 557 do CPC de 1973), se a parte pretende tão somente juízo integrativo retificador da decisão e, não, modificação do julgado.
>
> II – Se a parte postular a revisão no mérito da decisão monocrática, cumpre ao relator converter os embargos de declaração em agravo, em face dos princípios da fungibilidade e celeridade processual, submetendo-o ao pronunciamento do Colegiado, após a intimação do recorrente para, no prazo de 5 (cinco) dias, complementar as razões recursais, de modo a ajustá-las às exigências do art. 1.021, § 1º, do CPC de 2015.

E como ocorre o saneamento de eventuais nulidades no recurso ordinário?

Utiliza-se, no tópico, o art. 938 do CPC/2015, aplicado subsidiariamente no Processo do Trabalho, como segue:

> Art. 938. A questão preliminar suscitada no julgamento será decidida antes do mérito, deste não se conhecendo caso seja incompatível com a decisão.
>
> § 1º Constatada a ocorrência de vício sanável, inclusive aquele que possa ser conhecido de ofício, o relator determinará a realização ou a renovação do ato processual, no próprio tribunal ou em primeiro grau de jurisdição, intimadas as partes.
>
> § 2º Cumprida a diligência de que trata o § 1º, o relator, sempre que possível, prosseguirá no julgamento do recurso.
>
> § 3º Reconhecida a necessidade de produção de prova, o relator converterá o julgamento em diligência, que se realizará no tribunal ou em primeiro grau de jurisdição, decidindo-se o recurso após a conclusão da instrução.
>
> § 4º Quando não determinadas pelo relator, as providências indicadas nos §§ 1º e 3º poderão ser determinadas pelo órgão competente para julgamento do recurso.

Percebe-se que existe a possibilidade de o Tribunal Regional suspender o julgamento do recurso, verificando a possibilidade de saneamento de nulidade do processo, destarte, determinando a baixa/retorno dos autos ao juízo monocrático e, assim que renovado o ato processual ou praticado o ato pelo Tribunal, o julgamento retorna a seu normal prosseguimento.

As nulidades dos atos processuais, como vimos em capítulo próprio, podem ser absolutas, relativas ou o ato pode ser considerado inexistente.

Os atos nulos não produzem efeitos jurídicos, já que aqui não pode ocorrer qualquer tipo de convalidação. Atos nulos são aqueles que violam normas de ordem pública e o interesse social e não está sujeito à preclusão, podendo ser declarado *ex officio* pelo magistrado, em qualquer grau de jurisdição.

As nulidades relativas surgem quando não há violação às normas de ordem pública, dependendo da iniciativa da parte para seu provimento, não podendo ser conhecidas de ofício, enquanto os atos inexistentes contêm em si vícios tão profundos que, diante disto, não chegam a produzir efeitos jurídicos.

No entanto, o cerne da questão no atinente à declaração de nulidade do ato processo, em sede de recurso ordinário, relaciona-se ao prejuízo de uma das partes. Logo, inexistente prejuízo, mesmo que haja eventual defeito ou vício, a boa técnica processual é a preservação do ato judicial.

Havendo prejuízo, recomenda-se o retorno dos autos à primeira instância, para a devida sanação e posterior devolução ao segundo grau de jurisdição, para prosseguimento, se o próprio Tribunal não tiver condições de fazê-lo, observando-se, naturalmente, os óbices da supressão de instância, consoante disposto no art. 938[2] do CPC/2015.

21.1.3 Recurso ordinário no rito sumaríssimo

Nas demandas sujeitas ao rito sumaríssimo, o recurso ordinário é utilizado nas mesmas hipóteses de cabimento, devendo seguir, igualmente, as regras concernentes aos requisitos de admissibilidade. Todavia, as regras de processamento devem obedecer aos preceitos estabelecidos no art. 895, §§ 1º e 2º, da CLT.

a) será imediatamente distribuído, uma vez recebido no Tribunal;

b) o relator deve liberá-lo no prazo máximo de dez dias, e a Secretaria do Tribunal ou Turma colocá-lo imediatamente em pauta para julgamento, **sem revisor**;

c) terá parecer oral do representante do Ministério Público presente à sessão de julgamento, se este entender necessário o parecer, com registro na certidão;

d) terá acórdão consistente unicamente na certidão de julgamento, com a indicação suficiente do processo e parte dispositiva, e das razões de decidir do voto prevalente;

e) se a sentença for confirmada pelos próprios fundamentos, a certidão de julgamento, registrando tal circunstância, servirá de acórdão.

Os Tribunais Regionais, divididos em Turmas, poderão designar Turma para o julgamento dos recursos ordinários interpostos das sentenças prolatadas nas demandas sujeitas ao procedimento sumaríssimo.

21.2 RECURSO DE REVISTA

O recurso de revista, previsto no art. 896 da CLT, é o recurso manejado para impugnar acórdãos proferidos pelos Tribunais Regionais do Trabalho em demandas de competência originária da primeira instância (Varas do Trabalho), cujo intuito maior é a unificação jurisprudencial dos Tribunais Regionais do Trabalho acerca da interpretação da Constituição Federal, da lei federal e dos princípios inerentes ao direito material e processual do trabalho.

---

[2] A IN 39/2016 do TST, no art. 10, dispôs no sentido de que o art. 938 do CPC aplica-se ao Processos do Trabalho, o que estende sua aplicação também aos recursos trabalhistas de índole extraordinária, ou seja, o recurso de revista e embargos para a SDI do Tribunal Superior do Trabalho.

Podemos afirmar que o recurso de revista é um recurso de natureza especial, pois examina apenas teses jurídicas e não revolve fatos e provas, como acontece nos primeiro e segundo graus de jurisdição.

É um recurso de natureza extraordinária, pois objetiva tutelar o direito objetivo, ou seja, busca preservar, de maneira precisa, a aplicação da norma no caso concreto, seja ela constitucional ou federal. Portanto, o foco do julgador está atrelado à matéria estrita de direito.

É, igualmente, um recurso de fundamentação vinculada, pois os argumentos que podem ser invocados pelo recorrente estão, taxativamente, previstos em lei, não se permitindo a utilização de qualquer argumento. A fundamentação está vinculada ao texto normativo.

Dessa maneira, o recurso de revista não se coloca como instrumento destinado a reexaminar aspectos fáticos e probatórios, e, sequer, para verificar a justiça da decisão. Permanece adstrito, apenas, a apreciar as matérias e as questões de direito, acautelando a lei trabalhista em vigor. Essa é a determinação da **Súmula 126 do TST**, *in verbis:*

> Recurso. Cabimento. Incabível o recurso de revista ou de embargos (arts. 896 e 894, "b", da CLT) para reexame de fatos e provas.

O recurso em estudo só é possível se a ação for oriunda de dissídio individual, ou seja, tenha nascido em primeiro grau de jurisdição, o que por consequência nos leva a dizer que nos dissídios coletivos não há cabimento para esse recurso.

Dessa forma, a sentença é impugnada pelo recurso ordinário, que será julgado pelo TRT; este produzirá um acórdão que poderá ser atacado por recurso de revista, o qual irá para o TST.

A competência para julgar o recurso de revista é das Turmas do TST.

21.2.1 Requisitos de admissibilidade do recurso de revista

O recurso de revista deve atender aos pressupostos recursais gerais, impostos a todos os recursos.

Nesse ponto, mister se faz o preenchimento da:

- regularidade formal e de representação, conforme Súmulas 422 e 425 do TST, respectivamente;
- depósito recursal, cujo valor é o dobro do valor imposto para o recurso ordinário, observado o teto máximo do valor da condenação.

Além dos pressupostos gerais, o recurso de revista deve satisfazer os pressupostos específicos do *prequestionamento e da transcendência.*

O prequestionamento não permite que o recorrente, por meio do recurso de revista, discuta matérias inéditas no processo. Logo, o alegado no recurso de revista deve ter sido decidido antes no processo.

Desse modo, a interposição do recurso de revista pressupõe a exigência de que o acórdão do TRT (decisão recorrida) tenha, explicitamente, tratado sobre a tese jurídica suscitada no recurso ordinário, não necessitando especificar o dispositivo legal[3].

Assim, "diz-se prequestionada a matéria ou questão quando na decisão impugnada haja sido adotada, explicitamente, tese a respeito" (Súmula 297, I, do TST).

Com o advento da Lei 13.015/2014, que incluiu o § 1º-A no art. 896, I, da CLT, a peça do recurso de revista passa a ter que evidenciar, expressamente, a parte da decisão contra qual se insurge, ou seja, sob pena de não conhecimento, é ônus do recorrente indicar o trecho da decisão recorrida que consubstancia o prequestionamento da controvérsia objeto do recurso de revista.

Por consequência, para que haja o prequestionamento, o TRT deve, em seu acórdão, debater explicitamente a tese jurídica. Somente assim o recorrente terá condições de invocar, em seu recurso de revista, a tese jurídica contra a qual se rebela.

Nesse sentido a **Orientação Jurisprudencial 151 da SDI-I do TST:**

> Prequestionamento. Decisão Regional que adota a Sentença. Ausência de Prequestionamento.
>
> Decisão regional que simplesmente adota os fundamentos da decisão de primeiro grau não preenche a exigência do prequestionamento, tal como previsto na Súmula 297.

Caso a decisão recorrida (acórdão do TRT) tenha se omitido sobre a alegada violação à lei federal ou à própria Constituição, o recorrente deverá opor embargos de declaração, com o objetivo de prequestionar a matéria, para que o TRT posicione-se explicitamente sobre a mesma, para, somente então, impetrar o recurso de revista.

Nesse sentido a Súmula 297, II, do TST:

> Incumbe à parte interessada, desde que a matéria haja sido invocada no recurso principal, opor embargos declaratórios objetivando o pronunciamento sobre o tema, sob pena de preclusão.

Caso o TRT não se manifeste sobre a tese jurídica, não obstante opostos embargos de declaração, considera-se prequestionada a questão jurídica invocada

---

[3] OJ 118 da SDI-I: "Prequestionamento. Tese Explícita. Inteligência da Súmula nº 297. Havendo tese explícita sobre a matéria, na decisão recorrida, desnecessário contenha nela referência expressa do dispositivo legal para ter-se como prequestionado este".

no recurso principal sobre a qual se omite o Tribunal de pronunciar tese (Súmula 297, III, do TST). Trata-se do denominado prequestionamento *ficto ou tácito*.

O CPC/2015 adotou posicionamento similar ao do TST, passando a prever o prequestionamento *ficto*, conforme se infere do art. 1.025, *in verbis*:

> Art. 1.025. Consideram-se incluídos no acórdão os elementos que o embargante suscitou, para fins de prequestionamento, ainda que os embargos de declaração sejam inadmitidos ou rejeitados, caso o tribunal superior considere existentes erro, omissão, contradição ou obscuridade.

O prequestionamento é dispensável quando o vício nascer no próprio acórdão do Tribunal Regional, ou seja, caso o acórdão recorrido viole a lei ou a Constituição Federal, o recurso de revista será conhecido, mesmo que não tenha sido apresentado o prequestionamento. Nesse sentido, a OJ 119 da SDI-I do TST:

> Prequestionamento Inexigível. Violação Nascida na Própria Decisão Recorrida. Súmula nº 297 do TST. Inaplicável. É inexigível o prequestionamento quando a violação indicada houver nascido na própria decisão recorrida. Inaplicável a Súmula nº 297 do TST.

Ao lado desse posicionamento, o TST também entende ser desnecessário o prequestionamento quando existir tese explícita sobre a matéria no acórdão recorrido, ainda que não haja referência expressa a dispositivo legal (OJ 118 da SDI-I do TST).

Como acima exarado, outro requisito específico do recurso de revista é a transcendência, previsto na CLT:

> Art. 896-A. O Tribunal Superior do Trabalho, no recurso de revista, examinará previamente se a causa oferece transcendência com relação aos reflexos gerais de natureza econômica, política, social ou jurídica.

Transcendência é a característica de algo superior, sublime, metafísico, que excede, ultrapassa as fronteiras comuns.

Em sentido jurídico, equivale a dizer que é um tema ou uma matéria que extrapola os interesses da parte. É similar à repercussão geral prevista para o recurso extraordinário julgado pelo STF. Desse modo, o recurso de revista deve ter por finalidade julgar questões que sejam relevantes para a coletividade e não somente para as partes.

Definir quais as matérias se sujeitariam ao crivo da transcendência é um trabalho de difícil elaboração, pois envolve uma forte carga de subjetivismo, mormente quando estamos a falar de situações que envolvam aspectos econômicos, jurídicos, políticos e sociais.

Contudo, parece-nos que é uma maneira de aumentar a celeridade da tramitação dos processos, por meio da imposição de filtros, evitando o assoberbamento de recursos no TST.

Nesse sentido, são as palavras do Ministro Ives Gandra Martins Filho[4]:

> O critério de transcendência previsto para a admissibilidade do recurso de revista para o TST dá ao Tribunal, e seus ministros, uma margem de discricionariedade no julgamento dessa modalidade recursal, na medida em que permite uma seleção prévia dos processos que, pela sua transcendência jurídica, política, social ou econômica, mereçam pronunciamento da Corte.

Porém, até o presente momento, o TST não regulamentou, por meio do seu Regimento Interno, os critérios para aplicação do pressuposto em análise.

21.2.2 Hipóteses de cabimento

O recurso de revista é o remédio para objetar acórdãos proferidos pelos Tribunais Regionais do Trabalho (TRTs) quando do julgamento do recurso ordinário. Por essa lógica, a demanda deve ser oriunda do primeiro grau de jurisdição. Embora o art. 896 da CLT mencione a expressão "dissídios individuais", pacífico é o entendimento que permite o uso do recurso de revista quando for o caso de ações civis públicas e ações coletivas.

Diante dessa sistemática, **não** é possível, em regra, a interposição do recurso de revista para atacar decisões que envolvam matérias de competência originária do TRT, como, por exemplo, dissídio coletivo, mandado de segurança contra ato judicial, ação rescisória e ação anulatória de cláusulas convencionais.

No mesmo sentido, é incabível recurso de revista interposto de acórdão regional prolatado em agravo de instrumento (Súmula 218 do TST).

Todavia, não será qualquer acórdão do Tribunal Regional que poderá ser objeto do recurso de revista. Além de todos os pressupostos já analisados, dentre eles o prequestionamento, o recurso de revista só será possível quando demonstrar umas das hipóteses previstas nas alíneas do art. 896 da CLT.

Em síntese, o recurso de revista só será conveniente se demonstrar que o acórdão recorrido:

- é motivo de divergência jurisprudencial;
- ou viola literalmente dispositivo de lei federal ou afronta direta e literalmente a Constituição Federal.

---

[4] MARTINS FILHO, Ives Gandra. Critérios de transcendência no recurso de revista. Projeto de Lei 3.270/00. *Revista LTr*, n. 65-08/915.

As hipóteses estão previstas nas alíneas *a*, *b* e *c* do art. 896 da CLT, *in verbis*:

> Art. 896. Cabe Recurso de Revista para Turma do Tribunal Superior do Trabalho das decisões proferidas em grau de recurso ordinário, em dissídio individual, pelos Tribunais Regionais do Trabalho, quando:
>
> a) derem ao mesmo dispositivo de lei federal interpretação diversa da que lhe houver dado outro Tribunal Regional do Trabalho, no seu Pleno ou Turma, ou a Seção de Dissídios Individuais do Tribunal Superior do Trabalho, ou contrariarem súmula de jurisprudência uniforme dessa Corte ou súmula vinculante do Supremo Tribunal Federal;
>
> b) derem ao mesmo dispositivo de lei estadual, Convenção Coletiva de Trabalho, Acordo Coletivo, sentença normativa ou regulamento empresarial de observância obrigatória em área territorial que exceda a jurisdição do Tribunal Regional prolator da decisão recorrida, interpretação divergente, na forma da alínea *a*;
>
> c) proferidas com violação literal de disposição de lei federal ou afronta direta e literal à Constituição Federal.

A justificativa da alínea *a* do artigo em análise surge *quando a interpretação da mesma lei federal gera resultados divergentes*.

A divergência jurisprudencial deve se dar entre Tribunais Regionais distintos, ou entre um Tribunal Regional e a SDI, ou entre o Tribunal Regional e Súmula do TST ou entre o Tribunal Regional e Súmula Vinculante do STF.

Em seu recurso de revista o recorrente deverá comprovar que o acórdão, contra o qual se insurge, está interpretando uma determinada lei federal de modo diverso de outro Tribunal ou da Seção de Dissídios Individuais, ou contrariando súmulas ou orientações jurisprudenciais do TST ou súmula vinculante do STF.

Nesse sentido, a OJ 219 da SDI-I do TST, a qual declina que:

> Recurso de Revista ou de Embargos Fundamentado em Orientação Jurisprudencial do TST.
>
> É válida, para efeito de conhecimento do recurso de revista ou de embargos, a invocação de Orientação Jurisprudencial do Tribunal Superior do Trabalho, desde que, das razões recursais, conste o seu número ou conteúdo.

O dissentimento deve ocorrer entre Tribunais Regionais distintos, não sendo cabível o recurso de revista quando o desacordo for oriundo das Turmas do mesmo Tribunal Regional. Nesse sentido, a OJ 111 da SDI-I do TST:

> Recurso de Revista. Divergência Jurisprudencial. Aresto Oriundo do Mesmo Tribunal Regional. Lei nº 9.756/98. Inservível ao Conhecimento.
>
> Não é servível ao conhecimento de recurso de revista aresto oriundo de mesmo Tribunal Regional do Trabalho, salvo se o recurso houver sido interposto anteriormente à vigência da Lei nº 9.756/98.

Essa orientação se coaduna com a função do TST de unificar a jurisprudência acerca das leis trabalhistas, sejam elas materiais ou processuais, evitando posicionamentos dissidentes entre os Tribunais Regionais.

Os posicionamentos antagônicos, divergentes que surgiam em âmbito do mesmo TRT eram solucionados pelo incidente de uniformização de jurisprudência, nos moldes previstos no art. 896, § 4º, da CLT, *in verbis*:

> Art. 896. (...)
>
> § 4º Ao constatar, de ofício ou mediante provocação de qualquer das partes ou do Ministério Público do Trabalho, a existência de decisões atuais e conflitantes no âmbito do mesmo Tribunal Regional do Trabalho sobre o tema objeto de recurso de revista, o Tribunal Superior do Trabalho determinará o retorno dos autos à Corte de origem, a fim de que proceda à uniformização da jurisprudência.

No entanto, a Lei 13.467/2017 revogou os §§ 3º, 4º (acima mencionados), 5º e 6º do art. 896 da CLT.

A divergência apta a ensejar o recurso de revista deve ser atual, ou seja, que não tenha sido suplantada por decisões, orientações ou súmulas posteriores que caminham em sentido contrário. Assim prevê o § 7º do art. 896 da CLT, inserido pela Lei 13.015/2014, *in verbis*:

> Art. 896. (...)
>
> § 7º A divergência apta a ensejar o recurso de revista deve ser atual, não se considerando como tal a ultrapassada por súmula do Tribunal Superior do Trabalho ou do Supremo Tribunal Federal, ou superada por iterativa e notória jurisprudência do Tribunal Superior do Trabalho.

Sobre a divergência jurisprudencial o TST assim se posiciona:

> Súmula 296 – Recurso. Divergência Jurisprudencial. Especificidade.
>
> I - A divergência jurisprudencial ensejadora da admissibilidade, do prosseguimento e do conhecimento do recurso há de ser específica, revelando a existência de teses diversas na interpretação de um mesmo dispositivo legal, embora idênticos os fatos que as ensejaram.
>
> II - Não ofende o art. 896 da CLT decisão de Turma que, examinando premissas concretas de especificidade da divergência colacionada no apelo revisional, conclui pelo conhecimento ou desconhecimento do recurso.

Quando o recurso fundar-se em dissenso de julgados, incumbe ao recorrente o ônus de produzir prova da divergência jurisprudencial, mediante certidão, cópia ou citação do repositório de jurisprudência, oficial ou credenciado, inclusive em mídia eletrônica, em que houver sido publicada a decisão divergente, ou ainda pela reprodução de julgado disponível na internet, com indicação da respectiva fonte, mencionando, em qualquer caso, as circunstâncias que identifiquem ou assemelhem os casos confrontados (art. 896, § 8º, da CLT).

O TST também disciplina como ocorre a comprovação de jurisprudência, por meio de sua Súmula 337, *in verbis*:

> Comprovação de Divergência Jurisprudencial. Recursos de Revista e de Embargos. Incluído o item V) – Res. 220/2017, DEJT divulgado em 21, 22 e 25.09.2017
>
> I – Para comprovação da divergência justificadora do recurso, é necessário que o recorrente:
>
> a) Junte certidão ou cópia autenticada do acórdão paradigma ou cite a fonte oficial ou o repositório autorizado em que foi publicado; e
>
> b) Transcreva, nas razões recursais, as ementas e/ou trechos dos acórdãos trazidos à configuração do dissídio, demonstrando o conflito de teses que justifique o conhecimento do recurso, ainda que os acórdãos já se encontrem nos autos ou venham a ser juntados com o recurso.
>
> II – A concessão de registro de publicação como repositório autorizado de jurisprudência do TST torna válidas todas as suas edições anteriores;
>
> III – A mera indicação da data de publicação, em fonte oficial, de aresto paradigma é inválida para comprovação de divergência jurisprudencial, nos termos do item I, "a", desta súmula, quando a parte pretende demonstrar o conflito de teses mediante a transcrição de trechos que integram a fundamentação do acórdão divergente, uma vez que só se publicam o dispositivo e a ementa dos acórdãos;
>
> IV – É válida para a comprovação da divergência jurisprudencial justificadora do recurso a indicação de aresto extraído de repositório oficial na internet, desde que o recorrente: a) transcreva o trecho divergente; b) aponte o sítio de onde foi extraído; e c) decline o número do processo, o órgão prolator do acórdão e a data da respectiva publicação no Diário Eletrônico da Justiça do Trabalho.
>
> V – A existência do código de autenticidade na cópia, em formato pdf, do inteiro teor do aresto paradigma, juntada aos autos, torna-a equivalente ao documento original e também supre a ausência de indicação da fonte oficial de publicação.

A alínea *b* do art. 896 da CLT reporta à hipótese de os Tribunais Regionais proferirem decisões divergentes envolvendo interpretação de dispositivo de lei estadual, convenção coletiva, acordo coletivo, sentença normativa ou regulamento de empresa que devem ser observados e aplicados em área territorial que ultrapasse a jurisdição de um TRT.

Na prática, a divergência de lei estadual que extrapole a jurisdição de um TRT só ocorre no Estado de São Paulo, o qual, por possuir dois Tribunais Regionais, 2ª Região/SP e 15ª Região/Campinas, pode julgar a mesma lei de forma diversa.

Para se vislumbrar decisões divergentes sobre normas coletivas (acordo, convenção), bem como sentença normativa e regulamento empresarial entre os TRTs, é necessário que o empregador possua estabelecimentos espalhados em alguns Estados da Federação, exceto no caso do Estado de São Paulo. Exemplo mais usual é o regulamento de empresa do Banco do Brasil e dos Correios.

Não ultrapassando a área de jurisdição de um TRT, não há que se falar em recurso de revista. Nesse sentido, a OJ 147 da SDI-I do TST:

> Lei Estadual, Norma Coletiva ou Norma Regulamentar. Conhecimento Indevido do Recurso de Revista por Divergência Jurisprudencial.
>
> I - É inadmissível o recurso de revista fundado tão somente em divergência jurisprudencial, se a parte não comprovar que a lei estadual, a norma coletiva ou o regulamento da empresa extrapolam o âmbito do TRT prolator da decisão recorrida.
>
> II - É imprescindível a arguição de afronta ao art. 896 da CLT para o conhecimento de embargos interpostos em face de acórdão de Turma que conhece indevidamente de recurso de revista, por divergência jurisprudencial, quanto a tema regulado por lei estadual, norma coletiva ou norma regulamentar de âmbito restrito ao Regional prolator da decisão.

Por fim, a alínea *c* do art. 896 imputa ao recorrente o dever de demonstrar que o acórdão refutado viola literalmente preceito de lei federal ou afronta direta e literalmente à Constituição Federal.

A violação implica negar vigência a dispositivos legais e/ou constitucionais que estão em vigor, ou vice-versa, bem como asseverar que a lei autoriza, quando, na realidade, ela proíbe, sendo a recíproca verdadeira.

De acordo com esse ponto de vista, a Súmula 221 do TST, *in verbis*:

> Súmula 221 - Recurso de Revista. Violação de Lei. Indicação de Preceito.
>
> A admissibilidade do recurso de revista por violação tem como pressuposto a indicação expressa do dispositivo de lei ou da Constituição tido como violado.

A Lei 13.467/2017, chamada de Reforma Trabalhista, inseriu ao § 1º-A do art. 896, o inciso IV, com a seguinte redação:

> IV - transcrever na peça recursal, no caso de suscitar preliminar de nulidade de julgado por negativa de prestação jurisdicional, o trecho dos embargos declaratórios em que foi pedido o pronunciamento do tribunal sobre questão veiculada no recurso ordinário, e o trecho da decisão regional que rejeitou os embargos quanto ao pedido, para cotejo e verificação, de plano, da ocorrência da omissão.

E o § 14, com a redação:

> § 14. O relator do recurso de revista poderá denegar-lhe seguimento, em decisão monocrática, nas hipóteses de intempestividade, deserção, irregularidade

de representação ou de ausência de qualquer outro pressuposto extrínseco ou intrínseco de admissibilidade.

O § 14º do art. 896 acima mencionado cria novos poderes ao relator do recurso de revista no TST, colocando-o em idêntica posição ao ministro relator do STJ, consoante art. 932 do CPC/2015, já que poderá, de forma unipessoal, tomar as decisões relacionadas no mencionado parágrafo.

21.2.2.1 Do requisito da transcendência

A Lei 13.467/2017 acrescentou ao art. 896-A da CLT os seguintes parágrafos alusivos aos indicadores da transcendência, necessários à admissibilidade do recurso de revista:

> § 1º São indicadores de transcendência, entre outros:
>
> I – econômica, o elevado valor da causa;
>
> II – política, o desrespeito da instância recorrida à jurisprudência sumulada do Tribunal Superior do Trabalho ou do Supremo Tribunal Federal;
>
> III – social, a postulação, por reclamante-recorrente, de direito social constitucionalmente assegurado;
>
> IV – jurídica, a existência de questão nova em torno da interpretação da legislação trabalhista.
>
> § 2º Poderá o relator, monocraticamente, denegar seguimento ao recurso de revista que não demonstrar transcendência, cabendo agravo desta decisão para o colegiado.
>
> § 3º Em relação ao recurso que o relator considerou não ter transcendência, o recorrente poderá realizar sustentação oral sobre a questão da transcendência, durante cinco minutos em sessão.
>
> § 4º Mantido o voto do relator quanto à não transcendência do recurso, será lavrado acórdão com fundamentação sucinta, que constituirá decisão irrecorrível no âmbito do tribunal.
>
> § 5º É irrecorrível a decisão monocrática do Relator que, em agravo de instrumento em recurso de revista, considerar ausente a transcendência da matéria.
>
> § 6º O juízo de admissibilidade do recurso de revista exercido pela Presidência dos Tribunais Regionais do Trabalho limita-se à análise dos pressupostos intrínsecos e extrínsecos do apelo, não abrangendo o critério da transcendência das questões nele veiculadas.

O instituto da transcendência foi criado pela Medida Provisória 2.226/2001, impondo a redação do art. 896-A da CLT como condição de admissibilidade do recurso de revista, antecedendo à repercussão geral do Recurso Extraordinário no Supremo Tribunal Federal.

A Lei 13.467/2017 imprimiu ainda maior restrição ao recurso de revista, complementando o art. 896-A, de forma a exigir a demonstração da transcendência recursal, sob pena de não admissibilidade.

Na verdade, a Lei 13.467/2017 seguiu a tendência do CPC/2015 que trata da matéria no art. 1.035.

Entendemos que a transcendência, que se posta como uma espécie de filtro à admissibilidade recursal, neste momento que estamos passando, de alta litigiosidade e de enorme afluxo de processos nos graus superiores de jurisdição, é salutar e impede o exame de qualquer tipo de processo que não tenha o condão de ser de interesse público primário da sociedade, impedindo que processos da mais alta relevância e dignidade, respeitando obviamente todos os demais processos judicializados, sejam apreciados pelos Tribunais Superiores e sirvam de parâmetros para processos semelhantes, de alta repercussão social, aos aplicadores do direito.

Por último, neste tópico, importante mencionar que os Presidentes dos Tribunais Regionais do Trabalho, de acordo com o § 6º do art. 896-A, que são responsáveis pelo juízo de admissibilidade dos recursos de revista, não têm competência para examinar as questões relacionadas à transcendência.

21.2.3 Recurso de revista na fase de execução

Com o intuito de conferir uma maior celeridade à fase de execução, a lei restringe o uso do recurso de revista.

Das decisões proferidas pelos Tribunais Regionais do Trabalho ou por suas Turmas, em execução de sentença, inclusive em processo incidente de embargos de terceiro, não caberá Recurso de Revista, salvo na hipótese de ofensa direta e literal de norma da Constituição Federal (art. 896, § 2º, da CLT).

Não é diferente o posicionamento do TST:

> Súmula 266 – Recurso de Revista. Admissibilidade. Execução de Sentença.
>
> A admissibilidade do recurso de revista interposto de acórdão proferido em agravo de petição, na liquidação de sentença ou em processo incidente na execução, inclusive os embargos de terceiro, depende de demonstração inequívoca de violência direta à Constituição Federal.

Portanto, a regra é de que caiba recurso de revista, na fase de execução, somente quando existir violação direta e literal de preceito constitucional.

Entretanto, com o advento da Lei 13.015/2014, que acrescentou o § 10 ao art. 896 da CLT, houve a ampliação das hipóteses do recurso de revista na fase de execução, podendo ser utilizado quando ocorrer violação a lei federal, por divergência jurisprudencial e por ofensa à Constituição Federal nas execuções fiscais e nas controvérsias da fase de execução que envolvam a Certidão Negativa de Débitos Trabalhistas (CNDT).

Em vista disso, duas novas situações passam a ser objeto do recurso de revista: a execução fiscal decorrente das multas aplicadas aos empregadores, em decorrência de fiscalização administrativa (ex.: multas impostas por auditores fiscais do trabalho), e a Certidão Negativa de Débitos Trabalhistas.

Sobre essa última hipótese, transcrevemos a opinião de Mauro Schiavi[5]:

> (...) a lei não foi oportuna e pode provocar dilatação em demasia da marcha processual, já que na quase totalidade das vezes a certidão é emitida em razão de uma execução por título executivo judicial. Além disso, já há à disposição da parte o agravo de petição e também o mandado de segurança quando o nome do devedor for incluído indevidamente no cadastro positivo de devedores.

Impende reiterar que nessas duas últimas situações, execução fiscal e controvérsias envolvendo a CNDT, o recurso de revista será oponível quando a decisão: violar a lei federal, por divergência jurisprudencial e por ofensa à Constituição Federal.

De outro giro, as demais decisões na fase de execução somente desafiam recurso de revista se ocorrer ofensa literal à Constituição Federal.

21.2.4 Recurso de revista no rito sumaríssimo

A incidência do recurso de revista no rito sumaríssimo, também, é restrita. Lembrando que o rito sumaríssimo envolve demandas entre dois e 40 salários mínimos e o seu objetivo maior é a celeridade processual. Nas ações de até dois salários mínimos, em regra, não cabe recurso, salvo se a decisão ofender a Constituição Federal, quando será possível a interposição do recurso extraordinário (Lei 5.584/1970).

Nas causas sujeitas ao procedimento sumaríssimo, somente será admitido recurso de revista por contrariedade a súmula de jurisprudência uniforme do Tribunal Superior do Trabalho ou a súmula vinculante do Supremo Tribunal Federal e por violação direta da Constituição Federal (art. 896, § 9º, da CLT).

Nesse contexto, somente as decisões que ofenderem à Constituição Federal ou contrariarem súmulas do TST ou súmula vinculante do STF poderão ser guerreadas pelo recurso de revista.

Quando o acórdão do regional violar orientação jurisprudencial, não caberá recurso de revista, conforme preceitua a Súmula 442 do TST, *in verbis*:

> Procedimento Sumaríssimo. Recurso de Revista Fundamentado em Contrariedade a Orientação Jurisprudencial. Inadmissibilidade. Art. 896, § 6º, da CLT,

---

[5] SCHIAVI, Mauro. *Manual de direito processual do trabalho*. 8. ed. São Paulo: LTr. p. 953.

Acrescentado pela Lei nº 9.957, de 12.01.2000. Nas causas sujeitas ao procedimento sumaríssimo, a admissibilidade de recurso de revista está limitada à demonstração de violação direta a dispositivo da Constituição Federal ou contrariedade a Súmula do Tribunal Superior do Trabalho, não se admitindo o recurso por contrariedade a Orientação Jurisprudencial deste Tribunal (Livro II, Título II, Capítulo III, do RITST), ante a ausência de previsão no art. 896, § 6º, da CLT.

21.2.5 Processamento do recurso de revista

O recurso de revista será interposto perante o Presidente do TRT cuja turma tenha proferido o acórdão objeto de irresignação.

As razões de recurso (fundamentos) são dirigidas a uma das Turmas do TST.

Sendo distribuído o recurso, o relator da turma poderá julgá-lo monocraticamente, em conformidade às regras contidas nos arts. 894, § 3º, da CLT e 932 do CPC/2015. Nesse bordo, a Súmula 435 do TST:

> Decisão Monocrática. Relator. Art. 932 do CPC de 2015. Art. 557 do CPC de 1973. Aplicação Subsidiária ao Processo do Trabalho.
>
> Aplica-se subsidiariamente ao processo do trabalho o art. 932 do CPC de 2015 (art. 557 do CPC de 1973).

O relator poderá adotar os seguintes posicionamentos:

Quanto à admissibilidade:

- não conhecer de recurso inadmissível, prejudicado ou que não tenha impugnado especificamente os fundamentos da decisão recorrida[6].

Quanto ao mérito:

- **negar provimento** a recurso que for contrário a:

    a) súmula do Supremo Tribunal Federal, do Superior Tribunal de Justiça e do Tribunal Superior do Trabalho (adaptação do texto do art. 932 do CPC/2015);

    b) acórdão proferido pelo Supremo Tribunal Federal ou pelo Superior Tribunal de Justiça ou pelo Tribunal Superior do Trabalho em julgamento de recursos repetitivos (adaptação do texto do art. 932 do CPC/2015);

---

[6] Súmula 422 do TST: "Recurso. Fundamento ausente ou deficiente. Não conhecimento. I – Não se conhece de recurso para o Tribunal Superior do Trabalho se as razões do recorrente não impugnam os fundamentos da decisão recorrida, nos termos em que proferida".

c) entendimento firmado em incidente de resolução de demandas repetitivas ou de assunção de competência;

- **dar provimento ao recurso se a decisão recorrida for contrária a:**

    a) súmula do Supremo Tribunal Federal, do Superior Tribunal de Justiça ou do Tribunal Superior do Trabalho (adaptação do texto do art. 932 do CPC/2015);

    b) acórdão proferido pelo Supremo Tribunal Federal, pelo Superior Tribunal de Justiça ou pelo Tribunal Superior do Trabalho em julgamento de recursos repetitivos (adaptação do texto do art. 932 do CPC/2015);

    c) entendimento firmado em incidente de resolução de demandas repetitivas ou de assunção de competência.

Antes de considerar inadmissível o recurso, o relator concederá o prazo de 5 (cinco) dias ao recorrente para que seja sanado vício ou complementada a documentação exigível (art. 932, parágrafo único, do CPC/2015).

Diante da decisão monocrática do relator, o recurso cabível será o de agravo (chamado de interno ou regimental), no prazo fixado pelo regimento interno do respectivo Tribunal (pode variar entre cinco e oito dias), o qual será encaminhado para a turma (que apreciaria o recurso de revista).

Tal situação é declinada pela **Súmula 421** do TST, *in verbis*:

> Embargos de Declaração. Cabimento. Decisão Monocrática do Relator Calcada no Art. 932 do CPC de 2015. Art. 557 do CPC de 1973.
>
> I – Cabem embargos de declaração da decisão monocrática do relator prevista no art. 932 do CPC de 2015 (art. 557 do CPC de 1973), se a parte pretende tão somente juízo integrativo retificador da decisão e, não, modificação do julgado.
>
> II – Se a parte postular a revisão no mérito da decisão monocrática, cumpre ao relator converter os embargos de declaração em agravo, em face dos princípios da fungibilidade e celeridade processual, submetendo-o ao pronunciamento do Colegiado, após a intimação do recorrente para, no prazo de 5 (cinco) dias, complementar as razões recursais, de modo a ajustá-las às exigências do art. 1.021, § 1º, do CPC de 2015.

21.2.6 Uniformização de jurisprudência

O instituto em tela é fruto da Lei 13.015/2014, que teve por fito a padronização da jurisprudência interna dos Tribunais Regionais do Trabalho.

Como já analisado, um dos requisitos para a interposição do recurso de revista é a interpretação divergente sobre a mesma norma entre os Tribunais Regionais.

Dessa forma, havendo acórdãos dissidentes sobre casos que são submetidos à mesma norma, é possível a apresentação do recurso de revista.

Com o advento da Lei 13.467/2017, os Tribunais Regionais do Trabalho, por meio de um rito mais formal, são obrigados a cumprir deveres relacionados com a criação e manutenção dos precedentes judiciais ou súmulas, uniformizar a jurisprudência estável, íntegra e coerente, dar publicidade adequada aos precedentes e a partir do CPC/2015, os magistrados são obrigados a observar em suas decisões: precedentes proferidos pelo STF em controle concentrado, súmulas vinculantes do STF, julgamento dos incidentes de Recursos Repetitivos, enunciados das Súmulas dos Tribunais Superiores, orientações do plenário ou do órgão especial dos TRTs e precedentes editados nos incidentes de Assunção de Competência e de Resolução de demandas repetitivas.

Tudo isso em conformidade com os arts. 926[7] e 927[8] do CPC/2015.

Observe-se que o CPC de 2015 não versa mais sobre a uniformização de jurisprudência, cabendo, portanto, aos Regimentos Internos dos Tribunais Regionais elaborarem o procedimento para a confecção das súmulas regionais, que doravante serão denominados precedentes ou súmulas, porém com caráter vinculante para os magistrados daquela circunscrição regional.

---

[7] "DA ORDEM DOS PROCESSOS E DOS PROCESSOS DE COMPETÊNCIA ORIGINÁRIA DOS TRIBUNAIS. CAPÍTULO I. DISPOSIÇÕES GERAIS. Art. 926. Os tribunais devem uniformizar sua jurisprudência e mantê-la estável, íntegra e coerente. § 1º Na forma estabelecida e segundo os pressupostos fixados no regimento interno, os tribunais editarão enunciados de súmula correspondentes a sua jurisprudência dominante. § 2º Ao editar enunciados de súmula, os tribunais devem ater-se às circunstâncias fáticas dos precedentes que motivaram sua criação."

[8] "Art. 927. Os juízes e os tribunais observarão: I – as decisões do Supremo Tribunal Federal em controle concentrado de constitucionalidade; II – os enunciados de súmula vinculante; III – os acórdãos em incidente de assunção de competência ou de resolução de demandas repetitivas e em julgamento de recursos extraordinário e especial repetitivos; IV – os enunciados das súmulas do Supremo Tribunal Federal em matéria constitucional e do Superior Tribunal de Justiça em matéria infraconstitucional; V – a orientação do plenário ou do órgão especial aos quais estiverem vinculados. § 1º Os juízes e os tribunais observarão o disposto no art. 10 e no art. 489, § 1º, quando decidirem com fundamento neste artigo. § 2º A alteração de tese jurídica adotada em enunciado de súmula ou em julgamento de casos repetitivos poderá ser precedida de audiências públicas e da participação de pessoas, órgãos ou entidades que possam contribuir para a rediscussão da tese. § 3º Na hipótese de alteração de jurisprudência dominante do Supremo Tribunal Federal e dos tribunais superiores ou daquela oriunda de julgamento de casos repetitivos, pode haver modulação dos efeitos da alteração no interesse social e no da segurança jurídica. § 4º A modificação de enunciado de súmula, de jurisprudência pacificada ou de tese adotada em julgamento de casos repetitivos observará a necessidade de fundamentação adequada e específica, considerando os princípios da segurança jurídica, da proteção da confiança e da isonomia. § 5º Os tribunais darão publicidade a seus precedentes, organizando-os por questão jurídica decidida e divulgando-os, preferencialmente, na rede mundial de computadores."

De acordo com o art. 6º do Ato 491/2014 do TST:

> Os Tribunais Regionais do Trabalho deverão manter e dar publicidade a suas súmulas e teses jurídicas prevalecentes mediante banco de dados, organizando-as por questão jurídica decidida e divulgando-as, preferencialmente, na rede mundial de computadores.

Como dito, os §§ 3º ao 6º do art. 896, acrescidos pela Lei 13.015/2014, que tratavam dos IUJ (incidentes de uniformização da jurisprudência), foram revogados pela Lei 13.467/2017 (Reforma Trabalhista), que promoveu também a alteração do art. 702 da CLT, de modo a criar uma maior estabilização na jurisprudência trabalhista e tornar mais dificultosa e ritualística a criação de súmulas pelos tribunais do trabalho.

Dessa forma, a redação do novel item f[9], inciso I, art. 702, da CLT, dada pela Lei 13.467/2017 estabelece ao Tribunal Pleno o poder exclusivo de uniformizar a jurisprudência, afastando a possibilidade de criação de OJs e teses vinculantes pelas SDI ou SDC do TST.

Além disso, foram acrescidos ainda ao art. 702, os parágrafos:

> § 3º As sessões de julgamento sobre estabelecimento ou alteração de súmulas e outros enunciados de jurisprudência deverão ser públicas, divulgadas com no mínimo, trinta dias de antecedência, e deverão possibilitar a sustentação oral pelo Procurador-Geral do Trabalho, pelo Conselho Federal da Ordem dos Advogados do Brasil, pelo Advogado-Geral da União e por confederações sindicais ou entidades de classe de âmbito nacional.
>
> § 4º O estabelecimento ou a alteração de súmulas e outros enunciados de jurisprudência pelos Tribunais Regionais do Trabalho deverão observar o disposto na alínea f do inciso I e no § 3º deste artigo, com rol equivalente de legitimidade para sustentação oral, observada a abrangência de sua circunscrição judiciária.

21.2.7 Recurso de revista em demandas repetitivas

Os arts. 896-B e 896-C da CLT também foram introduzidos pela Lei 13.015/2014 e abordam a temática do recurso de revista de demandas repetitivas, também denominado de julgamento por amostragem.

---

[9] "*f*) estabelecer ou alterar súmulas e outros enunciados de jurisprudência uniforme, pelo voto de pelo menos dois terços de seus membros, caso a mesma matéria já tenha sido decidida de forma idêntica por unanimidade em, no mínimo, dois terços das turmas em pelo menos dez sessões diferentes em cada uma delas, podendo, ainda, por maioria de dois terços de seus membros, restringir os efeitos daquela declaração ou decidir que ela só tenha eficácia a partir de sua publicação no Diário Oficial."

Nesse diapasão, quando houver multiplicidade de recursos de revista fundados em idêntica questão de direito, a questão poderá ser afetada à Seção Especializada em Dissídios Individuais ou ao Tribunal Pleno, por decisão da maioria simples de seus membros, mediante requerimento de um dos Ministros que compõem a Seção Especializada, considerando a relevância da matéria, ou a existência de entendimentos divergentes entre os Ministros dessa Seção, ou das Turmas do Tribunal (art. 896-C da CLT).

Nos dizeres de Cláudio Brandão,

> Trata-se de novidade sem igual, na medida em que introduz a força obrigatória do precedente judicial e modifica, substancialmente, o procedimento de julgamento dos recursos nos quais vier a ser suscitado o incidente, que passarão a fixar a tese jurídica ou o precedente judicial que doravante, servirá de paradigma obrigatório no âmbito da respectiva jurisdição. Ademais, a inovação busca contemplar solução de massa para demandas igualmente de massa, característica marcante da sociedade contemporânea. Some-se a busca pela segurança jurídica e preservação do princípio da igualdade, valorizados pela sistematização de identidade de teses jurídicas aplicáveis a casos semelhantes[10].

Dessa feita, o incidente de demandas repetitivas deve estar calcado nos seguintes requisitos:

- multiplicidade de recursos;
- fundamentação baseada em idêntica questão de direito;
- relevância e transcendência da matéria a ser analisada.

O procedimento vem disciplinado no art. 896-C da CLT e, ainda, na IN 38 do TST, de 10 de novembro de 2015.

Em conformidade com o § 1º do art. 896-C da CLT, o Presidente da Turma, ou da Seção Especializada, por indicação dos relatores, afetará um ou mais recursos representativos da controvérsia para julgamento pela Seção Especializada em Dissídios Individuais, ou pelo Tribunal Pleno, sob o rito dos recursos repetitivos, considerando a relevância da matéria ou a existência de entendimentos divergentes entre os Ministros da Subseção, ou das Turmas do Tribunal.

O requerimento de afetação deverá se dar por escrito, diretamente ao Presidente da SBDI-I ou, oralmente, em questão preliminar suscitada quando do julgamento de processo incluído na pauta de julgamentos da Subseção.

---

[10] BRANDÃO, Cláudio. *Reforma do sistema recursal trabalhista*: comentários à Lei nº 13.015/2014. São Paulo: LTr, 2015. p. 148.

A proposta de afetação poderá ser efetivada pelo Presidente da Turma do TST, quando esta entender necessário o procedimento de julgamento de recursos de revista repetitivos, devendo o respectivo requerimento ser submetido ao Presidente da Subseção de Dissídios Individuais I.

Uma vez afetado o processo, o Presidente da Turma ou da Seção Especializada responsável deverá expedir comunicação aos demais Presidentes de Turma, ou de Seção Especializada, os quais poderão afetar outros processos sobre a questão para julgamento conjunto, com a finalidade de proporcionar ao órgão julgador uma visão global da questão.

Acaso formulada por escrito o requerimento de afetação, o Presidente da Subseção deverá submetê-lo ao colegiado, no prazo máximo de 30 dias de seu recebimento, ou de imediato, se suscitada em questão preliminar, quando do julgamento de determinado processo pela SDI-I, após o que, em consonância ao § 3º do art. 2º da IN 38 do TST:

> I – acolhida a proposta, por maioria simples, o colegiado também decidirá se a questão será analisada pela própria SBDI-I, ou pelo Tribunal Pleno;
>
> II – acolhida a proposta, a desistência da ação ou do recurso não impede a análise da questão objeto de julgamento de recursos repetitivos;
>
> III – na hipótese do inciso I, o processo será distribuído a um relator e a um revisor do órgão jurisdicional correspondente, para sua tramitação nos termos do artigo 896-C da CLT;
>
> IV – rejeitada a proposta, se for o caso, os autos serão devolvidos ao órgão julgador respectivo, para que o julgamento do recurso prossiga regularmente.

Não se admitirá sustentação oral versando, de forma específica, sobre a proposta de afetação.

Uma vez aceita a proposta, o recurso repetitivo será distribuído a um dos Ministros membros da Seção Especializada, ou do Tribunal Pleno, e a um Ministro revisor (art. 896-C, § 6º, da CLT).

Apenas comportam afetação recursos representativos da controvérsia que sejam admissíveis e que, a critério do relator do incidente de julgamento dos recursos repetitivos, contenham abrangente argumentação e discussão a respeito da questão a ser decidida.

Ademais, o relator do incidente não fica vinculado às propostas de afetação acrescidas, podendo recusá-las por desatenderem aos requisitos pertinentes, podendo, ainda, selecionar outros recursos representativos da controvérsia.

Selecionados os recursos, o relator, na Subseção Especializada em Dissídios Individuais, ou no Tribunal Pleno, verificando a existência da já referida diversidade de recursos de revista, baseados em idêntica questão jurídica (art. 896-C, *caput*, da CLT), proferirá decisão de afetação, identificando precisamente a questão a ser submetida a julgamento, podendo determinar a suspensão dos recursos de revista, ou de embargos de que trata o § 5º do art. 896-C da CLT.

Poderá o relator, ainda, solicitar informações a respeito da controvérsia, aos Tribunais Regionais do Trabalho, a serem satisfeitas no prazo de 15 dias, e requisitar aos Presidentes ou Vice-Presidentes dos Tribunais Regionais do Trabalho a remessa de até dois recursos de revista representativos da controvérsia.

Será concedido prazo de 15 dias para a manifestação escrita de pessoas, órgãos ou entidades interessados na controvérsia, os quais poderão vir a ser admitidos na qualidade de *amici curiae*.

O Presidente do TST oficiará os Presidentes dos TRTs, a fim de que suspendam os recursos de revista interpostos em casos idênticos aos afetados como recursos repetitivos, bem como os recursos ordinários interpostos contra as sentenças proferidas em casos idênticos aos afetados como recursos repetitivos, até o pronunciamento definitivo do Tribunal Superior do Trabalho, encaminhando-lhes cópia da decisão de afetação (art. 896-C, § 3º, da CLT c/c art. 6º da IN 38 do TST). Impende destacar que o TST admite a suspensão dos processos em primeiro grau de jurisdição (art. 14, III, da IN 38 do TST).

Caberá ao Presidente do Tribunal de origem, caso receba a requisição de envio dos processos representativos da controvérsia, admitir até dois destes recursos, os quais serão encaminhados ao TST.

Todavia, se, após receber os recursos de revista selecionados pelo Presidente ou Vice-Presidente do TRT, não se proceder à sua afetação, o relator, no TST, comunicará o fato ao Presidente ou Vice-Presidente que os houver enviado, para que seja revogada a decisão de suspensão referida no art. 896-C, § 4º, da CLT.

As partes deverão ser intimadas da decisão de suspensão de seu processo, a ser proferida pelo respectivo relator, podendo requerer o prosseguimento de seu processo, uma vez demonstrada a intempestividade do recurso nele interposto, ou a existência de distinção (*distinguishing*) entre a questão de direito a ser decidida no seu processo e aquela a ser julgada sob o rito dos recursos repetitivos.

Mencionado requerimento de prosseguimento do processo, de acordo com o art. 9º, § 2º, da IN 38 do TST, deverá ser encaminhado:

i) ao juiz, se o processo sobrestado estiver em primeiro grau;

ii) ao relator, se o processo sobrestado estiver no tribunal de origem;

iii) ao relator do acórdão recorrido, se for sobrestado recurso de revista no tribunal de origem;

iv) ao relator, no TST, do recurso de revista ou de embargos cujo processamento houver sido sobrestado.

Deve-se garantir o contraditório, devendo a outra parte ser ouvida sobre o requerimento, no prazo de cinco dias.

Uma vez reconhecida a distinção no caso:

i) dos incisos I, II e IV do § 2º, o próprio juiz ou relator dará prosseguimento ao processo;

ii) do inciso III do § 2º, o relator comunicará a decisão ao Presidente ou ao Vice-Presidente que houver determinado o sobrestamento, para que este dê normal prosseguimento ao processo.

Segundo o art. 9º, § 5º, da Instrução Normativa em lume, a decisão que resolver o requerimento é irrecorrível de imediato, nos termos do art. 893, § 1º, da CLT, tendo natureza interlocutória.

Poderá o relator, no intuito de instruir o incidente, fixar data para ouvir, em audiência pública, depoimentos de pessoas com experiência e conhecimento na matéria, sempre que entender necessário, além de poder admitir, até a inclusão do processo em pauta, tanto na audiência pública, quanto no curso do procedimento, a manifestação, como *amicus curiae*, de pessoas, órgãos ou entidades com interesse na controvérsia, considerando a relevância da matéria e assegurando o contraditório e a isonomia de tratamento (art. 10 da IN 38 do TST).

Os recursos afetados deverão ser julgados no prazo de um ano, tendo preferência sobre os demais feitos.

Em não havendo o julgamento no prazo de um ano, a contar da publicação da decisão de que trata o art. 5º da IN, cessam automaticamente, em todo o território nacional, a afetação e a suspensão dos processos, que retomarão o seu curso normal.

Dando-se a hipótese prevista no § 1º do art. 10 da IN 38 do TST, é permitida, nos termos e para os efeitos do art. 2º da mencionada Instrução Normativa e do art. 896-C da CLT, a formulação de outra proposta de afetação de processos representativos da controvérsia para instauração e julgamento de recursos repetitivos, a ser apreciada e decidida pela SDI-I do TST.

O conteúdo do acórdão paradigma abrangerá a análise de todos os fundamentos da tese jurídica discutida, favoráveis ou contrários, restando vedada decisão sobre questão não delimitada na decisão de afetação, para os fins do art.896-C da CLT.

Nos termos do art. 13, sendo julgado o recurso representativo da controvérsia, os órgãos jurisdicionais respectivos declararão prejudicados os demais recursos versando sobre idêntica controvérsia, ou os decidirão, aplicando a tese firmada.

Quando os recursos requisitados do TRT contiverem outras questões além daquela objeto da afetação, caberá ao órgão jurisdicional competente, em acórdão específico para cada processo, decidir esta em primeiro lugar e, posteriormente, as demais.

Sendo publicado o acórdão paradigma, o Presidente ou Vice-Presidente do Tribunal de origem negará seguimento aos recursos de revista sobrestados na origem, se o acórdão recorrido coincidir com a orientação do TST.

Ademais, o órgão que proferiu o acórdão recorrido, na origem, reexaminará o processo de competência originária, ou o recurso anteriormente julgado, na hipótese de o acórdão recorrido contrariar a orientação do TST.

E, finalmente, os processos eventualmente suspensos em primeiro e segundo graus de jurisdição retomarão o curso para julgamento e aplicação da tese firmada pelo TST.

Objetivando a manutenção do entendimento, o órgão que proferiu o acórdão recorrido deverá demonstrar a existência de distinção com o processo paradigma, por se tratar de caso particularizado, em decorrência de questão de fato ou de questão de direito não examinada, que justifique e exija solução diversa. Nessa hipótese, o recurso de revista será submetido a novo exame de admissibilidade, pelo Presidente ou Vice-Presidente do TRT, retomando o processo o seu curso normal.

Realizado o juízo de retratação, com alteração do acórdão divergente, o Tribunal de origem, em sendo necessário, decidirá eventuais questões ainda não decididas, cujo enfrentamento se tornou necessário em decorrência da alteração. A título ilustrativo, pode-se citar exemplo de Élisson Miessa[11]:

> Recurso repetitivo versando sobre a legitimidade de uma entidade. O tribunal de origem entende que a entidade não tem legitimidade, não adentrando no mérito da causa. No entanto, no julgamento do recurso repetitivo ficou consignada a legitimidade da entidade. Desse modo, ao retornar à origem, o órgão julgador modifica seu entendimento, de modo que deverá julgar o mérito da causa.

Quando for alterado o acórdão divergente, na forma do § 1º do art. 15 e o recurso anteriormente interposto versar sobre outras questões, o Presidente ou Vice-Presidente do Tribunal Regional, independentemente de ratificação do recurso, procederá a novo juízo de admissibilidade, retomando o processo o seu curso normal, conforme § 3º do art. 15 da IN 38 do TST.

Ainda quanto ao procedimento, a norma determina que a parte poderá desistir da ação em curso no primeiro grau de jurisdição, antes de proferida a sentença, se a questão nela discutida for idêntica à resolvida pelo recurso representativo da controvérsia, mesmo não havendo consentimento do reclamado. Caso a desistência ocorra antes de oferecida a defesa, a parte, se for o caso, ficará dispensada do pagamento de custas e de honorários de advogado.

---

[11] MIESSA, Élisson. *Processo do trabalho*. 3. ed. Salvador: JusPodivm, 2016. p. 596.

Alterando-se a situação econômica, social ou jurídica, caberá revisão da decisão firmada em julgamento de recursos repetitivos, respeitada a segurança jurídica das relações consolidadas sob o amparo da decisão anterior, podendo o Tribunal Superior do Trabalho modular os efeitos da decisão que a tenha alterado.

Nos termos dos arts. 896-C, § 13, e 18 da IN 38 do TST, na hipótese de a questão afetada e julgada sob o rito dos recursos repetitivos também conter questão constitucional, a decisão proferida pelo Tribunal Pleno não obstará o conhecimento de eventuais recursos extraordinários sobre a questão constitucional.

Derradeiramente, quanto ao procedimento de julgamento de recursos repetitivos envolvendo matéria constitucional, dispõe a norma que, aos recursos extraordinários interpostos perante o TST, será aplicado o procedimento previsto no Código de Processo Civil para o julgamento dos recursos extraordinários repetitivos, cabendo ao Presidente do TST selecionar um ou mais recursos representativos da controvérsia e encaminhá-los ao Supremo Tribunal Federal, sobrestando os demais feitos, até o pronunciamento definitivo da Corte, na forma ali prevista.

Nesse sentido, o Presidente do TST poderá oficiar os TRTs e os Presidentes das Turmas e da SDI-I, para que suspendam os processos idênticos aos selecionados como recursos representativos da controvérsia encaminhados ao STF, até o seu pronunciamento definitivo.

A Instrução Normativa 41/2018, do TST, informa à comunidade jurídica a aplicação processual das inovações da Lei 13.467/2017 ao processo do trabalho.

21.3 RECURSO DE EMBARGOS NO TST

É uma espécie de recurso que tem sua aplicação restrita ao âmbito do TST. Sua finalidade precípua é a de uniformizar a jurisprudência entre as turmas do TST.

Desse modo assevera Sergio Pinto Martins[12]:

> A finalidade dos embargos no TST é, principalmente, a uniformização da interpretação jurisprudencial de suas turmas, ou de decisões não unânimes em processos de competência originária do TST.

Os embargos mencionados estão previstos no art. 894 da CLT e na Lei 7.701/1988, existindo duas espécies:

- os infringentes;
- os de divergência.

---

[12] MARTINS, Sergio Pinto. *Direito processual do trabalho*. 33. ed. São Paulo: Atlas, 2014. p. 453.

21.3.1 Embargos infringentes

São os embargos[13] que têm por objetivo alterar a decisão proferida pelo TST em julgamento de dissídios coletivos, de sua competência originária.

Quando o dissídio coletivo exceder a competência territorial de um TRT ou quando o dissídio coletivo for de revisão ou de extensão a competência para julgá-lo é do TST, ou seja, é matéria de competência originária.

Todavia, os embargos só podem ser apresentados se a decisão do TST *não for unânime*.

Se a decisão for unânime ou estiver em consonância com precedente jurisprudencial do TST ou súmula, será incabível o recurso de embargos infringentes.

O prazo para interpor e contra-arrazoar é de oito dias, sendo julgado pela Seção de Dissídios Coletivos. Nesse sentido é a Lei 7.701/1988:

> Art. 2º Compete à seção especializada em dissídios coletivos, ou seção normativa: (...)
>
> II - em última instância julgar: (...)
>
> c) os embargos infringentes interpostos contra decisão não unânime proferida em processo de dissídio coletivo de sua competência originária, salvo se a decisão atacada estiver em consonância com precedente jurisprudencial do Tribunal Superior do Trabalho ou da Súmula de sua jurisprudência predominante.

Os embargos infringentes das decisões não unânimes da SDC, por serem recursos de natureza ordinária, comportam devolutibilidade ampla, abrangendo matéria fática e jurídica.

21.3.2 Embargos de divergência

Têm por fito pacificar a divergência oriunda dos julgamentos proferidos pelas Turmas do TST, quando da análise do recurso de revista. Assim, é possível que um mesmo tema possa ter interpretações distintas dentro do próprio TST, já que existem oito turmas com a incumbência de julgar o recurso de revista.

De acordo com o art. 894, II, da CLT, cabem embargos, no prazo de oito dias, no Tribunal Superior do Trabalho:

---

[13] "Art. 894. No Tribunal Superior do Trabalho cabem embargos, no prazo de 8 (oito) dias: I - de decisão não unânime de julgamento que: a) conciliar, julgar ou homologar conciliação em dissídios coletivos que excedam a competência territorial dos Tribunais Regionais do Trabalho e estender ou rever as sentenças normativas do Tribunal Superior do Trabalho, nos casos previstos em lei".

Art. 894. (...)

II - das decisões das Turmas que divergirem entre si ou das decisões proferidas pela Seção de Dissídios Individuais, ou contrárias a súmula ou orientação jurisprudencial do Tribunal Superior do Trabalho ou súmula vinculante do Supremo Tribunal Federal.

Dessa forma, podemos ter as seguintes hipóteses de interposição do referido recurso:

a) Turma que proferiu a decisão que divergir de outra ou de outras decisões das Turmas do TST;
b) Turma que proferiu a decisão que divergir da decisão da SDI-I do TST;
c) Turma que proferiu a decisão que contrariar súmula ou OJ do TST;
d) Turma que proferiu a decisão que contrariar súmula vinculante do STF.

Os embargos de divergência, para sua interposição, devem atender ao cumprimento dos pressupostos processuais, inclusive no que tange ao depósito recursal. Da mesma forma que o recurso de revista, têm natureza extraordinária, discutindo somente matéria sobre divergência de interpretação de lei federal.

O recurso será julgado pela Seção Especializada em Dissídios Individuais - I (SDI-I), conforme previsão do art. 3º, III, *b*, da Lei 7.701/1988, *in verbis*:

Art. 3º Compete à Seção de Dissídios Individuais julgar: (...)
III - em última instância: (...)
b) os embargos das decisões das Turmas que divergirem entre si, ou das decisões proferidas pela Seção de Dissídios Individuais;

O prazo para interposição do recurso é de oito dias contados da publicação do acórdão da decisão embargada.

No rito sumaríssimo os embargos de divergência são permitidos quando ficar demonstrado que entre Turmas do TST há divergência sobre a aplicação de norma constitucional ou de matéria sumulada, conforme determinação da Súmula 458, *in verbis*:

Embargos. Procedimento Sumaríssimo. Conhecimento. Recurso Interposto após Vigência da Lei nº 11.496, de 22.06.2007, que conferiu nova redação ao art. 894, da CLT.

Em causas sujeitas ao procedimento sumaríssimo, em que pese a limitação imposta no art. 896, § 6º, da CLT à interposição de recurso de revista, admitem-se os embargos interpostos na vigência da Lei nº 11.496, de 22.06.2007, que conferiu nova redação ao art. 894 da CLT, quando demonstrada a divergência jurisprudencial entre Turmas do TST, fundada em interpretações diversas acerca da aplicação de mesmo dispositivo constitucional ou de matéria sumulada.

É possível asseverar, diante da redação do art. 896, § 9º, da CLT, que os embargos de divergência podem ser utilizados, também no rito sumaríssimo, em face da decisão da Turma do TST que contraria súmula vinculante do STF.

Na fase de execução, os embargos de divergência só podem ser manejados quando a parte demonstrar que há divergência jurisprudencial envolvendo dispositivo constitucional, consoante **Súmula 433 do TST**, *in verbis*:

> Embargos. Admissibilidade. Processo em fase de execução. Acórdão de turma publicado na vigência da Lei nº 11.496, de 26.06.2007. Divergência de interpretação de dispositivo constitucional.
>
> A admissibilidade do recurso de embargos contra acórdão de Turma em Recurso de Revista em fase de execução, publicado na vigência da Lei nº 11.496, de 26.06.2007, **condiciona-se à demonstração de divergência jurisprudencial entre Turmas ou destas e a Seção Especializada em Dissídios Individuais do Tribunal Superior do Trabalho em relação à interpretação de dispositivo constitucional.** (grifo nosso)

Por derradeiro, sobre os embargos, importante mencionar a **Súmula 353 do TST**, a qual traça algumas regras para a interposição dos embargos de divergência contra a decisão da Turma, proferida em julgamento de agravo:

> Súmula 353 – Embargos. Agravo. Cabimento.
>
> Não cabem embargos para a Seção de Dissídios Individuais de decisão de Turma proferida em agravo, salvo:
>
> a) da decisão que não conhece de agravo de instrumento ou de agravo pela ausência de pressupostos extrínsecos;
>
> b) da decisão que nega provimento a agravo contra decisão monocrática do Relator, em que se proclamou a ausência de pressupostos extrínsecos de agravo de instrumento;
>
> c) para revisão dos pressupostos extrínsecos de admissibilidade do recurso de revista, cuja ausência haja sido declarada originariamente pela Turma no julgamento do agravo;
>
> d) para impugnar o conhecimento de agravo de instrumento;
>
> e) para impugnar a imposição de multas previstas nos arts. 1.021, § 4º, do CPC de 2015 ou 1.026, § 2º, do CPC de 2015 (art. 538, parágrafo único, do CPC de 1973, ou art. 557, § 2º, do CPC de 1973);
>
> f) contra decisão de Turma proferida em agravo em recurso de revista, nos termos do art. 894, II, da CLT.

21.4 AGRAVO DE PETIÇÃO

É o recurso próprio para impugnar decisões do Juiz do Trabalho proferidas no curso da fase de execução.

O art. 897, *a*, da CLT, prevê que cabe agravo de petição, no prazo de oito dias, das decisões do juiz, nas execuções.

Grande controvérsia existe na doutrina e na jurisprudência sobre o alcance da expressão "decisão". Como se trata de um vocábulo genérico, que envolve os três principais atos do juiz – despachos, decisão interlocutória e sentença – dúvidas surgem sobre qual desses atos se submetem ao recurso de agravo de petição. Em síntese, qual decisão do juiz, na fase de execução, desafia o recurso de agravo de petição?

A posição que vem ganhando destaque defende que o agravo de petição pode ser interposto tanto contra a sentença, na fase de execução, bem como em face de decisão[14] interlocutória[15] que possa gerar um dano substancial à parte.

Nesse sentido Júlio Cesar Bebber[16]:

> (...) penso que o agravo de petição será o recurso adequado para impugnar decisão interlocutória que imponha obstáculo intransponível ao seguimento da execução ou que seja capaz de produzir prejuízo grave e imediato à parte.

No entanto, vários Tribunais Regionais do Trabalho, por suas Turmas, posicionam-se no sentido de que não é cabível agravo de petição em face de decisões interlocutórias.

Em situações específicas, o agravo de petição pode ser apresentado para impugnar sentença que julga eventuais embargos à execução ou embargos de terceiro na fase de execução, e da decisão do juiz que acolhe exceção de pré-executividade.

Como os demais recursos, o agravo de petição deve ser interposto no prazo de oito dias. Para a Fazenda Pública, para o MPT e para a Defensoria Pública, o prazo será em dobro, portanto, 16 dias.

---

[14] "Agravo de petição. Decisão que rejeita exceção de pré-executividade. Natureza interlocutória. Não conhecimento por inadequação da via eleita. Decisão que rejeita exceção de pré-executividade possui natureza interlocutória, não sendo, portanto, recorrível de imediato, nos termos do art. 893, § 1º, da CLT. Assim, o agravo de petição se mostra via inadequada para pleitear a reforma da decisão. Recurso não Conhecido" (TRT-1ª Reg., AP 0011786320105010039, 5ª Turma, Des. Juiz do Trabalho Enoque Ribeiro dos Santos, Data de publicação: 02.12.2014).

[15] "Execução coletiva. Exceção de pré-executividade. Decisão interlocutória. Irrecorribilidade. Execução coletiva. Exceção de pré-executividade. Decisão interlocutória. Irrecorribilidade. A decisão que não acolhe a exceção de pré-executividade é dotada de natureza interlocutória, resolvendo apenas questão incidental no processo de execução coletiva, razão pela qual não pode ser impugnada por meio de interposição do agravo de petição, tendo em vista a inteligência do § 1º do art. 893 da CLT em conjunto com o entendimento consolidado na Súmula nº 214 do colendo TST" (TRT-3ª Reg., Ap 00620/2014-098-03-00.2, Rel. Des. Sebastião Geraldo de Oliveira, *DJe* 27.08.2014, p. 83).

[16] BEBBER, Júlio César. *Recursos no processo do trabalho*. 4. ed. São Paulo: LTr, 2014. p. 310.

Também será de oito dias o prazo para as contrarrazões, salvo para o MPT, que terá o prazo em dobro.

O julgamento do agravo de petição será realizado por uma das Turmas do TRT, quando a decisão recorrida, na fase de execução, for proferida por uma Vara do Trabalho.

Quando a decisão impugnada for proferida pelo Presidente do TRT, durante a fase de execução, em processos de competência originária do TRT, o julgamento, igualmente, será realizado pelo TRT, mas pelo órgão designado pelo Regimento Interno (ex.: órgão especial, sessão especializada).

O agravante deve delimitar, de forma justificada, as matérias e valores impugnados. Caso isso não ocorra, poderá se proceder à execução definitiva (art. 897, § 1º, da CLT). Nesse sentido, a Súmula 416 do TST, *in verbis*:

> Mandado de Segurança. Execução. Lei nº 8.432/1992. Art. 897, § 1º, da CLT. Cabimento.
>
> Devendo o agravo de petição delimitar justificadamente a matéria e os valores objeto de discordância, não fere direito líquido e certo o prosseguimento da execução quanto aos tópicos e valores não especificados no agravo.

Por óbvio, não é necessário o depósito recursal para a interposição do agravo de petição, posto que, em tese, o juízo já esteja garantido em virtude da penhora ou nomeação de bens.

Garantido o juízo, na fase executória, a exigência de depósito para recorrer de qualquer decisão viola os incisos II e LV do art. 5º da CF/1988. Havendo, porém, elevação do valor do débito, exige-se a complementação da garantia do juízo (Súmula 128, II, do TST).

21.5 AGRAVO DE INSTRUMENTO

Previsto no art. 897, *b*, da CLT, sendo utilizado no Processo do Trabalho de forma diversa do Processo Civil. Enquanto neste o agravo de instrumento objetiva atacar as decisões interlocutórias em geral, naquele só é cabível das decisões que denegarem o processamento de recursos.

Cabe, assim, o agravo de instrumento contra a decisão do órgão *a quo* que, ao realizar o juízo de admissibilidade, denega seguimento ao recurso interposto.

O recurso de agravo pode ser interposto contra decisão que nega processamento do recurso ordinário, de revista, extraordinário, adesivo e do agravo de petição. Em suma, é utilizado para destrancar recurso ao qual foi negado processamento pelo órgão *a quo*, em um primeiro juízo de admissibilidade.

O agravo de instrumento deve ser interposto, no prazo de oito dias. Para a Fazenda Pública, o MPT e a Defensoria Pública, o prazo será em dobro, portanto, 16 dias.

O prazo para contrarrazões também será de oito dias, salvo para o MPT, que terá o prazo em dobro. O agravado será intimado para oferecer resposta ao agravo e ao recurso principal, instruindo-a com as peças que considerar necessárias ao julgamento de ambos os recursos.

O agravo de instrumento deve ser apresentado ao órgão que negou processamento ao recurso, apresentando suas razões de recurso, ou seja, deve demonstrar que houve um equívoco, por parte do juiz, ao analisar os pressupostos de admissibilidade.

Sendo interposto o agravo de instrumento, o juízo *a quo* poderá se retratar, ou seja, permitirá que o recurso interposto seja processado, destrancando-o e remetendo-o ao órgão *ad quem*.

Preenchidos os pressupostos, o agravo de instrumento será julgado pelo Tribunal que seria competente para conhecer e julgar o recurso cujo processamento fora negado.

Para interposição do agravo, o agravante deve formar o instrumento, pois os autos da decisão impugnada permanecerão no juízo *a quo*. Dessa maneira, compete ao recorrente formar, sob pena de não conhecimento, os autos do agravo com as peças necessárias e facultativas, elencadas no art. 897, § 5º, da CLT.

As peças obrigatórias são: cópias da decisão agravada, da certidão da respectiva intimação, das procurações outorgadas aos advogados do agravante e do agravado, da petição inicial, da contestação, da decisão originária, do depósito recursal referente ao recurso que se pretende destrancar, da comprovação do recolhimento das custas e do depósito recursal.

Já as facultativas são as que o agravante reputar úteis ao deslinde da matéria de mérito controvertida.

Logo, o agravo será processado em autos apartados, permitindo, caso provido, o imediato julgamento do recurso denegado.

Contudo, na hipótese de o agravo de instrumento ser interposto contra a decisão que nega seguimento ao recurso para o TST, o mesmo deve ser processado nos próprios autos do processo do recurso denegado, ou seja, não há formação de instrumento.

O agravo de instrumento exige o depósito recursal. O agravante deve efetuar o pagamento do depósito recursal, cujo valor corresponde a 50% do valor do depósito do recurso que se deseja destrancar, devendo ser comprovado o seu recolhimento no ato da interposição do recurso (art. 899, § 7º, da CLT).

A Lei 13.467/2017 alterou a redação do § 4º do art. 899, que passará a ter a seguinte redação: "§ 4º O depósito recursal será feito em conta vinculada ao juízo e corrigido com os mesmos índices da poupança". E acrescentou ainda os seguintes parágrafos:

§ 9º O valor do depósito recursal será reduzido pela metade para entidades sem fins lucrativos, entidades filantrópicas, empregadores domésticos, microempresas e empresas de pequeno porte.

§ 10 São isentos do depósito recursal os beneficiários da justiça gratuita, as entidades filantrópicas e as empresas em recuperação judicial.

§ 11 O depósito recursal poderá ser substituído por fiança bancária ou seguro garantia judicial.

Há de se ressaltar que o empregado não paga o depósito recursal, logo, essa regra não o alcança.

Ademais, quando o agravo de instrumento tem a finalidade de destrancar recurso de revista que se insurge contra decisão que contraria a jurisprudência uniforme do Tribunal Superior do Trabalho, consubstanciada nas suas súmulas ou em orientação jurisprudencial, não haverá obrigatoriedade de se efetuar o seu depósito recursal (art. 899, § 8º, da CLT).

Não há pagamento de custas.

Sobre o agravo de instrumento a SDI-I do TST apresenta as seguintes **orientações jurisprudenciais**:

OJ 217 – Agravo de Instrumento. Traslado. Lei nº 9.756/98. Guias de Custas e de Depósito Recursal.

Para a formação do agravo de instrumento, não é necessária a juntada de comprovantes de recolhimento de custas e de depósito recursal relativamente ao recurso ordinário, desde que não seja objeto de controvérsia no recurso de revista a validade daqueles recolhimentos.

OJ 282 – Agravo de Instrumento. Juízo de Admissibilidade "ad quem".

No julgamento de Agravo de Instrumento, ao afastar o óbice apontado pelo TRT para o processamento do recurso de revista, pode o juízo "ad quem" prosseguir no exame dos demais pressupostos extrínsecos e intrínsecos do recurso de revista, mesmo que não apreciados pelo TRT.

OJ 283 – Agravo de Instrumento. Peças Essenciais. Traslado Realizado pelo Agravado. Validade.

É válido o traslado de peças essenciais efetuado pelo agravado, pois a regular formação do agravo incumbe às partes e não somente ao agravante.

OJ 286 – Agravo de Instrumento. Traslado. Mandato Tácito. Ata de Audiência. Configuração.

I – A juntada da ata de audiência, em que consignada a presença do advogado, desde que não estivesse atuando com mandato expresso, torna dispensável a procuração deste, porque demonstrada a existência de mandato tácito.

II - Configurada a existência de mandato tácito fica suprida a irregularidade detectada no mandato expresso.

21.6 AGRAVO REGIMENTAL OU INTERNO

O agravo regimental não consta do rol do art. 893 da CLT, sendo sua fundamentação encontrada nos Regimentos Internos dos Tribunais do Trabalho.

No entanto, há previsão indireta deste recurso no art. 709, § 1º, da CLT, segundo o qual: "Das decisões proferidas pelo Corregedor, nos casos do artigo, caberá o agravo regimental, para o Tribunal Pleno".

Há também previsão no art. 9º, parágrafo único, da Lei 5.584/1970, o qual permite a interposição de agravo regimental quando o juiz ou o Ministro Relator exarar despacho que negar seguimento ao recurso.

Igualmente encontramos a possibilidade de impetração de agravo regimental nas hipóteses do art. 2º, II, d, e do art. 3º, III, c, ambos da Lei 7.701/1988, que preveem, respectivamente, o agravo regimental contra a decisão que indeferir recurso em ações coletivas e os embargos de divergência em ações individuais.

Podemos dizer que o agravo regimental possui a finalidade de destrancar recursos dentro do mesmo grau de jurisdição (por exemplo, quando o relator nega, de plano, apreciação de recurso), com efeito meramente devolutivo, enquanto o agravo de instrumento objetiva destrancar aqueles de gradação diferenciada (de primeira instância - Vara do Trabalho, para segunda instância - TRT, por exemplo).

Como se originam de Regimentos Internos de Tribunais distintos, o prazo para interposição do agravo regimental pode variar, sendo que no TST (art. 235 do Regimento Interno), o prazo é de oito dias, contados da intimação da decisão agravada; já em alguns TRTs, o prazo é de cinco dias.

O efeito é devolutivo, bem como não está sujeito a preparo.

Deve ser interposto nos próprios autos do processo, conforme Orientação Jurisprudencial 132 da SDI-I do TST:

> Agravo Regimental. Peças Essenciais nos Autos Principais.
>
> Inexistindo lei que exija a tramitação do agravo regimental em autos apartados, tampouco previsão no Regimento Interno do Regional, não pode o agravante ver-se apenado por não haver colacionado cópia de peças dos autos principais, quando o agravo regimental deveria fazer parte dele.

21.7 EMBARGOS DE DECLARAÇÃO

Os embargos de declaração representam o mecanismo para aclarar decisões omissas, obscuras ou contraditórias. Servem, pois, para integrar e aperfeiçoar o provimento jurisdicional eivado de vício sanável.

Podem ser opostos, conforme art. 897-A da CLT, em face de sentença ou acórdão, quando estas decisões apresentarem omissão, obscuridade ou contradição. Outrossim, no processo do trabalho, podem ser apresentados para discutir decisão que apresenta manifesto equívoco no exame dos pressupostos extrínsecos do recurso.

Para alguns, os embargos de declaração não possuem natureza jurídica de recurso, pois não são julgados por órgão judicial hierarquicamente superior e diverso do que proferiu a decisão embargada; não possuem, em regra, previsão para o contraditório; interrompem o prazo para recurso e, em regra, não objetivam a modificação da decisão.

Todavia, para a corrente majoritária, os embargos de declaração são recursos, pois previstos em lei (taxatividade), além de poderem apresentar efeito infringente, ou seja, podem modificar, em algumas situações, a decisão embargada.

21.7.1 Hipóteses de cabimento

Preceitua o art. 897-A da CLT:

> Caberão embargos de declaração da sentença ou acórdão, no prazo de cinco dias, devendo seu julgamento ocorrer na primeira audiência ou sessão subsequente a sua apresentação, registrado na certidão, admitido efeito modificativo da decisão nos casos de omissão e contradição no julgado e manifesto equívoco no exame dos pressupostos extrínsecos do recurso.

Da mesma maneira, o art. 1.022 do CPC/2015 autoriza o uso dos embargos de declaração quando:

> Art. 1.022. Cabem embargos de declaração contra qualquer decisão judicial para:
> I - esclarecer obscuridade ou eliminar contradição;
> II - suprir omissão de ponto ou questão sobre o qual devia se pronunciar o juiz de ofício ou a requerimento;
> III - corrigir erro material.
> Parágrafo único. Considera-se **omissa** a decisão que:
> I - deixe de se manifestar sobre tese firmada em julgamento de casos repetitivos ou em incidente de assunção de competência aplicável ao caso sob julgamento;
> II - incorra em qualquer das condutas descritas no art. 489, § 1º.

Diante das regras acima expostas, podemos afirmar que os embargos são oponíveis em face das seguintes situações:

a) decisão omissa: é aquela que não aprecia uma ou algumas pretensões deduzidas pelo autor em sua inicial. Ademais, consoante o art. 1.022, parágrafo único, do CPC, serão consideradas omissas as decisões: que se limitarem à indicação, à reprodução ou à paráfrase de ato normativo, sem explicar sua relação com a causa ou a questão decidida; empregar conceitos jurídicos indeterminados, sem explicar o motivo concreto de sua incidência no caso; invocar motivos que se prestariam a justificar qualquer outra decisão; não enfrentar todos os argumentos deduzidos no processo capazes de, em tese, infirmar a conclusão adotada pelo julgador; limitar-se a invocar precedente ou enunciado de súmula, sem identificar seus fundamentos determinantes nem demonstrar que o caso sob julgamento se ajusta àqueles fundamentos; deixar de seguir enunciado de súmula, jurisprudência ou precedente invocado pela parte, sem demonstrar a existência de distinção no caso em julgamento ou a superação do entendimento;

b) decisão contraditória: quando existir incongruência na decisão, isto é, há um conflito no bojo da decisão. Por exemplo, na fundamentação o juiz afirma que o reclamante não usufruía o seu intervalo, mas no dispositivo julga improcedente o pedido do pagamento das horas não descansadas;

c) decisão obscura: em que pese a CLT não fazer alusão a esse vício, a sua aplicação é pacífica nos campos do processo do trabalho. Significa que a decisão não é inteligível, ou seja, falta-lhe clareza;

d) manifesto equívoco no exame dos pressupostos extrínsecos do recurso: a parte poderá opor embargos de declaração, fundamentada no art. 1.022 do CPC/2015, para impugnar decisão que não analisa corretamente os pressupostos extrínsecos, quando da realização do juízo de admissibilidade.

21.7.2 Embargos de declaração com efeito infringente (modificativo)

Tradicionalmente, os embargos de declaração possuem o objetivo de integrar a decisão viciada, não possuindo o condão de modificá-la.

Todavia, em algumas circunstâncias, os embargos de declaração podem modificar, substancialmente, a decisão. Mormente, nos casos de omissão.

Nesse contexto, surgem os embargos de declaração com efeito modificativo ou infringente, que são reconhecidos, expressamente, pela CLT, em seu art. 897-A, e pelo CPC/2015, em seus arts. 1.023 e 1.024, bem como pelo TST, por meio da Súmula 278, *in verbis*:

> Embargos de Declaração. Omissão no Julgado.
>
> A natureza da omissão suprida pelo julgamento de embargos declaratórios pode ocasionar efeito modificativo no julgado.

Dessa feita, tendo os embargos de declaração por objetivo modificar a decisão, ao embargado será assegurado o direito ao contraditório. Há disposição legal expressa sobre o tema:

Art. 897-A da CLT. (...)

§ 2º Eventual efeito modificativo dos embargos de declaração somente poderá ocorrer em virtude da correção de vício na decisão embargada e desde que ouvida a parte contrária, no prazo de 5 (cinco) dias.

Art. 1.023 do CPC/2015. (...)

§ 2º O juiz intimará o embargado para, querendo, manifestar-se, no prazo de 5 (cinco) dias, sobre os embargos opostos, caso seu eventual acolhimento implique a modificação da decisão embargada.

Art. 1.024 do CPC. (...)

§ 4º Caso o acolhimento dos embargos de declaração implique modificação da decisão embargada, o embargado que já tiver interposto outro recurso contra a decisão originária tem o direito de complementar ou alterar suas razões, nos exatos limites da modificação, no prazo de 15 (quinze) dias, contado da intimação da decisão dos embargos de declaração.

21.7.3 Embargos de declaração e o prequestionamento

Como já analisado, quando do estudo do recurso de revista, o prequestionamento não permite que o recorrente, por meio do recurso de revista, discuta matérias inéditas no processo. Dessa maneira, o fundamento do recurso de revista deve ter sido analisado e decidido no acórdão do TRT.

Consequentemente, em não havendo manifestação expressa no acórdão do Tribunal Regional a respeito da matéria contra a qual se deseja recorrer, a parte interessada deve opor embargos de declaração para sanar tal omissão e, por conseguinte, prequestionar a matéria.

Nesse sentido, o TST declina:

Súmula 297 – Prequestionamento. Oportunidade. Configuração.

I. Diz-se prequestionada a matéria ou questão quando na decisão impugnada haja sido adotada, explicitamente, tese a respeito.

II. **Incumbe à parte interessada, desde que a matéria haja sido invocada no recurso principal, opor embargos declaratórios objetivando o pronunciamento sobre o tema, sob pena de preclusão.**

III. Considera-se prequestionada a questão jurídica invocada no recurso principal sobre a qual se omite o Tribunal de pronunciar tese, não obstante opostos embargos de declaração. (grifo nosso)

Súmula 184 – Embargos Declaratórios. Omissão em Recurso de Revista. Preclusão.

Ocorre preclusão se não forem opostos embargos declaratórios para suprir omissão apontada em recurso de revista ou de embargos.

21.7.4 Do processamento dos embargos de declaração

Os embargos de declaração deverão ser opostos, no prazo de cinco dias, perante o juízo que prolatou a decisão. Os entes públicos, o MPT e a Defensoria Pública possuem o prazo de 10 dias. Em suas razões deverão constar o vício contra o qual se insurge (omissão, contradição, obscuridade ou equívoco da análise dos pressupostos extrínsecos).

Não estão submetidos ao pagamento do preparo.

Os embargos de declaração *interrompem* o prazo para a interposição dos outros recursos.

Todavia, não ocorrerá interrupção do prazo quando os embargos de declaração forem intempestivos, contiverem irregularidade na representação da parte ou não forem assinados (art. 897-A, § 3º, da CLT).

21.7.5 Embargos de declaração protelatórios

Como este recurso possui o efeito de interromper o prazo para a interposição dos demais recursos, é possível que seja utilizado somente para procrastinar o andamento do processo.

Diante desse cenário, o NCPC preceitua a possibilidade de aplicação de multa quando restar comprovado que os embargos de declaração foram utilizados com o propósito manifestamente protelatório. Assim dispõe a regra contida no art. 1.026, § 2º, do CPC:

> Quando manifestamente protelatórios os embargos de declaração, o juiz ou o tribunal, em decisão fundamentada, condenará o embargante a pagar ao embargado multa não excedente a dois por cento sobre o valor atualizado da causa.

Em ocorrendo a reiteração dos embargos de declaração, com intuito, nitidamente, protelatório, o CPC/2015, por meio do art. 1.026, § 3º, determina que:

> Art. 1.026. (...)
>
> § 3º Na reiteração de embargos de declaração manifestamente protelatórios, a multa será elevada a até dez por cento sobre o valor atualizado da causa, e a interposição de qualquer recurso ficará condicionada ao depósito prévio do valor da multa, à exceção da Fazenda Pública e do beneficiário de gratuidade da justiça, que a recolherão ao final.

21.8 RECURSO ADESIVO

Não há previsão expressa, na CLT, acerca do recurso adesivo, sendo aplicável, por força do art. 769, da mesma norma, o art. 997 do CPC/2015, que prescreve:

Art. 997. Cada parte interporá o recurso independentemente, no prazo e com observância das exigências legais.

§ 1º Sendo vencidos autor e réu, ao recurso interposto por qualquer deles poderá aderir o outro.

§ 2º O recurso adesivo fica subordinado ao recurso independente, sendo-lhe aplicáveis as mesmas regras deste quanto aos requisitos de admissibilidade e julgamento no tribunal, salvo disposição legal diversa, observado, ainda, o seguinte:

I - será dirigido ao órgão perante o qual o recurso independente fora interposto, no prazo de que a parte dispõe para responder;

II - será admissível na apelação, no recurso extraordinário e no recurso especial;

III - não será conhecido, se houver desistência do recurso principal ou se for ele considerado inadmissível.

É ele cabível nas hipóteses de interposição de recurso ordinário, de agravo de petição, de revista e de embargos (Súmula 283 do TST). É interposto no prazo das contrarrazões do recurso principal, ou seja, em oito dias.

O recurso adesivo, no Processo do Trabalho, também deve atender aos demais pressupostos recursais inerentes ao recurso principal, inclusive, o pagamento de custas e recolhimento do depósito recursal, quando for o caso, tendo sempre efeito meramente devolutivo, não impedindo a execução provisória do julgado.

São imprescindíveis para admissibilidade do recurso adesivo:

a) que ambas as partes sejam, concomitantemente, vencedoras e perdedoras, ou seja, é preciso que autor e réu tenham tido suas pretensões parcialmente negadas pelo juízo *a quo*;

b) a possibilidade de a parte ter recorrido de forma autônoma, isto é, que o recurso adesivo apenas tenha sido utilizado no lugar do recurso que a parte poderia ter interposto, no prazo legal contado da ciência da decisão que reconheceu a sucumbência recíproca;

c) a existência do recurso principal, ao qual estará atrelado o recurso adesivo; assim se aquele não for conhecido, ou se houver desistência do recurso principal, este restará prejudicado.

21.9 PEDIDO DE REVISÃO

O pedido de revisão encontra-se regulamentado no art. 2º da Lei 5.584/1970, que trata do rito sumário, também conhecido como rito de alçada.

Se a ação for distribuída na Justiça do Trabalho, desprovida de valor da causa, o juiz, em audiência, fixará o seu valor, para efeitos de alçada. Não satisfeita, a parte poderá, em razões finais, impugnar o valor atribuído pelo magistrado. Caso este mantenha o valor arbitrado, poderá, então, a parte descontente interpor o recurso denominado "pedido de revisão", o qual será interposto diretamente no respectivo Tribunal Regional do Trabalho, no prazo de 48 horas, sendo encaminhado ao Presidente do aludido órgão.

O pedido de revisão não possui efeito suspensivo.

21.10 INCIDENTES PROCESSUAIS

De forma diversa ao CPC de 1973, o CPC de 2015 apresenta como seus principais destaques quatro incidentes, sobre os quais discorreremos neste capítulo, que têm como finalidade evitar decisões conflitantes, contraditórias ou divergentes sobre idêntico objeto, promover a tão sonhada uniformização da jurisprudência e aumentar o grau de confiança social, promovendo maior segurança jurídica, previsibilidade e univocidade nas decisões judiciais.

Além disso, tais incidentes estão em consonância com o mandamento constitucional do prazo razoável do processo (art. 5º, LXXVIII, da CF/1988), da celeridade e economia processuais, bem como da coletivização das ações.

Importante mencionar que, diversamente do CPC/1973, que não tinha dignidade para pacificar conflitos coletivos, o CPC/2015, além de incorporar vários institutos do microssistema de tutela coletiva, como mencionamos na parte final do capítulo XXV, criou o microssistema de incidentes de resolução de demandas repetitivas e de recursos repetitivos.

Desta forma, pelo menos dois dos incidentes que iremos tratar neste Capítulo têm por finalidade o sobrestamento de demandas (seja no primeiro ou segundo graus de jurisdição) para que o órgão judicante promova o julgamento de um ou mais casos isolados, mas repetitivos, com idêntico objeto jurídico, de modo a promover o julgamento, por igual, de todos os demais processos.

Na verdade, tais incidentes terão uma função muito próxima das ações civis coletivas, do CDC (Lei 8.078/1990), tendo por objeto direitos individuais homogêneos, com a formação de uma sentença judicial com condenação genérica, com posterior habilitação de todos os interessados para uma liquidação e posterior execução por cálculos ou artigos de seus respectivos direitos materiais individuais, com efeitos *in utilibus*.

Este esforço criativo do legislador em buscar meios de acelerar o curso e resolução do processo para atender o mandamento constitucional foi denominado "processo de filtragem recursal", objetivando a contenção da enorme litigiosidade repetitiva e de massa que prevalece em uma sociedade conflituosa, como a nossa, evitando a proliferação de demandas atomizadas (individuais) desnecessárias.

Como exemplo desses filtros temos os institutos da repercussão geral, recurso extraordinário repetitivo, recurso especial repetitivo, súmulas vinculantes, recurso de revista repetitivo e a transcendência neste mesmo recurso.

Marcelo Freire Sampaio Costa[17] assinala que:

> considerando a potência e a eficácia que as ações coletivas podem atingir a defesa de direitos individuais homogêneos, sob o prisma da economia processual, a capacidade de concentrar esta litigiosidade em massa e repetitiva em uma única ação, evitando, por consequência, a pulverização em ações individuais com questões similares de fato e de direito, poderia ser buscado justamente o incremento da sistemática legal das ações coletivas ao invés da criação do instituto em apreço. Raciocínio eminentemente lógico: busca-se resolver o problema no seu nascedouro, concentrando demandas individuais seriais em ações coletivas, ao invés de serem construídos filtros recursais visando agilizar o julgamento dessas ações individuais repetitivas.

E, ainda, ressalta o mesmo doutrinador que

> (...) o modelo das *class actions* não enfrenta tais deficiências. Primeiro, porque não há rol de legitimados previsto em lei. O legitimado será aquele (qualquer pessoa física) que melhor representar os interesses dos demais membros do grupo; chama-se de *adequacy of representation*. O segundo, e talvez mais importante, tem assento na solução estadunidense para a coisa julgada. Nesta, o efeito da coisa julgada *erga omnes* à decisão coletiva independe do resultado da demanda, vinculando todos os membros individuais, ainda que ausentes na ação coletiva, salvo se o individual requerer expressamente a sua exclusão (*right to opt out*) do alcance dessa ação coletiva[18].

Para Antonio Gidi[19], a respeito,

> (...) a coisa julgada coletiva no ordenamento americano é diferente. Por um lado, ela é mais inflexível que a do direito brasileiro. Se todos os requisitos impostos

---

[17] COSTA, Marcelo Freire Sampaio. Incidente de resolução de demanda repetitiva. O novo CPC e aplicação no processo do trabalho. In: MIESSA, Élisson (org.). *O novo Código de Processo Civil e seus reflexos no processo do trabalho*. Salvador: JusPodivm, 2016. p. 623. O autor ainda informa que: "Contudo, não se pode deixar de reconhecer a deficiência das ações coletivas no cenário pátrio, que acabaram por abrir espaço à criação do instituto ora em apreço, por pelo menos dois motivos aqui resumidos. O modelo legal de legitimação do direito brasileiro é bastante restritivo, com rol indicado previamente pelo legislador, fazendo com que tais entes não alcancem 'todas as situações massificadas que se apresentam a cada momento'. A segunda razão, essa mais complexa, tem relação com o modelo de coisa julgada que se mostra insuficiente para evitar a multiplicação de demandas individuais repetitivas, pois a coisa julgada coletiva atinge as pretensões coletivas dos legitimados legais (*pro et contra*), contudo, a improcedência dessa via coletiva, não impede a instrumentalização de demandas individuais para todos os singulares que não tiverem intervindo naquela ação coletiva; é a chamada coisa julgada *secundum eventum litis*, com extensão *in utilibus* para a esfera individual dos membros do grupo".

[18] Idem, ibidem, p. 625.

[19] GIDI, Antonio. *A class action como instrumento de tutela coletiva dos direitos. As ações coletivas em uma perspectiva comparada*. São Paulo: RT, 2007. p. 287.

pela lei forem respeitados durante a condução do processo coletivo (a saber, adequação do representante e do advogado, tipicidade da lide, notificação aos membros ausentes etc.), a coisa julgada coletiva se formará em face de todos os membros do grupo (tal qual delimitado na sentença ou no acordo) independentemente do resultado da demanda (*erga omnes* e *pro et contra*). Por outro lado, o ordenamento americano dispõe de técnicas e instrumentos que tornam o processo coletivo mais adequado e flexibilizam a incidência da coisa julgada coletiva, se tais normas não forem respeitadas.

Como o processo civil brasileiro não se prestava a resolver demandas coletivas e existiam restrições na plena aplicabilidade e eficácia das ações coletivas para resolver a maioria dos problemas apresentados em juízo (legitimidade *ope legis*, que limita aqueles que podem estar em juízo (art. 5º da Lei 7.347/1985 e art. 82 da Lei 8.078/1990); a coisa julgada segundo o evento da lide, não litispendência entre ações individuais e coletivas, e possibilidade de ajuizamento da lide individual em caso de improcedência da lide no processo coletivo, e do sistema *right to opt in* do sistema brasileiro), não restou ao legislador pátrio outra alternativa a não ser o sistema dos incidentes proposto no CPC de 2015 para, pelo menos, tentar mitigar o problema da massificação serial dos conflitos individuais repetitivos.

21.10.1 Incidente de resolução de demandas repetitivas

O próprio Tribunal Superior do Trabalho editou a Resolução 203, de 15 de março de 2016, aduzindo que se aplicam ao Processo do Trabalho as normas do art. 976 do CPC/2015 que regem o incidente de resolução de demandas repetitivas (IRDR).

Aduz o TST que, nestes casos (art. 8º da Resolução 203/2016):

> § 1º Admitido o incidente, o relator suspenderá o julgamento dos processos pendentes, individuais ou coletivos, que tramitam na Região, no tocante ao tema objeto de IRDR, sem prejuízo da instrução integral das causas e do julgamento dos eventuais pedidos distintos e cumulativos igualmente deduzidos em tais processos, inclusive, se for o caso, do julgamento antecipado parcial do mérito.
>
> § 2º Do julgamento do mérito do incidente caberá recurso de revista para o Tribunal Superior do Trabalho, dotado de efeito meramente devolutivo, nos termos dos arts. 896 e 899 da CLT.
>
> § 3º Apreciado o mérito do recurso, a tese jurídica adotada pelo Tribunal Superior do Trabalho será aplicada no território nacional a todos os processos, individuais ou coletivos, que versem sobre idêntica questão de direito.

Observamos que está ocorrendo no Direito Processual do Trabalho, da mesma forma que no Processo Civil brasileiro, uma convergência dos instrumentos jurídicos processuais da *common law* para nosso sistema romano-germânico, pois neste caso a decisão do TRT nos casos de IRDR (incidentes de resolução de demandas repetitivas) ou IRRR (incidentes de resolução de recursos repetitivos) funcionarão exatamente como se súmulas vinculantes fossem, obrigando todos os magistrados da respectiva jurisdição ao seu normal seguimento, mesmo que com ressalvas de fundamento diversas, em razão do convencimento e da convicção da cada um.

O CPC, em seu art. 976, fixa a regra de que:

> É cabível a instauração do incidente de resolução de demandas repetitivas quando houver, simultaneamente:
>
> I - efetiva repetição de processos que contenham controvérsia sobre a mesma questão unicamente de direito;
>
> II - risco de ofensa à isonomia e à segurança jurídica.
>
> § 1º A desistência ou o abandono do processo não impede o exame de mérito do incidente.
>
> § 2º Se não for o requerente, o Ministério Público intervirá obrigatoriamente no incidente e deverá assumir sua titularidade em caso de desistência ou de abandono.
>
> § 3º A inadmissão do incidente de resolução de demandas repetitivas por ausência de qualquer de seus pressupostos de admissibilidade não impede que, uma vez satisfeito o requisito, seja o incidente novamente suscitado.
>
> § 4º É incabível o incidente de resolução de demandas repetitivas quando um dos tribunais superiores, no âmbito de sua respectiva competência, já tiver afetado recurso para definição de tese sobre questão de direito material ou processual repetitiva.
>
> § 5º Não serão exigidas custas processuais no incidente de resolução de demandas repetitivas.

Observa-se que a finalidade do IRDR (incidente de resolução de demandas repetitivas) é a tutela efetiva e isonômica dos direitos individuais homogêneos, em um momento em que as ações coletivas no Brasil não lograram o êxito que se esperava, em virtude de seu apertado rol de legitimados, o que levou o legislador a adotar o presente modelo, genuinamente brasileiro, para combater a enorme litigiosidade prevalecente entre nós.

Bruno Dantas[20] nos informa que, além de criar o IRDR, o CPC/2015 prevê consequências práticas que potencializam o resultado dos julgamentos dos "casos repetitivos". Dentre elas, destacam-se:

---

[20] DANTAS, Bruno. Do incidente de resolução de demandas repetitivas. In: WAMBIER, Teresa Arruda Alvim; DIDIER JR., Fredie; TALAMINI, Eduardo; DANTAS, Bruno. *Breves comentários ao Código de Processo Civil*. 3. ed. São Paulo: RT, 2016. p. 2423 e ss.

i) A possibilidade de concessão da tutela de evidência quando a tese jurídica invocada pelo Autor tiver sido decidida em sede de casos repetitivos (art. 311, II, do CPC/2015);

ii) A possibilidade de reconhecimento de improcedência liminar do pedido quando este for contrário ao que já tiver sido decidido pelo STJ ou pelo STF em sede de casos repetitivos (art. 332, II e III, do CPC/2015);

iii) O não cabimento de remessa *ex officio* quando a sentença estiver em consonância com o julgamento adotado em casos repetitivos (art. 496, § 4º, II e III, do CPC/2015);

iv) A dispensa de caução na execução provisória quando a sentença exequenda estiver em consonância com tese jurídica fixada em sede de casos repetitivos (art. 521, IV, do CPC/2015);

v) A possibilidade de modulação dos efeitos e a exigência de fundamentação adequada e específica quando da alteração de entendimento jurisprudencial fixado em casos repetitivos (art. 927, §§ 3º e 4º, do CPC/2015);

vi) Concessão de poderes ao Relator para negar monocraticamente seguimento a recursos fundados em tese jurídica contrária ao que foi decidido pelo STF ou STJ em sede de casos repetitivos ou para dar monocraticamente provimento, na hipótese contrária (art. 932, IV, b e, V, b, do CPC/2015);

vii) Concessão de poderes ao Relator para julgar de plano o conflito de competência quando sua decisão estiver fundada em orientação firmada em julgamento de casos repetitivos (art. 955, parágrafo único, II, do CPC/2015);

viii) Cabimento de Reclamação para garantir a observância de acórdão proferido em julgamento de incidente de resolução de demandas repetitivas ou de incidente de assunção de competência (art. 988, IV, do CPC/2015);

ix) Previsão expressa de que o STF e o STJ prosseguirão no julgamento da tese jurídica subjacente aos casos repetitivos, na hipótese de desistência do recurso (art. 998, parágrafo único, do CPC/2015).

Assim sendo, o legislador estabeleceu no CPC/2015 um verdadeiro microssistema de criação de Precedentes Vinculantes, com regras claras e disciplina sistemática, colocando à disposição do Poder Judiciário instrumento hábil e eficaz para pacificar, com segurança jurídica, a litigiosidade de massa, envolvendo os direitos individuais homogêneos, já que em relação a direitos difusos e coletivos existe regramento próprio, estabelecido no microssistema de tutela coletiva.

O pedido de instauração e sua admissibilidade estão determinados pelos arts. 977 e seguintes do CPC/2015, cuja redação ora transcrevemos:

> Art. 977. O pedido de instauração do incidente será dirigido ao presidente de tribunal:
> I – pelo juiz ou relator, por ofício;
> II – pelas partes, por petição;
> III – pelo Ministério Público ou pela Defensoria Pública, por petição.
>
> Art. 978. O julgamento do incidente caberá ao órgão indicado pelo regimento interno dentre aqueles responsáveis pela uniformização de jurisprudência do tribunal.
>
> Parágrafo único. O órgão colegiado incumbido de julgar o incidente e de fixar a tese jurídica julgará igualmente o recurso, a remessa necessária ou o processo de competência originária de onde se originou o incidente.

O IRDR tem natureza jurídica de incidente processual sui generis, não inaugurando uma nova relação jurídica de direito processual, sendo que sua instauração e julgamento serão sucedidos da mais ampla divulgação e publicidade, em homenagem ao princípio da informação, conforme os arts. 979 e seguintes do CPC/2015:

> Art. 979. A instauração e o julgamento do incidente serão sucedidos da mais ampla e específica divulgação e publicidade, por meio de registro eletrônico no Conselho Nacional de Justiça.
>
> § 1º Os tribunais manterão banco eletrônico de dados atualizados com informações específicas sobre questões de direito submetidas ao incidente, comunicando-o imediatamente ao Conselho Nacional de Justiça para inclusão no cadastro.

Podemos notar que o incidente apresenta duas fases bem nítidas, que não se confundem: a fase de admissibilidade e a análise de mérito, que será sempre de competência originária de Tribunal Regional ou Tribunal de Justiça, e não de órgão de primeira instância.

O IRDR será admitido uma vez identificada efetiva repetição de processos que contenham controvérsia sobre a mesma questão unicamente de direito, hábil a suscitar risco presente ou perigo de ofensa à isonomia e à segurança jurídica.

Trata-se de um procedimento peculiar, separado e autônomo em relação ao processo principal, que provoca o sobrestamento do feito e de outros que tramitam no âmbito do Regional que possuem o mesmo pedido[21], até seu final deslinde,

---

[21] Sendo admitido o IRDR, após a sessão de julgamento que a aceitou, o Relator determinará a suspensão de todos os casos idênticos em trâmite no primeiro e segundo grau de jurisdição até o julgamento final do incidente, nos exatos limites da sua competência territorial.

acarretando efeitos no processo principal, não sendo devidas custas processuais ou honorários advocatícios, cujo pagamento deverá ser exigido em cada um dos processos individuais.

O art. 979 do CPC/2015 apresenta o sequenciamento do rito do IRDR nos Tribunais, como segue:

> § 2º Para possibilitar a identificação dos processos abrangidos pela decisão do incidente, o registro eletrônico das teses jurídicas constantes do cadastro conterá, no mínimo, os fundamentos determinantes da decisão e os dispositivos normativos a ela relacionados.
>
> § 3º Aplica-se o disposto neste artigo ao julgamento de recursos repetitivos e da repercussão geral em recurso extraordinário.
>
> Art. 980. O incidente será julgado no prazo de 1 (um) ano e terá preferência sobre os demais feitos, ressalvados os que envolvam réu preso e os pedidos de *habeas corpus*.

O CPC/2015 atribuiu aos regimentos internos dos Tribunais a definição em relação ao órgão jurisdicional responsável pelo julgamento do IRDR (o Pleno ou órgão especial, que já possuem atribuição de uniformização da jurisprudência nos respectivos tribunais), em cumprimento ao disposto no art. 96, I, *a*, da CF/1988.

O incidente deverá ser julgado no prazo de 1 ano, após o qual os processos sobrestados poderão ter seu normal prosseguimento, consoante parágrafo único do art. 980, *in verbis*: "Parágrafo único. Superado o prazo previsto no caput, cessa a suspensão dos processos prevista no art. 982, salvo decisão fundamentada do relator em sentido contrário."

O art. 981 estabelece que após a distribuição, o órgão colegiado competente para julgar o incidente procederá ao seu juízo de admissibilidade, considerando a presença dos pressupostos do art. 976, enquanto o art. 982 determina que:

> Admitido o incidente, o relator:
>
> I – suspenderá os processos pendentes, individuais ou coletivos, que tramitam no Estado ou na região, conforme o caso;
>
> II – poderá requisitar informações a órgãos em cujo juízo tramita processo no qual se discute o objeto do incidente, que as prestarão no prazo de 15 (quinze) dias;
>
> III – intimará o Ministério Público para, querendo, manifestar-se no prazo de 15 (quinze) dias.
>
> § 1º A suspensão será comunicada aos órgãos jurisdicionais competentes.
>
> § 2º Durante a suspensão, o pedido de tutela de urgência deverá ser dirigido ao juízo onde tramita o processo suspenso.

De acordo com o § 3º deste artigo, visando à garantia da segurança jurídica, qualquer legitimado mencionado no art. 977, incisos II e III, poderá requerer, ao Tribunal competente para conhecer do recurso extraordinário ou especial, a suspensão de todos os processos individuais ou coletivos em curso no território nacional que versem sobre a questão objeto do incidente já instaurado, enquanto o § 4º estatui que independentemente dos limites da competência territorial, a parte no processo em curso no qual se discuta a mesma questão objeto do incidente é legitimada para requerer a providência prevista no § 3º do art. 982.

Já o § 5º deste artigo determina que cessa a suspensão a que se refere o inciso I do caput deste artigo se não for interposto recurso especial ou recurso extraordinário contra a decisão proferida no incidente.

Como o processo judicial, que constitui um dos canais de acesso ao sistema de justiça à disposição da sociedade, verdadeiro instrumento de cidadania e de participação política do cidadão em um Estado Democrático de Direito, na ótica do neoprocessualismo que vige no CPC/2015, o legislador estabeleceu no art. 983 que o relator ouvirá as partes e os demais interessados, inclusive pessoas, órgãos e entidades com interesse na controvérsia, que, no prazo comum de 15 (quinze) dias, poderão requerer a juntada de documentos, bem como as diligências necessárias para a elucidação da questão de direito controvertida, e, em seguida, manifestar-se-á o Ministério Público, no mesmo prazo, podendo inclusive, de acordo com o § 1º a fim de instruir o incidente, o relator poderá designar data para, em audiência pública, ouvir depoimentos de pessoas com experiência e conhecimento na matéria. Concluídas as diligências, o relator solicitará dia para o julgamento do incidente.

Dessa forma, no julgamento do incidente, consoante o art. 984, observar-se-á a seguinte ordem:

I – o relator fará a exposição do objeto do incidente;

II – poderão sustentar suas razões, sucessivamente:

a) o autor e o réu do processo originário e o Ministério Público, pelo prazo de 30 (trinta) minutos;

b) os demais interessados, no prazo de 30 (trinta) minutos, divididos entre todos, sendo exigida inscrição com 2 (dois) dias de antecedência.

§ 1º Considerando o número de inscritos, o prazo poderá ser ampliado.

§ 2º O conteúdo do acórdão abrangerá a análise de todos os fundamentos suscitados concernentes à tese jurídica discutida, sejam favoráveis ou contrários.

Uma vez julgado o incidente, a tese jurídica será aplicada, consoante o art. 985 do CPC/2015:

I – a todos os processos individuais ou coletivos que versem sobre idêntica questão de direito e que tramitem na área de jurisdição do respectivo tribunal, inclusive àqueles que tramitem nos juizados especiais do respectivo Estado ou região;

II – aos casos futuros que versem idêntica questão de direito e que venham a tramitar no território de competência do tribunal, salvo revisão na forma do art. 986.

Observe-se que a tese prevalecente obrigatória não fará coisa julgada e poderá ser afastada pelo *distinguishing* (distinção), *overruling* (superação) e *signalling* (sinalização de Tribunal superior). O que fará coisa julgada material será o processo piloto que deu origem ao incidente.

Não observada a tese adotada no incidente, caberá reclamação ao Tribunal, consoante o § 1º do art. 985.

Se o incidente tiver por objeto questão relativa à prestação de serviço concedido, permitido ou autorizado, o resultado do julgamento será comunicado ao órgão, ao ente ou à agência reguladora competente para fiscalização da efetiva aplicação, por parte dos entes sujeitos a regulação, da tese adotada, consoante fixado no § 2º do art. 985.

Eventual revisão da tese jurídica firmada no incidente, de acordo com o art. 986, far-se-á pelo mesmo Tribunal, de ofício ou mediante requerimento dos legitimados mencionados no art. 977, inciso III.

Entendemos que o recurso cabível na seara do Direito Processual do Trabalho poderá ser feito por meio do Recurso de Revista, que é recurso especial trabalhista, consoante a interpretação do art. 987, que se expressa no sentido de que: "Do julgamento do mérito do incidente caberá recurso extraordinário ou especial, conforme o caso".

Tal recurso terá efeito suspensivo, presumindo-se a repercussão geral de questão constitucional eventualmente discutida, e uma vez apreciado o mérito do recurso, a tese jurídica adotada pelo Tribunal Superior do Trabalho será aplicada no território nacional a todos os processos individuais ou coletivos que versem sobre idêntica questão de direito.

O precedente ou a tese fixada pelo IRDR nos Tribunais do Trabalho, se constituirá em verdadeiro ato hermenêutico, não de simples aplicação automática pelos magistrados, apresentando o *ratio decidendi* (razão determinante, que terá força vinculante) que irá nortear o deslinde dos casos futuros, que poderá ser modificado ou mesmo afastado por meio dos métodos do *distinguishing*, quando a demanda apresentar peculiaridades que justificam e impõem a não aplicação do precedente e do *overuling*, quando a tese jurídica elaborada no precedente encontra-se superada pela própria dinâmica dos fatos sociais.

Por seu turno, a sinalização (*signalling*) por um Tribunal superior orientará os juristas sobre a nova posição jurisprudencial de um Tribunal a respeito de determinada matéria de direito, como ocorreu com a decisão do TST no caso Embraer, ao sinalizar que, a partir da data do trânsito em julgado daquela decisão, toda dispensa em massa deveria ser precedida de negociação coletiva de trabalho.

Cremos que os efeitos práticos da utilização deste novel sistema de precedentes proporcionarão um maior número de acordos, maior segurança jurídica, previsibilidade, racionalidade, desestímulo a uma litigância desmesurada, bem como evitará decisões colidentes.

21.10.2 Incidente de resolução de recursos repetitivos (IRRR)

Este incidente aproxima-se do incidente de resolução de demandas repetitivas, porém terá curso na instância extraordinária (TST), e o acórdão prolatado terá força vinculante em toda a área de abrangência da circunscrição daquele Tribunal, ou seja, no caso de acórdão do Tribunal Superior do Trabalho, em todo o território nacional.

Entendemos que terá plena aplicabilidade no processo do trabalho, da mesma forma de IRDR.

Os arts. 1.036 e 1.037 do CPC/2015, ao tratarem do tema, assim determinam:

> Art. 1.036. (...)
>
> § 5º O relator em tribunal superior também poderá selecionar 2 (dois) ou mais recursos representativos da controvérsia para julgamento da questão de direito independentemente da iniciativa do presidente ou do vice-presidente do tribunal de origem.
>
> § 6º Somente podem ser selecionados recursos admissíveis que contenham abrangente argumentação e discussão a respeito da questão a ser decidida.
>
> Art. 1.037. Selecionados os recursos, o relator, no tribunal superior, constatando a presença do pressuposto do *caput* do art. 1.036, proferirá decisão de afetação, na qual:
>
> I – identificará com precisão a questão a ser submetida a julgamento;
>
> II – determinará a suspensão do processamento de todos os processos pendentes, individuais ou coletivos, que versem sobre a questão e tramitem no território nacional;
>
> III – poderá requisitar aos presidentes ou aos vice-presidentes dos tribunais de justiça ou dos tribunais regionais federais a remessa de um recurso representativo da controvérsia.
>
> § 1º Se, após receber os recursos selecionados pelo presidente ou pelo vice-presidente de tribunal de justiça ou de tribunal regional federal, não se proceder à afetação, o relator, no tribunal superior, comunicará o fato ao presidente ou ao vice-presidente que os houver enviado, para que seja revogada a decisão de suspensão referida no art. 1.036, § 1º.

§ 2º É vedado ao órgão colegiado decidir, para os fins do art. 1.040, questão não delimitada na decisão a que se refere o inciso I do *caput*. (Revogado pela Lei nº 13.256, de 2016)

§ 3º Havendo mais de uma afetação, será prevento o relator que primeiro tiver proferido a decisão a que se refere o inciso I do *caput*.

§ 4º Os recursos afetados deverão ser julgados no prazo de 1 (um) ano e terão preferência sobre os demais feitos, ressalvados os que envolvam réu preso e os pedidos de *habeas corpus*.

§ 5º Não ocorrendo o julgamento no prazo de 1 (um) ano a contar da publicação da decisão de que trata o inciso I do *caput*, cessam automaticamente, em todo o território nacional, a afetação e a suspensão dos processos, que retomarão seu curso normal. (Revogado pela Lei nº 13.256, de 2016)

§ 6º Ocorrendo a hipótese do § 5º, é permitido a outro relator do respectivo tribunal superior afetar 2 (dois) ou mais recursos representativos da controvérsia na forma do art. 1.036.

§ 7º Quando os recursos requisitados na forma do inciso III do *caput* contiverem outras questões além daquela que é objeto da afetação, caberá ao tribunal decidir esta em primeiro lugar e depois as demais, em acórdão específico para cada processo.

§ 8º As partes deverão ser intimadas da decisão de suspensão de seu processo, a ser proferida pelo respectivo juiz ou relator quando informado da decisão a que se refere o inciso II do *caput*.

§ 9º Demonstrando distinção entre a questão a ser decidida no processo e aquela a ser julgada no recurso especial ou extraordinário afetado, a parte poderá requerer o prosseguimento do seu processo.

§ 10. O requerimento a que se refere o § 9º será dirigido:

I - ao juiz, se o processo sobrestado estiver em primeiro grau;

II - ao relator, se o processo sobrestado estiver no tribunal de origem;

III - ao relator do acórdão recorrido, se for sobrestado recurso especial ou recurso extraordinário no tribunal de origem;

IV - ao relator, no tribunal superior, de recurso especial ou de recurso extraordinário cujo processamento houver sido sobrestado.

§ 11. A outra parte deverá ser ouvida sobre o requerimento a que se refere o § 9º, no prazo de 5 (cinco) dias.

§ 12. Reconhecida a distinção no caso:

I - dos incisos I, II e IV do § 10, o próprio juiz ou relator dará prosseguimento ao processo;

II - do inciso III do § 10, o relator comunicará a decisão ao presidente ou ao vice-presidente que houver determinado o sobrestamento, para que o recurso especial ou o recurso extraordinário seja encaminhado ao respectivo tribunal superior, na forma do art. 1.030, parágrafo único.

§ 13. Da decisão que resolver o requerimento a que se refere o § 9º caberá:

I - agravo de instrumento, se o processo estiver em primeiro grau;

II - agravo interno, se a decisão for de relator.

21.10.3 O incidente de resolução de recursos repetitivos e a Lei 13.015, de 21 de junho de 2014

A CLT foi alterada pela promulgação da Lei 13.015, de 2014, e passou a dotar vários institutos previstos no CPC, entre eles, a sistemática dos recursos repetitivos, antecipando-se, de certa forma, à promulgação do CPC de 2015, que tratou no processo civil do mesmo tema.

Sem dúvida, foi uma inovação operada na Justiça do Trabalho, seguindo a tendência moderna de estabelecimento de filtros recursais e de julgamento coletivo de lides individuais para dar maior celeridade ao processo.

O atual art. 896-B da CLT determina a aplicação no recurso de revista das normas atinentes ao julgamento dos recursos extraordinário e especial repetitivos. Determina, também, aplicação aos recursos extraordinários perante o TST do procedimento previsto no CPC.

O art. 896-C da CLT, assim prescreve:

> Art. 896-C. Quando houver multiplicidade de recursos de revista fundados em idêntica questão de direito, a questão poderá ser afetada à Seção Especializada em Dissídios Individuais ou ao Tribunal Pleno, por decisão da maioria simples de seus membros, mediante requerimento de um dos Ministros que compõem a Seção Especializada, considerando a relevância da matéria ou a existência de entendimentos divergentes entre os Ministros dessa Seção ou das Turmas do Tribunal.
>
> § 1º O Presidente da Turma ou da Seção Especializada, por indicação dos relatores, afetará um ou mais recursos representativos da controvérsia para julgamento pela Seção Especializada em Dissídios Individuais ou pelo Tribunal Pleno, sob o rito dos recursos repetitivos.
>
> § 2º O Presidente da Turma ou da Seção Especializada que afetar processo para julgamento sob o rito dos recursos repetitivos deverá expedir comunicação aos demais Presidentes de Turma ou de Seção Especializada, que poderão afetar outros processos sobre a questão para julgamento conjunto, a fim de conferir ao órgão julgador visão global da questão.
>
> § 3º O Presidente do Tribunal Superior do Trabalho oficiará os Presidentes dos Tribunais Regionais do Trabalho para que suspendam os recursos interpostos em casos idênticos aos afetados como recursos repetitivos, até o pronunciamento definitivo do Tribunal Superior do Trabalho.
>
> § 4º Caberá ao Presidente do Tribunal de origem admitir um ou mais recursos representativos da controvérsia, os quais serão encaminhados ao Tribunal Superior do Trabalho, ficando suspensos os demais recursos de revista até o pronunciamento definitivo do Tribunal Superior do Trabalho.

§ 5º O relator no Tribunal Superior do Trabalho poderá determinar a suspensão dos recursos de revista ou de embargos que tenham como objeto controvérsia idêntica à do recurso afetado como repetitivo.

§ 6º O recurso repetitivo será distribuído a um dos Ministros membros da Seção Especializada ou do Tribunal Pleno e a um Ministro revisor.

§ 7º O relator poderá solicitar, aos Tribunais Regionais do Trabalho, informações a respeito da controvérsia, a serem prestadas no prazo de 15 (quinze) dias.

§ 8º O relator poderá admitir manifestação de pessoa, órgão ou entidade com interesse na controvérsia, inclusive como assistente simples, na forma da Lei nº 5.869, de 11 de janeiro de 1973 (Código de Processo Civil).

§ 9º Recebidas as informações e, se for o caso, após cumprido o disposto no § 7º deste artigo, terá vista o Ministério Público pelo prazo de 15 (quinze) dias.

§ 10. Transcorrido o prazo para o Ministério Público e remetida cópia do relatório aos demais Ministros, o processo será incluído em pauta na Seção Especializada ou no Tribunal Pleno, devendo ser julgado com preferência sobre os demais feitos.

§ 11. Publicado o acórdão do Tribunal Superior do Trabalho, os recursos de revista sobrestados na origem:

I – terão seguimento denegado na hipótese de o acórdão recorrido coincidir com a orientação a respeito da matéria no Tribunal Superior do Trabalho; ou

II – serão novamente examinados pelo Tribunal de origem na hipótese de o acórdão recorrido divergir da orientação do Tribunal Superior do Trabalho a respeito da matéria.

§ 12. Na hipótese prevista no inciso II do § 11 deste artigo, mantida a decisão divergente pelo Tribunal de origem, far-se-á o exame de admissibilidade do recurso de revista.

§ 13. Caso a questão afetada e julgada sob o rito dos recursos repetitivos também contenha questão constitucional, a decisão proferida pelo Tribunal Pleno não obstará o conhecimento de eventuais recursos extraordinários sobre a questão constitucional.

§ 14. Aos recursos extraordinários interpostos perante o Tribunal Superior do Trabalho será aplicado o procedimento previsto no art. 543-B da Lei nº 5.869, de 11 de janeiro de 1973 (Código de Processo Civil), cabendo ao Presidente do Tribunal Superior do Trabalho selecionar um ou mais recursos representativos da controvérsia e encaminhá-los ao Supremo Tribunal Federal, sobrestando os demais até o pronunciamento definitivo da Corte, na forma do § 1º do art. 543-B da Lei nº 5.869, de 11 de janeiro de 1973 (Código de Processo Civil).

§ 15. O Presidente do Tribunal Superior do Trabalho poderá oficiar os Tribunais Regionais do Trabalho e os Presidentes das Turmas e da Seção Especializada do Tribunal para que suspendam os processos idênticos aos selecionados como recursos representativos da controvérsia e encaminhados ao Supremo Tribunal Federal, até o seu pronunciamento definitivo.

§ 16. A decisão firmada em recurso repetitivo não será aplicada aos casos em que se demonstrar que a situação de fato ou de direito é distinta das presentes no processo julgado sob o rito dos recursos repetitivos.

§ 17. Caberá revisão da decisão firmada em julgamento de recursos repetitivos quando se alterar a situação econômica, social ou jurídica, caso em que será respeitada a segurança jurídica das relações firmadas sob a égide da decisão anterior, podendo o Tribunal Superior do Trabalho modular os efeitos da decisão que a tenha alterado. (Artigo acrescentado pela Lei nº 13.015, de 21.07.2014, *DOU* de 22.07.2014, com efeitos após decorridos 60 (sessenta) dias de sua publicação).

21.10.4 Incidente de assunção de competência

A finalidade deste instituto é de otimizar a prestação jurisdicional do Estado, por meio de um órgão colegiado dos Tribunais, a respeito de relevante questão de direito, com repercussão social.

Diversamente dos incidentes de demandas ou recursos repetitivos, nos quais existe uma massificação de processos com idêntico objeto, no incidente de assunção de competência revela-se a atividade jurisdicional de uniformização da jurisprudência em casos com grande repercussão social, ou de interesse público primário, sem repetição em múltiplos processos.

Estabelece o art. 947 do CPC/2015, aplicado subsidiária e complementarmente (art. 15 CPC/15) ao Processo do Trabalho:

> Art. 947. É admissível a assunção de competência quando o julgamento de recurso, de remessa necessária ou de processo de competência originária envolver relevante questão de direito, com grande repercussão social, sem repetição em múltiplos processos.
>
> § 1º Ocorrendo a hipótese de assunção de competência, o relator proporá, de ofício ou a requerimento da parte, do Ministério Público ou da Defensoria Pública, que seja o recurso, a remessa necessária ou o processo de competência originária julgado pelo órgão colegiado que o regimento indicar.
>
> § 2º O órgão colegiado julgará o recurso, a remessa necessária ou o processo de competência originária se reconhecer interesse público na assunção de competência.
>
> § 3º O acórdão proferido em assunção de competência vinculará todos os juízes e órgãos fracionários, exceto se houver revisão de tese.
>
> § 4º Aplica-se o disposto neste artigo quando ocorrer relevante questão de direito a respeito da qual seja conveniente a prevenção ou a composição de divergência entre câmaras ou turmas do tribunal.

Observa-se que este incidente se apresenta necessário quando em um único processo, ou em poucos processos, suscitar questão relevante, de interesse primário da sociedade, com grande repercussão social.

Portanto, a decisão judicial proveniente desse incidente vinculará todos os juízes e órgãos fracionários do Tribunal e a intenção do legislador foi de prover segurança jurídica e racionalidade à prestação jurisdicional do Estado, impondo aos jurisdicionados e aos órgãos judicantes observância ao que foi decidido pelos Tribunais Superiores.

21.10.5 Do incidente de arguição de inconstitucionalidade

Como sabemos, o Brasil adotou o sistema misto para o controle jurisdicional da conformidade das leis e atos normativos em relação à Constituição Federal.

O controle concentrado é de competência do Supremo Tribunal Federal (ou Tribunais de Justiça dos Estados quanto à Constituição Estadual), ao qual compete decidir, por meio de ação direta, a respeito da constitucionalidade ou inconstitucionalidade em tese de uma determinada norma jurídica, de acordo com o art. 102, I, a, e art. 125, § 2º, da CF/1988.

O precedente produzido pela via concentrada tem eficácia erga omnes e efeitos vinculantes em relação aos demais órgãos do Judiciário e entes da Administração Pública.

O controle difuso, por seu turno, é feito por qualquer juízo que possui competência para decretar a inconstitucionalidade de lei ou ato normativo, como questão prejudicial, em determinada lide que envolva um caso concreto submetido à justiça, cuja decisão gera efeitos inter partes. Em outras palavras, neste tipo de controle realizado pelos magistrados, em primeiro grau de jurisdição, não há regras específicas, de modo que basta ao magistrado, quando da prolação de sua decisão, considerar a norma inconstitucional, de forma fundamentada, deixando de aplicá-la.

Nesse sentido, o art. 948, do CPC/2015, estabelece:

> Art. 948. Arguida, em controle difuso, a inconstitucionalidade de lei ou de ato normativo do poder público, o relator, após ouvir o Ministério Público e as partes, submeterá a questão à turma ou à câmara à qual competir o conhecimento do processo.
>
> Art. 949. Se a arguição for:
>
> I – rejeitada, prosseguirá o julgamento;
>
> II – acolhida, a questão será submetida ao plenário do tribunal ou ao seu órgão especial, onde houver.
>
> Parágrafo único. Os órgãos fracionários dos tribunais não submeterão ao plenário ou ao órgão especial a arguição de inconstitucionalidade quando já houver pronunciamento destes ou do plenário do Supremo Tribunal Federal sobre a questão.
>
> Art. 950. Remetida cópia do acórdão a todos os juízes, o presidente do tribunal designará a sessão de julgamento.

§ 1º As pessoas jurídicas de direito público responsáveis pela edição do ato questionado poderão manifestar-se no incidente de inconstitucionalidade se assim o requererem, observados os prazos e as condições previstos no regimento interno do tribunal.

§ 2º A parte legitimada à propositura das ações previstas no art. 103 da Constituição Federal poderá manifestar-se, por escrito, sobre a questão constitucional objeto de apreciação, no prazo previsto pelo regimento interno, sendo-lhe assegurado o direito de apresentar memoriais ou de requerer a juntada de documentos.

§ 3º Considerando a relevância da matéria e a representatividade dos postulantes, o relator poderá admitir, por despacho irrecorrível, a manifestação de outros órgãos ou entidades.

21.10.6 Da reclamação

Este incidente não tem natureza de recurso e se diferencia também da reclamação constitucional (art. 102, I, l, e 105, I, f, ambos da CF/88). O CPC/2015 repete as três hipóteses de cabimento, criou novas hipóteses no inciso IV do art. 988, prevendo o cabimento de reclamação constitucional para garantir a observância de acórdão ou precedente proferido em julgamento de casos repetitivos ou em incidente de assunção de competência.

Dessa forma, ampliou o cabimento da reclamação constitucional aos Tribunais Regionais ou de segundo grau, posto que o art. 988 do CPC/2015 se limita a indicar apenas tribunal, não sendo expresso no sentido de exigir que sejam tribunais de superposição, como consta da CF/1988.

Assim se expressa o art. 988, *in verbis*:

Caberá reclamação da parte interessada ou do Ministério Público para:

I – preservar a competência do tribunal;

II – garantir a autoridade das decisões do tribunal;

III – garantir a observância de decisão do Supremo Tribunal Federal em controle concentrado de constitucionalidade;

IV – garantir a observância de enunciado de súmula vinculante e de precedente proferido em julgamento de casos repetitivos ou em incidente de assunção de competência.

Portanto, longe de usurpar a competência do STF, a reclamação ora proposta no art. 988 do CPC/2015 se presta a preservar a competência de tribunal, garantindo a autoridade de suas decisões e de seus precedentes vinculantes, ou seja, aqueles proferidos em incidentes de resolução de demandas repetitivas (IRDR) e incidente de assunção de competência.

XXII

LIQUIDAÇÃO DE SENTENÇA

22.1 ASPECTOS INTRODUTÓRIOS

Ao acionar o Poder Judiciário, a parte deseja obter uma resposta para o litígio, por meio de um pronunciamento jurisdicional (sentença) de mérito, que confirme quem é o legítimo titular do direito material sobre o qual se guerreia, certificando-lhe esse direito, imputando a vontade da lei à situação conflituosa.

Na hipótese de a sentença ser procedente, carregando em seu conteúdo uma tutela declaratória, constitutiva ou desconstitutiva, não se fará necessária a execução do referido mandamento judicial. Isso porque essas sentenças produzem os seus efeitos, independentemente de execução, ou seja, em regra, satisfazem o vencedor por si só, não sendo necessário qualquer ato da parte contrária (derrotada) para que produza os seus efeitos[1].

Consequentemente, podemos afirmar que somente a sentença condenatória pode ser objeto de execução, pelo fato de ser a única a possuir em seu comando um caráter obrigacional de teor sancionatório, ou seja, reconhece a violação de um direito por parte do réu, obrigando-o a repará-la por meio do cumprimento de uma determinada obrigação (dar, fazer ou não fazer).

Dessa feita, caso a obrigação constante na sentença condenatória não tenha sido espontaneamente cumprida pelo devedor, o credor poderá dar início à fase de execução, objetivando a satisfação do comando contido na decisão.

---

[1] Como exemplo de sentença puramente declaratória, podemos citar a sentença que declara a paternidade, a usucapião, o reconhecimento de vínculo empregatício. Como sentença constitutiva/desconstitutiva temos: divórcio, ação pauliana, interdição, as que autorizam a dispensa do empregado detentor de estabilidade ou garantia de emprego (art. 494, CLT), as que julgam procedente o pedido de rescisão indireta (art. 483, CLT).

Contudo, a execução só pode ser efetivada caso o título executivo seja certo, líquido e exigível.

Logo, somente a decisão líquida pode, de plano, ser executada.

Nessa conjuntura, a decisão judicial (sentença ou acórdão) deve trazer em seu bojo a certeza e a liquidez. Certa é a obrigação que delimita o objeto, ou seja, determina o que é devido (*an debeatur*). Líquida é obrigação quantificada, ou seja, o montante devido. Não basta a decisão retratar a obrigação de maneira específica (ex.: pagar determinada quantia), deve, igualmente, demonstrar a quantidade devida (liquidez).

Portanto, o título judicial (decisão) ilíquido deve ser submetido ao procedimento de liquidação de sentença, cujo objetivo é averiguar o montante devido (*quantum debeatur*).

Em conformidade com o art. 509 do CPC/2015[2], a liquidação de sentença só se opera em relação às obrigações de pagar quantia certa. Assim, as decisões que contenham obrigações de fazer ou não fazer não necessitam ser liquidadas. Esse é o caso das sentenças com condenação genérica (art. 95[3] do CDC), nas ações civis coletivas, cujo objeto são os direitos individuais homogêneos, que apenas estabelecem a responsabilidade do ofensor pelo dano, de forma *an debeatur*, que produzirá efeitos *in utilibus*, isto é, cada um dos beneficiários poderá promover a sua habilitação e a liquidação por cálculos, provando a titularidade do direito material, o nexo causal e o dano individual do qual foi vítima.

Entendemos ser a liquidação de sentença *uma fase preparatória* da execução, servindo de instrumento hábil para estipular o valor da condenação (*quantum debeatur*) fixado na decisão judicial, tornando-a um título executivo líquido, certo e exigível. Trata-se de uma atividade iminentemente cognitiva, objetivando delimitar o *quantum* da obrigação.

Ensina Manoel Antonio Teixeira Filho[4] que a liquidação é:

> A fase preparatória da execução, em que um ou mais atos são praticados, por uma ou ambas as partes, com a finalidade de estabelecer o valor da condenação ou de individuar o objeto da obrigação, mediante a utilização, quando necessário, dos diversos modos de prova admitidos em lei.

Funciona como um liame entre a fase de conhecimento, cuja decisão impõe uma obrigação a ser cumprida, e a fase de execução, cujo desejo é proporcionar a satisfação daquele comando obrigacional.

---

[2] "Art. 509. Quando a sentença condenar ao pagamento de quantia ilíquida, proceder-se-á à sua liquidação, a requerimento do credor ou do devedor (...)."

[3] "Art. 95. Em caso de procedência do pedido, a condenação será genérica, fixando a responsabilidade do réu pelos danos causados."

[4] TEIXEIRA FILHO, Manoel Antonio. *Execução no processo do trabalho*. 8. ed. São Paulo: LTr, 2004. p. 328.

A liquidação de sentença está prevista no art. 879[5], CLT, porém é possível a utilização do CPC, quando existir compatibilidade.

Pode ser realizada pelas partes, bem como pelo juiz, de ofício, quando se tratar de liquidação por cálculo ou por arbitramento.

A liquidação de sentença apresenta três modalidades, a saber:

- liquidação por cálculos;
- liquidação por arbitramento;
- liquidação por artigos. O CPC/2015 não traz mais esse tipo de liquidação, tendo-a substituído por "liquidação pelo procedimento comum".

22.2 LIQUIDAÇÃO POR CÁLCULOS

É a de maior aplicabilidade na Justiça do Trabalho, estando sua utilização vinculada à presença, nos autos, de todos os elementos necessários para se obter o *quantum debeatur*. O valor a ser apurado dependerá, apenas, de cálculo aritmético.

Dessa forma, uma gama de verbas trabalhistas pode ser obtida por liquidação por cálculos, dependendo apenas de operações aritméticas, tais como férias, horas extras, 13º salário, adicional noturno etc.

Em conformidade com a redação antiga do art. 879, § 2º[6], o juiz do trabalho poderia adotar dois procedimentos para a realização da liquidação por cálculos, os quais seguem:

a) Apresentados os cálculos pelo reclamante, o juiz concederia o prazo de 10 (dez) dias para o reclamado apresentar sua impugnação, sob pena de preclusão. Dessa forma, caso o reclamado não apresentasse sua impugnação nesse momento, não poderá discutir o valor homologado em outra oportunidade, isto é, quando da apresentação dos embargos à execução.

A impugnação deveria ser fundamentada, indicando quais itens e valores eram objetos da discordância. Após o decurso do referido prazo, tendo havido ou não a impugnação, o juiz homologaria a conta de liquidação (sentença de liquidação).

Caso o reclamado não concordasse com a decisão homologatória, *e desde que tivesse apresentado seu cálculo*, poderia impugná-la, quando da apresentação dos embargos à execução. Sendo o reclamante o discordante, poderia apresentar a impugnação no mesmo prazo que o executado possuía para embargar.

---

[5] "Art. 879. Sendo ilíquida a sentença exequenda, ordenar-se-á, previamente, a sua liquidação, que poderá ser feita por cálculo, por arbitramento ou por artigo."

[6] "§ 2º Elaborada a conta e tornada líquida, o Juiz **poderá** abrir às partes prazo sucessivo de 10 (dez) dias para impugnação fundamentada com a indicação dos itens e valores objeto da discordância, sob pena de preclusão."

b) Sendo os cálculos apresentados pelo reclamante ou pelo servidor judicial, o juiz os homologava, determinando a citação do reclamado para pagamento ou nomeação de bens à penhora, consoante o art. 880 da CLT. A conta homologada poderia ser discutida pelo executado, quando apresentados os embargos à execução, e pelo exequente, na impugnação à decisão de liquidação, consoante a regra do art. 884, § 3º, da CLT.

> Art. 884. Garantida a execução ou penhorados os bens, terá o executado 5 (cinco) dias para apresentar embargos, cabendo igual prazo ao exequente para impugnação. (...)
>
> § 3º Somente nos embargos à penhora poderá o executado impugnar a sentença de liquidação, cabendo ao exequente igual direito e no mesmo prazo.

Na primeira hipótese, o juiz concedia o prazo ao executado para se manifestar sobre os cálculos, no prazo de 10 dias, sob pena de preclusão; enquanto segunda hipótese o juiz primeiramente homologava o cálculo, sem abrir inicialmente o contraditório para o executado, o qual era citado para pagar ou garantir o juízo. Poderia discutir os cálculos desde que o juízo estivesse garantido (nomeação de bens ou penhora) por intermédio de embargos à execução. Tínhamos um contraditório protelado.

Insta destacar que a escolha do procedimento era feita pelo juiz, ou seja, era *faculdade do* juiz optar pelo tipo de procedimento para a realização da liquidação por cálculo.

Com o advento da lei reformadora, 13.467/2017, o procedimento acima adotado fora completamente modificado. Doravante, o procedimento a ser adotado não é mais uma faculdade do juiz, estando os seus critérios fixados em lei, conforme se depreende do art. 879 da CLT, na regra infrademonstrada:

> § 2º Elaborada a conta e tornada líquida, o juízo deverá abrir às partes prazo comum de oito dias para impugnação fundamentada com a indicação dos itens e valores objeto da discordância, sob pena de preclusão. (Redação dada pela Lei 13.467, de 13.07.2017)

Nesse passo, após a elaboração da conta, o juiz **deverá** abrir às partes o prazo comum de 8 (oito) dias para que as mesmas apresentem suas respectivas impugnações, sob pena de preclusão.

Embora existisse o contraditório diferido, por meio do qual o executado poderia discutir o valor do cálculo, através dos embargos[7], a simples condição

---

[7] Recordando que era possível o juiz homologar o cálculo, sem a manifestação do executado, ao qual somente era permitido impugná-lo, após garantir o juízo, depositando judicialmente o valor da execução, ou oferecendo algum bem no valor homologado pelo juiz.

imposta ao executado de ter que garantir o juízo era, podemos dizer, de certa forma abusiva, porque poderia haver excesso de execução (cálculo a maior, equivocado, com valores vultosos, acima do correto). Em muitas ocasiões, o executado necessitava dispender valores que eram retirados da sua própria atividade produtiva, a fim de comprovar que o valor a ser executado era desacertado.

A nova regra apresenta-se mais razoável e equânime ao executado[8], de modo que poderá discutir o valor do cálculo sem a necessidade de garantir o juízo, possibilitando um contraditório prévio.

Em suma, o procedimento passa a ser desenvolvido da seguinte maneira:

- estando a conta liquidada, o juiz intimará, conjuntamente, exequente e executado para que ambos, no prazo comum de 8 (oito) dias, a partir da intimação, apresentem as suas considerações (concordância ou impugnação) acerca dos cálculos, **sob pena de preclusão (ou seja, a parte que permanecer silente não mais poderá discutir o valor homologado em outra oportunidade)**;
- ato contínuo, o juiz os homologa ou não.

Relevante observar que o prazo passa a ser de 8 (oito) dias, e não mais de 10 (dez) dias. O novo prazo, embora exíguo para cálculos complexos, coaduna-se com a regra dos prazos processuais do Processo do Trabalho, no qual prevalecem os 08 (oito) dias (mormente os prazos recursais, com exceção do prazo para oposição de embargos de declaração que é de 05 [cinco] dias).

O prazo torna-se comum, antes era sucessivo[9], posto que a maioria dos processos trabalhistas tramitam por meio eletrônico (PJ-e), o que facilita o acesso simultâneo pelas partes, isto é, ambos podem consultar seus autos ao mesmo tempo.

Os cálculos devem conter, inclusive, os valores correspondentes às contribuições previdenciárias incidentes.

---

[8] Importante ressaltar que o executado tem o prazo de 48 horas para o pagamento espontâneo da condenação inserida na sentença transitada em julgado no processo trabalhista. Já o art. 523 do CPC/2015 prevê o prazo de 15 dias para cumprimento definitivo da sentença, sob pena de protesto e negativação do nome do réu por meio de certidões (art. 782 CPC/2015).

[9] Pela regra antiga, a premissa era de que o processo era físico e que, portanto, as partes não poderiam fazer carga ao mesmo tempo (prazo comum); dessa forma, primeiramente, o exequente deveria fazer carga dos autos do processo físico para, posteriormente, o executado fazer carga dos mesmos e, em seguida, devolvê-los. Patente, que não era possível que ambos fizessem carga dos autos ao mesmo tempo.

Elaborada a conta pela parte ou pelos órgãos auxiliares da Justiça do Trabalho, o juiz procederá à intimação da União para manifestação, no prazo de 10 (dez) dias, sob pena de preclusão (art. 879, § 3º[10], CLT).

De acordo com a **Súmula 211 do TST**[11], os juros de mora e a correção monetária também devem ser inclusos na liquidação, ainda que omisso o pedido inicial ou a condenação.

Conforme o art. 883 da CLT, os juros são devidos a partir do ajuizamento da demanda até o efetivo cumprimento da obrigação (pagamento).

Os juros moratórios aplicam-se no percentual de 1% ao mês sobre o valor do principal já corrigido monetariamente (art. 39, § 1º, da Lei 8.117/1991).

Nesse sentido, a **Súmula 200 do TST** preceitua: "os juros de mora incidem sobre a importância da condenação já corrigida monetariamente".

Consoante a regra do art. 39, *caput*, da Lei 8.117/1991, a correção monetária incide desde a data do vencimento da obrigação até o efetivo pagamento. Na Justiça do Trabalho, a taxa utilizada para atualizar os débitos trabalhistas é a TR[12].

A Lei 13.467/2017 inseriu o § 7º no art. 879 da CLT justamente para corroborar que a TR deve ser o índice aplicável para se corrigir monetariamente os débitos trabalhistas. Aos nossos olhos, referida inserção fora desnecessária, porquanto o art. 39 da Lei 8.177/1991 é concludente quanto à utilização da TR (taxa referencial) no processo do trabalho.

Em uma análise sistemática sobre qual índice deva embasar para a correção monetária e a introdução do § 7º ao art. 879 da CLT, podemos concluir que o objetivo do legislador foi o de impedir que o TST se utilizasse de outros índices para a correção monetária, visto que esse fato ocorrerá no seguinte julgamento[13]:

> Embargos de declaração em incidente de arguição de inconstitucionalidade. Atualização monetária dos débitos trabalhistas. Art. 39 da Lei nº 8.177/91. Declaração de inconstitucionalidade da expressão "equivalentes à TRD". Aplicação do índice IPCA-E. Efeito modificativo. Modulação de efeitos. O Tribunal Pleno,

---

[10] "§ 3º Elaborada a conta pela parte ou pelos órgãos auxiliares da Justiça do Trabalho, o juiz procederá à intimação da União para manifestação, no prazo de 10 (dez) dias, sob pena de preclusão".

[11] "Súmula 211. Juros de mora e correção monetária. Independência do pedido inicial e do título executivo judicial. Os juros de mora e a correção monetária incluem-se na liquidação, ainda que omisso o pedido inicial ou a condenação."

[12] "§ 1º Aos débitos trabalhistas constantes de condenação pela Justiça do Trabalho ou decorrentes dos acordos feitos em reclamatória trabalhista, quando não cumpridos nas condições homologadas ou constantes do termo de conciliação, serão acrescidos, nos juros de mora previstos no *caput*, juros de um por cento ao mês, contados do ajuizamento da reclamatória e aplicados *pro rata die*, ainda que não explicitados na sentença ou no termo de conciliação".

[13] Informativo 155 TST. www.tst.jus.br/informativo. Acesso em 10 de julho de 2017.

em sede de embargos de declaração em incidente de arguição de inconstitucionalidade, decidiu, por maioria, conferir efeito modificativo ao julgado para modular os efeitos da decisão que declarou inconstitucional, por arrastamento, a expressão "equivalentes à TRD", contida no art. 39 da Lei nº 8.177/91, e acolheu o IPCA-E como índice de atualização monetária dos débitos trabalhistas, para que produza efeitos somente a partir de 25.3.2015, data coincidente com aquela adotada pelo Supremo Tribunal Federal no acórdão prolatado na ADI 4.357. De outra sorte, por unanimidade, em cumprimento à decisão liminar concedida no processo STF-Rcl-22.012, rel. Min. Dias Toffoli, o Pleno excluiu a determinação contida na decisão embargada de reedição da Tabela Única de cálculo de débitos trabalhistas, a fim de que fosse adotado o índice IPCA-E, visto que tal comando poderia significar a concessão de efeito "erga omnes", o que não é o caso. Vencidos, totalmente, os Ministros Maria de Assis Calsing, Antonio José de Barros Levenhagen, Maria Cristina Irigoyen Peduzzi, Dora Maria da Costa e Ives Gandra Martins Filho, que julgavam prejudicados os embargos de declaração em razão da liminar deferida pelo STF e, parcialmente, o Ministro Brito Pereira, que acolhia os embargos declaratórios para prestar esclarecimentos, sem modular os efeitos da decisão. TST-ED-ArgInc-479 – 60.2011.5.04.0231, Tribunal Pleno, rel. Min. Cláudio Mascarenhas Brandão, 20.3.2017.

Nítido é o posicionamento do TST, embora por maioria, no referido julgamento, de que o índice a ser utilizado deveria ser o IPCA-E (Índice Nacional de Preços ao Consumidor Amplo Especial), posto que o mesmo corresponde ao período inflacionário e, consequentemente, ao ser aplicado mantém, o poder de compra do valor a ser recebido pelo exequente. Por outro lado, a TR não possui essa capacidade de correção, já que o seu referencial é a poupança, que, como é notório, não reflete a evolução dos preços no país, apresentando um rendimento percentual muito baixo, que, às vezes, pode ser zero, como já ocorreu em vários meses.

O STF não caminhou no sentido do TST, afirmando, em decisão liminar em Reclamação Constitucional (22.012, de agosto de 2015), que a decisão do TST não possui caráter vinculante, ou seja, não produz efeitos *erga omnes*. Assim, em 14/10/2015, o STF, na RCL 22012 MC/RS, havia suspendido, liminarmente, os efeitos de decisão proferida pelo Tribunal Superior do Trabalho (TST) que determinou a substituição dos índices de correção monetária aplicada aos débitos trabalhistas. A decisão do TST, proferida em agosto do mesmo ano, havia afastado o uso da Taxa Referencial Diária (TRD) e determinado a adoção do Índice de Preços ao Consumidor Amplo Especial (IPCA-E).

Ao decidir o mérito da questão, em 05/12/2017, o Supremo Tribunal Federal julgou improcedente a reclamação, entendendo pela regularidade de aplicação de critério outro de correção, notadamente à luz do entendimento fixado nas ADIs 4.357 e 4.425, que analisou a emenda constitucional sobre precatórios, o que dispensa eventual sujeição à cláusula de reserva de plenário de que trata o art. 97 da CF, na hipótese ora analisada.

Prevaleceu, assim, a validade da tabela única editada pelo CSJT diante da inconstitucionalidade da expressão "equivalentes à TRD" prevista no art. 39, *caput*, da Lei 8.177/1991, por arrastamento, à luz da decisão nas ADIs referidas, pelo que os TRTs estão utilizando, como indexador, o índice do IPCA-E.

Ainda sobre o tema correção monetária, a Súmula 439[14] do TST entende que, nas condenações por dano moral, a atualização monetária é devida a partir da data da decisão de arbitramento ou de alteração do valor. Os juros incidem desde o ajuizamento da ação, nos termos do art. 883 da CLT.

No tocante aos débitos do trabalhador reclamante, não incide correção monetária (Súmula 187[15] do TST).

Impende destacarmos que as condenações em face da Fazenda Pública seguem outros regramentos no que respeita aos juros e à correção monetária.

Os juros são calculados no percentual de 0,5 % ao mês (art. 1º-F da Lei 9.494, de 10.09.1997), enquanto a correção monetária é calculada tomando por base o IPCA-E.

Por fim, cabe mencionar a Orientação Jurisprudencial 382 da SDI-I do TST:

> Juros de mora. Art. 1º-F da Lei nº 9.494, de 10.09.1997. Inaplicabilidade à Fazenda Pública quando condenada subsidiariamente.
>
> A Fazenda Pública, quando condenada subsidiariamente pelas obrigações trabalhistas devidas pela empregadora principal, não se beneficia da limitação dos juros, prevista no art. 1º-F da Lei nº 9.494, de 10.09.1997.

A Lei 13.467/2017 acrescentou o art. 883-A, que assim dispõe:

> Art. 883-A. A decisão judicial transitada em julgado somente poderá ser levada a protesto, gerar inscrição do nome do executado em órgãos de proteção ao crédito ou no Banco Nacional de Devedores Trabalhistas, nos termos da Lei, depois de transcorrido o prazo de quarenta e cinco dias a contar da citação do executado, se não houver garantia do juízo.

22.3 LIQUIDAÇÃO POR ARBITRAMENTO

A CLT somente menciona a possibilidade de se liquidar por arbitramento, não disciplinando o procedimento. Dessa maneira, aplica-se, no que se refere à

---

[14] "Súmula 439. Danos morais. Juros de mora e atualização monetária. Termo inicial. Nas condenações por dano moral, a atualização monetária é devida a partir da data da decisão de arbitramento ou de alteração do valor. Os juros incidem desde o ajuizamento da ação, nos termos do art. 883 da CLT."

[15] "Nº 187 – CORREÇÃO MONETÁRIA. INCIDÊNCIA. A correção monetária não incide sobre o débito do trabalhador reclamante."

liquidação por arbitramento, a regra estampada no art. 509, I, do CPC/2015, a qual prevê o uso dessa modalidade quando determinado pela sentença, convencionado pelas partes ou quando a natureza do objeto exigir essa liquidação.

> Art. 509. Quando a sentença condenar ao pagamento de quantia ilíquida, proceder-se-á à sua liquidação, a requerimento do credor ou do devedor:
>
> I – por arbitramento, quando determinado pela sentença, convencionado pelas partes ou exigido pela natureza do objeto da liquidação.

A liquidação em estudo é utilizada, no Processo do Trabalho, quando a liquidação por cálculos não atingir a apuração exata do valor devido. Assim, em situações em que é necessária a aplicação de conhecimentos específicos, aplica-se a liquidação por arbitramento, que consistirá em um exame ou análise pericial, com a finalidade de se obter o valor, ou seja, o *quantum* decorrente da obrigação.

Como exemplo, podemos mencionar uma causa envolvendo responsabilidade civil do empregador, cuja extensão do dano pode necessitar de uma avaliação (laudo) realizada por um perito. Há, também, a possibilidade de se realizar arbitramento para definir o valor de um salário *in natura* (utilidade), como na hipótese do fornecimento de moradia.

Fundamental não confundir arbitragem com perícia, pois esta é meio de prova e confere às partes a possibilidade de nomear assistentes e/ou formular quesitos, enquanto naquela o árbitro é único, livremente nomeado pelo juiz, atuando com o objetivo de estimar um valor correlacionado à obrigação sentencial, atuando como avaliador.

Por outro lado, a arbitragem constitui um dos canais de acesso ao sistema de justiça (que não se confunde com jurisdição) colocados à disposição do trabalhador (ou do empregador) para buscar a solução de eventuais controvérsias decorrentes das relações de trabalho.

22.4 LIQUIDAÇÃO POR ARTIGOS

Também com respaldo no Código de Processo Civil, por intermédio do art. 509, II, a liquidação por artigos opera-se quando existir a necessidade de *alegar e provar fato novo*, para obter o valor da condenação.

O CPC/2015 não usa mais a terminologia artigos, passando a denominá-la de procedimento comum:

> Art. 509. Quando a sentença condenar ao pagamento de quantia ilíquida, proceder-se-á à sua liquidação, a requerimento do credor ou do devedor:
>
> (...)
>
> II – pelo procedimento comum, quando houver necessidade de alegar e provar fato novo.

Assim, pelo fato de a sentença trabalhista necessitar, para se tornar líquida, da comprovação de *fatos que não foram suficientemente elucidados no processo de conhecimento*, a liquidação por artigos será cabível, permitindo a obtenção do valor contido no título executivo. Fato novo é aquele que consta na sentença, porém não o foi devidamente examinado.

Sobre a compreensão e a abrangência do que vem a ser "fato novo", José Augusto Rodrigues Pinto[16] elucida:

> (...) fato novo é, na verdade, impróprio, pois todo fato novo que se tentar investigar na liquidação implicará na alteração dos limites da coisa julgada, expressamente proibida no § 1º do art. 879 da CLT. O que realmente ocorre é a presença de um fato cuja existência já é reconhecida pela sentença (logo, não é novo), mas incompletamente investigado, de modo a faltar algo, ainda, de sua exata dimensão. A investigação que se faz é apenas complementar da intensidade com que o fato contribui para a quantificação do crédito a ser exigido.

São exemplos que permitem a liquidação por artigos no processo do trabalho:

- sentença, condenando ao pagamento de dano moral coletivo, proferida em ação civil pública que não fixa o montante da condenação;
- sentença em ação civil coletiva que condena o reclamado ao pagamento de horas extras e adicional de insalubridade a um grupo de trabalhadores. Na liquidação, deverá ocorrer a comprovação de quais empregados estavam submetidos ao regime de horas extras, bem como quais empregados estavam sujeitos aos agentes insalubres.

A liquidação por artigos não pode ser iniciada, de ofício, pelo juiz, competindo à parte a iniciativa. O rito a ser observado é o do processo de conhecimento, conforme se infere do art. 511 do CPC/2015, *in verbis*:

> Na liquidação pelo procedimento comum, o juiz determinará a intimação do requerido, na pessoa de seu advogado ou da sociedade de advogados a que estiver vinculado, para, querendo, apresentar contestação no prazo de 15 (quinze) dias, observando-se, a seguir, no que couber, o disposto no Livro I da Parte Especial deste Código.

22.5 NATUREZA JURÍDICA DA SENTENÇA DE LIQUIDAÇÃO

Consoante os dizeres do art. 884, § 3º, da CLT, as contas sobre a liquidação são decididas por meio de sentença.

---

[16] PINTO, José Augusto Rodrigues. *Execução trabalhista*. 10. ed. São Paulo: LTr, 2004. p. 120.

Nesses termos, "Somente nos embargos à penhora poderá o executado impugnar **a sentença de liquidação**, cabendo ao exequente igual direito e no mesmo prazo" (destaque nosso).

Em decorrência desse dispositivo legal, sobrevive na doutrina e na jurisprudência cizânia sobre a natureza jurídica dessa decisão, ou seja, se é uma sentença ou se é uma decisão interlocutória.

Posicionamo-nos no sentido de que, não obstante a CLT tenha se utilizado da expressão "sentença", a decisão que homologa os cálculos possui **natureza de decisão interlocutória**.

Primeiro, porque o seu conteúdo não se enquadra nas hipóteses do art. 203, § 1º, do CPC/2015, ou seja, não encerra a fase cognitiva do procedimento comum ou encerra a fase de execução. Segundo, não encerra o procedimento da própria liquidação, pois o cálculo homologado pode ser questionado via embargos à execução pelo executado ou por impugnação pelo credor. Por fim, trata-se de uma decisão irrecorrível, característica típica das decisões interlocutórias proferidas no processo do trabalho.

A importância da distinção não é meramente acadêmica, posto que, dependendo de seu enquadramento, haverá a possibilidade, ou não, do uso da ação rescisória.

O TST adota, em regra, a tese de que a sentença de liquidação possui caráter interlocutório, posto ser insuscetível de ataque rescisório, conforme se infere da Orientação Jurisprudencial 134 da SDI-II, *in verbis*:

> Ação rescisória. Decisão rescindenda. Preclusão declarada. Formação da coisa julgada formal. Impossibilidade jurídica do pedido.
>
> A decisão que conclui estar preclusa a oportunidade de impugnação da sentença de liquidação, por ensejar tão somente a formação da coisa julgada formal, não é suscetível de rescindibilidade.

Entretanto, o TST, excepcionalmente, permite a utilização da ação rescisória para impugnar a decisão que liquida os cálculos, quando esta analisar o mérito dos pontos controvertidos que embasaram a elaboração dos cálculos, consoante os dizeres de sua **Súmula 399**:

> Ação rescisória. Cabimento. Sentença de mérito. Decisão homologatória de adjudicação, de arrematação e de cálculos.
>
> I – É incabível ação rescisória para impugnar decisão homologatória de adjudicação ou arrematação.
>
> II – A decisão homologatória de cálculos **apenas comporta rescisão quando enfrentar as questões envolvidas na elaboração da conta de liquidação**, quer solvendo a controvérsia das partes, quer explicitando, de ofício, os motivos

pelos quais acolheu os cálculos oferecidos por uma das partes ou pelo setor de cálculos, e não contestados pela outra (destaque nosso).

Em verdade, a súmula determina a necessidade de contraditório prévio, sem o qual não existe coisa julgada e, consequentemente, não haverá ação rescisória. Porém, importante ressaltar que após a reforma trabalhista, sempre haverá o contraditório prévio, tendo em vista que o juiz é obrigado a abrir o prazo de 8 dias para as partes se manifestarem. Portanto, sempre haverá possibilidade de ação rescisória contra a decisão homologatória, desde que não haja novos embates sobre os cálculos por meio de embargos de execução.

Dessumimos que a decisão que homologa o cálculo é **interlocutória**, embora o TST, em uma única hipótese, entenda que ela possa ter natureza de sentença declaratória de mérito, permitindo a ação rescisória.

Assim sendo, para nós, a sua finalidade precípua é a de **declarar** o *quantum debeatur*, conferindo a indubitabilidade do valor da dívida estipulado no título executivo, deixando-o apto a ser executado.

22.6 IMPUGNAÇÃO À SENTENÇA DE LIQUIDAÇÃO

Como já expusemos, a decisão que homologa os cálculos não se sujeita a nenhum recurso, é irrecorrível.

Aludida regra se coaduna com a simplicidade e informalidade do processo do trabalho, e tem por fito imprimir celeridade e efetividade ao processo.

Nessa direção, a decisão homologatória pode ser impugnada conforme a regra do art. 884, § 3º, da CLT, *in verbis*: "Somente nos embargos à penhora poderá o executado impugnar a sentença de liquidação, cabendo ao exequente igual direito e no mesmo prazo".

Assim, o executado pode impugnar a "sentença" (decisão) de liquidação por meio de embargos à execução, no prazo de 5 (cinco) dias, após garantir a execução. Essa garantia pode se dar voluntariamente ou de forma coercitiva, por meio da penhora.

Da mesma maneira, o exequente poderá discutir a decisão que homologou os cálculos por meio de impugnação, no mesmo prazo de 5 (cinco) dias concedidos ao executado para apresentar os seus embargos.

Reiteramos que os embargos só podem ser apresentados caso haja a garantia do juízo, conforme se infere da regra do art. 884 da CLT: "Garantida a execução ou penhorados os bens, terá o executado 5 (cinco) dias para apresentar embargos, cabendo igual prazo ao exequente para impugnação".

Este procedimento deve ser analisado, também, sob a ótica do art. 879, § 2º, da CLT, o qual preceitua: "Elaborada a conta e tornada líquida, o Juiz poderá abrir às partes prazo sucessivo de 10 (dez) dias para impugnação fundamentada com a indicação dos itens e valores objeto da discordância, **sob pena de preclusão**" (destaque nosso).

A Lei 13.467/2017 (Reforma Trabalhista) alterou esse § 2º do art. 879, cuja nova redação passará a ser:

> § 2º Elaborada a conta e tornada líquida, o juízo deverá abrir às partes prazo comum de oito dias para impugnação fundamentada com a indicação dos itens e valores objeto da discordância, sob pena de preclusão.

Logo, caso o juiz tenha aberto prazo para que as partes se manifestem durante a fase de liquidação, e elas permaneceram inertes, haverá preclusão, ou seja, não poderão mais discutir sobre a matéria decidida quando da apresentação dos embargos à execução ou da impugnação da decisão de homologação.

Sendo apresentados os embargos à execução pelo executado e/ou a impugnação pelo exequente, ambos serão julgados, sendo essa decisão passível de agravo de petição.

XXIII

EXECUÇÃO TRABALHISTA

23.1 ASPECTOS INTRODUTÓRIOS

A execução trabalhista foi um dos capítulos mais afetados pela Lei 13.467/2017 (Reforma Trabalhista), retirando do juiz um de seus mais poderosos instrumentos: o de promover a execução *ex officio* e determinar o bloqueio on-line em instituições financeiras (Bancen-Jud), o que irá afetar certamente a celeridade e a efetividade do processo.

Em paralelo a esta drástica medida, a Lei também instituiu um novo incidente na execução trabalhista, em favor do réu, o incidente de desconsideração da personalidade jurídica (o que outrora era também determinado *ex officio* pelo magistrado trabalhista), ao mesmo tempo em que sacramentou a prescrição intercorrente, *ex officio*, na execução, nos moldes do art. 11-A da CLT.

Como outrora analisado, no capítulo sobre liquidação de sentença, as decisões judiciais de cunho declaratório e constitutivo são satisfativas e não necessitam ser executadas.

De outro giro, somente a sentença condenatória pode ser objeto de execução pelo fato de ser a única a possuir em seu comando um caráter obrigacional de teor sancionatório, ou seja, reconhece a violação de um direito por parte do réu, obrigando-o a repará-la, por meio do cumprimento de uma determinada obrigação (dar, fazer ou não fazer).

Nesse diapasão, compete ao Estado-juiz, além de proclamar uma decisão para solucionar o conflito, oferecer mecanismos de coerção para que aquela possa ser, verdadeiramente, efetivada.

Justamente por esses fundamentos que as ações condenatórias são sujeitas ao prazo prescricional, na medida em que estão imbuídas da pretensão do autor, titular do direito material, de querer, de exigir o cumprimento da obrigação (de dar, pagar, fazer ou não fazer) contido no provimento jurisdicional. Se não movimentar a máquina judiciária nos prazos previstos na lei, ou seja, se permanecer inerte, seu direto material, após o transcurso do prazo prescricional, se transmutará em obrigação natural, desprovido de coerção.

Nesse passo, surge o processo ou fase de execução, que é a atuação jurisdicional que compele o devedor, agora por iniciativa do interessado ou exequente, a cumprir a obrigação contida no dispositivo da decisão. Portanto, o processo de execução objetiva efetivar, satisfazer o direito do credor que fora reconhecido em uma decisão judicial (sentença ou acórdão), proferida durante a fase de conhecimento.

Se na fase de conhecimento ocorre a certificação do direito material a seu legítimo titular, na fase de execução é que aparece toda a força do Estado Juiz em promover a devida justiça, ou seja, a entrega do bem da vida a quem realmente pertence.

A execução não se resume aos títulos judiciais (sentenças e acórdãos), podendo emergir quando a obrigação a ser cumprida se desvele por meio de um título extrajudicial.

Manoel Antonio Teixeira Filho[1] assim conceitua execução:

> (...) a atividade jurisdicional do Estado de índole essencialmente coercitiva, desenvolvida por órgão competente, de ofício ou mediante iniciativa do interessado, com o objetivo de compelir o devedor ao cumprimento da obrigação contida em sentença condenatória transitada em julgado ou em acordo judicial inadimplido ou em título extrajudicial, previsto em lei.

A execução no processo do trabalho rege-se pela CLT (arts. 876 a 892) e por lei trabalhistas esparsas, como é o caso da Lei 5.584/1970. Havendo lacunas, elas deverão ser colmatadas pela Lei 6.830/1980 (Executivos Fiscais). Nesse sentido, declina a CLT que "Aos trâmites e incidentes do processo da execução são aplicáveis, naquilo em que não contravierem ao presente Título, os preceitos que regem o processo dos executivos fiscais para a cobrança judicial da dívida ativa da Fazenda Pública Federal" (art. 889, CLT).

Permanecendo a omissão, o Código de Processo Civil deverá ser aplicado. Assim, as regras sobre execução trabalhista são aplicadas levando em consideração a seguinte gradação:

1º dispositivos da CLT, havendo omissão;

2º utiliza-se as leis esparsas, mormente a Lei 5.584/1970, persistindo a omissão;

3º será aplicada a Lei 6.830/1980;

4º aplicando-se o CPC, em última análise.

---

[1] TEIXEIRA FILHO, Manoel Antonio. *Execução no processo do trabalho*. 8. ed. São Paulo: LTr, 2004. p. 33-34.

Entretanto, tal regra comporta uma exceção, que é retratada pelo art. 882, CLT. Por esse preceito, a indicação dos bens à penhora deve obedecer à ordem preferencial estipulada no art. 835² do CPC/2015. O art. 882 da CLT, retromencionado, foi alterado pela Lei 13.467/2017 e passou a ter a seguinte redação:

> Art. 882. O executado que não pagar a importância reclamada poderá garantir a execução mediante depósito da quantia correspondente, atualizada e acrescida das despesas processuais, apresentação de seguro garantia judicial ou nomeação de bens à penhora, observada a ordem preferencial estabelecida no artigo 835 da Lei 13.105, de 16 de março de 2015 – Código de Processo Civil.

Esta modificação legal teve por objetivo a adequação do texto à jurisprudência dominante do Colendo TST expresso na OJ 59 da SDI – II do TST, na medida em que também passa a aceitar o seguro garantia judicial como garantia da execução. Este artigo também se compatibiliza com o art. 835, § 2º³, CPC/2015, aplicável ao processo do trabalho de acordo com a IN 39/2016.

23.2 TÍTULOS EXECUTIVOS

Como já sublinhado em linhas pretéritas, a execução deve se pautar em um título executivo, judicial ou extrajudicial. Não há que falar em execução sem um título executivo. Nesse passo, o CPC dispõe: "Art. 783. A execução para cobrança de crédito fundar-se-á sempre em título de obrigação certa, líquida e exigível".

Título certo é o que apresenta a obrigação determinada, delimitada, que não é passível de modificação.

Liquidez refere-se à quantidade devida, na hipótese de uma obrigação de pagar, ou individualiza o objeto da execução, nos casos envolvendo obrigação de entregar, fazer e não fazer.

Exigível é a obrigação com eficácia imediata, atual, isto é, já pode ser exigida, posto não haver nenhum termo, condição ou contraprestação pendentes.

---

2   "Art. 835. A penhora observará, preferencialmente, a seguinte ordem: I – dinheiro, em espécie ou em depósito ou aplicação em instituição financeira; II – títulos da dívida pública da União, dos Estados e do Distrito Federal com cotação em mercado; III – títulos e valores mobiliários com cotação em mercado; IV – veículos de via terrestre; V – bens imóveis; VI – bens móveis em geral; VII – semoventes; VIII – navios e aeronaves; IX – ações e quotas de sociedades simples e empresárias; X – percentual do faturamento de empresa devedora; XI – pedras e metais preciosos; XII – direitos aquisitivos derivados de promessa de compra e venda e de alienação fiduciária em garantia; XIII – outros direitos."

3   "Art. 835. (...) § 2º Para fins de substituição da penhora, equiparam-se a dinheiro a fiança bancária e o seguro garantia judicial, desde que em valor não inferior ao do débito constante da inicial, acrescido de trinta por cento."

Os títulos executivos, âmbito processual trabalhista, são visualizados **no art. 876 da CLT,** que apresenta a seguinte divisão:

a) títulos executivos judiciais: a) *sentenças transitadas em julgado*: são aquelas que não se sujeitam a mais nenhum tipo de recurso; b) *decisões impugnadas por recurso, sem efeito suspensivo.* Consoante o art. 899[4] da CLT, os recursos trabalhistas são dotados de efeito meramente devolutivo, permitindo a execução provisória da sentença; *acordos judiciais não cumpridos*; c) *os acordos homologados pela Justiça do Trabalho,* os quais adquirem força de coisa julgada, portanto definitivos, quando da sua homologação[5].

Embora, não mencionado como título judicial pela CLT, o acordo extrajudicial previsto no art. 855-B da CLT[6], uma vez homologado pelo juízo, transforma-se em um título executivo judicial.

Em que pese não estarem elencados no artigo em lume, os créditos previdenciários, oriundos de sentenças condenatórias em pecúnia ou de acordos judiciais, também são considerados títulos executivos judiciais, por grande parte da doutrina e da jurisprudência.

Essa assertiva está juridicamente embasada na combinação dos arts. 876, parágrafo único[7], da CLT e 114, VIII, da Constituição da República.

---

[4] "Art. 899. Os recursos serão interpostos por simples petição e terão efeito meramente devolutivo, salvo as exceções previstas neste Título, permitida a execução provisória até a penhora."

[5] "Art. 831. (...). Parágrafo único. No caso de conciliação, o termo que for lavrado valerá como **decisão irrecorrível** salvo para a Previdência Social quanto às contribuições que lhe forem devidas" (destaque nosso).

[6] "Art. 855-B. O processo de homologação de acordo extrajudicial terá início por petição conjunta, sendo obrigatória a representação das partes por advogado.§ 1º Aspartesnãopoderãoserrepresentadasporadvogado comum.§ 2º Faculta-se ao trabalhador ser assistido pelo advogado do sindicatodesua categoria.

Art. 855-C. O disposto neste Capítulo não prejudica o prazo estabelecidono§ 6º do art. 477 desta Consolidação e não afasta a aplicação da multa prevista no § 8º art. 477 desta Consolidação.

Art. 855-D. No prazo de quinze dias a contar da distribuição dapetição, o juiz analisará o acordo, designará audiência se entender necessário eproferirá sentença.

Art. 855-E. A petição de homologação de acordo extrajudicial suspende o prazo prescricional da ação quanto aos direitos nela especificados.

Parágrafo único. O prazo prescricional voltará a fluir no dia útil seguinte ao do trânsito em julgado da decisão que negar a homologação do acordo."

[7] Esse parágrafo único ganhou uma nova redação, dada pela Lei 13.467/2017: "Parágrafo único. A Justiça do Trabalho executará, de ofício, as contribuições sociais previstas na alínea *a* do inciso I e no inciso II do *caput* art. 195 da Constituição Federal, e seus acréscimos legais, relativas ao objeto da condenação constante das sentenças que proferir e dos acordos que homologar". Este parágrafo foi alterado por força da Súmula Vinculante 53

b) títulos executivos extrajudiciais: *termos de ajuste de conduta, firmados perante o Ministério Público do Trabalho*[8]. O fundamento legal do TAC é estabelecido no art. 5º, § 6º, Lei 7.347/1985 (LACP):

> Os órgãos públicos legitimados poderão tomar dos interessados compromisso de ajustamento de sua conduta às exigências legais, mediante cominações, que terá eficácia de título executivo extrajudicial.

Sempre existirá nos TACs a imposição de *astreinte* (multa para ser aplicada em caso de descumprimento das obrigações de fazer ou não fazer, ou mesmo de dar, cuja reparação poderá ser em dinheiro ou *in natura*, p. ex.: promover a construção de uma creche para crianças carentes, custear uma escola para aprendizes etc.).

Da mesma forma que os acordos judiciais, que transitam em julgado e transmutam-se em título executivo judicial tão logo homologados pelo magistrado trabalhista, o TAC[9], uma vez subscrito e firmado pelo empregador e pelo procurador oficiante, se transformará em título executivo extrajudicial, não dependendo de qualquer homologação superior. Seus efeitos serão imediatos.

- *Termos de conciliação firmados perante a comissão de conciliação prévia* (art. 876, CLT).

- *Certidão da dívida ativa da União decorrente das penalidades administrativas impostas ao empregador pelos órgãos da fiscalização do trabalho* (art. 114, VII, da CF/1988).

A certidão de dívida ativa (CDA) relativa à multa administrativa aplicada pelo auditor do Ministério do Trabalho também é um título extrajudicial, passível de execução na Justiça do Trabalho, por ser formado por uma autoridade administrativa.

---

do STF, que reconhece a competência da Justiça do Trabalho para executar a contribuição previdenciária decorrente das suas condenações ou acordos homologados.

[8] A Medida Provisória 905/2019, de setembro de 2019, colide diretamente com a Lei 7.347/1985, que regula a ação civil pública, o inquérito civil e o termo de ajuste de conduta, instrumentos do Direito Processual Coletivo do Trabalho, dispondo, em seu art. 13, que os recursos provenientes das indenizações devem ser destinados à reconstituição dos bens lesados, o que somente se define nos casos concretos, com a participação das instituições e entidades legitimadas para o exercício da ação, entre as quais figura o Ministério Público.

[9] O Ministério do Trabalho e Emprego também pode celebrar termo de compromisso de ajuste de conduta com os empregadores, que não são dotados, porém, da natureza jurídica de título executivo extrajudicial. Estatui o art. 627-A da CLT: "Art. 627-A. Poderá ser instaurado procedimento especial para a ação fiscal, objetivando a orientação sobre o cumprimento das leis de proteção ao trabalho, bem como a prevenção e o saneamento de infrações à legislação mediante Termo de Compromisso, na forma a ser disciplinada no Regulamento da Inspeção do Trabalho".

Com o advento da MP 905/2019, surge um novo título executivo extrajudicial na Justiça do Trabalho suscetível de execução: o termo de compromisso, fixado no art. 627-A[10], que em sua nova redação é firmado pelos auditores fiscais do trabalho do Ministério da Economia com os empregadores, em procedimento especial para a ação fiscal naquele Ministério.

O TST sinalizou recentemente, em março de 2016, sobre a possibilidade de se executarem outros títulos extrajudiciais, tais como cheques e notas promissórias na Justiça do Trabalho, sem o advento da ação monitória, desde que tenham origem na própria relação empregatícia (IN 39/2016).

Logo, resta o entendimento atual de que o rol do art. 876 sobre títulos executivos extrajudiciais é meramente exemplificativo.

23.3 PRINCÍPIOS ESTRUTURAIS DA EXECUÇÃO

a) Princípio do interesse do credor (exequente)

A execução objetiva satisfazer o interesse do credor. Logo, o procedimento na execução trabalhista deve mirar a realização, a efetivação da obrigação contida na decisão judicial, já que esta abrange, primordialmente, créditos de natureza alimentar oriundos da relação de emprego.

b) Patrimonialidade ou natureza real

O princípio em tela propugna que a execução somente pode recair sobre os bens do executado, presentes e futuros (CPC/2015, art. 789), não se podendo falar em atos executórios incidentes sobre a pessoa física do devedor, que atinjam sua integridade física ou moral.

Como visto, a Lei 13.467/2017 também estendeu a possibilidade de o réu garantir a execução com seguro-garantia judicial, que em certa parte é prejudicial ao credor, pois o impede de sacar a parte incontroversa caso o depósito seja feito em dinheiro.

---

[10] "Art. 627-A. Poderá ser instaurado procedimento especial para a ação fiscal, com o objetivo de fornecer orientações sobre o cumprimento das leis de proteção ao trabalho e sobre a prevenção e o saneamento de infrações à legislação por meio de termo de compromisso, com eficácia de título executivo extrajudicial, na forma a ser disciplinada pelo Ministério da Economia.§ 1º Os termos de ajustamento de conduta e os termos de compromisso em matéria trabalhista terão prazo máximo de dois anos, renovável por igual período desde que fundamentado por relatório técnico, e deverão ter suas penalidades atreladas aos valores das infrações contidas nesta Consolidação e em legislação esparsa trabalhista, hipótese em que caberá, em caso de descumprimento, a elevação das penalidades que forem infringidas três vezes.§ 2ºA empresa, em nenhuma hipótese, poderá ser obrigada a firmar dois acordos extrajudiciais, seja termo de compromisso, seja termo de ajustamento de conduta, seja outro instrumento equivalente, com base na mesma infração à legislação trabalhista."

O art. 824 do CPC/2015 também faz alusão à expropriação dos bens do executado, pois determina que "A execução por quantia certa realiza-se pela expropriação de bens do executado, ressalvadas as execuções especiais".

c) Limitação expropriatória

O valor executado não pode embasar uma alienação deliberada e total do patrimônio do devedor, pois a constrição e a alienação do patrimônio deste devem atender aos valores relativos à dívida e à satisfação do exequente.

O princípio em tela propugna pela limitação da expropriação ao valor do crédito, impedindo a alienação desnecessária do patrimônio do devedor (evitando-se, assim, o abuso de direito), desde que os bens sejam suficientes para satisfazer o crédito do exequente.

Podemos encontrar remissões legais nos arts. 831[11] e 899[12], ambos do CPC/2015, bem como no art. 883, CLT.

Além de dar nova redação ao art. 883, a Lei nº 13.467/2017 acrescentou um dispositivo legal, conforme segue:

> Art. 883-A. A decisão judicial transitada em julgado somente poderá ser levada a protesto, gerar inscrição do nome do executado em órgãos de proteção ao crédito ou no Banco Nacional de Devedores Trabalhistas (BNDT), nos termos da Lei, depois de transcorrido o prazo de quarenta e cinco dias a contar da citação do executado, se não houver garantia do juízo.

Embora de natureza alimentar, o presente artigo é mais favorável ao réu do processo civil, pois o art. 523[13] do CPC/2015 determina o prazo de 15 dias para cumprimento definitivo da sentença, sob pena de protesto e certidões negativas (art. 782 do CPC/2015), ao passo que no processo trabalhista, o legislador concedeu o prazo de 45 dias para levar o título a protesto, caso não seja pago.

Não obstante pareça algo inaceitável o fato de um título judicial, emanado do Estado Democrático de Direito, um de seus fundamentos, ao lado do ato jurídico perfeito e do direito adquirido, ter que se submeter a protesto em órgão

---

[11] "Art. 831. A penhora deverá recair sobre tantos bens quantos bastem para o pagamento do principal atualizado, dos juros, das custas e dos honorários advocatícios."

[12] "Art. 899. Será suspensa a arrematação logo que o produto da alienação dos bens for suficiente para o pagamento do credor e para a satisfação das despesas da execução."

[13] "Art. 523. No caso de condenação em quantia certa, ou já fixada em liquidação, e no caso de decisão sobre parcela incontroversa, o cumprimento definitivo da sentença far-se-á a requerimento do exequente, sendo o executado intimado para pagar o débito, no prazo de 15 (quinze) dias, acrescido de custas, se houver. § 1º Não ocorrendo pagamento voluntário no prazo do *caput*, o débito será acrescido de multa de dez por cento e, também, de honorários de advogado de dez por cento."

extrajudicial, o legislador andou bem no sentido de criar mais óbice ou barreira a uma vida normal do devedor contumaz, que não honra com seus compromissos.

d) Utilidade para o credor

A execução não pode ser um instrumento de mera punição, sendo utilizada pelo credor tão só com a finalidade de causar danos ou prejudicar o devedor (atos emulativos). Nessa esteira, quando o patrimônio do executado for insuficiente para arcar com o pagamento da dívida, o credor não poderá se valer da execução, não sendo a penhora efetuada, "quando ficar evidente que o produto da execução dos bens encontrados será totalmente absorvido pelo pagamento das custas da execução" – CPC/2015, art. 836.

Em suma, a penhora não será realizada quando claro restar que o produto a ser alienado será absorvido, por completo, pelo pagamento das custas da execução, o que impedirá o pagamento da própria dívida, mostrando-se, assim, inútil ao credor.

Quando isso ocorrer, o juiz, com base no art. 40 da Lei 6.830/1980, suspenderá o curso da execução trabalhista, enquanto não existirem bens do devedor a serem penhorados. O prazo de referida suspensão será de um ano; após este, os autos serão arquivados, podendo ser desarquivados, a qualquer tempo, para a continuidade da execução, na hipótese de serem encontrados bens do devedor.

e) Não prejudicialidade do devedor

Embora se encontre em estado de submissão, o devedor não pode ser aviltado, tripudiado pelo exequente, pois o próprio art. 805 do CPC/2015 estabelece que, se puder o credor, por diversos meios, promover a execução, deverá fazê-lo pelo modo menos gravoso ao devedor.

No entanto, usualmente, o credor, na execução trabalhista, é o trabalhador, geralmente hipossuficiente e em estado de desemprego. Assim, no cotidiano forense, o magistrado deverá sopesar, pelo critério da equidade, o princípio da utilidade para o credor e o da não prejudicialidade para o devedor, dando prevalência ao primeiro, visto que o credor, em regra, encontra-se em situação mais delicada do que o devedor, normalmente, o empregador.

f) Especificidade

Princípio inerente às execuções para entrega de coisa, de fazer e de não fazer, cujo teor se direciona para a possibilidade de o credor receber, além de perdas e danos, o valor da coisa, quando esta não lhe for entregue, deteriorar-se, não for encontrada ou não for reclamada do poder de terceiro adquirente, conforme art. 809 do CPC/2015.

Referido princípio igualmente é contemplado pelo art. 816 do CPC/2015.

> Art. 816. Se o executado não satisfizer a obrigação no prazo designado, é lícito ao exequente, nos próprios autos do processo, requerer a satisfação da obrigação

à custa do executado ou perdas e danos, hipótese em que se converterá em indenização.

Parágrafo único. O valor das perdas e danos será apurado em liquidação, seguindo-se a execução para cobrança de quantia certa.

g) Não aviltamento do devedor

Princípio que tem como fundamento o princípio da dignidade humana, alicerce da República Federativa do Brasil (CF, art. 1º, III), reflete-se, em nível infraconstitucional por meio do art. 833 do CPC/2015 e da Lei 8.009/1990 (Lei do Bem de Família), que propugnam sobre a impenhorabilidade de determinados bens do devedor, fundamentais à sua sobrevivência e à de sua família.

h) Livre disponibilidade do processo pelo credor

Por esse princípio, o credor pode atuar seguindo sua convicção, ou seja, pode ele desistir da execução ou de alguns atos executivos, independentemente de concordância do devedor, de acordo com os arts. 775 e 200, parágrafo único, do CPC/2015.

Todavia, caso haja o devedor interposto embargos à execução, entendemos que a desistência da execução deve ter anuência do devedor embargante, pois ele poderá desejar que o magistrado se pronuncie acerca dos embargos opostos.

23.4 EXECUÇÃO PROVISÓRIA E DEFINITIVA

A execução pode se desenvolver de maneira definitiva ou provisória. A definitiva está fundamentada em uma decisão transitada em julgado, ou seja, em decisão não mais modificável, pois não há nenhum recurso pendente. De outro modo, a execução provisória está fundada em uma decisão judicial que não transitou em julgado, isto é, sobre a qual ainda há recurso pendente. Também será provisória a execução baseada em uma decisão liminar proferida em tutela de urgência.

23.4.1 Execução provisória

Como mencionado, a execução provisória desenvolve-se alicerçada em uma decisão não definitiva, pois passível de ser impugnada por um recurso. Ademais, o recurso interposto não pode ser dotado de efeito suspensivo, já que este impede que a decisão produza os seus efeitos. Consequentemente, a execução provisória só é permitida nas hipóteses em que a decisão é guerreada por recursos dotados de efeitos meramente devolutivos.

Ainda, como a decisão está submetida a uma nova apreciação, passível de modificação, a execução não pode ser definitiva.

Como é cediço, no processo do trabalho, os recursos são munidos de efeito meramente devolutivo. Dessa maneira, a sentença ou o acórdão condenatório, mesmo quando submetidos a recursos, poderão ser executados provisoriamente. Nesses termos, dispõe a CLT:

> Art. 899. Os recursos serão interpostos por simples petição e terão efeito meramente devolutivo, salvo as exceções previstas neste Título, permitida a execução provisória até a penhora.

Pelo exposto, a regra do art. 899 prevê que a execução provisória deva prosseguir até a fase da penhora, limitando-se, portanto, a atos de constrição, e não de expropriação.

Nesse sentido Sergio Pinto Martins[14] assevera:

> A execução provisória irá apenas até a penhora (art. 899 da CLT), parando ao alcançar essa fase processual. Não se pode falar em liberação de valores. O juiz não irá julgar os embargos eventualmente apresentados, pois o julgamento pode tornar-se inútil se a sentença for modificada por meio de recurso.

Ao revés, há na doutrina[15] forte posicionamento defendendo a ideia de que a execução provisória deva prosseguir até a fase da garantia do juízo (penhora – constrição de bens suficientes para cobrir o valor do crédito), mas, também, apreciar eventuais incidentes da penhora, como o julgamento dos embargos à execução e, se for o caso, eventual agravo de petição.

Cumpre-nos alertar que a execução provisória, no processo do trabalho, **não** pode ser utilizada em títulos executivos extrajudiciais, os quais só poderão ser executados de maneira definitiva.

Ademais, o cumprimento provisório da sentença impugnada por recurso desprovido de efeito suspensivo será realizado da mesma forma que o cumprimento definitivo.

Para iniciar a execução provisória, é necessário que o exequente a requeira ao juiz, de modo que a execução provisória corre por iniciativa e responsabilidade do exequente, que se obriga, se a sentença for reformada, a reparar os danos que o executado haja sofrido (art. 520[16], I, do CPC/2015).

---

[14] MARTINS, Sergio Pinto. *Direito processual do trabalho*. 38. ed. São Paulo: Saraiva, 2016. p. 987.

[15] SCHIAVI, Mauro. *Manual de direito processual do trabalho*. 10. ed. São Paulo: LTr, 2016. p. 1113.

[16] "Art. 520. O cumprimento provisório da sentença impugnada por recurso desprovido de efeito suspensivo será realizado da mesma forma que o cumprimento definitivo, sujeitando-se ao seguinte regime: I – corre por iniciativa e responsabilidade do exequente, que se obriga, se a sentença for reformada, a reparar os danos que o executado haja sofrido; II – fica sem efeito, sobrevindo decisão que modifique ou anule a sentença objeto da execução, restituindo-se as partes ao estado anterior e liquidando-se eventuais prejuízos nos mesmos autos; (...)".

A execução provisória ficará sem efeito, caso sobrevenha decisão que modifique ou anule a sentença objeto da execução, restituindo-se as partes ao estado anterior e liquidando-se eventuais prejuízos nos mesmos autos. Se a sentença objeto de cumprimento provisório for modificada ou anulada apenas em parte, somente nesta ficará sem efeito a execução (art. 520, III, do CPC/2015).

O levantamento de depósito em dinheiro e a prática de atos que importem transferência de posse ou alienação de propriedade ou de outro direito real, ou dos quais possa resultar grave dano ao executado, dependem de caução suficiente[17] e idônea[18], arbitrada de plano pelo juiz e prestada nos próprios autos (art. 520, IV, do CPC/2015).

De plano, entendemos que a caução exigida no artigo em tela não é aplicável na seara processual trabalhista, visto que, geralmente, o credor é o empregado economicamente vulnerável, impossibilitado de prestar a caução. Exigir a caução é inviabilizar e, até, impossibilitar a execução provisória no Processo do Trabalho.

Além disso, a regra contida no art. 521 estipula que a caução poderá ser dispensada[19] nos casos em que:

---

[17] "Agravo de instrumento. Levantamento de valores. Oferecimento de caução. Art. 475-O, III, do Código de Processo Civil. Obrigatoriedade. Bem imóvel. Caução que deve ser idônea e suficiente. Necessidade de avaliação. Necessidade de se saber se o bem está gravado de algum ônus real. I – O levantamento de depósito em dinheiro e a prática de atos que importem alienação de propriedade ou dos quais possa resultar grave dano ao executado dependem de caução suficiente e idônea, arbitrada de plano pelo juiz e prestada nos próprios autos (art. 475-O, III, do Código de Processo Civil)" (TJAM, AI 0008081-62.2014.8.04.0000, 1ª C. Cív., Rel. Des. Sabino da Silva Marques, DJe 11.06.2015, p. 35).

[18] "Agravo de instrumento. Cumprimento provisório de sentença. Pretensão de atribuir efeito suspensivo à execução provisória com base no poder geral de cautela. Inadmissibilidade: A execução provisória da sentença segue o mesmo modo da definitiva. Inexistência de fundamento para concessão do efeito pleiteado. Recursos interpostos para os Tribunais Superiores que não têm efeito suspensivo. Aplicação dos arts. 475-O e 497 do CPC. Decisão mantida. Caução. Pretensão de determinar a prestação de caução para a execução provisória. Descabimento: Não se exige caução para início da execução provisória. Garantia que deverá ser requerida quando houver atos de expropriação do patrimônio do executado, nos termo do art. 475-O, inciso III, do Código de Processo Civil. Decisão mantida. Recurso desprovido" (TJSP, AI 2115287-55.2015.8.26.0000/São Paulo, 37ª CDPriv., Rel. Israel Góes dos Anjos, DJe 28.07.2015).

[19] "Agravo de petição. Execução provisória. Liberação de importância em dinheiro. O art. 588, inciso II e § 2º, do CPC estabelece a possibilidade de liberação, na execução provisória, da importância de até 60 salários mínimos, com a dispensa de caução, quando o exequente encontrar-se em estado de necessidade. A figura-se inquestionável a aplicação desse dispositivo legal no processo do trabalho, por força do disposto no art. 769/CLT, considerando-se a finalidade social da norma, em que se vislumbra o intuito de minimizar a precariedade de vida do credor, em estado de necessidade, que, titular de crédito de natureza alimentar, dele não pode lançar mão. Deste modo, sendo inconteste o estado de necessidade da exequente, que, além de suas precárias condições financeiras, ainda luta com doença gravíssima de que é portadora (doença de chagas), o deferimento do pleito afigura-se em perfeita sintonia com o objetivo da norma legal. Agravo de petição provido" (TRT 3ª R., Ap. 00385-2003-023-03-40-80, 8ª T., Rel. Juíza Denise Alves Horta, DJU 18.06.2005).

- o crédito for de natureza alimentar[20], independentemente[21] de sua origem: como já apontado, o crédito trabalhista possui natureza alimentar;
- o credor[22] demonstrar situação de necessidade: em regra, na Justiça do Trabalho, o credor é o trabalhador desempregado;
- pender o agravo do art. 1.042, ou seja, perante o STF ou perante o TST;

I – a sentença a ser provisoriamente cumprida estiver em consonância com súmula da jurisprudência do Supremo Tribunal Federal ou do Superior Tribunal de Justiça ou em conformidade com acórdão proferido no julgamento de casos repetitivos. Na seara processual trabalhista, essa regra deve ser aplicada, igualmente, quando a sentença estiver em consonância com Súmula do TST.

---

[20] "Processo do trabalho. Fase de execução. Aplicação do disposto no art. 475-O, § 2º, I e II, do CPC. Compatibilidade. De acordo com o art. 475-O do CPC, 'a execução provisória da sentença far-se-á, no que couber, do mesmo modo que a definitiva, (caput) o levantamento de depósito em dinheiro e a prática de atos que importem alienação de propriedade ou dos quais possa resultar grave dano ao executado dependem de caução suficiente e idônea, arbitrada de plano pelo juiz e prestada nos próprios autos (III) a caução a que se refere o inciso III do caput deste artigo poderá ser dispensada (§ 2º): I – quando, nos casos de crédito de natureza alimentar ou decorrente de ato ilícito, até o limite de sessenta vezes o valor do salário mínimo, o exequente demonstrar situação de necessidade; II – nos casos de execução provisória em que penda agravo de instrumento junto ao Supremo Tribunal Federal ou ao Superior Tribunal de Justiça (art. 544), salvo quando da dispensa possa manifestamente resultar risco de grave dano, de difícil ou incerta reparação'. O disposto nestes dois incisos do § 2º do art. 475-O do CPC é compatível e aplicável ao Processo do Trabalho em sua fase de execução. Sendo certo que essa compatibilidade vai sempre depender de cada situação concreta. No presente caso, dúvida não há de que o levantamento dos valores dos depósitos poderia ter sido autorizado, inclusive, sem caução, nos exatos termos do art. 475-O, § 2º, inciso II, do CPC), pois: a execução é provisória, já que há recurso pendente no Supremo Tribunal Federal, e a dispensa da caução não resulta em risco de grave dano ao executado, já que o exequente, por ser aposentado, é um credor permanente do agravado, havendo entre eles uma relação de débito e crédito que se renova a cada mês" (TRT 8ª R., Ap. 0000552-30.2010.5.08.0013, Rel. Des. Fed. Eliziário Bentes, DJe 02.12.2014, p. 10).

[21] "Agravo de petição do exequente. Execução provisória. Pedido de liberação de valores sem caução. Art. 475-O, II, do CPC. Provimento. Hipótese em que aplicável a inteligência dos incisos I e II do § 2º do art. 475-O do CPC, possibilitando ao exequente o levantamento dos depósitos recursais, sem necessidade de prestação de caução, eis que, diante da própria essência do crédito em questão, afigura-se plausível a situação de necessidade prevista na norma. Agravo provido" (TRT 13ª R., Ap. 0115000-97.2013.5.13.0004, Rel. Juiz Antonio Cavalcante da Costa Neto, DJe 09.07.2015, p. 10).

[22] "Execução provisória. Art. 475-O, § 2º, do CPC. O § 2º do art. 475-O do CPC não afronta qualquer preceito constitucional. O novo modelo legal para o cumprimento da sentença, embora em caráter provisório, determinado pelo art. 588 (depois art. 475-O) do CPC, estabelece diminutas diferenças entre os tipos de execução (definitiva ou provisória), com possibilidade ampla de bloqueio de valores consubstanciado, se for o caso, no levantamento de depósito em dinheiro. E isto guarda perfeita harmonia com os princípios do processo do trabalho, que se caracteriza pela celeridade, em razão da necessidade de atender o pagamento de créditos de natureza alimentar" (TRT 8ª R., Ap. 0001583-38.2012.5.08.0006, Rel. Des. Fed. Herbert Tadeu Pereira de Matos, DJe 08.12.2014, p. 22).

Entretanto, o juiz pode manter a exigência de caução quando da dispensa possa resultar manifesto risco de grave dano de difícil ou incerta reparação.

O cumprimento provisório[23] da sentença será requerido por petição dirigida ao juízo competente. Não sendo eletrônicos os autos, a petição será acompanhada de algumas cópias das peças que integram o processo (carta de sentença), em virtude de os autos principais estarem, usualmente, em instâncias superiores, em decorrência dos recursos.

Os documentos que compõem a carta de sentença são: *decisão exequenda; certidão de interposição do recurso não dotado de efeito suspensivo; procurações outorgadas pelas partes; decisão de habilitação, se for o caso.*

Facultativamente, o credor poderá anexar outras peças processuais consideradas necessárias para demonstrar a existência do crédito.

A autenticidade desses documentos poderá ser certificada pelo próprio advogado, sob sua responsabilidade pessoal.

Insta destacar a posição refratária do TST sobre a possibilidade de se penhorar dinheiro ou de se bloquearem contas bancárias no curso da execução provisória, sob o argumento de que a execução deve correr de maneira menos gravosa para o executado, fato que foi agora regulamentado pela Lei 13.467/2017, a qual retirou do magistrado a possibilidade de determinar a penhora ou bloqueio *on-line*.

Outra questão polêmica acerca da execução provisória diz respeito à sua aplicação nas sentenças condenatórias de obrigação de fazer.

Inicialmente, a posição majoritária se inclinou para a rejeição[24] plena, visto que executar provisoriamente uma obrigação de fazer[25] seria o mesmo que conceder a

---

[23] "Ação de cumprimento de sentença. Decisão singular que autoriza levantamento de dinheiro independente de caução até o limite de 60 salários mínimos. Agravo de instrumento. Pleito de reforma dos exequentes. Intuito de receber toda a quantia depositada em juízo. Alegação de dificuldades financeiras. Teses de defesa afastadas. Regra insculpida no inciso I do § 2º do artigo 475-O do CPC. Levantamento do dinheiro até o limite de 60 salários mínimos. Pedido de liberação total dos honorários. Quantia que deve ser proporcional ao montante recebido pelos exequentes. Decisão mantida. Recurso desprovido" (TJPR, AI 1183570-6, 8ª C.Cív., Rel. Des. Sérgio Roberto N. Rolanski, *DJe* 04.12.2014, p. 560).

[24] "A medida satisfativa se impõe desde já não só porque absolutamente presentes os requisitos (típicos da jurisdição metaindividual) elencados no § 3º do art. 461 do CPC (relevância da demanda e receio de ineficácia do provimento final), mas também porque, em se tratando de obrigação de fazer (que, segundo doutrina mansa, não comporta execução provisória), é importante que a reclamada se comprometa, de imediato, aos termos condenatórios, mesmo porque, como visto, existem várias outras empresas e/ou empreiteiras que habitualmente negociam com a ré a edificação de obras e que, por óbvio, não podem ficar na espera do trânsito em julgado da presente ACP para serem instadas ao cumprimento da legislação básica e específica atinente ao meio ambiente de trabalho na construção civil. Preponderância, *in casu*, do princípio da efetividade da prestação jurisdicional, mormente porque em debate a proteção a direitos coletivos fundamentais como a saúde e, caso dos autos, a própria vida. Provimento negado" (TRT 4ª R., RO 00440.2004.029.04.00.9, 2ª T., Rel. Juiz João Ghisleni Filho, *DJRS* 29.07.2005).

[25] "Execução provisória. Obrigação de fazer. *Astreintes*. Possibilidade. Agravo regimental no agravo em recurso especial. Civil e processo civil. Alegação violação aos arts. 461 e 475-J

própria pretensão. Entretanto, tal posicionamento vem sendo fragilizado, mesmo que paulatinamente, já que o próprio TST, em suas **Orientações Jurisprudenciais 65[26] e 142[27] da SDI-II**, vem adotando[28] possibilidade[29] de antecipar[30] a tutela nas

---

do CPC, 412 e 884 do CC. Falta de prequestionamento. Incidência da Súmula nº 282 do STF. Obrigação de fazer. Execução provisória. *Astreintes*. Possibilidade. Acórdão recorrido em consonância com jurisprudência do STJ. Súmula nº 83/STJ. Agravo regimental desprovido" (STJ, AgRg-AG-REsp 200.758-(2012/0142561-6), 3ª T., Rel. Min. Paulo de Tarso Sanseverino, *DJe* 19.02.2014).

[26] "65. Mandado de segurança. Reintegração liminarmente concedida. Dirigente sindical. Ressalvada a hipótese do art. 494 da CLT, não fere direito líquido e certo a determinação liminar de reintegração no emprego de dirigente sindical, em face da previsão do inciso X do art. 659 da CLT."

[27] "142. Mandado de segurança. Reintegração liminarmente concedida. Inexiste direito líquido e certo a ser oposto contra ato de Juiz que, antecipando a tutela jurisdicional, determina a reintegração do empregado até a decisão final do processo, quando demonstrada a razoabilidade do direito subjetivo material, como nos casos de anistiado pela Lei nº 8.878/94, aposentado, integrante de comissão de fábrica, dirigente sindical, portador de doença profissional, portador de vírus HIV ou detentor de estabilidade provisória prevista em norma coletiva."

[28] "Multa por obrigação de fazer. Descumprimento. Multa diária. Termo inicial. Art. 461, § 4º, do CPC. A multa aplicada para o caso de descumprimento de obrigação de fazer, prevista no art. 461, § 4º, do CPC, é uma faculdade conferida ao julgador e constitui sanção pecuniária, com o intuito de compelir o réu ao cumprimento de determinada obrigação. O ordenamento jurídico pátrio, regendo a questão da multa *astreintes* no art. 461, § 4º, do CPC, expressamente autorizou o Órgão Julgador, de ofício ou a requerimento da parte, a impor multa diária ao réu em caso de descumprimento de ordem judicial, consistente em obrigação de fazer ou não fazer. O aludido dispositivo estabelece, ainda, que será fixado 'prazo razoável para o cumprimento do preceito', deixando em aberto, portanto, a possibilidade de execução provisória da multa diária. Recurso de revista não conhecido" (TST, ARR 1138-41.2012.5.09.0669, Rel. Min. Aloysio Corrêa da Veiga, *DJe* 17.04.2015).

[29] "Processual civil. Embargos à execução. Previdenciário. Execução provisória contra a fazenda pública. Emenda Constitucional nº 30/2000. Possibilidade. Imposição de multa. Descumprimento de obrigação de fazer. Legalidade. 1. 'A edição da Emenda Constitucional nº 30/2000, ao contrário do que sustenta o INSS, não impede a promoção de execução provisória contra a Fazenda Pública, que poderá ser processada até a fase dos embargos (art. 730 do CPC), ficando suspensa, a partir daí, até o trânsito em julgado do título executivo' (AG 001800158.2006.4.01.0000/MA, Rel. Des. Federal José Amilcar Machado, Primeira Turma, *DJ* 13.11.2006, p. 66). 2. Esta Corte, acompanhando entendimento firmado no STJ, decidiu ser legítima a imposição de multa diária prevista no art. 461 do CPC em face da Fazenda Pública para o caso de descumprimento de ordem judicial que determina o restabelecimento do benefício previdenciário. 3. Apelação do INSS não provida" (TRF 1ª R., AC 0039915-51.2014.4.01.9199/MT, Rel. Des. Fed. Gilda Sigmaringa Seixas, *DJe* 08.07.2015, p. 543).

[30] "Execução provisória. Obrigação de fazer. Ação civil pública. A interpretação sistemática dos artigos 11, 12 e 14 da LACP conduz à conclusão de que as obrigações de fazer ou não fazer impostas em Ação Civil Pública, ainda que se trate de antecipação dos efeitos da tutela, são passíveis de execução provisória, ressalvada apenas a multa fixada pelo descumprimento do comando sentencial" (TRT 3ª R., Ap. 02542/2013-017-03-00.5, Rel. Des. Rogerio Valle Ferreira, *DJe* 22.06.2015, p. 278).

obrigações[31] de fazer, o que nos leva a concluir que também é possível[32] a execução provisória nas obrigações de fazer. Nesse sentido, são as palavras de Carlos Henrique Bezerra Leite[33]:

> Ora, se se tem admitido a antecipação de tutela de obrigação de fazer, que é uma decisão interlocutória, revogável a qualquer tempo, sujeita apenas à cognição sumária, com muito mais razão se deve admitir a execução provisória de obrigação de fazer, pois esta constitui comando de uma sentença, ato mais importante do processo e praticado após cognição exauriente.

Corroborando esse posicionamento, o CPC, em seu art. 520, § 5º, assevera que, "Ao cumprimento provisório de sentença que reconheça obrigação de fazer, de não fazer ou de dar coisa aplica-se, no que couber, o disposto neste Capítulo".

23.4.2 Execução definitiva

São as execuções que se pautam em sentença transitada em julgado, acordo judicial não adimplido, em termo de ajustamento de conduta, instituídos em face do MPT, e termos de conciliação, firmados perante as comissões de conciliação prévia, não cumpridos.

Por seu intermédio, o credor poderá efetivar tanto a constrição como a expropriação de bens do devedor para satisfazer o seu crédito.

---

[31] "Multa por descumprimento de obrigação de fazer. Execução provisória. A multa cominada na sentença por descumprimento da obrigação de fazer foi a medida adotada pelo Juízo para efetivação da tutela específica. Quis o Juízo assegurar que a ordem por ele emanada fosse cumprida, independentemente do trânsito em julgado da decisão, cabendo, nos termos do artigo 876 c/c o artigo 899 da CLT, a execução provisória do valor da multa. Recurso parcialmente provido" (TRT 8ª R., Ap. 0001804-49.2012.5.08.0126, 1ª T., Rel. Des. Fed. Rosita de NazareSidrim Nassar, DJe 12.06.2015, p. 28).

[32] "Execução provisória. Obrigação de fazer. Aposentadoria. Título executivo. Decisão judicial não transitada em julgado. Efeitos. 'Previdenciário. Processual civil. Execução provisória. Obrigação de fazer. Aposentadoria. Título executivo. Decisão judicial não transitada em julgado. Processo diverso. Cumprimento de sentença. Ausência de interesse processual. Inadequação da via eleita. Apelação desprovida. 1. A ação denominada 'Ação de Execução Provisória' com vistas a dar efetivo cumprimento a sentença judicial prolatada noutro processo e sujeita a recurso é via inadequada. 2. A obrigação de fazer estabelecida em título judicial não demanda o ajuizamento de outra ação, mas de determinação do juízo do feito conforme o disposto no art. 475-I do CPC. Precedentes. 3. Ausente o interesse processual da presente demanda. A obrigação de fazer somente pode ser resolvida nos autos do processo originário em razão do princípio do Juízo natural e da possibilidade de decisões conflitantes. 4. Apelação desprovida" (TRF 1ª R., AC 0043413-29.2012.4.01.9199/RO, Rel. Juiz Fed. Conv. Cleberson José Rocha, DJe 31.10.2012, p. 1313).

[33] LEITE, Carlos Henrique Bezerra. *Curso de direito processual do trabalho*. 10. ed. São Paulo: LTr, 2012. p. 1057.

23.5 LEGITIMIDADE

23.5.1 Legitimidade ativa

Preceituava o art. 878 da CLT que a execução poderia ser iniciada por qualquer interessado, ou pelo próprio juiz ou Tribunal competente, de ofício.

O art. 878 passou a ter uma nova redação com o advento da Lei 13.467/2017: "Art. 878. A execução será promovida pelas partes, permitida a execução de ofício pelo Juiz ou Presidente do Tribunal apenas nos casos em que as partes não estiverem representadas por advogado."

Vale lembrar que a execução das contribuições previdenciárias decorrentes de decisões ou acordos judiciais trabalhistas deve ser executada **de ofício** pela própria Justiça do Trabalho, conforme CLT, art. 876, parágrafo único, que também foi alterado pela Lei n. 13.467/2017, como segue:

> Parágrafo único. A Justiça do Trabalho executará, de ofício, as contribuições sociais previstas na alínea a do inciso I e no inciso II do caput do art. 195 da Constituição Federal, e seus acréscimos legais, relativas ao objeto da condenação constante das sentenças que proferir e dos acordos que homologar.

Observamos que esta radical transformação nos poderes do magistrado na execução, impedindo-o de promover atos executivos *ex officio*, salvo quando a parte estiver desacompanhada de advogado, interferirá profundamente na celeridade e na própria efetividade do processo, tornando-o mais lento na medida em que oferece ao réu a possibilidade de proteger seu patrimônio, já que não ficará mais à mercê do bloqueio on-line direto, nem mesmo da constrição judicial inaudita altera parte, pois haverá também necessidade de estabelecer incidente nos casos de desconsideração da personalidade jurídica.

Essa particularidade da execução trabalhista que se apresentava como exceção ao princípio da inércia da jurisdição, diante da Lei 13.467/2017, coloca a execução trabalhista ao lado da execução do processo civil.

Quando a nova CLT faz menção a "partes", podemos interpretar que a execução poderá ser provocada pelo credor, pelo MPT (quando atua como parte ou como fiscal da ordem jurídica), bem como o espólio, os herdeiros ou os sucessores do credor, sempre que, por morte deste, lhes for transmitido o direito resultante do título executivo.

O cessionário, quando o direito resultante do título executivo lhe for transferido por ato entre vivos. O sub-rogado, nos casos de sub-rogação legal ou convencional.

Em relação à cessão de crédito e à sua sub-rogação, o TST impõe algumas ressalvas quanto à sua operacionalização no âmbito trabalhista. No entanto, a Lei 11.101, de 2005, que regula a falência e recuperação judicial, em seu art. 83, § 4º, prevê a cessão de crédito trabalhista a terceiros, que, no entanto, será feito na forma de crédito quirografário.

Com a morte do exequente (empregado), o processo não se extingue, sendo somente suspenso por determinação judicial (CPC/2015, art. 921, I), para que haja habilitação do espólio, dos herdeiros ou dos sucessores e consequente prosseguimento da execução.

23.5.2 Legitimidade passiva

O legitimado passivo é a pessoa que consta no título executivo como devedor. Todavia, a execução pode recair sobre outras pessoas que não o devedor, consoante o previsto no art. 4º da Lei 6.830/1980 e no art. 779 do Código de Processo Civil de 2015, sendo ambos dispositivos aplicados ao processo do trabalho ante a omissão da CLT.

> Art. 4º da Lei 6.830/1980. A execução fiscal poderá ser promovida contra:
>
> I – o devedor;
>
> II – o fiador;
>
> III – o espólio;
>
> IV – a massa;
>
> V – o responsável, nos termos da lei, por dívidas, tributárias ou não, de pessoas físicas ou pessoas jurídicas de direito privado; e
>
> VI – os sucessores a qualquer título.
>
> Art. 779 do CPC/2015. A execução pode ser promovida contra:
>
> I – o devedor, reconhecido como tal no título executivo;
>
> II – o espólio, os herdeiros ou os sucessores do devedor;
>
> III – o novo devedor que assumiu, com o consentimento do credor, a obrigação resultante do título executivo;
>
> IV – o fiador do débito constante em título extrajudicial;
>
> V – o responsável titular do bem vinculado por garantia real ao pagamento do débito;
>
> VI – o responsável tributário, assim definido em lei.

23.6 RESPONSABILIDADE PATRIMONIAL

Nos termos do art. 789 do CPC/2015, o devedor responde com todos os seus bens presentes e futuros para o cumprimento de suas obrigações, ou seja, a execução não atinge a pessoa do devedor, em regra[34], mas tão somente os seus bens. Importante observar que, no passado, o devedor respondia com seu próprio

---

[34] Como é cediço, pode haver prisão civil por dívida nos casos envolvendo prestação de alimentos.

corpo, que podia até mesmo ser partilhado entre os diversos credores, o que colidia com o princípio da dignidade da pessoa humana.

A responsabilidade patrimonial traduz as regras que determinam como e quando o patrimônio de alguém responde pelo pagamento de uma obrigação, ficando sujeito à execução.

Dessa maneira, temos, como regra geral, que a obrigação deva ser cumprida pelo devedor, que é quem deve responder com os seus bens para o pagamento da dívida. Trata-se da denominada responsabilidade patrimonial primária ou principal.

Contudo, é possível que a responsabilidade patrimonial recaia sobre pessoa diversa da do devedor, ou seja, pessoa que não é responsável pela dívida, mas que pode ter o seu patrimônio atingido para o cumprimento da obrigação. Essa hipótese é denominada responsabilidade patrimonial secundária. Nesses termos, o art. 790 do CPC/2015, *in verbis*:

> Art. 790. São sujeitos à execução os bens:
> I – do sucessor a título singular, tratando-se de execução fundada em direito real ou obrigação reipersecutória;
> II – do sócio, nos termos da lei;
> III – do devedor, ainda que em poder de terceiros;
> IV – do cônjuge ou companheiro, nos casos em que seus bens próprios ou de sua meação respondem pela dívida;
> V – alienados ou gravados com ônus real em fraude à execução;
> VI – cuja alienação ou gravação com ônus real tenha sido anulada em razão do reconhecimento, em ação autônoma, de fraude contra credores;
> VII – do responsável, nos casos de desconsideração da personalidade jurídica.

23.6.1 Responsabilidade patrimonial na sucessão trabalhista

Em âmbito trabalhista, a responsabilidade secundária é vislumbrada na hipótese de sucessão trabalhista (arts. 10 e 448, CLT). Na hipótese de sucessão, pacífico é o entendimento de que a empresa sucessora vai se responsabilizar pelos pagamentos devidos aos credores da sucedida.

No mesmo leme, Mauro Schiavi assevera:

> A sucessão de empresas pode ser reconhecida pelo Juiz do Trabalho em qualquer fase do processo, inclusive na execução, uma vez que o sucessor tem a chamada responsabilidade patrimonial e, independentemente de ter figurado na fase de conhecimento, seus bens podem ser atingidos.

A Lei 13.467/2017 acrescentou à CLT o art. 448-A, que assim passou a dispor:

Art. 448-A. Caracterizada a sucessão empresarial ou de empregadores prevista nos arts. 10 e 448 desta Consolidação, as obrigações trabalhistas, inclusive as contraídas à época em que os empregados trabalhavam para a empresa sucedida, são de responsabilidade do sucessor. Parágrafo único. A empresa sucedida responderá solidariamente com a sucessora quando ficar comprovada fraude na transferência.

Podemos observar que este novel artigo veio ao encontro da OJ 261 da SDI – I do TST, que traz o posicionamento do TST no seguinte sentido:

> Bancos. Sucessão trabalhista. As obrigações trabalhistas, inclusive as contraídas à época em que os empregados trabalhavam para o banco sucedido, são de responsabilidade do sucessor, uma vez que a este foram transferidos os ativos, as agências, os direitos e deveres contratuais, caracterizando típica sucessão trabalhista.

Assim também é o entendimento consubstanciado no Enunciado 4 da 1ª Jornada Nacional de Execução Trabalhista, realizado em novembro de 2010:

> Sucessão trabalhista. Aplicação subsidiária do Direito Comum ao Direito do Trabalho (Consolidação das Leis do Trabalho – CLT, art. 8º, parágrafo único). Responsabilidade solidária do sucedido e do sucessor pelos créditos trabalhistas constituídos antes do trespasse do estabelecimento (CLT, arts. 10 e 448, c/c Código Civil, art. 1.146).

23.6.2 Responsabilidade da empresa pertencente ao mesmo grupo econômico que não tenha participado do processo na fase de conhecimento

Prevalece na doutrina e na jurisprudência que o grupo econômico constitui a figura do empregador único. A solidariedade entre as empresas do grupo econômico é tanto passiva (art. 2º, § 2º, da CLT) quanto ativa, posto que o labor prestado pelo empregado beneficia todo o grupo.

Nesse sentido, a posição do TST, externada pela **Súmula 129**, *in verbis*:

> Contrato de trabalho. Grupo econômico.
> A prestação de serviços a mais de uma empresa do mesmo grupo econômico, durante a mesma jornada de trabalho, não caracteriza a coexistência de mais de um contrato de trabalho, salvo ajuste em contrário.

O TST cancelou a Súmula 205 que preceituava que:

> O responsável solidário, integrante de grupo econômico, que não participou da relação processual como reclamado e que, portanto, não consta no título executivo judicial como devedor, não pode ser sujeito passivo na execução.

Com esse cancelamento, prepondera na doutrina e na jurisprudência a tese de que a execução pode ser proposta contra qualquer integrante do grupo econômico, mesmo que não tenha sido parte no processo de conhecimento e não conste no título executivo judicial, ganhou mais vigor, inclusive sendo encampada pelo STJ (REsp 332.763-SP – 2001/0096894-8, Rel. Min. Nancy Andrighi, j. 30.04.2002, DJU 24.06.2002)[35].

Da mesma maneira, é o posicionamento consubstanciado no Enunciado 3 da 1ª Jornada Nacional de Execução Trabalhista, realizado em novembro de 2010:

> Execução. Grupo econômico. Os integrantes do grupo econômico assumem a execução na fase em que se encontra.

No entanto, a Lei 13.467/2017 alterou os §§ 2º e 3º, art. 2º, da CLT, que agora assim dispõem:

> § 2º Sempre que uma ou mais empresas, tendo, embora, cada uma delas, personalidade jurídica própria, estiverem sob a direção, controle ou administração de outra, ou ainda quando, mesmo guardando cada uma sua autonomia, integrem grupo econômico, serão responsáveis solidariamente pelas obrigações decorrentes da relação de emprego.
>
> 3º Não caracteriza grupo econômico a mera identidade de sócios, sendo necessárias, para a configuração do grupo, a demonstração do interesse integrado, a efetiva comunhão de interesses e a atuação conjunta das empresas dele integrante.

---

[35] "Processual civil. Recurso especial. Ação de embargos do devedor à execução. Acórdão. Revelia. Efeitos. Grupo de sociedades. Estrutura meramente formal. Administração sob unidade gerencial, laboral e patrimonial. Gestão fraudulenta. Desconsideração da personalidade jurídica da pessoa jurídica devedora. Extensão dos efeitos ao sócio majoritário e às demais sociedades do grupo. Possibilidade. A presunção de veracidade dos fatos alegados pelo autor em face da revelia do réu é relativa, podendo ceder a outras circunstâncias constantes dos autos, de acordo com o princípio do livre convencimento do Juiz. Precedentes. **Havendo gestão fraudulenta e pertencendo a pessoa jurídica devedora a grupo de sociedades sob o mesmo controle e com estrutura meramente formal, o que ocorre quando as diversas pessoas jurídicas do grupo exercem suas atividades sob unidade gerencial, laboral e patrimonial, é legítima a desconsideração da personalidade jurídica da devedora para que os efeitos da execução alcancem as demais sociedades do grupo e os bens do sócio majoritário.** Impedir a desconsideração da personalidade jurídica nesta hipótese implicaria prestigiar a fraude à lei ou contra credores. A aplicação da teoria da desconsideração da personalidade jurídica dispensa a propositura de ação autônoma para tal. Verificados os pressupostos de sua incidência, poderá o Juiz, incidentemente no próprio processo de execução (singular ou coletivo), levantar o véu da personalidade jurídica para que o ato de expropriação atinja os bens particulares de seus sócios, de forma a impedir a concretização de fraude à lei ou contra terceiros."

Esta modificação na legislação incluiu outro tipo de grupo econômico, qual seja, o formado por coordenação (horizontal), excluindo a solidariedade ativa, afastando de vez a figura jurídica denominada pela doutrina de empregador único.

Já o § 3º limita o enquadramento da solidariedade apenas para os grupos ligados por coordenação que possuem interesses integrados, comunhão de interesses e atuação conjunta das empresas, requisitos estes exigidos de forma cumulativa.

23.6.3 Responsabilidade do devedor subsidiário

O devedor subsidiário só terá o seu patrimônio executado quando o patrimônio do devedor principal não for suficiente para arcar com o pagamento da dívida. Na realidade, trata-se de um benefício de ordem (art. 795 do CPC/2015)[36].

Nesse diapasão é o Enunciado 7 da 1ª Jornada Nacional de Execução Trabalhista, realizado em novembro de 2010:

> Execução. Devedor subsidiário. Ausência de bens penhoráveis do devedor principal. Instauração de ofício. A falta de indicação de bens penhoráveis do devedor principal e o esgotamento, sem êxito, das providências de ofício nesse sentido, autorizam a imediata instauração da execução contra o devedor subsidiariamente corresponsável, sem prejuízo da simultânea desconsideração da personalidade jurídica do devedor principal, prevalecendo entre as duas alternativas a que conferir maior efetividade à execução.

Tratando-se de terceirização lícita, a responsabilidade primária é do empregador, enquanto a responsabilidade secundária (subsidiária) é da tomadora de serviços.

Contudo, para que a tomadora de serviços possa ser executada é imprescindível que ela tenha participado da relação jurídica processual, sendo-lhe assegurados o contraditório e a ampla defesa, bem como conste no título executivo, consoante preceitua a Súmula 331, IV, do TST:

> IV – O inadimplemento das obrigações trabalhistas, por parte do empregador, implica a responsabilidade subsidiária do tomador dos serviços quanto àquelas obrigações, desde que haja participado da relação processual e conste também do título executivo judicial.

---

[36] Art. 795 do CPC/2015: "§ 1º O sócio réu, quando responsável pelo pagamento da dívida da sociedade, tem o direito de exigir que primeiro sejam excutidos os bens da sociedade. § 2º Incumbe ao sócio que alegar o benefício do § 1º nomear quantos bens da sociedade situados na mesma comarca, livres e desembargados, bastem para pagar o débito".

Em conformidade com o posicionamento do TST, caso o empregado ajuíze ação somente em face do empregador principal, não incluindo o tomador de serviços, estará impossibilitado de aforar ação declaratória autônoma postulando a responsabilidade subsidiária do tomador de serviços. Nesse giro, a seguinte ementa:

> Responsabilidade subsidiária. Ajuizamento de ação autônoma apenas contra o tomador de serviços. Impossibilidade. Existência de sentença condenatória definitiva prolatada em ação em que figurou como parte somente o prestador de serviços. Não é possível o ajuizamento de ação autônoma pleiteando a responsabilidade subsidiária do tomador de serviços quando há sentença condenatória definitiva prolatada em ação anteriormente proposta pelo mesmo reclamante, em que figurou como parte apenas o prestador de serviços. Tal procedimento afrontaria a coisa julgada produzida na primeira ação e o direito à ampla defesa e ao contraditório, resguardado ao tomador de serviços. Assim, reiterando a jurisprudência da Corte, a SBDI-I, por unanimidade, conheceu dos embargos por divergência jurisprudencial e, no mérito, por maioria, negou-lhes provimento. Vencidos os Ministros Augusto César Leite de Carvalho, José Roberto Freire Pimenta e Delaíde Miranda Arantes. TST-E-RR-9100-62.2006.5.09.0011, SBDI-I, rel. Min. Horácio Raymundo de Senna Pires, 03.08.2012.

23.6.4 Responsabilidade do sócio

Com fulcro nas lições de Direito Civil, sabemos que a pessoa do sócio não se confunde com a pessoa jurídica.

A pessoa jurídica possui capacidade para ser sujeito de direito, possuindo autonomia patrimonial. Significa que o credor tem direito de ver a sua prestação cumprida pelo devedor, representado nesse contexto pela pessoa jurídica.

Entretanto, é possível, ao exercer a sua pretensão, que o credor encontre o patrimônio vazio ou insuficiente.

Nesse contexto, o sócio pode ser responsabilizado, devendo efetuar o pagamento das dívidas contraídas pela pessoa jurídica. Como outrora analisado, é uma responsabilidade patrimonial secundária, consoante o propugnado pelo CPC/2015: "Art. 790. São sujeitos à execução os bens: (...) II – do sócio, nos termos da lei".

Mencionada hipótese é denominada de desconsideração da pessoa jurídica, também reconhecida como *disregard doctrine* ou *lifting the corporate veil*, e tem por fito responsabilizar a pessoa dos sócios, caso fique tipificada alguma das ocorrências previstas no art. 28 da Lei 8.078/1990 (CDC), *in verbis*:

> Art. 28. O juiz poderá desconsiderar a personalidade jurídica da sociedade quando, em detrimento do consumidor, houver abuso de direito, excesso de poder, infração da lei, fato ou ato ilícito ou violação dos estatutos ou contrato social. A desconsideração também será efetivada quando houver falência, estado

de insolvência, encerramento ou inatividade da pessoa jurídica provocados por má administração.

Sobre o assunto, art. 50 do Código Civil também declina:

Art. 50. Em caso de abuso da personalidade jurídica, caracterizado pelo desvio de finalidade ou pela confusão patrimonial, pode o juiz, a requerimento da parte, ou do Ministério Público quando lhe couber intervir no processo, desconsiderá-la para que os efeitos de certas e determinadas relações de obrigações sejam estendidos aos bens particulares de administradores ou de sócios da pessoa jurídica beneficiados direta ou indiretamente pelo abuso.

§ 1º Para os fins do disposto neste artigo, desvio de finalidade é a utilização da pessoa jurídica com o propósito de lesar credores e para a prática de atos ilícitos de qualquer natureza.

§ 2º Entende-se por confusão patrimonial a ausência de separação de fato entre os patrimônios, caracterizada por:

I – cumprimento repetitivo pela sociedade de obrigações do sócio ou do administrador ou vice-versa;

II – transferência de ativos ou de passivos sem efetivas contraprestações, exceto os de valor proporcionalmente insignificante; e

III – outros atos de descumprimento da autonomia patrimonial.

§ 3º O disposto no caput e nos §§ 1º e 2º deste artigo também se aplica à extensão das obrigações de sócios ou de administradores à pessoa jurídica.

§ 4º A mera existência de grupo econômico sem a presença dos requisitos de que trata o caput deste artigo não autoriza a desconsideração da personalidade da pessoa jurídica.

§ 5º Não constitui desvio de finalidade a mera expansão ou a alteração da finalidade original da atividade econômica específica da pessoa jurídica.

A desconsideração de pessoa jurídica pode ser fundamentada em duas teorias:

i) teoria maior ou subjetiva: preconiza a admissão da desconsideração de forma excepcional. Exige, necessariamente, que a pessoa jurídica tenha praticado condutas abusivas, com má-fé, bem como que tenha havido desvio de finalidade. O seu fundamento legal é o art. 50 do Código Civil. É denominada maior, porque exige uma gama maior de requisitos para que a desconsideração se opere.

ii) teoria menor, também conhecida por teoria objetiva, tem seu fundamento legal no § 5º do art. 28 da Lei 8.078/1990 (CDC). Propugna que, para haver a desconsideração da pessoa jurídica, basta ficar comprovado que ela não possui bens para adimplir a sua obrigação. Para a teoria em lume, não é necessário que ocorra o abuso ou desvio de finalidade. Hodiernamente, é a teoria prevalente na doutrina e na jurisprudência trabalhista.

Independentemente de qual teoria adotada, a desconsideração da personalidade[37] jurídica faz com que a pretensão do credor perante a pessoa jurídica seja resolvida, passando a atingir o seu sócio ou administrador.

Até o advento da Lei 13.467/2017 podia o juiz do trabalho, de ofício, desconsiderar a personalidade jurídica, bastando fundamentar a sua decisão.

Apesar desse regramento, permitindo a desconsideração da pessoa jurídica, o sócio poderia (e continua podendo) invocar o chamado benefício de ordem, consoante as regras previstas no art. 795 do CPC/2015, *in verbis*:

> Art. 795. Os bens particulares dos sócios não respondem pelas dívidas da sociedade, senão nos casos previstos em lei.
>
> § 1º O sócio réu, quando responsável pelo pagamento da dívida da sociedade, tem o direito de exigir que primeiro sejam excutidos os bens da sociedade.
>
> § 2º Incumbe ao sócio que alegar o benefício do § 1º nomear quantos bens da sociedade situados na mesma comarca, livres e desembargados, bastem para pagar o débito.

---

[37] "Agravo em agravo de instrumento em recurso de revista. Legitimidade da execução contra a executada. Ficou consignado no acórdão regional que, nos embargos de terceiros, a própria embargante reconheceu ter pertencido ao quadro societário do colégio executado e ter integrado o polo passivo da ação 1012.1999.005, onde ocorreu a penhora do bem objeto de nova constrição (nos autos da ação 0059800-90.1999.5.13.0006, em que se encontram anexados os presentes embargos de terceiro). Informa ainda que, no processo onde ocorreu a penhora, foi determinada a desconsideração da personalidade jurídica (IESP Colégio e Curso), com condenação de todos os sócios, inclusive da embargante, por ter participado da sociedade, frisando que naqueles autos a agravante exerceu todo o seu direito de defesa, razão pela qual descabe a alegação de ofensa ao contraditório e à ampla defesa. Ademais, esta e. Corte entende pela possibilidade de o saldo remanescente de um bem penhorado em um processo ser transferido para satisfação de outras execuções da mesma empresa, até porque, havendo valor disponível em face da constrição de um bem, tal conduta mostra-se coerente com os princípios da efetividade, economia, celeridade processuais. Precedentes. Prescrição intercorrente. Inaplicabilidade na Justiça do Trabalho. Súmula 114/TST. O egrégio Tribunal Regional afastou a incidência da prescrição intercorrente no âmbito da Justiça do Trabalho, decidindo em consonância com a Súmula 114/TST, o que inviabiliza o processamento do recurso de revista nos termos do § 4º do artigo 896 da CLT. Responsabilização solidária dos demais sócios. Indicação genérica do artigo 5º da Constituição Federal. Invalidade. A agravante não especificou quais dos 78 (setenta e oito) incisos do artigo 5º da Constituição Federal teriam sido violados pela Corte Regional. Assim, sem a indicação expressa dos incisos, que teriam sido ofendidos, não é possível admitir o recurso, conforme dispõe a Súmula 221/TST. Agravo conhecido e desprovido" (TST, Ag-AIRR 0138000-57.2012.5.13.0006, Rel. Min. Alexandre de Souza Agra Belmonte, *DJe* 02.07.2015, p. 267).

O Código de Processo Civil de 2015 passou a regulamentar a desconsideração da personalidade jurídica. Para tanto, fora disciplinado o procedimento denominado incidente de desconsideração de personalidade jurídica, agora também aplicado ao Judiciário Trabalhista, o qual vem disposto nos artigos a seguir alinhavados:

> Art. 133. O incidente de desconsideração da personalidade jurídica será instaurado a pedido da parte ou do Ministério Público, quando lhe couber intervir no processo.
>
> § 1º O pedido de desconsideração da personalidade jurídica observará os pressupostos previstos em lei.
>
> § 2º Aplica-se o disposto neste Capítulo à hipótese de desconsideração inversa da personalidade jurídica.
>
> Art. 134. O incidente de desconsideração é cabível em todas as fases do processo de conhecimento, no cumprimento de sentença e na execução fundada em título executivo extrajudicial.
>
> § 1º A instauração do incidente será imediatamente comunicada ao distribuidor para as anotações devidas.
>
> § 2º Dispensa-se a instauração do incidente se a desconsideração da personalidade jurídica for requerida na petição inicial, hipótese em que será citado o sócio ou a pessoa jurídica.
>
> § 3º A instauração do incidente suspenderá o processo, salvo na hipótese do § 2º.
>
> § 4º O requerimento deve demonstrar o preenchimento dos pressupostos legais específicos para desconsideração da personalidade jurídica.
>
> Art. 135. Instaurado o incidente, o sócio ou a pessoa jurídica será citado para manifestar-se e requerer as provas cabíveis no prazo de 15 (quinze) dias.
>
> Art. 136. Concluída a instrução, se necessária, o incidente será resolvido por decisão interlocutória.
>
> Parágrafo único. Se a decisão for proferida pelo relator, cabe agravo interno.
>
> Art. 137. Acolhido o pedido de desconsideração, a alienação ou a oneração de bens, havida em fraude de execução, será ineficaz em relação ao requerente.

Diante da regra acima exposta, o Colendo Tribunal Superior do Trabalho, por meio da IN 39/2016, passou a entender que este incidente é compatível com o Direito Processual do Trabalho, de forma que o magistrado do trabalho não poderá mais, de ofício, desconsiderar a personalidade jurídica da empresa.

Com a entrada em vigor da Lei 13.467/2017, a regra supra apresentada passa a ser utilizada no processo do trabalho, consoante o novel art. 855-A da CLT:

> **Do incidente de desconsideração da personalidade jurídica**
>
> Art. 855-A. Aplica-se ao Processo do Trabalho o incidente de desconsideração da personalidade jurídica previsto nos arts. 133 a 137 da Lei nº 13.105, de 16 de março de 2015 – Código de Processo Civil.

§ 1º Da decisão interlocutória que acolher ou rejeitar o incidente:

I – na fase de cognição, não cabe recurso de imediato, na forma do § 1º do art. 893 desta Consolidação;

II – na fase de execução, cabe agravo de petição, independentemente de garantia do juízo;

III – cabe agravo interno se proferida pelo relator, em incidente instaurado originariamente no tribunal.

§ 2º A instauração do incidente suspenderá o processo, sem prejuízo de concessão da tutela de urgência de natureza cautelar de que trata o art. 301 da Lei nº 13.105, de 16 de março de 2015 (Código de Processo Civil).

Embora seja tratado no capítulo sobre intervenção de terceiros, no processo civil, o referido incidente tem cabimento em qualquer fase processual, inclusive na fase de execução, não podendo ser instaurado de ofício, dependendo de provocação da parte interessada (CPC, art. 133).

O incidente é uma modalidade interventiva (intervenção de terceiros), pois a ação principal é ajuizada originalmente contra a pessoa jurídica; porém, uma vez instalado o incidente, os seus sócios passam a compor obrigatoriamente o polo passivo da ação, ou seja, terceiros, então, ingressam como réus no processo, ao menos até que o incidente seja solucionado. Caso o magistrado entenda pela não aplicação da desconsideração, os sócios citados serão excluídos do processo.

Por outro lado, o próprio texto do CPC assevera que se a ação for ajuizada em face da pessoa jurídica e, ao mesmo tempo, contra o sócio, não há que se falar em modalidade interventiva (art. 134, § 2º, CPC). Nesta hipótese, cabe ao juiz, simplesmente, verificar a legitimidade passiva do sócio pela leitura da petição inicial, restando ao sócio-réu a oportunidade de apresentar a sua contestação. Portanto, requerida a desconsideração já na petição inicial, não há que se falar em instauração do incidente.

Uma vez instaurado o incidente, os sócios (ou a pessoa jurídica, na desconsideração inversa) serão citados para se manifestarem e requererem as provas cabíveis, no prazo de 15 (quinze) dias, ocorrendo a suspensão do processo, para que se crie o ambiente contraditório, no qual o citado (terceiro) possa apresentar resposta, pedir provas, demonstrar a inexistência de fraude e a desnecessidade da desconsideração da personalidade jurídica. Desta feita, assegura-se o devido processo legal (contraditório, oportunidade de produção de provas), evitando-se, assim, que os sócios tenham os seus bens constritos de maneira súbita, de surpresa, sem oportunidade de defesa – situação corriqueira anteriormente à entrada em vigor do CPC.

Em sendo efetivada a desconsideração da personalidade jurídica, os sócios (ou a sociedade, na hipótese de desconsideração inversa) passarão a compor a relação processual, como réus, fato que ensejará, então, a sua qualificação como devedores. Após este momento, qualquer alienação ou oneração de bens de seu patrimônio, pelos sócios, será considerada fraude à execução, apresentando-se como ineficaz perante o requerente.

A decisão que acolhe ou rejeita o incidente tem natureza interlocutória. Acaso seja pronunciada em fase de conhecimento, não comportará recurso de imediato; porém, se a decisão se der no curso da fase de execução, desafiará o agravo de petição, independentemente da garantia do juízo. O andamento do processo de execução somente será retomado após o trânsito em julgado da decisão do incidente. Nada obsta que medidas cautelares sejam tomadas, como o deferimento da tutela de urgência, para garantia do direito material e mesmo da efetividade do processo.

Observe-se haver doutrinadores contrários ao incidente da desconsideração da personalidade jurídica, no âmbito da Justiça do Trabalho, como Mauro Schiavi[38], Cleber Lúcio de Almeida e Homero Batista Mateus da Silva, alegando, entre seus argumentos, que o procedimento trabalhista é simples e informal, não havendo espaço para o incidente como um procedimento autônomo, principalmente por suspender o processo; que o contraditório e a ampla defesa podem ser manejados durante a fase de embargos à execução.

Concluindo os fundamentos, Cleber Lúcio de Almeida[39] assim se manifesta:

> Destarte, não é compatível com o direito processual a previsão de que, requerida, a desconsideração da personalidade jurídica, deverá ser instaurado incidente, com suspensão do processo, medida que se mostra, inclusive, injustificável, na medida em que faz depender do reconhecimento do crédito (objeto da demanda) a fixação da responsabilidade pela sua satisfação (objeto incidente).

Questão relevante e que passa a ser regulamentada pelo CPC diz respeito à já mencionada desconsideração inversa, ou seja, a pessoa natural assume obrigações e não as cumpre, estando os seus bens integrados à sociedade empresária, e não ao seu patrimônio pessoal.

Dessa forma, quando da execução da pessoa física, nenhum bem consegue ser encontrado, pois todos estão presentes na pessoa jurídica/ sociedade. Nesse caso é que ocorre a desconsideração inversa: os bens serão buscados na pessoa jurídica, ou seja, haverá o "redirecionamento" da ação individual contra a pessoa

---

[38] SCHIAVI, Mauro. *Manual de direito processual do trabalho*. São Paulo: LTr, 2009. p. 1085; SILVA, Homero Batista Mateus. *Curso de direito do trabalho aplicado*: execução trabalhista. 2. ed. São Paulo: RT, 2015. v. 10, p. 57-58.

[39] ALMEIDA, Cleber Lúcio de. Incidente de desconsideração da personalidade jurídica. *O novo Código de Processo Civil e seus reflexos no processo do trabalho*. Salvador: JusPodivm, 2015. p. 294.

física para a pessoa jurídica da qual essa pessoa física faz parte. A pessoa jurídica, nesse caso, integrará a ação do autor contra o sócio dessa pessoa jurídica.

Assim, na hipótese de a pessoa natural do sócio ou do administrador valer-se da pessoa jurídica de forma abusiva, a fim de ocultar seus bens próprios, de tal sorte que, sob o manto da pessoa jurídica, apresenta-se a pessoa física em estado de insolvência ou de diminuto patrimônio, aplica-se o mesmo art. 50 do Código Civil, porém no caminho inverso, permitindo ao credor da pessoa física atingir determinados bens que se encontram no patrimônio da pessoa jurídica, haja vista a confusão patrimonial. Frise-se que não são todos os bens da pessoa jurídica atingidos, mas apenas aqueles que estão em confusão patrimonial.

Exemplificativamente, pode-se citar o caso de sócio de uma empresa que está sendo executada em processo trabalhista e que se mostra em situação de insolvência, sendo sócio, também, de outra(s) empresa(s) solvente(s). Nessa situação, desconsidera-se a personalidade da pessoa jurídica executada, buscando-se a satisfação do crédito no patrimônio da pessoa física do sócio. Caso a pessoa física do sócio não apresente bens próprios, poder-se-á promover a constrição dos bens pertencentes às outras pessoas jurídicas das quais seja sócio.

Entendemos que, com o advento do novo art. 855-A da CLT, mesmo nos casos de desconsideração inversa, será necessário o estabelecimento e o deslinde por meio do respectivo incidente.

No entanto, a Lei 13.874/2019, oriunda da MP 881/2019, denominada "Medida Provisória da Liberdade Econômica", foi aprovada e sancionada em 20 de setembro de 2019, tendo por escopo medidas para desburocratização e simplificação de processos para as empresas e empreendedores, como também flexibilizou várias regras trabalhistas, sendo, por isto, também denominada "mini-reforma trabalhista". Apresentamos, nos anexos, manifestação do Ministério Público do Trabalho em relação à Lei 13.874/2019.

No que diz respeito à execução trabalhista, a Lei 13.874/2019 altera regras da desconsideração da personalidade jurídica, definindo o conceito de desvio de finalidade e confusão patrimonial, bem como ressaltando que a mera existência de grupo econômico não ensejará aplicação automática deste instituto.

23.6.5 Responsabilidade de ex-sócios e administradores no âmbito trabalhista

Experimenta-se no Brasil acentuado avanço na aplicação do instituto da responsabilidade civil, que vem evoluindo ao longo do tempo. Da antiga responsabilidade restrita às pessoas jurídicas, que, da fórmula limitativa constante do art. 1.522 do Código Civil de 1916, pelo qual apenas as pessoas jurídicas que exercessem exploração industrial deveriam ser responsabilizadas pelos atos de seus empregados ou prepostos, passaram a ter a obrigação de ampla reparação, não apenas de índole civil, mas também de natureza penal nas causas que envolvem o meio ambiente, a ecologia, os direitos transindividuais, difusos, coletivos, principalmente em face do Código do Consumidor. Podemos citar o exemplo das pessoas jurídicas de direito público que deixaram o princípio da culpa e passaram a adotar a Teoria do Risco Administrativo (Constituição Federal, art. 37, § 6º)[40-41].

A boa hermenêutica passou a considerar toda e qualquer pessoa jurídica como responsável, tenha ou não fins lucrativos (religiosos, filantrópicos, assistenciais, empresas de benemerência, literárias, científicas etc.), bem como a pessoa física dos sócios, administradores, dirigentes empresariais e até de ex-sócios. Com o Código do Consumidor ampliou-se ainda mais a responsabilidade civil das pessoas jurídicas, que, diante de relações de consumo, têm responsabilidade objetiva, independentemente da culpa.

Temos no art. 932 do Código Civil de 2002 exemplo notável de responsabilidade da empresa, o qual propugna que: "São também responsáveis pela reparação civil: (...) III – o empregador ou comitente, por seus empregados, serviçais e prepostos, no exercício do trabalho que lhes competir, ou em razão dele".

Um exemplo que podemos extrair desse artigo relaciona-se aos casos de acidentes de trânsito nos quais o empregado a serviço vem a colidir o veículo da empresa e provocar vítima fatal (passageiro também empregado que vai a óbito em razão do impacto). Em tais casos, a empresa responderá objetivamente pelos danos materiais e morais decorrentes da conduta de seu empregado, podendo acioná-lo, de forma regressiva, uma vez constatada sua culpa ou dolo.

Esses são os típicos casos de responsabilidade objetiva indireta ou oblíqua, se o ato é praticado por terceiro vinculado ao imputado, seja ele seu empregado, preposto, serviçal ou lhe preste serviços, devendo essa ligação constar da lei.

Esse tipo de responsabilidade existe porque a antijuridicidade da conduta, por si só, autoriza esse transbordamento, ou seja, a responsabilidade direta do agente não satisfaz o anseio da justiça aristotélica distributiva – com base no brocardo extraído do clássico *Ética a Nicômano*: dar a cada um o que é seu –, fazendo que haja a necessidade de transcender ou ir além da pessoa causadora do ato ilícito, por sua condição de dependência ou subordinação, para atingir a pessoa do responsável pelo agente causador do dano, desde que haja uma vinculação jurídica entre o responsável indireto (empregador ou empresa) e o responsável direto (empregado, preposto, prestador de serviço).

---

[40] "§ 6º As pessoas jurídicas de direito público e as de direito privado prestadoras de serviços públicos responderão pelos danos que seus agentes, nessa qualidade, causarem a terceiros, assegurado o direito de regresso contra o responsável nos casos de dolo ou culpa."

[41] SANTOS, Enoque Ribeiro dos. *Responsabilidade objetiva e subjetiva do empregador em face do novo Código Civil*. 2. ed. São Paulo: LTr, 2008. p. 46.

A interpretação do diploma legal na responsabilidade civil indireta é sempre restritiva, a não ser nos casos explicitamente previstos na lei. Podemos dizer que existe certa analogia entre o art. 942 do Código Civil, que trata da responsabilidade solidária, com o art. 37, § 6º, da Constituição Federal, ou seja, a empresa, assim como o Estado (administração pública direta, indireta, fundações, autarquias e empresas concessionárias, permissionárias), respondem pelos atos praticados pelos seus agentes, quando por ação ou omissão agem em nome dessas entidades. Responderão, porém, por dolo ou culpa, por ação autônoma de direito de regresso, com seus patrimônios pessoais.

Isso é exatamente o que ocorre atualmente na seara do processo do trabalho, especialmente nas execuções em que é desconsiderada a personalidade jurídica das empresas, para atingir bens de sócios, e, em caso de inexistência patrimonial destes últimos, o envolvimento de ex-sócios, mesmo que já tenham se retirado das empresas há longa data, desde que provida uma única exigência: que tenham participado da contratação do obreiro ou se beneficiado, mesmo que por breve lapso temporal, da prestação de serviços deste ao tempo em que integravam a organização empresarial.

Já o art. 933[42] do Código Civil, que trata da responsabilidade indireta ou oblíqua, adota, em sua plenitude, a responsabilidade civil objetiva, independentemente de culpa.

Se o ato lesivo foi perpetrado por pessoa jurídica, devemos distinguir se foi praticado por meio de representante legal ou estatutário ou de empregado (preposto, prestador de serviço, serviçal etc.).

No primeiro caso, a empresa responde, sem que se tenha de fazer qualquer indagação sobre a culpabilidade. No segundo caso, para que a pessoa jurídica possa ser responsabilizada, é necessário que o agente tenha praticado o ato ilícito no exercício de suas funções (inciso III do art. 932[43]), cabendo sempre o direito de regresso contra o causador do dano. Assim sendo, no caso de pessoa jurídica, deve-se sempre verificar a espécie de empresa e a condição do agente, ou seja, se age em nome da entidade ou a seu serviço.

Para a aplicação da teoria da responsabilidade objetiva e subjetiva as disposições legais procuram disciplinar a responsabilidade civil da empresa, dos sócios e dos

---

[42] "Art. 933. As pessoas indicadas nos incisos I a V do artigo antecedente, ainda que não haja culpa de sua parte, responderão pelos atos praticados pelos terceiros ali referidos."

[43] "Art. 932. São também responsáveis pela reparação civil: I – os pais, pelos filhos menores que estiverem sob sua autoridade e em sua companhia; II – o tutor e o curador, pelos pupilos e curatelados, que se acharem nas mesmas condições; III – o empregador ou comitente, por seus empregados, serviçais e prepostos, no exercício do trabalho que lhes competir, ou em razão dele; IV – os donos de hotéis, hospedarias, casas ou estabelecimentos onde se albergue por dinheiro, mesmo para fins de educação, pelos seus hóspedes, moradores e educandos."

administradores quando se trata dos vários tipos de sociedade, seja ela sociedade anônima, em nome coletivo, limitada, por comandita simples ou por ações etc. Entretanto, o princípio que prevalece é o da responsabilização da pessoa jurídica, quanto aos atos praticados em sua atividade, levando-se em consideração a sua natureza jurídica.

O art. 50 do novo Código Civil firma a responsabilidade dos administradores e sócios, por meio da desconsideração da pessoa jurídica, em caso de abuso de personalidade jurídica, caracterizado pelo desvio de finalidade ou pela confusão patrimonial, como já analisado.

A respeito, Fran Martins assim se pronunciava:

> A responsabilidade do administrador é pessoal, tornando-se, porém, solidária com outros administradores, se conivente, negligente, ou ainda, se dos atos ilícitos tiver conhecimento, nada fazendo para impedir a sua prática ou denunciá-los. Esta última providência pode ser tomada consignando sua discordância na ata de reunião do Conselho de Administração ou da diretoria de que faça parte, ou dela dê ciência ao Conselho Fiscal, ou ainda à Assembleia Geral[44].

Observe-se que esse artigo guarda íntima correlação com o art. 28 do Código de Defesa do Consumidor, com os arts. 134[45] e 135[46], inciso III, do Código Tributário Nacional, e art. 2º[47] da Consolidação das Leis Trabalhistas.

---

[44] FRAN, Martins. *Comentários à Lei das Sociedades Anônimas*. Rio de Janeiro: Forense, 1979. v. I, p. 404.

[45] "Art. 134. Nos casos de impossibilidade de exigência do cumprimento da obrigação principal pelo contribuinte, respondem solidariamente com este nos atos em que intervierem ou pelas omissões de que forem responsáveis: I – os pais, pelos tributos devidos por seus filhos menores; II – os tutores e curadores, pelos tributos devidos por seus tutelados ou curatelados; III – os administradores de bens de terceiros, pelos tributos devidos por estes; IV – o inventariante, pelos tributos devidos pelo espólio; V – o síndico e o comissário, pelos tributos devidos pela massa falida ou pelo concordatário; VI – os tabeliães, escrivães e demais serventuários de ofício, pelos tributos devidos sobre os atos praticados por eles, ou perante eles, em razão do seu ofício; VII – os sócios, no caso de liquidação de sociedade de pessoas."

[46] "Art. 135. São pessoalmente responsáveis pelos créditos correspondentes a obrigações tributárias resultantes de atos praticados com excesso de poderes ou infração de lei, contrato social ou estatutos: I – as pessoas referidas no artigo anterior; II – os mandatários, prepostos e empregados; III – os diretores, gerentes ou representantes de pessoas jurídicas de direito privado."

[47] Com o advento da Lei 13.467/2017, este artigo passou a ter uma nova redação, como segue: "§ 2º Sempre que uma ou mais empresas, tendo, embora, cada uma delas, personalidade jurídica própria, estiverem sob a direção, controle ou administração de outra, ou ainda quando, mesmo guardando cada uma sua autonomia, integrem grupo econômico, serão responsáveis solidariamente pelas obrigações decorrentes da relação de emprego. § 3º

No que tange aos administradores responsáveis, a lei não distingue entre associados, prestadores de serviços, voluntários, empregados, contadores etc. Seja qual for a natureza da relação jurídica mantida pelo administrador com a pessoa jurídica que administra, ele responde civilmente, em caso de abuso de personalidade jurídica ou desvio de finalidade, por atos de sua gestão.

Exemplo paradigmático desse tipo de responsabilidade de dirigente ou gestor encontramos em jurisprudência do Tribunal Regional do Trabalho da 1ª Região – Rio de Janeiro, nos seguintes termos:

> Redirecionamento de execução para diretor de entidade filantrópica. (...) em relação à imunidade financeira dos dirigentes de instituições filantrópicas, sem fins lucrativos, temos duas correntes jurisprudenciais: uma, que os imuniza financeiramente em face da natureza jurídica das entidades que dirigem; e outra, à qual me filio, que os coloca na mesma situação que os demais dirigentes, respondendo com seus bens pessoais, consoante art. 2º, § 2º, da CLT, isto porque, a uma, a CLT (art. 2º., § 2º) não apresenta nenhuma discriminação ou privilégio de tais dirigentes, e segundo o brocardo jurídico, onde a lei não distingue não cabe ao intérprete fazê-lo; a duas, em matéria de privilégios (imunizações ou isenções), quando o legislador quer atribuí-los, o faz expressamente; e a três, no cotejo entre as dignidades dos litigantes/bens/destinatários envolvidos, ou seja, verba de natureza alimentar e hipossuficiente, de um lado; os bens/patrimônios/direito de propriedade e dirigente de outro, creio que as normas constitucionais e seus princípios nucleares, especialmente, os da dignidade da pessoa humana, da proporcionalidade, da razoabilidade e da ponderação de interesses (pesos/medidas de Alexy e Dworkin) nos aconselha a dar guarida, no caso vertente, ao trabalhador. Portanto, com fulcro no exposto, posiciono-me no sentido de atribuir aos diretores de entidades de fins filantrópicos a responsabilidade pelo pagamento dos créditos trabalhistas, em face da ausência de bens da sociedade para garantir a execução, mesmo porque os mesmos poderão exercer, no momento oportuno, o seu direito de regresso em face das instituições (TRT 1ª Região, Ac. 5ª T., Proc. 0164800-13.2005.5.01.0068-RTOrd., Rel. Des. Enoque Ribeiro dos Santos, 24.07.2013).

O empregador responde perante terceiros (inclusive em face de outros empregados, clientes etc.) pelos atos de seus prepostos "no exercício do trabalho que lhes competir, ou em razão dele" (art. 932, inciso III), o que lhe assegura o direito de regresso, "salvo se o causador do dano for descendente seu, absoluta ou relativamente incapaz" (art. 934)[48].

Não caracteriza grupo econômico a mera identidade de sócios, sendo necessárias, para a configuração do grupo, a demonstração do interesse integrado, a efetiva comunhão de interesses e a atuação conjunta das empresas dele integrante."

[48] "Art. 934. Aquele que ressarcir o dano causado por outrem pode reaver o que houver pago daquele por quem pagou, salvo se o causador do dano for descendente seu, absoluta ou relativamente incapaz."

Na hipótese de inadimplência contratual do empregador por culpa do empregado, este apenas responderá regressivamente pelas custas, honorários advocatícios e juros de mora acrescidos à prestação principal, bem como pela indenização complementar referida no parágrafo único do art. 404[49] do Código Civil. Isso advém do fato de a obrigação principal decorrer da obrigação contratual assumida pelo empregador, da qual ele não pode se esquivar, mesmo que o inadimplemento resulte de ato culposo de seu empregado ou preposto.

O § 1º do art. 462[50] da CLT estipula que, em caso de dolo, o empregado pode sofrer descontos em seu salário, independentemente de autorização. Já na hipótese de ato culposo o desconto depende de expressa autorização do empregado.

O art. 1.175[51] do atual Código Civil trata da responsabilidade subsidiária (ou secundária) do empregado, quando ele age em nome da empresa causando danos a terceiros pela inadimplência contratual.

Este artigo veio calar aqueles que diziam que a responsabilidade subsidiária não defluía de texto normativo, constituindo-se criação jurídica do enunciado da Súmula 331 do TST, e limita-se ao empregado-gerente por expressa disposição legal. Seria o caso, por exemplo, do gerente que, em nome da empresa, se responsabiliza pelo não pagamento de direitos assegurados aos empregados por cláusula normativa inserida em instrumento coletivo. Nessa hipótese, tanto o gerente como a empresa respondem pela inadimplência. Obviamente, a responsabilidade principal é do empregador, já que o pagamento daquelas verbas faz parte de suas obrigações principais.

23.6.5.1 Responsabilidade patrimonial de ex-sócios pelas dívidas trabalhistas empresariais

Como já dito neste trabalho, os ex-sócios continuam a responder por dívidas trabalhistas das empresas que integraram, excepcionalmente, até mesmo após o lapso temporal de dois anos, após a averbação cartorial de seu desligamento das corporações, como estatui o art. 1.003 do Código Civil de 2002.

---

[49] "Art. 404. As perdas e danos, nas obrigações de pagamento em dinheiro, serão pagas com atualização monetária segundo índices oficiais regularmente estabelecidos, abrangendo juros, custas e honorários de advogado, sem prejuízo da pena convencional."

[50] "Art. 462. Ao empregador é vedado efetuar qualquer desconto nos salários do empregado, salvo quando este resultar de adiantamentos, de dispositivos de lei ou contrato coletivo. § 1º Em caso de dano causado pelo empregado, o desconto será lícito, desde que esta possibilidade tenha sido acordada ou na ocorrência de dolo do empregado. (Antigo parágrafo único renomeado pelo Decreto-lei nº 229, de 28.02.1967, DOU 28.02.1967.)"

[51] "Art. 1.175. O preponente responde com o gerente pelos atos que este pratique em seu próprio nome, mas à conta daquele."

Não obstante, a nova CLT (alterada pela Lei 13.467/2017), publicada em 13.07.2017, apresenta uma novidade jurídica a respeito da responsabilidade do sócio retirante, em seu art. 10-A, *in verbis*:

> O sócio retirante responde subsidiariamente pelas obrigações trabalhistas da sociedade relativas ao período em que figurou como sócio, somente em ações ajuizadas até dois anos depois de averbada a modificação do contrato, observada a seguinte ordem de preferência:
>
> I – a empresa devedora;
>
> II – os sócios atuais; e
>
> III – os sócios retirantes.
>
> Parágrafo único. O sócio retirante responderá solidariamente com os demais quando ficar comprovada fraude na alteração societária decorrente da modificação do contrato.

Observa-se que este novo artigo da CLT se fundamenta no art. 1.032[52] do Código Civil, sendo específico em relação à responsabilidade do sócio retirante, atribuindo-lhe uma responsabilidade subsidiária e restrita ao período em que participou da empresa como sócio. Deixa claro a ordem da responsabilidade subsidiária, sendo autoexplicativo neste sentido.

Ademais, o parágrafo único trata de forma oblíqua da desconsideração da personalidade jurídica, devendo, para tanto, ser examinado conjuntamente com o art. 855-A da CLT, já anteriormente analisado.

Para Amador Paes de Almeida[53],

> (...) a Justiça do Trabalho vem, com frequência, determinando a penhora de bens particulares de ex-sócios, não faltando acórdãos que perpetuam a responsabilidade destes, por débitos trabalhistas. (...) Estabelece-se assim, ao total arrepio da lei, responsabilidade *ad perpetuam* do sócio, ainda que este se tenha retirado regularmente da sociedade, bastando que o contrato de trabalho possa ter sido constituído à época em que integrava a sociedade.

Ainda, para esse doutrinador,

> (...) poder-se-ia falar em responsabilidade do sócio retirante, na hipótese comprovada (e não por ilação) de cessão de quotas sociais ou transferência de

---

[52] "Art. 1.032. A retirada, exclusão ou morte do sócio, não o exime, ou a seus herdeiros, da responsabilidade pelas obrigações sociais anteriores, até dois anos após averbada a resolução da sociedade; nem nos dois primeiros casos, pelas posteriores e em igual prazo, enquanto não se requerer a averbação."

[53] ALMEIDA, Amador Paes de. *Execução de bens dos sócios*. 6. ed. São Paulo: Saraiva, 2003. p. 175.

titularidade da empresa a pessoas inidôneas, em fase de acentuada crise econômico-financeira da unidade produtiva, tudo demonstrando fraude a credores – o que pressupõe insolvência ou fraude à execução, que só se caracteriza quando, "ao tempo da alienação ou oneração, corria contra o devedor demanda capaz de reduzi-lo à insolvência" (art. 593, II, do CPC[1973])[54].

E, ainda,

(...) diversa é a situação do sócio que se retira da sociedade quando haja débitos desta. Sob a égide do art. 339 do Código Comercial, o sócio que se despedisse antes de dissolvida a sociedade ficava responsável pelas obrigações contraídas e perdas havidas até o momento da despedida. O novo Código Civil, no art. 1.003, parágrafo único, amplia a responsabilidade do sócio retirante até dois anos, após a averbação da alteração contratual na Junta Comercial[55].

Para Gustavo Felipe Barbosa Garcia[56],

(...) a questão, entretanto, é controvertida, havendo entendimento de que o mencionado prazo de dois anos, durante o qual o ex-sócio pode permanecer respondendo por débitos da sociedade, deve ser contado a partir da averbação de sua saída do quadro societário, mas somente até a efetiva constrição do bem do ex-sócio da sociedade, por meio de penhora na execução ou de medida cautelar.

De outro lado, Mauro Schiavi[57] alega que

(...) parte da jurisprudência se mostra refratária à aplicação do art. 1.003 do CC ao processo do trabalho, argumentando que a responsabilidade do sócio retirante persiste para fins trabalhistas, mesmo após dois anos, pois se o sócio retirante estava na sociedade à época da prestação de serviços e usufruiu da mão de obra do trabalhador é justo que seu patrimônio responda pelos débitos trabalhistas. Além disso, argumentam incompatibilidade dos princípios protetor, da natureza alimentar e irrenunciabilidade do crédito trabalhista. (...) No nosso sentir, o art. 1.003 do Código Civil se aplica ao processo do trabalho, por conter um critério objetivo e razoável de delimitação da responsabilidade do sócio retirante. Não obstante, em casos de fraude ou de notória insolvência da empresa ao tempo da retirada, a responsabilidade do sócio retirante deve persistir por prazo superior a dois anos.

---

[54] Idem, ibidem, p. 176.
[55] Idem, ibidem, p. 177.
[56] GARCIA, Gustavo Felipe Barbosa. *Curso de direito processual do trabalho*. 2.ª tiragem. São Paulo: Método, 2012. p. 661.
[57] SCHIAVI, Mauro. *Manual de direito processual do trabalho*. São Paulo: LTr, 2009. p. 797.

São inúmeros os mandados de segurança que têm objetivo de afastar atos judiciais que incluíram ex-sócios no polo passivo de execuções em curso, envolvendo dívidas trabalhistas das empresas em que fizeram parte do quadro societário.

O art. 1.003 do Código Civil regula as obrigações dos sócios retirantes, *in verbis*:

> Art. 1.003. A cessão total ou parcial de quota, sem a correspondente modificação do contrato social com o consentimento dos demais sócios, não terá eficácia quanto a estes e à sociedade.
>
> Parágrafo único. Até dois anos depois de averbada a modificação do contrato, responde o cedente solidariamente com o cessionário, perante a sociedade e terceiros, pelas obrigações que tinha como sócio.

Da análise hermenêutica do dispositivo legal mencionado se depreende que os ex-sócios têm plena responsabilização pelas dívidas até dois anos após a averbação da modificação do contrato, por todas as obrigações que tinham como sócios, da mesma forma que os sócios atuais, ao tempo em que participavam da sociedade.

No entanto, excepcionalmente, caso os ex-sócios ao tempo em que integravam a sociedade tenham participado da celebração do contrato de trabalho com os obreiros, e, daí, também tenham auferido vantagens ou se apropriado da força de trabalho correlata, deverão responder pelas dívidas trabalhistas, caso a empresa ou sociedade não disponha de patrimônio suficiente para arcar com tais dispêndios, mesmo transcorrido o interregno de dois anos, como dispõe a norma civilista.

Essa é chamada tese da "simultaneidade" ou "concomitância" no exercício de cargo de direção ou de gestão empresarial ao tempo em que o trabalhador prestava serviços na organização.

O fundamento recai no fato de que o credor trabalhista, geralmente hipossuficiente, além de ser dotado de um superprivilégio, pela natureza jurídica alimentar de seu crédito (art. 100 CF/1988 e art. 135 do CTN) não dispõe de outros meios a lhe socorrer, daí o jargão popular "ganha, mas não recebe", uma vez que grande parte das execuções na seara laboral é encaminhada para o arquivo, diferentemente do ex-sócio que ao arcar com o débito empresarial poderá, no momento oportuno, exercer o seu direito de regresso.

Além disso, o art. 649 do Código de Processo Civil de 1973, que taxava de "absolutamente" impenhoráveis os vencimentos, subsídios, soldos e honorários de profissional liberal e dava guarida à quantia depositada em caderneta de poupança de empregadores até o limite de 40 (quarenta) salários mínimos, foi mitigada pela nova redação do art. 833[58] do Código de Processo Civil.

---

[58] "Art. 833. São impenhoráveis:
(...)

É de se notar que o § 2º do retromencionado artigo excepciona a impenhorabilidade para pagamento de prestação alimentícia, em importância depositada em caderneta de poupança até mesmo em valores superiores a 50 (cinquenta) salários mínimos, com a remissão aos artigos 528 e 529 do novo texto legal, que reproduzimos a seguir:

> Art. 528. No cumprimento de sentença que condene ao pagamento de prestação alimentícia ou de decisão interlocutória que fixe alimentos, o juiz, a requerimento do exequente, mandará intimar o executado pessoalmente para, em 3 (três) dias, pagar o débito, provar que o fez ou justificar a impossibilidade de efetuá-lo.
>
> (...)
>
> § 8º O exequente pode optar por promover o cumprimento da sentença ou decisão desde logo, nos termos do disposto neste Livro, Título II, Capítulo III, caso em que não será admissível a prisão do executado, e, recaindo a penhora em dinheiro, a concessão de efeito suspensivo à impugnação não obsta a que o exequente levante mensalmente a importância da prestação.
>
> Art. 529. Quando o executado for funcionário público, militar, diretor ou gerente de empresa ou empregado sujeito à legislação do trabalho, o exequente poderá requerer o desconto em folha de pagamento da importância da prestação alimentícia.
>
> (...)
>
> § 3º Sem prejuízo do pagamento dos alimentos vincendos, o débito objeto de execução pode ser descontado dos rendimentos ou rendas do executado, de forma parcelada, nos termos do caput deste artigo, contanto que, somado à parcela devida, não ultrapasse cinquenta por cento de seus ganhos líquidos.

> IV – os vencimentos, os subsídios, os soldos, os salários, as remunerações, os proventos de aposentadoria, as pensões, os pecúlios e os montepios, bem como as quantias recebidas por liberalidade de terceiro e destinadas ao sustento do devedor e de sua família, os ganhos de trabalhador autônomo e os honorários de profissional liberal, ressalvado o § 2º;
> (...)
> X – a quantia depositada em caderneta de poupança, até o limite de 40 (quarenta) salários mínimos;
> XI – os recursos públicos do fundo partidário recebidos por partido político, nos termos da lei;
> XII – os créditos oriundos de alienação de unidades imobiliárias, sob regime de incorporação imobiliária, vinculados à execução da obra.
> § 1º A impenhorabilidade não é oponível à execução de dívida relativa ao próprio bem, inclusive àquela contraída para sua aquisição.
> **§ 2º O disposto nos incisos IV e X do *caput* não se aplica à hipótese de penhora para pagamento de prestação alimentícia, independentemente de sua origem, bem como às importâncias excedentes a 50 (cinquenta) salários mínimos mensais, devendo a constrição observar o disposto no art. 528, § 8º, e no art. 529, § 3º."**

Portanto, considerando que as verbas trabalhistas, além de superprivilegiadas, têm o caráter "alimentício", entendemos pela absoluta aplicabilidade dos artigos *supra*, por força do art. 889 da CLT, às execuções trabalhistas que implementam a penhora ou bloqueio *online* de contas bancárias (conta-corrente ou poupança) de sócios, diretores, bem como ex-sócios, nos parâmetros anteriormente consignados (havendo simultaneidade ou concomitância da prestação de serviços)[59], o que, a partir da Lei 13.467/2017, ficou mitigado pela retirada da possibilidade ampla de execução *ex officio* pelo magistrado trabalhista, de acordo com a nova redação do art. 878 da CLT.

---

[59] Nesse sentido, o entendimento dos Pretórios Trabalhistas, como segue: "Execução. Desconsideração da personalidade jurídica. Ex-sócio. Legitimidade ativa. Reconhecimento. Agravo de petição. Despersonalização da pessoa jurídica. Ex-sócio da executada. Legitimidade passiva. Verificando-se que a situação enseja a aplicação do instituto da despersonalização da pessoa jurídica, tendo sido esgotadas todas as tentativas para garantir a execução, bem como constatada a dissolução irregular da sociedade, e que o estado de insolvência da empresa executada resultou da má administração dos sócios, a responsabilidade deve ser estendida ao patrimônio pessoal dos sócios, conforme interpretação do artigo 50 do Código Civil c/c artigo 592, inciso II, do CPC. Na hipótese em questão, o registro da alteração contratual do quadro societário da empresa é posterior à rescisão contratual do reclamante. Há evidências da prática de atos de má gestão da empresa desde o período de vigência do contrato de trabalho, em razão da ausência de pagamento das verbas trabalhistas devidas ao reclamante, o que acarretou o pedido de rescisão indireta do seu contrato. Portanto, mantém-se a decisão agravada que, aplicando o instituto da despersonalização da pessoa jurídica, reconheceu a legitimidade passiva do agravante, que participara da sociedade da empresa durante a vigência do contrato de trabalho do reclamante. Por consequência, confirmada a constrição judicial sobre os bens do ex-sócio da executada. Interpretações do artigo 1.003, *caput* e parágrafo único, c/c o artigo 1.053, ambos do Código Civil brasileiro, e artigo 596, § 1º, do Código de Processo Civil. Agravo de petição improvido" (TRT 14ª R., Ap. 00399.2004.041.14.00-0, 1ª T., Rel. Juiz Afrânio Viana Gonçalves, *DJe* 03.03.2008). "Responsabilidade trabalhista. Sócios retirantes. Limitação. Observação. Agravo de petição. Responsabilidade dos sócios retirantes pelos créditos trabalhistas. Limitação. Art. 1.003, parágrafo único, Código Civil. 'A responsabilidade dos sócios retirantes, atualmente, deve observar dois requisitos: a) que a prestação dos serviços tenha ocorrido antes da saída do sócio; b) que o ajuizamento da ação ocorra dentro de dois anos após o desligamento, considerada a data da averbação, mesmo que proposta aquela apenas em face da sociedade. O que deve ser levado em conta, pois, para a aferição da responsabilidade dos sócios retirantes, é a composição societária ao tempo em que se originou o crédito, não o tempo em que este foi reconhecido pela justiça. Por outro lado, desde que a ação tenha sido proposta dentro de dois anos da averbação da retirada, ainda que o sócio não conste do polo passivo, poderá ele ser responsabilizado pelos créditos pendentes ao tempo de sua saída da sociedade, caso esta, ao tempo da cobrança, não disponha de bens suficientes para a satisfação dos créditos reconhecidos aos trabalhadores' (LORENZETTI, Ari Pedro. *A responsabilidade pelos créditos trabalhistas*. LTr, 2003. p. 228-229)" (TRT 18ª R., Ap. 00142-2003-002-18-00-2, Rel. Juíza Dora Maria da Costa, *DJGO* 14.02.2006).

Após a completude normativa operacionalizada pelo Código Civil de 2002, pela conjugação da responsabilidade civil subjetiva (art. 186) e da objetiva (art. 927, parágrafo único), as inovações promovidas no novo Código de Processo Civil, que entrou em vigor em 2016, vieram dar maior celeridade às demandas trabalhistas, já que o processo do trabalho, por força dos arts. 769 (conhecimento) e 889 (execução) da CLT, se socorre das normas do CPC, em casos de lacuna, compatibilidade e, a nosso ver, por conta do ancilosamento das normas celetistas, refletindo em uma maior preocupação dos juristas de tornar a execução trabalhista mais efetiva.

Um dos notáveis exemplos é justamente a aplicação conjunta de vários instrumentos normativos no sentido de dar guarida a créditos de natureza alimentar, envolvendo hipossuficientes, como se verifica na aplicação conjunta de institutos do direito civil, do Código de Defesa do Consumidor, do Código Tributário Nacional, ao lado da CLT.

Dessa forma, procura-se não apenas a consecução do direito humano fundamental do trabalhador ao prazo razoável do processo, preconizado no art. 5º, inciso LXXVIII, da Constituição Federal de 1988, bem como adotando a ideologia do pós-positivismo jurídico de criar meios de privilegiar princípios fundamentais, em situações nas quais a letra fria da lei não atinge os objetivos almejados pela sociedade, de modo a entregar, na ótica da justiça distributiva aristotélica o provimento jurisdicional de forma célere e eficaz.

Com base no exposto, os institutos da responsabilidade subjetiva, objetiva, indireta ou oblíqua e a aplicação simultânea de vários dispositivos legais dos mais variados campos do Direito, inclusive no novo texto do Código de Processo Civil e da própria CLT (art. 855-A), em seu conjunto, passaram a atingir, com maior eficácia, o patrimônio de empresas, sócios, administradores e ex-sócios na execução trabalhista, inclusive o patrimônio de dirigentes de instituições sem fins lucrativos.

23.7 FRAUDE CONTRA CREDORES E FRAUDE À EXECUÇÃO

Um direito de crédito não satisfeito por seu modo normal, ou seja, uma obrigação inadimplida no tempo e no modo devidos, faz nascer para o credor a pretensão de ver o seu direito satisfeito, gerando a sua exigibilidade e, por conseguinte, constituindo a responsabilidade civil do devedor, que responderá com todo o seu patrimônio pelo cumprimento da obrigação, caso não haja garantias especiais estabelecidas. Nessa hipótese, o credor configura-se como quirografário, estando vulnerável à alienação patrimonial superveniente dos bens do devedor, que teria o seu patrimônio esvaziado, retirando do credor a oportunidade de satisfação do seu direito.

Observe-se que eventual credor com garantia real será considerado credor quirografário no que se refere ao remanescente do crédito que não foi satisfeito pela garantia constituída.

Todavia, a fim de proteger o titular do crédito lesado, a lei civil determina que poderão ser por ele anulados os negócios de transmissão gratuita de bens ou remissão de dívida, praticados pelo devedor já insolvente, ou por eles reduzido à insolvência, ainda que celebrados sob ignorância da lesividade. Nos termos do art. 158 do Código Civil:

> Art. 158. Os negócios de transmissão gratuita de bens ou remissão de dívida, se os praticar o devedor já insolvente, ou por eles reduzido à insolvência, ainda quando o ignore, poderão ser anulados pelos credores quirografários, como lesivos dos seus direitos.
>
> § 1º Igual direito assiste aos credores cuja garantia se tornar insuficiente.
>
> § 2º Só os credores que já o eram ao tempo daqueles atos podem pleitear a anulação deles.

O Superior Tribunal de Justiça, entretanto, já reconheceu como parte legítima para alegar determinada fraude sujeito que se tornou credor após ter havido alienação de bens do devedor, em caráter excepcional, pois, no caso concreto, restou caracterizada a premeditação fraudatória.

Voltando à regra, podemos afirmar, então, que na fraude contra credores há pelo menos duas relações jurídicas a serem observadas: a primeira delas é a relação obrigacional inadimplida já comentada; a segunda é aquela que nasce defeituosa, com a intenção de fraudar o credor, seja ela gratuita (art. 158, CC), ou onerosa, nos termos do art. 159, CC:

> Art. 159. Serão igualmente anuláveis os contratos onerosos do devedor insolvente, quando a insolvência for notória, ou houver motivo para ser conhecida do outro contratante.

Portanto, será anulável o contrato oneroso do devedor insolvente quando a insolvência for notória, ou seja, quando o adquirente que agisse com diligência normal deveria perceber, ou quando havia uma relação entre as partes que permitisse o conhecimento do estado de insolvência por parte do adquirente. Dessa forma, além do *eventus damni* (estado de insolvência), exige-se o *consilium fraudis*. Em síntese, nessa situação, o adquirente apenas será punido se restar comprovado que este sabia ou deveria saber da fraude.

Com o fim, então, de obter a satisfação do seu crédito, poderá o titular impugnar o negócio fraudulento, por meio da propositura de ação pauliana, de caráter anulatório, logo desconstitutivo, a qual tem como autor o credor prejudicado (quirografário) e, como réus, as partes do negócio a ser impugnado, cuja consequência é o retorno do bem ao patrimônio do devedor, favorecendo o concurso de credores.

Situações existem em que a fraude operada pelo devedor poder-se-á constituir, ainda, como ato fraudatório à execução. É a denominada fraude à execução, que ocorrerá sempre que o devedor praticar atos atentatórios ao direito creditório, na pendência de um processo. Consiste nos casos em que o devedor onera ou aliena o seu patrimônio, durante processo já instaurado, não lhe restando bens suficientes para quitar a dívida existente.

Conforme o Código de Processo Civil de 2015,

> Art. 792. A alienação ou a oneração de bem é considerada fraude à execução:
>
> I – quando sobre o bem pender ação fundada em direito real ou com pretensão reipersecutória, desde que a pendência do processo tenha sido averbada no respectivo registro público, se houver;
>
> II – quando tiver sido averbada, no registro do bem, a pendência do processo de execução, na forma do art. 828;
>
> III – quando tiver sido averbado, no registro do bem, hipoteca judiciária ou outro ato de constrição judicial originário do processo onde foi arguida a fraude;
>
> IV – quando, ao tempo da alienação ou da oneração, tramitava contra o devedor ação capaz de reduzi-lo à insolvência;
>
> V – nos demais casos expressos em lei.
>
> § 1º A alienação em fraude à execução é ineficaz em relação ao exequente.
>
> § 2º No caso de aquisição de bem não sujeito a registro, o terceiro adquirente tem o ônus de provar que adotou as cautelas necessárias para a aquisição, mediante a exibição das certidões pertinentes, obtidas no domicílio do vendedor e no local onde se encontra o bem.
>
> § 3º Nos casos de desconsideração da personalidade jurídica, a fraude à execução verifica-se a partir da citação da parte cuja personalidade se pretende desconsiderar.
>
> § 4º Antes de declarar a fraude à execução, o juiz deverá intimar o terceiro adquirente, que, se quiser, poderá opor embargos de terceiro, no prazo de 15 (quinze) dias.

O ato praticado em fraude à execução **é ineficaz** em face do exequente, significando portanto que, embora existente e válido o negócio, o mesmo não repercutirá efeitos perante o credor e perante o processo, pois a penhora sobre a coisa indevidamente alienada ou onerada poderá ser efetivada como se ainda estivesse na titularidade do executado.

Pode ser declarado de ofício pelo juiz, pois envolve interesse de ordem pública, que é o de proteger a jurisdição e a sua efetividade (ato atentatório à dignidade da justiça – art. 774, I, do CPC/2015).

Consoante propugnado pela doutrina majoritária, o inciso I do artigo em lume não é aplicável ao processo do trabalho, pois versa sobre ações fundadas em direito real.

De outro giro, os incisos II e III são claramente aplicáveis ao processo do trabalho, ante a omissão da CLT sobre o tema. Dessa forma, ambas as hipóteses poderão tipificar a fraude à execução.

A averbação premonitória (inciso II) presume a má-fé de terceiros que venham a negociar com o devedor, tendo em vista a publicidade que dá acerca da existência de crédito anterior já exigido, caracterizando a fraude, independentemente da existência de qualquer outro requisito. O mesmo ocorre nas situações elencadas no inciso III, posto que a inscrição da hipoteca judiciária, ou de outro ato constritivo da coisa, torna o fato público, impedindo, dessa feita, a alegação de boa-fé por eventual adquirente.

Por óbvio, as situações aqui tratadas referem-se a bens de raiz, ou seja, a bens imóveis, passíveis de averbação/registro no fólio real (Cartório de Registro de Imóveis). Entretanto, quando as ações fraudulentas referirem-se a bens não sujeitos a inscrição (registro, segundo o CPC), como bens móveis (máquinas, veículos, mercadorias), o adquirente sob sua responsabilidade deverá comprovar a sua boa-fé, demonstrando desconhecimento sobre a insolvência do alienante, afastando a fraude à execução.

No que tange ao inciso IV, art. 792, resta caracterizada a hipótese de maior incidência no processo do trabalho, posto ficar tipificada a fraude à execução, quando a alienação ou oneração do bem é operada, quando já tramitava contra o devedor demanda capaz de reduzi-lo à insolvência. Nessa senda, há de se analisar o momento a partir do qual existe demanda judicial pendente. Para a corrente majoritária, tanto no âmbito do processo civil quanto do processo do trabalho, somente haverá fraude à execução após a citação válida do réu, pois é a partir desse momento que se tipifica a litispendência. Em contrapartida, existe posicionamento que defende a ocorrência da fraude à execução, desde que o negócio fraudulento seja praticado já a partir da propositura da ação, não sendo necessário aguardar a citação do réu, uma vez que no processo do trabalho não há despacho de recebimento da inicial e a notificação (citação) é realizada pela Secretaria da Vara do Trabalho.

23.8 EXECUÇÃO POR QUANTIA CERTA CONTRA DEVEDOR SOLVENTE

A execução tem o seu início fundamentado em dois requisitos, quais sejam: o título executivo e o inadimplemento do devedor. Para que dita execução possa ser frutífera e efetiva, necessária faz-se a solvência do devedor, isto é, deverá haver patrimônio líquido superior ao montante das dívidas existentes.

Assim, sendo o título representativo da dívida líquido e certo, o juiz deverá se ater a determinadas condutas. Primeiramente, deverá citar o devedor para que pague ou garanta o juízo, no prazo de 48 (quarenta e oito) horas, nos termos do art. 880, CLT.

A referida citação, diferentemente do que ocorre no processo de conhecimento, é promovida pelo oficial de justiça, sendo necessário ser pessoal, ou seja, deve ser feita na pessoa do devedor, ou na pessoa de quem tenha poderes expressos para representá-lo.

Sendo procurado o executado, por duas vezes, no prazo de 48 (quarenta e oito) horas e não sendo ele encontrado, a citação será promovida por edital – art. 880, § 3º, CLT.

No prazo dado, o devedor poderá adotar três posicionamentos:

- efetuar o pagamento do valor da execução (CLT, art. 881);
- garantir a execução com depósito em dinheiro (CLT, art. 882[60]), ou seguro garantia judicial;
- indicar bens à penhora, objetivando garantir o juízo e opor embargos à execução (CLT, art. 882). Referida nomeação deverá respeitar a ordem preferencial estampada no art. 835 do CPC/2015.

Caso o executado não cumpra os mandamentos previstos na citação, no prazo legal, poderá ter o seu patrimônio constrito judicialmente. Assim, o oficial de justiça, em nome da força coercitiva do Estado, penhorará tantos bens quantos bastem para satisfazer não somente o crédito do exequente, mas também para cobrir custas, juros de mora e a contribuição previdenciária – art. 883, CLT.

A Lei 13.467/2017 acrescentou o art. 883-A à CLT, como segue:

> Art. 883-A. A decisão judicial transitada em julgado somente poderá ser levada a protesto, gerar inscrição do nome do executado em órgãos de proteção ao crédito ou no Banco Nacional de Devedores Trabalhistas, nos termos da Lei, depois de transcorrido o prazo de quarenta e cinco dias a contar da citação do executado, se não houver garantia do juízo.

Todavia, a doutrina e a jurisprudência trabalhista têm se inclinado pela aplicação do art. 523 do CPC/2015, o qual estipula que o executado seja intimado a pagar o débito no prazo de 15 (quinze) dias, sob pena de multa de 10% (dez por cento) sobre o valor da dívida, bem como honorários advocatícios, também no importe de 10% (dez por cento) sobre o valor devido.

---

[60] Com a Lei 13.467/2017 este artigo passou a ter a seguinte redação: "Art. 882. O executado que não pagar a importância reclamada poderá garantir a execução mediante depósito da quantia correspondente, atualizada e acrescida das despesas processuais, apresentação de seguro-garantia judicial ou nomeação de bens à penhora, observada a ordem preferencial estabelecida no artigo 835 da Lei nº 13.105, de 16 de março de 2015 – Código de Processo Civil."

Vejamos que o artigo supratranscrito fala em cumprimento provisório da sentença. Oportuno ressaltar, também, que esse dispositivo, sob a égide do conceito de sentença sincrética, veio valorizar a sentença de primeiro grau, fazendo que ela não mais seja vista simplesmente como mero rito de passagem para um exame mais aprofundado no segundo grau de jurisdição.

Não obstante, em recente decisão de uniformização de sua jurisprudência, o Colendo TST (Tribunal Superior do Trabalho) entendeu pela não aplicação do art. 523, § 1º,[61] ao Processo do Trabalho. Por ser uma tese prevalecente do TST, vinculará todos os magistrados do trabalho do país.

Garantido o juízo, por meio da nomeação de bens, ou pelo seguro-garantia judicial, o credor é intimado a se manifestar, podendo ou não aceitá-la, fundamentando sua impugnação e indicando outros bens penhoráveis.

Caso a nomeação seja aceita, o devedor deverá exibir a prova de propriedade dos bens e, se for o caso, a certidão negativa de ônus. Após esse procedimento, a nomeação será reduzida a termo, considerando-se por penhorados os bens e sendo o executado intimado para assiná-lo como depositário, salvo se o exequente não concordar. Nesta última hipótese, os bens serão removidos para depósito público, caso existente, ou permanecerão sob a guarda de quem o exequente indicar (Lei 6.830/1980, art. 11, § 3º).

23.8.1 Penhora

A penhora consiste em um ato de constrição, apreensão pelo Estado dos bens do executado, para que seja satisfeita a obrigação contida no título executivo.

A penhora tem por finalidade garantir o juízo e individualizar o bem que será objeto da constrição, mas, igualmente, gera o direito de preferência quando há concurso de credores, ou seja, se sobre o bem houver mais de uma penhora, o credor que primeiro o penhorou terá preferência no recebimento dos valores oriundos da expropriação. Destarte, podemos elencar os seguintes efeitos da penhora:

- **Individualização:** a responsabilidade patrimonial é ampla e geral até o momento anterior à penhora, isto é, recai sobre todo o patrimônio do executado. Logo, todos os bens do executado, em tese, podem responder pela dívida. A partir da penhora ocorrerá a *individualização* dessa responsabilidade, isto é, somente o bem constrito responderá pelo cumprimento da obrigação.

---

[61] A tese jurídica fixada no julgamento, de observância obrigatória nos demais casos sobre a mesma matéria, foi a seguinte: "A multa coercitiva do artigo do artigo 523, § 1º, do CPC (antigo artigo 475-J do CPC de 1973), não é compatível com as normas vigentes da CLT por que se rege o processo do trabalho, ao qual não se aplica" (Processo: IRR-1786-24.2015.5.04.0000). Tese repetitiva n. 4.

- **Preferência:** em regra, o credor que penhorar em primeiro lugar terá preferência para receber eventual produto da expropriação do bem.
- **Conservação:** o dever de conservar o bem penhorado recai sobre o depositário.
- **Ineficácia dos atos de alienação:** qualquer ato de alienação ou oneração do bem após a penhora será considerado como fraude à execução, portanto, um ato ineficaz para o processo. Ressaltando que a fraude à execução se tipifica mesmo quando o devedor aliena ou onera seus bens a partir da citação da fase de conhecimento.

Todavia, como apresentado *supra*, nem todos os bens podem ser objeto de constrição, consoante os dizeres dos arts. 832 e 833 do CPC/2015:

Art. 832. Não estão sujeitos à execução os bens que a lei considera impenhoráveis ou inalienáveis.

Art. 833. São impenhoráveis:

I – os bens inalienáveis e os declarados, por ato voluntário, não sujeitos à execução;

II – os móveis, os pertences e as utilidades domésticas que guarnecem a residência do executado, salvo os de elevado valor ou os que ultrapassem as necessidades comuns correspondentes a um médio padrão de vida;

III – os vestuários, bem como os pertences de uso pessoal do executado, salvo se de elevado valor;

IV – os vencimentos, os subsídios, os soldos, os salários, as remunerações, os proventos de aposentadoria, as pensões, os pecúlios e os montepios, bem como as quantias recebidas por liberalidade de terceiro e destinadas ao sustento do devedor e de sua família, os ganhos de trabalhador autônomo e os honorários de profissional liberal, ressalvado o § 2º;

V – os livros, as máquinas, as ferramentas, os utensílios, os instrumentos ou outros bens móveis necessários ou úteis ao exercício da profissão do executado;

VI – o seguro de vida;

VII – os materiais necessários para obras em andamento, salvo se essas forem penhoradas;

VIII – a pequena propriedade rural, assim definida em lei, desde que trabalhada pela família;

IX – os recursos públicos recebidos por instituições privadas para aplicação compulsória em educação, saúde ou assistência social;

X – a quantia depositada em caderneta de poupança, até o limite de 40 (quarenta) salários mínimos;

XI – os recursos públicos do fundo partidário recebidos por partido político, nos termos da lei;

XII – os créditos oriundos de alienação de unidades imobiliárias, sob regime de incorporação imobiliária, vinculados à execução da obra.

§ 1º A impenhorabilidade não é oponível à execução de dívida relativa ao próprio bem, inclusive àquela contraída para sua aquisição.

§ 2º O disposto nos incisos IV e X do *caput* não se aplica à hipótese de penhora para pagamento de prestação alimentícia, independentemente de sua origem, bem como às importâncias excedentes a 50 (cinquenta) salários mínimos mensais, devendo a constrição observar o disposto no art. 528, § 8º, e no art. 529, § 3º.

§ 3º Incluem-se na impenhorabilidade prevista no inciso V do *caput* os equipamentos, os implementos e as máquinas agrícolas pertencentes a pessoa física ou a empresa individual produtora rural, exceto quando tais bens tenham sido objeto de financiamento e estejam vinculados em garantia a negócio jurídico ou quando respondam por dívida de natureza alimentar, trabalhista ou previdenciária.

Dessa forma, se o crédito for de natureza alimentar, independentemente de sua origem, não há que falar em impenhorabilidade de salários e valores depositados em caderneta de poupança.

Todavia, o TST, por meio da OJ 153-SDI-II (tese fundamentada no art. 649, § 2º, CPC/1973), entende que a expressão "prestação alimentícia" não se refere a créditos de natureza trabalhista, por dizer respeito somente à obrigação alimentar, de natureza familiar, indicando, portanto, a espécie da obrigação, e não o gênero, o qual poderia também compreender os créditos trabalhistas.

Também inferimos da regra supracitada que os valores que ultrapassarem 50 (cinquenta) salários mínimos serão passíveis de penhora, independentemente da natureza da dívida (alimentar, ou não).

Por ser o salário do executado fonte de sua própria subsistência, devemos aplicar a regra do art. 833, § 2º, do CPC/2015, o qual faz menção expressa ao art. 529, § 3º, do CPC/2015 para criarmos uma regra de proporcionalidade entre o direito do credor e a dignidade do devedor. Dessa feita, a penhora do salário do devedor não pode exceder a 50% (cinquenta por cento) do montante líquido percebido pelo executado:

Art. 529. (...)

§ 3º Sem prejuízo do pagamento dos alimentos vincendos, o débito objeto de execução pode ser descontado dos rendimentos ou rendas do executado, de forma parcelada, nos termos do *caput* deste artigo, contanto que, somado à parcela devida, não ultrapasse cinquenta por cento de seus ganhos líquidos.

Além dos mencionados dispositivos legais, a Lei 8.009/1990 determinou a impenhorabilidade do bem de família[62], que abrange o imóvel utilizado para

---

[62] Súmula 364, STJ. "O conceito de impenhorabilidade de bem de família abrange também o imóvel pertencente a pessoas solteiras, separadas e viúvas."

domicílio, bem como suas benfeitorias de qualquer natureza, os equipamentos (inclusive de uso profissional) e os móveis que guarnecem a casa, desde que quitados. Entretanto, essa regra vem sendo mitigada pela jurisprudência, que defende a impenhorabilidade de bens móveis indispensáveis à vida da família, excetuando-se da proteção os bens supérfluos, que não são fundamentais à sobrevivência dos que ali residem.

O art. 3º da citada Lei 8.009/90 excetua a impenhorabilidade do bem de família, na hipótese de o débito se originar de relação de emprego entre o trabalhador (empregado doméstico) e o empregador (proprietário do imóvel). Entretanto, tal regra fora revogada pela LC 150/2015, que versa sobre o contrato de trabalho doméstico, a qual determina que o bem de família passa a ser impenhorável, inclusive para satisfação dos créditos de trabalhadores da própria residência – art. 46.

Consoante a CLT, art. 770, parágrafo único, a penhora poderá ser realizada, além dos dias úteis, em domingos ou feriados, desde que haja autorização expressa do juiz. Todavia, entendemos, por ser mais efetiva, que a regra contida no art. 212, § 2º, do CPC é plenamente aplicável ao processo do trabalho:

> Art. 212. Os atos processuais serão realizados em dias úteis, das 6 (seis) às 20 (vinte) horas.
>
> [...]
>
> § 2º Independentemente de autorização judicial, as citações, intimações e penhoras poderão realizar-se no período de férias forenses, onde as houver, e nos feriados ou dias úteis fora do horário estabelecido neste artigo, observado o disposto no art. 5º, inciso XI, da Constituição Federal.

Em virtude de convênio firmado entre o TST e o Banco Central do Brasil, o juiz do trabalho, previamente cadastrado, passou a ter a possibilidade de penhorar (bloquear) valores depositados em conta-corrente e aplicações do executado trabalhista. É a chamada penhora *on line*, que possibilita o bloqueio e a disposição de valores dos executados trabalhistas, com o objetivo de garantir o juízo da execução.

Nesse sentido, o juiz, a requerimento do exequente e sem dar ciência prévia do ato ao executado, determinará às instituições financeiras, por meio de sistema eletrônico, que tornem indisponíveis ativos financeiros existentes em nome do executado, limitando-se a indisponibilidade ao valor indicado na execução.

No entanto, o procedimento acima foi alterado pela Lei 13.467/2017, que modificou o art. 878, como segue: "Art. 878. A execução será promovida pelas partes, permitida a execução de ofício pelo Juiz ou Presidente do Tribunal apenas nos casos em que as partes não estiverem representadas por advogado".

Salvo quando a parte estiver acompanhada de advogado poderá o juiz determinar atos executórios, de ofício, o que modifica radicalmente o procedimento executório trabalhista, diminuindo-lhe a celeridade e a efetividade processual.

O juiz só poderá determinar o bloqueio on-line em contas bancárias do réu, com prévio requerimento das partes, bem como não poderá determinar a desconsideração da personalidade jurídica sem a instauração do incidente previsto no art. 855-A da CLT.

Soma-se a tudo isso que o não cumprimento pelo autor de determinações do magistrado poderá conduzi-lo a conhecer de ofício a prescrição intercorrente, disposta no art. 11-A da CLT.

Em não sendo possível a penhora via BACENJUD (*on-line*), por meio da qual é realizada o comando de penhora do dinheiro disponível na conta corrente ou aplicações financeiras do executado, o magistrado pode buscar a penhora por meio de outros convênios como, por exemplo, o RENAJUD (penhora de veículos).

Não havendo qualquer bem localizado, o procedimento é realizado pelo Oficial de Justiça, o qual se dirigirá ao estabelecimento do executado, inclusive residência, com o fito de realizar a penhora.

Na hipótese de o oficial de justiça efetivar a penhora no estabelecimento ou na residência do executado, lavrará o auto de penhora e avaliação.

Já se a penhora ocorrer na sede do juízo, como por exemplo, a penhora de bens imóveis, na qual o diretor de secretaria ou servidor responsável, diante da matrícula dos bens imóveis, certifica e faz um termo de penhora, o qual será averbado, posteriormente, no cartório de registro de imóveis.

Consumada a penhora, o executado precisa tomar ciência da mesma, pois a partir desse momento terá início o prazo para oposição dos embargos à execução. Se a penhora é realizada por oficial de justiça, no próprio auto em que ele faza penhora, o executado é intimado e, em regra, é nomeado como depositário do bem constrito.

Entretanto, quando a penhora é feita por termo, nos autos, como no caso de bens imóveis e veículos, e também quando a penhora é efetivada online, via sistema Bacenjud, não sendo portanto realizada por oficial de justiça, ou seja, não é realizada pelo oficial de justiça, a intimação ocorre na pessoa do advogado(realizado por meio do Diário Oficial ou Diário Eletrônico da Justiça do Trabalho).

Algumas inovações têm surgido nas penhoras efetuadas na Justiça do Trabalho. Entre elas encontramos a possibilidade de penhorabilidade de recursos repassados por ente público (art. 833, IX, do CPC) e a penhora sobre empréstimo consignado (art. 833, IV, do CPC), pois se se admite a possibilidade de reserva de até 30% na penhora de salário do executado, com mais razão ainda a penhora da totalidade do produto da operação de crédito, com pagamento indireto, cujas parcelas são deduzidas diretamente da folha de pagamento.

23.8.2 Defesa na execução

23.8.2.1 *Embargos*

Os embargos, no processo de execução trabalhista, encontram-se previstos no art. 884, *caput* (embargos à execução) e no seu § 3º (embargos à penhora). Ocorre que, além desses, outros podem ser interpostos em três situações distintas, sendo denominados de acordo com o momento e a finalidade para a qual são utilizados.

De acordo com essa situação, podemos elencar os embargos à execução, os embargos à penhora, bem como os embargos de terceiro, embargos à adjudicação e à arrematação. Insta mencionar que a doutrina majoritária, contudo, entende pela utilização dos embargos à execução para discussão das questões pertinentes à penhora, não havendo necessidade de categoria autônoma para tanto.

Os embargos, tecnicamente, não são defesa ou recurso, constituindo-se, em verdade, em ação de conhecimento, incidental ao processo de execução, de cunho constitutivo negativo (desconstitutivo), objetivando desconstituir o título executivo, declarar a inexigibilidade da obrigação ou a nulidade da execução. Assim, embora tenham natureza de ação, tipificam-se como incidentes ao processo já existente, não dando origem a processo autônomo[63].

A Lei 13.467/2017 acrescentou o § 6º ao art. 884, que assim dispõe: "§ 6º A exigência da garantia ou penhora não se aplica às entidades filantrópicas e/ou àqueles que compõem ou compuseram a diretoria dessas instituições".

23.8.2.1.1 Embargos à execução

É a ação prevista no *caput* do art. 884 da CLT, tendo por objetivo anular o processo de execução ou desfazer a eficácia do título executivo, sendo, portanto, uma ação de conhecimento incidental desconstitutiva, como já visto. Por meio dela, o executado pode alegar o cumprimento da decisão ou do acordo, quitação ou prescrição da dívida, conforme o § 1º do art. 884 da CLT.

Embora mencione a possibilidade dessas argumentações, a CLT pode ser complementada pelas hipóteses de matéria de defesa previstas no art. 525 do CPC/2015, que em linhas gerais preceitua a utilização de defesa envolvendo questões de ordem pública (como condições da ação e pressupostos processuais), bem como de interesse social.

Art. 525. (...)

§ 1º Na impugnação, o executado poderá alegar:

---

[63] GARCIA, Gustavo Felipe Barbosa. *Curso de direito processual do trabalho*. 4. ed. Rio de Janeiro: Gen/Forense, 2015. p. 809.

I – falta ou nulidade da citação se, na fase de conhecimento, o processo correu à revelia;

II – ilegitimidade de parte;

III – inexequibilidade do título ou inexigibilidade da obrigação;

IV – penhora incorreta ou avaliação errônea;

V – excesso de execução ou cumulação indevida de execuções;

VI – incompetência absoluta ou relativa do juízo da execução;

VII – qualquer causa modificativa ou extintiva da obrigação, como pagamento, novação, compensação, transação ou prescrição, desde que supervenientes à sentença.

(...)

Os embargos serão opostos pelo executado, em regra, no juízo da execução, desde que haja a garantia prévia do juízo. Contudo, os bens do executado podem se encontrar fora do juízo onde tramita a execução, sendo necessário, nessa hipótese, que a penhora seja feita por meio de carta precatória. Logo, o juízo deprecante (onde tramita a execução) expedirá a carta precatória para o juízo deprecado, o qual realizará a penhora dos bens do executado. Nessa situação, os embargos serão interpostos no juízo deprecado; todavia, o julgamento destes será realizado pelo juízo deprecante, salvo se os embargos tiverem por objeto vícios ou irregularidades relacionados a atos praticados pelo juízo deprecado – art. 20 da Lei 6.830/1980.

Uma vez garantido o juízo, seja por depósito, seguro garantia judicial[64], nomeação de bens à penhora, ou penhora coercitiva, o executado terá o prazo de

---

[64] Ato Conjunto TST/CSJT/CGJT nº 1, de 16 de outubro de 2019, que dispõe sobre o uso do seguro garantia judicial e fiança bancária em substituição a depósito recursal e para garantia da execução trabalhista: "Art. 1º O seguro garantia judicial para a execução trabalhista e o seguro garantia judicial em substituição a depósito recursal visam garantir o pagamento de débitos reconhecidos em decisões proferidas por órgãos da Justiça do Trabalho, constituindo, no caso do segundo, pressuposto de admissibilidade dos recursos. Parágrafo único. As regras previstas neste Ato Conjunto aplicam-se à fiança bancária para garantia de execução trabalhista ou para substituição de depósito recursal, observadas as peculiaridades do respectivo instrumento. Art. 2º Aplicam-se ao seguro garantia previsto no art. 1º as seguintes definições: I – Apólice: documento assinado pela seguradora que representa formalmente o contrato de seguro garantia judicial; II – Expectativa de sinistro: verificação pelo segurado da possibilidade de ocorrência de sinistro; III – Indenização: pagamento pelas seguradoras das obrigações cobertas pelo seguro, a partir da caracterização do sinistro; IV – Prêmio: importância devida pelo tomador à seguradora em razão da cobertura do seguro; V – Segurado: o reclamante ou o exequente; VI – Seguradora: a sociedade de seguros garantidora, nos termos da apólice, do cumprimento das obrigações assumidas pelo tomador perante os órgãos da Justiça do Trabalho; VII – Seguro garantia judicial para substituição a depósito recursal: modalidade destinada a

oferecer garantia real de satisfação da condenação; VIII – Seguro garantia judicial para garantia de execução: modalidade destinada a garantir o juízo da execução, assegurando o pagamento das condenações trabalhistas; IX – Sinistro: o inadimplemento das obrigações do tomador cobertas pelo seguro ou a determinação judicial para recolhimento dos valores correspondentes à apólice; X – Tomador: devedor de obrigações trabalhistas que deve prestar garantia no processo judicial; XI – Cláusula de renovação automática: obrigação da Seguradora de renovar automaticamente a apólice do seguro garantia por período igual ao incialmente contratado, enquanto durar o processo judicial garantido, nos termos do Ofício 23/2019/SUSEP/DICON/CGCOM/COSET. Art. 3º A aceitação do seguro garantia judicial de que trata o art. 1º, prestado por seguradora idônea e devidamente autorizada a funcionar no Brasil, nos termos da legislação aplicável, fica condicionada à observância dos seguintes requisitos, que deverão estar expressos nas cláusulas da respectiva apólice: I – no seguro garantia judicial para execução trabalhista, o valor segurado deverá ser igual ao montante original do débito executado com os encargos e os acréscimos legais, inclusive honorários advocatícios, assistenciais e periciais, devidamente atualizado pelos índices legais aplicáveis aos débitos trabalhistas na data da realização do depósito, acrescido de, no mínimo, 30% (Orientação Jurisprudencial 59 da SBDI-II do TST); II – no seguro garantia para substituição de depósito recursal, o valor segurado inicial deverá ser igual ao montante da condenação, acrescido de, no mínimo 30%, observados os limites estabelecidos pela Lei 8.177 e pela Instrução Normativa 3 do TST; III – previsão de atualização da indenização pelos índices legais aplicáveis aos débitos trabalhistas; IV – manutenção da vigência do seguro, mesmo quando o tomador não houver pago o prêmio nas datas convencionadas, com base no art. 11, §1º, da Circular 477 da SUSEP e em renúncia aos termos do art. 763 do Código Civil e do art. 12 do Decreto-Lei 73, de 21 de novembro de 1966; V – referência ao número do processo judicial; VI – ovalor do prêmio; VII – vigência da apólice de, no mínimo, 3 (três) anos; VIII – estabelecimento das situações caracterizadoras da ocorrência de sinistro nos termos do art. 9º deste Ato Conjunto; XI – endereço atualizado da seguradora; XII – cláusula de renovação automática. §1º Além dos requisitos estabelecidos neste artigo, o contrato de seguro garantia não poderá conter cláusula de desobrigação decorrente de atos de responsabilidade exclusiva do tomador, da seguradora ou de ambos, tampouco cláusula que permita sua rescisão, ainda que de forma bilateral; §2º No caso de seguro garantia judicial para substituição de depósito recursal, o recorrente deverá observar as diretrizes previstas no item II da Instrução Normativa 3 do TST, no que diz respeito à complementação em caso de recursos sucessivos, quando não atingido o montante da condenação, ou em casos de sua majoração. §3º Na hipótese do parágrafo anterior, a complementação de depósito em espécie poderá ser feita mediante seguro garantia. Art. 4º As apólices apresentadas permanecerão válidas independentemente do pedido de renovação da empresa tomadora, enquanto houver o risco e/ou não for substituída por outra garantia aceita pelo juízo. Parágrafo único. As hipóteses de não renovação da apólice são exclusivamente aquelas descritas nos itens 4.1.1 e 4.2 do Anexo VI da Circular SUSEP 477. Art. 5º Por ocasião do oferecimento da garantia, o tomador deverá apresentar a seguinte documentação: I – apólice do seguro garantia; II – comprovação de registro da apólice na SUSEP; III – certidão de regularidade da sociedade seguradora perante a SUSEP. §1º A idoneidade a que alude o caput do art. 3º será presumida mediante a apresentação da certidão da SUSEP referida no inciso III deste artigo que ateste a regularidade da empresa seguradora. §2º Ao receber a apólice, deverá o juízo conferir a sua validade mediante cotejo com o registro constante do sítio eletrônico da SUSEP no endereço https://www2.susep.gov.br/safe/menumercado/regapolices/pesquisa.asp. §3º Considerar-se-á garantido o juízo somente quando o valor da apólice satisfizer os requisitos previstos no art. 3º, incs. I e II, deste Ato Conjunto, conforme o caso. §4º O prazo para apresentação da apólice é o mesmo da prática do ato processual que ela visa garantir. Art. 6º A apresentação de apólice sem a observância do disposto nos arts. 3º, 4º e 5º implicará: I – no caso de seguro garantia judicial para garantia de execução trabalhista, o não conhecimento de eventuais embargos opostos e a determinação de penhora livre de bens; II – no caso de seguro garantia judicial para substituição a depósito recursal, o não processamento ou não conhecimento do recurso, por deserção. Parágrafo único. A utilização da mesma apólice para garantia de mais de um processo judicial ou o uso de apólices falsas ou adulteradas implicará, além das consequências previstas no *caput*, a imposição de multa pela prática de litigância de má-fé ao reclamado ou ao executado (art. 793-B, incs. II, III e V, da CLT), sem prejuízo da correspondente representação criminal para apuração da possível prática de delito.Art. 7º O seguro garantia judicial para execução trabalhista somente será aceito se sua apresentação ocorrer antes do depósito ou da efetivação da constrição em dinheiro, decorrente de penhora, arresto ou outra medida judicial. Parágrafo único. Excetuando-se o depósito e a efetivação da constrição em dinheiro decorrente de penhora, arresto ou outra medida judicial, será permitida a substituição, por seguro garantia judicial, de bem penhorado até sua expropriação, desde que atendidos os requisitos deste Ato Conjunto e haja anuência do credor (§ 2º do art. 835 do CPC). Art. 8º Após realizado o depósito recursal, não será admitido o uso de seguro garantia para sua substituição. Art. 9º Admitido o seguro garantia judicial, sua substituição somente poderá ser determinada pelo Juízo caso o seguro deixe de satisfazer os critérios estabelecidos neste Ato Conjunto. Art. 10. Fica caracterizada a ocorrência de sinistro, gerando a obrigação de pagamento de indenização pela seguradora: I – no seguro garantia judicial para execução trabalhista: a) com o não pagamento pelo tomador do valor executado, quando determinado pelo juiz; b) com o não cumprimento da obrigação de, até 60 (sessenta) dias antes do fim da vigência da apólice, comprovar a renovação do seguro garantia ou apresentar nova garantia suficiente e idônea. II – no seguro garantia em substituição a depósito recursal: a) com o trânsito em julgado de decisão ou em razão de determinação judicial, após o julgamento dos recursos garantidos; b) com o não cumprimento da obrigação de, até 60 (sessenta) dias antes do fim da vigência da apólice, comprovar a renovação do seguro garantia ou apresentar nova garantia suficiente e idônea. Parágrafo único. A comprovação da renovação da apólice constitui incumbência do recorrente ou do executado, sendo desnecessária a sua intimação para a correspondente regularização. Art. 11. Configurado o sinistro, o magistrado que estiver na direção do processo determinará à seguradora o pagamento da dívida executada, devidamente atualizada, no prazo 15 (quinze) dias, sob pena de contra ela prosseguir a execução nos próprios autos, sem prejuízo de eventuais sanções administrativas ou penais pelo descumprimento da ordem judicial. Art. 12. Ao entrar em vigor este Ato, suas disposições serão aplicadas aos seguros garantia judiciais e às cartas de fiança bancária apresentados após a vigência da Lei 13.467/2017, cabendo ao magistrado, se for o caso, deferir prazo razoável para a devida adequação. Art. 13. O Sistema do PJe-JT deverá conter funcionalidade que permita a anotação pelo recorrente do uso de seguro garantia judicial ou de fiança bancária em substituição a depósito recursal, bem como a indicação do número da apólice, do valor segurado e da data da sua vigência. Parágrafo único. A adaptação referida no *caput* não

5 (cinco) dias para apresentar os embargos, sendo o mesmo prazo concedido ao exequente (embargado) para impugnação destes.

Cabe mencionar que, nas execuções contrárias à Fazenda Pública, nos termos do art. 534 do CPC/2015, não há que falar em garantia do juízo para interposição dos embargos. Assim, nas execuções contra a Fazenda Pública, esta será sempre citada para oferecer embargos, desejando-o, no prazo de 30 (trinta) dias.

No processo do trabalho, os embargos à execução são processados nos mesmos autos da execução, em conformidade com a regra do art. 525, § 6º, do CPC/2015, o qual preconiza que os embargos não terão efeito suspensivo. No entanto, tal efeito pode ser concedido pelo juiz, caso fique explícito que o prosseguimento da execução possa gerar ao executado grave dano de difícil ou incerta reparação.

Interessante sublinhar que, na praxe forense trabalhista, uma vez apresentados os embargos à execução pelo executado, intima-se o exequente para se manifestar acerca dos mesmos; os autos vão conclusos para o juiz. Logo, na prática, os atos executivos ficam paralisados, isto é, em que pese não haver uma previsão legal sobre a suspensão do processo, indiretamente não se praticam mais os atos executivos até o momento em que o juiz profira decisão a respeito dos embargos.

Havendo necessidade de produção de provas, com a oitiva de testemunhas, o juiz poderá designar audiência, a ser realizada dentro de 5 (cinco) dias, após o recebimento dos embargos (CLT, art. 884, § 2º). Não havendo testemunhas por parte do embargante, o juiz proferirá a decisão, em igual prazo de 5 (cinco) dias, julgando subsistente ou insubsistente a penhora.

Da sentença do juiz caberá agravo de petição, a ser interposto no prazo de 8 (oito) dias, a ser julgado pelo respectivo TRT.

23.8.2.1.2 Embargos à penhora

Em que pesem as discussões doutrinária e jurisprudencial acerca da possibilidade, ou não, da existência dos embargos à penhora como categoria autônoma, entendemos, como já mencionado, que a Consolidação das Leis do Trabalho distinguiu, em seu art. 884, os embargos à execução dos embargos à penhora. Estes últimos são uma ação que, diferentemente dos embargos à execução, que pretendem a impugnação do próprio título executivo ou do processo de execução, objetivam atuar contra o próprio ato de constrição, alegando excesso de penhora, a impenhorabilidade dos bens constritos etc.

é condição para a observância dos dispositivos deste Ato. Art. 14. Este Ato Conjunto entra em vigor na data de sua publicação. JOÃO BATISTA BRITO PEREIRA Ministro Presidente do Tribunal Superior do Trabalho e do Conselho Superior da Justiça do Trabalho LELIO BENTES CORRÊA Ministro Corregedor-Geral da Justiça do Trabalho.

Seguem, no que pertine aos prazos, aos procedimentos e ao julgamento, os mesmos moldes dos embargos à execução.

23.8.2.1.3 Embargos de terceiro

A CLT omite-se sobre a hipótese da utilização dos embargos de terceiro, o que torna necessária a aplicação subsidiária do Código de Processo Civil, com as adaptações pertinentes.

Os embargos de terceiro, caracterizados como ação com eficácia desconstitutiva, sendo opostos por meio de petição inicial, estão previstos nos arts. 674[65] a 681 do CPC/2015, tendo por objetivo, em regra, proteger a posse ou propriedade de bens de terceiros, alheios ao processo, em razão da turbação ou esbulho praticados, em decorrência do ato judicial constritivo (penhora).

Os embargos podem ser opostos[66] tanto no processo de conhecimento quanto no processo de execução, e neste último poderão ser ajuizados em até 5 (cinco) dias após a arrematação, a adjudicação, ou a alienação por iniciativa particular; todavia, sempre antes da assinatura da respectiva carta (CPC/2015, art. 675).

Têm legitimidade para atuar como terceiro, podendo opor os embargos, as pessoas elencadas no § 2º[67] do art. 674 do CPC/2015. Havendo desconsideração da personalidade jurídica da empresa e consequente penhora de bens dos sócios dela, estes não poderão opor embargos de terceiro, mas sim embargos à execução, também chamados de embargos do devedor, por figurarem como partes no processo. Em outro leme, se somente a empresa estiver sendo executada, o sócio poderá apresentar embargos de terceiro.

---

[65] "Art. 674. Quem, não sendo parte no processo, sofrer constrição ou ameaça de constrição sobre bens que possua ou sobre os quais tenha direito incompatível com o ato constritivo, poderá requerer seu desfazimento ou sua inibição por meio de embargos de terceiro. § 1º Os embargos podem ser de terceiro proprietário, inclusive fiduciário, ou possuidor."

[66] "Art. 675. Os embargos podem ser opostos a qualquer tempo no processo de conhecimento enquanto não transitada em julgado a sentença e, no cumprimento de sentença ou no processo de execução, até 5 (cinco) dias depois da adjudicação, da alienação por iniciativa particular ou da arrematação, mas sempre antes da assinatura da respectiva carta".

[67] "Art. 674. (...) § 2º Considera-se terceiro, para ajuizamento dos embargos: I – o cônjuge ou companheiro, quando defende a posse de bens próprios ou de sua meação, ressalvado o disposto no art. 843; II – o adquirente de bens cuja constrição decorreu de decisão que declara a ineficácia da alienação realizada em fraude à execução; III – quem sofre constrição judicial de seus bens por força de desconsideração da personalidade jurídica, de cujo incidente não fez parte; IV – o credor com garantia real para obstar expropriação judicial do objeto de direito real de garantia, caso não tenha sido intimado, nos termos legais dos atos expropriatórios respectivos."

O procedimento segue o preceituado nos arts. 676 a 680 do CPC/2015, cabendo mencionar que a competência para o julgamento dos embargos de terceiro segue o disposto na Súmula 419 do TST, *in verbis*:

> Competência. Embargos de terceiro. Execução por carta precatória. Juízo deprecado.
>
> Na execução por carta precatória, os embargos de terceiro serão oferecidos no juízo deprecado, salvo se indicado pelo juízo deprecante o bem constrito ou se já devolvida a carta (art. 676, parágrafo único, do CPC de 2015).

Dessa feita, a oposição dos embargos de terceiro pode ser realizada tanto no juízo deprecante quanto no deprecado, cabendo o julgamento ao juízo deprecante.

Todavia, há de ressaltar que o CPC/2015 dispõe, em seu art. 676, parágrafo único, que, "nos casos de ato de constrição realizado por carta, os embargos serão oferecidos no juízo deprecado, salvo se indicado pelo juízo deprecante o bem constrito ou se já devolvida a carta".

Logo, interpretando a regra do CPC supraexposta, os embargos deverão ser apresentados e julgados no juízo deprecado, salvo se o juízo deprecante tenha indicado os bens constritos ou se a carta já tenha sido devolvida.

Como o procedimento sobre os embargos de terceiro, no processo do trabalho, segue as regras do CPC, ocorreu mudança na Súmula 419 do TST, de acordo com a Resolução 212/2016, *DEJT* divulgado em 20, 21 e 22.09.2016.

Da decisão proferida na fase de execução caberá agravo de petição; enquanto, se apresentados na fase de conhecimento, caberá recurso ordinário.

23.8.3 Exceção de pré-executividade

A exceção de pré-executividade, também chamada de objeção de pré-executividade, consiste na possibilidade de o executado, sem garantir o juízo ou sem ter seus bens penhorados, apresentar objeções, com a finalidade de alegar a nulidade processual, ou apontar a inexigibilidade do título executivo.

Tais objeções só podem invocar matéria de ordem pública ou matérias relevantes para o processo, como nulidade do título executivo, incompetência absoluta do juízo da execução, falta de condições da ação e pressupostos processuais, ausência de citação no processo de conhecimento e prescrição intercorrente. Há corrente doutrinária e jurisprudencial que defende que a exceção de pré-executividade pode estar fundamentada não somente em matéria de ordem pública, mas também em matérias que não necessitam de dilação probatória.

Esse meio de defesa deve ser utilizado pelo devedor, após ser citado e antes da efetiva penhora, não tendo o condão de suspender ou interromper o prazo de nomeação de bens à penhora, pelo próprio devedor.

Caso a exceção de pré-executividade seja rejeitada de plano pelo juiz, não haverá a possibilidade de se interpor recurso, visto que se trata de uma decisão interlocutória. Em contrapartida, se o juiz acolher a exceção de pré-executividade e, por consequência, extinguir, de forma total ou parcial, a execução, haverá uma sentença que põe fim ao feito e que ensejará a propositura do agravo de petição, pelo credor.

23.8.4 Prescrição intercorrente

Prescrição intercorrente pode surgir no curso do processo executivo, caso a parte interessada não realize os atos a ela competentes. Em outras palavras, se o credor não movimentar o processo, praticando atos que lhe são exclusivos, no lapso temporal equivalente ao prazo de prescrição da ação, restará caracterizada a prescrição intercorrente.

Assim, como o prazo prescricional para a propositura da ação trabalhista é de 5 (cinco) anos na vigência do contrato, limitada até 2 (dois) anos após a extinção do contrato de emprego, o prazo da prescrição intercorrente no processo de execução trabalhista será de 2 (dois) anos. Exemplificando, se o juiz determina que o credor indique bens do devedor passíveis de penhora e o mesmo não o faz, dentro em 2 (dois) anos, configurada estará a prescrição intercorrente.

Contudo, o tema não é pacífico no processo laboral, havendo duas correntes encabeçadas, respectivamente, pelo STF e pelo TST. O STF, por intermédio da Súmula 327, afirma ser aplicável a prescrição intercorrente no processo trabalhista. Ao revés, o TST, por sua Súmula 114, diz ser inaplicável a prescrição intercorrente na seara do processo do trabalho.

Filiamo-nos à aplicação da prescrição intercorrente no processo do trabalho, principalmente quando o transcurso da execução recair, de modo exclusivo, sobre a atuação do credor.

Alguns argumentos favoráveis estão estampados no art. 884, § 1º, CLT – que admite que os embargos à execução aleguem a prescrição e, obviamente, esta prescrição seria a intercorrente, posto que a prescrição ordinária somente é arguível na fase de conhecimento, pelo fato de poder ofender a coisa julgada – e o art. 40, § 3º, da Lei 6.830/1980, o qual determina que o juiz suspenderá o curso da execução, em casos de o devedor não ser localizado ou não possuir bens, não correndo, assim, o prazo prescricional (intercorrente).

> Art. 40. O Juiz suspenderá o curso da execução, enquanto não for localizado o devedor ou encontrados bens sobre os quais possa recair a penhora, e, nesses casos, não correrá o prazo de prescrição.
>
> § 1º Suspenso o curso da execução, será aberta vista dos autos ao representante judicial da Fazenda Pública.

§ 2º Decorrido o prazo máximo de 1 (um) ano, sem que seja localizado o devedor ou encontrados bens penhoráveis, o Juiz ordenará o arquivamento dos autos.

§ 3º Encontrados que sejam, a qualquer tempo, o devedor ou os bens, serão desarquivados os autos para prosseguimento da execução.

Todavia, a Lei 11.051/2004 inseriu o § 4º no art. 40 da Lei de Execução Fiscal, cuja regra permite a aplicação da prescrição intercorrente de ofício, pelo juiz. Ademais, o STJ por meio de sua Súmula 314, entende que, após 1 (um) ano de suspensão do processo, iniciar-se-á o prazo da prescrição intercorrente.

Além disso, o Código de Processo Civil de 2015 prevê a possibilidade de o juiz reconhecer a prescrição intercorrente, depois de ouvidas as partes, extinguindo o processo, em seu art. 921, §§ 4º e 5º[68].

A Lei 13.467/2017 veio colocar uma pá de cal em toda esta cizânia, com a edição do art. 11-A da CLT:

> Art. 11-A. Ocorre a prescrição intercorrente no processo do trabalho no prazo de dois anos.
>
> § 1º A fluência do prazo prescricional intercorrente inicia-se quando o exequente deixa de cumprir determinação judicial no curso da execução.
>
> § 2º A declaração da prescrição intercorrente pode ser requerida ou declarada de ofício em qualquer grau de jurisdição.

O TRT da 1ª Região (Rio de Janeiro) emitiu o Provimento 4/2019, em 12 de dezembro de 2019, dispondo sobre os procedimentos relativos à execução, cujos elementos principais transcrevemos a seguir:

> DETERMINAR aos juízes de primeiro grau, para garantir o regular prosseguimento da execução, que adotem os seguintes procedimentos, no que se refere à eventual expedição de CCT ou a extinção da execução.
>
> Art. 1º Deverá o juízo intimar a parte credora para o cumprimento de determinação judicial e prática dos atos necessários ao prosseguimento da execução, com a indicação precisa do ato a ser cumprido e a expressa cominação das consequências pelo seu descumprimento.
>
> Parágrafo único: O arquivamento dos autos, provisório ou definitivo, será determinado após a realização dos atos de Pesquisa Patrimonial, com uso dos sistemas eletrônicos, como o BACENJUD, o INFOJUD e o RENAJUD, dentre outros disponíveis aos órgãos do Poder Judiciário, devendo a Secretaria da Vara certificar a utilização destas ferramentas.

---

[68] "Art. 921. (...) § 4º Decorrido o prazo de que trata o § 1º sem manifestação do exequente, começa a correr o prazo de prescrição intercorrente. § 5º O juiz, depois de ouvidas as partes, no prazo de 15 (quinze) dias, poderá, de ofício, reconhecer a prescrição de que trata o § 4º e extinguir o processo."

Art. 2º O fluxo para a aplicação do contido no art. 11-A da CLT só se inicia com o cumprimento do disposto no artigo 1º deste Provimento.

Art. 3º Não correrá o prazo de prescrição intercorrente nas hipóteses em que não for localizado o devedor ou encontrados bens sobre os quais possa recair a penhora, devendo o juiz, nesses casos, suspender o processo na forma do estipulado no artigo 40 da Lei n. 6.830/1980.

§ 1º Na hipótese do *caput* deste artigo, os autos do processo eletrônico poderão ser arquivados provisoriamente, assegurando-se ao credor o oportuno desarquivamento, com vistas a dar seguimento à execução, na forma do parágrafo 3º do artigo 40 da Lei n. 6.830/1980.

§ 2º Poderá o juízo da execução expedir CCT apenas nos processos que ainda tramitam no meio físico e sem extinção da execução, consoante os artigos 86 e 87 da Consolidação dos Provimentos da CGJT, e mediante arquivamento provisório, a teor do artigo 4º, parágrafo único, do Ato GCGJT n. 1/2012.

§ 3º O juízo da execução determinará, antes do arquivamento provisório, a inclusão do nome do(s) executado(s) no Banco Nacional dos Devedores Trabalhistas – BNDT e nos cadastros de inadimplentes, e promoverá o protesto extrajudicial da decisão judicial, observando o disposto no artigo 883-A da CLT e o artigo 15 da IN-TST n. 41/2018.

Art. 4º O eventual e posterior prosseguimento da execução deverá ser requerido, pelo credor que estiver na posse de CCT, no processo físico original e, sendo deferido, deverá a Secretaria da Vara providenciar o desarquivamento virtual do processo e realizar a imediata migração para o PJe.

[...]

Art. 5º A extinção da execução só poderá ocorrer por um dos motivos previstos no artigo 924, e seus incisos, do Código de Processo Civil.

§ 1º A expedição de certidão para a habilitação de crédito em recuperação judicial ou no juízo universal da falência não autoriza a extinção do feito e seu arquivamento definitivo.

§ 2º A extinção da execução deverá ser declarada por sentença, a teor do previsto no art. 925 do Código de Processo Civil, devendo a parte ser intimada desta decisão.

§ 3º Uma vez incluído(s) o(s) nome(s) do(s) executado(s) no BNDT e nos cadastros de inadimplentes, sua exclusão só ocorrerá em caso de extinção da execução, conforme as hipóteses do artigo 86 da Consolidação dos Provimentos da CGJT.

23.8.5 Trâmites finais da execução

Atualmente, o oficial de justiça, no processo do trabalho, atua também como avaliador, conforme o art. 721, § 3º, CLT. **Em vista disso, ao realizar a penhora, cumulativamente, já avalia o bem constrito.** Sendo essa avaliação impugnada pelo executado, o juiz poderá nomear outro avaliador, de acordo com § 1º do art. 13 da Lei 6.830/1980.

Todavia, a realização de nova penhora está submetida ao rol taxativo do art. 873 do CPC/2015, o qual prevê, entre outras hipóteses, a possibilidade de nova penhora, quando constatado erro ou dolo do avaliador. Também se aplica, de forma subsidiária, o art. 874 do CPC/2015, que prevê a possibilidade de o juiz reduzir ou ampliar a penhora, por requerimento do interessado, caso haja excesso ou insuficiência dela.

Como o processo de execução somente se efetiva com a expropriação de bens do executado, a fim de satisfazer os créditos do exequente, necessário se faz aliená-los. Referida expropriação ou alienação ocorre em hasta pública, gênero que comporta duas espécies: a praça e o leilão. Entre ambas não existe uma diferença significativa, e o Código de Processo Civil/1973, por meio de seu art. 686, § 2º, identificava a praça como aquela realizada no átrio do edifício do fórum, enquanto o leilão se procederia no lugar onde estivessem os bens ou em outro local designado pelo magistrado. Contudo, dita regra não fora repetida na codificação atual. Todavia, a CLT ainda preconiza a terminologia "praça", conforme seu art. 888, § 4º.

Os bens angariados, a serem arrematados, deverão ser anunciados por edital, fixado na sede do juízo e publicado no jornal local, com **antecedência mínima de 20 (vinte) dias**. O edital de praça, portanto, atende ao princípio de publicidade, sendo requisito formal e essencial para a validade do ato de expropriação.

No processo do trabalho, a hasta pública é **única**, sendo os bens vendidos pelo maior lanço, conforme preconiza o art. 888, § 1º, CLT. Não havendo pessoas interessadas na arrematação, bem como não requerendo o credor a adjudicação dos bens, estes poderão ser vendidos por leiloeiro nomeado pelo juiz. É possível a realização de outra praça, quando o arrematante não efetivar o pagamento referente ao lance ofertado, dentro das 24 (vinte e quatro) horas legais – art. 888, § 4º, CLT.

Vimos que a praça ou leilão têm por objetivo a expropriação dos bens do devedor; referida expropriação pode consistir na arrematação ou na adjudicação.

23.8.5.1 Arrematação

Arrematação é o ato processual pelo qual o Estado coloca à venda, de maneira coercitiva, os bens do executado, tendo por desejo satisfazer o crédito do exequente.

O bem penhorado será vendido ao arrematante (licitante) que oferecer o maior lanço, devendo garantir o lance com um sinal correspondente a 20% (vinte por cento) do valor da compra.

O arrematante, ou seu fiador, terá 24 (vinte e quatro) horas para pagar o preço da arrematação; caso contrário, perderá o sinal dado, a ser revertido à execução.

Em que pese o art. 888, § 1º, CLT, cujo teor permite que os bens sejam vendidos pelo maior lance, entendemos que esse artigo deva ser interpretado com restrições.

O maior lance não pode caracterizar um preço vil[69], ou seja, ínfimo, muito abaixo do valor do mercado; assim, entendemos ser aplicável o art. 891, parágrafo único, do CPC/2015, que não permite que o lanço oferecido pelo arrematante seja vil.

> Art. 891. Não será aceito lance que ofereça preço vil.
>
> Parágrafo único. Considera-se vil o preço inferior ao mínimo estipulado pelo juiz e constante do edital, e, não tendo sido fixado preço mínimo, considera-se vil o preço inferior a cinquenta por cento do valor da avaliação.

Contudo, caso não haja licitante e não requerendo o exequente a adjudicação dos bens penhorados, o juiz poderá determinar a venda destes.

A arrematação constará de auto que será lavrado de imediato e poderá abranger bens penhorados em mais de uma execução, nele mencionadas as condições nas quais foi alienado o bem.

A ordem de entrega do bem móvel, ou a carta de arrematação do bem imóvel, com o respectivo mandado de imissão na posse, será expedida depois de efetuado o depósito ou prestadas as garantias pelo arrematante, bem como realizado o pagamento da comissão do leiloeiro e das demais despesas da execução.

A carta de arrematação[70] do imóvel conterá a sua descrição, com remissão à sua matrícula ou individuação e aos seus registros, a cópia do auto de arrematação

---

[69] "Arrematação. Lance vil. A proibição da arrematação dos bens penhorados a preço vil tem por objetivo principal evitar a frustração do único escopo do procedimento executivo, que é a satisfação do crédito do exequente (art. 612, CPC c/c art. 769, CLT), e não, necessariamente, proteger o patrimônio do devedor inadimplente, embora a execução deva processar-se da forma que lhe seja menos gravosa (art. 620, CPC c/c art. 769, CLT). A lei não define critérios para a fixação do preço vil, devendo o juiz pautar-se pelo princípio da razoabilidade, com especial atenção à situação do bem e às dificuldades de sua comercialização. A jurisprudência, por sua vez, vem fixando o patamar mínimo em torno de 20% a 30% do valor da avaliação para a declaração de ocorrência do preço vil. Recurso desprovido" (TRT 3ª R., Ap. 00237/2006-052-03-00.7, Rel. Des. Heriberto de Castro, *DJe* 16.07.2015, p. 268).

[70] "Arrematação de bem imóvel. Assinado o auto pelo MM. Juiz competente, pelo arrematante e pelo serventuário da Justiça ou leiloeiro, a arrematação considerar-se-á perfeita, acabada e irretratável, ainda que venham a ser julgados procedentes os embargos do executado. Exegese do subsidiário (CLT, artigo 769) artigo 694 do CPC de 1973 ainda vigente. Da mesma forma, não se trata o caso em tela de concurso de credores, uma vez que não cumpridos os requisitos do artigo 711 do diploma processual civil, considerando que houve a expropriação judicial muito tempo antes. Por todo o exposto, não há como atender o pleito da exequente no sentido de deferir penhora sobre imóvel que já se encontra arrematado perante o MM. Juízo Cível desde 16.05.2012, sendo que o arrematante, em tal época já foi imitido na posse, tratando-se de ato jurídico perfeito (artigo 5º, inciso XXXVI, da Constituição Federal) cabendo ainda destacar que já houve posterior negócio jurídico em 09.04.2013 para terceiros também totalmente alheios ao crédito laboral perquirido na presente demanda. Agir diferentemente seria afrontar o regular direito fundamental à propriedade e moradia dos terceiros de boa-fé, ao arrepio dos artigos 5º, *caput*, 6º e 170 da

e a prova de pagamento do imposto de transmissão, além da indicação da existência de eventual ônus real ou gravame.

Qualquer que seja a modalidade de leilão, assinado o auto pelo juiz, pelo arrematante e pelo leiloeiro, a arrematação será considerada perfeita, acabada e irretratável, ainda que venham a ser julgados procedentes os embargos do executado, ou a ação autônoma de que trata o § 4º do art. 903, assegurada a possibilidade de reparação pelos prejuízos sofridos.

A arrematação poderá ser discutida por meio de impugnação apresentada por simples petição, nos próprios autos, no prazo de 10 (dez) dias após o seu aperfeiçoamento, sendo a matéria arguível para tanto aquela elencada no § 1º, art. 903, do CPC/2015:

> Art. 903. (...)
>
> § 1º Ressalvadas outras situações previstas neste Código, a arrematação poderá, no entanto, ser:
>
> I – invalidada, quando realizada por preço vil ou com outro vício;
>
> II – considerada ineficaz, se não observado o disposto no art. 804;
>
> III – resolvida, se não for pago o preço ou se não for prestada a caução.

Passado o prazo de 10 (dez) dias (§ 2º, art. 903), sem que tenha havido alegação de qualquer das situações previstas no § 1º, será expedida a carta de arrematação e, conforme o caso, a ordem de entrega ou mandado de imissão na posse.

O arrematante poderá desistir da arrematação, sendo-lhe imediatamente devolvido o depósito que tiver feito:

> I – se provar, nos 10 (dez) dias seguintes, a existência de ônus real ou gravame não mencionado no edital;
>
> II – se, antes de expedida a carta de arrematação ou a ordem de entrega, o executado alegar alguma das situações previstas no § 1º do art. 903;
>
> III – uma vez citado para responder a ação autônoma de que trata o § 4º do art. 903 do CPC, desde que apresente a desistência no prazo de que dispõe para responder a essa ação.

Considera-se ato atentatório à dignidade da justiça a suscitação infundada de vício com o objetivo de ensejar a desistência do arrematante, devendo o suscitante ser condenado, sem prejuízo da responsabilidade por perdas e danos, ao pagamento de multa, a ser fixada pelo juiz e devida ao exequente, em montante não superior a vinte por cento do valor atualizado do bem (art. 903, § 6º, CPC/2015).

Lei Maior de 1988. Agravo de petição improvido" (TRT 2ª R., Ap. 00145003119965020002-(20150352470), 11ª T., Rel. Ricardo Verta Luduvice, *DJe* 07.05.2015).

23.8.5.2 Adjudicação

Conforme regra prevista no art. 888, § 3º, da CLT, a adjudicação pode ser requerida pelo credor, que poderá solicitar a incorporação do bem constrito, submetido à hasta pública, ao seu patrimônio.

Há divergência na doutrina sobre quem possui legitimidade para adjudicar. Uma primeira corrente defende, com base na regra supramencionada, que é ato exclusivo do exequente. A segunda corrente, ampliativa, entende que os legitimados para adjudicar são os elencados no art. 876, § 5º, do CPC/2015.

No Processo do Trabalho, a adjudicação tem preferência, podendo o credor adjudicar o bem, mesmo que este já tenha sido arrematado por outrem, desde que a petição de requerimento seja entregue ao juiz, antes da assinatura do respectivo auto de arrematação.

O credor poderá requerer a adjudicação do bem pelo valor da avaliação do bem penhorado. Caso o valor do bem seja superior ao da dívida, a adjudicação poderá ser concedida, desde que o exequente deposite de imediato a diferença, que ficará à disposição do executado. Por outro lado, se o crédito for superior ao dos bens penhorados, a execução prosseguirá pelo saldo remanescente.

Caso seja adotada a teoria ampliativa do CPC/2015, a qual permite vários legitimados para adjudicar, se houver mais de um pretendente, proceder-se-á à licitação entre eles, tendo preferência, em caso de igualdade de oferta, o cônjuge, o companheiro, o descendente ou o ascendente, nessa ordem.

No caso de penhora de quota social ou de ação de sociedade anônima fechada realizada em favor de exequente alheio à sociedade, esta será intimada, ficando responsável por informar aos sócios a ocorrência da penhora, assegurando-se a estes a preferência.

A adjudicação poderá ser impugnada no prazo de 5 (cinco) dias, contados a partir do momento que o devedor toma ciência do acolhimento da adjudicação. Após esse prazo ter transcorrido sem que tenha havido a impugnação ou tendo sido decididas eventuais questões, o juiz ordenará a lavratura do auto de adjudicação.

Considera-se perfeita e acabada a adjudicação com a lavratura e a assinatura do auto pelo juiz, pelo adjudicatário, pelo escrivão ou chefe de secretaria, e, se estiver presente, pelo executado, expedindo-se:

> I – a carta de adjudicação e o mandado de imissão na posse, quando se tratar de bem imóvel;
>
> II – a ordem de entrega ao adjudicatário, quando se tratar de bem móvel.

A carta de adjudicação conterá a descrição do imóvel, com remissão à sua matrícula e aos seus registros, cópia do auto de adjudicação e a prova de quitação do imposto de transmissão (art. 877, §§ 1º e 2º, CPC/2015).

23.8.5.3 Remição da execução

Consiste a remição da execução na possibilidade de o executado pagar o valor total da dívida, liberando, assim, os bens constritos.

Antes de adjudicados ou alienados os bens, o executado pode, a todo tempo, remir a execução, pagando ou consignando a importância atualizada da dívida, acrescida de juros, custas e honorários advocatícios.

O art. 13 da Lei 5.584/1970 propugna pela aceitação da remição, caso o executado ofereça preço igual ao valor da condenação, o que abrange, evidentemente, todos os valores supradescritos.

No caso de penhora de bem hipotecado, o executado poderá remi-lo até a assinatura do auto de adjudicação, oferecendo preço igual ao da avaliação, se não tiver havido licitantes, ou ao do maior lance oferecido (art. 877, § 3º, do CPC/2015).

No caso de leilão de bem hipotecado, o executado poderá remi-lo até a assinatura do auto de arrematação, oferecendo preço igual ao do maior lance oferecido (art. 902 do CPC/2015).

Diante das regras supramencionadas, a remição prefere à adjudicação e à arrematação, isto é, o executado, pagando o valor total da dívida, terá preferência, em relação aos adjudicantes e/ou arrematantes, para resgatar o bem penhorado levado à hasta pública.

Já a remissão significa o perdão da dívida pelo exequente.

23.9 EXECUÇÃO CONTRA A FAZENDA PÚBLICA

A execução promovida em face da Fazenda Pública, objetivando o cumprimento de decisão que impõe uma obrigação de pagar, segue um procedimento específico, diferente da execução realizada para o recebimento de valores de pessoas naturais, jurídicas de direito privado.

A distinção ocorre, pois, quando o particular não cumpre espontaneamente a obrigação contida na decisão, terá o seu patrimônio atingido, como uma maneira de garantir a efetividade da execução. Dessa maneira, a penhora seleciona parte do patrimônio do executado, que poderá ser usada para o cumprimento da obrigação.

De outro modo, como a Fazenda Pública tem os seus bens submetidos a um regime especial, sendo impenhoráveis e imprescritíveis, não podem ser usados para fins de expropriação.

Todavia, se o título executivo possuir obrigação de fazer, não fazer e entrega de coisa, o procedimento executivo contra a Fazenda Pública é igual à execução efetuada em oposição a um particular.

23.9.1 Legitimidade passiva

Como exposto, a razão de ser desse procedimento diferenciado é a presença da Fazenda Pública no polo passivo. A Fazenda Pública compreende a União, os Estados, o Distrito Federal, os Municípios, as Autarquias e Fundações Públicas (Autárquicas). São as pessoas jurídicas de direito público. As sociedades de economia mista e as empresas públicas têm o mesmo tratamento dos particulares.

Entretanto, a Empresa Brasileira de Correios e Telégrafos (Correios), embora seja uma empresa pública, usufrui das regras atinentes ao regime diferenciado, consoante posição adotada pelo STF[71] e pela OJ 247, item II, da SDI-I do TST, *in verbis*:

> A validade do ato de despedida do empregado da Empresa Brasileira de Correios e Telégrafos (ECT) está condicionada à motivação, por gozar a empresa do mesmo tratamento destinado à Fazenda Pública em relação à imunidade tributária e à execução por precatório, além das prerrogativas de foro, prazos e custas processuais.

23.9.2 Cumprimento da decisão

O cumprimento da decisão inicia-se por meio de petição apresentada pelo exequente, com o demonstrativo discriminado e atualizado do crédito contendo: o nome completo e o número de inscrição no Cadastro de Pessoas Físicas ou no Cadastro Nacional da Pessoa Jurídica do exequente; o índice de correção monetária adotado; os juros aplicados e as respectivas taxas; o termo inicial e o termo final dos juros e da correção monetária utilizados; a periodicidade da capitalização dos juros, se for o caso; a especificação dos eventuais descontos obrigatórios realizados.

Contudo, a multa de 10% prevista para os casos de não pagamento voluntário (art. 523, § 1º, do CPC/2015) não se aplica à Fazenda Pública. Como mencionado, o Colendo TST entende pela sua não aplicabilidade no Processo do Trabalho.

O juiz recebe a petição, verifica o preenchimento dos requisitos e determina a intimação da Fazenda Pública.

A Fazenda Pública será intimada na pessoa de seu representante judicial, por carga, remessa ou meio eletrônico, para, querendo, **no prazo de 30 (trinta) dias** e nos próprios autos, impugnar a execução.

A CLT, no art. 884, prevê o prazo de cinco dias:

---

[71] "Empresa pública prestadora de serviço público: execução: Precatório. I. Os bens da EBCT, uma empresa pública prestadora de serviço público, são impenhoráveis, porque ela integra o conceito de Fazenda Pública. Compatibilidade com a CF vigente, do DL 509, de 1969. Exigência de precatório: CF, art. 100. II. Precedentes do STF: RREE 220.906/DF, 229.696/PE, 230.072/RS, 230.051/SP e 225.011/MG, Plenário, 16.11.2000. III. R. E. conhecido e provido" (STF, RE 228.484-6, 2.ª T., Rel. Min. Carlos Velloso).

Garantida a execução ou penhorados os bens, terá o executado 5 (cinco) dias para apresentar embargos, cabendo igual prazo ao exequente para impugnação.

Contudo, há algum tempo o STF, julgando a ADC 11, fixou prazo de 30 dias para os embargos da Fazenda:

> Fazenda Pública. Prazo processual. Embargos à execução. Prazos previstos no art. 730 do CPC e no art. 884 da CLT. Ampliação pela Medida Provisória nº 2.180-35/2001, que acrescentou o art. 1º-B à Lei federal nº 9.494/97. Limites constitucionais de urgência e relevância não ultrapassados. Dissídio jurisprudencial sobre a norma. Ação direta de constitucionalidade. Liminar deferida. Aplicação do art. 21, *caput*, da Lei nº 9.868/99. Ficam suspensos todos os processos em que se discuta a constitucionalidade do art. 1º-B da Medida Provisória nº 2.180-35 (ADC 11 MC, Rel. Min. Cezar Peluso, Tribunal Pleno, j. 28.03.2007, *DJe*-047, divulg. 28.06.2007 public. 29.06.2007, *DJ* 29,06,2007, p. 20, Ement. 02282-01/01, *RTJ* 202-02/463, *LEXSTF*, v. 29, n. 343, p. 110-123, 2007, *R.EVJMG*, v. 58, n. 180, p. 505-511, 2007).

No CPC, como já apontado, o prazo é de 30 dias, seja para impugnar, seja para embargar.

Após a intimação, a Fazenda pode permanecer inerte, reconhecer a existência da dívida, total ou parcialmente, ou pode apresentar a defesa, por meio de embargos.

No caso de inércia, o magistrado, constatando que o título representa uma dívida líquida, certa e exigível, pode requisitar o RPV (Requisição de Pequeno Valor) ou precatório. Igualmente, quando a Fazenda Pública reconhece a dívida, o juiz também poderá providenciar a requisição do precatório ou RPV, conforme o caso. Nesse passo, declina o CPC/2015, em seu art. 535, § 3º:

> (...) § 3º Não impugnada a execução ou rejeitadas as arguições da executada:
>
> I – expedir-se-á, por intermédio do presidente do tribunal competente, precatório em favor do exequente, observando-se o disposto na Constituição Federal;
>
> II – por ordem do juiz, dirigida à autoridade na pessoa de quem o ente público foi citado para o processo, o pagamento de obrigação de pequeno valor será realizado no prazo de 2 (dois) meses contado da entrega da requisição, mediante depósito na agência de banco oficial mais próxima da residência do exequente.
>
> § 4º Tratando-se de impugnação parcial, a parte não questionada pela executada será, desde logo, objeto de cumprimento.

23.9.3 Recurso

Havendo a apresentação dos embargos, e se eles forem julgados improcedentes ou rejeitados liminarmente, a Fazenda Pública poderá interpor agravo de petição, o qual será julgado pelo TRT.

Não há que falar em remessa necessária, pois o CPC/2015, em seu art. 496, II, dispõe que determinado procedimento seja aplicado nas hipóteses envolvendo execução fiscal, ou seja, quando a Fazenda Pública for credora.

23.9.4 Precatório

Verificado o trânsito em julgado, o exequente pode requisitar o pagamento, por precatório. Esse é um documento por meio do qual o Poder Judiciário solicita ao respectivo Poder Executivo que reserve uma determinada quantia para a efetivação dos pagamentos relativos às dívidas reconhecidas em decisão judicial, transitada em julgada, contrárias à Fazenda Pública. Tem por finalidade garantir a isonomia entre os credores da Fazenda Pública, fazendo respeitar a ordem cronológica e evitando possíveis privilégios.

O requerimento que deve respeitar os ditames previstos no art. 100 da CF/1988, *in verbis*:

> Os pagamentos devidos pelas Fazendas Públicas Federal, Estaduais, Distrital e Municipais, em virtude de sentença judiciária, far-se-ão exclusivamente na ordem cronológica de apresentação dos precatórios e à conta dos créditos respectivos, proibida a designação de casos ou de pessoas nas dotações orçamentárias e nos créditos adicionais abertos para este fim.

Tratando-se de decisão transitada em julgado o juiz do trabalho requisitará ao Presidente do Tribunal Regional do Trabalho competente que seja efetivado o pagamento, por intermédio do precatório, em favor do exequente.

A Presidência do Tribunal fará uma análise formal acerca do precatório, podendo, somente, mudar erros materiais, de cálculo e de regularização. Não atua na sua função jurisdicional, mas pratica atos de natureza administrativa. Por isso não pode rever o conteúdo ou alterar o valor fixado na sentença para pagamento. Sobre o tema, o TST, por intermédio da OJ 2 do seu Pleno, fixa o seguinte entendimento:

> Precatório. Revisão de cálculos. Limites da competência do presidente do TRT (*DJ* 09.12.2003).
>
> O pedido de revisão dos cálculos, em fase de precatório, previsto no art. 1º-E da Lei nº 9.494/97, apenas poderá ser acolhido desde que: a) o requerente aponte e especifique claramente quais são as incorreções existentes nos cálculos, discriminando o montante que seria correto, pois do contrário a incorreção torna-se abstrata; b) o defeito nos cálculos esteja ligado à incorreção material ou à utilização de critério em descompasso com a lei ou com o título executivo judicial; e c) o critério legal aplicável ao débito não tenha sido objeto de debate nem na fase de conhecimento, nem na fase de execução.

Logo, como a natureza é administrativa desse procedimento, não cabe recurso jurisdicional. Assim, prevê a Súmula 733 do STF:

Não cabe recurso extraordinário contra decisão proferida no processamento de precatórios.

No mesmo sentido, a OJ 8 do Pleno do TST:

> Precatório. Matéria administrativa. Remessa necessária. Não cabimento. Em sede de precatório, por se tratar de decisão de natureza administrativa, não se aplica o disposto no art. 1º, V, do Decreto-lei nº 779, de 21.08.1969, em que se determina a remessa necessária em caso de decisão judicial desfavorável a ente público.

Após a verificação administrativa, o Presidente do Tribunal encaminhará o precatório ao respectivo Poder Executivo, sendo obrigatória a inclusão, no orçamento das entidades de direito público, de verba necessária ao pagamento de seus débitos, oriundos de sentenças transitadas em julgado, constantes de precatórios judiciários apresentados até 1º de julho, fazendo-se o pagamento até o final do exercício seguinte, quando terão seus valores atualizados monetariamente (art. 100, § 5º, da CF/1988).

Assim, se a requisição do precatório for realizada até 1º de julho, o pagamento deverá ser efetivado até o fim do ano seguinte. Exemplificando: se a requisição for apresentada até 1º.07.2017, a Fazenda Pública fará a inclusão na lei orçamentária que será votada para 2018, e o pagamento deverá ser feito até o fim de 2018.

Em contrapartida, caso a requisição do precatório seja feita depois do dia 1º de julho, será considerada como apresentada no ano seguinte, sendo o seu pagamento realizado no exercício posterior. Exemplo: requisição feita em 1º.09.2016. É considerada realizada em 2017 e o seu pagamento deverá ser feito até o fim de 2018.

O art. 100 da CF/1988 prevê que há créditos com maior preferência. São os créditos de natureza alimentar. Compreendem aqueles decorrentes de salários, vencimentos, proventos, pensões e suas complementações, benefícios previdenciários e indenizações por morte ou por invalidez, fundadas em responsabilidade civil, em virtude de sentença judicial transitada em julgado, e serão pagos com preferência sobre todos os demais débitos.

Em conformidade com o posicionamento constitucional supra-apontado, dispõem as Súmulas 144 do STJ e 655 do STF, *in verbis*:

> Súmula 144. Os créditos de natureza alimentícia gozam de preferência, desvinculados os precatórios da ordem cronológica dos créditos de natureza diversa.

> Súmula 655. A exceção prevista no art. 100, *caput*, da Constituição, em favor dos créditos de natureza alimentícia, não dispensa a expedição de precatório, limitando-se a isentá-los da observância da ordem cronológica dos precatórios decorrentes de condenações de outra natureza.

Não obstante, importante notar que dentro dos próprios créditos alimentares há critérios que determinam uma preferência mais contundente, ou seja, dentro dos créditos de natureza alimentar os idosos e os portadores de moléstia grave devem receber de forma prioritária. Assim declina o art. 100 da CF:

> § 2º Os débitos de natureza alimentícia cujos titulares, originários ou por sucessão hereditária, tenham 60 (sessenta) anos de idade, ou sejam portadores de doença grave, ou pessoas com deficiência, assim definidos na forma da lei, serão pagos com preferência sobre todos os demais débitos, até o valor equivalente ao triplo fixado em lei para os fins do disposto no § 3º deste artigo, admitido o fracionamento para essa finalidade, sendo que o restante será pago na ordem cronológica de apresentação do precatório. (Redação dada pela Emenda Constitucional nº 94, de 2016.)

Portanto, o pagamento dos precatórios deve obedecer a seguinte gradação:

1º   Os débitos de natureza alimentícia cujos titulares tenham 60 (sessenta) anos de idade ou pessoas que sejam portadores de doença grave, até o montante de três vezes o valor do RPV;

2º   os demais créditos de natureza alimentar;

3º   débitos comuns.

Em caso de preterição (um credor receber antes do outro), o credor preterido deve requerer à Presidência do Tribunal o sequestro da sua respectiva quantia. É uma atividade administrativa, regulamentada pelo CNJ.

Trata-se de um sequestro de verba pública, previsto, inclusive, na Constituição da República de 1988:

> Art. 100. (...)
>
> § 6º As dotações orçamentárias e os créditos abertos serão consignados diretamente ao Poder Judiciário, cabendo ao Presidente do Tribunal que proferir a decisão exequenda determinar o pagamento integral e autorizar, a requerimento do credor e exclusivamente para os casos de preterimento de seu direito de precedência ou de não alocação orçamentária do valor necessário à satisfação do seu débito, o sequestro da quantia respectiva.

A instrumentalização do referido sequestro se dá via Bacenjud, nos mesmos moldes da penhora *on-line*.

Sobre o tema segue as orientações jurisprudenciais do Pleno do TST:

> 3. Precatório. Sequestro. Emenda Constitucional nº 30/00. Preterição. ADIn 1662-8. Art. 100, § 2º, da CF/1988.

O sequestro de verbas públicas para satisfação de precatórios trabalhistas só é admitido na hipótese de preterição do direito de precedência do credor, a ela não se equiparando as situações de não inclusão da despesa no orçamento ou de não pagamento do precatório até o final do exercício, quando incluído no orçamento.

13. Precatório. Quebra da ordem de precedência. Não demonstração da posição do exequente na ordem cronológica. Sequestro indevido.

É indevido o sequestro de verbas públicas quando o exequente/requerente não se encontra em primeiro lugar na lista de ordem cronológica para pagamento de precatórios ou quando não demonstrada essa condição.

23.9.5 Requisição de Pequeno Valor (RPV)

A sistemática dos precatórios não se aplica aos pagamentos de obrigações definidas em leis como de pequeno valor.

Os critérios de pequeno valor poderão ser fixados por leis próprias. Os valores serão distintos entre as entidades de direito público e levarão em consideração as diferentes capacidades econômicas, sendo o mínimo igual ao valor do maior benefício do regime geral de previdência social.

O art. 87 do ADCT prevê os limites quantitativos para RPV em relação aos Estados, ao Distrito Federal e aos Municípios. Já o art. 17, § 1º, da Lei 10.259/2001 fixa o conceito de pequeno valor para a União.

Nesse sistema, temos como créditos de pequeno valor aquele que não ultrapassar:

- 60 (sessenta) salários mínimos, perante a União;
- 40 (quarenta) salários mínimos, perante a Fazenda dos Estados e do Distrito Federal;
- 30 (trinta) salários mínimos, perante a Fazenda dos Municípios.

Se o valor da execução ultrapassar os montantes supraelencados, o pagamento far-se-á, sempre, por meio de precatório. Todavia, será facultada à parte exequente a renúncia ao crédito do valor excedente, para que possa optar pelo pagamento do saldo sem o precatório, da forma prevista no § 3º do art. 100.

Exemplo: Suponha-se que a União está sendo executada em R$ 80.000,00. O exequente poderá optar pelo regime de precatório ou renunciar ao valor que exceder a 60 (sessenta) salários mínimos. Nesse caso, o valor está dentro do patamar do RPV, podendo o juiz requisitar o respectivo montante.

Tratando-se de obrigação de pagar quantia certa, após o trânsito em julgado da decisão, o pagamento será efetuado **no prazo de sessenta dias**, contados da entrega da requisição, por ordem do Juiz, à autoridade citada para a causa, na agência mais próxima da Caixa Econômica Federal ou do Banco do Brasil, independentemente de precatório (art. 17, Lei 10.259/2001).

No mesmo sentido, o CPC/2015 determina que o pagamento de obrigação de pequeno valor seja realizado no prazo de 2 (dois) meses contado da entrega da requisição, mediante depósito na agência de banco oficial mais próxima da residência do exequente (art. 535, § 3º, II).

23.10 EXECUÇÃO SOBRE AS PARCELAS PREVIDENCIÁRIAS

Consoante o disposto no art. 114, VIII, da Constituição da República, a Justiça do Trabalho é competente para executar, de ofício, as contribuições sociais previstas no art. 195, I, *a* e II, bem como os seus acréscimos legais, oriundas da sentença que proferir.

Conseguintemente, todas as sentenças condenatórias em pecúnia e os acordos homologados que tiverem valores correspondentes às contribuições previdenciárias serão objeto de execução na Justiça Laboral. Nesse bordo, o STF, por meio da Súmula Vinculante 53, dispõe:

> A competência da Justiça do Trabalho prevista no art. 114, VIII, da Constituição Federal alcança a execução de ofício das contribuições previdenciárias relativas ao objeto da condenação constante das sentenças que proferir e acordos por ela homologados.

Igualmente, é a posição da **Súmula 368, I**, do TST:

> Súmula 368 – Descontos Previdenciários. Imposto de Renda. Competência. Responsabilidade pelo Recolhimento. Forma de Cálculo. Fato Gerador (**aglutinada a parte final da Orientação Jurisprudencial nº 363 da SBDI-I à redação do item II e incluídos os itens IV, V e VI em sessão do Tribunal Pleno realizada em 26.06.2017) – Res. 219/2017, republicada em razão de erro material – DEJT divulgado em 12, 13 e 14.07.2017** (grifo nosso)
>
> I – A Justiça do Trabalho é competente para determinar o recolhimento das contribuições fiscais. A competência da Justiça do Trabalho, quanto à execução das contribuições previdenciárias, limita-se às sentenças condenatórias em pecúnia que proferir e aos valores, objeto de acordo homologado, que integrem o salário de contribuição (ex-OJ nº 141 da SBDI-1 – inserida em 27.11.1998).

A Lei 13.467/2017 apresentou uma nova redação ao parágrafo único do art. 876, como segue:

> Parágrafo único. A Justiça do Trabalho executará, de ofício, as contribuições sociais previstas na alínea a do inciso I e no inciso II do caput do art. 195 da Constituição Federal, e seus acréscimos legais, relativas ao objeto da condenação constante das sentenças que proferir e dos acordos que homologar.

Dessarte, os títulos judiciais que contemplam parcelas previdenciárias e que podem ser executados de ofício na Justiça do Trabalho são os termos de conciliação homologados na Justiça do Trabalho, desde que possuam parcelas que podem incidir contribuição previdenciária, e as sentenças judiciais.

23.10.1 Termos de conciliação homologados judicialmente – acordo judicial

Uma vez firmado acordo judicial, o juiz deverá discriminar a natureza jurídica das parcelas constantes no termo de acordo[72], inclusive para se fazer respeitar as regras contidas no art. 832, § 3º-A[73]. As contribuições previdenciárias deverão ser calculadas sobre as parcelas que possuam natureza salarial, conforme os dizeres do art. 28[74] da Lei 8.212/1991. Portanto, parcelas de natureza indenizatória não são atingidas pelas contribuições previdenciárias.

---

[72] Art. 832, § 3º, CLT. "As decisões cognitivas ou homologatórias deverão sempre indicar a natureza jurídica das parcelas constantes da condenação ou do acordo homologado, inclusive o limite de responsabilidade de cada parte pelo recolhimento da contribuição previdenciária, se for o caso."

[73] Art. 832, § 3º-A. "Para os fins do § 3º deste artigo, salvo na hipótese de o pedido da ação limitar-se expressamente ao reconhecimento de verbas de natureza exclusivamente indenizatória, a parcela referente às verbas de natureza remuneratória não poderá ter como base de cálculo valor inferior: (*Acrescentado pela Lei nº 13.876/19, DOU de 23/09/2019*) I – ao salário-mínimo, para as competências que integram o vínculo empregatício reconhecido na decisão cognitiva ou homologatória; ou II – à diferença entre a remuneração reconhecida como devida na decisão cognitiva ou homologatória e a efetivamente paga pelo empregador, cujo valor total referente a cada competência não será inferior ao salário-mínimo. § 3º-B Caso haja piso salarial da categoria definido por acordo ou convenção coletiva de trabalho, o seu valor deverá ser utilizado como base de cálculo para os fins do § 3º-A deste artigo. (*Acrescentado pela Lei nº 13876/19, DOU de 23/09/2019*) § 4º A União será intimada das decisões homologatórias de acordos que contenham parcela indenizatória, na forma do art. 20 da Lei nº 11.033, de 21 de dezembro de 2004, facultada a interposição de recurso relativo aos tributos que lhe forem devidos." (*Acrescentado pela Lei nº 10.035/00 e alterado pela Lei nº 11.457, de 16-03-07, DOU 19-03-07*)

[74] "Art. 28. Entende-se por salário de contribuição:
I – para o empregado e trabalhador avulso: a remuneração auferida em uma ou mais empresas, assim entendida a totalidade dos rendimentos pagos, devidos ou creditados a qualquer título, durante o mês, destinados a retribuir o trabalho, qualquer que seja a sua forma, inclusive as gorjetas, os ganhos habituais sob a forma de utilidades e os adiantamentos decorrentes de reajuste salarial, quer pelos serviços efetivamente prestados, quer pelo tempo à disposição do empregador ou tomador de serviços nos termos da lei ou do contrato ou, ainda, de convenção ou acordo coletivo de trabalho ou sentença normativa; (Redação dada pela Lei nº 9.528, de 10.12.1997).
II – para o empregado doméstico: a remuneração registrada na Carteira de Trabalho e Previdência Social, observadas as normas a serem estabelecidas em regulamento para comprovação do vínculo empregatício e do valor da remuneração."

Contudo, conforme a regra do art. 832, § 4º, da CLT: "A União será intimada das decisões homologatórias de acordos que contenham parcela indenizatória, na forma do art. 20 da Lei nº 11.033, de 21 de dezembro de 2004, facultada a interposição de recurso relativo aos tributos que lhe forem devidos".

Caso não haja discriminação das parcelas no termo de conciliação, a contribuição previdenciária incidirá sobre o valor total do acordo, conforme entendimento consubstanciado na **OJ 368 da SDI-I** do TST, *in verbis*:

> Descontos previdenciários. Acordo homologado em juízo. Inexistência de vínculo empregatício. Parcelas indenizatórias. Ausência de discriminação. Incidência sobre o valor total.
>
> É devida a incidência das contribuições para a Previdência Social sobre o valor total do acordo homologado em juízo, independentemente do reconhecimento de vínculo de emprego, desde que não haja discriminação das parcelas sujeitas à incidência da contribuição previdenciária, conforme parágrafo único do art. 43 da Lei nº 8.212, de 24.07.1991 e do art. 195, I, "a", da CF/1988.

Embora as partes possam discriminar as parcelas objeto do acordo, não podem, todavia, dissociar daquilo que fora postulado e contestado, ou seja, os valores apontados no termo de conciliação devem estar adstritos aos limites da petição inicial. Do contrário, estariam os litigantes livres, plenamente, para imputar parcelas que não sofreriam incidência da contribuição previdenciária. Seria a hipótese de um reclamante postular horas extras, adicional noturno e pagamento extra-holerite e fechar um acordo sob a rubrica de danos morais, cujo valor é indenizatório.

Todavia, a AGU, por meio de sua Súmula 67, acaba adotando um posicionamento mais flexível, pois permite, até o trânsito em julgado, que as partes discriminem a natureza das verbas, mesmo que os valores não correspondam aos pedidos, nesses termos:

> Na Reclamação Trabalhista, até o trânsito em julgado, as partes são livres para discriminar a natureza das verbas objeto do acordo judicial para efeito do cálculo da contribuição previdenciária, mesmo que tais valores não correspondam aos pedidos ou à proporção das verbas salariais constantes da petição inicial.

Caso o acordo seja celebrado após o trânsito em julgado, o TST adota o seguinte posicionamento, fixado na OJ 376 da SDI-I, *in verbis*:

> Contribuição previdenciária. Acordo homologado em juízo após o trânsito em julgado da sentença condenatória. Incidência sobre o valor homologado. É devida a contribuição previdenciária sobre o valor do acordo celebrado e homologado após o trânsito em julgado de decisão judicial, respeitada a proporcionalidade de valores entre as parcelas de natureza salarial e indenizatória deferidas na decisão condenatória e as parcelas objeto do acordo.

Por fim, celebrado o acordo **sem o reconhecimento de vínculo empregatício** a OJ 398 da SDI-I, do TST, assim preceitua:

> Contribuição previdenciária. Acordo homologado em juízo sem reconhecimento de vínculo de emprego. Contribuinte individual. Recolhimento da alíquota de 20% a cargo do tomador e 11% a cargo do prestador de serviços. Nos acordos homologados em juízo em que não haja o reconhecimento de vínculo empregatício, é devido o recolhimento da contribuição previdenciária, mediante a alíquota de 20% a cargo do tomador de serviços e de 11% por parte do prestador de serviços, na qualidade de contribuinte individual, sobre o valor total do acordo, respeitado o teto de contribuição. Inteligência do § 4º do art. 30 e do inciso III do art. 22, todos da Lei n.º 8.212, de 24.07.1991.

23.10.2 Sentença judicial

Como já abordado, a liquidação de sentença deve abranger não as parcelas devidas ao empregado, mas, igualmente, as parcelas devidas ao INSS, ou seja, as contribuições previdenciárias decorrentes das parcelas salariais.

Assim, elaborada a conta pela parte ou pelos órgãos auxiliares da Justiça do Trabalho, o juiz procederá à intimação da União para manifestação, no prazo de 10 (dez) dias, sob pena de preclusão.

Não sendo discriminadas as parcelas na sentença condenatória em pecúnia, poderá o juiz, na fase de execução, fazê-lo, posto se tratar de matéria de ordem pública, não havendo preclusão nem ofensa à coisa julgada. Confirmando esse entendimento, **a Súmula 401 do TST,** *in verbis*:

> Ação rescisória. Descontos legais. Fase de execução. Sentença exequenda omissa. Inexistência de ofensa à coisa julgada.
>
> Os descontos previdenciários e fiscais devem ser efetuados pelo juízo executório, ainda que a sentença exequenda tenha sido omissa sobre a questão, dado o caráter de ordem pública ostentado pela norma que os disciplina. A ofensa à coisa julgada somente poderá ser caracterizada na hipótese de o título exequendo, expressamente, afastar a dedução dos valores a título de imposto de renda e de contribuição previdenciária.

Estando o valor devido ao INSS estipulado, a execução seguirá o procedimento de execução por quantia certa contra devedor solvente, ou seja, o executado será intimado para pagar os valores devidos ao exequente e ao INSS, consoante as regras fixadas no art. 880 da CLT. Impende relembrar que o juiz do trabalho pode iniciar a execução de ofício.

Ao devedor é facultado efetuar o pagamento imediato da parte que entender devida à Previdência Social, sem prejuízo da cobrança de eventuais diferenças encontradas na execução *ex officio* (art. 878-A).

Conforme o art. 889-A da CLT, os recolhimentos das importâncias devidas, referentes às contribuições sociais, serão efetuados nas agências locais da Caixa Econômica Federal ou do Banco do Brasil S.A., por intermédio de documento de arrecadação da Previdência Social, dele se fazendo constar o número do processo.

Na hipótese do parcelamento pela Secretaria da Receita Federal do Brasil, o devedor juntará aos autos a comprovação do ajuste, ficando a execução da contribuição social correspondente suspensa até a quitação de todas as parcelas. As Varas do Trabalho encaminharão mensalmente à Secretaria da Receita Federal do Brasil informações sobre os recolhimentos efetivados nos autos, salvo se outro prazo for estabelecido em regulamento (art. 889-A, § 2º, CLT).

Por derradeiro, a **Súmula 368, II, do TST** determina ser do empregador a responsabilidade pelo recolhimento das contribuições previdenciárias e fiscais, oriundas de condenação judicial, assim dispondo:

> Descontos previdenciários e fiscais. Competência. Responsabilidade pelo pagamento. Forma de cálculo.
>
> (...)
>
> II – É do empregador a responsabilidade pelo recolhimento das contribuições previdenciárias e fiscais, resultante de crédito do empregado oriundo de condenação judicial, devendo ser calculadas, em relação à incidência dos descontos fiscais, mês a mês, nos termos do art. 12-A da Lei nº 7.713, de 22.12.1988, com a redação dada pela Lei nº 12.350/2010.
>
> III – Em se tratando de descontos previdenciários, o critério de apuração encontra-se disciplinado no art. 276, § 4º, do Decreto nº 3.048/1999 que regulamentou a Lei nº 8.212/1991 e determina que a contribuição do empregado, no caso de ações trabalhistas, seja calculada mês a mês, aplicando-se as alíquotas previstas no art. 198, observado o limite máximo do salário de contribuição.

23.11 EXECUÇÃO DE OBRIGAÇÃO DE FAZER E NÃO FAZER

Na ação que tenha por objeto a prestação de fazer ou de não fazer, o juiz, se procedente o pedido, concederá a tutela específica ou determinará providências que assegurem a obtenção de tutela pelo resultado prático equivalente (art. 497 do CPC/2015).

A execução envolvendo obrigação de fazer ou não fazer disponibiliza ao magistrado certos mecanismos para obtenção da tutela (proteção) específica.

Por meio dessa execução, o juiz deve assegurar especificamente o resultado pleiteado, valendo-se dos meios executivos previstos em lei (meios de coerção, de sub-rogação para o cumprimento).

Apenas nos casos de descumprimento das obrigações de fazer (praticar um ato específico) ou não fazer (não praticar o ato) é que se converte a obrigação em obrigação de indenizar os prejuízos. No entanto, a obrigação somente será convertida em perdas e danos se o autor o requerer ou se impossível a tutela específica ou a obtenção de tutela pelo resultado prático equivalente (art. 500 do CPC/2015).

A despeito de sua usual utilização na seara trabalhista, a CLT nada estabelece sobre o procedimento desse tipo de execução, devendo-se aplicar, de forma subsidiária, as regras contidas nos arts. 536 e 537 do CPC/2015.

O juiz, na própria sentença, ou a requerimento, estabelece algum meio coercitivo para que o réu cumpra a obrigação de fazer ou não fazer. No cumprimento de sentença que reconheça a exigibilidade de obrigação de fazer ou de não fazer, o juiz poderá, de ofício ou a requerimento, para a efetivação da tutela específica ou a obtenção de tutela pelo resultado prático equivalente, determinar as medidas necessárias à satisfação do exequente.

Dessa forma, pode o juiz, na própria sentença, estabelecer o meio executivo, podendo ser um meio de coerção ou de sub-rogação.

Para atender ao disposto no *caput* do art. 536 do CPC/2015, o juiz poderá determinar, entre outras medidas, a imposição de multa, a busca e apreensão, a remoção de pessoas e coisas, o desfazimento de obras e o impedimento de atividade nociva, podendo, caso necessário, requisitar o auxílio de força policial.

O denominado meio de coerção também é conhecido como execução indireta. Por meio dele, o magistrado pressiona o executado, psicologicamente, a cumprir a obrigação. A coerção é um mecanismo cujo objetivo é o de mostrar ao devedor de que é melhor submeter-se à sentença do que ao meio de coerção. O meio mais conhecido de coerção é a imposição de multa pelo descumprimento da obrigação, também chamada *astreinte*.

A multa independe de requerimento da parte e poderá ser aplicada na fase de conhecimento, em tutela provisória ou na sentença, ou na fase de execução, desde que seja suficiente e compatível com a obrigação e que se determine prazo razoável para cumprimento do preceito (art. 537 do CPC/2015).

O valor da multa será revertido ao exequente.

A multa será devida desde o dia em que se configurar o descumprimento da decisão e incidirá enquanto não for cumprida a decisão que a tiver cominado (art. 537, § 4º).

A decisão que fixa a multa é passível de cumprimento provisório, devendo ser depositada em juízo, permitido o levantamento do valor após o trânsito em julgado da sentença favorável à parte.

O juiz poderá, de ofício ou a requerimento, majorar ou reduzir o valor das *astreintes,* bem como modificar a sua periodicidade ou excluí-la, caso seja detectado que se tornou insuficiente ou excessiva, ou o obrigado demonstrou cumprimento parcial superveniente da obrigação ou justa causa para o seu descumprimento.

Como exemplo, no processo do trabalho, podemos mencionar as seguintes obrigações de fazer: reintegração de empregado detentor de garantia provisória no emprego (dirigente sindical, acidentário, gestante etc.), instalação de equipamentos de proteção coletiva; de não fazer: não discriminação de empregados quando da contratação, proibição de transferência ilegal ou abusiva do empregado para localidade diversa da que resultar do contrato de trabalho (art. 469 da CLT) etc.

No que tange ao meio de sub-rogação, este pode ocorrer quando outra pessoa pode cumprir a obrigação em detrimento do réu. Pode-se determinar, por exemplo, a anotação da CTPS (feita pela Secretaria da Vara do Trabalho), o fornecimento do requerimento do seguro-desemprego, a expedição de um mandado de apreensão, em que um terceiro vai cumprir a sentença.

Há também a denominada tutela inibitória, cuja finalidade é destinada a inibir a prática, a reiteração ou a continuação de um ilícito, ou a sua remoção. Para a sua concessão, é irrelevante a demonstração da ocorrência de dano ou da existência de culpa ou dolo (art. 497, parágrafo único, do CPC/2015).

XXIV

PROCEDIMENTOS ESPECIAIS TRABALHISTAS

Os chamados procedimentos especiais estão previstos no Livro III do CPC de 2015, a partir do art. 539, dividindo-se em procedimentos especiais de jurisdição contenciosa e os procedimentos especiais de jurisdição voluntária.

Nos primeiros (jurisdição contenciosa) há um conflito de interesses, ou uma pretensão resistida, cuja solução caberá ao Poder Judiciário ou a um dos canais de acesso ao sistema de justiça.

No caso dos procedimentos especiais de jurisdição voluntária[1], a atuação do magistrado será virtualmente de caráter administrativo, pois só existem interessados,

---

[1] "Art. 719. Quando este Código não estabelecer procedimento especial, regem os procedimentos de jurisdição voluntária as disposições constantes desta Seção.
Art. 720. O procedimento terá início por provocação do interessado, do Ministério Público ou da Defensoria Pública, cabendo-lhes formular o pedido devidamente instruído com os documentos necessários e com a indicação da providência judicial.
Art. 721. Serão citados todos os interessados, bem como intimado o Ministério Público, nos casos do art. 178, para que se manifestem, querendo, no prazo de 15 (quinze) dias.
Art. 722. A Fazenda Pública será sempre ouvida nos casos em que tiver interesse.
Art. 723. O juiz decidirá o pedido no prazo de 10 (dez) dias. Parágrafo único. O juiz não é obrigado a observar critério de legalidade estrita, podendo adotar em cada caso a solução que considerar mais conveniente ou oportuna.
Art. 724. Da sentença caberá apelação.
Art. 725. Processar-se-á na forma estabelecida nesta Seção o pedido de:
I – emancipação;
II – sub-rogação;
III – alienação, arrendamento ou oneração de bens de crianças ou adolescentes, de órfãos e de interditos;
IV – alienação, locação e administração da coisa comum;
V – alienação de quinhão em coisa comum;

e não partes, e envolvem especialmente as ações relacionadas à família, tutela, curatela, partilha, ação de consignação em pagamento, embargos de terceiros etc.).

A Lei 13.467/2017 apresenta uma novidade jurídica na redação da alínea f^2 do art. 652 da CLT ao conferir ao Juiz do Trabalho a competência quanto à homologação de acordo extrajudicial, criando, dessa forma, o disciplinamento do processo de jurisdição voluntária para a homologação do acordo extrajudicial.

24.1 CONCEITO DE PROCEDIMENTOS ESPECIAIS

São chamados de procedimentos especiais aqueles processos que se diferenciam do procedimento ordinário, ou dos demais procedimentos, muitas vezes, pelo acréscimo de apenas um ato processual, outros que se podem se converter em procedimentos cautelares, e ainda aqueles que podem se tornar de caráter especial em sua totalidade, como nos inventários.

Dessa forma, a especialidade do procedimento leva em conta a proteção do direito material a que se pretende dar guarida, ou seja, a natureza da relação jurídica de direito material tutelada por meio do processo, uma vez que no processo temos duas relações jurídicas diferenciadas: a relação jurídica de direito material e a de direito instrumental, pois o processo não é um fim em si mesmo, mas sim um instrumento de concretização do direito material.

Portanto, podemos conceituar procedimentos especiais como aqueles que apresentam algumas peculiaridades ou especificidades que refogem ao procedimento comum ou ordinário, ajustando-se, assim, às exigências especiais das relações jurídicas de direito material que serão nele deduzidas, de sorte a atender o fim colimado pelo direito, que é a pacificação social.

Logo, os procedimentos especiais têm por objetivo a simplificação e a celeridade dos trâmites processuais, em atendimento ao mandamento constitucional do razoável prazo de duração do processo (art. 5º, LXXVIII, CF/1988), por meio de tratamento processual específico e prazos adequados, afastando atos supostamente desnecessários para o deslinde do conflito de interesses que se apresenta ao Judiciário.

VI – extinção de usufruto, quando não decorrer da morte do usufrutuário, do termo da sua duração ou da consolidação, e de fideicomisso, quando decorrer de renúncia ou quando ocorrer antes do evento que caracterizar a condição resolutória;
VII – expedição de alvará judicial;
VIII – homologação de autocomposição extrajudicial, de qualquer natureza ou valor.
Parágrafo único. As normas desta Seção aplicam-se, no que couber, aos procedimentos regulados nas seções seguintes."

2   "f) decidir quanto à homologação de acordo extrajudicial em matéria de competência da Justiça do Trabalho."

24.2 REQUISITOS DOS PROCEDIMENTOS ESPECIAIS

24.2.1 Requisito material

Diz respeito à pretensão de direito material que deve necessariamente corresponder ao rito. Não ultrapassado o preenchimento desse requisito, o pedido será improcedente.

24.2.2 Requisito processual

Esse requisito vincula-se à forma e o desenvolvimento do processo.

24.3 CARACTERÍSTICAS DOS PROCEDIMENTOS ESPECIAIS

O procedimento especial diferencia-se do procedimento ordinário na medida em que não é obrigado a seguir o desenvolvimento clássico procedimental daquele, que possui as seguintes fases: postulatória, ordinatória, instrutória e decisória.

O procedimento especial apresenta diferenciadas formas procedimentais, que perpassam a mera declaração do direito material, para abarcar providências de caráter executório ou cautelar, até mesmo com mitigação do contraditório.

As principais características das ações que compõem o procedimento especial são as seguintes:

Nos procedimentos especiais há prazos diferenciados em relação aos ritos de procedimento ordinário, que são uniformes. Podem ser encontrados prazos inferiores ou superiores para a apresentação da defesa, em contraposição aos 15[3] dias contemplados pelo procedimento ordinário. Não obstante, o CPC/2015 remete a maioria dos prazos procedimentais especiais ao prazo de 15 dias, consoante o art. 577, *in verbis*:

> Art. 577. Feitas as citações, terão os réus o prazo comum de 15 (quinze) dias para contestar.
>
> Art. 578. Após o prazo de resposta do réu, observar-se-á o procedimento comum.

A Lei 13.467/2017 alterou o art. 775 da CLT, que trata da contagem dos prazos processuais, da seguinte forma:

> Art. 775. Os prazos estabelecidos neste Título serão contados em dias úteis, com exclusão do dia do começo e inclusão do dia do vencimento.

---

[3] Nos embargos de terceiros, por exemplo: "Art. 675. Os embargos podem ser opostos a qualquer tempo no processo de conhecimento enquanto não transitada em julgado a sentença e, no cumprimento de sentença ou no processo de execução, até 5 (cinco) dias depois da adjudicação, da alienação por iniciativa particular ou da arrematação, mas sempre antes da assinatura da respectiva carta".

§ 1º Os prazos podem ser prorrogados, pelo tempo estritamente necessário, nas seguintes hipóteses:
I – quando o juízo entender necessário;
II – em virtude de força maior devidamente comprovada.
§ 2º Ao juízo incumbe dilatar os prazos processuais e alterar a ordem de produção dos meios de prova, adequando-os às necessidades do conflito, de modo a conferir maior efetividade à tutela do direito.

Esta alteração, na verdade, veio atender a um pleito da classe dos advogados e o *caput* deste artigo é muito semelhante ao art. 219 do CPC/2015. Isso significa que não serão contados os dias de feriados, sábados e domingos na contagem dos prazos processuais trabalhistas.

Logo, não correm prazos nas férias forenses e também nos feriados forenses, os quais incluem os finais de semana. Existem vozes dizendo que não seria plausível essa forma de contagem, pois estendem, ainda mais, os prazos em processos judiciais, que já são muito morosos. Todavia, foi uma grande vitória nas condições de trabalho dos advogados, pois muitas vezes na prática estes perdiam os finais de semana em casos de prazos muito curtos que caíam aos finais de semana e eram estendidos para a segunda-feira, por exemplo. A contagem do prazo processual em dias úteis não pode carregar a pecha de culpada pela demora do processo judicial.

Uma segunda característica está relacionada à alteração das regras pertinentes à legitimidade e iniciativa da parte. Excetuando-se os ritos especiais dos processos coletivos ou moleculares (ação civil pública, por exemplo), em que os legitimados são autores ideológicos, os legitimados nos procedimentos especiais geralmente são os titulares dos direitos materiais postulados, ou seja, oriundos da relação jurídica de direito material. Existem ainda situações em que o magistrado *ex officio*[4] impulsionará o processo, como no caso do inventário. A Lei 13.467/2017 alterou também o art. 878 da CLT, que trata da execução *ex officio* pelo magistrado, que passa a ter a seguinte redação: "Art. 878. A execução será promovida pelas partes, permitida a execução de ofício pelo Juiz ou Presidente do Tribunal apenas nos casos em que as partes não estiverem representadas por advogado".

Com efeito, essa alteração processual objetiva retirar do magistrado a condução célere do processo de execução e, dessa forma, a própria efetividade das decisões judiciais, na medida em que não mais será possível, de ofício, promover o bloqueio on-line de contas correntes dos réus, pelo Bacen-Jud, ou mesmo a penhora, sem prévio requerimento da parte interessada.

Idêntico raciocínio se aplica à desconsideração da personalidade jurídica, que a partir desta nova lei exigirá o desenvolvimento do respectivo incidente, com a suspensão do processo até seu final deslinde.

---

[4] "Art. 738. Nos casos em que a lei considere jacente a herança, o juiz em cuja comarca tiver domicílio o falecido procederá imediatamente à arrecadação dos respectivos bens".

Ademais, se o exequente não cumprir as determinações do juiz, poderá conduzi-lo a pronunciar, de ofício, a prescrição intercorrente, nos termos do art. 11-A[5] da nova CLT.

Com a revogação do parágrafo único do art. 878 da CLT, como mencionamos, entendemos que fica mantida a legitimidade do Ministério Público do Trabalho, para todo e qualquer ato de execução, dentro de sua área de competência, na medida em que este órgão federal retira o fundamento de sua atuação na própria norma constitucional (art. 129, III[6]), fulcrada no interesse público primário da sociedade, bem como no art. 83[7] da Lei 8.078/90 e arts. 6º[8] e 83[9], da LC 75/93, que não apresenta qualquer tipo de restrição ou delimitação na atuação do *Parquet* Laboral.

Isso sem mencionar, que o expertise do Ministério Público do Trabalho está relacionado ao microssistema de tutela coletiva, tendo como objeto os direitos difusos, coletivos e individuais homogêneos, que possui regras, princípios, institutos e mesmo instituições próprias, que exige uma diferente leitura jurídica, no qual a CLT é aplicada apenas subsidiariamente, já que o núcleo determinante deste microssistema é formado pelas Leis 7.347/1985 e 8.078/1990.

Outra característica dos procedimentos especiais relaciona-se à possibilidade de ações dúplices, ou seja, possível dedução pelo réu de pedido em face do autor, sem necessidade de reconvenção, bastando às vezes o pedido contraposto. Podem-se citar, por exemplo, as ações de prestações de contas[10] e as possessórias.

---

[5] "Art. 11-A. Ocorre a prescrição intercorrente no processo do trabalho no prazo de dois anos. § 1º A fluência do prazo prescricional intercorrente inicia-se quando o exequente deixa de cumprir determinação judicial no curso da execução. § 2º A declaração da prescrição intercorrente pode ser requerida ou declarada de ofício em qualquer grau de jurisdição."

[6] "III – promover o inquérito civil e a ação civil pública, para a proteção do patrimônio público e social, do meio ambiente e de outros interesses difusos e coletivos;"

[7] "Art. 83. Para a defesa dos direitos e interesses protegidos por este Código são admissíveis todas as espécies de ações capazes de propiciar sua adequada e efetiva tutela."

[8] "XIV – promover outras ações necessárias ao exercício de suas funções institucionais, em defesa da ordem jurídica, do regime democrático e dos interesses sociais e individuais indisponíveis, especialmente quanto: a) ao Estado de Direito e às instituições democráticas; b) à ordem econômica e financeira; c) à ordem social; d) ao patrimônio cultural brasileiro; e) à manifestação de pensamento, de criação, de expressão ou de informação; f) à probidade administrativa; g) ao meio ambiente."

[9] "I – promover as ações que lhe sejam atribuídas pela Constituição Federal e pelas leis trabalhistas; II – manifestar-se em qualquer fase do processo trabalhista, acolhendo solicitação do juiz ou por sua iniciativa, quando entender existente interesse público que justifique a intervenção;"

[10] "Ação de prestação de contas. Reconvenção. Admissibilidade. Em sede de ação de prestação de contas, a reconvenção é a via jurídico-processual apropriada para a parte ré formular pedido direcionado a que o autor preste contas de sua gestão. A natureza dúplice da ação de prestação de contas refere-se unicamente à possibilidade de ser manejada tanto por quem tem a obrigação de prestá-las quanto por quem possui o direito de exigi-las" (TJDFT, AC 2000.01.1.045032-0 (146048), 2ª T., Rel. Des. Adelith de Carvalho Lopes. *DJU* 21.11.2001).

A quarta característica está relacionada à determinação de regras gerais de competência, prevendo-se competência distinta daquela apresentada como regra geral de competência no rito processual ordinário. Vejamos a seguir algumas situações ilustrativas dessa característica dos procedimentos especiais:

> CPC/2015. Art. 46. A ação fundada em direito pessoal ou em direito real sobre bens móveis será proposta, em regra, no foro de domicílio do réu.
>
> § 1º Tendo mais de um domicílio, o réu será demandado no foro de qualquer deles.
>
> § 2º Sendo incerto ou desconhecido o domicílio do réu, ele poderá ser demandado onde for encontrado ou no foro de domicílio do autor.
>
> § 3º Quando o réu não tiver domicílio ou residência no Brasil, a ação será proposta no foro de domicílio do autor, e, se este também residir fora do Brasil, a ação será proposta em qualquer foro.
>
> § 4º Havendo 2 (dois) ou mais réus com diferentes domicílios, serão demandados no foro de qualquer deles, à escolha do autor.
>
> § 5º A execução fiscal será proposta no foro de domicílio do réu, no de sua residência ou no do lugar onde for encontrado".
>
> CPC/2015. Art. 540. Requerer-se-á a consignação no lugar do pagamento, cessando para o devedor, à data do depósito, os juros e os riscos, salvo se a demanda for julgada improcedente.
>
> Art. 541. Tratando-se de prestações sucessivas, consignada uma delas, pode o devedor continuar a depositar, no mesmo processo e sem mais formalidades, as que se forem vencendo, desde que o faça em até 5 (cinco) dias contados da data do respectivo vencimento.

A quinta característica relaciona-se às regras especiais para a citação das partes, nas quais se incluem a prática de alguns atos ou condutas.

A sexta característica é que tais procedimentos nem sempre levam em consideração a regra do procedimento comum relacionada à inalterabilidade do pedido e da legalidade estrita. Citamos como exemplo os procedimentos especiais de jurisdição voluntária, nos quais o juiz tem autorização legal para decidir em juízo discricionário, com base na conveniência e oportunidade.

A sétima característica é a possibilidade de fusão de providências de natureza cognitiva, cautelar e executiva no mesmo processo. Exemplo: ações possessórias.

A oitava característica refere-se à possibilidade de concessão de medida liminar, sem a oitiva da parte adversa, com a postergação do contraditório.

24.4 INSTRUÇÃO NORMATIVA 39/2016 E INSTRUÇÃO NORMATIVA 41/2018

Importante destacar que o Tribunal Superior do Trabalho, com o advento do atual CPC/2015, editou a Instrução Normativa 39/2016, que transcrevemos neste espaço, na medida em que o CPC deu destaque aos procedimentos especiais:

Dispõe sobre as normas do Código de Processo Civil de 2015 aplicáveis e inaplicáveis ao Processo do Trabalho, de forma não exaustiva.

Art. 1º Aplica-se o Código de Processo Civil, subsidiária e supletivamente, ao Processo do Trabalho, em caso de omissão e desde que haja compatibilidade com as normas e princípios do Direito Processual do Trabalho, na forma dos arts. 769 e 889 da CLT e do art. 15 da Lei nº 13.105, de 17.03.2015.

§ 1º Observar-se-á, em todo caso, o princípio da irrecorribilidade em separado das decisões interlocutórias, de conformidade com o art. 893, § 1º da CLT e Súmula nº 214 do TST.

§ 2º O prazo para interpor e contra-arrazoar todos os recursos trabalhistas, inclusive agravo interno e agravo regimental, é de oito dias (art. 6º da Lei nº 5.584/70 e art. 893 da CLT), exceto embargos de declaração (CLT, art. 897-A).

Art. 2º Sem prejuízo de outros, não se aplicam ao Processo do Trabalho, em razão de inexistência de omissão ou por incompatibilidade, os seguintes preceitos do Código de Processo Civil:

I – art. 63 (modificação da competência territorial e eleição de foro);

II – art. 190 e parágrafo único (negociação processual);

III – art. 219 (contagem de prazos em dias úteis);

IV – art. 334 (audiência de conciliação ou de mediação);

V – art. 335 (prazo para contestação);

VI – art. 362, III (adiamento da audiência em razão de atraso injustificado superior a 30 minutos);

VII – art. 373, §§ 3º e 4º (distribuição diversa do ônus da prova por convenção das partes);

VIII ~~– arts. 921, §§ 4º e 5º, e 924, V (prescrição intercorrente)~~ (Revogado pela Instrução Normativa n. 41, editada pela Resolução n. 221, de 21 de junho de 2018);

IX – art. 942 e parágrafos (prosseguimento de julgamento não unânime de apelação);

X – art. 944 (notas taquigráficas para substituir acórdão);

XI – art. 1.010, § 3º (desnecessidade de o juízo *a quo* exercer controle de admissibilidade na apelação);

XII – arts. 1.043 e 1.044 (embargos de divergência);

XIII – art. 1.070 (prazo para interposição de agravo).

Art. 3º Sem prejuízo de outros, aplicam-se ao Processo do Trabalho, em face de omissão e compatibilidade, os preceitos do Código de Processo Civil que regulam os seguintes temas:

I – art. 76, §§ 1º e 2º (saneamento de incapacidade processual ou de irregularidade de representação);

II – art. 138 e parágrafos (*amicus curiae*);

III – art. 139, exceto a parte final do inciso V (poderes, deveres e responsabilidades do juiz);

IV – art. 292, V (valor pretendido na ação indenizatória, inclusive a fundada em dano moral);

V – art. 292, § 3º (correção de ofício do valor da causa);

VI – arts. 294 a 311 (tutela provisória);
VII – art. 373, §§ 1º e 2º (distribuição dinâmica do ônus da prova);
VIII – art. 485, § 7º (juízo de retratação no recurso ordinário);
IX – art. 489 (fundamentação da sentença);
X – art. 496 e parágrafos (remessa necessária);
XI – arts. 497 a 501 (tutela específica);
XII – arts. 536 a 538 (cumprimento de sentença que reconheça a exigibilidade de obrigação de fazer, de não fazer ou de entregar coisa);
XIII – arts. 789 a 796 (responsabilidade patrimonial);
XIV – art. 805 e parágrafo único (obrigação de o executado indicar outros meios mais eficazes e menos onerosos para promover a execução);
XV – art. 833, incisos e parágrafos (bens impenhoráveis);
XVI – art. 835, incisos e §§ 1º e 2º (ordem preferencial de penhora);
XVII – art. 836, §§ 1º e 2º (procedimento quando não encontrados bens penhoráveis);
XVIII – art. 841, §§ 1º e 2º (intimação da penhora);
XIX – art. 854 e parágrafos (BacenJUD);
XX – art. 895 (pagamento parcelado do lanço);
XXI – art. 916 e parágrafos (parcelamento do crédito exequendo);
XXII – art. 918 e parágrafo único (rejeição liminar dos embargos à execução);
XXIII – arts. 926 a 928 (jurisprudência dos tribunais);
XXIV – art. 940 (vista regimental);
XXV – art. 947 e parágrafos (incidente de assunção de competência);
XXVI – arts. 966 a 975 (ação rescisória);
XXVII – arts. 988 a 993 (reclamação);
XXVIII – arts. 1.013 a 1.014 (efeito devolutivo do recurso ordinário – força maior);
XXIX – art. 1.021 (salvo quanto ao prazo do agravo interno).

Art. 4º Aplicam-se ao Processo do Trabalho as normas do CPC que regulam o princípio do contraditório, em especial os artigos 9º e 10, no que vedam a decisão surpresa.

§ 1º Entende-se por "decisão surpresa" a que, no julgamento final do mérito da causa, em qualquer grau de jurisdição, aplicar fundamento jurídico ou embasar-se em fato não submetido à audiência prévia de uma ou de ambas as partes.

§ 2º Não se considera "decisão surpresa" a que, à luz do ordenamento jurídico nacional e dos princípios que informam o Direito Processual do Trabalho, as partes tinham obrigação de prever, concernente às condições da ação, aos pressupostos de admissibilidade de recurso e aos pressupostos processuais, salvo disposição legal expressa em contrário.

Art. 5º Aplicam-se ao Processo do Trabalho as normas do art. 356, §§ 1º a 4º, do CPC que regem o julgamento antecipado parcial do mérito, cabendo recurso ordinário de imediato da sentença.

Art. 6º ~~Aplica-se ao Processo do Trabalho o incidente de desconsideração da personalidade jurídica regulado no Código de Processo Civil (arts. 133 a 137), assegurada a iniciativa também do juiz do trabalho na fase de execução (CLT,~~

art. 878) (Revogado pela Instrução Normativa n. 41, editada pela Resolução n. 221, de 21 de junho de 2018).

§ 1º Da decisão interlocutória que acolher ou rejeitar o incidente:

I – na fase de cognição, não cabe recurso de imediato, na forma do art. 893, § 1º da CLT;

II – na fase de execução, cabe agravo de petição, independentemente de garantia do juízo;

III – cabe agravo interno se proferida pelo Relator, em incidente instaurado originariamente no tribunal (CPC, art. 932, inciso VI).

§ 2º A instauração do incidente suspenderá o processo, sem prejuízo de concessão da tutela de urgência de natureza cautelar de que trata o art. 301 do CPC.

Art. 7º Aplicam-se ao Processo do Trabalho as normas do art. 332 do CPC, com as necessárias adaptações à legislação processual trabalhista, cumprindo ao juiz do trabalho julgar liminarmente improcedente o pedido que contrariar:

I – enunciado de súmula do Supremo Tribunal Federal ou do Tribunal Superior do Trabalho (CPC, art. 927, inciso V);

II – acórdão proferido pelo Supremo Tribunal Federal ou pelo Tribunal Superior do Trabalho em julgamento de recursos repetitivos (CLT, art. 896-B; CPC, art. 1.046, § 4º);

III – entendimento firmado em incidente de resolução de demandas repetitivas ou de assunção de competência;

IV – enunciado de súmula de Tribunal Regional do Trabalho sobre direito local, convenção coletiva de trabalho, acordo coletivo de trabalho, sentença normativa ou regulamento empresarial de observância obrigatória em área territorial que não exceda à jurisdição do respectivo Tribunal (CLT, art. 896, "b", *a contrario sensu*).

Parágrafo único. O juiz também poderá julgar liminarmente improcedente o pedido se verificar, desde logo, a ocorrência de decadência.

Art. 8º Aplicam-se ao Processo do Trabalho as normas dos arts. 976 a 986 do CPC que regem o incidente de resolução de demandas repetitivas (IRDR).

§ 1º Admitido o incidente, o relator suspenderá o julgamento dos processos pendentes, individuais ou coletivos, que tramitam na Região, no tocante ao tema objeto de IRDR, sem prejuízo da instrução integral das causas e do julgamento dos eventuais pedidos distintos e cumulativos igualmente deduzidos em tais processos, inclusive, se for o caso, do julgamento antecipado parcial do mérito.

§ 2º Do julgamento do mérito do incidente caberá recurso de revista para o Tribunal Superior do Trabalho, dotado de efeito meramente devolutivo, nos termos dos arts. 896 e 899 da CLT.

§ 3º Apreciado o mérito do recurso, a tese jurídica adotada pelo Tribunal Superior do Trabalho será aplicada no território nacional a todos os processos, individuais ou coletivos, que versem sobre idêntica questão de direito.

Art. 9º O cabimento dos embargos de declaração no Processo do Trabalho, para impugnar qualquer decisão judicial, rege-se pelo art. 897-A da CLT e, supletivamente, pelo Código de Processo Civil (arts. 1.022 a 1.025; §§ 2º, 3º e 4º do art. 1.026), excetuada a garantia de prazo em dobro para litisconsortes (§ 1º do art. 1.023).

Parágrafo único. A omissão para fins do prequestionamento ficto a que alude o art. 1.025 do CPC dá-se no caso de o Tribunal Regional do Trabalho, mesmo instado mediante embargos de declaração, recusar-se a emitir tese sobre questão jurídica pertinente, na forma da Súmula nº 297, item III, do Tribunal Superior do Trabalho.

Art. 10. Aplicam-se ao Processo do Trabalho as normas do parágrafo único do art. 932 do CPC, §§ 1º a 4º do art. 938 e §§ 2º e 7º do art. 1007.

Art. 11. Não se aplica ao Processo do Trabalho a norma do art. 459 do CPC no que permite a inquirição direta das testemunhas pela parte (CLT, art. 820).

Art. 12. Aplica-se ao Processo do Trabalho o parágrafo único do art. 1.034 do CPC. Assim, admitido o recurso de revista por um fundamento, devolve-se ao Tribunal Superior do Trabalho o conhecimento dos demais fundamentos para a solução apenas do capítulo impugnado.

Art. 13. Por aplicação supletiva do art. 784, I (art. 15 do CPC), o cheque e a nota promissória emitidos em reconhecimento de dívida inequivocamente de natureza trabalhista também são títulos extrajudiciais para efeito de execução perante a Justiça do Trabalho, na forma do art. 876 e segs. da CLT.

Art. 14. Não se aplica ao Processo do Trabalho o art. 165 do CPC, salvo nos conflitos coletivos de natureza econômica (Constituição Federal, art. 114, §§ 1º e 2º).

Art. 15. O atendimento à exigência legal de fundamentação das decisões judiciais (CPC, art. 489, § 1º) no Processo do Trabalho observará o seguinte:

I – por força dos arts. 332 e 927 do CPC, adaptados ao Processo do Trabalho, para efeito dos incisos V e VI do § 1º do art. 489 considera-se "precedente" apenas:

a) acórdão proferido pelo Supremo Tribunal Federal ou pelo Tribunal Superior do Trabalho em julgamento de recursos repetitivos (CLT, art. 896-B; CPC, art. 1.046, § 4º);

b) entendimento firmado em incidente de resolução de demandas repetitivas ou de assunção de competência;

c) decisão do Supremo Tribunal Federal em controle concentrado de constitucionalidade;

d) tese jurídica prevalecente em Tribunal Regional do Trabalho e não conflitante com súmula ou orientação jurisprudencial do Tribunal Superior do Trabalho (CLT, art. 896, § 6º);

e) decisão do plenário, do órgão especial ou de seção especializada competente para uniformizar a jurisprudência do tribunal a que o juiz estiver vinculado ou do Tribunal Superior do Trabalho;

II – para os fins do art. 489, § 1º, incisos V e VI do CPC, considerar-se-ão unicamente os precedentes referidos no item anterior, súmulas do Supremo Tribunal Federal, orientação jurisprudencial e súmula do Tribunal Superior do Trabalho, súmula de Tribunal Regional do Trabalho não conflitante com súmula ou orientação jurisprudencial do TST, que contenham explícita referência aos fundamentos determinantes da decisão (*ratio decidendi*);

III – não ofende o art. 489, § 1º, inciso IV do CPC a decisão que deixar de apreciar questões cujo exame haja ficado prejudicado em razão da análise anterior de questão subordinante.

IV – o art. 489, § 1º, IV, do CPC não obriga o juiz ou o Tribunal a enfrentar os fundamentos jurídicos invocados pela parte, quando já tenham sido examinados na formação dos precedentes obrigatórios ou nos fundamentos determinantes de enunciado de súmula;

V – decisão que aplica a tese jurídica firmada em precedente, nos termos do item I, não precisa enfrentar os fundamentos já analisados na decisão paradigma, sendo suficiente, para fins de atendimento das exigências constantes no art. 489, § 1º, do CPC, a correlação fática e jurídica entre o caso concreto e aquele apreciado no incidente de solução concentrada;

VI – é ônus da parte, para os fins do disposto no art. 489, § 1º, V e VI, do CPC, identificar os fundamentos determinantes ou demonstrar a existência de distinção no caso em julgamento ou a superação do entendimento, sempre que invocar precedente ou enunciado de súmula.

Art. 16. Para efeito de aplicação do § 5º do art. 272 do CPC, não é causa de nulidade processual a intimação realizada na pessoa de advogado regularmente habilitado nos autos, ainda que conste pedido expresso para que as comunicações dos atos processuais sejam feitas em nome de outro advogado, se o profissional indicado não se encontra previamente cadastrado no Sistema de Processo Judicial Eletrônico, impedindo a serventia judicial de atender ao requerimento de envio da intimação direcionada. A decretação de nulidade não pode ser acolhida em favor da parte que lhe deu causa (CPC, art. 276).

Art. 17. Sem prejuízo da inclusão do devedor no Banco Nacional de Devedores Trabalhistas (CLT, art. 642-A), aplicam-se à execução trabalhista as normas dos artigos 495, 517 e 782, §§ 3º, 4º e 5º do CPC, que tratam respectivamente da hipoteca judiciária, do protesto de decisão judicial e da inclusão do nome do executado em cadastros de inadimplentes.

Art. 18. Esta Instrução Normativa entrará em vigor na data da sua publicação.

Ministro IVES GANDRA DA SILVA MARTINS FILHO

Presidente do Tribunal Superior do Trabalho.

Não obstante, a Associação Nacional dos Magistrados da Justiça do Trabalho (ANAMATRA) ajuizou no Supremo Tribunal Federal, Ação Direta de Inconstitucionalidade (ADI 5516), que tem por objeto a Instrução Normativa 39/2016 do TST, sustentando existência de vício formal e material de inconstitucionalidade na norma, que trata da aplicação de dispositivos do novo CPC ao processo do trabalho.

A ANAMATRA pede, liminarmente, a suspensão da eficácia da Instrução Normativa 39/2016 do TST e, no mérito, a decretação de sua nulidade.

Mais recentemente, o TST editou a Instrução Normativa 41/2018, *in verbis*:

INSTRUÇÃO NORMATIVA TST Nº 41, DE 21.06.2018
DJe TST de 22.06.2018
Dispõe sobre a aplicação das normas processuais da Consolidação das Leis do Trabalho alteradas pela Lei nº 13.467, de 13 de julho de 2017.

Art. 1º A aplicação das normas processuais previstas na Consolidação das Leis do Trabalho, alteradas pela Lei nº 13.467, de 13 de julho de 2017, com eficácia a partir de 11 de novembro de 2017, é imediata, sem atingir, no entanto, situações pretéritas iniciadas ou consolidadas sob a égide da lei revogada.

Art. 2º O fluxo da prescrição intercorrente conta-se a partir do descumprimento da determinação judicial a que alude o § 1º do art. 11-A da CLT, desde que feita após 11 de novembro de 2017 (Lei nº 13.467/2017).

Art. 3º A obrigação de formar o litisconsórcio necessário a que se refere o art. 611-A, § 5º, da CLT dar-se-á nos processos iniciados a partir de 11 de novembro de 2017 (Lei nº 13.467/2017).

Art. 4º O art. 789, *caput*, da CLT aplica-se nas decisões que fixem custas, proferidas a partir da entrada em vigor da Lei nº 13.467/2017.

Art. 5º O art. 790-B, *caput* e §§ 1º a 4º, da CLT, não se aplica aos processos iniciados antes de 11 de novembro de 2017 (Lei nº 13.467/2017).

Art. 6º Na Justiça do Trabalho, a condenação em honorários advocatícios sucumbenciais, prevista no art. 791-A, e parágrafos, da CLT, será aplicável apenas às ações propostas após 11 de novembro de 2017 (Lei nº 13.467/2017). Nas ações propostas anteriormente, subsistem as diretrizes do art. 14 da Lei nº 5.584/1970 e das Súmulas nºs 219 e 329 do TST.

Art. 7º Os arts. 793-A, 793-B e 793-C, § 1º, da CLT têm aplicação autônoma e imediata.

Art. 8º A condenação de que trata o art. 793-C, *caput*, da CLT, aplica-se apenas às ações ajuizadas a partir de 11 de novembro de 2017 (Lei nº 13.467/2017).

Art. 9º O art. 793-C, §§ 2º e 3º, da CLT tem aplicação apenas nas ações ajuizadas a partir de 11 de novembro de 2017 (Lei nº 13.467/2017).

Art. 10. O disposto no *caput* do art. 793-D será aplicável às ações ajuizadas a partir de 11 de novembro de 2017 (Lei nº 13.467/2017).

Parágrafo único. Após a colheita da prova oral, a aplicação de multa à testemunha dar-se-á na sentença e será precedida de instauração de incidente mediante o qual o juiz indicará o ponto ou os pontos controvertidos no depoimento, assegurados o contraditório, a defesa, com os meios a ela inerentes, além de possibilitar a retratação.

Art. 11. A exceção de incompetência territorial, disciplinada no art. 800 da CLT, é imediatamente aplicável aos processos trabalhistas em curso, desde que o recebimento da notificação seja posterior a 11 de novembro de 2017 (Lei 13.467/2017).

Art. 12. Os arts. 840 e 844, §§ 2º, 3º e 5º, da CLT, com as redações dadas pela Lei nº 13.467, de 13 de julho de 2017, não retroagirão, aplicando-se, exclusivamente, às ações ajuizadas a partir de 11 de novembro de 2017.

§ 1º Aplica-se o disposto no art. 843, § 3º, da CLT somente às audiências trabalhistas realizadas após 11 de novembro de 2017.

§ 2º Para fim do que dispõe o art. 840, §§ 1º e 2º, da CLT, o valor da causa será estimado, observando-se, no que couber, o disposto nos arts. 291 a 293 do Código de Processo Civil.

§ 3º Nos termos do art. 843, § 3º, e do art. 844, § 5º, da CLT, não se admite a cumulação das condições de advogado e preposto.

Art. 13. A partir da vigência da Lei nº 13.467/2017, a iniciativa do juiz na execução de que trata o art. 878 da CLT e no incidente de desconsideração da personalidade jurídica a que alude o art. 855-A da CLT ficará limitada aos casos em que as partes não estiverem representadas por advogado.

Art. 14. A regra inscrita no art. 879, § 2º, da CLT, quanto ao dever de o juiz conceder prazo comum de oito dias para impugnação fundamentada da conta de liquidação, não se aplica à liquidação de julgado iniciada antes de 11 de novembro de 2017.

Art. 15. O prazo previsto no art. 883-A da CLT, para as medidas de execução indireta nele especificadas, aplica-se somente às execuções iniciadas a partir de 11 de novembro de 2017.

Art. 16. O art. 884, § 6º, da CLT aplica-se às entidades filantrópicas e seus diretores, em processos com execuções iniciadas após 11 de novembro de 2017.

Art. 17. O incidente de desconsideração da personalidade jurídica, regulado pelo CPC (artigos 133 a 137), aplica-se ao processo do trabalho, com as inovações trazidas pela Lei nº 13.467/2017.

Art. 18. O dever de os Tribunais Regionais do Trabalho uniformizarem a sua jurisprudência faz incidir, subsidiariamente ao processo do trabalho, o art. 926 do CPC, por meio do qual os Tribunais deverão manter sua jurisprudência íntegra, estável e coerente.

§ 1º Os incidentes de uniformização de jurisprudência suscitados ou iniciados antes da vigência da Lei nº 13.467/2017, no âmbito dos Tribunais Regionais do Trabalho ou por iniciativa de decisão do Tribunal Superior do Trabalho, deverão observar e serão concluídos sob a égide da legislação vigente ao tempo da interposição do recurso, segundo o disposto nos respectivos Regimentos Internos.

§ 2º Aos recursos de revista e de agravo de instrumento no âmbito do Tribunal Superior do Trabalho, conclusos aos relatores e ainda não julgados até a edição da Lei nº 13.467/2017, não se aplicam as disposições contidas nos §§ 3º a 6º do artigo 896 da Consolidação das Leis do Trabalho.

§ 3º As teses jurídicas prevalecentes e os enunciados de Súmulas decorrentes do julgamento dos incidentes de uniformização de jurisprudência suscitados ou iniciados anteriormente à edição da Lei nº 13.467/2017, no âmbito dos Tribunais Regionais do Trabalho, conservam sua natureza vinculante à luz dos arts. 926, §§ 1º e 2º, e 927, III e V, do CPC.

Art. 19. O exame da transcendência seguirá a regra estabelecida no art. 246 do Regimento Interno do Tribunal Superior do Trabalho, incidindo apenas sobre os acórdãos proferidos pelos Tribunais Regionais do Trabalho publicados a partir de 11 de novembro de 2017, excluídas as decisões em embargos de declaração.

Art. 20. As disposições contidas nos §§ 4º, 9º, 10 e 11 do artigo 899 da CLT, com a redação dada pela Lei nº 13.467/2017, serão observadas para os recursos interpostos contra as decisões proferidas a partir de 11 de novembro de 2017.

Art. 21. Esta Instrução Normativa entrará em vigor na data da sua publicação. Ficam revogados os art. 2º, VIII, e 6º da Instrução Normativa nº 39/2016 do TST.

JOÃO BATISTA BRITO PEREIRA.

Ministro Presidente do Tribunal Superior do Trabalho

24.5 DISSÍDIO COLETIVO DE TRABALHO

O dissídio[11] coletivo de trabalho já vem previsto na Consolidação das Leis do Trabalho (aprovada pelo Decreto-lei 5.452, de 1º.05.1943), o que demonstra a preocupação do legislador, já naquela época, de colocar à disposição dos atores sociais um instrumento jurídico de tutela de direitos coletivos de trabalho.

O dissídio coletivo pode ser definitivo, como um processo por meio do qual os atores sociais, geralmente sindicatos da categoria profissional e econômica, discutem uma pauta de reivindicações, envolvendo direitos e interesses abstratos e gerais da categoria, com o objetivo de criar, modificar ou extinguir condições de trabalho e de remuneração, com base no princípio da autonomia privada coletiva[12].

Esse instrumento jurídico[13], de natureza coletiva, que emana da negociação coletiva de trabalho infrutífera, encontra-se disposto nos arts. 856 e seguintes da

---

[11] Autores do escol de Manoel Antonio Teixeira Filho entendem pela impropriedade técnica do termo dissídio para expressar esse tipo de ação coletiva. Aduz esse doutrinador: "A locução dissídio coletivo, por sua vez, não está imune a reparo, quando usada como sinônimo de ação. Dissídio significa o conflito (no caso coletivo) de interesses; logo, o dissídio preexiste ao ajuizamento da ação. Se se deseja, pois, evitar um vício acirológico, aluda-se à ação coletiva, e não a dissídio coletivo, quando se pretender expressar esse direito público que possuem as entidades sindicais, no que atine a invocar a prestação da tutela jurisdicional normativa" (*Curso de direito processual do trabalho*. São Paulo: LTr, 2009. v. III, p. 1225).

[12] De acordo com o Regimento Interno do Tribunal Superior do Trabalho, em seu art. 220, temos os seguintes tipos de dissídio coletivo: a) econômicos; b) jurídicos; c) revisional; d) de greve; e e) originários.

[13] Para Manoel Antonio Teixeira Filho, a expressão dissídio coletivo é inadequada. Diz ele: "em rigor, o que se tem chamado de 'dissídio coletivo' – seja econômico ou jurídico – é, na verdade, ação coletiva, embora *sui generis*. Sendo assim, uma das condições para o regular exercício dessa ação é o *interesse* (CPC, art. 3º). Consequentemente, tanto no dissídio coletivo quanto no jurídico o elemento comum é o *interesse* que a parte legitimada possui em invocar a tutela jurisdicional do Estado. Falar-se, pois, em dissídio coletivo de interesse é render absurda homenagem às construções pleonásticas, pois, ausente o interesse, nenhuma ação, mesmo coletiva, poderá prosperar. O processo será extinto, sem resolução de mérito (CPC, art. 267, VI)" (*Curso de direito processual do trabalho*. São Paulo: LTr, 2009. v. III, p. 2981).

CLT e tem assento constitucional, consoante o art. 114, § 2º[14], da Constituição Federal de 1988, fruto da manutenção do poder normativo dos Tribunais do Trabalho para processar e julgar tais conflitos coletivos, pela Emenda Constitucional 45/2004, com nova redação.

Ives Gandra Martins Filho[15] informa que a atribuição de um "poder normativo" à Justiça do Trabalho brasileira teve como paradigma a "Carta Del Lavoro" do regime fascista instaurado na Itália por Benito Mussolini, na qual se conferia à magistratura do trabalho italiana o poder de dirimir os conflitos coletivos de trabalho, mediante fixação de novas condições laborais (Lei 563/1926, art. 13).

Esse poder tem por escopo dirimir conflitos coletivos de trabalho, por meio de criação de novas condições de trabalho e de remuneração. O dissídio coletivo emana desse poder normativo, por meio do qual os tribunais do trabalho prolatam sentenças normativas, em caráter abstrato e genérico, utilizando-se de critérios de conveniência e oportunidade.

Em face de suas peculiaridades, essa sentença normativa é vista pela doutrina com corpo de sentença e alma de lei, posto que se insere, de forma *erga omnes*, nos contratos individuais de trabalho das categoriais profissionais envolvidas no conflito coletivo.

O § 2º do art. 114 da Constituição Federal de 1988 atribuiu novos limites ao poder normativo dos tribunais, ao estabelecer:

> § 2º Recusando-se qualquer das partes à negociação coletiva ou à arbitragem, é facultado às mesmas, de comum acordo, ajuizar dissídio coletivo de natureza econômica, podendo a Justiça do Trabalho decidir o conflito, respeitadas as disposições mínimas legais de proteção ao trabalho, bem como as convencionadas anteriormente.

O dissídio coletivo, fruto do poder normativo dos tribunais do trabalho, tem como pressupostos específicos:

- a tentativa de pacificar o conflito coletivo, geralmente na data-base da categoria profissional, por meio da negociação coletiva de trabalho;
- a autorização da assembleia geral da categoria, uma vez que os titulares do direito material são os trabalhadores, cabendo ao sindicato a sua representação administrativa ou judicial;

---

[14] "Art. 114. Compete à Justiça do Trabalho processar e julgar: (...) § 2º Recusando-se qualquer das partes à negociação coletiva ou à arbitragem, é facultado às mesmas, de comum acordo, ajuizar dissídio coletivo de natureza econômica, podendo a Justiça do Trabalho decidir o conflito, respeitadas as disposições mínimas legais de proteção ao trabalho, bem como as convencionadas anteriormente. (Redação dada ao parágrafo pela Emenda Constitucional nº 45, de 08.12.2004, *DOU* 31.12.2004.)"

[15] MARTINS FILHO, Ives Gandra. *Processo coletivo do trabalho*. 4. ed. São Paulo: LTr, 2009. p. 14.

- a inexistência de norma coletiva em vigor ou aproximação da data-base da categoria profissional;
- a obtenção da personalidade jurídica sindical[16] no Ministério do Trabalho e Emprego[17], este último[18] apenas exigido por alguns tribunais do trabalho[19].

Possuem legitimidade para ajuizar o dissídio coletivo as entidades sindicais (econômicas e profissionais), as federações, confederações (as centrais sindicais não têm legitimidade, de acordo com a Lei 11.648/2008[20], que proveu o seu reconhecimento jurídico, as empresas (somente para os acordos coletivos), o Ministério

---

[16] O Ministério do Trabalho e Previdência Social promoveu uma substancial alteração do modo de se efetuar o requerimento de registro sindical por meio da edição da Portaria 326/2013. Isso porque essa Portaria introduziu uma série de requisitos formais para o deferimento do pedido, o que o tornou ainda mais dificultoso. A Portaria anterior, a 186/2008, previa requisitos mais genéricos para o requerimento de registro sindical.

[17] Importante o registro de que os sindicatos possuem dupla personalidade jurídica. Uma, denominada personalidade jurídica propriamente dita, obtida com o registro de seus estatutos no Cartório de Registro de Pessoas Jurídicas, como todas as associações, e a outra, ou a segunda, denominada personalidade jurídica sindical, obtida no Ministério do Trabalho e do Emprego, Departamento de Relações de trabalho, após cumprir todas as formalidades exigidas. Esta última confere legitimidade ao sindicato para participar das negociações coletivas de trabalho, bem como ajuizar dissídios coletivos nos tribunais do trabalho. A esse, o Supremo Tribunal Federal editou a "Súmula 677 – Até que lei venha a dispor a respeito, incumbe ao Ministério do Trabalho proceder ao registro das entidades sindicais e zelar pela observância do princípio da unicidade".

[18] Em decorrência da manutenção da unicidade sindical na Constituição de 1988, de acordo com a Pesquisa Sindical, de 2001, do IBGE, a última realizada por esse órgão, em 20.01.2001, 29% do total de sindicatos pesquisados em 2001 não possuíam registro no Ministério do Trabalho e Emprego, uma vez que já havia representação de grande parte das bases. Isso implica dizer que esses sindicatos possuem tão somente registro em Cartório de Registro de Pessoas Jurídicas e/ou pedido de registro sindical naquele Ministério. Em pesquisa mais recente, datada de 2015, o IBGE não apresenta o percentual de sindicatos profissionais no Brasil que ainda não possuem o registro sindical, requisito necessário para o Colendo Tribunal Superior do Trabalho (TST), postando-se como condição da ação ou pressuposto processual para a admissibilidade do dissídio coletivo de trabalho, de natureza econômica.

[19] OJ 15 SDC do TST. "Sindicato. Legitimidade *ad processum*. Imprescindibilidade do Registro no Ministério do Trabalho. Inserida em 27.03.1998. A comprovação da legitimidade *ad processum* da entidade sindical se faz por seu registro no órgão competente do Ministério do Trabalho, mesmo após a promulgação da Constituição Federal de 1988."

[20] A Lei 11.648/2008 que reconheceu juridicamente as centrais sindicais vem sendo questionada na doutrina como inconstitucional, sob o argumento de que uma lei federal não tem o condão de alterar a estrutura sindical brasileira, sob o regime confederativo, de forma piramidal (sindicatos, federações e confederações), de acordo com o art. 8º, IV, da Constituição Federal de 1988. Para essa corrente doutrinária, somente uma emenda constitucional poderia alterar a estrutura sindical brasileira.

Público do Trabalho, em caso de dissídio de greve em atividades essenciais (§ 3º[21] do art. 114 CF/1988), bem como em outros casos em que o *Parquet* Laboral forme sua convicção pela existência de interesse público.

O art. 856[22] da CLT estatui que o Presidente do Tribunal Regional do Trabalho também tem legitimidade para instaurar o dissídio, em caso de paralisação dos serviços. No entanto, a doutrina vem afirmando que esse artigo não foi recepcionado pela atual Constituição da República, na medida em que tal fato representaria uma afronta ao princípio da liberdade sindical, hipótese à qual nos filiamos.

A competência originária[23] para processar e julgar o dissídio coletivo é dos Tribunais Regionais do Trabalho (TRTs) ou do Tribunal Superior do Trabalho (TST), tendo sido fixada pela dimensão do conflito e pelo local onde o mesmo venha a ocorrer, com disciplina pela Lei 7.701/1988[24] e pelo art. 677[25] da CLT.

Para expressiva parte da doutrina, o poder normativo dos tribunais do trabalho não representa um real e efetivo exercício da função jurisdicional, mas sim o desenvolvimento de uma função legislativa, de forma atípica ou anômala pelo Poder Judiciário, uma vez que por meio dela não se objetiva a aplicação de direito preexistente (direito objetivo), ao caso concreto, ou seja, a subsunção dos fatos à norma jurídica, mas a criação de novas condições de trabalho.

Observa-se que, no exercício do poder normativo, os tribunais do trabalho, depois de atendidos os limites mínimos legais e as normas convencionadas anteriormente (acordos e convenções coletivas anteriores), prestam-se a criar novas

---

[21] "§ 3º Em caso de greve em atividade essencial, com possibilidade de lesão do interesse público, o Ministério Público do Trabalho poderá ajuizar dissídio coletivo, competindo à Justiça do Trabalho decidir o conflito."

[22] "Art. 856. A instância será instaurada mediante representação escrita ao presidente do Tribunal. Poderá ser também instaurada por iniciativa do presidente, ou, ainda, a requerimento da Procuradoria da Justiça do Trabalho, sempre que ocorrer suspensão do trabalho."

[23] De acordo com a decisão liminar do Supremo Tribunal Federal na ADIn 3.395, que deu interpretação ao inciso I do art. 114, para afastar da competência da Justiça do Trabalho a apreciação das causas entre servidores públicos estatutários e o respectivo poder público, surgindo controvérsias envolvendo servidores estatutários federais, a competência será a Justiça Comum Federal ou a Justiça Comum Estadual para dirimir as lides em que figurem servidores estaduais ou municipais.

[24] Lei 7.701/1988, art. 2º. "Compete à seção especializada em dissídios coletivos, ou seção normativa:

I – originariamente:

a) conciliar e julgar os dissídios coletivos que excedam a jurisdição dos Tribunais Regionais do Trabalho e estender ou rever suas próprias sentenças normativas, nos casos previstos em lei;

b) homologar as conciliações celebradas nos dissídios coletivos de que trata a alínea anterior."

[25] "Art. 677. A competência dos Tribunais Regionais determina-se pela forma indicada no artigo 651 e seus parágrafos e, nos casos de dissídio coletivo, pelo local onde este ocorrer."

condições de trabalho e de remuneração, e não de aplicação do direito positivo propriamente dito no deslinde de uma controvérsia.

Em outras palavras, não há na prolação da sentença normativa pelos Tribunais do Trabalho a aplicação do silogismo jurídico (premissa maior: lei, premissa menor: fato e síntese ou conclusão: a sentença), nem subsunção do fato à norma jurídica como ocorre no efetivo desenvolvimento da função jurisdicional pelo Poder Judiciário, no exercício de sua função típica.

O próprio Supremo Tribunal Federal (STF) nos últimos anos tem restringido o campo de atuação do poder normativo, sob o entendimento de que esse poder só pode atuar no "vazio da lei", com absoluta sujeição aos parâmetros legais.

De outra parte, é oportuno destacar que a Organização Internacional do Trabalho (OIT), por meio da Declaração de Direitos Fundamentais do Trabalhador, de 1998, advertiu todos os Países-membros, mesmo aqueles que não ratificaram as convenções pertinentes, para que tenham o compromisso de promover "a liberdade de associação e liberdade sindical e o reconhecimento efetivo do direito de negociação coletiva".

Vale observar que existe um claro consenso na OIT no sentido de que os Estados venham definitivamente a privilegiar a negociação coletiva de trabalho, considerada a forma mais eficaz de resolução dos conflitos coletivos entre capital e trabalho.

24.5.1 Negociação coletiva de trabalho

A negociação coletiva de trabalho[26] constitui o método ou processo[27] de autocomposição de interesses entre trabalhadores e empregadores, desenvolvido por meio de um *iter* específico, pelos próprios atores sociais e utilizado na solução de conflitos coletivos nos países mais avançados economicamente (União Europeia e Estados Unidos).

A Constituição Federal de 1988 foi a primeira a tratar diretamente da negociação coletiva de trabalho, em seu art. 8º, inciso VI[28], embora o tema já tivesse

---

[26] Temos também a convenção coletiva de consumo, estabelecida no art. 107 da Lei 8.078/1990 (Código de Defesa do Consumidor): "Da convenção coletiva de consumo. Art. 107. As entidades civis de consumidores e as associações de fornecedores ou sindicatos de categoria econômica podem regular, por convenção escrita, relações de consumo que tenham por objeto estabelecer condições relativas ao preço, à qualidade, à quantidade, à garantia e características de produtos e serviços, bem como à reclamação e composição do conflito de consumo".

[27] A negociação coletiva de trabalho constitui um processo negocial inserido no microssistema de tutela coletiva, ao lado do processo administrativo (inquérito civil), processo arbitral e do processo judicial (ações moleculares). Remetemos o leitor ao nosso livro: *Negociação coletiva de trabalho nos setores público e privado*. 3. ed. Rio de Janeiro: Forense, 2018.

[28] "VI – é obrigatória a participação dos sindicatos nas negociações coletivas de trabalho."

sido regulado pelo art. 616[29] da CLT. A CLT é pioneira na tratativa dos conflitos coletivos ou conflitos de massa, pois desde 1943 já previu tal possibilidade, muito antes do pleno desenvolvimento dos instrumentos processuais coletivos que ocorreu a partir da década de 1970. Prova disso é que o Código de Processo Civil de 1973 não tinha dignidade para pacificar conflitos coletivos, e o CPC/2015 incorporou inúmeros institutos do microssistema de tutela coletiva, além de criar o microssistema de incidentes de resolução de demandas repetitivas, estabelecendo um diálogo de fontes entre esses microssistemas.

Diferentemente dos países mencionados onde a negociação coletiva de trabalho foi fruto de uma conquista histórica de luta entre trabalhadores e empregadores, tendo sido construído de baixo para cima, diversamente, na América Latina, os legisladores, tomando ciência de sua utilidade social e jurídica, com base na experiência europeia e norte-americana, trataram de adotá-la nas leis e nos códigos, colocando esse poderoso instrumento de reivindicação ao alcance dos trabalhadores, que, no entanto, não dispunham de força ou densidade política suficiente para manejá-lo, na maior parte das vezes pela ausência de massa crítica de trabalhadores e de um processo de industrialização mais intenso.

Entre as várias vantagens da negociação coletiva de trabalho[30] em face do dissídio coletivo podemos enumerar:

- Celeridade na elaboração de seus instrumentos jurídicos (acordo e convenção coletiva e contrato coletivo – portuários – Lei 12.815/2013);
- Maior adaptação ao caso concreto, pois leva em conta as peculiaridades de cada empresa, ramo de atividade, força de trabalho, competitividade, produtividade, custos de produção etc.;
- Propensão a uma maior estabilidade social e a um menor nível de conflituosidade, já que as novas condições foram estabelecidas pelas próprias partes interessadas;
- Melhor compatibilidade às necessidades e exigências do mercado e da produção, especialmente pelo fato de muitas empresas operarem em um

---

[29] "Art. 616. Os Sindicatos representativos de categorias econômicas ou profissionais e as empresas, inclusive as que não tenham representação sindical, quando provocados, não podem recusar-se à negociação coletiva. (Redação dada ao *caput* pelo Decreto-lei nº 229, de 28.02.1967.)

§ 1º Verificando-se recusa à negociação coletiva, cabe aos Sindicatos ou empresas interessadas dar ciência do fato, conforme o caso, ao Departamento Nacional do Trabalho ou aos órgãos regionais do Ministério do Trabalho e Previdência Social, para convocação compulsória dos Sindicatos ou empresas recalcitrantes."

[30] A denominação correta do instituto é negociação coletiva de trabalho, haja vista que também temos no nosso ordenamento jurídico a negociação coletiva de consumo, regulamentada no art. 107 da Lei 8.078/1990 (Código de Defesa do Consumidor).

mercado globalizado, sem fronteiras territoriais, utilizando-se de altos níveis de tecnologia e informática;

– Maior grau de solidariedade e integração entre trabalhadores e empregadores;

– Fortalecimento dos sindicatos e de outras formas de organização dos trabalhadores no local de trabalho[31].

A valorização da negociação coletiva de trabalho se acha intrinsecamente articulada com o fortalecimento dos sindicatos, uma vez que cabe a este último a missão de representar os interesses de seus associados no diálogo social com os empresários.

Entretanto, a negociação coletiva de trabalho que se posiciona como a função mais nobre das organizações sindicais, pelo grande significado que ostenta no mundo do trabalho, somente apresentará os resultados práticos almejados pela sociedade se for realizada em um ambiente democrático. Digno de nota que a democracia, com a pluralidade e o direito de informação, faz parte da 4ª dimensão de direitos humanos, como mencionado neste trabalho, todos eles de enorme importância para os trabalhadores e os sindicatos.

Nos países democráticos onde se praticam a plena liberdade sindical e o direito de greve[32], a negociação coletiva de trabalho assume papel de maior relevância social porque motiva os próprios indivíduos ou respectivas classes à autodeterminação, sem o paternalismo estatal, preparando e educando, por meio da prática negocial, os próprios interessados a gerir suas próprias conveniências e interesses, a definir seu próprio destino, com maturidade, entendimento e diálogo social[33].

É evidente que, em função da própria natureza conflituosa e dialética das relações trabalhistas, deve-se deixar como último recurso algumas reservas ou garantias legais, como o exercício do direito de greve, a oportunidade de busca de tutela jurisdicional para dirimir lides eminentemente jurídicas, após o esgotamento de todos os demais procedimentos de resolução de conflitos, por exemplo, o suprimento judicial em caso de denegação do "comum acordo" pelo sindicato patronal, sem motivo plausível, desprovido de razoabilidade.

A negociação coletiva de trabalho pode desaguar nas seguintes situações concretas:

---

[31] SANTOS, Enoque Ribeiro dos. *Direitos humanos na negociação coletiva*. Teoria e prática jurisprudencial. São Paulo: LTr, 2004. p. 137.

[32] CF, art. 37: "VII – o direito de greve será exercido nos termos e nos limites definidos em lei específica; (Redação dada ao inciso pela Emenda Constitucional nº 19/98.)"

[33] SANTOS, Enoque Ribeiro dos. *Fundamentos do direito coletivo do trabalho nos Estados Unidos da América, na União Europeia, no Mercosul e a experiência brasileira*. 2. ed. Rio de Janeiro: Lumen Juris, 2018, p. 245.

- Se frutífera ou bem-sucedida: na elaboração dos seguintes instrumentos jurídicos: acordo coletivo ou negociação coletiva de trabalho, ou ainda o contrato coletivo dos portuários[34] (Lei 12.815/2013). Caso haja o descumprimento das cláusulas acordadas, os sindicatos ou os próprios trabalhadores poderão ajuizar as ações de cumprimento, cuja competência é das Varas do Trabalho. Da mesma forma, havendo cláusulas normativas ou obrigacionais que colidam com a norma de regência, o Ministério Público do Trabalho poderá notificar as partes para que corrijam a ilegalidade, designar audiência para celebração de Termo de Ajustamento de Conduta, nos termos da Lei 7.347/1985, e, em caso de recalcitrância das partes, ajuizar a competente ação civil pública.
- Se infrutífera ou malsucedida, a negociação coletiva de trabalho poderá dar ensejo a:
  a) Arbitragem – sentença arbitral, regulada pela Lei 9.307/1996, alterada pela Lei 13.129/2015, e § 1º, art. 114, da CF/1988;
  b) Greve – Lei 7.783/1989;
  c) Dissídio coletivo, como emanação do poder normativo, por meio da sentença normativa pelos Tribunais competentes (§ 2º, art. 114, CF/1988).

Ao tema abordado pelo art. 611 da CLT, com a Lei nº 13.467/2017, acrescentou-se ainda os arts. 611-A e 611-B,, cuja redação transcrevemos a seguir:

A convenção coletiva e o acordo coletivo de trabalho têm prevalência sobre a lei quando, entre outros, dispuserem sobre:

I – pacto quanto à jornada de trabalho, observados os limites constitucionais;

II – banco de horas anual;

III – intervalo intrajornada, respeitado o limite mínimo de trinta minutos para jornadas superiores a seis horas;

IV – adesão ao Programa Seguro-Emprego (PSE), de que trata a Lei 13.189, de 19 de novembro de 2015;

---

[34] "Art. 42. A seleção e o registro do trabalhador portuário avulso serão feitos pelo órgão de gestão de mão de obra avulsa, de acordo com as normas estabelecidas em contrato, convenção ou acordo coletivo de trabalho. Art. 43. A remuneração, a definição das funções, a composição dos ternos, a multifuncionalidade e as demais condições do trabalho avulso serão objeto de negociação entre as entidades representativas dos trabalhadores portuários avulsos e dos operadores portuários. Parágrafo único. A negociação prevista no *caput* contemplará a garantia de renda mínima inserida no item 2 do Artigo 2 da Convenção nº 137 da Organização Internacional do Trabalho – OIT."

V – plano de cargos, salários e funções compatíveis com a condição pessoal do empregado, bem como identificação dos cargos que se enquadram como funções de confiança;

VI – regulamento empresarial;

VII – representante dos trabalhadores no local de trabalho;

VIII – teletrabalho, regime de sobreaviso, e trabalho intermitente;

IX – remuneração por produtividade, incluídas gorjetas percebidas pelo empregado, e remuneração por desempenho individual;

X – modalidade de registro de jornada de trabalho;

XI – troca do dia de feriado;

XII – enquadramento do grau de insalubridade;

XIII – prorrogação de jornada em ambientes insalubres, sem licença prévia das autoridades competentes do Ministério do Trabalho;

XIV – prêmios de incentivo em bens ou serviços, eventualmente concedidos em programas de incentivo;

XV – participação nos lucros ou resultados da empresa.

§ 1º No exame da convenção coletiva ou do acordo coletivo de trabalho, a Justiça do Trabalho observará o disposto no § 3º do art. 8º desta Consolidação.

§ 2º A inexistência de expressa indicação de contrapartidas recíprocas em convenção coletiva ou acordo coletivo de trabalho não ensejará sua nulidade por não caracterizar um vício do negócio jurídico.

§ 3º Se for pactuada cláusula que reduza o salário ou a jornada, a convenção coletiva ou o acordo coletivo de trabalho deverão prever a proteção dos empregados contra dispensa imotivada durante o prazo de vigência do instrumento coletivo.

§ 4º Na hipótese de procedência de ação anulatória de cláusula de convenção coletiva ou de acordo coletivo de trabalho, quando houver a cláusula compensatória, esta deverá ser igualmente anulada, sem repetição do indébito.

§ 5º Os sindicatos subscritores de convenção coletiva ou de acordo coletivo de trabalho participarão, como litisconsortes necessários, em ação individual ou coletiva, que tenha como objetivo a anulação de cláusulas desses instrumentos;

Art. 611-B Constituem objeto ilícito de convenção coletiva ou de acordo coletivo de trabalho, exclusivamente, a supressão ou a redução dos seguintes direitos:

I – normas de identificação profissional, inclusive as anotações na Carteira de Trabalho e Previdência Social;

II – seguro-desemprego, em caso de desemprego involuntário;

III – valor dos depósitos mensais e da indenização rescisória do Fundo de Garantia do Tempo de Serviço (FGTS);

IV – salário mínimo;

V – valor nominal do décimo terceiro salário;

VI – remuneração do trabalho noturno superior à do diurno;

VII – proteção do salário na forma da lei, constituindo crime sua retenção dolosa;

VIII – salário-família;

IX – repouso semanal remunerado;

X – remuneração do serviço extraordinário superior, no mínimo, em 50% (cinquenta por cento) à do normal;

XI – número de dias de férias devidas ao empregado;

XII – gozo de férias anuais remuneradas com, pelo menos, um terço a mais do que o salário normal;

XIII – licença-maternidade com a duração mínima de cento e vinte dias;

XIV – licença-paternidade nos termos fixados em lei;

XV – proteção do mercado de trabalho da mulher, mediante incentivos específicos, nos termos da lei;

XVI – aviso prévio proporcional ao tempo de serviço, sendo no mínimo de trinta dias, nos termos da lei;

XVII – normas de saúde, higiene e segurança do trabalho previstas em lei ou em normas regulamentadoras do Ministério do Trabalho;

XVIII – adicional de remuneração para as atividades penosas, insalubres ou periculosas;

XIX – aposentadoria;

XX – seguro contra acidentes do trabalho, a cargo do empregador;

XXI – ação, quanto aos créditos resultantes das relações de trabalho, com prazo prescricional de cinco anos para os trabalhadores urbanos e rurais, até o limite de dois anos após a extinção do contrato de trabalho;

XXII – proibição de qualquer discriminação no tocante a salário e critérios de admissão do trabalhador com deficiência;

XXIII – proibição de trabalho noturno, perigoso ou insalubre a menores de dezoito anos e de qualquer trabalho a menores de dezesseis anos, salvo na condição de aprendiz, a partir dos quatorze anos;

XXIV– medidas de proteção legal de crianças e adolescentes;

XXV – igualdade de direitos entre o trabalhador com vínculo empregatício permanente e o trabalhador avulso;

XXVI – liberdade de associação profissional ou sindical do trabalhador, inclusive o direto de não sofrer, sem sua expressa e prévia anuência, qualquer cobrança ou desconto salarial estabelecidos em convenção coletiva ou acordo coletivo de trabalho;

XXVII – direito de greve, competindo aos trabalhadores decidir sobre a oportunidade de exercê-lo e sobre os interesses que devam por meio dele defender;

XXVIII – definição legal sobre os serviços ou atividades essenciais e disposições legais sobre o atendimento das necessidades inadiáveis da comunidade em caso de greve;

XXIX – tributos e outros créditos de terceiros;

XXX – as disposições previstas nos arts. 373-A, 390, 392, 392-A, 394, 394-A, 395, 396 e 400 desta Consolidação.

Parágrafo único. Regras sobre duração do trabalho e intervalos não são consideradas como normas de saúde, higiene e segurança do trabalho para os fins do disposto neste artigo.

Observa-se, desse modo, que o legislador pátrio, à semelhança do que está ocorrendo com a reforma trabalhista francesa, optou por promover a inversão da hierarquia das normas jurídicas, de modo que haja a supremacia do negociado em relação à legislação trabalhista.

24.5.2 A Emenda Constitucional 45/2004 e os reflexos no poder normativo

A Emenda Constitucional 45/2004, também chamada de reforma do Judiciário, se, por um lado, provocou um enorme elastecimento ou ampliação da competência da Justiça do Trabalho, no plano material e processual (a competência passou a ser em razão da matéria, e não mais em relação às pessoas do empregado e empregador), por outro, restringiu o poder normativo dos tribunais do trabalho, com a alteração do § 2º do art. 114 da Constituição Federal, que estabeleceu a necessidade do "comum acordo" das partes para instauração do dissídio coletivo de natureza econômica.

Em face dessa alteração, doutrina e jurisprudência passaram a questionar a natureza jurídica dessa novidade: trata-se esse "comum acordo" de uma nova condição da ação[35], além da possibilidade jurídica do pedido, do interesse de agir e legitimidade *ad causam*? De um novo pressuposto processual para instauração do dissídio coletivo, de natureza econômica?

---

[35] Para uma corrente doutrinária moderna, as condições da ação atualmente consistem tão somente na legitimidade *ad causam* e no interesse de agir, já que a possibilidade jurídica do pedido foi retirada desse rol pelo próprio Liebman, que alterou seu entendimento preliminar, nas palavras de Luiz Guilherme Marinoni, para que: "pedido juridicamente impossível é aquele que não é viável, seja por estar expressamente proibido por uma norma, seja por estar obstaculizado pelo sistema jurídico. Como foi lembrado, Liebman deixou essa categoria de lado, ao escrever uma nova edição do seu *Manuale*, um pouco antes da aprovação do CPC de 1973. Liebman tomou esta posição quando se instituiu o divórcio na Itália, mediante a aprovação da Lei 898, de 1º de dezembro de 1970. Com a edição da nova lei não havia mais como dizer que o divórcio era juridicamente impossível, o que levou Liebman a abandonar a categoria da 'possibilidade jurídica do pedido', a qual, também no direito brasileiro, não tem muita razão de ser, pois o exemplo dado pela doutrina para exemplificá-la, isto é, o da cobrança de dívida de jogo, certamente poderia ser pensado como ausência de interesse de agir" (*Teoria geral do processo*. 3. ed. São Paulo: RT, 2008. p. 175-176).

24.5.3 O "comum acordo" (§ 2º do art. 114 da Constituição Federal)

Várias teses jurídicas passaram a examinar o tema, entre as quais encontramos as seguintes:

Há quem entenda que a Emenda Constitucional 45/2004 extinguiu o poder normativo dos tribunais[36], no sentido de privilegiar a negociação coletiva de trabalho.

Para outros, o poder normativo não foi extinto, mas apenas mitigado. Vale dizer, foi transformado em poder arbitral (arbitragem oficial do Estado por meio do Poder Judiciário).

Outra corrente entende que o poder normativo permanece incólume, já que temos vários tipos de dissídios coletivos, e não apenas o econômico, por exemplo, o dissídio coletivo de natureza jurídica; o de revisão, o originário, o de declaração (greve).

Outros defendem que o comum acordo é uma nova condição[37] da ação[38] ou pressuposto processual.

Outro entendimento é que o "comum acordo" é mera[39] repetição de texto legal, uma vez que também se encontra disposto no art. 11 da Lei de Greve (Lei 7.783/1989).

---

[36] "A novel redação do § 2º do art. 114, da CRFB/88, não derrogou a competência da Justiça do Trabalho para apreciar dissídios coletivos, apenas limitou sua abrangência às disposições mínimas legais de proteção ao trabalho, bem como às (cláusulas) convencionadas anteriormente" (TRT 14ª R., DC 02511.2008.000.14.00-5, Rel. Maria Cesarineide de Souza Lima, *DE* 22.12.2008).

[37] LEITE, Carlos Henrique Bezerra. *Curso de direito processual do trabalho*. 7. ed. São Paulo: LTr, 2009. p. 977. Para esse autor, a exigência do mútuo consentimento para o ajuizamento do dissídio coletivo de natureza econômica é uma condição da ação, pois a sua ausência implica ausência de interesse processual, na modalidade necessidade (CPC, arts. 3º e 267, VI). Em outras palavras, sem o mútuo consentimento das partes no dissídio coletivo de natureza econômica, não há necessidade de intervenção do Estado-juiz para prestar o serviço jurisdicional.

[38] "Dissídio coletivo. § 2º do art. 114 da Constituição da República. Exigibilidade da anuência prévia. Não demonstrado o comum acordo, exigido para o ajuizamento do dissídio coletivo, consoante a diretriz constitucional, evidencia-se a inviabilidade do exame do mérito da questão controvertida, por ausência de condição da ação, devendo-se extinguir o processo, sem resolução do mérito, à luz do art. 267, inciso VI, do CPC. Preliminar que se acolhe" (TST, DC 165.049/2005-000-00-00, SDC, Rel. Min. Carlos Alberto Reis de Paula, *DJU* 29.09.2006).

[39] "Dissídio coletivo. Comum acordo. Pressuposto processual. Não caracterização. Mera faculdade. A expressão 'comum acordo' contida no § 2º do art. 114 da CF não constitui pressuposto processual para o ajuizamento de dissídio coletivo, mas mera faculdade das partes. Interpretação diversa implicaria admitir que a intenção do legislador, ao elaborar a norma, foi a de induzir a categoria econômica interessada ao inevitável exercício do direito de greve, com a finalidade de forçar a concordância da categoria econômica com

Art. 11. Nos serviços ou atividades essenciais, os sindicatos, os empregadores e os trabalhadores ficam obrigados, de **comum acordo**, a garantir, durante a greve, a prestação de serviços indispensáveis ao atendimento das necessidades inadiáveis da comunidade.

Ainda há a posição de que o "comum acordo" é inconstitucional por afrontar o Princípio da Inafastabilidade[40] do Judiciário (art. 5º, inciso XXXV, da Constituição Federal).

Não obstante, a última decisão do TST é pela exigibilidade do comum acordo (TST, DC 165.049.2005-00000-0-SDC, Rel. Min. Carlos A. R. de Paula, *DJU* 29.09.2006).

Enfim, qual a posição doutrinária ou jurisprudencial que oferece a melhor solução para se enfrentar tão intrincada questão?

Não é preciso maior profundidade para concluir que a Emenda Constitucional 45/2004 criou um espaço político e jurídico para uma futura eliminação total do poder normativo, ao mesmo tempo em que perdeu uma excelente oportunidade de

---

o ajuizamento do dissídio, a fim de possibilitar a apreciação de suas reivindicações pelo Poder Judiciário. Tal conclusão, evidentemente, contraria a lógica do razoável e comezinhos princípios de Direito. Por outro lado, a interpretação da norma constitucional deve ter como diretriz os princípios da máxima efetividade e da força normativa da Constituição (CANOTILHO). Admitir a impossibilidade do ajuizamento do dissídio coletivo em razão de mero capricho de uma das partes implica, sem dúvida, negar vigência ao disposto no art. 8º, III, da CF, que assegura ao sindicato a defesa dos direitos e interesses coletivos da categoria, prerrogativa essa que não pode simplesmente ficar submetida ao puro arbítrio da parte contrária, como autêntica condição potestativa, sob pena de restar frustrada sua eficácia. Não bastasse isso, por se tratar de mero parágrafo, o disposto no aludido § 2º não pode restringir a aplicação da norma contida no *caput* e incisos do art. 114 da Carta Magna, os quais estabelecem a competência da Justiça do Trabalho para o julgamento de qualquer pretensão decorrente de um conflito de interesses de natureza econômica e social. Aliás, o próprio § 2º em comento reforça tal conclusão, quando assinala caber a esta Justiça Especializada decidir o conflito. Não se trata, pois, de mera arbitragem. Assim, a análise interpretativa do mencionado dispositivo constitucional revela que a expressão 'comum acordo' constitui mera faculdade das partes, não um pressuposto processual, sendo que a sua ausência não impede o ajuizamento de dissídio coletivo visando a composição de conflito de interesses entre as categorias profissional e econômica interessadas. Preliminar rejeitada" (TRT 15ª R., DC 2018-2005-000-15-00-7-(153/06), SDC, Rel. Juiz Fernando da Silva Borges, *DOESP* 1º.11.2006, p. 60).

[40] "Possibilidade de ajuizamento singular do dissídio coletivo. Inteligência do § 2º do art. 114 da Constituição Federal. O teor do § 2º do art. 114 da CR, introduzido pela Emenda Constitucional nº 45/2004, não impede o ajuizamento singular do dissídio coletivo, sendo certo que o mútuo consentimento para a propositura da referida ação é faculdade concedida pelo texto constitucional" (TRT 3ª R., DC 00817-2006-000-03-00-5, SEDI, Rel. Des. Marcio Flavio Salem Vidigal, *DJMG* 1º.12.2006).

se definir totalmente pela negociação coletiva de trabalho, sem sombra de dúvida, o melhor método de solução dos conflitos coletivos de trabalho.

Logo, tendo em vista que o legislador não utiliza palavras inúteis, uma interessante solução foi apresentada pelo juiz vice-corregedor do TRT da 3ª Região, Júlio Bernardo do Carmo[41], para quem, se o sindicato da categoria profissional for forte o suficiente, e tiver capacidade para se impor, poderá, devidamente autorizado pela assembleia geral dos trabalhadores da categoria profissional, promover a greve para forçar o sindicato patronal ou a empresa a sentar à mesa de negociação e entabular a negociação coletiva de trabalho.

Se o sindicato profissional for fraco e não tiver densidade suficiente para impor pressão por meio da greve, poderá instaurar o dissídio coletivo de natureza econômica no Tribunal, suscitando de forma incidental o suprimento judicial do "comum acordo", por meio de tutela específica, com fulcro no art. 497 do Código de Processo Civil de 2015, que trata das obrigações de fazer, bem como com fundamento em imposição de uma condição puramente potestativa[42] do empregador, proibida em nosso ordenamento jurídico, na denegação do aludido comum acordo.

Restaria, dessa forma, superado o óbice do "comum acordo" para que o Tribunal conhecesse do dissídio coletivo de natureza econômica.

No entanto, alterando nossa posição anterior[43], filiamo-nos à corrente que entende pelo cabimento da tese da inconstitucionalidade do "comum acordo", por supostamente afrontar o Princípio da Inafastabilidade do Judiciário (art. 5º, inciso XXXV, da CF/1988), pelo fato de que, no exercício do poder normativo, os tribunais do trabalho não aplicam o direito preexistente ao caso concreto, em típica atividade jurisdicional, mas, pelo contrário, agora "podem decidir o conflito" e estabelecer novas condições de trabalho e de remuneração para a categoria, respeitando-se os novos limites impostos pelo § 2º do art. 114 da CF/1988, quais sejam: as disposições legais mínimas e as convencionadas anteriores, no exercício de função legislativa atípica.

Em outras palavras, a afronta ao princípio do acesso ao Judiciário na exigência do "comum acordo" estaria consubstanciada no fato de o autor necessitar da "autorização do réu", para ter o direito de postular em juízo, o que, indubitavelmente, não faz qualquer sentido em sede de direito processual.

---

[41] CARMO, Julio Bernardo do. Do mútuo consenso como condição de procedibilidade do dissídio coletivo de natureza econômica. *Revista LTr*, São Paulo, ano 69, v. 1, p. 593, 2009.

[42] Código Civil: "Art. 122. São lícitas, em geral, todas as condições não contrárias à lei, à ordem pública ou aos bons costumes; entre as condições defesas se incluem as que privarem de todo efeito o negócio jurídico, ou o sujeitarem ao puro arbítrio de uma das partes".

[43] SANTOS, Enoque Ribeiro dos. Dissídio coletivo e Emenda Constitucional n. 45/2004. Considerações sobre as teses jurídicas da exigência do "comum acordo". *Revista Síntese Trabalhista*, Porto Alegre: Síntese, n. 199, p. 16, jan. 2006.

Ademais, uma análise mais acurada do tema nos leva à sua gênese, que se materializou com a queixa apresentada pela Central Única dos Trabalhadores (CUT) perante a OIT em face do Governo brasileiro, acusando-o de desrespeito à liberdade sindical, por ocasião da greve dos petroleiros, na qual vários dirigentes sindicais foram despedidos.

De acordo com Amauri Mascaro Nascimento[44], a queixa foi apreciada pelo Comitê de Liberdade Sindical da OIT que oficiou o Governo brasileiro com duas sugestões que foram, em linhas gerais, a reintegração dos dirigentes sindicais petroleiros despedidos na greve e a transformação do nosso sistema de solução dos conflitos coletivos com a adoção da arbitragem, quando solicitada pelas partes, e a manutenção do dissídio coletivo apenas nos casos de greve em atividades essenciais.

Ainda para esse doutrinador, para não rejeitar as sugestões da OIT, nosso país aprovou uma lei de anistia para beneficiar os dirigentes sindicais despedidos e que foram, com base nesta, reintegrados no emprego ou indenizados. Quanto ao sistema de solução dos conflitos, em atenção à proposta da OIT, diante da posição na ocasião defendida pela CUT, caminhou-se para a supressão do dissídio coletivo.

Foi, também, cogitada a hipótese de transformar o dissídio coletivo em arbitragem pelos Tribunais do Trabalho, solução que não teve aceitação. Prevaleceram a manutenção do dissídio coletivo econômico e a arbitragem (art. 114 da CF).

Amauri Mascaro Nascimento[45] também informa que a origem do problema deixa claro que a exigência do acordo para impulsionar mecanismos de solução do conflito referia-se à arbitragem, e não ao dissídio coletivo. No entanto, o projeto passou por modificações até resultar na Emenda Constitucional 45/2004.

Em face desse quadro, não remanesce qualquer dúvida de que a exigência do comum acordo aplica-se tão somente à arbitragem, quando as partes buscam a solução do conflito extrajudicialmente com a eleição de um árbitro, consoante a Lei 9.307/1996, e não à solução jurisdicional, por meio da sentença normativa, mesmo configurando essa última em função atípica do Poder Judiciário.

Portanto, podemos concluir este tópico afirmando que, se a Emenda Constitucional 45/2004 procurou criar um ambiente político e jurídico favorável para uma futura eliminação total do poder normativo da justiça do trabalho e emplacar definitivamente a negociação coletiva de trabalho no Brasil, perdemos uma oportunidade histórica de proclamar em definitivo a "maioridade" de nosso sistema de resolução dos conflitos coletivos de trabalho, de modo a alçar o Brasil

---

[44] NASCIMENTO, Amauri Mascaro. A questão do dissídio coletivo "de comum acordo". *Revista LTr*, São Paulo, v. 70, n. 6, p. 647, jun. 2006.
[45] Idem, ibidem, p. 651.

a condições de igualdade com os países mais avançados economicamente, nos quais a negociação coletiva de trabalho constitui o núcleo do sistema laboral, em conexão com o sistema privado de arbitragem.

Por meio desses instrumentos jurídicos – negociação coletiva de trabalho e arbitragem privada –, os próprios atores sociais, de forma democrática e pelo método da autocomposição, dirimem suas controvérsias e governam suas relações de trabalho.

É nosso entendimento que o poder normativo deva ser aperfeiçoado no sentido de se restringir à interpretação de normas e cláusulas dos instrumentos coletivos de trabalho e julgamento de lides eminentemente jurídicas, remetendo aos próprios atores sociais, por meio da negociação coletiva de trabalho, os conflitos de natureza econômica, envolvendo salários, condições de remuneração etc.

Entendemos que a exigência do "comum acordo" para a instauração do dissídio coletivo de natureza econômica se posta de forma totalmente colidente com o art. 5º, inciso XXXV, da Constituição Federal, configurando-se, dessarte, como requisito de índole flagrantemente inconstitucional, por condicionar o direito de ação constitucionalmente assegurado a todos ao livre alvedrio ou à autorização do réu, o que constitui fato inédito em qualquer ordenamento jurídico, o que somente seria aceitável tratando-se do instituto da arbitragem.

No entanto, o entendimento do Colendo Tribunal Superior do Trabalho e de virtualmente todos os Tribunais Regionais do Trabalho no Brasil, em relação ao comum acordo, recai pela sua absoluta necessidade, e, caso não superado por algumas das possibilidades acima enunciadas, provocará a extinção do processo coletivo, sem julgamento do mérito, por falta de um de seus pressupostos objetivos de regular continuidade do feito.

24.5.4 Limites do poder normativo pelos Tribunais do Trabalho

Cotejando o § 2º do art. 114 da Constituição Federal, que em sua parte final estabelece que "(...) é facultado às mesmas [partes], de comum acordo, ajuizar dissídio coletivo de natureza econômica, podendo a Justiça do Trabalho decidir o conflito, respeitadas as disposições mínimas legais de proteção ao trabalho, bem como as convencionadas anteriormente", com o art. 766 da CLT que dispõe que, "nos dissídios coletivos sobre estipulação de salários serão estabelecidas condições que, assegurando justos salários aos trabalhadores, permitam também justa retribuição às empresas interessadas", encontramos os limites mínimo e máximo da atuação do poder normativo exercido pelos Tribunais do Trabalho, já que a Constituição Federal deixa bem claro que esse poder é atribuído aos Tribunais, e não aos juízes monocráticos.

24.5.4.1 Limite mínimo

Para Raimundo Simão de Melo[46],

> (...) quanto a esse limite mínimo maior dúvida não existe em razão da cristalina dicção constitucional que determina ao tribunal a observância e a manutenção das condições legais e convencionais mínimas de proteção ao trabalhador, pelo que as cláusulas do instrumento normativo anterior negociado deverão ser integralmente mantidas, só podendo ser alteradas ou extintas por meio da autonomia privada negocial. Ou seja, somente as partes, mediante acordo coletivo ou convenção coletiva de trabalho podem alterar condições de trabalho estabelecidas noutro instrumento negociado.

E acrescenta:

> (...) com efeito, essa obrigatoriedade imposta ao Poder Judiciário Trabalhista somente existe em relação ao primeiro Dissídio Coletivo posterior a uma convenção ou acordo coletivo de trabalho expirado sem uma nova negociação, porquanto, mantida uma determinada cláusula convencional por sentença normativa, no ano seguinte, se não houver negociação coletiva, o Tribunal está livre para julgar o pedido como entender mais adequado, pois não existiu convenção coletiva anterior, mas uma sentença normativa[47].

João Carlos de Araújo[48] também se posiciona no sentido de que "a sentença coletiva não terá eficácia se, por exemplo, estabelecer condição inferior à legal, ou convencional. Destarte, ela não poderá reduzir direitos trabalhistas já anteriormente conquistados pela categoria em convenção ou acordo coletivo".

Uma vez que somos do entendimento de que as cláusulas inseridas em um acordo ou convenção coletiva incluída nos contratos individuais, tanto as cláusulas normativas como as obrigações (que obrigarão as partes convenentes), com base na teoria da ultratividade[49], produzirão efeitos até que outro instrumento normativo as altere, modifique, ou revogue, não podendo, pura e simplesmente, ser retiradas[50] ou eliminadas na data de seu vencimento.

---

[46] MELO, Raimundo Simão de. *Processo coletivo de trabalho*. São Paulo: LTr, 2009. p. 60.
[47] Idem, ibidem, p. 61.
[48] ARAÚJO, João Carlos de. *Ação coletiva do trabalho*. São Paulo: LTr, 1993. p. 13.
[49] A Lei 13.467/2017 afastou a aplicabilidade da ultra-atividade nos instrumentos coletivos, de acordo com o art. 614, "§ 3º Não será permitido estipular duração de Convenção Coletiva ou Acordo Coletivo de trabalho superior a 2 (dois) anos, sendo vedada a ultra-atividade". Não obstante, entendemos que este parágrafo é inconstitucional, pois colide com a parte final do § 2º do art. 114 da Constituição Federal de 1988, no texto que dispõe "respeitadas as disposições mínimas legais de proteção ao trabalho, bem como as convencionadas anteriormente".
[50] "Ultra-atividade de normas coletivas. 'As cláusulas normativas, ou seja, aquelas relativas às condições de trabalho, constantes dos instrumentos decorrentes da autocomposição (Acordo

Portanto, em revisão promovida pelo Colendo Tribunal Superior do Trabalho, alterou-se a Orientação Jurisprudencial 05, da SDC, cuja redação passou a ser a seguinte:

> OJ nº 5. Dissídio coletivo. Pessoa jurídica de direito público. Possibilidade jurídica. Cláusula de natureza social. (Redação alterada na sessão do Tribunal Pleno realizada em 14.09.2012.)
>
> Em face de pessoa jurídica de direito público que mantenha empregados, cabe dissídio coletivo exclusivamente para apreciação de cláusulas de natureza social. Inteligência da Convenção nº 151 da Organização Internacional do Trabalho, ratificada pelo Decreto Legislativo nº 206/2010.

De forma semelhante, a Súmula 277 do Tribunal Superior do Trabalho passou a ter a seguinte redação:

> Súmula nº 277 – Convenção coletiva de trabalho ou acordo coletivo de trabalho. Eficácia. Ultratividade. (Redação Alterada na Sessão do Tribunal Pleno realizada em 14.09.2012.)
>
> As cláusulas normativas dos acordos coletivos ou convenções coletivas integram os contratos individuais de trabalho e somente poderão ser modificadas ou suprimidas mediante negociação coletiva de trabalho. (Redação dada pela Resolução TST nº 185, de 14.09.2012, *DJe* TST de 26.09.2012, rep. *DJe* TST de 27.09.2012 e *DJe* TST de 28.09.2012).

Daí emerge a necessidade de, nas datas-base, a cada ano, ou no máximo a cada dois anos, para cumprir o dispositivo legal[51], os atores sociais promoverem a negociação coletiva e firmarem novo acordo ou convenção para regular as condições de trabalho e remuneração, até mesmo considerando a volatilidade das condições econômicas em um mundo globalizado.

Não obstante, em 14.10.2016, o Ministro Gilmar Mendes, do STF, concedeu medida liminar para suspender todos os processos e efeitos de decisões no âmbito

---

Coletivo de Trabalho e Convenção Coletiva de Trabalho) gozam do efeito ultra-ativo [sic], em face do quanto dispõe o art. 114, § 2º, da Constituição Federal de 1988, incorporando-se aos contratos individuais de trabalho, até que venham a ser modificadas ou excluídas por outro instrumento da mesma natureza' (Resolução Administrativa nº 19/2002, Publicada no Diário Oficial do TRT da 5ª Região, edições de 03, 04 e 05.06.2002)" (TRT 5ª R., Proc. 00487-2004-291-05-00-3-(13.615/05), 1ª T., Rel. Juiz Valtércio de Oliveira, j. 30.06.2005).

51 "Acordo coletivo de trabalho. Prorrogação. Validade. Vigência. Prazo indeterminado. 1. A teor do art. 614, § 3º, da CLT, é de 2 (dois) anos o prazo máximo de vigência dos acordos e das convenções coletivas de trabalho. 2. Inválido, naquilo que ultrapassa referido limite legal, termo aditivo que, por prazo indeterminado, prorroga a vigência do instrumento coletivo originário. 3. Embargos conhecidos e não providos" (TST, E-RR 478.542/98.9, SBDI-1, Rel. Min. João Oreste Dalazen, *DJU* 07.02.2003, p. 526).

da Justiça do Trabalho que discutem a aplicação da ultra-atividade de normas de acordos e convenções coletivos. A decisão a ser referendada pelo Plenário do STF foi proferida na Arguição de Descumprimento de Preceito Fundamental (ADPF 323), ajuizada pela Confederação Nacional dos Estabelecimentos de Ensino questionando a Súmula 277 do TST.

24.5.4.2 Limite máximo

No tocante ao limite máximo, até o momento ainda não existe uma pacificação na doutrina e na jurisprudência. Alguns doutrinadores entendem que, em face do texto constitucional (art. 114, § 2º), não há mais qualquer limite para a atuação normativa, dado que os tribunais poderão decidir com base nos princípios da conveniência e oportunidade, ou seja, de forma discricionária.

Outros entendem, entretanto, que a Justiça do Trabalho pode tão somente no exercício do poder normativo atuar no vazio da lei[52], desde que não se sobreponha ou contrarie a legislação em vigor, sendo-lhe vedado estabelecer normas ou condições proibidas pela Constituição ou dispor sobre matéria cuja disciplina esteja reservada constitucionalmente ao domínio da lei formal[53].

Com base nessas decisões, pode-se dizer que a Justiça do Trabalho, na atuação normativa nos Dissídios Coletivos de natureza econômica, pode criar direitos e obrigações para as partes envolvidas, desde que atue na lacuna da lei. Em outras palavras, os Tribunais do Trabalho somente poderão atuar no vazio da lei, e ainda desde que essa criação normativa não venha a se sobrepor ou contrariar a legislação em vigor, sendo-lhe vedado estabelecer normas ou condições proibidas pela Constituição ou ainda dispor sobre matéria cuja disciplina esteja reservada pela Constituição ao domínio da lei formal.

Dessa forma, o poder normativo trabalhista, no entendimento do STF, somente será cabível:

- No vazio da lei;
- Quando não contrarie ou se sobreponha à lei vigente;
- Desde que as condições não estejam vedadas pela Constituição Federal; e

---

[52] "Poder normativo da Justiça do Trabalho. Limites. O poder normativo da Justiça do Trabalho encontra aplicação no vazio da Lei. Não se presta para a criação de normas mais benéficas do que aquelas que já se encontram no ordenamento jurídico. Também não se pode pretender que, através de sentença normativa, sejam criadas condições de trabalho alcançáveis apenas por meio de livre negociação entre as categorias econômica e profissional. Dissídio coletivo em que se rejeitam os pedidos formulados pelo suscitante" (TRT 9ª R., ACO 16015-2006-909-09-00-5, Rel. Des. Benedito Xavier da Silva, j. 07.12.2009).

[53] MELO, Raimundo Simão de. *Processo coletivo do trabalho*. São Paulo: LTr, 2009. p. 62.

– Desde que a matéria tratada não esteja reservada à lei pela Constituição Federal[54].

Cremos, porém que, com o advento da Lei 13.467/2017, o limite da negociação coletiva de trabalho foi estabelecido pela delimitação imposta no art. 611-B, que pontuou, de forma exemplificativa, os direitos trabalhistas que não podem ser negociados coletivamente, pois constituem normas de indisponibilidade absoluta, embora a norma aponte o termo "exclusivamente".

Além disso, o art. 8º da CLT, de acordo com a Lei 13.467/2017, apresentou o novel § 3º, que assim se expressa:

> No exame de convenção coletiva ou acordo coletivo de trabalho, a Justiça do Trabalho analisará exclusivamente a conformidade dos elementos essenciais do negócio jurídico, respeitado o disposto no art. 104 da Lei nº 10.406, de 10 de janeiro de 2002 – Código Civil, e balizará sua atuação pelo princípio da intervenção mínima na autonomia da vontade coletiva.
>
> Art. 104/CC. A validade do negócio jurídico requer: I – agente capaz; II – objeto lícito, possível, determinado ou determinável; III – forma prescrita ou não defesa em lei.

Portanto, além de impor limites ao Poder Judiciário de rever os termos dos instrumentos coletivos, o legislador flexibilizou de maneira ampla o objeto da negociação coletiva de trabalho, invertendo a hierarquia das normas, de acordo com a teoria de Hans Kelsen, ao mesmo tempo em que não deu guarida ao DNA (núcleo fundamental) do direito material, ou seja, o princípio protetor[55] e sua tríplice vertente (subprincípios da norma mais favorável, da condição mais benéfica e do *in dubio pro operario*).

O art. 611-A ainda apresentou a novidade jurídica das ações de nulidade de acordo ou convenção coletiva, nos §§ 4º e 5º, como segue:

> § 4º Na hipótese de procedência de ação anulatória de cláusula de convenção coletiva ou de acordo coletivo de trabalho, quando houver a cláusula compensatória, esta deverá ser igualmente anulada, sem repetição do indébito.

---

[54] MELO, Raimundo Simão de. *Processo coletivo do trabalho*. São Paulo: LTr, 2009. p. 62.
[55] O Brasil seguiu o modelo português, que, no Código do Trabalho de 2003, afastou o princípio do *favor laboratoris*, e, no Código do Trabalho de 2009, não apenas manteve este afastamento como também limitou o espaço da negociação coletiva, criando um artigo (art. 3º, n. 01, do CT Português, o qual preceitua: "As normas legais reguladoras de contrato de trabalho podem ser afastadas por instrumento de regulamentação colectiva de trabalho, salvo quando delas resultar o contrário") com os direitos que não poderão ser objeto, *in pejus*, da negociação coletiva de trabalho. Em outras palavras, os nossos arts. 611-A e 611-B, que limitam a negociação coletiva, foram reproduzidos do Código de Trabalho Português de 2009.

§ 5º Os sindicatos subscritores de convenção coletiva ou de acordo coletivo de trabalho participarão, como litisconsortes necessários, em ação coletiva, que tenha como objeto a anulação de cláusulas desses instrumentos.

De acordo com o art. 83, IV[56], da LC 75/93, a competência para processar e julgar as ações anulatórias de cláusulas ou de acordo ou convenção coletiva ajuizadas pelo Ministério Público do Trabalho é do Tribunal Regional do Trabalho da área do conflito coletivo se tal lesão não extrapolar a área geográfica de um único Estado e do Colendo Tribunal Superior do Trabalho, se o conflito ultrapassar a área geográfica de mais de um Estado. Nesses casos, por se tratar de ação coletiva ou molecular, tão somente os legitimados (art. 5º da Lei 7.347/85 e art. 82 da Lei 8.078) terão legitimidade para ajuizá-las, já que produzirão efeitos *erga omnes* e ultrapartes.

No entanto, nada impede que uma empresa que se sinta prejudicada pelo acordo possa ajuizar uma ação individual de nulidade de cláusula ou de acordo, que produzirá efeitos interpartes e *erga omnes*, não produzindo efeitos em relação a terceiros.

24.5.5 O papel do Ministério Público do Trabalho nos dissídios coletivos

De acordo com os arts. 127 e 129 da Constituição Federal de 1988, é absolutamente imprescindível a participação do Ministério Público do Trabalho, seja como fiscal da lei ou órgão interveniente, nos dissídios coletivos, uma vez que esse órgão tem como missão constitucional a defesa da ordem jurídica, do regime democrático e dos interesses sociais e individuais indisponíveis, devendo, neste exercício, promover todas as medidas legais cabíveis.

Por seu turno, a Lei Complementar 75/1993, em seu art. 83, IX, dispõe que é competência do Ministério Público do Trabalho promover ou participar da instrução e conciliação em dissídios decorrente da paralisação de serviços de qualquer natureza, oficiando obrigatoriamente nos processos, manifestando sua concordância ou discordância, em eventuais acordos firmados antes da homologação, resguardado o direito de recorrer em caso de violação à lei e à Constituição Federal.

Essas novas atribuições do Ministério Público do Trabalho foram promovidas pela Constituição Federal de 1988, que virtualmente reconfigurou as atribuições desse órgão, dotando-lhe de poderes e de instrumentos jurídicos para a defesa dos trabalhadores, e criando a Advocacia-Geral da União[57] para desenvolver as

---

[56] "IV – propor as ações cabíveis para declaração de nulidade de cláusula de contrato, acordo coletivo ou convenção coletiva que viole as liberdades individuais ou coletivas ou os direitos individuais indisponíveis dos trabalhadores;"

[57] CF/1988: "Art. 131. A Advocacia-Geral da União é a instituição que, diretamente ou através de órgão vinculado, representa a União, judicial e extrajudicialmente, cabendo-lhe, nos termos da lei complementar que dispuser sobre sua organização e funcionamento, as atividades de consultoria e assessoramento jurídico do Poder Executivo".

atividades de consultoria jurídica e assessoria a órgãos públicos que anteriormente cabiam ao Ministério Público da União.

O modelo atual brasileiro do Ministério Público do Trabalho, em linhas gerais, teve como inspiração o modelo norte-americano do National Labour Relations Board (NLRB), órgão administrativo que exerce a função de fiscal da lei e órgão agente, especialmente em sede de direito coletivo e combate a atos antissindicais, por meio de juízes administrativos (*administrative law judges*) e promotores públicos, que atuam na defesa do direito coletivo, o primeiro encarregado sobretudo de prolatar sentenças coletivas na área trabalhista, até certo ponto semelhantes ao nosso Termo de Ajustamento de Conduta[58], uma vez que este possui a natureza jurídica de título executivo, e os segundos no ajuizamento e acompanhamento de causas coletivas, especialmente as ações civis públicas e outros instrumentos processuais nos Tribunais americanos.

Ao remodelar as atribuições do Ministério Público do Trabalho no Brasil, como órgão do Ministério Público da União (arts. 127 a 129 da CF/1988), o constituinte brasileiro atribuiu a uma só pessoa, ou seja, ao membro do Ministério Público do Trabalho[59], as duas funções, exercidas pelas contrapartes americanas. Em outras palavras, o membro do Ministério Público do Trabalho brasileiro age como juiz administrativo ao celebrar um Termo de Ajustamento de Conduta (art. 5º, § 6º, Lei 7.347/1985), dado que esta tem natureza jurídica de título executivo extrajudicial, e, da mesma forma que a sentença judicial (título executivo judicial), se não cumprida, será executada[60] no Poder Judiciário Trabalhista e age como advogado da sociedade, especialmente do trabalhador, ao manejar os vários instrumentos jurídicos processuais postos à sua disposição pelo legislador constitucional e infraconstitucional (ação civil pública, ação civil coletiva, ação de improbidade, ação rescisória, liminares, cautelares de toda ordem etc.).

Voltando ao tema, cabe ao Ministério Público do Trabalho atuar obrigatoriamente nos dissídios coletivos como *custos legis* e, como parte, instaurar dissídios

---

[58] "§ 6º Os órgãos públicos legitimados poderão tomar dos interessados compromisso de ajustamento de sua conduta às exigências legais, mediante cominações, que terá eficácia de título executivo extrajudicial" (Lei 7.347/1985, art. 5º).

[59] Nesse particular, em apertada síntese, poderíamos analogicamente visualizar o Ministério Público do Trabalho, por meio de suas Procuradorias nos Municípios, atuando como uma espécie de Vara Coletiva do Trabalho, porém agindo administrativamente na condução dos inquéritos civis, tentando pacificar o conflito coletivo por meio da celebração de um Termo de Ajustamento de Conduta (TAC) com as empresas inquiridas, cujo instrumento possui a natureza jurídica de título executivo extrajudicial.

[60] Com base no princípio da autoexecutoriedade, o MPT pode determinar, se não cumprida alguma obrigação estabelecida no TAC, que o empregador reverta o valor da multa para o FAT, outros fundos de direitos difusos, ou para entidades filantrópicas sem fins lucrativos.

coletivos de greve de qualquer natureza, de acordo com os arts. 856[61] da CLT, e 8º[62] da Lei 7.783/1989, e incisos VIII[63] e IX do art. 83 da LC 75/1993) e revisional (arts. 874[64] e 875 da CLT).

Ao atuar como fiscal da lei, o Ministério Público do Trabalho deve participar da conciliação e instrução, emitindo manifestação e mesmo recorrendo nos casos em que houver violação da lei ou da Constituição Federal.

Pode se valer, como dito, de todos os instrumentos jurídicos de tutela coletiva e individual, colocados à disposição dos operadores do direito, bem como promover, *ex officio*, a instauração de procedimentos de investigação para apurar irregularidades ou ilegalidades na área trabalhista.

Importante notar que o *Parquet* Trabalhista, na seara do Dissídio Coletivo, pode atuar nas seguintes áreas, entre outras: instauração de dissídio coletivo de greve, em qualquer tipo de atividade, e não apenas em atividade especial, interditos proibitórios, atos antissindicais perpetrados por empregadores etc.

Raimundo Simão de Melo[65], nesse particular, assenta que

> (...) não é somente mediante uma ação de dissídio coletivo que o Ministério Público do Trabalho pode atuar na solução de conflitos coletivos de trabalho. No caso de greve com possibilidade de prejuízo para o interesse público, ele pode instaurar um procedimento administrativo o inquérito civil e convocar as partes para prestarem esclarecimentos sobre o atendimento das necessidades inadiáveis da comunidade, oferecendo, ao mesmo tempo, mediação quanto à solução do conflito trabalhista e sobre o cumprimento das atividades inadiáveis da sociedade.

---

[61] "Art. 856. A instância será instaurada mediante representação escrita ao presidente do Tribunal. Poderá ser também instaurada por iniciativa do presidente, ou, ainda, a requerimento da Procuradoria da Justiça do Trabalho, sempre que ocorrer suspensão do trabalho."

[62] "Art. 8º A Justiça do Trabalho, por iniciativa de qualquer das partes ou do Ministério Público do Trabalho, decidirá sobre a procedência, total ou parcial, ou improcedência das reivindicações, cumprindo ao Tribunal publicar, de imediato, o competente acórdão."

[63] "VIII – instaurar instância em caso de greve, quando a defesa da ordem jurídica ou o interesse público assim o exigir; IX – promover ou participar da instrução e conciliação em dissídios decorrentes da paralisação de serviços de qualquer natureza, oficiando obrigatoriamente nos processos, manifestando sua concordância ou discordância, em eventuais acordos firmados antes da homologação, resguardado o direito de recorrer em caso de violação à lei e à Constituição Federal."

[64] "Art. 874. A revisão poderá ser promovida por iniciativa do Tribunal prolator, da Procuradoria da Justiça do Trabalho, das associações sindicais ou de empregador ou empregadores interessados no cumprimento da decisão. Parágrafo único. Quando a revisão for promovida por iniciativa do Tribunal prolator ou da Procuradoria, as associações sindicais e o empregador ou empregadores interessados serão ouvidos no prazo de trinta dias. Quando promovida por uma das partes interessadas, serão as outras ouvidas também por igual prazo. Art. 875. A revisão será julgada pelo tribunal que tiver proferido a decisão, depois de ouvida a Procuradoria da Justiça do Trabalho."

[65] MELO, Raimundo Simão de. *Processo coletivo do trabalho*. São Paulo: LTr, 2009. p. 134.

Por meio de uma atuação informal e administrativa, o Ministério Público do Trabalho[66] poderá pacificar conflitos coletivos, no atacado, de forma molecular, uma vez que, se necessário, suas audiências são designadas não apenas pelo correio, como de forma pessoal, por meio de servidores, em prazos céleres, e que possibilita a efetividade na distribuição de sua função jurisdicional, atendendo aos interesses da sociedade, dos trabalhadores e empresas.

Atuando como fiscal da lei, o Ministério Público emite parecer, obrigatoriamente, após a manifestação das partes, o que pode ocorrer na própria audiência de conciliação, por escrito, no prazo de oito dias, ou na sessão de julgamento (Leis 5.584/1970[67] e 7.701/1988[68]). Entre outras funções, o *Parquet* Trabalhista ainda pode atuar como árbitro, mas, nesse caso, desde que provocado pelas partes (LC 75/1993, art. 83, XI).

24.5.5.1 Dissídio coletivo ajuizado pelo Ministério Público do Trabalho

A Lei 7.783 de 1989, em seu art. 8º, estabelece que "a Justiça do Trabalho, por iniciativa de qualquer das partes ou do Ministério Público do Trabalho, decidirá sobre a procedência, total ou parcial, ou improcedências das reivindicações".

---

[66] Oportuno salientar que o público-alvo das Varas do Trabalho são os empregados, que ali comparecem com suas reclamações individuais, acompanhados ou não (art. 793 da CLT) de advogados perseguindo seus direitos, geralmente envolvendo obrigações de dar (pecuniárias), decorrentes do não cumprimento de pagamento de salários, horas extras, encargos etc. Apenas episodicamente, as Varas do Trabalho recebem peças de ações moleculares, do tipo ações civis públicas, já que a competência originária dos dissídios coletivos e da ação anulatória é dos Tribunais do Trabalho ou mesmo do Tribunal Superior do Trabalho. Já o público-alvo do *Parquet* Laboral são as empresas (empregadores), pessoas jurídicas, inclusive os órgãos do Estado, sem personalidade jurídica, que comparecem às audiências nas Procuradorias do Trabalho para prestar esclarecimentos e eventualmente discutir a celebração de Termos de Ajustamento de Conduta (TAC), envolvendo obrigações de maior dignidade jurídica, geralmente obrigações de fazer ou não fazer, relacionadas à vida, à saúde, à intimidade dos trabalhadores, após o recebimento de denúncias, pedidos de providências, ofícios de autoridades a até mesmo denúncias sigilosas e anônimas (mesmo vedadas pela Constituição Federal, em face do princípio da obrigatoriedade, o membro do Ministério Público do Trabalho deverá verificar sua pertinência).

[67] "Art. 5º Para exarar parecer, terá o órgão do Ministério Público da União, junto à Justiça do Trabalho, o prazo de 8 (oito) dias, contados da data em que lhe for distribuído o processo. Art. 6º Será de 8 (oito) dias o prazo para interpor e contra-arrazoar qualquer recurso (CLT, artigo 893)."

[68] "§ 4º Publicado o acórdão, quando as partes serão consideradas intimadas, seguir-se-á o procedimento recursal como previsto em lei, com a intimação pessoal do Ministério Público, por qualquer dos seus procuradores. § 5º Formalizado o acordo pelas partes e homologado pelo Tribunal, não caberá qualquer recurso, salvo por parte do Ministério Público" (art. 7º).

A Constituição Federal de 1988, em seu art. 114, § 2º, com a nova redação que lhe foi dada pela Emenda Constitucional 45/2004, diz que, "recusando-se qualquer das partes à negociação coletiva ou à arbitragem, é facultado às mesmas, de comum acordo, ajuizar dissídio coletivo de natureza econômica, podendo a Justiça do Trabalho decidir o conflito (...)".

E no § 3º, art. 114, da Constituição Federal dispõe:

> § 3º Em caso de greve em atividade essencial, com possibilidade de lesão do interesse público, o Ministério Público do Trabalho poderá ajuizar dissídio coletivo, competindo à Justiça do Trabalho decidir o conflito.

Com fulcro nessa normatividade constitucional e infraconstitucional, o Ministério Público do Trabalho tem legitimidade para ajuizar dissídio coletivo de greve, de modo a atender aos direitos fundamentais da sociedade não apenas nas áreas consideradas essenciais[69], como em outras áreas, sempre que entender cabível e necessária a sua intervenção para a pacificação do conflito.

Entre os pedidos do dissídio coletivo de greve poderemos encontrar os de obrigação de não fazer e obrigações de fazer, com estipulação de *astreintes* para os casos de recalcitrância no cumprimento das obrigações. É pertinente requerer o julgamento do movimento grevista em relação à abusividade[70] ou não, o retorno dos trabalhadores à suas funções ou pelo menos a manutenção de uma parcela deles no atendimento dos serviços inadiáveis e essenciais à comunidade.

Antes de promover o ajuizamento do dissídio coletivo de greve, o Ministério Público geralmente promove uma audiência entre as partes, no sentido de tentar

---

[69] Lei 7.783/1989: "Art. 10. São considerados serviços ou atividades essenciais: I – tratamento e abastecimento de água; produção e distribuição de energia elétrica, gás e combustíveis; II – assistência médica e hospitalar; III – distribuição e comercialização de medicamentos e alimentos; IV – funerários; V – transporte coletivo; VI – captação e tratamento de esgoto e lixo; VII – telecomunicações; VIII – guarda, uso e controle de substâncias radioativas, equipamentos e materiais nucleares; IX – processamento de dados ligados a serviços essenciais; X – controle de tráfego aéreo e navegação aérea; XI – compensação bancária; XII – atividades médico-periciais relacionadas com o regime geral de previdência social e a assistência social; XIII – atividades médico-periciais relacionadas com a caracterização do impedimento físico, mental, intelectual ou sensorial da pessoa com deficiência, por meio da integração de equipes multiprofissionais e interdisciplinares, para fins de reconhecimento de direitos previstos em lei, em especial na Lei nº 13.146, de 6 de julho de 2015 (Estatuto da Pessoa com Deficiência); e XIV – outras prestações médico-periciais da carreira de Perito Médico Federal indispensáveis ao atendimento das necessidades inadiáveis da comunidade."

[70] OJ nº 38. SDC TST. "Greve. Serviços essenciais. Garantia das necessidades inadiáveis da população usuária. Fator determinante da qualificação jurídica do movimento. Inserida em 07.12.1998. É abusiva a greve que se realiza em setores que a lei define como sendo essenciais à comunidade, se não é assegurado o atendimento básico das necessidades inadiáveis dos usuários do serviço, na forma prevista na Lei nº 7.783/89."

pacificar o conflito por intermédio de um acordo ou celebração de Termo de Ajuste de Conduta, não obstante, em face da gravidade da situação, essa etapa possa ser eliminada, para fins de celeridade, diante de evidências de remotas chances de pacificação administrativa da controvérsia.

24.5.6 Sentença normativa

Superadas as etapas preliminares estabelecidas pelo art. 862 da CLT, ou seja, a designação de audiência e tentativa de acordo[71] e conciliação infrutíferos, o processo será submetido a julgamento, depois da manifestação do Ministério Público do Trabalho (art. 864 da CLT), com a prolação da chamada sentença normativa.

Assim que proferida a sentença normativa, ela deverá ser publicada no prazo de 15 dias, e, a partir dessa data, as partes interessadas poderão requerer o seu cumprimento com fulcro no acórdão de inteiro teor ou na certidão do julgado, consoante o art. 7º, § 6º[72], da Lei 7.701/1988 e art. 12, § 2º[73], da Lei 10.192/2001.

O julgamento do dissídio coletivo ocorre com o exame cláusula por cláusula[74]. O órgão julgador poderá suspender o julgamento se verificar a existência de eventuais irregularidades, assinalando prazo para as partes tomarem as providências necessárias.

---

[71] Mesmo com a ocorrência e em curso o dissídio coletivo, pode haver acordo entre as partes, nos autos, ou mesmo por meio de um procedimento de mediação no Ministério Público do Trabalho. No primeiro caso, ocorrendo acordo nos autos, o Tribunal geralmente homologa-o, embora haja entendimento de que essa homologação seja dispensável, consoante o art. 614 da CLT, que dispõe que para adquirir validade basta o depósito de uma via no Ministério do Trabalho e Emprego. De outra parte, havendo acordo extrajudicial em procedimento de mediação no Ministério Público do Trabalho ou ainda diretamente entre os atores sociais, nada mais é necessário do que o pedido de arquivamento do processo de dissídio coletivo por perda de objeto e o mencionado depósito no órgão do Ministério do Trabalho e Emprego. Vejamos a redação da OJ 34 da SDC do Colendo TST: "Acordo extrajudicial. Homologação. Justiça do Trabalho. Prescindibilidade. Inserida em 07.12.1998. É desnecessária a homologação, por Tribunal Trabalhista, do acordo extrajudicialmente celebrado, sendo suficiente, para que surta efeitos, sua formalização perante o Ministério do Trabalho (art. 614 da CLT e art. 7º, inciso XXXV, da Constituição Federal)". Dessa forma, homologado o acordo nos autos do dissídio coletivo, não caberá qualquer recurso pelas partes, ressalvada a faculdade atribuída ao Ministério Público do Trabalho, para eventualmente impugnar a homologação quanto às cláusulas atentatórias da ordem jurídica, consoante dispõe o art. 7º, § 5º, da Lei 7.701/1988.

[72] "§ 6º A sentença normativa poderá ser objeto de ação de cumprimento a partir do 20º (vigésimo) dia subsequente ao do julgamento, fundada no acórdão ou na certidão de julgamento, salvo se concedido efeito suspensivo pelo Presidente do Tribunal Superior do Trabalho."

[73] "§ 2º A sentença normativa deverá ser publicada no prazo de quinze dias da decisão do Tribunal."

[74] OJ nº 32 SDC do TST. "Reivindicações da categoria. Fundamentação das cláusulas. Necessidade. Aplicação do Precedente Normativo nº 37 do TST. Inserida em 19.08.1998. É pressuposto indispensável à constituição válida e regular da ação coletiva a apresentação

A Lei 10.192/2001, que regula o julgamento dos dissídios coletivos nos Tribunais, assim dispõe:

> Art. 12. No ajuizamento do dissídio coletivo, as partes deverão apresentar, fundamentadamente, suas propostas finais, que serão objeto de conciliação ou deliberação do Tribunal, na sentença normativa.
> § 1º A decisão que puser fim ao dissídio será fundamentada, sob pena de nulidade, deverá traduzir, em seu conjunto, a justa composição do conflito de interesse das partes, e guardar adequação com o interesse da coletividade.
> § 2º A sentença normativa deverá ser publicada no prazo de quinze dias da decisão do Tribunal.
> Art. 13. No acordo ou convenção e no dissídio, coletivos, é vedada a estipulação ou fixação de cláusula de reajuste ou correção salarial automática vinculada a índice de preços.
> § 1º Nas revisões salariais na data-base anual, serão deduzidas as antecipações concedidas no período anterior à revisão.
> § 2º Qualquer concessão de aumento salarial a título de produtividade deverá estar amparada em indicadores objetivos.
> Art. 14. O recurso interposto de decisão normativa da Justiça do Trabalho terá efeito suspensivo, na medida e extensão conferidas em despacho do Presidente do Tribunal Superior do Trabalho.

De acordo com Eduardo Gabriel Saad[75],

> (...) sentença normativa é o ato-regra por conter normas gerais, impessoal e abstrato, (...) tem o espírito de lei e corpo de sentença e, em nosso ordenamento jurídico, ainda é fonte de direitos e obrigações. Para empregados e empregadores de uma dada base territorial, vinculados à idêntica atividade econômica, tem a sentença normativa força de lei.

A sentença normativa, como dito alhures, constitui atividade anômala, atípica, ou seja, atividade legislativa dos Tribunais do Trabalho, uma vez que na espécie não acontece a subsunção do fato à norma, nem a utilização do direito preexistente ou do direito posto pelos julgadores, como ocorre na atividade jurisdicional propriamente dita. São utilizadas as peças acostadas aos autos (petição inicial, contestação, réplicas, manifestação do Ministério Público do Trabalho e todos os documentos juntados, bem como eventuais estudos desenvolvidos por especialistas).

Enquanto os acordos e convenções coletivas de trabalho, fruto da autonomia privada coletiva dos atores sociais coletivos, têm prazo de dois anos[76], a sentença

---

em forma clausulada e fundamentada das reivindicações da categoria, conforme orientação do item VI, letra 'e', da Instrução Normativa nº 4/93."
[75] SAAD, Eduardo Gabriel. *Consolidação das leis do trabalho comentada*. 38. ed. São Paulo: LTr, 2005. p. 748.
[76] "Art. 614 da CLT. (...) § 3º Não será permitido estipular duração de Convenção Coletiva ou Acordo Coletivo de trabalho superior a 2 (dois) anos, sendo vedada a ultra-atividade."

normativa tem prazo de quatro anos[77], de acordo com a CLT, dado que não existe hierarquia entre esses instrumentos jurídicos, embora provindos de fontes diferentes, os primeiros da autocomposição entre as partes e o segundo de um órgão heterônomo estatal.

Esses instrumentos normativos conterão cláusulas normativas e cláusulas obrigacionais. As primeiras serão inseridas automaticamente nos contratos individuais de trabalho e vão regular as condições de trabalho e de remuneração, geralmente, pelos próximos doze meses, ou até a nova data-base da categoria. As segundas, as cláusulas obrigacionais, como o próprio nome diz, obrigarão apenas as partes ou sindicatos convenentes, e entre elas encontramos a cláusula de paz social, de solidariedade, bem como a cláusula compromissória, estabelecida na Lei 9.307/1996 (Lei da Arbitragem).

O dissídio coletivo de trabalho é uma ação coletiva e a sentença normativa[78] dela proveniente produzirá efeitos *erga omnes*, ou seja, beneficiará ou prejudicará todos os membros da categoria profissional ou econômica representadas, independentemente de serem ou não filiados ou associados aos sindicatos signatários[79].

Em caso de descumprimento das cláusulas avençadas nesses instrumentos normativos, o trabalhador prejudicado em seus direitos, ou o sindicato da categoria profissional, poderá ajuizar ação de cumprimento nas Varas do Trabalho, de acordo com o art. 872[80] da CLT, cujo tema será examinado nas próximas páginas.

---

[77] "Art. 868. Em caso de dissídio coletivo que tenha por motivo novas condições de trabalho, e no qual figure como parte apenas uma fração de empregados de uma empresa, poderá o tribunal competente, na própria decisão, estender tais condições de trabalho, se julgar justo e conveniente, aos demais empregados da empresa que forem da mesma profissão dos dissidentes. Parágrafo único. O Tribunal fixará a data em que a decisão deve entrar em execução, bem como o prazo de sua vigência, o qual não poderá ser superior a quatro anos". Temos, no mesmo sentido, a OJ 322 da SDI-1 do TST, *in verbis*: "Acordo coletivo de trabalho. Cláusula de Termo Aditivo prorrogando o acordo para prazo indeterminado. Inválida. Nos termos do art. 614, § 3º, da CLT, é de 2 anos o prazo máximo de vigência dos acordos e das convenções coletivas. Assim sendo, é inválida, naquilo que ultrapassa o prazo total de 2 anos, a cláusula de termo aditivo que prorroga a vigência do instrumento coletivo originário por prazo indeterminado".

[78] Para Manoel Antonio Teixeira Filho, o acórdão proferido nas ações coletivas, cujas pretensões sejam de natureza econômica, submete-se ao fenômeno da coisa julgada material, fazendo-o, todavia, singularmente, com a cláusula *rebus sic stantibus*, de tal arte que possa ser submetido à revisão, de que cuidam os arts. 873 a 875 da CLT (*Curso de direito processual do trabalho*. São Paulo: LTr, 2009. v. III, p. 1227).

[79] No mês de novembro de 2009, a Força sindical protocolizou na Organização Internacional do Trabalho (OIT), em Genebra, reclamação em face do Ministério Público do Trabalho, pelo fato de esse órgão federal combater a cobrança de contribuições confederativas e assistenciais pelos sindicatos a trabalhadores não filiados, com fulcro na Súmula 666 do STF e Precedente Normativo 119 do TST.

[80] "Art. 872. Celebrado o acordo, ou transitada em julgado a decisão, seguir-se-á o seu cumprimento, sob as penas estabelecidas neste Título".

24.5.7 Dissídio coletivo de greve de servidores públicos estatutários

As empresas públicas e as sociedades de economia mista que exercem atividade econômica equiparam-se às empresas privadas, no que respeita às obrigações na esfera civil, tributária, comercial e trabalhista, consoante o art. 173, § 1º, inciso II, da Constituição Federal, seus servidores são contratados pela CLT, obrigatoriamente por meio de concursos públicos de provas e/ou títulos, e, destarte, podem exercer livremente todos os direitos de sindicalização e de negociação coletiva.

É cediço que a negociação coletiva de trabalho infrutífera ou malsucedida pode desaguar nas seguintes possibilidades: arbitragem (Lei 9.307/1996, alterada pela Lei 13.129/2015), greve (Lei 7.783/1989) e ainda o dissídio coletivo (Lei 7.701/1988), consoante o art. 114 da Constituição Federal de 1988.

Considerando que as empresas públicas e sociedades econômicas que exercem atividade econômica são equiparadas às empresas privadas, nas datas-bases das categorias profissionais, os sindicatos e os empregadores poderão fazer uso de quaisquer dos instrumentos jurídicos colocados à disposição das empresas privadas para pacificar o conflito coletivo, da mesma forma que os empregadores privados, desde que observem a regra do teto remuneratório, caso recebam recursos da União, dos Estados, do Distrito Federal ou dos Municípios para pagamento de despesas de pessoal ou de custeio geral (art. 37, § 9º).

O problema afigura-se quando aparecem em cena os servidores públicos estatutários.

Examinando essa matéria sob o prisma constitucional, verificamos que o art. 39, que trata dos direitos sociais dos servidores públicos, não faz qualquer referência ao inciso XXVI do art. 7º da Constituição Federal, que reconhece as convenções e os acordos coletivos. De outra parte, a Súmula 679 do Supremo Tribunal Federal declara: "A fixação de vencimentos dos servidores públicos não pode ser objeto de convenção coletiva".

A Orientação Jurisprudencial 05 da SDC do TST, alterada pelo Tribunal Superior do Trabalho, tem no momento a seguinte redação:

> OJ n. 5. Dissídio coletivo. Pessoa jurídica de direito público. Possibilidade jurídica. Cláusula de natureza social. (Redação alterada na sessão do Tribunal Pleno realizada em 14.09.2012.)
> Em face de pessoa jurídica de direito público que mantenha empregados, cabe dissídio coletivo exclusivamente para apreciação de cláusulas de natureza social. Inteligência da Convenção nº 151 da Organização Internacional do Trabalho, ratificada pelo Decreto Legislativo nº 206/2010.

A Constituição Federal, em seu art. 61, § 1º, estatui que:

> São de iniciativa privativa do Presidente da República as leis que: I – fixem ou modifiquem os efetivos das Forças Armadas; II – disponham sobre: a) criação de cargos, funções ou empregos públicos na administração direta e autárquica ou aumento de sua remuneração.

O art. 167, inciso II, veda a "realização de despesas ou assunção de obrigações diretas que excedam os créditos orçamentários ou adicionais". O § 1º do art. 169 dispõe que:

> A criação de cargos, empregos e funções públicas, a fixação de sua remuneração, a concessão de reajustes e outras vantagens só poderão ser feitas se houver prévia dotação orçamentária e se houver autorização específica na lei de diretrizes orçamentárias.

Por sua vez, a Lei Complementar 101/2000 (Lei de Responsabilidade na Gestão Fiscal), fixa os gastos com pessoal da União em 50% e para os Estados e Municípios em 60%, das respectivas despesas[81] correntes líquidas (arts. 18 e 19).

Acrescente-se ao sistema de limitação de gastos públicos com servidores que o STF suspendeu liminarmente e, posteriormente, declarou a inconstitucionalidade da Lei 8.112/1990, em seu art. 240, "d" e "e", que havia assegurado ao servidor público civil o direito à negociação coletiva e fixado a competência da Justiça do Trabalho para dirimir controvérsias individuais e coletivas (ADIn 492, Rel. Min. Carlos Velloso).

Entendemos também possível o dissídio coletivo de natureza jurídica, no sentido de se interpretarem cláusulas ou normas de índole coletiva, uma vez observados os princípios básicos da Administração Pública.

Em face desses óbices legais, surgiram duas correntes doutrinárias, a saber: uma, que sustenta a total impossibilidade jurídica[82] da negociação coletiva no setor

---

[81] Se a despesa total com pessoal (mesmo após a adoção das medidas), se mantiver acima dos limites definidos no art. 20 da LC 101/2000, o percentual excedente terá de ser eliminado nos dois quadrimestres seguintes, sendo pelo menos um terço no primeiro, com a adoção das seguintes medidas: redução de pelo menos 20% das despesas com cargos em comissão e funções de confiança (art. 169, § 3º, I, CF), que poderá ser alcançado tanto pela extinção de cargos e funções quanto pela redução dos valores a eles atribuídos, sendo facultada redução temporária da jornada de trabalho com adequação dos vencimentos; exoneração de servidores não estáveis; caso tais medidas não tenham sido suficientes, exoneração de servidores estáveis, por ato normativo motivado que especifique a atividade funcional, o órgão ou entidade administrativa objeto da redução de pessoal, observando disposições da legislação federal (art. 169, §§ 3º e 4º).

[82] "Dissídio coletivo. Ente público. Impossibilidade jurídica. 1. Entidade sindical representativa de servidores públicos ingressa com dissídio coletivo rogando à Justiça do Trabalho que se pronuncie sobre greve deflagrada em virtude de suposta mora da municipalidade na concessão de reajuste salarial. 2. Carece de possibilidade jurídica o pleito de instauração de dissídio coletivo em face de ente público. Inteligência dos arts. 37, *caput*, incs. X, XI, XII e XIII, 39, § 3º, e 169, *caput* e § 1º, incs. I e II, da CF/88, e da LC 101/2000. 3. Se a Constituição da República não reconhece a convenção coletiva de trabalho nem o acordo coletivo ao servidor público subentendido nessa expressão todo trabalhador subordinado que mantenha vínculo, administrativo ou celetista, com pessoa jurídica de direito público (OJ nº 265/SDI-1-TST), também lhe nega o sucedâneo dessas fontes formais de Direito do Trabalho, que é a sentença normativa (OJ nº 05/SDC-TST). 4. Bem se compreende tal

público, tendo em vista os princípios e regras precípuas da Administração Pública, em especial, o princípio da legalidade. A outra corrente sustenta a possibilidade de negociação coletiva dentro de certas condições. Para essa corrente, a negociação coletiva no setor público é possível, pois a omissão do art. 39 da CF/1988 em relação ao inciso XXVI do art. 7º da Constituição Federal não é motivo suficiente para a não fruição desse direito pelos servidores públicos, uma vez que seria de todo incoerente a admissão da sindicalização do servidor público, conferindo-lhe ainda o direito de greve, sem o reconhecimento do direito à negociação coletiva.

Portanto, para essa última corrente o instrumento jurídico que defluir da negociação coletiva (acordo ou convenção coletiva) teria um caráter político e moral, por meio do qual haveria o comprometimento de a autoridade competente propor o devido projeto de lei, nos termos pactuados, para dar ensejo ao disposto nos artigos constitucionais retromencionados (arts. 167 e 169 da Constituição Federal). Logo, haveria a possibilidade de conciliar o princípio da legalidade estrita com o direito à negociação coletiva.

Ademais, poderá ocorrer a negociação coletiva de trabalho no setor público todas as vezes em que não estiver em jogo a discussão de valores pecuniários, que venham a impactar o orçamento público, e tão somente alterações ou compensações de jornadas de trabalho, sem reflexos econômicos para o Erário.

Assim, observando a norma constitucional inserta no inciso VII do art. 37 da Constituição Federal, e considerando a teoria da aplicabilidade das normas constitucionais tal como anteriormente exposta, a doutrina pátria tem afirmado que referido dispositivo constitucional não se trataria de norma com eficácia plena, dada a previsão expressa de "lei específica" para estabelecer os termos e limites em que será exercido o direito de greve pelos servidores públicos. Se não é de eficácia plena – e nisto a doutrina é unânime –, formula-se a seguinte indagação: seria essa norma de eficácia contida ou limitada? Nesse ponto, a doutrina divide-se em duas correntes.

Para uma primeira corrente, o mencionado dispositivo constitucional seria de eficácia limitada[83], não sendo autoaplicável, isto é, não possuindo aplicabilidade

---

restrição, porquanto a Administração Pública direta, autárquica ou fundacional só pode conceder vantagem ou aumento de remuneração, a qualquer título, ao seu pessoal mediante autorização específica na Lei de Diretrizes Orçamentárias e prévia dotação orçamentária, sem extrapolar os limites estabelecidos na Lei de Responsabilidade Fiscal. 5. Recurso ordinário interposto pelo Município a que se dá provimento para julgar extinto o processo, sem exame do mérito" (TST, RXOF e RODC 594, SDC, Rel. Min. João Oreste Dalazen, *DJU* 19.03.2004).

[83] "Constitucional e administrativo. Servidores públicos federais. Greve. Desconto dos dias não trabalhados. Possibilidade. 1. O art. 37, inciso VII, da Constituição Federal, que assegura o direito de greve aos servidores públicos federais, é norma de eficácia limitada, dependendo da edição da lei específica nele exigida para produzir seus efeitos. 2. Enquanto não editada a lei regulamentadora, não pode o servidor público federal exercer o direito de greve, não

imediata. Para essa corrente, enquanto não editada a "lei específica" prevista no dispositivo constitucional, este não poderá ser aplicado. Logo, os servidores públicos não poderão exercer o direito de greve enquanto não for expedida a "lei específica" prevista no comando constitucional. Portanto, o inciso VII do art. 37 da CF/1988 assumiria contornos de "norma programática", e a prática de greve no setor público seria, enquanto não expedida a mencionada lei, uma prática "ilegal", sem amparo no ordenamento jurídico vigente.

Para Sérgio Pinto Martins, partidário dessa corrente, os *servidores celetistas*[84] *da Administração Pública direta*, porque se submetem às normas da Consolidação das Leis do Trabalho, ou seja, são regidos pelo Direito do Trabalho, e não pelo Direito Administrativo, poderão fazer greve, aplicando-se a eles a Lei 7.783/1989. Entretanto, não terão direito à negociação coletiva, o que se depreende do art. 39, § 3º, c/c o art. 7º, inciso XXVI, e art. 61, § 1º, inciso II, alínea "a", da Constituição Federal. Ainda segundo o autor, os *empregados das empresas de economia mista e das empresas públicas exploradoras de atividade econômica* poderão fazer greve, aplicando-se a Lei 7.783/1989, e terão direito à negociação coletiva, dado que tais empresas são pessoas jurídicas de Direito Privado, conclusão que decorre do art. 173, § 1º, II, c/c o art. 61, § 1º, inciso II, alínea "a", da Constituição Federal, os quais não exigem lei para aumentar salários e estabelecer outras condições de trabalho no âmbito das mencionadas empresas[85].

---

se revestindo de irregularidade o ato administrativo que descontou dos seus vencimentos os dias de paralisação. 3. Apelação e remessa oficial providas" (TRF 5ª R., APELREEX 2008.83.00.017191-7-(5852/PE), 3ª T., Rel. Des. Fed. Paulo Roberto de Oliveira Lima, *DJe* 17.07.2009, p. 267).

[84] "Dissídio coletivo de greve. Servidores públicos celetistas, subordinados à Administração Pública Direta e a Autarquia. Competência do Poder Judiciário Trabalhista. Movimento paredista não abusivo. Lei de Responsabilidade Fiscal. Falta de cumprimento de dispositivo constitucional: 'A Justiça do Trabalho é competente para apreciar dissídio coletivo de greve, quando promovida esta por servidor público celetista, uma vez que há Lei ordinária, específica, permitindo sua aplicação (art. 37, inc. VII, da Constituição Federal e Lei nº 7.783/89). Não é abusivo movimento paredista, que objetiva reajuste salarial se o Estado-membro, sob o fundamento de que está limitado pela Lei de Responsabilidade Fiscal, não cumpre dispositivo constitucional, que assegura a revisão geral anual da remuneração (art. 37, inc. X). Normas instituídas em Lei Complementar não podem servir de esteio para violar disposição constitucional, face ao princípio da hierarquia das Leis. Omisso o Sr. Governador do Estado na iniciativa de Lei, propondo reajuste salarial devido a servidor público, cometendo, portanto, ato ilícito, o dano causado a terceiros (no caso, a servidores públicos celetistas), pela mora no cumprimento da obrigação, transfere ao Judiciário, através do poder normativo, o direito de fixar, ante perdas constatadas, reajuste salarial equilibrado'. Greve não abusiva, no que toca a empregados públicos com a determinação de reajuste salarial pelo poder normativo, atribuído à Justiça do Trabalho" (TRT 2ª R., DCG 20303-(2003002128), SDC, Rel. Juíza Dora Vaz Treviño, *DOESP* 16.09.2003).

[85] MARTINS, Sérgio Pinto. *Greve do servidor público*. São Paulo: Atlas, 2001, p. 46.

Encontramos, porém, até mesmo aqueles que entendem que o servidor público celetista[86], ou seja, o empregado público, não tem direito de greve, enquanto não advier a lei específica ditada pelo texto constitucional.

Já para uma segunda corrente o inciso VII do art. 37 da CF/1988 seria de eficácia contida[87], sendo inteiramente aplicável[88] até que lei posterior[89] venha a

---

[86] "Servidor público. Direito de greve. O servidor público, mesmo aquele regido pela legislação trabalhista, não pode exercitar o direito de greve, pois ainda não existe a Lei específica referida no art. 37, VII, da Constituição Federal. Greve declarada ilegal" (TST, RXOFRODC 720236, SDC, Rel. Min. José Luciano de Castilho Pereira, *DJU* 04.10.2002).

[87] "Greve. Servidores públicos. Intangibilidade de vencimentos. 1. O art. 37. inc. VII, da Carta Maior é norma de eficácia contida. Tal espécie de dispositivo constitucional estampa um desejo do Constituinte de deixar espaço de trabalho para o legislador ordinário, sem, no entanto, sonegar o fruir imediato do direito contemplado. 2. Não há como vingar o argumento de que, embora em exercício de direito constitucional, a ausência ao local de trabalho configura falta não justificada, nos termos do art. 44 da Lei nº 8.112/90, podendo ser descontados nos vencimentos os dias em que o servidor participou da greve, na medida em que o não comparecimento é, justamente, a forma pela qual os movimentos grevistas atuam. A única permissão dada pela Magna Carta ao legislador ordinário é editar 'lei específica', que aponte termos e limites ao exercício do direito de greve. 3. Tentar anular, pela inércia única e exclusiva do legislador, os movimentos grevistas no serviço público, hoje, quando ainda não há legislação específica que possa dizer quando a greve é abusiva ou quando deve haver descontos nos vencimentos, é forma de agredir o texto constitucional" (TRF 4ª R., AC 2000.72.00.006064-7, 3ª T., Rel. Jairo Gilberto Schafer, *DJ* 17.12.2008).

[88] "Processo civil. Agravo de instrumento. Mandado de segurança. Liminar. Servidor público. Greve. Constituição Federal, art. 37, VII. 1. A Constituição Federal, promulgada em 5 de outubro de 1988, garantiu o direito de greve ao servidor público, condicionando, contudo, seu exercício aos termos e limites definidos em Lei específica. A Constituição de 1988, por conseguinte, aboliu a proibição anterior de greve nos serviços públicos, passando a permiti-la. Treze anos, no entanto, são passados e a Lei específica não é editada. A vontade do constituinte está sendo desrespeitada, e nenhuma providência é tomada. A Constituição permitiu a greve. O servidor pode exercitar esse direito, ainda que não haja Lei específica regulamentando-o. Enquanto essa Lei não vier, é de aplicar-se a Lei nº 7.783, de 1989 – a Lei de Greve. O direito de greve é que não pode deixar de ser exercitado por desídia, uma desídia dolosa, do legislador infraconstitucional, que, na hipótese, está se pondo acima do legislador constituinte. 2. A eficácia da norma constitucional não pode ficar a depender de uma norma hierarquicamente inferior que nunca é editada" (TRF 1ª R., AG 01000346500/BA, 2ª T., Rel. Des. Fed. Tourinho Neto, *DJU* 17.10.2003, p. 11).

[89] "Mandado de segurança. Legitimidade ativa do impetrante. Greve dos servidores públicos da Universidade de Ponta Grossa. Descontos em folha de pagamento. Impossibilidade. Direito de greve reconhecido pelo artigo 37, inciso VII, da Constituição Federal. Ordem concedida. Decisão unânime. O direito de greve dos funcionários públicos tem sido reconhecido pelos tribunais, com fulcro no artigo 37, VII, da Constituição Federal, embora os limites para o exercício de tal direito ainda não estejam regulamentados por Lei Complementar. A falta de Lei Complementar não pode importar em prejuízo para os destinatários da norma, uma vez que a declaração de greve, por se constituir em direito público subjetivo decorrente de princípio constitucional, está ao alcance do servidor pú-

fixar-lhe limites e estabelecer termos para o seu exercício. Segundo esse entendimento, o direito de greve dos servidores públicos é exercitável desde já[90], e a "lei específica" a que alude o dispositivo constitucional apenas poderá impor-lhe certos limites. Enquanto não sobrevém a dita lei, a prática da greve não encontra restrições no setor público, salvo aquelas oriundas de outras garantias constitucionais, de normas de ordem pública, de disposições administrativas, enfim, os servidores públicos poderão exercer a greve nos mesmos termos dos demais trabalhadores. Os partidários de tal corrente destacam que o exercício da greve pelos servidores públicos civis, com muito mais razão, não poderá prejudicar o atendimento das "necessidades inadiáveis da comunidade" (§ 1º do art. 9º da CF/1988), bem como deverá respeitar o princípio da continuidade dos serviços públicos essenciais, tal como definidos na Lei 7.783/1989 (Lei de Greve), a qual, na ausência de lei específica, deverá ser-lhes aplicada no que for cabível.

Ademais, podemos dizer que a lei específica, como lei ordinária, haja vista que o rol do art. 59 da Constituição Federal não lhe confere hierarquia privilegiada, já existe em nosso ordenamento jurídico (Lei 7.783/1989), e deveria ter sido aplicada desde o advento da Emenda Constitucional 19/1998 aos servidores públicos civis, especificamente aos funcionários públicos.

Parece-nos que o melhor entendimento é o manifestado pela segunda corrente, pois, de outro modo, estaríamos a subtrair dos servidores públicos o direito de realizar greve, e esta não foi a intenção do legislador constituinte. A Carta Constitucional anterior não permitia a greve no setor público, e o constituinte de 1988 quis conferir tal direito ao servidor público. Assim, condicionar o direito de greve no setor público à edição da "lei específica" é o mesmo que privar o funcionário público de referido direito, o que se revela contrário ao espírito da Constituinte de 1988.

Entender que o servidor público só poderá exercitar o direito de greve quando advier a mencionada lei significa, na prática, inverter a hierarquia das normas, colocando a "lei específica", infraconstitucional, em patamar superior ao da norma

---

blico" (TJPR, MS 0114407-0 – (988)/Ponta Grossa, 3º G.C.Cív., Rel. Des. Antônio Lopes de Noronha, *DJPR* 29.04.2002).

[90] "Direito de greve do servidor público assegurado mesmo diante da omissão legislativa do Congresso Nacional que ainda não regulamentou o direito consagrado no inciso VII do art. 37 da Constituição Federal. Aplicação analógica da Lei 7.783/89, que disciplina o direito de greve dos trabalhadores. Pronunciamento neste sentido do STF, quando do julgamento do Mandado de Injunção nº 712-8/Pará. Greve deflagrada pelo SINTASA, sem que fossem obedecidas as regras estabelecidas na Lei 7.783/89, posto que iniciada antes de cessadas as negociações com a Secretaria de Saúde do Estado de Sergipe. Ocorrência da abusividade prevista no art. 14 da sobredita Lei. Ilegalidade reconhecida e declarada da greve deflagrada pelo SINTASA. Decisão unânime" (TJSE, AD 2008111728-(4381/2009), TP, Rel. Des. Netônio Bezerra Machado, j. 03.06.2009).

constitucional, o que não parece nem um pouco razoável, uma vez que a referida lei específica, quando editada, só poderá estabelecer limites e termos para o exercício da greve no setor público, mas não poderá negar tal direito aos servidores públicos. Assim, nem mesmo quando referida lei existir poder-se-á subtrair do servidor tal direito, muito menos poder-se-á fazê-lo enquanto tal lei inexistir.

O exercício da greve representa uma forma de participação popular, verdadeiro exercício da cidadania, e como tal deve ser prestigiado e estimulado num Estado que se pretende seja autenticamente um Estado Democrático de Direito. Aliás, se se entender, como fizemos *supra*, que o direito de greve é um direito fundamental do trabalhador, terá ele aplicação imediata em face do que dispõe o § 1º do art. 5º[91] da CF/1988, sendo, portanto, exercitável desde logo pelos servidores públicos, independentemente da edição de lei específica.

O Supremo Tribunal Federal alterou sua jurisprudência[92], passando a entender que a norma do inciso VII do art. 37 da Constituição Federal é de eficácia contida, de modo que nas greves envolvendo servidores públicos estatutários deverá ser aplicada a Lei 7.783/1989 até que seja regulamentada a lei específica correlata.

A posição assumida pelo Supremo Tribunal Federal nessa matéria certamente foi a mais acertada, posto que, tratando de direitos fundamentais – como o é o direito de greve –, a interpretação deve sempre se amoldar em uma práxis jurídica comprometida com a concretização, extensão e ampliação – jamais restrição – dos direitos fundamentais previstos em nossa Lei Maior.

24.5.8 Tutela provisória de urgência com caráter satisfativo

Como toda ação coletiva, o dissídio coletivo produzirá a prolação de uma sentença normativa, de natureza molecular, ou seja, com efeitos *erga omnes*, envolvendo todos os trabalhadores de uma categoria profissional.

Nas ações coletivas, não se utiliza o Código de Processo Civil, a não ser subsidiariamente, na medida em que esse instrumento processual foi idealizado para pacificar conflitos atomizados, com exceção do microssistema processual de demandas repetitivas, de forma que a sentença derivante, consoante o art. 506 do CPC/2015, faz lei apenas entre as partes, autor e réu.

---

[91] "§ 1º As normas definidoras dos direitos e garantias fundamentais têm aplicação imediata."
[92] "Greve. Servidores públicos. Desconto dos vencimentos. Impossibilidade. 1. O Supremo Tribunal Federal, em decisão recente, no julgamento do MI 670/ES, MI 708/DF e MI 712/PA, regulamentou o direito de greve dos servidores públicos determinando a aplicação subsidiária da Lei nº 7.783/89 (Informativo 485/STF). 2. O desconto de vencimentos no período que perdurar o movimento paredista não fica autorizado. Precedente do STF" (TRF 4ª R., AMS 2006.72.01.004370-3, 3ª T., Rel. Des. Fed. Maria Lúcia Luz Leiria, *DJe* 19.12.2007).

Dessa forma, a antecipação de tutela nas ações coletivas não se sedimenta nos arts. 298 e 497 do CPC/2015, mas nos arts. 11[93] e 12 da Lei 7.347/1985 e 84, § 3º[94], da Lei 8.078/1990, bastando que o fundamento do pedido seja relevante.

Não obstante o dissídio coletivo seja uma ação coletiva, ela se difere das demais ações coletivas, como a ação civil pública, a ação civil coletiva, o mandado de segurança coletivo, entre outros.

Essa diferença reside no fato de que, diversamente das ações retromencionadas, nas quais o órgão julgador utiliza-se do direito preexistente ou do direito positivo, em ato vinculado de legalidade estrita para decidir o conflito coletivo, em típica atividade jurisdicional, fazendo uso de um silogismo (tese, antítese e conclusão), em juízo de ponderação, levando-se em consideração os princípios da proporcionalidade e da razoabilidade, no dissídio coletivo o Tribunal do Trabalho, na verdade, exerce uma atividade legislativa, criando normas jurídicas abstratas e gerais, em juízo de conveniência e oportunidade.

Destarte, a doutrina e jurisprudência por certo tempo questionaram a exequibilidade de se antecipar o mérito da sentença em sede de dissídio coletivo, posto que de natureza satisfativa.

Hodiernamente, parece não remanescer dúvida que descabe a antecipação de tutela nos dissídios coletivos pelo fato de que esse instrumento jurídico é típico dos provimentos jurisdicionais genuínos. Em outras palavras, os Tribunais do Trabalho, no uso de seu poder normativo constitucional (art. 114 da CF), no julgamento do dissídio coletivo, criarão normas jurídicas aplicáveis a toda categoria. A antecipação de tutela nesse caso se assemelharia a antecipar os efeitos de um projeto de lei em gestação em uma das casas do Poder Legislativo.

Em face do exposto, a doutrina majoritária se posiciona no sentido de que, quanto ao dissídio de natureza econômica, em razão de sua peculiaridade de criar, manter, modificar ou extinguir condições de trabalho, rejeita-se, a princípio, a possibilidade de antecipação dos efeitos da sentença a ser proferida[95].

---

[93] "Art. 11. Na ação que tenha por objeto o cumprimento de obrigação de fazer ou não fazer, o Juiz determinará o cumprimento da prestação da atividade devida ou a cessação da atividade nociva, sob pena de execução específica, ou de cominação de multa diária, se esta for suficiente ou compatível, independentemente de requerimento do autor.
Art. 12. Poderá o Juiz conceder mandado liminar, com ou sem justificação prévia, em decisão sujeita a agravo."

[94] "§ 3º Sendo relevante o fundamento da demanda e havendo justificado receio de ineficácia do provimento final, é lícito ao Juiz conceder a tutela liminarmente ou após justificação prévia, citado o réu."

[95] MELO, Raimundo Simão de. *Processo coletivo do trabalho*. São Paulo: LTr, 2009. p. 151. Para esse autor "a questão que se coloca é se a antecipação de tutela tem aplicação no âmbito dos dissídios coletivos, cujas sentenças objetivam a criação, a manutenção, modificação ou extinção de condições de trabalho ou a interpretação de determinada norma jurídica.

Entretanto, para Raimundo Simão de Mello[96],

> (...) há casos em que não se pode afastar a possibilidade de tutela no âmbito de um dissídio coletivo econômico. Imagine-se a hipótese de existência de uma cláusula convencional mantida por vários anos e que na última data-base não foi revigorada por falta de entendimento entre as partes, gerando a instauração da instância coletiva. De acordo com a Constituição Federal (art. 114, § 2º), as condições convencionais e legais mínimas de proteção ao trabalho serão mantidas pela Justiça do Trabalho quando do julgamento da respectiva ação coletiva. Desse modo, na hipótese vertente estão mais do que presentes o *fumus boni iuris* e o *periculum in mora*, a justificarem a antecipação de tutela.

A fumaça do bom direito decorre do comando constitucional mencionado, que assegura ao tribunal manter aquela cláusula convencional na sentença a ser proferida.

O perigo da demora justifica-se no fato real de que muito dificilmente a decisão normativa definitiva transitará em julgado dentro do prazo de vigência das normas a serem instituídas, podendo acarretar prejuízos irreparáveis aos trabalhadores beneficiários da norma a ser proferida[97].

24.5.9 Coisa julgada formal e material na sentença normativa

Para Manoel Antonio Teixeira Filho[98],

> (...) a expressão coisa julgada formal tem sido usada para traduzir o fenômeno da imutabilidade da sentença, em virtude da preclusão dos prazos para recursos. Diz-se que há, neste caso, preclusão máxima, exatamente porque já não há possibilidade de o pronunciamento jurisdicional ser impugnado mediante recurso.

Podemos dizer, assim, que a coisa julgada formal produz efeitos endoprocessuais, ou seja, no processo em trâmite, de modo que o autor não poderia dar-lhe

---

Quanto a esta última, a dúvida existente na doutrina quanto à sua possibilidade, nada difere com relação aos casos da sentença declaratória nas demais situações".

[96] Idem, ibidem, p. 153-154.
[97] Idem, ibidem, p. 154.
[98] TEIXEIRA FILHO, Manoel Antonio. *Curso de direito processual do trabalho*. São Paulo: LTr, 2009. v. III, 2009, p. 280. O autor lembra que "preclusão vem da forma latina *praeclusio*, que significa fechar, findar, tolher. Transportando para o tecnicismo da linguagem processual, expressa a perda de um direito ou de uma faculdade processual, em virtude da falta do correspondente exercício dentro do prazo legal ou assinado pelo juiz. Há três tipos de preclusão: a) temporal, que diz respeito à situação examinada, ou seja, que se configura com a perda do prazo para a prática de determinado ato processual; b) lógica, que ocorre quando se deseja praticar ato incompatível com outro já realizado no mesmo prazo; c) consumativa, que advém do fato de se tentar praticar ato já praticado anteriormente".

impulso. Restar-lhe-ia, como opção, ajuizar novamente a mesma ação, com idênticas partes, mesmos pedidos e causa de pedir.

Em casos que tais, verifica-se que o julgador não adentrou o mérito do processo, pois a sua paralisação ocorreu em sede de preliminares. Daí, para alguns doutrinadores, entre eles, Manoel Antonio Teixeira Filho, a expressão "coisa julgada formal" contém certa impropriedade lógica, pois, se a sentença não examinou o mérito, isso significa, em rigor, que o caso (*res*) não foi julgado. Na coisa julgada formal, portanto, não haveria coisa julgada[99].

De outra parte, coisa julgada material é a eficácia, que se torna imutável e indiscutível a sentença, não mais sujeita a recurso, seja ordinário ou extraordinário, consoante art. 502 do Código de Processo Civil de 2015. Nesta situação, os seus efeitos são não apenas endoprocessuais, produzindo efeitos em relação às partes, mas também panprocessuais, gerando efeitos para fora do processo, em relação às demais pessoas que deverão respeitar o mandamento sentencial. Diz o art. 503 do CPC/2015 que a coisa julgada material tem força de lei nos limites da lide e das questões decididas.

Não paira qualquer dúvida em relação ao fato de que a sentença normativa produz coisa julgada formal (art. 966 do CPC/2015), remanescendo, porém, controvérsias na doutrina e jurisprudência em relação ao fato se a mesma faz coisa julgada material.

De acordo com a Súmula 397[100] do Tribunal Superior do Trabalho, a sentença normativa produz apenas coisa julgada formal, não obstante a Lei 7.701/1988, em seu art. 2º[101], inciso "c", que regula a especialização do Colendo Tribunal Superior do Trabalho no processo coletivo, indica a ação rescisória para desconstituição da

---

[99] Idem, ibidem, p. 2801.
[100] "Nº 397. Ação rescisória. Art. 966, IV, do CPC de 2015. Art. 485, IV, do CPC de 1973. Ação de cumprimento. Ofensa à coisa julgada emanada de sentença normativa modificada em grau de recurso. Inviabilidade. Cabimento de mandado de segurança. (Conversão da Orientação Jurisprudencial nº 116 da SDI-II.)
Não procede ação rescisória calcada em ofensa à coisa julgada perpetrada por decisão proferida em ação de cumprimento, em face de a sentença normativa, na qual se louvava, ter sido modificada em grau de recurso, porque em dissídio coletivo somente se consubstancia coisa julgada formal. Assim, os meios processuais aptos a atacarem a execução da cláusula reformada são a exceção de pré-executividade e o mandado de segurança, no caso de descumprimento do art. 514 do CPC de 2015 (art. 572 do CPC de 1973). (Ex-OJ nº 116 – *DJ* 11.08.2003.)"
[101] "Art. 2º Compete à seção especializada em dissídios coletivos, ou seção normativa:
I – originariamente:
(...)
c) julgar as ações rescisórias propostas contra suas sentenças normativas."

sentença normativa, sendo cediço que o pressuposto fundamental da rescisória é justamente o trânsito em julgado material da ação rescindenda.

Parte da doutrina que se filia a esse entendimento do TST aduz que a sentença normativa não poderá fazer coisa julgada material pelo fato de representar uma sentença de natureza continuativa, do tipo *rebus sic stantibus*, pode ser revisada depois de um ano, permite seu cumprimento antes de transitar em julgado (Súmula 246 do TST), não permite execução, e ter prazo determinado máximo de quatro anos.

Ronaldo Lima dos Santos[102] entende que a sentença normativa forma um tipo peculiar de coisa julgada, tendo em vista que possui prazo legal máximo de quatro anos (parágrafo único do art. 868 da CLT), além de ser passível de revisão pelo denominado "dissídio coletivo de revisão", quando, decorrido mais de um ano de sua vigência, "se tiverem modificado as circunstâncias que as ditaram, de modo que tais condições se hajam tornado injustas ou inaplicáveis (art. 873 da CLT)".

Para esse autor[103],

> (...) apesar de decidir relação jurídica continuativa, ter prazo de vigência e estar sujeita à revisão, a sentença normativa produz coisa julgada material até a extinção do seu prazo de vigência ou prolação de sentença normativa em dissídio coletivo de revisão.

Raimundo Simão de Melo, por sua vez, defende tese contrária ao entendimento do Colendo Tribunal Superior do Trabalho ao aduzir que:

i. Primeiro, porque o cumprimento antes do trânsito em julgado é uma faculdade e não decorre da peculiaridade da criação de normas para solucionar conflitos coletivos de trabalho.

ii. Segundo, porque a revisão de que trata o art. 873 da CLT tem fundamentos restritos à alteração das circunstâncias do momento de sua criação, o que é diferente das hipóteses previstas no art. 485 do CPC, para o corte rescisório.

iii. Terceiro, porque o fato de não permitir execução é despiciendo, pois não se trata de sentença condenatória, mas constitutiva-dispositiva, permitindo o seu cumprimento por meio de uma ação de cumprimento.

---

[102] SANTOS, Ronaldo Lima dos. *Sindicatos e ações coletivas*. 2. ed. São Paulo: LTr, 2008. p. 310. Completa o autor afirmando que, no processo civil, ela encontra fundamento no art. 471, inciso I, do CPC, que dispõe: "Art. 471. Nenhum juiz decidirá novamente as questões já decididas, relativas à mesma lide, salvo: I – se, tratando-se de relação jurídica continuativa, sobreveio modificação no estado de fato ou de direito; caso em que poderá a parte pedir a revisão do que foi estatuído na sentença; II – nos demais casos prescritos em lei".

[103] Idem, ibidem, p. 311.

iv. Quarto, porque a vigência temporária de até quatro anos não impede a formação de coisa julgada material dentro e fora desse prazo, sendo certo que há normas coletivas que produzem seus efeitos fora do seu prazo de vigência (OJ 41 da SDI 1 TST).

v. Quinto, porque o art. 872, parágrafo único[104], da CLT veda que na ação de cumprimento da sentença normativa sejam discutidas questões de fato e de direito já decididas na sentença normativa.

vi. Sexto, porque a lei assegura esse efeito e permite o seu corte por meio da ação rescisória (Lei n. 7.701/1988, art. 2º, I, c^{105}).

Para firmar sua posição, o autor menciona o exemplo de uma sentença normativa proferida por um juiz impedido ou incompetente (art. 966, inciso II, CPC/2015), alegando a impossibilidade, nesse caso, de se negar o ajuizamento do corte rescisório e da coisa julgada. Esse entendimento também é esposado por Carlos Henrique Bezerra Leite[106] e Manoel Antonio Teixeira Filho[107].

Em face dos motivos expostos, também nos filiamos à corrente doutrinária que entende que a sentença (ou acórdão) normativa faz coisa julgada material, e também formal, dado que esta última é decorrente da primeira, por se constituir como a preclusão máxima dentro do processo. Assim sendo, a sentença

---

[104] "Parágrafo único. Quando os empregadores deixarem de satisfazer o pagamento de salários, na conformidade da decisão proferida, poderão os empregados ou seus sindicatos, independentes de outorga de poderes de seus associados, juntando certidão de tal decisão, apresentar reclamação à Junta ou Juízo competente, observado o processo previsto no Capítulo II deste Título, sendo vedado, porém, questionar sobre a matéria de fato e de direito já apreciada na decisão."

[105] "Art. 2º Compete à seção especializada em dissídios coletivos, ou seção normativa: I – originariamente: (...) c) julgar as ações rescisórias propostas contra suas sentenças normativas."

[106] LEITE, Carlos Henrique Bezerra. *Curso de direito processual do trabalho*. 7. ed. São Paulo: LTr, 2009. p. 1091. Assevera esse autor, em relação ao tema: "para nós, a sentença normativa faz coisa julgada material (e, logicamente formal), pois o art. 2º, I, *c*, da Lei n. 7.701/88 dispõe expressamente que compete, originariamente, à sessão especializada em dissídios coletivos 'julgar as ações rescisórias propostas contra suas próprias sentenças normativas', cabendo-lhes, nos termos do inciso II, alínea *b*, do referido artigo, julgar, em última instância, 'os recursos ordinários interpostos contra as decisões proferidas pelos Tribunais Regionais do Trabalho em ações rescisórias e mandados de segurança pertinentes a dissídios coletivos'. E prossegue: 'ora, se cabe ação rescisória contra sentença normativa, então ela está apta a produzir coisa julgada material (CPC, art. 269)'".

[107] TEIXEIRA FILHO, Manoel Antonio. *Curso de direito processual do trabalho*. São Paulo: LTr, 2009. v. III, p. 1227. Diz esse doutrinador: "o acórdão proferido nas ações coletivas, cujas pretensões sejam de natureza econômica, submete-se ao fenômeno da coisa julgada material, fazendo-o, todavia, singularmente, com a *cláusula rebus sic stantibus*, de tal arte que possa ser submetido à revisão, de que cuidam os arts. 873 a 875 da CLT".

normativa fará coisa julgada durante o tempo de sua existência, até que seja substituída por um acordo ou convenção coletiva, ou, ainda, por outra sentença normativa de revisão, ou por nova sentença decorrente do dissídio em nova data-base da categoria.

24.6 AÇÃO DE CUMPRIMENTO

24.6.1 Conceito

A ação de cumprimento consiste no instrumento processual destinado à tutela dos direitos individuais homogêneos dos trabalhadores, integrando, pois, o conjunto de mecanismos processuais destinado à proteção dos direitos coletivos ou moleculares.

Dessa forma, aplicam-se à ação de cumprimento as regras emanadas do CDC (Lei 8.078/1990) destinadas à tutela de direitos coletivos, nesse caso específico, no art. 81, III, e, por conseguinte, da LACP (Lei 7.347/1985), por força do art. 90 do CDC e art. 21 da LACP.

Tratando-se de ações de cumprimento, os sindicatos, como substitutos processuais dos trabalhadores, da respectiva categoria profissional, na condição de legitimados extraordinários exigem das empresas o cumprimento das obrigações assumidas nos instrumentos normativos (acordos ou convenções coletivas de trabalho), decorrentes da negociação coletiva de trabalho ou provenientes da sentença normativa, prolatada em sede de dissídio coletivo, de natureza econômica.

A Lei 8.984/1994, em seu art. 1º, assim se expressou:

> Compete à Justiça do Trabalho conciliar e julgar os dissídios que tenham origem no cumprimento de convenções coletivas de trabalho ou acordos coletivos de trabalho, mesmo quando ocorram entre sindicatos ou entre sindicato de trabalhadores e empregador.

Nessa mesma linha, a Súmula 286 do Colendo TST, *in verbis*:

> Súmula 286 – Sindicato. Substituição processual. Convenção e acordo coletivos.
> A legitimidade do sindicato para propor ação de cumprimento estende-se também à observância de acordo ou de convenção coletivos.

Portanto, com o advento da Emenda Constitucional 45/2004, que deu nova redação ao art. 114 da CF/1988, estabelecendo a competência da Justiça do Trabalho, no inciso III para "as ações sobre representação sindical, entre sindicatos, entre sindicatos e trabalhadores e entre sindicatos e empregadores" não remanesce dúvida quanto à competência dessa Justiça Obreira para processar e julgar as lides decorrentes do não cumprimento dos instrumentos normativos.

Após a celebração do acordo coletivo ou mesmo antes[108] de transitada em julgado a decisão normativa, de competência do Tribunal Regional do Trabalho ou Tribunal Superior do Trabalho, na hipótese de não satisfação das cláusulas contidas naqueles instrumentos normativos, os empregados ou seus representantes, os sindicatos, poderão ajuizar reclamação trabalhista ou ação de cumprimento.

Estatui o art. 872 da CLT:

> Art. 872. Celebrado o acordo, ou transitada em julgado a decisão, seguir-se-á o seu cumprimento, sob as penas estabelecidas neste Título.
>
> Parágrafo único. Quando os empregadores deixarem de satisfazer o pagamento de salários, na conformidade da decisão proferida, poderão os empregados ou seus sindicatos, independentes de outorga de poderes de seus associados, juntando certidão de tal decisão, apresentar reclamação à Junta ou Juízo competente, observado o processo previsto no Capítulo II deste Título, sendo vedado, porém, questionar sobre a matéria de fato e de direito já apreciada na decisão.

Como dito alhures, a Súmula 286 do Colendo Tribunal Superior legitima a atuação do sindicato, como substituto processual.

Ronaldo Lima dos Santos[109] afirma que

> (...) somente as entidades sindicais possuem legitimidade ativa para propor ação de cumprimento no âmbito do Judiciário Trabalhista, na condição de substituto processual, isto é, daquele que age em nome próprio, na defesa de interesse alheio (dos empregados), independentemente da outorga expressa de poderes (art. 872 da CLT c/c art. 3º da Lei n. 8.073/90 e art. 8º, III, CF/88).

Aduz ainda esse autor que

> (...) o empregado singularmente considerado, por meio da reclamação trabalhista individual, ou dois ou mais empregados, em reclamação trabalhista plúrima, desde que haja identidade de matéria e tratar-se de empregados da mesma empresa (art. 842 da CLT), podem, evidentemente, pleitear a satisfação de direitos previstos em normas coletivas nas suas respectivas demandas, sem, no entanto, estas serem qualificadas como ações de cumprimento, uma vez que não se verifica o instituto da legitimação extraordinária, pois os trabalhadores agem em nome próprio na tutela de direito próprio. Trata-se de simples reclamações trabalhistas, sem a presença do instituto da substituição processual.

---

[108] Súmula 246 do TST: "N. 246 – Ação de cumprimento. Trânsito em julgado da sentença normativa. É dispensável o trânsito em julgado da sentença normativa para a propositura da ação de cumprimento".

[109] SANTOS, Ronaldo Lima dos. *Sindicatos e ações coletivas*. 2. ed. São Paulo: LTr, 2008. p. 327.

Descumprido o instrumento normativo, teremos, portanto, duas alternativas para os trabalhadores: se de forma individual ou plúrima buscar a tutela de seus direitos e o cumprimento da norma coletiva, teremos uma lide atomizada, cujo comando judicial tão somente fará coisa julgada *inter partes*, ao passo que, se o sindicato da categoria profissional, em sede de legitimação extraordinária, como substituto processual buscar o cumprimento daquele instrumento, teremos uma lide molecular, cujos efeitos serão *erga omnes* e beneficiarão todos os membros da categoria.

De acordo com Francisco Ferreira Jorge Neto e Jouberto de Quadros Pessoa Cavalcante[110],

> (...) a ação de cumprimento tem natureza condenatória pois busca o cumprimento de determinação de decisão normativa (decisão normativa genérica) ao caso concreto. (...) Apesar de o art. 872 da CLT, prever a ação de cumprimento após a celebração do acordo ou do trânsito em julgado da decisão, o art. 7º, parágrafo 6º. Da Lei 7.701/88, autoriza o ajuizamento da ação a partir do vigésimo dia subsequente ao julgamento, fundada no acórdão ou na certidão de julgamento, quando não publicado o acórdão.

Já o art. 6º, § 3º, da Lei 4.725/1965 dispõe que "o provimento do recurso não importará na restituição dos salários ou vantagens pagos, em execução do julgado".

Portanto, pacificado o conflito por meio de sentença normativa, decorrente de dissídio coletivo de natureza econômica ou mesmo por acordo ou transação em sede de ação civil pública, em que já houve pagamento aos trabalhadores da categoria, decorrente de ajuizamento de ação de cumprimento, não mais será possível a devolução dos valores pagos anteriormente, na hipótese de reforma de decisão ou de retirada do acordo ou convenção coletiva de cláusula que deu sustentação à mencionada ação de cumprimento, ou mesmo objeto de reforma da decisão normativa, por intermédio de recurso ordinário no Tribunal Superior do Trabalho.

24.6.2 Natureza jurídica da ação de cumprimento

É cediço que natureza jurídica significa não apenas as características principais de um instituto jurídico, como também o seu enquadramento no mundo do direito, ou seja, se pertencente ao direito privado ou público, ou eventualmente a um terceiro gênero.

A ação de cumprimento tem por escopo, como o próprio nome diz, fazer que o devedor cumpra as obrigações assumidas no instrumento normativo coletivo, sejam elas obrigações de dar (pagar), de fazer ou de não fazer.

---

[110] JORGE NETO, Francisco Ferreira; CAVALCANTE, Jouberto de Quadros Pessoa. *Direito processual do trabalho*. 3. ed. Rio de Janeiro: Lumen Juris, 2007. t. II, p. 1558.

O seu fundamento de validade, portanto, é o instrumento coletivo em que se apoia, que possui força de lei, efeitos *erga omnes* ou no mínimo *ultra partes* (art. 103 da Lei 8.078/1990); diferenciando-se da lei apenas no que tange a aspectos de forma e de criação jurígena, uma vez que poderá se originar do Poder Judiciário Trabalhista (sentença normativa), de um árbitro (sentença arbitral) ou da autonomia privada coletiva.

Diversamente do que aparenta ser, como nas lides atomizadas[111], a sentença normativa não se constitui em ação típica do processo de execução. Essa é a diferença nuclear que a coloca entre as ações coletivas ou moleculares, pois pode ser interposta por um único trabalhador, postulando seus direitos em ação individual, como também pelo sindicato[112] da categoria profissional[113] em típica ação coletiva.

Raimundo Simão de Melo[114] informa que

> (...) a ação de cumprimento tem natureza de ação condenatória com relação à imposição das normas criadas em instrumento normativo, que pode ser uma sentença normativa, uma sentença arbitral, um acordo coletivo ou uma convenção coletiva de trabalho. A pretensão pode ser de natureza reparatória pelos prejuízos individuais[115] sofridos pelos trabalhadores e, se ajuizada coletivamente, a ela se aplicam os comandos dos arts. 91 e seguintes do CDC, pois, na verdade se trata de uma "ação civil coletiva" de caráter preparatório,

---

[111] Geralmente nas ações atomizadas, do tipo reclamatória trabalhista, tão logo prolatada a sentença judicial de reconhecimento do direito, em primeiro grau de jurisdição, se não voluntariamente cumprida pelo devedor, advém automaticamente e em alguns casos até mesmo sob o impulso do juiz (art. 878 da CLT), a fase executória da sentença, no sentido de fazer que o devedor, agora réu, cumpra com suas obrigações estabelecidas no provimento judicial.

[112] "Sindicato. Substituição processual. Convenção e acordo coletivos. Ao teor da Súmula nº 286 do c. Tribunal Superior do Trabalho, a legitimidade do sindicato para propor ação de cumprimento estende-se também à observância de acordo ou de convenção coletivos. Recurso ordinário conhecido e improvido" (TRT 7ª R., RO 2096/2006-012-07-00.6, 2ª T., Rel. Jose Ronald Cavalcante Soares, *DJe* 10.07.2009, p. 5).

[113] "Ação de cumprimento. Empregados pertencentes a categoria diferenciada. Empregado integrante de categoria profissional diferenciada não tem o direito de haver de seu empregador vantagens previstas em instrumento coletivo no qual a empresa não foi representada por órgão de classe de sua categoria" (TRT 11ª R., RO 10566/2007-018-11-00, 18ª VT/Manaus, Rel. Juíza Valdenyra Farias Thomé, j. 04.08.2008).

[114] MELO, Raimundo Simão de. *Processo coletivo do trabalho*. São Paulo: LTr, 2009. p. 186-187.

[115] "Ação de cumprimento proposta por sindicato profissional. Coação dos empregados para desistirem da ação. Dano moral. Responde por indenização por dano moral o empregador que adota procedimentos tendentes a coagir seus empregados a desistirem de ação de cumprimento ajuizada pelo Sindicato profissional para pleitear o reajuste salarial normativo da categoria" (TRT 12ª R., RO 03139-2008-030-12-00-7, 3ª T., Rel. Roberto Basilone Leite, *DJe* 22.07.2009).

para proteção de direitos individuais homogêneos, decorrentes de uma origem comum: a norma coletiva violada por ato do empregador, portanto, de origem comum (CDC, art. 81, III).

Além de se aplicar ao cumprimento pelos empregadores de direitos individuais homogêneos, a ação de cumprimento também pode ter por objeto obrigações de fazer ou de não fazer e, nesse caso, o instrumento mais apropriado para a perseguição de direitos difusos e coletivos será uma ação civil pública (Lei 7.347/1985).

Sérgio Pinto Martins[116], por seu turno, aduz que

(...) o dissídio coletivo tem natureza constitutiva e sua decisão não é passível de execução, mas de cumprimento. Assim, a ação de cumprimento assegura a realização *in concreto* do que foi estabelecido na decisão normativa genérica, tendo a ação de cumprimento, portanto, natureza condenatória.

Para nós, não remanescem dúvidas quanto à natureza condenatória da ação de cumprimento, posto que ela busca não apenas o reconhecimento judicial do que está estabelecido em regramento coletivo, mesmo porque muitas vezes essas obrigações já são fixadas pelo próprio Poder Judiciário, por exemplo, no caso das sentenças normativas, como também e especialmente a sua efetiva concretização no mundo dos fatos, expressa pelo cumprimento das obrigações de dar[117], fazer[118] e não fazer[119].

---

[116] MARTINS, Sérgio Pinto. *Direito processual do trabalho*. 28. ed. São Paulo: Atlas, 2008. p. 679.

[117] "Ação de cumprimento. Reajustes não concedidos. Correta a condenação da empresa no pagamento de reajustes previstos em normas coletivas, quando não comprovada a respectiva quitação" (TRT 13ª R., Proc. 00687.2008.026.13.00-0, Rel. Juíza Ana Maria Ferreira Madruga, *DJe* 08.07.2009, p. 21).

[118] "Civil. Ação de cumprimento de obrigação de fazer. Necessidade de cirurgia urgente e internação em UTI. Risco iminente de morte. Ausência de vaga na rede pública. Internação em hospital privado. Direito fundamental à vida e à saúde. Dever do Estado. 1. O direito à saúde goza de proteção constitucional, previsto, dentre outras disposições, pelo artigo 196 da Constituição Federal. 2. É dever do Estado, em face do risco iminente de morte e na ausência de vagas em leito de Unidade de Terapia Intensiva (UTI) da rede Pública, arcar com os custos da internação em hospital da rede privada, mormente em se tratando de cidadão de menor poder aquisitivo. 3. Recurso conhecido e desprovido" (TJDFT, Proc. 2007 01 1 019460-7-(366645), Rel. Des. João Batista Teixeira, *DJe* 22.07.2009, p. 285).

[119] "Ação de cumprimento de obrigação de não fazer. Estabelecimento hospitalar. Pedido de antecipação de tutela para permitir o procedimento de transfusão sanguínea em paciente praticante da seita denominada 'Testemunhas de Jeová'. Produção de provas. Trata-se de ação de cumprimento de obrigação de não fazer, com pedido de liminar *inaudita altera pars*, pleiteando o estabelecimento hospitalar autor, a antecipação dos efeitos da tutela, no intuito de obstar que os réus oponham qualquer obstáculo à realização da transfusão sanguínea, imprescindível para salvar a vida da paciente/1ª agravante, visto que, com os

Advindo a sentença de conhecimento nas ações de cumprimento, após o trânsito em julgado material, e persistindo a recalcitrância na sua concretude, não restará ao autor ou ao sindicato[120] outra opção que não seja a movimentação da máquina judiciária, por meio da execução[121], para fazer valer seus direitos, por meio da expropriação do patrimônio do devedor.

24.6.3 Competência

A competência nas ações de cumprimento é fixada pelo art. 1º da Lei 8.984/1995, que determina que compete à Justiça do Trabalho conciliar e julgar os dissídios que tenham origem no cumprimento de convenções coletivas de trabalho ou acordos coletivos de trabalho, mesmo quando ocorram entre sindicatos ou entre sindicatos de trabalhadores e empregador.

---

demais agravantes, professa a seita denominada como 'Testemunhas de Jeová' e, por este motivo, não permitem a prática de transfusão sanguínea. Os réus/agravantes requerem que o hospital/agravado comprove nos autos a origem do sangue e hemoderivados transfundidos à paciente e a realização dos testes mínimos obrigatórios quanto aos males decorrentes da hemotransfusão. Entretanto, conforme corretamente decidiu o Magistrado *a quo*, ao indeferir a pretensão dos agravantes, tal prova é desnecessária à solução da lide, posto que não restou demonstrado nos autos ter a 1ª agravante contraído doenças decorrentes da transfusão sanguínea. Registre-se que o art. 130 do Código de Processo Civil confere poderes ao Magistrado para, de ofício ou a requerimento da parte, determinar os meios probantes necessários à instrução do processo, indeferindo diligências inúteis ou protelatórias, e sendo ele o destinatário da prova, encontra-se dentro do seu juízo aferir a necessidade, ou não, de sua realização. Recurso conhecido e improvido" (TJRJ, AI 2007.002.09293, 11ª C. Cív., Rel. Des. Cláudio de Mello Tavares, *DJe* 10.01.2008).

[120] "Ação de cumprimento de convenção coletiva de trabalho. Desnecessidade de apresentação do rol dos substituídos. Inexistência de inépcia da inicial. A ação de cumprimento é considerada, ao menos no sistema processual brasileiro, como cognitiva, porque visa a condenação de alguém, geralmente de uma empresa, ao cumprimento de obrigação de dar, fazer ou não fazer reconhecida em acórdão normativo, acordo ou convenção coletiva de trabalho. Está legitimado a exercê-la o ente sindical profissional na qualidade de substituto processual, que postula em nome próprio direito alheio. Essa legitimação autônoma ou extraordinária é extensiva a todos os membros da categoria do ente sindical autor, sindicalizados ou não, à exegese das disposições contidas no inciso III do art. 8º da Lei Maior combinadas com o disposto no art. 6º do CPC. Quando exercida pelo ente sindical profissional, não é obrigatória a indicação, na petição inicial, da relação dos substituídos, os quais podem ser individualizados e identificados na fase de liquidação da sentença, se favorável. Assim, a ausência da individualização dos substituídos não leva à ineptidão da petição inicial" (TRT 23ª R., RO 00911.2008.003.23.00-6, Rel. Des. Edson Bueno, j. 16.12.2008).

[121] "Art. 876. As decisões passadas em julgado ou das quais não tenha havido recurso com efeito suspensivo; os acordos, quando não cumpridos; os termos de ajuste de conduta firmados perante o Ministério Público do Trabalho e os termos de conciliação firmados perante as Comissões de Conciliação Prévia serão executadas pela forma estabelecida neste Capítulo."

A competência para o processamento e julgamento da ação de cumprimento é a Vara do Trabalho ou o juiz de Direito investido de jurisdição trabalhista, consoante o art. 872, parágrafo único, da CLT.

Sérgio Pinto Martins[122] aponta que

> (...) na ação de cumprimento temos a exceção à regra de que o juízo que prolatou a sentença é que seria competente para executá-la. O fato de o dissídio coletivo ter sido julgado pelo TST não importa que a competência seja desse órgão para conhecer e julgar a ação de cumprimento.

Não obstante, na ação de cumprimento promovida pelo sindicato da categoria profissional ou mesmo pelo Ministério Público do Trabalho, a ação de cumprimento transforma-se em ação coletiva, na defesa geralmente de direitos ou interesses individuais homogêneos, de origem comum, consoante o art. 81, parágrafo único, inciso III, arts. 91 e 104 da Lei 8.078/1990 (CDC). Mesmo nas lides coletivas, remanesce a competência da Vara do Trabalho para processar e julgar as ações de cumprimento, pois nessa situação a competência originária não é atribuída aos Tribunais do Trabalho, bem como não é caso de se utilizar o poder normativo constitucional (art. 114, § 2º, CF/1988), este sim de atribuição exclusiva dos Tribunais, uma vez que não foi estendida ao juiz monocrático de primeiro grau.

24.6.4 Objeto da ação de cumprimento

Como visto, na maioria dos casos de ação de cumprimento, os pedidos consistem na reparação de danos causados aos direitos individuais homogêneos, bem como obrigações de fazer e não fazer no que respeita a direitos difusos e coletivos.

Podemos também encontrar ações de cumprimento tendo por objeto pedidos de cominação de multas, *astreintes*, coações de caráter econômico e ainda o de suportar o desenvolvimento de alguma atividade pelo sindicato.

Cabe ainda a condenação pelos danos genericamente causados aos direitos metaindividuais, quando se torna impossível a reparação do dano mediante o retorno ao *status quo ante*. Nesse caso, diante da impossibilidade do cumprimento da obrigação, converte-se esta numa compensação pecuniária. Tem sido comum nos últimos tempos a condenação por dano moral coletivo (CF, art. 5º, incisos V e X)[123].

---

[122] MARTINS, Sérgio Pinto. *Direito processual do trabalho*. 28. ed. São Paulo: Atlas, 2008. p. 679.
[123] MELO, Raimundo Simão de. *Processo coletivo do trabalho*. São Paulo: LTr, 2009. p. 188.

Sérgio Pinto Martins informa que

(...) pode-se pretender na ação de cumprimento o recolhimento de desconto assistencial[124] previsto em sentença normativa, pois se está executando o cumprimento de uma decisão da Justiça do Trabalho. O STF entende que a Lei n. 8.894 é a norma de que trata o inciso IX do art. 114 da Constituição, prevendo outras controvérsias decorrentes da relação de trabalho. Dessa forma, é possível ao sindicato ingressar com ação em face do empregador, postulando o recolhimento de contribuição assistencial, prevista em dissídio coletivo, acordo ou convenção coletiva, sendo a Justiça do Trabalho competente para apreciar o caso.

24.6.5 Coisa julgada

24.6.5.1 Coisa julgada erga omnes

A sentença proferida em sede de ação de cumprimento abrange todos os trabalhadores que detêm legitimidade para postular a satisfação de seus direitos estabelecidos no instrumento coletivo, sejam todos os membros da mesma categoria, consoante o art. 8º, III, da Constituição Federal, representados pelo sindicato profissional ou os empregados de um ou mais empregadores, de forma isolada, individualmente, ou em ações plúrimas.

Por autorização expressa do art. 769 da CLT, o direito processual do trabalho, nas ações de conhecimento, como no presente caso, socorre-se no art. 103, III, da Lei 8.078/1990, de forma que a sentença produzida nesse instrumento processual tem eficácia *erga omnes*, abrangendo todos os trabalhadores que porventura possuam direitos ou interesses de origem comum.

24.6.5.2 Coisa julgada secundum eventum litis

Ronaldo Lima dos Santos[125] sustenta que na substituição processual, embora a parte formal (da relação jurídica processual) seja distinta da titularidade do interesse material invocado em juízo, uma vez que, na primeira, figura o sindicato

---

[124] "Recurso de revista. Competência da justiça do trabalho. Ação de cumprimento. Contribuição sindical patronal. Com a promulgação da Emenda Constitucional nº 45 em 08.12.2004, publicada em 31.12.2004, ampliou-se expressivamente a competência material da Justiça do Trabalho, a alcançar, também, consoante norma inserida no inciso III do art. 114 da Constituição da República, os conflitos entre os sindicatos, entre estes e empresários ou empregadores e entre sindicatos e trabalhadores. A Justiça do Trabalho é competente, pois, para apreciar a presente demanda ajuizada por sindicato patronal contra empresa por ele representada, objetivando o recebimento de contribuição assistencial prevista em norma coletiva. Nessa medida, a Orientação Jurisprudencial 290 da SID-I/TST se encontra superada pela nova redação do art. 114 da Constituição da República. Recurso de revista de que se conhece e a que se dá provimento" (TST, RR 804.986/2001.1, 5ª T., Rel. Juíza Conv. Rosa Maria Weber Candiota da Rosa, *DJU* 20.05.2005).

[125] SANTOS, Ronaldo Lima dos. *Sindicatos e ações coletivas*. 2. ed. São Paulo: LTr, 2008. p. 335.

e, na segunda, o substituído, o qual estará abrangido pela coisa julgada material, a simples coincidência formal do pedido e da causa de pedir basta para a caracterização da coisa julgada também em relação ao substituído, posto que este é o titular da relação jurídica material.

Informa esse autor que

> (...) a ausência de identidade processual entre as partes é suprida pelo caráter material do direito, de sorte que eventual propositura de ação individual pelo substituído com base no mesmo objeto e causa de pedir de uma ação de cumprimento já julgada encontra óbice na coisa julgada (art. 5º, XXXVI, da CF/88). Dessa forma, embora não constitua parte formal do processo, o trabalhador figura como parte material, sendo abrangido pelos efeitos da coisa julgada, favorável ou não, formada na ação de cumprimento[126].

Considerando que a ação de cumprimento configura-se em instrumento para a defesa de interesses individuais homogêneos, espécie do gênero ação coletiva, a ela se aplicam os preceitos da coisa julgada *secundum eventum litis*[127], estipulados no Código de Defesa do Consumidor. Por essa qualidade, a sentença proferida na ação de cumprimento, em caso de improcedência do pedido, permitirá que os legitimados que não tiverem intervindo no processo ajuízem ação individual, consoante dispõe o art. 103[128], § 2º, do CDC (Lei 8.078/1990).

Marcus Orione Gonçalves Correia[129] alega que "as lides que envolvem substituição processual sindical, por seu caráter coletivo, devem ser tratadas a partir do

---

[126] Idem, ibidem, p. 335.

[127] "Interesses individuais homogêneos. Ação coletiva e ação individual em curso. Não ocorrência de coisa julgada. Para a solução dos conflitos entre os regimes jurídicos da coisa julgada nos processos individual e coletivo, dispõem os art. 16 da Lei nº 7.347/85 e 103 do CDC que a coisa julgada na ação civil pública dá-se *secundum eventum litis*, ou seja, conforme o resultado da lide, e *erga omnes* ou *ultra partes* no caso dos interesses individuais homogêneos, alcançando os substituídos somente quando procedentes as ações coletivas. Todavia, para os efeitos da coisa julgada da sentença proferida na ação coletiva, é necessário que o autor de ação individual requeira a suspensão do processo no prazo de 30 dias, a contar da ciência nos autos do ajuizamento da ação coletiva, nos termos do disposto no art. 104 do CDC. Não requerida a suspensão, não há coisa julgada" (TRT 19ª R., RO 01260.2006.055.19.00-0, Rel. Des. Pedro Inácio, DJe 23.07.2009, p. 13).

[128] "Art. 103. Nas ações coletivas de que trata este Código, a sentença fará coisa julgada: (...) III – *erga omnes*, apenas no caso de procedência do pedido, para beneficiar todas as vítimas e seus sucessores, na hipótese do inciso III, do parágrafo único, do artigo 81. (...) § 2º Na hipótese prevista no inciso III, em caso de improcedência do pedido, os interessados que não tiverem intervindo no processo como litisconsortes poderão propor ação de indenização a título individual."

[129] CORREIA, Marcus Orione Gonçalves. *As ações coletivas e o direito do trabalho*. São Paulo: Saraiva, 1994. p. 114.

referencial homogeneidade, com o transporte da experiência normativa da coisa julgada do Código de Defesa do Consumidor".

Para Luciana Nacur Lorenz[130]

(...) outro aspecto que merece explicação minudente é a sistemática do Código de Defesa do Consumidor, de produção da coisa julgada *secundum eventum litis*, ou segundo o resultado do processo, e não mais *res iudicata inter partes* como era no sistema anterior do CPC e na doutrina clássica. No Brasil, o nosso sistema é diverso do sistema da *adequacy of representation* americano, porque não é o juiz que faz o controle, caso a caso, de quem está legitimado para ajuizar a ação coletiva, no nosso sistema os legitimados já estão, previamente, previstos nas regras jurídicas, art. 82 da Lei nº 8.078, de 1990, e, além disto, nossa coisa julgada *erga omnes* e *ultra partes* é também *secundum eventum litis*, no caso de insuficiência de provas, a coisa julgada, é produzida segundo o resultado final do processo, variando no caso da ação coletiva ter seu pedido julgado procedente, ou improcedente e também variando o seu resultado final de acordo com o motivo do julgamento de improcedência do pedido. Isto porque, se o pedido for julgado improcedente por falta de provas, o resultado do processo será um, mas se for julgado improcedente por quaisquer outros motivos, o resultado do processo será outro.

Ada Pellegrini Grinover[131] informa

(...) a existência de críticas a este modelo por acarretar um ônus excessivo ao réu. Se contrapõe às críticas, alegando que o réu participou do processo e teve direito de defesa. Em segundo lugar, mesmo no caso de procedência do pedido da ação coletiva, que irá beneficiar as ações individuais, há tão somente uma obrigação genérica de indenizar, mas esta será liquidada e executada em relação a cada liquidante individualmente considerado. Advirá, dessa forma, um novo processo de conhecimento em face do réu, para fixação dos valores individuais, permanecendo em plena eficácia o contraditório.

Essa autora[132] aduz ainda que,

(...) em relação à questão da coisa julgada *secundum eventum litis*, ou segundo o resultado do processo, ensejar a possibilidade de produção de coisas julgadas contraditórias alude que não incide tal hipótese, pois, em caso de desprovimento

---

[130] LORENTZ, Luciana Nacur. A coisa julgada coletiva: *ultra partes, erga omnes, e secundum eventum litis*. *Revista do Curso de Direito da Faculdade de Ciências Humanas FUMEC*, São Paulo, v. 6, p. 29, 2003.

[131] GRINOVER, Ada Pellegrini et al. *Código Brasileiro de Defesa do Consumidor*. 5. ed. São Paulo: Forense Universitária, 1998. p. 129.

[132] Idem, ibidem, p. 129.

do pedido (não por falta de provas, mas por outros motivos), a demanda somente fará coisa julgada entre os legitimados coletivos do art. 82, do CDC, a demanda só não poderá ser repetida, em âmbito coletivo, mas pode ser em âmbito individual (neste aspecto, para estes legitimados individuais o resultado seria apenas *inter partes*). Destarte, este possível conflito seria resolvido pela simples aplicação do art. 104 da Lei nº 8.078/90, e a coisa julgada prolatada *secundum eventum litis* só pode beneficiar os autores das ações individuais que requereram a suspensão de suas ações no prazo de 30 dias da ciência da existência da ação coletiva (semelhante ao sistema americano da *class action*, ou do sistema *opt in* e *opt out*).

Daí decorre também a chamada coisa julgada *in utilibus*, a indicar que, na coisa julgada da ação coletiva, se o pedido for julgado procedente, beneficiará, de imediato, todas as ações individuais, de forma a permitir aos autores dessas ações individuais, querendo, apenas a promoção da liquidação dos valores que lhes são devidos, em processo de liquidação, estabelecendo o contraditório com o réu e, após executar esses valores, tendo por base o título da sentença coletiva.

24.6.5.3 *Coisa julgada* rebus sic stantibus

A Súmula 246 do Colendo Tribunal Superior do Trabalho permite a dispensa do trânsito em julgado da sentença normativa para a propositura da ação de cumprimento, de forma que os trabalhadores possam perseguir seus direitos eventualmente violados.

A Lei 4.725/1965[133], em seu § 3º do art. 6º, prescreve que "o provimento do recurso não importará na restituição dos salários ou vantagens pagos, em execução do julgado". Essa lei trata do procedimento do dissídio coletivo e assistência gratuita aos trabalhadores. Infere-se, portanto, que, se as partes ajuizaram a peça inaugural de dissídio coletivo, não lograram êxito no processo normal de negociação coletiva de trabalho, cujos desdobramentos são os instrumentos normativos – acordo, convenção coletiva ou contrato coletivo, a arbitragem e a greve.

Portanto, prolatada a sentença normativa pacificando o conflito coletivo, a decisão deve ser imediatamente cumprida, não sendo permitida a devolução do

---

[133] "Art. 6º Os recursos das decisões proferidas nos dissídios coletivos terão efeito meramente devolutivo.

§ 1º O Presidente do Tribunal Superior poderá dar efeito suspensivo ao recurso, a requerimento do recorrente em petição fundamentada. Do despacho caberá agravo para o Pleno, no prazo de 5 (cinco) dias, de conformidade com o disposto no Regimento Interno do Tribunal. (Redação dada ao parágrafo pela Lei nº 4.903, de 16.12.1965.)

§ 2º O Tribunal *ad quem* deverá julgar o recurso no prazo de 60 (sessenta) dias, improrrogavelmente.

§ 3º O provimento do recurso não importará na restituição dos salários ou vantagens pagos, em execução do julgado."

que foi pago aos trabalhadores, caso haja reforma da decisão normativa, por meio de recurso ordinário ao Colendo Tribunal Superior do Trabalho.

Dessa forma, proferida a sentença de conhecimento na ação de cumprimento, o autor ou autores poderão, de imediato, dar prosseguimento à execução provisória do julgado, por sua conta e risco. Essa execução provisória transmudar-se-á em execução definitiva, tão logo ocorra seu trânsito em julgado, curso normal de todas e quaisquer decisões judiciais.

Não obstante, em face de entendimentos doutrinários e jurisprudenciais diversos, no que respeita a natureza da coisa julgada da sentença normativa, vários problemas poderão advir, mesmo após o trânsito em julgado da ação de cumprimento.

Hipótese semelhante pode ocorrer em sede de um acordo judicial, que culminou com a extinção da ação civil pública, com julgamento do mérito, com fulcro no art. 487, III, *b*, do CPC/2015, afastando do mundo jurídico e das próximas convenções ou acordos coletivos da categoria uma cláusula que atritava com lei federal, mais especificamente o art. 6º[134] da Lei 10.101/2000.

O problema se afigura em relação aos processos de execução em sede de ação de cumprimento em curso e aqueles que já foram liquidados, com o recebimento dos valores pelos trabalhadores da categoria profissional, que tiveram como sustentáculo justamente a cláusula de convenção ou acordo coletivo eivado de irregularidades, agora retirada do mundo jurídico.

Quais os efeitos, portanto, desse acordo judicial decorrente de ação civil pública não apenas nas ações de cumprimento já liquidadas, com o recebimento do *quantum debeatur*, como aquelas ainda em curso nas Varas do Trabalho?

Sabe-se que, proferida a sentença na ação de cumprimento, cabe ao autor, geralmente o Sindicato, iniciar a execução provisória do julgado, por sua conta e risco. Com o trânsito em julgado dessa sentença, prossegue-se com a execução definitiva do julgado, como é a regra geral a ser aplicada em relação a qualquer decisão judicial.

Raimundo Simão de Melo[135] aduz que

> (...) problemas surgem, no entanto, quando, mesmo transitada em julgado uma sentença em ação de cumprimento, a decisão normativa embasadora do pedido: a) pende de confirmação mediante recurso para o TST; b) transita em julgado com conteúdo improcedente em relação aos pleitos objeto da ação

---

[134] "Art. 6º Fica autorizado o trabalho aos domingos nas atividades do comércio em geral, observada a legislação municipal, nos termos do art. 30, inciso I, da Constituição Federal. (Redação dada ao *caput* pela Lei nº 11.603, de 05.12.2007, *DOU* 06.12.2007)."
[135] Idem, ibidem, p. 215.

de cumprimento; c) decreta a extinção do processo de dissídio coletivo, sem apreciação do mérito.

Observe-se que a matéria discutida neste tópico, ou seja, o acordo judicial entre o Ministério Público do Trabalho e os sindicatos, em ação civil pública movida pelo primeiro em face dos sindicatos obreiro e patronal, que culminou com a aceitação pelos sindicatos da obrigação de não fazer pleiteada pelo Ministério Público do Trabalho (não incluir nas próximas convenções ou acordos coletivos de trabalho de cláusula que proibia a abertura do comércio aos domingos), enquadra-se perfeitamente nos três exemplos retrorreferidos, por analogia, pois as multas aplicadas aos empregadores que abriram suas portas aos domingos foram justamente o objeto da ação de cumprimento.

Não obstante, o problema não é de tão fácil entendimento, pois a questão tem gerado muita cizânia doutrinária e jurisprudencial.

Com efeito, temos duas correntes divergentes. Uma primeira que se posiciona no sentido de que, transitada em julgado a sentença normativa, ou retirada a cláusula do acordo ou convenção coletiva por meio de acordo judicial, ou ação anulatória, de forma contrária ao decidido na sentença da ação de cumprimento, esta perde automaticamente o seu efeito, porque a execução da sentença na ação de cumprimento é sempre provisória, sujeita a condição não resolutiva superveniente, enquanto pendente recurso em face de sentença proferida no dissídio coletivo, ação civil pública ou ação coletiva.

Os que assim se posicionam apresentam por fundamento a Súmula 397 e a Orientação Jurisprudencial 277, da SDI I, do Colendo Tribunal Superior do Trabalho, *in verbis*:

> Súmula 397 – Ação rescisória. Art. 966, IV, do CPC de 2015. Art. 485, IV, do CPC de 1973. Ação de cumprimento. Ofensa à coisa julgada emanada de sentença normativa modificada em grau de recurso. Inviabilidade. Cabimento de mandado de segurança. (Conversão da Orientação Jurisprudencial nº 116 da SDI-II.)

Não procede a ação rescisória calcada em ofensa à coisa julgada perpetrada por decisão proferida em ação de cumprimento, em face de a sentença normativa, na qual se louvava, ter sido modificada em grau de recurso, porque em dissídio coletivo somente se consubstancia coisa julgada formal. Assim, os meios processuais aptos a atacarem a execução da cláusula reformada são a exceção de pré-executividade e o mandado de segurança, no caso de descumprimento do art. 514 do CPC de 2015.

Já a Orientação Jurisprudencial 277 da SDI I do TST enuncia:

> OJ 277. Ação de cumprimento fundada em decisão normativa que sofreu posterior reforma, quando já transitada em julgado a sentença condenatória. Coisa julgada. Não configuração. A coisa julgada produzida na ação de cumprimento

é atípica, pois dependente de condição resolutiva, ou seja, da não modificação da decisão normativa por eventual recurso. Assim, modificada a sentença normativa pelo TST, com a consequente extinção do processo, sem julgamento do mérito, deve-se extinguir a execução em andamento, uma vez que a norma sobre a qual se apoiava o título exequendo deixou de existir no mundo jurídico.

Francisco Ferreira Jorge Neto e Jouberto Quadros Pessoa Cavalcante[136] assim se manifestam:

> (...) o maior problema surge quando a decisão da ação de cumprimento transita em julgado antes do julgamento final do recurso do dissídio coletivo de trabalho. Nesse caso a doutrina e jurisprudência se dividem. Para alguns, a ação de cumprimento deverá ser extinta, por entender que a ação de cumprimento era provisória e sua execução definitiva estava sujeita a uma condição resolutiva.

Estêvão Mallet[137], por sua vez, aduz que:

> (...) basta considerar a hipótese de, após o acolhimento da decisão definitiva, do pedido deduzido na ação de cumprimento, verificar-se a reforma ou a anulação da sentença normativa, com exclusão da vantagem cujo cumprimento se determinou. Em outros termos, qual o destino da condenação passada em julgado, proferida na ação de cumprimento, quando desaparece o seu fundamento?

Segundo esse doutrinador[138],

> (...) a dificuldade soluciona-se tendo em conta a ideia de condenação sujeita a condição resolutiva[139]. Quando se permite ajuizamento de pedido condenatório antes de definida a exigibilidade do direito, nos termos do art. 572 do CPC/1973 e atual art. 514 do CPC/2015 – tal como ocorre no caso da ação de cumprimento de sentença normativa, diga-se de passagem, a condenação que eventualmente se venha a proferir contém, ainda que apenas implicitamente, cláusula de revisibilidade, porque assente "sobre determinado condicionalismo susceptível de oscilação". Se, mais adiante, revelar-se inexigível o direito, a condenação fica, em consequência, prejudicada, sujeitando-se a revisão, amparada, inclusive, pela regra do art. 471, inciso I, do CPC/1973 e art. 505, I, do CPC/2015.

E ainda de forma conclusiva assim se manifesta o mencionado autor:

> (...) em síntese, se a reforma da sentença normativa ocorre antes do trânsito em julgado da condenação proferida na ação de cumprimento ou a alegação

---

[136] Idem, ibidem, p. 1559.
[137] MALLET, Estêvão. *Prática de direito do trabalho*. São Paulo: LTr, 2008. p. 167.
[138] Idem, ibidem, p. 167.
[139] MALLET, Estêvão. Observações sobre a ação de cumprimento. *Apontamentos de direito processual do trabalho*. São Paulo: LTr, 1997. p. 114.

é deduzida desde logo no processo – o que se pode fazer amplamente, mesmo na pendência de recurso de natureza extraordinária, como visto – ou, fica essa alegação coberta pelo efeito preclusivo da coisa julgada, de modo que não terá mais como ser invocada para elidir a condenação. Do contrário, haveria ofensa ao texto do art. 5º, inciso XXXVI, da Constituição[140].

Este é, aliás, o entendimento de outra corrente doutrinária e jurisprudencial que se posiciona pelo respeito ao instituto da coisa julgada[141], já que este é fundamento do Estado Democrático de Direito e do princípio de segurança nas relações jurídicas.

Para essa corrente, a decisão definitiva na ação de cumprimento somente não será executada no caso de, anteriormente:

– transitar em julgado a decisão do dissídio coletivo, fulminando com a improcedência o objeto da ação de cumprimento;
– haver a extinção do processo sem julgamento do mérito;
– ocorrer transação ou acordo judicial[142] em sede de ação civil pública, com aceitação da obrigação de não fazer pelos réus, por exemplo, a não inclusão de cláusula de proibição da abertura do comércio aos domingos em futuros ACT ou ACT que suscitou ação de cumprimento para cobrança de multas; ou
– procedência da ação anulatória de cláusula ou acordo coletivo movida pelo Ministério Público do Trabalho, objeto da própria demanda de cumprimento.

Note-se que, para essa corrente, o trânsito em julgado anterior da ação de cumprimento, sua execução e recebimento dos valores pleiteados, mesmo com a superveniência de decisão ou acordo afastando a cláusula indigitada posteriormente não suscitará quaisquer devoluções de valores já pagos pelos empregadores ao sindicato, e eventualmente já creditados aos trabalhadores[143].

---

[140] MALLET, Estêvão. *Prática de direito do trabalho*. São Paulo: LTr, 2008. p. 173.
[141] Art. 5º da CF/88, inciso XXXVI – "a lei não prejudicará o direito adquirido, o ato jurídico perfeito e a coisa julgada."
[142] É cediço que, havendo acordo judicial na audiência, objeto de transação entre as partes, o trânsito em julgado ocorre no momento de sua homologação pelo magistrado. De acordo com a Súmula 100 do TST: "V – O acordo homologado judicialmente tem força de decisão irrecorrível, na forma do art. 831 da CLT. Assim sendo, o termo conciliatório transita em julgado na data da sua homologação judicial". O art. 831 da CLT assim dispõe: "(...) Parágrafo único. No caso de conciliação, o termo que for lavrado valerá como decisão irrecorrível, salvo para a Previdência Social quanto às contribuições que lhe forem devidas".
[143] Algumas ementas dos Tribunais do Trabalho seguem esse entendimento. Vejamos: "Diferenças salariais. Ação de cumprimento. Dissídio coletivo extinto sem resolução do

mérito. Coisa julgada. Modificada a sentença normativa pelo TST, com a consequente extinção do processo, sem julgamento do mérito, não subsiste o suporte jurídico para a manutenção da condenação da Reclamada ao pagamento das diferenças salariais deferidas com base na norma coletiva. Recurso de revista conhecido e provido. Fundação pública. Diferenças salariais. Reajuste. Previsão. Norma coletiva. Aplicabilidade. Resta prejudicado o recurso de revista, no particular, ante o provimento do principal" (TST, RR 80645/2003-900-04-00, Rel. Min. José Simpliciano Fontes de F. Fernandes, *DJe* 08.05.2009, p. 529). "Administrativo. Ferroviários inativos da RFFSA. Pretensão de pagamento de complementação de aposentadoria com observância do reajuste de 26,06%, deferido aos obreiros em acordo coletivo. Posterior ajuizamento de ação de cumprimento para observância do pagamento dos reajustes acordados. Extinção desse feito mediante transação, que substituiu o reajuste por verbas indenizatórias. Fato extintivo do direito do autor – improcedência do pedido. 1. Os acordos coletivos firmados por sindicatos patronais e obreiros possuem força normativa, obrigando as partes à sua observância com relação a todos os membros da categoria. 2. A pretensão de extensão, a inativos, de reajuste deferido em acordo coletivo, configura hipótese substancialmente diversa da pretensão de extensão de acordos trabalhistas a obreiros que não participaram da relação processual nos quais foram firmados, eis que o acordo coletivo e a ação intentada na Justiça do Trabalho para garantir o seu cumprimento são processos de natureza especialíssima, cujas decisões possuem força normativa apta a obrigar os sindicatos patronais e obreiros ao seu cumprimento, estendendo-se a todos os empregados da categoria. 3. Acordo coletivo, na espécie, tornado sem efeito por força de transação judicialmente homologada em ação de cumprimento, com substituição do direito ao reajuste vindicado por indenizações diretamente pagas pelo sindicato dos obreiros aos inativos. 4. Fato extintivo do direito, não combatido pelo autor, que se tornou incontroverso. 5. De toda forma, a Lei nº 8.186/91, que estabelece, no parágrafo único de seu artigo 2º, que o reajustamento do valor da aposentadoria complementada obedecerá aos mesmos prazos e condições em que for reajustada a remuneração do ferroviário em atividade, de forma a assegurar a permanente igualdade entre eles, não poderia ser aplicada retroativamente, atingindo período anterior à promulgação da Constituição Federal de 1988, de forma a possibilitar aumentos dos proventos e pensões complementadas na forma de acordo coletivo firmado em 1987. 6. Apelação desprovida" (TRF 1ª R., AC 2008.33.00.006329-0/BA, 1ª T., Rel. Des. Fed. José Amilcar Machado, *DJe* 19.05.2009, p. 122).

"Ação de cumprimento. Execução. Sentença normativa pendente de recurso. 'coisa julgada atípica'. Modificada a sentença normativa, em face do reconhecimento, pelo TST, da incompetência funcional do TRT da 2ª Região que a proferiu, com consequente extinção do processo sem julgamento de mérito, resulta que a execução em andamento, com base no título exequendo que foi excluído do mundo jurídico, deve ser de imediato extinta, por já não mais existir o suporte jurídico sua exigibilidade. Realmente, a execução estava assentada em coisa julgada atípica, na medida em que a sentença normativa subordinava-se à condição resolutiva, que, uma vez concretizada, desconstituiu o título exequendo que até então representava. Logo, o V. acórdão do Regional, ao proclamar que a r. sentença proferida na fase cognitiva da ação de cumprimento não poderia ser alcançada pelo V. acórdão que julgou extinto o dissídio coletivo, com consequente desaparecimento da sentença normativa que embasava a execução, revela-se equivocada e, mais do que isso, agressiva ao artigo 5º, II e XXXVI, da Constituição Federal. Recurso de embargos provido, para extinguir a execução" (TST, ERR 405753, SBDI 1, Rel. Min. Milton de Moura França, *DJU* 09.11.2001).

Francisco Ferreira Jorge Neto e Jouberto de Quadros Pessoa Cavalcante[144] sustentam que

> (...) o Tribunal Superior do Trabalho vem admitindo mandado de segurança e exceção de pré-executividade para extinguir execução fundada em sentença proferida em ação de cumprimento, quando excluída da sentença normativa a cláusula que lhe serviu de sustentáculo. Isso porque a sentença normativa depende da exaustão do processo coletivo (art. 572[145], CPC/1973, e atual art. 514, do CPC/2015) e a sentença da ação de cumprimento perde sua eficácia executória com a reforma da sentença normativa em instância recursal.

Raimundo Simão de Melo[146] comunga com essa última corrente pelas razões que norteiam a excepcionalidade do Poder Normativo da Justiça do Trabalho e aduz que "somente por meio de ação rescisória, cumulada com eventual medida cautelar, seria possível estancar os efeitos da decisão transitada em julgado numa ação de cumprimento, em respeito ao comando constitucional do art. 5º, inciso XXXVI".

Aduz ainda, esse doutrinador[147],

"Ação rescisória. Ação de cumprimento. Execução. Diferenças salariais decorrentes de sentença normativa proferida por TRT. Dissídio coletivo julgado extinto pelo TST. Ofensa à coisa julgada. A coisa julgada produzida na ação de cumprimento é atípica. Depende de condição resolutiva, ou seja, da não modificação da decisão normativa por eventual recurso. Assim, a modificação da sentença normativa em grau de recurso repercute diretamente na coisa julgada e, consequentemente, na execução promovida na ação de cumprimento, que é extinta se forem indeferidas por este Tribunal as vantagens objeto do título exequendo. Uma vez que a coisa julgada na ação de cumprimento é relativa no tempo em função da condição resolutiva, a executada deverá buscar alento no próprio processo de execução e não na ação rescisória. 2. Documento novo. O TST já firmou na Orientação Jurisprudencial nº 20 da SBDI 2 entendimento segundo o qual não é documento novo apto a viabilizar a desconstituição de julgado decisão do TST que julga extinto o processo nos autos do dissídio coletivo em que foi proferida a sentença normativa que amparou o pleito deferido no processo de cognição. Recurso ordinário a que se nega provimento" (TST, ROAR 400.369/97.3, SBDI 2, Rel. Min. Ronaldo Leal, j. 13.11.2001).

[144] JORGE NETO, Francisco Ferreira; CAVALCANTE, Jouberto de Quadros Pessoa. *Direito processual do trabalho*. 3. ed. Rio de Janeiro: Lumen Juris, 2007. t. II, p. 1661.

[145] "Art. 572. Quando o juiz decidir relação jurídica sujeita à condição ou termo, o credor não poderá executar a sentença sem provar que se realizou a condição ou que ocorreu o termo."

[146] MELO, Raimundo Simão de. *Processo coletivo de trabalho*. São Paulo: LTr, 2009. p. 216.

[147] Idem, ibidem, p. 217. Para esse autor, não se pode confundir a possibilidade da ação revisional do art. 873 da CLT, que é uma característica do dissídio coletivo, para situações específicas, com o corte rescisório, quando presentes os requisitos do art. 485 do CPC. Não se aplicam na espécie os comandos do Código Civil (art. 125) e do CPC (art. 572), porque direcionados à jurisdição comum, em que o juiz aplica o direito existente. No dissídio coletivo, ao contrário, o juiz cria o direito para resolver rapidamente e com efetividade um

(...) que a Lei n. 7.701/98 (art. 2º, inciso I, letra *c*), ao estabelecer que compete à seção especializada em dissídios coletivos, ou seção normativa, originariamente (...) c) julgar as ações rescisórias propostas contra suas sentenças normativas leva à conclusão que a sentença normativa produz coisa julgada material e não apenas formal, já que a primeira (coisa julgada material) é pressuposto da ação rescisória.

O art. 872[148] da CLT, que veda discussão na ação de cumprimento, a respeito de matérias de fato e de direito já decididas na sentença normativa, também viria corroborar essa posição.

Manoel Antonio Teixeira Filho afigura-se também afiliado a essa segunda corrente ao mencionar que:

> Se a coisa julgada produzida pelo acórdão emitido pelo Tribunal Superior do Trabalho, no julgamento do recurso ordinário interposto da decisão normativa, for posterior à coisa julgada gerada pela sentença proferida na ação de cumprimento, a prevalência será desta última. Por isso, a execução, sendo definitiva, deve ter curso, a despeito da eliminação da cláusula normativa que dá conteúdo material à sentença exequenda. Cuida-se de situação invulgar, e algo anômala, determinada pelo fato de a coisa julgada alusiva à ação de cumprimento formar-se antes da que foi produzida no dissídio coletivo. Trata-se, portanto, de uma das raras situações em que o efeito sobrevive à causa.

Raimundo Simão de Melo, dessa forma, entende que, se o TST vier a excluir a cláusula que constitui o objeto da execução da sentença proferida na ação de cumprimento, duas soluções apresentam-se viáveis:

Caso não tenha ainda transitado em julgado a sentença na ação de cumprimento, a execução em andamento, que é provisória, extingue-se.

Entretanto, se a sentença na ação de cumprimento já transitou em julgado, deve esta ser cumprida em respeito ao instituto da coisa julgada, protegida pela CF (art. 5º, inciso XXXVI) podendo o interessado valer-se do instrumento da ação rescisória para desconstituí-la e, se for o caso, de uma medida cautelar para suspender a execução definitiva.

---

conflito coletivo de trabalho, devendo a decisão normativa, como assegura a Lei 4.725/1965 (art. 6º, § 3º), ser cumprida imediatamente, sob pena de não cumprir a sua função social pacificadora.

[148] "Art. 872. Celebrado o acordo, ou transitada em julgado a decisão, seguir-se-á o seu cumprimento, sob as penas estabelecidas neste Título. Parágrafo único. Quando os empregadores deixarem de satisfazer o pagamento de salários, na conformidade da decisão proferida, poderão os empregados ou seus sindicatos, independentes de outorga de poderes de seus associados, juntando certidão de tal decisão, apresentar reclamação à Junta ou Juízo competente, observado o processo previsto no Capítulo II deste Título, sendo vedado, porém, questionar sobre a matéria de fato e de direito já apreciada na decisão."

No entanto, o mesmo TST não tem admitido ação rescisória, por violação da coisa julgada, da sentença de ação de cumprimento, com a alteração da sentença normativa em instância superior, com base na Súmula 397 do TST, uma vez que seu entendimento é de que o dissídio coletivo somente produz coisa julgada formal e não material.

Contudo, para Antonio Gidi[149],

> (...) rigorosamente, a coisa julgada nas ações coletivas no direito brasileiro não é *secundum eventum litis*. Seria assim se ela se formasse nos casos de procedência do pedido e não nos de improcedência. (...) a coisa julgada sempre se formará, independentemente de o resultado da demanda ser pela procedência ou pela improcedência. A coisa julgada nas ações coletivas se forma *pro et contra*.

Conclui esse autor:

> (...) o que diferirá com o evento da lide não é a formação ou não da coisa julgada, mas o rol de pessoas por ela atingidas. Enfim, o que é *secundum eventum litis* não é a formação da coisa julgada, mas a extensão *erga omnes* ou *ultra partes* à esfera jurídica individual de terceiros prejudicados pela conduta considerada ilícita na ação coletiva.

Com base nesse raciocínio, e levando-se em consideração a legitimação por substituição processual (dos sindicatos), posto que a legitimação do Ministério Público é autônoma e constitucional, pois está sempre a defender interesse da sociedade, seja como parte/autor ou como órgão interveniente, a extensão da imutabilidade da coisa julgada *secundum eventus litis* não será aplicada para o substituído se ocorrer improcedência. Em outras palavras, nos casos de improcedência da ação coletiva, não ocorrerá a extensão subjetiva, ou seja, não gerará quaisquer efeitos. Do contrário, em caso de procedência, os efeitos serão *erga omnes* ou *ultra partes*, conforme a situação, para atingir os substituídos em seu benefício.

Com fulcro nesse entendimento, poderíamos dizer que, contrariamente ao posicionamento do TST retrorreferenciado, na superveniência de coisa julgada advinda de acordo judicial em sede de ação civil pública ou mesmo de sentença normativa oriunda de dissídio coletivo, a ação rescisória para postular a desconstituição da coisa julgada da ação de cumprimento poderia se valer do inciso VII[150] do art. 966, VII, do CPC/2015, sob o fundamento de nova prova ou documento novo.

---

[149] GIDI, Antonio. *Coisa julgada e litispendência em ações coletivas*. São Paulo: Saraiva, 1995. p. 73-74.

[150] "Art. 485. A sentença de mérito, transitada em julgado, pode ser rescindida quando: (...) VII – depois da sentença, o autor obtiver documento novo, cuja existência ignorava, ou de que não pôde fazer uso, capaz, por si só, de lhe assegurar pronunciamento favorável."

Nelson Nery Junior[151], ao discorrer sobre documento novo, alude "que ele deve ser de tal ordem que, sozinho, seja capaz de alterar o resultado da sentença rescindenda, favorecendo o autor da rescisória, sob pena de não ser idôneo para o decreto da rescisão".

A corroborar essa posição, trazemos a Súmula 406, inciso II, do próprio Colendo Tribunal Superior do Trabalho:

> II – O Sindicato, substituto processual e autor da reclamação trabalhista, em cujos autos fora proferida a decisão rescindenda, possui legitimidade para figurar como réu na ação rescisória, sendo descabida a exigência de citação de todos os empregados substituídos, porquanto inexistente litisconsórcio passivo necessário.

No entanto, em sentido contrário, a Súmula n. 402 do Tribunal Superior do Trabalho, que foi alterada para substituir a expressão "documento novo" por "prova nova", de forma a atualizar a súmula de acordo com o CPC/2015:

> Ação rescisória. Prova nova. Dissídio coletivo. Sentença normativa. (nova redação em decorrência do CPC de 2015)
>
> I – Sob a vigência do CPC de 2015 (art. 966, inciso VII), para efeito de ação rescisória, considera-se prova nova a cronologicamente velha, já existente ao tempo do trânsito em julgado da decisão rescindenda, mas ignorada pelo interessado ou de impossível utilização, à época, no processo.
>
> II – Não é prova nova apta a viabilizar a desconstituição de julgado: a) sentença normativa proferida ou transitada em julgado posteriormente à sentença rescindenda; b) sentença normativa preexistente à sentença rescindenda, mas não exibida no processo principal, em virtude de negligência da parte, quando podia e deveria louvar-se de documento já existente e não ignorado quando emitida a decisão rescindenda. (ex-OJ nº 20 da SBDI-2 – inserida em 20.09.2000)

Após a análise desse quadro jurídico, no que concerne à justiça das decisões judiciais, com um resultado lesivo para uns (empregadores que já foram obrigados a pagar eventuais multas ou celebraram acordo com os sindicatos, a título de descumprimento de cláusula de acordo ou convenção coletiva de trabalho, que venha a ser afastada posteriormente) e eventual resultado não lesivo para outros, dependendo do lapso temporal em que vier a ocorrer o afastamento da cláusula indigitada, por meio dos instrumentos jurídicos mencionados, poderá sobrevir a seguinte questão[152]: as demandas coletivas passivas não poderão se converter em mecanismo de supressão de direitos individuais com o selo da imutabilidade judicial?

---

[151] NERY JR., Nelson. *Código de Processo Civil comentado*. 10. ed. São Paulo: RT, 2007. p. 783.
[152] DIDIER JR., Fredie; ZANETI JR., Hermes. *Curso de direito processual civil*. Processo coletivo. Salvador: JusPodivm, 2007. p. 350.

Em que pesem as posições mencionadas, entendemos que, se os recursos advindos das multas por descumprimento de cláusula de convenção ou acordo coletivo já foram pagos ou creditados aos trabalhadores da categoria profissional, não caberá qualquer devolução, mesmo porque no tempo em que receberam tais benefícios ainda encontrava-se em vigência a cláusula que posteriormente foi retirada do mundo jurídico, e ainda pelo fato de que figuraram como substituídos nas ações coletivas.

Não obstante, assistimos a várias situações em que decisões judiciais não primam pela justiça ou equidade, o que seria de esperar com ansiedade em um Estado Democrático de Direito, mas que, em alguns casos concretos, alguns outros princípios e valores se sobrepõem, e às vezes entram em rota de colisão, como a segurança jurídica e a pacificação social e a imutabilidade da coisa julgada.

24.6.6 Litispendência da ação de cumprimento coletiva com a ação individual

Se antes do advento do CDC (Lei 8.078/1990), a doutrina e a jurisprudência entendiam pelo cabimento da litispendência[153] entre a ação individual[154] proposta por trabalhador e a proposta por substituto processual[155], essa posição restou superada pelo art. 104 daquele diploma legal, que assim estatui:

---

[153] "Substituição processual e ação individual. Litispendência. Configuração. A existência de ação proposta pelo Sindicato, na condição de substituto processual, dá ensejo à configuração de litispendência, se outra ação, proposta pelo empregado, integrante daquela categoria profissional, busca os mesmos direitos ali vindicados, com o mesmo pedido e causa de pedir, mormente quando se verifica que as pretensões perseguidas referem-se a interesses e direitos individuais homogêneos, o que afasta a incidência do art. 104 do Código de Defesa do Consumidor (Lei 8.078/90)" (TRT 3ª R., RO 00431-2007-034-03-00-1, 8ª T., Rel. Des. Marcio Ribeiro do Valle, *DJe* 15.03.2008).

[154] "Litispendência. Continência. Não induz litispendência o ajuizamento de ação pelo sindicato profissional, como substituto processual, antes do ajuizamento de ação individual pelo trabalhador. Aplicação subsidiária do art. 104 do Código de Defesa do Consumidor ao Processo do Trabalho. Provimento negado. Adicional de insalubridade. Atividade insalubre em grau máximo, de acordo com o Anexo 14 da NR-15 da Portaria nº 3.214/78. Contato permanente com pacientes portadores de doenças infectocontagiosas. Negado provimento. Recurso da reclamante. Base de cálculo do adicional de insalubridade. Consoante entendimento firmado pelo STF, na Súmula Vinculante nº 4, o salário mínimo não pode ser utilizado como indexador de base de cálculo de vantagem de servidor público ou empregado. Assim, o adicional de insalubridade será calculado com base no salário base contratual do trabalhador, conforme o disposto no art. 7º, XXIII, da CF e aplicação analógica do art. 193 da CLT. Provido" (TRT 4ª R., RO 00059-2008-004-04-00-7, Rel. Maria da Graça R. Centeno, j. 11.12.2008).

[155] "Recurso dos reclamantes. Litispendência. Ação coletiva movida pelo sindicato profissional da categoria, na condição de substituto processual, não induz litispendência para as ações individuais. Aplicação do artigo 104 do CDC. Recurso provido" (TRT 4ª R., RO 00946-2007-381-04-00-8, Rel. Des. Cláudio Antônio Cassou Barbosa, j. 11.02.2009).

Art. 104. As ações coletivas, previstas nos incisos I e II, do parágrafo único, do artigo 81, não induzem litispendência para as ações individuais, mas os efeitos da coisa julgada *erga omnes* ou *ultra partes* a que aludem os incisos II e III do artigo anterior não beneficiarão os autores das ações individuais, se não for requerida sua suspensão no prazo de 30 (trinta) dias, a contar da ciência nos autos do ajuizamento da ação coletiva.

Dessa forma, pode-se dizer que o CDC (Lei 8.078/1990)[156] contempla, como mencionado, não somente a tutela coletiva ou molecular, mas também a tutela individual ou atomizada, em homenagem ao amplo acesso à jurisdição, contemplado na CF/1988, em seu art. 5º, inciso XXXV.

Nesse particular, emblemático o pensamento de Francisco Gérson Marques de Lima[157], para quem,

> (...) o exercício do direito de ação coletiva pelo sindicato substituto não pode preponderar, pura e simplesmente, sobre o direito de ação individual quando o próprio substituído o exercite, com renúncia à tutela coletiva. O interesse social na propositura de ação coletiva não é excludente de ação individual, caso contrário, estar-se-ia transformando o sindicato em detentor da própria titularidade do direito, em detrimento do seu verdadeiro titular.

24.7 INQUÉRITO PARA APURAÇÃO DE FALTA GRAVE

24.7.1 Conceito

O inquérito para apuração de falta grave não se confunde com o inquérito civil, de titularidade exclusiva do MPT, pois são institutos jurídicos de natureza jurídica totalmente diversa.

---

[156] "Recurso ordinário obreiro. Município de Pilar. Salários em atraso. Coisa julgada oriunda de ação civil pública. Ação individual não alcançada, em face do disposto nos arts. 103 e 104 do CDC. Na forma prevista nos arts. 103 e 104 do Código de Defesa do Consumidor, o efeito *erga omnes* decorrente de provimento de ação civil pública somente alcança os autores de ações individuais, quando estes, no prazo de 30 dias, formulem pedido de suspensão de tais ações. No caso dos autos, como informado no recurso das reclamantes, jamais houve tal pleito de suspensão, pelo que têm direito ao processamento e julgamento do feito individual plúrimo. Reformada, assim, a sentença que concluiu pela extinção da reclamação, em face de coisa julgada, devendo os autos retornar à origem, para que seja marcada audiência de instrução, possibilitando a defesa da edilidade, com posterior julgamento do mérito" (TRT 19ª R., RO 01282.2006.055.19.00-0, Rel. Des. João Leite, *DJe* 24.07.2009, p. 4).

[157] LIMA, Francisco Gérson Marques de. Ações coletivas sindicais e litispendência. Revista LTr, São Paulo, n. 79, p. 519, 1993.

O primeiro é um instituto do direito individual, previsto no art. 494 da CLT, de natureza constitutivo-negativa, empreendida pelo empregador, objetivando a resolução de contrato de trabalho de empregado estável, em razão de prática de falta grave pelo trabalhador.

O inquérito civil[158] é um instituto de direito coletivo do trabalho, previsto no texto constitucional, no art. 129, III, e tem por finalidade desvendar a autoria e materialidade de delito trabalhista no âmbito trabalhista, geralmente envolvendo direitos difusos, coletivos e individuais homogêneos. Remetemos o leitor à leitura da matéria referente a esse assunto em tópico específico nesta obra.

Estabelece o art. 494 da CLT:

> Art. 494. O empregado acusado de falta grave poderá ser suspenso de suas funções, mas a sua despedida só se tornará efetiva após o inquérito em que se verifique a procedência da acusação.
>
> Parágrafo único. A suspensão, no caso deste artigo, perdurará até a decisão final do processo.

O colendo TST trata da matéria na Orientação Jurisprudencial 137 da SDI 2:

> OJ n. 137. Mandado de segurança. Dirigente sindical. Art. 494 da CLT. Aplicável. Constitui direito líquido e certo do empregador a suspensão do empregado, ainda que detentor de estabilidade sindical, até a decisão final do inquérito em que se apure a falta grave a ele imputada, na forma do art. 494, *caput* e parágrafo único, da CLT.

A legislação brasileira garante a estabilidade provisória em relação a alguns trabalhadores no Brasil, em que somente poderá ser dispensado se cometer falta grave, por meio da ação de inquérito para apuração de falta grave. São eles:

- Dirigentes sindicais (art. 8º, VIII, da CF/1988 e art. 543, § 3º, da CLT);
- Empregados eleitos diretores de sociedades cooperativas (art. 55 da Lei 5.764/1971);
- Empregados membros do CNPS (art. 3º, § 7º, da Lei 8.213/1991).

O STF emitiu a Súmula 197 sobre o tema:

> Súmula 197 – O empregado com representação sindical só pode ser despedido mediante inquérito em que se apure falta grave.

---

[158] Trata-se de um dos instrumentos jurídicos (processo administrativo) mais poderosos do Ministério Público do Trabalho, ao lado do TAC (Termo de Ajustamento de Conduta), da requisição e das ações moleculares.

O TST trata da matéria na Súmula 379, *in verbis*:

> Dirigente sindical. Despedida. Falta grave. Inquérito judicial. Necessidade. (Conversão da Orientação Jurisprudencial nº 114 da SDI-1.) O dirigente sindical somente poderá ser dispensado por falta grave mediante a apuração em inquérito judicial, inteligência dos arts. 494 e 543, § 3º, da CLT.

24.7.2 Processamento

O procedimento do inquérito para apuração de falta grave está disposto nos arts. 853 a 855, da CLT, que estabelecem:

> Art. 853. Para a instauração[159] do inquérito para apuração de falta grave contra empregado garantido com estabilidade, o empregador apresentará reclamação por escrito à Junta ou Juízo de Direito, dentro de 30 dias, contados da data da suspensão do empregado.
>
> Art. 854. O processo do inquérito[160] perante a Junta ou Juízo obedecerá às normas estabelecidas no presente Capítulo, observadas as disposições desta Seção.
>
> Art. 855. Se tiver havido prévio reconhecimento da estabilidade do empregado, o julgamento do inquérito pela Junta ou Juízo não prejudicará a execução para

---

[159] "Prazo decadencial. Inquérito para apuração de falta grave. Início da contagem. Recurso de revista. Inquérito para apuração de falta grave. Decadência. Início para a contagem do prazo decadencial. Não conhecimento. O Regional considerou a data da efetiva suspensão do reclamante como marco inicial para a contagem do prazo decadencial previsto no art. 853 da CLT. A decisão foi fundada na existência de documentos que comprovam o fato. Portanto, decisão em sentido contrário desafia novo exame do conjunto probatório produzido nos autos, o que é vedado no âmbito de revista, na forma da Súmula nº 126 do TST. Por outro lado, os arestos trazidos ao confronto não enfrentam todos os fundamentos adotados pelo Regional em sua decisão. Aplicação das Súmulas nºs 23 e 296 do TST. Recurso de revista não conhecido" (TST, RR 737-02.2010.5.22.0103, 4ª T., Rel. Min. Maria de Assis Calsing, *DJe* 05.10.2012).

[160] "Integrante da CIPA. Justa causa. Desnecessidade de inquérito. É cediço que, a teor do artigo 10, inciso II, alínea 'a', do ADCT e do artigo 165 da CLT, o empregado eleito para cargo de direção da CIPA conta com garantia provisória de emprego, a qual vigora desde o registro de sua candidatura até um ano após o final de seu mandato. Como destinatário dessa garantia, o membro da CIPA não pode ser arbitrariamente dispensado, mas pode ser dispensado por motivo disciplinar, técnico, econômico ou financeiro, sem que, para justificar a dispensa, o empregador tenha que ajuizar inquérito civil. Com efeito, do parágrafo único do artigo 165 da CLT consta que caberá ao empregador, ocorrendo a despedida do denominado 'cipeiro', comprovar o motivo da dispensa na própria reclamação ajuizada pelo obreiro. Sem necessidade de ajuizamento do inquérito, portanto. O ajuizamento do inquérito de que trata o artigo 853 da CLT impõe-se somente nos casos em que a lei exige a prévia demonstração de falta grave como forma de desconstituir a garantia de emprego, a exemplo do dirigente sindical, como prevê o artigo 543, § 3º, da CLT" (TRT 3ª R., RO 0010176-92.2014.5.03.0178, Rel. Paulo Roberto de Castro, *DJe* 11.11.2015, p. 221).

pagamento dos salários devidos ao empregado, até a data da instauração do mesmo inquérito.

A ação de inquérito para apuração de falta grave[161] deve ser proposta nas Varas do Trabalho, e cada parte poderá apresentar até seis testemunhas, de acordo com o art. 821[162] da CLT.

Na petição inicial, o empregador, na condição de autor, recebe a nomenclatura de requerente, enquanto o empregado, na condição de réu, de requerido.

24.7.3 Prazo

O prazo para a propositura do inquérito é de 30 dias, sob pena de decadência, ou seja, de perda do direito material pelo autor, contados da suspensão do empregado.

A Súmula 62 do TST assim se expressa:

> Súmula 62 – Abandono de emprego
> O prazo de decadência do direito do empregador de ajuizar inquérito em face do empregado que incorre em abandono de emprego é contado a partir do momento em que o empregado pretendeu seu retorno ao serviço.

O STF trata da matéria em sua Súmula 403, *in verbis*:

> Súmula 403 – É de decadência[163] o prazo de trinta dias para instauração do inquérito judicial, a contar da suspensão, por falta grave, de empregado estável.

No entanto, não é compulsória a suspensão do empregado estável para a propositura da respectiva ação de inquérito para apuração de falta grave. Entende-se que

---

[161] O instituto da falta grave não se confunde com justa causa. Entendemos que a falta grave obedece à equação: falta grave = qualquer das hipóteses da justa causa (art. 482 da CLT) + um *plus* (conduta gravíssima, que conduzirá à perda da fidúcia, ou reiteração de atos de violação dos deveres e obrigações do empregado, que conduzirão à sua dispensa). Essa é a exegese que podemos extrair do art. 493 da CLT: "Constitui falta grave a prática de qualquer dos fatos a que se refere o art. 482, quando por sua repetição ou natureza representam séria violação dos deveres e obrigações do empregado".

[162] "Art. 821. Cada uma das partes não poderá indicar mais de três testemunhas, salvo quando se tratar de inquérito, caso em que esse número poderá ser elevado a seis."

[163] De acordo com o critério científico de Agnello Amorim Filho, utilizado pelo Código Civil de 2002, somente as ações condenatórias, relacionadas às relações jurídicas subjetivas, imbuídas de pretensão (ato de querer, de exigir o cumprimento de determinada obrigação), são sujeitas à prescrição, enquanto as ações constitutivas com prazo definitivo no ordenamento jurídico se sujeitarão à decadência, pois oriundas de relações jurídicas potestativas. As ações constitutivas sem prazo definido e as declaratórias são providas de imprescritibilidade.

o empregador, nessa hipótese, terá o prazo de cinco anos (art. 7º, XXIX, CF/1988) após a prática da falta grave, para o ajuizamento da correspondente ação, contados da ciência, pelo empregador. No entanto, essa hipótese pode levar à improcedência do feito pela falta de imediatidade aliada a suposto perdão tácito.

24.7.4 Efeitos da sentença judicial

Se houver a suspensão do obreiro estável e a ação ajuizada for julgada improcedente pelo juízo trabalhista, o empregador será obrigado a reconduzir seu empregado estável (reintegração) ao seu antigo emprego, bem como ao pagamento dos salários e demais vantagens do período de afastamento, havendo a natural conversão da suspensão contratual em interrupção do contrato de trabalho.

Nesse caso, se a falta grave imputada ferir a dignidade do trabalhador, poderá até mesmo haver a possibilidade de ação trabalhista do obreiro com pretensão a dano moral individual, nos termos dos arts. 186 e 187 do Código Civil brasileiro.

Na hipótese de a reintegração do empregado estável ser desaconselhável, o art. 496 da CLT determina que:

> Art. 496. Quando a reintegração do empregado estável for desaconselhável, dado o grau de incompatibilidade resultante do dissídio, especialmente quando for o empregador pessoa física, o tribunal do trabalho poderá converter aquela obrigação em indenização devida nos termos do artigo seguinte.

Na hipótese de não ter ocorrido a suspensão do empregado estável, julgada improcedente a ação de inquérito para falta grave, o contrato de trabalho terá seu curso normal, como se nada tivesse acontecido.

Tendo a ação sido julgada procedente, certificando o direito material do empregador quanto à dispensa e suspensão do empregado estável, pela prática de falta grave, fica autorizada a resolução do contrato de trabalho. Caso o empregado tenha sido suspenso anteriormente à propositura da ação, os efeitos da sentença serão *ex tunc*, ou seja, retroativos, considerando-se rompido o vínculo laboral na data de suspensão do contrato de trabalho, nos termos do art. 855 da CLT.

Se não tiver ocorrido a suspensão do contrato de trabalho do empregado estável e julgada procedente a pretensão patronal, considerar-se-á rescindido o contrato laboral na data da propositura da ação de inquérito para apuração de falta grave.

24.8 PROCESSO DE JURISDIÇÃO VOLUNTÁRIA PARA HOMOLOGAÇÃO DE ACORDO EXTRAJUDICIAL

Parte da doutrina entende que jurisdição voluntária não é espécie de jurisdição, mas pode ser compreendida como administração pública de interesses privados, realizada por meio do Poder Judiciário, não havendo partes, mas meros interessados, nem ação ou processo, mas requerimento e procedimento, nem coisa julgada, mas simples preclusão.

Outros doutrinadores se posicionam no sentido de que a jurisdição voluntária compreende a atividade jurisdicional propriamente dita (existência da demanda, a atividade do juiz imparcial, a superação dos pressupostos processuais, presença das partes e formação da coisa julgada).

Se admitimos o processo eleitoral, o processo administrativo, o processo negocial, o processo arbitral, podemos dizer também que a jurisdição voluntária (não contenciosa) se apresenta como verdadeira demanda, apta a produzir coisa julgada, decorrente de processo e exercício de jurisdição, já que é exercida por intermédio de formas processuais (petição inicial, contraditório, instrução, sentença, recursos etc.).

Tão logo ocorra a judicialização da lide, os meros interessados se transmutam em partes, participantes da dupla relação jurídica (de direito material e de direito processual), com os direitos e obrigações dela decorrentes, pois em nosso ordenamento jurídico nada obsta que os interessados busquem o Estado-juiz para a indiscutibilidade/definitividade de seus acordos extrajudiciais, por meio da coisa julgada.

Estabelece o art. 855-B, da CLT, após o advento da Lei 13.467/2017:

> Art. 855-B. O processo de homologação de acordo extrajudicial terá início por petição conjunta, sendo obrigatória a representação das partes por advogado.

O CPC/2015 estabelece o procedimento para homologação de acordo extrajudicial como de jurisdição voluntária no art. 725, VIII, dispondo que, uma vez homologado, tal acordo torna-se título executivo judicial (art. 515, III, do CPC).

Com base nessas premissas, entendemos pela formação da coisa julgada, mesmo em sede de jurisdição voluntária, como no caso.

Vejamos o demais dispositivos deste novel artigo 855-B, alguns dos quais são autoexplicativos:

> Art. 855-B. (...)
>
> § 1º As partes não poderão ser representadas por advogado comum.
>
> § 2º Faculta-se ao trabalhador ser assistido pelo advogado do sindicato de sua categoria.
>
> Art. 855-C. O disposto neste Capítulo não prejudica o prazo estabelecido no § 6º do art. 477 desta Consolidação e não afasta a aplicação da multa prevista no § 8º art. 477 desta Consolidação.

Há nítida norma obstativa no sentido de permitir a proliferação de acordos extrajudiciais em que haja negociação do prazo de pagamento das verbas rescisórias, bem como de seu parcelamento. Tais verbas constantes do instrumento de rescisão do contrato de trabalho deverão ser pagas em até 10 dias contados do término do contrato de trabalho.

Da mesma forma, como a homologação judicial ocorrerá após o prazo de 10 dias da extinção do contrato de trabalho, o juízo deverá exigir o efetivo cumprimento dos prazos previstos no art. 477, como condição para a homologação.

> Art. 855-D. No prazo de quinze dias a contar da distribuição da petição, o juiz analisará o acordo, designará audiência se entender necessário e proferirá sentença.

A competência para homologação do acordo extrajudicial trabalhista é extraída do art. 652, *f*, da CLT (competência funcional), ou seja, da Vara do Trabalho, sendo que, como há exigência de comum acordo, as partes deverão escolher o juízo que melhor tenha possa conduzir a instrução.

Entendemos pela aplicação do Enunciado 125 da Jornada de direito material e processual do trabalho:

> Enunciado n. 125 – Processo de jurisdição voluntária. Homologação de acordo extrajudicial. Competência territorial.
>
> I – A competência territorial do processo de jurisdição voluntária para homologação de acordo extrajudicial segue a sistemática do art. 651 da CLT.
>
> II – Aplica-se analogicamente o art. 63, parágrafo 3º, do CPC, permitindo que o juiz repute ineficaz de ofício a eleição de foro diferente do estabelecido no art. 651 da CLT, remetendo os autos para o juízo natural e territorialmente competente.

Tratando-se de jurisdição voluntária, não haverá sucumbência, de sorte que cada parte arcará com os honorários advocatícios de seu advogado, não havendo incidência de honorários sucumbenciais.

O juiz deverá examinar o acordo no prazo de 15 dias, contados da distribuição da petição inicial conjunta; se entender necessário, poderá designar audiências, e proferirá a decisão, que poderá ser objeto de impugnação.

O juiz poderá não homologar, se constatar a inexistência dos requisitos legais, a lide simulada, ou a inexistência de transação, que leve à renúncia de direitos do trabalhador, já que a homologação constitui faculdade[164] do magistrado.

---

[164] A concessão da tutela antecipada, assim como a homologação do acordo, constitui faculdade do juiz e não direito subjetivo da parte. Isso porque o magistrado é agente político (diferentemente do servidor público, adstrito ao poder da legalidade estrita), detentor da soberania do Estado, e prolata as decisões de acordo com a Constituição, a lei e a sua própria consciência. Nesse sentido, a Súmula 418 do TST: "Mandado de segurança visando à homologação de acordo. A homologação de acordo constitui faculdade do juiz, inexistindo direito líquido e certo tutelável pela via do mandado de segurança". Também nesse sentido, o Enunciado n. 110 da 2ª Jornada de direito material e processual do trabalho: "O juiz pode recusar a homologação do acordo, nos termos propostos, em decisão fundamentada".

O art. 831, parágrafo único, da CLT estabelece:

> No caso de conciliação, o termo que for lavrado valerá como decisão irrecorrível, salvo para a Previdência Social quanto às contribuições que lhe forem devidas.

No mesmo sentido, a Súmula 100 do TST:

> O acordo homologado judicialmente tem força de decisão irrecorrível, na forma do art. 831 da CLT. Assim sendo, o termo conciliatório transita em julgado na data da sua homologação judicial.

Em interpretação literal, poderíamos concluir que, uma vez homologado o acordo, caberia ação rescisória para desconstituí-lo.

Além disso, a Súmula 259 do TST estabelece:

> Só por ação rescisória é impugnável o termo de conciliação previsto no parágrafo único do art. 831 da CLT.

No entanto, esta última súmula do TST levava em consideração os arts. 485, VIII, e 486 do CPC/1973, que não foram adotados pelo CPC/2015 entre as hipóteses de decisões que são objeto de rescisória no art. 966, especialmente a transação, que não mais é tida como vício suscetível de ação rescisória.

Diz o art. 966, § 4º do, CPC/2015:

> § 4º Os atos de disposição de direitos, praticados pelas partes ou por outros participantes do processo e homologados pelo juízo, bem como os atos homologatórios praticados no curso da execução, estão sujeitos à anulação, nos termos da lei.

Com fundamento nesse dispositivo legal, podemos inferir que nos casos de decisões que homologam o acordo extrajudicial trabalhista cabe ação anulatória

---

Assim, no processo de jurisdição voluntária de homologação de acordo extrajudicial, em que ambas as partes buscam a definitividade do instrumento por meio do trânsito em julgado material, caso o magistrado entenda pela não homologação, proferindo decisão de extinção do processo sem julgamento do mérito, caberá o ajuizamento de Recurso Ordinário para o respectivo Tribunal Regional do Trabalho, nos moldes do art. 895 da CLT.
Porém, se houver impugnação da decisão que homologou o acordo extrajudicial trabalhista, as coisas se complicam um pouco, em vista de posições doutrinárias divergentes.
Parte da doutrina, que compactua o entendimento que a jurisdição voluntária é de índole administrativa, entende que não há formação de coisa julgada.
Outra corrente, à qual nos filiamos, entende que há jurisdição propriamente dita no processamento do acordo de homologação de acordo extrajudicial, havendo, desta forma, formação da coisa julgada material.

e não ação rescisória, recomendando uma análise detida do TST no tocante à exequibilidade da Súmula 259.

Portanto, ajuizada a ação anulatória e julgada procedente, os atos subsequentes que dependam daquele ato serão tidos como ineficazes, ou seja, não produzirão efeitos jurídicos, possibilitando ao magistrado a sua extinção sem resolução do mérito.

A competência para o ajuizamento da ação anulatória, no caso, é do juízo no qual tramitou o processo de homologação de acordo extrajudicial, segundo o brocardo de que o acessório segue o principal, de acordo com a OJ 129[165] da SDI II do TST e art. 61[166] do CPC.

Esse ato processual permitirá que as partes, eventualmente, ajuízem ação trabalhista, buscando acertamento de valores e pagamentos porventura efetuados ao longo daquele acordo anterior, que poderão ser deduzidos na Justiça do Trabalho.

De outro lado, a petição de homologação de acordo extrajudicial suspende o prazo prescricional da ação, consoante o art. 855-E, *in verbis*:

> Art. 855-E. A petição de homologação de acordo extrajudicial suspende o prazo prescricional da ação quanto aos direitos nela especificados.
>
> Parágrafo único. O prazo prescricional voltará a fluir no dia útil seguinte ao do trânsito em julgado da decisão que negar a homologação do acordo.

A suspensão da prescrição, tanto da prescrição bienal, quanto da quinquenal, atingirá os direitos especificados na petição conjunta, não sendo possível incluir outras verbas não abrangidas no acordo.

Não sendo homologado o acordo, e ocorrendo a extinção do processo sem resolução do mérito, o prazo prescricional voltará a correr do dia seguinte ao trânsito em julgado da decisão que negar a homologação.

---

[165] Ação anulatória. Competência originária. Em se tratando de ação anulatória, a competência originária se dá no mesmo juízo em que praticado o ato supostamente eivado de vício.
[166] "Art. 61. A ação acessória será proposta no juízo competente para a ação principal."

ND# XXV

OUTRAS AÇÕES CABÍVEIS NO PROCESSO DO TRABALHO

25.1 AÇÃO RESCISÓRIA

A ação rescisória consiste em uma ação especial que tem por objetivo geralmente desconstituir decisões judiciais com trânsito em julgado material, ou seja, o título executivo judicial, porém, com o advento do CPC/2015, o legislador ampliou sua finalidade para também admiti-la em relação a decisões judiciais apenas com trânsito em julgado formal.

Trata-se de ação autônoma de impugnação, que tem por finalidade a desconstituição de decisão judicial transitada em julgado, bem como eventualmente o rejulgamento da lide. Não se trata de recurso, justamente porque permite o desenvolvimento de um novo processo para impugnar a decisão judicial.

Pode-se dizer que a coisa julgada em nosso ordenamento jurídico poderá ser impugnada de três modos: pela ação rescisória, por meio da *querela nullitatis*[1] e ainda pela impugnação de decisão judicial, prevista no § 12 do art. 525 e no § 5º do art. 535 do CPC.

A rescisória é meio hábil de desfazimento de decisão judicial em razão de invalidade (art. 966, II e IV) ou por injustiça (art. 966, VI e VIII).

A Lei 13.467/2017 (Reforma Trabalhista), além de promover a revogação do IUJ (incidente de uniformização da jurisprudência), que consistia em um sistema

---

[1] Em nosso sistema processual, existem duas hipóteses que permitem que uma decisão judicial possa ser invalidade, mesmo após o transcurso do prazo da ação rescisória (2 anos). O primeiro, trata-se de caso de decisão proferida contra o réu, em processo que correu à sua inteira revelia, e o segundo, por ausência de citação ou por citação defeituosa (arts. 525, § 1º, I, e 535, I, do CPC). Casos como este são ditos vícios transrescisórios.

mais simplificado de criação de teses jurídicas no Judiciário Trabalhista, também criou um novo requisito para o recurso de revista.

Por sua natureza jurídica de ação constitutiva negativa, o prazo da ação rescisória é decadencial, de dois anos, a contar do trânsito em julgado da última decisão prolatada na causa, seja ou não de mérito, consoante Súmula 100[2] do Colendo Tribunal Superior do Trabalho.

A CLT disciplina a ação rescisória no art. 836, como segue:

---

[2] Súmula 100 – "Ação rescisória. Decadência (incorporadas as Orientações Jurisprudenciais n°s 13, 16, 79, 102, 104, 122 e 145 da SDI-II).

I – O prazo de decadência, na ação rescisória, conta-se do dia imediatamente subsequente ao trânsito em julgado da última decisão proferida na causa, seja de mérito ou não. (ex--Súmula nº 100 – Res. 109/2001, DJ 18.04.2001.)

II – Havendo recurso parcial no processo principal, o trânsito em julgado dá-se em momentos e em tribunais diferentes, contando-se o prazo decadencial para a ação rescisória do trânsito em julgado de cada decisão, salvo se o recurso tratar de preliminar ou prejudicial que possa tornar insubsistente a decisão recorrida, hipótese em que flui a decadência a partir do trânsito em julgado da decisão que julgar o recurso parcial. (ex-Súmula nº 100 – Res. 109/2001, DJ 18.04.2001.)

III – Salvo se houver dúvida razoável, a interposição de recurso intempestivo ou a interposição de recurso incabível não protrai o termo inicial do prazo decadencial. (ex-Súmula nº 100 – Res. 109/2001, DJ 18.04.2001.)

IV – O juízo rescindente não está adstrito à certidão de trânsito em julgado juntada com a ação rescisória, podendo formar sua convicção através de outros elementos dos autos quanto à antecipação ou postergação do *dies a quo* do prazo decadencial. (ex-OJ nº 102 – DJ 29.04.2003.)

V – O acordo homologado judicialmente tem força de decisão irrecorrível, na forma do art. 831 da CLT. Assim sendo, o termo conciliatório transita em julgado na data da sua homologação judicial. (ex-OJ nº 104 – DJ 29.04.2003.)

VI – Na hipótese de colusão das partes, o prazo decadencial da ação rescisória somente começa a fluir para o Ministério Público, que não interveio no processo principal, a partir do momento em que tem ciência da fraude. (ex-OJ nº 122 – DJ 11.08.2003.)

VII – Não ofende o princípio do duplo grau de jurisdição a decisão do TST que, após afastar a decadência em sede de recurso ordinário, aprecia desde logo a lide, se a causa versar questão exclusivamente de direito e estiver em condições de imediato julgamento. (ex-OJ nº 79 – inserida em 13.03.2002.)

VIII – A exceção de incompetência, ainda que oposta no prazo recursal, sem ter sido aviado o recurso próprio, não tem o condão de afastar a consumação da coisa julgada e, assim, postergar o termo inicial do prazo decadencial para a ação rescisória. (ex-OJ nº 16 – inserida em 20.09.2000.)

IX – Prorroga-se até o primeiro dia útil, imediatamente subsequente, o prazo decadencial para ajuizamento de ação rescisória quando expira em férias forenses, feriados, finais de semana ou em dia em que não houver expediente forense. Aplicação do art. 775 da CLT. (ex-OJ nº 13 – inserida em 20.09.2000.)

É vedado aos órgãos da Justiça do Trabalho conhecer de questões já decididas, excetuados os casos expressamente previstos neste Título e a ação rescisória, que será admitida na forma do disposto no Capítulo IV do Título IX da Lei nº 5.869, de 11 de janeiro de 1973 – Código de Processo Civil, sujeita ao depósito prévio de 20% (vinte por cento) do valor da causa, salvo prova de miserabilidade jurídica do autor.

A CLT não se aprofunda nesse instituto da ação rescisória, de sorte que, com fulcro nos arts. 769 e 889, se aplicam, de forma subsidiária e complementar, por não haver incompatibilidade, o art. 966 e seguintes do CPC/2015, com as peculiaridades inerentes ao processo do trabalho, mais especialmente em relação ao depósito prévio de 20% (vinte por cento) do valor da causa, com exceção daqueles que provarem seu estado de miserabilidade, a União, os Estados, os Municípios, o Ministério Público, autarquias e fundações públicas instituídas pela União e a massa falida.

Em que pese a Súmula 338[3] do Supremo Tribunal Federal obstar o andamento da ação rescisória na Justiça do Trabalho, o que se verifica na prática do processo do trabalho é sua regulamentação no art. 836 (CLT), a utilização subsidiária do CPC e a criação virtualmente em todos os Tribunais do Trabalho do País de uma sessão ou turma especializada para seu julgamento.

O que se observa em relação ao instituto da ação rescisória no Brasil é que ele vem mitigar um fundamento do Estado Democrático de Direito, a coisa julgada (que forma o núcleo duro da segurança jurídica com o ato jurídico perfeito e o direito adquirido), pois, mesmo com o advento do fenômeno da transmutação da coisa julgada material em título executivo judicial, na ausência de recursos ou se esta foi julgada e foi negado provimento, o autor ainda deverá esperar o prazo de dois anos para ter a certeza absoluta de que o bem da vida (direito material concretizado) que lhe foi outorgado pela prestação jurisdicional dele não será retirado.

A ação rescisória tem previsão constitucional nos arts. 102, "j"[4], e 105, "e"[5], da Constituição Federal, bem como nos arts. 966 e seguintes do CPC/2015.

O art. 966 dispõe:

> A decisão de mérito, transitada em julgado, pode ser rescindida quando:
> I – se verificar que foi proferida por força de prevaricação, concussão ou corrupção do juiz;

X – Conta-se o prazo decadencial da ação rescisória, após o decurso do prazo legal previsto para a interposição do recurso extraordinário, apenas quando esgotadas todas as vias recursais ordinárias. (ex-OJ nº 145 – DJ 10.11.2004.)"

[3] Súmula 338 do STF – "Não cabe ação rescisória no âmbito da Justiça do Trabalho".
[4] "j) a revisão criminal e a ação rescisória de seus julgados".
[5] "e) as revisões criminais e as ações rescisórias de seus julgados".

II – for proferida por juiz impedido ou por juízo absolutamente incompetente;

III – resultar de dolo ou coação da parte vencedora em detrimento da parte vencida ou, ainda, de simulação ou colusão entre as partes, a fim de fraudar a lei;

IV – ofender a coisa julgada;

V – violar manifestamente norma jurídica;

VI – for fundada em prova cuja falsidade tenha sido apurada em processo criminal ou venha a ser demonstrada na própria ação rescisória;

VII – obtiver o autor, posteriormente ao trânsito em julgado, prova nova cuja existência ignorava ou de que não pôde fazer uso, capaz, por si só, de lhe assegurar pronunciamento favorável;

VIII – for fundada em erro de fato verificável do exame dos autos.

§ 1º Há erro de fato quando a decisão rescindenda admitir fato inexistente ou quando considerar inexistente fato efetivamente ocorrido, sendo indispensável, em ambos os casos, que o fato não represente ponto controvertido sobre o qual o juiz deveria ter se pronunciado.

§ 2º Nas hipóteses previstas nos incisos do *caput*, será rescindível a decisão transitada em julgado que, embora não seja de mérito, impeça:

I – nova propositura da demanda; ou

II – admissibilidade do recurso correspondente.

§ 3º A ação rescisória pode ter por objeto apenas 1 (um) capítulo da decisão.

§ 4º Os atos de disposição de direitos, praticados pelas partes ou por outros participantes do processo e homologados pelo juízo, bem como os atos homologatórios praticados no curso da execução, estão sujeitos à anulação, nos termos da lei.

Observe-se que o § 2º prevê hipóteses de ação rescisória, mesmo sem decisão materialmente transitada em julgado, nos casos de nova propositura da demanda e de admissibilidade do recurso correspondente.

A ação rescisória não se trata da continuidade do processo anterior, em que se verificou a formação do título executivo judicial, com o advento ou não do trânsito em julgado, mas de uma nova ação, que não se confunde com a primeira, cuja decisão se pretende rescindir.

Trata-se de um novo processo cuja competência é o Tribunal Regional do Trabalho, no caso do processo laboral, que será o competente para o devido julgamento.

25.1.1 Hipóteses de cabimento da ação rescisória

Como o CPC não especifica as hipóteses de incidência, o Processo do Trabalho subsidia-se no processo civil, mais especificamente no art. 966 e seguintes do CPC, que trazem as causas de pedir das postulações.

a) Se verificar que foi proferida por força de prevaricação, concussão ou corrupção do juiz

A primeira hipótese (inciso I do art. 966 do CPC) trata-se de a decisão ter sido prolatada com prevaricação, concussão ou corrupção do juiz, encartada nos tipos penais dos arts. 319[6], 317[7] e 316[8] do Código Penal, que tratam da obtenção de vantagens ilícitas pelo magistrado em contraposição ao digno exercício da função jurisdicional.

Pelo fato de haver a independência entre os ramos da justiça civil e criminal, a apuração do crime (no âmbito penal) não é condição para o ajuizamento de ação rescisória.

No entanto, uma decisão transitada em julgado no processo penal anteriormente ao ajuizamento da ação rescisória obviamente poderá influenciar no julgamento da rescisória.

b) For proferida por juiz impedido ou por juízo absolutamente incompetente

O inciso II do art. 966 do CPC relaciona-se à decisão prolatada por juiz impedido ou por juízo absolutamente incompetente. Tal decisão é totalmente contaminada, pois viola norma de ordem pública, conquanto o impedimento está insculpido nos arts. 144[9] e 145[10] do CPC/2015.

---

[6] "Art. 319. Retardar ou deixar de praticar, indevidamente, ato de ofício, ou praticá-lo contra disposição expressa de lei, para satisfazer interesse ou sentimento pessoal:
Pena – detenção, de 3 (três) meses a 1 (um) ano, e multa."

[7] "Art. 317. Solicitar ou receber, para si ou para outrem, direta ou indiretamente, ainda que fora da função ou antes de assumi-la, mas em razão dela, vantagem indevida, ou aceitar promessa de tal vantagem:
Pena – reclusão, de 2 (dois) a 12 (doze) anos, e multa. (NR) (Redação dada à pena pela Lei nº 10.763, de 12.11.2003, DOU 13.11.2003.)"

[8] Concussão: "Art. 316. Exigir, para si ou para outrem, direta ou indiretamente, ainda que fora da função ou antes de assumi-la, mas em razão dela, vantagem indevida:
Pena – reclusão, de 2 (dois) a 8 (oito) anos, e multa".

[9] "Art. 144. Há impedimento do juiz, sendo-lhe vedado exercer suas funções no processo:
I – em que interveio como mandatário da parte, oficiou como perito, funcionou como membro do Ministério Público ou prestou depoimento como testemunha;
II – de que conheceu em outro grau de jurisdição, tendo proferido decisão;
III – quando nele estiver postulando, como defensor público, advogado ou membro do Ministério Público, seu cônjuge ou companheiro, ou qualquer parente, consanguíneo ou afim, em linha reta ou colateral, até o terceiro grau, inclusive;
IV – quando for parte no processo ele próprio, seu cônjuge ou companheiro, ou parente, consanguíneo ou afim, em linha reta ou colateral, até o terceiro grau, inclusive;
V – quando for sócio ou membro de direção ou de administração de pessoa jurídica parte no processo;

Nessa hipótese, não haverá juízo rescisório, mas apenas o juízo rescindente, pois, para que não ocorra supressão de instância, o tribunal deverá remeter os autos ao juízo competente para que proceda a um novo julgamento da causa.

A respeito, o TST editou a OJ 124 da SDI – II:

> OJ-SDI2-124. Ação rescisória. Art. 966, inciso II, do CPC de 2015. Art. 485, II, do CPC de 1973. Arguição de incompetência absoluta. Prequestionamento inexigível. (Atualizada em decorrência do CPC de 2015.) – Res. 208/2016, *DEJT* divulgado em 22, 25 e 26.04.2016.
>
> Na hipótese em que a ação rescisória tem como causa de rescindibilidade o inciso II do art. 966 do CPC de 2015 (inciso II do art. 485 do CPC de 1973), a arguição de incompetência absoluta prescinde de prequestionamento.

c) Resultar de dolo ou coação da parte vencedora em detrimento da parte vencida ou, ainda, de simulação ou colusão entre as partes, a fim de fraudar a lei

---

VI – quando for herdeiro presuntivo, donatário ou empregador de qualquer das partes;

VII – em que figure como parte instituição de ensino com a qual tenha relação de emprego ou decorrente de contrato de prestação de serviços;

VIII – em que figure como parte cliente do escritório de advocacia de seu cônjuge, companheiro ou parente, consanguíneo ou afim, em linha reta ou colateral, até o terceiro grau, inclusive, mesmo que patrocinado por advogado de outro escritório;

IX – quando promover ação contra a parte ou seu advogado.

§ 1º Na hipótese do inciso III, o impedimento só se verifica quando o defensor público, o advogado ou o membro do Ministério Público já integrava o processo antes do início da atividade judicante do juiz.

§ 2º É vedada a criação de fato superveniente a fim de caracterizar impedimento do juiz.

§ 3º O impedimento previsto no inciso III também se verifica no caso de mandato conferido a membro de escritório de advocacia que tenha em seus quadros advogado que individualmente ostente a condição nele prevista, mesmo que não intervenha diretamente no processo."

[10] "Art. 145. Há suspeição do juiz:

I – amigo íntimo ou inimigo de qualquer das partes ou de seus advogados;

II – que receber presentes de pessoas que tiverem interesse na causa antes ou depois de iniciado o processo, que aconselhar alguma das partes acerca do objeto da causa ou que subministrar meios para atender às despesas do litígio;

III – quando qualquer das partes for sua credora ou devedora, de seu cônjuge ou companheiro ou de parentes destes, em linha reta até o terceiro grau, inclusive;

IV – interessado no julgamento do processo em favor de qualquer das partes.

§ 1º Poderá o juiz declarar-se suspeito por motivo de foro íntimo, sem necessidade de declarar suas razões.

§ 2º Será ilegítima a alegação de suspeição quando:

I – houver sido provocada por quem a alega;

II – a parte que a alega houver praticado ato que signifique manifesta aceitação do arguido."

O inciso III do art. 966 diz respeito à decisão contaminada por dolo ou coação da parte vencedora em detrimento da parte vencida, ou ainda se houver simulação ou colusão entre as partes a fim de fraudar[11] a lei. Nessa hipótese, o Ministério Público do Trabalho é legitimado ativo para sua propositura, no caso das lides simuladas, com o fito de prejudicar direitos materiais dos trabalhadores.

Dolo é a intenção deliberada do agente de produzir um resultado lesivo à parte contrária, agindo em desconformidade com o princípio da boa-fé objetiva[12] que deve nortear todos os atos da vida civil.

Dessa forma, a jurisprudência é clara no sentido de que para desconstituir a coisa julgada material ou o título executivo judicial é indispensável ou imperioso que a atitude dolosa da parte vencedora tenha sido determinante para o resultado do processo.

Nesse sentido é a Súmula 403 do colendo TST:

> Súmula 403 – Ação rescisória. Dolo da parte vencedora em detrimento da vencida. Art. 485, III, do CPC. (Conversão das Orientações Jurisprudenciais nºs 111 e 125 da SDI-II.)

---

[11] "Recurso obreiro. Ação pauliana ou revocatória. Ato jurídico em fraude contra credores. Incompetência da justiça do trabalho. A fraude contra credores só gera efeitos jurídicos se reconhecida em sentença (art. 177/CC), eis que afeta negócio anulável (art. 171, II, CC). Para tanto, a parte interessada deve mover, na Justiça Comum, a ação preconizada nos arts. 158 *usque* 165 do Código Civil, a conhecida ação revocatória ou pauliana. Com efeito, o art. 161 do Código Civil se faz claro no sentido de exigir o ajuizamento de ação própria para que seja detidamente apurada, com ampla dilação probatória, a ocorrência de fraude contra credores. E trata-se de ação que escapa à esfera de competência jurisdicional da Justiça do Trabalho, por não se enquadrar em quaisquer dos incisos do art. 114 da Constituição Federal. Apelo improvido" (TRT 19ª R., RO 0000989-62.2014.5.19.0001, Rel. Anne Helena Fischer Inojosa, DJe 13.08.2015, p. 228).

[12] Código Civil. "Art. 113. Os negócios jurídicos devem ser interpretados conforme a boa-fé e os usos do lugar de sua celebração § 1º A interpretação do negócio jurídico deve lhe atribuir o sentido que: (Incluído pela Lei nº 13.874, de 2019) I – for confirmado pelo comportamento das partes posterior à celebração do negócio; (Incluído pela Lei nº 13.874, de 2019) II – corresponder aos usos, costumes e práticas do mercado relativas ao tipo de negócio; (Incluído pela Lei nº 13.874, de 2019) III – corresponder à boa-fé; (Incluído pela Lei nº 13.874, de 2019) IV – for mais benéfico à parte que não redigiu o dispositivo, se identificável; e (Incluído pela Lei nº 13.874, de 2019) V – corresponder a qual seria a razoável negociação das partes sobre a questão discutida, inferida das demais disposições do negócio e da racionalidade econômica das partes, consideradas as informações disponíveis no momento de sua celebração. (Incluído pela Lei nº 13.874, de 2019) § 2º As partes poderão livremente pactuar regras de interpretação, de preenchimento de lacunas e de integração dos negócios jurídicos diversas daquelas previstas em lei. (Incluído pela Lei nº 13.874, de 2019)." "Art. 422. Os contratantes são obrigados a guardar, assim na conclusão do contrato, como em sua execução, os princípios de probidade e boa-fé."

I – Não caracteriza dolo processual, previsto no art. 485, III, do CPC, o simples fato de a parte vencedora haver silenciado a respeito de fatos contrários a ela, porque o procedimento, por si só, não constitui ardil do qual resulte cerceamento de defesa e, em consequência, desvie o juiz de uma sentença não condizente com a verdade (ex-OJ nº 125 – DJ 09.12.2003).

II – Se a decisão rescindenda é homologatória de acordo, não há parte vencedora ou vencida, razão pela qual não é possível a sua desconstituição calcada no inciso III do art. 485 do CPC (dolo da parte vencedora em detrimento da vencida), pois constitui fundamento de rescindibilidade que supõe solução jurisdicional para a lide (ex-OJ nº 111 – DJ 29.04.2003).

Esse inciso abarca também a colusão processual contida no art. 142 do CPC/2015:

Art. 142. Convencendo-se, pelas circunstâncias, de que autor e réu se serviram do processo para praticar ato simulado ou conseguir fim vedado por lei, o juiz proferirá decisão que impeça os objetivos das partes, aplicando, de ofício, as penalidades da litigância de má-fé.

No processo do trabalho é recorrente a incidência de ações fraudulentas e simuladas, que levou o TST a editar a OJ 94 da SDI II, cuja redação transcrevemos:

94. Ação rescisória. Colusão. Fraude à lei. Reclamatória simulada extinta. A decisão ou acordo judicial subjacente à reclamação trabalhista, cuja tramitação deixa nítida a simulação do litígio para fraudar a lei e prejudicar terceiros, enseja ação rescisória, com lastro em colusão. No juízo rescisório, o processo simulado deve ser extinto (27.09.2002).

E, no mesmo sentido, a OJ 158 da SDI II:

158. Ação rescisória. Declaração de nulidade de decisão homologatória de acordo em razão de colusão (art. 485, III, do CPC). Multa por litigância de má-fé. Impossibilidade. A declaração de nulidade de decisão homologatória de acordo, em razão da colusão entre as partes (art. 485, III, do CPC), é sanção suficiente em relação ao procedimento adotado, não havendo que ser aplicada a multa por litigância de má-fé.

d) Ofender a coisa julgada

O inciso IV trata do desfazimento ou desconstituição, por meio da ação rescisória, de coisa julgada[13] que se formou em segundo lugar, mesmo que advindo

---

[13] "Recurso de revista. Coisa julgada. Título executivo. Interpretação. Exegese. Recurso de revista. Na forma preconizada na Orientação Jurisprudencial nº 123 da SBDI-2 do TST, a ofensa à coisa julgada supõe a dissonância patente da decisão proferida em execução com a decisão exequenda, não se verificando quando se fizer necessária a interpretação

de processo iniciado anteriormente. Observe que esse inciso está em consonância com o dispositivo constitucional do art. 5º, inciso XXXVI.

Deve-se observar que, de acordo com o CPC/2015, utilizado subsidiária e supletivamente (complementarmente) no processo do trabalho, por força do art. 769 da CLT e art. 15 do CPC/2015, agora existe a possibilidade de ação rescisória, mesmo em face de coisa julgada formal[14].

O art. 337 do CPC/2015 também apresenta a coisa julgada como preliminar de contestação:

> Art. 337. Incumbe ao réu, antes de discutir o mérito, alegar:
>
> (...) VII – coisa julgada;
>
> § 4º Há coisa julgada quando se repete ação que já foi decidida por decisão transitada em julgado.

Em relação a esse inciso do art. 966 do CPC/2015, o TST editou as seguintes súmulas de jurisprudência:

> Súmula 397 – Ação rescisória. Art. 966, IV, do CPC de 2015. Art. 485, IV, do CPC de 1973. Ação de cumprimento. Ofensa à coisa julgada emanada de sentença normativa modificada em grau de recurso. Inviabilidade. Cabimento de mandado de segurança. (Conversão da Orientação Jurisprudencial nº 116 da SDI-II.)
>
> Não procede ação rescisória calcada em ofensa à coisa julgada perpetrada por decisão proferida em ação de cumprimento, em face de a sentença normativa, na qual se louvava, ter sido modificada em grau de recurso, porque em dissídio coletivo somente se consubstancia coisa julgada formal. Assim, os meios processuais aptos a atacarem a execução da cláusula reformada são a exceção de pré-executividade e o mandado de segurança, no caso de descumprimento do art. 514 do CPC de 2015 (art. 572 do CPC de 1973) (ex-OJ nº 116 – DJ 11.08.2003).

E também as seguintes Orientações Jurisprudenciais, que foram recentemente atualizadas pelo colendo TST:

> SDI II do TST n. 101. Ação rescisória. Inciso IV do art. 966 do CPC de 2015. Art. 485, IV, do CPC de 1973. Ofensa à coisa julgada. Necessidade de fixação de tese na decisão rescindenda. Para viabilizar a desconstituição do julgado pela causa de rescindibilidade do inciso IV do art. 966 do CPC de 2015 (inciso IV, do art. 485, do CPC), é necessário que a decisão rescindenda tenha enfrentado

---

do título executivo judicial, hipótese dos autos. Recurso de revista não conhecido" (TST, RR 40858/2002-900-09-00, 8ª T., Rel. Min. Dora Maria da Costa, DJe 07.04.2009).

[14] "Art. 966. (...) § 2º Nas hipóteses previstas nos incisos do *caput*, será rescindível a decisão transitada em julgado que, embora não seja de mérito, impeça: I – nova propositura da demanda; ou II – admissibilidade do recurso correspondente."

as questões ventiladas na ação rescisória, sob pena de inviabilizar o cotejo com o título executivo judicial tido por desrespeitado, de modo a se poder concluir pela ofensa à coisa julgada.

> OJ 157 SDI II. Ação rescisória. Decisões proferidas em fases distintas de uma mesma ação. Coisa julgada. Não configuração. A ofensa à coisa julgada de que trata o inciso IV do art. 966 do CPC de 2015 (inciso IV do art. 485 do CPC de 1973) refere-se apenas a relações processuais distintas. A invocação de desrespeito à coisa julgada formada no processo de conhecimento, na correspondente fase de execução, somente é possível com base na violação do art. 5º, XXXVI, da Constituição da República.
>
> OJ SDI II n. 123. Ação rescisória. Interpretação do sentido e alcance do título executivo. Inexistência de ofensa à coisa julgada. *DJ* 11.08.03 (título alterado). O acolhimento da ação rescisória calcada em ofensa à coisa julgada supõe dissonância patente entre as decisões exequenda e rescindenda, o que não se verifica quando se faz necessária a interpretação do título executivo judicial para se concluir pela lesão à coisa julgada.

e) Violar manifestamente norma jurídica

O inciso V relaciona-se com o caso mais comum das ações rescisórias de que temos notícia, nos casos em que a decisão rescindenda violar manifestamente norma jurídica. Compreende-se tal hipótese como a decisão que se incompatibiliza com o padrão interpretativo usual da norma jurídica em que se fundamenta a decisão.

O TST editou a OJ 25 da SDI II que se pronunciou no sentido de que convenção coletiva de trabalho, acordo coletivo de trabalho, portaria, regulamento, súmula ou orientação jurisprudencial não se encartam na expressão "lei".

Contudo, o novo dispositivo correlato do CPC/2015 adota a expressão norma jurídica em substituição à lei, e a moderna hermenêutica nos conduz ao entendimento de que as cláusulas normativas e obrigacionais contidas nos instrumentos coletivos, da mesma forma que a sentença normativa produzida nos dissídios coletivos consistem em norma jurídica, decorrentes da autonomia privada coletiva e da existência em nosso ordenamento jurídico de vários centros de positivação da norma jurídica, além daqueles próprios do Estado.

Daí por que defendemos a alteração da mencionada Orientação Jurisprudencial 25 para se adequar à nova redação do CPC/2015.

Vejamos a redação da OJ 25 mencionada:

> OJ 25. Ação rescisória. Regência pelo CPC de 1973. Expressão "lei" do art. 485, V, do CPC de 1973. Não inclusão do ACT, CCT, portaria, regulamento, súmula e orientação jurisprudencial de Tribunal. Inserida em 20.09.00 (nova redação em decorrência da incorporação da Orientação Jurisprudencial nº 118 da SDI-II). Não procede pedido de rescisão fundado no art. 485, V, do CPC de 1973 quando se aponta contrariedade à norma de convenção coletiva de trabalho, acordo

coletivo de trabalho, portaria do Poder Executivo, regulamento de empresa e súmula ou orientação jurisprudencial de tribunal (ex-OJ 25 da SDI-2, inserida em 20.09.2000 e ex-OJ 118 da SDI-2, *DJ* 11.08.2003).

O § 5º do art. 966 do CPC/2015 admite a ação rescisória que tenha por fundamento o inciso V do art. 966, no caso de a decisão rescindenda basear-se em enunciado de súmula ou acórdão proferido em julgamento de casos repetitivos sem observar a distinção entre as questões envolvidas. Em outras palavras, no caso de a decisão rescindenda aplicar, de forma equivocada, súmula ou precedente criado de acordo com o art. 928.

O § 6º do art. 966 do CPC/2015, na verdade veio complementar a previsão disposta no § 5º para se exigir, sob pena de ser considerada inepta, que a exordial da rescisória apresente, de forma fundamentada, a demonstração da distinção que não foi levada em consideração pela decisão rescindenda, e que dispunha solução jurídica diferente da que foi prolatada e que transitou em julgado.

O TST também esclarece que a violação do dispositivo legal deverá ser direta, literal, como se infere das seguintes Súmulas da jurisprudência uniforme:

> Súmula 83 – Ação rescisória. Matéria controvertida (incorporada a Orientação Jurisprudencial nº 77 da SDI-II).
>
> I – Não procede pedido formulado na ação rescisória por violação literal de lei se a decisão rescindenda estiver baseada em texto legal infraconstitucional de interpretação controvertida nos Tribunais (ex-Súmula nº 83 – Res. 121/2003, *DJ* 21.11.2003).
>
> II – O marco divisor quanto a ser, ou não, controvertida, nos Tribunais, a interpretação dos dispositivos legais citados na ação rescisória é a data da inclusão, na Orientação Jurisprudencial do TST, da matéria discutida (ex-OJ nº 77 – inserida em 13.03.2002).

E a Súmula 298 do TST:

> Súmula 298 – Ação rescisória. Violação a disposição de lei. Pronunciamento explícito. (Redação alterada pelo Tribunal Pleno na sessão realizada em 6.2.2012.)
>
> I – A conclusão acerca da ocorrência de violação literal a disposição de lei pressupõe pronunciamento explícito, na sentença rescindenda, sobre matéria veiculada.
>
> II – O pronunciamento explícito exigido em ação rescisória diz respeito à matéria e ao enfoque específico da tese debatida na ação, e não, necessariamente, ao dispositivo legal tido por violado. Basta que o conteúdo da norma reputada violada haja sido abordado na decisão rescindenda para que se considere preenchido o pressuposto.

III – Para efeito de ação rescisória, considera-se pronunciada explicitamente a matéria tratada na sentença quando, examinando remessa de ofício, o Tribunal simplesmente a confirma.

IV – A sentença meramente homologatória, que silencia sobre os motivos de convencimento do juiz, não se mostra rescindível, por ausência de pronunciamento explícito.

V – Não é absoluta a exigência de pronunciamento explícito na ação rescisória, ainda que esta tenha por fundamento violação de dispositivo de lei. Assim, prescindível o pronunciamento explícito quando o vício nasce no próprio julgamento, como se dá com a sentença *extra*, *citra* e *ultra petita*.

E a OJ 135 da SDI II do TST:

135. Ação rescisória. Violação do art. 37, *caput*, da CF/88. Necessidade de prequestionamento. A ação rescisória calcada em violação do artigo 37, *caput*, da Constituição Federal, por desrespeito ao princípio da legalidade administrativa exige que ao menos o princípio constitucional tenha sido prequestionado na decisão.

E, ainda, as seguintes Súmulas do TST:

Súmula 408 – Ação rescisória. Petição inicial. Causa de pedir. Ausência de capitulação ou capitulação errônea no art. 966 do CPC de 2015. Art. 485 do CPC de 1973. Princípio *iura novit curia*.

Não padece de inépcia a petição inicial de ação rescisória apenas porque omite a subsunção do fundamento de rescindibilidade no art. 966 do CPC de 2015 (art. 485 do CPC de 1973) ou o capitula erroneamente em um de seus incisos. Contanto que não se afaste dos fatos e fundamentos invocados como causa de pedir, ao Tribunal é lícito emprestar-lhes a adequada qualificação jurídica (*iura novit curia*). No entanto, fundando-se a ação rescisória no art. 966, inciso V, do CPC de 2015 (art. 485, inciso V, do CPC de 1973), é indispensável expressa indicação, na petição inicial da ação rescisória, da norma jurídica manifestamente violada (dispositivo legal violado sob o CPC de 1973), por se tratar de causa de pedir da rescisória, não se aplicando, no caso, o princípio *iura novit curia* (ex-OJs nºs 32 e 33 da SBDI-2 – inseridas em 20.09.2000).

Súmula 411 – Ação rescisória. Sentença de mérito. Decisão de Tribunal Regional do Trabalho em agravo regimental confirmando decisão monocrática do relator que, aplicando a Súmula nº 83 do TST, indeferiu a petição inicial da ação rescisória. Cabimento (conversão da Orientação Jurisprudencial nº 43 da SDI-II).

Se a decisão recorrida, em agravo regimental, aprecia a matéria na fundamentação, sob o enfoque das Súmulas nºs 83 do TST e 343 do STF, constitui sentença de mérito, ainda que haja resultado no indeferimento da petição inicial e na extinção do processo sem julgamento do mérito. Sujeita-se, assim, à reforma pelo TST, a decisão do Tribunal que, invocando controvérsia na interpretação da lei, indefere a petição inicial de ação rescisória (ex-OJ nº 43 – inserida em 20.09.2000).

f) For fundada em prova cuja falsidade tenha sido apurada em processo criminal ou venha a ser demonstrada na própria ação rescisória

Já o inciso VI do art. 966 apresenta a hipótese de ação rescisória nos casos de decisão de mérito fundada em prova cuja falsidade[15] tenha sido apurada em processo[16] criminal ou venha a ser demonstrada na própria ação rescisória. O entendimento nessa causa de pedir é que a prova falsa[17] foi fundamento suficiente para a decisão rescindenda, tornando-se indiferente se a falsidade foi constatada em processo criminal ou na ação que tenha por pretensão a sua rescisão.

---

[15] "4. Como se as provas coligidas aos autos não fossem suficientes, a própria demandada afirmou jamais haver trabalhado para os empregadores citados em sua CTPS. 5. Ante esse quadro, tem-se por procedente a postulação formulada pela autarquia autora, à luz do disposto no art. 485, inciso VI, do CPC, que impõe a rescisão do julgado, quando este se encontrar fundado em prova, cuja falsidade tenha sido apurada em processo criminal ou seja demonstrada na própria ação rescisória. 6. Ressalta-se, por fim, que, no caso dos autos, não há dúvidas de que a decisão rescindenda está baseada nos elementos probatórios reputados falsos e que não remanesce fundamento diverso independente a ensejar a sua manutenção. Nesse sentido: AR 3.553/SP, Rel. Min. Felix Fischer, Terceira Seção, DJe 06.04.2010. 7. Ação rescisória julgada procedente para desconstituir o acórdão rescindendo e, em juízo rescisório, negar provimento ao recurso especial interposto por Maria Aparecida Salmim de Mori, ora demandada" (STJ, AR 1.804-(2001/0084899-6), 3ª S., Rel. Min. Og Fernandes, DJe 25.04.2011).

[16] "Ação rescisória. Prova falsa. Não configuração. A falsidade da prova com fundamento no inciso VI do art. 485 do CPC deve ser apurada em processo criminal ou na própria ação rescisória. Considerando que a autora não faz prova qualquer do alegado descrédito dos depoimentos prestados pelas testemunhas ouvidas a rogo da trabalhadora na ação principal e que serviram para o convencimento do julgador, inviável o corte rescisório" (TRT 17ª R., AR 0000138-46.2015.5.17.0000, Rel. Marcello Maciel Mancilha, DJe 10.11.2015, p. 41).

[17] "Ação rescisória. Fraude na concessão do benefício confirmada. Crime. Configuração. Previdenciário. Sentença baseada em prova falsa. Ação rescisória proposta pelo INSS, com base no inciso VI do art. 485 do CPC, objetivando desconstituir a v. decisão, que, com fulcro no art. 557 do CPC, deu provimento à apelação do ora réu, para determinar que o INSS restabelecesse o pagamento da aposentadoria, suspensa por suspeita de fraude. Instaurado Inquérito Policial nº 0492/2010-5 para apurar a possível concessão fraudulenta do benefício, fato este capitulado no art. 171, § 3º, do Código Penal, restou confirmada a ocorrência da fraude não só pelo depoimento prestado pelo réu no interrogatório, efetuado pela Polícia Federal, mas também pelo exame grafotécnico realizado em sua CTPS. Atendimento ao pressuposto básico de rescindibilidade inscrito no inciso VI do art. 485 do CPC, já que exsurge evidente que a decisão rescindenda fulcrou-se em documento (carteira de trabalho) e/ou prova cuja falsidade foi cabalmente demonstrada nesta ação rescisória. Acolhimento do pedido para rescindir a sentença proferida nos autos do Processo nº 2009.51.01.808332-9, eis que legal o ato de suspensão do benefício do réu" (TRF 2ª R., AR 2012.02.01.020393-8 – (4147), 1ª S. Esp., Rel. Paulo Espírito Santo, DJe 05.08.2013).

A falsidade de prova prevista nesse inciso relaciona-se apenas à hipótese que tenha sido o fundamento nuclear na prolação da sentença rescindenda, e evidenciada nos próprios autos da ação rescisória, com a utilização de todos os meios probatórios leais admitidos em direito, podendo, ainda, ser apurada, aprioristicamente, por meio de sentença penal transitada em julgado.

O mesmo entendimento não se aplica no caso de sentença civil transitada em julgado, que declara a falsidade da prova, pois nesse sentido a falsidade deverá ser novamente demonstrada na ação rescisória que se propõe a desconstituir a coisa julgada material anterior.

g) Obtiver o autor, posteriormente ao trânsito em julgado, prova nova cuja existência ignorava ou de que não pôde fazer uso, capaz, por si só, de lhe assegurar pronunciamento favorável

O inciso VII relaciona-se à prova nova obtida após o trânsito em julgado. Nesse caso, o dispositivo exige que a existência da prova seja ignorada pelo autor, ou de que ele não faça uso dela no processo originário, em que prolatada a decisão de mérito, que se pretende rescindir. O cerne da questão desse inciso é que a prova nova, alcançada após o trânsito em julgado, seja suficientemente forte para assegurar um pronunciamento mais benéfico ou favorável ao autor do que o anteriormente obtido.

A esse respeito, o colendo TST editou a Súmula 402:

> Ação rescisória. Prova nova. Dissídio coletivo. Sentença normativa. (nova redação em decorrência do CPC de 2015)
>
> I – Sob a vigência do CPC de 2015 (art. 966, inciso VII), para efeito de ação rescisória, considera-se prova nova a cronologicamente velha, já existente ao tempo do trânsito em julgado da decisão rescindenda, mas ignorada pelo interessado ou de impossível utilização, à época, no processo.
>
> II – Não é prova nova apta a viabilizar a desconstituição de julgado: a) sentença normativa proferida ou transitada em julgado posteriormente à sentença rescindenda; b) sentença normativa preexistente à sentença rescindenda, mas não exibida no processo principal, em virtude de negligência da parte, quando podia e deveria louvar-se de documento já existente e não ignorado quando emitida a decisão rescindenda. (ex-OJ nº 20 da SBDI-2 – inserida em 20.09.2000)

Torna-se imprescindível e condição de sucesso da ação rescisória, na presente hipótese, à possibilidade de o autor obter documento novo, posteriormente à prolação da sentença que o prejudicou, que tenha capacidade, por si só, de desconstituir a prova firmada no processo anterior.

h) For fundada em erro de fato verificável do exame dos autos

A última hipótese da ação rescisória relaciona-se às decisões de mérito fundadas em erro[18] de fato[19] verificável do exame dos autos, que ocorre quando a decisão rescindenda admitir fato inexistente ou quando considerar inexistente fato efetivamente ocorrido.

A esse inciso está relacionado o § 1º do art. 966:

> § 1º Há erro de fato quando a decisão rescindenda admitir fato inexistente ou quando considerar inexistente fato efetivamente ocorrido, sendo indispensável, em ambos os casos, que o fato não represente ponto controvertido sobre o qual o juiz deveria ter se pronunciado.

Dessarte, essa hipótese prevê que a rescisão do julgado dependerá, no plano fático, que a decisão rescindenda tenha sido fundada em erro de fato e que tal erro seja apurado pelo simples exame dos documentos juntados aos autos, descartando-se a produção de qualquer outro tipo probatório para a efetiva demonstração do erro de fato, bem como que sobre o fato não tenha havido controvérsia, nem pronunciamento judicial anterior.

O colendo TST emitiu as seguintes Orientações Jurisprudenciais sobre essa hipótese:

---

[18] "Erro de fato. Inexistência. Violação literal de dispositivo de lei não demonstrada. Improcedência. 1. O erro de fato consiste em a sentença ou o acórdão 'admitir um fato inexistente' ou então 'considerar inexistente um fato efetivamente ocorrido', em razão de atos ou de documentos da causa. Não há erro quando a decisão impugnada apenas contraria as pretensões do autor. 2. Os dispositivos legais foram adequadamente abordados no acórdão rescindendo, o que impõe o óbice do § 2º do art. 485 do CPC. 3. Indispensável que a decisão rescindenda seja manifestamente contrária a norma legal apontada, gerando imperfeição da decisão de mérito que, por esse motivo, não pode subsistir. 4. Permissivos processuais não demonstrados pelo autor, o que impõe a improcedência da presente ação rescisória'" (STF, AR 1.470/PI, Tribunal Pleno, Rel. Min. Ellen Gracie, *DJ* 22.09.2006).

[19] "Ação rescisória. Violação à literal disposição legal e erro de fato. Vícios ausentes. Rescisória fundada nos incisos V e IX do art. 485 do CPC. Violação à literal disposição legal e erro de fato. Vícios ausentes no julgado rescindendo. Improcedência da ação. 1. O escopo da rescisória é expungir do mundo jurídico a coisa julgada quando se verificar os vícios mencionados no art. 485 do CPC e não a prestação de jurisdição já exercida, sob pena de incorrer em *bis in idem*. 2. A verificação de erro de fato pressupõe a inexistência de controvérsia ou de pronunciamento judicial, a teor do disposto nos §§ 1º e 2º do art. 485 da Lei Adjetiva Civil. 3. A jurisprudência assente desta Corte inclina-se no sentido de que a procedência da rescisória por ofensa ao inciso V do art. 485 do CPC requer a ofensa frontal e direta ao comando jurídico. 4. Uma vez que o apelo nobre do INSS pretendeu a reforma do julgado pela impossibilidade de prova exclusivamente testemunhal, no que foi bem-sucedido, não há falar em julgamento *extra petita*, mas observância ao princípio da adstrição. 5. Ação rescisória julgada improcedente" (STJ, AR 3.085-(2004/0052905-6), 3ª S., Rel. Min. Jorge Mussi, *DJe* 30.08.2011).

OJ n. 103 SDI II. Ação rescisória. Contradição entre fundamentação e parte dispositiva do julgado. Cabimento. Erro de fato. É cabível a rescisória para corrigir contradição entre a parte dispositiva do acórdão rescindendo e a sua fundamentação, por erro de fato na retratação do que foi decidido.

OJ n. 136 SDI II. Ação rescisória. Erro de fato. Caracterização. A caracterização do erro de fato como causa de rescindibilidade de decisão judicial transitada em julgado supõe a afirmação categórica e indiscutida de um fato, na decisão rescindenda, que não corresponde à realidade dos autos. O fato afirmado pelo julgador, que pode ensejar ação rescisória calcada no inciso VIII do art. 966 do CPC de 2015 (inciso IX do art. 485 do CPC de 1973), é apenas aquele que se coloca como premissa fática indiscutida de um silogismo argumentativo, não aquele que se apresenta ao final desse mesmo silogismo, como conclusão decorrente das premissas que especificaram as provas oferecidas, para se concluir pela existência do fato. Esta última hipótese é afastada pelo § 1º do art. 966 do CPC de 2015 (§ 2º do art. 485 do CPC de 1973), ao exigir que não tenha havido controvérsia sobre o fato e pronunciamento judicial esmiuçando as provas.

Admite-se, também, a rescisória parcial, de acordo com o § 3º do art. 966 do CPC, que ataca apenas um dos capítulos da decisão rescindenda.

Da mesma forma como se admite o recurso parcial (art. 1.002 do CPC), admite-se a rescisória parcial, pois em um mesmo processo poderão ser produzidas várias coisas julgadas parciais, obviamente, cada uma delas resolvendo uma determinada questão.

O importante a se fixar neste momento é que a rescisória é cabível não apenas contra decisões de mérito (com trânsito em julgado material), mas também pode ser utilizada contra decisão que não tenha examinado o mérito (art. 966, § 2º, do CPC).

Da mesma forma, cabe ação rescisória em face de decisão de inadmissibilidade de recurso (art. 966, § 2º, II, do CPC).

Entendemos que a decisão que homologa[20] o acordo extrajudicial, fruto da Lei 13.467/2017, devidamente transitada em julgado, também é rescindível, uma vez que é decisão de mérito (art. 487, III, do CPC) e se enquadra na hipótese do caput do art. 966 do CPC.

25.1.2 Competência

A ação rescisória, por se constituir em ação especial de impugnação, com rito procedimental próprio, será sempre julgada por um Tribunal, por se tratar de competência funcional, de natureza absoluta e não relativa. A decisão meritória,

---

[20] Além disso, a decisão homologatória constitui título executivo judicial (art. 515, II, do CPC).

com trânsito em julgado ou não, de acordo com o CPC/2015, é que vai estabelecer a competência da ação rescisória.

No Direito Processual do Trabalho será competente o Tribunal Regional do Trabalho ou o Tribunal Superior do Trabalho, consoante o art. 3º, I, *a*, da Lei 7.701/1988 e do Regimento Interno do TST (arts. 213 a 218).

Portanto, a competência original para processar e julgar a ação rescisória será sempre do 2º grau de jurisdição, como demonstra a Súmula 192 do colendo TST:

> Ação rescisória. Competência e possibilidade jurídica do pedido. (Redação do item III alterada na sessão do Tribunal Pleno realizada em 17.11.2008.)
>
> I – Se não houver o conhecimento de recurso de revista ou de embargos, a competência para julgar ação que vise a rescindir a decisão de mérito é do Tribunal Regional do Trabalho, ressalvado o disposto no item II (ex-Súmula nº 192 – alterada pela Res. 121/2003, DJ 21.11.2003).
>
> II – Acórdão rescindendo do Tribunal Superior do Trabalho que não conhece de recurso de embargos ou de revista, analisando arguição de violação de dispositivo de lei material ou decidindo em consonância com súmula de direito material ou com iterativa, notória e atual jurisprudência de direito material da Seção de Dissídios Individuais (Súmula nº 333), examina o mérito da causa, cabendo ação rescisória da competência do Tribunal Superior do Trabalho (ex-Súmula nº 192 – alterada pela Res. 121/2003, *DJ* 21.11.2003).
>
> III – Sob a égide do art. 512[21] do CPC de 1973, é juridicamente impossível o pedido explícito de desconstituição de sentença quando substituída por acórdão de Tribunal Regional ou superveniente sentença homologatória de acordo que puser fim ao litígio.
>
> IV – Na vigência do CPC de 1973, é manifesta a impossibilidade jurídica do pedido de rescisão de julgado proferido em agravo de instrumento que, limitando-se a aferir o eventual desacerto do juízo negativo de admissibilidade do recurso de revista, não substitui o acórdão regional, na forma do art. 512 do CPC (ex-OJ nº 105 da SBDI-2 – *DJ* 29.04.2003).
>
> V – A decisão proferida pela SBDI, em sede de agravo regimental, calcada na Súmula nº 333, substitui acórdão de Turma do TST, porque emite juízo de mérito, comportando, em tese, o corte rescisório (ex-OJ nº 133 da SBDI-2 – *DJ* 04.05.2004).

25.1.3 Legitimidade

O art. 967 do CPC/2015 estabelece os legitimados a propor a ação rescisória. Diz o citado artigo:

---

[21] Esse artigo foi substituído pelo art. 1.008 do CPC/2015: "O julgamento proferido pelo tribunal substituirá a decisão impugnada no que tiver sido objeto de recurso".

Têm legitimidade para propor a ação rescisória:
I – quem foi parte no processo ou o seu sucessor a título universal ou singular;
II – o terceiro juridicamente interessado;
III – o Ministério Público:
a) se não foi ouvido no processo em que lhe era obrigatória a intervenção;
b) quando a decisão rescindenda é o efeito de simulação ou de colusão das partes, a fim de fraudar a lei;
c) em outros casos em que se imponha sua atuação;
IV – aquele que não foi ouvido no processo em que lhe era obrigatória a intervenção.
Parágrafo único. Nas hipóteses do art. 178, o Ministério Público será intimado para intervir como fiscal da ordem jurídica quando não for parte.

O Tribunal Superior do Trabalho trata do litisconsórcio necessário ou facultativo na ação rescisória na Súmula 406, conforme seguinte entendimento:

Ação rescisória. Litisconsórcio. Necessário no polo passivo e facultativo no ativo. Inexistente quanto aos substituídos pelo sindicato (conversão das Orientações Jurisprudenciais nºs 82 e 110 da SBDI-2 – Res. 137/2005, *DJ* 22, 23 e 24.08.2005).
I – O litisconsórcio, na ação rescisória, é necessário em relação ao polo passivo da demanda, porque supõe uma comunidade de direitos ou de obrigações que não admite solução díspar para os litisconsortes, em face da indivisibilidade do objeto. Já em relação ao polo ativo, o litisconsórcio é facultativo, uma vez que a aglutinação de autores se faz por conveniência, e não pela necessidade decorrente da natureza do litígio, pois não se pode condicionar o exercício do direito individual de um dos litigantes no processo originário à anuência dos demais para retomar a lide (ex-OJ nº 82 da SBDI-2 – inserida em 13.03.2002).
II – O Sindicato, substituto processual e autor da reclamação trabalhista, em cujos autos fora proferida a decisão rescindenda, possui legitimidade para figurar como réu na ação rescisória, sendo descabida a exigência de citação de todos os empregados substituídos, porquanto inexistente litisconsórcio passivo necessário (ex-OJ nº 110 da SBDI-2 – *DJ* 29.04.2003).

No tocante à legitimidade do Ministério Público do Trabalho na proposição de ação rescisória, o TST editou a Súmula 406, cuja redação foi modificada e atualizada em abril de 2016, para a seguinte redação:

Súmula 407 do TST – Ação rescisória. Ministério Público. Legitimidade *ad causam* prevista no art. 967, III, "a", "b" e "c", do CPC de 2015. Art. 487, III, "a" e "b", do CPC de 1973. Hipóteses meramente exemplificativas.
A legitimidade *ad causam* do Ministério Público para propor ação rescisória, ainda que não tenha sido parte no processo que deu origem à decisão rescindenda, não está limitada às alíneas "a", "b" e "c" do inciso III do art. 967 do CPC de

2015 (art. 487, III, "a" e "b", do CPC de 1973), uma vez que traduzem hipóteses meramente exemplificativas (ex-OJ nº 83 da SBDI-2 – inserida em 13.03.2002).

25.1.4 Rescisória em relação à sentença homologatória de acordo individual

O art. 966, § 4º, do CPC/2015 estabelece:

> § 4º Os atos de disposição de direitos, praticados pelas partes ou por outros participantes do processo e homologados pelo juízo, bem como os atos homologatórios praticados no curso da execução, estão sujeitos à anulação, nos termos da lei.

De acordo com Cassio Scarpinella Bueno[22],

> (...) diferentemente do que se dá na rescisória, o objeto visado pelo autor não é o desfazimento da coisa julgada material. Trata-se, bem diferentemente, de impugnar o próprio ato praticado pelas partes em juízo, ainda que carentes de homologação judicial. Os vícios alegáveis para tanto são os do direito material (público ou privado) e a competência para julgamento não é do Tribunal, mas do juízo da primeira instância. O prazo, outrossim, não é o do art. 975, mas os de prescrição ou de decadência, consoante os específicos vícios que motivam a pretensão invalidatória em juízo.

Observa-se, dessa forma, que as sentenças homologatórias de acordo judicial do processo civil não são submetidas à ação rescisória, mas sim a simples ação anulatória, consoante dispositivo retromencionado, desde que envolvam vícios de vontade (erro, coação, dolo, simulação ou fraude).

O instituto da ação anulatória, no processo civil, terá boa utilização em face da cláusula geral de negociação processual contida em seu art. 190[23], que não terá aplicabilidade no processo do trabalho, consoante IN 39/2016 aprovada pela Resolução 203 do TST.

Porém, esse não é o pensamento de Fredie Didier Jr. e Leonardo Carneiro da Cunha, para quem "A decisão homologatória é título executivo judicial (art. 515, I, CPC) e, nessa condição, o executado basicamente somente pode opor-se ao cumprimento de sentença, alegando uma das matérias do parágrafo 1º do art. 525, CPC, sendo-lhe vedado suscitar pontos que deveriam ser enfrentados na fase de conhecimento, só lhe restará alegar matérias pertinentes à própria execução ou

---

[22] BUENO, Cassio Scarpinella. *Curso de direito processual civil*. 2. ed. São Paulo: Saraiva, 2016. p. 628.
[23] "Art. 190. Versando o processo sobre direitos que admitam autocomposição, é lícito às partes plenamente capazes estipular mudanças no procedimento para ajustá-lo às especificidades da causa e convencionar sobre os seus ônus, poderes, faculdades e deveres processuais, antes ou durante o processo."

fatos supervenientes à decisão homologatória. Essa regra revela, claramente, a existência de eficácia preclusiva da coisa julgada nesse caso (art. 508, CPC), daí o cabimento da ação rescisória para desconstituí-la"[24].

Esses autores ainda informam que "é rescindível a decisão que homologa transação, reconhecimento de procedência do pedido e renúncia ao direito sobre o qual se funda a ação. Nesses casos, a ação rescisória pode fundar-se em fatos que digam respeito ao ato homologado ou à decisão de homologação. É possível, por exemplo, rescindir a decisão que homologou renúncia obtida mediante coação (art. 966, III, CPC), ou que homologou transação feita em fraude à lei (art. 966, III, CPC). Também será possível a rescisão, por exemplo, nos casos de incompetência absoluta do juízo que homologou a autocomposição ou no caso de homologação de acordo relativo a incapaz sem prévia intimação do Ministério Público"[25].

No Processo do Trabalho, o acordo homologado pelo magistrado tem natureza jurídica de título executivo judicial, somente podendo ser desconstituído por meio de ação rescisória, nos termos do art. 831 da CLT:

> Art. 831. A decisão será proferida depois de rejeitada pelas partes a proposta de conciliação.
>
> Parágrafo único. No caso de conciliação, o termo que for lavrado valerá como decisão irrecorrível, salvo para a Previdência Social quanto às contribuições que lhe forem devidas.

A Súmula 259 do TST tem a seguinte versão:

> Súmula 259 – Termo de conciliação. Ação rescisória.
>
> Só por ação rescisória é impugnável o termo de conciliação previsto no parágrafo único do art. 831 da CLT.

A Orientação Jurisprudencial 158 da SDI II do TST expressa-se no seguinte sentido:

> Ação rescisória. Declaração de nulidade de decisão homologatória de acordo em razão de colusão (art. 485, III, do CPC). Multa por litigância de má-fé. Impossibilidade. A declaração de nulidade de decisão homologatória de acordo,

---

[24] DIDIER JR., Fred e CUNHA, Leonardo Carneiro da. *Curso de direito processual civil*. 15. ed. Salvador: JusPodivm, 2018. v. 3. p. 507. O autor ainda assinala: "Assim deve ser encerrada a polêmica, existente ao tempo do CPC-1973 quanto à rescindibilidade das decisões que homologam a autocomposição. A polêmica decorria da necessidade de combinação do art. 485, VIII, do CPC-1973, que previa rescisória nos casos de transação, com o art. 486, do CPC-1973, que fala em 'sentença homologatória'".

[25] Idem, ibidem, p. 507.

em razão da colusão entre as partes (art. 485, III, do CPC), é sanção suficiente em relação ao procedimento adotado, não havendo que ser aplicada a multa por litigância de má-fé.

25.1.5 Juízo rescindente e rescisório

Geralmente, o autor da ação pede a cumulação ao pedido principal de rescisão do julgado, a pretensão a um novo julgamento da causa pelo mesmo tribunal que prolatou a rescisória.

Por isso, o tribunal, em algumas hipóteses previstas no art. 966 do CPC/2015, exercerá o juízo rescisório[26], além do juízo rescindente, prolatando um novo julgamento para a causa posta em juízo.

Em outras hipóteses, o tribunal desenvolve apenas o chamado juízo rescindente[27], restringindo-se a rescindir o julgado, como acontece nas hipóteses do art. 966, II[28] e IV, do CPC/2015[29].

---

[26] "Ação rescisória. Juízo rescindendo. Uma vez que se revela incontroverso que a decisão rescindenda foi prolatada por juiz impedido, nos termos do que dispõe o inciso V, do art. 134, do CPC, impõe-se o acolhimento do pedido de rescisão. Juízo rescisório. Verificando-se que efetivamente o autor foi demitido com ofensa ao que dispõe o § 3º do art. 543 da CLT, vez que a simples reestruturação de setor da empresa, como ocorreu neste caso, não se confunde com extinção de atividade, é devida ao autor indenização, em relação a todas as verbas trabalhistas do período estabilitário, porém de forma simples. Ação rescisória conhecida e provida para desconstituir o acórdão e proferir novo julgamento" (TRT 16ª R., AR 0005300-54.2012.5.16.0000, TP, Rel. Des. Márcia Andrea Farias da Silva, DJe 1º.06.2015, p. 1).

[27] "Ação rescisória. Decisão homologatória de acordo, colusão entre as partes, a fim de fraudar a lei. Novo julgamento. Ao contrário do que afirmam os réus em suas peças de defesa, os fatos e circunstâncias demonstrados nos autos comprovam a prática de colusão entre os advogados André Luyz da Silveira Marques e Elisson José Ferreira de Andrade e o Consórcio Sossego, por seu preposto senhor Lúcio Amaro Ferreira Júnior, o que enquadra a situação nas hipóteses previstas no art. 485, III e VIII, do CPC, aplicando-se ao caso o art. 494 do CPC e a Orientação Jurisprudencial nº 94 da SDI-2 do C. TST. Ação rescisória que se julga totalmente procedente para, em juízo rescindendo, desconstituir a decisão homologatória do acordo firmado nos autos do processo nº 002054-96.2008.5.08.0126 e, em juízo rescisório, extinguir o processo nº 002054-96.2008.5.08.0126 sem resolução do mérito, com fundamento nos arts. 129 e 267, IV, do CPC" (TRT 8ª R., AR 0010025-74.2013.5.08.0000, Rel. Des. José Edílsimo Eliziário Bentes, DJe 18.09.2015, p. 2).

[28] "Art. 966. (...) II – for proferida por juiz impedido ou por juízo absolutamente incompetente; (...) IV – ofender a coisa julgada."

[29] "Ação rescisória. Violação à coisa julgada. Configuração. Considerando que o réu, então reclamante, renovou, mediante nova ação trabalhista, pedido já veiculado e julgado improcedente em ação pretérita, configurou-se a ofensa à coisa julgada, cabendo, em juízo rescindendo, a desconstituição da sentença, e, em juízo rescisório, a extinção do novel processo sem resolução do mérito, com arrimo no CPC, art. 267, V" (TRT 13ª R., AR 0010900-69.2014.5.13.0000, Rel. Des. Wolney de Macedo Cordeiro, DJe 23.09.2015, p. 5).

Não se pode olvidar que o próprio art. 968, I, do CPC/2015 estatui:

> Art. 968. A petição inicial será elaborada com observância dos requisitos essenciais do art. 319, devendo o autor:
>
> I – cumular ao pedido de rescisão[30], se for o caso, o de novo julgamento do processo.

25.1.6 Petição inicial

O art. 968 do CPC/2015 estabelece os requisitos da petição inicial da ação rescisória, que será elaborada com observância dos requisitos essenciais do art. 319[31] do mesmo CPC.

Assim estabelece o mencionado artigo:

> Art. 968. A petição inicial será elaborada com observância dos requisitos essenciais do art. 319, devendo o autor:
>
> I – cumular ao pedido de rescisão, se for o caso, o de novo julgamento do processo;
>
> II – depositar a importância de cinco por cento sobre o valor da causa, que se converterá em multa caso a ação seja, por unanimidade de votos, declarada inadmissível ou improcedente.
>
> § 1º Não se aplica o disposto no inciso II à União, aos Estados, ao Distrito Federal, aos Municípios, às suas respectivas autarquias e fundações de direito público, ao Ministério Público, à Defensoria Pública e aos que tenham obtido o benefício de gratuidade da justiça.
>
> § 2º O depósito previsto no inciso II do *caput* deste artigo não será superior a 1.000 (mil) salários mínimos.

---

[30] "Juízo rescisório. É verdade que o art. 488, I, do CPC determina a cumulação dos pedidos de juízo rescindente com o rescisório, quando for o caso. Na hipótese, embora o motivo de rescindibilidade consubstanciado em erro de fato comporte o pedido de juízo rescisório, os autos contêm singularidades que o colocam à margem da cognição do Tribunal. Isso porque o erro de fato foi detectado com relação ao acolhimento da prescrição total, cuja consequência fica limitada à desconstituição da decisão rescindenda e à remessa do processo à Vara do Trabalho de origem, a fim de que examine a questão de fundo que não o tinha sido" (TST, ROAR 190/2002-000-17-00.2, (AC. SBDI-2), Rel. Min. Antônio José de Barros Levenhagen, *DJU* 19.11.2004).

[31] "Art. 319. A petição inicial indicará: I – o juízo a que é dirigida; II – os nomes, os prenomes, o estado civil, a existência de união estável, a profissão, o número de inscrição no Cadastro de Pessoas Físicas ou no Cadastro Nacional da Pessoa Jurídica, o endereço eletrônico, o domicílio e a residência do autor e do réu; III – o fato e os fundamentos jurídicos do pedido; IV – o pedido com as suas especificações; V – o valor da causa; VI – as provas com que o autor pretende demonstrar a verdade dos fatos alegados; VII – a opção do autor pela realização ou não de audiência de conciliação ou de mediação."

§ 3º Além dos casos previstos no art. 330, a petição inicial será indeferida quando não efetuado o depósito exigido pelo inciso II do *caput* deste artigo.

Deve-se observar que não se aplicam o inciso II e o § 2º do mencionado art. 968, posto que o Processo do Trabalho tem regramento próprio no que respeita ao depósito.

O art. 836 da CLT assim dispõe:

> Art. 836. É vedado aos órgãos da Justiça do Trabalho conhecer de questões já decididas, excetuados os casos expressamente previstos neste Título e a ação rescisória, que será admitida na forma do disposto no Capítulo IV do Título IX da Lei nº 5.869, de 11 de janeiro de 1973 – Código de Processo Civil, sujeita ao depósito prévio de 20% (vinte por cento) do valor da causa, salvo prova de miserabilidade jurídica do autor. (NR) (Redação dada ao *caput* pela Lei nº 11.495, de 22.06.2007, *DOU* 25.06.2007).

O depósito na justiça laboral é de 20%[32] do valor da causa, diversamente dos 5% exigidos na justiça comum.

O TST editou a Súmula 299 sobre a presente matéria:

> Súmula 299 – Ação rescisória. Decisão rescindenda. Trânsito em julgado. Comprovação. Efeitos (incorporadas as Orientações Jurisprudenciais nºs 96 e 106 da SDI-II).
>
> I – É indispensável ao processamento da ação rescisória a prova do trânsito em julgado da decisão rescindenda (ex-Súmula nº 299 – Res. 8/1989, *DJ* 14, 18 e 19.04.1989).
>
> II – Verificando o relator que a parte interessada não juntou à inicial o documento comprobatório, abrirá prazo de 15 (quinze) dias para que o faça (art. 321 do CPC de 2015), sob pena de indeferimento (ex-Súmula nº 299 – Res. 8/1989, *DJ* 14, 18 e 19.04.1989).
>
> III – A comprovação do trânsito em julgado da decisão rescindenda é pressuposto processual indispensável ao tempo do ajuizamento da ação rescisória. Eventual trânsito em julgado posterior ao ajuizamento da ação rescisória não reabilita a ação proposta, na medida em que o ordenamento jurídico não contempla a ação rescisória preventiva (ex-OJ nº 106 da SBDI-2 – *DJ* 29.04.2003).
>
> IV – O pretenso vício de intimação, posterior à decisão que se pretende rescindir, se efetivamente ocorrido, não permite a formação da coisa julgada material. Assim, a ação rescisória deve ser julgada extinta, sem julgamento do mérito, por

---

[32] O depósito reverterá a favor do réu em caso de improcedência ou inadmissibilidade da ação rescisória por unanimidade de votos, a despeito de silêncio da CLT, assim como ocorre no processo civil, do qual o processo do trabalho se socorre subsidiariamente, em caso de lacuna ou omissão.

carência de ação, por inexistir decisão transitada em julgado a ser rescindida (ex-OJ nº 96 da SBDI-2 – inserida em 27.09.2002).

A Orientação Jurisprudencial 84 da SDI II também se relaciona à temática e ganhou nova redação dada pelo Pleno do TST, em 18.09.2017, conforme Resolução 220, como segue:

> OJ nº 84 da SBDI-II. AÇÃO RESCISÓRIA. AUSÊNCIA DA DECISÃO RESCINDENDA E/OU DA CERTIDÃO DE SEU TRÂNSITO EM JULGADO DEVIDAMENTE AUTENTICADAS. CONCESSÃO DE PRAZO PARA COMPLEMENTAÇÃO DA DOCUMENTAÇÃO. (alterada em decorrência do CPC de 2015)

São peças essenciais para o julgamento da ação rescisória a decisão rescindenda e/ou a certidão do seu trânsito em julgado, devidamente autenticadas, à exceção de cópias reprográficas apresentadas por pessoa jurídica de direito público, a teor do art. 24 da Lei 10.522/2002, ou declaradas autênticas pelo advogado na forma do artigo 830 da CLT com a redação dada pela Lei 11.925/2009. Em fase recursal, verificada a ausência de qualquer delas, cumpre ao Relator do recurso ordinário conceder o prazo de 5 (cinco) dias ao recorrente para que seja complementada a documentação exigível, nos termos do art. 932, parágrafo único, do CPC de 2015.

25.1.7 Processamento

Após a distribuição[33] da petição inicial da rescisória no Tribunal do Trabalho, o relator poderá, monocraticamente, indeferir a petição inicial, com fulcro nos arts. 330 e 332 do CPC/2015. Essa decisão é sujeita ao agravo regimental, de sorte

---

[33] "Art. 970. O relator ordenará a citação do réu, designando-lhe prazo nunca inferior a 15 (quinze) dias nem superior a 30 (trinta) dias para, querendo, apresentar resposta, ao fim do qual, com ou sem contestação, observar-se-á, no que couber, o procedimento comum.
Art. 971. Na ação rescisória, devolvidos os autos pelo relator, a secretaria do tribunal expedirá cópias do relatório e as distribuirá entre os juízes que compuserem o órgão competente para o julgamento.
Parágrafo único. A escolha de relator recairá, sempre que possível, em juiz que não haja participado do julgamento rescindendo.
Art. 972. Se os fatos alegados pelas partes dependerem de prova, o relator poderá delegar a competência ao órgão que proferiu a decisão rescindenda, fixando prazo de 1 (um) a 3 (três) meses para a devolução dos autos.
Art. 973. Concluída a instrução, será aberta vista ao autor e ao réu para razões finais, sucessivamente, pelo prazo de 10 (dez) dias.
Parágrafo único. Em seguida, os autos serão conclusos ao relator, procedendo-se ao julgamento pelo órgão competente.

a levar o julgamento para a Sessão do Tribunal, especializada no julgamento das ações rescisórias.

O art. 969 do CPC/2015 determina que: "A propositura da ação rescisória não impede o cumprimento da decisão rescindenda, ressalvada a concessão de tutela provisória".

O Tribunal Superior do Trabalho editou a Resolução 203, de 15.03.2016, que edita a Instrução Normativa 39, que dispõe sobre as normas do Código de Processo Civil de 2015 aplicáveis e inaplicáveis ao Processo do Trabalho, de forma não exaustiva, e assinalou em seu art. 3º que os arts. 966 a 975 do CPC aplicam-se no processo do trabalho.

Em relação ao tema, temos a Orientação Jurisprudencial 76 da SDI II, cuja redação foi alterada pela Resolução 220, de 18.09.2017, do Pleno do TST:

> OJ nº 76 da SBDI-II. AÇÃO RESCISÓRIA. AÇÃO CAUTELAR PROPOSTA SOB A VIGÊNCIA DO CPC DE 1973. SUSPENSÃO DA EXECUÇÃO. JUNTADA DE DOCUMENTO INDISPENSÁVEL. POSSIBILIDADE DE ÊXITO NA RESCISÃO DO JULGADO. (Atualizada em decorrência do CPC de 2015)

É indispensável a instrução da ação cautelar proposta sob a vigência do CPC de 1973 com as provas documentais necessárias à aferição da plausibilidade de êxito na rescisão do julgado. Assim sendo, devem vir junto com a inicial da cautelar as cópias da petição inicial da ação rescisória principal, da decisão rescindenda, da certidão do trânsito em julgado da decisão rescindenda e informação do andamento atualizado da execução.

E a OJ 131 da SDI II:

Art. 974. Julgando procedente o pedido, o tribunal rescindirá a decisão, proferirá, se for o caso, novo julgamento e determinará a restituição do depósito a que se refere o inciso II do art. 968.

Parágrafo único. Considerando, por unanimidade, inadmissível ou improcedente o pedido, o tribunal determinará a reversão, em favor do réu, da importância do depósito, sem prejuízo do disposto no § 2º do art. 82.

Art. 975. O direito à rescisão se extingue em 2 (dois) anos contados do trânsito em julgado da última decisão proferida no processo.

§ 1º Prorroga-se até o primeiro dia útil imediatamente subsequente o prazo a que se refere o *caput*, quando expirar durante férias forenses, recesso, feriados ou em dia em que não houver expediente forense.

§ 2º Se fundada a ação no inciso VII do art. 966, o termo inicial do prazo será a data de descoberta da prova nova, observado o prazo máximo de 5 (cinco) anos, contado do trânsito em julgado da última decisão proferida no processo.

§ 3º Nas hipóteses de simulação ou de colusão das partes, o prazo começa a contar, para o terceiro prejudicado e para o Ministério Público, que não interveio no processo, a partir do momento em que têm ciência da simulação ou da colusão."

131. Ação rescisória. Ação cautelar para suspender execução da decisão rescindenda. Pendência de trânsito em julgado da ação rescisória principal. Efeitos. A ação cautelar não perde o objeto enquanto ainda estiver pendente o trânsito em julgado da ação rescisória principal, devendo o pedido cautelar ser julgado procedente, mantendo-se os efeitos da liminar eventualmente deferida, no caso de procedência do pedido rescisório ou, por outro lado, improcedente, se o pedido da ação rescisória principal tiver sido julgado improcedente.

Assim que receber a petição inicial da ação rescisória, o Desembargador Relator determinará a citação do réu para apresentação de sua resposta, em prazo que será fixado entre 15 e 30 dias.

Nesse sentido, a TST editou a OJ 146 da SDI II:

> 146. Ação rescisória. Início do prazo para apresentação da contestação. Art. 774 da CLT. A contestação apresentada em ação rescisória obedece à regra relativa à contagem de prazo constante do art. 774 da CLT, sendo inaplicável o art. 231 do CPC de 2015 (art. 241 do CPC de 1973).

Após a resposta do demandado, se os fatos alegados dependerem de instrução probatória, o relator delegará a competência ao juiz da vara do trabalho do local onde deva ser produzida, fixando em até 90 dias para devolução dos autos.

Com a modificação recente da Súmula 219 do TST, passou a ser admissível a condenação ao pagamento de honorários advocatícios:

> II – É cabível a condenação ao pagamento de honorários advocatícios em ação rescisória no processo trabalhista.

O Tribunal Pleno, na sessão ordinária do dia 18.09.2017, aprovou as seguintes modificações na jurisprudência da Corte publicadas no *DEJT* divulgado em 21, 22 e 25.09.2017 (Resolução 220):

> Súmula nº 337 do TST.
>
> COMPROVAÇÃO DE DIVERGÊNCIA JURISPRUDENCIAL. RECURSOS DE REVISTA E DE EMBARGOS (incluído o item V)
>
> I – Para comprovação da divergência justificadora do recurso, é necessário que o recorrente:
>
> a) Junte certidão ou cópia autenticada do acórdão paradigma ou cite a fonte oficial ou o repositório autorizado em que foi publicado; e
>
> b) Transcreva, nas razões recursais, as ementas e/ou trechos dos acórdãos trazidos à configuração do dissídio, demonstrando o conflito de teses que justifique o conhecimento do recurso, ainda que os acórdãos já se encontrem nos autos ou venham a ser juntados com o recurso. (ex-Súmula nº 337 – alterada pela Res. 121/2003, DJ 21.11.2003)

II – A concessão de registro de publicação como repositório autorizado de jurisprudência do TST torna válidas todas as suas edições anteriores. (ex-OJ nº 317 da SBDI-I – DJ 11.08.2003)

III – A mera indicação da data de publicação, em fonte oficial, de aresto paradigma é inválida para comprovação de divergência jurisprudencial, nos termos do item I, "a", desta súmula, quando a parte pretende demonstrar o conflito de teses mediante a transcrição de trechos que integram a fundamentação do acórdão divergente, uma vez que só se publicam o dispositivo e a ementa dos acórdãos.

IV – É válida para a comprovação da divergência jurisprudencial justificadora do recurso a indicação de aresto extraído de repositório oficial na internet, desde que o recorrente:

a) transcreva o trecho divergente;

b) aponte o sítio de onde foi extraído; e

c) decline o número do processo, o órgão prolator do acórdão e a data da respectiva publicação no Diário Eletrônico da Justiça do Trabalho.

V – A existência do código de autenticidade na cópia, em formato PDF, do inteiro teor do aresto paradigma, juntada aos autos, torna-a equivalente ao documento original e também supre a ausência de indicação da fonte oficial de publicação.

25.1.8 Prazo

O art. 975 do CPC/2015 estabelece:

> Art. 975. O direito à rescisão se extingue em 2 (dois) anos contados do trânsito em julgado da última decisão proferida no processo.
>
> § 1º Prorroga-se até o primeiro dia útil imediatamente subsequente o prazo a que se refere o *caput*, quando expirar durante férias forenses, recesso, feriados ou em dia em que não houver expediente forense.
>
> § 2º Se fundada a ação no inciso VII do art. 966, o termo inicial do prazo será a data de descoberta da prova nova, observado o prazo máximo de 5 (cinco) anos, contado do trânsito em julgado da última decisão proferida no processo.
>
> § 3º Nas hipóteses de simulação ou de colusão das partes, o prazo começa a contar, para o terceiro prejudicado e para o Ministério Público, que não interveio no processo, a partir do momento em que têm ciência da simulação ou da colusão.

Portanto, o prazo decadencial (pois trata-se de ação constitutiva negativa), não sujeito a interrupção ou suspensão, é de dois anos após o trânsito em julgado.

Sobre o tema, o Colendo TST editou a Súmula 100:

> Súmula 100 – Ação rescisória. Decadência (incorporadas as Orientações Jurisprudenciais nºs 13, 16, 79, 102, 104, 122 e 145 da SDI-II).

I – O prazo de decadência, na ação rescisória, conta-se do dia imediatamente subsequente ao trânsito em julgado da última decisão proferida na causa, seja de mérito ou não (ex-Súmula nº 100 – Res. 109/2001, DJ 18.04.2001).

II – Havendo recurso parcial no processo principal, o trânsito em julgado dá-se em momentos e em tribunais diferentes, contando-se o prazo decadencial para a ação rescisória do trânsito em julgado de cada decisão, salvo se o recurso tratar de preliminar ou prejudicial que possa tornar insubsistente a decisão recorrida, hipótese em que flui a decadência a partir do trânsito em julgado da decisão que julgar o recurso parcial (ex-Súmula nº 100 – Res. 109/2001, DJ 18.04.2001).

III – Salvo se houver dúvida razoável, a interposição de recurso intempestivo ou a interposição de recurso incabível não protrai o termo inicial do prazo decadencial (ex-Súmula nº 100 – Res. 109/2001, DJ 18.04.2001).

IV – O juízo rescindente não está adstrito à certidão de trânsito em julgado juntada com a ação rescisória, podendo formar sua convicção através de outros elementos dos autos quanto à antecipação ou postergação do *dies a quo* do prazo decadencial (ex-OJ nº 102 – DJ 29.04.2003).

V – O acordo homologado judicialmente tem força de decisão irrecorrível, na forma do art. 831 da CLT. Assim sendo, o termo conciliatório transita em julgado na data da sua homologação judicial (ex-OJ nº 104 – DJ 29.04.2003).

VI – Na hipótese de colusão das partes, o prazo decadencial da ação rescisória somente começa a fluir para o Ministério Público, que não interveio no processo principal, a partir do momento em que tem ciência da fraude (ex-OJ nº 122 – DJ 11.08.2003).

VII – Não ofende o princípio do duplo grau de jurisdição a decisão do TST que, após afastar a decadência em sede de recurso ordinário, aprecia desde logo a lide, se a causa versar questão exclusivamente de direito e estiver em condições de imediato julgamento (ex-OJ nº 79 – inserida em 13.03.2002).

VIII – A exceção de incompetência, ainda que oposta no prazo recursal, sem ter sido aviado o recurso próprio, não tem o condão de afastar a consumação da coisa julgada e, assim, postergar o termo inicial do prazo decadencial para a ação rescisória (ex-OJ nº 16 – inserida em 20.09.2000).

IX – Prorroga-se até o primeiro dia útil, imediatamente subsequente, o prazo decadencial para ajuizamento de ação rescisória quando expira em férias forenses, feriados, finais de semana ou em dia em que não houver expediente forense. Aplicação do art. 775 da CLT (ex-OJ nº 13 – inserida em 20.09.2000).

X – Conta-se o prazo decadencial da ação rescisória, após o decurso do prazo legal previsto para a interposição do recurso extraordinário, apenas quando esgotadas todas as vias recursais ordinárias (ex-OJ nº 145 – DJ 10.11.2004).

E a OJ 80 da SDI II assim estabelece:

80. Ação rescisória. Decadência. *Dies a quo*. Recurso deserto. Súmula nº 100/TST. O não conhecimento do recurso por deserção não antecipa o *dies a quo* do

prazo decadencial para o ajuizamento da ação rescisória, atraindo, na contagem do prazo, a aplicação da Súmula nº 100 do TST (13.03.2002).

25.1.9 Recurso

No caso de a ação rescisória ter sido julgada originariamente no Tribunal Regional do Trabalho, o recurso cabível será o recurso ordinário para atacar o acórdão, e será julgado pelo Tribunal Superior do Trabalho (SDI-II ou SDC), nos termos da Súmula 158 do TST:

> Súmula 158 – Ação rescisória.
>
> Da decisão de Tribunal Regional do Trabalho, em ação rescisória, é cabível recurso ordinário para o Tribunal Superior do Trabalho, em face da organização judiciária trabalhista.

A Súmula 99 do TST também se relaciona à matéria, ao dispor:

> Súmula 99 – Ação rescisória. Deserção. Prazo (incorporada a Orientação Jurisprudencial nº 117 da SDI-II).
>
> Havendo recurso ordinário em sede de rescisória, o depósito recursal só é exigível quando for julgado procedente o pedido e imposta condenação em pecúnia, devendo este ser efetuado no prazo recursal, no limite e nos termos da legislação vigente, sob pena de deserção (ex-Súmula nº 99 – RA, 62/1980, *DJ* 11.06.1980 e alterada pela Res. 110/2002, *DJ* 11.04.2002 e ex-OJ nº 117 – *DJ* 11.08.2003).

Dos acórdãos proferidos no Tribunal Regional do Trabalho ou Tribunal Superior do Trabalho caberão Embargos de Declaração, nos casos previstos no art. 897-A da CLT.

Destaque-se também o cabimento de ação rescisória de ação rescisória em sede trabalhista, consoante Súmula 400 do TST:

> Súmula 400 – Ação rescisória de ação rescisória. Violação manifesta de norma jurídica. Indicação da mesma norma jurídica apontada na rescisória primitiva (mesmo dispositivo de lei sob o CPC de 1973) (conversão da Orientação Jurisprudencial nº 95 da SDI-II).
>
> Em se tratando de rescisória de rescisória, o vício apontado deve nascer na decisão rescindenda, não se admitindo a rediscussão do acerto do julgamento da rescisória anterior. Assim, não procede rescisória calcada no inciso V do art. 966 do CPC de 2015 (art. 485, V, do CPC de 1973) para discussão, por má aplicação da mesma norma jurídica, tida por violada na rescisória anterior, bem como para arguição de questões inerentes à ação rescisória primitiva (ex-OJ nº 95 – inserida em 27.09.2002 e alterada *DJ* 16.04.2004).

Finalmente, importante destacar que não se aplica o *jus postulandi* em sede de ação rescisória, consoante Súmula 425 do TST:

> Súmula 425 – *Jus postulandi* na Justiça do Trabalho. Alcance.
>
> O *jus postulandi* das partes, estabelecido no art. 791 da CLT, limita-se às Varas do Trabalho e aos Tribunais Regionais do Trabalho, não alcançando a ação rescisória, a ação cautelar, o mandado de segurança e os recursos de competência do Tribunal Superior do Trabalho.

O Tribunal Pleno, na sessão ordinária do dia 18.09.2017, aprovou as seguintes modificações na jurisprudência da Corte publicadas no DEJT divulgado em 21, 22 e 25.09.2017 (Resolução 220):

> Súmula nº 385 do TST.
>
> FERIADO LOCAL OU FORENSE. AUSÊNCIA DE EXPEDIENTE. PRAZO RECURSAL. PRORROGAÇÃO. COMPROVAÇÃO. NECESSIDADE. (Alterada em decorrência do CPC de 2015)
>
> I – Incumbe à parte o ônus de provar, quando da interposição do recurso, a existência de feriado local que autorize a prorrogação do prazo recursal (art. 1.003, § 6º, do CPC de 2015). No caso de o recorrente alegar a existência de feriado local e não o comprovar no momento da interposição do recurso, cumpre ao relator conceder o prazo de 5 (cinco) dias para que seja sanado o vício (art. 932, parágrafo único, do CPC de 2015), sob pena de não conhecimento se da comprovação depender a tempestividade recursal;
>
> II – Na hipótese de feriado forense, incumbirá à autoridade que proferir a decisão de admissibilidade certificar o expediente nos autos;
>
> III – Admite-se a reconsideração da análise da tempestividade do recurso, mediante prova documental superveniente, em agravo de instrumento, agravo interno, agravo regimental, ou embargos de declaração, desde que, em momento anterior, não tenha havido a concessão de prazo para a comprovação da ausência de expediente forense.
>
> OJ nº 318 da SBDI-I
>
> AUTARQUIA. FUNDAÇÃO PÚBLICA. LEGITIMIDADE PARA RECORRER. REPRESENTAÇÃO PROCESSUAL. (Incluído o item II e alterada em decorrência do CPC de 2015).
>
> I – Os Estados e os Municípios não têm legitimidade para recorrer em nome das autarquias e das fundações públicas.
>
> II – Os procuradores estaduais e municipais podem representar as respectivas autarquias e fundações públicas em juízo somente se designados pela lei da respectiva unidade da federação (art. 75, IV, do CPC de 2015) ou se investidos de instrumento de mandato válido.

OJ nº 70 da SBDI-II
AÇÃO RESCISÓRIA. REGÊNCIA PELO CPC DE 1973. MANIFESTO E INESCUSÁVEL EQUÍVOCO NO DIRECIONAMENTO. INÉPCIA DA INICIAL. EXTINÇÃO DO PROCESSO. (atualizada em decorrência do CPC de 2015)
Sob a égide do CPC de 1973, o manifesto equívoco da parte em ajuizar ação rescisória no TST para desconstituir julgado proferido pelo TRT, ou vice-versa, implica a extinção do processo sem julgamento do mérito por inépcia da inicial.

OJ nº 93 da SBDI-II
PENHORA SOBRE PARTE DA RENDA DE ESTABELECIMENTO COMERCIAL. POSSIBILIDADE (alterada em decorrência do CPC de 2015)
Nos termos do art. 866 do CPC de 2015, é admissível a penhora sobre a renda mensal ou faturamento de empresa, limitada a percentual, que não comprometa o desenvolvimento regular de suas atividades, desde que não haja outros bens penhoráveis ou, havendo outros bens, eles sejam de difícil alienação ou insuficientes para satisfazer o crédito executado.

OJ Nº 134 DA SBDI-II
AÇÃO RESCISÓRIA. DECISÃO QUE DECLARA PRECLUSA A OPORTUNIDADE DE IMPUGNAÇÃO DA SENTENÇA DE LIQUIDAÇÃO. PRODUÇÃO DE COISA JULGADA FORMAL. IRRESCINDIBILIDADE. (alterada em decorrência do CPC de 2015)
A decisão proferida em embargos à execução ou em agravo de petição que apenas declara preclusa a oportunidade de impugnação da sentença de liquidação não é rescindível, em virtude de produzir tão somente coisa julgada formal.

25.1.10 Tutela provisória de urgência na ação rescisória

O art. 969 do CPC estatui que "a propositura da ação rescisória não impede o cumprimento da decisão rescindenda, ressalvada a concessão de tutela provisória".

Desse dispositivo legal podemos inferir que o simples ajuizamento da ação rescisória não tem o condão de suspender ou paralisar a execução da decisão rescindenda, ou ainda que o ajuizamento da ação rescisória não impede que a decisão rescindenda produza efeitos.

Além disso, admite-se a concessão de tutela provisória no processo da ação rescisória, que pode servir exclusivamente para determinar a suspensão da execução da decisão rescindenda.

Entendemos possível também a concessão de tutela provisória na ação rescisória para suspender o cumprimento de sentença, desde que o autor da rescisória ofereça e proveja a devida garantia.

Isso porque, se existe a necessidade de garantia do juízo para que haja suspensão do cumprimento da sentença, a mesma exigência cabe na rescisória, já que esse instrumento se presta a desconstituir a coisa julgada. Aplica-se, nesse caso, o art. 300, § 1º, do CPC/2015:

> § 1º Para a concessão da tutela de urgência, o juiz pode, conforme o caso, exigir caução real ou fidejussória idônea para ressarcir os danos que a outra parte possa vir a sofrer, podendo a caução ser dispensada se a parte economicamente hipossuficiente não puder oferecê-la.

De outro lado, não se admite a estabilização da lide em sede de tutela provisória satisfativa em ação rescisória, de acordo com o enunciado 421 do Fórum Permanente de Processualistas Civis: "não cabe estabilização de tutela antecipada em ação rescisória". A conclusão é clara: não se pode aceitar que uma estabilização mais frágil e precária possa subsistir em face da coisa julgada.

Já em relação à tutela provisória de evidência na ação rescisória é preciso algumas considerações. Sabemos que a tutela provisória se funda na urgência ou na evidência (art. 294 do CPC). A tutela de evidência será concedida independentemente da demonstração do perigo de dano (*periculum in mora*) ou do risco de resultado útil do processo.

Assim preceitua o art. 311 do CPC:

> Art. 311. A tutela da evidência será concedida, independentemente da demonstração de perigo de dano ou de risco ao resultado útil do processo, quando:
>
> I – ficar caracterizado o abuso do direito de defesa ou o manifesto propósito protelatório da parte;
> II – as alegações de fato puderem ser comprovadas apenas documentalmente e houver tese firmada em julgamento de casos repetitivos ou em súmula vinculante;
> III – se tratar de pedido reipersecutório fundado em prova documental adequada do contrato de depósito, caso em que será decretada a ordem de entrega do objeto custodiado, sob cominação de multa;
> IV – a petição inicial for instruída com prova documental suficiente dos fatos constitutivos do direito do autor, a que o réu não oponha prova capaz de gerar dúvida razoável.
> Parágrafo único. Nas hipóteses dos incisos II e III, o juiz poderá decidir liminarmente.

Entendemos que as hipóteses I, II e IV do art. 311 do CPC também são perfeitamente aplicáveis na ação rescisória trabalhista, cujo efeito será a suspensão do cumprimento da sentença ou da decisão rescindenda.

Já a hipótese do inciso III, que trata de pedido reipersecutório fundado em prova documental adequada do contrato de depósito, é de raríssima aplicabilidade do processo do trabalho.

No caso do item II do art. 311, se a decisão rescindenda violar manifestamente precedente obrigatório, sem dúvida caberá ação rescisória, com possibilidade de concessão de tutela provisória de evidência para sobrestar o seu cumprimento ou suspender seus efeitos.

Cabe um registro: se a tutela de evidência é cabível na ação rescisória, isso não significa que ela irá antecipar o desfazimento da coisa julgada, pois a tutela de evidência, pelos seus próprios fundamentos, deve ser admitida tão somente para sobrestar o cumprimento da decisão rescindenda ou para a suspensão de seus efeitos.

Em relação à execução na ação rescisória, aplicam-se as regras do cumprimento da sentença (art. 513 e seguintes do CPC/2015).

A regra geral é que o próprio órgão[34] que certificou o direito material é o competente para a execução do julgado. Daí o cumprimento da sentença, na ação rescisória, deve ser processado perante o próprio tribunal que julgou a rescisória, tratando, pois, de competência funcional, de natureza absoluta.

Tudo o que desenvolvemos acima está em plena consonância com a IN 39 do Colendo do TST, que estabelece que:

> Art. 3º Sem prejuízo de outros, aplicam-se ao Processo do Trabalho, em face de omissão e compatibilidade, os preceitos do Código de Processo Civil que regulam os seguintes temas:
> (...)
> XXVI – arts. 966 a 975 (ação rescisória).

25.2 MANDADO DE SEGURANÇA

25.2.1 Conceito

O mandado de segurança é um remédio heroico, verdadeira garantia constitucional que vem disciplinada na Constituição Federal de 1988, no art. 5º, inciso LXIX, *in verbis*:

> LXIX – conceder-se-á mandado de segurança para proteger direito líquido e certo, não amparado por *habeas corpus* ou *habeas data*, quando o responsável

---

[34] "Art. 516. O cumprimento da sentença efetuar-se-á perante: I – os tribunais, nas causas de sua competência originária; II – o juízo que decidiu a causa no primeiro grau de jurisdição; III – o juízo cível competente, quando se tratar de sentença penal condenatória, de sentença arbitral, de sentença estrangeira ou de acórdão proferido pelo Tribunal Marítimo. Parágrafo único. Nas hipóteses dos incisos II e III, o exequente poderá optar pelo juízo do atual domicílio do executado, pelo juízo do local onde se encontrem os bens sujeitos à execução ou pelo juízo do local onde deva ser executada a obrigação de fazer ou de não fazer, casos em que a remessa dos autos do processo será solicitada ao juízo de origem."

pela ilegalidade ou abuso de poder for autoridade pública ou agente de pessoa jurídica no exercício de atribuições do Poder Público.

Pode ser utilizado por pessoa física ou jurídica, ou ainda por entidade desprovida de personalidade jurídica, com capacidade processual, tendo por finalidade a proteção de direito individual ou coletivo, líquido e certo, não amparado por *habeas corpus* ou *habeas data*, nas vezes em que esse direito sofrer lesão ou ameaça por meio de ato de autoridade pública ou de agente de pessoa jurídica no exercício de atribuições do Poder Público.

O mandado de segurança possui natureza jurídica de ação de conhecimento, mandamental, por meio da qual o juiz determina à autoridade coatora o cumprimento imediato do *mandamus* ou ordem judicial.

Assim estabelece o art. 1º da Lei 12.016/2009:

> Art. 1º Conceder-se-á mandado de segurança para proteger direito líquido e certo, não amparado por *habeas corpus* ou *habeas data*, sempre que, ilegalmente ou com abuso de poder, qualquer pessoa física ou jurídica sofrer violação ou houver justo receio de sofrê-la por parte de autoridade, seja de que categoria for e sejam quais forem as funções que exerça.
>
> § 1º Equiparam-se às autoridades, para os efeitos desta Lei, os representantes ou órgãos de partidos políticos e os administradores de entidades autárquicas, bem como os dirigentes de pessoas jurídicas ou as pessoas naturais no exercício de atribuições do poder público, somente no que disser respeito a essas atribuições.
>
> (...)
>
> § 3º Quando o direito ameaçado ou violado couber a várias pessoas, qualquer delas poderá requerer o mandado de segurança.

25.2.2 Competência

Antigamente, o processamento do mandado de segurança geralmente ocorria na Justiça Federal, quando o ato ilegal ou abusivo era decorrente de autoridades da Justiça Laboral, do Ministério do Trabalho e Emprego, ou do Ministério Público do Trabalho.

Porém, a Emenda Constitucional 45/2004 estabeleceu a competência da Justiça do Trabalho para processar e julgar mandado de segurança no art. 114, IV: "os mandados de segurança, *habeas corpus* e *habeas data*, quando o ato questionado envolver matéria sujeita à sua jurisdição".

E a Instrução Normativa 27/2005 do TST determinou no art. 1º que:

> As ações ajuizadas na Justiça do Trabalho tramitarão pelo rito ordinário ou sumaríssimo, conforme previsto na CLT, excepcionando-se, apenas, as que, por disciplina legal expressa, estejam sujeitas a rito especial, tais como Mandado

de segurança, *Habeas Corpus*, *Habeas Data*, Ação Rescisória, Ação Cautelar e Ação de Consignação em Pagamento.

Portanto, hodiernamente é pacífico o entendimento sobre a competência da Justiça do Trabalho para processar e julgar o mandado de segurança, havendo, inclusive, sessões especializadas nos Tribunais do Trabalho com tal desiderato.

Vejamos a jurisprudência:

> Mandado de segurança. Registro sindical. Competência da Justiça do Trabalho. CF/88, art. 114, III (Emenda Constitucional nº 45, de 08.12.2004). 1. Compete à Justiça do Trabalho processar e julgar as ações sobre representatividade sindical, entre sindicatos, entre sindicatos e trabalhadores e entre sindicatos e empregadores e os mandados de segurança, quando o ato questionado envolver matéria sujeita à sua jurisdição (CF, art. 114, incisos IV e VII, acrescidos pela Emenda Constitucional 45/2004), tendo a alteração de competência aplicação imediata, alcançando processos em curso, caso em que os atos decisórios praticados pelo juízo federal então competente permanecem válidos. 2. Declara-se a competência superveniente da Justiça do Trabalho para julgamento do recurso (TRF 1ª R., AMS 200134000332013/DF, 6ª T., Rel. Des. Fed. Maria Isabel Gallotti Rodrigues, *DJU* 25.07.2005, p. 67).

A competência para processar e julgar o mandado pode ser da 1ª Instância (vara do trabalho), da 2ª Instância (TRTs) e também do TST, dependendo da autoridade coatora que praticou o ato supostamente lesivo ou abusivo.

Se o ato lesivo foi praticado por um auditor do trabalho, gerente regional do trabalho do Ministério do Trabalho e Emprego, ou ainda por procurador do trabalho, do Ministério Público do Trabalho, o juízo competente será a Vara do Trabalho do local da suposta lesão ao direito material.

A competência originária para processamento e julgamento do mandado de segurança poderá ser dos Tribunais do Trabalho, dependendo da autoridade coatora:

Juiz do trabalho, titular ou substituto;

Juiz de direito investido na jurisdição trabalhista;

Desembargadores do trabalho.

O Tribunal Superior do Trabalho atuará como instância originária para processar e julgar os mandados de segurança, de acordo com a Lei 7.701/1988:

> Art. 2º Compete à seção especializada em dissídios coletivos, ou seção normativa:
> I – (...)
> d) julgar os mandados de segurança contra os atos praticados pelo Presidente do Tribunal ou por qualquer dos Ministros integrantes da seção especializada em processo de dissídio coletivo.

Art. 3º Compete à Seção de Dissídios Individuais julgar:

I – (...)

b) os mandados de segurança de sua competência originária, na forma da lei.

De outro lado, compete aos Tribunais do Trabalho, pela sessão especializada, ou pelo seu órgão especial, julgar o mandado de segurança contra os seus próprios atos administrativos. Exemplos: atos de exoneração e nomeação de servidores, punição, promoção, concessão de benefícios etc.

25.2.3 Hipóteses de cabimento e peculiaridades do mandado de segurança

Em casos de urgência, é permitido, observados os requisitos legais, impetrar mandado de segurança por telegrama, radiograma, fax ou outro meio eletrônico de autenticidade comprovada, consoante preconiza o art. 4º da Lei 12.019/2008.

Aduz ainda o § 1º que poderá o juiz, em caso de urgência, notificar a autoridade por telegrama, radiograma ou outro meio que assegure a autenticidade do documento e a imediata ciência pela autoridade.

No presente caso, o texto original da petição deverá ser apresentado nos 5(cinco) dias úteis seguintes, e, tratando-se de documento eletrônico, serão observadas as regras da Infraestrutura de Chaves Públicas Brasileira (ICP-Brasil).

Para a concessão do *mandamus* (*writ*), o impetrante deverá demonstrar, de plano, o direito líquido e certo violado, ou a ilegalidade ou abuso de poder praticados pela suposta autoridade apontada como coatora.

Direito líquido e certo é aquele demonstrado de plano, por cognição sumária, por prova documental, juntada aos autos com a petição inicial.

Para Hely Lopes Meirelles[35],

> (...) direito líquido e certo é o que se apresenta manifesto na sua existência, delimitado na sua extensão e apto a ser exercitado no momento da impetração. Por outras palavras, o direito invocado, para ser amparável por mandado de segurança há de vir expresso em norma legal e trazer em si todos os requisitos e condições de sua aplicação ao impetrante; se sua existência por duvidosa, se sua extensão ainda não tiver delimitada; se seu exercício depender de situações e fatos ainda indeterminados, não rende ensejo à segurança, embora possa ser defendido por outros meios judiciais.

Importante assinalar que a amplitude do conceito de autoridade pública abarca não apenas agentes políticos dos Poderes Judiciário, Executivo e Legislativo, como também integrantes da administração pública, direta, indireta, e ainda

---

[35] MEIRELLES, Hely Lopes. *Mandado de segurança, ação popular, ação civil pública, mandado de injunção*, habeas data. 20. ed. São Paulo: Malheiros, 2005. p. 34-35.

representantes ou órgãos de partidos políticos, autarquias e dirigentes e gestores de pessoas jurídicas no exercício de atribuições do poder público.

Citamos a seguir algumas das hipóteses de mandado de segurança na Justiça do Trabalho, objetivando atacar ato de autoridade:

- Liberação de bloqueio *on-line* de conta-poupança[36], de conta corrente ou de conta aposentadoria, na execução trabalhista, envolvendo sócios retirantes;
- Liberação de veículos proibidos de trafegar por meio de ato judicial que determinou sua apreensão;
- Que nega acesso à direita do magistrado a membro do Ministério Público do Trabalho;
- Que defere tutela antecipada em reclamação trabalhista;
- Cerceia direito de defesa à parte;
- Antecipação de honorários periciais nas causas relacionadas à relação de emprego;
- Reintegração[37] no emprego de dirigente sindical.

25.2.4 Hipóteses de não cabimento do mandado de segurança

Estabelece o art. 5º da Lei 12.016/2009:

---

[36] "Mandado de segurança. Penhora de numerário existente em conta utilizada para depósito de salários. Possibilidade. Hodiernamente, ocorre a relativização na interpretação do art. 649, IX, do CPC, na medida em que não existem mais direitos absolutos em nosso ordenamento jurídico, bem como pelo fato de que a impenhorabilidade das contas de salário tem como fundamento evitar que os trabalhadores fiquem desprovidos de seus créditos alimentares. Por isso é que, diante de outro crédito de idêntica natureza, o princípio da impenhorabilidade dos salários e da conta-poupança deve ser relativizado. Segurança denegada. Adoto, na forma regimental, o relatório e o conhecimento do voto proferido pelo Exmo. Desembargador Relator, prevalecendo a divergência por mim elaborada quanto ao mérito do Mandado de Segurança, denegando a segurança vindicada" (MS 00100565520145010000, SEDI-2., Des. Juiz do Trabalho Enoque Ribeiro dos Santos, *DJ* 30.01.2015).

[37] "Mandado de segurança. Verossimilhança e *periculum in mora* verificados. Deferimento de benefício previdenciário. Garantia provisória no emprego. Liminar concedida. Manutenção. Se a segurança foi denegada liminarmente para modificar ato de autoridade coatora que indeferiu pedido antecipatório de tutela, objetivando a reintegração da impetrante no emprego e, em seguida, exercido o juízo de retratabilidade em sede de agravo regimental, a liminar foi deferida e, não havendo quaisquer modificações fáticas a respeito do objeto do mandado de segurança após o *decisum*, há que se confirmar a segurança anteriormente concedida. Dou provimento" (MS 00110533820145010000, SEDI-2, Rel. Des. Juiz do Trabalho Enoque Ribeiro dos Santos, *DJ* 14.07.2015).

Art. 5º Não se concederá mandado de segurança quando se tratar:

I – de ato do qual caiba recurso administrativo com efeito suspensivo, independentemente de caução;

II – de decisão judicial da qual caiba recurso com efeito suspensivo;

III – de decisão judicial transitada em julgado.

E o art. 1º desta Lei, em seu § 2º, dispõe que:

> Não cabe mandado de segurança contra os atos de gestão comercial praticados pelos administradores de empresas públicas, de sociedade de economia mista e de concessionárias de serviço público.

O Supremo Tribunal Federal, a respeito, editou a Súmula 267, *in verbis*:

> Não cabe mandado de segurança contra ato judicial passível de recurso ou correição.

No mesmo sentido, o Tribunal Superior do Trabalho, editou a OJ 92 da SDI II:

> Mandado de segurança. Existência de recurso próprio. Não cabe mandado de segurança contra decisão judicial passível de reforma mediante recurso próprio, ainda que com efeito diferido.

Sobre este item, trazemos à colação as seguintes súmulas e orientações jurisprudenciais do TST:

> Súmula 33 – Mandado de segurança. Decisão judicial transitada em julgado. Não cabe mandado de segurança de decisão judicial transitada em julgado.
>
> Súmula 303 – Fazenda Pública. Reexame necessário (incorporadas as Orientações Jurisprudenciais nºs 9, 71, 72 e 73 da SDI-1).
> (...)
> IV – Em mandado de segurança, somente cabe reexame necessário se, na relação processual, figurar pessoa jurídica de direito público como parte prejudicada pela concessão da ordem. Tal situação não ocorre na hipótese de figurar no feito como impetrante e terceiro interessado pessoa de direito privado, ressalvada a hipótese de matéria administrativa.
>
> Súmula 414. Mandado de segurança. Tutela provisória concedida antes ou na sentença (nova redação em decorrência do CPC de 2015)
> I – A tutela provisória concedida na sentença não comporta impugnação pela via do mandado de segurança, por ser impugnável mediante recurso ordinário. É admissível a obtenção de efeito suspensivo ao recurso ordinário mediante requerimento dirigido ao tribunal, ao relator ou ao presidente ou ao vice-presidente

do tribunal recorrido, por aplicação subsidiária ao processo do trabalho do artigo 1.029, § 5º, do CPC de 2015.

II – No caso de a tutela provisória haver sido concedida ou indeferida antes da sentença, cabe mandado de segurança, em face da inexistência de recurso próprio.

III – A superveniência da sentença, nos autos originários, faz perder o objeto do mandado de segurança que impugnava a concessão ou o indeferimento da tutela provisória.

Súmula 416 – Mandado de segurança. Execução. Lei nº 8.432/92. Art. 897, § 1º, da CLT. Cabimento (conversão da Orientação Jurisprudencial nº 55 da SDI-II).

Devendo o agravo de petição delimitar justificadamente a matéria e os valores objeto de discordância, não fere direito líquido e certo o prosseguimento da execução quanto aos tópicos e valores não especificados no agravo (ex-OJ nº 55 – inserida em 20.09.2000).

Súmula 417 – Mandado de segurança. Penhora em dinheiro. (conversão das Orientações Jurisprudenciais nºs 60, 61 e 62 da SDI-II).

I – Não fere direito líquido e certo do impetrante o ato judicial que determina penhora em dinheiro do executado, em execução definitiva, para garantir crédito exequendo, pois é prioritária e obedece à gradação prevista no art. 835 do CPC de 2015 (art. 655 do CPC de 1973).

II – Havendo discordância do credor, em execução definitiva, não tem o executado direito líquido e certo a que os valores penhorados em dinheiro fiquem depositados no próprio banco, ainda que atenda aos requisitos do art. 840, I, do CPC de 2015 (art. 666, I, do CPC de 1973) (ex-OJ nº 61 – inserida em 20.09.2000).

Súmula 418. Mandado de segurança visando à homologação de acordo (nova redação em decorrência do CPC de 2015)

A homologação de acordo constitui faculdade do juiz, inexistindo direito líquido e certo tutelável pela via do mandado de segurança.

E ainda as orientações jurisprudenciais da SDI II do TST:

OJ 66. Mandado de segurança. Sentença homologatória de adjudicação. Incabível.

I – Sob a égide do CPC de 1973 é incabível o mandado de segurança contra sentença homologatória de adjudicação, uma vez que existe meio próprio para impugnar o ato judicial, consistente nos embargos à adjudicação (CPC de 1973, art. 746).

II – Na vigência do CPC de 2015 também não cabe mandado de segurança, pois o ato judicial pode ser impugnado por simples petição, na forma do artigo 877, *caput*, do CPC de 2015.

OJ 99. Mandado de segurança. Esgotamento de todas as vias processuais disponíveis. Trânsito em julgado formal. Descabimento. Esgotadas as vias recursais existentes, não cabe mandado de segurança (27.09.2002).

OJ 140. Mandado de segurança contra liminar, concedida ou denegada em outra segurança. Incabível (art. 8º da Lei nº 1.533/51). Não cabe mandado de segurança para impugnar despacho que acolheu ou indeferiu liminar em outro mandado de segurança.

OJ 142. Mandado de segurança. Reintegração liminarmente concedida. Inexiste direito líquido e certo a ser oposto contra ato de Juiz que, antecipando a tutela jurisdicional, determina a reintegração do empregado até a decisão final do processo, quando demonstrada a razoabilidade do direito subjetivo material, como nos casos de anistiado pela da Lei nº 8.878/94, aposentado, integrante de comissão de fábrica, dirigente sindical, portador de doença profissional, portador de vírus HIV ou detentor de estabilidade provisória prevista em norma coletiva.

OJ 144. Mandado de segurança. Proibição de prática de atos futuros. Sentença genérica. Evento futuro. Incabível. *DJ* 22.06.04 (nova redação). O mandado de segurança não se presta à obtenção de uma sentença genérica, aplicável a eventos futuros, cuja ocorrência é incerta.

OJ 151. Ação rescisória e mandado de segurança. Procuração. Poderes específicos para ajuizamento de reclamação trabalhista. Irregularidade de representação processual. Fase recursal. Vício processual sanável. A procuração outorgada com poderes específicos para ajuizamento de reclamação trabalhista não autoriza a propositura de ação rescisória e mandado de segurança. Constatado, todavia, o defeito de representação processual na fase recursal, cumpre ao relator ou ao tribunal conceder prazo de 5 (cinco) dias para a regularização, nos termos da Súmula nº 383, item II, do TST.

25.2.5 Processamento

O art. 6º da Lei 12.109/2009 assim dispõe:

> Art. 6º A petição inicial, que deverá preencher os requisitos estabelecidos pela lei processual, será apresentada em 2 (duas) vias com os documentos que instruírem a primeira reproduzidos na segunda e indicará, além da autoridade coatora, a pessoa jurídica que esta integra, à qual se acha vinculada ou da qual exerce atribuições.
>
> § 1º No caso em que o documento necessário à prova do alegado se ache em repartição ou estabelecimento público ou em poder de autoridade que se recuse a fornecê-lo por certidão ou de terceiro, o juiz ordenará, preliminarmente, por ofício, a exibição desse documento em original ou em cópia autêntica e marcará, para o cumprimento da ordem, o prazo de 10 (dez) dias. O escrivão extrairá cópias do documento para juntá-las à segunda via da petição.

Assim que distribuída a petição inicial, hoje por meio eletrônico (PJE), o relator, de forma monocrática, poderá indeferir a petição inicial, porém não antes de conceder prazo ao impetrante para eventual emenda da inicial, ou apresentação de documentos indispensáveis, em consonância com a nova sistemática do CPC/2015.

O impetrante ainda deverá tomar precauções em relação a:

- procuração, que deve ser específica, e não será válida a procuração outorgada por ocasião do ajuizamento da reclamatória;
- a indicação dos terceiros interessados, nome, CPF, endereço atual e completo dos litisconsórcios necessários;
- autenticação dos documentos;
- valor da causa; e
- outros documentos indispensáveis, no caso de execução.

O prazo para impetrar o mandado de segurança é de 120 dias, a contar da ciência do ato impugnado, de acordo como art. 23 da Lei 12.016/2009.

A petição inicial geralmente contempla pleito de liminar, que restará deferida se preencher os requisitos legais do perigo da demora e da plausibilidade do direito.

O art. 7º da Lei 12.016/2009 assim estabelece:

> Art. 7º Ao despachar a inicial, o juiz ordenará:
>
> I – que se notifique o coator do conteúdo da petição inicial, enviando-lhe a segunda via apresentada com as cópias dos documentos, a fim de que, no prazo de 10 (dez) dias, preste as informações;
>
> II – que se dê ciência do feito ao órgão de representação judicial da pessoa jurídica interessada, enviando-lhe cópia da inicial sem documentos, para que, querendo, ingresse no feito;
>
> III – que se suspenda o ato que deu motivo ao pedido, quando houver fundamento relevante e do ato impugnado puder resultar a ineficácia da medida, caso seja finalmente deferida, sendo facultado exigir do impetrante caução, fiança ou depósito, com o objetivo de assegurar o ressarcimento à pessoa jurídica.
>
> § 1º Da decisão do juiz de primeiro grau que conceder ou denegar a liminar caberá agravo de instrumento, observado o disposto na Lei nº 5.869, de 11 de janeiro de 1973 – Código de Processo Civil.
>
> § 2º Não será concedida medida liminar que tenha por objeto a compensação de créditos tributários, a entrega de mercadorias e bens provenientes do exterior, a reclassificação ou equiparação de servidores públicos e a concessão de aumento ou a extensão de vantagens ou pagamento de qualquer natureza.
>
> § 3º Os efeitos da medida liminar, salvo se revogada ou cassada, persistirão até a prolação da sentença.
>
> § 4º Deferida a medida liminar, o processo terá prioridade para julgamento.

§ 5º As vedações relacionadas com a concessão de liminares previstas neste artigo se estendem à tutela antecipada a que se referem os arts. 273 e 461 da Lei nº 5.869, de 11 janeiro de 1973 – Código de Processo Civil.

De acordo com o art. 8º, será decretada a perempção ou caducidade da medida liminar *ex officio* ou a requerimento do Ministério Público quando, concedida a medida, o impetrante criar obstáculo ao normal andamento do processo ou deixar de promover, por mais de 3 (três) dias úteis, os atos e as diligências que lhe cumprirem.

As autoridades administrativas, no prazo de 48 (quarenta e oito) horas da notificação da medida liminar, remeterão ao Ministério ou órgão a que se acham subordinadas e ao Advogado-Geral da União, ou a quem tiver a representação judicial da União, do Estado, do Município ou da entidade apontada como coatora, cópia autenticada do mandado notificatório, assim como indicações e elementos outros necessários às providências a serem tomadas para a eventual suspensão da medida e defesa do ato apontado como ilegal ou abusivo de poder.

Ainda, a inicial será desde logo indeferida, por decisão motivada, quando não for o caso de mandado de segurança ou lhe faltar algum dos requisitos legais ou quando decorrido o prazo legal para a impetração, consoante o art. 10 da referida Lei.

Do indeferimento da inicial pelo juiz de primeiro grau caberá recurso ordinário (e apelação no processo civil) e, quando a competência para o julgamento do mandado de segurança couber originariamente a um dos tribunais, do ato do relator caberá agravo regimental, para o órgão competente do tribunal que integre.

O ingresso de litisconsorte ativo não será admitido após o despacho da petição inicial.

Feitas as notificações, o serventuário em cujo cartório corra o feito juntará aos autos cópia autêntica dos ofícios endereçados ao coator e ao órgão de representação judicial da pessoa jurídica interessada, bem como a prova da entrega a estes ou da sua recusa em aceitá-los ou dar recibo e, no caso do art. 4º da Lei 12.016/2009, a comprovação da remessa.

Findo o prazo a que se refere o inciso I do *caput* do art. 7º da Lei 12.016/2009, o juiz ouvirá o representante do Ministério Público, que opinará, dentro do prazo improrrogável de 10 (dez) dias. Com ou sem o parecer do Ministério Público, os autos serão conclusos ao juiz, para a decisão, a qual deverá ser necessariamente proferida em 30 (trinta) dias.

Concedido o mandado, o juiz transmitirá em ofício, por intermédio do oficial do juízo, ou pelo correio, mediante correspondência com aviso de recebimento, o inteiro teor da sentença à autoridade coatora e à pessoa jurídica interessada.

Em caso de urgência, poderá o juiz observar o disposto no art. 4º da Lei 12.016/2009.

Da sentença, denegando ou concedendo o mandado, cabe recurso ordinário (e apelação no processo civil). Concedida a segurança, a sentença estará sujeita obrigatoriamente ao duplo grau de jurisdição. Estende-se à autoridade coatora o direito de recorrer.

A sentença que conceder o mandado de segurança pode ser executada provisoriamente, salvo nos casos em que for vedada a concessão da medida liminar.

O pagamento de vencimentos e vantagens pecuniárias assegurados em sentença concessiva de mandado de segurança a servidor público da administração direta ou autárquica federal, estadual e municipal somente será efetuado relativamente às prestações que se vencerem a contar da data do ajuizamento da inicial.

Quando, a requerimento de pessoa jurídica de direito público interessada ou do Ministério Público, e para evitar grave lesão à ordem, à saúde, à segurança e à economia públicas, o presidente do tribunal ao qual couber o conhecimento do respectivo recurso suspender, em decisão fundamentada, a execução da liminar e da sentença, dessa decisão caberá agravo, sem efeito suspensivo, no prazo de 5 (cinco) dias, que será levado a julgamento na sessão seguinte à sua interposição.

Indeferido o pedido de suspensão ou provido o agravo a que se refere o *caput* do art. 15, caberá novo pedido de suspensão ao presidente do tribunal competente para conhecer de eventual recurso especial ou extraordinário.

O presidente do tribunal poderá conferir ao pedido efeito suspensivo liminar se constatar, em juízo prévio, a plausibilidade do direito invocado e a urgência na concessão da medida.

As liminares cujo objeto seja idêntico poderão ser suspensas em uma única decisão, podendo o presidente do tribunal estender os efeitos da suspensão a liminares supervenientes, mediante simples aditamento do pedido original.

Nos casos de competência originária dos tribunais, caberá ao relator a instrução do processo, sendo assegurada a defesa oral na sessão do julgamento[38].

Da decisão do relator que conceder ou denegar a medida liminar caberá agravo ao órgão competente do tribunal que integre.

Nas decisões proferidas em mandado de segurança e nos respectivos recursos, quando não publicado, no prazo de 30 (trinta) dias, contado da data do julgamento, o acórdão será substituído pelas respectivas notas taquigráficas, independentemente de revisão.

---

[38] O *caput* do art. 16 da Lei 12.016, de 7 de agosto de 2009, com a redação dada pela Lei 13.676, de 2018, passa a prever: "Art. 16. Nos casos de competência originária dos tribunais, caberá ao relator a instrução do processo, sendo assegurada a defesa oral na sessão do julgamento do mérito ou do pedido liminar".

Das decisões em mandado de segurança proferidas em única instância pelos tribunais cabem recursos especial e extraordinário, nos casos legalmente previstos, e recurso ordinário, quando a ordem for denegada.

A sentença ou o acórdão que denegar mandado de segurança, sem decidir o mérito, não impedirá que o requerente, por ação própria, pleiteie os seus direitos e os respectivos efeitos patrimoniais.

Os processos de mandado de segurança e os respectivos recursos terão prioridade sobre todos os atos judiciais, salvo *habeas corpus*.

Na instância superior, deverão ser levados a julgamento na primeira sessão que se seguir à data em que forem conclusos ao relator.

O prazo para a conclusão dos autos não poderá exceder de 5 (cinco) dias.

O Tribunal Pleno, na sessão ordinária do dia 18.09.2017, aprovou as seguintes modificações na jurisprudência da Corte publicadas no DEJT divulgado em 21, 22 e 25.09.2017 (Resolução nº 220):

OJ nº 93 da SBDI-II.

PENHORA SOBRE PARTE DA RENDA DE ESTABELECIMENTO COMERCIAL. POSSIBILIDADE (alterada em decorrência do CPC de 2015).

Nos termos do art. 866 do CPC de 2015, é admissível a penhora sobre a renda mensal ou faturamento de empresa, limitada a percentual, que não comprometa o desenvolvimento regular de suas atividades, desde que não haja outros bens penhoráveis ou, havendo outros bens, eles sejam de difícil alienação ou insuficientes para satisfazer o crédito executado.

OJ Nº 113 DA SBDI-II.

AÇÃO CAUTELAR. EFEITO SUSPENSIVO AO RECURSO ORDINÁRIO EM MANDADO DE SEGURANÇA. INCABÍVEL. AUSÊNCIA DE INTERESSE. EXTINÇÃO (cancelada em decorrência do CPC de 2015).

É incabível medida cautelar para imprimir efeito suspensivo a recurso interposto contra decisão proferida em mandado de segurança, pois ambos visam, em última análise, à sustação do ato atacado. Extingue-se, pois, o processo, sem julgamento do mérito, por ausência de interesse de agir, para evitar que decisões judiciais conflitantes e inconciliáveis passem a reger idêntica situação jurídica.

OJ Nº 153 DA SBDI-II.

MANDADO DE SEGURANÇA. EXECUÇÃO. ORDEM DE PENHORA SOBRE VALORES EXISTENTES EM CONTA SALÁRIO. ART. 649, IV, DO CPC de 1973. ILEGALIDADE (atualizada em decorrência do CPC de 2015).

Ofende direito líquido e certo decisão que determina o bloqueio de numerário existente em conta salário, para satisfação de crédito trabalhista, ainda que seja limitado a determinado percentual dos valores recebidos ou a valor revertido para fundo de aplicação ou poupança, visto que o art. 833, IV, do CPC/2015 contém norma imperativa que não admite interpretação ampliativa, sendo a exceção prevista no art. 833, § 2º, do CPC/2015 espécie e não gênero de crédito de natureza alimentícia, não englobando o crédito trabalhista.

25.2.6 Mandado de segurança coletivo

Sabemos que o mandado de segurança constitui ação constitucional, de natureza civil, tendo por objeto direito líquido e certo, que se apresenta manifesto na sua existência, delimitado na sua extensão e apto a ser exercitado no momento de sua impetração, desde que haja prova pré-constituída (comprovação de plano).

Estabelece o art. 21 da Lei 12.019/2009:

> Art. 21. O mandado de segurança coletivo pode ser impetrado por partido político com representação no Congresso Nacional, na defesa de seus interesses legítimos relativos a seus integrantes ou à finalidade partidária, ou por organização sindical, entidade de classe ou associação legalmente constituída e em funcionamento há, pelo menos, 1 (um) ano, em defesa de direitos líquidos e certos da totalidade, ou de parte, dos seus membros ou associados, na forma dos seus estatutos e desde que pertinentes às suas finalidades, dispensada, para tanto, autorização especial.

O mandado de segurança coletivo não induz litispendência para as ações individuais, mas os efeitos da coisa julgada não beneficiarão o impetrante a título individual se não requerer a desistência de seu mandado de segurança no prazo de 30 (trinta) dias a contar da ciência comprovada da impetração da segurança coletiva.

No mandado de segurança coletivo, a liminar só poderá ser concedida após a audiência do representante judicial da pessoa jurídica de direito público, que deverá se pronunciar no prazo de 72 (setenta e duas) horas.

Entendemos que o prazo de pelo menos 1 (um) ano não se aplica aos sindicatos, mas apenas aos demais tipos de associação. Isso porque os sindicatos, erigidos a instituições constitucionais, de acordo com o art. 8º da Constituição da República de 1988, retiram o seu fundamento de validade, e daí sua legitimidade como autores ideológicos da própria Constituição, como substitutos processuais, ou legitimados extraordinários.

Os direitos protegidos pelo mandado de segurança coletivo podem ser:

> I – coletivos, assim entendidos, para efeito da Lei 12.016/2009, os transindividuais, de natureza indivisível, de que seja titular grupo ou categoria de pessoas ligadas entre si ou com a parte contrária por uma relação jurídica básica;

II – individuais homogêneos, assim entendidos, para efeito desta Lei, os decorrentes de origem comum e da atividade ou situação específica da totalidade ou de parte dos associados ou membros do impetrante.

Os artigos 22 e 23 da Lei ainda estabelecem que no mandado de segurança coletivo a sentença fará coisa julgada limitadamente aos membros do grupo ou categoria substituídos pelo impetrante e que o direito de requerer mandado de segurança extinguir-se-á decorridos 120 (cento e vinte) dias, contados da ciência, pelo interessado, do ato impugnado.

Já examinamos também que o *mandamus* não substitui a ação popular (Súmula 101 do STF), ação de cobrança (Súmula 269 do STF), embargos de terceiros para desconstituir penhora (OJ 54 SDI II TST), não se presta contra ato judicial, passível de recurso ou correição, e decisão judicial com trânsito em julgado.

Ademais, descabe também contra lei em tese, salvo se de efeito concreto ou autoexecutória (Súmula 266 do STF), que envolve exame de prova ou situação funcional complexa (Súmula 270 do STF), atos *interna corporis* de órgãos colegiados e a mera existência de recurso administrativo, com efeito suspensivo, não impede o uso do mandado de segurança contra omissão da autoridade (Súmula 429 do STF).

Em relação às espécies de mandado de segurança, pode ser preventivo (antes da ocorrência da lesão ou do ato abusivo ou ilegal) ou repressivo (após a ocorrência do mesmo), desde que haja justo receio de que ele venha a ocorrer.

Observe-se que a Lei não traz entre as hipóteses de proteção pelo remédio heroico os direitos difusos, mas apenas os coletivos e individuais homogêneos. Não concordamos com essa omissão, que entendemos já superada pelas próprias decisões das Cortes, entre elas, do Supremo Tribunal Federal.

Acreditamos que não foi suficientemente ousado o legislador ao excluir a categoria de direitos difusos do rol de direitos passíveis de serem protegidos pelo mandando de segurança coletivo, pois pura e simplesmente incorporou a posição dominante no STF, à época, segundo o qual o manejo da referida ação (tendo por objeto interesses difusos) teria o condão de transformá-la em sucedâneo da ação popular (Lei 4.717/1965), que seria o meio legítimo para o exercício de uma pretensão constitutiva negativa de atos lesivos a interesse público.

É cediço que o STF por muito tempo cingiu-se à antiga concepção de que o mandado de segurança coletivo serviria apenas para a tutela de direitos subjetivos individuais, em clara oposição à tendência e perspectiva mundial de coletivização dos conflitos, que permite ao Judiciário maior efetividade na resolução dos problemas advindos da sociedade de massa, desafogando suas estruturas, bem como reduzindo o potencial de decisões conflitantes e dando celeridade na solução das lides.

Não obstante, a posição atual do STF consta do voto condutor do ex-Ministro Carlos Velloso, para quem "(...) entendimento no sentido de que o MS coletivo protege tanto os interesses coletivos e difusos quanto os direitos subjetivos" (STF, Tribunal Pleno, RE 181.438-1/SP, Rel. Min. Carlos Velloso, *RT* 734/229).

Transcrevemos, a seguir, um trecho do voto condutor:

> (...) À agremiação partidária não pode ser vedado o uso do mandado de segurança coletivo em hipóteses concretas em que estejam em risco, por exemplo, o patrimônio histórico, cultural ou ambiental de determinada comunidade. Assim, se o partido político entender que determinado direito difuso se encontra ameaçado ou lesado por qualquer ato da administração, PODERÁ fazer uso do mandado de segurança coletivo, que não se restringirá apenas aos assuntos relativos a direitos políticos nem a seus integrantes (RE 196.184, transcrições, *Bol. Inf.* do STF n. 372, Min. Ellen Gracie, 27.10.2004).

25.2.7 Legitimidade do Ministério Público do Trabalho para propor mandado de segurança coletivo

Observa-se que o art. 22 da Lei 12.019/2009 não elenca, entre os legitimados, a impetrar o *mandamus* coletivo, o *Parquet* Laboral, ou seja, o legislador não previu a legitimação ativa do Ministério Público para o manejo do mandado de segurança coletivo.

Na época, pois atualmente esse entendimento já foi ultrapassado, constituiu um verdadeiro retrocesso. Na prática, o STJ já vinha admitindo tal atuação do Ministério Público, como fiel observador dos inconvenientes da defesa singular de direitos e à intenção do constituinte, extraída do disposto no art. 129, III, no sentido de que o Ministério Público legitima-se a toda e qualquer demanda em que se busque a defesa dos interesses metaindividuais ou transindividuais, e que não faria qualquer sentido alijar de legitimidade um dos principais articuladores da defesa dos direitos da cidadania, dos direitos humanos e da ordem jurídica.

A legitimidade do Ministério público do Trabalho vem disposta na Lei Complementar 75/1993, arts. 83, I, e 84, *caput*, art. 6º, VI, como segue:

> Art. 6º Compete ao Ministério Público da União: (...)
>
> VI – impetrar *habeas corpus* e mandado de segurança; (...)

> Art. 83. Compete ao Ministério Público do Trabalho o exercício das seguintes atribuições junto aos órgãos da Justiça do Trabalho:
>
> I – promover as ações que lhe sejam atribuídas pela Constituição Federal e pelas leis trabalhistas; (...)

Art. 84. Incumbe ao Ministério Público do Trabalho, no âmbito das suas atribuições, exercer as funções institucionais previstas nos Capítulos I, II, III e IV do Título I.

Transcrevemos a seguinte ementa que já legitimava o Ministério Público a impetrar mandado de segurança coletivo:

> O novel art. 129, III, da Constituição Federal habilitou o Ministério Público à promoção de qualquer espécie de ação na defesa de direitos difusos e coletivos não se limitando à ação de reparação de danos. (...) 5. Hodiernamente, após a constatação da importância e dos inconvenientes da legitimação isolada do cidadão, não há mais lugar para o veto da *legitimatio ad causam* do MP para a ação popular, a ação civil pública ou o mandado de segurança coletivo. 6. Em consequência, legitima-se o *Parquet* a toda e qualquer demanda que vise à defesa dos interesses difusos e coletivos, sob o ângulo material (perdas e danos) ou imaterial (lesão à moralidade). 7. Deveras, o Ministério Público está legitimado a defender os interesses transindividuais, quais sejam os difusos, os coletivos e os individuais homogêneos. 8. Precedentes do STJ: AARESP 229226/RS, Rel. Min. Castro Meira, Segunda Turma, *DJ* 07.06.2004; REsp 183569/AL, deste relator, Primeira Turma, *DJ* 22.09.2003; REsp 404239/PR; Rel. Min. Ruy Rosado de Aguiar, Quarta Turma, *DJ* 19.12.2002; EREsp 141491/SC; Rel. Min. Waldemar Zveiter, Corte Especial, *DJ* 1º.08.2000.

Entretanto, há algumas peculiaridades no mandado de segurança coletivo, instituto do Direito Coletivo, que se diferenciam dos institutos do Direito Individual, que possuem normas, regras e princípios próprios.

Isso porque, consoante o art. 19 da Lei 12.016/2009, a sentença ou o acórdão que denegar mandado de segurança, sem decidir o mérito, não impedirá que o requerente, por ação própria, pleiteie os seus direitos e os respectivos efeitos patrimoniais. Portanto, se a denegação da segurança foi por falta de provas (dúvida sobre a existência dos fatos), a decisão será *secundum eventum probationis*, ou seja, não há a formação da coisa julgada material em mandado de segurança, nem individual, nem no coletivo.

Dessarte, é transparente e clara a distinção em relação ao regime do processo comum, em que a sentença de improcedência faz coisa julgada material não apenas quando nega a existência do direito, mas também quando não estão provados os fatos dos quais decorreria o direito afirmado. Portanto, na insuficiência de prova, no mandado de segurança, individual ou coletivo, não haverá coisa julgada material.

Logo, a sentença fará coisa julgada limitadamente aos membros do grupo ou categoria substituídos pelo impetrante:

a) limita a eficácia subjetiva ao universo dos membros da entidade impetrante;
b) vincula os seus efeitos esses membros, substituídos no processo;
c) excluem-se os que optaram pela não vinculação ao processo.

A coisa julgada nos mandados de segurança coletivo, tendo por objeto os direitos difusos, diferencia-se da coisa julgada do mandado de segurança individual, pois não se aplica o disposto no art. 22 da Lei 12.016/2009. A decisão, nesse caso, segue os preceitos reguladores do microssistema da tutela coletiva, consoante a dicção do art. 103, I, do CDC, tendo efeitos *erga omnes* caso procedente.

Oportuno mencionar que não há como entender, no caso do mandado de segurança, tendo por objeto os direitos difusos, da hipótese de improcedência por falta de provas, pois, tratando-se de mandado de segurança coletivo, a inexistência ou a não apresentação de prova pré-constituída acarretará a decretação da carência da ação, o que, todavia, não criará qualquer empecilho à futura propositura de nova ação com idêntico objeto.

25.2.8 Recursos

Das decisões definitivas ou terminativas das Varas e Juízos, no prazo de 8 (oito) dias, e das decisões definitivas ou terminativas dos Tribunais Regionais, em processos de sua competência originária, no prazo de 8 (oito) dias, quer nos dissídios individuais, quer nos dissídios coletivos, caberá recurso ordinário para a instância superior (art. 895, I e II, da CLT).

Decidido o recurso ordinário pelo TRT, poderá o acórdão ser impugnado por meio de recurso de revista nas turmas do TST (CLT, art. 896), embargos ao recurso de revista – competência da SDI I do TST, de acordo com o art. 894, e Lei 7.701/1988 e Regimento Interno do TST, art. 71, II, "a".

Da decisão proferida pela SDI I TST será cabível recurso extraordinário de competência do STF (CF, art. 102, III).

Melhor explicitando e detalhando o aspecto recursal, a decisão interlocutória do pedido liminar e decisão monocrática de indeferimento da petição inicial serão impugnáveis por meio de agravo regimental (Súmula 214, *b*, TST), que levará o recurso para análise do órgão colegiado.

25.2.9 Prazos recursais

O prazo dos recursos no mandado de segurança é de 8 (oito) dias, de acordo com a Lei 5.584/1970, art. 6º, e o prazo do agravo regimental é fixado pelos regimentos internos dos tribunais, também geralmente de 8 (oito) dias.

Já o recurso extraordinário tem o prazo de 15 dias. Contam-se em dobro os prazos para a União, Estados, Municípios, Distrito Federal, autarquias e fundações públicas que não explorem atividade econômica (Decreto-lei 779/1969, art. 1º, III) e o Ministério Público (art. 180 do CPC/2015).

25.3 HABEAS CORPUS

Trata-se de um dos remédios heroicos mais antigos da humanidade, havendo quem diga que remonta ao direito romano. No entanto, a maioria dos autores aponta a Magna Carta, do rei Sem Terra, em 1215, como sua precursora.

O instituto esteve presente em todos os textos constitucionais no Brasil, e a Constituição Federal de 1988 inseriu-o em seu art. 5º, LXVIII:

> (...) conceder-se-á *habeas corpus* sempre que alguém sofrer ou se achar ameaçado de sofrer violência ou coação em sua liberdade de locomoção, por ilegalidade ou abuso de poder.

A rigor, o *habeas corpus* não é recurso, mas uma ação constitucional de índole penal, protegendo direito humano fundamental, de procedimento especial, isenta de custas, que objetiva evitar ou cessar violência ou ameaça à liberdade de ir e vir (locomoção), por ilegalidade ou abuso de poder.

No Processo Trabalhista moderno, sua utilização é muito limitada, haja vista que o Supremo Tribunal Federal determinou que a Justiça Laboral não possui competência penal.

Vejamos a jurisprudência:

> Justiça do trabalho. Crimes contra a ordem do trabalho. Incompetência. Matéria já definida no Supremo Tribunal Federal e no Tribunal Superior do Trabalho. Os incisos I, IV e IX do art. 114 da Constituição Federal, com a redação dada pela Emenda 45/2004, não conferem à Justiça do Trabalho competência criminal. Recurso do Ministério Público a que se nega provimento (TRT 2ª R., RO 02152200627102003, (Ac. 20080645695), 11ª T., Rel. Juiz Eduardo de Azevedo Silva, *DJe* 12.08.2008).

> Recurso ordinário em agravo regimental. Ação penal pública. Incompetência da Justiça do Trabalho. Em recente pronunciamento, o Excelso Supremo Tribunal Federal, quando do exame do pedido de liminar formulado em ação direta de inconstitucionalidade (ADIn 3.684-MC/DF) ajuizada pelo Procurador-Geral da República, deferiu a liminar para, com efeito *ex tunc*, dar interpretação, conforme a Constituição Federal, aos incisos I, IV e IX do seu art. 114, no sentido de que neles a Constituição não atribuiu, por si só, competência criminal genérica à Justiça do Trabalho. Concluiu a Suprema Corte que seria incompatível com as garantias constitucionais da legalidade e do juiz natural inferir-se, por meio de interpretação arbitrária e expansiva, competência criminal genérica da Justiça do

Trabalho, aos termos do art. 114, incisos I, IV e IX, da Constituição da República. Recurso ordinário em agravo regimental conhecido e desprovido (TST, RO-Ag 891/2005-000-12-00.1, Pleno, Rel. Min. Vieira de Mello Filho, *DJU* 1º.06.2007).

De qualquer sorte, em caso envolvendo o juiz do Tribunal Regional do Trabalho, como autoridade apontada como coatora, a competência para processar e julgar do *habeas corpus* será do STJ, conforme art. 105, I, *a* e *c*, da CF/1988.

Se o decreto de prisão for expedido por juiz da Vara do Trabalho, a competência para julgar o *habeas corpus* será do TRT, com eventual possibilidade de recurso ordinário para o TST, embora haja decisão do Supremo Tribunal Federal, que, nesse caso, a competência será do TRF[39] e não do TRT.

Com o advento da Emenda Constitucional 45/2004, contemplando o instituto em seu art. 114, IV, da CF, não há mais controvérsia sobre a competência da Justiça Trabalhista para processar e julgar *habeas corpus*, quando "o ato questionado envolver matéria sujeita à sua jurisdição".

O TST regulamentou a matéria nas Orientações Jurisprudenciais 89, 143 e 156, todas da SDI II, conforme transcrevemos:

> 89. *Habeas corpus*. Depositário. Termo de depósito não assinado pelo paciente. Necessidade de aceitação do encargo. Impossibilidade de prisão civil. A investidura no encargo de depositário depende da aceitação do nomeado que deve assinar termo de compromisso no auto de penhora, sem o que é inadmissível a restrição de seu direito de liberdade.

> 143. *Habeas corpus*. Penhora sobre coisa futura e incerta. Prisão. Depositário infiel (redação alterada na sessão do Tribunal Pleno realizada em 17.11.2008) Não se caracteriza a condição de depositário infiel quando a penhora recair sobre coisa futura e incerta, circunstância que, por si só, inviabiliza a materialização do depósito no momento da constituição do paciente em depositário, autorizando-se a concessão de *habeas corpus* diante da prisão ou ameaça de prisão que sofra".

---

[39] "Competência. *Habeas corpus* que objetiva o trancamento da ação penal. Atos jurisdicionais da Justiça do Trabalho. EC 45 dá nova redação ao art. 114, IV, da CF. Competência da Justiça do Trabalho. Incompetência do TRF. Remessa dos autos ao TRT. Os atos judiciais que ensejaram o *writ*, relativos à execução da sentença, foram realizados na Justiça do Trabalho. Pela EC 45, o art. 114, IV, determina que compete à Justiça do Trabalho processar e julgar mandados de segurança, *habeas corpus* e *habeas data* quando o ato questionado envolver matéria sujeita a sua jurisdição. A competência é de origem constitucional, material e absoluta, razão pela qual esta Corte não pode conhecer, processar e julgar este *habeas corpus*" (TRF 3ª R., HC 2004.03.00.046147-0/SP, 5ª T., Rel. Des. Fed. André Nabarrete, *DJU* 1º.03.2005).

156. *Habeas corpus* Originário no TST. Substitutivo de recurso ordinário em *habeas corpus*. Cabimento contra decisão definitiva proferida por Tribunal Regional do Trabalho. É cabível ajuizamento de *habeas corpus* originário no Tribunal Superior do Trabalho, em substituição de recurso ordinário em *habeas corpus*, de decisão definitiva proferida por Tribunal Regional do Trabalho, uma vez que o órgão colegiado passa a ser a autoridade coatora no momento em que examina o mérito do *habeas corpus* impetrado no âmbito da Corte local.

O STF editou a Súmula Vinculante 25 para dar guarida em nosso ordenamento jurídico ao Pacto San José da Costa Rica, ratificado pelo Brasil, que proíbe a prisão civil por dívida.

Vejamos a redação da Súmula Vinculante 25 do STF:

> 25 – É ilícita a prisão civil de depositário infiel, qualquer que seja a modalidade do depósito.

Por isso a prisão decretada pelo magistrado na Justiça do Trabalho, na hipótese de depositário infiel, diminuiu muito, uma vez que remédio heroico pode ser utilizado tendo por supedâneo a Súmula mencionada, que deverá ser observada pelo Judiciário, nos termos do art. 103-A[40] da Constituição Federal de 1988.

Diferentemente das ações de mandado de segurança, no *habeas corpus* não é obrigatória a representação por advogado, de forma que o autor pode exercer o *jus postulandi*, admitido na Justiça Laboral.

O Ministério Público do Trabalho detém legitimidade para todos os tipos de ação existentes em nosso ordenamento jurídico para a proteção da cidadania e dos direitos humanos fundamentais, e, daí, não haveria sentido encontrar-se alijado de utilizar esse remédio heroico para a defesa de trabalhadores hipossuficientes.

Portanto, sua legitimidade é decorrente da interpretação sistemática dos arts. 6º, VI, 83, I, e 84 da LC 75/1993, nas situações que ensejem o interesse público primário que ampara sua atuação institucional.

25.3.1 Processamento

Distribuída e recebida a petição inicial do *habeas corpus*, o juiz poderá determinar a apresentação imediata do paciente, em dia e hora que designar.

---

[40] "Art. 103-A. O Supremo Tribunal Federal poderá, de ofício ou por provocação, mediante decisão de dois terços dos seus membros, após reiteradas decisões sobre matéria constitucional, aprovar súmula que, a partir de sua publicação na imprensa oficial, terá efeito vinculante em relação aos demais órgãos do Poder Judiciário e à administração pública direta e indireta, nas esferas federal, estadual e municipal, bem como proceder à sua revisão ou cancelamento, na forma estabelecida em lei."

Da mesma forma, o juiz poderá conceder liminar expedindo a ordem judicial, bem como solicitar informações à autoridade apontada como coatora.

Como procedimento especial de urgência, a tramitação do *habeas corpus* tem preferência a qualquer outro processo, devendo ser julgado na primeira sessão, com permissão para adiamento para a sessão imediatamente seguinte.

25.4 HABEAS DATA

O *habeas data* está previsto no art. 5º, inciso LXXII:

> LXXII – conceder-se-á *habeas data*:
>
> a) para assegurar o conhecimento de informações relativas à pessoa do impetrante, constantes de registros ou bancos de dados de entidades governamentais ou de caráter público;
>
> b) para a retificação de dados, quando não se prefira fazê-lo por processo sigiloso, judicial ou administrativo.

A competência trabalhista para processar e julgar *habeas data* também é estabelecida no art. 114, inciso IV:

> IV – os mandados de segurança, *habeas corpus* e *habeas data*, quando o ato questionado envolver matéria sujeita à sua jurisdição.

Trata de uma garantia constitucional fundamental, verdadeiro instrumento político de cidadania de jurisdição constitucional das liberdades, tendo por finalidade assegurar em prol do interessado a obtenção dos seguintes direitos:

– Acesso aos registros ou bancos de dados;
– Complementação dos registros supraenunciados;
– Retificação daqueles registros[41].

O procedimento do *habeas data* é regulamentado pela Lei 9.507, de 1997, e exige uma prévia postulação administrativa para seu prosseguimento. Isso é que o se aduz do art. 2º:

---

[41] Lei 9.507/1997: "Art. 7º Conceder-se-á *habeas data*:
I – para assegurar o conhecimento de informações relativas à pessoa do impetrante, constantes do registro ou banco de dados de entidades governamentais ou de caráter público;
II – para a retificação de dados, quando não se prefira fazê-lo por processo sigiloso, judicial ou administrativo;
III – para a anotação nos assentamentos do interessado, de contestação ou explicação sobre dado verdadeiro mas justificável e que esteja sob pendência judicial ou amigável."

O requerimento será apresentado ao órgão ou entidade depositária do registro ou banco de dados, e será deferido ou indeferido no prazo de 48 horas.

O *caput* do art. 1º foi vetado, enquanto o seu parágrafo único estabelece:

> Parágrafo único. Considera-se de caráter público todo registro ou banco de dados contendo informações que sejam ou que possam ser transmitidas a terceiros ou que não sejam de uso privativo do órgão ou entidade produtora ou depositária das informações.

Quanto à petição inicial e seu processamento, a Lei do *Habeas Data* estabelece:

> Art. 8º A petição inicial, que deverá preencher os requisitos dos artigos 282 a 285 do Código de Processo Civil, será apresentada em duas vias, e os documentos que instruírem a primeira serão reproduzidos por cópia na segunda.
>
> Parágrafo único. A petição inicial deverá ser instruída com prova:
>
> I – da recusa ao acesso às informações ou do decurso de mais de dez dias sem decisão;
>
> II – da recusa em fazer-se a retificação ou do decurso de mais de quinze dias, sem decisão; ou
>
> III – da recusa em fazer-se a anotação a que se refere o § 2º do artigo 4º ou do decurso de mais de quinze dias sem decisão.
>
> Art. 9º Ao despachar a inicial, o juiz ordenará que se notifique o coator do conteúdo da petição, entregando-lhe a segunda via apresentada pelo impetrante, com as cópias dos documentos, a fim de que, no prazo de dez dias, preste as informações que julgar necessárias.
>
> Art. 10. A inicial será desde logo indeferida, quando não for o caso de *habeas data*, ou se lhe faltar algum dos requisitos previstos nesta Lei.

A lei ainda estabelece que, feita a notificação, o serventuário, em cujo cartório corra o feito, juntará aos autos cópia autêntica do ofício endereçado ao coator, bem como a prova da sua entrega a este ou da recusa, seja de recebê-lo, seja de dar recibo.

Findo o prazo a que se refere o art. 9º, e ouvido o representante do Ministério Público dentro de cinco dias, os autos serão conclusos ao juiz para decisão a ser proferida em cinco dias.

Na decisão, se julgar procedente o pedido, o juiz marcará data e horário para que o coator:

> I – apresente ao impetrante as informações a seu respeito, constantes de registros ou bancos de dados; ou
>
> II – apresente em juízo a prova da retificação ou da anotação feita nos assentamentos do impetrante.

A decisão será comunicada ao coator, por correio, com aviso de recebimento, ou por telegrama, radiograma ou telefonema, conforme o requerer o impetrante.

Os originais, no caso de transmissão telegráfica, radiofônica ou telefônica, deverão ser apresentados à agência expedidora, com a firma do juiz devidamente reconhecida.

Da sentença que conceder ou negar o *habeas data* cabe recurso ordinário, se o caso for de competência trabalhista.

Quando a sentença conceder o *habeas data*, o recurso terá efeito meramente devolutivo.

Quando o *habeas data* for concedido e o Presidente do Tribunal ao qual competir o conhecimento do recurso ordenar ao juiz a suspensão da execução da sentença, desse seu ato caberá agravo para o Tribunal a que presida.

Nos casos de competência do Supremo Tribunal Federal e dos demais Tribunais, caberá ao relator a instrução do processo.

O pedido de *habeas data* poderá ser renovado se a decisão denegatória não lhe houver apreciado o mérito.

Os processos de *habeas data* terão prioridade sobre todos os atos judiciais, exceto *habeas corpus* e mandado de segurança. Na instância superior, deverão ser levados a julgamento na primeira sessão que se seguir à data em que, feita a distribuição, forem conclusos ao relator.

O prazo para a conclusão não poderá exceder de vinte e quatro horas, a contar da distribuição.

E o art. 20 da Lei 9.307 estabelece:

> O julgamento do habeas data compete:
>
> I – originariamente:
>
> a) ao Supremo Tribunal Federal, contra atos do Presidente da República, das Mesas da Câmara dos Deputados e do Senado Federal, do Tribunal de Contas da União, do Procurador-Geral da República e do próprio Supremo Tribunal Federal;
>
> b) ao Superior Tribunal de Justiça, contra atos de Ministro de Estado ou do próprio Tribunal;
>
> c) aos Tribunais Regionais Federais, contra atos do próprio Tribunal ou de juiz federal;
>
> d) a juiz federal, contra ato de autoridade federal, excetuados os casos de competência dos tribunais federais;
>
> e) a tribunais estaduais, segundo o disposto na Constituição do Estado;
>
> f) a juiz estadual, nos demais casos;
>
> II – em grau de recurso:

a) ao Supremo Tribunal Federal, quando a decisão denegatória for proferida em única instância pelos Tribunais Superiores;

b) ao Superior Tribunal de Justiça, quando a decisão for proferida em única instância pelos Tribunais Regionais Federais;

c) aos Tribunais Regionais Federais, quando a decisão for proferida por juiz federal;

d) aos Tribunais Estaduais e ao Distrito Federal e Territórios, conforme dispuserem a respectiva Constituição e a lei que organizar a Justiça do Distrito Federal;

III – mediante recurso extraordinário ao Supremo Tribunal Federal, nos casos previstos na Constituição.

Na Justiça do Trabalho a competência originária para processar e julgar o *habeas data* será da Vara do Trabalho, nos termos do art. 114, I, IV e VII, da CF/1988, com exceção daqueles casos em que o ato de autoridade remeter para a competência funcional originária do TRT ou do TST.

São gratuitos os procedimentos administrativos para acesso a informações e retificação de dados e para anotação de justificação, bem como a ação de *habeas data*.

Vejamos a jurisprudência ilustrativa sobre o *habeas data*:

> *Habeas data*. Informações sigilosas. Interesse público. Candidato a magistrado. Investigação sobre aspecto da vida moral e social. Inviolabilidade. Inteligência do art. 5º, XXXIII, da Constituição Federal. Denegação. Denega-se a ordem de *habeas data*, quando for impetrado por candidato a concurso de Magistrado, objetivando o acesso deste às informações colhidas sobre sua pessoa, em processo de investigação acerca dos aspectos da vida social e moral do mesmo, uma vez que tais informações são requisitadas por força de lei, com garantia de inviolabilidade, cuidando-se, portanto, de situação excepcional, que autoriza o sigilo da administração, para atender ao interesse público, consoante ressalva contida no art. 5º, XXXIII, da Constituição Federal (TJMG, HD 9.640/4, CS, Rel. Des. Monteiro de Barros, *DJMG* 14.06.1994).

A interpretação relativa ao remédio heroico leva em consideração sua natureza jurídica de entidade governamental. Foi nesse sentido que o STF deu provimento a recurso extraordinário movido pelo Banco do Brasil para indeferir *habeas data* impetrado por ex-empregado daquele banco, que tinha como pretensão a obtenção de informações sobre sua ficha funcional.

A fundamentação nuclear do acórdão do STF (STF, Pleno, Rem. 165.304/MG, Rel. Min. Octavio Gallotti, decisão 19.10.2000, *Informativo STF* 297) lastreou-se no fato de que "o Banco do Brasil não tem legitimidade passiva para responder ao *habeas data*, uma vez que não figura como entidade governamental, e sim como explorador de atividade econômica, nem se enquadra no conceito de registros de caráter público a que se refere o art. 5º, LXXII, da CF, porquanto a ficha funcional de empregado não é utilizável por terceiros".

25.5 AÇÃO DE CONSIGNAÇÃO EM PAGAMENTO

O CPC/2015 trata da ação de consignação em pagamento no art. 539 e seguintes:

> Art. 539. Nos casos previstos em lei, poderá o devedor ou terceiro requerer, com efeito de pagamento, a consignação da quantia ou da coisa devida.
>
> § 1º Tratando-se de obrigação em dinheiro, poderá o valor ser depositado em estabelecimento bancário, oficial onde houver, situado no lugar do pagamento, cientificando-se o credor por carta com aviso de recebimento, assinado o prazo de 10 (dez) dias para a manifestação de recusa.
>
> § 2º Decorrido o prazo do § 1º, contado do retorno do aviso de recebimento, sem a manifestação de recusa, considerar-se-á o devedor liberado da obrigação, ficando à disposição do credor a quantia depositada.
>
> § 3º Ocorrendo a recusa, manifestada por escrito ao estabelecimento bancário, poderá ser proposta, dentro de 1 (um) mês, a ação de consignação, instruindo-se a inicial com a prova do depósito e da recusa.
>
> § 4º Não proposta a ação no prazo do § 3º, ficará sem efeito o depósito, podendo levantá-lo o depositante.

Como a CLT não dispõe expressamente sobre a ação de consignação em pagamento, aplica-se subsidiária e complementarmente o CPC/2015.

A hipótese mais comum na Justiça do Trabalho é sua utilização pelo empregador em face do empregado, no caso de dispensa sem ou justa causa, para afastar o pagamento da multa do art. 477, § 8º, da CLT quando se desconhece a localização do empregado que abandonou o emprego, ou nos casos de resistência no recebimento de verbas trabalhistas disponibilizadas pelo empregador.

A ação de consignação em pagamento na Justiça do Trabalho é de competência da Vara do Trabalho, do lugar do pagamento ao empregado, cessando para o devedor, à data do depósito, os juros e os riscos, salvo se a demanda for julgada improcedente.

Tratando-se de prestações sucessivas, consignada uma delas, pode o devedor continuar a depositar, no mesmo processo e sem mais formalidades, as que se forem vencendo, desde que o faça em até 5 (cinco) dias contados da data do respectivo vencimento.

Vejamos a jurisprudência correlata:

> Agravo de instrumento. Recurso de revista. Reconvenção em ação de consignação em pagamento. Cabimento. 1. De acordo com o art. 315 do Código de Processo

Civil, aplicável subsidiariamente ao processo do trabalho (art. 769 da Consolidação das Leis do Trabalho), o réu pode reconvir no mesmo processo toda vez que a reconvenção seja conexa com a ação principal ou com o fundamento da defesa. Esta Corte entende cabível a reconvenção em ação de consignação em pagamento, caso verificada referida conexão. 2. Recurso de revista com óbice no artigo 896, § 4º, da CLT e Súmula nº 333 do Tribunal Superior do Trabalho. 3. Agravo de instrumento de que se conhece e a que se nega provimento (TST, AIRR 0090900-29.2011.5.16.0016, Rel. Des. Conv. Rosalie Michaele Bacila Batista, *DJe* 06.11.2015, p. 1603).

Ação de consignação em pagamento. Destinação de verbas trabalhistas de empregado falecido. Interesse de menor. Intervenção obrigatória do Ministério Público do Trabalho. É nula a tramitação de processo que envolve interesse de menor sem a obrigatória intervenção do Ministério Público do Trabalho (TRT 1ª R., RO 0010207-82.2015.5.01.0227, 4ª T., Rel. Angela Fiorencio Soares da Cunha, *DOERJ* 22.09.2015).

Ruptura contratual. Inexistência de justificativa para a ausência de pagamento das verbas devidas. Não ajuizamento de ação de consignação em pagamento. Multa prevista no artigo 477 da CLT devida. Cabia à reclamada a comprovação de que deu ciência ao reclamante de sua dispensa e do dia, hora e local designados para o recebimento das verbas a ele devidas. Também a ela cabia a prova de que o empregado, tendo comparecido, recusou-se a receber os valores ofertados e a dar quitação da importância paga. Todavia, a contestação não contém qualquer argumento que visasse justificar a ausência do pagamento das parcelas devidas pela ruptura contratual. Assim, quitadas as verbas que a reclamada entendia como devidas ao reclamante somente na primeira audiência, realizada 134 dias após a dispensa, faz jus o autor à multa postulada (TRT 1ª R., RO 0011015-70.2014.5.01.0050, 5ª T., Rel. Marcia Leite Nery, *DOERJ* 22.09.2015).

Ação de consignação em pagamento. Declaração de validade da justa causa. A ação de consignação em pagamento é instrumento hábil a liberar o devedor, ou terceiro, dos efeitos da mora dos títulos e valores consignados, e dos juros respectivos, em caso de recusa do credor em recebê-los, não constituindo a via adequada para a declaração de validade da justa causa aplicada ao empregado" (TRT 1ª R., RO 0010787-38.2014.5.01.0069, 4ª T., Rel. Cesar Marques Carvalho, *DOERJ* 21.09.2015).

Ação de consignação em pagamento. Contribuição sindical. Legitimidade sindical. Com o advento da Emenda Constitucional nº 45/2004, houve significativa ampliação da competência desta Especializada, sendo que o inciso III do artigo 114 da CF/88 dispõe que compete à Justiça do Trabalho processar e julgar as ações sobre representação sindical entre sindicatos e empregadores. Diante disso, impõe-se a competência desta Especializada quanto às ações de consignação em pagamento ajuizadas pelo empregador em face dos sindicatos, no sentido de desatar a controvérsia acerca da legitimidade do sindicato que deverá receber os valores a título de contribuição sindical (arts. 890 do CPC, 335, IV do CC c/c arts. 8º e 769 da CLT) (TRT 3ª R., RO 0010211-69.2015.5.03.0064, Rel. Des. Sebastião Geraldo de Oliveira, DJe 30.10.2015, p. 113).

Reclamação trabalhista × ação de consignação em pagamento. Não há qualquer óbice ou qualquer prejuízo processual às partes à reunião de uma ação de consignação em pagamento e outra de rito ordinário, não importando a ordem em que isso aconteça. A lide deduzida na consignação é contida porque a atividade cognitiva nela desenvolvida é mais restrita, já que, em regra, se destina a dar subsídios ao juízo apenas para declarar a integralidade do depósito consignado e a extinção da obrigação de pagar, fazendo cessar a mora do devedor. Em contrapartida, diz-se que a lide deduzida na ação de rito ordinário é continente porque contém a lide deduzida na consignação, isto é, por permitir cognição ampla (TRT 5ª R., RO 0000855-31.2014.5.05.0193, 3ª T., Rel. Des. Marizete Menezes, DJe 24.09.2015).

Na petição inicial, o autor requererá:

I – o depósito da quantia ou da coisa devida, a ser efetivado no prazo de 5 (cinco) dias contados do deferimento, ressalvada a hipótese do art. 539, § 3º;
II – a citação do réu para levantar o depósito ou oferecer contestação (art. 542 do CPC/2015).

Não realizado o depósito no prazo do inciso I, o processo será extinto sem resolução do mérito.

Se o objeto da prestação for coisa indeterminada e a escolha couber ao credor, será este citado para exercer o direito dentro de 5 (cinco) dias, se outro prazo não constar de lei ou do contrato, ou para aceitar que o devedor a faça, devendo o juiz, ao despachar a petição inicial, fixar lugar, dia e hora em que se fará a entrega, sob pena de depósito.

Na contestação, o réu poderá alegar que: "I – não houve recusa ou mora em receber a quantia ou a coisa devida; II – foi justa a recusa; III – o depósito não se efetuou no prazo ou no lugar do pagamento; IV – o depósito não é integral" (art. 544 do CPC/2015). No caso do inciso IV, a alegação somente será admissível se o réu indicar o montante que entende devido.

Alegada a insuficiência do depósito, é lícito ao autor completá-lo, em 10 (dez) dias, salvo se corresponder a prestação cujo inadimplemento acarrete a rescisão do contrato.

No caso do *caput* do art. 545 do CPC/2015, poderá o réu levantar, desde logo, a quantia ou a coisa depositada, com a consequente liberação parcial do autor, prosseguindo o processo quanto à parcela controvertida.

A sentença que concluir pela insuficiência do depósito determinará, sempre que possível, o montante devido e valerá como título executivo, facultado ao credor promover-lhe o cumprimento nos mesmos autos, após liquidação, se necessária.

Julgado procedente o pedido, o juiz declarará extinta a obrigação e condenará o réu ao pagamento de custas e honorários advocatícios. Proceder-se-á do mesmo modo se o credor receber e der quitação.

Se ocorrer dúvida sobre quem deva legitimamente receber o pagamento, o autor requererá o depósito e a citação dos possíveis titulares do crédito para provarem o seu direito.

Em relação ao comparecimento do trabalhador, ou na ausência deste, o art. 548 do CPC/2015 estabelece:

> Art. 548. No caso do art. 547:
>
> I – não comparecendo pretendente algum, converter-se-á o depósito em arrecadação de coisas vagas;
>
> II – comparecendo apenas um, o juiz decidirá de plano;
>
> III – comparecendo mais de um, o juiz declarará efetuado o depósito e extinta a obrigação, continuando o processo a correr unicamente entre os presuntivos credores, observado o procedimento comum.

25.6 AÇÃO ANULATÓRIA (DE NULIDADE) DE CLÁUSULA OU DE ACORDO OU CONVENÇÃO COLETIVA DE TRABALHO

Até 1993 conhecia-se a ação anulatória disposta no art. 486 do CPC de 1973, *in verbis*:

> Art. 486. Os atos judiciais, que não dependem de sentença, ou em que esta for meramente homologatória, podem ser rescindidos, como os atos jurídicos em geral, nos termos da lei civil.

No Código de Processo Civil de 2015, encontramos a correspondência deste artigo no § 4º do art. 966, que trata da ação rescisória:

> § 4º Os atos de disposição de direitos, praticados pelas partes ou por outros participantes do processo e homologados pelo juízo, bem como os atos homologatórios praticados no curso da execução, estão sujeitos à anulação, nos termos da lei.

Esse dispositivo legal trata do regramento da ação de invalidação de atos processuais não decisórios, quais sejam os atos das partes ou dos auxiliares da justiça, e se aplica especialmente nas ações atomizadas.

A Lei Complementar 75/1993 (Lei Orgânica do Ministério Público da União), de sua parte, institui esse novo instrumento processual, de índole coletiva, com a finalidade de declarar a nulidade de cláusula de contrato, acordo coletivo ou convenção coletiva de trabalho. Estabelece o art. 83 da referida Lei:

> Art. 83. Compete ao Ministério Público do Trabalho o exercício das seguintes atribuições junto aos órgãos da Justiça do Trabalho: (...)
>
> IV - propor as ações cabíveis para declaração de nulidade de cláusula de contrato, acordo coletivo ou convenção coletiva que viole as liberdades individuais ou coletivas ou os direitos individuais indisponíveis dos trabalhadores.

A Constituição Federal de 1988, além de reconhecer novos direitos, entre eles, os difusos e coletivos, deu um passo importante para o reconhecimento dos direitos individuais homogêneos pela Lei 8.078/1990 (art. 81), bem como criou novos instrumentos processuais para a defesa desses direitos, entre eles, a ação civil pública, que será estudada mais adiante neste trabalho. Além disso, a CF/1988 reformatou o Ministério Público do Trabalho, como integrante do Ministério Público da União, atribuindo-lhe novas funções, entre elas, a defesa da ordem jurídica, do regime democrático e dos direitos indisponíveis dos trabalhadores.

Dessa forma, como tem a prerrogativa de agir como fiscal da lei e, ainda, atuar como órgão agente, pois em ambas as situações está apto a defender o interesse público primário da sociedade, especialmente dos trabalhadores, foi atribuída ao Ministério Público do Trabalho a missão de fiscalizar a legalidade das cláusulas dos acordos e convenções coletivas, quando lesivos aos interesses dos trabalhadores.

Para tal desiderato, utiliza o Ministério Público do Trabalho, como legitimado concorrente[42], esse instrumento processual, de índole coletiva, totalmente

---

[42] "Ação anulatória (...). Comungo do entendimento expresso na decisão do TST, colacionada às fls. 130/132, e na decisão deste regional, mencionada na defesa do segundo requerido (fl. 102): em se tratando de ação anulatória de convenção coletiva, a legitimidade ativa é restrita aos sindicatos celebrantes e ao Ministério Público do Trabalho. A convenção coletiva de trabalho, como um negócio jurídico, bilateral e sinalagmático, submeter-se-ia, em tese, à disciplina geral dos negócios jurídicos, quanto à sua validade e, também, quanto aos legitimados para questioná-la (arts. 168 e 177 do Código Civil). Entretanto, o seu caráter (alguns diriam que se trata de função) constitutivo-normativo (CLT, art. 611) e o fim social a que se destina (pacificação das relações trabalhistas, como coroamento do processo de negociação coletiva, reconhecido constitucionalmente - art. 7º, inciso XXVI - como bem lembrado pelo sindicato dos trabalhadores - fl. 104), impede que se lance mão, no plano do processo do trabalho, de categorias de direito eminentemente privatísticas. Não se quer dizer com isso que os integrantes das categorias se encontrem indefesos diante de eventuais abusos das suas entidades representativas. Em ações individuais - e na preservação direta e específica dos seus interesses - lhes é assegurado, sempre, o direito de obter, incidentalmente, a declaração de invalidade de determinado instrumento normativo. Propugna-se, aqui, a adoção analógica dos princípios referentes ao controle de constitucionalidade das leis: em se tratando de controle concentrado, a legitimação é restrita, enquanto no controle difuso ela deve ser reconhecida a qualquer interessado. Importante observar ainda que o próprio sindicato patronal ajuizou ação anulatória do mesmo instrumento normativo

desvinculado da ação regulada pelo § 4º do art. 966 do CPC/2015, esta de natureza individual ou quando muito plúrima, para a tutela de direitos metaindividuais dos trabalhadores, quando tiverem seus interesses violados pela criação normativa dos sindicatos.

Os trabalhadores, individualmente[43], ou em grupo[44], não detêm legitimidade para ajuizar ação anulatória (de nulidade) de cláusula ou convenção coletiva, pois não representam toda a categoria, a não ser em situações excepcionais, quando inexistente o sindicato da categoria profissional na base territorial. O que deve ser pontuado, em relação à ação anulatória em sede de ações coletivas, é que, diferentemente do resultado que produz nas ações atomizadas, por força do § 4º do art. 966 do CPC/2015, cuja sentença faz coisa julgada apenas *inter partes*, quando muito envolvendo interesses de terceiros[45], nas ações coletivas a

---

objeto da presente ação, tendo, inclusive, obtido decisão liminar de suspensão dos efeitos da convenção (fls. 643/644). Parece-me, assim, que – embora não ocorra confusão entre autor e réu, como alega o sindicato dos trabalhadores, porque não se confundem as pessoas jurídicas requerentes e requeridas na presente ação com as pessoas físicas dos seus sócios ou diretores – o mérito da questão há de ser melhor e mais adequadamente analisado no âmbito da ação sindical (...)" (TRT 9ª R., Rel. Des. Luiz Eduardo Gunther, no julgamento proferido em 24.10.2003 nos autos 28007-2002-909-09-00-8 e fundamento nos autos 28009-2005-909-09-00-0, j. 20.11.2006).

[43] "Ação anulatória. Convenção coletiva de trabalho. Legitimidade *ad causam*. Apenas os Sindicatos representantes das categorias profissional e econômica envolvidas e o Ministério Público do Trabalho detêm legitimidade para interposição de ação visando a anulação de Convenção Coletiva de Trabalho. Empregadores ou empregados, individualmente ou em grupo, ou representados por outras entidades de classe que não os sindicatos, não possuem legitimidade para tanto, em razão da natureza coletiva de tais instrumentos, e de sua finalidade de pacificação das relações de trabalho" (TRT, PR 28005-2006-909-09-00-2-ACO-33261-2006, Seção Especializada, Rel. Luiz Celso Napp, *DJPR* 21.11.2006).

[44] "Ação anulatória. Ilegitimidade ativa. Carece de legitimidade ativa parcela de trabalhadores vinculados ao sindicato que postulam em ação coletiva, anulação de cláusula convencional devidamente firmado entre a categoria econômica e profissional, posto que o direito estabelecido através da negociação coletiva não pode ser reafirmado para alguns e negado para outros, sem a presença das partes que realmente representem a todos. Exceção seja feita ao Ministério Público do Trabalho, conforme inciso IV do art. 83 da Lei Complementar nº 75/93" (TRT, PR 00299-2007-909-09-00-9-ACO-20218-2007, Tribunal Pleno, Órgão Especial e Seção Especializada, Rel. Celio Horst Waldraff, *DJPR* 27.07.2007).

[45] "Arguição de nulidade por terceiro interessado. Ilegitimidade para propositura de embargos à arrematação. Recebimento como ação anulatória. Princípio da fungibilidade. I – Servindo os embargos à arrematação para o fim de buscar o 'proferimento de uma sentença de índole constitutiva, apta a desfazer, total ou parcialmente, o título em que se funda a execução' (TEIXEIRA FILHO, Manoel Antônio, *Curso de direito processual do trabalho*. São Paulo: LTr, 2009. v. III, p. 2235), a legitimidade para a sua propositura cabe apenas ao devedor e àqueles que a ele se equiparam, dentro da relação processual, falecendo legitimidade ao terceiro interessado para proposição de embargos à arrematação. II – Deduzido em Juízo interesse em impugnar ato judicial, por meio de simples petição, deve ser recebido

sentença será *erga omnes* ou *ultra partes*, perpassando os interesses individuais e envolvendo uma coletividade de pessoas, que se encontram na mesma situação fática e jurídica.

Assim sendo, diferentemente das ações populares, nas quais qualquer cidadão está legitimado a buscar a tutela jurisdicional em benefício não apenas de si, mas de toda a coletividade, nas demais ações coletivas, inclusive nas ações anulatórias (de nulidade) de cláusula ou de acordo ou convenção coletiva somente estarão aptos a movimentar a máquina judiciária aqueles entes/instituições devidamente legitimados[46], *ex judicis* ou *ex legis*.

25.6.1 Denominação

Conquanto a doutrina e jurisprudência nomeiam esse instituto de ação anulatória, a denominação jurídica correta é ação de declaração de nulidade de cláusula de contrato, acordo ou convenção coletiva de trabalho, como dispõe o retromencionado art. 83, inciso IV, da Lei Complementar 75/1993.

Raimundo Simão de Melo[47] aponta que

> (...) a ação de que trata a Lei Complementar n. 75/1993 não pode seguir o rigor da lei civil, porque cuida da desconstituição de instrumentos normativos e de contratos de trabalho, inseridos no direito laboral, envoltos por características específicas inexistentes no direito civil. Cabe lembrar que a ação de que trata o art. 486 do CPC/1973 e § 4º do art. 966 do CPC/2015 é de natureza eminentemente individual, seguindo a filosofia da lei adjetiva brasileira, enquanto que a

---

o pedido como ação anulatória, nos moldes da previsão do art. 486 do CPC, em face dos princípios da inafastabilidade da jurisdição (art. 5º, XXXV, da CF), da fungibilidade e da instrumentalidade das formas" (TRT, PR 00756-2001-093-09-00-3-ACO-20464-2009, Seção Especializada, Rel. Archimedes Castro Campos Júnior, *DJPR* 30.06.2009).

[46] Diferentemente da aferição de legitimidade utilizada nos países da *common law*, especialmente nos Estados Unidos da América do Norte, nas quais esta opera-se *ope judicis*, ou seja, o magistrado, na análise do caso concreto, afere se o postulante ostenta os requisitos da pertinência temática, constituição, personalidade jurídica e autorização do grupo, cujo fenômeno é denominado de *adequacy representation*; no Brasil, tal requisito é superado por meio de dispositivo e previsão legal (*ope legis*), muito embora ainda existam situações nas quais, havendo lacuna legal, e não existindo a possibilidade em nosso ordenamento jurídico do *non liquet*, o magistrado é obrigado a decidir, caso a caso, criando toda uma jurisprudência sobre a matéria. É justamente o que vem ocorrendo nas decisões jurisprudenciais envolvendo a legitimidade para ajuizamento da ação anulatória (ou de nulidade). Alguns Tribunais entendem que apenas o Ministério Público do Trabalho detém legitimidade para ajuizar tal ação coletiva; outros que esta legitimidade é estendida também aos sindicatos; e uma corrente, mais ampliativa, que abarca outros legitimados, por exemplo, grupo de trabalhadores, empresas que não participaram da negociação coletiva, tema que estaremos aprofundando mais adiante neste trabalho.

[47] MELO, Raimundo Simão de. *Processo coletivo do trabalho*. São Paulo: LTr, 2009. p. 224.

ação de que trata a LC n. 75/1993 volta-se à tutela de interesses metaindividuais, portanto, quer diante do que dispõe a CLT, quer com relação ao CDC, este que rege o procedimento da tutela dos direitos e interesses metaindividuais, deve-se sempre ter em vista a facilitação da defesa dos interesses da sociedade, evitando-se discussões e interpretações meramente acadêmicas.

A própria Consolidação das Leis do Trabalho apresenta regramento diverso do código civilista, nos arts. 9º e 444, que estabelecem:

> Art. 9º Serão nulos de pleno direito os atos praticados com o objetivo de desvirtuar, impedir ou fraudar a aplicação dos preceitos contidos na presente Consolidação.
>
> Art. 444. As relações contratuais de trabalho podem ser objeto de livre estipulação das partes interessadas em tudo quanto não contravenha às disposições de proteção ao trabalho, aos contratos coletivos que lhes sejam aplicáveis e às decisões das autoridades competentes.

Portanto, entendemos que *o nomen juris* correto dessa ação, consoante o art. 83, inciso IV, da Lei Complementar 75/1993, é ação de nulidade, e não ação anulatória, e nas ações coletivas produzirá coisa julgada *erga omnes* ou *ultra partes*, cujos efeitos serão *ex tunc*, posto que atos nulos não produzem efeitos jurídicos e deverão ser removidos do mundo dos fatos como se não tivessem existido.

25.6.2 Natureza jurídica

A ação coletiva de nulidade de cláusula ou mesmo do acordo ou convenção coletiva contendo ilegalidades ou qualquer forma de ilicitude é uma ação de conhecimento, cujo objetivo é afastar do mundo jurídico normas jurídicas criadas pelo princípio da autonomia privada coletiva que eventualmente colidam com normas heterônomas e estejam eivadas de vícios de ordem formal ou material, bem como às exigências de validade dos atos jurídicos em geral, dispostos na lei civil (arts. 166[48], 171[49] e 184[50]) e

---

[48] "Art. 166. É nulo o negócio jurídico quando: I – celebrado por pessoa absolutamente incapaz; II – for ilícito, impossível ou indeterminável o seu objeto; III – o motivo determinante, comum a ambas as partes, for ilícito; IV – não revestir a forma prescrita em lei; V – for preterida alguma solenidade que a lei considere essencial para a sua validade; VI – tiver por objetivo fraudar lei imperativa; VII – a lei taxativamente o declarar nulo, ou proibir-lhe a prática, sem cominar sanção."

[49] "Art. 171. Além dos casos expressamente declarados na lei, é anulável o negócio jurídico: I – por incapacidade relativa do agente; II – por vício resultante de erro, dolo, coação, estado de perigo, lesão ou fraude contra credores."

[50] "Art. 184. Respeitada a intenção das partes, a invalidade parcial de um negócio jurídico não o prejudicará na parte válida, se esta for separável; a invalidade da obrigação principal implica a das obrigações acessórias, mas a destas não induz a da obrigação principal."

na Lei 8.078/1990[51] sempre que resultem prejuízos aos interesses e direitos individuais e coletivos dos trabalhadores e empregadores.

Vícios de ordem formal[52] são aqueles imanentes na produção da norma coletiva, ou seja, que não obedecem aos dizeres estabelecidos na norma de regência.

Por sua vez, os vícios de ordem material[53] constituem o próprio conteúdo ou objeto das cláusulas normativas e obrigacionais que venham a malferir direitos indisponíveis dos trabalhadores ou a entrar em rota de colisão com leis federais ou constitucionais.

---

[51] "Art. 51 do CDC. (...) § 4º É facultado a qualquer consumidor ou entidade que o represente requerer ao Ministério Público que ajuíze a competente ação para ser declarada a nulidade de cláusula contratual que contrarie o disposto neste Código ou que de qualquer forma não assegure o justo equilíbrio entre direitos e obrigações das partes."

[52] Para sua validação no mundo jurídico, os instrumentos coletivos que emanam da negociação coletiva de trabalho devem obedecer os preceitos do art. 612 e seguintes da CLT e dos estatutos das entidades sindicais convenentes. Diz o art. 612 da CLT: "Os sindicatos só poderão celebrar Convenções ou Acordos Coletivos de Trabalho, por deliberação de Assembleia Geral especialmente convocada para esse fim, consoante o disposto nos respectivos Estatutos, dependendo a validade da mesma do comparecimento e votação, em primeira convocação, de 2/3 (dois terços) dos associados da entidade, se se tratar de Convenção, e dos interessados, no caso de Acordo, e, em segunda, de 1/3 (um terço) dos mesmos. Parágrafo único. O *quorum* de comparecimento e votação será de 1/8 (um oitavo) dos associados em segunda convocação, nas entidades sindicais que tenham mais de 5.000 (cinco mil) associados". Estabelece o art. 613 da CLT: "As Convenções e os Acordos deverão conter obrigatoriamente:
I – designação dos Sindicatos convenentes ou dos Sindicatos e empresas acordantes;
II – prazo de vigência;
III – categorias ou classes de trabalhadores abrangidas pelos respectivos dispositivos;
IV – condições ajustadas para reger as relações individuais de trabalho durante sua vigência;
V – normas para a conciliação das divergências sugeridas entre os convenentes por motivo da aplicação de seus dispositivos;
VI – disposições sobre o processo de sua prorrogação e de revisão total ou parcial de seus dispositivos;
VII – direitos e deveres dos empregados e das empresas;
VIII – penalidades para os Sindicatos convenentes, os empregados e as empresas em caso de violação de seus dispositivos.
Parágrafo único. As Convenções e os Acordos serão celebrados por escrito, sem emendas nem rasuras, em tantas vias quantos forem os Sindicatos convenentes ou as empresas acordantes, além de uma destinada a registro".

[53] Em que pese o assento constitucional dos instrumentos coletivos, consoante o art. 7º, inciso XXVI, que preceitua sobre o "reconhecimento das convenções e acordos coletivos de trabalho", suas cláusulas não podem colidir com normas constitucionais e legais protetivas de direitos humanos fundamentais e indisponíveis da classe trabalhadora, nem de toda a sociedade. Pode ocorrer, por exemplo, de uma cláusula normativa dispor pelo fechamento do comércio varejista de uma cidade, com a consequente lesão a direitos difusos de pessoas que usufruíam do direito de fazer compras aos domingos.

A invalidade constitui uma sanção jurídica para punir condutas contrárias ao Direito. Na nulidade[54], por constituir defeitos irremediáveis e atingir interesse geral e social de ordem pública, a sanção é a privação[55] dos efeitos do negócio jurídico praticado, com efeitos retroagindo no tempo para alcançar a data de celebração do negócio (opera *ex tunc*)[56].

Pela Teoria da pirâmide invertida, a Constituição Federal de 1988 garante o piso mínimo de direitos para os trabalhadores, cabendo aos representantes dos trabalhadores (sindicatos, federações e confederações) acrescer direitos a esse patamar mínimo, por meio da negociação coletiva de trabalho[57]. Somente excepcional-

---

[54] "Cláusula de irredutibilidade salarial estipulada em norma convencional. Redução de carga horária de professor. A interpretação das normas coletivas deve ser feita restritivamente, isto é, tendo como base aquilo que as partes livremente convencionaram e escreveram. Se a redução do número de aulas pode se dar por iniciativa do professor ou da escola mediante homologação sindical, a falta do referido ato transforma a redução havida em ato nulo que retorna as partes ao *status quo ante*, pelo que devem ser pagas as diferenças salariais" (TRT 3ª R., RO 00301-2007-129-03-00-1, 6ª T., Rel. Des. Antônio Fernando Guimaraes, *DJe* 08.05.2008).

[55] "O acordo celebrado pelo Sindicato de classe, quando atuando na qualidade de substituto processual, não produz efeito com relação ao substituído quando este expressamente não tenha anuído aos termos do acordo. Não se cogita, no caso, de ato nulo, mas sim de ato inexistente, vez que não pode o Sindicato praticar qualquer ato que implique disponibilidade de direito do qual não é titular" (TRT 2ª R., RO 20000370376, 1ª T., Rel. Juíza Maria Inês Moura Santos Alves da Cunha, *DOSP* 15.01.2002, p. 25).

[56] MELO, Raimundo Simão de. *Processo coletivo do trabalho*. São Paulo: LTr, 2009. p. 225-226

[57] Norberto Bobbio informa que o poder de negociação é "outra fonte de normas de um ordenamento jurídico, é o poder atribuído aos particulares de regular, mediante atos voluntários, os próprios interesses. Se se coloca em destaque a autonomia privada, entendida como capacidade dos particulares de dar normas a si próprios numa certa esfera de interesses, e se considerarmos os particulares como constituintes de um ordenamento jurídico menor, absorvido pelo ordenamento estatal, essa vasta fonte de normas jurídicas é concebida de preferência como produtora independente de regras de conduta, que são aceitas pelo Estado" (*Teoria do ordenamento jurídico*. 7. ed. Brasília: Editora Universidade de Brasília, 1996. p. 40). De nossa parte, podemos aduzir que a negociação coletiva de trabalho é hoje considerada o melhor meio para a solução dos conflitos ou problemas que surgem entre o capital e o trabalho. Por meio dela, trabalhadores e empresários estabelecem não apenas condições de trabalho e de remuneração, como também todas as demais relações entre si, por meio de um procedimento dialético previamente definido, que se deve pautar pelo bom senso, boa-fé, razoabilidade e equilíbrio entre as partes diretamente interessadas. Apesar de variar de país para país, em decorrência das peculiaridades, tradições e costumes próprios de cada cultura, a negociação coletiva de trabalho apresenta uma característica virtualmente universal: trata-se de um processo negocial, com notável flexibilidade em seus métodos, cujos interesses transcendem os dos atores diretamente envolvidos – a que visam proteger e agregar direitos – fazendo com que seus efeitos se disseminem na própria sociedade.

mente[58] a Constituição Federal admite negociação coletiva *in pejus*[59], como se depreende do art. 7º, inciso VI[60].

Com o advento da Lei 13.467/2017, denominada Reforma Trabalhista, ao art. 8º da CLT foram acrescidos dois novos parágrafos, que vedam justamente o estabelecimento de entendimentos *in pejus* aos trabalhadores, como segue:

> § 2º Súmulas e outros enunciados de jurisprudência editados pelo Tribunal Superior do Trabalho e pelos Tribunais Regionais do Trabalho não poderão restringir direitos legalmente previstos nem criar obrigações que não estejam previstas em lei.
>
> § 3º No exame de convenção coletiva ou acordo coletivo de trabalho, a Justiça do Trabalho analisará exclusivamente a conformidade dos elementos essenciais do negócio jurídico, respeitado o disposto no art. 104 da Lei nº 10.406, de 10 de janeiro de 2002 – Código Civil, e balizará sua atuação pelo princípio da intervenção mínima na autonomia da vontade coletiva. (NR)
>
> Art. 104/CC. A validade do negócio jurídico requer: I – agente capaz; II – objeto lícito, possível, determinado ou determinável; III – forma prescrita ou não defesa em lei.

---

[58] "Negociação coletiva. Limites. Trabalho por até 12 dias sem descanso. Invalidade da norma coletiva negociada. A negociação coletiva se desenvolve com observância de limites, não podendo desbordar os lindes impostos pelas normas de indisponibilidade absoluta, porque imantadas de uma imperatividade mais acentuada, ditada pela necessidade de se preservar um núcleo de direitos trabalhistas inafastável, como o retratado por normas de segurança, saúde e higiene do trabalhador. Nesse quadro, não se afigura adequado lançar-se em interpretação irradiante, admitindo-se negociação ilimitada, sob o fundamento de que até mesmo o salário poderia ser transacionado (inc. VI, art. 7º, Carta Magna); não há qualquer norma, muito menos constitucional, permitindo a negociação sem limites. Consagrando esse entendimento, o c. Tribunal Superior do Trabalho editou a OJ SDI-1/TST nº 342 que estabelece barreiras à autonomia privada coletiva, quando se têm em vista normas de segurança, higiene e saúde do trabalhador. É possível afirmar, portanto, a invalidade da norma coletiva negociada que impõe ao obreiro trabalho por até 12 dias seguidos, sem repouso, porque lhe retira do convívio sociofamiliar e lhe impõe quadro de fatiga acentuado" (TRT 3ª R., RO 00876-2007-143-03-00-0, 6ª T., Rel. Juíza Maria Cristina d. Caixeta, *DJe* 28.02.2008).

[59] Indo mais além, encontramos várias súmulas e orientações jurisprudenciais que são consideradas *in pejus* para a categoria profissional, mas que foram autorizadas pelo Colendo Tribunal Superior do Trabalho sob o fundamento da necessidade de se prestigiar o reconhecimento dos acordos e convenções coletivas pelo texto constitucional (art. 7º, inciso XXVI, CF/1988). Vejamos o conteúdo da Súmula 423 do TST: "Turno ininterrupto de revezamento. Fixação de jornada de trabalho mediante negociação coletiva. Validade (Conversão da Orientação Jurisprudencial nº 169 da SBDI-1). Estabelecida jornada superior a seis horas e limitada a oito horas por meio de regular negociação coletiva, os empregados submetidos a turnos ininterruptos de revezamento não têm direito ao pagamento da 7ª e 8ª horas como extras".

[60] "VI – irredutibilidade do salário, salvo o disposto em convenção ou acordo coletivo."

A ilação, portanto, é que os instrumentos normativos, mesmo com reconhecimento constitucional, devem respeitar os direitos humanos fundamentais e garantias de ordem pública[61], inerentes à vida, à saúde, ao meio ambiente etc., sobre os quais não pode haver renúncia nem transação.

Dessa forma, podemos dizer que a natureza jurídica da ação de nulidade coletiva é ao mesmo tempo declaratória e constitutiva, objetivando no caso concreto declarar a existência do vício alegado na relação jurídica e constitutiva negativa, no sentido de alterar-lhe o conteúdo, retirando a cláusula ou mesmo o instrumento coletivo inquinado de vício, por inteiro, do mundo jurídico.

25.6.3 Objeto

O objeto das ações anulatórias (de nulidade) de contrato, acordo coletivo ou convenção coletiva de trabalho é a busca de um comando judicial para afastar do mundo jurídico a cláusula contratual ou convencional violadora das liberdades individuais ou coletivas ou dos direitos indisponíveis dos trabalhadores. O efeito é *erga omnes*[62].

O pedido pode envolver apenas uma ou mais cláusulas inquinadas de vícios insanáveis ou mesmo todo o acordo ou convenção coletiva de trabalho.

O objeto dos acordos e convenções coletivas de trabalho deve se ajustar aos textos legais, constitucionais e infraconstitucionais, inclusive levando-se em consideração as súmulas, precedentes e orientações jurisprudenciais do Tribunal Superior do Trabalho, bem como as súmulas dos Tribunais Regionais do Trabalho, do Superior Tribunal de Justiça e do Supremo Tribunal Federal, dado que suas cláusulas não são absolutas e devem se curvar aos ditames legais.

A Lei 13.467/2017, chamada de Reforma Trabalhista, tem como uma de suas pilastras principais a inversão da hierarquia das normas, de forma que estabelece a supremacia do negociado em relação às leis trabalhistas, como diz o art. 611-A:

---

[61] "Conflito de normas autônomas. Prevalência do acordo coletivo, que é mais específico, sobre convenção coletiva. A Constituição da República, a par de reconhecer as convenções e os acordos coletivos de trabalho, permitiu a redução salarial e a compensação de jornada, sempre mediante negociação coletiva (CF, art. 7º, VI, XIII e XXVI). Em decorrência, a regra da norma mais favorável ao trabalhador já não encontra óbice apenas nas normas estatais de ordem pública, mas deve ceder também diante das normas autônomas, nascidas do exercício da autonomia privada coletiva. O acordo coletivo sempre nasce da necessidade de ajustar particularmente a regulação genérica, seja heterônoma ou autônoma, e disto resulta que ele é necessariamente aplicável, porque essa é sua razão de ser (TRT 18ª Região, RO 00421-2006-010-18-00-3, Rel. Des. Mário Sérgio Bottazzo, 26.09.2006)" (TRT 18ª R., RO 00216-2008-012-18-00-2, Rel. Marilda Jungmann Gonçalves Daher, j. 15.09.2008).

[62] MELO, Raimundo Simão de. *Processo coletivo do trabalho*. São Paulo: LTr, 2009. p. 230.

Art. 611-A. A convenção coletiva e o acordo coletivo de trabalho têm prevalência sobre a lei quando, entre outros, dispuserem sobre:

I – pacto quanto à jornada de trabalho, observados os limites constitucionais;

II – banco de horas anual;

III – intervalo intrajornada, respeitado o limite mínimo de trinta minutos para jornadas superiores a seis horas;

IV – adesão ao Programa Seguro-Emprego (PSE), de que trata a Lei 13.189, de 19 de novembro de 2015;

V – plano de cargos, salários e funções compatíveis com a condição pessoal do empregado, bem como identificação dos cargos que se enquadram como funções de confiança;

VI – regulamento empresarial;

VII – representante dos trabalhadores no local de trabalho;

VIII – teletrabalho, regime de sobreaviso, e trabalho intermitente;

IX – remuneração por produtividade, incluídas gorjetas percebidas pelo empregado, e remuneração por desempenho individual;

X – modalidade de registro de jornada de trabalho;

XI – troca do dia de feriado;

XII – enquadramento do grau de insalubridade;

XIII – prorrogação de jornada em ambientes insalubres, sem licença prévia das autoridades competentes do Ministério do Trabalho;

XIV – prêmios de incentivo em bens ou serviços, eventualmente concedidos em programas de incentivo;

XV – participação nos lucros ou resultados da empresa.

§ 1º No exame da convenção coletiva ou do acordo coletivo de trabalho, a Justiça do Trabalho observará o disposto no § 3º do art. 8 desta Consolidação.

§ 2º A inexistência de expressa indicação de contrapartidas recíprocas em convenção coletiva ou acordo coletivo de trabalho não ensejará sua nulidade por não caracterizar um vício do negócio jurídico.

§ 3º Se for pactuada cláusula que reduza o salário ou a jornada, a convenção coletiva ou o acordo coletivo de trabalho deverão prever a proteção dos empregados contra dispensa imotivada durante o prazo de vigência do instrumento coletivo.

§ 4º Na hipótese de procedência de ação anulatória de cláusula de convenção coletiva ou de acordo coletivo de trabalho, quando houver a cláusula compensatória, esta deverá ser igualmente anulada, sem repetição do indébito.

§ 5º Os sindicatos subscritores de convenção coletiva ou de acordo coletivo de trabalho deverão participar, como litisconsortes necessários, em ação individual ou coletiva, que tenha como objeto a anulação de cláusulas desses instrumentos.

Art. 611-B Constituem objeto ilícito de convenção coletiva ou de acordo coletivo de trabalho, exclusivamente, a supressão ou a redução dos seguintes direitos:

I – normas de identificação profissional, inclusive as anotações na Carteira de Trabalho e Previdência Social;

II – seguro-desemprego, em caso de desemprego involuntário;

III – valor dos depósitos mensais e da indenização rescisória do Fundo de Garantia do Tempo de Serviço (FGTS);

IV – salário mínimo;

V – valor nominal do décimo terceiro salário;

VI – remuneração do trabalho noturno superior à do diurno;

VII – proteção do salário na forma da lei, constituindo crime sua retenção dolosa;

VIII – salário-família;

IX – repouso semanal remunerado;

X – remuneração do serviço extraordinário superior, no mínimo, em 50% (cinquenta por cento) à do normal;

XI – número de dias de férias devidas ao empregado;

XII – gozo de férias anuais remuneradas com, pelo menos, um terço a mais do que o salário normal;

XIII – licença-maternidade com a duração mínima de cento e vinte dias;

XIV – licença-paternidade nos termos fixados em lei;

XV – proteção do mercado de trabalho da mulher, mediante incentivos específicos, nos termos da lei;

XVI – aviso prévio proporcional ao tempo de serviço, sendo no mínimo de trinta dias, nos termos da lei;

XVII – normas de saúde, higiene e segurança do trabalho previstas em lei ou em normas regulamentadoras do Ministério do Trabalho;

XVIII – adicional de remuneração para as atividades penosas, insalubres ou periculosas;

XIX – aposentadoria;

XX – seguro contra acidentes do trabalho, a cargo do empregador;

XXI – ação, quanto aos créditos resultantes das relações de trabalho, com prazo prescricional de cinco anos para os trabalhadores urbanos e rurais, até o limite de dois anos após a extinção do contrato de trabalho;

XXII – proibição de qualquer discriminação no tocante a salário e critérios de admissão do trabalhador com deficiência;

XXIII – proibição de trabalho noturno, perigoso ou insalubre a menores de dezoito anos e de qualquer trabalho a menores de dezesseis anos, salvo na condição de aprendiz, a partir dos quatorze anos;

XXIV – medidas de proteção legal de crianças e adolescentes;

XXV – igualdade de direitos entre o trabalhador com vínculo empregatício permanente e o trabalhador avulso;

XXVI – liberdade de associação profissional ou sindical do trabalhador, inclusive o direto de não sofrer, sem sua expressa e prévia anuência, qualquer cobrança ou desconto salarial estabelecidos em convenção coletiva ou acordo coletivo de trabalho;

XXVII – direito de greve, competindo aos trabalhadores decidir sobre a oportunidade de exercê-lo e sobre os interesses que devam por meio dele defender;

XXVIII – definição legal sobre os serviços ou atividades essenciais e disposições legais sobre o atendimento das necessidades inadiáveis da comunidade em caso de greve;

XXIX – tributos e outros créditos de terceiros;

XXX – as disposições previstas nos arts. 373-A, 390, 392, 392-A, 394, 394-A, 395, 396 e 400 desta Consolidação.

Parágrafo único. Regras sobre duração do trabalho e intervalos não são consideradas como normas de saúde, higiene e segurança do trabalho para os fins do disposto neste artigo.

Apresentamos algumas ementas sobre cláusulas normativas ou obrigacionais de acordos ou convenções coletivas, objeto de ações anulatórias (ou de nulidade):

Recurso ordinário em ação anulatória. Convenção coletiva de trabalho. Esgotado o período de vigência. Perda do objeto. Não ocorrência. Ainda que encerrado o período de vigência da Convenção Coletiva de Trabalho a que se refere a ação anulatória, persiste o objeto da ação, pois em virtude de a ação conter pedido declaratório, a decisão produz efeitos pedagógicos, no sentido de orientar as partes na negociação coletiva e de possibilitar aos trabalhadores eventuais reparações de prejuízos. Cláusula que institui cobrança de contribuição assistencial. Ao prever a incidência do desconto sobre os salários de todos os empregados representados, a cláusula impugnada vai de encontro ao disposto no Precedente Normativo 119 do TST, que, em observância à diretriz fixada nos arts. 5º, incisos XVII e XX, 8º, inciso V, e 7º, inciso X, da Constituição da República, limita a obrigatoriedade da contribuição de natureza assistencial ou assemelhada aos empregados associados. Recurso a que se dá parcial provimento (TST, ROAA 375/2006-000-17-00, SETPOEDC, Rel. Márcio Eurico Vitral Amaro, j. 08.06.2009).

Convenção ou acordo coletivo. Acordo ou convenção coletiva. Limites da autonomia privada coletiva. É certo que o exercício da chamada autonomia privada coletiva, conferida ao sindicato na negociação das condições de trabalho da categoria que representa processualmente, foi sensivelmente elastecido pelo texto da atual Constituição Federal, como se constata particularmente do exame do inciso VI de seu art. 7º. Isto não implica, contudo, que no bojo de convenções ou de acordos coletivos se possa tolerar a inserção de cláusulas que consubstanciem autêntica renúncia a direitos reconhecidos em lei, sem suficiente contrapartida do lado da empresa ou do sindicato da categoria econômica, porquanto não se está, no caso, diante de verdadeira negociação coletiva, mas de submissão aos interesses de uma das partes contratantes, com flagrante prejuízo à outra parte (TRT 2ª R., Ac. 02980048059, 8ª T., Rel. Juíza Wilma Nogueira de Araújo Vaz da Silva, *DOESP* 17.02.1998).

Ação anulatória. Cláusula de convenção coletiva de trabalho. Perda de objeto. O entendimento da Seção Especializada em Dissídios Coletivos dessa corte, em relação à matéria, pacificou-se no sentido de que não obstante tenha se exaurido no período de vigência do Acordo Coletivo, o Tribunal deve manifestar-se, sobre o pedido, ou seja, acerca da cláusula constante do ajuste coletivo, pois a conclusão possibilitará, em caso de procedência do pleito, que os empregados atingidos pelo cumprimento do acordado possam pleitear a restituição dos valores relativos aos descontos efetuados em seus salários a tal título (TST, ROAA 735256-2001, Rel. José Luciano de Castilho Pereira, *DJ* 06.09.2001).

Ação anulatória. Legitimidade ativa exclusiva do MPT (arts. 127 e seguintes da CF, c/c o 83 da Lei Complementar nº 75, de 20.05.1993). Ilegitimidade ativa do empregado. O membro de uma categoria, seja econômica seja profissional, não tem legitimidade para pleitear, em ação anulatória, a declaração de nulidade, formal ou material, de uma ou de algumas das condições de trabalho constantes de instrumento normativo. Se entende que seu direito subjetivo está ameaçado ou violado, cabe-lhe discutir, por meio de dissídio individual, a validade, formal ou material, seja da assembleia geral, seja das condições de trabalho, postulando, não a sua nulidade, mas sim a sua ineficácia, com efeitos restritos no processo em que for parte. Realmente, permitir que o trabalhador ou uma empresa, isoladamente, em ação anulatória, venha se sobrepor à vontade da categoria, econômica ou profissional, que representa a legítima manifestação da assembleia, quando seus associados definem o objeto e o alcance de seu interesse a ser defendido, é negar validade à vontade coletiva, com priorização do interesse individual, procedimento a ser repelido nos exatos limites da ordem jurídica vigente. Ação anulatória extinta sem apreciação do mérito, nos termos do art. 267 do CPC. [...] Tal foi o entendimento manifestado no julgamento dos ROAA-809828/2001.8, Rel. Min. João Oreste Dalazen, *DJ* 18.02.2005, ROAA-73082/2003-900-04-00, Rel. Min. João Oreste Dalazen, *DJ* 06.02.2004; A-ROAA-764.614/01.1 (LBV), Rel. Min João Oreste Dalazen, *DJ* 12.09.2003, ROAA-770.717/2001.0; Relator Juiz Convocado Vieira de Mello Filho, *DJ* 04.04.2003; ROAA-87536/2003-900-02-00, Rel. Min. Rider de Brito, *DJ* 28.11.2003; ROAA759025/2001.1 (LBV), Rel. Min. João Oreste Dalazen, *DJ* 05.04.2002 (TST, ROAA 771/2002-000-12-00.1, SDC, Rel. Milton de Moura França, *DJ* 11.04.2006).

Constitucional. Ministério Público do Trabalho: atribuições. Legitimação ativa: declaração de nulidade de contrato, acordo coletivo ou convenção coletiva. Lei Complementar nº 75, de 20.05.1993, art. 83, IV, CF, arts. 128, § 5º, e 129, IX. I – A atribuição conferida ao Ministério Público do Trabalho, no art. 83, IV, da Lei Complementar nº 75/93 – propor as ações coletivas para a declaração de nulidade de cláusula de contrato, acordo coletivo ou convenção coletiva que viole as liberdades individuais ou coletivas ou os direitos individuais indisponíveis dos trabalhadores – compatibiliza-se com o que dispõe a Constituição Federal no art. 128, § 5º e art. 129, IX. II – Constitucionalidade do art. 83, IV, da Lei Complementar nº 75, de 1993. ADIn julgada improcedente" (Ação Direta de Inconstitucionalidade 1852/DF, Tribunal Pleno, Rel. Min. Carlos Veloso, *DJ* 21.11.2003).

25.6.4 Legitimidade ativa

A legitimidade ativa para ajuizamento da ação anulatória (ação de nulidade) de cláusula de acordos ou convenções coletivas de trabalho é do Ministério Público do Trabalho, consoante art. 83, inciso IV[63], da Lei Complementar 75/1993.

Não remanesce qualquer dúvida quanto a esse tipo de legitimidade nos Tribunais do Trabalho. Vejamos:

> (...) Legitimidade do Ministério Público do Trabalho para propor ação que objetiva anular cláusula de norma coletiva que prevê a cobrança de contribuição assistencial de todos os membros da categoria. 1. Nos termos do art. 127 da Constituição da República, cabe ao Ministério Público a defesa da ordem jurídica e dos interesses sociais e individuais indisponíveis. Ao regulamentar a norma constitucional, especificando as competências institucionais do Ministério Público do Trabalho, a Lei Complementar nº 75/1993 atribuiu ao *Parquet* a competência de propor as ações cabíveis para declarar a nulidade de cláusula de contrato, acordo coletivo ou convenção coletiva de trabalho que viole direitos individuais ou coletivos dos trabalhadores. 2. Na hipótese, o Ministério Público propôs ação com o objetivo de anular cláusula de norma coletiva que prevê a cobrança de contribuição assistencial de todos os membros da categoria, independentemente de filiação. 3. Verifica-se, portanto, que a pretensão se harmoniza com as competências institucionais do Ministério Público do Trabalho, insculpidas no art. 83, IV, da Lei Complementar nº 75/1993. Precedentes. Contribuição assistencial. Não associados. Inexigibilidade. Precedente Normativo nº 119 da SDC do TST. Acórdão embargado conforme ao Precedente Normativo nº 119, à Orientação Jurisprudencial nº 17 da SDC e à Súmula nº 666 do STF. Embargos não conhecidos (TST, E-RR 549522/1999, Rel. Min. Maria Cristina Irigoyen Peduzzi, *DJe* 26.06.2009, p. 257).

José Cláudio Monteiro de Brito Filho[64] informa que,

---

[63] "Art. 83. Compete ao Ministério Público do Trabalho o exercício das seguintes atribuições junto aos órgãos da Justiça do Trabalho: (...) IV – propor as ações cabíveis para declaração de nulidade de cláusula de contrato, acordo coletivo ou convenção coletiva que viole as liberdades individuais ou coletivas ou os direitos individuais indisponíveis dos trabalhadores."

[64] BRITO FILHO, José Cláudio Monteiro de. *O Ministério Público do Trabalho e a ação anulatória de cláusulas convencionais*. São Paulo: LTr, 1998. p. 70.

(...) no caso específico da ação anulatória de cláusulas convencionais, previstas no art. 83, IV, da Lei Complementar n. 75/93, é o Ministério Público do Trabalho que age, por seus órgãos, como legitimado ativo. Isso não significa que outros interessados não possam pleitear a nulidade das cláusulas de norma coletiva que fira seus direitos. Os trabalhadores, individualmente, ou em grupo, têm legitimidade para deduzir tal pretensão em juízo. Fá-lo-ão, todavia, em ação própria, por meio de reclamação trabalhista.

Para esse autor[65], "a ação anulatória, como definida na LC n. 75/93, tem um único legitimado ativo: O Ministério Público do Trabalho".

Não obstante, o que não é pacífico é o entendimento dos Tribunais do Trabalho se o Ministério Público do Trabalho é legitimado exclusivo ou concorrente com outros interessados.

O que diferencia as ações coletivas das ações individuais é a especial legitimidade que o ente coletivo deve demonstrar para ingressar com aquela ação, ou seja, a ação coletiva. Tratando-se de associação, deve ela comprovar sua constituição há mais de um ano e a inclusão, entre seus fins institucionais, da defesa dos direitos e interesses da coletividade que representa. Se a ação civil pública pode ser reputada como gênero e as demais ações coletivas como espécie, podemos utilizar, por analogia, com a necessária adaptação e abrandamentos, os fundamentos de seu art. 5º para também considerar como legitimados para propor a ação anulatória (ou de nulidade) as associações[66], preenchidos os requisitos supramencionados, as empresas, quando não participaram diretamente da feitura e não assinaram o instrumento coletivo, bem como os trabalhadores em grupo, nesses casos não postulando direitos meramente individuais, de grupo ou classe, mas de toda a categoria econômica ou profissional, com base nos princípios da razoabilidade e proporcionalidade.

O TRT da 9ª Região posiciona-se no seguinte sentido, como se vislumbra na ementa a seguir colacionada:

> Vistos, relatados e discutidos estes autos de ação anulatória, em que são requerentes Irmãos Muffato e Cia. Ltda., e requeridos Sindicato dos Empregados no Comércio de Foz do Iguaçu e Sindicato Patronal do Comércio Varejista de Foz do Iguaçu e

---

[65] Idem, ibidem, p. 70.
[66] "Interesse individual. Competência hierárquica da seção especializada em dissídios individuais. Incompetência hierárquica arguida de ofício e acolhida. Buscando o sindicato-autor não a proteção do grupo que supostamente representa, senão a defesa de interesse próprio seu, como entidade sindical, de ver rescindida decisão que o considera parte ilegítima para acionar, também individualmente, outra entidade sindical, exsurge evidente que o direito em discussão é individual, e não coletivo, donde conclui-se, por força do que dispõe o art. 23, I, b, 3, do Regimento Interno deste Regional, ser competente para o julgamento da presente ação rescisória a Seção Especializada em Dissídios Individuais" (TRT 12ª R., AT-RES 00257-2006-000-12-00-0 (13577/2006), Red. p/o Ac. Gerson Paulo Taboada Conrado, *DJU* 14.09.2005).

Região. Relatório. Irmãos Muffato e Cia. Ltda. (quatro) de Foz do Iguaçu ajuizaram ação anulatória da CCT 2008/2009 firmada entre Sindicato dos Empregados no Comércio de Foz do Iguaçu e Sindicato Patronal do Comércio Varejista de Foz do Iguaçu e Região. Pediram a concessão de liminar, *inaudita altera parte*, para sustar a eficácia da CCT e aditivo até decisão de mérito; sucessivamente, da cláusula e aditivo alusivos aos domingos e feriados. Em decisão final, a procedência da ação, com declaração de nulidade da CCT e aditivos; sucessivamente, da cláusula e aditivo alusivos aos domingos e feriados, com condenação dos requeridos em custas e honorários advocatícios. (...) O Ministério Público do Trabalho manifestou-se às fls. 856/861, opinando pela autocomposição, senão pelo encaminhamento dos autos ao TRT, detentor da competência originária para a ação anulatória. Realizada audiência inaugural (fl. 869), ausente conciliação, os requeridos apresentaram contestações. O Sindicato dos Empregados no Comércio de Foz do Iguaçu sustentou a improcedência do pedido e requereu a condenação dos requerentes em custas, honorários advocatícios e litigância de má-fé (fls. 870/874). Juntou documentos. Manifestou-se sobre o parecer do MPT (fls. 1116/1118). O Sindicato Patronal do Comércio Varejista de Foz do Iguaçu e Região alegou preliminar de ilegitimidade ativa e ausência de pressuposto de constituição e desenvolvimento válido e regular do processo e no mérito, a improcedência do pedido. Requereu a condenação dos requerentes em custas, honorários advocatícios e litigância de má-fé (fls. 1011/1028). Manifestou-se sobre o parecer do MPT (fls. 1072/1081 e 1121/1129). Juntou documentos. O Juízo de Primeiro Grau reconheceu sua incompetência funcional para apreciação da ação anulatória de CCT, determinando a remessa dos autos a este TRT (fls. 1130/1131). Distribuídos a este Relator na condição de integrante da Seção Especializada (fl. 1137), foi aberto prazo para apresentação de razões finais, ausente necessidade de produção de outras provas (fl. 1138). Razões finais apresentadas pelo Sindicato dos Empregados no Comércio de Foz do Iguaçu (fls. 1140/1144), requerentes, com documentos (fls. 1156/1185) e Sindicato Patronal do Comércio Varejista de Foz do Iguaçu e Região (fls. 1281/1291). Manifestaram-se os requeridos (fls. 1299/1300 e 1301/1303). O Ministério Público do Trabalho manifestou-se às fls. 1307/1308, opinando pela procedência da ação. É o relatório. Fundamentação. Admissibilidade. Preliminar. Ilegitimidade ativa – ausência de pressuposto de constituição e de desenvolvimento válido e regular do processo. O Sindicato Patronal do Comércio Varejista de Foz do Iguaçu e Região alega preliminarmente que os requerentes não detêm ilegitimidade ativa para postular, em nome próprio, nulidade de CCT e termo aditivo que abrange toda a categoria. Tem razão. O entendimento que prevalece nesta Seção Especializada é no sentido de que empregadores ou empregados, individualmente ou mesmo em grupo, não detêm legitimidade para ajuizar ação anulatória de Convenção Coletiva de Trabalho. Embora, particularmente, dele não compartilhe, a maioria da Seção Especializada entende que somente os sindicatos das categorias profissional e econômica envolvidas e o Ministério Público do Trabalho possuem legitimidade para o ajuizamento de ação anulatória de CCT, em razão da natureza coletiva do instrumento e da finalidade da CCT de pacificação das relações de trabalho. A maioria segue decisão nesse sentido proferida pelo Desembargador Luiz Eduardo Gunther, atualmente Vice-Presidente deste TRT, no julgamento proferido em 24.10.2003 nos autos 28007-2002-909-09-00-8. Adota, como fundamentos o do parecer do Procurador Regional do Trabalho Itacir Luchtemberg nos autos 28009-2005-909-09-00-0, julgado em 20.11.2006: (...) Comungo do entendimento expresso na decisão do TST, colacionada às fls. 130/132, e na decisão deste regional, mencionada na defesa do segundo requerido (fl. 102): em se tratando de ação anulatória de convenção coletiva, a legitimidade ativa é restrita aos sindicatos celebrantes e ao Ministério Público do Trabalho. A convenção coletiva de trabalho, como um negócio jurídico, bilateral e sinalagmático, submeter-se-ia, em tese, à disciplina geral dos negócios jurídicos, quanto a sua validade e, também, quanto aos legitimados para questioná-la (arts. 168 e 177 do Código Civil). Entretanto, o seu caráter (alguns diriam que se trata de função) constitutivo-normativo (CLT, art. 611) e o fim social a que se destina (pacificação das relações trabalhistas, como coroamento do processo de negociação coletiva, reconhecido constitucionalmente – art. 7º, inciso XXVI – como bem lembrado pelo sindicato dos trabalhadores – fl. 104), impede que se lance mão, no plano do processo do trabalho, de categorias de direito eminentemente privatísticas. Não se quer dizer com isso que os integrantes das categorias se encontrem indefesos diante de eventuais abusos das suas entidades representativas. Em ações individuais – e na preservação direta e específica dos seus interesses – lhes é assegurado, sempre, o direito de obter, incidentalmente, a declaração de invalidade de determinado instrumento normativo. Propugna-se, aqui, a adoção analógica dos princípios referentes ao controle de constitucionalidade das leis: em se tratando de controle concentrado, a legitimação é restrita, enquanto no controle difuso ela deve ser reconhecida a qualquer interessado. Importante observar ainda que o próprio sindicato patronal ajuizou ação anulatória do mesmo instrumento normativo objeto da presente ação, tendo, inclusive, obtido decisão liminar de suspensão dos efeitos da convenção (fls. 643/644). Parece-me, assim, que – embora não ocorra confusão entre autor e réu, como alega o sindicato dos trabalhadores, porque não se confundem as pessoas jurídicas requerentes e requeridas na presente ação com as pessoas físicas dos seus sócios ou diretores – o mérito da questão há de ser melhor e mais adequadamente analisado no âmbito da ação sindical (...) A decisão do TST, referida no parecer do Ministério Público do Trabalho, é a proferida pelo Relator Ministro Gelson de Azevedo, nos autos ROAA 21199-2002-900-09-00-4, em 13.09.2005: Recurso ordinário. Ação anulatória. Alegação de nulidade de convenção coletiva de trabalho. Celebração sem observância dos requisitos contidos no art. 612 da CLT. Ausência de mandato para celebração de convenção coletiva. Legitimidade ativa *ad causam*. Inexistência de legitimidade dos autores da ação anulatória, porquanto a tutela pretendida alcançará toda a categoria econômica e profissional. A legitimidade para propor ação anulatória de convenção coletiva de trabalho restringe-se ao Ministério Público do Trabalho e às entidades sindicais representes das categorias econômica e profissional por ela abrangidas. Recurso ordinário a que se nega provimento. Ausente legitimidade ativa *ad causam*, não admito a ação anulatória ajuizada por Irmãos Muffato e Cia. Ltda. (TRT 9ª R., Processo AACC 816/2008-909-09-00.0, Seção Especializada, Rel. Marco Antonio Vianna Mansur).

De outra banda, assim se posiciona o Tribunal Regional do Trabalho da 2ª Região – São Paulo:

> Ação anulatória de convenção coletiva. Ilegitimidade ativa de parte. Tratando-se de Convenção Coletiva de Trabalho firmada entre Sindicatos representantes de empregados e empregadores, suas cláusulas obrigam todos os integrantes da categoria e a anulação pretendida alcançaria toda a categoria e não somente a autora; logo, esta não possui legitimidade para propor ação anulatória perante este Tribunal. Quem detém legitimação ativa para propô-la, dependendo da natureza do interesse que deflui da realidade concreta, são as próprias entidades que firmaram a Convenção e o Ministério Público do Trabalho (inciso IV do art. 83 da Lei Complementar nº 75/93). Forçosa, pois, a extinção do processo, sem julgamento do mérito, com fulcro no inciso VI do art. 267 do CPC (TRT 2ª R., AA 20358-2004-000-02-00-(2005002524), SDC, Rel. p/o Ac. Juiz Marcelo Freire Gonçalves, *DOESP* 13.12.2005).

Para Raimundo Simão de Melo[67]:

> (...) o Ministério Público do Trabalho não detém exclusividade no ajuizamento da ação anulatória (de nulidade). Afirma esse doutrinador, que a ação anulatória (ou de nulidade) é uma espécie do gênero das ações coletivas, pelo que, de conformidade com os arts. 129, inciso III e § 1º, da CF, 5º da Lei n. 7.347/85 e 82 e incisos do CDC, pode ser proposta não somente pelo Ministério Público do Trabalho, mas também por outros legitimados coletivos autônomos. Não, evidentemente, pelo empregado e pelo empregador. Estes, se não participaram da feitura do instrumento coletivo, como sujeitos coletivos, somente têm legitimidade para pleitear a nulidade incidental, em primeira instância, numa ação que vise à reparação dos danos decorrentes da cláusula ilegal.

No entanto, o Colendo Tribunal Superior do Trabalho decidiu que somente o Ministério Público do Trabalho tem legitimidade ativa para a propositura da ação anulatória de normas coletivas, conforme a ementa:

> Ação anulatória. Legitimidade ativa exclusiva do Ministério Público do Trabalho (arts. 127, caput, 129, II, da Constituição da República e 83, IV, da Lei Complementar nº 75/93). Ilegitimidade ativa da empresa. O membro de uma categoria, seja econômica, seja profissional, não tem legitimidade para pleitear, em ação anulatória, a declaração de nulidade, formal ou material, de uma ou de algumas das condições de trabalho constantes de instrumento normativo. Se entende que seu direito subjetivo está ameaçado ou violado, cabe-lhe discutir, por meio de dissídio individual, a validade, formal ou material, no todo ou em parte, postulando não a sua nulidade, mas, sim, a ineficácia em relação a ele. Realmente, permitir que o trabalhador ou uma empresa, isoladamente, em ação

---

[67] MELO, Raimundo Simão de. *Processo coletivo do trabalho*. São Paulo: LTr, 2009. p. 240.

anulatória, venha se sobrepor à vontade da categoria, econômica ou profissional, que representa a legítima manifestação da assembleia, quando seus associados definem o objeto e o alcance de seu interesse a ser defendido, é negar validade à vontade coletiva, com priorização do interesse individual, procedimento a ser repelido nos exatos limites da ordem jurídica vigente. Ação anulatória extinta, sem apreciação do mérito, nos termos do art. 267, VI, do CPC (TST, Processo: ROAA 6131100-45.2002.5.02.0900, Seção Especializada em Dissídios Coletivos, Rel. Min. Milton de Moura França, j. 19.10.2006, *DJ* 24.11.2006).

No entanto, vários dispositivos legais nos conduzem a entender que a legitimidade para a propositura da ação anulatória (ou de nulidade) não é exclusiva[68] do Ministério Público do Trabalho. Podemos mencionar, em primeiro plano, o art. 5º, inciso XXXV, da CF/1988, que trata do Princípio da Inafastabilidade da Jurisdição ou acesso à Justiça, combinado com os arts. 168[69] e 177[70] do Código Civil, e, por analogia, o que dispõe o art. 967[71], II, do CPC/2015, referente à ação rescisória,

---

[68] "Recurso ordinário em ação anulatória. Legitimidade. A lei confere ao Ministério Público do Trabalho e aos sindicatos a legitimidade para propor ação anulatória de instrumento coletivo autônomo. Cabe ao *Parquet* atuar na defesa da ordem jurídica que assegura direitos fundamentais e indisponíveis aos trabalhadores. O trabalhador de forma individual não é parte legítima para ajuizar ação anulatória visando à declaração da nulidade do acordo coletivo de trabalho, em face da natureza dos direitos envolvidos – direitos coletivos da categoria. No entanto, o trabalhador poderá buscar o direito que entender lesado por intermédio de reclamação trabalhista da competência funcional do Juízo da Vara do Trabalho" (Processo ROAA 8743/2002-000-06-00.5, Seção Especializada em Dissídios Coletivos, Rel. Min. Mauricio Godinho Delgado, j. 12.06.2008, *DJ* 27.06.2008).
"Ação anulatória. Ilegitimidade ativa *ad causam*. Membro da categoria. A legitimidade para propor ação anulatória de convenção coletiva de trabalho restringe-se ao Ministério Público do Trabalho e às entidades sindicais representantes das categorias econômica e profissional por ela abrangidas. Assim, o trabalhador de forma individual não é parte legítima para ajuizar ação anulatória visando à declaração da nulidade de cláusula convencional de instrumento coletivo de trabalho, em face da natureza dos direitos envolvidos – direitos coletivos da categoria. Contudo, poderá buscar o direito que entender lesado por intermédio de reclamação trabalhista da competência funcional do Juízo da Vara do Trabalho, postulando não a nulidade da norma coletiva, mas tão somente sua ineficácia, com efeitos restritos ao processo em que for parte. Inexistência de legitimidade dos autores da ação anulatória, porquanto a tutela pretendida alcançará toda a categoria econômica e profissional. Ação anulatória extinta, sem apreciação do mérito, nos termos do art. 267, VI, do CPC" (TRT 3, Proc. 00834-2009-000-03-00-5 1043, Seção Especializada de Dissídios Coletivos, Rel. Conv. Rodrigo Ribeiro Bueno, *DEJT* 28.08.2009, p. 51).

[69] "Art. 168. As nulidades dos artigos antecedentes podem ser alegadas por qualquer interessado, ou pelo Ministério Público, quando lhe couber intervir."

[70] "Art. 177. A anulabilidade não tem efeito antes de julgada por sentença, nem se pronuncia de ofício; só os interessados a podem alegar, e aproveita exclusivamente aos que a alegarem, salvo o caso de solidariedade ou indivisibilidade."

[71] "Art. 967. Têm legitimidade para propor a ação rescisória: I – quem foi parte no processo ou o seu sucessor a título universal ou singular; II – o terceiro juridicamente interessado;

pelo fato também de se tratar de uma ação constitutiva negativa, à semelhança da ação anulatória (ou de nulidade).

Em segundo lugar, para apoiar essa posição, discriminamos duas hipóteses em que outros legitimados poderão pleitear a nulidade de acordo ou convenção coletiva de trabalho: a) acordo coletivo de trabalho, por deliberação apenas da Diretoria do sindicato da categoria profissional. Nesse caso, como a titularidade do direito material não é do sindicato, e há a obrigatoriedade de assembleia geral dos trabalhadores para a devida autorização[72], consoante o art. 612[73] da

---

III – o Ministério Público: a) se não foi ouvido no processo em que lhe era obrigatória a intervenção; b) quando a decisão rescindenda é o efeito de simulação ou de colusão das partes, a fim de fraudar a lei; c) em outros casos em que se imponha sua atuação; IV – aquele que não foi ouvido no processo em que lhe era obrigatória a intervenção. Parágrafo único. Nas hipóteses do art. 178, o Ministério Público será intimado para intervir como fiscal da ordem jurídica quando não for parte".

[72] "Ação anulatória ajuizada por associação que congrega empregados da CPTM (ASFER). Acordo coletivo de trabalho celebrado entre sindicatos profissionais e a Companhia Paulista de Trens Metropolitanos – CPTM. Ilegitimidade ativa *ad processum* e *ad causam*. Extinção do processo sem resolução do mérito. 1. A Constituição Federal, exceto na hipótese de mandado de segurança coletivo (art. 5º, LXX, CF), conferiu aos sindicatos legitimidade para atuar como substituto processual na defesa de direitos e interesses coletivos ou individuais homogêneos dos integrantes da categoria representada (art. 8º, III, CF). Às associações toca o disposto no art. 5º, XXI, da Constituição Federal, em que se contempla instituto jurídico distinto: a representação processual. Todavia, a legitimidade das entidades associativas para representar seus associados, judicial ou extrajudicialmente, nas ações sob o procedimento ordinário, nos termos do art. 5º, XXI, da Constituição Federal, depende de expressa autorização dos representados, implementada em estatuto social e em ata de assembleia geral. Precedentes do Supremo Tribunal Federal. Hipótese em que não consta entre as finalidades institucionais da Associação Requerente (ASFER) a representação judicial de seus associados, nem consta do processo ata de assembleia geral, em que se demonstre tenham os associados autorizado a referida associação a representá-los nesta ação anulatória. Ilegitimidade *ad processum* da ASFER que se confirma. 2. Nos termos da atual jurisprudência desta Seção Normativa, a legitimidade para propor ação anulatória de cláusulas constantes de instrumentos normativos restringe-se ao Ministério Público do Trabalho, conforme expressamente previsto no art. 83, inc. IV, da Lei Complementar nº 75, de 20.05.1993, e, excepcionalmente, aos sindicatos representantes das categorias econômica e profissional e às empresas signatárias desses instrumentos, quando demonstrado vício de vontade. Pretensão da Associação Requerente de decretação de nulidade de cláusula de instrumento coletivo do qual não foi signatária. Ilegitimidade ativa *ad causam* que também se confirma. Recurso ordinário a que se nega provimento" (TST, ROAA 20285/2005-000-02-00.7, Seção Especializada em Dissídios Coletivos, Rel. Min. Fernando Eizo Ono, j. 10.11.2008, *DJ* 05.12.2008).

[73] "Art. 612. Os sindicatos só poderão celebrar Convenções ou Acordos Coletivos de Trabalho, por deliberação de Assembleia Geral especialmente convocada para esse fim, consoante o disposto nos respectivos Estatutos, dependendo a validade da mesma do comparecimento e votação, em primeira convocação, de 2/3 (dois terços) dos associados da entidade, se se tratar de Convenção, e dos interessados, no caso de Acordo, e, em segunda, de 1/3 (um terço) dos mesmos."

CLT, a empresa convenente, a nosso sentir, teria legitimidade para figurar no polo ativo da ação anulatória (ou de nulidade); b) convenção coletiva de trabalho com colusão entre os sindicatos convenentes, que posteriormente vem a lume, prejudicando as empresas da respectiva categoria profissional. Não há que negar, no caso, a legitimidade das empresas da categoria econômica, em conjunto, ou isoladamente, para ajuizar a competente ação anulatória (ou de nulidade) da respectiva convenção coletiva de trabalho. Note-se que em ambos os casos mencionados o efeito da sentença anulatória (ou de nulidade) será *erga omnes*, extensível a todos os membros da categoria.

Tais situações diferem-se dos casos em que o trabalhador[74] ou uma empresa, individualmente, buscam a nulidade de cláusula de convenção ou acordo coletivo, sentindo-se afrontados em eventuais direitos ali inseridos. Nesse caso, a sentença, se procedente, produzirá efeitos apenas *inter partes* e não *erga omnes*.

Esse é o pensamento de Carlos Henrique Bezerra Leite[75], para quem

> (...) o trabalhador que se declarar lesado por uma cláusula de convenção ou acordo coletivo, bem como do contrato individual de trabalho, poderá propor ação anulatória da cláusula respectiva em face do empregador e do sindicato profissional (litisconsortes unitários). Só que neste caso a ação será processada como reclamação trabalhista comum, admitindo-se a formação de litisconsórcio facultativo entre os trabalhadores atingidos (dissídio individual plúrimo). A Competência funcional aqui é da Vara do Trabalho.

Para Mauro Schiavi[76], "a legitimação do Ministério Público para propor ação anulatória não é exclusiva, e sim concorrente, pois todas as pessoas que sofrem os efeitos da norma coletiva têm legitimidade para postular sua anulação".

---

[74] "Ação declaratória. De nulidade de cláusula de convenção coletiva. Empregados. Ilegitimidade de parte ativa. Os empregados-requerentes não possuem legitimidade para figurar no polo ativo de ação anulatória de cláusula de convenção coletiva ou da totalidade da norma coletiva, na medida em que, tratando-se de norma coletiva firmada entre sindicatos representantes dos empregados e empregadores, os efeitos da anulação pretendida alcançariam a categoria em sua totalidade, e não somente aos requerentes. Na verdade, a teor do que dispõe o inciso IV do art. 83 da LC nº 75/93, é o Ministério Público do Trabalho quem detém a titularidade para a propositura de ação anulatória de cláusula coletiva ou de norma coletiva em sua integralidade, dependendo da natureza do interesse que deflui da realidade concreta. E tal decisão não significa que houve impedimento do acesso à Justiça para o questionamento de cláusula coletiva, eis que a controvérsia poderá ser questionada em ação própria, na qual sejam postulados os direitos ali previstos, ou, ainda, em ação declaratória com eficácia restrita aos autores, mas nunca em ação anulatória com efeito *erga omnes*, pois, num eventual acolhimento, toda a categoria envolvida na negociação coletiva será atingida, o que é inadmissível. Processo extinto sem julgamento do mérito" (TRT 15ª R., AA 664-2008-000-15-00-2-(314/08), SDC, Rel. Lorival Ferreira dos Santos, DOE 07.11.2008, p. 55).

[75] LEITE, Carlos Henrique Bezerra. *Curso de direito processual do trabalho*. 6. ed. São Paulo: LTr, 2008. p. 1213.

[76] SCHIAVI, Mauro. *Manual de direito processual do trabalho*. 2. ed. São Paulo: LTr, 2009. p. 1959.

25.6.5 Legitimidade passiva

Os legitimados passivos nas ações anulatórias (ou de nulidade) são os atores sociais que celebraram os instrumentos normativos (convenções[77] ou acordos[78] coletivos de trabalho, ou ainda o contrato coletivo de trabalho dos portuários, de acordo com a Lei 12.815/2013, que revogou a Lei 8.630/1993), ou seja, os sindicatos da categoria econômica e profissional, as empresas (caso dos acordos coletivos de trabalho) e ainda os presidentes e até mesmo diretores das entidades sindicais, se agirem com culpa, dolo, fraude ou colusão.

Se as Federações e Confederações[79] celebrarem acordos ou convenções coletivas de trabalho, no caso de inexistência de sindicatos de base, tais entidades também poderão figurar no polo passivo das ações anulatórias (ou de nulidade) de cláusula ou de acordo ou convenção coletiva.

Nessas hipóteses, teremos a aplicação do instituto do litisconsórcio passivo necessário que, no novo Código de Processo Civil, estatui:

> Art. 114. O litisconsórcio será necessário por disposição de lei ou quando, pela natureza da relação jurídica controvertida, a eficácia da sentença depender da citação de todos que devam ser litisconsortes.
>
> Art. 115. A sentença de mérito, quando proferida sem a integração do contraditório, será:
>
> I – nula, se a decisão deveria ser uniforme em relação a todos que deveriam ter integrado o processo;
>
> II – ineficaz, nos outros casos, apenas para os que não foram citados.
>
> Parágrafo único. Nos casos de litisconsórcio passivo necessário, o juiz determinará ao autor que requeira a citação de todos que devam ser litisconsortes, dentro do prazo que assinar, sob pena de extinção do processo.
>
> Art. 116. O litisconsórcio será unitário quando, pela natureza da relação jurídica, o juiz tiver de decidir o mérito de modo uniforme para todos os litisconsortes.

---

[77] CLT: "Art. 611. Convenção Coletiva de Trabalho é o acordo de caráter normativo, pelo qual dois ou mais sindicatos representativos de categorias econômicas e profissionais estipulam condições de trabalho aplicáveis, no âmbito das respectivas representações, às relações individuais de trabalho".

[78] CLT, art. 611: "§ 1º É facultado aos sindicatos representativos de categorias profissionais celebrar Acordos Coletivos com uma ou mais empresas da correspondente categoria econômica, que estipulem condições de trabalho, aplicáveis no âmbito da empresa ou das acordantes respectivas relações de trabalho".

[79] Art. 611 da CLT: "§ 2º As Federações e, na falta destas, as Confederações representativas de categorias econômicas ou profissionais poderão celebrar convenções coletivas de trabalho para reger as relações das categorias a elas vinculadas, inorganizadas em sindicatos, no âmbito de suas representações".

Art. 117. Os litisconsortes serão considerados, em suas relações com a parte adversa, como litigantes distintos, exceto no litisconsórcio unitário, caso em que os atos e as omissões de um não prejudicarão os outros, mas os poderão beneficiar.

Art. 118. Cada litisconsorte tem o direito de promover o andamento do processo, e todos devem ser intimados dos respectivos atos.

25.6.6 Competência material para julgamento das ações anulatórias

A competência material[80] para dirimir controvérsias oriundas das cláusulas normativas e obrigacionais inseridas nos acordos ou convenções coletivas, por meio das ações anulatórias (ou de nulidade) é da Justiça do Trabalho, conforme se depreende do art. 114 da CF[81], bem como art. 83, IV, da Lei Complementar 75/1993[82], art. 625 da CLT[83] e art. 1.º da Lei 8.984/1995[84].

25.6.7 Competência hierárquica ou funcional para julgamento das ações anulatórias

A competência hierárquica ou funcional relaciona-se com as atribuições dos distintos órgãos e juízes no mesmo processo. É vista sob o plano horizontal, em que as atribuições conferidas a cada órgão são estudadas, ou sob o plano vertical,

---

[80] "Competência material. Justiça do Trabalho. A competência material é definida através do exame dos substratos fáticos e jurídicos deduzidos na lide. Destarte, tratando-se de pedidos envolvendo vínculo de natureza trabalhista, é esta a Justiça competente para apreciar o feito, a teor do art. 114 da Constituição Federal" (TRT 5ª R., RO 00019-2008-611-05-00-7,3ª T., Rel. Sônia França, j. 10.02.2009).

[81] "Art. 114. Compete à Justiça do Trabalho processar e julgar:
I – as ações oriundas da relação de trabalho, abrangidos os entes de direito público externo e da administração pública direta e indireta da União, dos Estados, do Distrito Federal e dos Municípios; (...)
III – as ações sobre representação sindical, entre sindicatos, entre sindicatos e trabalhadores, e entre sindicatos e empregadores;
(...)
IX – outras controvérsias decorrentes da relação de trabalho, na forma da lei."

[82] Art. 83, IV, da Lei Complementar 75/1993: "propor as ações cabíveis para declaração de nulidade de cláusula de contrato, acordo coletivo ou convenção coletiva que viole as liberdades individuais ou coletivas ou os direitos individuais indisponíveis dos trabalhadores".

[83] Art. 625 da CLT: "As controvérsias resultantes da aplicação de Convenção ou de Acordo celebrado nos termos deste Título serão dirimidas pela Justiça do Trabalho".

[84] Art. 1º da Lei 8.984/1995: "Compete à Justiça do Trabalho conciliar e julgar os dissídios que tenham origem no cumprimento de convenções coletivas de trabalho ou acordos coletivos de trabalho, mesmo quando ocorram entre sindicatos ou entre sindicato de trabalhadores e empregador".

que é a competência hierárquica, aquela originada das diversas hierarquias dos órgãos julgadores pelos quais passa o processo[85].

A competência funcional atribuída a um órgão para realizar certos atos (horizontal) ou para conhecer de determinada causa em primeiro ou segundo grau (vertical ou hierárquica) está inserida na competência absoluta, pois é de ordem pública e, portanto, inderrogável[86].

Como regra geral, a competência originária é atribuída à primeira instância e, especificamente no Direito Processual do Trabalho às Varas do Trabalho, cabendo a competência recursal à segunda instância e instâncias superiores.

As exceções à regra geral são definidas expressamente pela Constituição Federal e leis processuais (art. 105, I, *h*, CF/1988, art. 678, I, *b*, 3, da CLT e art. 2º, I, *a*, da Lei 7.701/1998).

Entretanto, existe absoluta falta de previsão legal no tocante ao órgão competente originário que deverá processar e julgar a ação anulatória (ou de nulidade). Uma primeira corrente posiciona-se no sentido de que tal competência é das Varas do Trabalho, enquanto uma segunda entende que essa competência deve ser atribuída, originalmente, aos Tribunais Regionais do Trabalho e eventualmente ao Tribunal Superior do Trabalho.

Eduardo de Azevedo Silva[87] destaca que "a competência na esfera funcional é do órgão de primeiro grau de jurisdição, no caso as Juntas de Conciliação e Julgamento (agora Varas do Trabalho), pois, sem nenhuma dúvida, não se trata de matéria que se inclua na competência originária dos tribunais".

De forma contrária opina Raimundo Simão de Melo[88] sobre a temática, ao afirmar que, embora se trate a ação de nulidade de uma espécie de ação civil pública, cuja competência para apreciação e julgamento é dos órgãos judiciais de primeiro grau de jurisdição, em razão da peculiaridade de seu objeto – desconstituição de um instrumento normativo coletivo –, entende que, enquanto não houver uma lei estabelecendo qual é o órgão jurisdicional funcionalmente competente, deve a competência ser conferida aos Tribunais Regionais do Trabalho e ao Tribunal Superior do Trabalho, conforme a abrangência do instrumento, no caso de pedido de nulidade geral (*erga omnes*) e *in abstracto* de contrato coletivo, acordo coletivo ou convenção coletiva de trabalho, quer seja a ação proposta pelo Ministério Público do Trabalho, por outros legitimados ou pelos trabalhadores em coalizão. Aqui o

---

[85] MENEZES, Cláudio Armando Couce de. Jurisdição e competência. *Síntese Trabalhista*, São Paulo, n. 120, p. 15, jun. 1999.
[86] Idem, ibidem, p. 15.
[87] SILVA, Eduardo de Azevedo. Anulação de cláusula convencional. *Revisa Trabalho & Doutrina*, São Paulo: Saraiva, n. 13, p. 11, jun. 1997.
[88] MELO, Raimundo Simão de. *Processo coletivo do trabalho*. São Paulo: LTr, 2009. p. 253.

que determina a competência dos tribunais é o pedido de desconstituição do instrumento com efeito geral e abstrato para toda a categoria envolvida, profissional e econômica, adotando-se, por analogia, a competência normativa nos dissídios coletivos, que é atribuída no nosso sistema processual somente aos tribunais, e não às Varas do Trabalho.

Não apenas a doutrina, como a jurisprudência vêm se posicionando no sentido de que essa competência funcional não é das Varas do Trabalho. Vejamos alguns posicionamentos recentes dos Tribunais do Trabalho:

> Recurso ordinário em agravo regimental. Ação anulatória. Competência hierárquica do TRT. A reiterada jurisprudência deste Eg. Colegiado cristalizou a orientação de que a competência para decidir acerca da validade ou da nulidade de normas relativas às condições coletivas de trabalho estende-se, por força expressa da Lei 8.984/95, às disposições constantes de convenções e acordos coletivos de trabalho e constitui atribuição exclusiva dos Órgãos Jurisdicionais Trabalhistas de instâncias superiores, a saber, os Tribunais Superior e Regionais do Trabalho, aos quais competem a produção e interpretação de tais normas, como decorrência lógica do exercício do Poder Normativo. Recurso ordinário a que se dá provimento (TST, ROAG 557543/1999.7, Seção Especializada em Dissídios Coletivos, Rel. Min. Valdir Righetto, j. 04.10.1999, *DJ* 05.11.1999).

> Ação anulatória de cláusula de convenção coletiva. Competência funcional originária. A Seção de Dissídios Coletivos desta Corte pacificou entendimento no sentido de que, tratando-se de ação declaratória de nulidade de cláusula de convenção coletiva de trabalho ou de Acordo Coletivo de Trabalho, proposto pelo Ministério Público do Trabalho, a competência originária, hierárquica ou funcional cabe ao Tribunal Regional do Trabalho, por seu Pleno ou Órgão Especial, e não à Vara do Trabalho, o que se justifica em face da natureza coletiva dos interesses tutelados na referida ação. Recurso de revista conhecido e provido (TST, RR 526499, 2ª T., Rel. Min. José Luciano de Castilho Pereira, *DJU* 05.12.2003).

Ademais, o próprio Regimento Interno do Tribunal Superior do Trabalho, no art. 70, inciso I, letra "c", dispõe:

> À Seção Especializada em Dissídios Coletivos compete:
> I – originariamente: (...) c) julgar as ações anulatórias de acordos e convenções coletivas.

Portanto, considerando que a ação anulatória (ou de nulidade) é espécie de ação coletiva *sui generis*, que produz eficácia *erga omnes* ou *ultra partes*, de natureza declaratória e constitutiva-negativa, ao contrário do dissídio coletivo, que é de natureza constitutiva, embora ambas as ações produzam efeitos abstratos e gerais para uma coletividade, não há negar que o órgão competente para processar e julgar tais ações deva deter a titularidade do poder normativo (art. 114, § 2º, CF/1988), que é atributo do segundo e terceiro graus de jurisdição trabalhista, logo, dos Tribunais Regionais do Trabalho e eventualmente do Tribunal Superior do Trabalho, dependendo da extensão territorial ou espacial do conflito coletivo.

25.6.8 Reflexos processuais da decisão judicial

Como estamos a tratar, neste tópico, dos efeitos jurídicos decorrentes de acórdão judicial, já que acertadamente doutrina e jurisprudência acordam que a competência para processamento e julgamento das ações anulatórias (ou de nulidade) de cláusulas ou instrumentos normativos coletivos é do segundo grau de jurisdição, temos que nos socorrer, até por força do art. 8º[89] da CLT, no direito comum, e nesse caso especificamente no Direito Civil, no que respeita aos efeitos jurídicos dessa nulidade.

Podemos aduzir, ainda, que os efeitos da nulidade de atos normativos moleculares se processam identicamente aos atos jurídicos atomizados. Em outras palavras, embora os efeitos da sentença atomizada sejam *inter partes* e das moleculares *erga omnes* ou *ultra partes*, sobrevindo o acórdão de nulidade de cláusulas ou de todo o conteúdo de um acordo ou convenção coletiva de trabalho, os efeitos jurídicos se estenderão a todos os envolvidos, indistintamente.

Assim sendo, podemos buscar apoio em José Carlos Barbosa Moreira[90], que nos ensina que o Código Civil de 2002 brasileiro dedica à invalidade do negócio jurídico o capítulo V do Título I do Livro III da Parte Geral (arts. 166 a 184). Já ressalta da rubrica o maior apuro terminológico: o capítulo correspondente do Código antigo ostentava a rubrica "Das nulidades", embora nele se tratasse igualmente da anulabilidade. Fica certo, desde logo, que a designação genérica é invalidade, não nulidade: esta e a anulabilidade são as espécies.

Aduz[91], a seguir, que o art. 166, que cataloga os casos de nulidade, corretamente se abstém de qualquer alusão a efeitos. As hipóteses de anulabilidade estão indicadas no art. 171, que começa por uma cláusula, a rigor, desnecessária, mas talvez

---

[89] Esse artigo 8º da CLT, conforme comentamos em páginas anteriores neste capítulo, ganhou novos dois parágrafos: "§ 2º Súmulas e outros enunciados de jurisprudência editados pelo Tribunal Superior do Trabalho e pelos Tribunais Regionais do Trabalho não poderão restringir direitos legalmente previstos nem criar obrigações que não estejam previstas em lei. § 3º No exame de convenção coletiva ou acordo coletivo de trabalho, a Justiça do Trabalho analisará exclusivamente a conformidade dos elementos essenciais do negócio jurídico, respeitado o disposto no art. 104 da Lei 10.406, de 10 de janeiro de 2002 – Código Civil, e balizará sua atuação pelo princípio da intervenção mínima na autonomia da vontade coletiva."

[90] MOREIRA, José Carlos Barbosa. Invalidade e ineficácia do negócio jurídico. *Revista Síntese de Direito Civil e Processo Civil*, São Paulo, n. 23, p. 118, maio-jun. 2003.

[91] Idem, ibidem, p. 118.

praticamente útil, destinada a frisar que existem outras hipóteses, previstas *expressis verbis* alhures, além das duas apontadas nos incisos (incapacidade relativa do agente e vício resultante de erro, dolo, coação, estado de perigo, lesão ou fraude contra credores). No art. 177, correspondente ao art. 152 do diploma antecedente, corrige-se a referência a "nulidades", substituída pela expressão adequada ("a anulabilidade").

Para esse doutrinador[92],

> (...) as diferenças são as estabelecidas na lei. No sistema do Código Civil de 2002, como no do antigo (apesar dos deslizes terminológicos), a mais importante respeita ao modo pelo qual se dá efetividade à consequência do defeito. A nulidade pode ser alegada "por qualquer interessado, ou pelo Ministério Público, quando lhe couber intervir", e deve ser pronunciada "pelo juiz, quando conhecer do negócio jurídico ou dos seus efeitos e as encontrar provadas, não lhe sendo permitido supri-las, ainda que a requerimento das partes" (art. 168 e seu parágrafo único). Já "a anulabilidade não tem efeito antes de julgada por sentença, nem se pronuncia de ofício; só os interessados a podem alegar, e aproveita exclusivamente aos que a alegarem, salvo o caso de solidariedade ou indivisibilidade" (art. 177). O negócio simplesmente anulável subsiste enquanto não for anulado e, em regra, nesse meio-tempo, produz os efeitos a que visava. Pode ocorrer que ninguém tome a iniciativa de promover a anulação; vencido o prazo de decadência, se existe, o negócio prevalece e torna-se inatacável por aquele fundamento. A eficácia será plena, a menos que regra legal a exclua ou a restrinja.

Conclui José Carlos Barbosa Moreira[93] sobre o tema, alertando que a iniciativa do interessado em promover a anulação pode naturalmente exercitar-se em ação autônoma: "(...) Com efeito: anulado o negócio (ou o ato), a situação jurídica será igual à que existiria se não se houvesse realizado o negócio (ou o ato); é o que deflui do disposto no art. 182, *verbis*: 'restituir-se-ão as partes ao estado em que antes dele se achavam'. Exercitada autonomamente ou por via reconvencional, a ação de anulação é constitutiva negativa. Por meio dela exerce o interessado direito potestativo, suscetível de decadência (não de prescrição) e o prazo decadencial é de quatro anos para os casos de incapacidade relativa do agente e os de vício resultante de erro, dolo, coação, estado de perigo, lesão ou fraude contra credores (art. 178); 'quando a lei dispuser que determinado ato é anulável, sem estabelecer prazo para pleitear-se a anulação, será este de dois anos, a contar da data da conclusão do ato' (art. 179). Vencido *in albis* o prazo de decadência, o negócio deixa de ser anulável e prevalece; seus efeitos serão os mesmos que produziria se nenhum defeito contivesse *ab initio*."

---

[92] Idem, ibidem, p. 119.
[93] Idem, ibidem, p. 119-120.

Com supedâneo nesses ensinamentos, podemos concluir que os reflexos do acórdão na ação anulatória (de nulidade) de instrumentos coletivos são *ex tunc*, ou seja, retroativos, operando-se como se nunca tivessem existido e retroagindo as partes ao *status quo ante bellum*[94], e *erga omnes*, posto que atos nulos não produzem efeitos jurídicos.

Como corolário lógico, a decisão ou acórdão provindo da ação anulatória (de nulidade) por ser *erga omnes* atingirá todos os membros das categorias econômica e profissional, no prazo de vigência do instrumento normativo eivado de nulidade, à semelhança dos efeitos jurídicos provenientes de uma decisão do Supremo Tribunal Federal nas ações declaratórias de constitucionalidade (ADECON) ou de inconstitucionalidade (ADIN) de lei ou ato normativo.

De forma ilustrativa, podemos mencionar situações em que o Ministério Público do Trabalho postula em juízo a desconstituição, com efeitos gerais e abstratos, de cláusulas inseridas em acordos ou convenções coletivas de trabalho que colidam com o conteúdo da Súmula 666 do Supremo Tribunal Federal[95] e do Precedente Normativo 119 do Tribunal Superior do Trabalho, por meio das quais os sindicatos profissionais buscam cobrar de trabalhadores não associados taxas assistenciais, confederativas ou com qualquer outra denominação, mas com o mesmo propósito. Tais comandos judiciais poderão decretar ainda a devolução de valores pagos e descontados dos trabalhadores, por aqueles títulos, com juros e correção monetária, em prazo de até cinco anos, por considerar tais cláusulas abusivas e ilegais ao interesse dos trabalhadores.

25.7 AÇÃO MONITÓRIA

25.7.1 Conceito

A ação monitória é um instrumento de natureza jurídica de ação de conhecimento, de cunho condenatório, submetida a procedimento especial, que objetiva facilitar o acesso à justiça para consecução de créditos consubstanciados em prova documental desprovida de eficácia coercitiva e executiva.

---

[94] "Cláusula de irredutibilidade salarial estipulada em norma convencional. Redução de carga horária de professor. A interpretação das normas coletivas deve ser feita restritivamente, isto é, tendo como base aquilo que as partes livremente convencionaram e escreveram. Se a redução do número de aulas pode se dar por iniciativa do professor ou da escola mediante homologação sindical, a falta do referido ato transforma a redução havida em ato nulo que retorna as partes ao *status quo ante*, pelo que devem ser pagas as diferenças salariais" (TRT 3ª R., RO 00301-2007-129-03-00-1, 6ª T., Rel. Des. Antônio Fernando Guimaraes, *DJe* 08.05.2008).

[95] Súmula Vinculante 40 do STF: "A contribuição confederativa de que trata o art. 8º, IV, da Constituição Federal, só é exigível dos filiados ao sindicato respectivo".

Dessa forma, a ação monitória pode ser utilizada pelo credor de quantia certa, de coisa fungível ou coisa móvel, demonstrada em prova escrita, porém sem eficácia executiva, com a finalidade de obter no Poder Judiciário a expedição de mandado judicial de pagamento ou entrega dos respectivos direitos materiais.

Como a CLT não dispõe sobre a ação monitória, de acordo com os arts. 769 e 889 da CLT, utiliza-se subsidiária e complementarmente o CPC/2015, que trata da matéria nos arts. 700 e seguintes.

Estatui o art. 700 do CPC/2015:

> Art. 700. A ação monitória pode ser proposta por aquele que afirmar, com base em prova escrita sem eficácia de título executivo, ter direito de exigir do devedor capaz:
>
> I – o pagamento de quantia em dinheiro;
>
> II – a entrega de coisa fungível ou infungível ou de bem móvel ou imóvel;
>
> III – o adimplemento de obrigação de fazer ou de não fazer.
>
> § 1º A prova escrita pode consistir em prova oral documentada, produzida antecipadamente nos termos do art. 381.

Após o advento da Emenda Constitucional 45/2005, não remanescem mais dúvidas sobre o cabimento da ação monitória na Justiça do Trabalho, em face do elasticemento da competência trabalhista para processar e julgar as relações de trabalho (e não apenas as relações de emprego).

Dessarte, entre as hipóteses mais recorrentes na Justiça Laboral podemos mencionar:

- qualquer tipo de documento escrito que demonstre o reconhecimento de dívida trabalhista;
- termo de rescisão contratual não quitado;
- acordo extrajudicial para pagamento parcelado de dívida trabalhista e do FGTS;
- confissão de dívida;
- contrato de gaveta laboral;
- nota promissória de dívida trabalhista etc.

Nesses casos, o trabalhador poderá movimentar a máquina judiciária trabalhista, tendo como pretensão a expedição de mandado injuntivo ou monitório, para que o magistrado determine o pagamento pelo empregador ou entrega de coisa, no prazo de 15 dias.

25.7.2 Processamento

A ação monitória será proposta na Vara do Trabalho ou juiz de direito investido na jurisdição trabalhista, de acordo com o art. 651 da CLT (geralmente no lugar da prestação dos serviços pelo trabalhador), com o preenchimento dos requisitos do art. 840 da CLT.

Na petição inicial, incumbe ao autor explicitar, conforme o caso: I – a importância devida, instruindo-a com memória de cálculo; II – o valor atual da coisa reclamada; III – o conteúdo patrimonial em discussão ou o proveito econômico perseguido (art. 700 do CPC/2015).

O valor da causa deverá corresponder à importância prevista no § 2º, incisos I a III, do art. 700 do CPC/2015.

Além das hipóteses do art. 330, a petição inicial será indeferida quando não atendido o disposto no § 2º deste artigo.

Havendo dúvida quanto à idoneidade de prova documental apresentada pelo autor, o juiz intima-lo-á para, querendo, emendar a petição inicial, adaptando-a ao procedimento comum. É admissível ação monitória em face da Fazenda Pública.

Na ação monitória, admite-se citação por qualquer dos meios permitidos para o procedimento comum.

Sendo evidente o direito do autor, o juiz deferirá a expedição de mandado de pagamento, de entrega de coisa ou para execução de obrigação de fazer ou de não fazer, concedendo ao réu prazo de 15 (quinze) dias para o cumprimento e o pagamento de honorários advocatícios de cinco por cento do valor atribuído à causa.

O réu será isento do pagamento de custas processuais se cumprir o mandado no prazo.

Constituir-se-á de pleno direito o título executivo judicial, independentemente de qualquer formalidade, se não realizado o pagamento e não apresentados os embargos previstos no art. 702, observando-se, no que couber, o Título II do Livro I da Parte Especial.

É cabível ação rescisória da decisão prevista no *caput* do art. 701 do CPC/2015 quando ocorrer a hipótese do § 2º. Sendo a ré Fazenda Pública, não apresentados os embargos previstos no art. 702, aplicar-se-á o disposto no art. 994 do CPC/2015, observando-se, a seguir, no que couber, o Título II do Livro I da Parte Especial.

Independentemente de prévia segurança do juízo, o réu poderá opor, nos próprios autos, no prazo previsto no art. 701, embargos à ação monitória.

Os embargos podem se fundar em matéria passível de alegação como defesa no procedimento comum.

Quando o réu alegar que o autor pleiteia quantia superior à devida, cumprir-lhe-á declarar de imediato o valor que entende correto, apresentando demonstrativo discriminado e atualizado da dívida.

Não apontado o valor correto ou não apresentado o demonstrativo, os embargos serão liminarmente rejeitados, se esse for o seu único fundamento, e, se houver outro fundamento, os embargos serão processados, mas o juiz deixará de examinar a alegação de excesso.

A oposição dos embargos suspende a eficácia da decisão referida no *caput* do art. 701 até o julgamento em primeiro grau.

O autor será intimado para responder aos embargos no prazo de 15 (quinze) dias.

Na ação monitória admite-se a reconvenção, sendo vedado o oferecimento de reconvenção à reconvenção.

A critério do juiz, os embargos serão autuados em apartado, se parciais, constituindo-se de pleno direito o título executivo judicial em relação à parcela incontroversa.

Rejeitados os embargos, constituir-se-á de pleno direito o título executivo judicial, prosseguindo-se o processo em observância ao disposto no Título II do Livro I da Parte Especial, no que for cabível.

Cabe recurso ordinário na Justiça do Trabalho contra a sentença que acolhe ou rejeita os embargos, uma vez que o art. 702, § 9º, do CPC/2015 dispõe que cabe apelação contra sentença que acolhe ou rejeita os embargos, já que a CLT não dispõe de regramento próprio. O juiz condenará o autor de ação monitória proposta indevidamente e de má-fé ao pagamento, em favor do réu, de multa de até dez por cento sobre o valor da causa.

O juiz condenará o réu que de má-fé opuser embargos à ação monitória ao pagamento de multa de até dez por cento sobre o valor atribuído à causa, em favor do autor.

25.8 AÇÕES POSSESSÓRIAS

Entre as ações possessórias encontramos a ação de reintegração de posse, de manutenção de posse e o interdito proibitório.

Existe muita cizânia sobre o cabimento de tais ações, bem como sua competência na Justiça do Trabalho e o que deve ser analisado em relação a este aspecto é se efetivamente a posse ocorreu em razão da relação de trabalho, consoante o que dispõe o art. 114, IX, da CF/1988.

O STF, por meio da Súmula Vinculante 23, dispõe que a Justiça do Trabalho é competente para processar e julgar ação possessória ajuizada em decorrência do exercício do direito de greve pelos trabalhadores da iniciativa privada.

25.8.1 Hipóteses de cabimento na Justiça do Trabalho

Encontramos situações em que o trabalhador pode se utilizar desse instrumento processual para dar guarida a seus direitos, por exemplo, nos casos de retenção ou devolução de utensílios, bens, ferramentas, computadores (*laptops*), celulares, veículos etc. retidos pelo empregador ou mesmo pelo empregado.

25.8.2 Processamento

Nos casos de manutenção e da reintegração de posse, como existe omissão na CLT, o Processo do Trabalho se utiliza dos arts. 560 e seguintes do CPC/2015.

O possuidor tem direito a ser mantido na posse em caso de turbação e reintegrado em caso de esbulho. Incumbe ao autor provar: I – a sua posse; II – a turbação ou o esbulho praticado pelo réu; III – a data da turbação ou do esbulho; IV – a continuação da posse, embora turbada, na ação de manutenção, ou a perda da posse, na ação de reintegração.

Estando a petição inicial devidamente instruída, o juiz deferirá, sem ouvir o réu, a expedição do mandado liminar de manutenção ou de reintegração, caso contrário, determinará que o autor justifique previamente o alegado, citando-se o réu para comparecer à audiência designada.

Contra as pessoas jurídicas de direito público não será deferida a manutenção ou a reintegração liminar sem prévia audiência dos respectivos representantes judiciais.

Considerada suficiente a justificação, o juiz fará logo expedir mandado de manutenção ou de reintegração.

Concedido ou não o mandado liminar de manutenção ou de reintegração, o autor promoverá, nos 5 (cinco) dias subsequentes, a citação do réu para, querendo, contestar a ação no prazo de 15 (quinze) dias.

Quando for ordenada a justificação prévia, o prazo para contestar será contado da intimação da decisão que deferir ou não a medida liminar.

O Ministério Público será intimado para comparecer à audiência e a Defensoria Pública será intimada sempre que houver parte beneficiária de gratuidade da justiça.

25.8.3 Interdito proibitório

O interdito proibitório possui origem romana. Para Ronaldo Lima dos Santos[96]

---

[96] SANTOS, Ronaldo Lima dos. Interditos proibitórios e direito fundamental de greve. *Revista LTr*, v. 75, n. 5, p. 544, maio 2011.

(...) no direito romano, as pretensões fundamentadas no direito de propriedade, pelas quais o proprietário reclamava a posse de bem retido por outrem, denominava-se *rei vindicatio*. Quando, porém, a pretensão nascia do *jus possessionis*, ou seja, do simples fato de o autor ter sido violado na posse de determinado bem, a ação era nomeada como possessória ou interdito possessória. O interdito consistia numa ordem do pretor, fundamentada em seu poder de império, para que determinada parte fizesse ou abstivesse de realizar determinado ato ou conduta. Em suma, eram ordens baixadas pelo pretor para proteger a posse ameaçada por terceiros.

Assinala ainda Ronaldo Lima dos Santos[97] que

(...) as situações de realização de assembleias na frente das empresas, piquetes pacíficos ou violentos, greve de ocupação e obstaculização da entrada de clientes e empregos nos estabelecimentos dos empregadores são questões inerentes à própria qualificação do movimento paredista, cuja competência para apreciação é originária dos Tribunais do Trabalho (TRT e TST), conforme dimensão do conflito, somente os quais possuem competência para constatar a abusividade ou não da greve e determinar as medidas necessárias para o restabelecimento da ordem.

O interdito proibitório[98] é uma espécie de ação possessória, que também por omissão na CLT tem seu processamento nos termos do art. 567 e seguintes do CPC/2015.

Portanto, o possuidor[99] direto ou indireto que tenha justo receio de ser molestado na posse poderá requerer ao juiz que o segure da turbação ou esbulho

---

[97] Idem, ibidem, p. 545.
[98] Os interditos proibitórios eram denominados de injunções de trabalho nos Estados Unidos da América e foram reconhecidos pela Suprema Corte americana no caso Debs. Tinham por finalidade proteger a propriedade e todos os bens tangíveis (maquinaria, equipamento, prédios, terrenos, bens físicos etc.) dos empregadores de lesões ou danos irreparáveis. Para um aprofundamento na matéria, remetemos o leitor para nossa obra: *Fundamentos do direito coletivo do trabalho nos Estados Unidos, na União Europeia, no Mercosul e a experiência sindical brasileira*. 2. ed. Rio de Janeiro: Lumen Juris, p. 15 e s.
[99] "Greve. Ações possessórias. Conflitos correlatos. Justiça do Trabalho. Competência. Greve. Ações possessórias. Interditos. Competência da Justiça do Trabalho. A Justiça do Trabalho detém a competência material para conhecer e decidir ações possessórias envolvendo o direito de greve. Assim, conflitos que lhe são correlatos, relativos ao ingresso dos dirigentes sindicais nos locais de trabalho e realização de manifestações pacíficas em frente aos estabelecimentos da base territorial do sindicato e, bem assim, a apreciação de todas as demandas coletivas decorrentes de paralisações, greves ou manifestações da categoria, e também os processos em que se controverte acerca de interdito proibitório, devem ser julgados nesta Justiça Especializada, a teor do entendimento consubstanciado na Súmula Vinculante nº 23 do eg. Supremo Tribunal Federal" (TRT 2ª R., RO 01528-2006-010-02-00-6-(Ac. 2010/0086050), 4ª T., Rel. Des. Fed. Ricardo Artur Costa e Trigueiros, *DJe* 26.02.2010).

iminente, mediante mandado proibitório em que se comine ao réu determinada pena pecuniária caso transgrida o preceito.

Entendemos que a competência para ajuizamento do interdito proibitório é do segundo grau de jurisdição, ou seja, dos Tribunais do Trabalho ou mesmo do Tribunal Superior do Trabalho, dependendo da extensão do conflito, se regional ou nacional, pois o primeiro grau de jurisdição não detém poder normativo constitucional (art. 114, § 2º, da CF/88).

25.9 TUTELAS PROVISÓRIAS

Houve uma profunda transformação no CPC/2015 em relação às ações cautelares, que passaram a integrar, nas palavras de Cassio Scarpinella Bueno[100],

> (...) a tutela provisória, que é o conjunto de técnicas que permite ao magistrado, na presença de determinados pressupostos, que gravitam em torno da presença da "urgência" ou da "evidência", prestar tutela jurisdicional, antecedente ou incidentalmente, com base em decisão instável (por isto, provisória) apta a assegurar e/ou satisfazer, desde logo, a pretensão do autor.

O mencionado doutrinador[101] assinala, com bastante propriedade, as dificuldades que estarão doravante presentes:

> (...) a enunciação acima quer ser não só fidedigna ao que consta dos arts. 294 a 311, mas também a menos complicada possível. Sim, porque ela esconde uma dificuldade enorme que, infelizmente, não foi superada pelo CPC de 2015, que consiste na necessária distinção entre quais técnicas são aptas para assegurar o direito (e alguns dirão, o resultado útil do processo), que o CPC de 2015 ainda chama de cautelar, e quais são as técnicas aptas a satisfazer, desde logo, a pretensão do autor, que o CPC de 2015 ainda chama de antecipada. Dificuldade esta que conduz a caminhos diferentes quando aquelas tutelas são requeridas antecedentemente, como os arts. 303 e 304, e 305 a 310, respectivamente evidenciam.

Com a lacuna da CLT a respeito das ações cautelares somada à ausência de incompatibilidade, o Direito Processual do Trabalho se socorre nas normas do CPC/2015, muito embora reconheçamos que houve uma sensível diminuição da utilização desse instituto processual nas lides trabalhistas, com o advento da antecipação de tutela, bem como a possibilidade de fungibilidade entre esses dois importantes instrumentos processuais.

---

[100] BUENO, Cassio Scarpinella. *Curso de direito processual civil*. 2. ed. São Paulo: Saraiva, 2016. p. 247.
[101] Idem, ibidem, p. 247.

25.9.1 Tutela provisória e sua classificação atual

Uma das classificações mais aceitas atualmente, de acordo com o CPC/2015, é a seguinte:

- tutela provisória fundada em urgência ou evidência;
- antecedente;
- incidente;
- antecipada;
- cautelar.

O art. 294 do CPC/2015 estabelece:

> Art. 294. A tutela provisória pode fundamentar-se em urgência ou evidência.
>
> Parágrafo único. A tutela provisória de urgência, cautelar ou antecipada, pode ser concedida em caráter antecedente ou incidental.

A tutela provisória conserva sua eficácia na pendência do processo, mas pode, a qualquer tempo, ser revogada ou modificada. Salvo decisão judicial em contrário, a tutela provisória conservará a eficácia durante o período de suspensão do processo.

A tutela provisória de urgência pode ser antecedente ou incidente.

Antecedente e incidente referem-se ao momento em que for requerida a tutela provisória. Será chamada de antecedente a tutela provisória de urgência requerida antes do processo. E será chamada de incidente se requerida no curso do processo, ou seja, após a sua normal distribuição.

A outra diferença fundamental relaciona-se à aptidão de produzir resultados a favor das partes: se a tutela provisória tiver por fundamento garantir ou assegurar o resultado útil do processo, será tutela cautelar; se tiver por objetivo satisfazer, desde logo, ou entregar o bem da vida objeto da pretensão nas mãos de seu titular, será tutela antecipada.

Em essência, verifica-se que os fundamentos da tutela antecipada e cautelar permanecem os mesmos, somente foram reunidos em um único instituto: tutela de urgência ou de evidência.

Cabe esclarecer que a tutela definitiva é aquela obtida com base em cognição exauriente, com a garantia do devido processo legal, contraditório, ampla defesa, que conduz à materialização da coisa julgada, fundamento de validade do Estado Democrático de Direito e da segurança jurídica. A tutela definitiva subdivide-se em satisfativa ou cautelar.

A tutela definitiva satisfativa ocorre com a certificação do direito material objeto da lide, podendo ser de natureza declaratória, constitutiva e condenatória, ou, ainda, consubstanciar-se em tutela de efetivação do direito material, nesse caso de caráter executivo.

Já a tutela cautelar tem por objetivo assegurar o resultado útil do processo, ou seja, a sua futura satisfação.

A tutela provisória, baseada em cognição sumária, provê a eficácia imediata da tutela pretendida, de natureza satisfativa ou cautelar.

Sendo provisória, deverá ser substituída por uma tutela definitiva, confirmando-a, modificando-a ou revogando-a. Suas características principais são: a precariedade, temporariedade e a cognição sumária.

A tutela provisória será satisfativa ou cautelar. A satisfativa proverá a antecipação dos efeitos da tutela definitiva satisfativa, ou seja, antecipará os efeitos de mérito da demanda, ensejando pronta eficácia ao direito material objeto da lide.

Por seu turno, a tutela provisória cautelar busca a antecipação dos efeitos da tutela definitiva não satisfativa (cautelar), garantindo o resultado útil do processo, ou seja, resguarda ou preserva o direito a ser satisfeito.

O art. 294 do CPC informa que a tutela provisória pode se fundar em urgência ou evidência.

As tutelas de provisórias de urgência (satisfativa ou cautelar) exigem dupla demonstração: da plausibilidade (probabilidade) e do direito e do perigo da demora, consoante dispõe o art. 300 do CPC.

Já a tutela provisória de evidência impõe a necessidade de demonstração de que as afirmações fáticas estejam comprovadas, de sorte que o direito reste deveras provado, certo e evidente.

Existem quatro hipóteses de tutela de evidência[102] satisfativa, como verificamos abaixo:

> Art. 311. A tutela da evidência será concedida, independentemente da demonstração de perigo de dano ou de risco ao resultado útil do processo, quando:
>
> I – ficar caracterizado o abuso do direito de defesa ou o manifesto propósito protelatório da parte;
>
> II – as alegações de fato puderem ser comprovadas apenas documentalmente e houver tese firmada em julgamento de casos repetitivos ou em súmula vinculante;
>
> III – se tratar de pedido reipersecutório fundado em prova documental adequada do contrato de depósito, caso em que será decretada a ordem de entrega do objeto custodiado, sob cominação de multa;

---

[102] Evidência é o fato processual pelo qual as afirmações dos autos estarão devidamente comprovadas, ou seja, tais fatos são incontroversos, notórios ou ainda confessados em outro processo, demonstrável por prova emprestada.

IV – a petição inicial for instruída com prova documental suficiente dos fatos constitutivos do direito do autor, a que o réu não oponha prova capaz de gerar dúvida razoável.

Parágrafo único. Nas hipóteses dos incisos II e III, o juiz poderá decidir liminarmente.

No caso da tutela de evidência[103], nada impede, havendo até mesmo incentivo, que as partes entabulem negócio jurídico, antes ou durante o processo, nos limites da cláusula geral de negociação estabelecida no art. 190 do CPC, a fim de permitir ou não a concessão da referida tutela. Digno de nota que este instituto foi trazido do microssistema de tutela coletivo.

O Enunciado 48 das jornadas de Direito Processual Civil do Conselho da Justiça Federal estabelece que: "é admissível a tutela provisória de evidência, prevista no art. 311, II, do CPC, também em casos de tese firmada em repercussão geral ou em súmulas dos tribunais superiores".

A propósito, Fredie Didier Jr. e outros[104] assinalam que:

> (...) a apelação interposta contra a sentença que confirma ou concede esta tutela de evidência documentada e fundada em precedente obrigatório somente poderá versar sobre a "distinção" do caso em julgamento daquele que deu origem ao precedente ou sobre a "superação" do precedente. Caso contrário, possivelmente será julgada pelo relator, no sentido de negar-lhe provimento por decisão singular, nas hipóteses do art. 932, inciso IV, do CPC, isto é, por entender que o recurso contraria súmula vinculante ou tese firmada no julgamento de casos repetitivos, chancelando entendimento da sentença de primeira instância.

A tutela provisória de urgência pode ser requerida em caráter antecedente ou incidente, enquanto a tutela provisória de evidência somente poderá ser requerida em caráter incidente (art. 294, parágrafo único, do CPC).

---

[103] Fredie Didier Jr., Paula Sarno Braga e Rafael Alexandria de Oliveira (*Curso de direito processual civil*. 15. ed. Salvador: JusPodivm, 2018. t. 2. p. 717) apresentam alguns exemplos de condutas que autorizam a concessão da tutela de evidência punitiva: a) reiterada retenção dos autos por tempo delongado; b) fornecimento de endereços inexatos a fim de embaraçar intimações; c) prestar informações erradas; d) embaraçar a produção de provas – parcial, testemunhal, inspeção judicial etc.; e) pode igualmente revelar-se pelo confronto com sua atitude em outro processo, onde havia sustentado determinados fundamentos de fato ou de direito; todavia, no processo conexo, adota argumentação antagônica, sem justificar devidamente tal descompasso; f) invocar uma tese bisonha ou oposta à orientação dominante nos tribunais superiores etc.; g) alienação de bens necessários à satisfação do demandante; h) repetir requerimento antes indeferido etc.

[104] DIDIER JR., Fredie; BRAGA, Paula Sarno; OLIVEIRA, Rafael Alexandria de. *Curso de direito processual civil*. 15. ed. Salvador: JusPodivm, 2018. t. 2. p. 721.

A tutela incidente será requerida dentro do processo em que se requer ou já foi requerida a tutela definitiva, com a finalidade de antecipar seus efeitos (de natureza satisfativa ou cautelar), e não haverá incidência de custas (art. 295[105] do CPC).

A tutela provisória incidental não se submete à preclusão temporal, podendo ser requerida a qualquer tempo.

A tutela provisória antecedente, como se deduz do próprio nome, é aquela que antecede o processo no qual se pretende, no futuro, requerer a tutela definitiva. Trata-se, na verdade, de requerimento anterior ao pedido de tutela definitiva, tendo por finalidade a antecipação de seus efeitos, de natureza satisfativa ou cautelar.

O art. 299 do CPC, estatui: "A tutela provisória será requerida ao juízo da causa e, quando antecedente, ao juízo competente para conhecer do pedido principal".

Essa tutela provisória de urgência antecedente somente poderá ser requerida liminarmente (*in limine*[106]), ou seja, na petição inicial do processo que tem por pretensão a formulação futura do pedido de tutela definitiva, mesmo que sua concessão ocorra após justificação prévia ou oitiva da parte contrária[107].

25.9.2 Prazo de duração da tutela provisória

Em que pese a sua provisoriedade ou precariedade, a tutela provisória conservará seus efeitos enquanto o processo se desenvolver normalmente, consoante dispõe o art. 296 do CPC/2015:

> Art. 296. A tutela provisória conserva sua eficácia na pendência do processo, mas pode, a qualquer tempo, ser revogada ou modificada.
>
> Parágrafo único. Salvo decisão judicial em contrário, a tutela provisória conservará a eficácia durante o período de suspensão do processo.

Sem dúvida, os dizeres *supra* constituem uma grande novidade do CPC/2015, a possibilidade de a tutela provisória se estabilizar ao longo do processo.

25.9.3 Poder geral de cautela e de satisfação do direito material

Estatui o art. 297 do CPC/2015:

---

[105] "Art. 295. A tutela provisória requerida em caráter incidental independe do pagamento de custas."

[106] Liminar é a decisão concedida *in limine litis*, ou seja, no início do processo, sem que haja citação ou oitiva da parte contrária. Logo, na cronologia do processo, liminar vem no seu início, no sua inauguração.

[107] "Art. 303. Nos casos em que a urgência for contemporânea à propositura da ação, a petição inicial pode limitar-se ao requerimento da tutela antecipada e à indicação do pedido de tutela final, com a exposição da lide, do direito que se busca realizar e do perigo de dano ou do risco ao resultado útil do processo."

Art. 297. O juiz poderá determinar as medidas que considerar adequadas para efetivação da tutela provisória.

Parágrafo único. A efetivação da tutela provisória observará as normas referentes ao cumprimento provisório da sentença, no que couber.

A rigor, esse artigo veio substituir o art. 798 do CPC de 1973, relativo ao poder geral de cautela do magistrado.

A diferença é que esse dispositivo legal reúne ambas as tutelas de urgência: a cautelar, se se tratar de se assegurar o resultado útil do processo, ou a satisfativa, se se tratar de, de forma imediata, entregar de maneira satisfativa o bem da vida ao seu legítimo titular.

Observe-se que o art. 519[108] do CPC de 2015 demonstra a pertinência dessa regra, determinando que às técnicas de liquidação e cumprimento provisória da sentença aplicam-se, no que couber, os casos de tutela provisória.

25.9.4 Pressupostos da tutela de urgência

Para a concessão da tutela de urgência pressupõe a ocorrência dos seguintes elementos: a) probabilidade do direito (*fumus boni iuris*); b) perigo de dano ou o risco ao resultado útil do processo (*periculum in mora*).

A respeito, Cassio Scarpinella Bueno[109] destaca que,

> (...) a despeito da conservação da distinção entre "tutela antecipada" e "tutela cautelar" no CPC de 2015, com importantes reflexos procedimentais, é correto entender, na perspectiva do dispositivo aqui examinado, que os requisitos de sua concessão foram igualados. Não há, portanto, mais espaço para discutir, como ocorria no CPC de 1973, que os requisitos para a concessão de tutela antecipada (prova inequívoca da verossimilhança da alegação) seriam, do ponto de vista da cognição jurisdicional, mais profundos do que os da tutela cautelar, perspectiva que sempre me pareceu enormemente artificial. Neste sentido, a concessão de ambas as tutelas de urgência reclama, é isto que importa destacar, a mesma probabilidade do direito, além do mesmo perigo de dano ou risco ao resultado útil do processo.

A diferença fundamental entre esses dois procedimentos é que a tutela cautelar está vocacionada a tutelar o próprio processo (resultado útil do progresso, sua asseguração), enquanto a tutela antecipada, de natureza satisfativa, é vocacionada a tutelar o próprio direito material objeto da lide.

---

[108] "Art. 519. Aplicam-se as disposições relativas ao cumprimento da sentença, provisório ou definitivo, e à liquidação, no que couber, às decisões que concederem tutela provisória."

[109] BUENO, Cassio Scarpinella. *Curso de direito processual civil.* 2. ed. São Paulo: Saraiva, 2016. p. 254.

25.9.5 Tutela provisória de urgência de natureza cautelar

Estatui o art. 301 do CPC/2015:

> Art. 301. A tutela de urgência de natureza cautelar pode ser efetivada mediante arresto, sequestro, arrolamento de bens, registro de protesto contra alienação de bem e qualquer outra medida idônea para asseguração do direito.

Observe-se que a norma retrorreferenciada, além dos instrumentos processuais citados expressamente, ainda faz alusão a qualquer outra medida idônea para asseguração ou garantia do direito material, como a confirmar a finalidade do instituto (assegurar o resultado útil do processo) independentemente do *nomen juris* do instrumento a ser utilizado, em homenagem à cláusula geral do poder de cautela do magistrado, anteriormente contemplada no art. 798 do CPC de 1973, denominada hodiernamente como "dever-poder geral de cautela" do magistrado.

A tutela provisória cautelar antecedente deve ser requerida dentro do mesmo processo, no qual o autor tem a pretensão de posteriormente formular o pleito de tutela definitiva, cautelar e satisfativa.

Sua finalidade é dual: antecipar provisoriamente a eficácia da tutela definitiva cautelar e garantir a futura eficácia da tutela definitiva satisfativa.

Tal procedimento está inserido no art. 305 e seguintes do CPC/2015:

> Art. 305. A petição inicial da ação que visa à prestação de tutela cautelar em caráter antecedente indicará a lide e seu fundamento, a exposição sumária do direito que se objetiva assegurar e o perigo de dano ou o risco ao resultado útil do processo. Parágrafo único. Caso entenda que o pedido a que se refere o caput tem natureza antecipada, o juiz observará o disposto no art. 303.
>
> Art. 306. O réu será citado para, no prazo de 5 (cinco) dias, contestar o pedido e indicar as provas que pretende produzir.
>
> Art. 307. Não sendo contestado o pedido, os fatos alegados pelo autor presumir-se-ão aceitos pelo réu como ocorridos, caso em que o juiz decidirá dentro de 5 (cinco) dias. Parágrafo único. Contestado o pedido no prazo legal, observar-se-á o procedimento comum.
>
> Art. 308. Efetivada a tutela cautelar, o pedido principal terá de ser formulado pelo autor no prazo de 30 (trinta) dias, caso em que será apresentado nos mesmos autos em que deduzido o pedido de tutela cautelar, não dependendo do adiantamento de novas custas processuais. § 1º O pedido principal pode ser formulado conjuntamente com o pedido de tutela cautelar. § 2º A causa de pedir poderá ser aditada no momento de formulação do pedido principal. § 3º Apresentado o pedido principal, as partes serão intimadas para a audiência de conciliação ou de mediação, na forma do art. 334, por seus advogados ou pessoalmente, sem necessidade de nova citação do réu.

Observe que o art. 305, retroenunciado, prevê a fungibilidade dessas tutelas de urgência (satisfativa e cautelar) requeridas em caráter antecedente, em mão dupla, ou seja, da cautelar para a satisfativa, denominada de fungibilidade progressiva, e da conversão da medida satisfativa para a cautelar, denominada de fungibilidade regressiva. Tais instrumentos são plenamente aplicáveis na Justiça Laboral.

25.9.6 Estabilização da tutela de urgência satisfativa

Estabelece o art. 304, do CPC:

> Art. 304. A tutela antecipada, concedida nos termos do art. 303, torna-se estável se da decisão que a conceder não for interposto o respectivo recurso.
>
> § 1º No caso previsto no caput, o processo será extinto.
>
> § 2º Qualquer das partes poderá demandar a outra com o intuito de rever, reformar ou invalidar a tutela antecipada estabilizada nos termos do *caput*.
>
> § 3º A tutela antecipada conservará seus efeitos enquanto não revista, reformada ou invalidada por decisão de mérito proferida na ação de que trata o § 2º.
>
> § 4º Qualquer das partes poderá requerer o desarquivamento dos autos em que foi concedida a medida, para instruir a petição inicial da ação a que se refere o § 2º, prevento o juízo em que a tutela antecipada foi concedida.
>
> § 5º O direito de rever, reformar ou invalidar a tutela antecipada, previsto no § 2º deste artigo, extingue-se após 2 (dois) anos, contados da ciência da decisão que extinguiu o processo, nos termos do § 1º.
>
> § 6º A decisão que concede a tutela não fará coisa julgada, mas a estabilidade dos respectivos efeitos só será afastada por decisão que a revir, reformar ou invalidar, proferida em ação ajuizada por uma das partes, nos termos do § 2º deste artigo.

Poderá ocorrer a estabilização da tutela antecipada quando ela for deferida em caráter antecedente e não houver impugnação do réu (ou do litisconsorte), por recurso ou qualquer outra forma. Nesse caso, o processo será extinto e a decisão de antecipação continuará em plena eficácia, produzindo efeitos enquanto não ajuizada ação autônoma no intuito de sua revisão, reforma ou invalidação. Observe que, nesse caso, não houve resolução de mérito em relação ao pedido definitivo, já que a estabilização ocorreu em momento no qual tal pedido sequer foi objeto de requerimento.

Na prática, o instituto da estabilização da tutela antecipada integra a tutela monitória nas situações de urgência para fins de tutela satisfativa[110], viabilizando a concretização de resultados práticos, levando-se em consideração a inércia do réu. Este último deixa de impugnar o ato jurídico, seja por desídia, ou por interesse

---

[110] Enunciado 420 do Fórum Permanente de Processualistas Civis: "não cabe estabilização de tutela cautelar". Portanto, só há cabimento para a tutela provisória de urgência satisfativa.

próprio (análise econômica[111] do direito) em não incorrer em custos processuais, já que o resultado também lhe interessa.

A finalidade da estabilização da decisão concessiva da tutela antecipada será eliminar o perigo da demora com a tutela de urgência e fazer com que a decisão apresente resultados concretos, efetivos e imediatos em face da inércia do réu. Esse tipo de estabilização ocorre apenas nos casos de tutela provisória satisfativa, em caráter antecedente.

Porém, no processo do trabalho, na maioria das vezes, o autor não terá interesse em obter apenas a estabilização da decisão concessiva de tutela antecipada. Como ele busca, na grande maioria dos casos, uma decisão de caráter condenatório (ou ainda declaratório ou constitutivo), somente a tutela concedida em definitivo, com força de coisa julgada, lhe interessará, já que, se não cumprida voluntariamente, ensejará a sua imediata execução.

Estabilizada a decisão concessiva de tutela satisfativa antecedente, qualquer das partes poderá, no prazo de dois anos, contados da ciência da decisão que extingue o processo, ajuizar ação autônoma com pedido de revisão, reforma ou invalidação dessa decisão (art. 304, §§ 2º e 5º, do CPC).

Por sua vez, o autor poderá ajuizar ação com o propósito de confirmar tal decisão concessiva, porém, nesse momento, com cognição exauriente e apta a fazer coisa julgada. O réu, de seu lado, também pode retomar a discussão nesse momento processual, estabelecendo nova demanda judicial, sendo que a competência funcional nessas situações será do juízo que conduziu o processo originário, concedendo a medida de antecipação estabilizada, o que estará prevento.

25.9.7 Arresto

O arresto é medida cautelar que tem por finalidade salvaguardar o resultado útil do cumprimento da sentença ou do processo de execução, no que respeita ao cumprimento de obrigações relacionadas ao pagamento de prestações em dinheiro.

Vejamos a jurisprudência:

> Competência. Justiça do Trabalho. Cautelar de arresto. Reconhecimento. Ação cautelar. Arresto. Competência da Justiça do Trabalho. Se a medida cautelar é antecedente, ou preparatória, a determinação da competência se faz exami-

---

[111] Pelo fato de não opor qualquer resistência e não apresentar impugnação, o réu não pagará as custas do processo, podendo ser aplicado o art. 701, § 1º, do CPC, por analogia. Diz este artigo: "Art. 701. Sendo evidente o direito do autor, o juiz deferirá a expedição de mandado de pagamento, de entrega de coisa ou para execução de obrigação de fazer ou de não fazer, concedendo ao réu prazo de 15 (quinze) dias para o cumprimento e o pagamento de honorários advocatícios de cinco por cento do valor atribuído à causa. § 1º O réu será isento do pagamento de custas processuais se cumprir o mandado no prazo".

nando qual seria o órgão judicial competente para a futura ação de mérito, na forma do art. 108 do CPC. Havendo a ação principal, como é o caso, o Juízo da causa principal em curso será, também, aquele do procedimento acessório, como também preveem os artigos 109 e 800 do CPC. Logo, detendo a Justiça do Trabalho competência para apreciar a causa principal, ou seja, a reclamatória trabalhista ajuizada anteriormente pelo autor, por força do disposto no art. 114 da Constituição Federal, também é competente para processar e julgar a presente ação, acessória da principal (TRT 9ª R., RO 96001-2006-089-09-00-1, 3ª T., Rel. Juiz Célio Horst Waldraff, *DJe* 25.03.2008).

25.9.8 Sequestro

Por seu turno, o sequestro, que tem finalidade idêntica ao arresto, somente se diferencia daquele no que diz respeito à entrega de coisa.

Sua finalidade é assegurar a execução para a entrega de determinado bem litigioso, por meio de apreensão judicial e sua guarda por depositário, para futura entrega em bom estado de conservação a quem obtiver êxito no provimento jurisdicional.

No Processo do Trabalho, podemos citar como exemplo de sequestro a medida cautelar para apreender coisas, objetos ou instrumentos em poder do empregado ou do empregador. Outro tipo de sequestro é o disposto no art. 910 do CPC/2015 (execução em face da Fazenda Pública), aplicável nos casos de preterição do credor de precatório devido pela Fazenda Pública (art. 100 da CF/1988).

Independentemente da reparação por dano processual, a parte responde pelo prejuízo que a efetivação da tutela de urgência causar à parte adversa, se (art. 302 do CPC/2015):

> I – a sentença lhe for desfavorável;
>
> II – obtida liminarmente a tutela em caráter antecedente, não fornecer os meios necessários para a citação do requerido no prazo de 5 (cinco) dias;
>
> III – ocorrer a cessação da eficácia da medida em qualquer hipótese legal;
>
> IV – o juiz acolher a alegação de decadência ou prescrição da pretensão do autor.

A indenização será liquidada nos autos em que a medida tiver sido concedida, sempre que possível.

Transcrevemos a seguinte ementa alusiva à matéria:

> Agravo regimental oposto a despacho que julgou procedente reclamação correicional para cassar ordem de sequestro fundada no não pagamento de precatório. Inexistência de preterição. Inaplicabilidade do § 4º do art. 78 do ADCT, com a redação dada pela Emenda Constitucional nº 30/2000, aos créditos trabalhistas. O artigo 78 do Ato das Disposições Constitucionais Transitórias não é aplicável à execução de créditos trabalhistas contra a Fazenda Pública. A norma transitória é clara ao excluir os créditos de natureza alimentar, portanto a única hipótese constitucionalmente

permitida de sequestro, no caso de débito oriundo de reclamação trabalhista, continua sendo a quebra de precedência (artigo 100, § 2º, da Carta da República). Essa exegese resulta do julgamento da ADI 1.662-SP pelo Supremo Tribunal Federal, que, de forma expressa, fixou "que a previsão de que trata o § 4º do artigo 78 do ADCT-CF/88, na redação dada pela EC 30/00, refere-se exclusivamente à situação de parcelamento de que cuida o *caput*, sendo inaplicável aos débitos trabalhistas de natureza alimentícias" (RCL 1779/AL Alagoas, relator Ministro Maurício Corrêa, *DJ* 02.08.2002; RCL 2291-MC/RJ, relator Ministro Gilmar Mendes, *DJ* 1º.04.2003, e RCL 2344, relator Ministro Gilmar Mendes, *DJ* 03.06.2003). Agravo regimental não provido (TST, AGRC 26909, TP, Rel. Min. Ronaldo Leal, *DJU* 03.12.2004).

25.9.9 Busca e apreensão

É medida cautelar destinada à busca e apreensão de coisas, em caráter antecedente (antes do processo) ou incidente (no curso do processo).

No Processo do Trabalho, admite-se a busca e apreensão de coisas, como a de ferramentas de trabalho, de computadores, de veículos, ou da CTPS, bem como outros bens que sejam também objeto de arresto ou sequestro.

A medida pode ser concedida *inaudita altera pars*, facultando-se ao juiz, aprioristicamente, determinar a justificação prévia.

A petição inicial deverá atender os requisitos do art. 305[112], bem como do art. 536, § 2º[113], ambos do CPC/2015.

25.9.10 Exibição

Constitui medida cautelar que tem por objeto impor a exibição em juízo de documentos públicos ou privados, contábeis, coisas móveis e ou coisa, em poder de terceiros, com a finalidade de instruir o futuro processo principal a ser distribuído.

Portanto, esse tipo de ação somente é admitido como forma preparatória da ação principal.

25.9.11 Produção antecipada de provas

Esse tipo de medida cautelar tem por objetivo preparar ou garantir a futura produção de prova, antes ou no curso do processo principal.

---

[112] "Art. 305. A petição inicial da ação que visa à prestação de tutela cautelar em caráter antecedente indicará a lide e seu fundamento, a exposição sumária do direito que se objetiva assegurar e o perigo de dano ou o risco ao resultado útil do processo. Parágrafo único. Caso entenda que o pedido a que se refere o *caput* tem natureza antecipada, o juiz observará o disposto no art. 303."

[113] Art. 536 do CPC/2015: "(...) § 2º O mandado de busca e apreensão de pessoas e coisas será cumprido por 2 (dois) oficiais de justiça, observando-se o disposto no art. 846, §§ 1º a 4º, se houver necessidade de arrombamento".

Observe-se a sua função de promover a segurança da prova ser produzida em outro e futuro processo de conhecimento ou de execução.

De acordo com o art. 381 do CPC/2015:

> Art. 381. A produção antecipada da prova será admitida nos casos em que:
>
> I – haja fundado receio de que venha a tornar-se impossível ou muito difícil a verificação de certos fatos na pendência da ação;
>
> II – a prova a ser produzida seja suscetível de viabilizar a autocomposição ou outro meio adequado de solução de conflito;
>
> III – o prévio conhecimento dos fatos possa justificar ou evitar o ajuizamento de ação.
>
> § 1º O arrolamento de bens observará o disposto nesta Seção quando tiver por finalidade apenas a realização de documentação e não a prática de atos de apreensão.
>
> § 2º A produção antecipada da prova é da competência do juízo do foro onde esta deva ser produzida ou do foro de domicílio do réu.
>
> § 3º A produção antecipada da prova não previne a competência do juízo para a ação que venha a ser proposta.
>
> § 4º O juízo estadual tem competência para produção antecipada de prova requerida em face da União, de entidade autárquica ou de empresa pública federal se, na localidade, não houver vara federal.

Na petição, o requerente apresentará as razões que justificam a necessidade de antecipação da prova e mencionará com precisão os fatos sobre os quais a prova há de recair.

O juiz determinará, de ofício ou a requerimento da parte, a citação de interessados na produção da prova ou no fato a ser provado, salvo se inexistente caráter contencioso.

O juiz não se pronunciará sobre a ocorrência ou a inocorrência do fato, nem sobre as respectivas consequências jurídicas.

Os interessados poderão requerer a produção de qualquer prova no mesmo procedimento, desde que relacionada ao mesmo fato, salvo se a sua produção conjunta acarretar excessiva demora.

Nesse procedimento, não se admitirá defesa ou recurso, salvo contra decisão que indeferir totalmente a produção da prova pleiteada pelo requerente originário.

25.9.12 Justificação

A justificação consiste em medida cautelar típica, de natureza administrativa, com a finalidade de demonstrar a existência de alguma relação jurídica ou fato, sem caráter contencioso, que seja utilizado como material probatório em processo judicial.

O CPC/2015 trata do assunto no art. 381, § 5º, *in verbis*:

> § 5º Aplica-se o disposto nesta Seção àquele que pretender justificar a existência de algum fato ou relação jurídica para simples documento e sem caráter contencioso, que exporá, em petição circunstanciada, a sua intenção.

25.9.13 Protesto, notificação e interpelação

O protesto, notificação e interpelação consistem em medidas típicas cautelares, de natureza administrativa, disponibilizadas a qualquer do povo que tenha por fim prevenir responsabilidade, conservar e ressalvar direitos materiais ou a manifestação de qualquer vontade, de modo formal.

O CPC/2015 trata da matéria no art. 726 do CPC/2015:

> Art. 726. Quem tiver interesse em manifestar formalmente sua vontade a outrem sobre assunto juridicamente relevante poderá notificar pessoas participantes da mesma relação jurídica para dar-lhes ciência de seu propósito.
>
> § 1º Se a pretensão for a de dar conhecimento geral ao público, mediante edital, o juiz só a deferirá se a tiver por fundada e necessária ao resguardo de direito.
>
> § 2º Aplica-se o disposto nesta Seção, no que couber, ao protesto judicial.
>
> Art. 727. Também poderá o interessado interpelar o requerido, no caso do art. 726, para que faça ou deixe de fazer o que o requerente entenda ser de seu direito.

O requerido será previamente ouvido antes do deferimento da notificação ou do respectivo edital: I – se houver suspeita de que o requerente, por meio da notificação ou do edital, pretende alcançar fim ilícito; II – se tiver sido requerida a averbação da notificação em registro público.

O TST trata da matéria na OJ 370 da SDI I:

> 370. FGTS. Multa de 40%. Diferenças dos expurgos inflacionários. Prescrição. Interrupção decorrente de protestos judiciais. O ajuizamento de protesto judicial dentro do biênio posterior à Lei Complementar nº 110, de 29.06.2001, interrompe a prescrição, sendo irrelevante o transcurso de mais de dois anos da propositura de outra medida acautelatória, com o mesmo objetivo, ocorrida antes da vigência da referida lei, pois ainda não iniciado o prazo prescricional, conforme disposto na OJ n. 344 da SDI I.

25.9.14 Atentado

Trata-se de medida cautelar que tem por finalidade restaurar o estado de fato inicial da demanda provocada por ato ilegal praticado por uma parte que causou prejuízo à outra.

O art. 77 do CPC/2015 trata da matéria, ao dispor:

Art. 77. (...)

IV – cumprir com exatidão as decisões jurisdicionais, de natureza provisória ou final, e não criar embaraços à sua efetivação; (...)

VI – não praticar inovação ilegal no estado de fato de bem ou direito litigioso.

§ 1º Nas hipóteses dos incisos IV e VI, o juiz advertirá qualquer das pessoas mencionadas no *caput* de que sua conduta poderá ser punida como ato atentatório à dignidade da justiça.

§ 2º A violação ao disposto nos incisos IV e VI constitui ato atentatório à dignidade da justiça, devendo o juiz, sem prejuízo das sanções criminais, civis e processuais cabíveis, aplicar ao responsável multa de até vinte por cento do valor da causa, de acordo com a gravidade da conduta.

A sentença de mérito do atentado procedente determinará a recondução da relação jurídica ao seu estado anterior (*ante bellum*), a suspensão da causa principal e a proibição de o réu falar nos autos até a purgação do atentado, podendo inclusive condená-lo às penalidades por litigância de má-fé, dispostas no art. 77 do CPC/2015.

Vejamos a ementa alusiva ao tema:

Cautelar. Atentado. Reintegração. Tutela antecipatória de mérito. Descumprimento. 1. Determinada a reintegração do empregado, mediante antecipação de tutela de mérito, se não sobrevém a cassação da decisão, a dispensa pelo empregador é situação que autoriza o manejo de ação cautelar, visando a restaurar o status quo ante e assegurar a utilidade do processo principal. 2. Agravo de instrumento a que se nega provimento (TST, Processo AIRR-218300-78.2009.5.01.0221, 4ª T., Rel. João Oreste Dalazen, j. 22.05.2013).

25.9.15 Procedimento da tutela antecipada requerida em caráter antecedente

A tutela antecipada antecedente é aquela requerida pelo autor, desde que preenchidos os requisitos legais, antes do processo principal, daí sua natureza "antecedente". O CPC/2015 regula essa matéria nos arts. 303 e seguintes.

Nos casos em que a urgência for contemporânea à propositura da ação, a petição inicial pode limitar-se ao requerimento da tutela antecipada e à indicação do pedido de tutela final, com a exposição da lide, do direito que se busca realizar e do perigo de dano ou do risco ao resultado útil do processo.

Concedida a tutela antecipada: I – o autor deverá aditar a petição inicial, com a complementação de sua argumentação, a juntada de novos documentos e a confirmação do pedido de tutela final, em 15 (quinze) dias ou em outro prazo maior que o juiz fixar; II – o réu será citado e intimado para a audiência de conciliação ou de mediação na forma do art. 334[114]; III – não havendo autocomposição, o prazo para contestação será contado na forma do art. 335[115].

A natureza jurídica da tutela antecipada é de decisão interlocutória, e não caberá recurso na seara trabalhista, nos termos da Súmula 214 do TST, a não ser eventual

---

[114] "Art. 334. Se a petição inicial preencher os requisitos essenciais e não for o caso de improcedência liminar do pedido, o juiz designará audiência de conciliação ou de mediação com antecedência mínima de 30 (trinta) dias, devendo ser citado o réu com pelo menos 20 (vinte) dias de antecedência.

§ 1º O conciliador ou mediador, onde houver, atuará necessariamente na audiência de conciliação ou de mediação, observando o disposto neste Código, bem como as disposições da lei de organização judiciária.

§ 2º Poderá haver mais de uma sessão destinada à conciliação e à mediação, não podendo exceder a 2 (dois) meses da data de realização da primeira sessão, desde que necessárias à composição das partes.

§ 3º A intimação do autor para a audiência será feita na pessoa de seu advogado.

§ 4º A audiência não será realizada:
I – se ambas as partes manifestarem, expressamente, desinteresse na composição consensual;
II – quando não se admitir a autocomposição.

§ 5º O autor deverá indicar, na petição inicial, seu desinteresse na autocomposição, e o réu deverá fazê-lo, por petição, apresentada com 10 (dez) dias de antecedência, contados da data da audiência.

§ 6º Havendo litisconsórcio, o desinteresse na realização da audiência deve ser manifestado por todos os litisconsortes.

§ 7º A audiência de conciliação ou de mediação pode realizar-se por meio eletrônico, nos termos da lei.

§ 8º O não comparecimento injustificado do autor ou do réu à audiência de conciliação é considerado ato atentatório à dignidade da justiça e será sancionado com multa de até dois por cento da vantagem econômica pretendida ou do valor da causa, revertida em favor da União ou do Estado.

§ 9º As partes devem estar acompanhadas por seus advogados ou defensores públicos.

§ 10. A parte poderá constituir representante, por meio de procuração específica, com poderes para negociar e transigir.

§ 11. A autocomposição obtida será reduzida a termo e homologada por sentença.

§ 12. A pauta das audiências de conciliação ou de mediação será organizada de modo a respeitar o intervalo mínimo de 20 (vinte) minutos entre o início de uma e o início da seguinte."

[115] "Art. 335. O réu poderá oferecer contestação, por petição, no prazo de 15 (quinze) dias, cujo termo inicial será a data:
I – da audiência de conciliação ou de mediação, ou da última sessão de conciliação, quando qualquer parte não comparecer ou, comparecendo, não houver autocomposição;
II – do protocolo do pedido de cancelamento da audiência de conciliação ou de mediação apresentado pelo réu, quando ocorrer a hipótese do art. 334, § 4º, inciso I;
III – prevista no art. 231, de acordo com o modo como foi feita a citação, nos demais casos."

mandado de segurança, uma vez preenchidos os requisitos legais desse instituto. No Processo Civil é cediço que das decisões interlocutórias cabe agravo de instrumento.

Não realizado o aditamento a que se refere o inciso I do § 1º do art. 303, o processo será extinto sem resolução do mérito.

O aditamento a que se refere o inciso I do § 1º do art. 303 dar-se-á nos mesmos autos, sem incidência de novas custas processuais.

Na petição inicial, o autor terá de indicar o valor da causa, que deve levar em consideração o pedido de tutela final. O autor indicará na petição inicial, ainda, que pretende valer-se do benefício previsto no *caput* do art. 303 do CPC/2015.

Caso entenda que não há elementos para a concessão de tutela antecipada, o órgão jurisdicional determinará a emenda da petição inicial em até 5 (cinco) dias, sob pena de ser indeferida e de o processo ser extinto sem resolução de mérito.

A tutela antecipada, concedida nos termos do art. 303, torna-se estável se da decisão que a conceder não for interposto o respectivo recurso. Nessa hipótese, o processo será extinto (art. 304, § 3º).

Se eventualmente a tutela antecipada antecedente for requerida ao Tribunal Regional do Trabalho ou ao Tribunal Superior do Trabalho, nos casos de competência originária, a decisão será prolatada monocraticamente, caso em que poderá ser objeto de agravo regimental ou interno, nos moldes do art. 1.021 do CPC/2015. Tratando-se de acórdão, caberá a interposição de recurso especial e/ou recurso extraordinário, de conformidade com o caso.

Obviamente, poderá ocorrer também após a prolação da tutela antecipada de evidência a interposição de embargos de declaração[116], que terá o condão de suspender a eficácia da decisão até seu devido julgamento.

Qualquer das partes poderá demandar a outra com o intuito de rever, reformar ou invalidar a tutela antecipada estabilizada.

A tutela antecipada conservará seus efeitos enquanto não revista, reformada ou invalidada por decisão de mérito proferida na ação.

---

[116] "Art. 1.022. Cabem embargos de declaração contra qualquer decisão judicial para:
I – esclarecer obscuridade ou eliminar contradição;
II – suprir omissão de ponto ou questão sobre o qual devia se pronunciar o juiz de ofício ou a requerimento;
III – corrigir erro material.
Parágrafo único. Considera-se omissa a decisão que:
I – deixe de se manifestar sobre tese firmada em julgamento de casos repetitivos ou em incidente de assunção de competência aplicável ao caso sob julgamento;
II – incorra em qualquer das condutas descritas no art. 489, § 1º."

Qualquer das partes poderá requerer o desarquivamento dos autos em que foi concedida a medida, para instruir a petição inicial da ação, prevento o juízo em que a tutela antecipada foi concedida.

O direito de rever, reformar ou invalidar a tutela antecipada finaliza após 2 (dois) anos, contados da ciência da decisão que extinguiu o processo.

A decisão que concede a tutela não fará coisa julgada, mas a estabilidade dos respectivos efeitos só será afastada por decisão que a revir, reformar ou invalidar, proferida em ação ajuizada por uma das partes.

Nas linhas supramencionadas encontramos duas novidades do CPC/2015: uma tutela antecipada antecedente (obtida antes do processo) e sua estabilização (por até dois anos), ainda que não haja formação da coisa julgada material, por ausência de definitividade, já que poderá ser revogada a qualquer tempo, por seu caráter de provisoriedade.

Observe-se que esse tipo de tutela é deveras especializada, na medida em que reúne em apenas um provimento as seguintes características: urgência, antecipação, provisoriedade e antecedência.

Se nenhuma das partes tomar qualquer providência, os efeitos da tutela serão mantidos e somente serão superados se for "revista, reformada ou invalidada por decisão de mérito proferida na ação", supervenientemente.

No entanto, depois de decorrido o prazo da estabilização da coisa julgada (dois anos), não haverá automática transmutação dela em coisa julgada material, por decisão política do legislador, em favor da segurança jurídica. Em outras palavras, não haverá possibilidade de se utilizar a ação rescisória com o intuito de desconstituí-la.

Observe que, às vezes, para o autor não basta uma decisão com estabilização da coisa julgada, pois o que ele pode necessitar é de coisa julgada material, que se transmuta em título executivo judicial, para usufruir do bem da vida. Estes casos são mais comuns no Direito Civil, como por exemplo, na separação de corpos. Neste caso, a decisão definitiva do divórcio será necessária, e dará ensejo à possibilidade de novo casamento das partes.

Não obstante o nome "procedimento", trata-se de um verdadeiro processo que se inicia tão logo recebida, via PJE, a petição inicial, que impulsiona a jurisdição, rompendo a inércia do Poder Judiciário.

De acordo com a Instrução Normativa 39/2016 do TST, tal procedimento é plenamente aplicável no Processo do Trabalho, pela omissão no texto celetista e ausência de incompatibilidade.

25.9.16 Procedimento da tutela cautelar requerida em caráter antecedente

Na tutela cautelar deverão estar presentes a probabilidade da existência do direito material e o perigo da demora, pressupostos seculares desse tipo de tutela que objetiva assegurar o resultado útil do processo.

O CPC/2015 é plenamente utilizado no Direito Processual do Trabalho, pois a CLT cuida desse tipo de proteção[117] apenas em seu[118] art. 659[119], que, a rigor, não se trata, em muitos casos de cautelar, no sentido de se assegurar o resultado útil do processo, mas sim de tutela antecipada, em razão do caráter satisfativo do provimento jurisdicional, que entrega o bem da vida, de imediato, nas mãos de seu legítimo titular, mesmo em cognição sumária, desde que preenchidos os requisitos legais.

Observaremos que o legislador também inovou nesse tipo de tutela cautelar antecedente, mas manteve os parâmetros originais do processo cautelar do CPC de 1973, que o subdividia em duas fases: a preparatória e a principal, após o interregno de 30 dias.

Portanto, a petição inicial nessa ação que visa à prestação de tutela cautelar em caráter antecedente indicará a lide e seu fundamento, a exposição sumária do

---

[117] "Ação cautelar. Transferência do empregado. Suspensão. Em face do contido no art. 659, inciso IX, da CLT, a suspensão pode ser concedida, também, na via de ação cautelar" (TST, ROMC 298608/96.4, Ac. SBDI 2 1442/96, Rel. Min. Manoel Mendes de Freitas, *DJU* 22.11.1996).

[118] "Mandado de segurança. Reintegração provisória no emprego. Processo cautelar. MS impetrado pelo empregado contra decisão que negou liminar em ação cautelar, visando à reintegração no emprego, em decorrência de alegada estabilidade sindical. A finalidade instrumental, subsidiária, efêmera e, pois, precária da tutela cautelar não se compadece com o acolhimento de provimento jurisdicional de cunho satisfativo, consistente em reintegração provisória no emprego. O manejo impróprio e abusivo do processo cautelar tanto mais se evidencia quando se tem presente a viabilidade de outorga de tutela antecipatória de mérito no processo trabalhista, inclusive no tocante às obrigações de fazer e não fazer, mediante liminar em processo de conhecimento (CLT, art. 659, IX e X), máxime após o advento da Lei nº 8.952, de 13.12.1994, que imprimiu nova redação aos arts. 273 e 461 do CPC. Assim, não vulnera direito subjetivo do empregado a não concessão de reintegração provisória em processo cautelar, o que importaria em inobservância do devido processo legal" (TST, ROMS 458.231/1998.0, SBDI2, Rel. Min. João Oreste Dalazen, *DJU* 31.03.2000).

[119] Art. 659 da CLT: "Competem privativamente aos presidentes das Juntas, além das que lhe forem conferidas neste Título e das decorrentes de seu cargo, as seguintes atribuições: (...) IX – conceder medida liminar, até decisão final do processo, em reclamações trabalhistas que visem a tornar sem efeito transferência disciplinada pelos parágrafos do artigo 469 desta Consolidação;
X – conceder medida liminar, até decisão final do processo, em reclamações trabalhistas que visem reintegrar no emprego dirigente sindical afastado, suspenso ou dispensado pelo empregador".

direito que se objetiva assegurar e o perigo de dano ou o risco ao resultado útil do processo, expresso no art. 305 e seguintes do CPC/2015.

Caso entenda que o pedido a que se refere o *caput* tem natureza antecipada, o juiz observará o disposto no art. 303. Verifiquemos nesse caso a possibilidade de fungibilidade entre a cautelar e a antecipação de tutela.

O réu será citado para, no prazo de 5 (cinco) dias, contestar o pedido e indicar as provas que pretende produzir.

Não sendo contestado o pedido, os fatos alegados pelo autor presumir-se-ão aceitos pelo réu como ocorridos, caso em que o juiz decidirá dentro de 5 (cinco) dias. Contestado o pedido no prazo legal, observar-se-á o procedimento comum.

Efetivada a tutela cautelar, o pedido principal terá de ser formulado pelo autor no prazo de 30 (trinta) dias, caso em que será apresentado nos mesmos autos em que deduzido o pedido de tutela cautelar, não dependendo do adiantamento de novas custas processuais.

O pedido principal pode ser formulado com o pedido de tutela cautelar.

A causa de pedir poderá ser aditada no momento de formulação do pedido principal.

Apresentado o pedido principal, as partes serão intimadas para a audiência de conciliação ou de mediação, na forma do art. 334, por seus advogados ou pessoalmente, sem necessidade de nova citação do réu.

Não havendo autocomposição, o prazo para contestação será contado na forma do art. 335, retromencionado.

Cessa a eficácia da tutela concedida em caráter antecedente, se:

I – o autor não deduzir o pedido principal no prazo legal;

II – não for efetivada dentro de 30 (trinta) dias;

III – o juiz julgar improcedente o pedido principal formulado pelo autor ou extinguir o processo sem resolução de mérito.

Se por qualquer motivo cessar a eficácia da tutela cautelar, é vedado à parte renovar o pedido, salvo sob novo fundamento.

O indeferimento da tutela cautelar não obsta a que a parte formule o pedido principal, nem influi no julgamento deste, salvo se o motivo do indeferimento for o reconhecimento de decadência ou de prescrição.

Observe-se que nesse tipo de tutela de urgência cautelar não cabe a estabilização da lide, pois somente a tutela antecipada possui a aptidão para se estabilizar, pelo prazo de dois anos.

Se houver o indeferimento da liminar (tutela cautelar), a parte, nos termos da legislação, poderá formular o pedido principal no prazo de 30 dias.

A única hipótese obstativa será o reconhecimento judicial da prescrição ou decadência, causas prejudiciais de mérito, que provocará a resolução do processo, com julgamento do mérito.

25.9.17 Da tutela da evidência

25.9.17.1 Conceito

Trata-se de mais uma inovação do CPC/2015, que significa um tipo de tutela provisória e urgente, com fulcro em evidência, ou seja, em provas devidamente demonstradas que levam ao convencimento e formação da convicção do magistrado.

Para Cassio Scarpinella Bueno[120],

> (...) a concessão da tutela de evidência independe da demonstração do perigo de dano ou de risco ao resultado útil do processo, isto é, para empregar a expressão geralmente usada para descrever uma e outra situação, de *periculum in mora*.

Continua o insigne mestre[121] assinalando que

> (...) a evidência que nomina a técnica não merece ser interpretada literalmente, mas, de forma mais genérica, no sentido de que o requerente da medida tem direito mais provável que o do seu adversário, assim entendidas as afirmações de direito e de fato que, por portarem maior juridicidade, recomendarem proteção jurisdicional. Em suma, a expressão merece ser compreendida no sentido de que, à luz dos elementos apresentados, tudo indica que o requerente das medidas é o merecedor da tutela jurisdicional.

25.9.17.2 Hipóteses de tutela de evidência

As hipóteses da tutela de evidência estão inscritas no art. 311 do CPC/2015, *in verbis*:

> Art. 311. A tutela da evidência será concedida, independentemente da demonstração de perigo de dano ou de risco ao resultado útil do processo, quando:
> I – ficar caracterizado o abuso do direito de defesa ou o manifesto propósito protelatório da parte;
> II – as alegações de fato puderem ser comprovadas apenas documentalmente e houver tese firmada em julgamento de casos repetitivos ou em súmula vinculante;
> III – se tratar de pedido reipersecutório fundado em prova documental adequada do contrato de depósito, caso em que será decretada a ordem de entrega do objeto custodiado, sob cominação de multa;

---

[120] BUENO, Cassio Scarpinella. *Curso de direito processual civil*. 2. ed. São Paulo: Saraiva, 2016. p. 267.
[121] Idem, ibidem, p. 267.

IV – a petição inicial for instruída com prova documental suficiente dos fatos constitutivos do direito do autor, a que o réu não oponha prova capaz de gerar dúvida razoável.

Parágrafo único. Nas hipóteses dos incisos II e III, o juiz poderá decidir liminarmente.

Digno de registro é o fato de que, se a prova trazida aos autos for elucidativamente o suficiente para provar os fatos constitutivos do direito do autor, poderá ensejar, de forma simultânea, a opção para o magistrado, do julgamento antecipado do mérito (lide) (art. 355[122], I, CPC/2015) ou da concessão da tutela de evidência.

Em caso de denegação da tutela de evidência pelo magistrado primevo, esse tipo de tutela poderá ser renovado em eventual recurso ordinário para o TRT, ou mesmo para o TST, com fundamento no art. 1.012[123] do CPC/2015.

A doutrina[124] entende que é possível a estabilização da tutela de evidência, por sua própria natureza jurídica, nos casos estabelecidos nos incisos II e III do art. 311, os únicos que, de acordo com o parágrafo único daquele mesmo dispositivo, aceitam a ocorrência da hipótese do art. 303 do CPC/2015.

25.10 INQUÉRITO CIVIL

Nosso país vem passando por profundas transformações jurídicas, que objetivam imprimir uma maior celeridade na prestação jurisdicional, ao mesmo tempo em que novas formas de pacificar conflitos individuais e coletivos passaram a ser contempladas (conciliação, mediação, arbitragem, negociação coletiva, celebração de Termo de Ajustamento de Conduta – TAC etc.).

---

[122] "Art. 355. O juiz julgará antecipadamente o pedido, proferindo sentença com resolução de mérito, quando:
I – não houver necessidade de produção de outras provas;
II – o réu for revel, ocorrer o efeito previsto no art. 344 e não houver requerimento de prova, na forma do art. 349."

[123] "§ 3º O pedido de concessão de efeito suspensivo nas hipóteses do § 1º poderá ser formulado por requerimento dirigido ao:
I – tribunal, no período compreendido entre a interposição da apelação e sua distribuição, ficando o relator designado para seu exame prevento para julgá-la;
II – relator, se já distribuída a apelação.
§ 4º Nas hipóteses do § 1º, a eficácia da sentença poderá ser suspensa pelo relator se o apelante demonstrar a probabilidade de provimento do recurso ou se, sendo relevante a fundamentação, houver risco de dano grave ou de difícil reparação."

[124] BUENO, Cassio Scarpinella. *Curso de direito processual civil*. 2. ed. São Paulo: Saraiva, 2016. p. 270.

O Inquérito Civil faz parte do microssistema de tutela coletiva, que coloca à disposição do jurisdicionado vários canais de acesso ao sistema de justiça, por meio do processo administrativo (IC), negocial (negociação coletiva), arbitral (arbitragem) e da jurisdição (judicial), na medida em que todos esses instrumentos produzem normas jurídica de índole *erga omnes* e *ultra partes*.

A Constituição Federal de 1988, como mencionado, além de ser considerada uma obra-prima[125] em direitos humanos, na medida em que não apenas acolheu, como também reconheceu novos direitos, engendrou a gênese do microssistema de tutela coletiva, que busca a pacificação dos conflitos de interesse no atacado, albergando uma multidão de interessados ao mesmo tempo, por meio de um único instrumento, seja de índole administrativa ou judicial, à disposição do Ministério Público do Trabalho, que, entre outros, possui três instrumentos poderosíssimos para resolução dessas controvérsias: o inquérito civil, o TAC e a requisição, além de todo o instrumental das ações moleculares (ação civil pública, ação civil coletiva etc.).

O inquérito civil não apresenta antecedente no Brasil, tendo em grande parte levado em consideração sua contraparte penal, o inquérito policial, disciplinado no Código Penal brasileiro.

Esse instrumento jurídico também não tem precedente conhecido no direito estrangeiro, tendo sido inicialmente previsto no Anteprojeto da LACP (Lei da Ação Civil Pública), de autoria de Nelson Nery Junior, Camargo Ferraz e Edis Milaré, que resultou na promulgação da Lei 7.347/1985.

Podemos conceituar o inquérito civil como o instrumento administrativo de titularidade exclusiva do Ministério Público da União e dos Estados, que tem por objetivo investigar e descobrir a autoria e a materialidade de delitos, tendo por objeto direitos e interesses difusos, coletivos e individuais homogêneos, de ampla relevância social.

O Inquérito civil foi erigido à hierarquia constitucional, com o advento da CF/1988, ao consagrá-lo no art. 129, III, do Texto Maior, como segue:

> Art. 129. São funções institucionais do Ministério Público: (...)
>
> III – promover o inquérito civil e a ação civil pública, para a proteção do patrimônio público e social, do meio ambiente e de outros interesses difusos e coletivos.

---

[125] Em que pese as críticas de que seja um instrumento normativo de primeiro mundo, que oferece muito, mas entrega pouco, em termos de concretização de direitos humanos fundamentais, ou ainda constituição simbólica, em comparação com legislação álibi, em termos de efetividade, conforme escritos do Prof. Marcelo Neves (Universidade Federal de Pernambuco).

25.10.1 Referências nos textos legais federais e estaduais

O inquérito civil possui algumas referências normativas federais e estaduais, tais como no art. 8º, § 1º, da Lei 7.347/1985[126]; o art. 6º da Lei 7.853/1989[127] (Lei de proteção às pessoas portadoras de deficiência); arts. 201, V, e 223 da Lei 8.069/1990 (ECA), sobre a ampliação da investigação aos interesses individuais[128]; também o art. 90 da Lei 8.079 (CDC)[129].

A Lei 8.625/1993 (Lei Orgânica Nacional do Ministério Público dos Estados – LONMP), em seus artigos 25, IV, e 26, I, estabelece:

> Art. 25. Além das funções previstas nas Constituições Federal e Estadual, na Lei Orgânica e em outras leis, **incumbe, ainda, ao Ministério Público: (...)**
>
> **IV – promover o inquérito civil** e a ação civil pública, na forma da lei:
>
> a) para a proteção, prevenção e reparação dos danos causados ao meio ambiente, ao consumidor, aos bens e direitos de valor artístico, estético, histórico, turístico e paisagístico, e a **outros interesses difusos, coletivos e individuais indisponíveis e homogêneos**;
>
> b) para a anulação ou declaração de nulidade de atos lesivos ao patrimônio público ou à moralidade administrativa do Estado ou de Município, de suas administrações indiretas ou fundacionais ou de entidades privadas de que participem.
>
> Art. 26. No exercício de suas funções, **o Ministério Público poderá:**
>
> **I – instaurar inquéritos civis** e outras medidas e procedimentos administrativos pertinentes (...).

---

[126] Art. 8.º, § 1.º, da Lei 7.347/1985: "O Ministério Público poderá instaurar, sob sua presidência, inquérito civil, ou requisitar, de qualquer organismo público ou particular, certidões, informações, exames ou perícias, no prazo que assinalar, o qual não poderá ser inferior a 10 (dez) dias".

[127] Art. 6.º da Lei 7.853/1989: "O Ministério Público poderá instaurar, sob sua presidência, inquérito civil, ou requisitar, de qualquer pessoa física ou jurídica, pública ou particular, certidões, informações, exame ou perícias, no prazo que assinalar, não inferior a 10 (dez) dias úteis".

[128] Art. 201, V, da Lei 8.069/1990: "Compete ao Ministério Público: (...) V – promover o inquérito civil e a ação civil pública para a proteção dos interesses individuais, difusos ou coletivos relativos à infância e à adolescência, inclusive os definidos no art. 220, § 3º, inciso II, da Constituição Federal".
Art. 223 da Lei 8.069/1990: "O Ministério Público poderá instaurar, sob sua presidência, inquérito civil, ou requisitar, de qualquer pessoa, organismo público ou particular, certidões, informações, exames ou perícias, no prazo que assinalar, o qual não poderá ser inferior a dez dias úteis".

[129] Art. 90 da Lei 8.079 (CDC): "Aplicam-se às ações previstas neste Título as normas do Código de Processo Civil e da Lei nº 7.347, de 24 de julho de 1985, inclusive no que respeita ao inquérito civil, naquilo que não contrariar suas disposições".

A Lei Complementar 75/1993 (Lei Orgânica do Ministério Público da União – LOMPU) prevê em seu art. 6º, VII, a amplitude e a abrangência do objeto:

> Art. 6º Compete ao Ministério Público da União: (...)
>
> VII – promover o inquérito civil e a ação civil pública para:
>
> a) a proteção dos direitos constitucionais;
>
> b) a proteção do patrimônio público e social, do meio ambiente, dos bens e direitos de valor artístico, estético, histórico, turístico e paisagístico;
>
> c) a proteção dos interesses individuais indisponíveis, difusos e coletivos, relativos às comunidades indígenas, à família, à criança, ao adolescente, ao idoso, às minorias étnicas e ao consumidor;
>
> d) **outros interesses individuais indisponíveis, homogêneos, sociais, difusos e coletivos.**

E ainda:

> XI – defender judicialmente os direitos e interesses das populações indígenas, incluídos os relativos às terras por elas tradicionalmente habitadas, propondo as ações cabíveis;
>
> XII – propor ação civil coletiva para defesa de interesses individuais homogêneos.

25.10.2 Natureza jurídica do inquérito civil

Podemos conceituar o inquérito civil como um procedimento administrativo, de índole constitucional, de natureza pré-processual e inquisitiva, formal, de instauração não obrigatória, com a finalidade de auxiliar na identificação da autoria e materialidade de delitos transindividuais, de modo a colaborar na formação do convencimento do membro do *Parquet* e a fundamentar seus vários modos de atuação.

O traço marcante é que o inquérito civil é de titularidade exclusiva do Ministério Público, não o sendo de outros autores ideológicos, por exemplo, dos sindicatos, ou da AGU, que não detém atribuição para instaurá-lo.

Importante mencionar neste tópico que, de forma análoga ao que ocorre nos demais ramos do Direito (civil e penal), no Direito do Trabalho, os membros do Ministério Público do Trabalho iniciam suas funções exatamente no instante em que se findam as atribuições dos auditores fiscais do trabalho.

Como é cediço, esses servidores fiscalizam as irregularidades trabalhistas nos estabelecimentos dos empregados, mas não detêm legitimidade para ajuizar as respectivas ações coletivas, a qual cabe *ope legis* aos autores ideológicos. Compete-lhes concluir o relatório de fiscalização e encaminhá-los ao *Parquet* Laboral para as providências cabíveis.

25.10.3 Papéis atribuídos ao inquérito civil

O inquérito civil possui, em essência, as seguintes finalidades institucionais:

Preventivo ou inibitório (a partir de sua instauração, o investigado geralmente obsta sua conduta irregular ou a paralisa pelo menos temporariamente, ocorrendo uma espécie de remoção do ilícito);

Reparatório ou ressarcitório (após a colheita e análise das provas, poderá conduzir à celebração do TAC ou eventual ação civil pública, com cominação de danos morais coletivos); e

Repressivo (após o levantamento completo e conclusivo do inquérito civil, o Ministério Público do Trabalho possui ampla legitimidade constitucional para adotar o caminho administrativo ou jurídico que achar mais adequado ao caso concreto, inclusive oficiando autoridades da área penal).

Assim, podemos destacar que o inquérito civil é um procedimento administrativo, instrumental, criado por lei federal, constituindo norma geral sobre o tema, que não pode ser revogado por lei estadual, cujas diretrizes e princípios devem ser respeitados pela legislação estadual.

No inquérito civil não ocorre um contraditório exauriente, mas apenas mitigado, no qual o investigado poderá apresentar provas e requerer o arquivamento. Não há, portanto, no inquérito civil uma relação processual, nem obediência ao princípio do juiz ou do promotor natural, bem como não são aplicáveis as regras do processo civil. Portanto, no inquérito civil não pode ocorrer perda de direitos materiais, sob pena de desvirtuamento do instituto. Em caso de lesão a direito líquido e certo do investigado poderá ocorrer a impetração de mandado de segurança, e até mesmo, eventualmente de *habeas corpus*.

25.10.4 Principais características do inquérito civil

Podemos citar as seguintes características do inquérito civil: exclusividade, dispensabilidade, formalidade, publicidade, disponibilidade, participação e instrumentalidade.

Exclusividade porque é de titularidade exclusiva do Ministério Público; dispensabilidade porque é de uso facultativo pelo membro do Ministério Público que pode ajuizar ação civil pública independentemente de sua instauração e desenvolvimento; formalidade, pois somente pode ser instaurado por meio de portaria seguindo os trâmites legais; publicidade porque é dada ampla publicidade à sociedade sobre sua instauração; embora essa publicidade possa ser mitigada pelo estabelecimento de sigilo, quando assim se impuser, bem como ciência de seu arquivamento aos acusados e interessados; participação, porque é aberta à participação dos envolvidos, inclusive do povo, que pode trazer aos autos novas informações e denúncias sobre o objeto da investigação e se coloca como um instrumento para a consecução do direito material envolvido.

Além destas características, poderíamos ainda aduzir que o inquérito civil constitui instrumento de autoexecutoriedade, no papel atribuído de órgão agente do membro do Ministério Público, cujas iniciativas de ofício inclui o poder de requisição de documentos e certidões, realização de exames, perícias e diligências, bem como, se necessário, uso de força policial, notificação para depoimentos e esclarecimentos (sob pena de condução coercitiva), consoante art. 10 da LACP:

> Art. 10. Constitui crime, punido com pena de reclusão de 1 (um) a 3 (três) anos, mais multa de 10 (dez) a 1.000 (mil) Obrigações Reajustáveis do Tesouro Nacional – ORTN, a recusa, o retardamento ou a omissão de dados técnicos indispensáveis à propositura da ação civil, quando requisitados pelo Ministério Público.

Além disso, as denúncias ou representações que darão ensejo ao futuro inquérito civil (que nasce como representação, em 30 dias é transformado em procedimento preliminar e, após 90 dias, podendo ser prorrogado por mais 90, em inquérito civil, por um ano, sujeito a futuras prorrogações, mediante informação à Câmara de Coordenação e Revisão – CCR – Brasília) apresentam, de forma semelhante à Justiça do Trabalho, uma sistemática de distribuição aos procuradores oficiantes nas respectivas Procuradorias do Trabalho nos municípios, ou nas Procuradorias Regionais do Trabalho (capitais).

Se o Procurador do Trabalho indeferir de plano a representação, caberá recurso no prazo de 10 dias, consoante a Resolução 87 do CSMPT, de 27/8/2009. No caso de o arquivamento ter ocorrido por já existir investigação ou ação em curso, a denúncia deverá ser juntada aos autos do procedimento pré-existente, para ciência do membro do Ministério Público do Trabalho com atribuição originária para o caso.

25.10.5 Procedimento preparatório

Antes da instauração do PP (procedimento preliminar), a denúncia recebe a sigla de Rep (representação), que, após distribuição, possibilita ao membro do Ministério Público, no prazo de 30 dias, a análise e a adoção de um dos caminhos: arquivamento, remessa ao Ministério do Trabalho e Emprego para diligências e convolação em PP, que terá um prazo de 90 dias, prorrogável por igual prazo, uma única vez[130], com designação de audiência para oitiva de testemunhas e depoimento das partes, para que prestem esclarecimentos sobre o objeto da denúncia,

---

[130] Art. 9º da Resolução 69/200 do CSMPT.

ou eventuais diligências, ou ainda o ajuizamento imediato de ação civil pública, ou as cautelares julgadas cabíveis[131] e necessárias.

Logo, o objetivo da instauração é a necessidade de verificação preliminar, objetivando colher elementos que deem embasamento suficiente à decisão de instauração ou não do inquérito civil.

Em face do princípio da obrigatoriedade que junge os membros do Ministério Público do Trabalho, mesmo que a denúncia seja feita por *e-mail*, ou de forma sigilosa (ou anônima), o promotor ao qual foi distribuída cabe o seu desenvolvimento para o exame de sua viabilidade no plano concreto.

25.10.6 Desdobramentos do inquérito civil

O inquérito civil apresenta a possibilidade de vários desdobramentos, a saber:

25.10.6.1 Arquivamento

A Lei **7.347/1985 (LACP)** determina no art. 9º:

> Se o órgão do Ministério Público, esgotadas todas as diligências, se convencer da inexistência de fundamento para a propositura da ação civil, promoverá o arquivamento dos autos do inquérito civil ou das **peças informativas**, fazendo-o fundamentadamente.

Portanto, se o membro do Ministério Público, após analisar a documentação apresentada pelo empregador, ou o relatório dos auditores fiscais do trabalho, constatando a inocorrência ou inexistência de irregularidades trabalhistas, poderá promover o arquivamento do inquérito civil, mediante decisão fundamentada que deverá ser encaminhada, no prazo de três dias, para a CCR – Brasília, para homologação do respectivo arquivamento.

Poderá também ocorrer o arquivamento por perda de objeto, correção ou adequação espontânea da conduta empresarial lesiva aos trabalhadores.

Havendo celebração de TAC, não haverá necessidade de homologação pela CCR – Brasília, e sim encaminhamento, por meio de requisição, com prazo pré-estabelecido, ao Ministério do Trabalho e Emprego para as diligências necessárias ao seu fiel cumprimento, sob pena de execução e imposição das *astreintes* cominadas naquele instrumento.

Posteriormente, esse TAC poderá ser arquivado na sede da própria Procuradoria do Trabalho no Município ou na Procuradoria Regional do Trabalho

---

[131] Art. 83 da Lei 8.078/90 (CDC): "Para a defesa dos direitos e interesses protegidos por este código são admissíveis todas as espécies de ações capazes de propiciar sua adequada e efetiva tutela".

respectiva, podendo ser desarquivado a qualquer tempo[132] para novo exame quanto ao seu efetivo cumprimento.

Importante mencionar que o TAC não tem prazo de validade, e, do mesmo modo que a sentença judicial (que tem por objeto obrigações de fazer ou não fazer), forma uma espécie de título executivo eterno, esta última somente se submete ao crivo da ação rescisória ou de eventual querela nulittattis. Esse tipo de sentença que acabamos de mencionar é diferente da sentença que tem por objeto obrigação de pagar, pois nesse caso, uma vez cumprida a obrigação, entregando-lhe o bem da vida ao seu verdadeiro titular, retira-lhe o objeto, devendo, por isso, ser arquivada.

25.10.6.2 Diligências

Outro desdobramento possível consiste na requisição pelo *Parquet* de diligências, ou ainda, requisição de informações (**CF/1988**: art. 129, VI):

> Art. 129. São funções institucionais do Ministério Público: (...)
>
> VI – expedir notificações nos **procedimentos administrativos de sua competência**, requisitando informações e documentos para instruí-los, na forma da lei complementar mencionada no artigo anterior.

E, ainda, na **LC 75/1993 (LOMPU)**, arts. 7º, I, e 84:

> Art. 7º Incumbe ao Ministério Público da União, sempre que necessário ao exercício de suas funções institucionais:
>
> I – instaurar inquérito civil e **outros procedimentos administrativos correlatos**.
>
> Art. 84. Incumbe ao Ministério Público do Trabalho, no âmbito das suas atribuições (...):
>
> II – instaurar inquérito civil e **outros procedimentos administrativos**, sempre que cabíveis, para assegurar a observância dos direitos sociais dos trabalhadores.

25.10.6.3 *Celebração de Termo de Ajuste de Conduta (TAC)*

O Ministério Público do Trabalho poderá pacificar o conflito coletivo, por meio do Termo de Ajustamento de Conduta (TAC).

O fundamento legal do TAC é estabelecido no art. 5º, § 6º, Lei 7.347/1985 (LACP):

---

[132] O desarquivamento do mesmo procedimento administrativo poderá ocorrer no prazo de até seis meses. Se novas denúncias ocorrerem após esse interregno, será necessária a instauração de um novo procedimento investigatório (art. 12 da Resolução 69/2007 do CSMPT).

Os órgãos públicos legitimados poderão tomar dos interessados compromisso de ajustamento de sua conduta às exigências legais, mediante cominações, que terá eficácia de título executivo extrajudicial.

Do Procedimento Correicional 02/2000, do Ministério Público do Trabalho, poderão ser retirados os seguintes fundamentos:

Art. 1º Nos procedimentos de sua competência, o órgão do Ministério Público do Trabalho poderá tomar dos interessados o Termo de Compromisso de Ajustamento de Conduta às exigências legais, mediante cominações, com eficácia de título executivo extrajudicial.

§ 1º O Termo de Compromisso de Ajustamento de conduta conterá a qualificação completa do compromissário, as obrigações objeto do compromisso, as cominações para as hipóteses de não cumprimento, a indicação do fundo destinatário das multas, os prazos para ajustamento da conduta, local e data em que firmado e as assinaturas do compromissário ou seu procurador munido de poderes bastantes e do membro do Ministério Público do Trabalho.

§ 2º O Termo de Compromisso de Ajustamento de Conduta será lavrado em três vias: duas ficarão em poder do Ministério Público do Trabalho, sendo que uma delas constará dos autos do procedimento e outra arquivada em pasta própria; a última será entregue ao compromissário.

§ 3º Caberá ao Procurador oficiante verificar o cumprimento do Termo de Compromisso de Ajustamento de Conduta e promover a execução judicial, quando necessário, na forma da lei.

§ 4º O Termo de Compromisso de Ajustamento de Conduta não é sucedâneo de transação, sendo que o Procurador não poderá concordar com a dispensa de obrigações legais por parte do compromissário, mas apenas fixar de comum acordo as condições de cumprimento das obrigações.

§ 5º O Termo de Compromisso de Ajustamento de Conduta torna-se eficaz a partir do momento em que é tomado pelo órgão público legitimado.

Art. 2º A multa prevista no Termo de Compromisso de Ajustamento de Conduta possui natureza de *astreinte* e poderá ser fixada, preferencialmente, por obrigação assumida, sendo que ela não dispensa o cumprimento das obrigações de fazer e não fazer.

Art. 3º As condições de cumprimento previstas no Termo de Compromisso de Ajustamento de Conduta, inclusive a multa, poderão ser revistas a critério do Procurador oficiante, quando isso for necessário para a garantia de cumprimento das obrigações assumidas.

Com o advento da MP 905/2019, de 11 de novembro de 2019, o art. 627-A da CLT passou a ter a seguinte redação:

Art. 627-A. Poderá ser instaurado procedimento especial para a ação fiscal, com o objetivo de fornecer orientações sobre o cumprimento das leis de proteção ao trabalho e sobre a prevenção e o saneamento de infrações à legislação por meio de termo de compromisso, com eficácia de título executivo extrajudicial, na forma a ser disciplinada pelo Ministério da Economia.

§ 1º Os termos de ajustamento de conduta e os termos de compromisso em matéria trabalhista terão prazo máximo de dois anos, renovável por igual período desde que fundamentado por relatório técnico, e deverão ter suas penalidades atreladas aos valores das infrações contidas nesta Consolidação e em legislação esparsa trabalhista, hipótese em que caberá, em caso de descumprimento, a elevação das penalidades que forem infringidas três vezes.

§ 2º A empresa, em nenhuma hipótese, poderá ser obrigada a firmar dois acordos extrajudiciais, seja termo de compromisso, seja termo de ajustamento de conduta, seja outro instrumento equivalente, com base na mesma infração à legislação trabalhista.

Na verdade, teremos dois instrumentos jurídicos, um emanado dos auditores fiscais do trabalho do Ministério da Economia, denominado termo de compromisso, e outro do Ministério Público do Trabalho, o TAC (termo de ajustamento de conduta), ambos agora com idêntica natureza jurídica: a de título executivo extrajudicial.

Há uma nítida interferência do Poder Executivo no Ministério Público da União, a qual pertence ao MPT, pois limita o seu prazo de validade – de indeterminado para 2 anos, renovável pelo mesmo prazo, enquanto que no art. 21 da mesma MP 905/2019 estabelece a destinação de multas ou penalidades aplicáveis, como segue:

Art. 21. Sem prejuízo de outros recursos orçamentários a ele destinados, são receitas vinculadas ao Programa de Habilitação e Reabilitação Física e Profissional, Prevenção e Redução de Acidentes de Trabalho o produto da arrecadação de:

I – valores relativos a multas ou penalidades aplicadas em ações civis públicas trabalhistas decorrentes de descumprimento de acordo judicial ou termo de ajustamento de conduta firmado perante a União ou o Ministério Público do Trabalho, ou ainda termo de compromisso firmado perante o Ministério da Economia, observado o disposto no art. 627-A da Consolidação das Leis do Trabalho, aprovada pelo Decreto-Lei nº 5.452, de 1943;

II – valores relativos aos danos morais coletivos decorrentes de acordos judiciais ou de termo de ajustamento de conduta firmado pela União ou pelo Ministério Público do Trabalho; e

III – valores devidos por empresas que descumprirem a reserva de cargos destinada a pessoas com deficiência, inclusive referentes à aplicação de multas.

A MP 905/2019 ainda estabelece que os valores de que tratam os incisos II e III do *caput* supramencionado serão obrigatoriamente revertidos ao Programa de Habilitação e Reabilitação Física e Profissional, Prevenção e Redução de Acidentes de Trabalho, e que os recursos arrecadados na forma prevista neste artigo serão depositados na Conta Única do Tesouro Nacional.

A MP 905/2019 ainda cria o Conselho do Programa de Habilitação e Reabilitação Física e Profissional, Prevenção e Redução de Acidentes de Trabalho, com sede em Brasília, Distrito Federal, cuja composição e atribuições foram estabelecidos nos arts. 22 e 23 da mencionada MP.

Até o advento da MP 905/2019, o MPT tinha livre autonomia e legitimidade para verter os valores de multas por descumprimento de TACs ou emanados de ações ou acordos judiciais, relativos ao dano moral coletivo para o FAT (Fundo de Amparo ao Trabalhador) ou entidades filantrópicas, sem fins lucrativos, sujeitos à prestação de contas de tais recursos financeiros.

No entanto, como o Ministério Público do Trabalho retira suas prerrogativas e atribuições diretamente do Texto Constitucional (arts. 127 a 129 da CF/1988), que assegura sua independência e autonomia funcional e administrativa, sendo vedado ao Presidente da República interferir no livre exercício de suas funções, em qualquer de seus ramos, ao pretender legislar sobre tais prerrogativas e normas de Direito Processual Coletivo, entendemos que a MP 905/2019 incorre em inconstitucionalidade formal, em face da vedação disposta no art. 62, § 1º, I, letras *b* e *c*, da Constituição Federal, de forma que somente uma Emenda Constitucional poderia dispor sobre tal temática.

25.10.6.4 Objeto do TAC

As cláusulas do TAC podem reproduzir texto legal ou constitucional, e terão por objetivo a inibição, prevenção ou reparação de danos. Suas cláusulas devem ser precisas, objetivas, com completa descrição e especificidade das obrigações assumidas pelo compromissório, de forma a evitar dúvidas e indagações futuras.

Logo, tais cláusulas consistem em obrigações de fazer, não fazer e pagar (inclusive pagamento de indenização, em caso de ocorrência de dano), e poderão atingir todas as questões tratadas na investigação (compromisso integral) ou uma parte delas (TAC parcial).

No TAC, serão fixados o modo, o tempo (periodicidade) e o lugar de cumprimento das obrigações, não podendo ocorrer qualquer espécie de transação pelo Ministério Público do Trabalho, mesmo porque este não é titular do direito material colocado em questão.

Outro ponto relevante a ser destacado é que o Ministério Público do Trabalho, em suas atribuições de órgão agente ou interveniente, jamais defende interesse próprio ou particular, mas sempre militará em prol do interesse público primário da sociedade.

Sempre existirá nos TACs a imposição de *astreinte* (multa para ser aplicada em caso de descumprimento das obrigações de fazer ou não fazer, ou mesmo de dar, cuja reparação poderá ser em dinheiro ou *in natura*, por exemplo, promover a construção de uma creche para crianças carentes, custear uma escola para aprendizes etc.).

Um TAC e uma ação civil pública, sem imposição de *astreintes* para suas cláusulas envolvendo obrigações de fazer ou não fazer, ficarão totalmente desprovidas de eficácia no mundo jurídico, assemelhando-se a letras mortas.

Da mesma forma que os acordos judiciais que transitam em julgado e transmutam-se em título executivo judicial tão logo homologados pelo magistrado trabalhista, o TAC[133], uma vez subscrito e firmado pelo empregador e pelo procurador oficiante, se transmutará em título executivo extrajudicial, não dependendo de qualquer homologação superior. Seus efeitos serão imediatos.

Com fulcro no princípio da obrigatoriedade de atuação do Ministério Público do Trabalho, se um dos desdobramentos suprarrelacionados não forem adotados, não restará ao membro do Ministério Público do Trabalho outra opção senão o ajuizamento da ação coletiva correspondente ao caso concreto, em face da indisponibilidade do interesse em jogo.

Nesses casos, geralmente o membro do Ministério Público do Trabalho promove a elaboração da peça processual e faz a juntada de uma cópia integral dos autos administrativos do inquérito civil correspondente, com todas as suas peças.

Neste sentido, o Precedente 28/2001 (PGT/CCR):

> Para a instrução da ação civil pública, o Procurador oficiante juntará as peças principais do Inquérito, de modo a atender à exigência do artigo 283 do Código de Processo Civil, mediante cópias ou originais, a critério seu.

25.10.6.5 Possibilidade de desarquivamento do inquérito civil

Se ocorrer nova denúncia, com idêntico objeto, em face dos mesmos empregadores, no prazo de até seis meses, o Ministério Público do Trabalho poderá promover o desarquivamento do inquérito civil, no sentido de reiniciar as investigações,

---

[133] O Ministério do Trabalho e Emprego também pode celebrar termo de compromisso de ajuste de conduta com os empregadores, que não são dotados, porém, da natureza jurídica de título executivo extrajudicial. Estatui o art. 627-A da CLT: "Poderá ser instaurado procedimento especial para a ação fiscal, objetivando a orientação sobre o cumprimento das leis de proteção ao trabalho, bem como a prevenção e o saneamento de infrações à legislação mediante Termo de Compromisso, na forma a ser disciplinada no Regulamento da Inspeção do Trabalho".

não havendo inclusive impedimento à revisão do respectivo ato administrativo de arquivamento, ficando prevento o procurador que anteriormente já conduziu a investigação.

O arquivamento não cria **direito adquirido** nem gera **direito subjetivo** para o investigado.

25.10.6.6 Poder de requisição

A requisição é para o Ministério Público do Trabalho o que o mandado judicial representa para o Judiciário. Sendo assim, a requisição é uma ordem emanada do Ministério Público do Trabalho a ser cumprida pelo destinatário, e o seu descumprimento pode tipificar o crime de desobediência, prevaricação ou ainda outros delitos previstos em leis especiais (art. 10 da LACP). O prazo mínimo para sua cumprimento é de dez dias úteis, prorrogáveis mediante provocação.

25.10.6.7 Poder de notificação

Os fundamentos legais do Poder de Notificação encontramos no art. 129, VI, da CF/1988: "Expedir notificações nos procedimentos administrativos de sua competência, requisitando informações e documentos para instruí-los, na forma da lei complementar respectiva", bem como na LC 75/1993, art. 8º, I:

> I – notificar **testemunhas** e requisitar sua condução coercitiva, no caso de ausência injustificada;
> (...)
> VII – expedir notificações e intimações necessárias aos procedimentos e inquéritos que instaurar.

25.10.6.8 Poder de recomendação

Entre as atribuições do Ministério Público do Trabalho está a de expedir Recomendações, inclusive com cominações legais em caso de descumprimento, independentemente da existência de procedimento investigatório em aberto.

Assim dispõe a LC 75/1993, art. 6º, XX:

> Compete ao Ministério Público da União: (...)
> XX – expedir recomendações, visando à melhoria dos serviços públicos e de relevância pública, bem com ao respeito aos interesses, direitos e bens cuja defesa lhe cabe promover, fixando prazo razoável para a adoção das providências cabíveis.

Por sua vez, a Lei 8.625/1993 (LONMP), art. 27, parágrafo único, IV:

No exercício das atribuições a que se refere este artigo, cabe ao Ministério Público, entre outras providências: (...) promover audiências públicas e emitir relatórios, anual ou especiais, e recomendações (...).

25.10.6.9 Poder de inspeção e de realização de diligências

Extraímos da LC 75/1993: art. 8º, V e VI, que:

> V – realizar inspeções e diligências investigatórias;
>
> VI – ter livre acesso a qualquer local público ou privado, respeitadas as normas constitucionais pertinentes à inviolabilidade do domicílio.

O poder de inspeção, por seu turno, pode ser exercido sem a instauração prévia de procedimento administrativo, principalmente em situações de risco e urgência. Do resultado da inspeção realizada, nessas hipóteses, é que poderá ser iniciado o inquérito civil.

Se se tratar de domicílio de pessoa física, exige-se a autorização judicial específica, consoante o art. 5º, XI, CF/1988.

Entretanto, a CLT, com alterações introduzidas pela MP 905/2019, estabelece:

> Art. 626. Incumbe às autoridades competentes da Secretaria Especial de Previdência e Trabalho do Ministério da Economia a fiscalização do cumprimento das normas de proteção ao trabalho.
>
> Parágrafo único. Compete exclusivamente aos Auditores Fiscais do Trabalho a fiscalização a que se refere este artigo, na forma estabelecida nas instruções normativas editadas pela Secretaria Especial de Previdência e Trabalho do Ministério da Economia.

E, ainda,

> Art. 627. A fim de promover a instrução dos responsáveis no cumprimento das leis de proteção do trabalho, a fiscalização observará o critério de dupla visita nas seguintes hipóteses:
>
> I – quando ocorrer promulgação ou edição de novas leis, regulamentos ou instruções normativas, durante o prazo de cento e oitenta dias, contado da data de vigência das novas disposições normativas;
>
> II – quando se tratar de primeira inspeção em estabelecimentos ou locais de trabalho recentemente inaugurados, no prazo de cento e oitenta dias, contado da data de seu efetivo funcionamento;
>
> III – quando se tratar de microempresa, empresa de pequeno porte e estabelecimento ou local de trabalho com até vinte trabalhadores;

IV – quando se tratar de infrações a preceitos legais ou a regulamentações sobre segurança e saúde do trabalhador de gradação leve, conforme regulamento editado pela Secretaria Especial de Previdência e Trabalho do Ministério da Economia; e

V – quando se tratar de visitas técnicas de instrução previamente agendadas com a Secretaria Especial de Previdência e Trabalho do Ministério da Economia.

§ 1º O critério da dupla visita deverá ser aferido para cada item expressamente notificado por Auditor Fiscal do Trabalho em inspeção anterior, presencial ou remota, hipótese em que deverá haver, no mínimo, noventa dias entre as inspeções para que seja possível a emissão de auto de infração.

§ 2º O benefício da dupla visita não será aplicado para as infrações de falta de registro de empregado em Carteira de Trabalho e Previdência Social, atraso no pagamento de salário ou de FGTS, reincidência, fraude, resistência ou embaraço à fiscalização, nem nas hipóteses em que restar configurado acidente do trabalho fatal, trabalho em condições análogas às de escravo ou trabalho infantil.

§ 3º No caso de microempresa ou empresa de pequeno porte, o critério de dupla visita atenderá ao disposto no § 1º do art. 55 da Lei Complementar nº 123, de 14 de dezembro de 2006.

4º A inobservância ao critério de dupla visita implicará nulidade do auto de infração lavrado, independentemente da natureza principal ou acessória da obrigação.

25.10.6.10 Poder de realização de audiências públicas

O fundamento para esse poder do Ministério Público é extraído do art.129, II, da CF:

Art. 129. São funções institucionais do Ministério Público: (...)

II – zelar pelo efetivo respeito dos Poderes Públicos e dos serviços de relevância pública aos direitos assegurados nesta Constituição, promovendo as medidas necessárias a sua garantia.

E da mesma forma, na Lei 8.625/1993 (LONMP), art. 27, parágrafo único, IV.

A audiência pública pode ser considerada uma espécie de assembleia convocada e presidida pelo membro do Ministério Público, com a participação de autoridades federais, estaduais ou municipais, e demais representantes da sociedade civil, e interessados em geral, com a finalidade de apresentar, informar e ouvir sugestões, se for o caso, sobre temas de interesse público primário de toda a sociedade, objeto de procedimentos de investigação em curso.

O CPC/2015 buscou esse instituto, entre outros do microssistema de tutela coletiva, para aplicá-lo especialmente em lides de interesse público ou nos incidentes de resolução de demandas repetitivas (art. 926 e seguintes do CPC).

A audiência pública poderá apresentar os seguintes desdobramentos por parte do membro oficiante: a) proposição de ação civil pública ou coletiva; b) promoção do arquivamento da investigação; c) celebração de um ou vários termos de ajustamento de conduta; d) expedição de recomendações; ou e) instauração de inquérito civil para dar continuidade à investigação iniciada.

25.11 AÇÃO CIVIL PÚBLICA

Para Hugo Nigro Mazzilli[134],

> (...) sob o aspecto doutrinário, ação civil pública é a ação de objeto não penal proposta pelo Ministério Público, após diferenciar ação privada e pública, aduzindo a respeito que ocorre a ação privada quando o poder de provocar o exercício da jurisdição está reservado de um modo exclusivo ao titular do interesse individual que a norma jurídica protege, ao passo que ação pública quando tal poder é confiado pelo Estado a um órgão público especial, que age, independentemente de qualquer estímulo privado, por dever de ofício.

Rodolfo de Camargo Mancuso[135], no atinente à denominação ação civil pública, observa que

> (...) essa ação não é pública porque o Ministério Público pode promovê-la, a par de outros legitimados, mas sim porque ela apresenta um largo espectro social de atuação, permitindo o acesso à justiça de certos interesses metaindividuais que, de outra forma, permaneceriam num certo limbo jurídico.

Desse modo, a denominação ação civil pública não tem essa denominação em decorrência do órgão legitimado a manejá-la em juízo, uma vez que existem outros legitimados legalmente autorizados, nem com o fato de os interesses transindividuais por ela albergados serem de interesse público.

Ronaldo Lima dos Santos[136] faz bem essa distinção, quando aponta que

> (...) os interesses transindividuais não se confundem com os interesses públicos (primários e secundários), por serem de naturezas ontologicamente diversas. O "público" assim deriva mais da relevância social dos interesses protegidos por intermédio da ação civil pública que da natureza desses. (...) Se observarmos com rigor, a expressão "ação civil pública" não possui qualquer correlação com os critérios subjetivo (titularidade da ação) e objetivo (direito material por ela pretendido).

---

[134] MAZZILLI, Hugo Nigro. *A defesa dos interesses difusos em juízo*. 19. ed. São Paulo: Saraiva, 2006. p. 68.
[135] MANCUSO, Rodolfo de Camargo. *Ação civil pública*. São Paulo: RT, 1999. p. 18.
[136] SANTOS, Ronaldo Lima dos. *Sindicatos e ações coletivas*. São Paulo: LTr, 2008. p. 342.

Esse autor retrocitado define ação civil pública como

> (...) o instrumento processual, de cunho constitucional, assegurado a determinados autores ideológicos com legitimação prevista em lei (Ministério Público, Defensoria Pública, entes estatais, autarquia, empresa pública, fundação, sociedade de economia mista e associações, entre as quais incluem-se as entidades sindicais), para a tutela preventiva, inibitória ou reparatória de danos morais e patrimoniais aos interesses transindividuais – difusos, coletivos e individuais homogêneos – afetos, direta ou indiretamente, às relações de trabalho[137].

A Lei Complementar 40/1981 (Lei Orgânica do Ministério Público) foi o primeiro dispositivo legal a tratar da ação civil pública no Brasil, mas o marco divisório no processo coletivo brasileiro pode ser admitido a partir da promulgação da Lei 7.347/1985 e o advento da Constituição Federal de 1988, que a erigiu a instrumento processual constitucional, no art. 129, inciso III.

A Constituição Federal promoveu alterações estruturais nas funções do Ministério Público brasileiro, virtualmente remodelando-o na defesa dos direitos coletivos de 3ª dimensão, dotando seus membros de dois poderosos instrumentos: o inquérito civil, que pode desaguar na celebração do Termo de Ajustamento de Conduta, se não houver arquivamento do procedimento investigatório, e as ações moleculares, entre elas a ação civil pública, destinados à consecução de direitos sociais constitucionais que necessitam de uma eficaz ação a ser concretizada pelo Poder Executivo, para que possam ser usufruídos pelos destinatários da norma constitucional, posto que, sem essa intervenção, tais direitos seriam inviabilizados.

Em outras palavras, o Ministério Público induz o Estado a cumprir suas responsabilidades políticas na concretização do pacto constitucional desenhado em 1988, da mesma forma que o faz em relação às empresas e empregadores privados.

25.11.1 Objeto da ação civil pública

A Lei Complementar 75/1993 (Lei Orgânica do Ministério Público da União) veio sepultar as resistências iniciais à ação civil pública na Justiça do Trabalho, ao estabelecer em seu art. 83, *in verbis*:

> Art. 83. Compete ao Ministério Público do Trabalho o exercício das seguintes atribuições junto aos órgãos da Justiça do Trabalho:
> I – promover as ações que lhe sejam atribuídas pela Constituição Federal e pelas leis trabalhistas;

---

[137] Idem, ibidem, p. 343.

II – manifestar-se em qualquer fase do processo trabalhista, acolhendo solicitação do juiz ou por sua iniciativa, quando entender existente interesse público que justifique a intervenção;

III – promover a ação civil pública no âmbito da Justiça do Trabalho, para defesa de interesses coletivos, quando desrespeitados os direitos sociais constitucionalmente garantidos.

Portanto, a ação civil pública constitui espécie do gênero ações coletivas e objetiva a proteção dos direitos e interesses transindividuais – difusos, coletivos e individuais homogêneos.

Tais direitos e interesses estão definidos no art. 81 da Lei 8.078/1990:

Art. 81. A defesa dos interesses e direitos dos consumidores e das vítimas poderá ser exercida em Juízo individualmente, ou a título coletivo.

Parágrafo único. A defesa coletiva será exercida quando se tratar de:

I – interesses ou direitos difusos, assim entendidos, para efeitos deste Código, os transindividuais, de natureza indivisível, de que sejam titulares pessoas indeterminadas e ligadas por circunstâncias de fato;

II – interesses ou direitos coletivos, assim entendidos, para efeitos deste Código, os transindividuais de natureza indivisível de que seja titular grupo, categoria ou classe de pessoas ligadas entre si ou com a parte contrária por uma relação jurídica-base;

III – interesses ou direitos individuais homogêneos, assim entendidos os decorrentes de origem comum.

O art. 1º da Lei 7.347/1985 (LACP) dispõe que:

Art. 1º Regem-se pelas disposições desta Lei, sem prejuízo da ação popular, as ações de responsabilidade por danos morais e patrimoniais causados: (Redação dada pela Lei nº 12.529, de 2011).

I – ao meio-ambiente;

II – ao consumidor;

III – a bens e direitos de valor artístico, estético, histórico, turístico e paisagístico;

IV – a qualquer outro interesse difuso ou coletivo. (Incluído pela Lei nº 8.078 de 1990)

V – por infração da ordem econômica; (Redação dada pela Lei nº 12.529, de 2011).

VI – à ordem urbanística. (Incluído pela Medida provisória nº 2.180-35, de 2001)

VII – à honra e à dignidade de grupos raciais, étnicos ou religiosos. (Incluído pela Lei nº 12.966, de 2014)

VIII – ao patrimônio público e social. (Incluído pela Lei nº 13.004, de 2014)

Parágrafo único. Não será cabível ação civil pública para veicular pretensões que envolvam tributos, contribuições previdenciárias, o Fundo de Garantia do Tempo de Serviço – FGTS ou outros fundos de natureza institucional cujos beneficiários podem ser individualmente determinados. (Incluído pela Medida provisória nº 2.180-35, de 2001)

25.11.2 Natureza jurídica

Entendem-se por natureza jurídica de um instituto suas características intrínsecas, nucleares, bem como seu enquadramento no direito público ou privado.

A ação civil pública é uma ação de natureza não penal, consistindo em ação de conhecimento, de natureza constitutiva e declaratória, tendo sido alçada à índole constitucional (art. 129, III, CF/1988), e posicionando-se hodiernamente como um dos principais instrumentos da tutela jurisdicional coletiva, ao lado da ação civil coletiva (CDC, art. 81 e seguintes), para a proteção dos direitos e interesses transindividuais na órbita das relações de trabalho.

25.11.3 Obrigações de fazer, não fazer e de suportar

O art. 3º da Lei 7.347/1985 estatui que a ação civil poderá ter por objeto a condenação em dinheiro ou o cumprimento de obrigação de fazer ou não fazer, enquanto o art. 4º[138] estabelece que poderá ser ajuizada ação cautelar, objetivando, inclusive, evitar o dano ao patrimônio, ao meio ambiente, ao consumidor, à honra e à dignidade de grupos raciais, étnicos ou religiosos, à ordem urbanística ou aos bens e direitos de valor artístico, estético, histórico, turístico e paisagístico.

Portanto, no que se refere aos direitos ou interesses difusos e coletivos, os pedidos são direcionados principalmente ao cumprimento de uma obrigação de fazer ou não fazer, inclusive de natureza preventiva.

Entre os pedidos atinentes às obrigações de não fazer encontramos:

a) abster-se de discriminar, com base no sexo, as mulheres no tocante a ascensão funcional e remuneração;

b) abster-se de discriminar, com base na cor/raça, as pessoas negras no tocante a admissão no emprego, ascensão funcional e remuneração;

c) abster-se de cobrar taxas ou contribuições de trabalhadores não filiados ao sindicato da categoria profissional;

---

[138] "Art. 4º Poderá ser ajuizada ação cautelar para os fins desta Lei, objetivando, inclusive, evitar dano ao patrimônio público e social, ao meio ambiente, ao consumidor, à honra e à dignidade de grupos raciais, étnicos ou religiosos, à ordem urbanística ou aos bens e direitos de valor artístico, estético, histórico, turístico e paisagístico. (Redação dada pela Lei nº 13.004, de 2014)."

d) abster-se de utilizar do ajuizamento de reclamação simulada ou de se utilizar dos serviços da Comissão de Conciliação Prévia com o objetivo de dar quitação geral e total a extinto contrato de trabalho de empregado dispensado/demitido, uma vez que a instalação da sessão de conciliação pressupõe a existência de conflito trabalhista;

e) abster-se de exigir a prorrogação da jornada normal de trabalho de seus empregados, além do limite de 2 (duas) horas diárias, sem qualquer justificativa legal, conforme art. 59, *caput*, da CLT;

f) abster-se de praticar, no meio ambiente de trabalho, por meio de seus prepostos, diretores, gerentes ou superiores hierárquicos, qualquer forma de assédio moral ou sexual em face de seus empregados, sob a forma de coação, discriminação, constrangimento ou humilhação, tais como xingamentos, ofensa à honra e à imagem, ameaças de dispensas, gritos ou qualquer outro ato, gesto, palavra ou omissão que configure prática de assédio moral e implique violação à dignidade do trabalhador, inclusive com o propósito de provocar eventual pedido de demissão no emprego.

Em relação às obrigações de fazer, temos:

a) conceder a todos os seus empregados um descanso semanal de 24 (vinte e quatro) horas consecutivas, conforme previsão do art. 67, *caput*, da CLT;

b) conceder a seus empregados intervalo mínimo de 11 (onze) horas consecutivas entre as jornadas de trabalho, bem como, no mínimo, 24 horas de descanso semanal remunerado, na forma estabelecida no art. 66 e seguintes da CLT;

c) promover treinamento admissional e periódico para todos os empregados que conduzem empilhadeiras, com o fim de prevenir eventuais acidentes de trabalho.

A ação civil pública eventualmente também poderá conter pedidos envolvendo obrigação de suportar, como a seguinte:

a) abster-se de promover qualquer alteração técnica ou manipulação nas máquinas de registro eletrônico de ponto, que registram a jornada de trabalho de seus empregados, sem a presença de um representante do sindicato da categoria profissional.

Poderá também ocorrer a interposição na seguinte hipótese:

Art. 4º Poderá ser ajuizada ação cautelar para os fins desta Lei, objetivando, inclusive, evitar dano ao patrimônio público e social, ao meio ambiente, ao consumidor, à honra e à dignidade de grupos raciais, étnicos ou religiosos, à ordem urbanística ou aos bens e direitos de valor artístico, estético, histórico, turístico e paisagístico.

25.11.4 Cominação de multas e *astreintes* na ação civil pública

As *astreintes* originaram-se no direito francês e não se confundem com cláusula penal. Esta última é de natureza jurídica de direito material, expressa no art. 408[139] do Código Civil, e possui uma limitação em relação ao valor do principal (art. 412) da obrigação assumida, ao passo que as *astreintes* têm natureza jurídica de direito processual e não existe qualquer limitação no valor a ser aplicado, em caso de descumprimento da obrigação.

Em sede de ação civil pública, além do pagamento dos valores relativos às *astreintes*, o réu será compelido a pagar os valores correspondentes às indenizações provenientes dos atos ilícitos praticados, inclusive eventual indenização por dano moral coletivo.

As multas e as *astreintes* têm por finalidade coagir o infrator, financeira e psicologicamente, a cumprir a decisão judicial, ou eventualmente o Termo de Ajustamento de Conduta celebrado com o Ministério Público. Tal cominação não possui natureza penal e geralmente é fixada em relação a cada cláusula no Termo de Ajustamento ou pedido descumprido na ação coletiva, por empregado encontrado em situação irregular, por dia de atraso no cumprimento da decisão e formas análogas.

Com efeito, os valores atribuídos às cominações, multas ou *astreintes* deverão ser fixados, tendo em vista os princípios da razoabilidade e da proporcionalidade, levando-se sempre em consideração a situação econômico-financeira do ofensor, a gravidade da ofensa, o número de trabalhadores lesados, bem como a própria comunidade que eventualmente sofreu, de forma direta ou indireta, pelas lesões perpetradas. Esses valores deverão ser elevados de modo a desmotivar o infrator a continuar perpetrando as lesões ou descumprindo as obrigações assumidas, porém não pode ser excessivo a ponto de inviabilizar a atividade econômica do infrator. Tal cominação poderá até mesmo ser fixada de ofício pelo magistrado, independentemente do pleito do autor.

Os arts. 11 e 12 da Lei 7.347/1985 trata de tais cominações:

> Art. 11. Na ação que tenha por objeto o cumprimento de obrigação de fazer ou não fazer, o Juiz determinará o cumprimento da prestação da atividade devida ou a cessação da atividade nociva, sob pena de execução específica, ou de comi-

---

[139] "Art. 408. Incorre de pleno direito o devedor na cláusula penal, desde que, culposamente, deixe de cumprir a obrigação ou se constitua em mora."

nação de multa diária, se esta for suficiente ou compatível, independentemente de requerimento do autor.

Art. 12. Poderá o Juiz conceder mandado liminar, com ou sem justificação prévia, em decisão sujeita a agravo.

A multa diária do art. 11 retrorreferenciada não se confunde com a multa do art. 12, § 2º, da Lei 7.347/1985, que estatui:

> § 2º A multa cominada liminarmente só será exigível do réu após o trânsito em julgado da decisão favorável ao autor, mas será devida desde o dia em que se houver configurado o descumprimento.

A primeira destina-se à execução específica da obrigação de fazer ou de não fazer fixada no provimento judicial definitivo, sendo esta última estabelecida no mandado liminar, e somente será exigida após o trânsito em julgado da decisão favorável ao autor.

A destinação dos valores arrecadados referentes a multas e *astreintes*, bem como os valores provenientes das condenações genéricas por danos materiais ou morais causados aos direitos difusos e coletivos, na seara trabalhista, inicialmente eram depositados para o Fundo de Amparo ao Trabalhador (Lei 7.998/1990), por ausência de um fundo específico, e mais recentemente estão sendo destinadas ao Fundo Nacional dos Direitos Difusos, ou a instituições filantrópicas, assistenciais, sem fins lucrativos, cujos objetivos sociais incluam a assistência e amparo à criança, adolescente, portadores de deficiência, idosos etc., em juízo de discricionariedade do membro do Ministério Público, ou por determinação judicial.

Importante registrar que os valores determinados pelo magistrado a título de *astreintes* não transitam em julgado, materialmente falando, uma vez que poderão ser modificados no futuro, de acordo com o que estabelece o art. 461, § 5º, do CPC/1973, que corresponde ao art. 536, § 1º, do CPC/2015).

O art. 627-A, inserido na CLT pela MP 905/2019, determina que:

> § 1º Os termos de ajustamento de conduta e os termos de compromisso em matéria trabalhista terão prazo máximo de dois anos, renovável por igual período desde que fundamentado por relatório técnico, e deverão ter suas penalidades atreladas aos valores das infrações contidas nesta Consolidação e em legislação esparsa trabalhista, hipótese em que caberá, em caso de descumprimento, a elevação das penalidades que forem infringidas três vezes.
>
> § 2º A empresa, em nenhuma hipótese, poderá ser obrigada a firmar dois acordos extrajudiciais, seja termo de compromisso, seja termo de ajustamento de conduta, seja outro instrumento equivalente, com base na mesma infração à legislação trabalhista.

Na verdade, teremos dois instrumentos jurídicos, um emanado dos auditores fiscais do trabalho do Ministério da Economia, denominado *termo de compromisso*, e outro do Ministério Público do Trabalho, o TAC (termo de ajustamento de conduta), ambos agora com idêntica natureza jurídica: a de título executivo extrajudicial.

E quanto à destinação dos recursos provenientes de multas por descumprimento dos TACs ou do dano moral coletivo, a MP 905/2019, assim dispôs:

> Art. 21. Sem prejuízo de outros recursos orçamentários a ele destinados, são receitas vinculadas ao Programa de Habilitação e Reabilitação Física e Profissional, Prevenção e Redução de Acidentes de Trabalho o produto da arrecadação de:
>
> I – valores relativos a multas ou penalidades aplicadas em ações civis públicas trabalhistas decorrentes de descumprimento de acordo judicial ou termo de ajustamento de conduta firmado perante a União ou o Ministério Público do Trabalho, ou ainda termo de compromisso firmado perante o Ministério da Economia, observado o disposto no art. 627-A da Consolidação das Leis do Trabalho, aprovada pelo Decreto-Lei nº 5.452, de 1943;
>
> II – valores relativos aos danos morais coletivos decorrentes de acordos judiciais ou de termo de ajustamento de conduta firmado pela União ou pelo Ministério Público do Trabalho; e
>
> III – valores devidos por empresas que descumprirem a reserva de cargos destinada a pessoas com deficiência, inclusive referentes à aplicação de multas.

A MP 905/2019 ainda estabelece que os valores de que tratam os incisos II e III do *caput* supramencionado serão obrigatoriamente revertidos ao Programa de Habilitação e Reabilitação Física e Profissional, Prevenção e Redução de Acidentes de Trabalho, e que os recursos arrecadados na forma prevista neste artigo serão depositados na Conta Única do Tesouro Nacional.

A MP 905/2019 ainda cria o Conselho do Programa de Habilitação e Reabilitação Física e Profissional, Prevenção e Redução de Acidentes de Trabalho, com sede em Brasília, Distrito Federal, cuja composição e atribuições foram estabelecidos nos arts. 22 e 23 da mencionada MP.

Como o Ministério Público do Trabalho retira suas prerrogativas e atribuições diretamente do Texto Constitucional (arts. 127 a 129 da CF/1988), que assegura sua independência e autonomia funcional e administrativa, sendo vedado ao Presidente da República interferir no livre exercício de suas funções, em qualquer de seus ramos, ao pretender legislar sobre tais prerrogativas e normas de Direito Processual Coletivo, entendemos que a MP 905/2019 incorre em inconstitucionalidade formal, em face da vedação disposta no art. 62, § 1º, I, letras *b* e *c*, da Constituição Federal, de forma que somente uma Emenda Constitucional poderia dispor sobre tal temática.

A competência material para a proposição da ação civil pública encontra-se no art. 114 da CF/1988, com a nova redação da Emenda Constitucional 45/2004, bem como no art. 83, III, da Lei Complementar 75/1993, *in verbis*:

> Art. 114. Compete à Justiça do Trabalho processar e julgar:
>
> I – as ações oriundas da relação de trabalho, abrangidos os entes de direito público externo e da administração pública direta e indireta da União, dos Estados, do Distrito Federal e dos Municípios.
>
> Art. 83. Compete ao Ministério Público do Trabalho o exercício das seguintes atribuições junto aos órgãos da Justiça do Trabalho: (...)
>
> III – promover a ação civil pública no âmbito da Justiça do Trabalho, para defesa de interesses coletivos, quando desrespeitados os direitos sociais constitucionalmente garantidos.

De outra parte, o art. 129, III, da Constituição Federal, assim dispõe:

> Art. 129. São funções institucionais do Ministério Público: (...)
>
> III – promover o inquérito civil e a ação civil pública, para a proteção do patrimônio público e social, do meio ambiente e de outros interesses difusos e coletivos.

O art. 6º, VII, letra "d", da Lei Complementar 75/1993 ainda dispõe que cabe ao Ministério Público da União, do qual faz parte o Ministério Público do Trabalho:

> VII – promover o inquérito civil e a ação civil pública para: (...)
>
> c) a proteção dos interesses individuais indisponíveis, difusos e coletivos, relativos às comunidades indígenas, à família, à criança, ao adolescente, ao idoso, às minorias étnicas e ao consumidor;
>
> d) outros interesses individuais indisponíveis, homogêneos, sociais, difusos e coletivos.

Com fulcro nesses dispositivos constitucionais e infraconstitucionais, não resta dúvida que a competência para dirimir conflitos coletivos, em sede de ação civil pública, cujos pedidos e causa de pedir relacionem-se às relações de trabalho, é da Justiça Especializada Trabalhista, sendo determinada pelos elementos contidos na petição inicial geralmente de natureza declaratória, constitutiva ou condenatória.

25.11.5 Competência funcional territorial

A competência funcional territorial da ação civil pública na órbita da Justiça do Trabalho é expressa pelo art. 2º da Lei 7.347/1985, como segue:

> Art. 2º As ações previstas nesta Lei serão propostas no foro do local onde ocorrer dano, cujo Juízo terá competência funcional para processar e julgar a causa.
>
> Parágrafo único. A propositura da ação prevenirá a jurisdição do juízo para todas as ações posteriormente intentadas que possuam a mesma causa de pedir ou o mesmo objeto.

Como se verifica pelo dispositivo legal supraenunciado, a competência territorial para julgamento da ação civil pública na Justiça do Trabalho é da Vara do Trabalho ou do Juiz de Direito investido na jurisdição trabalhista (art. 668 da CLT) do local onde tenha se verificado o dano. Se o dano for de tal magnitude que extrapole a área territorial da circunscrição da Vara do Trabalho ou do Juiz de Direito Investido na jurisdição trabalhista, o juiz que primeiro conhecer da demanda estará prevento.

Não obstante, sobre essa competência funcional territorial, embora à primeira leitura possa induzir em qualificá-la como relativa, em uma análise mais profunda chegaremos à ilação de que sua natureza, não pode ser derrogada pela vontade das partes

Raimundo Simão de Melo[140] esclarece que

> (...) a razão é que essa competência é instituída em razão da função do juiz no processo, o qual, na intenção do legislador, é mais bem habilitado para decidir os conflitos no local da sua atuação, por conhecer melhor as questões que envolvem o litígio. À primeira vista poder-se-ia pensar tratar-se de competência territorial. Mas não é o caso, porque, embora exista algum traço de territorialidade (a competência é territorial-funcional), o que prevalece é a funcionalidade do juiz do local do dano, que melhores condições tem para exercer a sua função jurisdicional, por estar mais próximo fisicamente do fato, além do melhor e mais fácil acesso à prova sobre os fatos controvertidos.

Informa ainda o autor[141] que

> (...) o texto legal não deixa espaço para se pensar numa competência relativa, porque o que move a tutela dos interesses metaindividuais é o interesse público, caracterizado pela indisponibilidade do seu objeto, não sendo possível, pois, que ao seu livre talante as partes modifiquem a competência do juízo que, em alguma hipótese, pode levar a prejuízo irreparável e irreversibilidade para a sociedade, que é a titular de tais direitos.

25.11.6 Antecipação dos efeitos da tutela

O art. 12 da LACP assim se expressa:

> Art. 12. Poderá o juiz conceder mandado liminar, com ou sem justificação prévia, em decisão sujeita a agravo.
>
> § 1º A requerimento de pessoa jurídica de direito público interessada, e para evitar grave lesão à ordem, à saúde, à segurança e à economia pública, poderá

---

[140] MELO, Raimundo Simão de. *Ação civil pública*. São Paulo: LTr, 2010. p. 235.
[141] Idem, ibidem, p. 236.

o Presidente do Tribunal a que competir o conhecimento do respectivo recurso suspender a execução da liminar, em decisão fundamentada, da qual caberá agravo para uma das turmas julgadoras, no prazo de 5 (cinco) dias a partir da publicação do ato.

A aplicação subsidiária do Código de Processo Civil (art. 19 da Lei 7.347/1985) permite a utilização da antecipação de tutela em sede da ação civil pública.

Não obstante, plenamente cabível e até necessária a concessão de liminar ou de antecipação de tutela na ação civil pública, pela dignidade, às vezes urgência e relevância de seu objeto, não comportando recurso imediato em face do princípio da irrecorribilidade das decisões interlocutórias (Súmula 214 do TST) no Processo do Trabalho, podendo haver impugnação da decisão definitiva por meio de recurso ordinário para o Tribunal Regional do Trabalho e recurso de revista para o Tribunal Superior do Trabalho.

A diferença fundamental é que nas ações moleculares a antecipação de tutela, seja de conteúdo cautelar ou satisfativo, objetivando garantir o resultado útil do processo ou antecipar os efeitos do mérito, não se utiliza do disposto no art. 300 do CPC/2015 e art. 461 do CPC/1973 e atual art. 497 do CPC/2015, mais afeto às ações atomizadas, e têm como regra geral o preenchimento dos requisitos do *fumus boni iuris* (relevância do fundamento da demanda) e do *periculum in mora* (justificado receito de ineficácia do provimento final.

Aplica-se, também, nesse caso, e com o mesmo desiderato, o art. 84, § 3º, do Código de Defesa do Consumidor (CDC).

Importante ressaltar que as ações moleculares que compõem o microssistema de tutela coletiva dispõem de normatização própria relacionada às tutelas de urgência, e somente se utilizam do Código de Processo Civil de forma subsidiária.

Em outras palavras, havendo lacuna ou omissão em um instrumento do microssistema de tutela coletiva, deve-se buscar a colmatação entre os vários outros instrumentos do mesmo microssistema, e, somente após esgotada essa fase, deve o intérprete se socorrer, subsidiaria ou complementarmente, no CPC/2015, com o qual o microssistema de tutela coletiva estabelece uma relação de dupla mão, por meio do diálogo de fontes.

A concessão da antecipação de tutela nas ações moleculares pode e algumas vezes deve ser prolatada até mesmo de ofício, sem o requerimento do legitimado pela gravidade e relevância dos pedidos[142].

---

[142] "Art. 11. Na ação que tenha por objeto o cumprimento de obrigação de fazer ou não fazer, o juiz determinará o cumprimento da prestação da atividade devida ou a cessação da atividade nociva, sob pena de execução específica, ou de cominação de multa diária, se esta for suficiente ou compatível, independentemente de requerimento do autor.

25.11.7 Alcance e efeitos da coisa julgada

A coisa julgada nas ações atomizadas configura-se como de natureza *inter-partes* e *pro et contra*. *Inter partes*, na medida em que vincula apenas os sujeitos do processo, limitando os efeitos da imutabilidade da decisão (art. 506[143] do CPC/2015). *Pro et contra*, porque ocorre tanto para o benefício do autor, como a procedência da demanda que confirma a sua pretensão, como em seu prejuízo, como declaração negativa de seu direito.

Entretanto, a coisa julgada nas ações moleculares se processa de forma diversa. A primeira fórmula nacional foi a coisa julgada *secundum eventus probationis*, colocada no art. 18 da Lei da Ação Popular 4.717/1965 e no art. 16 da Lei 7.347/1985, segundo a qual em caso de insuficiência de provas não se daria coisa julgada material, podendo ser reproposta a demanda. Essa solução deixava a desejar, principalmente porque não cuidava da situação dos direitos individuais dos particulares, em caso de julgamentos pela improcedência do pedido. Faltava a lei determinar em que grau estariam vinculados os titulares de direitos individuais.

O CDC (Lei 8.078/1990) estabeleceu nova disciplina, dando atenção direta às garantias individuais, ditando que não serão prejudicadas as ações individuais em razão do insucesso da ação coletiva, sem a anuência do indivíduo. A improcedência de uma demanda coletiva poderia ser estabilizada pela coisa julgada material apenas no âmbito da tutela coletiva, sem qualquer repercussão no âmbito da tutela individual. A procedência da demanda coletiva torna-se indiscutível pela coisa julgada material no âmbito da tutela coletiva e, ainda, estende os seus efeitos para beneficiar os indivíduos em suas ações individuais.

Fredie Didier Jr. e Hermes Zaneti Jr.[144] aduzem que:

> (...) foi dessa forma que surgiu uma situação interessante e nova, a extensão *secundum eventum litis*, da coisa julgada coletiva ao plano individual: as sentenças somente terão estabilizadas suas eficácias com relação aos substituídos (indivíduos) quando o forem de procedência nas ações coletivas. (...) A decisão nas ações coletivas trará, porém, sempre alguma influência sobre as ações individuais mesmo quando denegatória no mérito. Como salientou-se na doutrina, somente em casos excepcionais os titulares individuais terão chance de êxito, visto que a natural amplitude da discussão no processo coletivo agirá como fator de reforço ou fortalecimento da convicção jurisdicional.

Art. 12. Poderá o juiz conceder mandado liminar, com ou sem justificação prévia, em decisão sujeita a agravo."

[143] "Art. 506. A sentença faz coisa julgada às partes entre as quais é dada, não prejudicando terceiros."

[144] DIDIER JR., Fredie; ZANETI JR., Hermes. *Curso de direito processual civil*. Processo coletivo. Salvador: JusPodivm, 2007. v. 4, p. 342.

Esses autores[145] concluem o seu pensamento destacando que,

> (...) em contrapartida, o CDC determinou a ocorrência da coisa julgada material entre os colegitimados e a contraparte, ou seja, a impossibilidade de repropor a demanda coletiva caso haja sentença de mérito (*pro et contra*), atendendo, assim, aos fins do Estado na obtenção da segurança jurídica e respeitando o devido processo legal com relação ao réu que não se expõe indeterminadamente à ação coletiva, ficando, desta forma, respeitada a regra tantas vezes defendida pela doutrina: "a coisa julgada, como resultado da definição da relação processual, é obrigatória para os sujeitos desta". Nos processos coletivos ocorre sempre coisa julgada. A extensão subjetiva desta é que se dará "segundo o resultado do litígio" atingindo os titulares do direito individual (de certa forma denominados substituídos) apenas para seu benefício.

Podemos, dessa forma, dizer que os efeitos *secundum eventum litis* aplicam-se aos interesses e direitos difusos; produzindo coisa julgada será *erga omnes*. Nesse caso, apenas se a decisão for de procedência é que gerará efeitos processuais para os integrantes da coletividade representada na ação civil pública, em suas esferas individuais.

No caso da coisa julgada em sede de ação civil pública envolvendo interesses difusos, ocorrendo a improcedência do pedido, por insuficiência de provas, ocorre coisa julgada *secundum eventum probationis*, com possibilidade de propositura de nova demanda com o mesmo objeto e causa de pedir, com base em novas provas, inclusive pelo autor que havia proposto a ação anterior.

Nas ações civis públicas, cujo objeto sejam direitos ou interesses difusos, ocorrendo a improcedência do pedido por qualquer motivo, que não a insuficiência de provas, ocorrerá coisa julgada material, com eficácia *erga omnes* e a impossibilidade de propositura de nova demanda, com o mesmo objeto e causa de pedir, por qualquer ente legitimado.

Nas ações moleculares, tendo por objeto direitos coletivos, em caso de procedência do pedido, ocorrerá coisa julgada material, com eficácia *ultra partes*, com a consequente impossibilidade de propositura de nova demanda com o mesmo objeto e causa de pedir, por qualquer ente legitimado.

De modo diverso, ocorrendo a improcedência do pedido, nas ações moleculares, cujo objeto sejam os interesses e direitos coletivos, por qualquer motivo que não a insuficiência de provas, haverá coisa julgada material, com eficácia *ultra partes* e impossibilidade de propositura de nova demanda com o mesmo objeto e causa de pedir, por qualquer legitimado.

Se ainda nesse mesmo tipo de ação coletiva, envolvendo direitos coletivos, a improcedência do pedido se der por insuficiência de provas, haverá coisa julgada

---

[145] Idem, ibidem, p. 344.

secundum eventum probationis[146], com possibilidade de propositura de nova demanda com o mesmo objeto e causa de pedir, com base em novas provas, inclusive pelo autor que havia proposto a ação anteriormente.

25.12 AÇÃO CIVIL COLETIVA

25.12.1 Conceito

O Código de Defesa do Consumidor (Lei 8.078/1990) disponibilizou aos operadores do direito no Brasil esse novo instrumento processual de tutela de direitos individuais homogêneos, em seus arts. 81 e 91, o primeiro de natureza genérica e o segundo de natureza específica, no Capítulo II, desse dispositivo legal, *in verbis*:

> Art. 81. A defesa dos interesses e direitos dos consumidores e das vítimas poderá ser exercida em Juízo individualmente, ou a título coletivo.
>
> Capítulo II. Das ações coletivas para a defesa de interesses individuais homogêneos
>
> Art. 91. Os legitimados de que trata o artigo 82 poderão propor, em nome próprio e no interesse das vítimas ou seus sucessores, ação civil coletiva de responsabilidade pelos danos individualmente sofridos, de acordo com o disposto nos artigos seguintes.

Logo a seguir, a Lei Orgânica do Ministério Público da União (LC 75/1993), delineando os instrumentos de atuação do Ministério Público da União e, por conseguinte, do Ministério Público do Trabalho, já que este último faz parte integrante daquele, em seu art. 6º, inciso VII, alínea "d", estabeleceu:

> Art. 6º Compete ao Ministério Público da União: (...)
>
> VII – promover o inquérito civil e a ação civil pública para: (...)
>
> d) outros interesses individuais indisponíveis, homogêneos, sociais, difusos e coletivos.

---

[146] Existem três tipos de coisa julgada no direito pátrio. A regra geral é a do art. 502 e seguintes do CPC/2015, a coisa julgada *pro et contra*, independentemente do resultado do processo. Os pedidos serão julgados procedentes ou improcedentes. Em segundo plano, temos a coisa *julgada secundum eventum litis*, que se forma em apenas um dos resultados possíveis do processo: procedência ou improcedência. Aqui a coisa julgada dependerá do resultado do processo para ter efetividade. E, por fim, temos a coisa julgada *secundum eventum probationis*, que somente se formará em caso de esgotamento (superação) das provas. Em outras palavras: se a demanda for julgada procedente, será sempre com esgotamento das provas, ou improcedente com suficiência de provas. Caso a decisão seja julgada improcedente por insuficiência de provas, não haverá formação da coisa julgada. Temos os seguintes exemplos de coisa julgada *secundum eventum probationis*: a coisa julgada coletiva (art. 103 da Lei 8.078/90); coisa julgada no mandado de segurança individual ou coletivo (art. 19 da Lei 12.016/2019) e coisa julgada na ação popular (Lei 4.717/65, art. 18).

Os arts. 81[147] e 83[148] da Lei 8.078/1990 apresentaram também as ações coletivas denominadas *stricto sensu* ou ações civis públicas coletivas, posto que a regulação dessas ações segue o mesmo regramento legal das ações civis públicas disciplinadas pela Lei 7.347/1985.

Em sede de direito processual coletivo do trabalho, temos o papel desempenhado pelas ações de cumprimento para a defesa dos direitos individuais homogêneos dos trabalhadores, nos casos de acordos ou convenções coletivas de trabalho não devidamente cumpridas.

Se a Lei 8.078/1990 introduziu em nosso ordenamento jurídico o conceito de interesses individuais homogêneos e sua tutela jurisdicional, complementando o disposto no art. 129, III, da CF/1988, e legitimando o Ministério Público da União como um de seus titulares, ao mesmo tempo determinou a inserção do art. 21 da Lei 7.347/1985, que assim se expressa:

> Art. 21. Aplicam-se à defesa dos direitos e interesses difusos, coletivos e individuais, no que for cabível, os dispositivos do Título III da lei que instituiu o Código de Defesa do Consumidor. (Artigo acrescentado pela Lei nº 8.078, de 11.09.1990, *DOU* 12.09.1990).

Nesse mesmo sentido, o art. 90 do CDC:

> Art. 90. Aplicam-se às ações previstas neste Título as normas do Código de Processo Civil e da Lei nº 7.347, de 24 de julho de 1985, inclusive no que respeita ao inquérito civil, naquilo que não contrariar suas disposições.

Foi justamente essa íntima ligação entre esses dois instrumentos processuais coletivos que deu origem ao microssistema de tutela coletiva, cujo regramento é aplicável a qualquer demanda coletiva, da forma como ficou disposto no art. 21 da Lei 7.347/1985.

Dessa forma, independentemente do *nomen juris* da ação coletiva, seja ação civil coletiva ou ação civil pública, uma vez que o nome da peça não é fundamental para seu deslinde em juízo e, portanto, não deve ensejar sua extinção, sem

---

[147] "Art. 81. (...) Parágrafo único. A defesa coletiva será exercida quando se tratar de: I – interesses ou direitos difusos, assim entendidos, para efeitos deste Código, os transindividuais, de natureza indivisível, de que sejam titulares pessoas indeterminadas e ligadas por circunstâncias de fato; II – interesses ou direitos coletivos, assim entendidos, para efeitos deste Código, os transindividuais de natureza indivisível de que seja titular grupo, categoria ou classe de pessoas ligadas entre si ou com a parte contrária por uma relação jurídica-base; III – interesses ou direitos individuais homogêneos, assim entendidos os decorrentes de origem comum."

[148] "Art. 83. Para a defesa dos direitos e interesses protegidos por este Código são admissíveis todas as espécies de ações capazes de propiciar sua adequada e efetiva tutela."

julgamento do mérito, podemos encontrar a ação coletiva para a tutela de interesses difusos e coletivos com fulcro no art. 81 e seguintes do CDC, hipótese em que se confundiria com a ação civil pública, bem como para a defesa de direitos e interesses individuais homogêneos, nesse caso sendo processada de acordo com as regras mais específicas do art. 91 e seguintes do CDC. Vale dizer, na defesa de direitos difusos, coletivos e individuais homogêneos, o operador do direito poderá se valer tanto da ação civil coletiva como da ação civil pública.

No entanto, parte da doutrina e jurisprudência entende que a ação civil coletiva deverá seguir o regramento do art. 91 e seguintes do CDC, ou seja, na proteção dos direitos e interesses individuais homogêneos, enquanto a ação civil pública estaria mais afeta à tutela dos direitos difusos e coletivos.

Em outras palavras, utiliza-se a ação civil coletiva para a defesa de interesses individuais homogêneos, prevista no Capítulo II, do Título III, da Lei 8.078/1990, uma vez que as ações coletivas para a defesa de direitos e interesses difusos e coletivos possuem regramento próprio, diverso da ação civil pública prevista na Lei 7.347/1985.

25.12.2 Natureza jurídica da ação civil coletiva

Para Renato Luiz Topan, a ação coletiva *stricto sensu* é um típico instrumento apto a provocar a jurisdição no escopo de uma tutela a interesses com teor social, ditos públicos primários.

Da mesma forma que a ação civil pública, a ação civil coletiva constitui típica ação coletiva e, portanto, deve seguir as normas gerais do processo coletivo, aplicando-se-lhe as disposições da Lei da Ação Civil Pública (Lei 7.347/1985) e do Código de Defesa do Consumidor (Lei 8.078/1990), e em caráter subsidiário, regras e princípios da Consolidação das Leis do Trabalho (CLT) e do Código de Processo Civil.

25.12.3 Objeto da ação civil coletiva

Como mencionado, diversamente da ação civil pública, regrada pela Lei 7.347/1985, que objetiva a tutela dos interesses ou direitos difusos e coletivos, na busca de uma obrigação de fazer, de não fazer, ou de eventualmente suportar, bem como uma indenização genérica coletiva pelos danos causados aos interesses e direitos metaindividuais, por seu turno, a ação civil coletiva objetiva a tutela de direitos individuais homogêneos e possui uma natureza condenatória concreta, com a finalidade de obter a reparação pelos danos individualmente sofridos pelas vítimas, mediante reconhecimento genérico da obrigação de indenizar.

Há de observar que a preocupação do legislador não foi com o ressarcimento de danos globalmente considerados, mas com o ressarcimento dos danos sofridos individualmente[149] pelos trabalhadores, desde que provenientes de uma origem comum, consoante o art. 81, inciso III, do CDC. É dizer, a ação civil pública está apta e tecnicamente preparada à reparação abstrata de danos globalmente considerados (difusos e coletivos)[150], sem individuação de supostos beneficiários, ao passo que a ação civil coletiva está apta a ser manejada para reparação abstrata de danos individualmente sofridos, cuja individuação dar-se-á na fase de execução do julgado.

Na verdade, a ação civil coletiva faz parte de uma estratégia do legislador no sentido da coletivização das ações, que constitui uma tendência mundial para agilizar a prestação jurisdicional e o acesso à justiça de pessoas que, de forma individual, não teriam meios de fazê-lo, seja pelos pequenos valores envolvidos que acabariam desmotivando-os, em face dos custos, seja pelo próprio desconhecimento de grande parte da população em relação a esses direitos.

A ação civil coletiva trata de uma forma rápida, eficaz e adequada de reparação pelos danos individualmente sofridos pelos trabalhadores, provenientes de atos ou fatos de origem comum, de manejo dos sindicatos da categoria profissional, do Ministério Público do Trabalho e de outros legitimados, devidamente nominados no CDC (Lei 8.078/1990).

25.12.4 Fungibilidade das ações coletivas

Entende-se por fungibilidade[151] em sede processual a utilização de um instrumento processual por outro, com o prosseguimento normal do feito, não

---

[149] Como exemplo podemos mencionar a situação em que uma empresa, prestes a encerrar suas operações, decide vender apressadamente todo o seu patrimônio e não pagar as verbas rescisórias e demais consectários legais. Nesse caso, uma ação civil coletiva, com pedido de antecipação de tutela, ajuizada pelo sindicato da categoria profissional, ou em sua ausência, pelo Ministério Público do Trabalho, seria o instrumento processual coletivo adequado para garantir e concretizar os direitos de todos os trabalhadores da empresa, individualmente considerados.

[150] A título de esclarecimentos: em uma ação civil pública busca-se, por exemplo, uma obrigação de não fazer (que o empregador se abstenha de exigir que seus empregados militem em meio ambiente considerado inadequado pelas autoridades sanitárias) e uma indenização por dano moral coletivo, cujo valor será direcionado a um fundo ou a uma comunidade de entidades filantrópicas, mas não diretamente aos trabalhadores envolvidos; ao passo que, em sede de ação civil coletiva, busca-se o ressarcimento diretamente aos próprios trabalhadores (não pagamento de adicionais ou de verbas trabalhistas aos trabalhadores de uma empresa).

[151] A Lei 10.444, de 2002, instituiu a fungibilidade entre a medida cautelar e a tutela antecipada, acrescentando o § 7º ao art. 273 do Código de Processo Civil, atual parágrafo único do art. 305 do CPC/2015. As coisas fungíveis são aquelas que podem ser substituídas por outras do mesmo gênero. Assim, o referido dispositivo permite que, se alguma das partes postular medida cautelar em sede de antecipação de tutela, ou vice-versa, uma faça as vezes da outra, prosseguindo normalmente o feito, não obstante a ausência de adequação do procedimento escolhido.

obstante a falta de adequação do procedimento escolhido, atentando-se ao fato de que a fungibilidade aceita é a de procedimentos, e não de requisitos, sob pena de afronta ao texto legal.

Hodiernamente, existe a possibilidade de se ajuizar uma ação civil pública, como se fosse uma ação civil coletiva e vice-versa, posto que se permitem até mesmo a cumulação de uma ação civil pública e uma ação civil coletiva em um mesmo instrumento processual. Não há dúvida de que esses dois instrumentos – ação civil pública e ação civil coletiva – constituem partes integrantes de um mesmo fenômeno: as ações coletivas integram o microssistema de tutela jurisdicional coletiva, havendo íntima correlação entre elas (CDC, art. 90 e LACP, art. 21), pelo que não se justifica a diferenciação entre as duas espécies de demandas, eis que ambas estão a conduzir pretensões de índole molecular.

José Marcelo Menezes Vigliar[152] entende que não há que fazer qualquer diferenciação, a não ser se a demanda possui caráter individual ou coletivo, independentemente da espécie do direito material em tela. Diz ele:

> (...) não há como sustentar seja a ação coletiva um gênero, do qual a ação civil pública seja uma espécie. É plenamente possível a utilização de uma expressão pela outra. Ambas não deveriam existir, pois ação não deve ser adjetivada. Mas a coletiva diz muito mais: diz que tipo de interesse se busca tutelar. A civil pública além de ser utilizável por outros legitimados que não o Ministério Público (arts. 5º e 82 das Leis ns. 7.347/85 e 8.078/90, respectivamente) pode perfeitamente postular a defesa de um direito individual homogêneo, já que tal ação se presta (porque de idêntica abrangência da coletiva) a tutelar interesses coletivos (sejam essencialmente coletivos, sejam não essencialmente coletivos).

Entendemos que o mais importante, em sede de ação molecular, não é a sua denominação ou *nomen juris*, mas, sim, após a sua identificação (partes, pedidos e causa de pedir), caracterizando-se como demanda coletiva, o rito processual correto a ser desenvolvido. Tratando-se de direitos individuais homogêneos, o procedimento especial da Lei 8078/90 (CDC) atende aos requisitos do alcance e efeitos da coisa julgada, obrigatoriedade de publicação de edital, forma especial de execução, destinação de recursos a um fundo especial ou a entidades filantrópicas sem fins lucrativos, possibilidade de litisconsórcio etc.

25.12.5 Diferenciação entre ação civil coletiva e consórcio multitudinário

As ações civis coletivas ajuizadas para a tutela de direitos individuais homogêneos não se confundem com o consórcio multitudinário (ou de multidões),

---

[152] VIGLIAR, José Marcelo Menezes. A causa de pedir e os direitos individuais homogêneos. In: CRUZ E TUCCI, José Rogério; BEDAQUE, José Roberto dos Santos (Org.). *Causa de pedir e pedido no processo civil*. São Paulo: RT, 2002. p. 227.

posto que, enquanto nas primeiras prima-se pela não identificação dos titulares das pretensões deduzidas em juízo, até mesmo para sua própria proteção em face de represálias por parte de empregadores inescrupulosos, as segundas não existem sem que todos os titulares do direito material sejam devidamente identificados.

Em outras palavras, na ação civil coletiva o legitimado ativo (o sindicato, Ministério Público ou outro) apresenta-se como parte na relação jurídica processual, sem que ostente a condição de titular do direito material invocado, sendo que a ação segue seu rito de forma abstrata, em caráter coletivo, sem necessidade de nomear ou identificar os beneficiários ou mesmo apresentação do rol de substituídos. Apenas na fase de liquidação e logo após, na execução, que haverá a identificação dos trabalhadores individualmente lesados.

Já no litisconsórcio ativo multitudinário cada um dos autores ou trabalhadores deve ser nomeado ou identificado no polo ativo da lide, uma vez que todos litigam em nome próprio na defesa do próprio direito ou interesse, como legitimados ordinários (CPC/2015, art. 18). Vale dizer, esse tipo de consórcio configura-se pela defesa de interesses concretos de uma pluralidade de pessoas plenamente identificáveis e individualizadas.

Nos termos do art. 301, § 3º[153], do CPC/1973, atual §§ 3º e 4º do art. 337 do CPC/2015, utilizado subsidiariamente por força do art. 769 da CLT, o requisito de existência do litisconsórcio multitudinário envolve a litispendência[154] entre a ação principal e uma ação individual proposta por qualquer um dos litisconsortes, portando o mesmo objeto e com fulcro na mesma causa de pedir.

Como expressa o art. 104 do CDC, a propositura da ação individual e de ação coletiva, com o mesmo objeto, não induz litispendência, ao passo que, se os autores das ações individuais não requererem a suspensão destas no prazo de trinta dias, a contar da ciência nos autos do ajuizamento da ação coletiva, não seriam beneficiados por eventual decisão favorável na ação coletiva.

---

[153] "§ 3º Há litispendência, quando se repete ação que está em curso; § 4º Há coisa julgada, quando se repete ação que já foi decidida por decisão transitada em julgado " (art. 337, CPC/2015).

[154] "Litisconsórcio ativo facultativo. Configuração da hipótese descrita no parágrafo único do artigo 46, do Código de Processo Civil. Excesso de postulantes. Limitação. Discricionariedade do magistrado. A limitação do litisconsórcio facultativo multitudinário, quer ativo, quer passivo, é poder discricionário do magistrado, e deve ser aplicada quando houver dificuldade para a defesa ou comprometimento da rápida solução do litígio. Existindo excesso de postulantes no polo ativo, e havendo questões a serem decididas em relação aos pedidos de cada um deles, constata-se a dificuldade para o processamento e julgamento do feito, de sorte a comprometer a rápida solução do litígio, motivo pelo qual é plausível a recusa do litisconsórcio facultativo ativo pelo julgador" (TJMG, AI 1.0027.09.184964-9/001, 9ª C. Cív., Rel. José Antônio Braga, j. 13.07.2009).

O litisconsórcio[155] multitudinário poderá ensejar uma decisão judicial uniforme ou simples. Para Humberto Theodoro Júnior[156], será unitário o litisconsórcio[157] multitudinário quando a decisão da causa deva ser uniforme em relação a todos os litisconsortes, e será simples quando a decisão, embora proferida no mesmo processo, possa ser diferente para cada um dos litisconsortes.

Nesse caso, a coisa julgada se restringirá, em seus efeitos, aos participantes da relação jurídica processual, não beneficiando nem prejudicando terceiros (art. 506 do CPC/2015), já que composta por interesses e direitos plúrimos de sujeitos plenamente determináveis, cuja ação inclusive poderia ter sido proposta de forma atomizada. Todos os litisconsortes ficarão sujeitos aos efeitos da coisa julgada, sendo beneficiados se procedentes, ou deverão sofrer os ônus, em caso desfavorável.

---

[155] "Processo judicial eletrônico. Litisconsórcio ativo facultativo. Limitação. Art. 46 do CPC. Liquidação de sentença em ação coletiva para tutela de direitos individuais homogêneos. A limitação do litisconsórcio ativo facultativo prevista no art. 46 do CPC constitui óbice à aplicação dos princípios do microssistema do processo coletivo, com os princípios do efetivo acesso à justiça, celeridade processual e razoabilidade, além de implicar ofensa ao princípio da vedação ao retrocesso social na marcha da efetivação de direitos do cidadão trabalhador, sobretudo quando não se verifica a presença de elementos que evidenciem o comprometimento da rápida solução do litígio ou dificuldade para a defesa. Ainda que se reconheça o grande desafio que representa a implantação do novel Sistema Processual Judicial Eletrônico no âmbito da Justiça do Trabalho (PJe-JT) e as dificuldades inerentes a esta nova modalidade processual, o certo é que a limitação do número de litisconsortes no polo ativo caminha na direção contrária dos objetivos do próprio sistema processual eletrônico, que foi instituído exatamente como instrumento de celeridade, qualidade e eficiência da prestação jurisdicional, pela substituição da tramitação de autos em meio impresso pelo meio eletrônico" (TRT 17ª R., RO 0000406-22.2014.5.17.0005, Rel. Carlos Henrique Bezerra Leite, DJe 12.03.2015, p. 60).

[156] THEODORO JR., Humberto. Curso de direito processual civil. 32. ed. Rio de Janeiro: Forense, 2000. v. 1, p. 96.

[157] "Juizados Especiais Federais Cíveis e Juízo Federal Cível. Art. 3º, § 3º, da Lei 10.259/01. Competência absoluta do Juizado Especial Federal. Litisconsórcio ativo facultativo. Valor da causa. Divisão pelo número de autores. Competência do Juizado Especial Federal. Agravo improvido. 1. A Lei 10.259/01, em seu artigo 3º, estabelece que compete ao Juizado Especial Federal Cível julgar as causas de competência da Justiça Federal até o valor de 60 (sessenta) salários mínimos, sendo, ademais, o seu § 3º expresso ao prever que 'no foro onde estiver instalada Vara do Juizado Especial a sua competência é absoluta'. 2. Conforme posicionamento firmado pelo Superior Tribunal de Justiça, nos casos de litisconsórcio ativo facultativo, para que se fixe a competência dos Juizados Especiais, deve ser considerado o valor de cada autor, individualmente, não importando se a soma ultrapassa o limite dos 60 (sessenta) salários mínimos. 3. Seguindo essa linha de entendimento, dividindo-se o montante total pelo número de litisconsortes, verifica-se que valor apurado, individualmente, para cada coautor, não ultrapassa o limite previsto no art. 3º da Lei 10.259/2001, afigurando-se correto, portanto, o declínio da competência, pelo Juízo Federal a quo, ao Juizado Especial Federal. 4. Agravo improvido" (TRF 3ª R., AG-AI 0028195-82.2014.4.03.0000/SP, 1ª T., Rel. Des. Fed. Luiz Stefanini, DJe 23.03.2015, p. 136).

Quanto à ação coletiva para defesa de interesses individuais homogêneos, em que pese tenha como objetivo a reparação, *in concreto*, dos danos sofridos pelos trabalhadores individualmente considerados, a sentença será única e de idêntico teor para todos os substituídos, não ensejando possibilidade de decisões com teores ou conteúdos diversos. A sentença genérica obedecerá ao disposto no art. 95 do CDC:

> Art. 95. Em caso de procedência do pedido, a condenação será genérica, fixando a responsabilidade do réu pelos danos causados.

Portanto, a sentença genérica deverá declarar a existência ou não do dano, bem como a responsabilidade do infrator pela sua reparação. Somente na fase de liquidação de sentença que ocorrerá a individuação dos trabalhadores lesados e a definição da extensão dos prejuízos causados para a devida execução.

A decisão judicial proferida nessa ação coletiva terá eficácia *erga omnes*, de acordo com o art. 103, III, § 2º, do CDC, *in verbis*:

> Art. 103. Nas ações coletivas de que trata este Código, a sentença fará coisa julgada: (...)
>
> III – *erga omnes*, apenas no caso de procedência do pedido, para beneficiar todas as vítimas e seus sucessores, na hipótese do inciso III, do parágrafo único, do artigo 81. (...)
>
> § 2º Na hipótese prevista no inciso III, em caso de improcedência do pedido, os interessados que não tiverem intervindo no processo como litisconsortes poderão propor ação de indenização a título individual.

25.12.6 Legitimidade ativa

A legitimidade ativa para propor a ação civil coletiva, do mesmo modo que a ação civil pública, está disposta na integração das Leis 7.347/1985 (LACP) e 8.078/1990, que formam o núcleo do microssistema jurisdicional de tutela coletiva.

Apresentam-se como legitimados ativos, de acordo com os arts. 5º da LACP e art. 82 do CDC, de forma concorrente e disjuntiva: o Ministério Público, a Defensoria Pública, a União, os Estados, os Municípios, o Distrito Federal, autarquias, empresas públicas, fundações e sociedades de economia mista ou entidades da administração pública direta ou indireta, ainda que sem personalidade jurídica, associação civil que esteja constituída há pelo menos um ano, nos termos da lei civil, e que inclua entre suas finalidades institucionais a defesa do direito metaindividual lesionado.

Da mesma forma que nos posicionamos alhures, entendemos que o requisito da constituição há pelo menos um ano não se aplica às organizações sindicais.

Os sindicatos, que possuem natureza jurídica de associação, também estão legitimados à propositura da ação civil coletiva, na defesa de direitos individuais homogêneos dos trabalhadores da respectiva categoria profissional, de acordo com o art. 8º, III, da CF/1988 e dos artigos retromencionados dispostos na legislação infraconstitucional (art. 5º, LACP e art. 82, CDC).

25.12.7 A legitimidade do Ministério Público do Trabalho para a defesa dos direitos individuais homogêneos

Embora o art. 129, § 1º, da CF, art. 5º da Lei 7.347/1985 e art. 82, I, da Lei 8.078/1990 atribuam legitimidade[158] ao Ministério Público do Trabalho[159] e

---

[158] "Ação civil pública. Direitos disponíveis. Interesse social. Legitimidade ativa do Ministério Público. 1. Na linha dos precedentes desta Corte, o Ministério Público tem legitimidade para defender direitos individuais homogêneos quando tais direitos revelem uma dimensão social que coincida com o interesse público. 2. Tal legitimidade ainda mais se impõe quando a causa também afeta direitos difusos e coletivos em sentido estrito. 3. No caso dos autos, discute-se a existência de publicidade enganosa e a abusividade de cláusulas de contrato-padrão de promessa de compra e venda firmado com consumidores adquirentes de unidades de conjunto habitacional. Transparece, nesses termos, a existência de direitos difusos, coletivos e individuais homogêneos com forte apelo social a conferir legitimidade ao Ministério Público para a propositura da ação civil pública. 4. Agravos regimentais a que se nega provimento" (STJ, AgRg-REsp 1038389/MS, 4ª T., Rel. Min. Antonio Carlos Ferreira, j. 25.11.2014, *DJe* 02.12.2014).

[159] "Ação civil pública. EPI. Ausência. Direitos individuais homogêneos. Legitimidade ativa. Tutela inibitória. Irregularidade não sanada. Multa diária. Cabimento. Ação civil pública. Ministério Público do Trabalho. Fornecimento de EPI. Direitos individuais homogêneos. Legitimidade ativa. Tutela inibitória. Irregularidade não sanada. Multa diária. O Ministério Público do Trabalho tem legitimidade para propor ação civil pública na defesa de interesses difusos, coletivos e individuais indisponíveis ou homogêneos, com fundamento nos arts. 127 e 129, III, da Constituição da República, 1º, 6º, VII, *c* e *d*, 83, I e III, e 84 da Lei Complementar nº 75/1993 e 5º, I, da Lei nº 7.347/1985. No caso dos autos, a atuação do *Parquet* visa a coibir violação a normas de ordem pública, referentes à higiene, saúde e segurança do trabalho. Constatadas as irregularidades praticadas pelos réus, impõe-se a manutenção da tutela antecipada concedida com vistas a inibir futura prática de ilícito, como meio de coibir novas agressões aos direitos reclamados na presente demanda coletiva. Uma vez aqui condenada, cabe ao réu provar a incidência da parêmia *rebus sic stantibus*. Reforma-se, para condenar as rés em tutela inibitória para que seja compelida a não mais lesar direitos de seus empregados, em todas as suas obras, presentes e futuras, sob pena de multa da ordem de R$ 5.000,00 por dia e/ou evento, na forma do art. 461 do CPC. Danos morais coletivos. Comprovada a ilicitude, impõe-se a condenação em danos morais coletivos no montante de R$ 100.000,00, reversíveis ao FAT, Fundo de Amparo do Trabalhador, valor este condizente com a extensão do dano e bem jurídico tutelado. Lesão causada à universalidade dos trabalhadores –, a situação econômica do ofensor e a finalidade punitivo-pedagógica da medida. Responsabilidade das rés. Coautoria. Trata o caso de ato ilícito reconhecido e coautoria, merecendo a aplicação do art. 942 do CCB, com responsabilização solidária do 2º e 3º réus. Reforma-se para que as rés respondam

aos demais legitimados para a tutela de direitos difusos, coletivos e individuais homogêneos, surgiu profunda cizânia doutrinária e jurisprudencial, que ainda remanesce até os dias de hoje em certas Varas e Tribunais[160] do Trabalho, no que diz respeito especificamente à legitimidade do Ministério Público, tendo em vista as características dos direitos individuais homogêneos[161]: na sua essência, são direitos individuais[162] que podem ser reunidos desde que possuam origem comum,

---

solidariamente pelo ora decidido" (TRT 9ª R., RO 0001370-11.2013.5.09.0025, Rel. Célio Horst Waldraff, DJe 26.08.2014, p. 218).

[160] "Recurso ordinário. Ação civil pública. Ilegitimidade ativa do Ministério Público do Trabalho. Não configuração. Tem o Ministério Público do Trabalho legitimidade para ingressar com ação civil pública, em favor de membros de uma determinada coletividade, trabalhadores atuais e futuros da empresa, que estariam com seus interesses trabalhistas, de natureza continuativa, afetados. Configurada a defesa de direitos sociais, coletivos e homogêneos que dizem respeito a toda uma categoria, a pretensão esboçada pela Procuradoria do Trabalho acha-se amparada nos arts. 129, III, da Constituição da República, 83, III, da Lei Complementar nº 75/93, art. 5º da Lei nº 7.347/85 (Ação Civil Pública), 81, I, II e III, e 82 da Lei nº 8.078/90. Recursos ordinários aos quais se nega provimento" (TRT 6ª R., RO 0159400-16.2003.5.06.0014, 2ª T., Rel. Des. Eneida Melo Correia de Araújo, DJe 23.03.2015, p. 292).

[161] "Mandado de segurança coletivo (CF, art. 5º, LXX). Ministério Público em defesa de direitos individuais homogêneos. Aceitação a título de excepcionalidade ante o caráter emergencial e fundamental da medida pleiteada (ressalva do entendimento do relator). Fornecimento de dietas especiais. Doenças graves. Direito à vida e à saúde constitucionalmente protegidos. CF, arts. 1º, III, 5º, *caput*, 6º, 196 e 197. Dever do estado. Ordem concedida. 1. O mandado de segurança deve ser impetrado pelo próprio indivíduo que teve seu direito líquido e certo ofendido por ato de autoridade ou, nas hipóteses de legitimação constitucional extraordinária do *writ* coletivo, pelas entidades expressamente arroladas na Carta da República (CF, art. 5º, LXX). 2. Para a defesa dos chamados interesses transindividuais, compreendidos os coletivos, os difusos e os individuais homogêneos, dispõe o Ministério Público da ação civil pública, referida no art. 129, III, da Carta Magna. 3. No entanto, pelo menos em casos urgentes, envolvendo direitos fundamentais, encontra-se jurisprudência admitindo o emprego do mandado de segurança coletivo pelo Ministério Público para a defesa de interesses transindividuais. Precedente do Eg. STJ. 4. A vida e a saúde são direitos constitucionalmente tutelados, consoante os arts. 1º, III, 5º, *caput*, 6º, 196 e 197 da Carta da República, dos quais se extrai direito subjetivo público, líquido e certo, a amparar as pretensões dos beneficiários deste *writ* coletivo. 5. Restando comprovadas a ausência de fornecimento, a gravidade das doenças, a necessidade das dietas especiais e deduzida a incapacidade econômica dos substituídos processuais, outra medida não resta a ser adotada senão a concessão da ordem requerida a fim de que as aludidas alimentações sejam fornecidas gratuitamente às partes especificadas na inicial do *mandamus*, em obediência aos princípios fundamentais da Constituição Federal. 6. Ordem concedida" (TJCE, MS 2008.0033.1908-0/0, Rel. Des. Raul Araújo Filho, DJe 24.07.2009, p. 3).

[162] "Recurso de embargos regido pela Lei 11.496/2007. Sindicato. Substituição processual. Legitimidade. Direitos individuais homogêneos. Horas extras. A jurisprudência desta Corte, seguindo a diretriz preconizada pelo Supremo Tribunal Federal, pacificou o entendimento de que o artigo 8º, III, da Constituição Federal permite que os sindicatos

seus titulares são plenamente identificáveis e determináveis, podem ser divididos em quotas-parte, ou seja, são divisíveis e disponíveis por meio de seus titulares.

A controvérsia repousava justamente no fato de a Constituição Federal de 1988 ainda não ter disciplinado os direitos individuais homogêneos, que foram introduzidos em nosso ordenamento jurídico por meio da Lei 8.078/1990 (art. 81, III). Portanto, a expressão "individuais indisponíveis" e a não previsibilidade da expressão "interesses individuais homogêneos" no inciso III, do art. 129, da CF/1988 conduziram parte da doutrina e jurisprudência a interpretar o Ministério Público do Trabalho como parte ilegítima para a tutela dos interesses individuais homogêneos, uma vez que estes, como dito, são, em essência, disponíveis e ao órgão ministerial foram atribuídas as funções de órgão permanente, essencial à função jurisdicional do Estado, na defesa da ordem jurídica, do regime democrático e dos interesses sociais e individuais indisponíveis.

Ronaldo Lima dos Santos[163], de forma pontual, informa que

> (...) o suposto óbice legislativo restou superado pela doutrina em face das seguintes considerações: a) o conceito de interesses individuais homogêneos somente foi introduzido na legislação brasileira com o advento do Código de Defesa do Consumidor, em 1990, de tal modo que o legislador constituinte não poderia mesmo incluí-lo no rol do art. 129 da CF/88; b) o princípio da máxima efetividade exige que seja dada interpretação ampla ao vocábulo "coletivos", expresso no inciso III do art. 129, para que seja interpretado em seu sentido amplo (coletivos *lato sensu*), com abrangência dos interesses individuais homogêneos; c) o rol do art. 129 é taxativo, sendo complementado pelo preceito do inciso IX do art. 129 da CF/88, que confere ao Ministério Público[164] o exercício de "outras funções

---

atuem como substitutos processuais de forma ampla, na defesa dos direitos individuais homogêneos de todos os integrantes da categoria, ainda que não associados. Tratando-se de pleito que envolve uma coletividade, no caso o conjunto dos empregados do reclamado que postulam o pagamento de horas extras além da sexta diária para os gerentes de conta pessoa jurídica, configura-se a origem comum do direito, de modo a legitimar a atuação do sindicato. O fato de ser necessária a individualização para apuração do valor devido a cada empregado a título de horas extras não desautoriza a substituição processual. De acordo com entendimento desta Subseção, a homogeneidade diz respeito ao direito, e não à sua quantificação, nos termos do artigo 81, III, da Lei 8.078/90. Recurso de embargos conhecido e não provido" (TST, E-Ag-RR 0025800-86.2009.5.09.0665, Rel. Min. Augusto César Leite de Carvalho, *DJe* 06.03.2015, p. 240).

[163] SANTOS, Ronaldo Lima dos. *Sindicatos e ações coletivas*. São Paulo: LTr, 2008. p. 265.
[164] "Ação civil pública. Tutela de direitos individuais homogêneos. Legitimação ativa do Ministério Público. Indisponibilidade dos direitos individuais. Característica acentuadamente coletiva das relações de trabalho. Possibilidade. Direitos individuais sob perspectiva coletiva. Heterogeneidade. Inexistência. Pedido procedente. Superou-se, de há muito, na jurisprudência trabalhista, o reconhecimento da legitimidade ativa do Ministério Público do Trabalho, para tutela de direitos individuais homogêneos. Por primeiro, em razão da

que lhe forem conferidas, desde que compatíveis com a sua finalidade"; de sorte que Código de Defesa do Consumidor, que inclui expressamente o Ministério Público no rol dos legitimados para a tutela desses interesses (arts. 81 e 82 do CDC), como também a LC n. 75/93, que atribui ao Ministério Público a tutela de "outros interesses individuais indisponíveis, homogêneos, sociais, difusos e coletivos" (art. 6º, VII, "d") e preceitua a prerrogativa ministerial de "propor ação civil coletiva para a defesa de interesses individuais homogêneos", preenchem o espaço deixado à legislação infraconstitucional pelo legislador constituinte; d) uma interpretação lógico-sistemática do art. 83, III, da LC n. 75/93, que atribui como competência do Ministério Público "promover ação civil pública no âmbito da Justiça do Trabalho, para defesa de interesses coletivos, quando desrespeitados os direitos sociais constitucionalmente garantidos", com os demais dispositivos da LC n. 75/93 e da Constituição Federal, demonstra que a expressão foi empregada em seu sentido amplo, para designar os interesses difusos, coletivos e individuais homogêneos.

Nesse sentido, o Conselho Superior do Ministério Público do Trabalho não apenas reconhece a legitimidade do Ministério Público do Trabalho para instaurar procedimentos investigatórios envolvendo os direitos individuais homogêneos, como também direciona a seus membros o poder discricionário para aferir a "relevância social" na condução dos mesmos, como assim se expressa:

Precedente n. 17. Violação de direitos individuais homogêneos. Atuação do Ministério Público do Trabalho. Discricionariedade do procurador oficiante.

Mantém-se, por despacho, o arquivamento da Representação quando a repercussão social da lesão não for significativamente suficiente para caracterizar uma conduta com consequências que reclamem a atuação do Ministério Público do Trabalho em defesa de direitos individuais homogêneos. A atuação do Ministério Público deve ser orientada pela "conveniência social". Ressalvados os casos de defesa judicial dos direitos e interesses de incapazes e população indígena. *DJ* 18.10.2005.

De outra parte, o Conselho Superior do Ministério Público de São Paulo editou a Súmula 7, com o disposto:

---

natureza indisponível dos direitos trabalhistas, que se enquadram na previsão constitucional que endereça ao *Parquet* o dever de tutela de interesses desse jaez. Por segundo, em razão do nítido caráter coletivo que assumem os direitos no plano das relações de trabalho subordinado. Inegável que as ordens do comando centralizado que caracterizam essa modalidade de organização dos meios da produção não diferenciam, em regra, os destinatários, provocando situações análogas a um grupo amplo de trabalhadores. Ainda que os interesses possam ser divisíveis, porque, ao cabo, são individuais, o que se analisa na avaliação da utilidade do instrumento coletivo eleito, é o alcance da perspectiva de tutela conjunta dos tais. Recurso patronal rejeitado" (TRT 2ª R., RO 00011275420135020351-(20150070629), 14ª T., Rel. Marcos Neves Fava, *DJe* 13.02.2015).

O Ministério Público está legitimado à defesa de interesses ou direitos individuais homogêneos de consumidores ou de outros, entendidos como tais os de origem comum, nos termos do art. 81, III, c/c o art. 82, I, do CDC, aplicáveis estes últimos a toda e qualquer ação civil pública, nos termos do art. 21 da LAC 7.347/85, que tenham relevância social, podendo esta decorrer, exemplificativamente, da natureza do interesse ou direito pleiteado, da considerável dispersão de lesados, da condição dos lesados, da necessidade de garantia de acesso à Justiça, da conveniência de se evitar inúmeras ações individuais, e/ou de outros motivos relevantes.

Observa-se que o Conselho Superior do Ministério Público de São Paulo, da mesma forma que o Conselho Superior do Ministério Público do Trabalho, levou em consideração a "conveniência social" e sua relevância, para orientar sua conduta no atinente aos procedimentos, cujo objeto sejam os direitos individuais homogêneos.

Além das razões supramencionadas, no intuito de pôr "uma pá de cal" sobre qualquer controvérsia que coloque em dúvida a legitimidade do Ministério Público do Trabalho para conduzir não apenas procedimentos investigatórios extrajudiciais, como também, se necessário, ajuizar ação civil coletiva com tal propósito, podemos invocar não somente a Constituição Federal de 1988, que não só reconheceu entre os direitos humanos fundamentais, novos direitos, entre eles, os coletivos, da forma como ficou prescrito no Capítulo Título II – Dos direitos e garantias fundamentais, e, Capítulo I – Dos direitos individuais e coletivos, como também criou instrumentos processuais constitucionais aptos a tutelá-los, deixando ainda espaço para que o legislador infraconstitucional os ampliasse, tornando-os mais efetivos[165].

---

[165] Além da promulgação de várias leis federais, como as Leis 8.078/1990, 8.069/1990, 7.853/1989, 10.741/2003, entre várias outras, objetivando avançar em matéria de cumprimento dos direitos humanos fundamentais, nos últimos cinquenta anos, um grande número de pactos, tratados e acordos foram celebrados. Listamos a seguir o rol de alguns dos quais o Brasil é signatário:
Convenção sobre Asilo (1928).
Convenção sobre Asilo Político (1933).
Convenção Interamericana sobre Concessão de Direitos Civis à Mulher (1948).
Convenção Interamericana sobre Concessão de Direitos Políticos à Mulher (1948).
Convenção (nº 87) sobre a Liberdade Sindical (1948).
Convenção para a Prevenção e a Repressão do Crime de Genocídio (1948).
Convenção (nº 98) sobre Direito de Organização e Negociação Coletiva (1949).
Convenção de Genebra (I a IV) sobre Direito Internacional Humanitário (1949).
Convenção (nº 100) sobre Igualdade e Remuneração (1951).
Convenção Relativa ao Estatuto dos Refugiados (1951).
Convenção sobre os Direitos Políticos da Mulher (1952).
Convenção sobre Asilo Diplomático (1954).

Ademais, do art. 6º[166] da Magna Carta pode-se inferir que, entre os direitos sociais dos cidadãos, incluindo-se os trabalhadores, a maioria deles pode assumir a forma difusa e individual homogênea, o que por si só legitima o Ministério Público do Trabalho a cumprir sua missão constitucional de tutelá-los.

De outra parte, os próprios princípios basilares do Direito Processual do Trabalho, que se postou como o primeiro ramo do Direito Processual brasileiro a tratar de pacificação de conflitos coletivos de trabalho, por meio do dissídio coletivo e da ação de cumprimento, nos conduzem à legitimação do Ministério Público do Trabalho na tutela de direitos individuais homogêneos tendo em vista sua diferenciação ontológica em relação ao Direito Processual Civil: enquanto este objetiva, por meio da ação coletiva, reduzir o número de processos, evitando, dessarte, a disseminação de uma multidão de ações atomizadas, com o mesmo objeto, que acabariam inviabilizando a atividade jurisdicional do Estado, ao revés, em sede de ação coletiva no processo do trabalho, objetiva-se, sobretudo, a consecução dos

---

Convenção sobre Asilo Territorial (1954).
Convenção sobre o Estatuto dos Apátridas (1954).
Convenção (nº 105) sobre Abolição do Trabalho Forçado (1957).
Convenção (nº 111) sobre Discriminação em Emprego e Profissão (1958).
Convenção relativa à Luta contra a Discriminação no Campo do Ensino (1960).
Convenção para a Redução dos Casos de Apátrida (1961).
Convenção Internacional sobre a Eliminação de Todas as Formas de Discriminação Racial (1965).
Pacto Internacional de Direitos Econômicos, Sociais e Culturais (1966).
Pacto Internacional de Direitos Civis e Políticos (1966).
Protocolo Facultativo Relativo ao Pacto Internacional de Direitos Civis e Políticos (1966).
Protocolo sobre o Estatuto dos Refugiados (1966).
Convenção sobre a Imprescritibilidade dos Crimes de Guerra e Crimes de Lesa-Humanidade (1968).
Convenção Americana sobre Direitos Humanos (1969).
Convenção (nº 135) sobre Representação dos Trabalhadores (1971).
Convenção Internacional sobre a Eliminação e Punição do Crime de Apartheid (1973).
Protocolos Adicionais (I e II) às Convenções de Genebra e 1949 sobre Direito Internacional Humanitário (1977).
Convenção sobre a Eliminação de Todas as Formas de Discriminação contra a Mulher (1979).
Convenção contra a Tortura e Outros Tratamentos ou Penas Cruéis, Desumanas ou Degradantes (1984).
Convenção Interamericana para Prevenir e Punir a Tortura (1985).
Convenção Internacional contra o Apartheid nos Esportes (1985).

[166] "Art. 6º São direitos sociais a educação, a saúde, o trabalho, a moradia, o lazer, a segurança, a previdência social, a proteção à maternidade e à infância, a assistência aos desamparados, na forma desta Constituição."

direitos constitucionais trabalhistas, de índole indisponível, bem como manter, no que for possível, a despersonalização do trabalhador, diante de sua hipossuficiência, para que ele não venha a sofrer represálias no futuro. Acrescente-se, ainda, que, em sede de hermenêutica sobre direitos humanos, a interpretação deverá sempre ser ampliativa e jamais restritiva, em face da dignidade do bem jurídico a que se visa proteger.

25.12.8 Litisconsórcio ativo

25.12.8.1 Dos colegitimados

Considerando a natureza concorrente e disjuntiva da legitimação ativa para a ação civil coletiva, admite-se o litisconsórcio ativo facultativo, inicial ou superveniente entre os colegitimados dispostos no art. 82[167] da Lei 8.078/1990, em conexão com o art. 5º, § 2º[168], da Lei 7.347/1985, existindo, outrossim, a possibilidade de formação de litisconsórcio entre ramos do Ministério Público, consoante o disposto no art. 5º, § 5º[169], da Lei 7.347/1985.

25.12.8.2 Dos trabalhadores individuais

Contrariamente ao que ocorre nas ações civis públicas, nas quais apenas os legitimados poderão movimentar a máquina judiciária, admite-se a intervenção litisconsorcial do trabalhador individual nas ações civis coletivas, considerando o seu objeto basilar, os direitos individuais homogêneos, que poderiam inclusive ser postulados pelo próprio trabalhador, em ação atomizada. De outra parte, o trabalhador titular desses direitos homogêneos será diretamente atingido pelo resultado da lide coletiva.

Os direitos e interesses individuais homogêneos caracterizam-se pela possibilidade de sua divisão em quotas-parte, de serem fundamentalmente individuais, contarem com titulares determinados, diferindo-se tão somente em relação aos direitos individuais puros pela origem comum que lhes dá vida própria e lhes

---

[167] "Art. 82. Para os fins do artigo 81, parágrafo único, são legitimados concorrentemente: I – o Ministério Público; II – a União, os Estados, os Municípios e o Distrito Federal; III – as entidades e órgãos da Administração Pública, Direta ou Indireta, ainda que sem personalidade jurídica, especificamente destinados à defesa dos interesses e direitos protegidos por este Código; IV – as associações legalmente constituídas há pelo menos 1 (um) ano e que incluam entre seus fins institucionais a defesa dos interesses e direitos protegidos por este Código, dispensada a autorização assemblear."

[168] "§ 2º Fica facultado ao Poder Público e a outras associações legitimadas nos termos deste artigo habilitar-se como litisconsorte de qualquer das partes."

[169] "§ 5º Admitir-se-á o litisconsórcio facultativo entre os Ministérios Públicos da União, do Distrito Federal e dos Estados na defesa dos interesses e direitos de que cuida esta lei."

oportuniza a pacificação pela via molecular, em princípio, mais célere e com economia processual.

O art. 94 da Lei 8.078/1990 estatui:

> Proposta a ação, será publicado edital no órgão oficial, a fim de que os interessados possam intervir no processo como litisconsortes, sem prejuízo de ampla divulgação pelos meios de comunicação social por parte dos órgãos de defesa do consumidor.

Em que pese o caráter facultativo de ingresso de trabalhadores individualmente considerados, como litisconsortes nas ações civis coletivas, essa participação deverá se coadunar com o objeto coletivo da lide, de forma a não provocar o seu desvirtuamento pelo debate de peculiaridades atomizadas, que poderiam ter sido objeto de ações individuais ou que ainda poderão ser discutidas na execução do julgado. O magistrado poderá excluir da lide os trabalhadores que, sob a suposta figura de litisconsortes, procurarem em sede de ação civil coletiva deduzir pretensões individuais desconexas com o objeto primário da lide coletiva, sob a subsunção da ausência de interesse de agir.

De outra banda, consoante o disposto no § 2º[170] do art. 103 do CDC, a participação do trabalhador como assistente litisconsorcial impõe-se como exceção à regra geral da coisa julgada segundo o evento da lide, pela qual os trabalhadores individuais eventualmente lesados só serão abrangidos pela coisa julgada favorável, caso não tenham obstado o curso de suas ações individuais para a discussão de matéria julgada desfavorável numa lide coletiva.

Resta claro que, se o trabalhador individualmente considerado interveio no processo coletivo, será automaticamente abrangido pelos efeitos da coisa julgada coletiva, favorável ou não, não mais lhe sendo possível o favorecimento do resultado útil[171] da ação individual em caso de improcedência da ação coletiva.

25.12.8.3 Legitimidade passiva

Qualquer pessoa física ou jurídica, de direito público ou privado, com ou sem personalidade jurídica, estará legitimada a participar do polo passivo da ação

---

[170] "§ 2º Na hipótese prevista no inciso III, em caso de improcedência do pedido, os interessados que não tiverem intervindo no processo como litisconsortes poderão propor ação de indenização a título individual."

[171] Considerando que em nosso ordenamento jurídico restou superada a fase imanentista ou concretista do direito de ação, prevalecendo o princípio constitucional do acesso à jurisdição, é plenamente possível o ajuizamento da ação individual com tal desiderato. Não obstante, após o devido juízo valorativo pelo magistrado, a mesma deverá ser extinta, sem julgamento do mérito, em face da existência dos efeitos da coisa julgada material, com fulcro no art. 267 do CPC/73 e atual art. 485 do CPC/2015, utilizado subsidiariamente.

civil coletiva, a partir do momento em que provocar danos a interesses individuais homogêneos à comunidade de trabalhadores.

25.12.9 Competência

25.12.9.1 Competência material e funcional

A competência para processar e julgar a ação civil coletiva, que versa sobre danos provocados a direitos individuais homogêneos, é da Justiça do Trabalho, consoante o disposto no art. 114, incisos I e IX, da Constituição Federal, em combinação com o art. 83, I e II, da Lei Complementar 75/1993, *in verbis*:

> Art. 114. Compete à Justiça do Trabalho processar e julgar:
>
> I – as ações oriundas da relação de trabalho, abrangidos os entes de direito público externo e da administração pública direta e indireta da União, dos Estados, do Distrito Federal e dos Municípios; (...)
>
> IX – outras controvérsias decorrentes da relação de trabalho, na forma da lei.
>
> Art. 83. Compete ao Ministério Público do Trabalho o exercício das seguintes atribuições junto aos órgãos da Justiça do Trabalho:
>
> I – promover as ações que lhe sejam atribuídas pela Constituição Federal e pelas leis trabalhistas;
>
> II – manifestar-se em qualquer fase do processo trabalhista, acolhendo solicitação do juiz ou por sua iniciativa, quando entender existente interesse público que justifique a intervenção.

Da mesma forma que a ação civil pública, a competência para conhecer e julgar a ação civil coletiva é das Varas do Trabalho, e não dos Tribunais do Trabalho. No presente caso, utilizam-se a mesma argumentação jurídica e os fundamentos legais da LAC em relação à competência da ação civil coletiva, pois, como dito alhures, se o *nomen juris* não é relevante e não deve conduzir a extinção do processo sem julgamento do mérito, chega-se à ilação lógica que, não sendo necessário fazer uso do Poder Normativo[172] para sua solução, este sim privativo dos Tribunais do Trabalho (TRT e TST), objetivando dirimir conflitos coletivos envolvendo direitos difusos, coletivos e individuais homogêneos, a competência sempre será das Varas do Trabalho.

---

[172] Esse é o argumento jurídico predominante para a competência dos TRT/TST para processar e julgar os dissídios coletivos (art. 678, I, *a*, da CLT e art. 2º da Lei 7.701/1988) e a ação anulatória (de nulidade) de cláusulas de acordos e convenções coletivas de trabalho. O Poder Normativo é atribuído constitucionalmente (art. 114 da CF/1988) apenas aos desembargadores dos TRT/TST, e não aos juízes monocráticos de primeiro grau ou ao juiz de direito investido na jurisdição trabalhista.

25.12.9.2 Competência territorial

Essa competência vem disposta no art. 93 da Lei 8.078/1990:

> Art. 93. Ressalvada a competência da Justiça Federal, é competente para a causa a justiça local:
>
> I – no foro do lugar onde ocorreu ou deva ocorrer o dano, quando de âmbito local;
>
> II – no foro da Capital do Estado ou no do Distrito Federal, para os danos de âmbito nacional ou regional, aplicando-se as regras do Código de Processo Civil aos casos de competência concorrente.

Com base nesse fundamento legal, as ações civis coletivas deverão ser propostas[173] nas Varas do Trabalho ou perante o Juiz de Direito investido na jurisdição trabalhista (arts. 668 e 669[174] da CLT) do local onde houver ocorrido ou estiver prestes a ocorrer a lesão a direitos individuais homogêneos (inciso I do art. 93, retrotranscrito), não se aplicando na seara laboral o inciso II do mesmo artigo, por incompatibilidade (art. 769 da CLT), ou seja, porque existe previsão expressa sobre a matéria no processo do trabalho sobre a competência territorial e, também, porque na prática tal inciso dificulta a colheita de provas, induz ao deslocamento das partes e testemunhas para outras localidades, em que não ocorreu o dano, fatos que não se coadunam com os princípios da celeridade, economia e informalidade que vigoram no processo do trabalho.

Ademais, devemos também levar em consideração que os direitos individuais homogêneos, na verdade, são em sua essência direitos individuais, divisíveis, envolvendo titulares determinados, que podem ser divididos em quota-parte, e a própria legislação permite, com maior intensidade, a participação de outros interessados, na figura de assistentes, testemunhas etc.

Outrossim, em reforço a essa linha de pensamento, podemos aduzir que o art. 21 da Lei 7.347/1985 (LACP) dispõe que as normas do CDC somente serão

---

[173] "Execução individual de sentença proferida em ação civil coletiva. O art. 98 do Código de Defesa do Consumidor faculta ao exequente promover a execução individual tanto no juízo da liquidação de sentença quanto no juízo da ação condenatória, de forma a garantir a efetividade da medida e a facilitar o acesso à justiça. Destarte, fica a critério do exequente a eleição do foro no qual será ajuizada a execução individual de direito reconhecido em ação coletiva" (TRT 15ª R., AP 000712-45.2014.5.15.0005-(2316/15), 11ª C., Rel. Eder Sivers, *DOE* 05.02.2015, p. 1465).

[174] "Art. 668. Nas localidades não compreendidas na jurisdição das Juntas de Conciliação e Julgamento, os Juízos de Direito são os órgãos de administração da Justiça do Trabalho, com a jurisdição que lhes for determinada pela lei de organização judiciária.
Art. 669. A competência dos Juízos de Direito, quando investidos na administração da Justiça do Trabalho, é a mesma das Juntas de Conciliação e Julgamento, na forma da Seção II do Capítulo II."

aplicadas genericamente na defesa dos direitos e interesses difusos, coletivos e individuais, quando cabíveis e compatíveis.

Portanto, a competência[175] territorial nas ações civis coletivas, envolvendo os direitos individuais homogêneos, cabe às Varas do Trabalho do local onde ocorreu ou exista probabilidade de que vá ocorrer o dano, independentemente da extensão territorial. Nos casos de competência concorrente, o primeiro juízo trabalhista a conhecer da ação civil coletiva estará automaticamente prevento.

25.12.10 Tutelas de urgência na ação civil coletiva

A prolação de liminares[176] e de sentenças de antecipação de tutela é amplamente cabível em sede de ação civil coletiva, bastando o preenchimento dos requisitos

---

[175] "Conflito negativo de competência. Execução individual de sentença coletiva. Provimento condenatório proferido em Macaé/RJ e trabalhador domiciliado em Vila Velha/ES. Aplicação das normas que compõem o sistema processual coletivo. Opção do trabalhador pelo juízo da condenação. Com inspiração no ideal protetivo que fundamenta o direito material do trabalho, os critérios legais que definem a competência dos órgãos da Justiça do Trabalho objetivam facilitar ao trabalhador, reputado hipossuficiente pela ordem jurídica, o amplo acesso à justiça (CF, art. 5º, XXXV). Essa a diretriz que deve orientar a solução dos conflitos de competência entre órgãos investidos de jurisdição trabalhista. Cuidando-se, porém, de sentença proferida em ação civil coletiva (art. 91 da Lei 8.078/90), proposta por um dos 'entes exponenciais' legalmente legitimados (art. 82 da Lei 8.078/90), são aplicáveis as normas jurídicas que disciplinam o sistema processual das ações coletivas (artigos 129, III, e 134 da CF de 1988 c/c as Leis 4.717/65, 7.347/85 e 8.078/90). Nesse sentido, a competência para a execução caberá ao juízo da liquidação da sentença ou da ação condenatória, no caso de execução individual, ou, ainda, ao juízo da ação condenatória, quando a execução se processar de forma coletiva (art. 98, § 2º, I e II, da Lei 8.078/90). Na espécie, a ação de execução individual foi proposta pelo sindicato profissional, na condição de representante de um dos trabalhadores beneficiários da condenação coletiva, perante o juízo prolator da sentença condenatória passada em julgado. Ainda que o trabalhador beneficiário do crédito exequendo resida em município inserido na competência territorial de outro órgão judicial, a eleição do foro da condenação está expressamente prevista em lei, devendo, pois, ser respeitada, sobretudo quando, diferentemente do que foi referido pelo juízo suscitado, não constou da sentença passada em julgado qualquer definição em torno da competência funcional para a execução respectiva. Conflito de competência admitido para declarar a competência do MM. Juízo da 2ª Vara do Trabalho de Macaé/RJ, ora suscitado" (TST, CC 0001461-81.2014.5.17.0013, Rel. Min. Douglas Alencar Rodrigues, DJe 06.03.2015, p. 286).

[176] Entende-se por liminar a prolação de decisão judicial imediata, já no ato, tão logo o juiz receba o processo, sem julgamento definitivo de mérito, com natureza jurídica de decisão interlocutória, se não antecipar o bem da vida (pedido mediato). Se, no caso concreto, o magistrado antecipar o bem da vida pretendido na ação (pedido imediato), a prestação jurisdicional então terá natureza de antecipação do mérito. A liminar, portanto, difere-se da medida cautelar, pois esta, em essência, tem por objetivo resguardar o resultado útil e eficaz do processo, por meio de garantias para que os credores sejam contemplados com os bens da vida que postulam em juízo. Como exemplo de medidas cautelares de urgência, podemos citar os institutos do sequestro, do arresto, penhora etc.

legais: relevante fundamento da demanda e justificado receio de ineficácia do provimento final, consoante dispõe o art. 84, § 3º, do CDC, *in verbis*:

> § 3º Sendo relevante o fundamento da demanda e havendo justificado receio de ineficácia do provimento final, é lícito ao Juiz conceder a tutela liminarmente ou após justificação prévia, citado o réu.

José Roberto dos Santos Bedaque[177] informa que

> (...) muitos têm sido os movimentos e métodos na busca da entrega efetiva da tutela jurisdicional. Assim, a busca da tutela jurídica diferenciada encontra respaldo em dois mecanismos diversos, mas que convergem para um mesmo fim: a existência de procedimentos específicos, de cognição plena e exauriente, cada qual elaborado em função de especificidades da relação material; ou a regulamentação de tutelas sumárias típicas, precedidas de cognição não exauriente, visando evitar que o tempo possa comprometer o resultado do processo.

Em face da natureza jurídica dos direitos invocados na ação civil coletiva é cabível, também, subsidiariamente, a aplicação do art. 300 do CPC/2015 e art. 461 do CPC/1973 e atual art. 497 do CPC/2015, ambos do CPC, por força do comando do art. 90 da Lei 8.078/1990, e a tutela envolverá quaisquer espécies de obrigação, ou seja, obrigações de dar (de natureza indenizatória, reparatória ou ressarcitória), bem como as obrigações de fazer e não fazer. Neste último caso, a tutela será específica[178] da obrigação ou deverá assegurar o resultado prático equivalente, consoante art. 84 da Lei 8.078/1990.

---

[177] BEDAQUE, José Roberto dos Santos. *Tutela cautelar e tutela antecipada*: tutelas sumárias e de urgência. São Paulo: Malheiros, 1998. p. 23. O autor ainda esclarece que para a primeira hipótese (cognição plena e exauriente) temos como exemplo os procedimentos específicos de alguns tipos de ações (Livro IV do CPC/1973, atual Título III do CPC/2015), assim como a ação popular, a ação civil pública etc. Para a segunda hipótese (cognição sumária) se destacam os mecanismos de sumarização da cognição para a prestação da tutela, como o julgamento antecipado da lide, os títulos executivos extrajudiciais, a antecipação da tutela (arts. 273 do CPC/1973 e atual art. 300 do CPC/2015 e art. 461 do CPC/1973 e atual art. 497 do CPC/2015), entre outros.

[178] Consoante Marcelo Abelha (*Ação civil pública e meio ambiente*. Rio de Janeiro: Forense Universitária, 2012. p. 174-175): "Tutela jurisdicional específica significa a busca do dever positivo ou negativo previsto na lei e que deveria ser espontaneamente cumprido por todos os membros da sociedade (coletividade e Poder Público). A tutela específica não guarda correspondência de identidade com o que se denomina reparação específica. É que a tutela específica pressupõe que o processo imponha exatamente o mesmo resultado que se teria caso fosse espontaneamente cumprida a obrigação, enquanto reparação específica já dá a ideia de concretização da crise de descumprimento, de uma conduta antijurídica que já ignorou o dever positivo ou negativo e que causou um dano que deve ser ressarcido, cuja solução deverá ser uma reparação não pecuniária (específica ou equivalente).

25.12.11 Sentença com condenação genérica

Diz o art. 95 do CDC (Lei 8.078/1990):

> Em caso de procedência do pedido, a condenação será genérica, fixando a responsabilidade do réu pelos danos causados.

Na órbita do direito processual do trabalho, a ação civil coletiva, cujo objeto são os direitos individuais homogêneos, de origem comum, tem como escopo principal a reparação dos danos sofridos pelos trabalhadores individualmente considerados. Na prolação da sentença, o magistrado fixará a responsabilidade do réu pelos danos causados, porém a sentença assumirá uma conotação toda peculiar, semelhante a uma sentença com efeitos diferidos no tempo, ou seja, tão somente na fase de execução é que será determinada a extensão dos danos e a determinação exata dos valores da condenação, em relação a cada trabalhador, para posterior execução.

Esse é o exato teor da sentença genérica mencionado naquele dispositivo legal. A sentença decorrente da ação civil coletiva é genérica[179] no sentido de que deixa em aberto somente a determinação exata do *quantum debeatur individual*, que será fixado na liquidação por artigos, na fase executória do comando judicial, sendo que essa sentença será, em seus demais elementos, totalmente precisa e determinada.

Resta pontuar que os direitos individuais homogêneos tanto podem ser tutelados pela via individual, por meio de uma ação atomizada, quanto pela via molecular, mediante a ação civil coletiva, desde que nesse caso preencha o requisito

---

(...) Num mesmo processo, seja para a tutela específica, seja para a tutela ressarcitória específica, o sistema processual caminha no sentido de autorizar o uso das técnicas mandamentais e executivas *lato sensu*. Um lembrete deve ser feito: a obtenção da tutela específica por meios sub-rogatórios foi apelidada pelo legislador processual (art. 461) como resultado prático equivalente".

[179] "Conflito negativo de competência. Execução individual de sentença proferida em ação civil coletiva. 1. A fixação da competência territorial, em sede de ação civil pública ou ação coletiva, é definida com base na extensão do dano causado ou a ser reparado. 2. Por outro lado, no que se refere à competência para a execução coletiva, a matéria encontra-se regulada pelo art. 98 do Código de Defesa do Consumidor. O preceito faculta ao exequente promover a execução individual tanto no juízo da liquidação de sentença quanto no juízo da ação condenatória, de forma a garantir a efetividade da medida e a facilitar o acesso à justiça. 3. Fica, portanto, a critério do exequente a eleição do foro no qual será ajuizada a execução individualizada de direito reconhecido em ação coletiva. 4. No caso vertente, proposta a ação de cumprimento de sentença no juízo da ação condenatória, deverá ser respeitada a opção firmada pelo exequente. Precedentes. Conflito de competência que se julga procedente, para se declarar competente o Juízo Suscitado" (TST, CC 0001364-11.2014.5.17.0004, Rel. Min. Alberto Luiz Bresciani de Fontan Pereira, *DJe* 06.03.2015, p. 285).

legal da relevância social ou do interesse público. Neste último caso, a sentença genérica funcionará como uma espécie de atalho jurisdicional, na medida em que o trabalhador individualmente considerado não precisará percorrer, às vezes, o longo caminho do processo de conhecimento para chegar à execução do julgado. Bastará a ele uma certidão da sentença genérica proveniente da ação civil coletiva, julgada procedente, para em seguida postular a execução de seus direitos individuais, de origem comum, por meio da liquidação por artigos.

Diversamente do que ocorre na ação civil pública, os pedidos e o conteúdo da decisão judicial na seara da ação civil coletiva serão distintos. Em sede de direitos difusos e coletivos, objeto da ação civil pública, o pedido deverá ser certo e determinado, e a ação terá por objeto uma tutela específica (art. 3º, Lei 7.347/1985), de modo que o conteúdo da decisão judicial molecular também se mostrará como específico (pagamento de uma indenização por dano moral coletivo destinada ao FAT, ou a entidades filantrópicas da comunidade), ao mesmo tempo em que fixará obrigações de fazer ou não fazer (abster-se de permitir que seus trabalhadores sejam assediados moralmente por superiores hierárquicos), enquanto na ação civil coletiva, em caso de procedência do pedido, a condenação será genérica, devendo o *quantum debeatur* ser apurado em liquidação ou execução pelos próprios interessados individuais (arts. 97 e 98[180] da Lei 8.078/1990).

Não obstante, na liquidação de sentença, por artigos, cada trabalhador liquidante deverá provar não apenas o valor que lhe é devido (*quantum debeatur*), como também a existência do seu dano pessoal e o nexo causal entre o dano reconhecido na demanda molecular e a sua lesão particularizada.

25.12.12 Coisa julgada *erga omnes* e *secundum eventum litis*

Estabelece o art. 103, inciso III, do CDC:

> III – *erga omnes*, apenas no caso de procedência do pedido, para beneficiar todas as vítimas e seus sucessores, na hipótese do inciso III, do parágrafo único, do artigo 81.

Considerando o grau de pulverização dos titulares dos direitos individuais homogêneos envolvidos, é grande a dificuldade de determinar, aprioristicamente,

---

[180] "Art. 97. A liquidação e a execução de sentença poderão ser promovidas pela vítima e seus sucessores, assim como pelos legitimados de que trata o artigo 82. Parágrafo único. (*Vetado.*)

Art. 98. A execução poderá ser coletiva, sendo promovida pelos legitimados de que trata o artigo 82, abrangendo as vítimas cujas indenizações já tiverem sido fixadas em sentença de liquidação, sem prejuízo do ajuizamento de outras execuções. § 1º A execução coletiva far-se-á com base em certidão das sentenças de liquidação, da qual deverá constar a ocorrência ou não do trânsito em julgado."

na órbita da ação civil coletiva, o exato campo de incidência dos indivíduos envolvidos e que serão eventualmente beneficiários da sentença coletiva genérica, pois o que vai determinar o contexto subjetivo de abrangência da coisa julgada é justamente a origem comum dos interesses individuais, que em alguns casos poderão estar largamente difundidos e dispersos no seio da sociedade. Em face dessa problemática é que se dá o caráter *erga omnes* nesse tipo de ação molecular, consoante disposto no inciso II retrorreferenciado.

Como se infere da própria nomenclatura, o Código de Defesa do Consumidor (Lei 8.078/1990) foi concebido para tutelar os direitos dos consumidores. No entanto, considerando que seus princípios, notadamente o princípio da vulnerabilidade, se aproximam dos princípios protetivos do direito laboral, passou a integrar o microssistema jurisdicional de tutela coletiva, aplicável também na seara do direito processual do trabalho, principalmente com a LACP (Lei 7.347/1984), com adaptações e abrandamentos.

Feita essa digressão, podemos observar que na ação civil coletiva trabalhista, diferentemente da ação coletiva[181] na órbita do direito do consumidor propriamente dito, geralmente ocorrem situações em que todos os titulares do direito material individual violado, de origem comum, poderão ser perfeitamente identificados.

Dessa forma, as ações civis coletivas para a defesa dos direitos individuais homogêneos apresentam não apenas a característica *erga omnes* da coisa julgada, como também os efeitos da coisa julgada *secundum eventum litis*, ou seja, de acordo com a sorte da lide, de tal arte que o conteúdo da sentença molecular atingirá os titulares dos direitos individuais na hipótese de procedência da demanda, permitindo-lhes se beneficiar dessa decisão favorável, promovendo diretamente a execução dos seus direitos, sem a necessidade do prévio processo de cognição.

Cabe mencionar que eventual comando judicial de improcedência da ação não possui eficácia *erga omnes* relativamente aos titulares individuais que não participaram do processo molecular, como litisconsortes dos autores legitimados, que poderão propor suas ações atomizadas para a defesa de seus direitos, consoante art. 103, § 2º, do CDC.

No caso de extinção do processo, sem julgamento do mérito (art. 485 do CPC/2015), nas ações civis coletivas, envolvendo direitos individuais homogêneos, haverá a produção de coisa julgada formal, com possibilidade de propositura de nova demanda, com o mesmo pedido e causa de pedir, inclusive pelo autor ideológico que havia proposto a ação anterior.

A título ilustrativo, mencionamos um caso concreto de ação civil coletiva, em que o Ministério Público do Trabalho e o sindicato da categoria profissional, como autores ideológicos, formulam em juízo trabalhista a pretensão da reparação

---

[181] Por exemplo, uma ação coletiva envolvendo todas as pessoas físicas e jurídicas no Brasil que adquiriram um veículo, com defeitos de fabricação, e posterior necessidade de *recall* para substituição de peças defeituosas.

dos danos de origem alimentar a todos os empregados de uma empresa que paralisou suas atividades. Na ação civil coletiva deverão ser formulados, como pedidos certos e determinados: pagamento dos consectários legais (salários em atraso, 13º salário proporcional, férias vencidas e vincendas, verbas rescisórias e recolhimentos do FGTS): pedido genérico: prolação de uma sentença molecular responsabilizando o empregador pelo pagamento de todos os pedidos pleiteados envolvendo todos os trabalhadores da empresa que militavam no momento em que ela deixou de operar; sentença genérica de procedência: reconhecendo os pleitos formulados e condenando o empregador; efeitos *erga omnes* e *secundum eventum litis*: a sentença, se favorável, beneficiará todos os empregados do estabelecimento, perfeitamente identificáveis e determinados, os quais poderão promover, coletiva ou individualmente, a execução do julgado, por meio de liquidação por artigos.

Observe-se que esses efeitos *erga omnes* e *secundum eventum litis* favoráveis não se estenderão aos trabalhadores que no momento da propositura da ação civil coletiva já haviam ajuizado ações trabalhistas individuais, com idênticos pedidos da ação civil coletiva e em relação ao mesmo empregador e não requereram a suspensão do processo, no prazo de 30 dias, a contar da ciência dos autos do ajuizamento da ação coletiva. Tais trabalhadores poderão ter seus pleitos individuais julgados improcedentes.

Caso a ação civil coletiva seja julgada improcedente, por meio da sentença genérica, os trabalhadores individualmente considerados poderão ajuizar seus pleitos atomizados (reclamatórios individuais), podendo inclusive haver reconhecimento de seus direitos, independentemente do resultado desfavorável da ação civil coletiva, e somente os trabalhadores que participaram do pleito coletivo estarão obstaculizados de rediscutir a matéria por meio de reclamatórias individuais, consoante art. 104[182] do CDC.

Esse benefício não se aplica aos autores ideológicos ou legitimados para a defesa dos direitos e interesses individuais homogêneos. Nos casos de procedência ou improcedência dos pleitos formulados sempre haverá a formação da coisa julgada material, inclusive nas hipóteses de improcedência por insuficiência de provas, o que impedirá a propositura de nova demanda coletiva com os mesmos pedidos e causa de pedir por qualquer que seja o autor ideológico, tenha ou não participado do processo coletivo anterior.

A título ilustrativo, podemos concluir esse tópico com as seguintes diferenciações:

---

[182] "Art. 104. As ações coletivas, previstas nos incisos I e II, do parágrafo único, do artigo 81, não induzem litispendência para as ações individuais, mas os efeitos da coisa julgada *erga omnes* ou *ultra partes* a que aludem os incisos II e III do artigo anterior não beneficiarão os autores das ações individuais, se não for requerida sua suspensão no prazo de 30 (trinta) dias, a contar da ciência nos autos do ajuizamento da ação coletiva."

	AÇÃO CIVIL PÚBLICA	AÇÃO CIVIL COLETIVA
Objeto	Direitos difusos e coletivos	Direitos individuais homogêneos
Obrigações	– fazer e não fazer; – pagar dano moral coletivo; – bens da mais alta dignidade; – vida, saúde, segurança.	– pagar $; – dano moral individual, coletivo ou ambos; – bens pecuniários; – verbas rescisórias.

Sentença específica	**Sentença genérica**
erga omnes e *ultra partes*	Extensão *in utilibus*

25.12.13 Liquidação e execução da sentença

A liquidação da sentença consiste em atividade judicial de conhecimento em se busca determinar o *quantum* indenizatório que será devido ao respectivo titular do direito material, em se tratando de uma decisão envolvendo obrigação de pagar, ou de que modo se processará o cumprimento de uma obrigação de fazer ou não fazer, ou mesmo de entregar coisa.

A liquidação e execução nas sentenças dos processos coletivos têm regra própria, do microssistema de tutela coletiva, consoante o art. 97 do CDC: "A liquidação e a execução de sentença poderão ser promovidas pela vítima e seus sucessores, assim como pelos legitimados de que trata o art. 82".

A execução da sentença coletiva segue o sistema geral de qualquer execução na Justiça do Trabalho, como uma fase do processo sincrético, após o trânsito em julgado da decisão, com sua transmutação em título executivo judicial, caso o devedor não tenha satisfeito espontaneamente a condenação.

Se se tratar de direito difuso, e daí, de execução de sentença com condenação específica, oriunda das ações civis públicas (Lei 7.347/1985), havendo dupla condenação, de obrigação de fazer e de não fazer, e de pagar (dano moral coletivo), teremos o seguinte procedimento:

a) O juízo poderá conceder prazo para o cumprimento da obrigação de fazer e não fazer (p. ex: contratação de deficientes ou de aprendizes, entrega de PPRA ou PCMSO, ou ainda paralisar determinada atividade nociva ao meio ambiente e aos trabalhadores). Após o prazo, a verificação do cumprimento da sentença específica se dará por meio de mandado do juiz a oficial de justiça, ou de requisição do Ministério do Trabalho e Emprego, com fixação de prazo. Não cumprida a obrigação, o empregador poderá incorrer em multa (astreinte) pelo descumprimento, cujo valor poderá ser vertido a um fundo específico.

b) Em se tratando de obrigação de pagar (valor pecuniário a título de reparação por dano moral coletivo), o juiz determinará que o réu junte aos autos os comprovantes de recolhimentos aos fundos ou ao FAT, ou a prestação de contas, se o favor for direcionado a entidades filantrópicas, sem fins lucrativos.

c) Ou ainda por depósito em conta judicial, para posterior reversão a entidades sem fins lucrativos.

Em se tratando de sentença com condenação genérica, consoante art. 95[183] do CDC (Lei 8.078/1990), que apenas fixará a responsabilidade do réu (*an debeatur*), em primeiro plano a execução será de caráter individual, de acordo com o art. 97, acima mencionado, podendo também ser intentada pelo sindicato como legitimado e substituto processual[184], porém, com a identificação individual de cada um dos representados.

Nesse caso, a sentença com condenação genérica, com a extensão *in utilibus*, funcionará como um atalho jurisdicional para o trabalhador que, uma vez ciente do resultado da demanda, do local de seu domicílio, em qualquer parte do país, poderá intentar a execução individual, instruindo-a com certidão da sentença com condenação genérica, obtida na origem.

Terá que provar a titularidade do direito material, o nexo causal e o valor do prejuízo ou dano material para convencimento do magistrado, em autêntica liquidação por artigos, que ora não mais existe no CPC/2015, que manteve apenas a liquidação por arbitramento, por cálculos, e pelo procedimento comum (art. 509 do CPC), de forma a estabelecer o *quantum satis* da indenização ou da reparação.

Em alguns casos de ação civil pública, o *quantum* indenizatório do dano moral coletivo poderá ser fixado de forma objetiva, pela identificação do valor que o empregador economizou com o descumprimento da norma de ordem pública, como nos casos de não contratação de aprendizes, de deficientes etc.

A execução da ação civil coletiva também poderá ser intentada por meio de um dos legitimados, na forma do art. 100 da Lei 8.078/1990:

---

[183] "Art. 95. Em caso de procedência do pedido, a condenação será genérica, fixando a responsabilidade do réu pelos danos causados".

[184] "Art. 98. A execução poderá ser coletiva, sendo promovida pelos legitimados de que trata o art. 82, abrangendo as vítimas cujas indenizações já tiveram sido fixadas em sentença de liquidação, sem prejuízo do ajuizamento de outras execuções. (Redação dada pela Lei nº 9.008, de 21.3.1995). § 1º A execução coletiva far-se-á com base em certidão das sentenças de liquidação, da qual deverá constar a ocorrência ou não do trânsito em julgado. § 2º É competente para a execução o juízo: I – da liquidação da sentença ou da ação condenatória, no caso de execução individual; II – da ação condenatória, quando coletiva a execução".

Art. 100. Decorrido o prazo de um ano sem habilitação de interessados em número compatível com a gravidade do dano, poderão os legitimados do art. 82 promover a liquidação e execução da indenização devida.

Parágrafo único. O produto da indenização devida reverterá para o fundo criado pela Lei n. 7.347, de 24 de julho de 1985.

Este sistema é o chamado *fluid recovery* (recuperação fluída), com base no princípio da restituição integral do dano que vige no processo coletivo.

Observe-se que, enquanto na liquidação e execução individual, envolvendo direitos individuais homogêneos, o valor da condenação será canalizado para o trabalhador, no processo de liquidação e execução por um legitimado, após o prazo de um ano, o valor da condenação será vertido para um fundo ou para instituições filantrópicas, sem fins lucrativos, da localidade do conflito, por determinação do juízo, ou atendendo requerimento do Ministério Público do Trabalho, consoante art. 100 do CDC.

Em eventual concurso de credores envolvendo os créditos coletivos e individuais, a preferência será sempre pelos créditos individuais dos trabalhadores, consoante art. 99 do CDC:

Art. 99. Em caso de concurso de créditos decorrentes de condenação prevista na Lei n. 7.347, de 24 de julho de 1985, e de indenizações pelos prejuízos individuais resultantes do mesmo evento danoso, estas terão preferência no pagamento.

Parágrafo único. Para efeito do disposto neste artigo, a destinação da importância recolhida ao fundo criado pela Lei n. 7.347 de 24 de julho de 1985, ficará sustada enquanto pendentes de decisão de segundo grau as ações de indenização pelos danos individuais, salvo na hipótese de o patrimônio do devedor ser manifestamente suficiente para responder pela integralidade das dívidas.

Uma última palavra sobre a liquidação e execução nas sentenças coletivas. As execuções dos TACs (termos de ajustamento de conduta, cuja natureza é de título executivo extrajudicial) são feitas da mesma forma que os títulos executivos judiciais, com a diferença que, detendo o poder de autoexecutoriedade de suas decisões, o *Parquet Laboral* poderá, de ofício, promover as suas próprias execuções, exigindo o cumprimento de obrigações, impondo multas, e revertendo-as para entidades cuja finalidade institucional inclua a proteção aos direitos difusos e coletivos, com a necessária e devida prestação de contas destas entidades.

25.12.14 Execução de decisão de implantação de política pública

A execução de decisão determinando a implantação ou o desenvolvimento de política pública[185] é comum na Justiça do Trabalho e nas atividades do Mi-

---

[185] Exemplo típico desse tipo de decisão judicial ocorreu com a condenação do Município de Medianeira na obrigação de fazer (doação de terreno para a instituição Semear, por

nistério Público do Trabalho, submetendo-se ao regime jurídico da execução de obrigação de fazer.

O CPC/2015 incorporou em seus artigos institutos já utilizados pelo microssistema de tutela coletiva, entre eles o art. 536, § 1º[186], e o art. 139, IV[187], para permitir não apenas uma maior flexibilidade do processo, mas especialmente a efetividade da jurisdição.

A propósito, Eduardo José da Fonseca[188] assinala a possibilidade de construção de uma execução negociada da decisão judicial que determina a implantação de política pública, partindo do pressuposto de que a concretização de políticas públicas é processo complexo e delongado, em face de limitações orçamentárias, controles burocráticos internos e externos na Administração Pública.

Informa o autor[189] que o procedimento executivo seria construído pelas partes, a partir de um negócio jurídico processual atípico (art. 190 do CPC). Nesse acordo, as partes poderiam definir um cronograma de cumprimento da decisão, com a definição de etapas e respectivas punições pelo descumprimento (art. 191 do CPC). Um calendário processual para a execução da sentença. Cada etapa, inclusive, pode ser objeto de regulação específica – embora todos se imbriquem, tendo em vista o propósito comum, formando uma unidade funcional complexa.

Esse tipo de acordo envolvendo políticas públicas pode também ser resolvido pelas técnicas da mediação, conciliação e arbitragem, com a cooperação de especialistas, bem como participação da sociedade civil por meio de audiências públicas, em plena sintonia com a moderna principologia do CPC/2015 (boa-fé objetiva, cooperação e adequação).

Caso típico de ação estrutural negociada com a participação do Ministério Público do Trabalho e da Justiça do Trabalho ocorreu na Vara do Trabalho de

---

meio de comodato e construção de centro educacional para cursos de aprendizagem, para jovens em situação de vulnerabilidade social), em prazo fixado pela Vara do Trabalho, em ação civil pública promovida pelo Ministério Público do Trabalho de Foz do Iguaçu, cujo projeto foi concluído em 2018.

[186] "Art. 536. No cumprimento de sentença que reconheça a exigibilidade de obrigação de fazer ou de não fazer, o juiz poderá, de ofício ou a requerimento, para a efetivação da tutela específica ou a obtenção de tutela pelo resultado prático equivalente, determinar as medidas necessárias à satisfação do exequente. § 1º Para atender ao disposto no *caput*, o juiz poderá determinar, entre outras medidas, a imposição de multa, a busca e apreensão, a remoção de pessoas e coisas, o desfazimento de obras e o impedimento de atividade nociva, podendo, caso necessário, requisitar o auxílio de força policial."

[187] "VI – dilatar os prazos processuais e alterar a ordem de produção dos meios de prova, adequando-os às necessidades do conflito de modo a conferir maior efetividade à tutela do direito;"

[188] COSTA, Eduardo José da Fonseca. A execução negociada de políticas públicas em juízo. *Revista de Processo*. São Paulo: RT, 2012, n. 212, p. 39.

[189] Idem, ibidem, p. 39-40.

Medianeira, Estado do Paraná, há alguns anos atrás, em ação civil pública entre o Município e a instituição Semear, que culminou em acordo judicial e possibilitou a inclusão no mercado de trabalho de cerca de 900 menores e jovens aprendizes. Esse é um exemplo vivo de ação estrutural que pode ser comprovado no *site* oficial da própria instituição.

Finalmente, na execução das ações moleculares aplicam-se os arts. 17 e 18[190] da Lei 7.347/1985, somente havendo condenação às despesas processuais (custas e honorários) se houver má-fé.

25.13 PROCESSO COLETIVO PASSIVO

Ocorre processo coletivo passivo quando se inverte o polo da ação coletiva, de modo que o legitimado (substituto processual), que representa determinado grupo, classe ou comunidade de pessoas, passa a ser atacado por meio de um processo judicial, figurando no polo passivo. Em outras palavras, é o grupo de pessoas que figura como sujeito passivo de uma relação jurídica afirmada na petição inicial.

Para a devida admissibilidade da ação coletiva, há a exigência de que a ação coletiva passiva seja proposta contra um representante adequado e que o objeto da causa seja um direito meta ou transindividual.

São exemplos[191] de processo coletivo passivo o dissídio coletivo de natureza econômica entre um sindicato de trabalhadores em face de um sindicato patronal, discutindo relações jurídicas trabalhistas. Observe-se que a CLT de 1943 já contemplou desde o início o procedimento do dissídio coletivo.

A greve nacional dos policiais federais, em 2004, provocou o ajuizamento de uma ação coletiva pela União contra a Federação Nacional dos Policiais Federais e o Sindicato dos Policiais Federais do Distrito Federal, tendo por objeto o retorno ao trabalho. Sem dúvida, trata-se de ação coletiva passiva, já que a categoria profissional (Polícia Federal) figurava como sujeito passivo desta relação jurídica posta em juízo.

Um interdito proibitório também tem o condão de ser postulado por meio de uma ação coletiva passiva. Tem-se o exemplo da invasão do prédio da reitoria da

---

[190] "Art. 17. Em caso de litigância de má-fé, a associação autora e os diretores responsáveis pela propositura da ação serão solidariamente condenados em honorários advocatícios e ao décuplo das custas, sem prejuízo da responsabilidade por perdas e danos. Art. 18. Nas ações de que trata esta lei, não haverá adiantamento de custas, emolumentos, honorários periciais e quaisquer outras despesas, nem condenação da associação autora, salvo comprovada má-fé, em honorários de advogado, custas e despesas processuais. (Redação dada pela Lei nº 8.078, de 1990)."

[191] Como ações coletivas passivas, podemos ainda citar as ações envolvendo torcidas organizadas de times de futebol (Lei 10.671/2003 – Estatuto do Torcedor) e as ações possessórias em conflitos fundiários coletivos (art. 565 do CPC).

Universidade de Brasília pelos alunos, em 2008, requerendo a renúncia do Reitor, acusado de ilicitudes. A Universidade pleiteou em juízo (interdito proibitório) a proteção possessória de seus ativos em face da coletividade de alunos, supostamente praticantes de atos ilícitos. A ação coletiva passiva foi proposta em face do Diretório Central dos Estudantes, considerado como o representante adequado do grupo, e teve por objeto os deveres individuais homogêneos (ato ilícito individual (de origem comum) de cada um dos alunos que promoveu a invasão).

A reconvenção no processo coletivo ativo também pode ser tida como exemplo de ação coletiva passiva, e agora também é expressamente admitida no art. 343[192], § 5º, do CPC/2015.

O que se deve ter em mente nas ações coletivas passivas, além do representante adequado do grupo, são os deveres ou obrigações individuais dos membros do grupo, se difusos, coletivos ou individuais homogêneos. Exemplo interessante envolvendo direitos difusos seria uma ação coletiva interposta em face de uma comunidade indígena (art. 232 da CF/1988), tendo por objeto o direito difuso de impedir a visitação a determinado espaço ecológico (bem indivisível de toda sociedade, bem de uso comum do povo). Nesse caso, a própria comunidade tem legitimidade para se defender em juízo, em nome próprio, em caso típico de legitimidade coletiva ordinária.

Aplica-se subsidiariamente ao processo coletivo passivo as regras do processo coletivo ativo, inclusive quanto à interrupção do prazo prescricional para as ações individuais em face do ajuizamento da ação coletiva passiva, bem como, nas ações coletivas passivas que tratam de direitos individuais homogêneos, aplica-se também a extensão *in utilibus* aos indivíduos. Em outras palavras: há a extensão aos indivíduos do grupo (acusados da prática de atos ilícitos homogêneos, de origem comum) da coisa julgada coletiva passiva, relativamente aos deveres com que cada um deles deverá arcar, de modo a não deixar a vítima desprovida da devida reparação.

Por fim, o objeto da liquidação e execução de uma sentença coletiva passiva, que tenha por objeto direitos individuais homogêneos, será genérico e concentrará a identificação individual dos agentes da perpetração do ilícito e a fixação do valor da indenização pecuniária a que cada um deverá responder.

Em se tratando de direitos difusos, a coisa julgada na ação coletiva passiva será específica, *pro et contra* e *erga omnes*, nos moldes do sistema norte-americano. Haverá coisa julgada qualquer que seja o resultado do processo coletivo, e a decisão

---

[192] "Art. 343. Na contestação, é lícito ao réu propor reconvenção para manifestar pretensão própria, conexa com a ação principal ou com o fundamento da defesa. (...) § 5º Se o autor for substituto processual, o reconvinte deverá afirmar ser titular de direito em face do substituído, e a reconvenção deverá ser proposta em face do autor, também na qualidade de substituto processual".

vinculará todos os membros do grupo, que obviamente poderão se defender em juízo, individualmente, para se contrapor à decisão coletiva.

25.13.1 O novo Código de Processo Civil e as ações coletivas

O Código de Processo Civil de 1973 foi concebido em um momento histórico, político e social em que ainda não predominavam os interesses e direitos fragmentários que deram origem às ações de massa (*class action*), pois foi naquela época[193] que tais ações moleculares começaram a ter ressonância no direito norte-americano.

Porém, com a evolução da sociedade moderna, em um contexto de uma sociedade reurbanizada, globalizada, consumerista, relativamente politizada e altamente cibernética, a promulgação do CPC/2015 teve por objetivo sua adequação aos preceitos principiológicos da Constituição Federal de 1988, o que se reflete em seus arts. 1 a 12, que deu ensejo ao neoprocessualismo.

Na esteira dessas inovações encontramos os princípios da solução consensual ou negocial, da primazia do julgamento do mérito, da boa-fé processual objetiva e da cooperação (arts. 3º a 6º do CPC/2015), o princípio de estímulo à autocomposição (art. 3º), a sanabilidade dos defeitos dos atos processuais (art. 4º), a vedação da decisão surpresa, a exigência de fundamentação analítica adequada (art. 489), os precedentes obrigatórios (arts. 926 e 927 do CPC), de modo que o CPC/2015 perde, de certa forma, a extrema rigidez que possuía para adotar técnicas mais flexíveis de resolução dos conflitos, assumindo uma maior proximidade com as técnicas de resolução de conflitos do microssistema de tutela coletiva. Nos arts. 139, X[194], e 985, I e II[195], há expressa referência às ações coletivas.

---

[193] Foi na década de 70 que Mauro Capelletti e Byrant Garth lançaram a sua célebre obra **Acesso à justiça**, a primeira relacionada à assistência judiciária aos pobres e aos obstáculos econômicos de acesso à justiça; a segunda onda relacionada aos novos direitos (fragmentários) – difusos – e à tutela coletiva, e a terceira onda relacionada a um novo papel dos magistrados (criativos e inovadores) na condução do processo e aos novos modos de pacificação de conflitos, por meio da conciliação, arbitragem, mediação etc.

[194] "Art. 139. O juiz dirigirá o processo conforme as disposições deste Código, incumbindo-lhe: X – quando se deparar com diversas demandas individuais repetitivas, oficiar o Ministério Público, a Defensoria Pública e, na medida do possível, outros legitimados a que se referem o art. 5º da Lei nº 7.347, de 24 de julho de 1985, e o art. 82 da Lei nº 8.078, de 11 de setembro de 1990, para, se for o caso, promover a propositura da ação coletiva respectiva."

[195] "Art. 985. Julgado o incidente, a tese jurídica será aplicada: I – a todos os processos individuais ou coletivos que versem sobre idêntica questão de direito e que tramitem na área de jurisdição do respectivo tribunal, inclusive àqueles que tramitem nos juizados especiais do respectivo Estado ou região; II – aos casos futuros que versem idêntica questão de direito e que venham a tramitar no território de competência do tribunal, salvo revisão na forma do art. 986."

As audiências públicas (arts. 927 e 1.038), a intervenção de *amicus curiae* (art. 138) e a maior participação das partes no processo, inclusive da sociedade, permitem um novo modo de pensar a resolução da controvérsia. Lembre-se de que todas essas técnicas já eram, de longa data, utilizadas pelo Ministério Público[196] na pacificação de conflitos moleculares e na litigância judicial de interesse público primário.

Se o CPC/1973 não tinha dignidade para pacificar conflitos coletivos, o mesmo já não acontece com o CPC/2015, que, uma vez adequado à CF/1988, incorporou vários de seus institutos do microssistema de tutela coletiva (Lei 7.347/1985 e Lei 8.078/1990), estabelecendo com este último um verdadeiro diálogo de fontes, além de criar vários microssistemas de tutela, entre eles, os incidentes de resolução de demandas repetitivas (IRDR) e de resolução de recursos repetitivos (IRRP).

Se a beleza do microssistema de tutela coletiva trabalhista se expressava na possibilidade de utilizar vários tipos de processos diferenciados para a pacificação de conflitos coletivos (processo administrativo – TAC, processo negocial – negociação coletiva de trabalho, processo arbitral – arbitragem e o processo jurisdicional propriamente dito – ações moleculares), agora, com o advento do CPC/2015, estabelece-se um canal de vasos comunicantes entre estes dois sistemas, na medida em que o CPC/2015 inovou ao apresentar à comunidade jurídica outras possibilidades ou canais de pacificação de conflitos de massa.

Ao longo das últimas décadas foram desenvolvidos alguns projetos de lei que discutiram à exaustão a criação de um novo Código de Direito Processual Coletivo, o primeiro de autoria de Antonio Gidi, iniciado em 1993 e terminado em 2002; o segundo, aprovado em 2005, cujos relatores foram Ada Pellegrini Grinover, Kazuo Watanabe e Antonio Gidi; o terceiro, denominado Código Brasileiro de Processos Coletivos da USP, iniciado em 2003 e concluído em 2006, também liderado por Ada Pellegrini Grinover; e o último, iniciado em 2005 e liderado por Aluísio Gonçalves de Castro Mendes, da UERJ.

Segundo Antonio Gidi[197], a história moderna da codificação processual coletiva brasileira começa com a promulgação da LACP em 1985, passa pelos avanços da Constituição Federal de 1988 e se aperfeiçoa com o CDC, em 1991. Esse autor[198] já afirmava que a LACP e o CDC fazem as vezes de Código de Processo Civil Coletivo brasileiro, sendo o ordenamento processual civil coletivo de caráter geral.

---

[196] O Ministério Público do Trabalho adota a técnica consensual (negocial) na celebração do TAC (Termo de Ajustamento de Conduta), audiências públicas, ampla publicidade à sociedade dos procedimentos investigatórios, intervenção de **amicus curiae** e assistência nas ações moleculares etc.

[197] GIDI, Antonio. *Rumo a um Código de Processo Civil coletivo*. Rio de Janeiro: Forense, 2008. p. 9.

[198] Idem, ibidem, p. 10.

Observa-se, assim, que o microssistema de tutela coletiva, que tem como núcleo fundamental as Leis 7.347/1985 e 8.078/1990, se destoa enormemente das normas do velho CPC de 1973, pois este é voltado quase que exclusivamente à resolução de demandas individuais, envolvendo obrigações de pagar, e mais recentemente, com as inovações nos arts. 461 e 461-A (transcrição literal do art. 84, §§ 3º e 4º, do CDC pela Lei 10.444/2002), foram introduzidas as possibilidades de pacificação de conflitos envolvendo obrigações de fazer, não fazer e de entregar coisa, mas que não possuem o mesmo alcance dos instrumentos de tutela molecular. Só agora surge entre nós o primeiro CPC (de 2015) já incorporando os avanços da tutela coletiva, várias de suas técnicas processuais, que permitirá não apenas sua utilização prática como também o aperfeiçoamento da tutela de direitos coletivos.

Alterando nossa posição anterior e mesmo reconhecendo que o Direito Processual Coletivo possui normas, regras, institutos e até instituições próprias (MPT), não se confundindo com o Processo Individual, não concordarmos com a revogação do art. 333 do CPC/2015, que nas razões do veto presidencial veiculou que "poderia suscitar mais angústias, dúvidas e problemas do que soluções", na medida em que o artigo revogado poderia ser uma solução razoável para a diminuição das multidão de lides atomizadas nas Varas do Trabalho, aproximando a jurisdição brasileira à americana, do sistema de *class actions for damages*.

Vejamos a redação do art. 333, vetado pela Presidente da República, *in verbis*:

> Art. 333. Atendidos os pressupostos da relevância social e da dificuldade de formação do litisconsórcio, o juiz, a requerimento do Ministério Público ou da Defensoria Pública, ouvido o autor, poderá converter em coletiva a ação individual que veicule pedido que:
>
> I – tenha alcance coletivo, em razão da tutela de bem jurídico difuso ou coletivo, assim entendidos aqueles definidos pelo art. 81, parágrafo único, incisos I e II, da Lei nº 8.078, de 11 de setembro de 1990 (Código de Defesa do Consumidor), e cuja ofensa afete, a um só tempo, as esferas jurídicas do indivíduo e da coletividade;
>
> II – tenha por objetivo a solução de conflito de interesse relativo a uma mesma relação jurídica plurilateral, cuja solução, por sua natureza ou por disposição de lei, deva ser necessariamente uniforme, assegurando-se tratamento isonômico para todos os membros do grupo.
>
> § 1º Além do Ministério Público e da Defensoria Pública, podem requerer a conversão os legitimados referidos no art. 5º da Lei nº 7.347, de 24 de julho de 1985, e no art. 82 da Lei nº 8.078, de 11 de setembro de 1990 (Código de Defesa do Consumidor).
>
> § 2º A conversão não pode implicar a formação de processo coletivo para a tutela de direitos individuais homogêneos.
>
> § 3º Não se admite a conversão, ainda, se:
>
> I – já iniciada, no processo individual, a audiência de instrução e julgamento; ou

II – houver processo coletivo pendente com o mesmo objeto; ou

III – o juízo não tiver competência para o processo coletivo que seria formado.

§ 4º Determinada a conversão, o juiz intimará o autor do requerimento para que, no prazo fixado, adite ou emende a petição inicial, para adaptá-la à tutela coletiva.

§ 5º Havendo aditamento ou emenda da petição inicial, o juiz determinará a intimação do réu para, querendo, manifestar-se no prazo de 15 (quinze) dias.

§ 6º O autor originário da ação individual atuará na condição de litisconsorte unitário do legitimado para condução do processo coletivo.

§ 7º O autor originário não é responsável por nenhuma despesa processual decorrente da conversão do processo individual em coletivo.

§ 8º Após a conversão, observar-se-ão as regras do processo coletivo.

§ 9º A conversão poderá ocorrer mesmo que o autor tenha cumulado pedido de natureza estritamente individual, hipótese em que o processamento desse pedido dar-se-á em autos apartados.

§ 10. O Ministério Público deverá ser ouvido sobre o requerimento previsto no *caput*, salvo quando ele próprio o houver formulado.

Inciso XII do art. 1.015

XII – conversão da ação individual em ação coletiva;

Razões dos vetos

Da forma como foi redigido, o dispositivo poderia levar à conversão de ação individual em ação coletiva de maneira pouco criteriosa, inclusive em detrimento do interesse das partes. O tema exige disciplina própria para garantir a plena eficácia do instituto. Além disso, o novo Código já contempla mecanismos para tratar demandas repetitivas. No sentido do veto manifestou-se também a Ordem dos Advogados do Brasil – OAB.

A título de ilustração, por meio desse dispositivo legal, o magistrado trabalhista, ao analisar um caso concreto, poderia concluir que o empregado seria o representante adequado para todos os demais empregados de determinada empresa, certificando dessa forma a convolação da lide individual em coletiva, e iniciando um novo processo, com todas as suas diversas características, contraditório, ampla defesa, provas etc. que poderia culminar na prolação de uma sentença com condenação genérica (nos moldes da ação civil coletiva), tendo por objeto direitos individuais homogêneos e posterior liquidação e execução individual de cada um dos trabalhadores lesionados da empresa ré.

Entre as inovações do CPC/2015 que se compatibilizam com o microssistema de tutela coletiva, o incidente de resolução de demandas repetitivas, ao lado do procedimento de recursos repetitivos (que existe nos Tribunais Superiores) constituem as estrelas do novo instrumento processual individual. O IRDR fixará a tese a respeito da matéria, que levará à uniformização da jurisprudência por meio de Súmulas ou precedentes vinculantes que deverão constituir o norte para a racionalização das causas de massa, ou seja, com idênticos objeto e causa de pedir.

Com o advento da Lei 13.467/2017 (Reforma Trabalhista), foram revogados os §§ 3º a 6º do art. 896 da CLT, que tratavam do Incidente de Uniformização de Jurisprudência – IUJ, que criava um precedente judicial vinculante ou obrigatório. Da mesma forma, foi alterado pela novel legislação o art. 702, I[199], da CLT, que objetiva a estabilização da jurisprudência, que tornará muito mais dificultosa a alteração dos entendimentos prevalecentes nos Tribunais do Trabalho.

O CPC/2015 traz ainda várias inovações, dentre as quais podemos mencionar o processo negocial, no qual as partes poderão optar pela arbitragem, mediação, conciliação, bem como negociar prazos dilatórios, testemunhas, provas, suspensão etc. com fulcro na teoria da distribuição dinâmica da prova. Porém, a IN 39/2005 dispõe que o processo negocial não se aplica ao processo do trabalho. Além disso, o TST editou a IN 41/2018, que trata da adequação da Lei 13.467/2018 ao processo do trabalho.

O CPC/2015 procurou privilegiar o contraditório, de modo a evitar surpresas no processo, com a obrigação de notificação das partes (por exemplo, o juiz não poderá pronunciar, de ofício, a incompetência absoluta da justiça do trabalho, sem antes ouvir as partes, no contraditório amplo, conforme art. 10 do CPC/2015), e, ainda, alterando institutos como a desconsideração da pessoa jurídica (que não mais poderá ser deferida de ofício, devendo ser instaurado um incidente próprio, com a suspensão do processo principal), a fundamentação substancial ou robusta das decisões, de modo a contemplar todas as teses trazidas pelas partes (neste tópico a CLT tem dispositivo próprio), a simplificação da concessão de medida de urgência por meio da tutela provisória, em cognição sumária (cautelar e satisfativa) e a tutela de evidência (art. 306 do CPC/2015), sempre com obediência aos precedentes judiciais.

---

[199] "f) estabelecer ou alterar súmulas e outros enunciados de jurisprudência uniforme, pelo voto de pelo menos dois terços de seus membros, caso a mesma matéria já tenha sido decidida de forma idêntica por unanimidade em, no mínimo, dois terços das turmas em pelo menos dez sessões diferentes em cada uma delas, podendo, ainda, por maioria de dois terços de seus membros, restringir os efeitos daquela declaração ou decidir que ela só tenha eficácia a partir de sua publicação no Diário Oficial." Esse mesmo art. 702 ganhou dois novos parágrafos, que transcrevemos a seguir: "§ 3º As sessões de julgamento sobre estabelecimento ou alteração de súmulas e outros enunciados de jurisprudência deverão ser públicas, divulgadas com no mínimo, trinta dias de antecedência, e deverão possibilitar a sustentação oral pelo Procurador-Geral do Trabalho, pelo Conselho Federal da Ordem dos Advogados do Brasil, pelo Advogado Geral da União e por confederações sindicais ou entidades de classe de âmbito nacional. § 4º O estabelecimento ou a alteração de súmulas e outros enunciados de jurisprudência pelos Tribunais Regionais do Trabalho deverão observar o disposto na alínea f do inciso I e no § 3º deste artigo, com rol equivalente de legitimidade para sustentação oral, observada a abrangência de sua circunscrição judiciária."

Alguns princípios do processo civil também estarão sendo aperfeiçoados, como o princípio do livre convencimento que passa a ser chamado de princípio do convencimento motivado, não mais livre, da cooperação entre as partes, vedação da decisão surpresa, da boa-fé objetiva, de modo a privilegiar a confiança na expectativa criada pelas partes, bem como com o estabelecimento de audiência de organização da instrução, em que o magistrado deverá anunciar previamente eventual inversão do ônus da prova. Da mesma forma, eventual extinção do processo, *ex officio*, deverá ser precedida pela prévia intimação das partes, com decisão diferida.

Embora exista a possibilidade de tratamento coletivo de direitos individuais, a tutela coletiva de direitos individuais homogêneos não deixou de existir, como se chegou a aventar, em princípio. Na verdade, ao lado desse instrumento colocado à disposição dos juristas pelo CPC/2015, permanece em vigor todo o instrumental de tutela coletiva, que tem como núcleo a LACP e o CDC, ou seja, o microssistema de tutela jurídica, estabelecendo, como dito, um verdadeiro diálogo de fontes entre o CPC/2015 e o microssistema de tutela coletiva.

Diante de todas essas novidades jurídicas, podemos perguntar: e o Processo do Trabalho? Até que ponto deverá se subsidiar no Processo Civil, com base nos arts. 769 e 889 da CLT? Somente nos casos de lacuna e não havendo incompatibilidade? E o ancilosamento das normas celetistas ante as novidades do CPC?

Na verdade, o Tribunal Superior do Trabalho editou, em 15 de março de 2016, a Resolução 203 que teve como finalidade editar a Instrução Normativa 39, que dispõe "sobre as normas do Código de Processo Civil de 2015 aplicáveis e inaplicáveis ao Processo do Trabalho, de forma não exaustiva", que discriminou todas as normas do CPC/2015 que entende aplicáveis e não aplicáveis ao Processo do Trabalho, cujos comentários já estão inseridos na presente obra.

Haverá a adaptação dos regimentos internos dos Tribunais Regionais na criação de normas para regulamentar os procedimentos de recursos repetitivos, regras de prevenção, escolha dos processos para a representação da controvérsia adequada, bem como dos recursos repetitivos a serem examinados que servirão de paradigmas, ou seja, os chamados precedentes obrigatórios ou vinculantes.

Novidade importante como mencionado será o incidente de resolução de demandas repetitivas, por meio do qual o recurso não será julgado, mas ocorrerá tão somente a fixação da tese jurídica pelo TRT, que vai ser aplicada em sua respectiva jurisdição, com a suspensão temporária das lides com idêntico objeto. Havendo recurso ao TST, este deverá fixar a tese sobre a matéria, inclusive com a modulação de seus efeitos, com vinculação em âmbito nacional.

Cabe também ressaltar que as estrelas do CPC/2015, especialmente os incidentes de resolução de demandas repetitivas e de recursos repetitivos, na verdade, vieram preencher uma lacuna em nosso ordenamento jurídico, principalmente no cumprimento do mandamento constitucional do amplo acesso à justiça, na medida em que a figura dos legitimados *ope legis* das ações moleculares criou uma barreira ao maior desenvolvimento e utilização prática das ações coletivas no Brasil, diferentemente do que ocorre nos Estados Unidos da América do Norte, pois permite apenas a um estreito rol de autores ideológicos o acesso e a utilização desse importante canal de acesso ao sistema de justiça no Brasil.

Indene de dúvidas, portanto, que hodiernamente existe uma via de mão dupla entre o CPC/2015 e o sistema de ações coletivas no Brasil, o que se evidencia pelos diversos institutos que migraram do sistema molecular para o CPC/2015, entre os quais: a) o dever de comunicação judicial (art. 139, X), idêntico ao previsto na LACP (art. 7º); previsão de Câmaras Administrativas para a solução consensual de conflitos, com expressa menção aos termos de ajustamento de conduta (art. 174, III, do CPC); previsão de intimação obrigatória do Ministério Público nas ações coletivas para a discussão da posse rural ou urbana (art. 178, III, do CPC); conversação da ação individual em coletiva (art. 333 do CPC), que foi objeto de veto presidencial; suspensão dos processos coletivos em vista da instauração do incidente de resolução de demandas repetitivas (art. 982, I, do CPC), a aplicação da tese jurídica firmada também aos processos coletivos (art. 985, I, do CPC) e a configuração dos incidentes de julgamento de casos repetitivos (art. 928 do CPC), este último um microssistema de tutela totalmente regulamentado pelo CPC/2015.

O CPC/2015 adotou, com o art. 927[200] e incisos, o modelo de precedentes normativos vinculantes, de forma que os magistrados e tribunais estarão obrigados, formalmente, a seguir tais precedentes. Essa regra tem validade e eficácia imediata, atingindo decisões anteriores, inclusive em matéria de políticas públicas e de controle judicial.

O Ministério Público do Trabalho, por meio da celebração de TACs (Termos de Ajustamento de Conduta) e de recomendações já se imiscuía e determinava a realização de políticas públicas pela Administração (Poder Executivo), relativizando o dogma da separação dos poderes, em obrigações de fazer e não fazer relacionadas ao interesse público primário da sociedade. É justamente isso que está acontecendo em relação à intervenção do Judiciário em órgãos da Administração, e agora com o reforço das novas normas introduzidas no CPC/2015.

---

[200] "Art. 927. Os juízes e os tribunais observarão: I – as decisões do Supremo Tribunal Federal em controle concentrado de constitucionalidade; II – os enunciados de súmula vinculante; III – os acórdãos em incidente de assunção de competência ou de resolução de demandas repetitivas e em julgamento de recursos extraordinário e especial repetitivos; IV – os enunciados das súmulas do Supremo Tribunal Federal em matéria constitucional e do Superior Tribunal de Justiça em matéria infraconstitucional; V – a orientação do plenário ou do órgão especial aos quais estiverem vinculados."

Nesse sentido, foi aprovada a tese de repercussão geral pelo Plenário do STF (tema n. 220), com força obrigatória:

> É lícito ao Judiciário impor à Administração Pública obrigações de fazer, consistente na promoção de medidas ou na execução de obras emergenciais em estabelecimentos prisionais para dar efetividade ao postulado da dignidade da pessoa humana e assegurar aos detentos o respeito à sua integridade física e moral, nos termos do que preceitua o artigo 5º (inciso XLIX) da Constituição Federal, não sendo oponível à decisão o argumento da reserva do possível nem o princípio da separação dos poderes" (RE 592581, Relator: Min. Ricardo Lewandowski, Tribunal Pleno, julgado em 13.08.2015, acórdão repercussão geral eletrônico – mérito *Dje*-018 divulg. 29.01.2016 public. 01.01.2016).

Não resta dúvida de que os direitos fundamentais de terceira dimensão (difusos, coletivos e individuais homogêneos), constituem a matéria prima que possibilitará uma maior sindicalização jurisdicional e extrajudicial de políticas públicas, envolvendo não apenas os legitimados *ope legis*, como, também, com o advento do CPC/2015, as partes, o juiz etc., na busca de medidas protetivas, promovendo maior concretude aos direitos constitucionais e infraconstitucionais.

Aliás, foi, em grande parte, em razão do estreito limite dos legitimados *ope legis* ou autores ideológicos dos arts. 5º da LACP e 82 do CDC, que as ações moleculares não tiveram um maior desenvolvimento no Brasil, tornando-se virtualmente ações de manejo exclusivo do Ministério Público, o que motivou a introdução, entre nós, pelo CPC/2015, do microssistema judicial de precedentes obrigatórios.

Finalmente, podemos dizer que a Lei 13.467/2017, introduziu uma mudança substancial na alínea f do inciso I do art. 702 da CLT, tornando muito mais dificultosa a alteração, a criação e a supressão de Súmulas e Orientações Jurisprudenciais pelo TST, bem como a criação de Súmulas pelos TRTs, pois o § 2º, art. 8º, da CLT proíbe o Poder Judiciário a criar ou restringir direito por meio de sua jurisprudência.

Nessa esteira, caberá com exclusividade ao Pleno dos Tribunais e do TST, o poder de uniformização da jurisprudência dominante, eliminando a possibilidade de as turmas e sessões elaborar as orientações jurisprudenciais, no âmbito do TST, e de teses vinculantes nos Tribunais Regionais do Trabalho.

Observa-se, assim, de modo definitivo em nosso ordenamento jurídico, a convergência dos institutos da *common law* ao sistema românico germânico, com o estabelecimento do instituto dos precedentes vinculantes, que se constituirão em verdadeiros atos com interpretação hermenêutica, e não de aplicação automática, dotados de *ratio decidendi* (razões determinantes ou nucleares), que deverão ser observados por todos os magistrados brasileiros, e somente afastados quando se demonstrar o *distinguishing* (a lide apresenta certas peculiaridades que justificam e impõem a não aplicação do precedente) e o *overruling* (a tese jurídica ou *ratio decidendi* elaborada no precedente encontra-se superada), ou ainda o *signalling* (sinalização dos Tribunais Superiores em relação a determinado entendimento jurisprudencial) nos casos concretos levados ao Judiciário.

Sendo assim, modifica-se substancialmente o procedimento anterior de criação de teses vinculantes por meio de um procedimento simplificado, sem oitiva dos interessados, ficando revogados os §§ 3º a 6º, art. 896 da CLT, que trata do recurso de revista, afastando o instituto do IUJ (incidente de uniformização da jurisprudência), ficando garantidos a publicidade e o direito de defesa (§ 3º e 4º do art. 702 da CLT) anteriormente à criação dos precedentes jurisprudenciais vinculantes (ou obrigatórios) no âmbito do Tribunal Superior do Trabalho e dos Tribunais Regionais do Trabalho.

Os efeitos imediatos da implantação deste novo sistema de precedentes vinculantes ou obrigatórios, estabelecidos nos arts. 927 e seguintes do CPC/2015 e aplicados subsidiariamente no Processo do Trabalho, far-se-ão sentir no Judiciário pelo provável aumento no número de acordos, levando gradualmente a uma maior certeza e previsibilidade do direito, maior segurança jurídica e univocidade nas decisões, com base na proporcionalidade, racionalidade, evitando-se decisões contraditórias ou colidentes e, daí, a uma maior credibilidade do Poder Judiciário Trabalhista.

Mais recentemente, houve a promulgação da Lei 13.874, de 20 de setembro de 2019, que instituiu a declaração de direitos de liberdade econômica, apresentando, entre as principais mudanças: alterações no trabalho aos finais de semana e feriados; uma nova forma para a emissão da CTPS, emitida por meio eletrônico, vinculada ao número do CPF do indivíduo;, alteração nos registros de ponto, de forma que somente empresas que tenham mais de 20 funcionários serão obrigadas a manter o registro de ponto; a dispensa de alvará de funcionamento para as pessoas jurídicas que exercem atividade de baixo risco; a substituição do e-Social por um sistema simplificado de escrituração digital das obrigações previdenciárias, trabalhistas e fiscais; a criação da figura do abuso regulatório do Poder Público; a possibilidade de constituição de sociedade com apenas um sócio, com responsabilidade limitada e sem exigência de capital mínimo a ser integralizado; alteração nas regras da desconsideração da personalidade jurídica, com a definição do conceito de desvio de finalidade e confusão patrimonial, com a ressalva que a mera existência de grupo econômico não implicará aplicação automática deste instituto; a implantação de documentação e certificação digital; mudança nos registros de constituição e encerramento de pessoas jurídicas, bem como a criação do Conselho Administrativo de Recursos Fiscais, da Secretaria Especial da Receita Federal do Brasil do Ministério da Economia e da Procuradoria-Geral da Fazenda Nacional.

E também da Medida Provisória 905, de 11 de novembro de 2019, muito contestada pelos juristas trabalhistas e pelo Ministério Público do Trabalho, nos aspectos relacionados à sua constitucionalidade/convencionalidade (colisão em relação às convenções e recomendações da OIT – Organização Internacional do Trabalho), que apresenta, entre outras novidades jurídicas, o contrato de trabalho verde amarelo, destinada à criação de novos postos de trabalho para pessoas entre 18 e 29 anos de idade, para fins de registro do primeiro emprego em Carteira de Trabalho e Previdência Social, pelo prazo de até 24 meses; instituição do programa de habilitação e reabilitação física e profissional, prevenção e redução de acidentes de trabalho; várias alterações na CLT – Consolidação das Leis do Trabalho, especialmente relacionadas a armazenamento em meio eletrônico, trabalho aos domingos, atualização do valor das multas aplicadas a empregadores, alterações na Lei do FGTS (Lei 8.036/1990), do Seguro-Desemprego (Lei 7.998/1990), juros em débitos trabalhistas, na Lei de participação nos lucros e prêmios (Lei 10.101/2000), bem como atribuindo aos Termos de Ajuste de Conduta firmados pelo Ministério da Economia, por meio dos auditores fiscais do trabalho, a natureza jurídica de título executivo extrajudicial, com idêntica eficácia dos TACs celebrados pelo Ministério Público do Trabalho, consoante art. 5º, § 6º, da Lei 7.347/1985.

A Medida Provisória 905/2019 está sendo objeto de ADIN junto ao STF em relação à sua constitucionalidade/convencionalidade por interferir na autonomia funcional e administrativa do *Parquet* Trabalhista, bem como por promover uma nova reforma trabalhista na medida em que altera mais de 50 artigos e 150 dispositivos da CLT.

ANEXO – REFORMA TRABALHISTA. AVANÇO OU RETROCESSO

A Lei 13.467/2017 provoca a alteração de mais de 100 dispositivos legais da CLT, repercutindo, também, na Lei 6.019/1974 (terceirização), na Lei do FGTS (8.036/1990) e na Lei de Custeio da Previdência Social (8.212/1991).

Apresentaremos, a seguir, uma síntese das principais alterações da novel Lei 13.467/2017.

A linha ideológica da reforma foi diminuir o escudo protetor do Estado relativamente à pessoa do trabalhador-empregado, bem como promover a diminuição da rigidez nas negociações diretas entre empregado-empregador, sendo ostensivamente favorável aos empresários, na medida em que retira inúmeros direitos trabalhistas, considerados irreversíveis, preservando, no entanto, o direito adquirido, o ato jurídico perfeito e a coisa julgada.

Nesta mesma vertente, a Reforma Trabalhista converte parcelas de natureza salarial em indenizatória, promovendo renúncia fiscal em relação a recolhimentos do Imposto de Renda e INSS, transforma a contribuição sindical obrigatória em facultativa e promove a inversão da hierarquia das normas trabalhistas com a supremacia do negociado sobre a legislação do trabalho.

De uma forma geral, o legislador replica no Brasil a reforma que foi conduzida em Portugal, sob a bandeira da Austeridade, preconizada por Mark Blyth e Bauman, no período de 2010-2016, para atender aos preceitos da Troyka (Fundo Monetário Internacional, Banco Central Europeu e Comissão Europeia), cujas principais alterações discriminamos a seguir.

- Seguindo a tendência da teoria da flexisegurança, do modelo escandinavo, a Lei 13.476/2017 flexibiliza a entrada e a saída do trabalhador na empresa, criando virtualmente todos os tipos de acesso do trabalhador à empresa, por meio de uma plêiade de contratos precários: desde por hora/dia (trabalho intermitente), passando por contratos por tempo parcial, teletrabalho, de experiência, por prazo determinado até ao contrato padrão por tempo indeterminado. Na outra ponta, permite a dispensa imotivada individual, plúrima e coletiva, sem qualquer intervenção sindical.

- Verifica-se, dessa forma, a desconstrução do DNA ou núcleo fundamental do Direito do Trabalho, constituído pelo princípio protetor e sua tríplice vertente: teoria da norma mais favorável, da condição mais benéfica e do *in dubio pro operario*.
- Impõe ao trabalhador um processo mais dificultoso de acesso à justiça, acaso ausente na assentada inicial, por meio do pagamento de custas.
- Cria os honorários sucumbenciais recíprocos, que onerará o trabalhador.
- Desnecessidade de homologação da rescisão do contrato de trabalho, perante o sindicato ou Ministério do Trabalho, na dispensa do empregado com mais de um ano de casa.
- Revogação do intervalo de 15 minutos para a mulher (art. 384 da CLT).
- Revogação do pagamento das horas *in itinere*.
- Pagamento apenas da parte suprimida do intervalo intrajornada e pagamento de natureza indenizatória em caso de supressão (Súmula 437 do TST).
- Prevalência do acordo coletivo sobre a convenção coletiva.
- Alteração dos conceitos de grupo econômico e sucessão trabalhista.
- Exclusão da responsabilidade do sócio após 2 anos de sua saída da sociedade, na forma do art. 103 do Código Civil.
- Prescrição *ex officio* intercorrente de 2 anos.
- Regulamentação do trabalho intermitente.
- Regulamento do teletrabalho e sua exclusão do capítulo da duração do trabalho, ou seja, exclusão das horas extras, intervalos, hora noturna e adicional noturno.
- Permissão da arbitragem nas lides individuais para trabalhadores com renda superior a duas vezes o teto da Previdência Social.
- Comprovação do estado de pobreza para gratuidade de justiça, sem isenção de pagamento de custas no caso de arquivamento e ajuizamento de nova ação, para honorários periciais e advocatícios.
- Honorários advocatícios sucumbenciais entre 5% e 15%.
- Possibilidade de condenação por litigância de má-fé para as partes, até mesmo para as testemunhas.
- Exceção de incompetência territorial, anteriormente à audiência, com suspensão do processo.
- Desnecessidade de o preposto ser empregado.

- Não tipificação da revelia quando com advogado da reclamada estiver presente em audiência, com recebimento pelo magistrado da contestação e documentos.
- Livre estipulação contratual para parcelas do art. 611-A para trabalhadores que têm renda equivalente ou superior a 2 (duas) vezes o piso da Previdência Social e possua nível superior.
- Equiparação salarial apenas para empregados do mesmo estabelecimento e criação de mais um requisito obrigatório para concessão, ou seja, 4 (quatro) anos de tempo de casa, além dos 2 (dois) anos na mesma função, com plano de cargo e salário, sem a necessidade dos critérios de promoção, alternados ora por merecimento, ou por antiguidade.
- Supressão da gratificação de função de confiança mesmo depois de 10 anos, se o empregado for revertido para o cargo efetivo anteriormente ocupado.
- Contrato por tempo parcial de 26 horas semanais (com a permissão do acréscimo de 6 horas extras) ou 30 horas semanais, com a revogação do art. 130-A da CLT.
- Regulamentação do dano extrapatrimonial, com limitação de valores (tarifação) e espécies de lesões aos direitos da personalidade, com a devida reparação.
- Exclusão da responsabilidade objetiva em caso de dano extrapatrimonial.
- Exigência de quórum qualificado para alteração ou fixação de Súmula ou Tese Prevalecente, além de outros requisitos e limitação de atuação da jurisprudência.
- Dispensa do depósito recursal para beneficiários da gratuidade da justiça, entidades filantrópicas e empresa em recuperação.
- Pagamento de 50% do depósito recursal para pequenas e microempresas.
- Limite do pagamento de custas vinculado a 4 (quatro) vezes o teto da Previdência Social.
- Regulamentação dos representantes das empresas com mais de 200 empregados, e estabilidade dos representantes eleitos.
- Limitação da nulidade das normas coletivas, apenas quando for violado o art. 104 do Código Civil.
- Prêmios e gratificações contratuais ou espontâneas, com natureza indenizatória e não salarial.
- Formalização do contrato de trabalho autônomo, com afastamento do vínculo de emprego.
- Possibilidade de o empregado com diploma de curso superior, que recebe remuneração igual ou superior a 2 (duas) vezes o teto da Previdência

Social negociar livremente com o empregador questões relacionadas no art. 611-A da CLT.
- Jornada de 12 × 36 horas por acordo individual escrito entre empregado e empregador, ou norma coletiva.
- Vedação da ultra-atividade das normas trabalhistas estabelecidas em cláusulas de acordo ou convenção coletiva.
- Banco de horas por acordo individual escrito entre patrão e empregado para compensação em até 6 meses.
- Validade do acordo de compensação tácito ou oral para compensação no mesmo mês.
- Validade de acordo de compensação por horas extras habituais.
- Parcelamento de férias em até 3 vezes.
- Autorização do trabalho insalubre para grávidas e lactantes.
- Contagem do prazo processual em dias úteis.
- Quitação anual de verbas trabalhistas por meio do sindicato.
- Possibilidade de protesto da sentença judicial em Cartório de Protestos de Títulos.
- Competência da Justiça do Trabalho para homologar acordo extrajudicial entre patrão e empregado.
- Eliminação da execução *ex officio*, salvo se a parte estiver sem advogado constituído nos autos.
- Desconsideração da pessoa jurídica na forma do CPC/2015.

Portanto, em face das normas amplamente favoráveis ao empresariado e considerando a composição do mercado de trabalho no Brasil, em que 98% dos empregados são contratados por pequenas e médias empresas, corremos o risco de enorme empobrecimento da classe trabalhadora brasileira, que poderá migrar em grande número para os contratos mais precários e menos custosos para as empresas.

Diante deste cenário, certamente se afigurará cada vez mais relevante para a reconstrução do núcleo fundamental do direito material e processual do trabalho a atuação dos Tribunais do Trabalho, do Ministério do Trabalho e Previdência Social, na fiscalização, e do Ministério Público do Trabalho, por meio do manejo de seus principais instrumentos jurídicos (inquérito civil, requisição, TAC e ações moleculares), para a preservação dos direitos fundamentais dos trabalhadores.

REFERÊNCIAS

ABELHA, Marcelo. *Ação civil pública e meio ambiente*. Rio de Janeiro: Forense Universitária, 2012.

ALEXY, Robert. *El concepto y la validez del derecho y otros ensayos*. Barcelona: Gedisa, 1994.

_____. *Teoria dos direitos fundamentais*. Trad. Virgílio Afonso da Silva. 2. ed. São Paulo: Saraiva, 2012.

ALMEIDA, Amador Paes de. *Execução de bens dos sócios*. 6. ed. São Paulo: Saraiva, 2003.

ALMEIDA, Cléber Lúcio de. *Direito processual do trabalho*. 2. ed. Belo Horizonte: Del Rey, 2008.

_____. Incidente de desconsideração da personalidade jurídica. In: MIESSA Élisson (Org.). *O novo Código de Processo Civil e seus reflexos no processo do trabalho*. Salvador: JusPodivm, 2015.

ARANTES, Rogério Bastos. *Ministério Público e política no Brasil*. São Paulo: Fapesp/EUC/Sumaré, 2002.

ARAÚJO, João Carlos de. *Ação coletiva do trabalho*. São Paulo: LTr, 1993.

BARROSO, Luís Roberto (Org.). *A nova interpretação constitucional*. 3. ed. Rio de Janeiro: Renovar, 2008.

_____. *O direito constitucional e a efetividade de suas normas*: limites e possibilidades da Constituição brasileira. 9. ed. Rio de Janeiro: Renovar, 2009.

BEBBER, Júlio César. *Processo do trabalho*: temas atuais. São Paulo: LTr, 2003.

_____. *Recursos no processo do trabalho*. 4. ed. São Paulo: LTr, 2014.

BEDAQUE, José Roberto dos Santos. *Poderes instrutórios do juiz*. 3. ed. São Paulo: RT, 2001.

_____. *Tutela cautelar e tutela antecipada*: tutelas sumárias e de urgência. São Paulo: Malheiros, 1998.

_____. *Direito e processo*: influência do direito material sobre o processo. 2. ed. São Paulo: Malheiros, 1997.

BEVILÁQUA, Clóvis. *Teoria geral do direito civil*. Rio de Janeiro: Francisco Alves, 1975.

BOBBIO, Norberto. *Teoria do ordenamento jurídico*. 7. ed. Brasília: Universidade de Brasília, 1996.

BRANDÃO, Cláudio. *Reforma do sistema recursal trabalhista*: comentários à Lei n.º 13.015/2014. São Paulo: LTr, 2015.

BRITO FILHO, José Cláudio Monteiro de. *O Ministério Público do Trabalho e a ação anulatória de cláusulas convencionais*. São Paulo: LTr, 1998.

BUENO, Cassio Scarpinella. *Manual de direito processual civil*. São Paulo: Saraiva, 2016.

BUZAID, Alfredo. *Agravo de petição no sistema do Código de Processo Civil*. 2. ed. São Paulo: Saraiva, 1956.

CABRAL, Antonio do Passo. Il principio del contradditorio como diritto d'influenza e dovere di dibattito. *Rivista di Diritto Processuale*, Padova: Cedam, 2005, v. 2, n. 2.

CALVET, Otávio Amaral. Nova competência da Justiça do Trabalho: relação de trabalho × relação de consumo. *Revista Legislação do Trabalho*, São Paulo, ano 69, v. 1, 2005.

CÂMARA, Alexandre Freitas. *Lições de direito processual civil*. 25. ed. Rio de Janeiro: Atlas, 2014.

_____. *O novo processo civil brasileiro*. 3. ed. Rio de Janeiro: Forense, 2017.

CARMO, Julio Bernardo do. Do mútuo consenso como condição de procedibilidade do dissídio coletivo de natureza econômica. *Revista LTr*, São Paulo, ano 69, v. 1, 2009.

CARMONA, Carlos Alberto. *Arbitragem e processo*: um comentário à Lei nº 9.307/96. São Paulo: Malheiros, 1998.

CARREIRA ALVIM, J.E. *Comentários à lei de arbitragem*. Rio de Janeiro: Lumen Juris, 2004.

CASAGRANDE, Cássio. *Ministério Público e a judicialização da política*. Porto Alegre: Fabris, 2008.

CABRAL, Antônio do Passo. Il principio del contradditorio come diritto d'influenza e dovere di dibattito. *Rivista di Diritto Processuale*. Padova: Cedam, 2005.

CHIARLONI, Sergio. Un mito revisitato: note comparative sull'autoritá del precedente giurisprudenziale. *Rivista di Diritto Processuale*, Padova, ano 56, n. 3, p. 614-632, 2001.

CINTRA, Antônio Carlos de Araújo; GRINOVER, Ada Pellegrini; DINAMARCO, Cândido Rangel. *Teoria geral do processo*. 18. ed. São Paulo: Malheiros, 2002.

_____; _____; _____. _____. 25. ed. São Paulo: Malheiros, 2009.

COMPARATO, Fábio Konder. *A afirmação dos direitos humanos*. 4. ed. São Paulo: Saraiva, 2014.

CORDEIRO, Wolney de Macedo. *Execução no processo do trabalho*. Salvador: JusPodivm, 2015.

CORREIA, Marcus Orione Gonçalves. *As ações coletivas e o direito do trabalho.* São Paulo: Saraiva, 1994.

COSTA, Marcelo Freire Sampaio. Incidente de resolução de demanda repetitiva: o novo CPC e aplicação no processo do trabalho. In: MIESSA, Elisson (Org.). *O novo Código de Processo Civil e seus reflexos no processo do trabalho.* Salvador: JusPodivm, 2016.

DELGADO, Maurício Godinho. A prescrição na justiça do trabalho: novos desafios. *Revista do Tribunal Superior do Trabalho,* Porto Alegre: Magister, 2008.

_____. *Curso de direito do trabalho.* 14. ed. São Paulo: LTr, 2015.

DIDIER JR., Fredie. *Curso de direito processual civil.* 17. ed. Salvador: JusPodivm, 2015.

_____. *Curso de direito processual.* 20. ed. Salvador: JusPodivm, 2018. v. I.

_____; OLIVEIRA, Rafael Alexandria; BRAGA Paula Sarno. *Curso de direito processual civil.* 10. ed. Salvador: JusPodivm, 2015.

_____; _____; _____; *Curso de direito processual civil.* 15. ed. Salvador: JusPodivm, 2018. t. 2.

_____; ZANETI JR., Hermes. *Curso de direito processual civil.* Processo coletivo. Salvador: JusPodivm, 2007. v. 4.

DINAMARCO, Cândido Rangel. *A instrumentalidade do processo.* 12. ed. São Paulo: Malheiros, 2005.

_____. *Instituições de direito processual civil.* 3. ed. São Paulo: Malheiros, 2001. v. 1.

_____. _____. 3. ed. São Paulo: Malheiros, 2002. v. 2.

_____. _____. 3. ed. São Paulo: Malheiros, 2003. v. 3.

DINAMARCO, Cândido Rangel; LOPES, Bruno Vasconcelos Carrilho. *Teoria geral do novo processo civil.* 2. ed. São Paulo: Malheiros, 2017.

DINIZ, Maria Helena. *Compêndio de introdução à ciência do direito.* 14. ed. São Paulo: Saraiva, 2001.

_____. *Lei de Introdução ao Código Civil brasileiro interpretada.* 4. ed. São Paulo: Saraiva, 1998.

ETALA, Carlos Alberto. *Derecho colectivo del trabajo.* Buenos Aires: Astrea, 2002.

FARIAS, Cristiano Chaves de; ROSENVALD, Nelson. *Curso de direito civil:* parte geral e LINDB. 13. ed. São Paulo: Atlas, 2015. v. 1.

FERRARI, Irany; NASCIMENTO, Amauri Mascaro; MARTINS FILHO, Ives Gandra da Silva. *História do direito do trabalho e da justiça do trabalho:* homenagem a Armando Casemiro Costa. 2. ed. São Paulo: LTr, 2002.

FRANÇA, Rubens Limongi. Jurisprudência: seu caráter de forma de expressão do direito. In: CARVALHO, J. M. de; DIAS, José de Aguiar (Org.). *Repertório enciclopédico do direito brasileiro.* Rio de Janeiro: Borsoi, 1947-1955. v. 30, p. 272-295.

GARCIA, Gustavo Filipe Barbosa. *Competência da justiça do trabalho*. Rio de Janeiro: Forense, 2012.

_____. *Curso de direito processual do trabalho*. 4. ed. Rio de Janeiro: Forense, 2015.

GIDI, Antonio. *A class action como instrumento de tutela coletiva dos direitos*: as ações coletivas em uma perspectiva comparada. São Paulo: RT, 2007.

_____. *Coisa julgada e litispendência em ações coletivas*. São Paulo: Saraiva, 1995.

_____. *Rumo a um Código de Processo Civil coletivo*. Rio de Janeiro: Forense, 2008.

GIGLIO, Wagner. *Direito processual do trabalho*. 12. ed. São Paulo: Saraiva, 2002.

_____. _____. 16. ed. São Paulo: Saraiva, 2003.

GONÇALVES, Marcus Vinicius Rios. *Direito processual civil esquematizado*. 5. ed. São Paulo: Saraiva, 2015.

_____. *Novo curso de direito processual civil*. 11. ed. São Paulo: Saraiva. 2014. v. 1.

_____. *Novo curso de direito processual civil*: teoria geral e processo de conhecimento. 13. ed. São Paulo: Saraiva, 2016. v. 1.

GRINOVER, Ada Pellegrini et al. *Código Brasileiro de Defesa do Consumidor*. 5. ed. São Paulo: Forense Universitária, 1998.

HARTMANN, Rodolfo Kronemberg. *Curso completo de processo civil*. Niterói: Impetus, 2014.

JARDIM, Afrânio Silva. A definição das regras de processo e procedimento. *Revista Eletrônica de Direito Processual*, Periódico Semestral da Pós-Graduação *Stricto Sensu* em Direito Processual da UERJ, v. 15, jan.-jun. 2015. Disponível em: <http://www.redp.com.br>. Acesso em: 28 ago. 2016.

JORGE NETO, Francisco; CAVALCANTE, Jouberto de Quadros Pessoa. *Direito do trabalho*. 4. ed. Rio de Janeiro: Lumen Juris. t. 2.

_____. _____. *Direito processual do trabalho*. 3. ed. Rio de Janeiro: Lumen Juris, 2007. t. 2.

_____; _____. _____. 7. ed. São Paulo: Atlas, 2015. t. 2.

LEITE, Carlos Henrique Bezerra. *Curso de direito processual do trabalho*. 3. ed. São Paulo: LTr, 2005.

_____. _____. 6. ed. São Paulo: LTr, 2008.

_____. _____. 7. ed. São Paulo: LTr, 2009.

_____. _____. 10. ed. São Paulo: LTr, 2012.

_____. *Ministério Público do trabalho*. 2. ed. São Paulo: LTr, 2002.

LIMA, Francisco Gérson Marques de. Ações coletivas sindicais e litispendência. *Revista LTr*, São Paulo, n. 79, p. 519, 1993.

LORENTZ, Luciana Nacur. A coisa julgada coletiva: *ultra partes, erga omnes* e *secundum eventum litis*. *Revista do Curso de Direito da Faculdade de Ciências Humanas FUMEC*, São Paulo, v. 6, 2003.

MALLET, Estevão. Apontamentos sobre a competência da justiça do trabalho após a Emenda Constitucional nº 45. *Direito, trabalho e processo em transformação*. São Paulo: LTr, 2005.

_____. Observações sobre a ação de cumprimento. *Revista LTr*, São Paulo, v. 59, n. 2, 1995.

_____. *Prática de direito do trabalho*. São Paulo: LTr, 2008.

_____. Primeiras linhas sobre as comissões de conciliação. *Revista LTr*, São Paulo, n. 2, v. 56, abr. 2000.

MALTA, Christovão Piragibe Tostes. *Prática de processo trabalhista*. São Paulo: LTr, 2010.

MANCUSO, Rodolfo de Camargo. *Ação civil pública*. São Paulo: RT, 1999.

_____. *Divergência jurisprudencial e súmula vinculante*. 3. ed. São Paulo. RT, 2007.

MARCATO, Antônio Carlos. *Crise da justiça e a influência dos precedentes judiciais no direito processual civil brasileiro*. 2008. 265 p. Tese (Professor Titular de Direito Processual Civil do Departamento de Direito Processual) – Faculdade de Direito da Universidade de São Paulo, São Paulo.

MARINONI, Luiz Guilherme. *Curso de processo civil*: teoria geral do processo. São Paulo: RT, 2006.

_____. *Teoria geral do processo*. 3. ed. São Paulo: RT, 2008.

_____; MITIDIERO, Daniel. *Código de Processo Civil comentado*. São Paulo: RT, 2008.

MARTINS, Adalberto. *Manual didático de direito processual do trabalho*. 2. ed. São Paulo: Malheiros, 2005.

MARTINS, Fran. *Comentários à lei das sociedades anônimas*. Rio de Janeiro: Forense, 1979. v. 1.

MARTINS, Sérgio Pinto. *Direito do trabalho*. 27. ed. São Paulo: Atlas, 2010.

_____. *Direito processual do trabalho*. 35. ed. São Paulo: Atlas, 2014.

_____. *Greve do servidor público*. São Paulo: Atlas, 2001.

MARTINS FILHO, Ives Gandra. Critérios de transcendência no recurso de revista: Projeto de Lei 3.270/00. *Revista LTr*, São Paulo, n. 65-08, p. 914.

_____. Métodos alternativos de solução de conflitos laborais: viabilizar a jurisdição pelo prestígio à negociação coletiva. *Revista LTr*, São Paulo, v. 67, jul. 2015.

_____. *Processo coletivo do trabalho*. 4. ed. São Paulo: LTr, 2009.

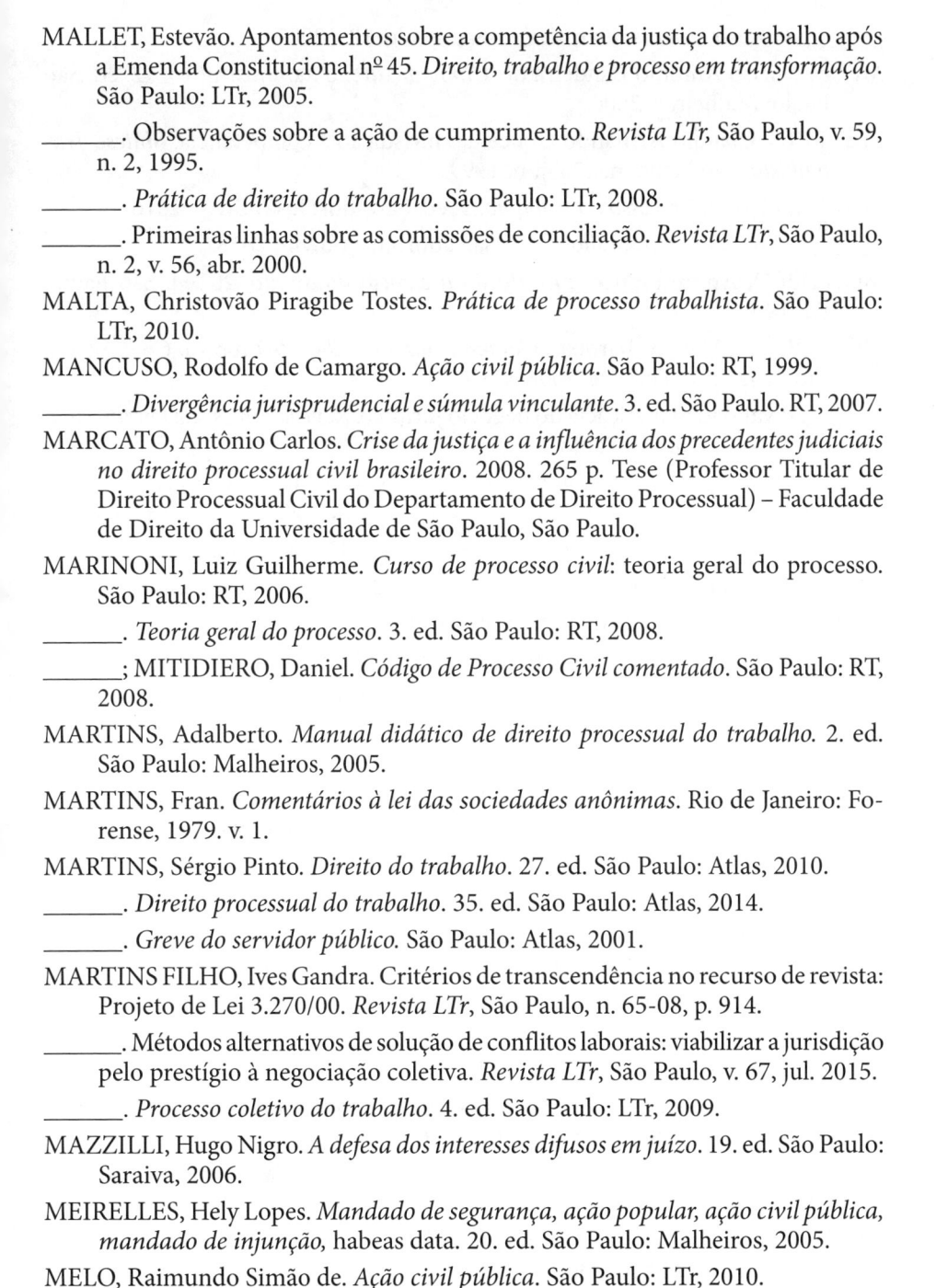

MAZZILLI, Hugo Nigro. *A defesa dos interesses difusos em juízo*. 19. ed. São Paulo: Saraiva, 2006.

MEIRELLES, Hely Lopes. *Mandado de segurança, ação popular, ação civil pública, mandado de injunção,* habeas data. 20. ed. São Paulo: Malheiros, 2005.

MELO, Raimundo Simão de. *Ação civil pública*. São Paulo: LTr, 2010.

_____. Prescrição nas ações acidentárias sob o enfoque da tutela dos direitos humanos. *Revista LTr*, São Paulo, v. 58, set. 2008.

_____. *Processo coletivo do trabalho*. São Paulo: LTr, 2009.

MELLO, Celso Antônio Bandeira de. *Curso de direito administrativo*. 12. ed. São Paulo: Malheiros, 2000.

MENEZES, Cláudio Armando Couce de. Jurisdição e competência. *Síntese Trabalhista*, São Paulo, n. 120, jun. 1999.

MIESSA, Élisson. *Processo do trabalho*. 3. ed. Salvador: JusPodivm, 2016.

_____. *Processo do trabalho*. 6. ed. Salvador: JusPodivm, 2018.

MONTORO, André Franco. *Introdução à ciência do direito*. 20. ed. São Paulo: RT, 1991.

MOREIRA, José Carlos Barbosa. *Comentários ao Código de Processo Civil*. 14. ed. Rio de Janeiro: Forense, 2008. v. V.

_____. Invalidade e ineficácia do negócio jurídico. *Revista Síntese de Direito Civil e Processo Civil*, São Paulo, n. 23, maio-jun. 2003.

_____. *O novo processo civil brasileiro*. 23. ed. Rio de Janeiro: Forense, 2005.

NASCIMENTO, Amauri Mascaro. A questão do dissídio coletivo "de comum acordo". *Revista LTr*, São Paulo, v. 70, n. 6, p. 647, jun. 2006.

_____. *Curso de direito processual do trabalho*. 21. ed. São Paulo: Saraiva, 2001.

_____. _____. 24. ed. São Paulo: Saraiva, 2009.

_____. *Iniciação ao processo do trabalho*. São Paulo: Saraiva, 2005.

NERY JR., Nelson. *Princípios do processo na Constituição Federal*. 11. ed. São Paulo: RT, 2013.

_____. *Teoria geral dos recursos*. 6. ed. São Paulo: RT, 2004.

_____; NERY, Rosa Maria Andrade. *Código de Processo Civil comentado e legislação processual civil extravagante em vigor*. 10. ed. São Paulo: RT, 2007.

_____; _____. _____. 13. ed. São Paulo: RT, 2013.

NEVES, Daniel Amorim Assumpção. *Manual de direito processual civil*. 5. ed. São Paulo: Método. 2013.

NOVELINO, Marcelo. *Manual de direito constitucional*. 9. ed. Rio de Janeiro: Forense; São Paulo: Método, 2014. volume único.

OLIVEIRA, Carlos Alberto Alvaro de. O juiz e o princípio do contraditório. *Revista do advogado*, nº 40, p. 35-38, jul. 1993.

_____. O formalismo-valorativo no confronto com o formalismo excessivo. *Revista de Processo*. São Paulo: RT, 2006.

OLIVEIRA, Francisco Antonio de. *Manual de processo do trabalho*. 4. ed. São Paulo: LTr, 2011.

OLIVEIRA FILHO, Cândido de. *Direito teórico e direito prático*. Rio de Janeiro: C. de Oliveira Filho, 1936.

PINTO, José Augusto Rodrigues. *Execução trabalhista*. 10. ed. São Paulo: LTr, 2004.

RÁO, Vicente. *O direito e a vida dos direitos*. São Paulo: RT, 1999.

RUPRECHT, Alfredo. *Relações coletivas de trabalho*. São Paulo: LTr, 1995.

SAAD, Eduardo Gabriel. *Consolidação das leis do trabalho comentada*. 38. ed. São Paulo: LTr, 2005.

SANTOS, Enoque Ribeiro dos. *Direitos humanos na negociação coletiva*. Teoria e prática jurisprudencial. São Paulo: LTr, 2004.

_____. Dissídio coletivo e Emenda Constitucional n. 45/2004. Considerações sobre as teses jurídicas da exigência do "comum acordo". *Revista Síntese Trabalhista*, Porto Alegre: Síntese, n. 199, p. 16, jan. 2006.

_____. *Fundamentos do direito coletivo do trabalho nos Estados Unidos da América, na União Europeia, no Mercosul e a experiência sindical brasileira*. Rio de Janeiro: Lumen Juris, 2005.

_____. *Responsabilidade objetiva e subjetiva do empregador em face do novo Código Civil*. 2. ed. São Paulo: LTr, 2008.

_____. *Processo coletivo do trabalho*. 2. ed. Rio de Janeiro: Forense, 2018.

_____. *Negociação coletiva do trabalho*. 3. ed. São Paulo: Método, 2018.

_____. *Dano moral na dispensa do empregado*. 7. ed. São Paulo: Ltr, 2020.

SANTOS, Ronaldo Lima dos. Interditos proibitórios e direito fundamental de greve. *Revista LTr*, v. 75, n. 5, p. 544, maio 2011.

_____. *Sindicatos e ações coletivas*. São Paulo: LTr, 2008.

_____. _____. 3. ed. São Paulo: LTr, 2014.

SARAIVA, Renato. *Curso de direito processual do trabalho*. São Paulo: Método, 2005.

_____. _____. 8. ed. São Paulo: Método, 2014.

SARLET, Ingo Wolfgang; MARINONI, Luiz Guilherme; MITIDIERO, Daniel. *Curso de direito constitucional*. São Paulo: Revista dos Tribunais, 2012.

_____; TIMM, Luciano Benetti (Org.) *Direitos fundamentais*: orçamento e reserva do possível. Porto Alegre: Livraria do Advogado, 2010.

SCHIAVI, Mauro. *Manual de direito processual do trabalho*. São Paulo: LTr, 2009.

_____. _____. 10. ed. São Paulo. LTr, 2016.

_____. _____. 14. ed. São Paulo. LTr, 2018.

SILVA, Eduardo de Azevedo. Anulação de cláusula convencional. *Revista Trabalho & Doutrina*, São Paulo: Saraiva, n. 13, jun. 1997.

SILVA, Homero Batista Mateus. *Curso de direito do trabalho aplicado*: execução trabalhista. 2. ed. São Paulo: RT, 2015. v. 10.

SILVA, José Afonso da. *Aplicabilidade das normas constitucionais*. 6. ed. 2ª tiragem. São Paulo: Malheiros, 2003.

_____. *Comentário contextual à Constituição*. São Paulo: Malheiros, 2005.

SOUSA, João Carlos Ribeiro de. *Eficácia social dos direitos fundamentais sociais*: conformação ou desenvolvimento como liberdade? 2016. Dissertação (Mestrado) – Universidade Cândido Mendes, Rio de Janeiro.

SOUTO MAIOR, Jorge Luiz. *Direito processual do trabalho*: efetividade, acesso à justiça, procedimento oral. São Paulo. LTr, 1998.

TEIXEIRA FILHO, Manoel Antonio. *A sentença no processo do trabalho*. 3. ed. São Paulo: LTr, 2004.

_____. *Curso de direito processual do trabalho*. São Paulo: LTr, 2009. v. III.

_____. *Execução no processo do trabalho*. 8. ed. São Paulo: LTr, 2004.

_____. *Sistema dos recursos trabalhistas*. 10. ed. São Paulo: LTr, 2003.

THEODORO JR., Humberto. *Curso de direito processual civil*. 18. ed. Rio de Janeiro: Forense, 1993.

_____. _____. 32. ed. Rio de Janeiro: Forense, 2000. v. 1.

_____. _____. 53. ed. Rio de Janeiro: Forense, 2012.

VENOSA, Sílvio de Salvo. *Direito civil*: parte geral. 15. ed. São Paulo: Atlas, 2015. v. 1.

VIANA, Márcio Túlio. Interesses difusos na Justiça do Trabalho. *Revista LTr*, São Paulo, ano 59, n. 2, p. 184, fev. 1995.

VIGLIAR, José Marcelo Menezes. A causa de pedir e os direitos individuais homogêneos. In: CRUZ E TUCCI, José Rogério; BEDAQUE, José Roberto dos Santos (Org.). *Causa de pedir e pedido no processo civil*. São Paulo: RT, 2002.

WEBER, Max. *Economia e sociedade*. São Paulo: Max Limonad, 2006.

ZUFELATO, Camilo. Precedentes judiciais vinculantes à brasileira no novo CPC: aspectos gerais. *O novo Código de Processo Civil*: questões controvertidas. São Paulo: Atlas, 2015.